REDES DE COMPUTADORES E A INTERNET

K96r Kurose, James F.

Redes de computadores e a internet : uma abordagem *top-down* / James F. Kurose, Keith W. Ross ; tradução : Francisco Araujo da Costa ; revisão técnica : Wagner Zucchi. – 8. ed. – [São Paulo] : Pearson ; Porto Alegre : Bookman, 2021.

xxiv, 608 p. : il.; 28 cm.

ISBN 978-85-8260-558-5

1. Redes de computadores. 2. Internet. I. Ross, Keith. II. Título.

CDU 004.7

Catalogação na publicação: Karin Lorien Menoncin – CRB 10/2147

James F. Kurose
University of Massachusetts, Amherst

Keith W. Ross
NYU e NYU Shanghai

REDES DE COMPUTADORES E A INTERNET

UMA ABORDAGEM TOP-DOWN

8ª Edição

Tradução
Francisco Araújo da Costa

Revisão Técnica
Wagner Zucchi
Professor Assistente Doutor do Departamento de Sistemas Eletrônicos da Escola Politécnica da Universidade de São Paulo (USP).

Porto Alegre
2021

Obra originalmente publicada sob o título *Computer networking: a top-down approach*
ISBN 9780136681557

Gerente editorial: *Arysinha Jacques Affonso*

Colaboraram nesta edição:

Editora: *Simone de Fraga*

Leitura final: *Carine Garcia Prates*

Capa: *Márcio Monticelli*

Projeto gráfico e editoração: *Clic Editoração Eletrônica Ltda.*

Reservados todos os direitos de publicação ao
GRUPO A EDUCAÇÃO S.A.
(Bookman é um selo editorial do GRUPO A EDUCAÇÃO S.A.)
Rua Ernesto Alves, 150 – Bairro Floresta
90220-190 – Porto Alegre – RS
Fone: (51) 3027-7000

SAC 0800 703 3444 – www.grupoa.com.br

IMPRESSO NO BRASIL
PRINTED IN BRAZIL

Os autores

Jim Kurose

Jim Kurose é Distinguished University Professor da Faculdade de Ciências da Informação e Computação da University of Massachusetts, Amherst, onde atua no corpo docente desde que completou seu doutorado em ciência da computação pela Columbia University. É bacharel em Física pela Wesleyan University. Kurose ocupou diversos cargos de cientista convidado nos Estados Unidos e no exterior, incluindo na IBM Research, na INRIA e na Sorbonne University, na França. Recentemente, completou um mandato de cinco anos como Diretor Assistente na US National Science Foundation, onde liderou o Diretório de Engenharia e Ciência da Computação e da Informação na missão de defender a liderança norte-americana nas descobertas científicas e inovação em engenharia.

Jim se orgulha de ter sido o mentor e professor de um grupo incrível de alunos e de ter recebido diversos prêmios pelas suas pesquisas, ensino e serviço, incluindo o IEEE Infocom Award, o ACM SIGCOMM Lifetime Achievement Award, o ACM Sigcomm Test of Time Award e a IEEE Computer Society Taylor Booth Education Medal. Dr. Kurose é ex-editor-chefe da *IEEE Transactions on Communications* e da *IEEE/ACM Transactions on Networking*, e atuou como Codiretor do Programa Técnico da IEEE Infocom, ACM SIGCOMM, ACM Internet Measurement Conference e ACM SIGMETRICS, e é *fellow* da IEEE e da ACM e membro da National Academy of Engineering. Seus interesses de pesquisa incluem protocolos e arquitetura de rede, medição de redes, comunicação multimídia e modelagem e avaliação de desempenho.

Keith Ross

Keith Ross é o Reitor de Engenharia e Ciência da Computação da NYU Shanghai e professor na Cátedra Leonard J. Shustek do Departamento de Engenharia e Ciência da Computação da New York University (NYU). Anteriormente, atuou na University of Pennsylvania (13 anos), no Eurecom Institute (5 anos) e na NYU-Poly (10 anos). Obteve bacharelado em engenharia elétrica pela Universidade de Tufts, mestrado em engenharia elétrica pela Columbia University e doutorado em Engenharia de Controle e da Computação pela University of Michigan. Keith Ross é também o cofundador e CEO original da Wimba, que desenvolve aplicações de multimídia on-line para e-learning, adquirida pela Blackboard em 2010.

Os interesses de pesquisa do professor Ross estão em modelagem e medição de redes de computadores, redes P2P, redes de distribuição de conteúdo, redes sociais e privacidade. Atualmente, ele trabalha em aprendizagem por reforço profundo. É *fellow* do ACM e do IEEE, recebeu o Infocom 2009 Best Paper Award e também os Best Paper Awards de 2011 e 2008 por Comunicações em Multimídia (concedidos pela IEEE Communications Society). Trabalhou em diversos conselhos editoriais de revistas científicas e comitês de programa de conferência, incluindo *IEEE/ACM Transactions on Networking, ACM SIGCOMM, ACM CoNext* e *ACM Internet Measurement Conference*. Também trabalhou como consultor sobre compartilhamento de arquivos P2P para a Federal Trade Commission.

Para Julie e nossas três
preciosidades: Chris, Charlie e Nina.
JFK

MUITO OBRIGADO aos meus professores, colegas e alunos
do mundo inteiro.
KWR

Prefácio

Bem-vindo à 8ª edição de *Redes de computadores e a Internet: uma abordagem top-down*. Desde a publicação da 1ª edição, há 20 anos, nosso livro foi adotado em centenas de universidades e instituições de ensino superior, traduzido para 14 idiomas, e utilizado por centenas de milhares de estudantes e profissionais no mundo inteiro. Muitos desses leitores entraram em contato conosco e ficamos extremamente satisfeitos com sua reação positiva.

QUAIS SÃO AS NOVIDADES DESTA EDIÇÃO?

Acreditamos que uma das razões para esse sucesso é a abordagem moderna do ensino de redes de computadores apresentada neste livro. Fizemos mudanças nesta 8ª edição, mas também mantivemos inalterado o que acreditamos (e os instrutores e estudantes que usaram nosso livro confirmaram) serem os aspectos mais importantes do livro: sua abordagem *top-down*, seu foco na Internet e um tratamento moderno das redes de computadores, sua atenção aos princípios e à prática, e seu estilo e método acessíveis em relação ao aprendizado de redes de computadores. Apesar disso, esta edição foi revisada e atualizada de modo substancial.

Os leitores das edições anteriores do nosso livro lembrarão que, da 6ª para a 7ª edições, aprofundamos a nossa cobertura sobre a camada de rede e expandimos materiais que antes eram trabalhados em um único capítulo para formar um novo capítulo, focado no chamado componente de "plano de dados" da camada de rede (Capítulo 4) e um novo capítulo focado no "plano de controle" da camada de rede (Capítulo 5). Essa mudança se revelou profética, pois as redes definidas por software (SDN, do inglês *software-defined networking*) se tornaram um dos avanços mais importantes e excitantes no campo das redes das últimas décadas e foram adotadas rapidamente na prática, tanto que já é difícil imaginar uma introdução às redes de computadores modernas que não abranja as SDNs. O conceito de SDN também permitiu novos avanços na prática do gerenciamento de rede, que também trabalhamos de forma modernizada e aprofundada nesta edição. E como veremos no Capítulo 7 desta 8ª edição, a separação dos planos de dados e de controle também se tornou profundamente arraigada nas arquiteturas de redes celulares móveis 4G/5G, assim como uma abordagem "toda em IP" dos seus núcleos. A adoção rápida das redes 4G/5G e das aplicações móveis que elas permitem são, sem dúvida alguma, as mudanças mais expressivas no mundo das redes desde a publicação da nossa 7ª edição. Assim, atualizamos e aprofundamos significativamente o nosso tratamento sobre essa área emocionante. Na verdade, a atual revolução nas redes sem fios é tão importante que a consideramos uma parte crítica de qualquer curso introdutório sobre redes.

Além dessas mudanças, também atualizamos diversas seções do livro e adicionamos novos materiais para refletir as mudanças que ocorreram em todo o campo das redes. Em alguns casos, também eliminamos materiais das edições anteriores. As mudanças mais importantes nesta edição são:

- O **Capítulo 1** foi atualizado para refletir a abrangência e utilização sempre crescente da Internet e das redes 4G/5G.
- O **Capítulo 2**, sobre a camada de aplicação, foi atualizado significativamente, incluindo materiais sobre os novos protocolos HTTP/2 e HTTP/3 para a Web.

- O **Capítulo 3** foi atualizado para refletir evoluções no uso e avanços no controle de congestionamento na camada de transporte e protocolos de controle de erros nos últimos cinco anos. O material permaneceu estável por bastante tempo, mas houve alguns avanços importantes desde a 7ª edição. Diversos novos algoritmos de controle de congestão foram desenvolvidos e implantados além dos algoritmos "clássicos" do Protocolo de Controle de Transmissão (TCP, do inglês *Transmission Control Protocol*). Oferecemos uma cobertura aprofundada sobre o TCP CUBIC, o protocolo TCP padrão em muitos sistemas implantados, e examinamos abordagens baseadas em atrasos ao controle de congestionamento, incluindo o novo protocolo BBR, usado na rede de backbone da Google. Também estudamos o protocolo QUIC (do inglês *Quick UDP Internet Connection* – Conexões de Internet UDP Rápidas), que está sendo incorporado ao padrão HTTP/3. Apesar de tecnicamente não ser um protocolo da camada de transporte (ele fornece confiabilidade da camada de aplicação, controle de congestionamento e serviços de multiplexação da conexão na camada de aplicação), o QUIC usa muitos dos princípios de controle de erros e do congestionamento que desenvolvemos nas primeiras seções do Capítulo 3.
- O **Capítulo 4**, sobre o plano de dados da camada de rede, recebeu atualizações gerais por todo o texto. Adicionamos uma nova seção sobre as chamadas "*middleboxes*", que realizam funções da camada de rede que não roteamento e repasse, tais como firewalls e balanceamento de carga. As *middleboxes* são uma extensão natural da operação de repasse generalizada de "combinação mais ação" dos dispositivos da camada de rede trabalhados anteriormente no Capítulo 4. Também adicionamos novos materiais relevantes sobre temas como a quantidade "certa" de buffer nos roteadores da rede, neutralidade da rede e os princípios de arquitetura da Internet.
- O **Capítulo 5**, que abrange o plano de controle da camada de rede, contém materiais atualizados sobre SDN e um tratamento significativamente novo sobre gerenciamento de rede. O uso das SDNs evoluiu além do gerenciamento de tabelas de repasse de pacotes de modo a incluir também o gerenciamento de configuração de dispositivos de rede. Apresentamos dois novos protocolos, o Protocolo de Configuração de Rede (NETCONF, do inglês *Network Configuration Protocol*) e YANG, cuja adoção e uso alimentaram essa nova abordagem ao gerenciamento de rede.
- O **Capítulo 6**, sobre a camada de enlace, foi atualizado para refletir a evolução continuada de tecnologias da camada de enlace, como a Ethernet. Também atualizamos e expandimos nosso tratamento sobre redes de datacenter, que hoje são o cerne da tecnologia por trás de boa parte do comércio na Internet.
- Como observado anteriormente, o **Capítulo 7** foi atualizado e revisado significativamente para refletir as muitas mudanças nas redes sem fio desde a 7ª edição, desde picorredes Bluetooth de curto alcance a redes locais sem fio o Protocolo de Configuração de Rede (NETCONF, do inglês *Network Configuration Protocol*) 802.11 de médio alcance e redes celulares sem fio 4G/5G de longa distância. Eliminamos nossa cobertura anterior sobre redes 2G e 3G, dando preferência a um tratamento mais amplo e mais profundo das redes 4G LTE atuais e das redes 5G do futuro. Também atualizamos nossa cobertura sobre questões de mobilidade, da questão local da transferência (*handover* ou *handoff*) de dispositivos móveis entre estações-base à questão global do gerenciamento de identidade e roaming de dispositivos móveis entre diferentes redes celulares globais.
- O **Capítulo 8**, sobre segurança de redes, foi atualizado para refletir mudanças na segurança de redes sem fio em particular, com novos materiais sobre segurança WPA3 em WLANs e confidencialidade e autenticação mútua entre dispositivos e redes em redes 4G/5G.

Nesta edição foi eliminado o Capítulo 9, sobre redes multimídia. Com o tempo, à medida que as aplicações multimídia se tornaram mais dominantes, já havíamos migrado materiais do Capítulo 9 para outros tópicos, como streaming de vídeo, escalonamento de pacotes e redes de distribuição de conteúdo para os capítulos anteriores.

Público-alvo

Este livro destina-se a um estudo inicial de redes de computadores. Pode ser usado em cursos de ciência da computação e de engenharia elétrica. Em termos de linguagens de programação, ele requer que os estudantes tenham alguma experiência com as linguagens C, C++, Java ou Python (mesmo assim, apenas em alguns lugares). Embora seja mais minucioso e analítico do que muitos outros textos de introdução às redes de computadores, raramente utiliza conceitos matemáticos que não sejam ensinados no ensino médio. Fizemos um esforço deliberado para evitar o uso de quaisquer conceitos avançados de cálculo, probabilidade ou processos estocásticos (embora tenhamos incluído alguns problemas para alunos com tal conhecimento avançado). Por conseguinte, o livro é apropriado para cursos de graduação e para o primeiro ano dos cursos de pós-graduação. É também muito útil para os profissionais da área de redes.

O QUE HÁ DE SINGULAR NESTE LIVRO?

O assunto rede de computadores é bastante vasto e complexo, envolvendo muitos conceitos, protocolos e tecnologias que se entrelaçam inextricavelmente. Para dar conta desse escopo e complexidade, muitos livros sobre redes são, em geral, organizados de acordo com as "camadas" de uma arquitetura de rede. Com a organização em camadas, os estudantes podem vislumbrar a complexidade das redes de computadores – eles aprendem os conceitos e os protocolos distintos de uma parte da arquitetura e, ao mesmo tempo, visualizam o grande quadro da interconexão entre as camadas. Do ponto de vista pedagógico, nossa experiência confirma que essa abordagem em camadas é, de fato, muito boa. Entretanto, achamos que a abordagem tradicional, a bottom-up – da camada física para a camada de aplicação –, não é a melhor para um curso moderno sobre redes de computadores.

Uma abordagem *top-down*

Na 1ª edição, propusemos uma inovação adotando uma visão top-down – isto é, começando na camada de aplicação e descendo até a camada física. O retorno que recebemos de professores e alunos confirmou que essa abordagem tem muitas vantagens e realmente funciona bem do ponto de vista pedagógico. Primeiro, o livro dá ênfase à camada de aplicação, que tem sido a área de "grande crescimento" das redes de computadores. De fato, muitas das recentes revoluções nesse ramo – incluindo a Web, o compartilhamento de arquivos P2P e o streaming de mídia – ocorreram nessa camada. A ênfase inicial na camada de aplicação é diferente das abordagens seguidas por muitos outros livros, que têm apenas pouco material sobre aplicações de redes, seus requisitos, paradigmas da camada de aplicação (p. ex., cliente-servidor e P2P) e interfaces de programação de aplicação. Segundo, nossa experiência como professores (e a de muitos outros que utilizaram este livro) confirma que ensinar aplicações de rede logo no início do curso é uma poderosa ferramenta motivadora. Os estudantes ficam mais entusiasmados ao aprender como funcionam as aplicações de rede – aplicações como o e-mail, streaming de vídeo e a Web, que a maioria usa diariamente. Compreendendo-as, o estudante pode entender os serviços de rede necessários ao suporte de tais aplicações. Pode também, por sua vez, examinar as várias maneiras como esses serviços são fornecidos e executados nas camadas mais baixas. Assim, a discussão das aplicações logo no início fornece a motivação necessária para os demais assuntos do livro.

Terceiro, a abordagem top-down habilita o professor a apresentar o desenvolvimento das aplicações de rede no estágio inicial. Os estudantes não só veem como funcionam aplicações e protocolos populares, como também aprendem que é fácil criar suas próprias aplicações e protocolos da camada de aplicação. Com a abordagem *top-down*, eles entram imediatamente em contato com as noções de programação de *sockets*, modelos de serviços e protocolos

– conceitos importantes que reaparecem em todas as camadas subsequentes. Ao apresentar exemplos de programação de *sockets* em Python, destacamos as ideias centrais sem confundir os estudantes com códigos complexos. Estudantes de engenharia elétrica e ciência da computação não terão dificuldades para entender o código Python.

Um foco na Internet

Continuamos a colocar a Internet em foco nesta edição do livro. Na verdade, como ela está presente em toda parte, achamos que qualquer livro sobre redes deveria ter um foco significativo na Internet. Continuamos a utilizar a arquitetura e os protocolos da Internet como veículo primordial para estudar conceitos fundamentais de redes de computadores. É claro que também incluímos conceitos e protocolos de outras arquiteturas de rede. Contudo, os holofotes estão claramente dirigidos à Internet, fato refletido na organização do livro, que gira em torno da arquitetura de cinco camadas: aplicação, transporte, rede, enlace e física.

Outro benefício de colocá-la sob os holofotes é que a maioria dos estudantes de ciência da computação e de engenharia elétrica está ávida por conhecer a Internet e seus protocolos. Eles sabem que a Internet é uma tecnologia revolucionária e inovadora e podem constatar que ela está provocando uma profunda transformação em nosso mundo. Dada sua enorme relevância, os estudantes estão naturalmente curiosos em saber o que há por trás dela. Assim, fica fácil para um professor manter seus alunos interessados nos princípios básicos, usando a Internet como guia.

Ensinando princípios de rede

Duas das características exclusivas deste livro – sua abordagem *top-down* e seu foco na Internet – aparecem no título e subtítulo. Se pudéssemos, teríamos acrescentado uma *terceira* palavra – *princípios*. O campo das redes agora está maduro o suficiente para que uma quantidade de assuntos de importância fundamental possa ser identificada. Por exemplo, na camada de transporte, entre os temas importantes estão a comunicação confiável por uma camada de rede não confiável, o estabelecimento/encerramento de conexões e mútua apresentação (*handshaking*), o controle de congestionamento e de fluxo e a multiplexação. Na camada de rede, três assuntos muito importantes são: como determinar "bons" caminhos entre dois roteadores, como interconectar um grande número de redes heterogêneas e como gerenciar a complexidade de uma rede moderna. Na camada de enlace, um problema fundamental é como compartilhar um canal de acesso múltiplo. Na segurança de rede, técnicas para prover sigilo, autenticação e integridade de mensagens são baseadas em fundamentos da criptografia. Este livro identifica as questões fundamentais de redes e apresenta abordagens para enfrentar tais questões. Aprendendo esses princípios, o estudante adquire conhecimento de "longa validade" – muito tempo após os padrões e protocolos de rede de hoje se tornarem obsoletos, os princípios que eles incorporam continuarão importantes e relevantes. Acreditamos que o uso da Internet para apresentar o assunto aos estudantes e a ênfase dada à abordagem das questões e das soluções permitirão que os alunos entendam rapidamente qualquer tecnologia de rede.

Características pedagógicas

Há mais de 30 anos damos aulas de redes de computadores. Adicionamos a este livro uma experiência agregada de mais de 60 anos de ensino para milhares de estudantes. Nesse período, também participamos ativamente na área de pesquisas sobre redes de computadores. (Na verdade, Jim e Keith se conheceram quando faziam mestrado, frequentando um curso sobre redes de computadores ministrado por Mischa Schwartz, em 1979, na Universidade Columbia.) Achamos que isso nos dá uma boa perspectiva do que foi a rede e de qual será, provavelmente, seu futuro. Não obstante, resistimos às tentações de dar ao material deste livro um viés que favorecesse nossos projetos de pesquisa prediletos. Este livro é sobre redes de computadores modernas – é sobre protocolos e tecnologias contemporâneas, bem como sobre os princípios subjacentes a esses protocolos e tecnologias. Também achamos que aprender (e ensinar!) redes pode ser divertido. Esperamos que algum senso de humor e a utilização de analogias e exemplos do mundo real que aparecem aqui tornem o material ainda mais divertido.

DEPENDÊNCIAS DE CAPÍTULO

O primeiro capítulo apresenta um apanhado geral sobre redes de computadores. Com a introdução de muitos conceitos e terminologias fundamentais, ele monta o cenário para o restante do livro. Todos os outros capítulos dependem diretamente desse primeiro. Recomendamos que os professores, após o terem terem concluído a leitura do Capítulo 1, percorram em sequência os Capítulos 2 ao 6, seguindo nossa filosofia *top-down*. Cada um desses cinco capítulos utiliza material dos anteriores. Após completar a leitura desses capítulos, o professor terá bastante flexibilidade. Não há interdependência entre os dois últimos capítulos, de modo que eles podem ser ensinados em qualquer ordem. Contudo, os dois últimos capítulos dependem do material dos seis primeiros. Muitos professores a princípio ensinam os seis primeiros capítulos e depois ensinam um dos dois últimos para "arrematar".

AGRADECIMENTOS

Desde o início deste projeto, em 1996, muitas pessoas nos deram inestimável auxílio e influenciaram nossas ideias sobre sobre a melhor maneira de organizar e ministrar um curso sobre redes. Nosso MUITO OBRIGADO a todos os que nos ajudaram desde os primeiros rascunhos deste livro, até esta 8ª edição. Também somos muito gratos sobretudo às centenas de leitores de todo o mundo – estudantes, acadêmicos e profissionais – que nos enviaram sugestões e comentários sobre edições anteriores e sugestões para edições futuras. Nossos agradecimentos especiais para:

Al Aho (Universidade de Columbia)
Albert Huang (ex-aluno da Universidade da Pensilvânia)
Ardash Sethi (Universidade de Delaware)
Arnaud Legout (INRIA)
Avi Rubin (Universidade Johns Hopkins)
Beshan Kulapala (Universidade do Estado do Arizona)
Bob Metcalfe (International Data Group)
Bobby Bhattacharjee (Universidade de Maryland)
Bojie Shu (ex-aluno da NYU-Poly)
Bram Cohen (BitTorrent, Inc.)
Brian Levine (Universidade de Massachusetts)
Bruce Harvey (Universidade da Flórida A&M, Universidade do Estado da Flórida)
Byung Kyu Choi (Universidade Tecnológica de Michigan)
Carl Hauser (Universidade do Estado de Washington)
Catherine Rosenberg (Universidade de Waterloo)

Cheng Huang (Microsoft Research)
Christophe Diot (Google)
Christos Papadopoulos (Universidade do Estado do Colorado)
Chunchun Li (ex-aluno da NYU-Poly)
Clay Shields (Universidade Georgetown)
Cliff C. Zou (Universidade Central Florida)
Constantine Coutras (Universidade Pace)
Craig Partridge (Universidade do Estado do Colorado)
Dan Rubenstein (Universidade Columbia)
Daniel Brushteyn (ex-aluno da Universidade da Pensilvânia)
David Fullager (Netflix)
David Goodman (NYU-Poly)
David Kotz (Dartmouth College)
David Turner (Universidade do Estado da Califórnia, San Bernardino)
David Wetherall (Google)
Deborah Estrin (Universidade de Cornell)
Deep Medhi (Universidade do Missouri, Kansas City)
Despina Saparilla (Cisco Systems)
Di Wu (Universidade Sun Yat-sen)
Dian Yu (ex-aluno da NYU-Shanghai)
Don Towsley (Universidade de Massachusetts)
Douglas Salane (John Jay College)
Edmundo A. de Souza e Silva (Universidade Federal do Rio de Janeiro)
Ellen Zegura (Instituto de Tecnologia da Geórgia)
Erich Nahum (IBM Research)
Ernst Biersack (Eurecom Institute)
Esther A. Hughes (Universidade Virginia Commonwealth)
Evandro Cantu (Universidade Federal de Santa Catarina)
George Polyzos (Universidade de Economia e Negócios de Atenas)
Guru Parulkar (Open Networking Foundation)
Harish Sethu (Universidade Drexel)
Henning Schulzrinne (Universidade Columbia)
Hisham Al-Mubaid (Universidade de Houston-Clear Lake)
Honggang Zhang (Universidade de Suffolk)
Hui Zhang (Universidade Carnegie Mellon)
Hyojin Kim (ex-aluno da Universidade da Pensilvânia)
Ira Winston (Universidade da Pensilvânia)
Jean Bolot (Technicolor Research)
Jeff Case (SNMP Research International)
Jeff Chaltas (Sprint)
Jenni Moyer (Comcast)
Jennifer Rexford (Universidade de Princeton)
Jitendra Padhye (Microsoft Research)
JJ Garcia-Luna-Aceves (Universidade da Califórnia, Santa Cruz)
Jobin James (Universidade da Califórnia, Riverside)
John Daigle (Universidade do Mississippi)

John Schanz (Comcast)
Josh McKinzie (Universidade Park)
Jussi Kangasharju (Universidade de Helsinki)
K. Sam Shanmugan (Universidade do Kansas)
Ken Calvert (Universidade do Kentucky)
Ken Reek (Rochester Institute of Technology)
Kevin Phillips (Sprint)
Kin Sun Tam (Universidade do Estado de Nova York, Albany)
Lee Leitner (Universidade Drexel)
Leon Reznik (Rochester Institute of Technology)
Leonard Kleinrock (Universidade da Califórnia, Los Angeles)
Lichun Bao (Universidade da Califórnia, Irvine)
Lixia Zhang (Universidade da Califórnia, Los Angeles)
Lixin Gao (Universidade de Massachusetts)
Mario Gerla (Universidade da Califórnia, Los Angeles)
Martin Reisslein (Universidade do Estado do Arizona)
Max Hailperin (Gustavus Adolphus College)
Meng Zhang (ex-aluno da NYU-Poly)
Michalis Faloutsos (Universidade da Califórnia, Riverside)
Michele Weigle (Universidade Clemson)
Miguel A. Labrador (Universidade South Florida)
Mihail L. Sichitiu (Universidade do Estado da Carolina do Norte)
Mike Zink (Universidade de Massachusetts)
Ming Yu (Universidade do Estado de Nova York, Binghamton)
Mischa Schwartz (Universidade Columbia)
Nick McKeown (Universidade de Stanford)
Nitin Vaidya (Universidade de Georgetown)
Pablo Rodrigez (Telefonica)
Parviz Kermani (Universidade de Massachusetts)
Paul Amer (Universidade de Delaware)
Paul Barford (Universidade do Wisconsin)
Paul Francis (Max Planck Institute)
Peter Steenkiste (Universidade Carnegie Mellon)
Phil Zimmermann (consultor independente)
Philippe Decuetos (ex-aluno do Eurecom Institute)
Phillipp Hoschka (INRIA/W3C)
Pinak Jain (ex-aluno da NYU-Poly)
Prashant Shenoy (Universidade de Massachusetts)
Pratima Akkunoor (Universidade do Estado do Arizona)
Pravin Bhagwat (Wibhu)
Prithula Dhunghel (Akamai)
Rachelle Heller (Universidade George Washington)
Radia Perlman (Dell EMC)
Raj Yavatkar (Google)
Rakesh Kumar (Bloomberg)
Ramachandran Ramjee (Microsoft Research)

Sally Floyd (ICIR, Universidade da California, Berkeley)
Shahid Bokhari (Universidade de Engenharia & Tecnologia, Lahore)
Shamiul Azom (Universidade do Estado do Arizona)
Shirley Wynn (ex-aluno da NYU-Poly)
Shivkumar Kalyanaraman (IBM Research, India)
Shuchun Zhang (ex-aluno da Universidade da Pensilvânia)
Simon Lam (Universidade do Texas)
Sneha Kasera (Universidade de Utah)
Sriram Rajagopalan (Universidade do Estado do Arizona)
Steve Lai (Universidade do Estado de Ohio)
Steven Bellovin (Universidade Columbia)
Subin Shrestra (Universidade da Pensilvânia)
Sue Moon (KAIST)
Sugih Jamin (Universidade de Michigan)
Sumit Roy (Universidade de Washington)
Supratik Bhattacharyya (Amazon)
Tatsuya Suda (Universidade da Califórnia, Irvine)
Tim Griffin (Universidade de Cambridge)
Tim-Berners Lee (World Wide Web Consortium)
Tom LaPorta (Universidade do Estado de Pensilvânia)
Van Jacobson (Google)
Vern Paxson (Universidade da Califórnia, Berkeley)
Vinton Cerf (Google)
Vishal Misra (Universidade Columbia)
Wen Hsin (Universidade Park)
William Liang (ex-aluno da Universidade da Pensilvânia)
Willis Marti (Universidade Texas A&M)
Wu-chi Feng (Oregon Graduate Institute)
Xiaodong Zhang (Universidade do Estado de Ohio)
Yang Guo (Alcatel/Lucent Bell Labs)
Yechiam Yemini (Universidade Columbia)
Yong Liu (NYU-Poly)
ZhiLi Zhang (Universidade de Minnesota)

Queremos agradecer, também, a toda a equipe da Pearson – especialmente Carole Snyder e Tracy Johnson – que fez um trabalho realmente notável nesta edição (e que teve de suportar dois autores muito complicados e que parecem geneticamente incapazes de cumprir prazos). Agradecemos aos designers gráficos Janet Theurer e Patrice Rossi Calkin, pelo trabalho que fizeram nas belas figuras das edições anteriores deste livro, e a Manas Roy e sua equipe na SPi Global, pelo maravilhoso trabalho de produção desta edição. Por fim, um agradecimento muito especial a nossos editores anteriores na Addison-Wesley e na Pearson – Matt Goldstein, Michael Hirsch e Susan Hartman. Este livro não seria o que é (e talvez nem tivesse existido) sem a administração cordial, o constante incentivo, a paciência quase infinita, o bom humor e a perseverança de todos.

O professor interessado em recursos pedagógicos complementares deve acessar o *site* do Grupo A (grupoa.com.br), fazer o seu cadastro, buscar pela página do livro e localizar a área de Material Complementar para ter acesso aos PPTs.

Sumário

Sumário detalhado

Capítulo 5 A camada de rede: plano de controle 303

Capítulo 6 A camada de enlace e as LANs 361

CAPÍTULO 1

Redes de computadores e a Internet

A Internet de hoje é provavelmente o maior sistema de engenharia já criado pela humanidade, com centenas de milhões de computadores conectados, enlaces de comunicação e nós de comutação; bilhões de usuários que se conectam por meio de *notebooks*, *tablets* e *smartphones*; e com uma série de "coisas" conectadas à Internet, incluindo console para jogos, sistemas de vigilância, relógios, óculos, termostatos e automóveis. Dado que a Internet é tão ampla e possui inúmeros componentes e utilidades, há a possibilidade de compreender como ela funciona? Existem princípios de orientação e estrutura que forneçam um fundamento para a compreensão de um sistema surpreendentemente complexo e abrangente? Se a resposta for sim, é possível que, nos dias de hoje, seja interessante *e* divertido aprender sobre rede de computadores? Felizmente, as respostas para todas essas perguntas é um retumbante SIM! Na verdade, nosso objetivo neste livro é fornecer uma introdução moderna ao campo dinâmico das redes de computadores, apresentando os princípios e o entendimento prático necessários para utilizar não apenas as redes de hoje, como também as de amanhã.

O primeiro capítulo apresenta um panorama de redes de computadores e da Internet. Nosso objetivo é pintar um quadro amplo e estabelecer um contexto para o resto deste livro, para ver a floresta a partir das árvores. Cobriremos um terreno bastante extenso neste capítulo de introdução e discutiremos várias peças de uma rede de computadores, sem perder de vista o quadro geral.

O panorama geral de redes de computadores que apresentaremos neste capítulo será estruturado como segue. Após apresentarmos brevemente a terminologia e os conceitos fundamentais, examinaremos primeiro os componentes básicos de *hardware* e *software* que compõem uma rede. Partiremos da periferia da rede e examinaremos os sistemas finais e aplicações de rede executados nela. Consideraremos os serviços de transporte fornecidos a essas aplicações. Em seguida, exploraremos o núcleo de uma rede de computadores examinando os enlaces e os nós de comutação que transportam dados, bem como as redes de acesso e os meios físicos que conectam sistemas finais ao núcleo da rede. Aprenderemos que a Internet é uma rede de redes, e observaremos como essas redes se conectam umas com as outras.

Depois de concluirmos essa revisão sobre a periferia e o núcleo de uma rede de computadores, adotaremos uma visão mais ampla e mais abstrata na segunda metade deste capítulo. Examinaremos atraso, perda e vazão de dados em uma rede de computadores e forneceremos modelos quantitativos simples para a vazão e o atraso fim a fim: modelos que levam em conta atrasos de transmissão, propagação e enfileiramento. Depois, apresentaremos alguns princípios fundamentais de arquitetura em redes de computadores, a saber: protocolos em camadas e modelos de serviço. Aprenderemos, também, que as redes de computadores são vulneráveis a diferentes tipos de ameaças; analisaremos algumas dessas ameaças e como a rede pode se tornar mais segura. Por fim, encerraremos este capítulo com um breve histórico da computação em rede.

1.1 O QUE É A INTERNET?

Neste livro, usamos a Internet pública, uma rede de computadores específica, como o veículo principal para discutir as redes de computadores e seus protocolos. Mas o que *é* a Internet? Há diversas maneiras de responder a essa questão. Primeiro, podemos descrever detalhadamente os aspectos principais da Internet, ou seja, os componentes de *software* e *hardware* básicos que a formam. Segundo, podemos descrever a Internet em termos de uma infraestrutura de redes que fornece serviços para aplicações distribuídas. Iniciaremos com a descrição dos componentes, utilizando a Figura 1.1 como ilustração para a nossa discussão.

1.1.1 Uma descrição dos componentes da rede

A Internet é uma rede de computadores que interconecta bilhões de dispositivos de computação ao redor do mundo. Há pouco tempo, esses dispositivos eram basicamente PCs (do inglês *personal computers*) de mesa, estações de trabalho Linux e os chamados servidores que armazenam e transmitem informações, como páginas da Web e mensagens de *e-mail*. No entanto, cada vez mais usuários se conectam à Internet com *smartphones* e *tablets* – hoje, cerca de metade da população mundial é composta por usuários ativos de Internet móvel, e espera-se que essa porcentagem salte para 75% até 2025 (Statista, 2019). Além disso, "coisas" não tradicionais conectadas à Internet, como TVs, consoles de videogame, termostatos, sistemas de segurança doméstica, eletrodomésticos, relógios, óculos, automóveis, sistemas de controle de trânsito e outras estão sendo conectadas à rede. Na verdade, o termo *rede de computadores* está começando a soar um tanto desatualizado, em razão dos muitos equipamentos não tradicionais que estão sendo conectadas à Internet. No jargão da área de redes, todos esses equipamentos são denominados **hospedeiros** ou **sistemas finais**. Estima-se que havia cerca de 18 bilhões de dispositivos conectados à Internet em 2017, um número que chegará a 28,5 bilhões até 2022 (Cisco VNI, 2020).

Sistemas finais são conectados entre si por **enlaces (*links*) de comunicação** e **comutadores (*switches*) de pacotes**. Na Seção 1.2, veremos que há muitos tipos de enlaces de comunicação, que são constituídos de diferentes tipos de meios físicos, entre eles cabos coaxiais, fios de cobre, fibras óticas e ondas de rádio. Enlaces diferentes podem transmitir dados em taxas diferentes, sendo a **taxa de transmissão** de um enlace medida em *bits* por segundo. Quando um sistema final possui dados para enviar a outro sistema final, o sistema emissor segmenta esses dados e adiciona *bytes* de cabeçalho a cada segmento. Os blocos de informação resultantes, conhecidos como **pacotes** no jargão de rede de computadores, são enviados através da rede ao sistema final de destino, onde são remontados na forma dos dados originais.

Um nó de comutação de pacotes encaminha o pacote que está chegando em um de seus enlaces de comunicação de entrada para um de seus enlaces de comunicação de saída. Há comutadores de pacotes de todos os tipos e formas, mas os dois mais proeminentes na Internet de hoje são **roteadores** e ***switches***. Esses dois tipos de nós de comutação encaminham pacotes a seus destinos finais. Os *switches* geralmente são utilizados em redes locais, enquanto os roteadores são utilizados principalmente na parte mais interna da rede.

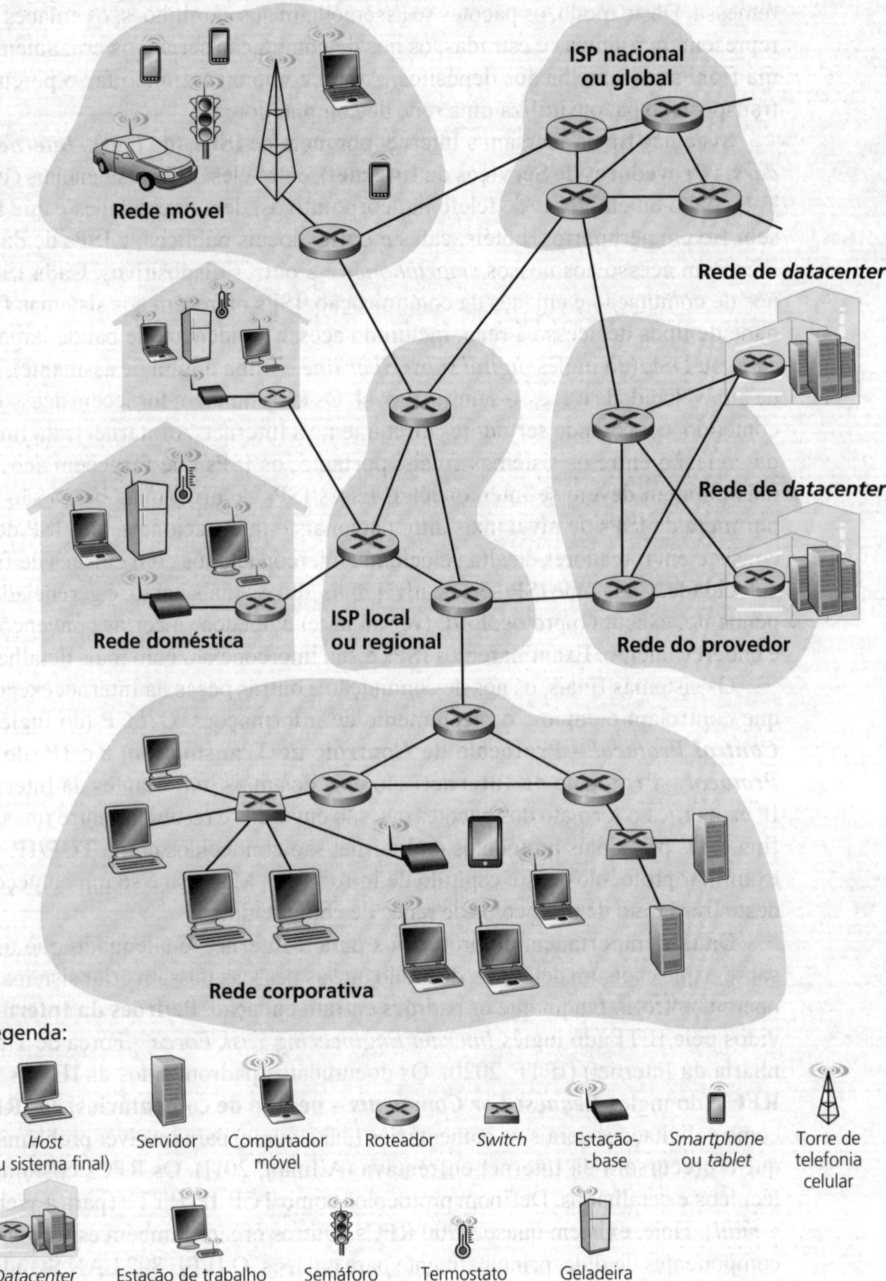

Figura 1.1 Alguns componentes da Internet.

A sequência de enlaces de comunicação e nós de comutação de pacotes que um pacote percorre desde o sistema final remetente até o sistema final receptor é conhecida como **rota** ou **caminho** através da rede. A Cisco prevê que o tráfego de IP global anual atingirá cerca de cinco *zettabytes* (1.021 *bytes*) até 2022 (Cisco VNI, 2020).

As redes comutadas por pacotes (que transportam pacotes) são, de muitas maneiras, semelhantes às redes de transporte de rodovias, estradas e cruzamentos (que são percorridas por veículos). Considere, por exemplo, uma fábrica que precise transportar uma quantidade de carga muito grande a algum depósito localizado a milhares de quilômetros. Na fábrica, a carga é dividida e carregada em uma frota de caminhões. Cada caminhão viaja, de modo independente, pela rede de rodovias, estradas e cruzamentos ao depósito de destino. No depósito, a carga é descarregada e agrupada com o resto da carga pertencente à mesma remessa. Deste modo, os pacotes se assemelham aos caminhões, os enlaces de comunicação representam rodovias e estradas, os nós de comutação seriam os cruzamentos, e cada sistema final se assemelha aos depósitos. Assim como o caminhão faz o percurso pela rede de transporte, o pacote utiliza uma rede de computadores.

Sistemas finais acessam a Internet por meio de **ISPs**, (do inglês ***Internet Service Providers*** **– Provedores de Serviços de Internet**), entre eles: ISPs residenciais como empresas de TV a cabo ou empresas de telefonia; corporativos, de universidades e que fornecem acesso sem fio em aeroportos, hotéis, cafés e outros locais públicos; e ISPs de dados móveis, que oferecem acesso aos nossos *smartphones* e a outros dispositivos. Cada ISP é uma rede de nós de comutação e enlaces de comunicação. ISPs oferecem aos sistemas finais uma variedade de tipos de acesso à rede, incluindo acesso residencial de banda larga como *modem* a cabo ou DSL (do inglês *digital subscriber line* – linha digital de assinante), acesso por LAN de alta velocidade e acesso sem fio móvel. Os ISPs também fornecem acesso a provedores de conteúdo, conectando servidores diretamente à Internet. A Internet trata fundamentalmente da conexão entre os sistemas finais; portanto, os ISPs que fornecem acesso a esses sistemas também devem se interconectar. Esses ISPs de nível mais baixo são interconectados por meio de ISPs de nível mais alto, nacionais e internacionais. Um ISP de nível mais alto consiste em roteadores de alta velocidade interconectados com enlaces de fibra ótica de alta velocidade. Cada rede ISP, seja de nível mais alto ou mais baixo, é gerenciada de forma independente, executa o protocolo IP (ver adiante) e obedece a certas convenções de nomeação e endereçamento. Examinaremos ISPs e sua interconexão com mais detalhes na Seção 1.3.

Os sistemas finais, os nós de comutação e outras peças da Internet executam **protocolos** que controlam o envio e o recebimento de informações. O **TCP** (do inglês ***Transmission Control Protocol*** **– Protocolo de Controle de Transmissão**) e o **IP** (do inglês ***Internet Protocol*** **– Protocolo da Internet**) são dois dos mais importantes da Internet. O protocolo IP especifica o formato dos pacotes que são enviados e recebidos entre roteadores e sistemas finais. Os principais protocolos da Internet são conhecidos como **TCP/IP**. Começaremos a examinar protocolos neste capítulo de introdução. Mas isso é só um começo – grande parte deste livro trata de protocolos de redes de computadores!

Dada a importância de protocolos para a Internet, é adequado que todos concordem sobre o que cada um deles faz, de modo que as pessoas possam criar sistemas e produtos que operem entre si. É aqui que os padrões entram em ação. **Padrões da Internet** são desenvolvidos pela IETF (do inglês *Internet Engineering Task Force* – Força de Trabalho de Engenharia da Internet) (IETF, 2020). Os documentos padronizados da IETF são denominados **RFCs** (do inglês ***Request For Comments*** **– pedido de comentários**). Os RFCs começaram como solicitações gerais de comentários (daí o nome) para resolver problemas de arquitetura que a precursora da Internet enfrentava (Allman, 2011). Os RFCs costumam ser bastante técnicos e detalhados. Definem protocolos como TCP, IP, HTTP (para a Web) e SMTP (para *e-mail*). Hoje, existem quase 9.000 RFCs. Outros órgãos também especificam padrões para componentes de rede, principalmente para enlaces. O IEEE 802 LAN Standards Committee (IEEE 802, 2020), por exemplo, especifica os padrões Ethernet e WiFi sem fio.

1.1.2 Uma descrição do serviço

A discussão anterior identificou muitos dos componentes que compõem a Internet. Mas também podemos descrevê-la partindo de um ângulo completamente diferente – ou seja, como *uma infraestrutura que provê serviços a aplicações*. Além de aplicações tradicionais como correio eletrônico e navegação na Web, as aplicações de Internet incluem aplicativos para *smartphones* e *tablets*, incluindo serviços de mensagem instantânea, mapeamento com informações em tempo real sobre condições de trânsito, *streaming* de músicas, filmes e televisão, mídias sociais on-line, videoconferência, jogos *multiplayer* e sistemas de recomendação baseados em localização. Essas aplicações são conhecidas como **aplicações distribuídas**, uma vez que envolvem diversos sistemas finais que trocam informações mutuamente.

De forma significativa, as aplicações da Internet são executadas em sistemas finais – e não em nós de comutação no núcleo da rede. Embora os nós de comutação facilitem a troca de dados entre os sistemas finais, eles não estão relacionados com a aplicação, que é a origem ou o destino dos dados.

Vamos explorar um pouco mais o significado de uma infraestrutura que fornece serviços a aplicações. Nesse sentido, suponha que você tenha uma grande ideia para uma aplicação distribuída para a Internet, uma que possa beneficiar bastante a humanidade ou que simplesmente o enriqueça e o torne famoso. Como transformar essa ideia em uma aplicação real da Internet? Já que as aplicações são executadas em sistemas finais, você precisará criar programas que sejam executados em sistemas finais. Você poderia, por exemplo, criar seus programas em Java, C ou Python. Agora, já que você está desenvolvendo uma aplicação distribuída para a Internet, os programas executados em diferentes sistemas finais precisarão enviar dados uns aos outros. E, aqui, chegamos ao assunto principal – o que leva ao modo alternativo de descrever a Internet como uma plataforma para aplicações. De que modo um programa, executado em um sistema final, orienta a Internet a enviar dados a outro programa executado em outro sistema final?

Os sistemas finais ligados à Internet oferecem uma **interface *socket*** que especifica como o programa que é executado no sistema final solicita à infraestrutura da Internet que envie dados a um programa de destino específico, executado em outro sistema final. Essa interface *socket* da Internet é um conjunto de regras que o *software* emissor deve cumprir para que a Internet seja capaz de enviar os dados ao programa de destino. Discutiremos a interface *socket* da Internet mais detalhadamente no Capítulo 2. Agora, vamos traçar uma simples comparação, que será utilizada com frequência neste livro. Suponha que Alice queira enviar uma carta para Bob utilizando o serviço postal. Alice, é claro, não pode apenas escrever a carta (os dados) e atirá-la pela janela. Em vez disso, o serviço postal necessita que ela coloque a carta em um envelope; escreva o nome completo de Bob, endereço e CEP no centro do envelope; feche; coloque um selo no canto superior direito; e, por fim, leve o envelope a uma agência de correio oficial. Dessa maneira, o serviço postal possui sua própria “interface de serviço postal”, ou conjunto de regras, que Alice deve cumprir para que sua carta seja entregue a Bob. De modo semelhante, a Internet possui uma interface *socket* que o *software* emissor de dados deve seguir para que a Internet envie os dados para o *software* receptor.

O serviço postal, claro, fornece mais de um serviço a seus clientes: entrega expressa, aviso de recebimento, carta simples e muitos mais. De modo semelhante, a Internet provê diversos serviços a suas aplicações. Ao desenvolver uma aplicação para a Internet, você também deve escolher um dos serviços que a rede oferece. Uma descrição dos serviços será apresentada no Capítulo 2.

Acabamos de apresentar duas descrições da Internet: uma delas diz respeito a seus componentes de *hardware* e *software*, e a outra, aos serviços que ela oferece a aplicações distribuídas. Mas talvez você ainda esteja confuso sobre o que é a Internet. O que é comutação de pacotes e TCP/IP? O que são roteadores? Quais tipos de enlaces de comunicação estão presentes na Internet? O que é uma aplicação distribuída? Como um termostato ou uma balança podem ser ligados à Internet? Se você está um pouco assustado com tudo isso agora, não se preocupe – a finalidade deste livro é lhe apresentar os mecanismos da Internet e também os princípios que determinam como e por que ela funciona. Explicaremos esses termos e questões importantes nas seções e nos capítulos subsequentes.

1.1.3 O que é um protocolo?

Agora que já entendemos um pouco sobre o que é a Internet, vamos considerar outra palavra fundamental usada em redes de computadores: *protocolo*. O que é um protocolo? O que um protocolo faz?

Uma analogia humana

Talvez seja mais fácil entender a ideia de um protocolo de rede de computadores considerando primeiro algumas analogias humanas, já que seguimos protocolos o tempo todo. Considere o que você faz quando quer perguntar as horas a alguém. Um diálogo comum é ilustrado na Figura 1.2. O protocolo humano (ou as boas maneiras, ao menos) dita que, ao iniciarmos uma comunicação com outra pessoa, primeiro a cumprimentemos (o primeiro "Oi" da Figura 1.2). A resposta comum para um "Oi" é um outro "Oi". Implicitamente, tomamos a resposta cordial "Oi" como uma indicação de que podemos prosseguir e perguntar as horas. Uma reação diferente ao "Oi" inicial (tal como "Não me perturbe!", "Eu não falo português!" ou alguma resposta atravessada) poderia indicar falta de vontade ou incapacidade de comunicação. Nesse caso, o protocolo humano seria não perguntar que horas são. Às vezes, não recebemos nenhuma resposta para uma pergunta, caso em que em geral desistimos de perguntar as horas ao interlocutor. Note que, no nosso protocolo humano, *há mensagens específicas que enviamos e ações específicas que realizamos em reação às respostas recebidas ou a outros eventos* (como nenhuma resposta após certo tempo). É claro que mensagens transmitidas e recebidas e ações realizadas quando essas mensagens são enviadas ou recebidas ou quando ocorrem outros eventos desempenham um papel central em um protocolo humano. Se as pessoas seguirem protocolos diferentes (p. ex., se uma pessoa tem boas maneiras, mas a outra não; se uma delas entende o conceito de horas, mas a outra não), as pessoas não interagem e nenhum trabalho útil pode ser realizado. O mesmo é válido para redes – é preciso que duas (ou mais) entidades comunicantes sigam o mesmo protocolo para que uma tarefa seja realizada.

Vamos considerar uma segunda analogia humana. Suponha que você esteja assistindo a uma aula (p. ex., sobre redes de computadores). O professor está falando monotonamente sobre protocolos e você está confuso. Ele para e pergunta: "Alguma dúvida?" (uma mensagem que é transmitida a todos os alunos e recebida por todos os que não estão dormindo). Você levanta a mão (transmitindo uma mensagem implícita ao professor). O professor percebe e,

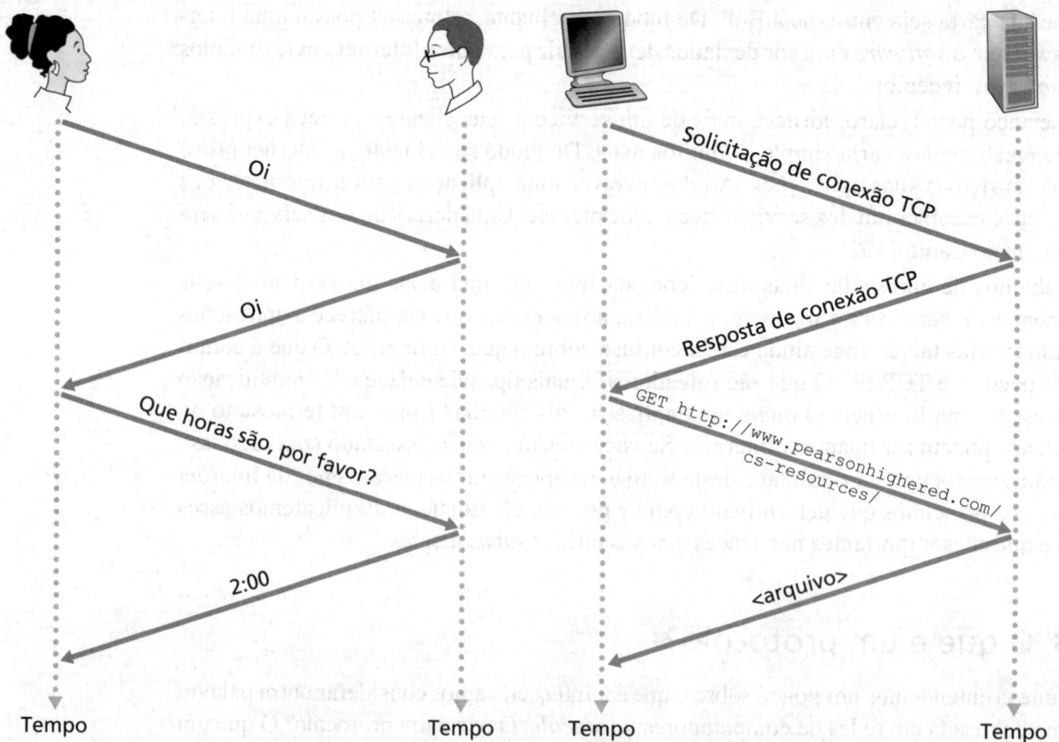

Figura 1.2 Um protocolo humano e um protocolo de rede de computadores.

com um sorriso, diz "Sim..." (uma mensagem transmitida, incentivando-o a fazer sua pergunta – professores *adoram* perguntas), e você então faz a sua (i.e., transmite sua mensagem ao professor). Ele ouve (recebe sua mensagem) e responde (transmite uma resposta a você). Mais uma vez, percebemos que a transmissão e a recepção de mensagens e um conjunto de ações convencionais, realizadas quando as mensagens são enviadas e recebidas, estão no centro desse protocolo de pergunta e resposta.

Protocolos de rede

Um protocolo de rede é semelhante a um protocolo humano; a única diferença é que as entidades que trocam mensagens e realizam ações são componentes de *hardware* ou *software* de algum dispositivo (p. ex., computador, *smartphone*, *tablet*, roteador ou outro equipamento habilitado para rede). Todas as atividades na Internet que envolvem duas ou mais entidades remotas comunicantes são governadas por um protocolo. Por exemplo, protocolos executados no *hardware* de dois computadores conectados fisicamente controlam o fluxo de *bits* no "cabo" entre as duas placas de interface de rede; protocolos de controle de congestionamento em sistemas finais controlam a taxa com que os pacotes são transmitidos entre a origem e o destino; protocolos em roteadores determinam o caminho de um pacote da origem ao destino. Eles estão em execução por toda a Internet e, em consequência, grande parte deste livro trata de protocolos de rede de computadores.

Como exemplo de um protocolo de rede de computadores com o qual você provavelmente está familiarizado, considere o que acontece quando fazemos uma requisição a um servidor Web, isto é, quando digitamos o URL de uma página Web no cliente da Web, que é chamado *browser*. Isso é mostrado no lado direito da Figura 1.2. Primeiro, o computador enviará uma mensagem de requisição de conexão ao servidor Web e aguardará uma resposta. O servidor receberá essa mensagem de requisição de conexão e retornará uma mensagem de resposta de conexão. Sabendo que agora está tudo certo para requisitar o documento da Web, o computador envia então o nome da página Web que quer buscar naquele servidor com uma mensagem GET. Por fim, o servidor retorna a página (arquivo) para o computador.

Dados o exemplo humano e o exemplo de rede anteriores, as trocas de mensagens e as ações realizadas quando essas mensagens são enviadas e recebidas são os elementos fundamentais para a definição de um protocolo:

> *Um* ***protocolo*** *define o formato e a ordem das mensagens trocadas entre duas ou mais entidades comunicantes, bem como as ações realizadas na transmissão e/ou no recebimento de uma mensagem ou outro evento.*

A Internet e as redes de computadores em geral fazem uso intenso de protocolos. Diferentes tipos são usados para realizar diferentes tarefas de comunicação. À medida que for avançando na leitura deste livro, você perceberá que alguns protocolos são simples e diretos, enquanto outros são complexos e intelectualmente profundos. Dominar a área de redes de computadores equivale a entender o que são, por que existem e como funcionam os protocolos de rede.

1.2 A PERIFERIA DA INTERNET

Nas seções anteriores, apresentamos uma descrição de alto nível da Internet e dos protocolos de rede. Agora, passaremos a tratar com um pouco mais de profundidade os componentes da Internet. Nesta seção, começamos pela periferia de uma rede e examinamos os componentes com os quais estamos mais familiarizados – a saber, computadores, *smartphones* e outros equipamentos que usamos diariamente. Na seção seguinte, passaremos da periferia para o núcleo da rede e estudaremos comutação e roteamento em redes de computadores.

Como descrito na seção anterior, no jargão de rede de computadores, os computadores e outros dispositivos conectados à Internet são frequentemente chamados de sistemas finais, pois se encontram na periferia da Internet, como mostrado na Figura 1.3. Os sistemas finais da Internet incluem computadores de mesa (p. ex., PCs de mesa, Macs e sistemas Linux), servidores (p. ex., servidores Web e de *e-mails*) e computadores móveis (p. ex., *notebooks*, *smartphones* e *tablets*). Além disso, diversas "coisas" alternativas estão sendo ligadas à Internet e transformadas em sistemas finais (veja o quadro Histórico do caso, a seguir).

Sistemas finais também são denominados *hospedeiros* (ou *hosts*) porque hospedam (i.e., executam) programas de aplicação, tais como um navegador (*browser*) da Web, um programa servidor da Web, um programa leitor de *e-mail* ou um servidor de *e-mail*. Neste livro, utilizaremos os termos hospedeiros e sistemas finais como sinônimos; ou seja, *hospedeiro = sistema final*. Às vezes, sistemas finais são ainda subdivididos em duas categorias: **clientes** e **servidores**. Informalmente, clientes costumam ser PCs de mesa ou portáteis, *smartphones* e assim por diante, ao passo que servidores tendem a ser máquinas mais poderosas, que armazenam e distribuem páginas Web, vídeo em tempo real, retransmissão de *e-mails* e assim por diante. Hoje, a maioria dos servidores dos quais recebemos resultados de busca, *e-mail*, páginas, vídeos e conteúdo de aplicativos móveis reside em grandes ***datacenters***.

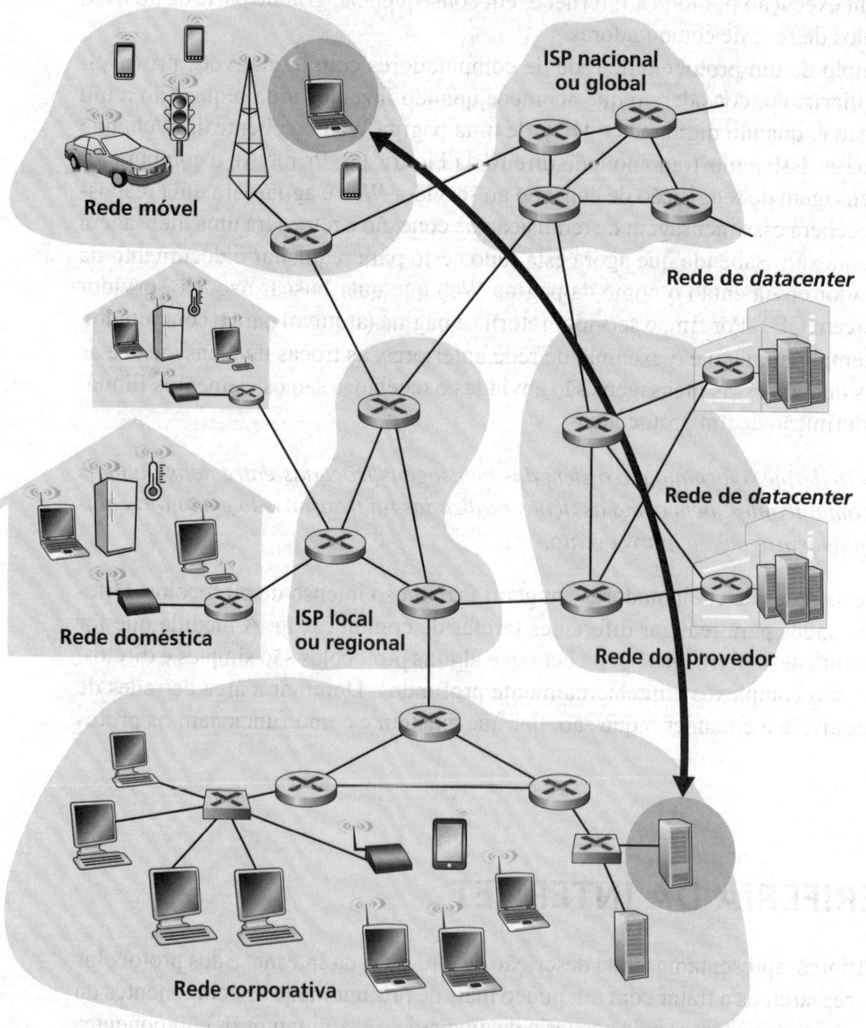

Figura 1.3 Interação entre sistemas finais.

HISTÓRICO DO CASO

DATACENTERS E COMPUTAÇÃO EM NUVEM

Empresas de Internet como Google, Microsoft, Amazon e Alibaba construíram grandes *datacenters*, cada um abrigando dezenas a centenas de milhares de hospedeiros. Além de estarem conectados à Internet, como mostra a Figura 1.1, esses *datacenters* também incluem, internamente, redes complexas de computadores que interconectam os hospedeiros do *datacenter*. Os *datacenters* são os motores por trás das aplicações da Internet que utilizamos diariamente.

Em linhas gerais, os *datacenters* servem três propósitos, que descrevemos aqui no contexto da Amazon para tornar o exemplo mais concreto. Primeiro, eles fornecem as páginas de comércio eletrônico da Amazon para os usuários; por exemplo, páginas que descrevem os produtos e apresentam informações de compra. Segundo, funcionam como infraestruturas de computação massivamente paralela para tarefas de processamento de dados específicas à Amazon. Terceiro, fornecem serviços de **computação em nuvem** para outras empresas. Na verdade, a maior tendência atual na computação é que empresas usem um servidor de nuvem como a Amazon para cuidar de praticamente *todas* as suas necessidades de TI. Por exemplo, a Airbnb e muitas outras empresas de Internet não têm nem administram seus próprios *datacenters*, preferindo executar todos os seus serviços baseados na Web na nuvem da Amazon, chamada Amazon Web Services (AWS).

As abelhas trabalhadoras em um *datacenter* são os hospedeiros. Eles servem o conteúdo (p. ex., páginas Web e vídeos), armazenam mensagens de correio eletrônico e documentos e realizam coletivamente cálculos massivamente distribuídos. Os hospedeiros nos *datacenters*, chamados lâminas e semelhantes a embalagens de pizza, são em geral hospedeiros básicos incluindo CPU, memória e armazenamento de disco. Os hospedeiros são empilhados em estantes, com cada uma normalmente tendo de 20 a 40 lâminas. As estantes são então interconectadas usando projetos de rede de *datacenter* sofisticados e sempre em evolução. As redes de *datacenter* são discutidas em mais detalhes no Capítulo 6.

Por exemplo, em 2020, a Google tinha 19 *datacenters* em quatro continentes, que coletivamente continham vários milhões de servidores. A Figura 1.3 inclui dois desses *datacenters*, e o quadro Histórico do caso descreve os *datacenters* em mais detalhes.

1.2.1 Redes de acesso

Tendo considerado as aplicações e os sistemas finais na "periferia da Internet", vamos agora considerar a rede de acesso – a rede física que conecta um sistema final ao primeiro roteador (também conhecido como "roteador de borda") de um caminho partindo de um sistema final até outro qualquer. A Figura 1.4 apresenta diversos tipos de redes de acesso com linhas espessas, linhas cinzas e os ambientes (doméstico, corporativo e móvel sem fio) em que são usadas.

Acesso doméstico: DSL, cabo, FTTH e sem fio fixo 5G

Em 2020, mais de 80% dos lares europeus e americanos tinham acesso à Internet (Statista, 2019). Em razão desse uso disseminado das redes de acesso doméstico, vamos começar nossa introdução às redes de acesso considerando como os lares se conectam à Internet.

Os dois tipos de acesso residencial banda larga predominantes são a **linha digital de assinante (DSL)** e a cabo. Normalmente, uma residência obtém acesso DSL à Internet da mesma empresa que fornece acesso telefônico local com fio (p. ex., a operadora local). Assim, quando a DSL é utilizada, uma operadora do cliente é também seu ISP. Como ilustrado na Figura 1.5, o *modem* DSL de cada cliente utiliza a linha telefônica existente para trocar dados com um multiplexador digital de acesso à linha do assinante (DSLAM , do inglês *digital subscriber line access multiplexer*), em geral localizado nas dependências da operadora. O *modem* DSL da casa recebe dados digitais e os transforma em tons de alta frequência,

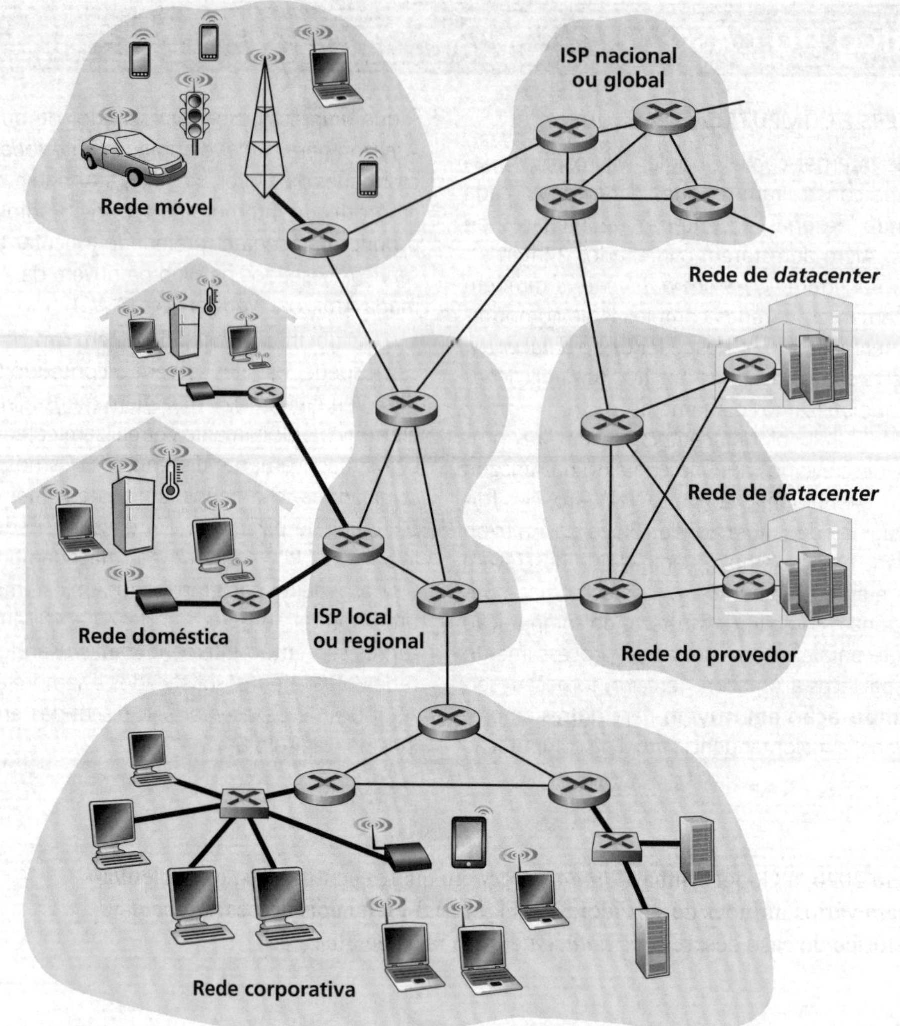

Figura 1.4 Redes de acesso.

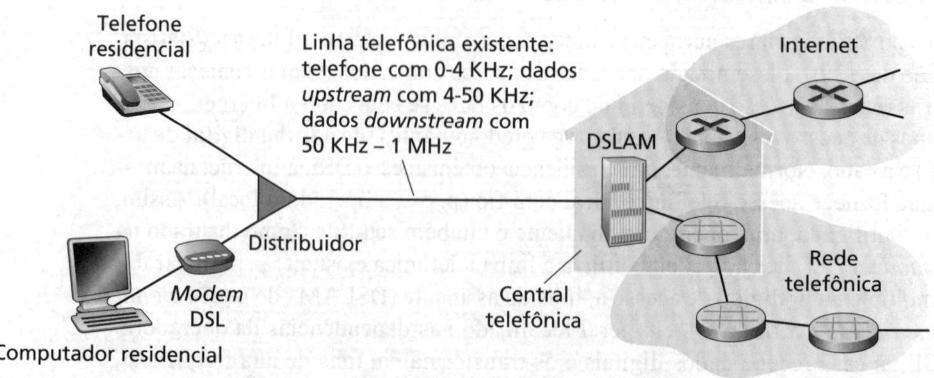

Figura 1.5 Acesso à Internet por DSL.

para transmissão pelos fios de telefone até a central telefônica (CT); os sinais analógicos de muitas dessas residências são traduzidos de volta para o formato digital no DSLAM.

A linha telefônica conduz, simultaneamente, dados e sinais telefônicos tradicionais, que são codificados em frequências diferentes:

- um canal *downstream* de alta velocidade, com uma banda de 50 kHz a 1 MHz;
- um canal *upstream* de velocidade média, com uma banda de 4 kHz a 50 kHz;
- um canal de telefone bidirecional comum, com uma banda de 0 a 4 kHz.

Essa abordagem faz a conexão DSL parecer três conexões distintas, de modo que um telefonema e a conexão com a Internet podem compartilhar a DSL ao mesmo tempo. (Descreveremos essa técnica de multiplexação por divisão de frequência na Seção 1.3.1.) Do lado do consumidor, para os sinais que chegam até sua casa, um distribuidor separa os dados e os sinais telefônicos e conduz o sinal com os dados para o *modem* DSL. Na operadora, na CT, o DSLAM separa os dados e os sinais telefônicos e envia aqueles para a Internet. Centenas ou mesmo milhares de residências se conectam a um único DSLAM.

Os padrões DSL definem múltiplas taxas de transmissão, incluindo 24 e 52 M*bits*/s *downstream* e 3,5 e 16 M*bits*/s *upstream*; o mais novo padrão estabelece taxas *downstream* e *upstream* somadas de 1 G*bits*/s (ITU, 2014). Em razão de as taxas de transmissão e recebimento serem diferentes, o acesso é conhecido como assimétrico. As taxas reais alcançadas podem ser menores do que as indicadas anteriormente, pois o provedor de DSL pode, de modo proposital, limitar uma taxa residencial quando é oferecido o serviço em categorias (diferentes taxas, disponíveis a diferentes preços). A taxa máxima também pode ser limitada pela distância entre a residência e a CT, pela bitola da linha de par trançado e pelo grau de interferência elétrica. Os engenheiros projetaram a DSL expressamente para distâncias curtas entre a residência e a CT; quase sempre, se a residência não estiver localizada dentro de um limite de 8 a 16 quilômetros da CT, ela precisa recorrer a uma forma de acesso alternativa à Internet.

Embora a DSL utilize a infraestrutura de telefone local da operadora, o **acesso à Internet a cabo** utiliza a infraestrutura de TV a cabo da operadora de televisão. Uma residência obtém acesso à Internet a cabo da mesma empresa que fornece a televisão a cabo. Como ilustrado na Figura 1.6, as fibras óticas conectam o terminal de distribuição às junções da região, sendo o cabo coaxial tradicional utilizado para chegar às casas e aos apartamentos de maneira individual. Cada junção costuma suportar de 500 a 5.000 casas. Em razão de a fibra e o cabo coaxial fazerem parte desse sistema, a rede é denominada híbrida fibra-coaxial (HFC).

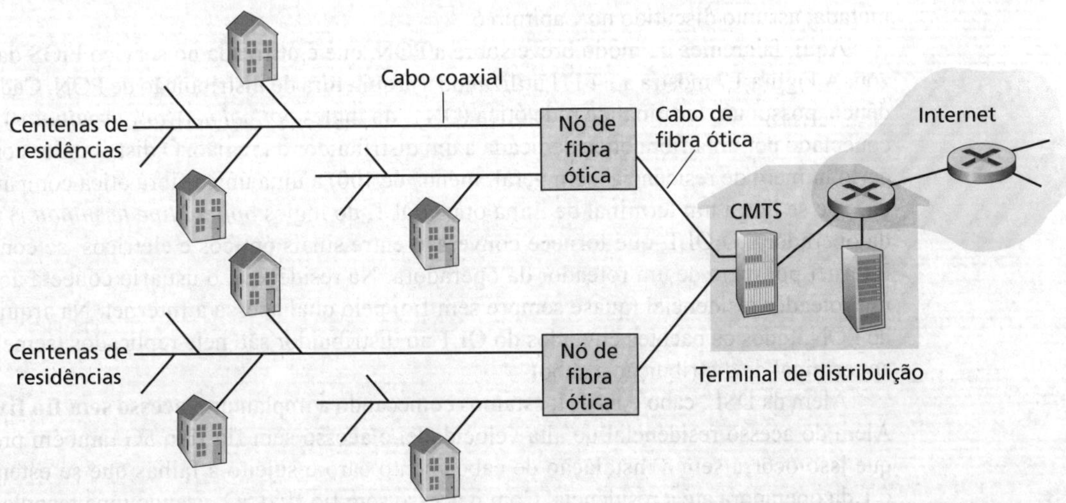

Figura 1.6 Uma rede de acesso híbrida fibra-coaxial.

O acesso à Internet a cabo necessita de *modems* especiais, denominados *modems* a cabo. Como a DSL, o *modem* a cabo é, em geral, um aparelho externo que se conecta ao computador residencial pela porta Ethernet. (Discutiremos Ethernet em detalhes no Capítulo 6.) No terminal de distribuição, o sistema de terminação do *modem* a cabo (CMTS, do inglês *cable modem termination system*) tem uma função semelhante à do DSLAM da rede DSL – transformar o sinal analógico enviado dos *modems* a cabo de muitas residências *downstream* para o formato digital. Os *modems* a cabo dividem a rede HFC em dois canais, um de transmissão (*downstream*) e um de recebimento (*upstream*). Assim como a tecnologia DSL, o acesso costuma ser assimétrico, com o canal *downstream* recebendo uma taxa de transmissão maior do que a do canal *upstream*. Os padrões DOCSIS 2.0 e 3.0 definem taxas *downstream* de 40 M*bits*/s e 1,2 G*bits*/s, e taxas *upstream*, de 30 M*bits*/s e 100 M*bits*/s, respectivamente. Como no caso das redes DSL, a taxa máxima possível de ser alcançada pode não ser observada em virtude de taxas de dados contratadas inferiores ou problemas na mídia.

Uma característica importante do acesso a cabo é o fato de ser um meio de transmissão compartilhado. Em especial, cada pacote enviado pelo terminal viaja pelos enlaces *downstream* até cada residência, e cada pacote enviado por uma residência percorre o canal *upstream* até o terminal de transmissão. Por essa razão, se diversos usuários estiverem fazendo o *download* de um arquivo em vídeo ao mesmo tempo no canal *downstream*, cada um receberá o arquivo a uma taxa bem menor do que a taxa de transmissão a cabo agregada. Por outro lado, se há somente alguns usuários ativos navegando, então cada um poderá receber páginas da Web a uma taxa de *downstream* máxima, pois esses usuários raramente solicitarão uma página ao mesmo tempo. Como o canal *upstream* também é compartilhado, é necessário um protocolo de acesso múltiplo distribuído para coordenar as transmissões e evitar colisões. (Discutiremos a questão de colisão no Capítulo 6.)

Embora as redes DSL e a cabo representem hoje a maior parte do acesso de banda larga residencial nos Estados Unidos, uma tecnologia que oferece velocidades ainda mais altas é a chamada ***fiber to the home* (FTTH)** (Fiber Broadband, 2020). Como o nome indica, o conceito da FTTH é simples – oferece um caminho de fibra ótica da CT diretamente até a residência. A FTTH tem o potencial de oferecer taxas de acesso à Internet na faixa de *gigabits* por segundo.

Existem várias tecnologias concorrentes para a distribuição ótica das CTs às residências. A rede mais simples é chamada fibra direta, para a qual existe uma fibra saindo da CT para cada casa. Em geral, uma fibra que sai da central telefônica é compartilhada por várias residências; ela é dividida em fibras individuais do cliente apenas após se aproximar relativamente das casas. Duas arquiteturas concorrentes de rede de distribuição ótica apresentam essa divisão: redes óticas ativas (AONs, do inglês *active optical networks*) e redes óticas passivas (PONs, do inglês *passive optical networks*). A AON é, na essência, a Ethernet comutada, assunto discutido no Capítulo 6.

Aqui, falaremos de modo breve sobre a PON, que é utilizada no serviço FiOS da Verizon. A Figura 1.7 mostra a FTTH utilizando a arquitetura de distribuição de PON. Cada residência possui um terminal de rede ótica (ONT, do inglês *optical network terminator*), que é conectado por uma fibra ótica dedicada a um distribuidor da região. O distribuidor combina certo número de residências (em geral, menos de 100) a uma única fibra ótica compartilhada, que se liga a um terminal de linha ótica (OLT, do inglês *optical line terminator*) na CT da operadora. O OLT, que fornece conversão entre sinais ópticos e elétricos, se conecta à Internet por meio de um roteador da operadora. Na residência, o usuário conecta ao ONT um roteador residencial (quase sempre sem fio) pelo qual acessa a Internet. Na arquitetura de PON, todos os pacotes enviados do OLT ao distribuidor são nele replicados (semelhante ao terminal de distribuição a cabo).

Além da DSL, cabo e FTTH, estamos começando a implantar o **acesso sem fio fixo 5G**. Além do acesso residencial de alta velocidade, o acesso sem fio fixo 5G também promete que isso ocorra sem a instalação de cabeamento caro e sujeito a falhas que se estende da CT da operadora até a residência. Com o acesso sem fio fixo 5G, usando uma tecnologia de *beam-forming* (formação de feixe), os dados são enviados da estação-base do provedor até o

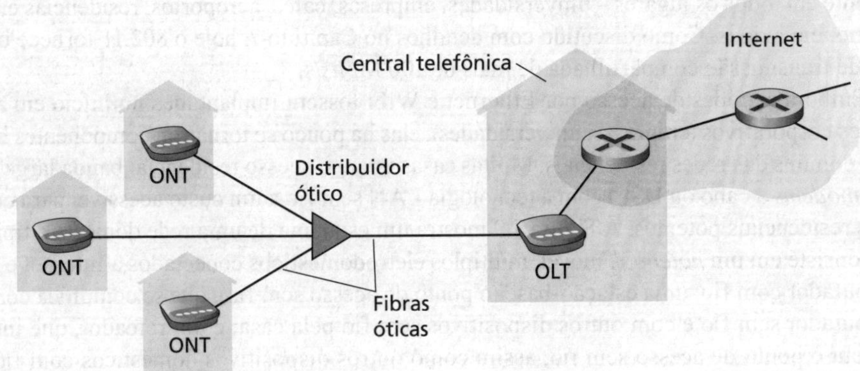

Figura 1.7 Acesso à Internet por FTTH.

modem residencial sem o uso de fios. Um roteador sem fio WiFi é conectado ao *modem* (possivelmente conjugados), semelhante ao modo como um roteador sem fio WiFi é conectado a um *modem* DSL ou a cabo. As redes celulares 5G são tratadas no Capítulo 7.

Acesso na empresa (e na residência): Ethernet e WiFi

Nos campi universitários e corporativos, e cada vez mais em residências, uma rede local (LAN, do inglês *local area network*) costuma ser usada para conectar sistemas finais ao roteador da periferia. Embora existam muitos tipos de tecnologia LAN, a Ethernet é, de longe, o padrão predominante nas redes universitárias, corporativas e domésticas. Como mostrado na Figura 1.8, os usuários utilizam um par de fios de cobre trançado para se conectarem a um *switch* Ethernet, uma tecnologia tratada com mais detalhes no Capítulo 6. O *switch* Ethernet, ou uma rede desses *switches* interconectados, é, por sua vez, conectado à Internet como um todo. Com o acesso por uma rede Ethernet, os usuários normalmente têm acesso entre 100 M*bits*/s e dezenas de G*bits*/s com o *switch* Ethernet, enquanto os servidores possuem um acesso de 1 G*bit*/s ou 10 G*bits*/s.

Está cada vez mais comum as pessoas acessarem a Internet sem fio, seja por *notebooks*, *smartphones*, *tablets* ou por outros dispositivos. Em uma LAN sem fio, os usuários transmitem/recebem pacotes para/de um ponto de acesso que está conectado à rede da empresa (quase sempre incluindo Ethernet com fio) que, por sua vez, é conectada à Internet com fio. Um usuário de LAN sem fio deve estar no espaço de alguns metros do ponto de acesso. O acesso à LAN sem fio baseado na tecnologia IEEE 802.11, ou seja, WiFi, hoje está

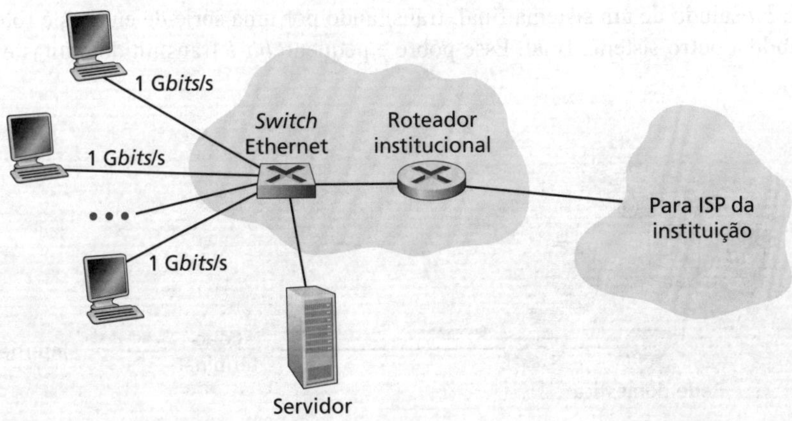

Figura 1.8 Acesso à Internet por Ethernet.

presente em todos os lugares – universidades, empresas, cafés, aeroportos, residências e, até mesmo, em aviões. Como discutido com detalhes no Capítulo 7, hoje o 802.11 fornece uma taxa de transmissão compartilhada de mais de 100 M*bits*/s.

Embora as redes de acesso por Ethernet e WiFi fossem implantadas no início em ambientes corporativos (empresas, universidades), elas há pouco se tornaram componentes bastante comuns das redes residenciais. Muitas casas unem o acesso residencial banda larga (ou seja, *modems* a cabo ou DSL) com a tecnologia LAN sem fio a um custo acessível para criar redes residenciais potentes. A Figura 1.9 mostra um esquema de uma rede doméstica típica. Ela consiste em um *notebook* móvel, múltiplos eletrodomésticos conectados à Internet e um computador com fio; uma estação-base (o ponto de acesso sem fio), que se comunica com o computador sem fio e com outros dispositivos sem fio pela casa; e um roteador, que interconecta o ponto de acesso sem fio, assim como outros dispositivos domésticos com fio, à Internet. Essa rede permite que os moradores tenham acesso banda larga à Internet com um usuário se movimentando da cozinha ao quintal e até os quartos.

Acesso sem fio em longa distância: 3G e LTE 4G e 5G

Dispositivos móveis como iPhones e dispositivos Android estão sendo usados para enviar mensagens, compartilhar fotos em redes sociais, realizar pagamentos móveis, assistir filmes, fazer *streaming* de música e muito mais, sempre em movimento. Esses dispositivos empregam a mesma infraestrutura sem fios usada pela telefonia celular para enviar/receber pacotes por uma estação-base que é controlada pela operadora da rede celular. Diferente do WiFi, um usuário só precisa estar dentro de um raio de algumas dezenas de quilômetros (e não de algumas dezenas de metros) da estação-base.

As empresas de telecomunicação têm investido enormemente na chamada quarta geração (4G) sem fio, que oferece velocidades de *download* de até 60 M*bits*/s no mundo real. Porém, tecnologias de acesso remotas de maior velocidade – uma quinta geração (5G) de redes sem fio de longa distância – já estão sendo implantadas. Veremos os princípios básicos das redes sem fio e mobilidade, além de tecnologias WiFi, 4G e 5G (e mais!) no Capítulo 7.

1.2.2 Meios físicos

Na subseção anterior, apresentamos uma visão geral de algumas das mais importantes tecnologias de acesso à Internet. Ao descrevê-las, indicamos também os meios físicos utilizados por elas. Por exemplo, dissemos que a HFC usa uma combinação de cabo de fibra ótica e cabo coaxial. Dissemos que DSL e Ethernet utilizam fios de cobre. Dissemos também que redes de acesso móveis usam o espectro de rádio. Nesta subseção, damos uma visão geral desses e de outros meios de transmissão empregados na Internet.

Para definir o que significa meio físico, vamos pensar na curta vida de um *bit*. Considere um *bit* saindo de um sistema final, transitando por uma série de enlaces e roteadores e chegando a outro sistema final. Esse pobre e pequeno *bit* é transmitido muitas e muitas

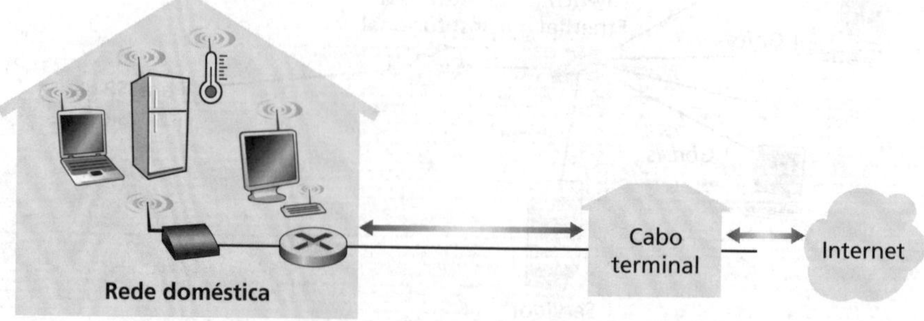

Figura 1.9 Esquema de uma rede doméstica típica.

vezes. Primeiro, o sistema final originador transmite o *bit* e, logo em seguida, o primeiro roteador da série recebe-o; então, o primeiro roteador envia-o para o segundo roteador e assim por diante. Assim, nosso *bit*, ao viajar da origem ao destino, passa por uma série de pares transmissor-receptor, que o recebem por meio de ondas eletromagnéticas ou pulsos óticos que se propagam por um **meio físico**. Com muitos aspectos e formas possíveis, o meio físico não precisa ser obrigatoriamente do mesmo tipo para cada par transmissor–receptor ao longo do caminho. Alguns exemplos de meios físicos são: par de fios de cobre trançado, cabo coaxial, cabo de fibra ótica multimodo, espectro de rádio terrestre e espectro de rádio por satélite. Os meios físicos se enquadram em duas categorias: **meios guiados** e **meios não guiados**. Nos meios guiados, as ondas são dirigidas ao longo de um meio sólido, tal como um cabo de fibra ótica, um par de fios de cobre trançado ou um cabo coaxial. Nos meios não guiados, as ondas se propagam na atmosfera e no espaço, como é o caso de uma LAN sem fio ou de um canal digital de satélite.

Contudo, antes de examinar as características dos vários tipos de meios, vamos discutir um pouco seus custos. O custo real de um enlace físico (fio de cobre, cabo de fibra ótica e assim por diante) costuma ser insignificante em comparação a outros. Em especial, o custo da mão de obra de instalação do enlace físico pode ser várias vezes maior do que o do material. Por essa razão, muitos construtores instalam pares de fios trançados, fibra ótica e cabo coaxial em todas as salas de um edifício. Mesmo que apenas um dos meios seja usado inicialmente, há uma boa probabilidade de outro ser usado no futuro próximo – portanto, poupa-se dinheiro por não ser preciso instalar fiação adicional depois.

Par de fios de cobre trançado

O meio de transmissão guiado mais barato e mais usado é o par de fios de cobre trançado, que vem sendo empregado há mais de 100 anos nas redes de telefonia. De fato, mais de 99% da fiação que conecta aparelhos telefônicos a centrais locais utilizam esse meio. Quase todos nós já vimos um em casa (ou na casa dos nossos pais e avós!) ou no local de trabalho: esse par constituído de dois fios de cobre isolados, cada um com cerca de 1 milímetro de espessura, enrolados em espiral. Os fios são trançados para reduzir a interferência elétrica de pares semelhantes que estejam próximos. Normalmente, uma série de pares é conjugada dentro de um cabo, isolando-se os pares com blindagem de proteção. Um par de fios constitui um único enlace de comunicação. O **par trançado sem blindagem** (**UTP,** do inglês ***unshielded twisted pair***) costuma ser usado em redes de computadores de edifícios, isto é, em LANs. Hoje, as taxas de transmissão de dados para as LANs de pares trançados estão na faixa de 10 M*bits*/s a 10 G*bits*/s. As taxas de transmissão de dados que podem ser alcançadas dependem da bitola do fio e da distância entre transmissor e receptor.

Quando a tecnologia da fibra ótica surgiu na década de 1980, muitos depreciaram o par trançado por suas taxas de transmissão de *bits* relativamente baixas. Alguns até acharam que a tecnologia da fibra ótica o substituiria por completo. Mas ele não desistiu assim tão facilmente. A moderna tecnologia de par trançado, tal como o cabo de categoria 6a, pode alcançar taxas de transmissão de dados de 10 G*bits*/s para distâncias de até algumas centenas de metros. No final, o par trançado firmou-se como a solução dominante para LANs de alta velocidade.

Como vimos, o par trançado também é usado para acesso residencial à Internet. Vimos que a tecnologia do *modem* discado possibilita taxas de acesso de até 56 k*bits*/s com pares trançados. Vimos também que a tecnologia DSL (linha digital de assinante) permitiu que usuários residenciais acessem a Internet em dezenas de M*bits*/s com pares de fios trançados (quando as residências estão próximas à CT do ISP).

Cabo coaxial

Como o par trançado, o cabo coaxial é constituído por dois condutores de cobre, porém concêntricos e não paralelos. Com essa configuração, isolamento e blindagem especiais, pode alcançar taxas altas de transmissão de dados. Cabos coaxiais são muito comuns em sistemas de televisão a cabo. Como já comentamos, recentemente sistemas de televisão a cabo foram acoplados com *modems* a cabo para oferecer aos usuários residenciais acesso à Internet a velocidades de centenas de M*bits*/s. Em televisão a cabo e acesso a cabo à Internet, o transmissor passa o sinal digital para uma banda de frequência específica, e o sinal analógico resultante é enviado do transmissor para um ou mais receptores. O cabo coaxial pode ser utilizado como um **meio compartilhado** guiado. Vários sistemas finais podem ser conectados diretamente ao cabo, e todos eles recebem qualquer sinal que seja enviado pelos outros sistemas finais.

Fibras óticas

A fibra ótica é um meio delgado e flexível que conduz pulsos de luz, cada um deles representando um *bit*. Uma única fibra ótica pode suportar taxas de transmissão elevadíssimas, de até dezenas ou mesmo centenas de *gigabits* por segundo. Fibras óticas são imunes à interferência eletromagnética, têm baixíssima atenuação de sinal até 100 quilômetros, e são muito difíceis de criar derivações de sinal. Essas características fizeram da fibra ótica o meio preferido para a transmissão guiada de grande alcance, em especial para cabos submarinos. Hoje, muitas redes telefônicas de longa distância dos Estados Unidos e de outros países usam exclusivamente fibras óticas, que também predominam no *backbone* da Internet. Contudo, o alto custo de equipamentos óticos – como transmissores, receptores e nós de comutação – vem atrasando sua utilização para transporte a curta distância, como em LANs ou em redes de acesso residenciais. As velocidades de conexão do padrão Optical Carrier (OC) variam de 51,8 M*bits*/s a 39,8 G*bits*/s; essas especificações são frequentemente denominadas OC-*n*, em que a velocidade de conexão se iguala a $n \times 51{,}8$ M*bits*/s. Os padrões usados hoje incluem OC-1, OC-3, OC-12, OC-24, OC-48, OC-96, OC-192 e OC-768.

Canais de rádio terrestres

Canais de rádio carregam sinais dentro do espectro eletromagnético. São um meio atraente, porque sua instalação não requer cabos físicos, podem atravessar paredes, dão conectividade ao usuário móvel e, potencialmente, conseguem transmitir um sinal a longas distâncias. As características de um canal de rádio dependem muito do ambiente de propagação e da distância pela qual o sinal deve ser transmitido. Condições ambientais determinam perda de sinal no caminho e atenuação por efeito de sombra (que reduz a intensidade do sinal quando ele transita por distâncias longas e ao redor/através de objetos interferentes), atenuação por caminhos múltiplos (devido à reflexão do sinal quando atinge objetos interferentes) e interferência (por outras transmissões ou sinais eletromagnéticos).

Canais de rádio terrestres podem ser classificados, de modo geral, em três grupos: os que operam sobre distâncias muito curtas (p. ex., com 1 ou 2 metros); os de pequeno alcance, que funcionam em locais próximos, normalmente abrangendo de 10 a algumas centenas de metros; e os de longo alcance, que abrangem dezenas de quilômetros. Dispositivos pessoais, como fones sem fio, teclados e dispositivos médicos, operam por curtas distâncias; as tecnologias LAN sem fio, descritas na Seção 1.2.1, utilizam canais de rádio local de média distância; as tecnologias de acesso em telefone celular utilizam canal de rádio de longo alcance. Abordaremos canais de rádio detalhadamente no Capítulo 7.

Canais de rádio por satélite

Um satélite de comunicação liga dois ou mais transmissores-receptores de micro-ondas baseados na Terra, denominados estações terrestres. Ele recebe transmissões em uma faixa de frequência, gera novamente o sinal usando um repetidor (sobre o qual falaremos a seguir) e o transmite em outra frequência. Dois tipos de satélites são usados para comunicações: **satélites geoestacionários** e **satélites de órbita baixa** (**LEO,** do inglês ***low-earth orbiting***).

Os satélites geoestacionários ficam de modo permanente sobre o mesmo lugar da Terra. Essa presença estacionária é conseguida colocando-se o satélite em órbita a 36 mil quilômetros acima da superfície terrestre. Essa enorme distância da estação terrestre ao satélite e de seu caminho de volta à estação terrestre traz um substancial atraso de propagação de sinal de 280 milissegundos. Mesmo assim, enlaces por satélite, que podem funcionar a velocidades de centenas de M*bits*/s, são frequentemente usados em áreas sem acesso à Internet baseada em DSL ou a cabo.

Os satélites LEO são posicionados muito mais próximos da Terra e não ficam sempre sobre um único lugar. Eles giram ao redor da Terra (exatamente como a Lua) e podem se comunicar uns com os outros e com estações terrestres. Para prover cobertura contínua em determinada área, é preciso colocar muitos satélites em órbita. Hoje, existem muitos sistemas de comunicação de baixa altitude em desenvolvimento. A tecnologia de satélites LEO poderá ser utilizada para acesso à Internet no futuro.

1.3 O NÚCLEO DA REDE

Após termos examinado a periferia da Internet, vamos agora nos aprofundar mais no núcleo da rede – a rede de nós de comutação de pacotes e enlaces que interconectam os sistemas finais da Internet. Os núcleos da rede aparecem destacados em cinza na Figura 1.10.

1.3.1 Comutação de pacotes

Em uma aplicação de rede, sistemas finais trocam **mensagens** entre si. Mensagens podem conter qualquer coisa que o projetista do protocolo queira. Podem desempenhar uma função de controle (p. ex., as mensagens "Oi" no nosso exemplo de comunicação na Figura 1.2) ou conter dados, tal como um *e-mail*, uma imagem JPEG ou um arquivo de áudio MP3. Para enviar uma mensagem de um sistema final de origem para um destino, o originador fragmenta mensagens longas em porções de dados menores, denominadas **pacotes**. Entre origem e destino, cada um deles percorre enlaces de comunicação e **nós de comutação de pacotes** (há dois tipos principais de comutadores de pacotes: **roteadores** e ***switches***). Pacotes são transmitidos por cada enlace de comunicação a uma taxa igual à de transmissão *total*. Assim, se um sistema final de origem ou um nó de comutação de pacotes estiver enviando um pacote de *L bits* por um enlace com taxa de transmissão de *R bits*/s, então o tempo para transmitir o pacote é *L*/*R* segundos.

Transmissão armazena-e-reenvia

A maioria dos nós de comutação de pacotes utiliza a **transmissão armazena-e-reenvia (*store-and-forward*)** nas entradas dos enlaces. A transmissão armazena-e-reenvia significa que o nó de comutação de pacotes deve receber o pacote inteiro antes de poder começar a transmitir o primeiro *bit* para o enlace de saída. Para explorar a transmissão armazena-e--reenvia com mais detalhes, considere uma rede simples, consistindo em dois sistemas finais conectados por um único roteador, conforme mostra a Figura 1.11. Um roteador em geral terá muitos enlaces incidentes, pois sua função é transferir um pacote que chega para um enlace de saída; neste exemplo simples, o roteador tem a tarefa de transferir um pacote de um enlace (entrada) para o único outro enlace conectado. Aqui, a origem tem três pacotes, cada um consistindo em *L bits*, para enviar ao destino. No instante de tempo mostrado na Figura 1.11, a origem transmitiu parte do pacote 1, e a frente do pacote 1 já chegou no roteador. Como emprega a transmissão armazena-e-reenvia, nesse momento, o roteador não pode transmitir os *bits* que recebeu; em vez disso, ele precisa primeiro manter em *buffer* (i.e., "armazenar") os *bits* do pacote. Somente depois que o roteador tiver recebido *todos* os *bits*

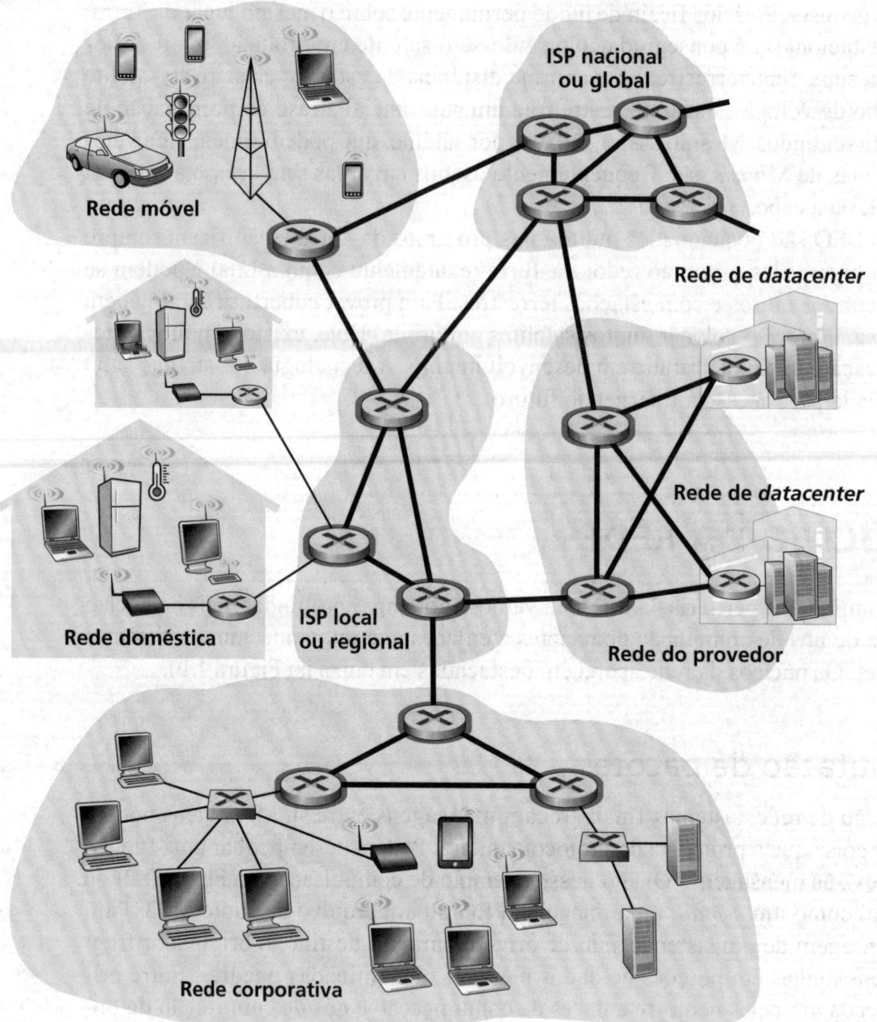

Figura 1.10 O núcleo da rede.

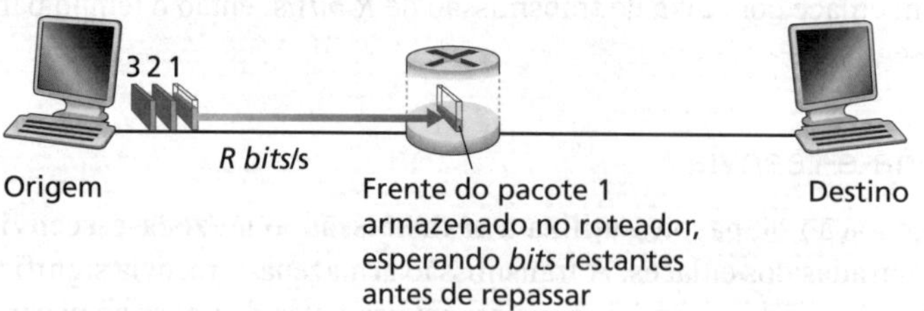

Figura 1.11 Comutação de pacotes armazena-e-reenvia.

de um pacote, poderá começar a transmitir (i.e., "reenviar") o pacote para o enlace de saída. Para ter uma ideia da transmissão armazena-e-reenvia, vamos agora calcular a quantidade de tempo decorrido desde quando a origem começa a enviar até que o destino tenha recebido o pacote inteiro. (Aqui, ignoraremos o atraso de propagação – o tempo gasto para os *bits* atravessarem o fio em uma velocidade próxima à da luz –, o que será discutido na Seção 1.4.) A origem começa a transmitir no tempo 0; no tempo L/R segundos, a origem terá transmitido o pacote inteiro, que terá sido recebido e armazenado no roteador (pois não há atraso de propagação). No tempo L/R segundos, como o roteador já terá recebido o pacote inteiro, ele pode começar a transmiti-lo para o enlace de saída, em direção ao destino; no tempo $2L/R$, o roteador terá transmitido o pacote inteiro, e este terá sido recebido pelo destino. Assim, o atraso total é $2L/R$. Se o roteador, em vez disso, reenviasse os *bits* assim que chegassem (sem primeiro receber o pacote inteiro), então o atraso total seria L/R, pois os *bits* não são mantidos no roteador. Mas, conforme discutiremos na Seção 1.4, os roteadores precisam receber, armazenar e *processar* o pacote inteiro antes de encaminhá-lo.

Agora vamos calcular a quantidade de tempo decorrido desde quando a origem começa a enviar o primeiro pacote até que o destino tenha recebido todos os três. Como antes, no instante L/R, o roteador começa a reenviar o primeiro pacote. Mas, também no tempo L/R, a origem começará a enviar o segundo, pois ela terá acabado de mandar o primeiro pacote inteiro. Assim, no tempo $2L/R$, o destino terá recebido o primeiro pacote e o roteador terá recebido o segundo. De modo semelhante, no instante $3L/R$, o destino terá recebido os dois primeiros pacotes e o roteador terá recebido o terceiro. Por fim, no tempo $4L/R$, o destino terá recebido todos os três pacotes!

Vamos considerar o caso geral do envio de um pacote da origem ao destino por um caminho que consiste em N enlaces, cada um com taxa R (assim, há $N - 1$ roteadores entre origem e destino). Aplicando a mesma lógica usada anteriormente, vemos que o atraso fim a fim é:

$$d_{\text{fim a fim}} = N\frac{L}{R} \tag{1.1}$$

Você poderá tentar determinar qual seria o atraso para P pacotes enviados por uma série de N enlaces.

Atrasos de fila e perda de pacote

A cada nó de comutação de pacotes estão ligados vários enlaces. Para cada um destes, o nó de comutação de pacotes tem um ***buffer* de saída** (também denominado **fila de saída**), que armazena pacotes prestes a serem enviados pelo roteador para aquele enlace. Os *buffers* de saída desempenham um papel fundamental na comutação de pacotes. Se um pacote que está chegando precisa ser transmitido por um enlace, mas o encontra ocupado com a transmissão de outro pacote, deve aguardar no *buffer* de saída. Desse modo, além dos atrasos de armazenagem e reenvio, os pacotes sofrem **atrasos de fila** no *buffer* de saída. Esses atrasos são variáveis e dependem do grau de congestionamento da rede. Como o espaço do *buffer* é finito, um pacote que está chegando pode encontrar o *buffer* lotado de outros que estão esperando transmissão. Nesse caso, ocorrerá uma **perda de pacote** – um pacote que está chegando ou um dos que já estão na fila é descartado.

A Figura 1.12 ilustra uma rede simples de comutação de pacotes. Como na Figura 1.11, os pacotes são representados por placas tridimensionais. A largura de uma placa representa o número de *bits* no pacote. Nessa figura, todos os pacotes têm a mesma largura, portanto, o mesmo tamanho. Suponha que os hospedeiros A e B estejam enviando pacotes ao hospedeiro E. Os hospedeiros A e B primeiro enviarão seus pacotes por enlaces Ethernet de 100 M*bits*/s até o primeiro nó de comutação, que vai direcioná-los para o enlace de 15 M*bits*/s. Se, durante um pequeno intervalo de tempo, a taxa de chegada de pacotes ao roteador (quando convertida para *bits* por segundo) for maior do que 15 M*bits*/s, ocorrerá congestionamento no roteador, pois os pacotes formarão uma fila no *buffer* de saída do enlace antes de serem transmitidos para o enlace. Por exemplo, se cada um dos hospedeiros A e B enviar uma rajada de cinco pacotes de ponta a ponta ao mesmo tempo, então a maior parte deles gastará algum tempo esperando na fila. De fato, a situação é semelhante a muitas no dia a dia – por exemplo, quando aguardamos na fila de um caixa de banco ou quando esperamos em uma cabine de pedágio. Vamos analisar esse atraso de fila mais detalhadamente na Seção 1.4.

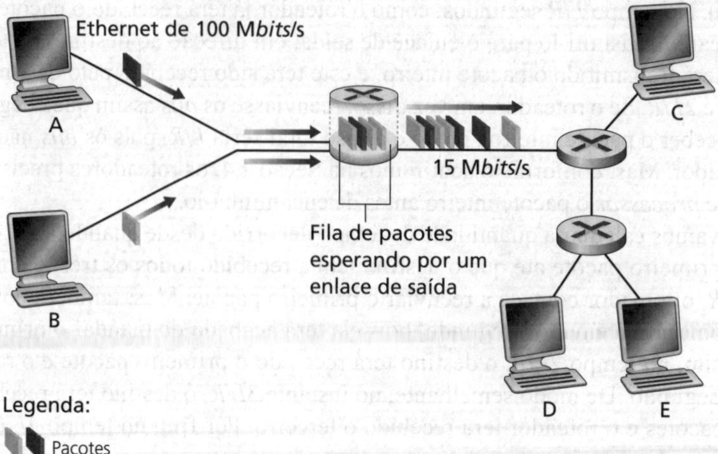

Figura 1.12 Comutação de pacotes.

Tabelas de repasse e protocolos de roteamento

Dissemos anteriormente que um roteador conduz um pacote que chega a um de seus enlaces de comunicação para outro de seus enlaces de comunicação conectados. Mas como o roteador determina o enlace ao qual deve conduzir o pacote? Na verdade, isso é feito de diversas maneiras por diferentes tipos de rede de computadores. Aqui, descreveremos de modo resumido como isso é feito pela Internet.

Na Internet, cada sistema final tem um endereço denominado endereço IP. Quando um sistema final de origem quer enviar um pacote a um destino, a origem inclui o endereço IP do destino no cabeçalho do pacote. Como os endereços postais, o IP possui uma estrutura hierárquica. Quando um pacote chega a um roteador na rede, este examina uma parte do endereço de destino e o conduz a um roteador adjacente. Mais especificamente, cada roteador possui uma **tabela de repasse** que mapeia os endereços de destino (ou partes deles) para enlaces de saída desse roteador. Quando um pacote chega a um roteador, este examina o endereço e pesquisa sua tabela de repasse, utilizando esse endereço de destino para encontrar o enlace de saída apropriado. O roteador, então, direciona o pacote a esse enlace de saída.

O processo de roteamento fim a fim é semelhante a um motorista que não quer consultar o mapa, preferindo pedir informações. Por exemplo, suponha que Joe vai dirigir da Filadélfia para 156 Lakeside Drive, em Orlando, Flórida. Primeiro, Joe vai ao posto de gasolina de seu bairro e pergunta como chegar a 156 Lakeside Drive, em Orlando, Flórida. O frentista do posto extrai a palavra Flórida do endereço e diz que Joe precisa pegar a interestadual I-95 Sul, cuja entrada fica ao lado do posto. Ele também diz a Joe para pedir outras informações assim que chegar à Flórida. Então, Joe pega a I-95 Sul até chegar a Jacksonville, na Flórida, onde pede mais informações a outro frentista. Este extrai a palavra Orlando do endereço a diz a Joe para continuar na I-95 até Daytona Beach, e lá se informar de novo. Em Daytona Beach, outro frentista também extrai a palavra Orlando do endereço e pede para que ele pegue a I-4 diretamente para Orlando. Joe segue suas orientações e chega a uma saída para Orlando. Ele vai até outro posto de gasolina, e dessa vez o frentista extrai a palavra Lakeside Drive do endereço e diz a ele qual estrada seguir para Lakeside Drive. Assim que Joe chega a Lakeside Drive, pergunta a uma criança andando de bicicleta como chegar a seu destino. A criança extrai o número 156 do endereço e aponta para a casa. Joe finalmente chega a seu destino. Nessa analogia, os frentistas de posto de gasolina e as crianças andando de bicicleta são semelhantes aos roteadores.

Vimos que um roteador usa um endereço de destino do pacote para indexar uma tabela de repasse e determinar o enlace de saída apropriado. Mas essa afirmação traz ainda outra questão: como as tabelas de repasse são montadas? Elas são configuradas manualmente em cada roteador ou a Internet utiliza um procedimento mais automatizado? Essa questão será estudada com mais profundidade no Capítulo 5. Mas, para aguçar seu apetite, observe que a Internet possui uma série de **protocolos de roteamento** especiais, que são utilizados para configurar automaticamente as tabelas de repasse. Um protocolo de roteamento pode, por exemplo, determinar o caminho mais curto de cada roteador a cada destino e utilizar os resultados para configurar as tabelas de repasse nos roteadores.

1.3.2 Comutação de circuitos

Há duas abordagens fundamentais para transmissão de dados através de uma rede de enlaces e nós de comutação: **comutação de circuitos** e **comutação de pacotes**. Tendo visto estas últimas na subseção anterior, agora vamos voltar nossa atenção às redes de comutação de circuitos.

Nessas redes, os recursos necessários ao longo de um caminho (*buffers*, taxa de transmissão de enlaces) para oferecer comunicação entre os sistemas finais são *reservados* pelo período da sessão de comunicação entre os sistemas finais. Em redes de comutação de pacotes, tais recursos *não* são reservados; as mensagens de uma sessão usam os recursos por demanda e, como consequência, poderão ter de esperar (i.e., entrar na fila) para conseguir acesso a um enlace de comunicação. Como simples analogia, considere dois restaurantes – um que exige e outro que não exige nem aceita reserva. Se quisermos ir ao restaurante que exige reserva, teremos de passar pelo aborrecimento de telefonar antes de sair de casa. Mas, quando chegarmos lá, poderemos, em princípio, ser logo atendidos e servidos. No segundo restaurante, não precisaremos nos dar ao trabalho de reservar mesa, porém, quando lá chegarmos, talvez tenhamos de esperar para sentar.

As redes de telefonia tradicionais são exemplos de redes de comutação de circuitos. Considere o que acontece quando uma pessoa quer enviar a outra uma informação (por voz ou por fax) por meio de uma rede telefônica. Antes que o remetente possa enviar a informação, a rede precisa estabelecer uma conexão entre ele e o destinatário. Essa é uma conexão forte, na qual os comutadores no caminho entre o remetente e o destinatário mantêm o estado. No jargão da telefonia, essa conexão é denominada **circuito**. Quando a rede estabelece o circuito, também reserva uma taxa de transmissão constante nos enlaces da rede durante o período da conexão. Visto que foi reservada largura de banda para essa conexão remetente-destinatário, o remetente pode transferir dados ao destinatário a uma taxa constante *garantida*.

A Figura 1.13 ilustra uma rede de comutação de circuitos. Nela, os quatro nós de comutação de circuitos estão interconectados por quatro enlaces. Cada enlace tem quatro circuitos, de modo que cada um pode suportar quatro conexões simultâneas. Cada um dos hospedeiros (p. ex., PCs e estações de trabalho) está conectado diretamente a um dos circuitos.

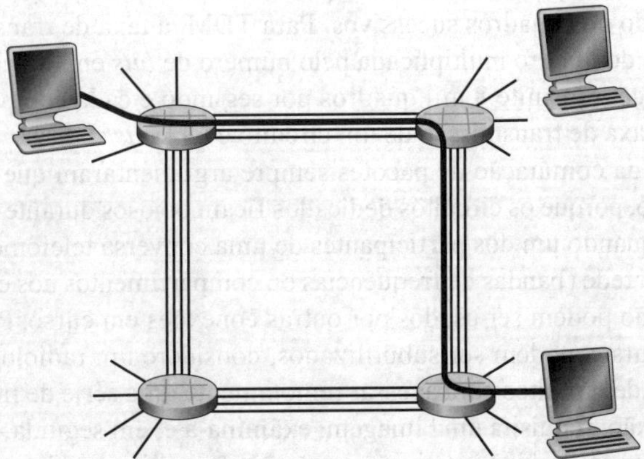

Figura 1.13 Uma rede simples de comutação de circuitos composta por quatro nós de comutação e quatro enlaces.

Quando dois sistemas finais querem se comunicar, a rede estabelece uma **conexão fim a fim** dedicada entre os dois hospedeiros. Assim, para que o sistema final A envie mensagens ao sistema final B, a rede deve primeiro reservar um circuito em cada um dos dois enlaces. Neste exemplo, a conexão fim a fim dedicada usa o segundo circuito no primeiro enlace e o quarto circuito no segundo enlace. Como cada enlace tem quatro circuitos, para cada enlace usado pela conexão fim a fim, esta fica com um quarto da capacidade de transmissão total durante o período da conexão. Assim, por exemplo, se cada enlace entre comutadores adjacentes tiver uma taxa de transmissão de 1 M*bit*/s, então cada conexão comutada por circuitos fim a fim obtém 250 k*bits*/s de taxa de transmissão dedicada.

Em contrapartida, considere o que ocorre quando um sistema final quer enviar um pacote a outro hospedeiro por uma rede de comutação de pacotes, como a Internet. Como acontece na comutação de circuitos, o pacote é transmitido por uma série de enlaces de comunicação. Mas, na comutação de pacotes, ele é enviado à rede sem reservar qualquer recurso do enlace. Se um dos enlaces estiver congestionado porque outros pacotes precisam ser transmitidos ao mesmo tempo, então nosso pacote terá de esperar em um *buffer* na extremidade de origem do enlace de transmissão e sofrerá um atraso. A Internet faz o melhor esforço para entregar os dados rapidamente, mas não dá garantia alguma.

Multiplexação em redes de comutação de circuitos

Um circuito é implementado em um enlace por **multiplexação por divisão de frequência** (**FDM,** do inglês ***frequency-division multiplexing***) ou por **multiplexação por divisão de tempo** (**TDM,** do inglês ***time-division multiplexing***). Com FDM, o espectro de frequência de um enlace é compartilhado entre as conexões estabelecidas através desse enlace. Ou seja, o enlace reserva uma banda de frequência para cada conexão durante o período da ligação. Em redes telefônicas, a largura dessa banda de frequência em geral é 4 kHz (i.e., 4 mil Hertz ou 4 mil ciclos por segundo). A largura da banda é denominada, claro, **largura de banda**. Estações de rádio FM também usam FDM para compartilhar o espectro de frequência entre 88 MHz e 108 MHz, sendo atribuída para cada estação uma banda de frequência específica.

Em um enlace TDM, o tempo é dividido em quadros de duração fixa, e cada quadro é dividido em um número fixo de compartimentos (*slots*). Quando estabelece uma conexão por meio de um enlace, a rede dedica à conexão um compartimento de tempo em cada quadro. Esses compartimentos são reservados para o uso exclusivo dessa conexão, e um dos compartimentos de tempo (em cada quadro) fica disponível para transmitir os dados dela.

A Figura 1.14 ilustra as técnicas FDM e TDM para um enlace de rede que suporta até quatro circuitos. Para FDM, o domínio de frequência é segmentado em quatro faixas, com largura de banda de 4 kHz cada. Para TDM, o domínio de tempo é segmentado em quadros, cada um com quatro compartimentos de tempo; a cada circuito é designado o mesmo compartimento dedicado nos quadros sucessivos. Para TDM, a taxa de transmissão de um circuito é igual à taxa do quadro multiplicada pelo número de *bits* em um compartimento. Por exemplo, se o enlace transmite 8 mil quadros por segundo e cada compartimento consiste em 8 *bits*, então a taxa de transmissão de um circuito é 64 k*bits*/s.

Os defensores da comutação de pacotes sempre argumentaram que comutação de circuitos é desperdício, porque os circuitos dedicados ficam ociosos durante **períodos de silêncio**. Por exemplo, quando um dos participantes de uma conversa telefônica para de falar, os recursos ociosos da rede (bandas de frequências ou compartimentos nos enlaces ao longo da rota da conexão) não podem ser usados por outras conexões em curso. Para outro exemplo de como esses recursos podem ser subutilizados, considere um radiologista que usa uma rede de comutação de circuitos para acessar remotamente uma série de radiografias. Ele estabelece uma conexão, requisita uma imagem, examina-a e, em seguida, solicita uma nova. Recursos de rede são atribuídos à conexão, mas não são utilizados (i.e., são desperdiçados) no período em que o radiologista examina a imagem. Defensores da comutação de pacotes também gostam de destacar que estabelecer circuitos e reservar larguras de banda fim a fim

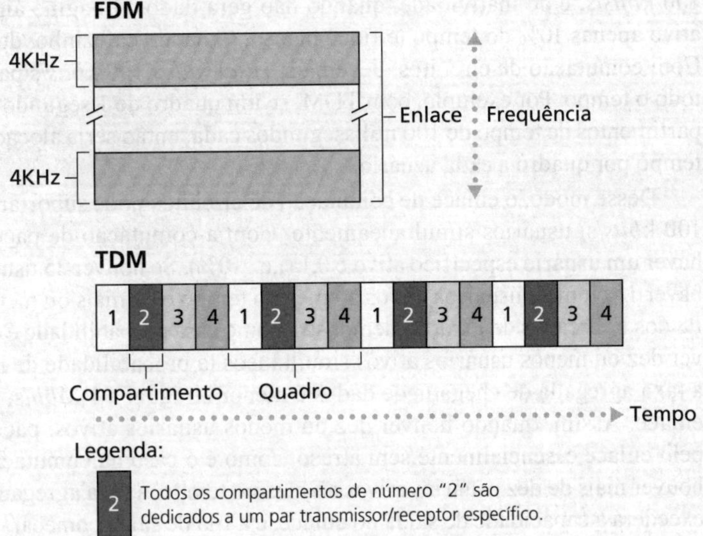

Figura 1.14 Com FDM, cada circuito dispõe continuamente de uma fração da largura de banda. Com TDM, cada circuito dispõe de toda a largura de banda periodicamente, durante breves intervalos de tempo (i.e., durante compartimentos de tempo).

são processos complicados e exigem *softwares* complexos de sinalização para coordenar a operação dos nós de comutação ao longo do caminho.

Antes de encerrarmos esta discussão sobre comutação de circuitos, examinaremos um exemplo numérico que deverá esclarecer melhor o assunto. Vamos considerar o tempo que levamos para enviar um arquivo de 640 mil *bits* do hospedeiro A ao hospedeiro B por uma rede de comutação de circuitos. Suponha que todos os enlaces da rede usem TDM de 24 compartimentos e tenham uma taxa de 1,536 M*bits*/s. Suponha também que um circuito fim a fim leva 500 milissegundos para ser ativado antes que A possa começar a transmitir o arquivo. Em quanto tempo o arquivo será enviado? Cada circuito tem uma taxa de transmissão de (1,536 M*bits*/s)/24 = 64 k*bits*/s; portanto, demorará (640.000 *bits*)/(64 k*bits*/s) = 10 segundos para transmitir o arquivo. A esses 10 segundos adicionamos o tempo de ativação do circuito, resultando 10,5 segundos para o envio. Observe que o tempo de transmissão é independente do número de enlaces: o tempo de transmissão seria 10 segundos se o circuito fim a fim passasse por um ou por uma centena de enlaces. (O atraso real fim a fim também inclui um atraso de propagação; ver Seção 1.4.)

Comutação de pacotes *versus* comutação de circuitos

Agora que já descrevemos comutação de pacotes e comutação de circuitos, vamos comparar as duas. Opositores da comutação de pacotes costumam argumentar que ela não é adequada para serviços de tempo real (p. ex., ligações telefônicas e videoconferência) em virtude de seus atrasos fim a fim variáveis e imprevisíveis (que se devem principalmente a variáveis e imprevisíveis atrasos de fila). Defensores da comutação de pacotes argumentam que (1) ela oferece melhor compartilhamento de banda do que a comutação de circuitos e (2) sua implementação é mais simples, mais eficiente e mais barata do que a de comutação de circuitos. Uma discussão interessante sobre comutação de pacotes e comutação de circuitos pode ser encontrada em Molinero-Fernandez (2002). De modo geral, quem não gosta de perder tempo fazendo reserva de mesa em restaurantes prefere comutação de pacotes à comutação de circuitos.

Por que a comutação de pacotes é mais eficiente? Vamos examinar um exemplo simples. Suponha que usuários compartilhem um enlace de 1 M*bit*/s. Considere também que cada usuário alterne períodos de atividade, quando gera dados a uma taxa constante de

100 k*bits*/s, e de inatividade, quando não gera dados. Imagine ainda que o usuário esteja ativo apenas 10% do tempo (e fique ocioso, tomando cafezinho, durante os restantes 90%). Com comutação de circuitos, devem ser *reservados* 100 k*bits*/s para *cada* usuário durante todo o tempo. Por exemplo, com TDM, se um quadro de 1 segundo for dividido em 10 compartimentos de tempo de 100 milissegundos cada, então seria alocado um compartimento de tempo por quadro a cada usuário.

Desse modo, o enlace de comutação de circuitos pode suportar somente 10 (= 1 M*bit*/s/ 100 k*bits*/s) usuários simultaneamente. Com a comutação de pacotes, a probabilidade de haver um usuário específico ativo é 0,1 (i.e., 10%). Se houver 35 usuários, a probabilidade de haver 11 ou mais usuários ativos ao mesmo tempo é de mais ou menos 0,0004. (O Problema P8 dos Exercícios de Fixação demonstra como essa probabilidade é calculada.) Quando houver dez ou menos usuários ativos simultâneos (a probabilidade de isso acontecer é 0,9996), a taxa agregada de chegada de dados é menor ou igual a 1 M*bit*/s, que é a taxa de saída do enlace. Assim, quando houver dez ou menos usuários ativos, pacotes de usuários fluirão pelo enlace essencialmente sem atraso, como é o caso na comutação de circuitos. Quando houver mais de dez usuários ativos ao mesmo tempo, a taxa agregada de chegada de pacotes excederá a capacidade de saída do enlace, e a fila de saída começará a crescer. (E continuará a crescer até que a velocidade agregada de entrada caia novamente para menos de 1 M*bit*/s, ponto em que o comprimento da fila começará a diminuir.) Como a probabilidade de haver mais de dez usuários ativos é ínfima nesse exemplo, a comutação de pacotes apresenta, em essência, o mesmo desempenho da comutação de circuitos, *mas o faz para mais de três vezes o número de usuários.*

Vamos considerar agora um segundo exemplo simples. Suponha que haja dez usuários e que um deles de repente gere 1.000 pacotes de 1.000 *bits*, enquanto os outros nove permanecem inativos e não geram pacotes. Com comutação de circuitos TDM de dez compartimentos de tempo por quadro, e cada quadro consistindo em 1.000 *bits*, o usuário ativo poderá usar somente seu único compartimento por quadro para transmitir dados, enquanto os nove compartimentos restantes em cada quadro continuarão ociosos. Dez segundos se passarão antes que todo o 1 milhão de *bits* de dados do usuário ativo seja transmitido. No caso da comutação de pacotes, o usuário ativo poderá enviá-los continuamente à taxa total de 1 M*bit*/s, visto que não haverá outros gerando pacotes que precisem ser multiplexados com os dele. Nesse caso, todos os dados do usuário ativo serão transmitidos dentro de 1 segundo.

Os exemplos citados ilustram duas maneiras pelas quais o desempenho da comutação de pacotes pode ser superior ao da comutação de circuitos. Também destacam a diferença crucial entre as duas formas de compartilhar a taxa de transmissão de um enlace entre vários fluxos de *bits*. A comutação de circuitos aloca previamente a utilização do enlace de transmissão independentemente da demanda, com desperdício de tempo de enlace desnecessário alocado e não utilizado. A comutação de pacotes, por outro lado, aloca utilização de enlace *por demanda*. A capacidade de transmissão do enlace será compartilhada pacote por pacote somente entre usuários que tenham pacotes que precisam ser transmitidos pelo enlace.

Embora tanto a comutação de pacotes quanto a de circuitos coexistam nas redes de telecomunicação de hoje, a tendência é, sem dúvida, a comutação de pacotes. Até mesmo muitas das atuais redes de telefonia de comutação de circuitos estão migrando aos poucos para a comutação de pacotes. Em especial, redes telefônicas usam comutação de pacotes na parte cara de uma chamada telefônica para o exterior.

1.3.3 Uma rede de redes

Vimos anteriormente que sistemas finais (PCs, *smartphones*, servidores Web, servidores de correio eletrônico e assim por diante) conectam-se à Internet por meio de um provedor local (ISP). Este pode fornecer conectividade tanto com ou sem fio, utilizando diversas tecnologias de acesso, que incluem DSL, cabo, FTTH, WiFi e telefone celular. Observe que o provedor local não precisa ser uma operadora de telefonia ou uma empresa de TV a cabo:

pode ser, por exemplo, uma universidade (que oferece acesso à Internet para os alunos, os funcionários e o corpo docente) ou uma empresa (que oferece acesso para seus funcionários). Mas conectar usuários finais e provedores de conteúdo a um provedor de acesso (ISP) é apenas uma pequena peça do quebra-cabeça que é interligar os bilhões de sistemas finais que compõem a Internet. Para resolver esse quebra-cabeça, os próprios ISPs de acesso precisam estar interconectados. Isso é feito criando uma *rede de redes* – entender essa frase é a chave para entender a Internet.

Com o passar dos anos, a rede de redes que forma a Internet evoluiu para uma estrutura bastante complexa. Grande parte dessa evolução é controlada pela política nacional e pela economia, e não por considerações de desempenho. Para entender a estrutura de rede da Internet de hoje, vamos criar, de modo incremental, uma série de estruturas de rede, com cada nova estrutura sendo uma aproximação melhor da Internet complexa que temos. Lembre-se de que o objetivo dominante é interconectar os provedores de acesso de modo que todos os sistemas finais possam enviar pacotes entre si. Um método ingênuo seria fazer cada ISP se conectar *diretamente* a cada outro ISP. Esse projeto em malha, é evidente, seria muito caro para os ISPs, pois exigiria que cada ISP tivesse um enlace de comunicação separado para as centenas de milhares de outros ISPs do mundo inteiro.

Nossa primeira estrutura de rede, a *Estrutura de Rede 1*, interconecta todos os ISPs de acesso a um *único ISP de trânsito global*. Nosso ISP de trânsito global (imaginário) é uma rede de roteadores e enlaces de comunicação que não apenas se espalha pelo planeta, mas também tem pelo menos um roteador próximo de cada uma das centenas de milhares de ISPs de acesso. Claro, seria muito dispendioso para o ISP global montar essa rede tão extensa. Para que seja lucrativo, ele naturalmente cobraria de cada um dos ISPs de acesso pela conectividade, com o preço dependendo, mas nem sempre diretamente proporcional à quantidade de tráfego que um ISP de acesso troca com o ISP global. Como o ISP de acesso paga ao ISP de trânsito global, ele é considerado um **cliente**, e o ISP de trânsito global é considerado um **provedor**.

Agora, se alguma empresa montar e operar um ISP de trânsito global que seja lucrativo, então será natural para outras empresas montarem seus próprios ISPs de trânsito global e competirem com o original. Isso leva à *Estrutura de Rede 2*, que consiste em centenas de milhares de ISPs de acesso e *múltiplos* ISPs de trânsito global. Os ISPs de acesso decerto preferem a Estrutura de Rede 2 à Estrutura de Rede 1, pois agora podem escolher entre os provedores de trânsito global concorrentes comparando seus preços e serviços. Note, porém, que os próprios ISPs de trânsito global precisam se interconectar: caso contrário, os ISPs de acesso conectados a um dos provedores de trânsito global não poderiam se comunicar com os ISPs de acesso conectados aos outros provedores de trânsito global.

A Estrutura de Rede 2, que acabamos de descrever, é uma hierarquia de duas camadas com provedores de trânsito global residindo no nível superior e os ISPs de acesso no nível inferior. Com isso, considera-se que os ISPs de trânsito global não são capazes de chegar perto de todo e qualquer ISP de acesso, mas que é economicamente desejável fazer isso. Na realidade, embora alguns ISPs tenham uma cobertura global impressionante e se conectem diretamente com muitos ISPs de acesso, nenhum tem presença em toda e qualquer cidade do mundo. Em vez disso, em determinada região, pode haver um **ISP regional** ao qual os ISPs de acesso na região se conectam. Cada ISP regional, então, se conecta a **ISPs de nível 1**. Estes são semelhantes ao nosso ISP de trânsito global (imaginário); mas os ISPs de nível 1, que realmente existem, não têm uma presença em cada cidade do mundo. Existe mais ou menos uma dúzia de ISPs de nível 1, incluindo organizações como Level 3 Communications, AT&T, Sprint e NTT. É interessante que nenhum grupo sanciona oficialmente o *status* de nível 1; como diz o ditado – se você tiver que perguntar se é membro de um grupo, provavelmente não é.

Retornando a essa rede de redes, não apenas existem vários ISPs de nível 1 concorrentes, mas pode haver múltiplos ISPs regionais concorrentes em uma região. Em tal hierarquia, cada ISP de acesso paga ao regional ao qual se conecta, e cada ISP regional paga ao ISP de nível 1 ao qual se interliga. (Um ISP de acesso também pode se conectar diretamente a um

ISP de nível 1, quando pagará ao ISP de nível 1.) Assim, existe uma relação cliente-provedor em cada nível da hierarquia. Observe que os ISPs de nível 1 não pagam a ninguém, pois estão no topo. Para complicar as coisas ainda mais, em algumas regiões pode haver um ISP regional maior (talvez se espalhando por um país inteiro) ao qual os ISPs regionais menores nessa região se conectam; o ISP regional maior, então, se conecta a um ISP de nível 1. Por exemplo, na China, existem ISPs de acesso em cada cidade, que se conectam a ISPs provinciais, que se ligam a ISPs nacionais, que, por fim, se interligam a ISPs de nível 1 (Tian, 2012). Chamamos a essa hierarquia multinível, que ainda é apenas uma aproximação grosseira da Internet de hoje, *Estrutura de Rede 3*.

Para montar uma rede que se assemelhe mais à Internet de hoje, temos que acrescentar pontos de presença (PoPs, do inglês *points of presence*), *multi-homing*, emparelhamento e pontos de troca da Internet (IXPs, do inglês *Internet exchange points*) à Estrutura de Rede 3. Existem PoPs em todos os níveis da hierarquia, exceto para o nível de baixo (ISP de acesso). Um **PoP** é simplesmente um grupo de um ou mais roteadores (no mesmo local) na rede do provedor, onde os ISPs clientes podem se conectar ao ISP provedor. Para que uma rede do cliente se conecte ao PoP de um provedor, ele pode alugar um enlace de alta velocidade de um provedor de telecomunicações de terceiros para conectar diretamente um de seus roteadores a um roteador no PoP. Qualquer ISP (exceto os de nível 1) pode decidir efetuar o ***multi-home***, ou seja, conectar-se a dois ou mais ISPs provedores. Assim, por exemplo, um ISP de acesso pode efetuar *multi-home* com dois ISPs regionais, ou então com dois ISPs regionais e também com um ISP de nível 1. De modo semelhante, um ISP regional pode efetuar *multi-home* com vários ISPs de nível 1. Quando um ISP efetua *multi-home*, ele pode continuar a enviar e receber pacotes na Internet, mesmo que um de seus provedores apresente uma falha.

Como vimos, os ISPs clientes pagam aos seus ISPs provedores para obter interconectividade global com a Internet. O valor que um ISP cliente paga a um ISP provedor reflete a quantidade de tráfego que ele troca com o provedor. Para reduzir esses custos, um par de ISPs próximos no mesmo nível da hierarquia pode **emparelhar**, ou seja, conectar diretamente suas redes, de modo que todo o tráfego entre elas passe pela conexão direta, em vez de passar por intermediários mais à frente. Quando dois ISPs são emparelhados, isso em geral é feito em acordo, ou seja, nenhum ISP paga ao outro. Como já dissemos, os ISPs de nível 1 também são emparelhados uns com os outros, sem taxas. Para uma discussão fácil de ler sobre emparelhamento e relações cliente-provedor, consulte Van der Berg (2008). Nesses mesmos termos, uma empresa de terceiros pode criar um **IXP**, que é um ponto de encontro onde vários ISPs podem se emparelhar (quase sempre em um prédio isolado com seus próprios nós de comutação (Ager, 2012). Existem mais de 600 IXPs na Internet hoje (PeeringDB 2020). Referimo-nos a esse ecossistema – consistindo em ISPs de acesso, ISPs regionais, ISPs de nível 1, PoPs, *multi-homing*, emparelhamento e IXPs – como *Estrutura de Rede 4*.

Agora, chegamos finalmente na *Estrutura de Rede 5*, que descreve a Internet de hoje. Essa estrutura, ilustrada na Figura 1.15, se baseia no topo da Estrutura de Rede 4 acrescentando **redes de provedor de conteúdo**. A Google é um dos principais exemplos dessa rede de provedor de conteúdo. No momento, a Google tem 19 grandes *datacenters* espalhados pela América do Norte, Europa, Ásia, América do Sul e Austrália, sendo que cada um possui dezenas ou centenas de milhares de servidores. Além disso, a Google possui *datacenters* menores, acomodando apenas centenas de servidores cada; estes *datacenters* menores muitas vezes ficam localizados junto aos IXPs. Os *datacenters* da Google são todos interconectados por meio de uma rede TCP/IP privativa, que se espalha pelo mundo inteiro, mas, apesar disso, é separada da Internet pública. O importante é que essa rede privada só transporta tráfego de/para servidores da Google. Como vemos na Figura 1.15, a rede privativa da Google tenta "contornar" as camadas mais altas da Internet emparelhando (sem custo) com outros ISPs de nível mais baixo, seja conectando diretamente ou interligando com eles em IXPs (Labovitz, 2010). Entretanto, como muitos ISPs de acesso ainda só podem ser alcançados transitando por redes de nível 1, a rede da Google também se conecta a ISPs de nível 1 e paga a esses ISPs pelo tráfego que troca com eles. Criando sua própria rede, um provedor

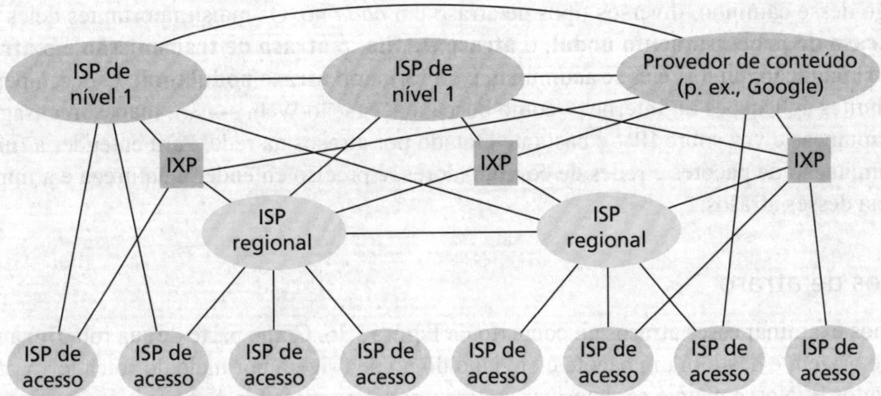

Figura 1.15 Interconexão de ISPs.

de conteúdo não apenas reduz seus pagamentos aos ISPs da camada mais alta, mas também tem maior controle de como seus serviços são entregues aos usuários finais. A infraestrutura de rede da Google é descrita com mais detalhes na Seção 2.6.

Resumindo, a topologia da Internet é complexa, consistindo em uma dúzia ou mais de ISPs de nível 1 e centenas de milhares de ISPs de níveis mais baixos. A cobertura dos ISPs é bastante diversificada; alguns abrangem vários continentes e oceanos e outros se limitam a pequenas regiões geográficas. Os ISPs de níveis mais baixos conectam-se a ISPs de níveis mais altos e estes se interconectam uns com os outros. Usuários e provedores de conteúdo são clientes de ISPs de níveis mais baixos e estes são clientes de ISPs de níveis mais altos. Nos últimos anos, os principais provedores de conteúdo também têm criado suas próprias redes e se conectam diretamente a ISPs de níveis mais baixos, quando possível.

1.4 ATRASO, PERDA E VAZÃO EM REDES DE COMUTAÇÃO DE PACOTES

Na Seção 1.1, dissemos que a Internet pode ser vista como uma infraestrutura que fornece serviços a aplicações distribuídas que são executadas nos sistemas finais. De modo ideal, gostaríamos que os serviços da Internet transferissem tantos dados quanto desejamos entre dois sistemas finais, de modo instantâneo, sem nenhuma perda. É uma pena, mas esse é um objetivo muito ambicioso, algo inalcançável. Em vez disso, as redes de computadores, necessariamente, restringem a vazão (a quantidade de dados por segundo que podem ser transferidos) entre sistemas finais, apresentam atrasos entre sistemas finais e podem perder pacotes. Por um lado, infelizmente as leis físicas da realidade introduzem atraso e perda, bem como restringem a vazão. Por outro, já que as redes de computadores têm esses problemas, existem muitas questões fascinantes sobre como lidar com eles – questões mais do que suficientes para preencher um curso de redes de computadores e motivar milhares de teses de doutorado! Nesta seção, começaremos a examinar e quantificar atraso, perda e vazão em redes de computadores.

1.4.1 Uma visão geral de atraso em redes de comutação de pacotes

Lembre-se de que um pacote começa em um sistema final (a origem), passa por uma série de roteadores e termina sua jornada em outro sistema final (o destino). Quando um pacote viaja de um nó (sistema final ou roteador) ao nó subsequente (sistema final ou roteador), sofre, ao longo desse caminho, diversos tipos de atraso em *cada* nó. Os mais importantes deles são o **atraso de processamento nodal**, o **atraso de fila**, o **atraso de transmissão** e o **atraso de propagação**; juntos, eles se acumulam para formar o **atraso nodal total**. O desempenho de muitas aplicações da Internet – como busca, navegação Web, *e-mail*, mapas, mensagens instantâneas e voz sobre IP – é bastante afetado por atrasos na rede. Para entender a fundo a comutação de pacotes e redes de computadores, é preciso entender a natureza e a importância desses atrasos.

Tipos de atraso

Vamos examinar esses atrasos no contexto da Figura 1.16. Como parte de sua rota fim a fim entre origem e destino, um pacote é enviado do nó de origem por meio do roteador A até o roteador B. Nossa meta é caracterizar o atraso nodal no roteador A. Note que este tem um enlace de saída que leva ao roteador B. Esse enlace é precedido de uma fila (também conhecida como *buffer*). Quando o pacote chega ao roteador A, vindo do nó de origem, o roteador examina o cabeçalho do pacote para determinar o enlace de saída apropriado e então o direciona a esse enlace. Nesse exemplo, o enlace de saída para o pacote é o que leva ao roteador B. Um pacote pode ser transmitido por um enlace apenas se não houver nenhum outro sendo transmitido por ele e se não houver outros à sua frente na fila. Se o enlace estiver ocupado, ou com pacotes à espera, o recém-chegado entrará na fila.

Atraso de processamento

O tempo exigido para examinar o cabeçalho do pacote e determinar para onde direcioná-lo é parte do **atraso de processamento**, que pode também incluir outros fatores, como o tempo necessário para verificar os erros em *bits* existentes no pacote que ocorreram durante a transmissão dos *bits* desde o nó de origem ao roteador A. Atrasos de processamento em roteadores de alta velocidade em geral são da ordem de microssegundos, ou menos. Depois desse processamento nodal, o roteador direciona o pacote à fila que precede o enlace com o roteador B. (No Capítulo 4, estudaremos os detalhes da operação de um roteador.)

Atraso de fila

O pacote sofre um **atraso de fila** enquanto espera para ser transmitido no enlace. O tamanho desse atraso dependerá da quantidade de outros pacotes que chegarem antes e que já estiverem na fila esperando pela transmissão no enlace. Se a fila estiver vazia, e nenhum outro pacote estiver sendo transmitido naquele momento, então o tempo de fila de nosso pacote será zero. Por outro lado, se o tráfego estiver intenso e houver muitos pacotes também esperando para ser transmitidos, o atraso de fila será longo. Em breve, veremos que o número de pacotes que um determinado pacote provavelmente encontrará ao chegar é uma função da intensidade e da natureza do tráfego que está chegando à fila. Na prática, atrasos de fila podem ser da ordem de micro a milissegundos.

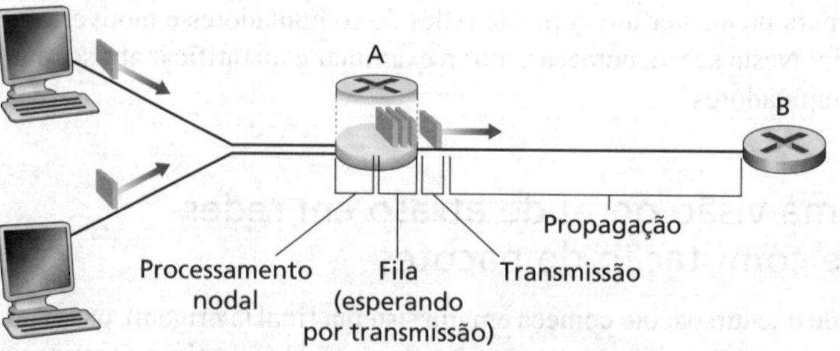

Figura 1.16 O atraso nodal no roteador A.

Atraso de transmissão

Admitindo-se que pacotes são transmitidos segundo a estratégia de "o primeiro a chegar será o primeiro a ser processado", como é comum em redes de comutação de pacotes, o nosso somente poderá ser transmitido depois de todos os que chegaram antes terem sido enviados. Denominemos o tamanho do pacote como L *bits* e a velocidade de transmissão do enlace do roteador A ao roteador B como R *bits*/s. Por exemplo, para um enlace Ethernet de 10 M*bits*/s, a velocidade é $R = 10$ M*bits*/s; para um enlace Ethernet de 100 M*bits*/s, a velocidade é $R = 100$ M*bits*/s. O **atraso de transmissão** é L/R. Esta é a quantidade de tempo exigida para empurrar (i.e., transmitir) todos os *bits* do pacote para o enlace. Na prática, atrasos de transmissão costumam ser da ordem de micro a milissegundos.

Atraso de propagação

Assim que é lançado no enlace, um *bit* precisa se propagar até o roteador B. O tempo necessário para propagar o *bit* desde o início do enlace até o roteador B é o **atraso de propagação.** O *bit* se propaga à velocidade de propagação do enlace, a qual depende do meio físico (i.e., fibra ótica, par de fios de cobre trançado e assim por diante) e está na faixa de

$$2 \cdot 10^8 \text{m/s a } 3 \cdot 10^8 \text{m/s}$$

que é menor ou igual à velocidade da luz. O atraso de propagação é a distância entre dois roteadores dividida pela velocidade de propagação. Isto é, o atraso de propagação é d/s, sendo d a distância entre o roteador A e o roteador B, e s é a velocidade de propagação do enlace. Assim que o último *bit* do pacote se propagar até o nó B, ele e todos os outros *bits* precedentes serão armazenados no roteador B. Então, o processo inteiro continua, agora com o roteador B executando a retransmissão. Em redes WAN (do inglês *wide-area networks* – redes de área ampla), os atrasos de propagação são da ordem de milissegundos.

Comparação entre atrasos de transmissão e de propagação

Os principiantes na área de redes de computadores às vezes têm dificuldade para entender a diferença entre atrasos de transmissão e de propagação. Ela é sutil, mas importante. O atraso de transmissão é a quantidade de tempo necessária para o roteador empurrar o pacote para fora; é uma função do comprimento do pacote e da taxa de transmissão do enlace, mas nada tem a ver com a distância entre os roteadores. O atraso de propagação, por outro lado, é o tempo que leva para um *bit* se propagar de um roteador até o seguinte; é uma função da distância entre os roteadores, mas nada tem a ver com o comprimento do pacote ou com a taxa de transmissão do enlace.

Podemos esclarecer melhor as noções de atrasos de transmissão e de propagação com uma analogia. Considere uma rodovia que tenha um posto de pedágio a cada 100 quilômetros, como mostrado na Figura 1.17. Imagine que os trechos da rodovia entre os postos de pedágio sejam enlaces e que os postos de pedágio sejam roteadores. Suponha que os carros trafeguem (i.e., se propaguem) pela rodovia a uma velocidade de 100 km/h (i.e., quando o carro sai de um posto de pedágio, acelera instantaneamente até 100 km/h e mantém essa velocidade entre os dois postos de pedágio). Agora, considere que dez carros viajem em comboio, um atrás do outro, em ordem fixa.

Imagine que cada carro seja um *bit* e que o comboio seja um pacote. Suponha ainda que cada posto de pedágio libere (i.e., transmita) um carro a cada 12 segundos, que seja tarde da noite e que os carros do comboio sejam os únicos na estrada. Por fim, imagine que, ao chegar a um posto de pedágio, o primeiro carro do comboio aguarde na entrada até que os outros nove cheguem e formem uma fila atrás dele. (Assim, o comboio inteiro deve ser "armazenado" no posto de pedágio antes de começar a ser "reenviado".) O tempo necessário para que todo o comboio passe pelo posto de pedágio e volte à estrada é de (10 carros)/

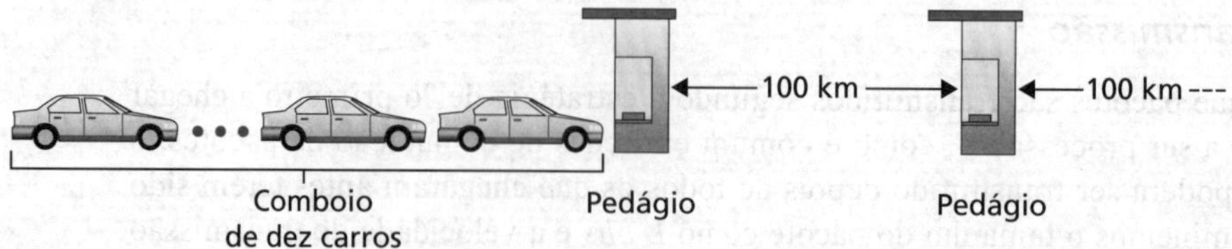

Figura 1.17 Analogia do comboio.

(5 carros/minuto) = 2 minutos, semelhante ao atraso de transmissão em um roteador. O tempo necessário para um carro trafegar da saída de um posto de pedágio até o próximo é de (100 km)/(100 km/h) = 1 hora, semelhante ao atraso de propagação. Portanto, o tempo decorrido entre o instante em que o comboio é "armazenado" em frente a um posto de pedágio até o momento em que é "armazenado" em frente ao seguinte é a soma do atraso de transmissão e do atraso de propagação – nesse exemplo, 62 minutos.

Vamos explorar um pouco mais essa analogia. O que aconteceria se o tempo de liberação do comboio no posto de pedágio fosse maior do que o tempo que um carro leva para trafegar entre dois postos? Por exemplo, suponha que os carros trafeguem a uma velocidade de 1.000 km/h e que o pedágio libere um carro por minuto. Então, o atraso de trânsito entre dois postos de pedágio é de 6 minutos e o tempo de liberação do comboio no posto de pedágio é de 10 minutos. Nesse caso, os primeiros carros do comboio chegarão ao segundo posto de pedágio antes que os últimos carros saiam do primeiro posto. Essa situação também acontece em redes de comutação de pacotes – os primeiros *bits* de um pacote podem chegar a um roteador enquanto muitos dos remanescentes ainda estão esperando para ser transmitidos pelo roteador precedente.

Se uma imagem vale mil palavras, então uma animação vale um milhão de palavras. O *site* de apoio deste livro apresenta uma animação interativa que ilustra e compara o atraso de transmissão com o de propagação. Recomenda-se que o leitor visite essa animação. Smith (2009) também oferece uma discussão bastante fácil de ler sobre atrasos de propagação, enfileiramento e transmissão.

Se d_{proc}, d_{fila}, d_{trans} e d_{prop} forem, respectivamente, os atrasos de processamento, de fila, de transmissão e de propagação, então o atraso nodal total é dado por:

$$d_{nodal} = d_{proc} + d_{fila} + d_{trans} + d_{prop}$$

A contribuição desses componentes do atraso pode variar significativamente. Por exemplo, d_{prop} pode ser desprezível (p. ex., 2 microssegundos) para um enlace que conecta dois roteadores no mesmo campus universitário; contudo, é de centenas de milissegundos para dois roteadores interconectados por um enlace de satélite geoestacionário e pode ser o termo dominante no d_{nodal}. De maneira semelhante, d_{trans} pode variar de desprezível a significativo. Sua contribuição costuma ser desprezível para velocidades de transmissão de 10 M*bits*/s e mais altas (p. ex., em LANs); contudo, pode ser de centenas de milissegundos para grandes pacotes de Internet enviados por enlaces de *modems* discados de baixa velocidade. O atraso de processamento, d_{proc}, é quase sempre desprezível; no entanto, tem forte influência sobre a produtividade máxima de um roteador, que é a velocidade máxima com que ele pode encaminhar pacotes.

1.4.2 Atraso de fila e perda de pacote

O mais complicado e interessante componente do atraso nodal é o atraso de fila, d_{fila}. Na verdade, o atraso de fila é tão importante e interessante em redes de computadores que milhares de artigos e numerosos livros já foram escritos sobre ele (Bertsekas, 1991; Kleinrock, 1975; Kleinrock, 1976). Neste livro, faremos apenas uma discussão intuitiva, de alto nível, sobre o atraso de fila; o leitor mais curioso pode consultar alguns dos livros citados (ou até mesmo escrever uma tese sobre o assunto!). Diferente dos três outros atrasos (a saber, d_{proc}, d_{trans} e d_{prop}), o atraso de fila pode variar de pacote a pacote. Por exemplo, se dez pacotes chegarem a uma fila vazia ao mesmo tempo, o primeiro pacote transmitido não sofrerá nenhum atraso de fila, ao passo que o último sofrerá um atraso relativamente grande (enquanto espera que os outros nove sejam transmitidos). Por conseguinte, para se caracterizar um atraso de fila, são utilizadas em geral medições estatísticas, tais como atraso de fila médio, variância do atraso de fila e a probabilidade de que ele exceda um valor especificado.

Quando o atraso de fila é grande e quando é insignificante? A resposta a essa pergunta depende da velocidade de transmissão do enlace, da taxa com que o tráfego chega à fila e de sua natureza, isto é, se periodicamente ou de modo intermitente, em rajadas. Para entendermos melhor, vamos adotar a para representar a taxa média com que os pacotes chegam à fila (a é medida em pacotes/segundo). Lembre-se de que R é a taxa de transmissão, isto é, a taxa (em *bits*/segundo) com que os *bits* são retirados da fila. Suponha também, para simplificar, que todos os pacotes tenham L *bits*. Então, a taxa média com que os *bits* chegam à fila é La *bits*/s. Por fim, imagine que a fila seja muito longa, de modo que possa conter um número infinito de *bits*. A razão La/R, denominada **intensidade de tráfego**, costuma desempenhar um papel importante na estimativa do tamanho do atraso de fila. Se $La/R > 1$, então a velocidade média com que os *bits* chegam à fila excederá aquela com que eles podem ser transmitidos para fora da fila. Nessa situação desastrosa, a fila tenderá a aumentar sem limite e o atraso de fila tenderá ao infinito! Por conseguinte, uma das regras de ouro da engenharia de tráfego é: *projete seu sistema de modo que a intensidade de tráfego não seja maior do que 1.*

Agora, considere o caso em que $La/R \leq 1$. Aqui, a natureza do tráfego influencia o atraso de fila. Por exemplo, se pacotes chegarem periodicamente – isto é, se chegar um pacote a cada L/R segundos –, então todos os pacotes chegarão a uma fila vazia e não haverá atraso. Por outro lado, se chegarem em rajadas, mas periodicamente, poderá haver um significativo atraso de fila médio. Por exemplo, suponha que N pacotes cheguem ao mesmo tempo a cada $(L/R)N$ segundos. Então, o primeiro pacote transmitido não sofrerá atraso de fila; o segundo terá um atraso de L/R segundos e, de modo mais geral, o enésimo pacote transmitido terá um atraso de fila de $(n - 1)\ L/R$ segundos. Deixamos como exercício para o leitor o cálculo do atraso de fila médio para esse exemplo.

Os dois exemplos de chegadas periódicas que acabamos de descrever são um tanto acadêmicos. Em geral, o processo de chegada a uma fila é *aleatório* – isto é, não segue um padrão, e os intervalos de tempo entre os pacotes são ao acaso. Nessa hipótese mais realista, a quantidade La/R quase sempre não é suficiente para caracterizar por completo a estatística do atraso. Não obstante, é útil para entender intuitivamente a extensão do atraso de fila. Em especial, se a intensidade de tráfego for próxima de zero, então as chegadas de pacotes serão poucas e bem espaçadas, e é improvável que um pacote que esteja chegando encontre outro na fila. Consequentemente, o atraso de fila médio será próximo de zero. Por outro lado, quando a intensidade de tráfego for próxima de 1, haverá intervalos de tempo em que a velocidade de chegada excederá a capacidade de transmissão (em razão das variações na taxa de chegada do pacote), e uma fila será formada durante esses períodos; quando a taxa de chegada for menor do que a capacidade de transmissão, a extensão da fila diminuirá. Todavia, à medida que a intensidade de tráfego se aproxima de 1, o comprimento médio da fila fica cada vez maior. A dependência qualitativa entre o atraso de fila médio e a intensidade de tráfego é mostrada na Figura 1.18.

Um aspecto importante a observar na Figura 1.18 é que, quando a intensidade de tráfego se aproxima de 1, o atraso de fila médio aumenta depressa. Uma pequena porcentagem de aumento na intensidade resulta em um aumento muito maior no atraso, em termos de porcentagem. Talvez você já tenha percebido esse fenômeno na estrada. Se você dirige regularmente por uma estrada que costuma ser congestionada, o fato de ela estar sempre assim significa que a intensidade de tráfego é próxima de 1. Se algum evento causar um tráfego um pouco maior do que o normal, as demoras que você sofrerá poderão ser enormes.

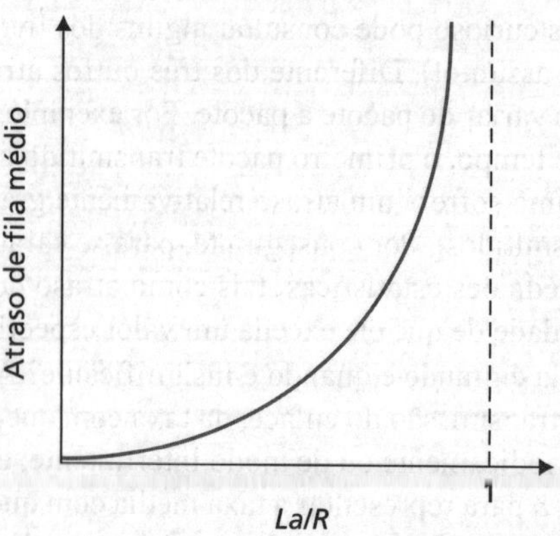

Figura 1.18 Dependência entre atraso de fila médio e intensidade de tráfego.

Para compreender um pouco mais os atrasos de fila, visite o *site* de apoio do livro, que apresenta uma animação interativa sobre uma fila. Se você aumentar a taxa de chegada do pacote o suficiente de forma que a intensidade do tráfego exceda 1, verá a fila aumentar ao longo do tempo.

Perda de pacotes

Na discussão anterior, admitimos que a fila é capaz de conter um número infinito de pacotes. Na realidade, a capacidade da fila que precede um enlace é finita, embora o seu tamanho máximo dependa bastante do projeto e do custo do nó de comutação. Como a capacidade da fila é finita, na verdade os atrasos de pacote não se aproximam do infinito quando a intensidade de tráfego se aproxima de 1. O que acontece de fato é que um pacote pode chegar e encontrar uma fila cheia. Sem espaço disponível para armazená-lo, o roteador o **descartará**; isto é, ele será **perdido**. Esse excesso em uma fila pode ser observado novamente na animação interativa quando a intensidade do tráfego é maior do que 1.

Do ponto de vista de um sistema final, uma perda de pacote é vista como um pacote que foi transmitido para o núcleo da rede, mas sem nunca ter emergido dele no destino. A fração de pacotes perdidos aumenta com o aumento da intensidade de tráfego. Por conseguinte, o desempenho em um nó costuma ser medido não apenas em termos de atraso, mas também da probabilidade de perda de pacotes. Como discutiremos nos capítulos subsequentes, um pacote perdido pode ser retransmitido fim a fim para garantir que todos os dados sejam transferidos da origem ao local de destino.

1.4.3 Atraso fim a fim

Até o momento, nossa discussão focalizou o atraso nodal, isto é, em um único roteador. Concluiremos essa discussão considerando brevemente o atraso da origem ao destino. Para entender esse conceito, suponha que haja $N-1$ roteadores entre a máquina de origem e a de destino. Imagine também que a rede não esteja congestionada (e, portanto, os atrasos de fila sejam desprezíveis), que o atraso de processamento em cada roteador e na máquina de origem seja d_{proc}, que a taxa de transmissão de saída de cada roteador e da máquina de origem seja R *bits*/s, e que o atraso de propagação em cada enlace seja d_{prop}. Os atrasos nodais se acumulam e resultam em um atraso fim a fim,

$$d_{\text{fim a fim}} = N(d_{proc} + d_{trans} + d_{prop}) \tag{1.2}$$

em que, mais uma vez, $d_{trans} = L/R$, e L é o tamanho do pacote. Note que a Equação 1.2 é uma generalização da Equação 1.1, na qual não levamos em conta os atrasos de processamento e propagação. Convidamos você a generalizar a Equação 1.2 para o caso de atrasos heterogêneos nos nós e para o caso de um atraso de fila médio em cada nó.

Traceroute

Para perceber o que é de fato o atraso em uma rede de computadores, podemos utilizar o Traceroute, programa de diagnóstico que pode ser executado em qualquer hospedeiro da Internet. Quando o usuário especifica um nome de hospedeiro de destino, o programa no hospedeiro de origem envia vários pacotes especiais em direção àquele destino. Ao seguir seu caminho até o destino, esses pacotes passam por uma série de roteadores. Um deles recebe um desses pacotes especiais e envia à origem uma curta mensagem, contendo o nome e o endereço do roteador.

Mais especificamente, suponha que haja $N - 1$ roteadores entre a origem e o destino. Então, a fonte enviará N pacotes especiais à rede, e cada um deles estará endereçado ao destino final. Esses N pacotes especiais serão marcados de *1* a N, sendo a marca do primeiro pacote *1* e a do último, N. Assim que o enésimo roteador recebe o enésimo pacote com a marca n, não envia o pacote a seu destino, mas uma mensagem à origem. Quando o hospedeiro de destino recebe o pacote N, também envia uma mensagem à origem, que registra o tempo transcorrido entre o envio de um pacote e o recebimento da mensagem de retorno correspondente. A origem registra também o nome e o endereço do roteador (ou do hospedeiro de destino) que retorna a mensagem. Dessa maneira, a origem pode reconstruir a rota tomada pelos pacotes que vão da origem ao destino e pode determinar os atrasos de ida e volta para todos os roteadores intermediários. Na realidade, o programa Traceroute repete o processo que acabamos de descrever três vezes, de modo que a fonte envia, na verdade, $3 \cdot N$ pacotes ao destino. O RFC 1393 descreve detalhadamente o Traceroute.

Eis um exemplo de resultado do programa Traceroute, no qual a rota traçada ia do hospedeiro de origem gaia.cs.umass.edu (na Universidade de Massachusetts) até um hospedeiro no departamento de ciências da computação na Universidade Sorbonne, em Paris (antiga UPMC). O resultado tem seis colunas: a primeira é o valor n descrito, isto é, o número do roteador ao longo da rota; a segunda é o nome do roteador; a terceira é o endereço do roteador (na forma xxx.xxx.xxx.xxx); as últimas três são os atrasos de ida e volta para três tentativas. Se a fonte receber menos do que três mensagens de qualquer roteador determinado (em virtude da perda de pacotes na rede), o Traceroute coloca um asterisco logo após o número do roteador e registra menos do que três tempos de duração de ida e volta para aquele roteador.

```
1   gw-vlan-2451.cs.umass.edu (128.119.245.1) 1,899 ms 3,266 ms 3,280 ms
2   j-cs-gw-int-10-240.cs.umass.edu (10.119.240.254) 1,296 ms 1,276 ms 1,245 ms
3   n5-rt-1-1-xe-2-1-0.gw.umass.edu (128.119.3.33) 2,237 ms 2,217 ms 2,187 ms
4   core1-rt-et-5-2-0.gw.umass.edu (128.119.0.9) 0,351 ms 0,392 ms 0,380 ms
5   border1-rt-et-5-0-0.gw.umass.edu (192.80.83.102) 0,345 ms 0,345 ms 0,344 ms
6   nox300gw1-umass-re.nox.org (192.5.89.101) 3,260 ms 0,416 ms 3,127 ms
7   nox300gw1-umass-re.nox.org (192.5.89.101) 3,165 ms 7,326 ms 7,311 ms
8   198.71.45.237 (198.71.45.237) 77,826 ms 77,246 ms 77,744 ms
9   renater-lb1-gw.mx1.par.fr.geant.net (62.40.124.70) 79,357 ms 77,729 79,152 ms
10  193.51.180.109 (193.51.180.109) 78,379 ms 79,936 80,042 ms
11  * 193.51.180.109 (193.51.180.109) 80,640 ms *
12  * 195.221.127.182 (195.221.127.182) 78,408 ms *
13  195.221.127.182 (195.221.127.182) 80,686 ms 80,796 ms 78,434 ms
14  r-upmc1.reseau.jussieu.fr (134.157.254.10) 78,399 ms * 81,353 ms
```

No exemplo anterior, há 14 roteadores entre a origem e o destino. Quase todos eles têm um nome e todos têm endereços. Por exemplo, o nome do roteador 4 é `core1-rt-et-5-2-0.gw.umass.edu`, e seu endereço é `128.119.0.9`. Examinando os dados apresentados para ele, verificamos que, na primeira das três tentativas, o atraso de ida e volta entre a origem e o roteador foi de 0,351 ms. Os atrasos de ida e volta para as duas tentativas subsequentes foram 0,392 e 0,380 ms, e incluem todos os atrasos que acabamos de discutir, ou seja, de transmissão, de propagação, de processamento do roteador e de fila.

Como o atraso de fila varia com o tempo, o atraso de ida e volta do pacote *n* enviado a um roteador *n* pode, às vezes, ser maior do que o do pacote *n*+1 enviado ao roteador *n*+1. Realmente, observamos esse fenômeno no exemplo anterior: o atraso do roteador 12 é menor que o do roteador 11! Observe também o grande aumento no atraso de ida e volta do roteador 7 para o roteador 8. Isso se deve ao enlace de fibra ótica transatlântica entre os dois, o que dá origem a um atraso de propagação relativamente grande. Diversos programas de *software* gratuitos oferecem uma interface gráfica para o Traceroute; um dos nossos favoritos é o PingPlotter (PingPlotter 2020).

Sistema final, aplicativo e outros atrasos

Além dos atrasos de processamento, transmissão e de propagação, os sistemas finais podem adicionar outros atrasos significativos. Por exemplo, um sistema final que quer transmitir um pacote para uma mídia compartilhada (p. ex., como em um cenário WiFi ou *modem* a cabo) pode, *intencionalmente*, atrasar sua transmissão como parte de seu protocolo para compartilhar a mídia com outros sistemas finais; vamos analisar tais protocolos em detalhes no Capítulo 6. Outro importante atraso é o atraso de empacotamento de mídia, o qual está presente nos aplicativos VoIP (voz sobre IP). No VoIP, o remetente deve primeiro carregar um pacote com voz digitalizada e codificada antes de transmitir o pacote para a Internet. Esse tempo para carregar um pacote – chamado de atraso de empacotamento – pode ser significativo e ter impacto sobre a qualidade visível pelo usuário de uma chamada VoIP. Esse assunto será explorado mais adiante nos exercícios de fixação no final deste capítulo.

1.4.4 Vazão nas redes de computadores

Além do atraso e da perda de pacotes, outra medida de desempenho importante em redes de computadores é a vazão fim a fim. Para definir vazão, considere a transferência de um arquivo grande do hospedeiro A para o hospedeiro B por uma rede de computadores. Essa transferência pode ser, por exemplo, um arquivo de vídeo extenso de um computador para outro. A **vazão instantânea** em um dado momento é a taxa (em *bits*/s) à qual o hospedeiro B está recebendo o arquivo. (Muitos aplicativos exibem a vazão instantânea durante os *downloads* na interface do usuário – talvez você já tenha observado isso! Você poderia medir o atraso fim a fim e a vazão de *download* entre o seu sistema e servidores na Internet usando a aplicação de teste de velocidade [Speedtest, 2020].) Se o arquivo consistir em *F bits* e a transferência levar *T* segundos para o hospedeiro B receber todos os *F bits*, então a **vazão média** da transferência do arquivo é *F/T bits*/s. Para algumas aplicações, como a telefonia via Internet, é desejável ter um atraso baixo e uma vazão instantânea acima de algum limiar (p. ex., superior a 24 k*bits*/s para aplicações de telefonia via Internet, e superior a 256 k*bits*/s para algumas aplicações de vídeo em tempo real). Para outras aplicações, incluindo as de transferência de arquivo, o atraso não é importante, mas é recomendado ter a vazão mais alta possível.

Para obter uma visão mais detalhada do importante conceito de vazão, vamos analisar alguns exemplos. A Figura 1.19(a) mostra dois sistemas finais, um servidor e um cliente, conectados por dois enlaces de comunicação e um roteador. Considere a vazão para uma transferência de arquivo do servidor para o cliente. Suponha que R_s seja a taxa do enlace entre o servidor e o roteador; e R_c seja a taxa do enlace entre o roteador e o cliente. Imagine

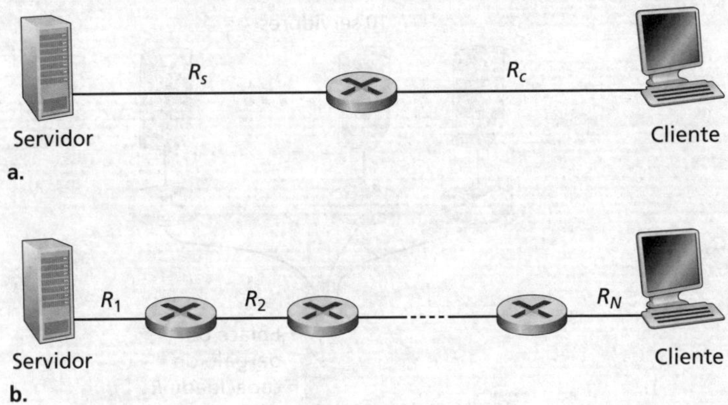

Figura 1.19 Vazão para uma transferência de arquivo do servidor ao cliente.

que os únicos *bits* enviados na rede inteira sejam os do servidor para o cliente. Agora vem a pergunta: nesse cenário ideal, qual é a vazão servidor-para-cliente? Para responder, pense nos *bits* como um *fluido* e nos enlaces de comunicação como *tubos*. Claro, o servidor não pode enviar os *bits* através de seu enlace a uma taxa mais rápida do que R_s *bits*/s; e o roteador não pode encaminhar os *bits* a uma taxa mais rápida do que R_c *bits*/s. Se $R_s < R_c$, então os *bits* enviados pelo servidor "fluirão" diretamente pelo roteador e chegarão ao cliente a uma taxa de R_s *bits*/s, gerando uma vazão de R_s *bits*/s. Se, por outro lado, $R_c < R_s$, então o roteador não poderá encaminhar os *bits* tão rápido quanto ele os recebe. Neste caso, os *bits* somente deixarão o roteador a uma taxa R_c, dando uma vazão fim a fim de R_c. (Observe também que, se os *bits* continuarem a chegar no roteador a uma taxa R_s, e a deixá-lo a uma taxa R_c, o acúmulo de *bits* esperando para transmissão ao cliente só aumentará – uma situação extremamente indesejável!) Assim, para essa rede simples de dois enlaces, a vazão é mín$\{R_c, R_s\}$, ou seja, é a taxa de transmissão do **enlace de gargalo**. Após determinar a vazão, agora podemos aproximar o tempo que leva para transferir um arquivo grande de F *bits* do servidor ao cliente como F/min$\{R_s, R_c\}$. Para um exemplo específico, suponha que você está fazendo o *download* de um arquivo MP3 de F = 32 milhões de *bits*, o servidor tem uma taxa de transmissão de R_s = 2 M*bits*/s, e você tem um enlace de acesso de R_c = 1 M*bit*/s. O tempo necessário para transferir o arquivo é, então, 32 segundos. Claro que essas expressões para tempo de vazão e de transferência são apenas aproximações, já que elas não consideram os atrasos para armazenar-e-reenviar e de processamento, bem como questões relativas a protocolos.

A Figura 1.19(b) agora mostra uma rede com N enlaces entre o servidor e o cliente, com as taxas de transmissão dos N enlaces sendo $R_1, R_2, \ldots, R_N$. Aplicando a mesma análise da rede de dois enlaces, descobrimos que a vazão para uma transferência de arquivo do servidor ao cliente é mín$\{R_1, R_2, \ldots, R_N\}$, a qual é novamente a taxa de transmissão do enlace de gargalo ao longo do caminho entre o servidor e o cliente.

Agora considere outro exemplo motivado pela Internet de hoje. A Figura 1.20(a) mostra dois sistemas finais, um servidor e um cliente, conectados a uma rede de computadores. Considere a vazão para uma transferência de arquivo do servidor ao cliente. O servidor está conectado à rede com um enlace de acesso de taxa R_s e o cliente está conectado à rede com um enlace de acesso de R_c. Agora suponha que todos os enlaces no núcleo da rede de comunicação tenham taxas de transmissão muito altas, muito maiores do que R_s e R_c. De fato, hoje, o núcleo da Internet está superdimensionado com enlaces de alta velocidade que sofrem pouco congestionamento. Suponha, também, que os únicos *bits* que estão sendo enviados em toda a rede sejam os do servidor para o cliente. Já que o núcleo da rede de computadores é como um tubo largo neste exemplo, a taxa em que os *bits* correm da origem ao destino é novamente o mínimo de R_s e R_c, ou seja, vazão = mín$\{R_s, R_c\}$. Portanto, o fator restritivo para vazão na Internet de hoje é, em geral, a rede de acesso.

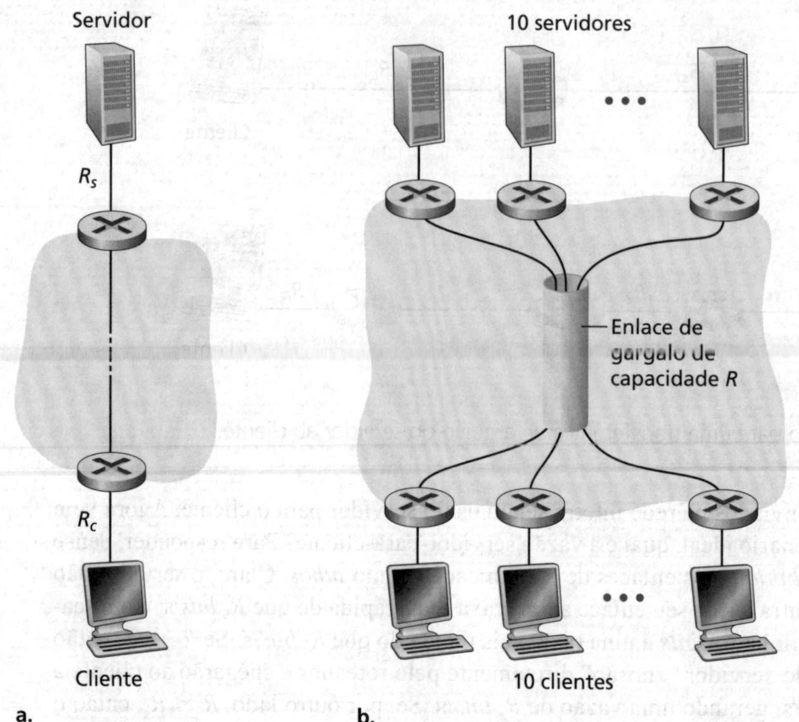

Figura 1.20 Vazão fim a fim: (a) O cliente baixa um arquivo do servidor; (b) 10 clientes fazem o *download* com 10 servidores.

Para um exemplo final, considere a Figura 1.20(b), na qual existem dez servidores e dez clientes conectados ao núcleo da rede de computadores. Nesse exemplo, dez *downloads* simultâneos estão sendo realizados, envolvendo dez pares cliente-servidor. Suponha que esses *downloads* sejam o único tráfego na rede no momento. Como mostrado na figura, há um enlace no núcleo que é atravessado por todos os dez *downloads*. Considere R a taxa de transmissão desse enlace R. Imagine que todos os enlaces de acesso do servidor possuem a mesma taxa R_s, todos os enlaces de acesso do cliente possuem a mesma taxa R_c e a taxa de transmissão de todos os enlaces no núcleo – com exceção de um enlace comum de taxa R – sejam muito maiores do que R_s, R_c e R. Agora perguntamos: quais são as vazões de *download*? É claro que se a taxa do enlace comum, R, é grande – digamos, 100 vezes maior do que R_s e R_c –, então a vazão para cada *download* será novamente mín$\{R_s, R_c\}$. Mas e se essa taxa for da mesma ordem que R_s e R_c? Qual será a vazão nesse caso? Vamos observar um exemplo específico. Suponha que R_s = 2 M*bits*/s, R_c = 1 M*bit*/s, R = 5 M*bits*/s, e o enlace comum divide sua taxa de transmissão por igual entre 10 *downloads*. Então, o gargalo para cada *download* não se encontra mais na rede de acesso, mas é o enlace compartilhado no núcleo, que somente fornece para cada *download* 500 k*bits*/s de vazão. Desse modo, a vazão fim a fim é agora reduzida a 500 k*bits*/s por *download*.

Os exemplos nas Figuras 1.19 e 1.20(a) mostram que a vazão depende das taxas de transmissão dos enlaces sobre as quais os dados fluem. Vimos que quando não há tráfego interveniente, a vazão pode apenas ser aproximada como a taxa de transmissão mínima ao longo do caminho entre a origem e o local de destino. O exemplo na Figura 1.20(b) mostra que, de modo geral, a vazão depende não somente das taxas de transmissão dos enlaces ao longo do caminho, mas também do tráfego interveniente. Em especial, um enlace com uma alta taxa de transmissão pode, apesar disso, ser o enlace de gargalo para uma transferência de arquivo, caso muitos outros fluxos de dados estejam também passando por aquele enlace. Analisaremos em mais detalhes a vazão em redes de computadores nos exercícios de fixação e nos capítulos subsequentes.

1.5 CAMADAS DE PROTOCOLO E SEUS MODELOS DE SERVIÇO

Até aqui, nossa discussão demonstrou que a Internet é um sistema *extremamente* complexo e que possui muitos componentes: inúmeras aplicações e protocolos, vários tipos de sistemas finais e conexões entre eles, nós de comutação de pacotes, além de vários tipos de mídia em nível de enlace. Dada essa enorme complexidade, há alguma esperança de organizar a arquitetura de rede ou, ao menos, nossa discussão sobre ela? Felizmente, a resposta a ambas as perguntas é sim.

1.5.1 Arquitetura de camadas

Antes de tentarmos organizar nosso raciocínio sobre a arquitetura da Internet, vamos procurar uma analogia humana. Na verdade, lidamos com sistemas complexos o tempo todo em nosso dia a dia. Imagine se alguém pedisse que você descrevesse, por exemplo, o sistema de uma companhia aérea. Como você encontraria a estrutura para descrever esse sistema complexo que tem agências de emissão de passagens, pessoal para embarcar a bagagem, pessoal para ficar no portão de embarque, pilotos, aviões, controle de tráfego aéreo e um sistema mundial de roteamento de aeronaves? Um modo poderia ser apresentar a relação de uma série de ações que você realiza (ou que outros executam para você) quando voa por uma empresa aérea. Você compra a passagem, despacha suas malas, dirige-se ao portão de embarque e, por fim, entra no avião, que decola e segue uma rota até seu destino. Após a aterrissagem, você desembarca no portão designado e recupera suas malas. Se a viagem foi ruim, você reclama na agência que lhe vendeu a passagem (esforço em vão). Esse cenário é ilustrado na Figura 1.21.

Já podemos notar aqui algumas analogias com redes de computadores: você está sendo despachado da origem ao destino pela companhia aérea; um pacote é despachado da máquina de origem à máquina de destino na Internet. Mas essa não é exatamente a analogia que buscamos. Estamos tentando encontrar alguma *estrutura* na Figura 1.21. Observando-a, notamos que há uma função referente à passagem em cada ponta; há também uma função de bagagem para passageiros que já apresentaram o bilhete e uma de portão de embarque para os que já apresentaram o tíquete e despacharam as malas. Para passageiros que já passaram pelo portão de embarque (i.e., aqueles que já apresentaram a passagem, despacharam a bagagem e passaram pelo portão), há uma função de decolagem e de aterrissagem e, durante o voo, uma função de roteamento do avião. Isso sugere que podemos examinar a funcionalidade na Figura 1.21 na *horizontal*, como mostra a Figura 1.22.

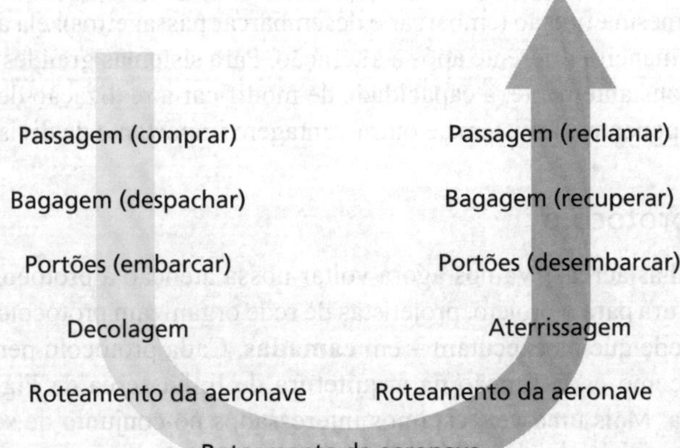

Figura 1.21 Uma viagem de avião: ações.

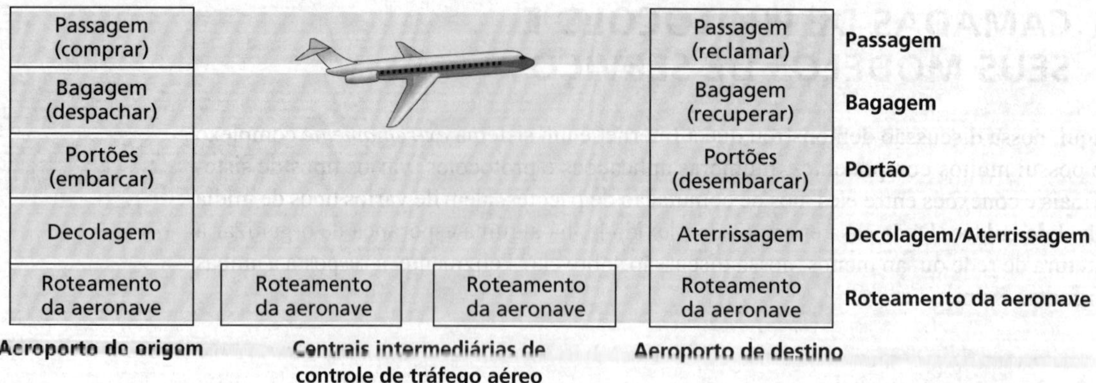

Figura 1.22 Camadas horizontais da funcionalidade de linha aérea.

A Figura 1.22 dividiu a funcionalidade da linha aérea em camadas, provendo uma estrutura com a qual podemos discutir a viagem aérea. Note que cada camada, combinada com as que estão abaixo dela, implementa alguma funcionalidade, algum *serviço*. Na camada da passagem aérea e abaixo dela, é realizada a transferência "balcão-de-linha-aérea-balcão-de-linha-aérea" de um passageiro. Na camada de bagagem e abaixo dela, é realizada a transferência "despacho-de-bagagem–recuperação-de-bagagem" de um passageiro e de suas malas. Note que a camada da bagagem provê esse serviço apenas para a pessoa que já apresentou o bilhete. Na camada do portão, é realizada a transferência "portão-de-embarque-portão-de-desembarque" do viajante e de suas malas. Na camada de decolagem/aterrissagem, é realizada a transferência "pista-a-pista" de passageiros e de suas bagagens. Cada camada provê seu serviço (1) realizando certas ações dentro dela (p. ex., na camada do portão, embarcar e desembarcar pessoas de um avião) e (2) utilizando os serviços da camada imediatamente inferior (p. ex., na do portão, aproveitando o serviço de transferência "pista-a-pista" de passageiros da camada de decolagem/aterrissagem).

Uma arquitetura de camadas nos permite discutir uma parcela específica e bem definida de um sistema grande e complexo. Essa simplificação tem considerável valor intrínseco, pois provê modularidade, tornando muito mais fácil modificar a execução do serviço prestado pela camada. Contanto que a camada forneça o mesmo serviço para a que está acima e use os mesmos serviços da que vem abaixo dela, o restante do sistema permanece inalterado quando a sua realização é modificada. (Note que modificar a implementação de um serviço é muito diferente de mudar o serviço em si!) Por exemplo, se as funções de portão fossem modificadas (digamos que passassem a embarcar e desembarcar passageiros por ordem de altura), o restante do sistema da linha aérea permaneceria inalterado, já que a camada do portão continuaria a prover a mesma função (embarcar e desembarcar passageiros); ela apenas executaria aquela função de maneira diferente após a alteração. Para sistemas grandes e complexos que são atualizados constantemente, a capacidade de modificar a realização de um serviço sem afetar outros componentes do sistema é outra vantagem importante da divisão em camadas.

Camadas de protocolo

Mas chega de linhas aéreas! Vamos agora voltar nossa atenção a protocolos de rede. Para prover uma estrutura para o projeto, projetistas de rede organizam protocolos – e o *hardware* e o *software* de rede que os executam – em **camadas**. Cada protocolo pertence a uma das camadas, assim como cada função na arquitetura de linha aérea da Figura 1.22 pertencia a uma camada. Mais uma vez, estamos interessados no conjunto de **serviços** que uma camada oferece à camada acima dela – denominado **modelo de serviço**. Assim como em nosso exemplo da linha aérea, cada camada provê seu serviço (1) executando certas ações dentro dela e (2) utilizando os serviços da camada diretamente abaixo dela. Por exemplo, os serviços providos pela camada *n* podem incluir entrega confiável de mensagens de uma extremidade da rede à outra, que pode ser implementada utilizando um serviço não confiável de entrega de mensagem fim a fim da camada *n* – 1 e adicionando funcionalidade da camada *n* para detectar e retransmitir mensagens perdidas.

Uma camada de protocolo pode ser implementada em *software*, em *hardware*, ou em uma combinação dos dois. Protocolos de camada de aplicação – como HTTP e SMTP – quase sempre são realizados em *software* nos sistemas finais; o mesmo acontece com protocolos de camada de transporte. Como a camada física e as de enlace de dados são responsáveis pelo manuseio da comunicação por um enlace específico, em geral são executadas em uma placa de interface de rede (p. ex., placas de interface Ethernet ou WiFi) associadas a determinado enlace. A camada de rede muitas vezes é uma execução mista de *hardware* e *software*. Note também que, tal como as funções na arquitetura em camadas da linha aérea eram distribuídas entre os vários aeroportos e centrais de controle de tráfego aéreo que compunham o sistema, um protocolo de camada *n* é *distribuído* entre sistemas finais, nós de comutação de pacote e outros componentes que formam a rede. Isto é, há sempre uma parte de um protocolo de camada *n* em cada componente de rede.

O sistema de camadas de protocolos tem vantagens conceituais e estruturais (RFC 3439). Como vimos, a divisão em camadas proporciona um modo estruturado de discutir componentes de sistemas. A modularidade facilita a atualização de componentes de sistema. Devemos mencionar, no entanto, que alguns pesquisadores e engenheiros de rede se opõem veementemente ao sistema de camadas (Wakeman, 1992). Uma desvantagem potencial é que uma camada pode duplicar a funcionalidade de uma camada inferior. Por exemplo, muitas pilhas de protocolos oferecem serviço de recuperação de erros para cada enlace e também de modo fim a fim. Uma segunda desvantagem é que a funcionalidade em uma camada pode necessitar de informações (p. ex., um valor de marca de tempo) que estão presentes somente em outra, o que infringe o objetivo de separação de camadas.

Quando tomados em conjunto, os protocolos das várias camadas são denominados **pilha de protocolos**. A pilha de protocolos da Internet é formada por cinco camadas: física, de enlace, de rede, de transporte e de aplicação, como mostra a Figura 1.23. Se você verificar o sumário, verá que organizamos este livro utilizando as camadas da pilha de protocolos da Internet. Fazemos uma **abordagem *top-down*** (de cima para baixo), primeiro abordando a camada de aplicação e prosseguindo para baixo.

Camada de aplicação

A camada de aplicação é onde residem aplicações de rede e seus protocolos. A camada de aplicação da Internet inclui muitos protocolos, tais como o HTTP (que provê requisição e transferência de documentos pela Web), o SMTP (que provê transferência de mensagens de correio eletrônico) e o FTP (que provê a transferência de arquivos entre dois sistemas finais). Veremos que certas funções de rede, como a tradução de nomes mnemônicos, que são dados

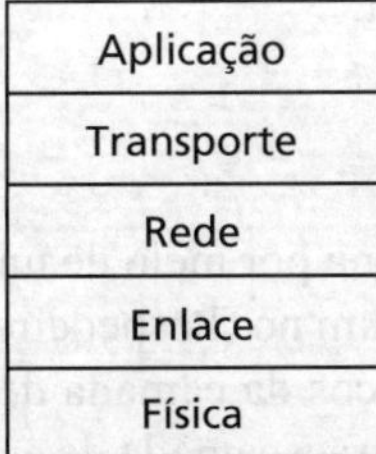

Figura 1.23 A pilha de protocolos da Internet.

a sistemas finais da Internet (p. ex., de <www.ietf.org> para um endereço de rede de 32 *bits*), também são executadas com a ajuda de um protocolo de camada de aplicação, no caso, o sistema de nomes de domínio (DNS, do inglês *domain name system*). Veremos no Capítulo 2 que é muito fácil criar nossos próprios novos protocolos de camada de aplicação.

Um protocolo de camada de aplicação é distribuído por diversos sistemas finais, e a aplicação em um sistema final utiliza o protocolo para trocar pacotes de informação com a aplicação em outro sistema final. Chamaremos de **mensagem** esse pacote de informação na camada de aplicação.

Camada de transporte

A camada de transporte da Internet carrega mensagens da camada de aplicação entre os lados do cliente e servidor de uma aplicação. Há dois protocolos de transporte na Internet: TCP e UDP* (do inglês *User Datagram Protocol* – Protocolo de Datagrama de Usuário), e qualquer um pode levar mensagens da camada de aplicação. O TCP provê serviços orientados à conexão para suas aplicações. Alguns desses serviços são a entrega garantida de mensagens da camada de aplicação ao destino e controle de fluxo (i.e., adequação das velocidades do remetente e do receptor). O TCP também fragmenta mensagens longas em segmentos mais curtos e provê mecanismo de controle de congestionamento, de modo que uma origem reduz sua velocidade de transmissão quando a rede está congestionada. O protocolo UDP provê serviço não orientado à conexão para suas aplicações. É um serviço econômico que não oferece confiabilidade, nem controle de fluxo ou de congestionamento. Neste livro, chamaremos de **segmento** um pacote da camada de transporte.

Camada de rede

A camada de rede da Internet é responsável pela movimentação, de um hospedeiro para outro, de pacotes da camada de rede, conhecidos como **datagramas**. O protocolo de camada de transporte da Internet (TCP ou UDP) em um hospedeiro de origem passa um segmento da camada de transporte e um endereço de destino à camada de rede, exatamente como você passaria ao serviço de correios uma carta com um endereço de destinatário. A camada de rede então provê o serviço de entrega do segmento à camada de transporte no hospedeiro de destino.

Essa camada inclui o famoso protocolo IP, que define os campos no datagrama e o modo como os sistemas finais e os roteadores agem nesses campos. Existe apenas um único protocolo IP, e todos os componentes da Internet que têm uma camada de rede devem executá-lo. A camada de rede da Internet também contém protocolos de roteamento que determinam as rotas que os datagramas seguem entre origens e destinos. A Internet tem muitos protocolos de roteamento. Como vimos na Seção 1.3, a Internet é uma rede de redes e, dentro de uma delas, o administrador pode executar qualquer protocolo de roteamento. Embora a camada de rede contenha o protocolo IP e também numerosos outros de roteamento, ela quase sempre é denominada apenas camada IP, refletindo o fato de que ele é o elemento fundamental que mantém a integridade da Internet.

Camada de enlace

A camada de rede roteia um datagrama por meio de uma série de roteadores entre a origem e o destino. Para levar um pacote de um nó (hospedeiro ou roteador) ao nó seguinte na rota, a camada de rede depende dos serviços da camada de enlace. Em especial, em cada nó, a camada de rede passa o datagrama para a camada de enlace, que o entrega, ao longo da rota, ao nó seguinte, no qual o datagrama é passado da camada de enlace para a de rede.

*N. de T.: Na verdade existem muitos outros protocolos de transporte, mas esses são os mais comuns.

Os serviços prestados pela camada de enlace dependem do protocolo específico empregado no enlace. Por exemplo, alguns desses protocolos proveem entrega garantida entre enlaces, isto é, desde o nó transmissor, passando por um único enlace, até o nó receptor. Note que esse serviço confiável de entrega é diferente do de entrega garantida do TCP, que provê serviço de entrega garantida de um sistema final a outro. Exemplos de protocolos de camadas de enlace são Ethernet, WiFi e o protocolo DOCSIS da rede de acesso por cabo. Como datagramas normalmente precisam transitar por diversos enlaces para irem da origem ao destino, serão manuseados por diferentes protocolos de camada de enlace em diversos enlaces ao longo de sua rota, podendo ser manuseados por Ethernet em um e por PPP no seguinte. A camada de rede receberá um serviço diferente de cada um dos variados protocolos de camada de enlace. Neste livro, pacotes de camada de enlace serão denominados **quadros**.

Camada física

Enquanto a tarefa da camada de enlace é movimentar quadros inteiros de um elemento da rede até um elemento adjacente, a da camada física é movimentar os *bits individuais* que estão dentro do quadro de um nó para o seguinte. Os protocolos nessa camada de novo dependem do enlace e, além disso, do próprio meio de transmissão do enlace (p. ex., fios de cobre trançado ou fibra ótica monomodo). Por exemplo, a Ethernet tem muitos protocolos de camada física: um para par de fios de cobre trançado, outro para cabo coaxial, mais um para fibra e assim por diante. Em cada caso, o *bit* atravessa o enlace de um modo diferente.

1.5.2 Encapsulamento

A Figura 1.24 apresenta o caminho físico que os dados percorrem: para baixo na pilha de protocolos de um sistema final emissor, para cima e para baixo nas pilhas de protocolos de um *switch* e roteador intermediários, e depois para cima na pilha de protocolos do sistema final receptor. Como discutiremos mais adiante neste livro, ambos, roteadores e *switches*, são comutadores de pacotes. De modo semelhante a sistemas finais, ambos organizam seu

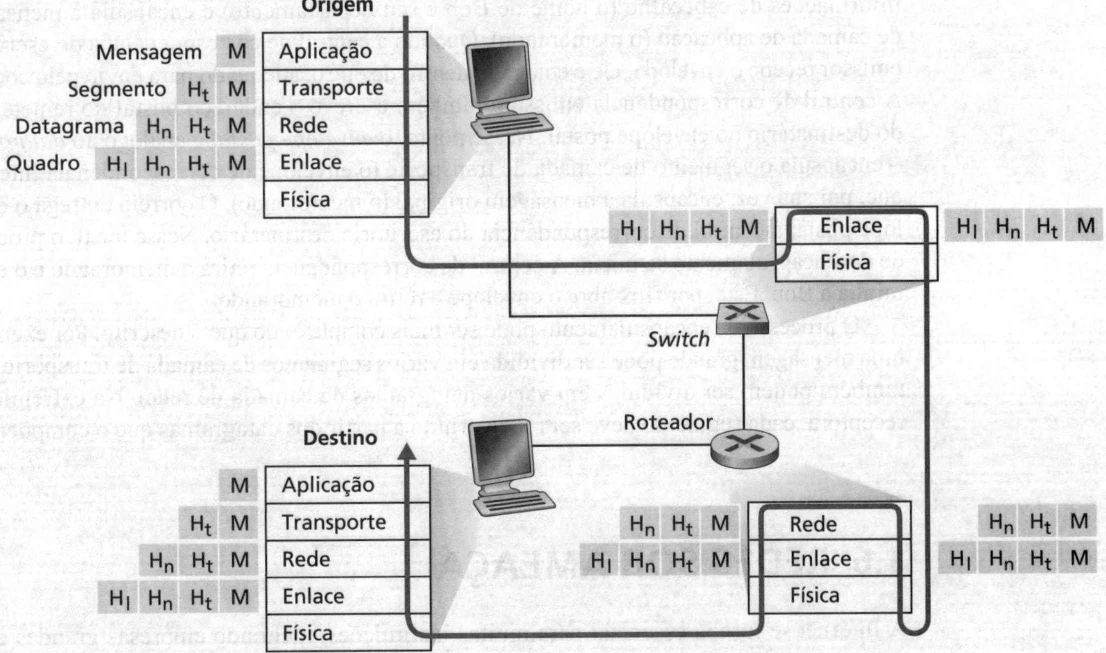

Figura 1.24 Hospedeiros, roteadores e *switches*; cada um contém um conjunto diferente de camadas, refletindo suas diferenças em funcionalidade.

hardware e *software* de rede em camadas. Mas não implementam *todas* as camadas da pilha de protocolos; em geral, executam apenas as camadas de baixo. Como ilustra a Figura 1.24, *switches* realizam as camadas 1 e 2; roteadores executam as camadas 1, 2 e 3. Isso significa, por exemplo, que roteadores da Internet são capazes de executar o protocolo IP (da camada 3), mas *switches* não. Veremos mais adiante que, embora não reconheçam endereços IP, *switches* são capazes de reconhecer endereços de camada 2, os da Ethernet. Note que os hospedeiros implementam todas as cinco camadas, o que é consistente com a noção de que a arquitetura da Internet concentra sua complexidade na periferia da rede.

A Figura 1.24 também ilustra o importante conceito de **encapsulamento**. Uma **mensagem da camada de aplicação** na máquina emissora (M na Figura 1.24) é passada para a camada de transporte. No caso mais simples, esta pega a mensagem e anexa informações adicionais (denominadas informações de cabeçalho de camada de transporte, H_t na Figura 1.24) que serão usadas pela camada de transporte do lado receptor. A mensagem da camada de aplicação e as informações de cabeçalho da camada de transporte, juntas, constituem o **segmento da camada de transporte**, que encapsula a mensagem da camada de aplicação. As informações adicionadas podem incluir dados que habilitem a camada de transporte do lado do receptor a entregar a mensagem à aplicação apropriada, além de *bits* de detecção de erro que permitem que o receptor determine se os *bits* da mensagem foram modificados em trânsito. A camada de transporte então passa o segmento à camada de rede, que adiciona informações de cabeçalho de camada de rede (H_n na Figura 1.24), como endereços de sistemas finais de origem e de destino, criando um **datagrama de camada de rede**. Este é então passado para a camada de enlace, que (é claro!) adicionará suas próprias informações de cabeçalho e criará um **quadro de camada de enlace**. Assim, vemos que, em cada camada, um pacote possui dois tipos de campos: campos de cabeçalho e um **campo de carga útil**. A carga útil é em geral um pacote da camada acima.

Uma analogia útil que podemos usar aqui é o envio de um memorando entre escritórios de uma empresa pelo correio de uma filial a outra. Suponha que Alice, que está em uma filial, queira enviar um memorando a Bob, que está na outra filial. O *memorando* representa a *mensagem da camada de aplicação*. Alice coloca o memorando em um envelope de correspondência interna em cuja face são escritos o nome e o departamento de Bob. O *envelope de correspondência interna* representa o *segmento da camada de transporte* – contém as informações de cabeçalho (o nome de Bob e seu departamento) e encapsula a mensagem de camada de aplicação (o memorando). Quando a central de correspondência do escritório emissor recebe o envelope, ele é colocado dentro de outro, adequado para envio pelo correio. A central de correspondência emissora também escreve o endereço postal do remetente e do destinatário no envelope postal. Nesse ponto, o *envelope postal* é análogo ao *datagrama* – encapsula o segmento de camada de transporte (o envelope de correspondência interna), que, por sua vez, encapsula a mensagem original (o memorando). O correio entrega o envelope postal à central de correspondência do escritório destinatário. Nesse local, o processo de desencapsulamento se inicia. A central de correspondência retira o memorando e o encaminha a Bob. Este, por fim, abre o envelope e retira o memorando.

O processo de encapsulamento pode ser mais complexo do que o descrito. Por exemplo, uma mensagem grande pode ser dividida em vários segmentos de camada de transporte (que também podem ser divididos em vários datagramas de camada de rede). Na extremidade receptora, cada segmento deve ser reconstruído a partir dos datagramas que o compõem.

1.6 REDES SOB AMEAÇA

A Internet se tornou essencial para muitas instituições, incluindo empresas grandes e pequenas, universidades e órgãos do governo. Muitas pessoas também contam com a Internet para suas atividades profissionais, sociais e pessoais. Bilhões de "coisas", incluindo eletrodomésticos e dispositivos pessoais, estão sendo conectados à Internet. Mas atrás de toda essa utilidade e entusiasmo, existe o lado escuro, um lado no qual "vilões" tentam causar problemas em nosso cotidiano, danificando nossos computadores conectados à Internet, violando nossa privacidade e tornando inoperantes os serviços da rede dos quais dependemos.

A área de segurança trata de como esses vilões podem ameaçar as redes de computadores e como nós, futuros especialistas no assunto, podemos defender a rede contra essas ameaças ou, melhor ainda, criar novas arquiteturas intrinsicamente imunes a tais riscos. Dadas a frequência e a variedade das ameaças existentes, bem como o perigo de novos e mais destrutivos futuros ataques, a segurança se tornou um assunto principal na área de redes de computadores. Um dos objetivos deste livro é trazer as questões de segurança de rede para o primeiro plano.

Visto que ainda não temos o *know-how* em rede de computadores e em protocolos da Internet, começaremos com uma análise de alguns dos atuais problemas predominantes relacionados à segurança. Isto irá aguçar nosso apetite para discussões mais importantes nos capítulos futuros. Começamos com a pergunta: o que pode dar errado? Como as redes de computadores são vulneráveis? Quais são alguns dos tipos de ameaças predominantes hoje?

Os vilões podem colocar "*malware*" em seu hospedeiro por meio da Internet

Conectamos aparelhos à Internet porque queremos receber/enviar dados de/para a rede. Isso inclui todos os tipos de recursos vantajosos, como postagens no Instagram, resultados de buscas, *streaming* de música, chamadas de videoconferência, *streaming* de filmes e assim por diante. Infelizmente, no entanto, junto com esses recursos vantajosos, aparecem, os maliciosos – chamados coletivamente de ***malware*** – que podem entrar e infectar nossos aparelhos. Uma vez que o *malware* infecta nosso aparelho, ele é capaz de fazer coisas perversas, como apagar nossos arquivos; instalar *spyware* que coleta informações particulares, como nosso número de cartão de crédito, senhas e combinação de teclas, e as envia (pela Internet, é claro!) de volta aos vilões. Nosso hospedeiro comprometido pode estar, também, envolvido em uma rede de milhares de aparelhos comprometidos, conhecida como ***botnet***, a qual é controlada e utilizada pelos vilões para distribuição de *spams* ou ataques de recusa de serviço distribuídos (que serão discutidos mais adiante) contra hospedeiros direcionados.

Boa parte do *malware* existente hoje é **autorreprodutivo**: depois que infecta um hospedeiro, ele busca outros hospedeiros na Internet para infectar; destes hospedeiros recém-infectados, ele busca então invadir ainda mais sistemas. Dessa forma, o *malware* autorreprodutivo pode se disseminar em velocidade exponencial.

Os vilões podem atacar servidores e infraestrutura de redes

Um amplo grupo de ameaças à segurança pode ser classificado como **ataques de recusa de serviços** (**DoS,** do inglês **Denial-of-Service**). Como o nome sugere, um ataque DoS torna uma rede, hospedeiro ou outra parte da infraestrutura inutilizável por usuários verdadeiros. Servidores da Web, de *e-mail* e DNS (discutidos no Capítulo 2) e redes institucionais podem estar sujeitos aos ataques DoS. O *site* Digital Attack Map oferece uma visão dos principais ataques de DoS diários em todo o mundo (DAM, 2020). A maioria dos ataques DoS na Internet pode ser dividida em três categorias:

- *Ataque de vulnerabilidade.* Envolve o envio de algumas mensagens bem elaboradas a uma aplicação vulnerável ou a um sistema operacional sendo executado em um hospedeiro direcionado. Se a sequência correta de pacotes é enviada a uma aplicação ou sistema operacional vulnerável, o serviço pode parar ou, pior, o hospedeiro pode estragar.

- *Inundação na largura de banda.* O atacante envia um grande número de pacotes ao hospedeiro direcionado – tantos pacotes que o enlace de acesso do alvo congestiona, impedindo os pacotes legítimos de alcançarem o servidor.
- *Inundação na conexão.* O atacante estabelece um grande número de conexões TCP semiabertas ou abertas (as conexões TCP são discutidas no Capítulo 3) no hospedeiro-alvo. O hospedeiro pode ficar tão atolado com essas conexões falsas que deixa de aceitar conexões legítimas.

Vamos agora explorar mais detalhadamente o ataque de inundação na largura de banda. Lembrando de nossa análise sobre atraso e perda na Seção 1.4.2, é evidente que se o servidor possui uma taxa de acesso de *R bits*/s, o atacante precisará enviar tráfego a uma taxa de, mais ou menos, *R bits*/s para causar dano. Se *R* for muito grande, uma fonte de ataque única pode não ser capaz de gerar tráfego suficiente para prejudicar o servidor. Além disso, se todo o tráfego emanar de uma fonte única, um roteador mais adiante pode conseguir detectar o ataque e bloquear todo o tráfego da fonte antes que ele se aproxime do servidor. Em um **ataque DoS distribuído (DDoS,** do inglês **Distributed DoS**), ilustrado na Figura 1.25, o atacante controla múltiplas fontes que sobrecarregam o alvo. Com essa tática, a taxa de tráfego agregada por todas as fontes controladas precisa ser, aproximadamente, *R* para incapacitar o serviço. Os ataques DDoS que potencializam *botnets* com centenas de hospedeiros comprometidos são uma ocorrência comum hoje em dia (DAM, 2020). Os ataques DDoS são muito mais difíceis de detectar e de prevenir do que um ataque DoS de um único hospedeiro.

Encorajamos o leitor a considerar a seguinte questão à medida que trabalhar com este livro: o que os projetistas de redes de computadores podem fazer para se protegerem contra ataques DoS? Veremos que são necessárias diferentes defesas para os três tipos de ataques DoS.

Os vilões podem analisar pacotes

Muitos usuários hoje acessam a Internet por meio de aparelhos sem fio, como *notebooks* conectados à tecnologia WiFi ou aparelhos portáteis com conexões à Internet via telefone celular (abordado no Capítulo 7). Embora o acesso onipresente à Internet seja de extrema conveniência e disponibilize novas aplicações sensacionais aos usuários móveis, ele também cria uma grande vulnerabilidade de segurança – posicionando um receptor passivo nas proximidades do transmissor sem fio, o receptor pode obter uma cópia de cada pacote transmitido! Esses pacotes podem conter todo tipo de informações confidenciais, incluindo

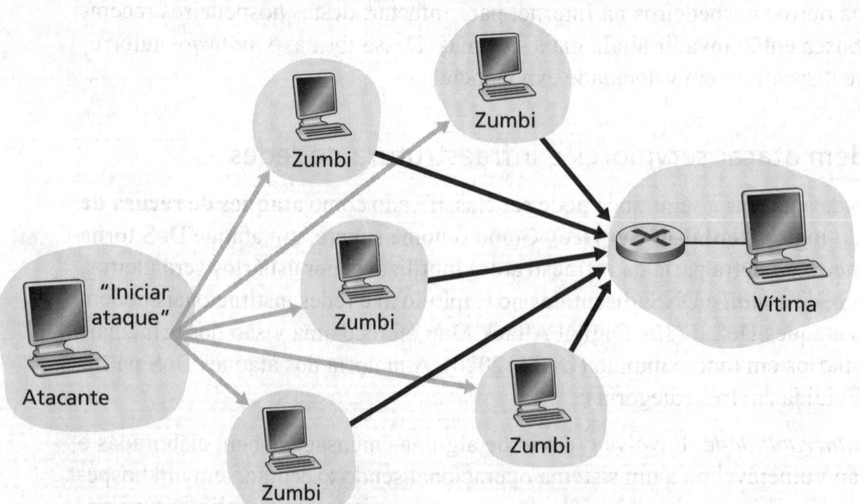

Figura 1.25 Um ataque de recusa de serviço distribuído (DDoS).

senhas, número de identificação, segredos comerciais e mensagens pessoais. Um receptor passivo que grava uma cópia de cada pacote que passa é denominado **analisador de pacotes** (*packet sniffer*).

Os analisadores também podem estar distribuídos em ambientes de conexão com fio. Nesses ambientes, como em muitas LANs Ethernet, um analisador de pacotes pode obter cópias de todos os pacotes enviados pela LAN. Como descrito na Seção 1.2, as tecnologias de acesso a cabo também transmitem pacotes e são, dessa forma, vulneráveis à análise. Além disso, um vilão que quer ganhar acesso ao roteador de acesso de uma instituição ou enlace de acesso para a Internet pode instalar um analisador que faça uma cópia de cada pacote trocado com a empresa. Os pacotes capturados podem, então, ser analisados *offline* em busca de informações confidenciais.

O *software* para analisar pacotes está disponível gratuitamente em diversos *sites* da Internet e em produtos comerciais. Professores que ministram um curso de redes passam exercícios que envolvem a escrita de um programa de reconstrução de dados da camada de aplicação e um programa analisador de pacotes. De fato, os Wireshark labs (Wireshark, 2020) associados a este texto (veja o Wireshark lab introdutório ao final deste capítulo) utilizam exatamente tal analisador de pacotes.

Como os analisadores de pacote são passivos – ou seja, não introduzem pacotes no canal –, eles são difíceis de detectar. Portanto, quando enviamos pacotes para um canal sem fio, devemos aceitar a possibilidade de que alguém possa estar copiando nossos pacotes. Como você deve ter imaginado, uma das melhores defesas contra a análise de pacote envolve a criptografia, que será explicada no Capítulo 8, já que se aplica à segurança de rede.

Os vilões podem se passar por alguém de sua confiança

Por incrível que pareça, é facílimo (*você* saberá como fazer isso à medida que ler este livro!) criar um pacote com qualquer endereço de origem, conteúdo de pacote e endereço de destino e, depois, transmiti-lo para a Internet, que, obedientemente, o encaminhará ao destino. Imagine que um receptor inocente (digamos, um roteador da Internet) que recebe tal pacote acredita que o endereço de origem (falso) seja confiável e então executa um comando integrado ao conteúdo do pacote (digamos, que modifica sua base de encaminhamento). A capacidade de introduzir pacotes na Internet com um endereço de origem falso é conhecida como **IP *spoofing***, e é uma das muitas maneiras pelas quais um usuário pode se passar por outro.

Para resolver esse problema, precisaremos de uma *autenticação do ponto final*, ou seja, um mecanismo que nos permita determinar com certeza se uma mensagem se origina de onde pensamos. Mais uma vez, sugerimos que pense em como isso pode ser feito em aplicações de rede e protocolos à medida que avança sua leitura pelos capítulos deste livro. Exploraremos mais mecanismos para autenticação da fonte no Capítulo 8.

Para encerrar esta seção, vale considerar como a Internet se tornou um local inseguro, antes de tudo. A resposta breve é que a Internet foi, a princípio, criada dessa maneira, baseada no modelo de "um grupo de usuários de confiança mútua ligados a uma rede transparente" (Blumenthal, 2001) – um modelo no qual (por definição) não há necessidade de segurança. Muitos aspectos da arquitetura inicial da Internet refletem profundamente essa noção de confiança mútua. Por exemplo, a capacidade de um usuário enviar um pacote a qualquer outro é o padrão, não um recurso solicitado/concedido, e acredita-se piamente na identidade do usuário, em vez de ser autenticada como padrão.

Mas a Internet de hoje decerto não envolve "usuários de confiança mútua". Contudo, os usuários atuais ainda precisam se comunicar mesmo quando não confiam um no outro, podem querer se comunicar de modo anônimo, podem se comunicar indiretamente por terceiros (p. ex., Web *caches*, que serão estudados no Capítulo 2, ou agentes móveis para assistência, que serão estudados no Capítulo 7), e podem desconfiar do *hardware*, *software* e até mesmo do ar pelo qual eles se comunicam. Temos agora muitos desafios relacionados à segurança perante nós à medida que prosseguimos com o livro: devemos buscar proteção contra a análise, disfarce da origem, ataques *man-in-the-middle*, ataques DDoS, *malware* e outros. Precisamos manter em mente que a comunicação entre usuários de confiança mútua é mais uma exceção do que uma regra. Seja bem-vindo ao mundo da moderna rede de computadores!

1.7 HISTÓRIA DAS REDES DE COMPUTADORES E DA INTERNET

Da Seção 1.1 à 1.6, apresentamos um panorama da tecnologia de redes de computadores e da Internet. Agora, você já deve saber o suficiente para impressionar sua família e seus amigos! Contudo, se quiser ser mesmo o maior sucesso na próxima festa, você deve rechear seu discurso com pérolas da fascinante história da Internet (Segaller, 1998).

1.7.1 Desenvolvimento da comutação de pacotes: 1961-1972

Os primeiros passos da disciplina de redes de computadores e da Internet atual podem ser traçados desde o início da década de 1960, quando a rede telefônica era a rede de comunicação dominante no mundo inteiro. Lembre-se de que na Seção 1.3 dissemos que a rede de telefonia usa comutação de circuitos para transmitir informações de uma origem a um destino – uma escolha acertada, já que a voz é transmitida a uma taxa constante entre os pontos. Dada a importância cada vez maior dos computadores no início da década de 1960 e o advento de computadores com tempo compartilhado, nada seria mais natural do que considerar a questão de como interligar computadores para que pudessem ser compartilhados entre usuários geograficamente dispersos. O tráfego gerado por esses usuários provavelmente era feito por *rajadas* – períodos de atividade, como o envio de um comando a um computador remoto, seguidos de períodos de inatividade, como a espera por uma resposta ou o exame de uma resposta recebida.

Três grupos de pesquisa ao redor do mundo, sem que nenhum tivesse conhecimento do trabalho do outro (Leiner, 1998), começaram a inventar a comutação de pacotes como uma alternativa poderosa e eficiente à comutação de circuitos. O primeiro trabalho publicado sobre técnicas de comutação de pacotes foi o de Leonard Kleinrock (Kleinrock, 1961; 1964), que, naquela época, era um aluno de graduação no MIT. Usando a teoria de filas, seu trabalho demonstrou, com elegância, a eficácia da abordagem da comutação de pacotes para fontes de tráfego intermitentes (em rajadas). Em 1964, Paul Baran (Baran, 1964), do Rand Institute, começou a investigar a utilização de comutação de pacotes na transmissão segura de voz pelas redes militares, ao mesmo tempo que Donald Davies e Roger Scantlebury desenvolviam suas ideias sobre esse assunto no National Physical Laboratory (NPL), na Inglaterra.

Os trabalhos desenvolvidos no MIT, no Rand Institute e no NPL foram os alicerces do que hoje é a Internet. Mas a Internet tem uma longa história de atitudes do tipo "construir e demonstrar", que também data do início da década de 1960. J. C. R. Licklider (DEC, 1990) e Lawrence Roberts, ambos colegas de Kleinrock no MIT, posteriormente lideraram o programa de ciência da computação na ARPA (Advanced Research Projects Agency – Agência de Projetos de Pesquisa Avançada), nos Estados Unidos. Roberts publicou um plano geral para a ARPAnet (Roberts, 1967), a primeira rede de computadores por comutação de pacotes e uma ancestral direta da Internet pública de hoje. Em 1969, no Dia do Trabalho nos Estados Unidos, foi instalado o primeiro roteador de pacotes na UCLA (Universidade da Califórnia em Los Angeles) sob a supervisão de Kleinrock. Pouco tempo depois, foram instalados três roteadores de pacotes adicionais no Stanford Research Institute (SRI), na Universidade da Califórnia em Santa Bárbara e na Universidade de Utah (Figura 1.26). O incipiente precursor da Internet tinha quatro nós no final de 1969. Kleinrock recorda que a primeiríssima utilização da rede foi fazer um *login* remoto entre a UCLA e o SRI, derrubando o sistema (Kleinrock, 2004).

Figura 1.26 Um dos primeiros comutadores de pacotes.

Em 1972, a ARPAnet tinha cerca de 15 nós, e foi apresentada publicamente pela primeira vez por Robert Kahn. O primeiro protocolo fim a fim entre sistemas finais da ARPAnet, conhecido como protocolo de controle de rede (NCP, do inglês *network-control protocol*), estava concluído (RFC 001). Com um protocolo fim a fim à disposição, a escrita de aplicações tornou-se possível. Em 1972, Ray Tomlinson, da BBN,* escreveu o primeiro programa de *e-mail*.

1.7.2 Redes proprietárias e interligação de redes: 1972 a 1980

A ARPAnet inicial era uma rede isolada, fechada. Para se comunicar com uma máquina da ARPAnet, era preciso estar ligado a um outro processador de interface de mensagens (IMP, do inglês *interface message processor*) dessa rede. Do início a meados de 1970, surgiram novas redes independentes de comutação de pacotes: ALOHAnet, uma rede de micro-ondas ligando universidades das ilhas do Havaí (Abramson, 1970), bem como as redes de pacotes por satélite (RFC 829) e por rádio (Kahn, 1978) da DARPA; Telenet, uma rede comercial de comutação de pacotes da BBN baseada na tecnologia ARPAnet; Cyclades, uma rede de comutação de pacotes pioneira na França, montada por Louis Pouzin (Think, 2002); redes de tempo compartilhado como a Tymnet e a rede GE Information Services, entre outras que

*N. de T.: Acrônimo para Bolt, Berenek and Newman, nome da empresa que desenvolveu os primeiros IMPs da Arpanet.

surgiram no final da década de 1960 e início da década de 1970 (Schwartz, 1977); rede SNA da IBM (1969–1974), cujo trabalho comparava-se ao da ARPAnet (Schwartz, 1977).

O número de redes estava crescendo. Hoje, com perfeita visão do passado, podemos perceber que aquela era a hora certa para desenvolver uma arquitetura abrangente para conectar redes. O trabalho pioneiro de interconexão de redes, sob o patrocínio da DARPA (Defense Advanced Research Projects Agency – Agência de Projetos de Pesquisa Avançada de Defesa), criou basicamente uma *rede de redes*, e foi realizado por Vinton Cerf e Robert Kahn (Cerf, 1974); o termo *internetting* foi cunhado para descrever esse trabalho.

Esses princípios de arquitetura foram incorporados ao TCP. As primeiras versões desse protocolo, contudo, eram muito diferentes do TCP de hoje. Elas combinavam uma entrega sequencial confiável de dados via retransmissão por sistema final (que ainda faz parte do TCP de hoje) com funções de envio (que hoje são desempenhadas pelo IP). As primeiras experiências com o TCP, combinadas com o reconhecimento da importância de um serviço de transporte fim a fim não confiável, sem controle de fluxo, para aplicações como voz em pacotes, levaram à separação entre IP e TCP e ao desenvolvimento do protocolo UDP. Os três protocolos fundamentais da Internet que temos hoje – TCP, UDP e IP – estavam conceitualmente disponíveis no final da década de 1970.

Além das pesquisas sobre a Internet realizadas pela DARPA, muitas outras atividades importantes relacionadas ao trabalho em rede estavam em andamento. No Havaí, Norman Abramson estava desenvolvendo a ALOHAnet, uma rede de pacotes por rádio que permitia que vários lugares remotos das ilhas havaianas se comunicassem entre si. O ALOHA (Abramson, 1970) foi o primeiro protocolo de acesso múltiplo que permitiu que usuários geograficamente dispersos compartilhassem um único meio de comunicação *broadcast* (uma frequência de rádio). Metcalfe e Boggs se basearam no trabalho de Abramson sobre protocolo de múltiplo acesso quando desenvolveram o protocolo Ethernet (Metcalfe, 1976) para redes compartilhadas de transmissão *broadcast* por fio. O interessante é que o protocolo Ethernet de Metcalfe e Boggs foi motivado pela necessidade de conectar vários PCs, impressoras e discos compartilhados (Perkins, 1994). Há 25 anos, bem antes da revolução do PC e da explosão das redes, Metcalfe e Boggs estavam lançando as bases para as LANs de PCs de hoje.

1.7.3 Proliferação de redes: 1980 a 1990

Ao final da década de 1970, cerca de 200 máquinas estavam conectadas à ARPAnet. Ao final da década de 1980, o número de máquinas ligadas à Internet pública, uma confederação de redes muito parecida com a Internet de hoje, alcançou 100 mil. A década de 1980 foi uma época de formidável crescimento.

Grande parte daquele crescimento foi consequência de vários esforços distintos para criar redes de computadores para interligar universidades. A BITNET processava *e-mails* e fazia transferência de arquivos entre diversas universidades do nordeste dos Estados Unidos. A CSNET (Computer Science Network – rede da ciência de computadores) foi formada para interligar pesquisadores de universidades que não tinham acesso à ARPAnet. Em 1986, foi criada a NSFNET para prover acesso a centros de supercomputação patrocinados pela National Science Foundation (NSF). Partindo de uma velocidade inicial de 56 k*bits*/s, ao final da década, o *backbone* da NSFNET estaria funcionando a 1,5 M*bits*/s e servindo como *backbone* primário para a interligação de redes regionais.

Na comunidade da ARPAnet, já estavam sendo encaixados muitos dos componentes finais da arquitetura da Internet de hoje. No dia 1º de janeiro de 1983, o TCP/IP foi adotado oficialmente como o novo padrão de protocolo de máquinas para a ARPAnet (em substituição ao protocolo NCP). Pela importância do evento, o dia da transição do NCP para o TCP/IP (RFC 801) foi marcado com antecedência – a partir daquele dia, todas as máquinas tiveram de adotar o TCP/IP. No final da década de 1980, foram agregadas importantes extensões ao TCP para implementação do controle de congestionamento baseado em hospedeiros (Jacobson, 1988). Também foi desenvolvido o sistema de nomes de domínios

(DNS, do inglês *domain name system*) utilizado para mapear nomes da Internet mnemônicos (p. ex., gaia.cs.umass.edu) para seus endereços IP de 32 *bits* (RFC 1034).

Em paralelo ao desenvolvimento da ARPAnet (que em sua maior parte deve-se aos Estados Unidos), no início da década de 1980, os franceses lançaram o projeto Minitel, um plano ambicioso para levar as redes de dados para todos os lares. Patrocinado pelo governo francês, o sistema consistia em uma rede pública de comutação de pacotes (baseada no conjunto de protocolos X.25, que usava circuitos virtuais), servidores Minitel e terminais baratos com *modems* de baixa velocidade embutidos. O Minitel transformou-se em um enorme sucesso em 1984, quando o governo francês forneceu, gratuitamente, um terminal para toda residência francesa que quisesse. O sistema incluía *sites* de livre acesso – como o da lista telefônica – e também particulares, que cobravam uma taxa de cada usuário baseada no tempo de utilização. No seu auge, em meados de 1990, o Minitel oferecia mais de 20 mil serviços, que iam desde *home banking* até bancos de dados especializados para pesquisa. Estava presente em grande parte dos lares franceses dez anos antes sequer de a maioria dos norte-americanos ouvir falar de Internet.

1.7.4 A explosão da Internet: a década de 1990

A década de 1990 estreou com vários eventos que simbolizaram a evolução contínua e a comercialização iminente da Internet. A ARPAnet, a progenitora da Internet, deixou de existir. Em 1991, a NSFNET extinguiu as restrições que impunha à sua utilização com finalidades comerciais, mas, em 1995, perdeu seu mandato quando o tráfego de *backbone* da Internet passou a ser carregado por provedores de serviços.

O principal evento da década de 1990, no entanto, foi o surgimento da World Wide Web, que levou a Internet para os lares e as empresas de milhões de pessoas no mundo inteiro. A Web serviu também como plataforma para a habilitação e o oferecimento de centenas de novas aplicações, inclusive busca (p. ex., Google e Bing), comércio pela Internet (p. ex., Amazon e eBay) e redes sociais (p. ex., Facebook).

A Web foi inventada no CERN (European Center for Nuclear Physics – Centro Europeu para Física Nuclear) por Tim Berners-Lee entre 1989 e 1991 (Berners-Lee, 1989), com base em ideias originadas de trabalhos anteriores sobre hipertexto realizados por Vannevar Bush (Bush, 1945), na década de 1940, e por Ted Nelson (Xanadu, 2012), na década de 1960. Berners-Lee e seus companheiros desenvolveram versões iniciais de HTML, HTTP, um servidor Web e um navegador (*browser*) – os quatro componentes fundamentais da Web. Por volta de 1993, havia cerca de 200 servidores Web em operação, e esse conjunto era apenas um prenúncio do que estava por vir. Nessa época, vários pesquisadores estavam desenvolvendo navegadores Web com interfaces interface gráfica de usuário (GUI, do inglês *graphical user interface*), entre eles Marc Andreessen, que liderou o desenvolvimento do popular navegador Mosaic, junto com Jim Clark, que formaram a Mosaic Communications, que mais tarde se transformou na Netscape Communications Corporation (Cusumano, 1998; Quittner, 1998). Em 1995, estudantes universitários estavam usando navegadores Mosaic e Netscape para navegar na Web diariamente. Na época, empresas – grandes e pequenas – começaram a operar servidores e a realizar transações comerciais pela Web. Em 1996, a Microsoft começou a desenvolver navegadores, dando início à guerra entre Netscape e Microsoft, vencida pela última alguns anos mais tarde (Cusumano, 1998).

A segunda metade da década de 1990 foi um período de tremendo crescimento e inovação, com grandes corporações e milhares de novas empresas criando produtos e serviços para a Internet. No final do milênio, a Internet dava suporte a centenas de aplicações populares, entre elas quatro de enorme sucesso:

- *e-mail*, incluindo anexos e correio eletrônico com acesso pela Web;
- a Web, incluindo navegação pela Web e comércio pela Internet;
- serviço de mensagem instantânea, com listas de contato;
- compartilhamento *peer-to-peer* (P2P) de arquivos MP3, cujo pioneiro foi o Napster.

O interessante é que as duas primeiras dessas aplicações de sucesso arrasador vieram da comunidade de pesquisas, ao passo que as duas últimas foram criadas por alguns jovens empreendedores.

No período de 1995 a 2001, a Internet realizou uma viagem vertiginosa nos mercados financeiros. Antes mesmo de se mostrarem lucrativas, centenas de novas empresas faziam suas ofertas públicas iniciais de ações e começavam a ser negociadas em bolsas de valores. Muitas empresas eram avaliadas em bilhões de dólares sem ter nenhum fluxo significativo de receita. As ações da Internet sofreram uma queda também vertiginosa em 2000-2001, e muitas novas empresas fecharam. Não obstante, várias outras surgiram como grandes vencedoras no mundo da Internet, entre elas Microsoft, Cisco, Yahoo, eBay, Google e Amazon.

1.7.5 O novo milênio

Nas duas primeiras décadas do século XXI, é possível que nenhuma tecnologia tenha transformado a sociedade mais do que a Internet combinada aos *smartphones* conectados à Internet. E a inovação na área de redes de computadores continua a passos largos. Há progressos em todas as frentes, incluindo distribuição de roteadores mais velozes e velocidades de transmissão mais altas nas redes de acesso e nos *backbones* da rede. Mas os seguintes desenvolvimentos merecem atenção especial:

- Desde o início do milênio, vimos a implementação agressiva do acesso residencial à Internet por banda larga – não apenas *modems* a cabo e DSL, mas também por fibra ótica, e agora também por acesso sem fio fixo 5G, conforme discutimos na Seção 1.2. Esse acesso à Internet de alta velocidade preparou a cena para uma série de aplicações de vídeo, incluindo a distribuição de vídeo gerado pelo usuário (p. ex., YouTube), *streaming* sob demanda de filmes e seriados de televisão (p. ex., Netflix) e videoconferência entre várias pessoas (p. ex., Skype, Facetime e Google Hangouts).
- A onipresença cada vez maior do acesso à Internet sem fio de alta velocidade não apenas está possibilitando permanecer constantemente conectado enquanto se desloca, mas também permite novas aplicações específicas à localização, como Yelp, Tinder e Waze. O número de dispositivos sem fio conectados ultrapassou o número de dispositivos com fio em 2011. Esse acesso sem fio em alta velocidade preparou a cena para o rápido surgimento de computadores portáteis (iPhones, Androids, iPads, etc.), que possuem acesso constante e livre à Internet.
- Redes sociais *online*, como Facebook, Instagram, Twitter e WeChat (incrivelmente popular na China), criaram grandes redes pessoais em cima da Internet. Muitas dessas redes sociais são amplamente utilizadas para troca de mensagens e compartilhamento de fotos. Muitos usuários hoje "vivem" principalmente dentro de uma ou mais redes sociais. Através de suas interfaces de programação de aplicações (APIs, do inglês *application programming interfaces*), as redes sociais *online* criam plataformas para novas aplicações em rede, incluindo pagamentos móveis e jogos distribuídos.
- Conforme discutimos na Seção 1.3.3, os provedores de serviços *online*, como Google e Microsoft, implementaram suas próprias amplas redes privativas, que não apenas conectam seus *datacenters* distribuídos em todo o planeta, mas são usadas para evitar a Internet ao máximo possível, emparelhando diretamente com ISPs de nível mais baixo. Como resultado, Google oferece resultados de busca e acesso a *e-mail* quase instantaneamente, como se seus *datacenters* estivessem rodando dentro do computador de cada usuário.
- Muitas empresas de comércio na Internet agora estão rodando suas aplicações na "nuvem" – como na EC2 da Amazon, na Azure da Microsoft ou na Alibaba Cloud. Diversas empresas e universidades também migraram suas aplicações da Internet (p. ex., *e-mail* e hospedagem de páginas Web) para a nuvem. Empresas de nuvem não apenas oferecem ambientes de computação e armazenamento escaláveis às aplicações, mas também lhes oferecem acesso implícito às suas redes privativas de alto desempenho.

1.8 RESUMO

Neste capítulo, abordamos uma quantidade imensa de assuntos. Examinamos as várias peças de *hardware* e *software* que compõem a Internet, em especial, e redes de computadores, em geral. Começamos pela periferia da rede, examinando sistemas finais e aplicações, além do serviço de transporte fornecido às aplicações que executam nos sistemas finais. Também vimos as tecnologias de camada de enlace e meio físico encontradas na rede de acesso. Em seguida, mergulhamos no interior da rede e chegamos ao seu núcleo, identificando comutação de pacotes e comutação de circuitos como as duas abordagens básicas do transporte de dados por uma rede de telecomunicações, expondo os pontos fortes e fracos de cada uma delas. Examinamos, então, as partes inferiores (do ponto de vista da arquitetura) da rede – as tecnologias de camada de enlace e os meios físicos comumente encontrados na rede de acesso. Estudamos também a estrutura da Internet global e aprendemos que ela é uma rede de redes. Vimos que a estrutura hierárquica da Internet, composta por ISPs de níveis mais altos e mais baixos, permitiu que ela se expandisse e incluísse milhares de redes.

Na segunda parte deste capítulo introdutório, abordamos diversos tópicos fundamentais da área de redes de computadores. Primeiro, examinamos as causas de atrasos e perdas de pacotes em uma rede de comutação de pacotes. Desenvolvemos modelos quantitativos simples de atrasos de transmissão, de propagação e de fila, bem como modelos de vazão; esses modelos de atrasos serão muito usados nos problemas propostos em todo o livro. Em seguida, examinamos camadas de protocolo e modelos de serviço, princípios fundamentais de arquitetura de redes aos quais voltaremos a nos referir neste livro. Analisamos também alguns dos ataques mais comuns na Internet. Terminamos nossa introdução sobre redes com uma breve história das redes de computadores. O primeiro capítulo constitui um minicurso sobre redes de computadores.

Portanto, percorremos de fato um extraordinário caminho neste primeiro capítulo! Se você estiver um pouco assustado, não se preocupe. Abordaremos todas essas ideias em detalhes nos capítulos seguintes (é uma promessa, e não uma ameaça!). Por enquanto, esperamos que, ao encerrar este capítulo, você tenha adquirido uma noção, ainda que incipiente, das partes que formam uma rede, um domínio ainda em desenvolvimento do vocabulário de redes (não se acanhe de voltar aqui para consulta) e um desejo cada vez maior de aprender mais sobre elas. Essa é a tarefa que nos espera no restante deste livro.

O guia deste livro

Antes de iniciarmos qualquer viagem, sempre é bom consultar um guia para nos familiarizarmos com as estradas principais e os desvios que encontraremos pela frente. O destino final da viagem que estamos prestes a empreender é um entendimento profundo do como, do quê e do porquê das redes de computadores. Nosso guia é a sequência de capítulos:

1. Redes de computadores e a Internet
2. Camada de aplicação
3. Camada de transporte
4. A camada de rede: plano de dados
5. A camada de rede: plano de controle
6. A camada de enlace e as LANs
7. Redes sem fio e móveis
8. Segurança em redes de computadores

Os Capítulos 2 a 6 são os cinco capítulos centrais deste livro. Note que eles estão organizados segundo as quatro camadas superiores da pilha de cinco camadas de protocolos da Internet. Note também que nossa jornada começará no topo da pilha, a saber, a camada de aplicação, e prosseguirá daí para baixo. O princípio racional que orienta essa jornada de cima para baixo é que, entendidas as aplicações, podemos compreender os serviços de rede necessários para dar-lhes suporte. Então, poderemos examinar, um por um, os vários modos como esses serviços poderiam ser executados por uma arquitetura de rede. Assim, o estudo das aplicações logo no início dá motivação para o restante do livro.

A segunda metade – Capítulos 7 e 8 – aborda dois tópicos de extrema importância (e de certa maneira independentes) para as redes modernas. No Capítulo 7, examinamos as redes sem fio e móveis, incluindo LANs sem fio (incluindo WiFi e Bluetooth), redes celulares (incluindo 4G e 5G) e mobilidade. No Capítulo 8, sobre segurança em redes de computadores, analisamos, primeiro, os fundamentos da criptografia e da segurança de redes e, em seguida, de que modo a teoria básica está sendo aplicada a um amplo leque de contextos da Internet.

Exercícios de fixação e perguntas

Questões de revisão do Capítulo 1

SEÇÃO 1.1

R1. Qual é a diferença entre um hospedeiro e um sistema final? Cite os tipos de sistemas finais. Um servidor Web é um sistema final?

R2. A palavra *protocolo* é muito usada para descrever relações diplomáticas. Como a Wikipédia descreve um protocolo diplomático?

R3. Por que os padrões são importantes para os protocolos?

SEÇÃO 1.2

R4. Cite quatro tecnologias de acesso. Classifique cada uma delas nas categorias acesso residencial, acesso corporativo ou acesso móvel.

R5. A taxa de transmissão HFC é dedicada ou é compartilhada entre usuários? É possível haver colisões na direção provedor-usuário de um canal HFC? Por quê?

R6. Cite as tecnologias de acesso residencial disponíveis em sua cidade. Para cada tipo de acesso, apresente a taxa *downstream*, a taxa *upstream* e o preço mensal anunciados.

R7. Qual é a taxa de transmissão de LANs Ethernet?

R8. Cite alguns meios físicos utilizados para instalar a Ethernet.

R9. HFC, DSL e FTTH são usados para acesso residencial. Para cada uma dessas tecnologias de acesso, cite uma faixa de taxas de transmissão e comente se a taxa de transmissão é compartilhada ou dedicada.

R10. Descreva as tecnologias de acesso sem fio mais populares atualmente. Faça uma comparação entre elas.

SEÇÃO 1.3

R11. Suponha que exista exatamente um nó de comutação de pacotes entre um computador de origem e um de destino. As taxas de transmissão entre a máquina de origem e o comutador e entre este e a máquina de destino são R_1 e R_2, respectivamente. Admitindo que um roteador use comutação de pacotes do tipo armazena-e-reenvia, qual é o atraso total fim a fim para enviar um pacote de comprimento L? (Desconsidere formação de fila, atraso de propagação e atraso de processamento.)

R12. Qual é a vantagem de uma rede de comutação de circuitos em relação a uma de comutação de pacotes? Quais são as vantagens da TDM sobre a FDM em uma rede de comutação de circuitos?

R13. Suponha que usuários compartilhem um enlace de 2 M*bits*/s e que cada usuário transmita continuamente a 1 M*bit*/s, mas cada um deles transmite apenas 20% do tempo. (Veja a discussão sobre multiplexação estatística na Seção 1.3.)

a. Quando a comutação de circuitos é utilizada, quantos usuários podem ser admitidos?

b. Para o restante deste problema, suponha que seja utilizada a comutação de pacotes. Por que não haverá atraso de fila antes de um enlace se dois ou menos usuários transmitirem ao mesmo tempo? Por que haverá atraso de fila se três usuários transmitirem ao mesmo tempo?

c. Determine a probabilidade de um dado usuário estar transmitindo.

d. Suponha agora que haja três usuários. Determine a probabilidade de, a qualquer momento, os três usuários transmitirem simultaneamente. Determine a fração de tempo durante o qual a fila cresce.

R14. Por que dois ISPs no mesmo nível de hierarquia farão emparelhamento? Como um IXP consegue ter lucro?

R15. Alguns provedores de conteúdo criaram suas próprias redes. Descreva a rede da Google. O que motiva os provedores de conteúdo a criar essas redes?

SEÇÃO 1.4

R16. Considere o envio de um pacote de uma máquina de origem a uma de destino por uma rota fixa. Relacione os componentes do atraso que formam o atraso fim a fim. Quais deles são constantes e quais são variáveis?

R17. Visite a animação interativa "Transmission versus Propagation Delay" no *site* de apoio do livro. Entre as taxas, o atraso de propagação e os tamanhos de pacote disponíveis, determine uma combinação para a qual o emissor termine de transmitir antes que o primeiro *bit* do pacote chegue ao receptor. Ache outra combinação para a qual o primeiro *bit* do pacote alcança o receptor antes que o emissor termine de transmitir.

R18. Quanto tempo um pacote de 1.000 *bytes* leva para se propagar através de um enlace de 2.500 km de distância, com uma velocidade de propagação de $2{,}5 \times 10^8$ m/s e uma taxa de transmissão de 2 M*bits*/s? Em geral, quanto tempo um pacote de comprimento L leva para se propagar através de um enlace de distância d, velocidade de propagação s, e taxa de transmissão de R *bits*/s? Esse atraso depende do comprimento do pacote? Depende da taxa de transmissão?

R19. Suponha que o hospedeiro A queira enviar um arquivo grande para o hospedeiro B. O percurso de A para B possui três enlaces, de taxas R_1 = 500 k*bits*/s, R_2 = 2 M*bits*/s e R_3 = 1 M*bit*/s.

a. Considerando que não haja nenhum outro tráfego na rede, qual é a vazão para a transferência de arquivo?

b. Suponha que o arquivo tenha 4 milhões de *bytes*. Dividindo o tamanho do arquivo pela vazão, quanto tempo levará a transferência para o hospedeiro B?

c. Repita os itens "a" e "b", mas agora com R_2 reduzido a 100 k*bits*/s.

R20. Suponha que o sistema final A queira enviar um arquivo grande para o sistema final B. Em um nível muito alto, descreva como o sistema A cria pacotes a partir do arquivo. Quando um desses arquivos chega ao roteador, quais informações no pacote o roteador utiliza para determinar o enlace através do qual o pacote é encaminhado? Por que a comutação de pacotes na Internet é semelhante a dirigir de uma cidade para outra pedindo informações ao longo do caminho?

R21. Visite a animação interativa "Queuing and Loss" no *site* de apoio do livro. Qual é a taxa de transmissão máxima e a taxa de transmissão mínima? Com essas taxas, qual é a intensidade do tráfego? Execute a animação interativa com essas taxas e determine o tempo que leva a ocorrência de uma perda de pacote. Repita o procedimento mais uma vez e determine de novo o tempo de ocorrência para a perda de pacote. Os resultados são diferentes? Por quê? Por que não?

SEÇÃO 1.5

R22. Cite cinco tarefas que uma camada pode executar. É possível que uma (ou mais) dessas tarefas seja(m) realizada(s) por duas (ou mais) camadas?

R23. Quais são as cinco camadas da pilha de protocolos da Internet? Quais as principais responsabilidades de cada uma dessas camadas?

R24. O que é uma mensagem de camada de aplicação? Um segmento de camada de transporte? Um datagrama de camada de rede? Um quadro de camada de enlace?

R25. Quais camadas da pilha do protocolo da Internet um roteador processa? Quais camadas um *switch* processa? Quais camadas um sistema final processa?

SEÇÃO 1.6

R26. O que é um *malware* autorreprodutivo?

R27. Descreva como pode ser criada uma *botnet* e como ela pode ser utilizada no ataque DDoS.

R28. Suponha que Alice e Bob estejam enviando pacotes um para o outro por uma rede de computadores e que Trudy se posicione na rede para poder capturar todos os pacotes enviados por Alice e enviar o que quiser para Bob; ela também consegue capturar todos os pacotes enviados por Bob e enviar o que quiser para Alice. Cite algumas atitudes maliciosas que Trudy pode fazer a partir de sua posição.

Problemas

P1. Projete e descreva um protocolo de nível de aplicação para ser usado entre um caixa eletrônico e o computador central de um banco. Esse protocolo deve permitir verificação do cartão e da senha de um usuário, consulta do saldo de sua conta (que é mantido no computador central) e saque de dinheiro (i.e., entrega de dinheiro ao usuário). As entidades do protocolo devem estar preparadas para resolver o caso comum em que não há dinheiro suficiente na conta para cobrir o saque. Especifique seu protocolo relacionando as mensagens trocadas e as ações realizadas pelo caixa automático ou pelo computador central do banco na transmissão e recepção de mensagens. Esquematize a operação de seu protocolo para o caso de um saque simples sem erros, usando um diagrama semelhante ao da Figura 1.2. Descreva explicitamente o que seu protocolo espera do serviço de transporte fim a fim.

P2. A Equação 1.1 contém uma fórmula para o atraso fim a fim do envio de um pacote de comprimento L por N enlaces com taxa de transmissão R. Generalize essa fórmula para enviar P desses pacotes de ponta a ponta pelos N enlaces.

P3. Considere uma aplicação que transmita dados a uma taxa constante (p. ex., a origem gera uma unidade de dados de *N bits* a cada *k* unidades de tempo, em que *k* é pequeno e fixo). Considere também que, quando essa aplicação começa, continuará em funcionamento por um período relativamente longo. Responda às seguintes perguntas, dando uma breve justificativa para suas respostas:

a. O que seria mais apropriado para essa aplicação: uma rede de comutação de circuitos ou uma rede de comutação de pacotes? Por quê?

b. Suponha que seja usada uma rede de comutação de pacotes e que o único tráfego venha de aplicações como a descrita anteriormente. Além disso, imagine que a soma das velocidades de dados da aplicação seja menor do que a capacidade de cada enlace. Será necessário algum tipo de controle de congestionamento? Por quê?

P4. Considere a rede de comutação de circuitos da Figura 1.13. Lembre-se de que há quatro circuitos em cada enlace. Rotule os quatro *switches* A, B, C e D, seguindo no sentido horário.

a. Qual é o número máximo de conexões simultâneas que podem estar em curso a qualquer instante nessa rede?

b. Suponha que todas as conexões sejam entre os *switches* A e C. Qual é o número máximo de conexões simultâneas que podem estar em curso?

c. Suponha que queiramos fazer quatro conexões entre os *switches* A e C, e outras quatro conexões entre os *switches* B e D. Podemos rotear essas chamadas pelos quatro enlaces para acomodar todas as oito conexões?

P5. Considere novamente a analogia do comboio de carros da Seção 1.4. Admita uma velocidade de propagação de 100 km/h.

a. Suponha que o comboio viaje 175 km, começando em frente ao primeiro dos postos de pedágio, passando por um segundo e terminando após um terceiro. Qual é o atraso fim a fim?

b. Repita o item "a" admitindo agora que haja oito carros no comboio em vez de dez.

P6. Este problema elementar começa a explorar atrasos de propagação e de transmissão, dois conceitos centrais em redes de computadores. Considere dois hospedeiros, A e B, conectados por um único enlace de taxa *R bits*/s. Suponha que eles estejam separados por *m* metros e que a velocidade de propagação ao longo do enlace seja de *s* metros/segundo. O hospedeiro A tem de enviar um pacote de *L bits* ao hospedeiro B.

a. Expresse o atraso de propagação, d_{prop}, em termos de *m* e *s*.

b. Determine o tempo de transmissão do pacote, d_{trans}, em termos de *L* e *R*.

c. Ignorando os atrasos de processamento e de fila, obtenha uma expressão para o atraso fim a fim.

d. Suponha que o hospedeiro A comece a transmitir o pacote no instante $t = 0$. No instante $t = d_{trans}$, onde estará o último *bit* do pacote?

e. Imagine que d_{prop} seja maior do que d_{trans}. Onde estará o primeiro *bit* do pacote no instante $t = d_{trans}$?

f. Considere que d_{prop} seja menor do que d_{trans}. Onde estará o primeiro *bit* do pacote no instante $t = d_{trans}$?

g. Suponha que $s = 2{,}5 \times 10^8$, $L = 1.500$ *bytes* e $R = 10$ M*bits*/s. Encontre a distância *m* de modo que d_{prop} seja igual a d_{trans}.

P7. Neste problema, consideramos o envio de voz em tempo real do hospedeiro A para o hospedeiro B por meio de uma rede de comutação de pacotes (VoIP). O hospedeiro A converte voz analógica para uma cadeia digital de *bits* de 64 k*bits*/s e, em seguida, agrupa os *bits* em pacotes de 56 *bytes*. Há apenas um enlace entre os hospedeiros A e B; sua taxa de transmissão é de 10 M*bits*/s e seu atraso de propagação, de 10 ms.

Assim que o hospedeiro A monta um pacote, ele o envia ao hospedeiro B. Quando recebe um pacote completo, o hospedeiro B converte os *bits* do pacote em um sinal analógico. Quanto tempo decorre entre o momento em que um *bit* é criado (a partir do sinal analógico no hospedeiro A) e o momento em que ele é decodificado (como parte do sinal analógico no hospedeiro B)?

P8. Suponha que usuários compartilhem um enlace de 10 M*bits*/s e que cada usuário precise de 200 k*bits*/s para transmitir, mas que transmita apenas durante 10% do tempo. (Veja a discussão sobre comutação de pacotes *versus* comutação de circuitos na Seção 1.3.)

a. Quando a comutação de circuitos é utilizada, quantos usuários podem ser admitidos?

b. Para o restante deste problema, suponha que seja usada a comutação de pacotes. Determine a probabilidade de que determinado usuário esteja transmitindo.

c. Suponha que haja 120 usuários. Determine a probabilidade que, a um tempo dado, exatamente n usuários estejam transmitindo simultaneamente. (*Dica*: Use a distribuição binomial.)

d. Determine a probabilidade de haver 51 ou mais usuários transmitindo simultaneamente.

P9. Considere a discussão na Seção 1.3 sobre comutação de pacotes *versus* comutação de circuitos, na qual é dado um exemplo com um enlace de 1 M*bit*/s. Quando em atividade, os usuários estão gerando dados a uma taxa de 100 k*bits*/s; mas a probabilidade de estarem em atividade, gerando dados, é de $p = 0{,}1$. Suponha que o enlace de 1 M*bit*/s seja substituído por um de 1 G*bit*/s.

a. Qual é o número máximo de usuários, N, que pode ser suportado simultaneamente por comutação de pacotes?

b. Agora considere comutação de circuitos e um número M de usuários. Elabore uma fórmula (em termos de p, M, N) para a probabilidade de que mais de N usuários estejam enviando dados.

P10. Considere um pacote de comprimento L que se inicia no sistema final A e percorre três enlaces até um sistema final de destino. Eles estão conectados por dois nós de comutação de pacotes. Suponha que d_i, s_i e R_i representem o comprimento, a velocidade de propagação e a taxa de transmissão do enlace i, sendo $i = 1, 2, 3$. O nó de comutação de pacote atrasa cada pacote por d_{proc}. Considerando que não haja nenhum atraso de fila, em relação a d_i, s_i e R_i, $(i = 1, 2, 3)$ e L, qual é o atraso fim a fim total para o pacote? Suponha agora que o pacote tenha 1.500 *bytes*, a velocidade de propagação de ambos os enlaces seja $2{,}5 \times 10^8$ m/s, as taxas de transmissão dos três enlaces sejam 2,5 M*bits*/s, o atraso de processamento do comutador de pacotes seja de 3 ms, o comprimento do primeiro enlace seja 5.000 km, o do segundo seja 4.000 km e, do último, seja 1.000 km. Dados esses valores, qual é o atraso fim a fim?

P11. No problema anterior, suponha que $R_1 = R_2 = R_3 = R$ e $d_{proc} = 0$. Suponha que o comutador de pacote não armazene e reenvie pacotes, mas transmita imediatamente cada *bit* recebido antes de esperar o pacote chegar. Qual é o atraso fim a fim?

P12. Um comutador de pacotes recebe um pacote e determina o enlace de saída pelo qual deve ser enviado. Quando o pacote chega, outro já está sendo transmitido nesse enlace de saída e outros quatro já estão esperando para serem transmitidos. Os pacotes são transmitidos em ordem de chegada. Suponha que todos os pacotes tenham 1.500 *bytes* e que a taxa do enlace seja 2,5 M*bits*/s. Qual é o atraso de fila para o pacote? De modo geral, qual é o atraso de fila quando todos os pacotes possuem comprimento L, a taxa de transmissão é R, x *bits* do pacote sendo transmitido já foram transmitidos e n pacotes já estão na fila?

P13. (a) Suponha que N pacotes cheguem simultaneamente ao enlace no qual não há pacotes sendo transmitidos e nem pacotes enfileirados. Cada pacote tem L de comprimento e é transmitido à taxa R. Qual é o atraso médio para os N pacotes?

(b) Agora considere que N desses pacotes cheguem ao enlace a cada LN/R segundos. Qual é o atraso de fila médio de um pacote?

P14. Considere o atraso de fila em um *buffer* de roteador, sendo I a intensidade de tráfego; isto é, $I = La/R$. Suponha que o atraso de fila tome a forma de $IL/R\,(1 - I)$ para $I < 1$.

a. Deduza uma fórmula para o atraso total, isto é, para o atraso de fila mais o atraso de transmissão.

b. Faça um gráfico do atraso total como uma função de L/R.

P15. Sendo a a taxa de pacotes que chegam a um enlace em pacotes/s, e μ a taxa de transmissão de enlaces em pacotes/s, com base na fórmula do atraso total (i.e., o atraso de fila mais o atraso de transmissão) do problema anterior, deduza uma fórmula para o atraso total em relação a a e μ.

P16. Considere um *buffer* de roteador anterior a um enlace de saída. Neste problema, você usará a fórmula de Little, uma famosa fórmula da teoria das filas. Considere N o número médio de pacotes no *buffer* mais o pacote sendo transmitido, a a taxa de pacotes que chegam no enlace e d o atraso total médio (i.e., o atraso de fila mais o atraso de transmissão) sofrido pelo pacote. Dada a fórmula de Little $N = a \cdot d$, suponha que, na média, o *buffer* contenha 100 pacotes, o atraso de fila de pacote médio seja 20 ms, e a taxa de transmissão do enlace seja 100 pacotes/s. Utilizando tal fórmula, qual é a taxa média de chegada, considerando que não há perda de pacote?

P17. (a) Generalize a Equação 1.2 na Seção 1.4.3 para taxas de processamento heterogêneas, taxas de transmissão e atrasos de propagação.

(b) Repita o item (a), mas suponha também que haja um atraso de fila médio d_{fila} em cada nó.

P18. Execute o programa Traceroute para verificar a rota entre uma origem e um destino, no mesmo continente, para três horários diferentes do dia.

a. Determine a média e o desvio-padrão dos atrasos de ida e volta para cada um dos três horários.

b. Determine o número de roteadores no caminho para cada um dos três. Os caminhos mudaram em algum dos horários?

c. Tente identificar o número de redes de ISP pelas quais o pacote do Traceroute passa entre origem e destino. Roteadores com nomes semelhantes e/ou endereços IP semelhantes devem ser considerados parte do mesmo ISP. Em suas respostas, os maiores atrasos ocorrem nas interfaces de emparelhamento entre ISPs adjacentes?

d. Faça o mesmo para uma origem e um destino em continentes diferentes. Compare os resultados dentro do mesmo continente com os resultados entre continentes diferentes.

P19. A Lei de Metcalfe afirma que o valor de uma rede de computadores é proporcional ao quadrado do número de usuários conectados do sistema. Considere n o número de usuários em uma rede de computadores. Supondo que cada usuário envia uma mensagem para cada um dos outros usuários, quantas mensagens serão enviadas? A sua resposta apoia a Lei de Metcalfe?

P20. Considere o exemplo de vazão correspondente à Figura 1.20(b). Agora imagine que haja M pares de cliente-servidor em vez de 10. R_s, R_c e R representam as taxas do enlace do servidor, enlaces do cliente e enlace da rede. Suponha que os outros enlaces possuam capacidade abundante e que não haja outro tráfego na rede além daquele gerado pelos M pares cliente-servidor. Deduza uma expressão geral para a vazão em relação a R_s, R_c, R e M.

P21. Considere a Figura 1.19(b). Agora suponha que haja M percursos entre o servidor e o cliente. Dois percursos nunca compartilham qualquer enlace. O percurso k ($k = 1, ..., M$) consiste em N enlaces com taxas de transmissão $R^k{}_1$, $R^k{}_2$...; $R^k{}_N$. Se o servidor pode usar somente um percurso para enviar dados ao cliente, qual é a vazão máxima que ele pode atingir? Se o servidor pode usar todos os *M* percursos para enviar dados, qual é a vazão máxima que ele pode atingir?

P22. Considere a Figura 1.19(b). Suponha que cada enlace entre o servidor e o cliente possua uma probabilidade de perda de pacote *p*, e que as probabilidades de perda de pacote para esses enlaces sejam independentes. Qual é a probabilidade de um pacote (enviado pelo servidor) ser recebido com sucesso pelo receptor? Se o pacote se perder no percurso do servidor para o cliente, então o servidor retransmitirá o pacote. Na média, quantas vezes o servidor retransmitirá o pacote para que o cliente o receba com sucesso?

P23. Considere a Figura 1.19(a). Suponha que o enlace de gargalo ao longo do percurso do servidor para o cliente seja o primeiro com a taxa R_s *bits*/s. Imagine que enviemos um par de pacotes um após o outro do servidor para o cliente, e que não haja outro tráfego nesse percurso. Suponha também que cada pacote de tamanho *L bits* e os dois enlaces tenham o mesmo atraso de propagação d_{prop}.

a. Qual é o tempo entre chegadas do pacote ao destino? Isto é, quanto tempo transcorre desde quando o último *bit* do primeiro pacote chega até quando o último *bit* do segundo pacote chega?

b. Agora suponha que o segundo enlace seja o de gargalo (i.e., $R_c < R_s$). É possível que o segundo pacote entre na fila de entrada do segundo enlace? Explique. Agora imagine que o servidor envie o segundo pacote *T* segundos após enviar o primeiro. Qual deverá ser o tamanho de *T* para garantir que não haja uma fila antes do segundo enlace? Explique.

P24. Imagine que você queira enviar, com urgência, 50 *terabytes* de dados de Boston para Los Angeles. Você tem disponível um enlace dedicado de 100 M*bits*/s para transferência de dados. Escolheria transmitir os dados por meio desse enlace ou usar um serviço de entrega em 24 horas? Explique.

P25. Suponha que dois hospedeiros, A e B, estejam separados por uma distância de 20 mil quilômetros e conectados por um enlace direto de $R = 5$ M*bits*/s. Suponha que a velocidade de propagação pelo enlace seja de $2{,}5 \times 10^8$ m/s.

a. Calcule o produto largura de banda-atraso $R \cdot d_{prop}$.

b. Considere o envio de um arquivo de 800 mil *bits* do hospedeiro A para o hospedeiro B. Suponha que o arquivo seja enviado continuamente, como se fosse uma única grande mensagem. Qual é o número máximo de *bits* que estará no enlace a qualquer dado instante?

c. Interprete o produto largura de banda × atraso.

d. Qual é o comprimento (em metros) de um *bit* no enlace? É maior do que o de um campo de futebol?

e. Derive uma expressão geral para o comprimento de um *bit* em termos da velocidade de propagação *s*, da velocidade de transmissão *R* e do comprimento do enlace *m*.

P26. Com referência ao Problema P24, suponha que possamos modificar *R*. Para qual valor de *R* o comprimento de um *bit* será o mesmo que o comprimento do enlace?

P27. Considere o Problema P24, mas agora com um enlace de $R = 500$ M*bit*/s.

a. Calcule o produto largura de banda-atraso $R \cdot d_{prop}$.

b. Considere o envio de um arquivo de 800 mil *bits* do hospedeiro A para o hospedeiro B. Suponha que o arquivo seja enviado continuamente, como se fosse uma única grande mensagem. Qual será o número máximo de *bits* que estará no enlace a qualquer dado instante?

c. Qual é o comprimento (em metros) de um *bit* no enlace?

P28. Considere novamente o Problema P24.

a. Quanto tempo demora para mandar o arquivo, admitindo que ele seja enviado continuamente?

b. Suponha agora que o arquivo seja fragmentado em 20 pacotes, e que cada um contenha 40 mil *bits*. Imagine que cada pacote seja verificado pelo receptor e que o tempo de transmissão de uma verificação de pacote seja desprezível. Por fim, admita que o emissor não possa enviar um pacote até que o anterior tenha sido reconhecido. Quanto tempo demorará para enviar o arquivo?

c. Compare os resultados de "a" e "b".

P29. Suponha que haja um enlace de micro-ondas de 10 M*bits*/s entre um satélite geoestacionário e sua estação-base na Terra. A cada minuto, o satélite tira uma foto digital e a envia à estação-base. Considere uma velocidade de propagação de $2{,}4 \times 10^8$ m/s.

a. Qual é o atraso de propagação do enlace?

b. Qual é o produto largura de banda-atraso, $R \cdot d_{prop}$?

c. Seja x o tamanho da foto. Qual é o valor mínimo de x para que o enlace de micro-ondas transmita continuamente?

P30. Considere a analogia da viagem aérea que utilizamos em nossa discussão sobre camadas na Seção 1.5, e o acréscimo de cabeçalhos a unidades de dados de protocolo enquanto passam pela pilha. Existe uma noção equivalente de acréscimo de informações de cabeçalho à movimentação de passageiros e suas malas pela pilha de protocolos da linha aérea?

P31. Em redes modernas de comutação de pacotes, inclusive a Internet, o hospedeiro de origem segmenta mensagens longas de camada de aplicação (p. ex., uma imagem ou um arquivo de música) em pacotes menores e os envia pela rede. O destinatário, então, monta novamente os pacotes restaurando a mensagem original. Denominamos esse processo *segmentação de mensagem*. A Figura 1.27 ilustra o transporte fim a fim de uma mensagem com e sem segmentação. Considere que uma mensagem de 10^6 *bits* de comprimento tenha de ser enviada da origem ao destino na Figura 1.27. Suponha que a velocidade de cada enlace da figura seja 5 M*bits*/s. Ignore atrasos de propagação, de fila e de processamento.

a. Considere o envio da mensagem da origem ao destino *sem* segmentação. Quanto tempo essa mensagem levará para ir do hospedeiro de origem até o primeiro comutador de pacotes? Tendo em mente que cada nó de comutação usa comutação de pacotes do tipo armazena-e-reenvia, qual é o tempo total para levar a mensagem do hospedeiro de origem ao hospedeiro de destino?

Figura 1.27 Transporte fim a fim de mensagem: (a) sem segmentação de mensagem; (b) com segmentação de mensagem.

b. Agora suponha que a mensagem seja segmentada em 100 pacotes, cada um com 10.000 *bits* de comprimento. Quanto tempo demorará para o primeiro pacote ir do hospedeiro de origem até o primeiro nó de comutação? Quando o primeiro pacote está sendo enviado do primeiro ao segundo nó de comutação, o segundo pacote está sendo enviado da máquina de origem ao primeiro nó de comutação. Em que instante o segundo pacote terá sido completamente recebido no primeiro nó de comutação?

c. Quanto tempo demorará para movimentar o arquivo do hospedeiro de origem até o hospedeiro de destino quando é usada segmentação de mensagem? Compare este resultado com sua resposta no item "a" e comente.

d. Além de reduzir o atraso, quais são as razões para usar a segmentação de mensagem?

e. Discuta as desvantagens da segmentação de mensagem.

P32. Experimente a animação interativa "Message Segmentation" apresentada no *site* deste livro. Os atrasos na animação interativa correspondem aos atrasos obtidos no problema anterior? Como os atrasos de propagação no enlace afetam o atraso total fim a fim na comutação de pacotes (com segmentação de mensagem) e na comutação de mensagens?

P33. Considere o envio de um arquivo grande de F *bits* do hospedeiro A para o hospedeiro B. Há três enlaces (e dois nós de comutação) entre A e B, e os enlaces não estão congestionados (i.e., não há atrasos de fila). O hospedeiro A fragmenta o arquivo em segmentos de S *bits* cada e adiciona 80 *bits* de cabeçalho a cada segmento, formando pacotes de $L = 80 + S$ *bits*. Cada enlace tem uma taxa de transmissão de R *bits*/s. Qual é o valor de S que minimiza o atraso para levar o arquivo de A para B? Desconsidere o atraso de propagação.

P34. O Skype oferece um serviço que lhe permite fazer uma ligação telefônica de um PC para um telefone comum. Isso significa que a chamada de voz precisa passar pela Internet e por uma rede telefônica. Discuta como isso poderia ser feito.

Wireshark Lab

"Conte-me e eu esquecerei. Mostre-me e eu lembrarei. Envolva-me e eu entenderei."

Provérbio chinês

A compreensão de protocolos de rede pode ser muito mais profunda se os virmos em ação e interagirmos com eles – observando a sequência de mensagens trocadas entre duas entidades de protocolo, pesquisando detalhes de sua operação, fazendo que eles executem determinadas ações e observando tais ações e suas consequências. Isso pode ser feito em cenários simulados ou em um ambiente real de rede, tal como a Internet. As animações interativas apresentadas (em inglês) no *site* deste livro adotam a primeira abordagem. Nos Wireshark labs, adotaremos a última. Você executará aplicações de rede em vários cenários utilizando seu computador no escritório, em casa ou em um laboratório e observará também os protocolos de rede interagindo e trocando mensagens com entidades de protocolo que estão executando em outros lugares da Internet. Assim, você e seu computador serão partes integrantes desses laboratórios ao vivo. Você observará – e aprenderá – fazendo.

A ferramenta básica para observar as mensagens trocadas entre entidades de protocolos em execução é denominada **analisador de pacotes** (*packet sniffer*). Como o nome sugere, um analisador de pacotes copia passivamente mensagens enviadas e recebidas por seu computador; também exibe o conteúdo dos vários campos de protocolo das mensagens que captura.

Uma tela do analisador de pacotes Wireshark é mostrada na Figura 1.28. O Wireshark é um analisador de pacotes gratuito que funciona em computadores com sistemas operacionais Windows, Linux/Unix e Mac. Por todo o livro, você encontrará Wireshark labs que o habilitarão a explorar vários dos protocolos estudados em cada capítulo. Neste primeiro Wireshark lab, você obterá e instalará uma cópia do programa, acessará um *site* e examinará as mensagens de protocolo trocadas entre seu navegador e o servidor Web.

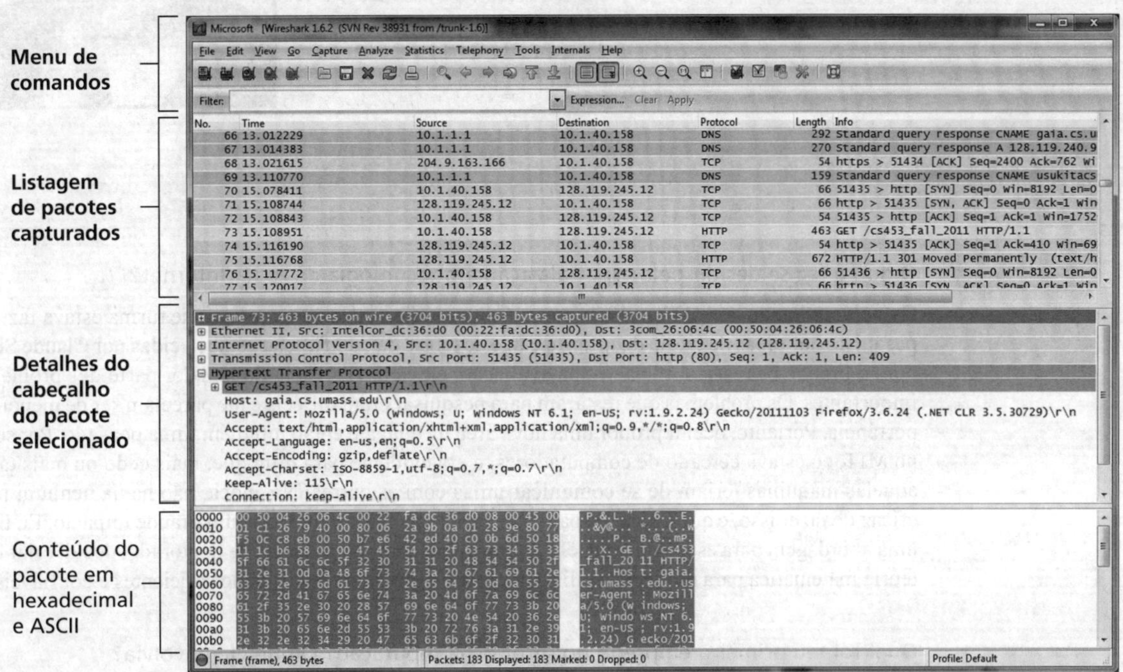

Figura 1.28 Uma amostra de tela do programa Wireshark (amostra de tela do Wireshark reimpressa com permissão da Wireshark Foundation).

ENTREVISTA

Leonard Kleinrock

Imagem cortesia de Leonard Kleinrock

Leonard Kleinrock é professor de ciência da computação da Universidade da Califórnia em Los Angeles. Em 1969, seu computador na UCLA se tornou o primeiro nó da Internet. Ele criou a teoria matemática dos princípios da comutação de pacotes em 1961, que se tornou a tecnologia básica da Internet. Ele é bacharel em engenharia elétrica pela City College of New York (CCNY) e mestre e doutor em engenharia elétrica pelo Instituto de Tecnologia de Massachusetts (MIT).

O que o fez se decidir pela especialização em tecnologia de redes/Internet?

Como doutorando do MIT em 1959, percebi que a maioria dos meus colegas de turma estava fazendo pesquisas nas áreas de teoria da informação e de teoria da codificação estabelecidas por Claude Shannon, o grande pesquisador. Na minha avaliação, ele já havia resolvido a maior parte dos problemas importantes. Os problemas que restaram para pesquisar eram difíceis e me pareciam ser de menor importância. Portanto, decidi propor uma nova área na qual até então ninguém tinha pensado. Por sorte, no MIT, eu estava cercado de computadores, e era evidente para mim que, mais cedo ou mais tarde, aquelas máquinas teriam de se comunicar umas com as outras. Na época, não havia nenhum meio eficaz de fazer isso, e que a solução para esse problema importante teria um grande impacto. Eu tinha uma abordagem para esse problema e, portanto, para a minha pesquisa de doutorado, decidi criar uma teoria matemática para modelar, avaliar, projetar e otimizar redes de dados eficientes e confiáveis.

Qual foi seu primeiro emprego no setor de computação? O que ele envolvia?

Frequentei o curso noturno de bacharelado em engenharia elétrica da CCNY de 1951 a 1957. Durante o dia, trabalhei de início como técnico e depois como engenheiro em uma pequena empresa de eletrônica industrial chamada *Photobell*. Enquanto trabalhava lá, introduzi tecnologia digital na linha de produtos da empresa. Basicamente, estávamos usando equipamentos fotoelétricos para detectar a presença de certos itens (caixas, pessoas, etc.), e a utilização de um circuito conhecido na época como *multivibrador biestável* era exatamente o tipo de tecnologia de que precisávamos para levar o processamento digital a esse campo da detecção. Acontece que esses circuitos são os blocos de construção básicos dos computadores e vieram a ser conhecidos como *flip-flops* ou chaves na linguagem coloquial de hoje.

O que passou por sua cabeça quando enviou a primeira mensagem computador a computador (da UCLA para o Stanford Research Institute)?

Francamente, não fazíamos a menor ideia da importância daquele acontecimento. Não havíamos preparado uma mensagem de significância histórica, como muitos criadores do passado o fizeram (Samuel Morse com "Que obra fez Deus.", ou Alexandre Graham Bell, com "Watson, venha cá! Preciso de você.", ou Neil Armstrong com "Este é um pequeno passo para o homem, mas um grande salto para a humanidade."). Esses caras eram *inteligentes*! Eles entendiam de meios de comunicação e relações públicas. Nosso objetivo foi nos conectar ao computador do SRI. Então digitamos a letra "L", que foi aceita corretamente, digitamos a letra "o", que foi aceita, e depois digitamos a letra "g", o que fez o hospedeiro no SRI cair! Então, nossa mensagem acabou sendo curta e, talvez, a mais profética de todas, ou seja, "Lo!", como em "Lo and behold" ("Pasmem!").

Antes, naquele mesmo ano, fui citado em um comunicado de imprensa da UCLA por ter dito que, logo que a rede estivesse pronta e em funcionamento, seria possível ter acesso a outros computadores a partir de nossa casa e escritório tão facilmente quanto tínhamos acesso à eletricidade e ao telefone.

Portanto, a visão que eu tinha da Internet naquela época era que ela seria onipresente, estaria sempre em funcionamento e sempre disponível, que qualquer pessoa que possuísse qualquer equipamento poderia se conectar com ela de qualquer lugar e que ela seria invisível. Mas jamais imaginei que minha mãe, aos 99 anos de idade, usaria a Internet ao mesmo tempo que a minha neta de 5 anos – e de fato usou!

Em sua opinião, qual é o futuro das redes?

A parte fácil da visão é predizer a *infraestrutura* em si. Antecipo que vemos uma implantação considerável de dispositivos sem fio e móveis em espaços inteligentes para produzir o que gosto de chamar de Internet Invisível. Esse passo vai nos capacitar a sair do mundo misterioso do ciberespaço para o mundo físico dos espaços inteligentes. A tecnologia dará vida a nossos ambientes (mesas, paredes, veículos, relógios, cintos, unhas e corpos, entre outros) por meio de atuadores, sensores, lógica, processamento, armazenagem, câmeras, microfones, alto-falantes, monitores e comunicação. Essa tecnologia embutida permitirá que nosso ambiente forneça os serviços IP que quisermos, sempre que quisermos. Quando eu entrar em uma sala, ela saberá que entrei. Poderei me comunicar com meu ambiente naturalmente, como se estivesse falando o meu idioma nativo, toque, gestos e, um dia, por interfaces entre o cérebro e a Internet; minhas solicitações gerarão respostas apresentadas como páginas Web em painéis de parede, por meus óculos, por voz, por hologramas e assim por diante. Analisando um panorama mais longínquo, vejo um futuro para as redes que inclui componentes fundamentais que ainda virão. Vejo agentes inteligentes de *software* customizados distribuídos por toda a rede, cuja função é fazer mineração de dados, agir sobre esses dados, observar tendências e realizar tarefas de formas dinâmicas e adaptativas. Vejo a utilização da tecnologia de *blockchain*, que oferece registros distribuídos irrefutáveis e imutáveis de transações, combinados com sistemas de reputação que dão credibilidade ao conteúdo e à funcionalidade. Vejo tráfego de rede consideravelmente maior gerado não tanto por seres humanos, mas por esses equipamentos embutidos, agentes inteligentes de *software* e registros distribuídos. Vejo grandes conjuntos de sistemas auto-organizáveis controlando essa rede imensa e veloz. Vejo quantidades enormes de informações zunindo por essa rede instantaneamente e passando por processamento e filtragem extraordinários. A Internet será, basicamente, um sistema nervoso de presença global. Vejo tudo isso e mais enquanto entramos de cabeça no século XXI.

O difícil é predizer as *aplicações e serviços*, que nos surpreenderam consistentemente de formas dramáticas (*e-mail*, tecnologias de busca, a World Wide Web, *blogs*, redes P2P, redes sociais, conteúdo gerado por usuários, compartilhamento de música, fotos e vídeos, etc.). Essas aplicações "saíram do nada" e foram súbitas, inesperadas e explosivas. Que mundo maravilhoso a próxima geração poderá explorar.

Que pessoas o inspiraram profissionalmente?

Sem dúvida alguma, quem mais me inspirou foi Claude Shannon, do MIT, um brilhante pesquisador que tinha a capacidade de relacionar suas ideias matemáticas com o mundo físico de modo muitíssimo intuitivo. Foi um membro magnífico da banca examinadora de minha tese de doutorado.

Você pode dar algum conselho aos estudantes que estão ingressando na área de redes/Internet?

A Internet, e tudo o que ela habilita, é uma vasta fronteira nova, constantemente cheia de desafios surpreendentes. Há espaço para grandes inovações. Não fiquem limitados à tecnologia existente hoje. Soltem sua imaginação, pensem no que poderia acontecer e transformem isso em realidade.

CAPÍTULO 2

Camada de aplicação

Aplicações de rede são a razão de ser de uma rede de computadores. Se não fosse possível inventar aplicações úteis, não haveria necessidade de projetar protocolos de rede para suportá-las. Desde o surgimento da Internet, foram criadas numerosas aplicações úteis e divertidas. Elas têm sido a força motriz por trás do sucesso da Internet, motivando pessoas em lares, escolas, governos e empresas a tornarem a rede uma parte integral de suas atividades diárias.

Entre as aplicações da Internet, estão as aplicações clássicas de texto, que se tornaram populares nas décadas de 1970 e 1980: correio eletrônico, acesso a computadores remotos, transferência de arquivo e grupos de discussão. Também há uma aplicação que alcançou estrondoso sucesso em meados da década de 1990: a World Wide Web, abrangendo a navegação na Web, busca e o comércio eletrônico. Desde o início do novo milênio, novas aplicações, altamente populares, continuam a emergir, incluindo voz sobre IP (VoIP) e videoconferência, como Skype, Facetime e Google Hangouts; vídeo gerado pelo usuário, como YouTube; filmes sob demanda, como Netflix; e jogos *multiplayer* on-line, como Second Life e World of Warcraft. Durante o mesmo período, assistimos à criação de uma nova geração de aplicações de redes sociais, como Facebook, Instagram e Twitter, que criaram redes humanas sobrepostas à rede de roteadores e enlaces de comunicação da Internet. Mais recentemente, com a chegada dos *smartphones* e a onipresença do acesso à Internet sem fio 4G/5G, houve uma explosão de aplicativos móveis baseados em localização, incluindo aplicativos populares de *check-in*, namoro e trânsito (como Yelp, Tinder e Waze), de pagamentos móveis (como WeChat e Apple Pay) e de mensagens (como WeChat e WhatsApp). É evidente que o surgimento de aplicações novas e interessantes para Internet não está desacelerando. Talvez alguns dos leitores deste texto criem a próxima geração de aplicações quentes para Internet!

Neste capítulo, estudaremos os aspectos conceituais e de implementação de aplicações de rede. Começaremos definindo conceitos fundamentais de camada de aplicação, incluindo serviços de rede exigidos por aplicações, clientes e servidores, processos e interfaces de camada de transporte. Vamos examinar detalhadamente várias aplicações de rede, entre elas a Web, *e-mail*, sistema de nomes de domínio (DNS, do inglês *domain name system*), distribuição de arquivos *peer-to-peer* (P2P) e *streaming* de vídeo. Em seguida, abordaremos o desenvolvimento de aplicações de rede por Protocolo de Controle de Transmissão (TCP, do inglês

Transmission Control Protocol) e também por Protocolo de Datagrama de Usuário (UDP, do inglês *User Datagram Protocol*). Em particular, vamos estudar a interface de *socket* e examinar algumas aplicações cliente-servidor simples em Python. Apresentaremos também vários exercícios divertidos e interessantes de programação de aplicações no final do capítulo.

A camada de aplicação é um lugar particularmente bom para iniciarmos o estudo de protocolos. É terreno familiar, pois conhecemos muitas das aplicações que dependem dos protocolos que estudaremos. Ela nos dará uma boa ideia do que são protocolos e nos apresentará muitos assuntos que encontraremos de novo quando estudarmos protocolos de camadas de transporte, de rede e de enlace.

2.1 PRINCÍPIOS DE APLICAÇÕES DE REDE

Suponha que você tenha uma grande ideia para uma nova aplicação de rede. Essa aplicação será, talvez, um grande serviço para a humanidade, ou agradará a seu professor, ou fará de você uma pessoa rica; ou apenas será divertido desenvolvê-la. Seja qual for sua motivação, vamos examinar agora como transformar a ideia em uma aplicação do mundo real.

O núcleo do desenvolvimento de aplicação de rede é escrever programas que rodem em sistemas finais diferentes e se comuniquem entre si. Por exemplo, na aplicação Web, há dois programas distintos que se comunicam um com o outro: o do navegador, que roda no hospedeiro do usuário (computador de mesa, *notebook*, *tablet*, *smartphone* e assim por diante); e o do servidor Web, que roda em um servidor da rede. Outro exemplo é uma aplicação de vídeo sob demanda, como o Netflix (ver Seção 2.6); nela, um programa fornecido pela Netflix roda no *smartphone*, *tablet* ou computador do usuário; e um programa de servidor da Netflix roda no hospedeiro servidor da empresa. Os servidores muitas vezes (mas nem sempre) ficam alojados em um *datacenter*, como mostra a Figura 2.1.

Portanto, ao desenvolver sua nova aplicação, você precisará escrever um *software* que rode em vários sistemas finais. Esse *software* poderia ser criado, por exemplo, em C, Java ou Python. Importante: você não precisará escrever programas que executem nos elementos do núcleo de rede, como roteadores e comutadores da camada de enlace. Mesmo se quisesse, não poderia desenvolver programas para esses elementos. Como aprendemos no Capítulo 1 e mostramos na Figura 1.24, equipamentos de núcleo de rede não funcionam na camada de aplicação, mas em camadas mais baixas, em especial na de rede e abaixo dela. Esse projeto básico – a saber, confinar o *software* de aplicação nos sistemas finais –, como mostra a Figura 2.1, facilitou o desenvolvimento e a proliferação rápidos de uma vasta gama de aplicações de rede.

2.1.1 Arquiteturas de aplicação de rede

Antes de mergulhar na codificação do *software*, você deverá elaborar um plano geral para a arquitetura da sua aplicação. Tenha sempre em mente que a arquitetura de uma aplicação é bastante diferente da arquitetura da rede (p. ex., a arquitetura em cinco camadas da Internet que discutimos no Capítulo 1). Do ponto de vista do profissional que desenvolve a aplicação, a arquitetura de rede é fixa e provê um conjunto específico de serviços. Por outro lado, a **arquitetura da aplicação** é projetada pelo programador e determina como a aplicação é organizada nos vários sistemas finais. Ao escolher a arquitetura da aplicação, é provável que o programador aproveite uma das duas arquiteturas mais utilizadas em aplicações modernas de rede: cliente-servidor ou P2P.

Em uma **arquitetura cliente-servidor**, há um hospedeiro sempre em funcionamento, denominado *servidor*, que atende a requisições de muitos outros hospedeiros, denominados *clientes*. Um exemplo clássico é a aplicação Web na qual um servidor Web que está sempre em funcionamento atende a solicitações de navegadores de hospedeiros clientes. Quando recebe uma requisição de um objeto de um hospedeiro cliente, um servidor Web responde

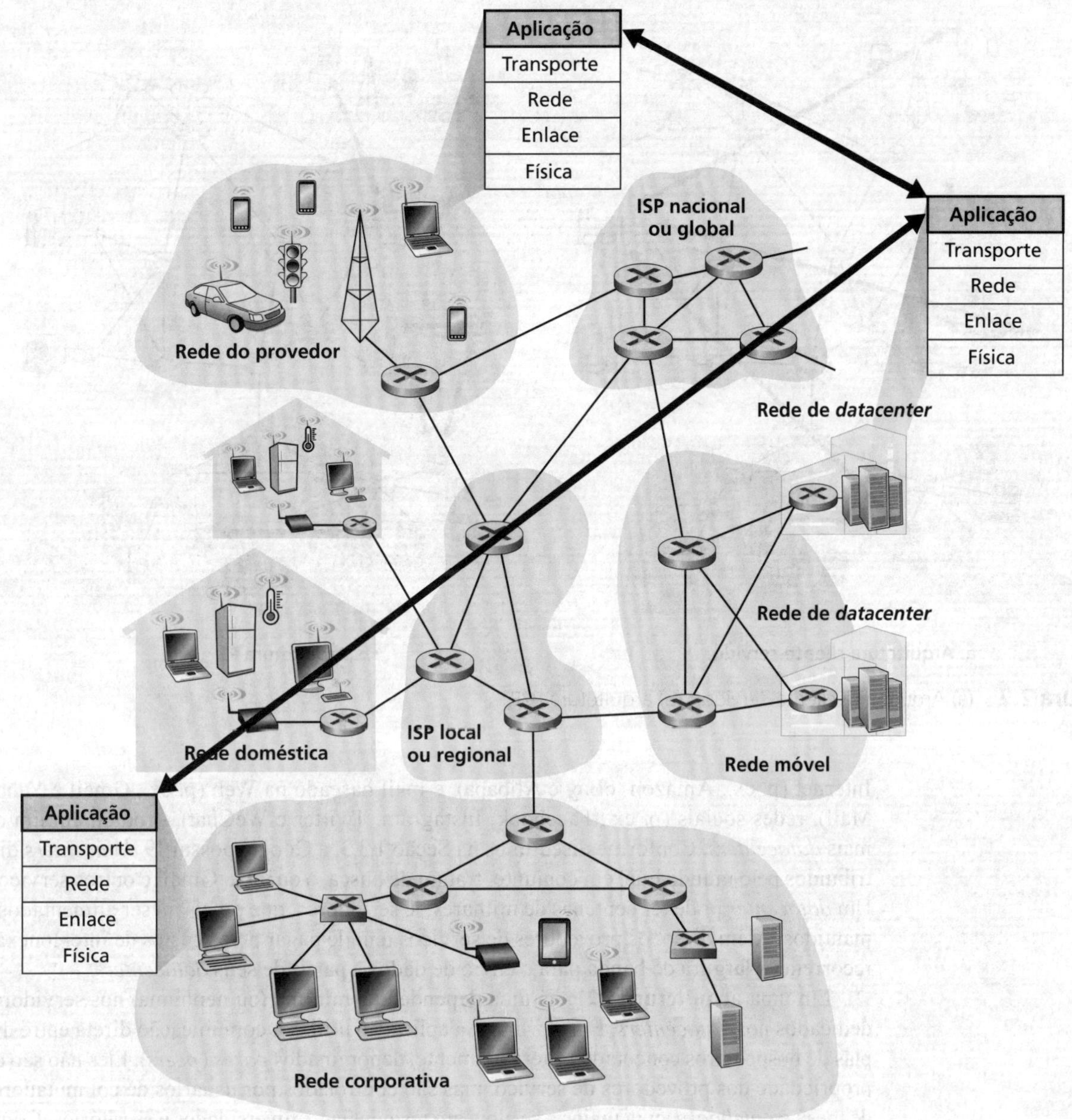

Figura 2.1 A comunicação de uma aplicação de rede ocorre entre sistemas finais na camada de aplicação.

enviando o objeto solicitado. Observe que, na arquitetura cliente-servidor, os clientes não se comunicam diretamente uns com os outros; por exemplo, na aplicação Web, dois navegadores não se comunicam de modo direto. Outra característica dessa arquitetura é que o servidor tem um endereço fixo, bem conhecido, denominado endereço IP (que discutiremos em breve). Em razão dessa característica do servidor e pelo fato de ele estar sempre em funcionamento, um cliente sempre pode contatá-lo, enviando um pacote ao endereço do servidor. Algumas das aplicações mais conhecidas que empregam a arquitetura cliente-servidor são Web, FTP, Telnet e e-mail. Essa arquitetura é mostrada na Figura 2.2(a).

Em aplicações cliente-servidor, muitas vezes acontece de um único hospedeiro servidor ser incapaz de atender a todas as requisições de seus clientes. Por exemplo, um *site* popular de redes sociais pode ficar logo saturado se tiver apenas um servidor para atender a todas as solicitações. Por essa razão, um ***datacenter***, acomodando um grande número de hospedeiros, é usado com frequência para criar um servidor virtual poderoso. Os serviços de Internet mais populares – como mecanismos de busca (p. ex., Google, Bing e Baidu), comércio via

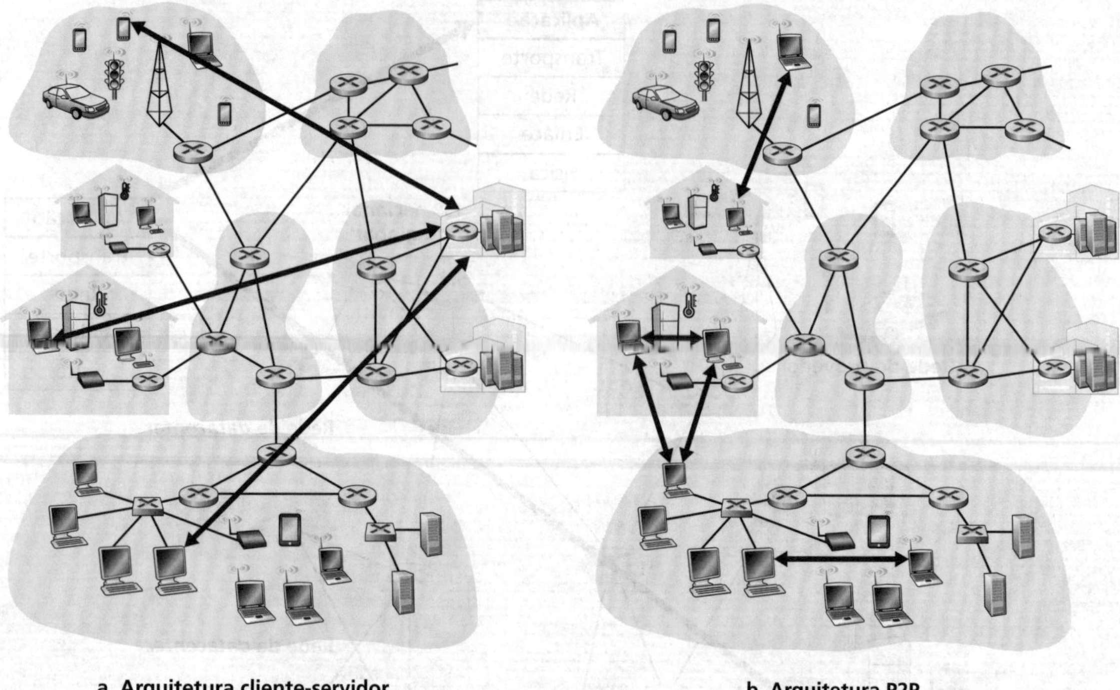

Figura 2.2 (a) Arquitetura cliente-servidor; (b) arquitetura P2P.

Internet (p. ex., Amazon, eBay e Alibaba), e-mail baseado na Web (p. ex., Gmail e Yahoo Mail), redes sociais (p. ex., Facebook, Instagram, Twitter e WeChat) – rodam em um ou mais *datacenters*. Conforme discutimos na Seção 1.3.3, a Google possui 19 *datacenters* distribuídos pelo mundo que, em conjunto, tratam de busca, YouTube, Gmail e outros serviços. Um *datacenter* pode ter centenas de milhares de servidores, que precisam ser alimentados e mantidos. Além disso, os provedores de serviços têm de pagar pelos custos de interconexão recorrente e largura de banda para o envio de dados a partir de seus *datacenters*.

Em uma **arquitetura P2P**, há uma dependência mínima (ou nenhuma) nos servidores dedicados nos *datacenters*. Em vez disso, a aplicação utiliza a comunicação direta entre duplas de hospedeiros conectados alternadamente, denominados *pares* (*peers*). Eles não são de propriedade dos provedores de serviço, mas são controlados por usuários de computadores de mesa e *notebooks*, cuja maioria se aloja em residências, universidades e escritórios. Como os pares se comunicam sem passar por nenhum servidor dedicado, a arquitetura é denominada par a par (P2P – *peer-to-peer*). Um exemplo de aplicação P2P popular é o BitTorrent, um aplicativo de compartilhamento de arquivos.

Uma das características mais marcantes da arquitetura P2P é sua **autoescalabilidade**. Por exemplo, em uma aplicação de compartilhamento de arquivos P2P, embora cada par gere uma carga de trabalho solicitando arquivos, também acrescenta capacidade de serviço ao sistema distribuindo arquivos a outros pares. As arquiteturas P2P também possuem uma boa relação custo-benefício, visto que, em geral, não requerem infraestrutura e largura de banda de servidor significativas (ao contrário de projetos cliente-servidor com *datacenters*). Entretanto, devido à sua estrutura altamente descentralizada, as aplicações P2P enfrentam desafios de segurança, desempenho e confiabilidade.

2.1.2 Comunicação entre processos

Antes de construir sua aplicação de rede, você também precisará ter um entendimento básico de como programas que rodam em vários sistemas finais comunicam-se entre si.

No jargão de sistemas operacionais, na verdade não são programas, mas **processos** que se comunicam. Um processo pode ser definido como um programa que está rodando dentro de um sistema final. Quando os processos rodam no mesmo sistema final, comunicam-se usando comunicação interprocessos, cujas regras são determinadas pelo sistema operacional do sistema final. Porém, neste livro, não estamos interessados na comunicação entre processos do mesmo hospedeiro, mas em como se comunicam os que rodam em sistemas finais *diferentes* (com sistemas operacionais potencialmente diferentes).

Os processos em dois sistemas finais diferentes se comunicam trocando **mensagens** por meio da rede de computadores. Um processo originador cria e envia mensagens para a rede; um processo destinatário recebe-as e responde, devolvendo outras. A Figura 2.1 mostra que processos se comunicam usando a camada de aplicação da pilha de cinco camadas da arquitetura.

Processos clientes e processos servidores

Uma aplicação de rede consiste em pares de processos que enviam mensagens uns para os outros por meio de uma rede. Por exemplo, na aplicação Web, o processo navegador de um cliente troca mensagens com o de um servidor Web. Em um sistema de compartilhamento de arquivos P2P, um arquivo é transferido de um processo que está em um par para um que está em outro par. Para cada par de processos comunicantes, normalmente rotulamos um dos dois processos de **cliente** e o outro, de **servidor**. Na Web, um navegador é um processo cliente, e um servidor Web é um processo servidor. No compartilhamento de arquivos P2P, a entidade que envia o arquivo é rotulada de cliente e, a que o recebe, de servidor.

Talvez você já tenha observado que, em algumas aplicações, tal como compartilhamento de arquivos P2P, um processo pode ser ambos, cliente e servidor. De fato, um processo em um sistema de compartilhamento de arquivos P2P pode carregar e descarregar arquivos. Mesmo assim, no contexto de qualquer sessão entre um par de processos, ainda podemos rotular um processo de cliente e o outro de servidor. Definimos os processos cliente e servidor como segue:

> *No contexto de uma sessão de comunicação entre um par de processos, aquele que inicia a comunicação (i.e., o primeiro a contatar o outro no início da sessão) é rotulado de* cliente. *O que espera ser contatado para iniciar a sessão é o* servidor.

Na Web, um processo do navegador inicia o contato com um processo do servidor Web; por conseguinte, o processo do navegador é o cliente, e o do servidor Web é o servidor. No compartilhamento de arquivos P2P, quando o Par A solicita ao Par B o envio de um arquivo específico, o Par A é o cliente, enquanto o Par B é o servidor no contexto dessa sessão de comunicação. Quando não houver possibilidade de confusão, às vezes usaremos também a terminologia “lado cliente e lado servidor de uma aplicação”. No final deste capítulo, examinaremos passo a passo um código simples para ambos os lados de aplicações de rede: o lado cliente e o lado servidor.

A interface entre o processo e a rede de computadores

Como dissemos anteriormente, a maioria das aplicações consiste em pares de processos comunicantes, e os dois processos de cada par enviam mensagens um para o outro. Qualquer mensagem enviada de um processo para outro tem de passar pela rede subjacente. Um processo envia mensagens para a rede e recebe mensagens dela através de uma interface de *software* denominada ***socket***. Vamos considerar uma analogia que nos auxiliará a entender processos e *sockets*. Um processo é semelhante a uma casa, e seu *socket*, à porta da casa. Quando um processo quer enviar uma mensagem a outro processo em outro hospedeiro, ele empurra a mensagem pela porta (*socket*). O emissor admite que existe uma infraestrutura de transporte do outro lado de sua porta que transportará a mensagem pela rede até a porta do processo destinatário. Ao chegar ao hospedeiro destinatário, a mensagem passa pela porta (*socket*) do processo receptor, que então executa alguma ação sobre a mensagem.

A Figura 2.3 ilustra a comunicação por *socket* entre dois processos que se comunicam pela Internet. (A Figura 2.3 admite que o protocolo de transporte subjacente usado pelos processos é o TCP.) Como mostra essa figura, um *socket* é a interface entre a camada de aplicação e a de transporte dentro de um hospedeiro. É também denominado **interface de programação de aplicação** (**API**, do inglês ***application programming interface***) entre a aplicação e a rede, visto que é a interface de programação pela qual as aplicações de rede são criadas. O programador da aplicação controla tudo o que existe no lado da camada de aplicação do *socket*, mas tem pouco controle do lado de sua camada de transporte. Os únicos controles que o programador da aplicação tem do lado da camada de transporte são: (1) a escolha do protocolo de transporte e (2), talvez, a capacidade de determinar alguns parâmetros, tais como tamanho máximo de *buffer* e de segmentos (a serem abordados no Capítulo 3). Uma vez escolhido um protocolo de transporte (se houver escolha), o programador constrói a aplicação usando os serviços da camada de transporte oferecidos por esse protocolo. Examinaremos *sockets* mais detalhadamente na Seção 2.7.

Endereçando processos

Para enviar correspondência postal a determinado destino, este precisa ter um endereço. De modo semelhante, para que um processo rodando em um hospedeiro envie pacotes a um processo rodando em outro hospedeiro, o receptor precisa ter um endereço. Para identificar o processo receptor, duas informações devem ser especificadas: (1) o endereço do hospedeiro e (2) um identificador que especifica o processo receptor no hospedeiro de destino.

Na Internet, o hospedeiro é identificado por seu **endereço IP**. Discutiremos os endereços IP com mais detalhes no Capítulo 4. Por enquanto, tudo o que precisamos saber é que um endereço IP é uma quantidade de 32 *bits* que podem identificar um hospedeiro de forma exclusiva. Além de saber o endereço do hospedeiro ao qual a mensagem é destinada, o processo de envio também precisa identificar o processo receptor (mais especificamente, o *socket* receptor) executando no hospedeiro. Essa informação é necessária porque, em geral, um hospedeiro poderia estar executando muitas aplicações de rede. Um **número de porta** de destino atende a essa finalidade. Aplicações populares receberam números de porta específicos. Por exemplo, um servidor Web é identificado pelo número de porta 80. Um processo servidor de correio (usando o protocolo SMTP) é identificado pelo número de porta 25. Uma lista dos números de porta conhecidos para todos os protocolos-padrão da

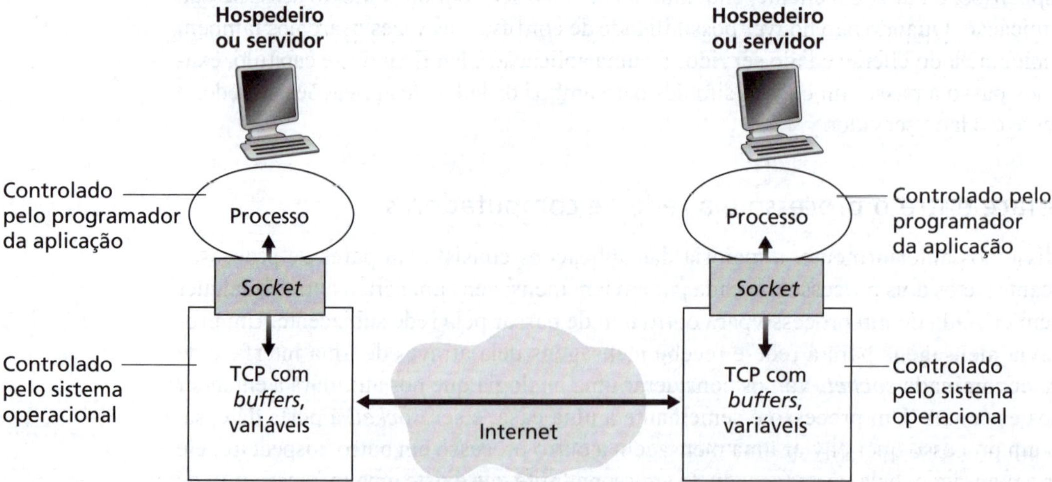

Figura 2.3 Processos de aplicação, *sockets* e protocolo de transporte subjacente.

Internet poderá ser encontrada em <http://www.iana.org>. Vamos examinar os números de porta em detalhes no Capítulo 3.

2.1.3 Serviços de transporte disponíveis para aplicações

Lembre-se de que um *socket* é a interface entre o processo da aplicação e o protocolo de camada de transporte. A aplicação do lado remetente envia mensagens por meio do *socket*. Do outro lado, o protocolo de camada de transporte tem a responsabilidade de levar as mensagens pela rede até o *socket* do processo destinatário.

Muitas redes, inclusive a Internet, oferecem mais de um protocolo de camada de transporte. Ao desenvolver uma aplicação, você deve escolher um dos protocolos de camada de transporte disponíveis. Como fazer essa escolha? O mais provável é que você avalie os serviços e escolha o protocolo que melhor atenda às necessidades de sua aplicação. A situação é semelhante a decidir entre ônibus ou avião como meio de transporte entre duas cidades. Você tem de optar, e cada modalidade de transporte oferece serviços diferentes. (P. ex., o ônibus oferece a facilidade da partida e da chegada no centro da cidade, ao passo que o avião tem menor tempo de viagem.)

Quais são os serviços que um protocolo da camada de transporte pode oferecer às aplicações que o chamem? Podemos classificar, de maneira geral, os possíveis serviços segundo quatro dimensões: transferência confiável de dados, vazão, temporização e segurança.

Transferência confiável de dados

Como discutido no Capítulo 1, os pacotes podem se perder dentro de uma rede de computadores. Um pacote pode, por exemplo, esgotar um *buffer* em um roteador, ou ser descartado por um hospedeiro ou um roteador após alguns de seus *bits* terem sido corrompidos. Para muitas aplicações – como correio eletrônico, transferência de arquivo, acesso a hospedeiro remoto, transferências de documentos da Web e aplicações financeiras –, a perda de dados pode ter consequências devastadoras (no último caso, para o banco e para o cliente!). Assim, para suportar essas aplicações, algo deve ser feito para garantir que os dados enviados por uma extremidade da aplicação sejam transmitidos correta e completamente para a outra ponta. Se um protocolo fornecer um serviço de recebimento de dados garantido, ele fornecerá uma **transferência confiável de dados**. Um importante serviço que o protocolo da camada de transporte pode oferecer para uma aplicação é a transferência confiável de dados processo a processo. Quando um protocolo de transporte oferece esse serviço, o processo remetente pode apenas passar seus dados para um *socket* e saber com completa confiança que eles chegarão sem erro ao processo destinatário.

Quando um protocolo da camada de transporte não oferece uma transferência confiável de dados, os dados enviados pelo remetente talvez nunca cheguem ao destinatário. Isso pode ser aceitável para **aplicações tolerantes a perda**, em especial as de multimídia como áudio/vídeo em tempo real ou áudio/vídeo armazenado, que podem tolerar alguma perda de dados. Nessas aplicações, dados perdidos podem resultar em uma pequena falha durante a execução do áudio/vídeo – o que não é um prejuízo crucial.

Vazão

No Capítulo 1, apresentamos o conceito de vazão disponível, que, no contexto de sessão da comunicação entre dois processos ao longo de um caminho de rede, é a taxa pela qual o processo remetente pode enviar *bits* ao processo destinatário. Como outras sessões compartilharão a largura de banda no caminho da rede e seus dados estão indo e voltando, a vazão disponível pode oscilar com o tempo. Essas observações levam a outro serviço natural que um protocolo da camada de transporte pode oferecer, a saber, uma vazão disponível garantida a uma taxa específica. Com tal serviço, a aplicação pode solicitar uma vazão garantida de *r bits*/s, e o protocolo de transporte garante, então, que a vazão disponível seja sempre *r bits*/s, pelo menos. Tal serviço de vazão garantida seria atraente para muitas aplicações. Por exemplo, se uma aplicação de telefonia por Internet codifica voz a 32 k*bits*/s, ela precisa enviar dados para a rede e fazer que sejam entregues na aplicação receptora à mesma taxa. Se o protocolo de transporte não puder fornecer essa vazão, a aplicação precisará codificar a uma taxa menor (e receber vazão suficiente para sustentar essa taxa de codificação mais baixa) ou então desistir, já que receber, digamos, metade da vazão de que precisa de nada ou pouco adianta para essa aplicação de telefonia por Internet. Aplicações que possuam necessidade de vazão definida são conhecidas como **aplicações sensíveis à largura de banda**. Muitas aplicações de multimídia existentes são sensíveis à largura de banda, embora algumas possam usar técnicas adaptativas para codificar vídeo ou voz digitalizada a uma taxa que corresponda à vazão disponível na ocasião.

Embora aplicações sensíveis à largura de banda possuam necessidades específicas de vazão, **aplicações elásticas** podem usar qualquer quantidade de transferência de dados mínima ou máxima que por acaso esteja disponível. Correio eletrônico, transferência de arquivos e transferências Web são todas aplicações elásticas. Claro, quanto mais vazão, melhor. Há um ditado que diz que "dinheiro nunca é demais"; nesse caso, podemos dizer que vazão nunca é demais!

Temporização

Um protocolo da camada de transporte pode também oferecer garantias de temporização. Como nas garantias de vazão, as de temporização podem surgir em diversos aspectos e modos. Citamos como exemplo o fato de que cada *bit* que o remetente insere no *socket* chega ao *socket* destinatário em menos de 100 ms. Esse serviço seria atrativo para aplicações interativas em tempo real, como a telefonia por Internet, ambientes virtuais, teleconferência e jogos *multiplayer*, que exigem restrições de temporização no envio de dados para garantir eficácia (Gauthier, 1999; Ramjee, 1994). Longos atrasos na telefonia por Internet, por exemplo, tendem a resultar em pausas artificiais na conversação; em um jogo *multiplayer* ou ambiente virtual interativo, um longo atraso entre realizar uma ação e ver a reação do ambiente (p. ex., a reação de outro jogador na outra extremidade de uma conexão fim a fim) faz a aplicação parecer menos realista. Para aplicações que não são em tempo real, é sempre preferível um atraso menor a um maior, mas não há nenhuma limitação estrita aos atrasos fim a fim.

Segurança

Por fim, um protocolo de transporte pode oferecer um ou mais serviços de segurança a uma aplicação. Por exemplo, no hospedeiro remetente, um protocolo de transporte é capaz de codificar todos os dados transmitidos pelo processo remetente, e, no hospedeiro destinatário, o protocolo da camada de transporte pode codificar os dados antes de enviá-los ao destinatário. Tal serviço pode oferecer sigilo entre os dois, mesmo que os dados sejam, de algum modo, observados entre os processos remetente e destinatário. Um protocolo de transporte consegue, além do sigilo, fornecer outros serviços de segurança, incluindo integridade dos dados e autenticação do ponto terminal, assuntos que serão abordados em detalhes no Capítulo 8.

2.1.4 Serviços de transporte providos pela Internet

Até aqui, consideramos serviços de transportes que uma rede de computadores *poderia* oferecer em geral. Vamos agora nos aprofundar mais no assunto e analisar o tipo de suporte de aplicação provido pela Internet. A Internet (e, em um amplo sentido, as redes TCP/IP) disponibiliza dois protocolos de transporte para aplicações, o UDP e o TCP. Quando você (como um criador de aplicação) cria uma nova aplicação de rede para a Internet, uma das primeiras decisões a ser tomada é usar o UDP ou o TCP. Cada um deles oferece um conjunto diferente de serviços para as aplicações solicitantes. A Figura 2.4 mostra os requisitos do serviço para algumas aplicações.

Serviços do TCP

O modelo de serviço TCP inclui um serviço orientado à conexão e um serviço confiável de transferência de dados. Quando uma aplicação solicita o TCP como seu protocolo de transporte, recebe dele ambos os serviços.

- *Serviço orientado à conexão.* O TCP faz o cliente e o servidor trocarem informações de controle de camada de transporte *antes* que as mensagens de camada de aplicação comecem a fluir. Esse procedimento de apresentação, também chamado de *handshake*, alerta o cliente e o servidor, permitindo que eles se preparem para uma enxurrada de pacotes. Após a fase de apresentação, dizemos que existe uma **conexão TCP** entre os *sockets* dos dois processos. A conexão é *full-duplex* (simultânea), visto que os dois processos podem enviar mensagens um ao outro pela conexão ao mesmo tempo. Quando termina de enviar mensagens, a aplicação deve encerrar a conexão. No Capítulo 3, discutiremos em detalhes o serviço orientado para conexão e examinaremos como ele é implementado.
- *Serviço confiável de transporte.* Os processos comunicantes podem contar com o TCP para a entrega de todos os dados enviados sem erro e na ordem correta. Quando um lado da aplicação passa uma cadeia de *bytes* para dentro de um *socket*, pode contar com o TCP para entregar a mesma cadeia de dados ao *socket* receptor, sem falta de *bytes* nem *bytes* duplicados.

O TCP também inclui um mecanismo de controle de congestionamento, um serviço voltado ao bem-estar geral da Internet e não ao benefício direto dos processos comunicantes. O mecanismo de controle de congestionamento do TCP limita a capacidade de transmissão de um processo (cliente ou servidor) quando a rede está congestionada entre remetente e destinatário. Como veremos no Capítulo 3, o controle de congestionamento do TCP tenta limitar cada conexão do TCP à sua justa porção de largura de banda de rede.

Serviços do UDP

O UDP é um protocolo de transporte simplificado, leve, com um modelo de serviço minimalista. É um serviço não orientado à conexão; portanto, não há apresentação antes que

Aplicação	Perda de dados	Vazão	Sensibilidade ao tempo
Transferência/*download* de arquivo	Sem perda	Elástica	Não
E-mail	Sem perda	Elástica	Não
Documentos Web	Sem perda	Elástica (alguns k*bits*/s)	Não
Telefonia via Internet/videoconferência	Tolerante à perda	Áudio: alguns k*bits*/s – 1M*bit*/s Vídeo: 10 k*bits*/s – 5 M*bits*/s	Sim: décimos de segundo
Streaming de áudio/vídeo armazenado	Tolerante à perda	Igual acima	Sim: alguns segundos
Jogos interativos	Tolerante à perda	Poucos k*bits*/s – 10 k*bits*/s	Sim: décimos de segundo
Mensagens de *smartphone*	Sem perda	Elástica	Sim e não

Figura 2.4 Requisitos de aplicações de rede selecionadas.

SEGURANÇA EM FOCO

PROTEGENDO O TCP

Nem o TCP ou o UDP fornecem qualquer codificação – os dados que o processo remetente transfere para seu *socket* são os mesmos que percorrem a rede até o processo destinatário. Então, por exemplo, se o processo destinatário enviar uma senha em texto aberto (ou seja, não codificado) para seu *socket*, ela percorrerá por todos os enlaces entre o remetente e o destinatário, podendo ser analisada e descoberta em qualquer um dos enlaces intermediários. Uma vez que a privacidade e outras questões de segurança se tornaram importantes para muitas aplicações, a comunidade da Internet desenvolveu um aperfeiçoamento para o TCP, denominado **Segurança na Camada de Transporte** (**TLS**, do inglês ***Transport Layer Security***) (RFC 5246). O TCP aperfeiçoado com TLS não só faz tudo o que o TCP tradicional, como também oferece serviços importantes de segurança processo a processo, incluindo criptografia, integridade dos dados e autenticação do ponto de chegada. Enfatizamos que a TLS não é um terceiro protocolo da Internet, no mesmo nível do TCP e do UDP, mas um aperfeiçoamento do TCP executado na camada de aplicação. Em particular, se uma aplicação quiser utilizar o serviço da TLS, é preciso incluir o código TLS (disponível na forma de classes e bibliotecas altamente otimizadas) da aplicação em ambas as partes cliente e servidor. A TLS possui sua própria API de *socket* que é semelhante à tradicional API de *socket* TCP. Quando uma aplicação utiliza o TLS, o processo remetente transfere dados em texto aberto para o *socket* TLS; no hospedeiro emissor, então, o TLS codifica os dados e os passa para o *socket* TCP. Os dados codificados percorrem a Internet até o *socket* TCP no processo destinatário. O *socket* destinatário passa os dados codificados à TLS, que os decodifica. Por fim, a TLS passa os dados em texto aberto por seu *socket* TLS até o processo destinatário. Abordaremos a TLS em mais detalhes no Capítulo 8.

os dois processos comecem a se comunicar. O UDP provê um serviço não confiável de transferência de dados – isto é, quando um processo envia uma mensagem para dentro de um *socket* UDP, o protocolo *não* oferece garantias de que a mensagem chegará ao processo receptor. Além do mais, mensagens que chegam de fato ao processo receptor podem chegar fora de ordem.

O UDP não inclui um mecanismo de controle de congestionamento; portanto, um processo originador pode bombear dados para dentro de uma camada abaixo (a de rede) à taxa que quiser. (Observe, entretanto, que a vazão fim a fim real pode ser menor do que essa taxa em virtude da capacidade de transmissão limitada de enlaces intermediários ou pelo congestionamento.)

Serviços não providos pelos protocolos de transporte da Internet

Organizamos os serviços do protocolo de transporte em quatro dimensões: transferência confiável de dados, vazão, temporização e segurança. Quais deles são providos pelo TCP e pelo UDP? Já vimos que o TCP fornece a transferência confiável de dados fim a fim, e sabemos também que ele pode ser facilmente aprimorado na camada de aplicação com o TLS para oferecer serviços de segurança. Mas em nossa breve descrição sobre o TCP e o UDP faltou mencionar as garantias de vazão e de temporização – serviços *não* fornecidos pelos protocolos de transporte da Internet de hoje. Isso significa que as aplicações sensíveis ao tempo, como a telefonia por Internet, não podem rodar na rede atual? A resposta decerto é negativa – a Internet tem recebido essas aplicações por muitos anos. Tais aplicações muitas vezes funcionam bem, por terem sido desenvolvidas para lidar, na medida do possível, com a falta de garantia. No entanto, mesmo o projeto inteligente possui suas limitações quando o atraso é excessivo, ou quando a vazão fim a fim é limitada. Em resumo, a Internet hoje pode oferecer serviços satisfatórios a aplicações sensíveis ao tempo, mas não garantias de temporização ou de largura de banda.

A Figura 2.5 mostra os protocolos de transporte usados por algumas aplicações populares da Internet. Vemos que e-mail, acesso a terminais remotos, a Web e transferência de arquivos usam o TCP. Essas aplicações escolheram o TCP principalmente porque ele oferece um serviço confiável de transferência de dados, garantindo que todos eles mais cedo ou mais tarde cheguem a seu destino. Como as aplicações de telefonia por Internet (como Skype) muitas vezes toleram alguma perda, mas exigem uma taxa mínima para que sejam eficazes, seus programadores em geral preferem rodá-las em cima do UDP, contornando assim o mecanismo de controle de congestionamento do TCP e evitando pacotes extras. Porém, como muitos *firewalls* são configurados para bloquear (quase todo) o tráfego UDP, as aplicações de telefonia por Internet quase sempre são projetadas para usar TCP como um apoio se a comunicação por UDP falhar.

2.1.5 Protocolos de camada de aplicação

Acabamos de aprender que processos de rede comunicam-se entre si enviando mensagens para dentro de *sockets*. Mas como essas mensagens são estruturadas? O que significam os vários campos nas mensagens? Quando os processos enviam as mensagens? Essas perguntas nos transportam para o mundo dos protocolos de camada de aplicação. Um **protocolo de camada de aplicação** define a maneira como processos de uma aplicação, que funcionam em sistemas finais diferentes, passam mensagens entre si. Em particular, um protocolo de camada de aplicação define:

- Os tipos de mensagens trocadas; por exemplo, de requisição e de resposta.
- A sintaxe dos vários tipos de mensagens, tais como os campos da mensagem e como os campos são delimitados.
- A semântica dos campos, isto é, o significado da informação nos campos.
- Regras para determinar quando e como um processo envia mensagens e responde a mensagens.

Alguns protocolos de camada de aplicação estão especificados em RFCs e, portanto, são de domínio público. Por exemplo, o protocolo de camada de aplicação da Web, HTTP (HyperText Transfer Protocol [RFC 7230]), está à disposição como um RFC. Se um programador de navegador seguir as regras do RFC do HTTP, o navegador estará habilitado a extrair páginas de qualquer servidor que também tenha seguido essas mesmas regras. Muitos outros protocolos de camada de aplicação são próprios e, de modo intencional, não estão disponíveis ao público; por exemplo, o Skype.

É importante distinguir aplicações de rede de protocolos de camada de aplicação, os quais são apenas um pedaço de aplicação de rede (embora muito importante, do nosso ponto de vista!). Examinemos alguns exemplos. A Web é uma aplicação cliente-servidor que

Aplicação	Protocolo de camada de aplicação	Protocolo de transporte subjacente
Correio eletrônico	SMTP (RFC 5321)	TCP
Acesso a terminal remoto	Telnet (RFC 854)	TCP
Web	HTTP 1.1 (RFC 7230)	TCP
Transferência de arquivo	FTP (RFC 959)	TCP
Streaming de multimídia	HTTP (p. ex., YouTube), DASH	TCP
Telefonia por Internet	SIP (RFC 3261), RTP (RFC 3550) ou proprietária (p. ex., Skype)	UDP ou TCP

Figura 2.5 Aplicações populares da Internet, seus protocolos de camada de aplicação e seus protocolos de transporte subjacentes.

permite aos usuários obter documentos de servidores por demanda. A aplicação Web consiste em muitos componentes, entre eles um padrão para formato de documentos (i.e., HTML), navegadores Web (p. ex., Chrome e Microsoft Internet Explorer), servidores Web (p. ex., Apache e IIS da Microsoft) e um protocolo de camada de aplicação. O HTTP, protocolo de camada de aplicação da Web, define o formato e a sequência das mensagens que são passadas entre o navegador e o servidor. Assim, ele é apenas um pedaço (embora importante) da aplicação Web. Como outro exemplo, veremos na Seção 2.6 que o serviço de vídeo da Netflix também possui muitos componentes, incluindo servidores que armazenam e transmitem vídeos, outros servidores que gerenciam a cobrança e outras funções para o cliente, clientes (p. ex., o aplicativo da Netflix no seu *smartphone*, *tablet* ou computador) e um protocolo DASH no nível da aplicação que define o formato e a sequência das mensagens trocadas entre o servidor da Netflix e o cliente. Assim, o DASH é apenas um pedaço (embora importante) da aplicação da Netflix.

2.1.6 Aplicações de rede abordadas neste livro

Novas aplicações de Internet são desenvolvidas todos os dias. Em vez de tratarmos de um grande número dessas aplicações de maneira enciclopédica, preferimos focalizar um pequeno número de aplicações ao mesmo tempo importantes e populares. Neste capítulo, discutiremos cinco aplicações populares: a Web, o correio eletrônico, o serviço de diretório, *streaming* de vídeo e aplicações P2P. Discutiremos primeiro a Web não apenas porque ela é uma aplicação de imensa popularidade, mas também porque seu protocolo de camada de aplicação, HTTP, é simples e fácil de entender. Em seguida, discutiremos o correio eletrônico, a primeira aplicação de enorme sucesso da Internet. O correio eletrônico é mais complexo do que a Web, pois usa não somente um, mas vários protocolos de camada de aplicação. Após o e-mail, estudaremos o DNS, que provê um serviço de diretório para a Internet. A maioria dos usuários não interage diretamente com o DNS; em vez disso, eles o chamam indiretamente por meio de outras aplicações (inclusive a Web, a transferência de arquivos e o correio eletrônico). O DNS ilustra de maneira primorosa como um componente de funcionalidade do núcleo da rede (tradução de nome de rede para endereço de rede) pode ser implementado na camada de aplicação da Internet. Depois, discutiremos aplicações de compartilhamento de arquivos P2P e completamos nosso estudo sobre aplicações com uma discussão sobre o *streaming* de vídeo sob demanda, incluindo a distribuição de vídeo armazenado através de redes de distribuição de conteúdo.

2.2 A WEB E O HTTP

Até a década de 1990, a Internet era usada principalmente por pesquisadores, acadêmicos e estudantes universitários para efetuar *login* em hospedeiros remotos, transferir arquivos de hospedeiros locais para remotos e vice-versa, enviar e receber notícias e correio eletrônico. Embora essas aplicações fossem (e continuem a ser) de extrema utilidade, a Internet era desconhecida fora das comunidades acadêmicas e de pesquisa. Então, no início da década de 1990, entrou em cena uma nova aplicação importantíssima – a World Wide Web (Berners-Lee, 1994). A Web é a aplicação que chamou a atenção do público em geral. Ela transformou drasticamente a maneira como pessoas interagem dentro e fora de seus ambientes de trabalho. Alçou a Internet de apenas mais uma entre muitas para, na essência, a única rede de dados.

Talvez o que mais atraia a maioria dos usuários da Web é que ela funciona *sob demanda*. Usuários recebem o que querem, quando querem, o que é diferente da transmissão de rádio e de televisão, que obriga a sintonizar quando o provedor disponibiliza o conteúdo. Além de funcionar sob demanda, a Web tem muitas outras características maravilhosas que as pessoas adoram. É muito fácil para qualquer indivíduo disponibilizar informações na Web – todo mundo pode se transformar em editor a um custo baixíssimo. Hiperlinks e buscadores nos ajudam a navegar pelo oceano de informações. Fotos e vídeos estimulam nossos sentidos. Formulários, JavaScript, vídeo e muitos outros recursos nos habilitam a interagir com páginas e *sites*. E a Web serve como uma plataforma para o YouTube, e-mail baseado na Web (como Gmail) e a maioria das aplicações móveis, incluindo Instagram e Google Maps.

2.2.1 Descrição geral do HTTP

O **HTTP**, o protocolo da camada de aplicação da Web, está no coração da Web e é definido no (RFC 1945), no (RFC 7230) e no (RFC 7540). O HTTP é executado em dois programas: um cliente e outro servidor. Os dois, executados em sistemas finais diferentes, conversam entre si por meio da troca de mensagens HTTP. O HTTP define a estrutura dessas mensagens e o modo como o cliente e o servidor as trocam. Antes de explicarmos em detalhes o HTTP, devemos revisar a terminologia da Web.

Uma **página Web** (também denominada documento) é constituída por objetos. Um **objeto** é apenas um arquivo – tal como um arquivo HTML, uma imagem JPEG, um arquivo de Javascript, uma folha de estilo CSS ou um clipe de vídeo – que se pode acessar com um único URL. A maioria das páginas Web é constituída por um **arquivo-base HTML** e diversos objetos referenciados. Por exemplo, se uma página contiver um texto HTML e cinco imagens JPEG, então ela terá seis objetos: o arquivo-base HTML e mais as cinco imagens. O arquivo-base HTML referencia os outros objetos na página com os URLs dos objetos. Cada URL tem dois componentes: o nome de hospedeiro (*hostname*) do servidor que abriga o objeto e o nome do caminho do objeto. Por exemplo, no URL

```
http://www.someSchool.edu/someDepartment/picture.gif
```

`www.someSchool.edu` é o nome de hospedeiro, e `/someDepartment/picture.gif` é o nome do caminho. Como **navegadores Web** (p. ex., Internet Explorer e Chrome) também executam o lado cliente do HTTP, usaremos as palavras *navegador* e *cliente* indiferentemente nesse contexto. Os **servidores Web**, que executam o lado servidor do HTTP, abrigam objetos Web, cada um endereçado por um URL. São servidores Web populares o Apache e o Microsoft Internet Information Server.

O HTTP define como os clientes requisitam páginas aos servidores e como eles as transferem aos clientes. Discutiremos em detalhes a interação entre cliente e servidor mais adiante, mas a ideia geral está ilustrada na Figura 2.6. Quando um usuário requisita uma página Web (p. ex., clica sobre um hiperlink), o navegador envia ao servidor mensagens de requisição HTTP para os objetos da página. O servidor recebe as requisições e responde com mensagens de resposta HTTP que contêm os objetos.

O HTTP usa o TCP como seu protocolo de transporte subjacente (em vez de rodar em cima do UDP). O cliente HTTP primeiro inicia uma conexão TCP com o servidor. Uma vez estabelecida, os processos do navegador e do servidor acessam o TCP por meio de suas interfaces de *socket*. Como descrito na Seção 2.1, no lado cliente, a interface *socket* é a porta entre o processo cliente e a conexão TCP; no lado servidor, ela é a porta entre o processo servidor e a conexão TCP. O cliente envia mensagens de requisição HTTP para sua interface *socket* e recebe mensagens de resposta HTTP de sua interface *socket*. De maneira semelhante, o servidor HTTP recebe mensagens de requisição de sua interface *socket* e envia mensagens de resposta para sua interface *socket*. Assim que o cliente envia uma mensagem para sua interface *socket*, a mensagem sai de suas mãos e passa a estar "nas mãos" do TCP. Lembre-se de que na Seção 2.1 dissemos que o TCP oferece ao HTTP um serviço confiável de transferência de dados, o que implica que toda mensagem de requisição HTTP emitida por um processo cliente chegará intacta ao servidor. De maneira semelhante, toda mensagem de

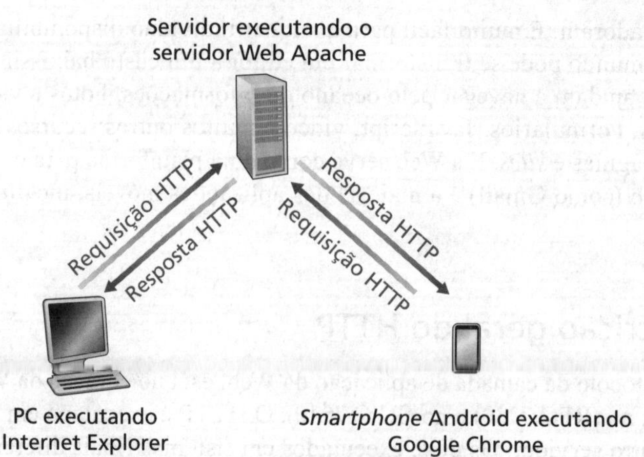

Figura 2.6 Comportamento de requisição-resposta do HTTP.

resposta HTTP emitida pelo processo servidor chegará intacta ao cliente. Percebemos, nesse ponto, uma das grandes vantagens de uma arquitetura de camadas – o HTTP não precisa se preocupar com dados perdidos ou com detalhes de como o TCP se recupera da perda de dados ou os reordena dentro da rede. Essa é a tarefa do TCP e dos protocolos das camadas inferiores da pilha de protocolos.

É importante notar que o servidor envia ao cliente os arquivos solicitados sem armazenar qualquer informação de estado sobre o cliente. Se determinado cliente solicita o mesmo objeto duas vezes em um período de poucos segundos, o servidor não responde dizendo que acabou de enviá-lo; em vez disso, manda de novo o objeto, pois já esqueceu por completo o que fez antes. Como o servidor HTTP não mantém informação alguma sobre clientes, o HTTP é denominado um **protocolo sem estado**. Salientamos também que a Web usa a arquitetura de aplicação cliente-servidor, como descrito na Seção 2.1. Um servidor Web está sempre em funcionamento, tem um endereço IP fixo e atende requisições de potencialmente milhões de navegadores diferentes.

A versão original do HTTP é chamada de HTTP/1.0 e remonta ao início da década de 1990 (RFC 1945). Em 2020, a maioria das transações HTTP ocorria pelo HTTP/1.1 (RFC 7230). Contudo, os navegadores e servidores Web cada vez mais suportam também uma nova versão do HTTP, chamada de HTTP/2 (RFC 7540). No final desta seção, apresentaremos uma introdução ao HTTP/2.

2.2.2 Conexões persistentes e não persistentes

Em muitas aplicações da Internet, o cliente e o servidor se comunicam por um período prolongado, em que o cliente faz uma série de requisições e o servidor responde a cada uma. Dependendo da aplicação e de como ela está sendo usada, a série de requisições pode ser feita de forma consecutiva, periodicamente em intervalos regulares ou de modo esporádico. Quando a interação cliente-servidor acontece por meio de conexão TCP, o desenvolvedor da aplicação precisa tomar uma importante decisão – cada par de requisição/resposta deve ser enviado por uma conexão TCP *distinta* ou todas as requisições e suas respostas devem ser enviadas por uma *mesma* conexão TCP? Na primeira abordagem, a aplicação utiliza **conexões não persistentes**; e na segunda abordagem, **conexões persistentes**. Para entender melhor esse assunto, vamos analisar as vantagens e desvantagens das conexões não persistentes e das conexões persistentes no contexto de uma aplicação específica, o HTTP, que pode utilizar as duas. Embora o HTTP utilize conexões persistentes em seu modo padrão, os clientes e servidores HTTP podem ser configurados para utilizar a conexão não persistente.

O HTTP com conexões não persistentes

Vamos percorrer as etapas da transferência de uma página de um servidor para um cliente para o caso de conexões não persistentes. Suponhamos que uma página consista em um arquivo-base HTML e em dez imagens JPEG e que todos esses 11 objetos residam no mesmo servidor. Suponha também que o URL para o arquivo-base HTTP seja

```
http://www.someSchool.edu/someDepartment/home.index
```

Eis o que acontece:

1. O processo cliente HTTP inicia uma conexão TCP para o servidor `www.someSchool.edu` na porta número 80, que é o número de porta padrão para o HTTP. Associados à conexão TCP, haverá um *socket* no cliente e um *socket* no servidor.
2. O cliente HTTP envia uma mensagem de requisição HTTP ao servidor por meio de seu *socket*. Essa mensagem inclui o nome do caminho `/someDepartment/home.index`. (Discutiremos mensagens HTTP mais detalhadamente logo adiante.)
3. O processo servidor HTTP recebe a mensagem de requisição por meio de seu *socket*, extrai o objeto `/someDepartment/home.index` de seu armazenamento (RAM ou disco), encapsula-o em uma mensagem de resposta HTTP e a envia ao cliente pelo *socket*.
4. O processo servidor HTTP ordena ao TCP que encerre a conexão TCP. (Mas, na realidade, o TCP só a encerrará quando tiver certeza de que o cliente recebeu a mensagem de resposta intacta.)
5. O cliente HTTP recebe a mensagem de resposta e a conexão TCP é encerrada. A mensagem indica que o objeto encapsulado é um arquivo HTML. O cliente extrai o arquivo da mensagem de resposta, analisa o arquivo HTML e encontra referências aos dez objetos JPEG.
6. As primeiras quatro etapas são repetidas para cada um dos objetos JPEG referenciados.

À medida que recebe a página Web, o navegador a apresenta ao usuário. Dois navegadores diferentes podem interpretar (i.e., exibir ao usuário) uma página de modos um pouco diferentes. O HTTP não tem a ver com o modo como uma página Web é interpretada por um cliente. As especificações do HTTP ([RFC 1945] e [RFC 7540]) definem apenas o protocolo de comunicação entre o programa cliente HTTP e o programa servidor HTTP.

As etapas apresentadas ilustram a utilização de conexões não persistentes, nas quais cada conexão TCP é encerrada após o servidor enviar um objeto – a conexão não persiste para outros objetos. O HTTP/1.0 emprega conexões TCP não persistentes. Note que cada conexão TCP transporta exatamente uma mensagem de requisição e uma mensagem de resposta. Assim, nesse exemplo, quando um usuário solicita a página Web, são geradas 11 conexões TCP.

Nos passos descritos, fomos intencionalmente vagos sobre se os clientes obtêm as dez JPEGs por meio de dez conexões TCP em série ou se algumas delas são recebidas por conexões TCP paralelas. Na verdade, usuários podem configurar navegadores modernos para controlar o grau de paralelismo. Os navegadores podem abrir múltiplas conexões TCP paralelas e solicitar partes diferentes de uma página Web através delas. Como veremos no próximo capítulo, a utilização de conexões paralelas reduz o tempo de resposta.

Antes de continuarmos, vamos fazer um rascunho de cálculo para estimar o tempo que transcorre entre a requisição e o recebimento de um arquivo-base HTTP por um cliente. Para essa finalidade, definimos o **tempo de viagem de ida e volta** (**RTT**, do inglês ***round-trip time***), ou seja, o tempo que leva para um pequeno pacote viajar do cliente ao servidor e de volta ao cliente. O RTT inclui atrasos de propagação de pacotes, de fila de pacotes em roteadores e comutadores intermediários e de processamento de pacotes. (Esses atrasos foram discutidos na Seção 1.4.) Considere, agora, o que acontece quando um usuário clica sobre um hiperlink. Como ilustrado na Figura 2.7, isso faz com que o navegador inicie uma conexão TCP entre ele e o servidor, o que envolve uma "apresentação de três vias" (*three-way handshake*) – o cliente

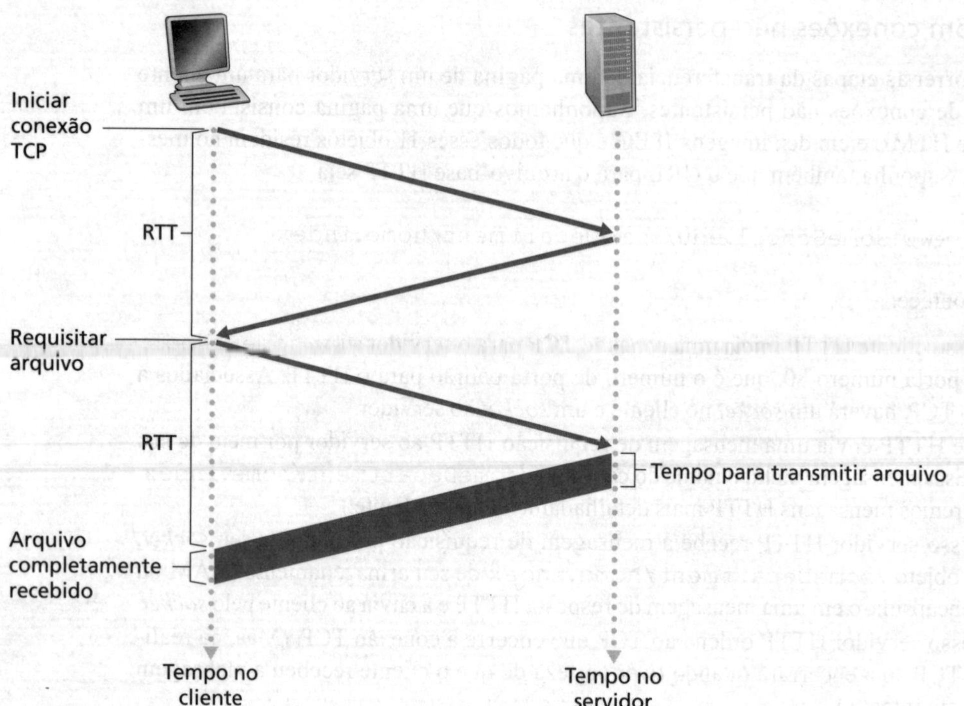

Figura 2.7 Cálculo simples para o tempo necessário para solicitar e receber um arquivo HTML.

envia um pequeno segmento TCP ao servidor, este o reconhece e responde com um pequeno segmento ao cliente que, por fim, o reconhece novamente para o servidor. As duas primeiras partes da apresentação de três vias representam um RTT. Após concluí-las, o cliente envia a mensagem de requisição HTTP combinada com a terceira parte da apresentação de três vias (o reconhecimento) por meio da conexão TCP. Assim que a mensagem de requisição chega ao servidor, este envia o arquivo HTML por meio da conexão TCP. Essa requisição/resposta HTTP consome outro RTT. Assim, de modo aproximado, o tempo total de resposta são dois RTTs mais o tempo de transmissão do arquivo HTML no servidor.

O HTTP com conexões persistentes

Conexões não persistentes têm algumas desvantagens. Primeiro, uma nova conexão deve ser estabelecida e mantida para *cada objeto solicitado*. Para cada conexão, devem ser alocados *buffers* TCP e conservadas variáveis TCP tanto no cliente quanto no servidor. Isso pode sobrecarregar seriamente o servidor Web, que poderá estar processando requisições de centenas de diferentes clientes ao mesmo tempo. Segundo, como acabamos de descrever, cada objeto sofre dois RTTs – um RTT para estabelecer a conexão TCP e outro para solicitar e receber um objeto.

Em conexões persistentes HTTP/1.1, o servidor deixa a conexão TCP aberta após enviar resposta. Requisições e respostas subsequentes entre os mesmos cliente e servidor podem ser enviadas por meio da mesma conexão. Em particular, uma página Web inteira (no exemplo anterior, o arquivo-base HTML e as dez imagens) pode ser enviada mediante uma única conexão TCP persistente. Além do mais, várias páginas residindo no mesmo servidor podem ser enviadas ao mesmo cliente por uma única conexão TCP persistente. Essas requisições por objetos podem ser feitas em sequência sem ter de esperar por respostas a requisições pendentes (paralelismo ou *pipelining*). Em geral, o servidor HTTP fecha uma conexão quando ela não é usada durante certo tempo (um intervalo de temporização configurável). Quando o servidor recebe requisições consecutivas, os objetos são enviados de forma ininterrupta. O modo default do HTTP usa conexões persistentes com paralelismo. Faremos uma comparação quantitativa entre os desempenhos de conexões persistentes e não persistentes nos exercícios de fixação dos Capítulos 2 e 3. Aconselhamos o leitor interessado a consultar Heidemann (1997), Nielsen (1997) e o RFC 7540.

2.2.3 Formato da mensagem HTTP

As especificações do HTTP (RFC 1945; RFC 7230; RFC 7540) incluem as definições dos formatos das mensagens HTTP. Há dois tipos delas: de requisição e de resposta, ambas discutidas a seguir.

Mensagem de requisição HTTP

Apresentamos a seguir uma mensagem de requisição HTTP típica:

```
GET /somedir/page.html HTTP/1.1
Host: www.someschool.edu
Connection: close
User-agent: Mozilla/5.0
Accept-language: fr
```

Podemos aprender bastante examinando essa simples mensagem de requisição. Primeiro, vemos que ela está escrita em texto ASCII comum, de modo que pode ser lida por qualquer um que conheça o linguajar dos computadores. Segundo, vemos que ela é constituída por cinco linhas, cada qual seguida de um *carriage return* e *line feed* (fim de linha). A última linha é seguida de um comando adicional de *carriage return* e *line feed*. Embora essa específica mensagem de requisição tenha cinco linhas, uma mensagem de requisição pode ter muitas mais e também menos do que isso, podendo conter até mesmo uma única linha. A primeira linha é denominada **linha de requisição**; as subsequentes são denominadas **linhas de cabeçalho**. A linha de requisição tem três campos: o do método, o do URL e o da versão do HTTP. O campo do método pode assumir vários valores diferentes, entre eles `GET`, `POST`, `HEAD`, `PUT` e `DELETE`. A grande maioria das mensagens de requisição HTTP emprega o método `GET`, o qual é usado quando o navegador requisita um objeto e este é identificado no campo do URL. Nesse exemplo, o navegador está requisitando o objeto `/somedir/page.html`. O campo da versão é autoexplicativo. Nesse exemplo, o navegador executa a versão HTTP/1.1.

Vamos agora examinar as linhas de cabeçalho do exemplo. A linha de cabeçalho `Host:www.someschool.edu` especifica o hospedeiro no qual o objeto reside. Talvez você ache que ela é desnecessária, pois já existe uma conexão TCP para o hospedeiro. Mas, como veremos na Seção 2.2.5, a informação fornecida pela linha de cabeçalho do hospedeiro é exigida por *caches proxy* da Web. Ao incluir a linha de cabeçalho `Connection: close`, o navegador está dizendo ao servidor que não quer usar conexões persistentes; quer que o servidor feche a conexão após o envio do objeto requisitado. A linha de cabeçalho `User-agent:` especifica o agente de usuário, isto é, o tipo de navegador que está fazendo a requisição ao servidor. Neste caso, o agente de usuário é o Mozilla/5.0, um navegador Firefox. Essa linha de cabeçalho é útil porque, na verdade, o servidor pode enviar versões diferentes do mesmo objeto a tipos diferentes de agentes de usuário. (Cada versão é endereçada pelo mesmo URL.) Por fim, o cabeçalho `Accept-language:` mostra que o usuário prefere receber uma versão em francês do objeto se este existir no servidor; se não existir, o servidor deve enviar a versão padrão. O cabeçalho `Accept-language:` é apenas um dos muitos de negociação de conteúdo disponíveis no HTTP.

Após examinar um exemplo, vamos agora analisar o formato geral de uma mensagem de requisição, ilustrado na Figura 2.8. Vemos que tal formato é muito parecido com nosso exemplo anterior. Contudo, você provavelmente notou que, após as linhas de cabeçalho

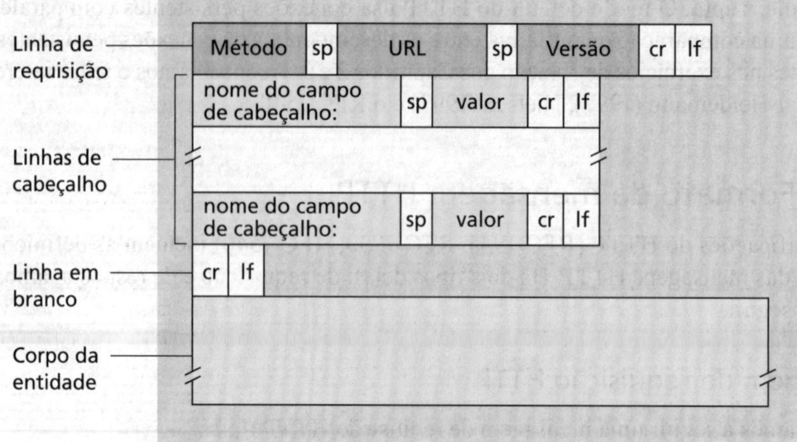

Figura 2.8 Formato geral de uma mensagem de requisição HTTP.

(e após a linha adicional com *carriage return* e *line feed*), há um "corpo de entidade". O corpo de entidade fica vazio com o método `GET`, mas é utilizado com o método `POST`. Um cliente HTTP em geral usa o método `POST` quando o usuário preenche um formulário – por exemplo, quando fornece palavras de busca a um *site* buscador. Com uma mensagem `POST`, o usuário continua solicitando uma página Web ao servidor, mas seu conteúdo depende do que ele escreveu nos campos do formulário. Se o valor do campo de método for `POST`, então o corpo de entidade conterá o que o usuário digitou nos campos do formulário.

Seríamos omissos se não mencionássemos que uma requisição gerada com um formulário não utiliza necessariamente o método `POST`. Ao contrário, formulários HTML costumam empregar o método `GET` e incluem os dados digitados (nos campos do formulário) no URL requisitado. Por exemplo, se um formulário usar o método `GET`, tiver dois campos e as entradas desses dois campos forem `monkeys` e `bananas`, então a estrutura do URL será `www.somesite.com/animalsearch?monkeys&bananas`. Ao navegar normalmente pela Web, você talvez já tenha notado URLs extensos como esse.

O método `HEAD` é semelhante ao `GET`. Quando um servidor recebe uma requisição com o método `HEAD`, responde com uma mensagem HTTP, mas deixa de fora o objeto requisitado. Esse método é usado com frequência pelos programadores de aplicação para depuração. O método `PUT` é muito usado junto com ferramentas de edição da Web. Permite que um usuário carregue um objeto para um caminho (diretório) específico em um servidor Web específico. O método `PUT` também é usado por aplicações que precisam carregar objetos para servidores Web. O método `DELETE` permite que um usuário, ou uma aplicação, elimine um objeto em um servidor Web.

Mensagem de resposta HTTP

Apresentamos a seguir uma mensagem de resposta HTTP típica. Essa mensagem poderia ser a resposta ao exemplo de mensagem de requisição que acabamos de discutir.

```
HTTP/1.1 200 OK
Connection: close
Date: Tue, 18 Aug 2015 15:44:04 GMT
Server: Apache/2.2.3 (CentOS)
Last-Modified: Tue, 18 Aug 2015 15:11:03 GMT
Content-Length: 6821
Content-Type: text/html
(dados dados dados dados dados ...)
```

Vamos examinar com cuidado essa mensagem de resposta. Ela tem três seções: uma **linha inicial** ou *linha de estado*, seis **linhas de cabeçalho** e, em seguida, o **corpo da entidade**, que é a parte principal da mensagem – contém o objeto solicitado (representado por `dados dados dados dados dados ...`). A linha de estado tem três campos: o de versão do protocolo, um código de estado e uma mensagem de estado correspondente. Neste exemplo, ela mostra que o servidor está usando o HTTP/1.1 e que está tudo OK (i.e., o servidor encontrou e está enviando o objeto solicitado).

Agora, vamos ver as linhas de cabeçalho. O servidor usa `Connection: close` para informar ao cliente que fechará a conexão TCP após enviar a mensagem. A linha de cabeçalho `Date:` indica a hora e a data em que a resposta HTTP foi criada e enviada pelo servidor. Note que esse não é o horário em que o objeto foi criado nem o de sua modificação mais recente; é a hora em que o servidor extraiu o objeto de seu sistema de arquivos, inseriu-o na mensagem de resposta e a enviou. A linha de cabeçalho `Server:` mostra que a mensagem foi gerada por um servidor Web Apache, semelhante à linha de cabeçalho `User-agent:` na mensagem de requisição HTTP. A linha de cabeçalho `Last-Modified:` indica a hora e a data em que o objeto foi criado ou sofreu a última modificação. Esse cabeçalho, que logo estudaremos em mais detalhes, é fundamental para fazer *cache* do objeto, tanto no cliente local quanto em servidores de *cache* da rede (também conhecidos como servidores *proxy*). A linha de cabeçalho `Content-Length:` indica o número de *bytes* do objeto que está sendo enviado, e a linha de cabeçalho `Content-Type:` mostra que o objeto presente no corpo da mensagem é um texto HTML. (O tipo do objeto é oficialmente indicado pelo cabeçalho `Content-Type:`, e não pela extensão do arquivo.)

Após examinar um exemplo, vamos agora analisar o formato geral de uma mensagem de resposta, ilustrado na Figura 2.9. Esse formato geral de mensagem de resposta condiz com o exemplo anterior. Mas falemos um pouco mais sobre códigos de estado e suas frases, que indicam o resultado da requisição. Eis alguns códigos de estado e frases associadas comuns:

- `200 OK`: requisição bem-sucedida e a informação é entregue com a resposta.
- `301 Moved Permanently`: objeto requisitado foi removido em definitivo; novo URL é especificado no cabeçalho `Location:` da mensagem de resposta. O *software* do cliente recuperará automaticamente o novo URL.
- `400 Bad Request`: código genérico de erro que indica que a requisição não pôde ser entendida pelo servidor.
- `404 Not Found`: o documento requisitado não existe no servidor.
- `505 HTTP Version Not Supported`: a versão do protocolo HTTP requisitada não é suportada pelo servidor.

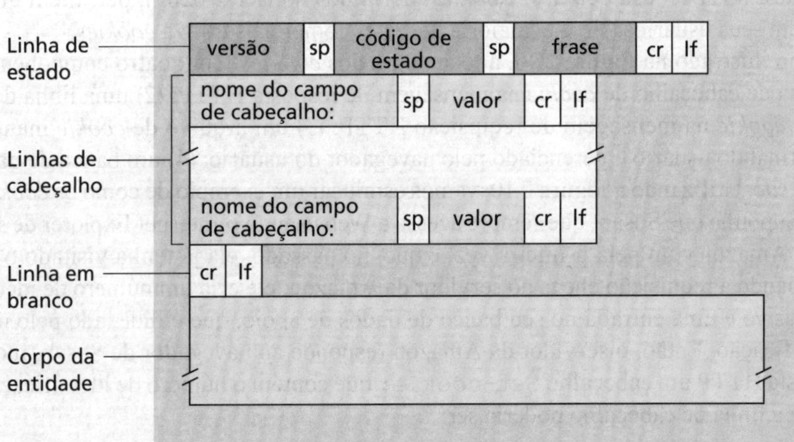

Figura 2.9 Formato geral de uma mensagem de resposta HTTP.

Você gostaria de ver uma mensagem de resposta HTTP real? É muito recomendável e muito fácil! Primeiro, dê um comando Telnet em seu servidor favorito. Em seguida, digite uma mensagem de requisição de uma linha solicitando algum objeto abrigado no servidor. Por exemplo, se você tem acesso a um *prompt* de comando, digite:

```
telnet gaia.cs.umass.edu 80

GET /kurose _ ross/interactive/index.php HTTP/1.1
Host: gaia.cs.umass.edu
```

(Pressione duas vezes a tecla "Enter" após digitar a última linha.) Essa sequência de comandos abre uma conexão TCP para a porta número 80 do hospedeiro `gaia.cs.umass.edu` e, em seguida, envia a mensagem de requisição HTTP. Deverá aparecer uma mensagem de resposta que inclui o arquivo-base HTML dos exercícios de fixação interativos deste livro. Se preferir apenas ver as linhas da mensagem HTTP e não receber o objeto em si, substitua `GET` por `HEAD`.

Nesta seção, discutimos várias linhas de cabeçalho que podem ser usadas em mensagens de requisição e de resposta HTTP. A especificação do HTTP define muitas outras linhas de cabeçalho que podem ser inseridas por navegadores, servidores Web e servidores de *cache* da rede. Vimos apenas um pouco do total de linhas de cabeçalho. Examinaremos mais algumas a seguir e mais um pouco quando discutirmos armazenagem Web na Seção 2.2.5. Uma discussão muito abrangente e fácil de ler sobre o protocolo HTTP, seus cabeçalhos e códigos de estado pode ser encontrada em Krishnamurthy (2001).

Como um navegador decide quais linhas de cabeçalho serão incluídas em uma mensagem de requisição? Como um servidor Web decide quais linhas de cabeçalho serão incluídas em uma mensagem de resposta? Um navegador vai gerar linhas de cabeçalho em função de seu tipo e versão, da configuração do usuário para o navegador e se o navegador tem uma versão do objeto em *cache*, possivelmente desatualizada. Servidores Web se comportam de maneira semelhante: há diferentes produtos, versões e configurações, e todos influenciam as linhas de cabeçalho que são incluídas nas mensagens de resposta.

2.2.4 Interação usuário-servidor: *cookies*

Mencionamos anteriormente que um servidor HTTP não tem estado, o que simplifica o projeto do servidor e vem permitindo que engenheiros desenvolvam servidores Web de alto desempenho que podem manipular milhares de conexões TCP simultâneas. No entanto, é sempre bom que um *site* identifique usuários, seja porque o servidor deseja restringir acesso, seja porque quer apresentar conteúdo em função da identidade do usuário. Para essas finalidades, o HTTP usa *cookies*. *Cookies*, definidos no (RFC 6265), permitem que *sites* monitorem seus usuários. Hoje, a maioria dos *sites* comerciais utiliza *cookies*.

Como ilustrado na Figura 2.10, a tecnologia dos *cookies* tem quatro componentes: (1) uma linha de cabeçalho de *cookie* na mensagem de resposta HTTP; (2) uma linha de cabeçalho de *cookie* na mensagem de requisição HTTP; (3) um arquivo de *cookie* mantido no sistema final do usuário e gerenciado pelo navegador do usuário; (4) um banco de dados de apoio no *site*. Utilizando a Figura 2.10, vamos esmiuçar um exemplo de como os *cookies* são usados. Suponha que Susan, que sempre acessa a Web usando o Internet Explorer de seu PC, acesse o Amazon.com pela primeira vez, e que, no passado, ela já tenha visitado o *site* da eBay. Quando a requisição chega ao servidor da Amazon, ele cria um número de identificação exclusivo e uma entrada no seu banco de dados de apoio, que é indexado pelo número de identificação. Então, o servidor da Amazon responde ao navegador de Susan, incluindo na resposta HTTP um cabeçalho `Set-cookie:` que contém o número de identificação. Por exemplo, a linha de cabeçalho poderia ser:

```
Set-cookie: 1678
```

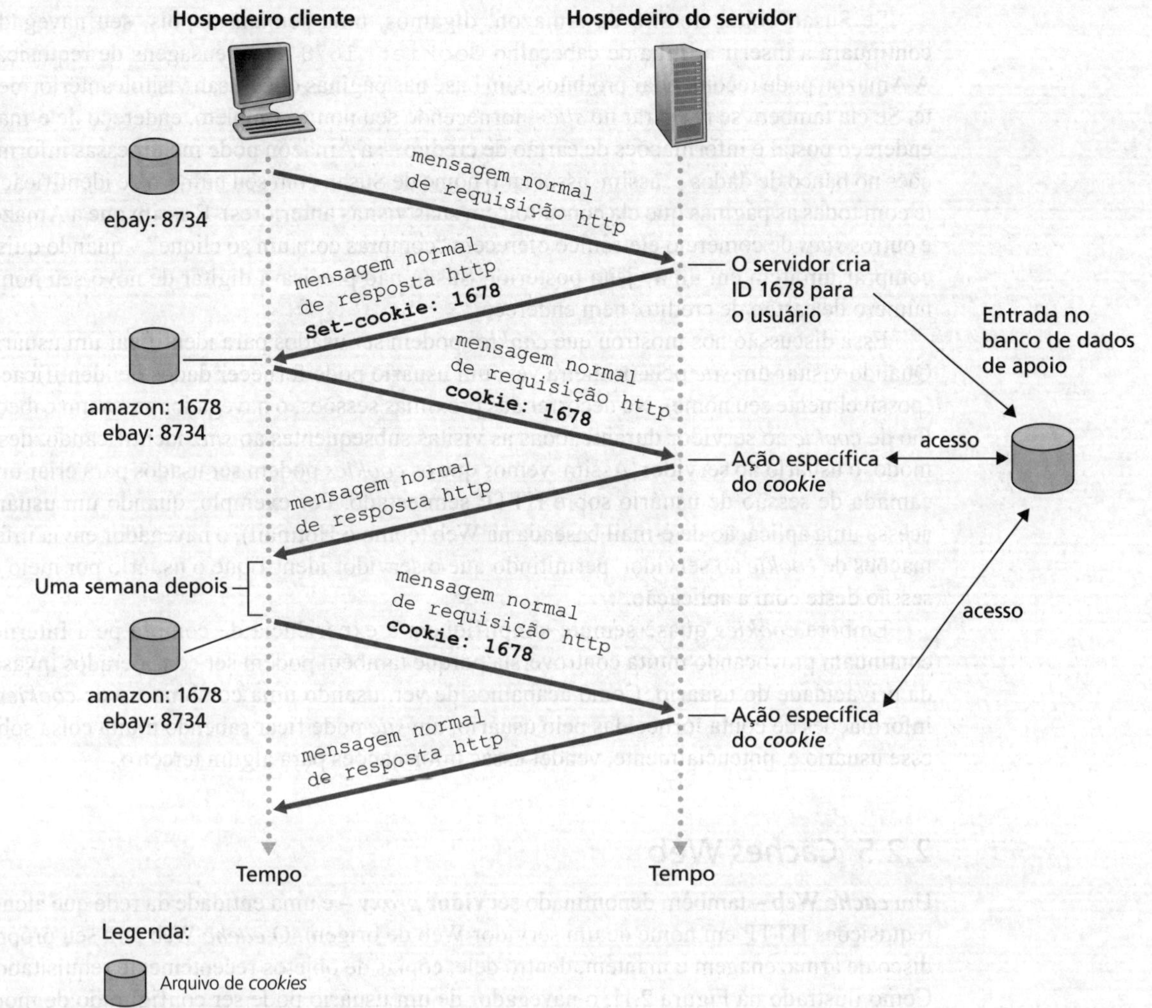

Figura 2.10 Mantendo o estado do usuário com *cookies*.

Quando recebe a mensagem de resposta HTTP, o navegador de Susan vê o cabeçalho `Set--cookie:` e, então, anexa uma linha ao arquivo especial de *cookies* que ele gerencia. Essa linha inclui o nome de hospedeiro do servidor e seu número de identificação no cabeçalho. Observe que o arquivo de *cookie* já possui um entrada para o eBay, pois Susan já visitou esse *site* no passado. Toda vez que ela requisita uma página enquanto navega pelo *site* da Amazon, seu navegador consulta seu arquivo de *cookies*, extrai seu número de identificação para esse *site* e insere na requisição HTTP uma linha de cabeçalho de *cookie* que inclui o número de identificação. Especificamente, cada uma de suas requisições HTTP ao servidor da Amazon inclui a linha de cabeçalho:

```
Cookie: 1678
```

Dessa maneira, o servidor da Amazon pode monitorar a atividade de Susan em seu *site* e, embora não saiba necessariamente que o nome dela é Susan, sabe com exatidão quais páginas o usuário 1678 visitou, em qual ordem e em quais horários! Então, pode utilizar *cookies* para oferecer um serviço de carrinho de compra – a Amazon pode manter uma lista de todas as compras de Susan, de modo que ela possa pagar por todas elas ao mesmo tempo, no final da sessão.

Se Susan voltar ao *site* da Amazon, digamos, uma semana depois, seu navegador continuará a inserir a linha de cabeçalho `Cookie: 1678` nas mensagens de requisição. A Amazon pode recomendar produtos com base nas páginas que Susan visitou anteriormente. Se ela também se registrar no *site* – fornecendo seu nome completo, endereço de e-mail, endereço postal e informações de cartão de crédito –, a Amazon pode incluir essas informações no banco de dados e, assim, associar o nome de Susan com seu número de identificação (e com todas as páginas que ela consultou em suas visitas anteriores). É assim que a Amazon e outros *sites* de comércio eletrônico oferecem "compras com um só clique" – quando quiser comprar um item em uma visita posterior, Susan não precisará digitar de novo seu nome, número de cartão de crédito, nem endereço.

Essa discussão nos mostrou que *cookies* podem ser usados para identificar um usuário. Quando visitar um *site* pela primeira vez, um usuário pode fornecer dados de identificação (possivelmente seu nome). No decorrer das próximas sessões, o navegador passa um cabeçalho de *cookie* ao servidor durante todas as visitas subsequentes ao *site*, identificando, desse modo, o usuário ao servidor. Assim, vemos que os *cookies* podem ser usados para criar uma camada de sessão de usuário sobre HTTP sem estado. Por exemplo, quando um usuário acessa uma aplicação de e-mail baseada na Web (como o Hotmail), o navegador envia informações de *cookie* ao servidor, permitindo que o servidor identifique o usuário por meio da sessão deste com a aplicação.

Embora *cookies* quase sempre simplifiquem a experiência de compra pela Internet, continuam provocando muita controvérsia porque também podem ser considerados invasão da privacidade do usuário. Como acabamos de ver, usando uma combinação de *cookies* e informações de conta fornecidas pelo usuário, um *site* pode ficar sabendo muita coisa sobre esse usuário e, potencialmente, vender essas informações para algum terceiro.

2.2.5 *Caches* Web

Um ***cache*** **Web** – também denominado **servidor *proxy*** – é uma entidade da rede que atende requisições HTTP em nome de um servidor Web de origem. O *cache* Web tem seu próprio disco de armazenagem e mantém, dentro dele, cópias de objetos recentemente requisitados. Como ilustrado na Figura 2.11, o navegador de um usuário pode ser configurado de modo que todas as suas requisições HTTP sejam dirigidas primeiro ao *cache* Web. Uma vez que esteja configurado um navegador, cada uma das requisições de um objeto que o navegador faz é primeiro dirigida ao *cache* Web. Como exemplo, suponha que um navegador esteja requisitando o objeto `http://www.someschool.edu/campus.gif`. Eis o que acontece:

1. O navegador estabelece uma conexão TCP com o *cache* Web e envia a ele uma requisição HTTP para o objeto.

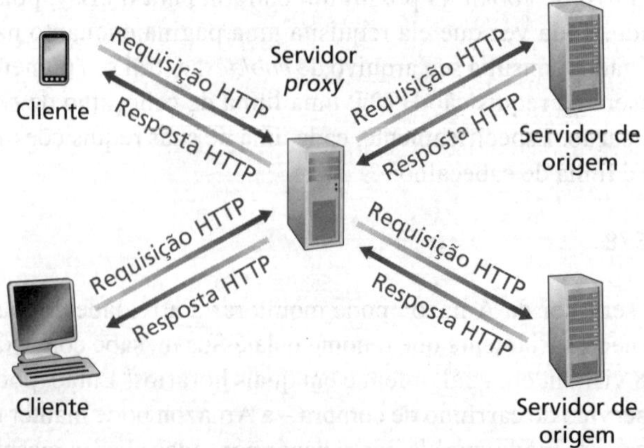

Figura 2.11 Clientes requisitando objetos por meio de um *cache* Web.

2. O *cache* Web verifica se tem uma cópia do objeto armazenada localmente. Se tiver, envia o objeto ao navegador do cliente, dentro de uma mensagem de resposta HTTP.
3. Se não tiver o objeto, o *cache* Web abre uma conexão TCP com o servidor de origem, isto é, com `www.someschool.edu`. Então, envia uma requisição HTTP do objeto para a conexão TCP. Após recebê-la, o servidor de origem envia o objeto ao *cache* Web, dentro de uma resposta HTTP.
4. Quando recebe o objeto, o *cache* Web guarda uma cópia em seu armazenamento local e envia outra, dentro de uma mensagem de resposta HTTP, ao navegador do cliente (pela conexão TCP existente entre o navegador do cliente e o *cache* Web).

Note que um *cache* é, ao mesmo tempo, um servidor e um cliente. Quando recebe requisições de um navegador e lhe envia respostas, é um servidor. Quando envia requisições para um servidor de origem e recebe respostas dele, é um cliente.

Em geral, é um Provedor de Serviços de Internet (ISP, do inglês *Internet Service Provider*) que compra e instala um *cache* Web. Por exemplo, uma universidade poderia instalar um *cache* na rede de seu campus e configurar todos os navegadores apontando para esse *cache*. Ou um importante ISP residencial (como a Comcast) poderia instalar um ou mais *caches* em sua rede e configurar antecipadamente os navegadores que fornece apontando para os *caches* instalados.

O *cache* na Web tem tido ampla utilização na Internet por duas razões. Primeiro, porque pode reduzir substancialmente o tempo de resposta para a requisição de um cliente, em particular se o gargalo da largura de banda entre o cliente e o servidor de origem for muito menor do que aquele entre o cliente e o *cache*. Se houver uma conexão de alta velocidade entre o cliente e o *cache*, como em geral é o caso, e se este tiver o objeto requisitado, então ele poderá entregar com rapidez o objeto ao cliente. Segundo, como logo ilustraremos com um exemplo, *caches* Web podem reduzir de modo substancial o tráfego no enlace de acesso de uma instituição qualquer à Internet. Com a redução do tráfego, a instituição (p. ex., uma empresa ou uma universidade) não precisa ampliar sua largura de banda tão rapidamente, o que diminui os custos. Além disso, *caches* Web podem reduzir bastante o tráfego na Internet como um todo, melhorando, assim, o desempenho para todas as aplicações.

Para entender melhor os benefícios dos *caches*, vamos considerar um exemplo no contexto da Figura 2.12. Essa figura mostra duas redes: uma rede institucional e o resto da Internet pública. A rede institucional é uma rede local (LAN, do inglês *local area network*) de alta velocidade. Um roteador da rede institucional e um roteador da Internet estão ligados por um enlace de 15 M*bits*/s. Os servidores de origem estão todos ligados à Internet, mas localizados pelo mundo todo. Suponha que o tamanho médio do objeto seja 1 M*bit*/s e que a taxa média de requisição dos navegadores da instituição até os servidores de origem seja de 15 requisições por segundo. Imagine também que o tamanho das mensagens de requisição HTTP seja insignificante e, portanto, elas não criem tráfego nas redes ou no enlace de acesso (do roteador da instituição até o da Internet). Suponha ainda que o tempo entre o envio de uma requisição HTTP (dentro de um datagrama IP) pelo roteador do lado da Internet do enlace de acesso mostrado na Figura 2.12 e o recebimento da resposta (em geral, dentro de muitos datagramas IPs) seja de 2 segundos, em média. Esse último atraso é denominado informalmente "atraso da Internet".

O tempo de resposta total – isto é, aquele transcorrido entre a requisição de um objeto feita pelo navegador e o recebimento dele – é a soma do atraso da LAN, do atraso de acesso (i.e., o atraso entre os dois roteadores) e do atraso da Internet. Vamos fazer agora um cálculo bastante rudimentar para estimar esse atraso. A intensidade de tráfego na LAN (veja a Seção 1.4.2) é

$$(15 \text{ requisições/s}) \cdot (1 \text{ M}bit\text{/s/requisição})/(100 \text{ M}bits\text{/s}) = 0{,}15$$

ao passo que a intensidade de tráfego no enlace de acesso (do roteador da Internet ao da instituição) é

$$(15 \text{ requisições/s}) \cdot (1 \text{ M}bit\text{/s/requisição})/(15 \text{ M}bits\text{/s}) = 1$$

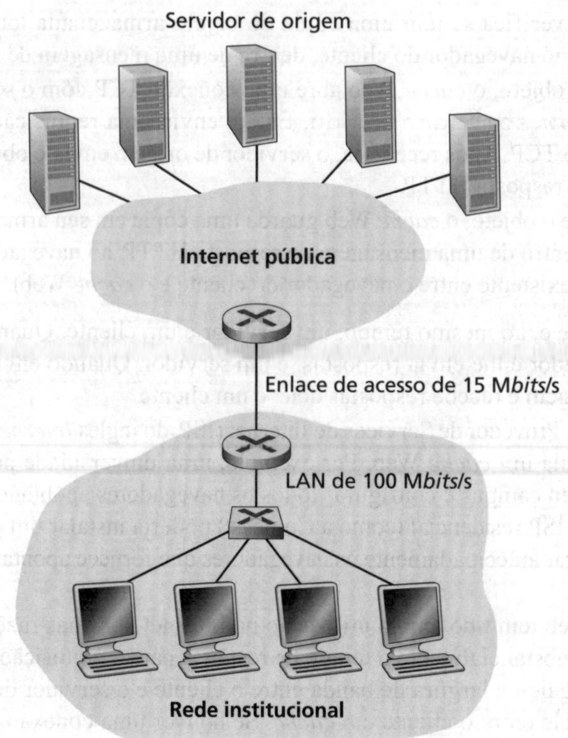

Figura 2.12 Gargalo entre uma rede institucional e a Internet.

Uma intensidade de tráfego de 0,15 em uma LAN resulta em, no máximo, dezenas de milissegundos de atraso; por conseguinte, podemos desprezar o atraso da LAN. Contudo, como discutimos na Seção 1.4.2, à medida que a intensidade de tráfego se aproxima de 1 (como é o caso do enlace de acesso da Figura 2.12), o atraso em um enlace se torna muito grande e cresce sem limites. Assim, o tempo médio de resposta para atender requisições será da ordem de minutos, se não for maior, o que é inaceitável para os usuários da instituição. Obviamente, algo precisa ser feito.

Uma possível solução seria aumentar a velocidade de acesso de 15 M*bits*/s para, digamos, 100 M*bits*/s. Isso reduziria a intensidade de tráfego no enlace de acesso a 0,15, o que se traduziria em atrasos desprezíveis entre os dois roteadores. Nesse caso, o tempo total de resposta seria de mais ou menos 2 segundos, isto é, o atraso da Internet. Mas essa solução também significa que a instituição tem de atualizar seu enlace de acesso de 15 M*bits*/s para 100 M*bits*/s, o que pode ser muito dispendioso.

Considere agora a solução alternativa de não atualizar o enlace de acesso, mas, em vez disso, instalar um *cache* Web na rede institucional. Essa solução é ilustrada na Figura 2.13. A taxa de resposta local – a fração de requisições atendidas por um *cache* – em geral fica na faixa de 0,2 a 0,7 na prática. Para fins de ilustração, vamos supor que a taxa de resposta local do *cache* dessa instituição seja 0,4. Como os clientes e o *cache* estão conectados à mesma LAN de alta velocidade, 40% das requisições serão atendidas quase de imediato pelo *cache*, digamos, em 10 milissegundos. Mesmo assim, os demais 60% das requisições ainda precisam ser atendidos pelos servidores de origem. Mas com apenas 60% dos objetos requisitados passando pelo enlace de acesso, a intensidade de tráfego neste diminui de 1,0 para 0,6. Em geral, uma intensidade de tráfego menor do que 0,8 corresponde a um atraso pequeno, digamos, dezenas de milissegundos, no caso de um enlace de 15 M*bits*/s. Esse atraso é desprezível se comparado aos 2 segundos do atraso da Internet. Dadas essas considerações, o atraso médio é, portanto,

$$0{,}4 \cdot (0{,}01 \text{ s}) + 0{,}6 \cdot (2{,}01 \text{ s})$$

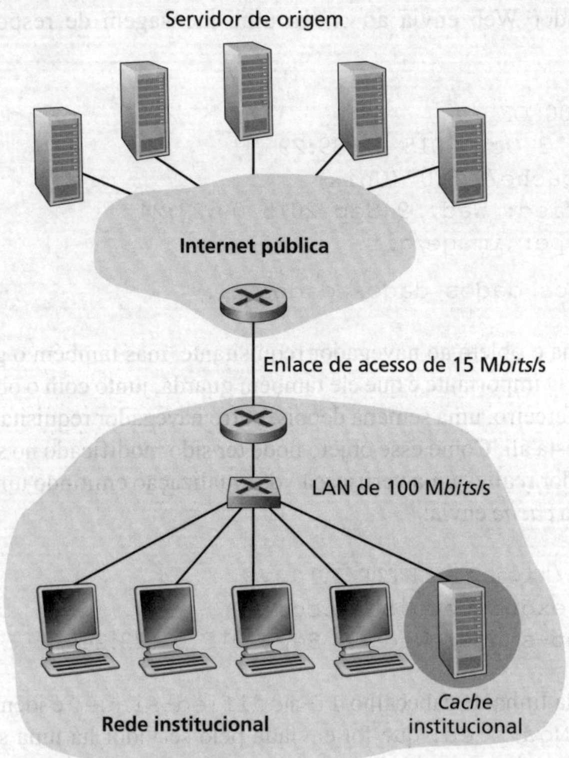

Figura 2.13 Acrescentando um *cache* à rede institucional.

que é ligeiramente maior do que 1,2 segundo. Assim, essa segunda solução resulta em tempo de resposta até menor do que o da primeira e não requer que a instituição atualize seu enlace com a Internet. Evidentemente, a instituição terá de comprar e instalar um *cache* Web. Mas esse custo é baixo – muitos *caches* usam *softwares* de domínio público que rodam em PCs baratos.

Com o uso de **redes de distribuição de conteúdo** (**CDNs**, do inglês ***content distribution networks***), *caches* Web estão cada vez mais desempenhando um papel importante na Internet. Uma empresa de CDN instala muitos *caches* geograficamente dispersos pela Internet, localizando assim grande parte do tráfego. Existem CDNs compartilhadas (como Akamai e Limelight) e CDNs dedicadas (como Google e Netflix). Discutiremos as CDNs em mais detalhes na Seção 2.6.

GET condicional

Embora possa reduzir os tempos de resposta do ponto de vista do usuário, fazer *cache* introduz um novo problema – a cópia de um objeto existente no *cache* pode estar desatualizada. Em outras palavras, o objeto abrigado no servidor pode ter sido modificado desde a data em que a cópia entrou no *cache* no cliente. Felizmente, o HTTP tem um mecanismo que permite que um *cache* verifique se seus objetos estão atualizados. Esse mecanismo é denominado **GET condicional** (***conditional* GET**) (RFC 7232). Uma mensagem de requisição HTTP é denominada uma mensagem GET condicional se (1) usar o método `GET` e (2) possuir uma linha de cabeçalho `If-Modified-Since:`.

Para ilustrar como o GET condicional funciona, vamos examinar um exemplo. Primeiro, um *cache proxy* envia uma mensagem de requisição a um servidor em nome de um navegador requisitante:

```
GET /fruit/kiwi.gif HTTP/1.1
Host: www.exotiquecuisine.com
```

Segundo, o servidor Web envia ao *cache* uma mensagem de resposta com o objeto requisitado:

```
HTTP/1.1 200 OK
Date: Sat, 3 Oct 2015 15:39:29
Server: Apache/1.3.0 (Unix)
Last-Modified: Wed, 9 Sep 2015 09:23:24
Content-Type: image/gif

(dados dados dados dados dados ...)
```

O *cache* encaminha o objeto ao navegador requisitante, mas também o guarda em sua memória *cache* local. O importante é que ele também guarda, junto com o objeto, a data da última modificação. Terceiro, uma semana depois, outro navegador requisita ao *cache* o mesmo objeto, que ainda está ali. Como esse objeto pode ter sido modificado no servidor na semana anterior, o navegador realiza uma verificação de atualização emitindo um GET condicional. Especificamente, o *cache* envia:

```
GET /fruit/kiwi.gif HTTP/1.1
Host: www.exotiquecuisine.com
If-modified-since: Wed, 9 Sep 2015 09:23:24
```

Note que o valor da linha de cabeçalho `If-modified-since:` é idêntico ao da linha de cabeçalho `Last-Modified:` que foi enviada pelo servidor há uma semana. Esse GET condicional está dizendo ao servidor para enviar o objeto somente se ele tiver sido modificado desde a data especificada. Suponha que o objeto não tenha sofrido modificação desde 9 set. 2015 09:23:24. Então, em quarto lugar, o servidor Web envia uma mensagem de resposta ao *cache*:

```
HTTP/1.1 304 Not Modified
Date: Sat, 10 Oct 2015 15:39:29
Server: Apache/1.3.0 (Unix)
(corpo de mensagem vazio)
```

Vemos que, em resposta ao GET condicional, o servidor ainda envia uma mensagem de resposta, mas não inclui nela o objeto requisitado, o que apenas desperdiçaria largura de banda e aumentaria o tempo de resposta do ponto de vista do usuário, em particular se o objeto fosse grande. Note que, na linha de estado dessa última mensagem de resposta está inserido `304 Not Modified`, que informa ao *cache* que ele pode seguir e transmitir ao navegador requisitante a cópia do objeto que está contida nele (no *cache proxy*).

2.2.6 HTTP/2

O HTTP/2 (RFC 7540), padronizado em 2015, foi a primeira nova versão do HTTP desde o HTTP/1.1, padronizado em 1997. Desde a padronização, o HTTP/2 decolou, com mais de 40% dos maiores 10 milhões de *sites* suportando HTTP/2 em 2020 (W3Techs). A maioria dos navegadores, incluindo Google Chrome, Internet Explorer, Safari, Opera e Firefox, também suportam HTTP/2.

Os principais objetivos do HTTP/2 são reduzir a latência percebida ao possibilitar a multiplexação de solicitações e respostas em uma *única* conexão TCP, permitir a priorização de solicitações, que o servidor envie informações não solicitadas (*push* do servidor) e oferecer compressão mais eficiente dos campos de cabeçalho HTTP. O HTTP/2 não altera os métodos, códigos de *status*, URLs ou campos de cabeçalho do HTTP. Em vez disso, o HTTP/2 muda a maneira como os dados são formatados e transportados entre o cliente e o servidor.

Para motivar a necessidade do HTTP/2, lembre-se que o HTTP/1.1 usa conexões TCP persistentes, que permite que uma página Web seja enviada de um servidor para o cliente por uma única conexão TCP. Por ter uma única conexão TCP por página Web, o número de *Head of Line blocking* no servidor é reduzido, e cada página Web transportada recebe o seu quinhão da largura de banda da rede (como discutido abaixo). Mas os desenvolvedores de navegadores Web logo descobriram que enviar todos os objetos em uma página Web por uma única conexão TCP possui um problema de **bloqueio de cabeça de fila** (**HOL**, do inglês ***Head of Line blocking***). Para entender o bloqueio HOL, considere uma página Web que inclui uma página de base HTML, um clipe de vídeo grande próximo à parte superior da página e muitos objetos pequenos abaixo do vídeo. Além disso, suponha que há um enlace congestionado de baixa a média velocidade (p. ex., um enlace sem fio de baixa velocidade) no caminho entre o servidor e o cliente. Usando uma única conexão TCP, o clipe de vídeo demorará muito para atravessar o gargalo, ao passo que os muitos objetos pequenos são atrasados enquanto esperam o clipe de vídeo; ou seja, o clipe de vídeo na cabeça de fila bloqueia os objetos pequenos atrás de si. Os navegadores HTTP/1.1 normalmente contornam esse problema com a abertura de múltiplas conexões TCP paralelas, pelas quais os objetos na mesma página Web são enviados em paralelo ao navegador. Dessa forma, os objetos menores podem chegar e ser apresentados pelo navegador muito mais rapidamente, o que reduz o atraso percebido pelo usuário.

O controle de congestionamento do TCP, discutido em detalhes no Capítulo 3, também oferece aos navegadores um incentivo não intencional para usar múltiplas conexões TCP paralelas em vez de uma única conexão persistente. A muito grosso modo, o controle de congestionamento do TCP pretende dar a cada conexão TCP que compartilha um enlace congestionado uma porção igual da largura de banda disponível daquele enlace; assim, se há n conexões TCP operando através de um enlace congestionado, cada uma recebe aproximadamente $1/n$ da largura de banda. Com a abertura de múltiplas conexões TCP paralelas para transportar uma única página Web, o navegador pode "trapacear" e se apropriar de uma porção maior da largura de banda do enlace. Muitos navegadores HTTP/1.1 abrem até seis conexões TCP paralelas para contornar o problema do bloqueio HOL e também para obter mais banda.

Um dos principais objetivos do HTTP/2 é se livrar (ou, pelo menos, reduzir o número) das conexões TCP paralelas para transportar uma única página Web. Além de reduzir o número de HOL que precisam ser abertos e mantidos nos servidores, isso também permite que o controle de congestionamento do TCP opere como pretendido. No entanto, com apenas uma conexão TCP para transportar uma página Web, o HTTP/2 exige a aplicação de mecanismos muito bem pensados para evitar o problema do bloqueio HOL.

Enquadramento HTTP/2

A solução do HTTP/2 para o bloqueio HOL é dividir cada mensagem em quadros menores e intercalar as mensagens de solicitação e resposta na mesma conexão TCP. Para entender isso melhor, considere mais uma vez o exemplo de uma página Web composta por um único clipe de vídeo grande e, digamos, oito objetos menores. Assim, o servidor receberá nove solicitações simultâneas de qualquer navegador que desejar visualizar essa página Web. Para cada uma delas, o servidor precisará enviar nove mensagens de resposta HTTP concorrentes ao navegador. Suponha que todos os quadros tenham comprimento fixo, que o clipe de vídeo seja composto por 1.000 quadros, e que cada objeto menor seja composto por dois quadros. Com a intercalação dos quadros, após enviar um quadro do clipe de vídeo, o primeiro quadro de cada um dos objetos menores é enviado. Depois, após enviar o segundo quadro do clipe de vídeo, o último quadro de cada um dos objetos menores é enviado. Dessa forma, todos os objetos menores são transmitidos após o envio de 18 quadros no total. Sem o uso de intercalação, os objetos menores seriam enviados apenas após o envio de 1.016 quadros. Dessa forma, o mecanismo de enquadramento HTTP/2 pode reduzir significativamente o atraso percebido pelo usuário.

A capacidade de dividir uma mensagem HTTP em quadros independentes, intercalá-los e então remontá-los na outra ponta é absolutamente a melhoria mais importante do HTTP/2.

O enquadramento é realizado pela subcamada de enquadramento do protocolo HTTP/2. Quando um servidor quer enviar uma resposta HTTP, esta é processada pela subcamada de enquadramento, na qual é dividida em quadros. O campo de cabeçalho da resposta se torna um quadro, e o corpo da mensagem é dividido para mais quadros adicionais. A seguir, os quadros da mensagem são intercalados na subcamada de enquadramento no servidor com os quadros de outras respostas e enviados por uma única conexão TCP persistente. À medida que chegam no cliente, os quadros são remontados para formar as mensagens de resposta originais na subcamada de enquadramento e então processados pelo navegador da maneira tradicional. Da mesma forma, as solicitações HTTP do cliente são divididas em quadros e intercaladas.

Além de dividir cada mensagem HTTP em quadros independentes, a subcamada de enquadramento também realiza a codificação binária dos quadros. Os protocolos com dados binários são analisados de forma mais eficiente, o que leva a quadros ligeiramente menores, e são menos sujeitos a erros.

Priorização da mensagem de resposta e *push* do servidor

A priorização de mensagens permite que os desenvolvedores customizem a prioridade relativa das solicitações para melhor otimizar o desempenho da aplicação. Como vimos, a subcamada de enquadramento organiza as mensagens em fluxos de dados paralelos destinados ao mesmo solicitante. Quando envia solicitações concorrentes a um servidor, o cliente pode priorizar as respostas que está solicitando com a designação de um peso de 1 a 256 para cada mensagem. Quanto mais alto o número, maior a prioridade. Usando esses pesos, o servidor pode enviar os primeiros quadros das respostas com a maior prioridade. Além disso, o cliente também informa a dependência de cada mensagem em relação às outras ao especificar a identidade da mensagem da qual ela depende.

Outro recurso do HTTP/2 é a capacidade do servidor de enviar múltiplas respostas para uma única solicitação do cliente. Em outras palavras, além da resposta à solicitação original, o servidor pode *transmitir* (*push*) objetos adicionais para o cliente, sem que este tenha que solicitar cada um deles. Isso é possível porque a página de base indica os objetos que serão necessários para apresentar completamente a página Web. Assim, em vez de esperar as solicitações HTTP referentes a tais objetos, o servidor pode analisar a página em HTML, identificar os objetos necessários e enviá-los para o cliente *antes de receber solicitações explícitas referentes a tais objetos*. O *push* do servidor elimina a latência adicional causada pela espera por essas solicitações.

HTTP/3

O QUIC, discutido no Capítulo 3, é um novo protocolo de "transporte" implementado na camada de aplicação sobre o protocolo UDP básico. O QUIC possui diversos recursos desejáveis para o HTTP, tais como multiplexação de mensagens (intercalação), controle por fluxos e estabelecimento de conexões de baixa latência. O HTTP/3 é mais um protocolo HTTP projetado para operar no QUIC. Em 2020, o HTTP/3 é descrito em padrões propostos (os chamados *Internet drafts*) e ainda não foi completamente padronizado. Muitos dos recursos do HTTP/2 (como a intercalação de mensagens) são incorporados pelo QUIC, o que permite que o HTTP/3 tenha um projeto mais simples.

2.3 CORREIO ELETRÔNICO NA INTERNET

O correio eletrônico existe desde o início da Internet. Era uma das aplicações mais populares quando a Internet ainda estava na infância (Segaller, 1998), e ficou mais elaborada e poderosa ao longo dos anos. É uma das aplicações mais importantes e de maior uso na Internet.

Tal como o correio normal, o e-mail é um meio de comunicação assíncrono – as pessoas enviam e recebem mensagens quando for conveniente para elas, sem ter de estar coordenadas com o horário das outras. Ao contrário do correio normal, que anda a passos lentos, o eletrônico é rápido, fácil de distribuir e barato. O correio eletrônico moderno tem muitas características poderosas, incluindo mensagens com anexos, hiperlinks, textos formatados em HTML e fotos embutidas.

Nesta seção, examinaremos os protocolos de camada de aplicação que estão no cerne do correio eletrônico da Internet. Mas antes de entrarmos nessa discussão, vamos tomar uma visão geral do sistema de correio da Internet e de seus componentes principais.

A Figura 2.14 apresenta uma visão do sistema de correio da Internet. Vemos, por esse diagrama, que há três componentes principais: **agentes de usuário**, **servidores de correio** e o **SMTP** (do inglês ***Simple Mail Transfer Protocol*** **– Protocolo de Transferência de Correio Simples**). Descreveremos agora cada um deles no contexto de um remetente, Alice, enviando uma mensagem de e-mail para um destinatário, Bob. Agentes de usuário permitem que usuários leiam, respondam, encaminhem, salvem e componham mensagens. Microsoft Outlook, Apple Mail, o Gmail baseado na Web e o aplicativo do Gmail em um *smartphone* são alguns desses agentes, entre tantos outros. Quando Alice termina de compor sua mensagem, seu agente de usuário envia a mensagem para seu servidor de correio, onde a mensagem é colocada em sua fila de mensagens de saída. Quando Bob quer ler uma mensagem, seu agente de usuário apanha a mensagem de sua caixa de correio, em seu servidor de correio.

Servidores de correio formam o núcleo da infraestrutura do e-mail. Cada destinatário, como Bob, tem uma **caixa postal** localizada em um desses servidores. A de Bob administra e guarda as mensagens que foram enviadas a ele. Uma mensagem típica inicia sua jornada no agente de usuário do remetente, vai até seu servidor de correio e viaja até o do

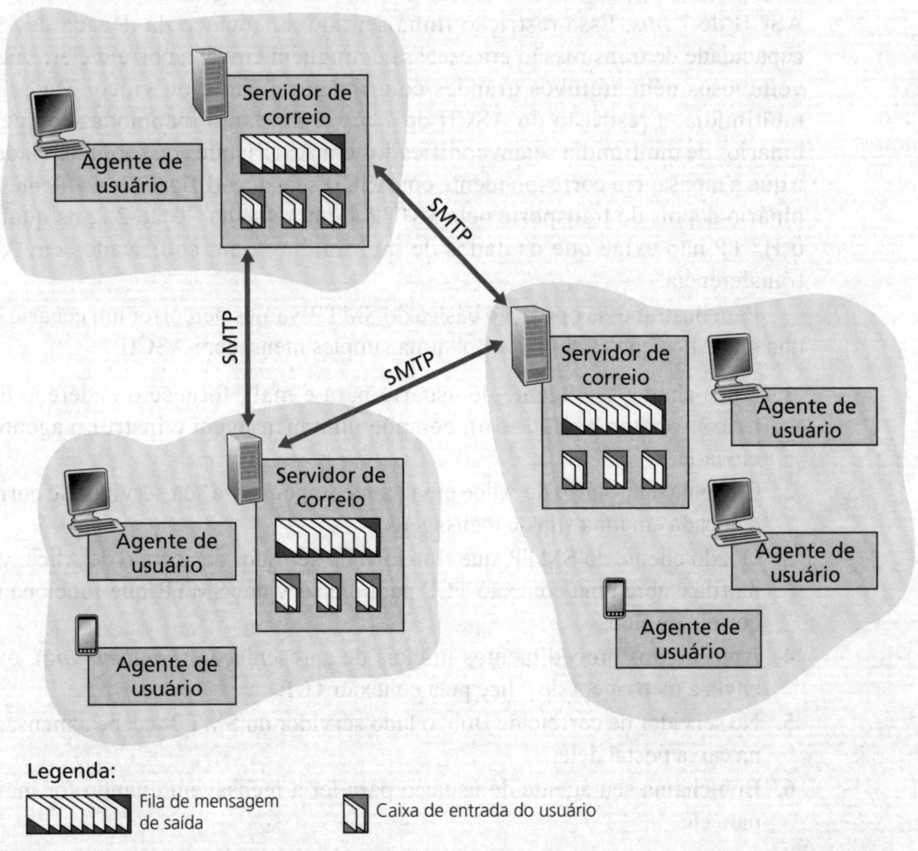

Figura 2.14 Uma visão de alto nível do sistema de e-mail da Internet.

destinatário, onde é depositada na caixa postal. Quando Bob quer acessar as mensagens de sua caixa postal, o servidor de correio que contém sua caixa postal o autentica (com nome de usuário e senha). O servidor de correio de Alice também deve cuidar das falhas no servidor de correio de Bob. Se o servidor de correio dela não puder entregar a correspondência ao dele, manterá a mensagem em uma **fila de mensagens** e tentará transferi-la mais tarde. Em geral, novas tentativas serão feitas a cada 30 minutos mais ou menos; se não obtiver sucesso após alguns dias, o servidor removerá a mensagem e notificará o remetente (Alice) por meio de uma mensagem de correio.

O SMTP é o principal protocolo de camada de aplicação do correio eletrônico da Internet. Usa o serviço confiável de transferência de dados do TCP para transferir mensagens do servidor de correio do remetente para o do destinatário. Como acontece com a maioria dos protocolos de camada de aplicação, o SMTP tem dois lados: um lado cliente, que funciona no servidor de correio do remetente, e um lado servidor, que funciona no servidor de correio do destinatário. Ambos funcionam em todos os servidores de correio. Quando um servidor de correio envia correspondência para outros, age como um cliente SMTP. Quando o servidor de correio recebe correspondência de outros, age como um servidor SMTP.

2.3.1 SMTP

O SMTP, definido no RFC 5321, está no cerne do correio eletrônico da Internet. Como já dissemos, esse protocolo transfere mensagens de servidores de correio remetentes para servidores de correio destinatários. O SMTP é muito mais antigo que o HTTP. (O RFC original do SMTP data de 1982, e ele já existia muito antes disso.) Embora tenha inúmeras qualidades maravilhosas, como evidencia sua ubiquidade na Internet, o SMTP é uma tecnologia antiga que possui certas características arcaicas. Por exemplo, restringe o corpo (e não apenas o cabeçalho) de todas as mensagens de correio ao simples formato ASCII de 7 *bits*. Essa restrição tinha sentido no começo da década de 1980, quando a capacidade de transmissão era escassa e ninguém enviava correio eletrônico com anexos volumosos nem arquivos grandes com imagens, áudio ou vídeo. Mas, hoje, na era da multimídia, a restrição do ASCII de 7 *bits* é um tanto incômoda – exige que os dados binários de multimídia sejam codificados em ASCII antes de serem enviados pelo SMTP, e que a mensagem correspondente em ASCII seja decodificada novamente para o sistema binário depois do transporte pelo SMTP. Lembre-se da Seção 2.2, na qual dissemos que o HTTP não exige que os dados de multimídia sejam codificados em ASCII antes da transferência.

Para ilustrar essa operação básica do SMTP, vamos percorrer um cenário comum. Suponha que Alice queira enviar a Bob uma simples mensagem ASCII.

1. Alice chama seu agente de usuário para e-mail, fornece o endereço de Bob (p. ex., `bob@someschool.edu`), compõe uma mensagem e instrui o agente de usuário a enviá-la.
2. O agente de usuário de Alice envia a mensagem para seu servidor de correio, onde ela é colocada em uma fila de mensagens.
3. O lado cliente do SMTP, que funciona no servidor de correio de Alice, vê a mensagem na fila e abre uma conexão TCP para um servidor SMTP, que funciona no servidor de correio de Bob.
4. Após alguns procedimentos iniciais de apresentação (*handshaking*), o cliente SMTP envia a mensagem de Alice pela conexão TCP.
5. No servidor de correio de Bob, o lado servidor do SMTP recebe a mensagem e a coloca na caixa postal dele.
6. Bob chama seu agente de usuário para ler a mensagem quando for mais conveniente para ele.

Esse cenário está resumido na Figura 2.15.

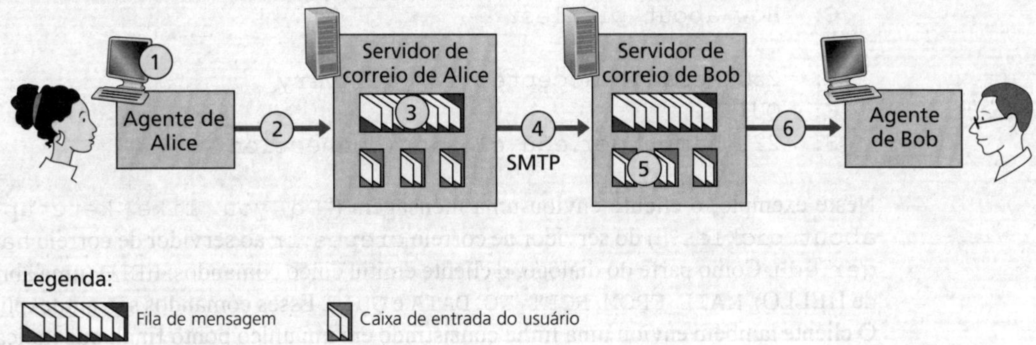

Figura 2.15 Alice envia uma mensagem a Bob.

É importante observar que o SMTP em geral não usa servidores de correio intermediários para enviar correspondência, mesmo quando os dois servidores estão localizados em lados opostos do mundo. Se o servidor de Alice está em Hong Kong, e o de Bob, em St. Louis, a conexão TCP é uma conexão direta entre os servidores em Hong Kong e St. Louis. Em particular, se o servidor de correio de Bob não estiver em funcionamento, a mensagem permanece no de Alice esperando por uma nova tentativa – a mensagem não é colocada em nenhum servidor de correio intermediário.

Vamos agora examinar mais de perto como o SMTP transfere uma mensagem de um servidor de correio remetente para um servidor de correio destinatário. Veremos que o protocolo SMTP tem muitas semelhanças com protocolos usados na interação humana cara a cara. Primeiro, o cliente SMTP (que funciona no hospedeiro do servidor de correio remetente) faz o TCP estabelecer uma conexão na porta 25 com o servidor SMTP (que funciona no hospedeiro do servidor de correio destinatário). Se o servidor não estiver em funcionamento, o cliente tenta de novo mais tarde. Uma vez estabelecida a conexão, o servidor e o cliente trocam alguns procedimentos de apresentação de camada de aplicação – exatamente como os seres humanos, que costumam se apresentar antes de transferir informações, clientes e servidores SMTP também se apresentam antes de transferir informações. Durante essa fase, o cliente SMTP indica os endereços de e-mail do remetente (a pessoa que gerou a mensagem) e do destinatário. Assim que o cliente e o servidor SMTP terminam de se apresentar, o cliente envia a mensagem. O SMTP pode contar com o serviço confiável de transferência de dados do TCP para entregar a mensagem ao servidor sem erros. Então, o cliente repetirá esse processo, na mesma conexão TCP, se houver outras mensagens a enviar ao servidor; caso contrário, dará uma instrução ao TCP para encerrar a conexão.

Vamos analisar um exemplo de troca de mensagens entre um cliente (C) e um servidor SMTP (S). O nome do hospedeiro do cliente é `crepes.fr` e o nome do hospedeiro do servidor é `hamburger.edu`. As linhas de texto ASCII iniciadas com `C:` são exatamente as linhas que o cliente envia para dentro de seu *socket* TCP, e as iniciadas com `S:` são exatamente as linhas que o servidor envia para dentro de seu *socket* TCP. A transcrição a seguir começa assim que a conexão TCP é estabelecida:

```
S:  220 hamburger.edu
C:  HELO crepes.fr
S:  250 Hello crepes.fr, pleased to meet you
C:  MAIL FROM: <alice@crepes.fr>
S:  250 alice@crepes.fr ... Sender ok
C:  RCPT TO: <bob@hamburger.edu>
S:  250 bob@hamburger.edu ... Recipient ok
C:  DATA
S:  354 Enter mail, end with "." on a line by itself
C:  Do you like ketchup?
```

```
C:  How about pickles?
C:  .
S:  250 Message accepted for delivery
C:  QUIT
S:  221 hamburger.edu closing connection
```

Neste exemplo, o cliente enviou uma mensagem (“`Do you like ketchup? How about pickles?`”) do servidor de correio `crepes.fr` ao servidor de correio `hamburger.edu`. Como parte do diálogo, o cliente emitiu cinco comandos: `HELO` (uma abreviação de HELLO), `MAIL FROM`, `RCPT TO`, `DATA` e `QUIT`. Esses comandos são autoexplicativos. O cliente também enviou uma linha consistindo em um único ponto final, que indica o final da mensagem para o servidor. (No jargão ASCII, cada mensagem termina com `CRLF.CRLF`, em que `CR` significa *carriage return* e `LF` significa *line feed*.) O servidor emite respostas a cada comando, e cada resposta tem uma codificação de resposta e algumas explicações (opcionais) em inglês. Mencionamos aqui que o SMTP usa conexões persistentes: se o servidor de correio remetente tiver diversas mensagens para enviar ao mesmo servidor de correio destinatário, poderá enviar todas pela mesma conexão TCP. Para cada mensagem, o cliente inicia o processo com um novo `MAIL FROM: crepes.fr`, indica o final da mensagem com um ponto final isolado e emite `QUIT` somente após todas as mensagens terem sido enviadas.

Recomendamos vivamente que você utilize o Telnet para executar um diálogo direto com um servidor SMTP. Para fazer isso, digite

```
telnet serverName 25
```

em que `serverName` é o nome de um servidor de correio local. Ao fazer isso, você está apenas estabelecendo uma conexão TCP entre seu hospedeiro local e o servidor de correio. Após digitar essa linha, você deverá receber imediatamente do servidor a resposta `220`. Digite, então, os comandos `HELO`, `MAIL FROM`, `RCPT TO`, `DATA`, `CRLF.CRLF` e `QUIT` nos momentos apropriados. Também recomendamos que você faça a Tarefa de Programação 3 no final deste capítulo. Nela, você construirá um agente de usuário simples que executa o lado cliente do SMTP. Esse agente permitirá que você envie uma mensagem de e-mail a um destinatário qualquer, por meio de um servidor de correio local.

2.3.2 Formatos de mensagem de correio

Quando Alice escreve uma carta a Bob e a envia pelo correio normal, ela pode incluir todos os tipos de informações periféricas no cabeçalho da carta, como seu próprio endereço, o endereço de Bob e a data. De modo semelhante, quando uma mensagem de e-mail é enviada, um cabeçalho contendo informações periféricas antecede o corpo da mensagem em si. Essas informações periféricas estão contidas em uma série de linhas de cabeçalho definidas no RFC 5322. As linhas de cabeçalho e o corpo da mensagem são separados por uma linha em branco (i.e., por `CRLF`). O RFC 5322 especifica o formato exato das linhas de cabeçalho das mensagens, bem como suas interpretações semânticas. Como acontece com o HTTP, cada linha de cabeçalho contém um texto legível, consistindo em uma palavra-chave seguida de dois-pontos e de um valor. Algumas palavras-chave são obrigatórias, e outras, opcionais. Cada cabeçalho deve ter uma linha de cabeçalho `From:` e uma `To:` e pode incluir também uma `Subject:`, bem como outras opcionais. É importante notar que essas linhas de cabeçalho são *diferentes* dos comandos SMTP que estudamos na Seção 2.3.1 (ainda que contenham algumas palavras em comum, como *from* e *to*). Os comandos daquela seção faziam parte do protocolo de apresentação SMTP; as linhas de cabeçalho examinadas nesta seção fazem parte da própria mensagem de correio.

Um cabeçalho de mensagem típico é semelhante a:

```
From: alice@crepes.fr
To: bob@hamburger.edu
Subject: Searching for the meaning of life.
```

Após o cabeçalho da mensagem, vem uma linha em branco e, em seguida, o corpo da mensagem (em ASCII). Você pode usar o Telnet para enviar a um servidor de correio uma mensagem que contenha algumas linhas de cabeçalho, inclusive `Subject:`. Para tal, utilize o comando `telnet serverName 25`, como discutido na Seção 2.3.1.

2.3.3 Protocolos de acesso ao correio

Quando o SMTP entrega a mensagem do servidor de correio de Alice ao de Bob, ela é colocada na caixa postal de Bob. Dado que Bob (o destinatário) executa seu agente de usuário em seu hospedeiro local (p. ex., *smartphone* ou PC), é natural que ele considere a instalação de um servidor de correio também em seu hospedeiro local. Adotando essa abordagem, o servidor de correio de Alice dialogaria diretamente com o PC de Bob. Porém, há um problema com essa abordagem. Lembre-se de que um servidor de correio gerencia caixas postais e executa os lados cliente e servidor do SMTP. Se o servidor de correio de Bob residisse em seu PC local, este teria de ficar sempre em funcionamento e ligado na Internet para poder receber novas correspondências que poderiam chegar a qualquer hora, o que não é prático para muitos usuários. Em vez disso, um usuário típico executa um agente de usuário no hospedeiro local, mas acessa sua caixa postal armazenada em um servidor de correio compartilhado que está sempre em funcionamento. Esse servidor de correio é compartilhado com outros usuários.

Agora, vamos considerar o caminho que uma mensagem percorre quando é enviada de Alice para Bob. Acabamos de aprender que, em algum ponto do percurso, a mensagem de e-mail precisa ser depositada no servidor de correio de Bob. Essa tarefa poderia ser realizada simplesmente fazendo o agente de usuário de Alice enviar a mensagem diretamente ao servidor de correio de Bob. Contudo, em geral, o agente de usuário do remetente não dialoga diretamente com o servidor de correio do destinatário. Em vez disso, como mostra a Figura 2.16, o agente de usuário de Alice usa SMTP ou HTTP para enviar a mensagem de e-mail a seu servidor de correio. Em seguida, esse servidor usa SMTP (como um cliente SMTP) para retransmitir a mensagem de e-mail ao servidor de correio de Bob. Por que esse procedimento em duas etapas? Primordialmente porque, sem a retransmissão pelo servidor de correio de Alice, o agente de usuário dela não dispõe de nenhum recurso para tratar o caso de um servidor de correio de destinatário que não pode ser alcançado. Se Alice primeiro depositar o e-mail em seu próprio servidor de correio, este pode tentar, várias vezes, enviar a mensagem ao servidor de correio de Bob, digamos, a cada 30 minutos, até que esse servidor entre em operação. (E, se o servidor de correio de Alice não estiver funcionando, ela terá o recurso de se queixar ao administrador do seu sistema!)

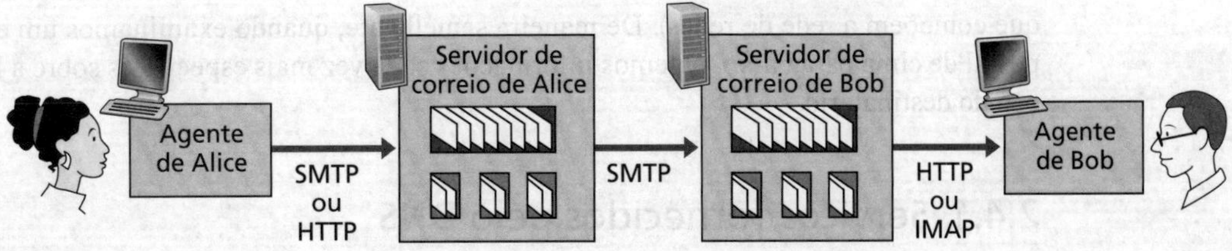

Figura 2.16 Protocolos de e-mail e suas entidades comunicantes.

Mas ainda falta uma peça do quebra-cabeça! De que forma um destinatário como Bob, que executa um agente de usuário em seu PC local, obtém suas mensagens que estão em um servidor de correio? Note que o agente de usuário de Bob não pode usar SMTP para obter as mensagens porque essa operação é de recuperação (*pull*), e o SMTP é um protocolo de envio (*push*).

Hoje, Bob tem dois modos comuns de recuperar seu e-mail de um servidor de correio. Se Bob usa e-mail baseado na Web ou um aplicativo para *smartphone* (como o Gmail), o agente do usuário utiliza HTTP para recuperar o e-mail de Bob. Nesse caso, o servidor de correio de Bob precisa ter uma interface HTTP além de uma interface SMTP (para se comunicar com o servidor de correio de Alice). O método alternativo, geralmente usado com clientes de correio como o Microsoft Outlook, é usar o **IMAP** (do inglês ***Internet Mail Access Protocol*** – **Protocolo de Acesso à Mensagem da Internet**), definido no RFC 3501. Ambas as abordagens, HTTP e IMAP, permitem que Bob gerencie pastas, que são mantidas no seu servidor de correio. Bob pode mover as mensagens para as pastas que cria, apagar mensagens, marcar mensagens como importantes e assim por diante.

2.4 DNS: O SERVIÇO DE DIRETÓRIO DA INTERNET

Nós, seres humanos, podemos ser identificados por diversas maneiras. Por exemplo, podemos ser identificados pelo nome que aparece em nossa certidão de nascimento, pelo número do RG ou da carteira de motorista. Embora cada um desses números possa ser usado para identificar pessoas, em um dado contexto um pode ser mais adequado que outro. Por exemplo, os computadores da Receita Federal preferem usar o número do CPF (de tamanho fixo) ao nome que consta em nossa certidão de nascimento. Por outro lado, pessoas comuns preferem nosso nome de batismo, mais fácil de lembrar, ao número do CPF. (Você lá consegue se imaginar dizendo: “Oi, meu nome é 132.679.875. Este é meu marido, 178.871.146”?)

Assim como seres humanos podem ser identificados de muitas maneiras, o mesmo acontece com hospedeiros da Internet. Um identificador é seu **nome de hospedeiro (*hostname*)**. Nomes de hospedeiro – como `www.facebook.com`, `www.google.com` e `gaia.cs.umass.edu` – são fáceis de lembrar e, portanto, apreciados pelos seres humanos. Todavia, eles fornecem pouca – se é que alguma – informação sobre a localização de um hospedeiro na Internet. (Um nome como `www.eurecom.fr`, que termina com o código do país `.fr`, nos informa que o hospedeiro deve estar na França, mas não diz muito mais do que isso.) Além disso, como nomes de hospedeiros podem consistir em caracteres alfanuméricos de comprimento variável, seriam difíceis de ser processados por roteadores. Por essas razões, hospedeiros também são identificados pelo que denominamos **endereços IP**.

Discutiremos endereços IP mais detalhadamente no Capítulo 4, mas é importante falar um pouco sobre eles agora. Um endereço IP é constituído por 4 *bytes*, e sua estrutura hierárquica é rígida. Ele é algo como `121.7.106.83`, no qual cada ponto separa um dos *bytes* expressos em notação decimal de 0 a 255. Um endereço IP é hierárquico porque, ao examiná-lo da esquerda para a direita, obtemos gradativamente mais informações específicas sobre onde o hospedeiro está localizado na Internet (i.e., em qual rede, entre as muitas que compõem a rede de redes). De maneira semelhante, quando examinamos um endereço postal de cima para baixo, obtemos informações cada vez mais específicas sobre a localização do destinatário.

2.4.1 Serviços fornecidos pelo DNS

Acabamos de ver que há duas maneiras de identificar um hospedeiro – por um nome de hospedeiro e por um endereço IP. As pessoas preferem o identificador nome de hospedeiro por ser mais fácil de lembrar, ao passo que roteadores preferem endereços IP de comprimento fixo e estruturados hierarquicamente. Para conciliar essas preferências, é necessário um serviço de diretório que traduza nomes de hospedeiro para endereços IP. Esta é a tarefa principal do **DNS** (do inglês ***domain name system*** **– sistema de nomes de domínio**) da Internet. O DNS é (1) um banco de dados distribuído executado em uma hierarquia de **servidores de DNS**, e (2) um protocolo de camada de aplicação que permite que hospedeiros consultem o banco de dados distribuído. Os servidores DNS são muitas vezes máquinas UNIX que executam o *software* BIND (Berkeley Internet Name Domain) (BIND, 2020). O protocolo DNS utiliza UDP e usa a porta 53.

O DNS costuma ser empregado por outras entidades da camada de aplicação – inclusive HTTP e SMTP – para traduzir nomes de hospedeiros fornecidos por usuários para endereços IP. Como exemplo, considere o que acontece quando um navegador (i.e., um cliente HTTP), que executa na máquina de algum usuário, requisita o URL `www.someschool.edu/index.html`. Para que a máquina do usuário possa enviar uma mensagem de requisição HTTP ao servidor Web `www.someschool.edu`, ela precisa primeiro obter o seu endereço IP. Isso é feito da seguinte maneira:

1. A própria máquina do usuário executa o lado cliente da aplicação DNS.
2. O navegador extrai o nome de hospedeiro, `www.someschool.edu`, do URL e passa o nome para o lado cliente da aplicação DNS.
3. O cliente DNS envia uma consulta contendo o nome do hospedeiro para um servidor DNS.
4. O cliente DNS por fim recebe uma resposta, que inclui o endereço IP correspondente ao nome de hospedeiro.
5. Tão logo o navegador receba o endereço do DNS, pode abrir uma conexão TCP com o processo servidor HTTP localizado na porta 80 naquele endereço IP.

Vemos, por esse exemplo, que o DNS adiciona mais um atraso – às vezes substancial – às aplicações de Internet que o usam. Felizmente, como discutiremos mais adiante, o endereço IP procurado quase sempre está no cache de um servidor DNS "próximo", o que ajuda a reduzir o tráfego DNS na rede, bem como o atraso médio do DNS.

O DNS provê alguns outros serviços importantes além da tradução de nomes de hospedeiro para endereços IP:

- **Apelidos (*aliasing*) de hospedeiro.** Um hospedeiro com nome complicado pode ter um ou mais apelidos. Um nome como `relay1.west-coast.enterprise.com` pode ter, por exemplo, dois apelidos, como `enterprise.com` e `www.enterprise.com`. Nesse caso, o nome de hospedeiro `relay1.west-coast.enterprise.com` é denominado **nome canônico**. Apelidos, quando existem, são em geral mais fáceis de lembrar do que o nome canônico. O DNS pode ser chamado por uma aplicação para obter o nome canônico correspondente a um apelido fornecido, bem como para obter o endereço IP do hospedeiro.
- **Apelidos de servidor de correio.** Por razões óbvias, é adequado que endereços de e-mail sejam fáceis de lembrar. Por exemplo, se Bob tem uma conta no Yahoo Mail, seu endereço de e-mail pode ser simplesmente `bob@yahoo.com`. Contudo, o nome de hospedeiro do servidor do Yahoo Mail é mais complicado e muito mais difícil de lembrar do que apenas `yahoo.com` (p. ex., o nome canônico pode ser algo parecido com `relay1.west-coast.yahoo.com`). O DNS pode ser chamado por uma aplicação de correio para obter o nome canônico a partir de um nome de domínio, bem como o endereço IP do hospedeiro. Na verdade, o registro MX (veja adiante) permite que o servidor de correio e o servidor Web de uma empresa tenham nomes (apelidos) idênticos; por exemplo, o servidor Web e o servidor de correio de uma empresa podem ambos ser denominados `enterprise.com`.
- **Distribuição de carga.** O DNS também é usado para realizar distribuição de carga entre servidores replicados, tais como os servidores Web replicados. *Sites* movimentados, como `cnn.com`, são replicados em vários servidores, cada qual rodando em um sistema

PRINCÍPIOS NA PRÁTICA

FUNÇÕES CRÍTICAS DE REDE VIA PARADIGMA CLIENTE-SERVIDOR

Assim como HTTP, FTP e SMTP, o DNS é um protocolo da camada de aplicação, já que (1) roda entre sistemas finais comunicantes usando o paradigma cliente-servidor e (2) depende de um protocolo de transporte fim a fim subjacente para transferir mensagens DNS entre sistemas finais comunicantes. Em outro sentido, contudo, o papel do DNS é bastante diferente das aplicações Web, da transferência de arquivo e do e-mail. Ao contrário delas, o DNS não é uma aplicação com a qual o usuário interage diretamente. Em vez disso, fornece uma função interna da Internet – a saber, a tradução de nomes de hospedeiro para seus endereços IP subjacentes, para aplicações de usuário e outros *softwares* da Internet. Notamos, na Seção 1.2, que grande parte da complexidade da arquitetura da Internet está localizada na "periferia" da rede. O DNS, que executa o processo crucial de tradução de nome para endereço usando clientes e servidores localizados nas bordas da rede, é mais um exemplo dessa filosofia de projeto.

final e com um endereço IP diferentes. Assim, no caso de servidores Web replicados, um *conjunto* de endereços IP fica associado a um único apelido de hospedeiro e contido no banco de dados do DNS. Quando clientes consultam um nome mapeado para um conjunto de endereços, o DNS responde com o conjunto inteiro de endereços IP, mas faz um rodízio da ordem deles dentro de cada resposta. Como um cliente em geral envia sua mensagem de requisição HTTP ao endereço IP que ocupa o primeiro lugar no conjunto, o rodízio de DNS distribui o tráfego entre os servidores replicados. O rodízio de DNS também é usado para e-mail, de modo que vários servidores de correio podem ter o mesmo apelido. Além disso, empresas distribuidoras de conteúdo, como a Akamai, usam o DNS de maneira mais sofisticada (Dilley, 2002) para prover distribuição de conteúdo na Web (veja Seção 2.6.3).

O DNS está especificado no RFC 1034 e no RFC 1035 e atualizado em diversos RFCs adicionais. É um sistema complexo e, neste livro, apenas mencionamos os aspectos fundamentais de sua operação. O leitor interessado pode consultar os RFCs citados, o livro escrito por Albitz e Liu (Albitz, 1993) e os artigos de Mockapetris (1988), que apresenta uma retrospectiva e uma ótima descrição do que e do porquê do DNS, e Mockapetris (2005).

2.4.2 Visão geral do modo de funcionamento do DNS

Apresentaremos, agora, uma visão panorâmica do modo de funcionamento do DNS. Nossa discussão focalizará o serviço de tradução de nome de hospedeiro para endereço IP.

Suponha que certa aplicação (como um navegador Web ou um cliente de correio), que executa na máquina de um usuário, precise traduzir um nome de hospedeiro para um endereço IP. A aplicação chamará o lado cliente do DNS, especificando o nome de hospedeiro que precisa ser traduzido. (Em muitas máquinas UNIX, `gethostbyname()` é a chamada de função que uma aplicação invoca para realizar a tradução.) A partir daí, o DNS do hospedeiro do usuário assume o controle, enviando uma mensagem de consulta para a rede. Todas as mensagens de consulta e de resposta do DNS são enviadas dentro de datagramas UDP à porta 53. Após um atraso na faixa de milissegundos a segundos, o DNS no hospedeiro do usuário recebe uma mensagem de resposta DNS fornecendo o mapeamento desejado, que é, então, passado para a aplicação que está interessada. Portanto, do ponto de vista dessa aplicação, que está na máquina do cliente, o DNS é uma caixa-preta que provê um serviço de tradução simples e direto. Mas, na realidade, a caixa-preta que executa o serviço é complexa, consistindo em um grande número de servidores DNS distribuídos ao redor do mundo, bem como em um protocolo de camada de aplicação que especifica como se comunicam os servidores DNS e os hospedeiros que fazem a consulta.

Um arranjo simples para DNS seria ter um servidor DNS contendo todos os mapeamentos. Nesse projeto centralizado, os clientes apenas dirigiriam todas as consultas a esse único servidor DNS, que responderia diretamente aos clientes que estão fazendo a consulta. Embora a simplicidade desse arranjo seja atraente, ele não é adequado para a Internet de hoje com seu vasto (e crescente) número de hospedeiros. Entre os problemas de um arranjo centralizado, estão:

- **Um único ponto de falha.** Se o servidor DNS quebrar, a Internet inteira quebrará!
- **Volume de tráfego.** Um único servidor DNS teria de manipular todas as consultas DNS (para todas as requisições HTTP e mensagens de e-mail geradas por centenas de milhões de hospedeiros).
- **Banco de dados centralizado distante.** Um único servidor DNS nunca poderia estar "próximo" de todos os clientes que fazem consultas. Se colocarmos o único servidor DNS na cidade de Nova York, todas as buscas provenientes da Austrália terão de viajar até o outro lado do globo, talvez por linhas lentas e congestionadas, o que pode resultar em atrasos significativos.
- **Manutenção.** O único servidor DNS teria de manter registros de todos os hospedeiros da Internet. Esse banco de dados não só seria enorme, mas também precisaria ser atualizado frequentemente para atender a todos os novos hospedeiros.

Resumindo, um banco de dados centralizado em um único servidor DNS simplesmente *não é escalável*. Por conseguinte, o DNS é distribuído por conceito de projeto. Na verdade, ele é um ótimo exemplo de como um banco de dados distribuído pode ser executado na Internet.

Um banco de dados distribuído e hierárquico

Para tratar da questão da escala, o DNS usa um grande número de servidores, organizados de maneira hierárquica e distribuídos por todo o mundo. Nenhum servidor DNS isolado tem todos os mapeamentos para todos os hospedeiros da Internet. Em vez disso, os mapeamentos são distribuídos pelos servidores DNS. Como uma primeira aproximação, há três classes de servidores DNS: raiz, de domínio de alto nível (TLD, do inglês *top-level domain*) e servidores DNS autoritativos – organizados em uma hierarquia, como mostra a Figura 2.17. Para entender como essas três classes interagem, suponha que um cliente DNS queira determinar o endereço IP para o nome de hospedeiro `www.amazon.com`. Como uma primeira aproximação, ocorrerão os seguintes eventos. Primeiro, o cliente contatará um dos servidores raiz, que retornará endereços IP dos servidores TLD para o domínio de alto nível `com`. Então, o cliente contatará um desses servidores TLD, que retornará o endereço IP de um servidor autoritativo para `amazon.com`. Por fim, o cliente contatará um dos servidores autoritativos para amazon.com, que retornará o endereço IP para o nome de hospedeiro `www.amazon.com`.

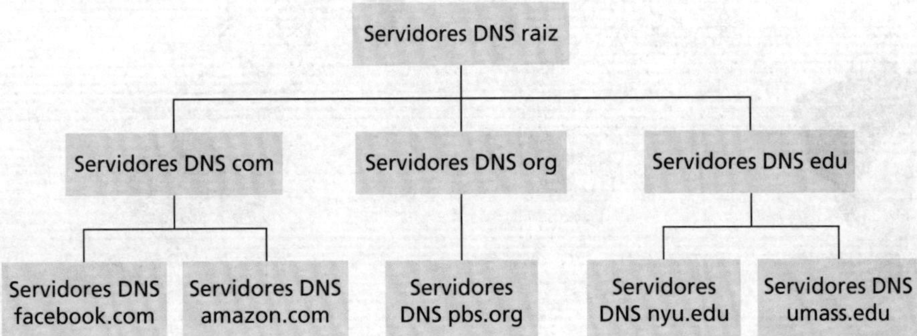

Figura 2.17 Parte da hierarquia de servidores DNS.

Mais adiante, analisaremos em detalhes esse processo de consulta DNS. Mas, primeiro, vamos examinar mais de perto as três classes de servidores DNS:

- **Servidores DNS raiz.** Existem mais de 1.000 instâncias de servidores-raiz espalhadas pelo mundo, como mostra a Figura 2.18. Esses servidores raiz são cópias de 13 servidores-raiz diferentes, administrados por 12 organizações e coordenados através da Internet Assigned Numbers Authority (IANA, 2020). A lista completa de servidores-raiz, assim como das organizações que os administram e seus endereços IP, se encontra em (Root Servers, 2020). Os servidores-raiz fornecem os endereços IP dos servidores TLD.
- **Servidores DNS de domínio de alto nível (TLD).** Para cada um dos domínios de alto nível (p. ex., com, org, net, edu e gov) e todos os domínios de alto nível de países (p. ex., uk, fr, ca, br e jp) existe um servidor (ou *cluster* de servidores) TLD. A empresa Verisign Global Registry Services mantém os servidores TLD para o domínio de alto nível `com`, e a Educause mantém os servidores TLD para o domínio de alto nível `edu`. A infraestrutura de rede por trás de um TLD pode ser grande e complexa; para um panorama sobre o trabalho da Verisign, consulte (Osterweil, 2012). Para uma lista de todos os domínios de alto nível, veja (TLD list, 2020). Os servidores TLD fornecem os endereços IP dos servidores DNS autoritativos.
- **Servidores DNS autoritativos.** Toda organização que tiver hospedeiros que possam ser acessados publicamente na Internet (como servidores Web e servidores de correio) deve fornecer registros DNS também acessíveis publicamente que mapeiem os nomes desses hospedeiros para endereços IP. Um servidor DNS autoritativo de uma organização abriga esses registros. Uma organização pode preferir executar seu próprio servidor DNS autoritativo para abrigar esses registros ou pagar para armazená-los em um servidor DNS autoritativo de algum provedor de serviço. A maioria das universidades e empresas de grande porte executa e mantém seus próprios servidores DNS primário e secundário (*backup*) autoritativos.

Os servidores DNS raiz, TLD e autoritativo pertencem à hierarquia de servidores DNS, como mostra a Figura 2.17. Há mais um tipo importante de DNS, denominado **servidor DNS local**, que não pertence, estritamente, à hierarquia de servidores, mas, mesmo assim, é central para a arquitetura DNS. Cada ISP – como um ISP residencial ou institucional – tem um servidor DNS local (também denominado servidor DNS *default*). Quando um hospedeiro se conecta com um ISP, este fornece os endereços IP de um ou mais de seus servidores

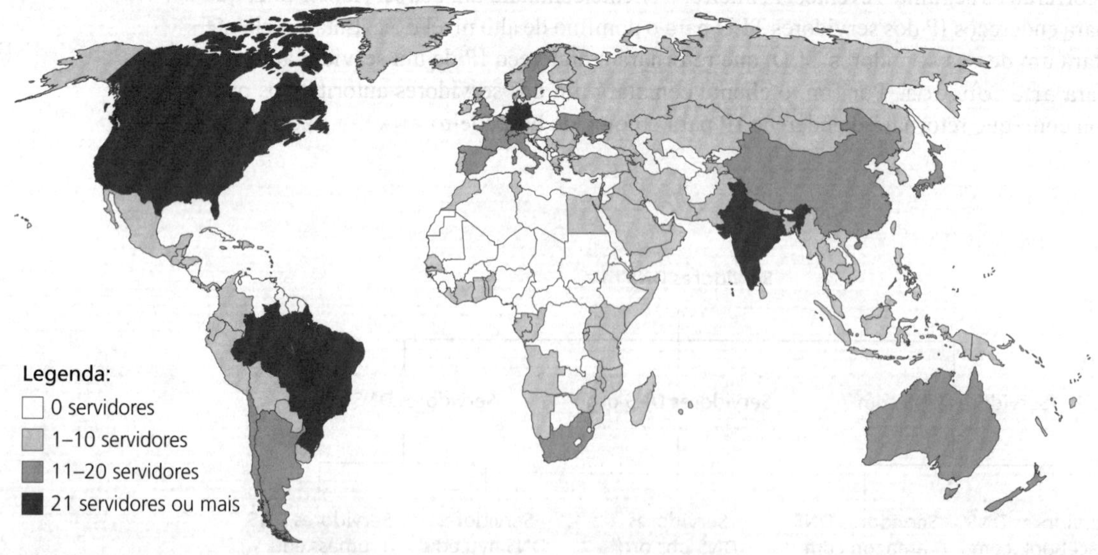

Figura 2.18 Servidores DNS raiz em 2020.

DNS locais (em geral por DHCP, que será discutido no Capítulo 4). Determinar o endereço IP do seu servidor DNS local é fácil: basta acessar as janelas de estado da rede no Windows ou UNIX. O servidor DNS local de um hospedeiro costuma estar "próximo" dele. No caso de um ISP institucional, pode estar na mesma LAN do hospedeiro; já no caso de um ISP residencial, em geral o servidor DNS está separado do hospedeiro por não mais do que alguns roteadores. Quando um hospedeiro faz uma consulta ao DNS, ela é enviada ao servidor DNS local, que age como *proxy* e a retransmite para a hierarquia do servidor DNS, como discutiremos mais detalhadamente a seguir.

Vamos examinar um exemplo simples. Suponha que o hospedeiro `cse.nyu.edu` deseje o endereço IP de `gaia.cs.umass.edu`. Imagine também que o servidor DNS local da NYU para `cse.nyu.edu` seja denominado `dns.nyu.edu`, e que um servidor DNS autoritativo para `gaia.cs.umass.edu` seja denominado `dns.umass.edu`. Como mostra a Figura 2.19, o hospedeiro `cse.nyu.edu` primeiro envia uma mensagem de consulta DNS a seu servidor DNS local `dns.nyu.edu`. A mensagem de consulta contém o nome de hospedeiro a ser traduzido, isto é, `gaia.cs.umass.edu`. O servidor DNS local transmite a mensagem de consulta a um servidor DNS raiz, que identifica o sufixo edu e retorna ao servidor DNS local uma lista de endereços IP contendo servidores TLD responsáveis por `edu`. Então, o servidor DNS local retransmite a mensagem de consulta a um desses servidores TLD que, por sua vez, identifica o sufixo `umass.edu` e responde com o endereço IP do servidor DNS autorizado para a University of Massachusetts, a saber, `dns.umass.edu`. Por fim, o servidor DNS local reenvia a mensagem de consulta diretamente a `dns.umass.edu`, que responde com o endereço IP de `gaia.cs.umass.edu`. Note que, nesse exemplo, para poder obter o mapeamento para um único nome de hospedeiro, foram enviadas oito mensagens DNS: quatro mensagens de consulta e quatro mensagens de resposta! Em breve veremos como o *cache* de DNS reduz esse tráfego de consultas.

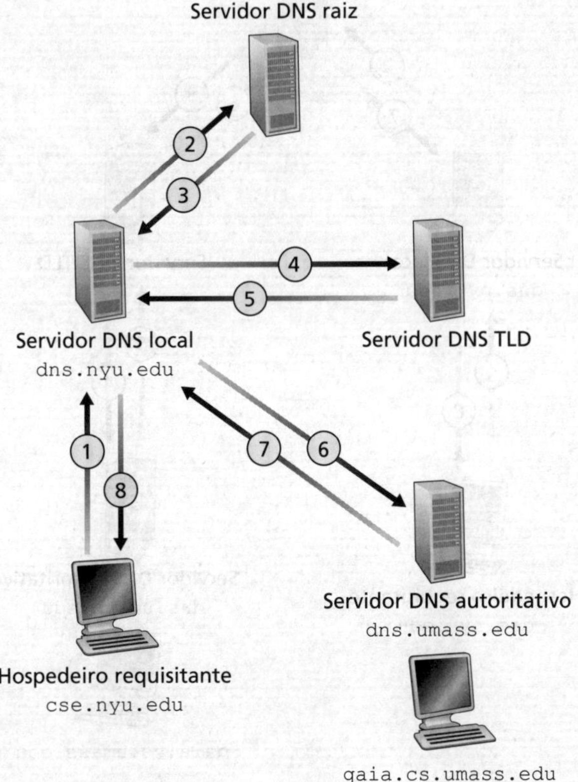

Figura 2.19 Interação dos diversos servidores DNS.

Nosso exemplo anterior considerou que o servidor TLD conhece o servidor DNS autoritativo para o nome de hospedeiro, o que em geral não acontece. Ele pode conhecer apenas um servidor DNS intermediário que, por sua vez, conhece o servidor DNS autoritativo para o nome de hospedeiro. Por exemplo, suponha de novo que a Universidade de Massachusetts tenha um servidor DNS para a universidade denominado `dns.umass.edu`. Imagine também que cada departamento da universidade tenha seu próprio servidor DNS, e que cada servidor DNS departamental seja um servidor DNS autoritativo para todos os hospedeiros do departamento. Nesse caso, quando o servidor DNS intermediário `dns.umass.edu` receber uma consulta para um hospedeiro cujo nome termina com `cs.umass.edu`, ele retornará a `dns.nyu.edu` o endereço IP de `dns.cs.umass.edu`, que tem autoridade para todos os nomes de hospedeiro que terminam com `cs.umass.edu`. Então, o servidor DNS local `dns.nyu.edu` enviará a consulta ao servidor DNS autoritativo, que retornará o mapeamento desejado para o servidor DNS local e que, por sua vez, o repassará ao hospedeiro requisitante. Nesse caso, serão enviadas dez mensagens DNS no total!

O exemplo mostrado na Figura 2.19 usa **consultas recursivas** e **consultas iterativas**. A consulta enviada de `cse.nyu.edu` para `dns.nyu.edu` é recursiva, visto que pede a `dns.nyu.edu` que obtenha o mapeamento em seu nome. Mas as três consultas subsequentes são iterativas, visto que todas as respostas são retornadas diretamente a `dns.nyu.edu`. Em teoria, qualquer consulta DNS pode ser iterativa ou recursiva. Por exemplo, a Figura 2.20 mostra uma cadeia de consultas DNS na qual todas são recursivas. Na prática, as consultas em geral seguem o padrão mostrado na Figura 2.19: a consulta do hospedeiro requisitante ao servidor DNS local é recursiva, e todas as outras são iterativas.

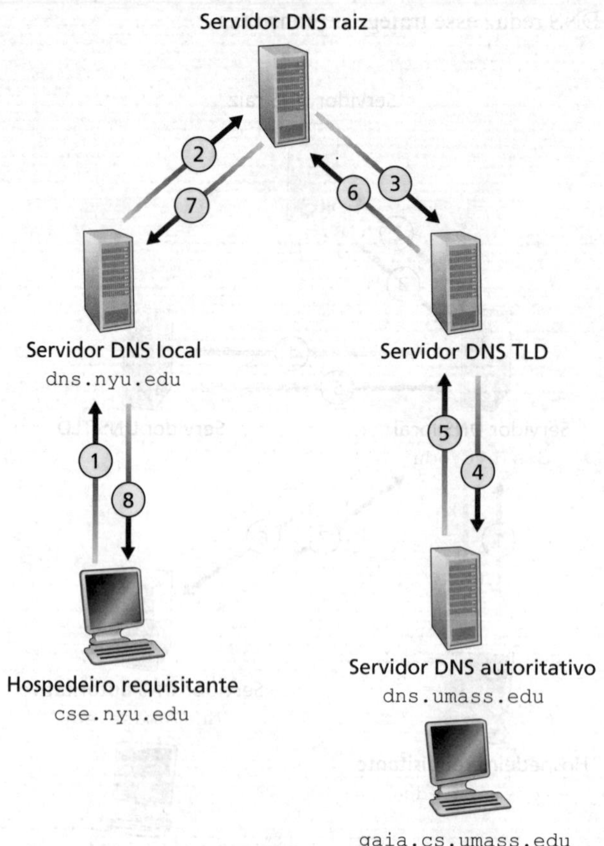

Figura 2.20 Consultas recursivas em DNS.

Cache DNS

Até aqui, nossa discussão ignorou o ***cache* DNS**, uma característica muito importante do sistema DNS. Na realidade, o DNS explora extensivamente o *cache* para melhorar o desempenho quanto ao atraso e reduzir o número de mensagens DNS que transmite pela Internet. A ideia por trás do *cache* DNS é muito simples. Em uma cadeia de consultas, quando um servidor DNS recebe uma resposta DNS (contendo, p. ex., o mapeamento de um nome de hospedeiro para um endereço IP), pode fazer *cache* das informações da resposta em sua memória local. Por exemplo, na Figura 2.19, toda vez que o servidor DNS local `dns.nyu.edu` recebe uma resposta de algum servidor DNS, pode fazer *cache* de qualquer informação contida na resposta. Se um par nome de hospedeiro/endereço IP estiver no *cache* de um servidor DNS e outra consulta chegar ao mesmo servidor para o mesmo nome de hospedeiro, o servidor DNS poderá fornecer o endereço IP desejado, mesmo que não tenha autoridade para esse nome. Já que hospedeiros e mapeamentos entre hospedeiros e endereços IP não são, de modo algum, permanentes, após um período (quase sempre dois dias), os servidores DNS descartam as informações armazenadas em seus *caches*.

Como exemplo, imagine que um hospedeiro `apricot.nyu.edu` consulte `dns.nyu.edu` para o endereço IP da máquina `cnn.com`. Além disso, suponha que algumas horas mais tarde outra máquina da NYU, digamos, `kiwi.nyu.edu`, também consulte `dns.nyu.edu` para o mesmo nome de hospedeiro. Em razão do *cache*, o servidor local poderá imediatamente retornar o endereço IP de `cnn.com` a esse segundo hospedeiro requisitante, sem ter de consultar quaisquer outros servidores DNS. Um servidor DNS local também pode fazer *cache* de endereços IP de servidores TLD, permitindo, assim, que servidores DNS locais evitem os servidores DNS raiz em uma cadeia de consultas. Na verdade, devido aos *caches*, os servidores-raiz são contornados para praticamente todas as consultas DNS.

2.4.3 Registros e mensagens DNS

Os servidores DNS que juntos executam o banco de dados distribuído do DNS armazenam **registros de recursos (RR)** que fornecem mapeamentos de nomes de hospedeiros para endereços IP. Cada mensagem de resposta DNS carrega um ou mais registros de recursos. Nesta seção e na subsequente, apresentaremos uma breve visão geral dos registros de recursos e mensagens DNS. Para mais detalhes, consulte Albitz (1993) ou os RFCs 1034 e 1035.

Um registro de recurso é uma tupla de quatro elementos que contém os seguintes campos:

```
(Name, Value, Type, TTL)
```

`TTL` é o tempo de vida útil do registro de recurso; determina quando um recurso deve ser removido de um *cache*. Nos exemplos de registros dados a seguir, ignoramos o campo `TTL`. Os significados de `Name` e `Value` dependem de `Type`:

- Se `Type=A`, então `Name` é um nome de hospedeiro e `Value` é o endereço IP para o nome de hospedeiro. Assim, um registro Type A fornece o mapeamento-padrão entre nomes de hospedeiros e endereços IP. Como exemplo, `(relay1.bar.foo.com, 145.37.93.126, A)` é um registro com Type igual a A.
- Se `Type=NS`, então `Name` é um domínio (como `foo.com`) e `Value` é o nome de um servidor DNS autoritativo que sabe como obter os endereços IP para hospedeiros do domínio. Esse registro é usado para encaminhar consultas DNS ao longo da cadeia de consultas. Como exemplo, `(foo.com, dns.foo.com, NS)` é um registro com Type igual a NS.
- Se `Type=CNAME`, então `Value` é um nome canônico de hospedeiro para o apelido de hospedeiro contido em `Name`. Esse registro pode fornecer aos hospedeiros consultantes

o nome canônico correspondente a um apelido de hospedeiro. Como exemplo, (foo.com, relay1.bar.foo.com, CNAME) é um registro CNAME.

- Se Type=MX, então Value é o nome canônico de um servidor de correio cujo apelido de hospedeiro está contido em Name. Como exemplo, (foo.com, mail.bar.foo.com, MX) é um registro MX. Registros MX permitem que os nomes de hospedeiros de servidores de correio tenham apelidos simples. Note que, usando o registro MX, uma empresa pode ter o mesmo apelido para seu servidor de arquivo e para um de seus outros servidores (tal como seu servidor Web). Para obter o nome canônico do servidor de correio, um cliente DNS consultaria um registro MX; para obter o nome canônico do outro servidor, o cliente DNS consultaria o registro CNAME.

Se um servidor DNS tiver autoridade para determinado nome de hospedeiro, então conterá um registro Type A para o nome de hospedeiro. (Mesmo que não tenha autoridade, o servidor DNS pode conter um registro Type A em seu *cache*.) Se um servidor não tiver autoridade para um nome de hospedeiro, conterá um registro Type NS para o domínio que inclui o nome e um registro Type A que fornece o endereço IP do servidor DNS no campo Value do registro NS. Como exemplo, suponha que um servidor TLD edu não tenha autoridade para o hospedeiro gaia.cs.umass.edu. Nesse caso, esse servidor conterá um registro para um domínio que inclui o hospedeiro gaia.cs.umass.edu, por exemplo (umass.edu, dns.umass.edu, NS). O servidor TLD edu conterá também um registro Type A, que mapeia o servidor DNS dns.umass.edu para um endereço IP, por exemplo (dns.umass.edu, 128.119.40.111, A).

Mensagens DNS

Abordamos anteriormente nesta seção mensagens de consulta e de resposta DNS, que são as duas únicas espécies de mensagem DNS. Além disso, tanto as mensagens de consulta como as de resposta têm o mesmo formato, como ilustra a Figura 2.21. A semântica dos vários campos de uma mensagem DNS é a seguinte:

- Os primeiros 12 *bytes* formam a *seção de cabeçalho*, que tem vários campos. O primeiro campo é um número de 16 *bits* que identifica a consulta. Esse identificador é copiado para a mensagem de resposta a uma consulta, permitindo que o cliente combine respostas recebidas com consultas enviadas. Há várias *flags* no campo de *flag*. Uma *flag* de consulta/resposta de 1 *bit* indica se a mensagem é uma consulta (0) ou uma resposta (1).

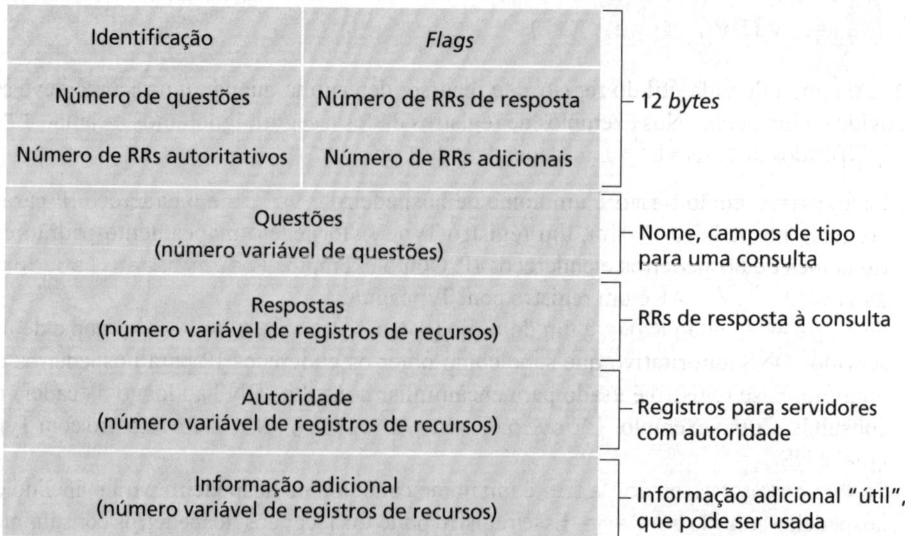

Figura 2.21 Formato da mensagem DNS.

Uma *flag* de autoridade de 1 *bit* é marcada em uma mensagem de resposta quando o servidor DNS é um servidor autoritativo para um nome consultado. Uma *flag* de recursão desejada de 1 *bit* é estabelecida quando um cliente (hospedeiro ou servidor DNS) quer que um servidor DNS proceda recursivamente sempre que não tem o registro. Um campo de recursão disponível de 1 *bit* é marcado em uma resposta se o servidor DNS suporta recursão. No cabeçalho, há também quatro campos de "tamanho". Eles indicam o número de ocorrências dos quatro tipos de seção de dados que se seguem ao cabeçalho.

- A *seção de questão* contém informações sobre a consulta que está sendo feita. Essa seção inclui (1) um campo de nome que contém o nome que está sendo consultado e (2) um campo de tipo que indica o tipo da pergunta que está sendo feita sobre o nome – por exemplo, um endereço de hospedeiro associado a um nome (Type A) ou o servidor de correio para um nome (Type MX).
- Em uma resposta de um servidor DNS, a *seção de resposta* contém os registros de recursos para o nome que foi consultado originalmente. Lembre-se de que em cada registro de recurso há o `Type` (p. ex., A, NS, CNAME e MX), o `Value` e o `TTL`. Uma resposta pode retornar vários RRs, já que um nome de hospedeiro pode ter diversos endereços IP (p. ex., para servidores Web replicados, como já discutimos anteriormente nesta seção).
- A *seção de autoridade* contém registros de outros servidores autoritativos.
- A *seção adicional* contém outros registros úteis. Por exemplo, o campo resposta em uma resposta a uma consulta MX conterá um registro de recurso que informa o nome canônico de um servidor de correio. A seção adicional conterá um registro Type A que fornece o endereço IP para o nome canônico do servidor de correio.

Você gostaria de enviar uma mensagem de consulta DNS direto de sua máquina a algum servidor DNS? Isso pode ser feito facilmente com o **programa nslookup**, que está disponível na maioria das plataformas Windows e UNIX. Por exemplo, se um hospedeiro executar Windows, abra o *Prompt* de comando e chame o programa nslookup apenas digitando "nslookup". Depois de chamar o programa, você pode enviar uma consulta DNS a qualquer servidor DNS (raiz, TLD ou autoritativo). Após receber a mensagem de resposta do servidor DNS, o nslookup apresentará os registros incluídos na resposta (em formato que pode ser lido normalmente). Como alternativa para executar nslookup na sua própria máquina, você pode visitar um dos muitos *sites* que permitem o emprego remoto do programa. (Basta digitar "nslookup" em um buscador e você será levado a um desses *sites*.) O Wireshark lab DNS, ao final deste capítulo, lhe permitirá explorar o DNS com muito mais detalhes.

Inserindo registros no banco de dados do DNS

A discussão anterior focalizou como são extraídos registros do banco de dados DNS. É possível que você esteja se perguntando como os registros entraram no banco de dados em primeiro lugar. Vamos examinar como isso é feito no contexto de um exemplo específico. Imagine que você acabou de criar uma nova empresa muito interessante denominada Network Utopia. A primeira coisa que você certamente deverá fazer é registrar o nome de domínio `networkutopia.com` em uma entidade registradora. Uma **entidade registradora** é uma organização comercial que verifica se o nome de domínio é exclusivo, registra-o no banco de dados do DNS (como discutiremos mais adiante) e cobra uma pequena taxa por seus serviços. Antes de 1999, uma única entidade registradora, a Network Solutions, detinha o monopólio do registro de nomes para os domínios `com`, `net` e `org`. Mas agora existem muitas entidades registradoras credenciadas pela Internet Corporation for Assigned Names and Numbers (ICANN) competindo por clientes. Uma lista completa das entidades credenciadas está disponível em `http://www.internic.net`.

Ao registrar o nome de domínio `networkutopia.com`, você também precisará informar os nomes e endereços IP dos seus servidores DNS com autoridade, primários e secundários. Suponha que os nomes e endereços IP sejam `dns1.networkutopia.com`, dns2.networkutopia.com, 212.2.212.1 e 212.212.212.2. A entidade registradora ficará encarregada de providenciar a inserção dos registros Type NS e Type A nos servidores TLD do domínio com para cada um desses dois servidores de nomes autorizados. Em especial, para o servidor primário com autoridade para networkutopia.com, a autoridade registradora inseriria no sistema DNS os dois registros de recursos a seguir:

```
(networkutopia.com, dns1.networkutopia.com, NS)
(dns1.networkutopia.com, 212.212.212.1, A)
```

Não se esqueça de providenciar também a inserção em seus servidores de nomes com autoridade do registro de recurso Type A para seu servidor Web www.networkutopia.com e o registro de recurso Type MX para seu servidor de correio mail.networkutopia.com. (Até há pouco tempo, o conteúdo de cada servidor DNS era configurado estaticamente, p. ex., a partir de um arquivo de configuração criado por um administrador de sistema. Mais recentemente, foi acrescentada ao protocolo DNS uma opção UPDATE, que permite que dados sejam dinamicamente acrescentados no banco de dados ou apagados deles por

SEGURANÇA EM FOCO

VULNERABILIDADES DO DNS

Vimos que o DNS é um componente fundamental da infraestrutura da Internet, com muitos serviços importantes – incluindo a Web e o e-mail – simplesmente incapazes de funcionar sem ele. Dessa maneira, perguntamos: como o DNS pode ser atacado? O DNS é um alvo fácil, esperando para ser derrubado, e levaria com ele a maioria das aplicações da Internet?

O primeiro tipo de ataque que vem à mente é a inundação na largura de banda DDoS (veja a Seção 1.6) contra servidores DNS. Por exemplo, um atacante pode tentar enviar para cada servidor DNS raiz uma inundação de pacotes, fazendo a maioria das consultas DNS legítimas nunca ser respondida. Um ataque DDoS em larga escala contra servidores DNS raiz aconteceu em 21 de outubro de 2002. Os atacantes utilizaram um *botnet* para enviar inúmeras mensagens ICMP ping para os 13 servidores DNS raiz. (As mensagens ICMP são discutidas na Seção 5.6. Por enquanto, basta saber que os pacotes ICMP são tipos especiais de datagramas IP.) Felizmente, esse ataque em larga escala causou um dano mínimo, tendo pouco ou nenhum impacto na experiência dos usuários com a Internet. Os atacantes obtiveram êxito ao direcionar centenas de pacotes aos servidores raiz. Mas muitos dos servidores DNS raiz foram protegidos por filtros de pacotes, configurados para sempre bloquear todas as mensagens ICMP ping encaminhadas aos servidores raiz. Assim, esses servidores protegidos foram poupados e funcionaram normalmente. Além disso, a maioria dos servidores DNS locais armazena os endereços IP dos servidores de domínio de nível superior, permitindo que o processo de consulta ultrapasse com frequência os servidores DNS raiz.

Um ataque DDoS potencialmente mais eficaz contra o DNS é enviar uma inundação de consultas DNS aos servidores de domínio de alto nível, por exemplo, para todos os que lidam com o domínio .com. É mais difícil filtrar as consultas DNS direcionadas aos servidores DNS; e os servidores de domínio de alto nível não são ultrapassados com tanta facilidade quanto os raiz. Um ataque desse tipo ocorreu contra a Dyn, uma provedora de serviços de domínio de alto nível, em 21 de outubro de 2016. Esse ataque DDoS foi realizado por meio de uma grande quantidade de solicitações de consulta DNS de uma *botnet* composta por cerca de 100 mil dispositivos da "Internet das Coisas", como impressoras, câmeras de IP, portões residenciais e babás eletrônicas, infectados com o *malware* Mirai. Amazon, Twitter, Netflix, Github e Spotify foram prejudicados durante quase um dia inteiro.

O DNS poderia ser atacado de outras maneiras. Em um ataque *man-in-the-middle*, o atacante intercepta consultas do hospedeiro e retorna respostas falsas. No ataque de envenenamento, o atacante envia respostas falsas a um servidor DNS, fazendo-o armazenar os registros falsos em sua *cache*. Ambos os ataques podem ser utilizados, por exemplo, para redirecionar um usuário da Web inocente ao *site* do atacante. As DNS Security Extensions (DNSSEC) (Gieben 2004; RFC 4033) foram projetadas e implementadas para proteção contra essas oportunidades de ataque. O DNSSEC, uma versão segura do DNS, resolve muitos desses possíveis ataques e está se popularizando na Internet.

meio de mensagens DNS. O [RFC 2136] e o [RFC 3007] especificam atualizações dinâmicas do DNS.)

Quando todas essas etapas estiverem concluídas, o público em geral poderá visitar o site de "networkutopia" e enviar e-mails aos empregados da empresa. Vamos concluir nossa discussão do DNS verificando que essa afirmação é verdadeira, o que também ajudará a solidificar aquilo que aprendemos sobre o DNS. Suponha que Alice, que está na Austrália, queira consultar a página `www.networkutopia.com`. Como discutimos, seu hospedeiro primeiro enviará uma consulta DNS a seu servidor de nomes local, que então contatará um servidor TLD do domínio `com`. (O servidor de nomes local também terá de contatar um servidor de nomes raiz caso não tenha em seu *cache* o endereço de um servidor TLD `com`.) Esse servidor TLD contém os registros de recursos Type NS e Type A já citados, porque a entidade registradora já os tinha inserido em todos os servidores TLD do domínio `com`. O servidor TLD `com` envia uma resposta ao servidor de nomes local de Alice, contendo os dois registros de recursos. Então, o servidor de nomes local envia uma consulta DNS a `212.212.212.1`, solicitando o registro Type A correspondente a `www.networkutopia.com`. Este registro oferece o endereço IP do servidor Web desejado, digamos, `212.212.71.4`, que o servidor local de nomes transmite para o hospedeiro de Alice. Agora, o navegador de Alice pode iniciar uma conexão TCP com o hospedeiro `212.212.71.4` e enviar uma requisição HTTP pela conexão. Ufa! Acontecem muito mais coisas do que percebemos quando navegamos na Web!

2.5 DISTRIBUIÇÃO DE ARQUIVOS P2P

Todas as aplicações descritas neste capítulo até agora – inclusive a Web, e-mail e DNS – empregam arquiteturas cliente-servidor com dependência significativa em servidores de infraestrutura que sempre permanecem ligados. Como consta na Seção 2.1.1, com uma arquitetura P2P, há dependência mínima (quando muito) de servidores de infraestrutura que permanecem sempre ligados. Em vez disso, duplas de hospedeiros intermitentemente conectados, chamados pares, comunicam-se direto entre si. Os pares não são de propriedade de um provedor de serviços, mas correspondem a *desktops* e *notebooks* controlados por usuários.

Nesta seção, consideramos uma aplicação bastante natural do P2P, a saber, a distribuição de um grande arquivo a partir de um único servidor a um grande número de hospedeiros (chamados pares). O arquivo pode ser uma nova versão do sistema operacional Linux, um *patch* de *software* para um sistema operacional ou aplicação, um arquivo de vídeo MPEG. Em uma distribuição de arquivo cliente-servidor, o servidor deve enviar uma cópia para cada par – colocando um enorme fardo sobre o servidor e consumindo grande quantidade de banda deste. Na distribuição de arquivos P2P, cada par pode redistribuir qualquer parte do arquivo recebido para outros pares, auxiliando, assim, o servidor no processo de distribuição. Desde 2020, o protocolo de distribuição de arquivos P2P mais popular é o BitTorrent. Desenvolvido originalmente por Bram Cohen, há agora muitos diferentes clientes independentes de BitTorrent conformes ao protocolo do BitTorrent, assim como há diversos clientes de navegadores Web conformes ao protocolo HTTP. Nesta subseção, examinaremos primeiro a autoescalabilidade de arquiteturas P2P no contexto de distribuição de arquivos. Então, descreveremos o BitTorrent em certo nível de detalhes, destacando suas características mais importantes.

Escalabilidade de arquiteturas P2P

Para comparar arquiteturas cliente-servidor com arquiteturas P2P, e ilustrar a inerente autoescalabilidade de P2P, consideraremos um modelo quantitativo simples para a distribuição de um arquivo a um conjunto fixo de pares para ambos os tipos de arquitetura. Conforme demonstrado na Figura 2.22, o servidor e os pares são conectados por enlaces de acesso da Internet. A taxa de *upload* do enlace de acesso do servidor é denotada por u_s,

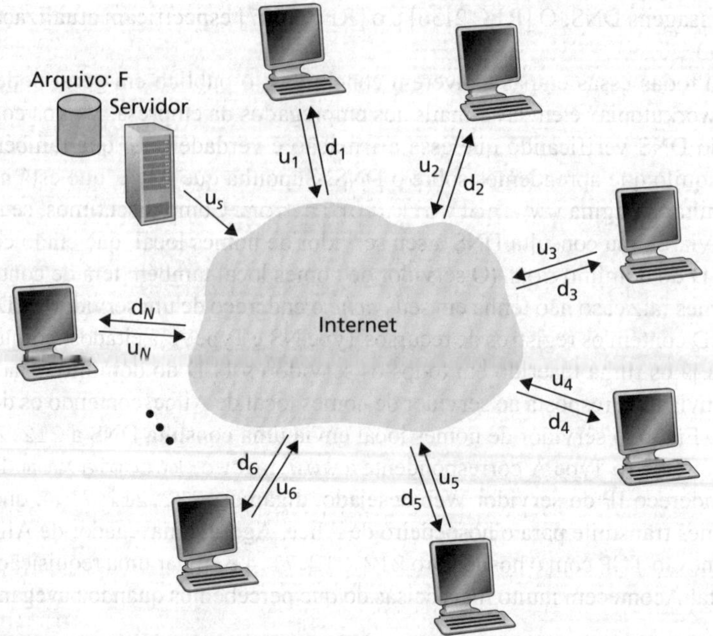

Figura 2.22 Um esquema ilustrativo de distribuição de arquivo.

e a de *upload* do enlace de acesso do par i é denotada por u_i, e a taxa de *download* do enlace de acesso do par i é denotada por d_i. O tamanho do arquivo a ser distribuído (em *bits*) é indicado por F, e o número de pares que querem obter uma cópia do arquivo, por N. O **tempo de distribuição** é o tempo necessário para que todos os N pares obtenham uma cópia do arquivo. Em nossa análise do tempo de distribuição a seguir, tanto para a arquitetura cliente-servidor como para a arquitetura P2P, fazemos a hipótese simplificada (e, em geral, precisa [Akella, 2003]) de que o núcleo da Internet tem largura de banda abundante, o que implica que todos os gargalos encontram-se nas redes de acesso. Suponha também que o servidor e os clientes não participam de nenhuma outra aplicação de rede, para que toda sua largura de banda de acesso de *upload* e *download* possa ser totalmente dedicada à distribuição do arquivo.

Determinemos primeiro o tempo de distribuição para a arquitetura cliente-servidor, que indicaremos por D_{cs}. Na arquitetura cliente-servidor, nenhum dos pares auxilia na distribuição do arquivo. Fazemos as observações a seguir:

- O servidor deve transmitir uma cópia do arquivo a cada um dos N pares. Assim, o servidor deve transmitir NF *bits*. Como a taxa de *upload* do servidor é de u_s, o tempo para distribuição do arquivo deve ser de pelo menos NF/u_s.
- Suponha que $d_{\min}$ indique a taxa de *download* do par com menor taxa de *download*, ou seja, $d_{\min} = \min\{d_1, d_2, \ldots, d_N\}$. O par com a menor taxa de *download* não pode obter todos os *bits* F do arquivo em menos de $F/d_{\min}$ segundos. Assim, o tempo de distribuição mínimo é de pelo menos $F/d_{\min}$.

Reunindo essas observações, temos:

$$D_{cs} \geq \text{máx}\left\{\frac{NF}{u_s}, \frac{F}{d_{\min}}\right\}.$$

Isso proporciona um limite inferior para o tempo mínimo de distribuição para a arquitetura cliente-servidor. Nos problemas do final do capítulo, você deverá demonstrar que o servidor pode programar suas transmissões de forma que o limite inferior seja sempre alcançado. Portanto, consideraremos esse limite inferior fornecido antes como o tempo real de distribuição, ou seja,

$$D_{cs} = \text{máx}\left\{\frac{NF}{u_s}, \frac{F}{d_{\min}}\right\} \tag{2.1}$$

Vemos, a partir da Equação 2.1, que para N grande o suficiente, o tempo de distribuição cliente-servidor é dado por NF/u_s. Assim, o tempo de distribuição aumenta linearmente com o número de pares N. Portanto, por exemplo, se o número de pares de uma semana para a outra for multiplicado por mil, de mil para um milhão, o tempo necessário para distribuir o arquivo para todos os pares aumentará mil vezes.

Passemos agora para uma análise semelhante para a arquitetura P2P, em que cada par pode auxiliar o servidor na distribuição do arquivo. Em particular, quando um par recebe alguns dados do arquivo, ele pode usar sua própria capacidade de *upload* para redistribuir os dados a outros pares. Calcular o tempo de distribuição para a arquitetura P2P é, de certa forma, mais complicado do que para a arquitetura cliente-servidor, visto que o tempo de distribuição depende de como cada par distribui parcelas do arquivo aos outros pares. Não obstante, uma simples expressão para o tempo mínimo de distribuição pode ser obtida (Kumar, 2006). Para essa finalidade, faremos as observações a seguir:

- No início da distribuição, apenas o servidor tem o arquivo. Para levar esse arquivo à comunidade de pares, o servidor deve enviar cada *bit* do arquivo pelo menos uma vez para seu enlace de acesso. Assim, o tempo de distribuição mínimo é de pelo menos F/u_s. (Diferente do esquema cliente-servidor, um *bit* enviado uma vez pelo servidor pode não precisar ser enviado novamente, visto que os pares podem redistribuir entre si esse *bit*.)
- Assim como na arquitetura cliente-servidor, o par com a menor taxa de *download* não pode obter todos os *bits* F do arquivo em menos de $F/d_{\min}$ segundos. Assim, o tempo mínimo de distribuição é de pelo menos $F/d_{\min}$.
- Por fim, observemos que a capacidade de *upload* total do sistema como um todo é igual à taxa de *upload* do servidor mais as taxas de *upload* de cada par, ou seja, $u_{\text{total}} = u_s + u_1 + ... + u_N$. O sistema deve entregar (fazer o *upload* de) F *bits* para cada um dos N pares, entregando assim um total de NF *bits*. Isso não pode ser feito em uma taxa mais rápida do que u_{total}. Assim, o tempo mínimo de distribuição é também de pelo menos $NF/(u_s + u_1 + ... + u_N)$.

Juntando as três observações, obtemos o tempo mínimo de distribuição para P2P, indicado por D_{P2P}.

$$D_{\text{P2P}} \geq \text{máx}\left\{\frac{F}{u_s}, \frac{F}{d_{\min}}, \frac{NF}{u_s + \sum_{i=1}^{N} u_i}\right\} \tag{2.2}$$

A Equação 2.2 fornece um limite inferior para o tempo mínimo de distribuição para a arquitetura P2P. Ocorre que, se imaginarmos que cada par pode redistribuir um *bit* assim que o recebe, há um esquema de redistribuição que, de fato, alcança esse limite inferior (Kumar, 2006). (Provaremos um caso especial desse resultado nos exercícios.) Na realidade, quando blocos do arquivo são redistribuídos, em vez de *bits* individuais, a Equação 2.2 serve como uma boa aproximação do tempo mínimo real de distribuição. Assim, peguemos o limite inferior fornecido pela Equação 2.2 como o tempo mínimo real de distribuição, que é:

$$D_{\text{P2P}} = \text{máx}\left\{\frac{F}{u_s}, \frac{F}{d_{\min}}, \frac{NF}{u_s + \sum_{i=1}^{N} u_i}\right\} \tag{2.3}$$

A Figura 2.23 compara o tempo mínimo de distribuição para as arquiteturas cliente-servidor e P2P, pressupondo que todos os pares têm a mesma taxa de *upload* u. Na Figura 2.23,

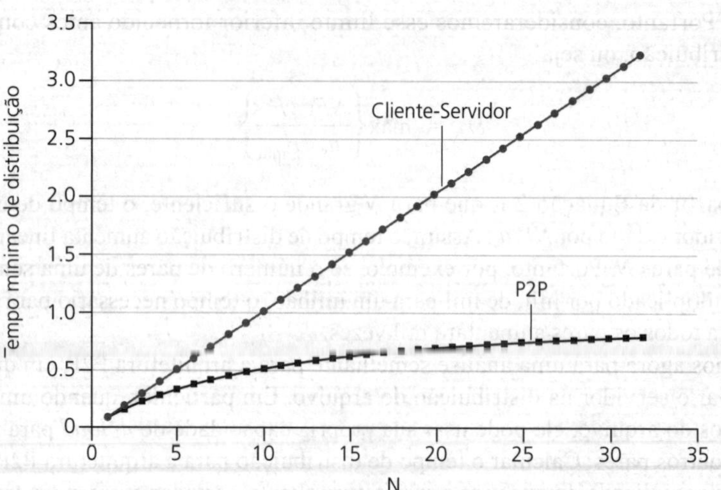

Figura 2.23 Tempo de distribuição para arquiteturas P2P e cliente-servidor.

definimos que F/u = 1 hora, $u_s = 10u$ e $d_{min} \geq u_s$. Assim, um par pode transmitir todo o arquivo em 1 hora, sendo a taxa de transmissão do servidor 10 vezes a taxa de *upload* do par, e (para simplificar) as taxas de *download* de par são definidas grandes o suficiente de forma a não ter efeito. Vemos na Figura 2.23 que, para a arquitetura cliente-servidor, o tempo de distribuição aumenta linearmente e sem limite, conforme cresce o número de pares. No entanto, para a arquitetura P2P, o tempo mínimo de distribuição não é apenas sempre menor do que o tempo de distribuição da arquitetura cliente-servidor; é também de menos do que 1 hora para *qualquer* número de pares *N*. Assim, aplicações com a arquitetura P2P podem ter autoescalabilidade. Tal escalabilidade é uma consequência direta de pares sendo redistribuidores, bem como consumidores de *bits*.

BitTorrent

O BitTorrent é um protocolo P2P popular para distribuição de arquivos (Chao, 2011). No jargão do BitTorrent, a coleção de todos os pares que participam da distribuição de um determinado arquivo é chamada de *torrent*. Os pares em um *torrent* fazem o *download* de *blocos* de tamanho igual do arquivo entre si, com um tamanho típico de bloco de 256 K*Bytes*. Quando um par entra em um *torrent*, ele não tem nenhum bloco. Com o tempo, ele acumula mais blocos. Enquanto ele faz o *download* de blocos, faz também *uploads* de blocos para outros pares. Uma vez que um par adquire todo o arquivo, ele pode (de forma egoísta) sair do *torrent* ou (de forma altruísta) permanecer e continuar fazendo o *upload* a outros pares. Além disso, qualquer par pode sair do *torrent* a qualquer momento com apenas um subconjunto de blocos, e depois voltar.

Observemos agora, mais atentamente, como opera o BitTorrent. Como é um protocolo e sistema complicado, descreveremos apenas seus mecanismos mais importantes, ignorando alguns detalhes; isso nos permitirá ver a floresta a partir das árvores. Cada *torrent* tem um nó de infraestrutura chamado *rastreador*. Quando um par chega em um *torrent*, ele se registra com o rastreador e periodicamente informa ao rastreador que ainda está lá. Dessa forma, o rastreador mantém um registro dos pares que participam do *torrent*. Um determinado *torrent* pode ter menos de dez ou mais de mil pares participando a qualquer momento.

Como demonstrado na Figura 2.24, quando um novo par, Alice, chega, o rastreador seleciona aleatoriamente um subconjunto de pares (para dados concretos, digamos que sejam 50) do conjunto de pares participantes, e envia os endereços IP desses 50 pares a Alice. Com a lista de pares, ela tenta estabelecer conexões TCP simultâneas com todos. Chamaremos todos os pares com quem Alice consiga estabelecer uma conexão TCP de "pares vizinhos". (Na Figura 2.24, Alice é representada com apenas três pares vizinhos. Normalmente, ela

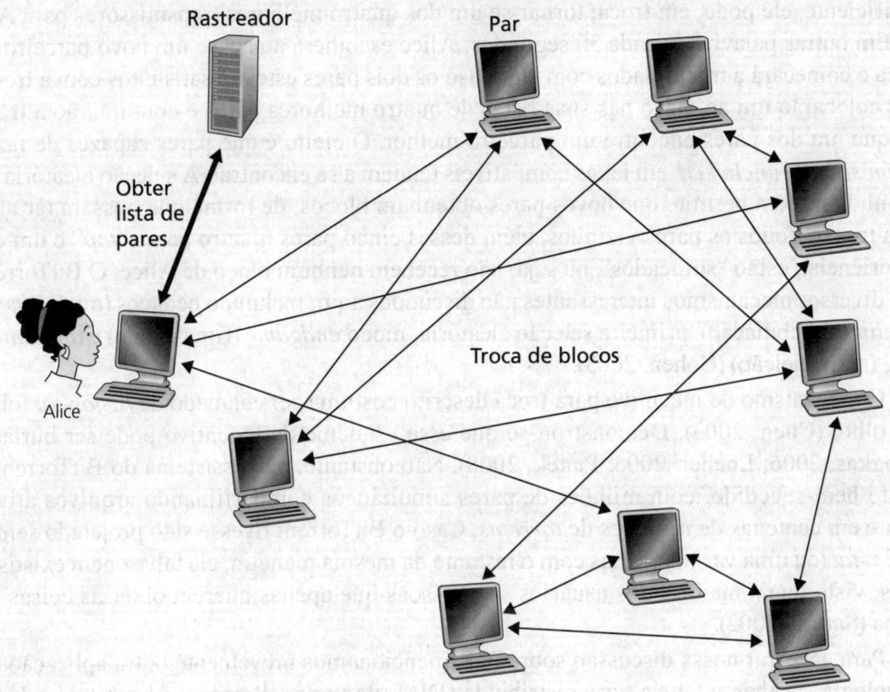

Figura 2.24 Distribuição de arquivos com o BitTorrent.

teria muito mais.) Com o tempo, alguns desses pares podem sair e outros pares (fora dos 50 iniciais) podem tentar estabelecer conexões TCP com Alice. Portanto, os pares vizinhos de um par podem flutuar com o tempo.

A qualquer momento, cada par terá um subconjunto de blocos do arquivo, com pares diferentes com subconjuntos diferentes. De tempos em tempos, Alice pedirá a cada um de seus pares vizinhos (nas conexões TCP) a lista de quais blocos eles têm. Caso Alice tenha L vizinhos diferentes, ela obterá L listas de blocos. Com essa informação, Alice emitirá solicitações (novamente, nas conexões TCP) de blocos que ela não tem.

Portanto, a qualquer momento, Alice terá um subconjunto de blocos e saberá quais blocos seus vizinhos têm. Com essa informação, ela terá duas decisões importantes a fazer. Primeiro, quais blocos deve solicitar de início a seus vizinhos, e, segundo, a quais vizinhos deve enviar blocos solicitados. Ao decidir quais blocos solicitar, Alice usa uma técnica chamada ***rarest first*** (o mais raro primeiro). A ideia é determinar, entre os blocos que ela não tem, quais são os mais raros entre seus vizinhos (ou seja, os blocos que têm o menor número de cópias repetidas) e então solicitar esses blocos mais raros primeiro. Dessa forma, os blocos mais raros são redistribuídos mais depressa, procurando (grosso modo) equalizar os números de cópias de cada bloco no *torrent*.

Para determinar a quais pedidos atender, o BitTorrent usa um algoritmo de troca inteligente. A ideia básica é Alice dar prioridade aos vizinhos que estejam fornecendo seus dados *com a maior taxa*. Especificamente, para cada vizinho, Alice mede de maneira contínua a taxa em que recebe *bits* e determina os quatro pares que lhe fornecem na taxa mais alta. Então, ela reciprocamente envia blocos a esses mesmos quatro pares. A cada 10 segundos, ela recalcula as taxas e talvez modifique o conjunto de quatro pares. No jargão do BitTorrent, esses quatro pares são chamados de ***unchoked*** **(não sufocado)**. É importante informar que a cada 30 segundos ela também escolhe um vizinho adicional ao acaso e envia blocos a ele. Chamaremos o vizinho escolhido de Bob. No jargão de BitTorrent, Bob é chamado de ***optimistically unchoked*** **(otimisticamente não sufocado)**. Como Alice envia dados a Bob, ela pode se tornar um dos quatro melhores transmissores para Bob, caso em que ele começaria a enviar dados para Alice. Caso a taxa em que Bob envie dados seja alta o suficiente, ele pode, em troca, tornar-se um dos quatro melhores transmissores para Alice. Em outras palavras, a cada 30 segundos, Alice escolherá ao acaso um novo parceiro de troca e comecará a trocar dados com ele. Caso os dois pares estejam satisfeitos com a troca, eles colocarão um ao outro nas suas listas de quatro melhores pares e continuarão a troca até que um dos pares encontre um parceiro melhor. O efeito é que pares capazes de fazer *optimistically unchoked* em taxas compatíveis tendem a se encontrar. A seleção aleatória de vizinho também permite que novos pares obtenham blocos, de forma que possam ter algo para trocar. Todos os pares vizinhos, além desses cinco pares (quatro pares "*top*" e um em experiência), estão "sufocados", ou seja, não recebem nenhum bloco de Alice. O BitTorrent tem diversos mecanismos interessantes não discutidos aqui, incluindo pedaços (miniblocos), *pipelining* (tubulação), primeira seleção aleatória, modo *endgame* (fim de jogo) e *anti-snubbing* (antirrejeição) (Cohen, 2003).

O mecanismo de incentivo para troca descrito costuma ser chamado de *tit-for-tat* (olho por olho) (Chen, 2003). Demonstrou-se que esse esquema de incentivo pode ser burlado (Liogkas, 2006; Locher, 2006; Piatek, 2008). Não obstante, o ecossistema do BitTorrent é muito bem-sucedido, com milhões de pares simultâneos compartilhando arquivos ativamente em centenas de milhares de *torrents*. Caso o BitTorrent tivesse sido projetado sem o *tit-for-tat* (ou uma variante), mas com o restante da mesma maneira, ele talvez nem existisse mais, visto que a maioria dos usuários são pessoas que apenas querem obter as coisas de graça (Saroiu, 2002).

Para encerrar nossa discussão sobre P2P, mencionamos brevemente outra aplicação da tecnologia, a saber, a tabela *hash* distribuída (DHT, do inglês *distributed hash table*). Uma tabela *hash* distribuída é um banco de dados simples, com os registros distribuídos pelos pares em um sistema P2P. As DHTs foram implementadas em larga escala (p. ex., BitTorrent) e foram objeto de muitas pesquisas.

2.6 *STREAMING* DE VÍDEO E REDES DE DISTRIBUIÇÃO DE CONTEÚDO

De acordo com muitas estimativas, o *streaming* de vídeo (incluindo Netflix, YouTube e Amazon Prime) representa cerca de 80% de todo o tráfego na Internet em 2020 (Cisco, 2020). Esta seção apresenta uma visão geral sobre como os serviços populares de *streaming* de vídeo são implementados na Internet atual. Veremos que são implementados usando protocolos de nível de aplicação e servidores que atuam, em certos aspectos, como um *cache*.

2.6.1 Vídeo de Internet

No *streaming* de vídeo armazenado, o meio subjacente é o vídeo pré-gravado, como um filme, um seriado, um evento esportivo pré-gravado ou um vídeo pré-gravado gerado pelo usuário (como aqueles vistos no YouTube). Esses vídeos são colocados em servidores, e os usuários enviam solicitações aos servidores para verem os vídeos *sob demanda*. Muitas empresas de Internet oferecem hoje *streaming* de vídeo, incluindo Netflix, YouTube (Google), Amazon e TikTok.

Mas antes de nos lançarmos em uma discussão sobre *streaming* de vídeo, devemos entender um pouco melhor a mídia de vídeo em si. Um vídeo é uma sequência de imagens, em geral exibidas a uma velocidade constante, por exemplo, 24 ou 30 imagens por segundo. Uma imagem não compactada, codificada digitalmente, consiste em uma matriz de *pixels*, com cada *pixel* codificado em uma série de *bits* para representar luminosidade e cor. Uma característica importante do vídeo é que ele pode ser compactado, compensando assim a qualidade com a taxa de *bits*. Os algoritmos de compactação de hoje, prontos para uso, podem compactar um vídeo basicamente para qualquer taxa de *bits* desejada. É claro que, quanto mais alta a taxa de *bits*, melhor a qualidade da imagem e, em geral, melhor a experiência de exibição do usuário.

De uma perspectiva de redes, provavelmente a característica mais saliente do vídeo é a sua alta taxa de *bits*. Vídeos de Internet compactados costumam variar de 100 k*bits*/s para os vídeos de baixa qualidade até mais de 4 M*bits*/s para o *streaming* de filmes em alta definição; o *streaming* de vídeo em qualidade 4K supõe uma taxa de *bits* de mais de 10 M*bits*/s. Tudo isso pode se traduzir em uma quantidade enorme de tráfego e armazenamento de dados, especialmente para vídeos de alta qualidade. Por exemplo, um único vídeo de 2 M*bits*/s com 67 minutos de duração consome 1 *gigabyte* de armazenamento e tráfego. A medida de desempenho mais importante para o *streaming* de vídeo é, de longe, a vazão fim a fim média. De modo a permitir reprodução contínua, a rede deve oferecer uma vazão média à aplicação de *streaming* que seja igual ou maior à taxa de *bits* do vídeo compactado.

Também podemos usar a compactação para criar múltiplas versões do mesmo vídeo, cada uma em um nível de qualidade diferente. Por exemplo, podemos usar a compactação para criar, digamos, três versões do mesmo vídeo, nas taxas de 300 k*bits*/s, 1 M*bit*/s e 3 M*bits*/s. Os usuários podem decidir qual versão eles querem ver como uma função da largura de banda disponível. Os usuários com conexões de alta velocidade com a Internet escolheriam a de 3 M*bits*/s; os que assistem ao vídeo por 3G com um *smartphone* poderiam escolher a versão de 300 k*bits*/s.

2.6.2 *Streaming* por HTTP e DASH

No *streaming* por HTTP, o vídeo é apenas armazenado em um servidor HTTP como um arquivo comum com um URL específico. Quando um usuário quer assistir a esse vídeo, ele estabelece uma conexão TCP com o servidor e realiza um comando HTTP `GET` para aquele URL. O servidor envia então o arquivo de vídeo, dentro de uma mensagem de resposta HTTP, tão depressa quanto os protocolos de rede subjacentes e as condições de congestionamento de tráfego permitem. No cliente, os *bytes* são armazenados em um *buffer* de aplicação cliente. Uma vez que o número de *bytes* neste *buffer* exceder um limite predeterminado, a aplicação cliente inicia uma reprodução – mais especificamente, ela captura quadros do vídeo do *buffer* da aplicação cliente, descompacta os quadros e os apresenta na tela do usuário. Dessa forma, a aplicação de *streaming* está reproduzindo o vídeo à medida que o recebe e guardando no *buffer* os quadros correspondentes às partes posteriores do vídeo.

Apesar de o *streaming* por HTTP, como descrito no parágrafo anterior, estar sendo amplamente utilizado na prática (p. ex., pelo YouTube desde o seu início), ele possui uma grande deficiência: todos os clientes recebem a mesma codificação do vídeo, apesar das grandes variações na quantidade de largura de banda disponível para o cliente, tanto para diferentes clientes quanto ao longo do tempo para um mesmo cliente. Isto levou ao desenvolvimento de um novo tipo de *streaming* baseado em HTTP, normalmente chamado de ***Streaming* Adaptativo Dinamicamente sobre HTTP** (**DASH**, do inglês ***Dynamic Adaptive Streaming over HTTP***). Pelo DASH, o vídeo é codificado em muitas versões diferentes, cada qual com uma taxa de *bits* e um diferente nível de qualidade. O cliente requisita dinamicamente, dessas diferentes versões, trechos de alguns segundos de segmentos do vídeo. Quando a quantidade de largura de banda disponível é alta, o cliente em geral seleciona trechos de uma versão que possui uma taxa alta; e quando a largura de banda disponível é baixa, ele naturalmente seleciona de uma versão cuja taxa é baixa. O cliente seleciona diferentes trechos um de cada vez com mensagens de requisição HTTP GET (Akhshabi, 2011).

O DASH permite aos clientes com diferentes taxas de acesso à Internet usufruir de *streaming* de vídeo a diferentes taxas de codificação. Clientes com conexões 3G lentas podem receber uma versão com baixa taxa de *bits* (e baixa qualidade), e clientes com conexões por fibra ótica podem receber versões de alta qualidade. O uso de DASH permite a um cliente se adaptar à largura de banda disponível, se a largura de banda fim a fim mudar durante a sessão. Esta funcionalidade é particularmente importante para usuários de dispositivos móveis, que com frequência experimentam flutuações na largura de banda disponível, conforme se movimentam de uma estação rádio-base para outra.

Com o DASH, cada versão do vídeo é armazenada em um servidor HTTP, cada uma com uma diferente URL. O servidor HTTP também possui um **arquivo de manifesto**, que provê um URL para cada versão junto com a sua taxa de *bits*. Primeiro, o cliente requisita o arquivo de manifesto e identifica as várias versões. O cliente, então, seleciona um trecho de cada vez, especificando um URL e um intervalo de *bytes* em uma mensagem de requisição HTTP GET para cada trecho. Enquanto estiver baixando trechos, o cliente também mede a largura de banda de recepção e executa um algoritmo de determinação de taxa para selecionar o próximo trecho a ser requisitado. Naturalmente, se o cliente possui muito vídeo em seu *buffer* e se a largura de banda de recepção que foi medida for alta, ele escolherá um trecho de uma versão com taxa alta associada. E, claro, se o cliente possui pouco vídeo em seu *buffer* e a sua largura de banda de recepção for baixa, escolherá um trecho de uma versão de taxa baixa. Portanto, DASH permite ao cliente alternar livremente em diferentes níveis de qualidade.

2.6.3 Redes de distribuição de conteúdo

Muitas companhias de vídeo na Internet têm distribuído multi-M*bits*/s de *streams* sob demanda para milhões de usuários diariamente. O YouTube, por exemplo, com uma biblioteca de centenas de milhões de vídeos, distribui centenas de milhões de *streams* de vídeos para usuários ao redor do mundo inteiro, todos os dias. Distribuir todo esse tráfego para locais ao redor do mundo inteiro enquanto provê reprodução contínua e alta interatividade claramente representa uma tarefa desafiadora.

Para uma empresa de vídeos na Internet, talvez a abordagem mais simples e direta para prover serviços de *streaming* de vídeo seja construir um único *datacenter* gigante, armazenar ali todos os vídeos e realizar o *streaming* dos vídeos diretamente do *datacenter* para os clientes ao redor do mundo. No entanto, existem três grandes problemas com essa abordagem. Primeiro, se o cliente estiver muito longe do *datacenter*, os pacotes que vão do servidor para o cliente atravessarão muitos enlaces de comunicação, e também possivelmente passarão por muitos ISPs, com alguns destes ISPs talvez localizados em diferentes continentes. Se um dos enlaces fornecer uma taxa de transferência menor que a de consumo do vídeo, a taxa de transferência fim a fim será também abaixo da de consumo, resultando, para o usuário, em atrasos incômodos por congelamento. (Lembre-se, do Capítulo 1, que uma taxa de transferência fim a fim de um *streaming* é controlada pela taxa de transferência de seu enlace de gargalo.) A probabilidade de isso acontecer cresce na mesma proporção em que o número de enlaces no caminho fim a fim aumenta. Uma segunda desvantagem é que um vídeo popular será possivelmente enviado muitas vezes pelos mesmos enlaces de comunicação. Isto não apenas é um desperdício de largura de banda de rede, mas a própria companhia de vídeo pela Internet estará pagando ao seu ISP (conectado com o *datacenter*) por enviar os *mesmos bytes* pela Internet muitas e muitas vezes. Um terceiro problema com essa solução é que um único *datacenter* representa um único ponto de falha – se o *datacenter* ou seus enlaces para a Internet caírem, ele não será capaz de distribuir *nenhum* vídeo por *streaming*.

Para enfrentar o desafio de distribuição de uma quantidade maciça de dados de vídeo para usuários espalhados ao redor do mundo, quase todas as maiores companhias de *streaming* de vídeo fazem uso de **CDNs**. Uma CDN gerencia servidores em múltiplas localidades distribuídas geograficamente, armazena cópias dos vídeos (e outros tipos de conteúdos Web, incluindo documentos, imagens e áudio) em seus servidores, e tenta direcionar cada requisição do usuário para uma localidade CDN que proporcionará a melhor experiência para o usuário. A CDN pode ser uma **CDN privada**, isto é, que pertence ao próprio provedor de conteúdo; por exemplo, a CDN da Google distribui vídeos do YouTube e outros tipos de conteúdo. A CDN também pode ser uma **CDN de terceiros**, que distribui conteúdo em nome de múltiplos provedores de conteúdo; a Akamai, a Limelight e a Level-3 operam CDNs de terceiros, por exemplo.

Uma visão geral e fácil de ler sobre as CDNs modernas se encontra em Leighton (2009) e em Nygren (2010).

Em geral, as CDNs adotam uma entre as duas filosofias de instalação de servidores (Huang, 2008):

- ***Enter deep.*** Uma filosofia, que começou a ser praticada pela Akamai, é *entrar profundamente* (*enter deep*) dentro das redes de acesso dos Provedores de Serviço de Internet pela implantação de *clusters* de servidores no acesso de ISPs por todo o mundo. (Redes de acesso são descritas na Seção 1.3.) A Akamai usa esta abordagem com *clusters* de servidores em milhares de locais. O objetivo é conseguir proximidade com os usuários finais, melhorando assim o atraso percebido pelo usuário e a taxa de transferência pela diminuição do número de enlaces e roteadores entre o usuário final e o servidor de CDN do qual ele recebe conteúdo. Em razão desse projeto altamente distribuído, a tarefa de manter e gerenciar os agrupamentos se torna desafiadora.
- ***Bring home.*** Uma segunda filosofia de projeto, adotada pela Limelight e por muitas outras companhias de CDN, é *trazer para dentro de casa os ISPs*, construindo *clusters* enormes, mas em um número menor (p. ex., dezenas) de lugares. Em vez de entrar nos ISPs de acesso, estas CDNs normalmente colocam seus *clusters* em pontos de troca da Internet (IXPs – ver Seção 1.3). Em comparação com a filosofia de projeto *Enter deep*, o projeto *Bring home* em geral resulta em menos desperdício com gerenciamento e manutenção, mas com um maior atraso e menores taxas de transferência para os usuários finais.

Uma vez que os seus *clusters* estejam operando, a CDN replica conteúdo através deles. A CDN pode não querer pôr uma cópia de todos os vídeos em cada *cluster*, já que alguns vídeos são vistos raramente ou são populares só em alguns países. De fato, muitas CDNs não enviam vídeos para seus *clusters*, mas, em vez disso, usam uma estratégia por demanda simples: se um cliente requisita um vídeo de um *cluster* que não o está armazenando, o *cluster* recupera o vídeo (de um repositório central ou de outro *cluster*) e armazena uma cópia localmente enquanto transmite o vídeo para o cliente ao mesmo tempo. Similarmente aos *caches* Web (ver Seção 2.2.5), quando a memória do *cluster* fica cheia, ele remove vídeos que não são requisitados com frequência.

Operação da CDN

Tendo identificado as duas principais técnicas de implantação de uma CDN, vamos agora nos aprofundar em como uma CDN opera. Quando um navegador em um hospedeiro do usuário recebe a instrução para recuperar um vídeo específico (identificado por um URL), a CDN tem de interceptar a requisição a fim de: (1) determinar um *cluster* de servidor de CDN apropriado para o cliente naquele momento, e (2) redirecionar a requisição do cliente para um servidor naquele *cluster*. Falaremos, em linhas gerais, como uma CDN pode determinar um *cluster* apropriado. Antes, no entanto, vamos examinar os mecanismos que são usados para interceptar e redirecionar uma requisição.

A maioria das CDNs utiliza o DNS para interceptar e redirecionar requisições; uma discussão interessante sobre esse uso do DNS pode ser vista em Vixie (2009). Consideremos um simples exemplo para ilustrar como o DNS normalmente é envolvido. Suponha que um provedor de conteúdo, NetCinema, utiliza outra companhia de CDN, KingCDN, para distribuir seus vídeos para os seus consumidores. Nas páginas de Internet do NetCinema, cada vídeo está associado a um URL que inclui a palavra "vídeo" e um identificador único para o vídeo em si; por exemplo *Transformers 7* pode ser associado a <http://video.netcinema.com/6Y7B23V>. Então, acontecem seis passos, como mostra a Figura 2.25.

1. O usuário visita a página da Internet no NetCinema.
2. Quando o usuário clica no *link* <http://video.netcinema.com/6Y7B23V>, o hospedeiro do usuário envia uma consulta de DNS para video.netcinema.com.

ESTUDO DE CASO

INFRAESTRUTURA DE REDE DA GOOGLE

Para suportar sua vasta lista de serviços – incluindo busca, Gmail, calendário, vídeos do YouTube, mapas, documentos e redes sociais –, a Google implementou uma extensa rede privada e infraestrutura de CDN. A infraestrutura de CDN da Google possui três camadas de agrupamentos de servidores:

- Dezenove "mega *datacenters*" na América do Norte, Europa e Ásia (Google Locations, 2020), com cada *datacenter* contendo algo na ordem de 100 mil servidores. Esses mega *datacenters* são responsáveis por servir conteúdo dinâmico (e muitas vezes personalizado), incluindo resultados de busca e mensagens de Gmail.
- Com cerca de 90 *clusters* em IXPs espalhados pelo mundo, com cada *cluster* consistindo em centenas de servidores (Adhikari, 2011a) (Google CDN, 2020). Esses agrupamentos são responsáveis por servir conteúdo estático, incluindo vídeos do YouTube.
- Muitas centenas de *clusters* localizados dentro de um ISP de acesso são *"Enter deep"*. Este tipo de *cluster* consiste em dezenas de servidores dentro de um único armário. Os servidores *Enter deep* realizam a divisão de TCP (veja a Seção 3.7) e servem conteúdo estático (Chen, 2011), incluindo as partes estáticas das páginas da Internet que incluem resultados de busca.

Todos esses *datacenters* e localizações de *clusters* de servidores estão dispostos juntos em rede com a rede privada da Google. Quando um usuário efetua um pedido de busca, geralmente esse pedido é enviado primeiro do ISP local para o *cache* de um servidor *enter deep* próximo de onde o conteúdo estático é recuperado; embora forneça o conteúdo estático ao cliente, este *cache* próximo também encaminha a consulta pela rede privada da Google para um dos mega *datacenters*, de onde o resultado da busca personalizada é obtido. Para um vídeo do YouTube, o vídeo em si pode vir de um dos *caches bring home*, enquanto partes da página Web ao redor do vídeo podem vir do *cache enter deep* nas vizinhanças, e os anúncios ao redor do vídeo podem vir dos *datacenters*. Em suma, exceto pelos ISPs locais, os serviços na nuvem da Google são, em grande parte, fornecidos por uma infraestrutura de rede que é independente da Internet pública.

3. O Servidor de DNS Local (LDNS, do inglês *Local DNS Server*) do usuário retransmite a consulta de DNS a um servidor DNS autoritativo para NetCinema, o qual encontra a palavra "video" no nome do hospedeiro video.netcinema.com. Para "entregar" a consulta de DNS à KingCDN, em vez de um endereço IP, o servidor de DNS autoritativo do NetCinema retorna ao LDNS um nome de hospedeiro no domínio da KingCDN, por exemplo, a1105.kingcdn.com.

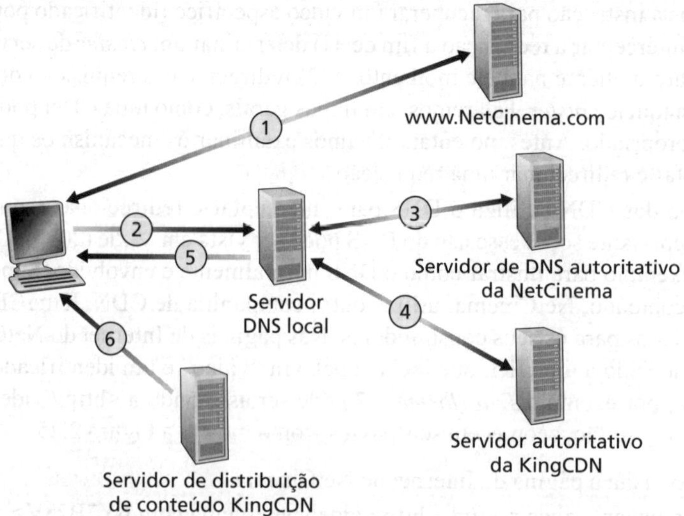

Figura 2.25 DNS redireciona uma requisição do usuário para um servidor de CDN.

4. Desse ponto em diante, a consulta de DNS entra na infraestrutura da DNS privada da KingCDN. O LDNS do usuário, então, envia uma segunda consulta, agora para a1105.kingcdn.com, e o sistema de DNS da KingCDN por fim retorna os endereços IP de um servidor de conteúdo da KingCDN para o LDNS. Assim, é dentro do sistema de DNS da KingCDN que é especificado o servidor de CDN de onde o cliente receberá o seu conteúdo.
5. O LDNS encaminha o endereço IP do nó de conteúdo/serviço da CDN para o hospedeiro do usuário.
6. Uma vez que o cliente obtém o endereço IP de um servidor de conteúdo da KingCDN, ele estabelece uma conexão TCP direta com o servidor que se encontra nesse endereço IP e executa uma requisição HTTP GET para obter o vídeo. Se utilizar DASH, o servidor primeiro enviará ao cliente um arquivo de manifesto com uma lista de URLs, uma para cada versão do vídeo, e o cliente irá dinamicamente selecionar trechos das diferentes versões.

Estratégias de seleção de *cluster*

No centro de qualquer distribuição de uma CDN está a **estratégia de seleção de *cluster***, isto é, um mecanismo para direcionamento dinâmico de clientes para um *cluster* de servidor ou um *datacenter* dentro da CDN. Como acabamos de ver, a CDN descobre qual o endereço IP do servidor LDNS do cliente através da consulta ao DNS do cliente. Após descobrir esse endereço IP, a CDN precisa selecionar um *cluster* apropriado baseado nesse endereço IP. As CDNs geralmente empregam estratégias próprias de seleção de *cluster*. Examinaremos agora algumas abordagens, cada uma com suas vantagens e desvantagens.

Uma estratégia simples é associar o cliente ao *cluster* que está **geograficamente mais próximo**. Usando bases de dados de geolocalização comerciais (p. ex., Quova [2020] e Max-Mind [2020]), cada endereço IP de LDNS é mapeado para uma localização geográfica. Quando uma requisição DNS é recebida de um determinado LDNS, a CDN escolhe o *cluster* mais próximo geograficamente, isto é, o *cluster* que está a uma distância menor, em quilômetros, do LDNS. Esta solução pode funcionar razoavelmente bem para uma boa parte dos clientes (Agarwal, 2009). No entanto, para alguns clientes, essa solução pode ter um desempenho ruim, uma vez que o *cluster* geograficamente mais próximo pode não ser o mais próximo se considerarmos o comprimento ou o número de saltos do caminho da rede. Além do mais, existe um problema inerente a todas as abordagens baseadas em DNS, que consiste no fato de que alguns usuários finais são configurados para utilizar LDNSs remotos (Shaikh, 2001; Mao, 2002). Nesses casos, a localização do LDNS pode ser muito longe da localização do cliente. Além disso, essa estratégia elementar ignora a variação no atraso e a largura de banda disponível dos caminhos da Internet, porque sempre associa o mesmo *cluster* a determinado cliente.

Para determinar o melhor *cluster* para um cliente baseado nas *atuais* condições de tráfego, as CDNs podem, como alternativa, realizar **medições em tempo real** do atraso e problemas de baixo desempenho entre seus *clusters* e clientes. Por exemplo, uma CDN pode ter cada um de seus *clusters* periodicamente enviando mensagens de verificação (p. ex., mensagens *ping* ou consultas de DNS) para todos os LDNSs do mundo inteiro. Um obstáculo a essa técnica é o fato de que muitos LDNSs estão configurados para não responder a esse tipo de mensagem.

2.6.4 Estudos de caso: Netflix e YouTube

Concluímos nossa discussão sobre *streaming* de vídeo armazenado observando duas implementações em larga escala de grande sucesso: Netflix e YouTube. Veremos que os dois sistemas utilizam métodos bastante diferentes, mas ambos empregam muitos dos princípios destacados e discutidos nesta seção.

Netflix

Desde 2020, a Netflix é o maior provedor de serviços de filmes e séries de TV on-line na América do Norte. Como discutiremos abaixo, a distribuição de vídeo da Netflix possui dois componentes principais: a nuvem da Amazon e a sua própria infraestrutura de CDN privada.

A Netflix possui um *site* que cuida de diversas funções, incluindo registro e *login* de usuários, faturas, catálogo de filmes para navegação e busca e um sistema de recomendações. Como mostra a Figura 2.26, esse *site* (e os bancos de dados associados no *back-end*) rodam totalmente nos servidores da Amazon, na nuvem da Amazon. Além disso, a nuvem da Amazon cuida das seguintes funções críticas:

- ***Obtenção de conteúdo.*** Antes de a Netflix poder distribuir um filme para seus clientes, é necessário obter e processar o filme. A Netflix recebe as versões principais de estúdio e as carrega para os hospedeiros na nuvem da Amazon.
- ***Processamento de conteúdo.*** As máquinas na nuvem da Amazon criam muitos formatos diferentes para cada filme, de acordo com uma série de tocadores de vídeo do cliente, rodando em computadores de mesa, *smartphones* e consoles de jogos conectados a aparelhos de televisão. Uma versão diferente é criada para cada formato e as múltiplas taxas de *bits*, permitindo assim que se utilize *streaming* de vídeo por HTTP usando DASH.
- ***Descarregamento de versões para as CDNs.*** Uma vez que todas as versões de um filme foram criadas, os hospedeiros na nuvem da Amazon descarregam as versões para as CDNs.

Quando lançou seu serviço de *streaming* de vídeo em 2007, a Netflix empregava CDNs de terceiros para distribuir o seu conteúdo de vídeo. Desde então, a empresa criou a própria CDN privada, da qual distribui todo o seu conteúdo. Para criar a sua própria CDN, a Netflix instalou armários de servidores em IXPs e nas próprias ISPs residenciais. Atualmente, a Netflix possui armários de servidores em mais de 200 locais de IXPs (para uma lista atual dos IXPs que hospedam estantes da Netflix, ver Bottger [2018] e Netflix Open Connect [2020]). Além disso, centenas de locais de ISPs hospedam armários de servidores da Netflix (ver também Netflix Open Connect [2020]), onde a empresa fornece aos ISPs parceiros em potencial instruções sobre como instalar um armário de servidores da Netflix (gratuita) para as suas redes. Cada servidor possui várias portas de Ethernet de 10 G*bits*/s e mais

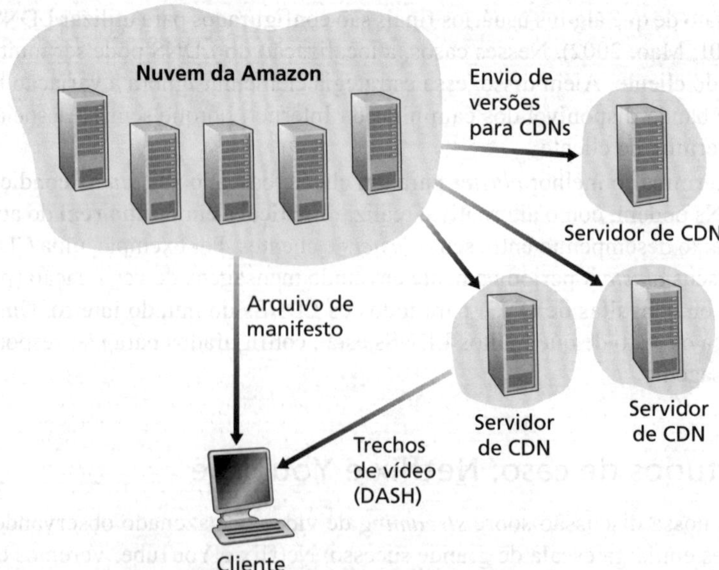

Figura 2.26 Plataforma de *streaming* de vídeo da Netflix.

de 100 *terabytes* de armazenamento. O número de servidores em cada armário varia: as instalações nos IXPs muitas vezes têm dezenas de servidores e contêm toda a biblioteca de *streaming* de vídeo da Netflix, incluindo múltiplas versões dos vídeos para suportar o uso do DASH. A Netflix não usa *pull-caching* (Seção 2.2.5) para preencher os seus servidores de CDN nos IXPs e ISPs. Em vez disso, a Netflix distribui os vídeos para os servidores de CDN por um sistema de envio (*push*) fora do horário de pico. Para os locais que não podem armazenar todo o catálogo, a Netflix transmite apenas os vídeos mais populares, que são determinados diariamente. O projeto de CDN da Netflix está descrito em mais detalhes nos vídeos de YouTube (Netflix Video 1) e (Netflix Video 2); veja também (Bottger, 2018).

Tendo descrito os componentes da arquitetura da Netflix, vamos analisar mais de perto a interação entre o cliente e os vários servidores envolvidos na entrega do filme. Como indicado anteriormente, as páginas de Internet para se navegar pela biblioteca de vídeos da Netflix usam os servidores da nuvem da Amazon. Quando o usuário seleciona um filme para assistir, o *software* da Netflix, executado na nuvem da Amazon, primeiro determina quais dos seus servidores de CDN possuem cópias do filme. Entre os servidores que o possuem, o *software* determina então o "melhor" servidor para a solicitação daquele cliente. Se este utiliza um ISP residencial que possui um armário de servidores de CDN da Netflix instalado, e este armário possui uma cópia do filme solicitado, então normalmente um servidor nesse armário é selecionado. Se não, em geral, um servidor em um IXP próximo é selecionado.

Depois que determina o servidor de CDN que deve transmitir o conteúdo, a Netflix envia ao cliente o endereço IP do servidor específico junto com o arquivo de manifesto, que possui os URLs das diferentes versões do filme solicitado. O cliente e aquele servidor da CDN então interagem usando DASH. Mais especificamente, como foi descrito na Seção 2.6.2, o cliente utiliza o cabeçalho do intervalo de *bytes* nas mensagens de requisição HTTP GET para requisitar trechos das diferentes versões do filme. A Netflix usa trechos de cerca de 4 segundos (Adhikari, 2012). Enquanto os trechos vão sendo baixados, o cliente mede a vazão recebida e executa um algoritmo para determinação da taxa, a fim de definir a qualidade do próximo trecho da requisição seguinte.

A Netflix representa muitos dos princípios-chave discutidos antes nesta seção, incluindo *streaming* adaptativo e distribuição por CDN. Contudo, como usa a sua própria CDN privada, que distribui apenas vídeo (e não páginas Web), a Netflix pôde simplificar e adaptar o seu projeto de CDN. Em especial, a Netflix não precisa empregar redirecionamento de DNS, como discutido na Seção 2.6.3, para conectar um determinado cliente a um servidor de CDN; em vez disso, o *software* da empresa (executado na nuvem da Amazon) informa o cliente diretamente que deve usar um determinado servidor de CDN. Além disso, a CDN na Netflix usa *push-caching* (armazenagem de informações não solicitadas), não *pull-caching* (armazenagem de informações solicitadas) (Seção 2.2.5): o conteúdo é mandado para os servidores em horários agendados, fora dos horários de pico, em vez de dinamicamente, em resposta a ausências no *cache*.

YouTube

Com centenas de horas de vídeo enviadas para o *site* a cada minuto e vários bilhões de visualizações por dia, o YouTube é indiscutivelmente o maior *site* da Internet no mundo para compartilhamento de vídeos. O YouTube começou seus serviços em abril de 2005 e foi adquirido pela Google em novembro de 2006. Embora o projeto e os protocolos da Google/YouTube sejam proprietários, através de muitos esforços de medição independentes, podemos ter um entendimento básico sobre como o YouTube opera (Zink, 2009; Torres, 2011; Adhikari, 2011a). Assim como a Netflix, o YouTube faz uso extensivo da tecnologia CDN para distribuir seus vídeos (Torres, 2011). Também como a Netflix, a Google utiliza sua própria CDN privada para distribuir os vídeos do YouTube e tem instalado *clusters* de servidores em centenas de locais de IXPs e ISPs diferentes. Desses locais e diretamente dos seus enormes *datacenters*, a Google distribui os vídeos do YouTube (Adhikari 2011a). Ao contrário da Netflix, no entanto, a Google usa *pull-caching* (armazenagem de informações solicitadas) como descrito na Seção 2.2.5, e redirecionamentos de DNS, como descrito na Seção 2.6.3. Na maior parte do tempo, a estratégia de seleção de *cluster* da Google direciona o cliente ao *cluster* para o qual o RTT entre o cliente e o *cluster* seja o menor; porém, a fim de balancear a carga através dos *clusters*, algumas vezes o cliente é direcionado (via DNS) a um *cluster* mais distante (Torres, 2011).

O YouTube emprega *streaming* por HTTP, e muitas vezes disponibiliza uma pequena quantidade de versões diferentes do vídeo, cada uma com uma taxa de *bits* diferente e correspondente ao nível de qualidade. O YouTube não utiliza *streaming* adaptativo (como o DASH), preferindo exigir que o usuário selecione manualmente uma versão. No intuito de economizar tanto largura de banda quanto recursos do servidor, que poderiam ser desperdiçados por reposicionamento ou por término precoce, o YouTube usa a requisição HTTP de intervalo de *bytes*, de modo a limitar o fluxo de dados transmitidos após uma quantidade do vídeo ter sido obtida pela pré-busca.

Vários milhões de vídeos são enviados ao YouTube diariamente. Não apenas vídeos do YouTube são enviados do servidor ao cliente por HTTP, mas os produtores também enviam seus vídeos do cliente ao servidor por HTTP. O YouTube processa cada vídeo que recebe, convertendo-o para um formato de vídeo próprio e criando várias versões em diferentes taxas de *bits*. Esse processamento ocorre todo dentro dos *datacenters* da Google. (Veja o estudo de caso sobre a infraestrutura de rede da Google, na Seção 2.6.3.)

2.7 PROGRAMAÇÃO DE *SOCKETS*: CRIANDO APLICAÇÕES DE REDE

Agora que já examinamos várias importantes aplicações de rede, vamos explorar como são escritos programas de aplicação de rede. Lembre-se de que na Seção 2.1 dissemos que muitas aplicações de rede consistem em um par de programas – um programa cliente e um programa servidor – que residem em dois sistemas finais diferentes. Quando são executados, criam-se um processo cliente e um processo servidor, que se comunicam entre si lendo de seus *sockets* e escrevendo através deles. Ao criar uma aplicação de rede, a tarefa principal do programador é escrever o código tanto para o programa cliente como para o programa servidor.

Há dois tipos de aplicações de rede. Um deles é uma execução cuja operação é especificada em um padrão de protocolo, por exemplo, em um RFC ou algum outro documento de padrões; essa aplicação às vezes é denominada “aberta”, pois as regras que especificam sua operação são conhecidas de todos. Para essa implementação, os programas cliente e servidor devem obedecer às regras ditadas pelo RFC. Por exemplo, o programa cliente poderia ser uma execução do lado do cliente do protocolo HTTP descrito na Seção 2.2 e definido precisamente no RFC 2616; e o programa servidor, uma implementação do protocolo de servidor HTTP também descrito de modo preciso no RFC 2616. Se um programador escrever um código para o programa cliente e outro programador independente escrever um código para o programa servidor e ambos seguirem com atenção as regras do RFC, então os dois programas poderão interagir. De fato, muitas das aplicações de rede de hoje envolvem comunicação entre programas cliente e servidor que foram criados por programadores diferentes – por exemplo, um navegador Google Chrome que se comunica com um servidor Web Apache, ou um cliente BitTorrent que se comunica com um rastreador BitTorrent.

O outro tipo de aplicação de rede é uma aplicação de rede proprietária. Nesse caso, os programas cliente e servidor empregam um protocolo de camada de aplicação que *não* foi publicado abertamente em um RFC ou em outro lugar. Um único desenvolvedor (ou equipe de desenvolvimento) cria ambos os programas cliente e servidor e tem completo controle sobre o que entra no código. Mas como o código não implementa um protocolo de domínio público, outros programadores independentes não poderão desenvolver código que interage com a aplicação.

Nesta seção e na próxima, examinaremos as questões fundamentais do desenvolvimento de uma aplicação cliente-servidor, e "sujaremos nossas mãos" examinando o código que executa uma aplicação cliente-servidor muito simples. Durante a fase de desenvolvimento, uma das primeiras decisões que o programador deve tomar é se a aplicação rodará em TCP ou UDP. Lembre-se de que o TCP é orientado para conexão e provê um canal confiável de cadeia de *bytes*, pelo qual fluem dados entre dois sistemas finais. O UDP não é orientado para conexão e envia pacotes de dados independentes de um sistema final ao outro, sem nenhuma garantia de entrega. Lembre-se também que, quando um programa, cliente ou servidor, executa um protocolo definido em um RFC, deve usar o número de porta conhecido associado com o protocolo; por outro lado, ao desenvolver uma aplicação proprietária, o programador deve ter o cuidado de evitar esses números de porta conhecidos. (Números de portas foram discutidos brevemente na Seção 2.1. Eles serão examinados mais detalhadamente no Capítulo 3.)

Apresentamos a programação de *sockets* UDP e TCP por meio de aplicações UDP e TCP simples em Python. Poderíamos escrevê-las em linguagem Java, C ou C++, mas optamos por Python por diversas razões, principalmente porque Python expõe com clareza os conceitos principais de *sockets*. Com Python, há menos linhas de codificação, e cada uma delas pode ser explicada a programadores iniciantes sem muita dificuldade. Mas não precisa ficar assustado se não estiver familiarizado com a linguagem. Você conseguirá acompanhar o código com facilidade se tiver experiência de programação em Java, C ou C++.

Se estiver interessado em programação cliente-servidor em linguagem Java, veja o *site* de apoio que acompanha este livro; lá você poderá achar todos os exemplos desta seção (e laboratórios associados) em Java. Para os interessados em programação cliente-servidor em C, há várias boas referências à disposição (Donahoo, 2001; Stevens, 1997; Frost, 1994); nossos exemplos em Python a seguir possuem um estilo semelhante a C.

2.7.1 Programação de *sockets* com UDP

Nesta subseção, vamos escrever programas cliente-servidor simples que usam UDP; na próxima, escreveremos programas semelhantes que usam TCP.

Comentamos na Seção 2.1 que processos que rodam em máquinas diferentes se comunicam entre si enviando mensagens para *sockets*. Dissemos que cada processo é semelhante a uma casa, e que o *socket* do processo é semelhante a uma porta. A aplicação reside em um lado da porta na casa; o protocolo da camada de transporte reside no outro lado da porta, no mundo exterior. O programador da aplicação controla tudo que está no lado da camada de aplicação da porta; contudo, tem pouco controle do lado da camada de transporte.

Agora, vejamos mais de perto a interação entre dois processos que se comunicam, que utilizam *sockets* UDP. Antes que o processo emissor consiga empurrar um pacote de dados pela porta do *socket*, ao usar UDP, ele deve primeiro incluir um endereço de destino no pacote. Depois que o pacote passa pelo *socket* do emissor, a Internet usará esse endereço de destino para rotear o pacote pela Internet até o *socket* no processo receptor. Quando o pacote chega no *socket* receptor, o processo receptor apanha o pacote através do *socket* e depois inspeciona o conteúdo do pacote e toma a ação apropriada.

Assim, você pode agora querer saber: o que há no endereço de destino que é acrescentado ao pacote? Como é de se esperar, o endereço IP do hospedeiro de destino faz parte do endereço de destino. Ao incluir o endereço IP do destino no pacote, os roteadores na Internet poderão rotear o pacote pela Internet até o hospedeiro de destino. Mas como o hospedeiro pode estar rodando muitos processos de aplicação de rede, cada um com um ou mais *sockets*, também é preciso identificar o *socket* em particular no hospedeiro de destino. Quando um *socket* é criado, um identificador, chamado **número de porta**, é designado para ele. Assim, como é de se esperar, o endereço de destino do pacote também inclui o número de porta do *socket*. Resumindo, o processo emissor inclui no pacote um endereço de destino que consiste no endereço IP do hospedeiro de destino e o número de porta do *socket* de destino.

Além do mais, como veremos em breve, o endereço de origem do emissor – consistindo no endereço IP do hospedeiro de origem e no número de porta do *socket* de origem – também é acrescentado ao pacote. Porém, a inclusão do endereço de origem ao pacote normalmente *não* é feita pelo código da aplicação UDP; em vez disso, ela é feita automaticamente pelo sistema operacional.

Usaremos a aplicação cliente-servidor simples a seguir para demonstrar a programação de *socket* para UDP e TCP:

1. Um cliente lê uma linha de caracteres (dados) do teclado e a envia para o servidor.
2. O servidor recebe os dados e converte os caracteres para maiúsculas.
3. O servidor envia os dados modificados ao cliente.
4. O cliente recebe os dados modificados e apresenta a linha em sua tela

A Figura 2.27 destaca a principal atividade relacionada ao *socket* realizada pelo cliente e pelo servidor, que se comunicam por meio de um serviço de transporte.

Agora vamos pôr as mãos na massa e dar uma olhada no par de programas cliente-servidor para uma implementação UDP dessa aplicação de exemplo. Também oferecemos uma análise detalhada, linha a linha, após cada programa. Começamos com um cliente UDP, que enviará uma mensagem simples, em nível de aplicação, ao servidor. Para que o servidor possa receber e responder à mensagem do cliente, ele precisa estar pronto e rodando – ou seja, precisa estar rodando como um processo antes que o cliente envie sua mensagem.

O programa cliente é denominado UDPClient.py, e o programa servidor é denominado UDPServer.py. Para enfatizar os principais pontos, oferecemos intencionalmente um código que seja mínimo. Um "código bom" certamente teria muito mais linhas auxiliares, particularmente para tratar de casos de erro. Para esta aplicação, escolhemos arbitrariamente 12000 para o número de porta do servidor.

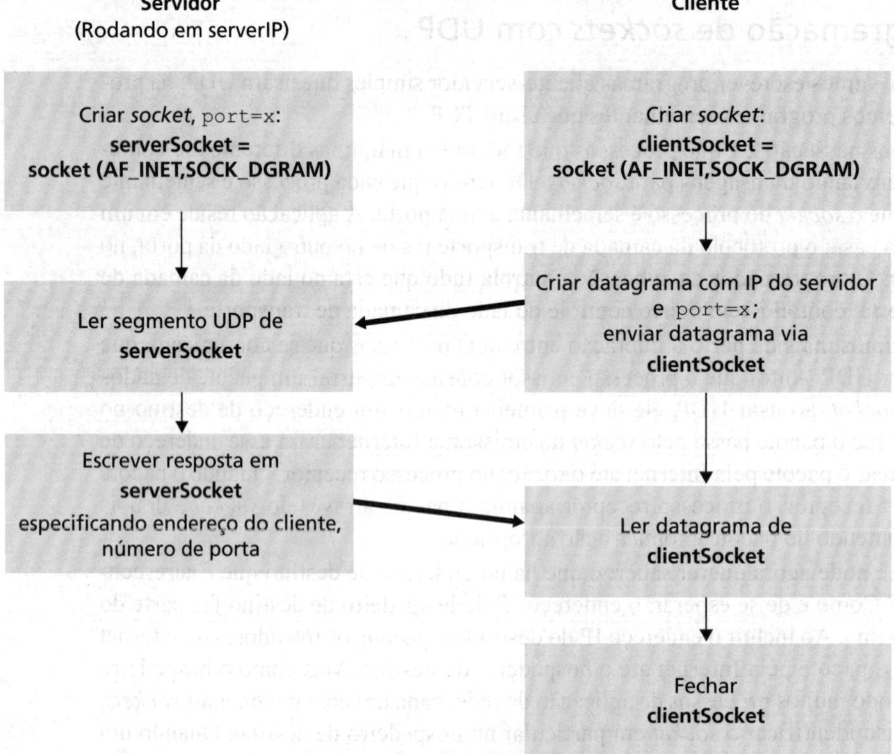

Figura 2.27 A aplicação cliente-servidor usando UDP.

UDPClient.py

Aqui está o código para o lado cliente da aplicação:

```
from socket import *
serverName = 'hostname'
serverPort = 12000
clientSocket = socket(AF_INET, SOCK_DGRAM)
message = input('Input lowercase sentence:')
clientSocket.sendto(message.encode(),(serverName, serverPort))
modifiedMessage, serverAddress = clientSocket.recvfrom(2048)
print(modifiedMessage.decode())
clientSocket.close()
```

Agora, vamos examinar as linhas de código em UDPClient.py.

```
from socket import *
```

O módulo `socket` forma a base de todas as comunicações de rede em Python. Incluindo esta linha, poderemos criar *sockets* dentro do nosso programa.

```
serverName = 'hostname'
serverPort = 12000
```

A primeira linha define a variável `serverName` como a cadeia "hostname". Aqui, oferecemos uma cadeia contendo ou o endereço IP do servidor (p. ex., "128.138.32.126") ou o nome de hospedeiro do servidor (p. ex., "cis.poly.edu"). Se usarmos o nome do hospedeiro, então uma pesquisa DNS será automaticamente realizada para obter o endereço IP. A segunda linha define a variável inteira `serverPort` como 12000.

```
clientSocket = socket(AF_INET, SOCK_DGRAM)
```

Esta linha cria o *socket* do cliente, denominado `clientSocket`. O primeiro parâmetro indica a família do endereço; em particular, `AF_INET` indica que a rede subjacente está usando IPv4. (Não se preocupe com isso agora – vamos discutir sobre o IPv4 no Capítulo 4.) O segundo parâmetro indica que o *socket* é do tipo `SOCK_DGRAM`, o que significa que é um *socket* UDP (em vez de um *socket* TCP). Observe que não estamos especificando o número de porta do *socket* cliente quando o criamos; em vez disso, deixamos que o sistema operacional o faça por nós. Agora que a porta do processo cliente já foi criada, queremos criar uma mensagem para enviar pela porta.

```
message = input('Input lowercase sentence:')
```

`input()` é uma função interna da linguagem Python. Quando esse comando é executado, o usuário no cliente recebe o texto "Input lowercase sentence:". Então, o usuário usa seu teclado para digitar uma linha, que é colocada na variável `message`. Agora que temos um *socket* e uma mensagem, queremos enviar a mensagem pelo *socket* ao hospedeiro de destino.

```
clientSocket.sendto(message.encode(), (serverName, serverPort))
```

Nesta linha, primeiro convertemos a mensagem do tipo cadeia para o tipo *byte*, pois precisamos enviar *bytes* para um *socket*; para tanto, usamos o método `encode()`. O método `sendto()` acrescenta o endereço de destino (`serverName, serverPort`) à mensagem e envia o pacote resultante pelo *socket* do processo, `clientSocket`. (Como já dissemos, o endereço de origem também é conectado ao pacote, embora isso seja feito automaticamente, e não pelo código.) O envio de uma mensagem do cliente ao servidor por meio de um *socket* UDP é simples assim! Depois de enviar o pacote, o cliente espera receber dados do servidor.

```
modifiedMessage, serverAddress = clientSocket.recvfrom(2048)
```

Com esta linha, quando um pacote chega da Internet no *socket* do cliente, os dados são colocados na variável `modifiedMessage`, e o endereço de origem do pacote é colocado na variável `serverAddress`. A variável `serverAddress` contém tanto o endereço IP do servidor quanto o número de porta do servidor. O programa UDPClient não precisa realmente dessa informação de endereço do servidor, pois já sabe o endereço do servidor desde o início; mas esta linha de Python oferece o endereço do servidor, apesar disso. O método `recvfrom` também toma o tamanho do *buffer*, 2048, como entrada. (Esse tamanho de *buffer* funciona para quase todos os fins.)

```
print(modifiedMessage.decode())
```

Esta linha imprime modifiedMessage na tela do usuário, após converter a mensagem de *bytes* para uma cadeia. Essa deverá ser a linha original que o usuário digitou, mas agora em letras maiúsculas.

```
clientSocket.close()
```

Esta linha fecha o *socket*. O processo, então, é concluído.

UDPServer.py

Vamos agora dar uma olhada no lado servidor da aplicação:

```
from socket import *
serverPort = 12000
serverSocket = socket(AF _ INET, SOCK _ DGRAM)
serverSocket.bind(('', serverPort))
print("The server is ready to receive")
while True:
    message, clientAddress = serverSocket.recvfrom(2048)
    modifiedMessage = message.decode().upper()
    serverSocket.sendto(modifiedMessage.encode(),
clientAddress)
```

Observe que o início de UDPServer é semelhante ao de UDPClient. Ele também importa o módulo *socket*, também define a variável inteira `serverPort` como 12000 e cria um *socket* do tipo `SOCK _ DGRAM` (um *socket* UDP). A primeira linha de código que é significativamente diferente de UDPClient é:

```
serverSocket.bind(('', serverPort))
```

Esta linha vincula (ou seja, designa) o número de porta 12000 ao *socket* do servidor. Assim, em UDPServer, o código (escrito pelo programador de aplicação) está designando um número de porta ao *socket*. Dessa forma, quando alguém enviar um pacote à porta 12000 no endereço IP do servidor, ele será direcionado a este *socket*. UDPServer, então, entra em um laço *while*; o laço *while* permitirá que UDPServer receba e processe pacotes dos clientes indefinidamente. No laço *while*, UDPServer espera um pacote chegar.

```
message, clientAddress = serverSocket.recvfrom(2048)
```

Esta linha de código é semelhante à que vimos em UDPClient. Quando um pacote chega no *socket* do servidor, os dados são colocados na variável `message`, e o endereço de origem é colocado na variável clientAddress. A variável `clientAddress` contém o endereço IP e o número de porta do cliente. Aqui, UDPServer *usará* essa informação de endereço, pois oferece um endereço de retorno, semelhante ao do remetente no serviço postal comum. Com essa informação, o servidor agora sabe para onde deve direcionar sua resposta.

```
modifiedMessage = message.decode().upper()
```

Esta linha é o núcleo da nossa aplicação simples. Ela apanha a linha enviada pelo cliente e, após converter a mensagem em uma cadeia, usa o método `upper()` para passá-la para letras maiúsculas.

```
serverSocket.sendto(modifiedMessage.encode(), clientAddress)
```

Esta última linha anexa o endereço do cliente (endereço IP e número de porta) à mensagem em letras maiúsculas (após converter a cadeia em *bytes*), enviando o pacote resultante ao *socket* do servidor. (Como já dissemos, o endereço do servidor também é anexado ao pacote, embora isso seja feito automaticamente, e não pelo código.) A Internet, então, entregará o pacote ao endereço do cliente. Depois que o servidor envia o pacote, ele permanece no laço *while*, esperando até que outro pacote UDP chegue (de qualquer cliente rodando em qualquer hospedeiro).

Para testar o par de programas, você instala e compila UDPClient.py em um hospedeiro e UDPServer.py em outro. Não se esqueça de incluir o nome de hospedeiro ou endereço IP do servidor em UDPClient.py. Em seguida, você executa UDPServer.py, o programa servidor compilado, no hospedeiro servidor. Isso cria um processo no servidor que fica ocioso até que seja chamado por algum cliente. Depois, você executa UDPClient.py, o programa cliente compilado, no cliente. Isso cria um processo no cliente. Por fim, para usar a aplicação no cliente, você digita uma sentença seguida por um Enter.

Para desenvolver sua própria aplicação cliente-servidor UDP, você pode começar modificando um pouco os programas cliente e servidor. Por exemplo, em vez de converter todas as letras para maiúsculas, o servidor poderia contar o número de vezes que a letra *s* aparece e retornar esse número. Ou então o cliente pode ser modificado para que, depois de receber uma sentença em maiúsculas, o usuário possa continuar a enviar mais sentenças ao servidor.

2.7.2 Programação de *sockets* com TCP

Ao contrário do UDP, o TCP é um protocolo orientado à conexão. Isso significa que, antes que cliente e servidor possam começar a enviar dados um para o outro, eles precisam primeiro se apresentar e estabelecer uma conexão TCP. Uma ponta dessa conexão está ligada ao *socket* cliente e a outra está ligada a um *socket* servidor. Ao criar a conexão TCP, associamos a ela o endereço de *socket* (endereço IP e número de porta) do cliente e do servidor. Com a conexão estabelecida, quando um lado quer enviar dados para o outro, basta enviá-los na conexão TCP por meio de seu *socket*. Isso é diferente do UDP, para o qual o servidor precisa anexar um endereço de destino ao pacote, antes de enviá-lo ao *socket*.

Agora, vamos examinar mais de perto a interação dos programas cliente e servidor em TCP. O cliente tem a tarefa de iniciar contato com o servidor. Para que o servidor possa reagir ao contato inicial do cliente, ele tem de estar pronto, o que implica duas coisas. Primeiro, como acontece no UDP, o programa servidor TCP precisa estar rodando como um processo antes de o cliente tentar iniciar contato. Segundo, o programa servidor tem de ter alguma porta especial – mais precisamente, um *socket* especial – que acolha algum contato inicial de um processo cliente que esteja rodando em um hospedeiro qualquer. Recorrendo à analogia casa/porta para processo/*socket*, às vezes nos referiremos ao contato inicial do cliente como "bater à porta".

Com o processo servidor em execução, o processo cliente pode iniciar uma conexão TCP com o servidor, o que é feito no programa cliente pela criação de um *socket* TCP. Quando cria seu *socket* TCP, o cliente especifica o endereço do *socket* receptivo do servidor, a saber, o endereço IP do hospedeiro servidor e o número de porta do *socket*. Após a criação de seu *socket*, o cliente inicia uma apresentação de três vias e estabelece uma conexão TCP com o servidor. Essa apresentação, que ocorre dentro da camada de transporte, é completamente invisível para os programas cliente e servidor.

Durante a apresentação de três vias, o processo cliente bate na porta de entrada do processo servidor. Quando o servidor "ouve" a batida, cria uma nova porta (mais precisamente, um *novo socket*) dedicada àquele cliente. No exemplo a seguir, a porta de entrada é um objeto *socket* do TCP que denominamos `serverSocket`; o *socket* recém-criado, dedicado ao cliente que faz a conexão, é denominado `connectionSocket`. Os estudantes que encontram *sockets* TCP pela primeira vez às vezes confundem o *socket* de entrada (que é o ponto de contato inicial para todos os clientes que querem se comunicar com o servidor) com cada *socket* de conexão no lado do servidor, que é criado em seguida para a comunicação com cada cliente.

Do ponto de vista da aplicação; o *socket* do cliente e o de conexão do servidor estão conectados diretamente, como se houvesse uma tubulação entre eles. Como vemos na Figura 2.28, o processo cliente pode enviar *bytes* para seu *socket* de modo arbitrário; o TCP garante que o processo servidor receberá (pelo *socket* de conexão) cada *byte* na ordem em que foram enviados. Assim, o TCP provê um serviço confiável entre os processos cliente e servidor. Além disso, assim como pessoas podem entrar e sair pela mesma porta, o processo cliente não somente envia *bytes* a seu *socket*, mas também os recebe dele; de modo semelhante, o processo servidor não só recebe *bytes* de seu *socket* de conexão, mas também os envia por ele.

Usamos a mesma aplicação cliente-servidor simples para demonstrar programação de *sockets* para TCP: o cliente envia uma linha de dados ao servidor, este converte a linha para letras maiúsculas e a envia de volta ao cliente. A Figura 2.29 destaca a principal atividade relacionada a *socket* do cliente e servidor que se comunicam pelo serviço de transporte TCP.

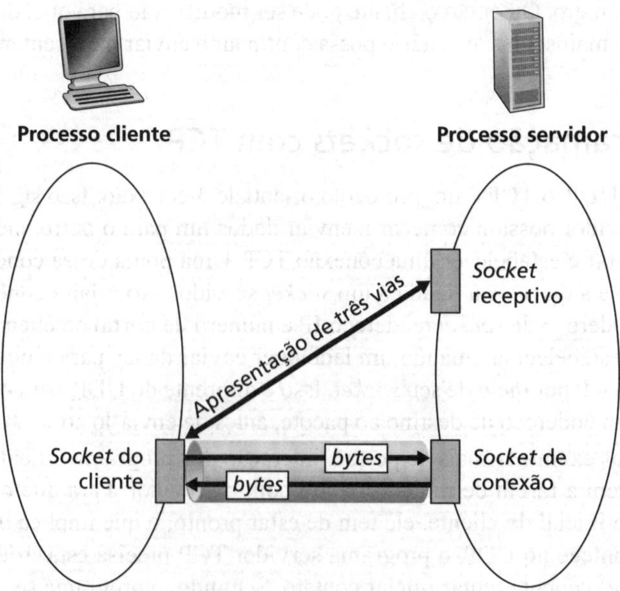

Figura 2.28 O processo TCPServer tem dois *sockets*.

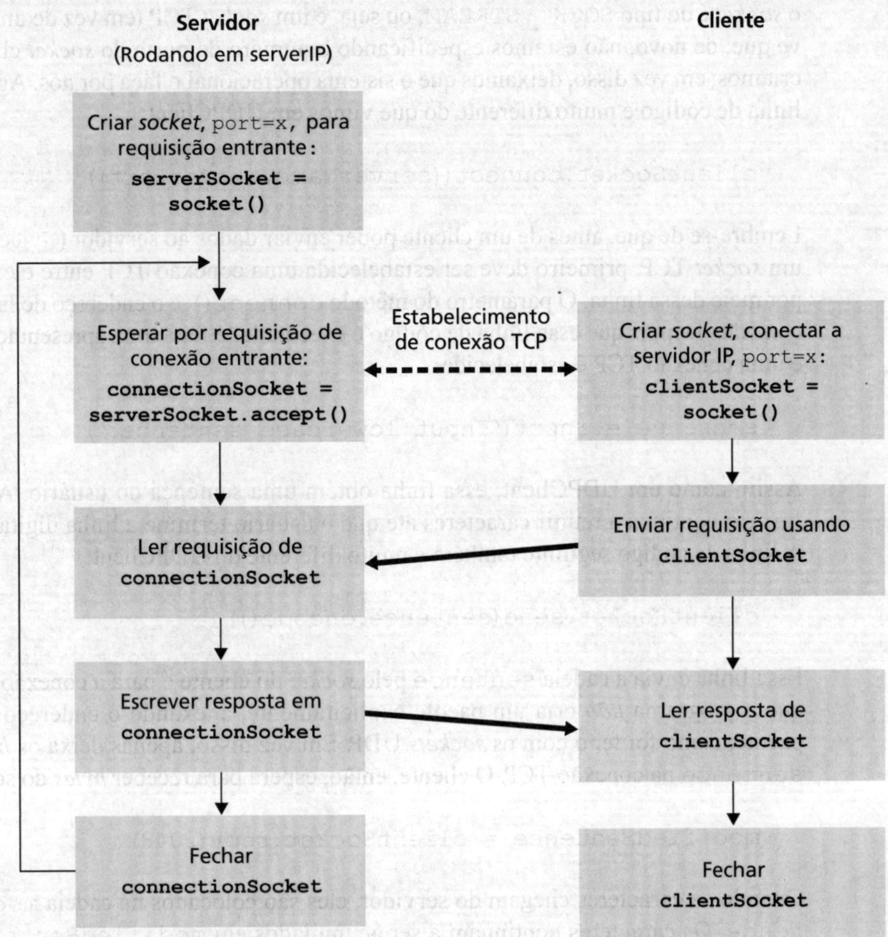

Figura 2.29 A aplicação cliente-servidor usando TCP.

TCPClient.py

Aqui está o código para o lado cliente da aplicação:

```
from socket import *
serverName = 'servername'
serverPort = 12000
clientSocket = socket(AF_INET, SOCK_STREAM)
clientSocket.connect((serverName,serverPort))
sentence = input('Input lowercase sentence:')
clientSocket.send(sentence.encode())
modifiedSentence = clientSocket.recv(1024)
print('From Server: ', modifiedSentence.decode())
clientSocket.close()
```

Vamos agora examinar as várias linhas do código, que diferem ligeiramente da implementação UDP. A primeira linha é a criação do *socket* do cliente.

```
clientSocket = socket(AF_INET, SOCK_STREAM)
```

Essa linha cria o *socket* do cliente, denominado `clientSocket`. O primeiro parâmetro novamente indica que a rede subjacente está usando IPv4. O segundo parâmetro indica que o *socket* é do tipo SOCK _ STREAM, ou seja, é um *socket* TCP (em vez de um UDP). Observe que, de novo, não estamos especificando o número de porta do *socket* cliente quando o criamos; em vez disso, deixamos que o sistema operacional o faça por nós. Agora, a próxima linha de código é muito diferente do que vimos em UDPClient:

```
clientSocket.connect((serverName,serverPort))
```

Lembre-se de que, antes de um cliente poder enviar dados ao servidor (e vice-versa) usando um *socket* TCP, primeiro deve ser estabelecida uma conexão TCP entre eles, o que é feito por meio dessa linha. O parâmetro do método connect() é o endereço do lado servidor da conexão. Depois que essa linha de código é executada, é feita uma apresentação de três vias e uma conexão TCP é estabelecida.

```
sentence = input('Input lowercase sentence:')
```

Assim como em UDPClient, essa linha obtém uma sentença do usuário. A cadeia sentence continua a reunir caracteres até que o usuário termine a linha digitando um Enter. A linha de código seguinte também é muito diferente do UDPClient:

```
clientSocket.send(sentence.encode())
```

Essa linha envia a cadeia sentence pelo *socket* do cliente e para a conexão TCP. Observe que o programa *não* cria um pacote explicitamente, anexando o endereço de destino ao pacote, como foi feito com os *sockets* UDP. Em vez disso, apenas deixa os *bytes* da cadeia sentence na conexão TCP. O cliente, então, espera para receber *bytes* do servidor.

```
modifiedSentence = clientSocket.recv(2048)
```

Quando os caracteres chegam do servidor, eles são colocados na cadeia modifiedSentence. Os caracteres continuam a ser acumulados em modifiedSentence até que a linha termine com um caractere de Enter. Depois de exibir a sentença em maiúsculas, fechamos o *socket* do cliente:

```
clientSocket.close()
```

Essa última linha fecha o *socket* e, portanto, fecha a conexão TCP entre cliente e servidor. Ela faz o TCP no cliente enviar uma mensagem TCP ao servidor (ver Seção 3.5).

TCPServer.py

Agora vamos examinar o programa servidor.

```
from socket import *
serverPort = 12000
serverSocket = socket(AF_INET,SOCK_STREAM)
serverSocket.bind(('',serverPort))
serverSocket.listen(1)
print('The server is ready to receive')
while True:
    connectionSocket, addr = serverSocket.accept()
    sentence = connectionSocket.recv(1024).decode()
    capitalizedSentence = sentence.upper()
    connectionSocket.send(capitalizedSentence.encode())
    connectionSocket.close()
```

Vejamos agora as linhas que diferem significativamente de UDPServer e TCPClient.

Assim como em TCPClient, o servidor cria um *socket* TCP com:

```
serverSocket=socket(AF_INET,SOCK_STREAM)
```

De modo semelhante a UDPServer, associamos o número de porta do servidor, `serverPort`, ao *socket*:

```
serverSocket.bind(('',serverPort))
```

Porém, com TCP, `serverSocket` será nosso *socket* de entrada. Depois de estabelecer essa porta de entrada, vamos esperar e ficar escutando até que algum cliente bata à porta:

```
serverSocket.listen(1)
```

Essa linha faz com que o servidor escute as requisições de conexão TCP do cliente. O parâmetro especifica o número máximo de conexões em fila (pelo menos 1).

```
connectionSocket, addr = serverSocket.accept()
```

Quando o cliente bate a essa porta, o programa chama o método `accept()` para serverSocket, que cria um novo *socket* no servidor, chamado `connectionSocket`, dedicado a esse cliente específico. Cliente e servidor, então, completam a apresentação, criando uma conexão TCP entre o `clientSocket` do cliente e o `connectionSocket` do servidor. Após estabelecer a conexão TCP, cliente e servidor podem enviar *bytes* um para o outro por ela. Com TCP, todos os *bytes* enviados de um lado têm garantias não apenas de que chegarão ao outro lado, mas também na ordem.

```
connectionSocket.close()
```

Nesse programa, depois de enviar a sentença modificada ao cliente, fechamos o *socket* da conexão. Mas como `serverSocket` permanece aberto, outro cliente agora pode bater à porta e enviar uma sentença ao servidor, para que seja modificada.

Isso conclui nossa discussão sobre programação de *sockets* em TCP. Encorajamos o leitor a executar os dois programas em dois hospedeiros separados, e também a modificá-los para realizar objetivos ligeiramente diferentes. Compare o par de programas UDP com o par de programas TCP e repare suas diferenças. Você também deverá realizar as várias tarefas de programação de *sockets* descritas ao final dos Capítulos 2, 4 e 9. Por fim, esperamos que, um dia, depois de dominar estes e outros programas de *sockets* mais avançados, você escreva sua própria aplicação popular para redes, fique rico, famoso e lembre-se dos autores deste livro!

2.8 RESUMO

Neste capítulo, estudamos os aspectos conceituais e os aspectos de implementação de aplicações de rede. Conhecemos a onipresente arquitetura cliente-servidor adotada por aplicações da Internet e examinamos sua utilização nos protocolos HTTP, SMTP e DNS. Analisamos esses importantes protocolos de camada de aplicação e suas aplicações associadas (Web, transferência de arquivos, e-mail e DNS) com algum detalhe. Conhecemos também a arquitetura P2P e a contrastamos com a arquitetura cliente-servidor. Também aprendemos sobre o *streaming* de vídeo e como os sistemas modernos de distribuição de vídeo utilizam as CDNs. Vimos como o API *socket* pode ser usado para construir aplicações de rede. Examinamos a utilização de *sockets* para serviços de transporte fim a fim orientados à conexão (TCP) e não orientados à conexão (UDP). A primeira etapa de nossa jornada de descida pela arquitetura das camadas da rede está concluída!

Logo no começo deste livro, na Seção 1.1, demos uma definição um tanto vaga e despojada de um protocolo. Dissemos que um protocolo é "o formato e a ordem das mensagens trocadas entre duas ou mais entidades comunicantes, bem como as ações realizadas na transmissão e/ou no recebimento de uma mensagem ou outro evento". O material deste capítulo – em particular, o estudo detalhado dos protocolos HTTP, SMTP e DNS – agregou considerável substância a essa definição. Protocolos são o conceito fundamental de redes. Nosso estudo sobre protocolos de aplicação nos deu agora a oportunidade de desenvolver uma noção mais intuitiva do que eles realmente são.

Na Seção 2.1, descrevemos os modelos de serviço que o TCP e o UDP oferecem às aplicações que os chamam. Nós os examinamos ainda mais de perto quando desenvolvemos, na Seção 2.7, aplicações simples que executam em TCP e UDP. Contudo, pouco dissemos sobre como o TCP e o UDP fornecem esses modelos de serviços. Por exemplo, sabemos que o TCP provê um serviço de dados confiável, mas ainda não mencionamos como ele o faz. No próximo capítulo, examinaremos cuidadosamente não apenas o que são protocolos de transporte, mas também o como e o porquê deles.

Agora que conhecemos a estrutura da aplicação da Internet e os protocolos de camada de aplicação, estamos prontos para continuar a descer a pilha de protocolos e examinar a camada de transporte no Capítulo 3.

Exercícios de fixação e perguntas

Questões de revisão do Capítulo 2

SEÇÃO 2.1

R1. Relacione cinco aplicações da Internet não proprietárias e os protocolos de camada de aplicação que elas usam.

R2. Qual é a diferença entre arquitetura de rede e arquitetura de aplicação?

R3. Para uma sessão de comunicação entre um par de processos, qual processo é o cliente e qual é o servidor?

R4. Em uma aplicação de compartilhamento de arquivos P2P, você concorda com a afirmação: "não existe nenhuma noção de lados cliente e servidor de uma sessão de comunicação"? Justifique sua resposta.

R5. Qual informação é usada por um processo que está rodando em um hospedeiro para identificar um processo que está rodando em outro hospedeiro?

R6. Suponha que você queria fazer uma transação de um cliente remoto para um servidor da maneira mais rápida possível. Você usaria o UDP ou o TCP? Por quê?

R7. Com referência à Figura 2.4, vemos que nenhuma das aplicações relacionadas nela requer "sem perda de dados" e "temporização". Você consegue imaginar uma aplicação que requeira "sem perda de dados" e seja também altamente sensível ao atraso?

R8. Relacione quatro classes de serviços que um protocolo de transporte pode prover. Para cada uma, indique se o UDP ou o TCP (ou ambos) fornece tal serviço.

R9. Lembre-se de que o TCP pode ser aprimorado com o TLS para fornecer serviços de segurança processo a processo, incluindo a codificação. O TLS opera na camada de transporte ou na camada de aplicação? Se o desenvolvedor da aplicação quer que o TCP seja aprimorado com o TLS, o que ele deve fazer?

SEÇÕES 2.2 a 2.5

R10. O que significa protocolo de apresentação (*handshaking protocol*)?

R11. Por que HTTP, SMTP e IMAP rodam sobre TCP e não sobre UDP?

R12. Considere um *site* de comércio eletrônico que quer manter um registro de compras para cada um de seus clientes. Descreva como isso pode ser feito com *cookies*.

R13. Descreva como o *cache* Web pode reduzir o atraso na recepção de um objeto requisitado. O *cache* Web reduzirá o atraso para todos os objetos requisitados por um usuário ou somente para alguns objetos? Por quê?

R14. Digite um comando Telnet em um servidor Web e envie uma mensagem de requisição com várias linhas. Inclua nessa mensagem a linha de cabeçalho `If-modified-since:` para forçar uma mensagem de resposta com a codificação de estado `304 Not Modified`.

R15. Liste vários aplicativos populares de mensagens instantâneas. Eles usam os mesmos protocolos que o SMS?

R16. Suponha que Alice envie uma mensagem a Bob por meio de uma conta de e-mail da Web (como o Hotmail ou Gmail), e que Bob acesse seu e-mail por seu servidor de correio usando IMAP. Descreva como a mensagem vai do hospedeiro de Alice até o hospedeiro de Bob. Não se esqueça de relacionar a série de protocolos de camada de aplicação usados para movimentar a mensagem entre os dois hospedeiros.

R17. Imprima o cabeçalho de uma mensagem de e-mail que tenha recebido recentemente. Quantas linhas de cabeçalho `Received:` há nela? Analise cada uma.

R18. O que é o problema de bloqueio HOL no HTTP/1.1? Como o HTTP/2 tenta resolvê-lo?

R19. É possível que o servidor Web e o servidor de correio de uma organização tenham exatamente o mesmo apelido para um nome de hospedeiro (p. ex., `foo.com`)? Qual seria o tipo de RR que contém o nome de hospedeiro do servidor de correio?

R20. Examine seus e-mails recebidos e veja o cabeçalho de uma mensagem enviada de um usuário com um endereço de correio eletrônico .edu. É possível determinar, pelo cabeçalho, o endereço IP do hospedeiro do qual a mensagem foi enviada? Faça o mesmo para uma mensagem enviada de uma conta do Gmail.

SEÇÃO 2.5

R21. No BitTorrent, suponha que Alice forneça blocos para Bob durante um intervalo de 30 segundos. Bob retornará, necessariamente, o favor e fornecerá blocos para Alice no mesmo intervalo? Por quê?

R22. Considere um novo par, Alice, que entra no BitTorrent sem possuir nenhum bloco. Sem qualquer bloco, ela não pode se tornar uma das quatro melhores exportadoras de dados para qualquer dos outros pares, visto que ela não possui nada para enviar. Então, como Alice obterá seu primeiro bloco?

R23. O que é uma rede de sobreposição? Ela inclui roteadores? O que são as arestas da rede de sobreposição?

SEÇÃO 2.6

R24. CDNs geralmente adotam uma de duas filosofias de posicionamento de servidor diferentes. Relacione-as e descreva-as.

R25. Além das considerações relacionadas à rede, como atraso, perda e desempenho da largura de banda, existem outros fatores importantes que afetam o projeto de uma estratégia de seleção de CDN. Quais são eles?

SEÇÃO 2.7

R26. O servidor UDP descrito na Seção 2.7 precisava de um *socket* apenas, ao passo que o servidor TCP precisava de dois. Por quê? Se um servidor TCP tivesse de suportar *n* conexões simultâneas, cada uma de um hospedeiro cliente diferente, de quantos *sockets* precisaria?

R27. Para a aplicação cliente-servidor por TCP descrita na Seção 2.7, por que o programa servidor deve ser executado antes do programa cliente? Para a aplicação cliente-servidor por UDP, por que o programa cliente pode ser executado antes do programa servidor?

Problemas

P1. Falso ou verdadeiro?

a. Um usuário requisita uma página Web que consiste em algum texto e três imagens. Para essa página, o cliente enviará uma mensagem de requisição e receberá quatro mensagens de resposta.

b. Duas páginas Web distintas (p. ex., `www.mit.edu/research.html` e `www.mit.edu/students.html`) podem ser enviadas pela mesma conexão persistente.

c. Com conexões não persistentes entre navegador e servidor de origem, é possível que um único segmento TCP transporte duas mensagens distintas de requisição HTTP.

d. O cabeçalho `Date:` na mensagem de resposta HTTP indica a última vez que o objeto da resposta foi modificado.

e. As mensagens de resposta HTTP nunca possuem um corpo de mensagem vazio.

P2. SMS, iMessage, Wechat e WhatsApp são todos sistemas de mensagem em tempo real para *smartphones*. Após pesquisar um pouco na Internet, escreva, para cada um desses sistemas, um parágrafo sobre os protocolos que utilizam. A seguir, escreva um parágrafo explicando as diferenças entre eles.

P3. Considere um cliente HTTP que queira obter um documento Web em um dado URL. Inicialmente, o endereço IP do servidor HTTP é desconhecido. Nesse cenário, quais protocolos de transporte e de camada de aplicação são necessários, além do HTTP?

P4. Considere a seguinte cadeia de caracteres ASCII capturada pelo Wireshark quando o navegador enviou uma mensagem HTTP GET (ou seja, o conteúdo real de uma mensagem HTTP GET). Os caracteres *<cr><lf>* são *carriage return* e *line feed* (ou seja, a cadeia de caracteres em itálico *<cr>* no texto abaixo representa o caractere único *carriage return* que estava contido, naquele momento, no cabeçalho HTTP). Responda às seguintes questões, indicando onde estão as respostas na mensagem HTTP GET a seguir.

```
GET /cs453/index.html HTTP/1.1<cr><lf>Host: gai a.cs.
umass.edu<cr><lf>User-Agent: Mozilla/5.0 (Windows;U;
Windows NT 5.1; en-US; rv:1.7.2) Gec ko/20040804
Netscape/7.2 (ax) <cr><lf>Accept:ex t/xml, application/
xml, application/xhtml+xml, text /html;q=0.9, text/
plain;q=0.8,image/png,*/*;q=0.5 <cr><lf>Accept-Language: en-
us,en;q=0.5<cr><lf>Accept-Encoding: zip,deflate<cr><lf>Accept-
Charset: ISO -8859-1,utf-8;q=0.7,*;q=0.7<cr><lf>Keep-Alive:
300<cr> <lf>Connection:keep-alive<cr><lf><cr><lf>
```

a. Qual é o URL do documento requisitado pelo navegador?

b. Qual versão do HTTP o navegador está rodando?

c. O navegador requisita uma conexão não persistente ou persistente?

d. Qual é o endereço IP do hospedeiro no qual o navegador está rodando?

e. Qual tipo de navegador inicia essa mensagem? Por que é necessário o tipo de navegador em uma mensagem de requisição HTTP?

P5. O texto a seguir mostra a resposta enviada do servidor em reação à mensagem HTTP GET na questão anterior. Responda às seguintes questões, indicando onde estão as respostas na mensagem.

```
HTTP/1.1 200 OK<cr><lf>Date: Tue, 07 Mar 2008
12:39:45GMT<cr><lf>Server: Apache/2.0.52 (Fedora) <cr><lf>Last-
Modified: Sat, 10 Dec2005 18:27:46 GMT<cr><lf>ETag: "526c3-
f22-a88a4c80"<cr><lf>Accept-Ranges: bytes<cr><lf>Content-
Length: 3874<cr><lf> Keep-Alive: timeout=max=100<cr><lf>Conn
ection: Keep-Alive<cr><lf>Content-Type: text/html; charset=
ISO-8859-1<cr><lf><cr><lf><!doctype html public "- //w3c//
dtd html 4.0transitional//en"><lf><html><lf> <head><lf> <meta
http-equiv="Content-Type" content="text/html; charset=iso-
8859-1"><lf> <meta name="GENERATOR" content="Mozilla/4.79 [en]
(Windows NT 5.0; U) Netscape]"><lf> <title>CMPSCI 453 / 591 /
NTU-ST550ASpring 2005 homepage</title><lf></head><lf><muito
mais texto do documento em seguida (não mostrado)>
```

a. O servidor foi capaz de encontrar o documento com sucesso ou não? A que horas foi apresentada a resposta do documento?

b. Quando o documento foi modificado pela última vez?

c. Quantos *bytes* existem no documento que está retornando?

d. Quais são os 5 primeiros *bytes* do documento que está retornando? O servidor aceitou uma conexão persistente?

P6. Obtenha a especificação HTTP/1.1 (RFC 2616). Responda às seguintes perguntas:

a. Explique o mecanismo de sinalização que cliente e servidor utilizam para indicar que uma conexão persistente está sendo fechada. O cliente, o servidor, ou ambos, podem sinalizar o encerramento de uma conexão?

b. Quais serviços de criptografia são providos pelo HTTP?

c. O cliente é capaz de abrir três ou mais conexões simultâneas com um determinado servidor?

d. Um servidor ou um cliente pode abrir uma conexão de transporte entre eles se um dos dois descobrir que a conexão ficou lenta por um tempo. É possível que um lado comece a encerrar a conexão enquanto o outro está transmitindo dados por meio dessa conexão? Explique.

P7. Suponha que você clique com seu navegador Web sobre um *hiperlink* para obter uma página e que o endereço IP para o URL associado não esteja no *cache* de seu hospedeiro local. Portanto, será necessária uma consulta ao DNS para obter o endereço IP. Considere que *n* servidores DNS sejam visitados antes que seu hospedeiro receba o endereço IP do DNS; as visitas sucessivas incorrem em um RTT igual a $RTT_1, \ldots, RTT_n$. Suponha ainda que a página associada ao *hiperlink* contenha exatamente um objeto que consiste em uma pequena quantidade de texto HTML. Seja RTT_0 o RTT entre o hospedeiro local e o servidor que contém o objeto. Admitindo que o tempo de transmissão seja zero, quanto tempo passará desde que o cliente clica no *hiperlink* até que receba o objeto?

P8. Com referência ao Problema P7, suponha que o arquivo HTML referencie oito objetos muito pequenos no mesmo servidor. Desprezando tempos de transmissão, quanto tempo passa usando-se:

a. HTTP não persistente sem conexões TCP paralelas?

b. HTTP não persistente com o navegador configurado para 6 conexões paralelas?

c. HTTP persistente?

P9. Considere a Figura 2.12, que mostra uma rede institucional conectada à Internet. Suponha que o tamanho médio do objeto seja 1 milhão de *bits* e que a taxa média de requisição dos navegadores da instituição aos servidores de origem seja 16 requisições por segundo. Suponha também que a quantidade de tempo que leva desde o instante em que o roteador do lado da Internet do enlace de acesso transmite uma requisição HTTP até que receba a resposta seja 3 segundos em média (veja Seção 2.2.5). Modele o tempo total médio de resposta como a soma do atraso de acesso médio (i.e., o atraso entre o roteador da Internet e o roteador da instituição) e o tempo médio de atraso da Internet. Para a média de atraso de acesso, use $\Delta(1 - \Delta\beta)$, sendo Δ o tempo médio requerido para enviar um objeto pelo enlace de acesso e β a taxa de chegada de objetos ao enlace de acesso.

a. Determine o tempo total médio de resposta.

b. Agora, considere que um *cache* é instalado na LAN institucional e que a taxa de resposta local seja 0,4. Determine o tempo total de resposta.

P10. Considere um enlace curto de 10 metros através do qual um remetente pode transmitir a uma taxa de 150 *bits*/s em ambas as direções. Suponha que os pacotes com dados tenham 100 mil *bits* de comprimento, e os pacotes que contêm controle (p. ex., ACK ou apresentação) tenham 200 *bits* de comprimento. Admita que *N* conexões paralelas recebam cada 1/*N* da largura de banda do enlace. Agora, considere o protocolo HTTP e suponha que cada objeto baixado tenha 100 K*bits* de comprimento e que o objeto inicial baixado contenha 10 objetos referenciados do mesmo remetente. Os *downloads* paralelos por meio de instâncias paralelas de HTTP não persistente fazem sentido nesse caso? Agora considere o HTTP persistente. Você espera ganhos significativos sobre o caso não persistente? Justifique sua resposta.

P11. Considere o cenário apresentado na questão anterior. Agora suponha que o enlace é compartilhado por Bob e mais quatro usuários. Bob usa instâncias paralelas de HTTP não persistente, e os outros quatro usam HTTP não persistente sem *downloads* paralelos.

a. As conexões paralelas de Bob o ajudam a acessar páginas Web mais rapidamente? Por quê? Por que não?

b. Se cinco usuários abrirem cinco instâncias paralelas de HTTP não persistente, então as conexões paralelas de Bob ainda seriam úteis? Por quê? Por que não?

P12. Escreva um programa TCP simples para um servidor que aceite linhas de entrada de um cliente e envie as linhas para a saída-padrão do servidor. (Você pode fazer isso modificando o programa TCPServer.py no texto.) Compile e execute seu programa. Em qualquer outra máquina que contenha um navegador Web, defina o servidor *proxy* no navegador para a máquina que está executando seu programa servidor e também configure o número de porta adequadamente. Seu navegador deverá agora enviar suas mensagens de requisição GET a seu servidor, e este deverá apresentar as mensagens em sua saída-padrão. Use essa plataforma para determinar se seu navegador gera mensagens GET condicionais para objetos que estão em *caches* locais.

P13. Considere enviar por HTTP/2 uma página Web composta por um clipe de vídeo e cinco imagens. Imagine que o clipe de vídeo é transportado como 2.000 quadros, e que cada imagem tem três quadros.

a. Se todos os quadros de vídeo são antes enviados sem intercalação, quantos "tempos de quadro" são necessários até todas as cinco imagens serem enviadas?

b. Se os quadros são intercalados, quantos tempos de quadro são necessários até todas as cinco imagens serem enviadas?

P14. Considere a página Web do Problema P13. Agora, emprega-se priorização HTTP/2. Suponha que todas as imagens recebem prioridade em relação ao clipe de vídeo e que a primeira imagem recebe prioridade em relação à segunda, a segunda em relação à terceira e assim por diante. Quantos tempos de quadro serão necessários até a segunda imagem ser enviada?

P15. Qual é a diferença entre `MAIL FROM:` em SMTP e `From:` na própria mensagem de correio?

P16. Como o SMTP marca o final de um corpo de mensagem? E o HTTP? O HTTP pode usar o mesmo método que o SMTP para marcar o fim de um corpo de mensagem? Explique.

P17. Leia o RFC 5321 para SMTP. O que significa MTA? Considere a seguinte mensagem *spam* recebida (modificada de um *spam* verdadeiro). Admitindo que o criador desse *spam* seja malicioso e que todos os outros hospedeiros sejam honestos, identifique o hospedeiro malicioso que criou essa mensagem *spam*.

```
From - Fri Nov 07 13:41:30 2008
Return-Path: <tennis5@pp33head.com>
Received: from barmail.cs.umass.edu (barmail.cs.umass.edu
[128.119.240.3]) by cs.umass.edu (8.13.1/8.12.6) for <hg@cs.umass.
edu>; Fri, 7 Nov 2008 13:27:10 -0500
Received: from asusus-4b96 (localhost [127.0.0.1]) by barmail.
cs.umass.edu (Spam Firewall) for <hg@cs.umass.edu>; Fri, 7
Nov 2008 13:27:07 -0500 (EST)
Received: from asusus-4b96 ([58.88.21.177]) by barmail.cs.umass.
edu for <hg@cs.umass.edu>; Fri, 07 Nov 2008 13:27:07 -0500 (EST)
Received: from [58.88.21.177] by inbnd55.exchangeddd.com; Sat, 8
Nov 2008 01:27:07 +0700
From: "Jonny" <tennis5@pp33head.com>
To: <hg@cs.umass.edu>

Subject: How to secure your savings.
```

P18. a. O que é um banco de dados *whois*?

b. Use vários bancos de dados *whois* da Internet para obter os nomes de dois servidores DNS. Cite quais bancos de dados *whois* você utilizou.

c. Use nslookup em seu hospedeiro local para enviar consultas DNS a três servidores DNS: seu servidor DNS local e os dois servidores DNS que encontrou na alternativa (b). Tente consultar registros dos tipos A, NS e MX. Faça um resumo do que encontrou.

d. Use nslookup para encontrar um servidor Web que tenha vários endereços IP. O servidor de sua instituição (escola ou empresa) tem vários endereços IP?

e. Use o banco de dados *whois* ARIN para determinar a faixa de endereços IP usados por sua universidade.

f. Descreva como um invasor pode usar bancos de dados *whois* e a ferramenta nslookup para fazer o reconhecimento de uma instituição antes de lançar um ataque.

g. Discuta por que bancos de dados *whois* devem estar disponíveis publicamente.

P19. Neste problema, utilizamos a ferramenta funcional *dig* disponível em hospedeiros Unix e Linux para explorar a hierarquia dos servidores DNS. Lembre-se de que, na Figura 2.19, um servidor DNS de nível superior na hierarquia do DNS delega uma consulta DNS para um servidor DNS de nível inferior na hierarquia, enviando de volta ao cliente DNS o nome daquele servidor DNS de nível inferior. Primeiro, leia a *man page* sobre a ferramenta *dig* e responda às seguintes questões:

a. Iniciando com o servidor DNS raiz (de um dos servidores raiz [a-m].root-servers.net), construa uma sequência de consultas para o endereço IP para seu servidor de departamento utilizando o *dig*. Mostre a relação de nomes de servidores DNS na cadeia de delegação ao responder à sua consulta.

b. Repita a alternativa (a) com vários *sites* da Internet populares, como google.com, yahoo.com ou amazon.com.

P20. Suponha que você consiga acessar os *caches* nos servidores DNS locais do seu departamento. Você é capaz de propor uma maneira de determinar, em linhas gerais, os servidores (fora de seu departamento) que são mais populares entre os usuários do seu departamento? Explique.

P21. Suponha que seu departamento possua um servidor DNS local para todos os computadores do departamento. Você é um usuário comum (ou seja, não é um administrador de rede/sistema). Você consegue encontrar um modo de determinar se um *site* da Internet externo foi muito provavelmente acessado de um computador do seu departamento alguns segundos atrás? Explique.

P22. Considere um arquivo de distribuição de $F = 20$ G*bits* para N pares. O servidor possui uma taxa de *upload* de $u_s = 30$ Mbits/s e cada par possui uma taxa de *download* de $d_i = 2$ M*bits*/s e uma taxa de *upload* de u. Para $N = 10$, 100 e 1.000 e $u = 300$ K*bits*/s, 700 K*bits*/s e 2 M*bits*/s, prepare um gráfico apresentando o tempo mínimo de distribuição para cada uma das combinações de N e u para o modo cliente-servidor e para o modo distribuição P2P.

P23. Considere distribuir um arquivo de F *bits* para N pares utilizando uma arquitetura cliente-servidor. Admita um modelo fluido no qual o servidor pode transmitir de modo simultâneo para diversos pares, a diferentes taxas, desde que a taxa combinada não ultrapasse u_s.

a. Suponha que $u_s/N \leq d_{\min}$. Especifique um esquema de distribuição que possua o tempo de distribuição de NF/u_s.

b. Suponha que $u_s/N \geq d_{\min}$. Especifique um esquema de distribuição que possua o tempo de distribuição de $F/d_{\min}$.

c. Conclua que o tempo mínimo de distribuição é, geralmente, dado por máx $\{NF/u_s, F/d_{\min}\}$.

P24. Considere distribuir um arquivo de F *bits* para N pares utilizando uma arquitetura P2P. Admita um modelo fluido e presuma que $d_{\min}$ é muito grande, de modo que a largura de banda do *download* do par nunca é um gargalo.

a. Suponha que u_s … $(u_s + u_1 + \ldots + u_N)/N$. Especifique um esquema de distribuição que possua o tempo de distribuição de F/u_s.

b. Suponha que $u_s \geq (u_s + u_1 + \ldots + u_N)/N$. Especifique um esquema de distribuição que possua o tempo de distribuição de $NF/(u_s + u_1 + \ldots + u_N)$.

c. Conclua que o tempo mínimo de distribuição é, em geral, dado por máx $\{F/u_s, NF/(u_s + u_1 + \ldots + u_N)\}$.

P25. Considere uma rede de sobreposição com N pares ativos, em que cada dupla de pares possua uma conexão TCP. Além disso, suponha que as conexões TCP passem por um total de M roteadores. Quantos nós e arestas há na rede de sobreposição correspondente?

P26. Suponha que Bob tenha entrado no BitTorrent, mas ele não quer fazer o *upload* de nenhum dado para qualquer outro par (denominado carona).

a. Bob alega que consegue receber uma cópia completa do arquivo compartilhado pelo grupo. A alegação de Bob é possível? Por quê?

b. Bob alega ainda que ele pode "pegar carona" de um modo mais eficiente usando um conjunto de diversos computadores (com endereços IP distintos) no laboratório de informática de seu departamento. Como ele pode fazer isso?

P27. Considere um sistema DASH para o qual existem *N* versões de vídeo (em *N* diferentes taxas e qualidades) e *N* versões de áudio (em *N* taxas e versões diferentes). Suponha que queiramos permitir que o dispositivo de reprodução escolha, a qualquer momento, qualquer uma das *N* versões de vídeo e qualquer uma das *N* versões de áudio.

a. Se criarmos arquivos de modo que o áudio seja misturado com o vídeo, de modo que o servidor envie somente um fluxo de mídia em determinado momento, quantos arquivos o servidor precisará armazenar (cada um com um URL diferente)?

b. Se o servidor, em vez disso, envia os fluxos de áudio e vídeo separadamente e o cliente sincroniza os fluxos, quantos arquivos o servidor precisa armazenar?

P28. Instale e compile os programas Python TCPClient e UDPClient em um hospedeiro e TCPServer e UDPServer em outro.

a. Suponha que você execute TCPClient* antes de executar TCPServer. O que acontece? Por quê?

b. Imagine que você execute UDPClient antes de UDPServer. O que acontece? Por quê?

c. O que acontece se você usar números de porta diferentes para os lados cliente e servidor?

P29. Suponha que, em UDPClient.py, depois de criarmos o *socket*, acrescentemos a linha:

```
clientSocket.bind(('', 5432))
```

Será necessário mudar UDPServer.py? Quais são os números de porta para os *sockets* em UDPClient e UDPServer? Quais eram esses números antes dessa mudança?

P30. Você consegue configurar seu navegador para abrir várias conexões simultâneas com um *site*? Quais são as vantagens e desvantagens de ter um grande número de conexões TCP simultâneas?

P31. Vimos que os *sockets* TCP da Internet tratam os dados sendo enviados como um fluxo de *bytes*, mas *sockets* UDP reconhecem limites de mensagem. Quais são uma vantagem e uma desvantagem da API orientada a *byte* em relação a fazer com que a API reconheça e preserve explicitamente os limites de mensagem definidos pela aplicação?

P32. O que é o servidor Web Apache? Quanto ele custa? Qual funcionalidade ele possui atualmente? Você pode consultar a Wikipédia para responder a essa pergunta.

Tarefas de programação de *sockets*

O *site* de apoio deste livro inclui seis tarefas de programação de *sockets*. As quatro primeiras são resumidas a seguir. A quinta utiliza o protocolo ICMP e está resumida ao final do Capítulo 5. Recomenda-se que os alunos completem várias, se não todas, dessas tarefas. Detalhes completos dessas tarefas, bem como trechos importantes do código Python, estão disponíveis para os alunos no *site* http://www.pearsonhighered.com/cs-resources.

*N. de T.: Usar máquinas virtuais é uma boa dica para realizar este exercício com um único computador.

Tarefa 1: Servidor Web

Nesta tarefa, você desenvolverá um servidor Web simples em Python, capaz de processar apenas uma requisição. Seu servidor Web (i) criará um *socket* de conexão quando contatado por um cliente (navegador); (ii) receberá a requisição HTTP dessa conexão; (iii) analisará a requisição para determinar o arquivo específico sendo requisitado; (iv) obterá o arquivo requisitado do sistema de arquivo do servidor; (v) criará uma mensagem de resposta HTTP consistindo no arquivo requisitado precedido por linhas de cabeçalho; e (vi) enviará a resposta pela conexão TCP ao navegador requisitante. Se um navegador requisitar um arquivo que não está presente no seu servidor, seu servidor deverá retornar uma mensagem de erro "404 Not Found".

No *site* de apoio, oferecemos o código estrutural para o seu servidor. Sua tarefa é concluir o código, rodar seu servidor e depois testá-lo enviando requisições de navegadores rodando em hospedeiros diferentes. Se você rodar seu servidor em um hospedeiro que já tem um servidor Web rodando nele, então deverá usar uma porta diferente da porta 80 para o seu servidor.

Tarefa 2: UDP Pinger

Nesta tarefa de programação, você escreverá um programa *ping* do cliente em Python. Seu cliente enviará uma mensagem *ping* simples a um servidor, receberá uma mensagem *pong* correspondente de volta do servidor e determinará o atraso entre o momento em que o cliente enviou a mensagem *ping* e recebeu a mensagem *pong*. Esse atraso é denominado tempo de viagem de ida e volta (RTT). A funcionalidade oferecida pelo cliente e servidor é semelhante à fornecida pelo programa *ping* padrão, disponível nos sistemas operacionais modernos. Porém, os programas *ping* padrão usam o Internet Control Message Protocol (ICMP) (que veremos no Capítulo 5). Aqui, criaremos um programa *ping* baseado em UDP, fora do padrão (porém simples!).

Seu programa *ping* deverá enviar 10 mensagens *ping* ao servidor de destino por meio de UDP. Para cada mensagem, seu cliente deverá determinar e imprimir o RTT quando a mensagem *pong* correspondente for retornada. Como o UDP é um protocolo não confiável, um pacote enviado pelo cliente ou servidor poderá ser perdido. Por esse motivo, o cliente não poderá esperar indefinidamente por uma resposta a uma mensagem *ping*. Você deverá fazer o cliente esperar até 1 segundo por uma resposta do servidor; se nenhuma resposta for recebida, o cliente deverá considerar que o pacote foi perdido e imprimir uma mensagem de acordo.

Nesta tarefa, você receberá o código completo para o servidor (disponível no *site* de apoio). Sua tarefa é escrever o código cliente, que será semelhante ao código do servidor. Recomendamos que, primeiro, você estude cuidadosamente o código do servidor. Depois, poderá escrever seu código cliente, cortando e colando à vontade as linhas do código do servidor.

Tarefa 3: Cliente de correio

O objetivo desta tarefa de programação é criar um cliente de correio simples, que envia e-mail a qualquer destinatário. Seu cliente precisará estabelecer uma conexão TCP com um servidor de correio (p. ex., um servidor de correio da Google), dialogar com esse servidor usando o protocolo SMTP, enviar uma mensagem de correio a um destinatário (p. ex., seu amigo) pelo servidor de correio e, por fim, fechar a conexão TCP com o servidor de correio.

Para esta tarefa, o *site* de apoio oferece o código estrutural para o seu cliente. Sua tarefa é completar o código e testar seu cliente, enviando e-mail para contas de usuário diferentes. Você também pode tentar enviar por diferentes servidores (p. ex., por um servidor de correio da Google e pelo servidor de correio da sua universidade).

Tarefa 4: Servidor *proxy* Web

Nesta tarefa, você desenvolverá um *proxy* da Web. Quando seu *proxy* receber de um navegador uma requisição HTTP para um objeto, ele gerará uma nova requisição HTTP para o mesmo objeto e a enviará para o servidor de origem. Quando o *proxy* receber a resposta HTTP correspondente com o objeto do servidor de origem, ele criará uma nova resposta HTTP, incluindo o objeto, e a enviará ao cliente.

Para esta tarefa, o *site* de apoio oferece o código estrutural para o servidor *proxy*. Seu trabalho é completar o código e depois testá-lo fazendo diferentes navegadores requisitarem objetos Web por meio do seu *proxy*.

Wireshark Lab: HTTP

Depois de ter experimentado com o analisador de pacotes Wireshark no Laboratório 1, agora estamos prontos para usar o Wireshark para investigar protocolos em operação. Neste laboratório, vamos explorar diversos aspectos do protocolo HTTP: a interação básica GET/resposta, formatos de mensagem HTTP, recuperação de grandes arquivos HTML, recuperação de arquivos HTML com URLs embutidos, conexões persistentes e não persistentes, e autenticação e segurança HTTP.

Como acontece com todos os laboratórios Wireshark, o desenvolvimento completo está disponível no *site* de apoio do livro.

Wireshark Lab: DNS

Neste laboratório, examinamos mais de perto o lado cliente do DNS, o protocolo que traduz nomes de hospedeiro da Internet em endereços IP. Lembre-se de que, na Seção 2.5, vimos que o papel do cliente no DNS é bastante simples – um cliente envia uma consulta ao seu servidor DNS local e recebe uma resposta de volta. Muita coisa pode acontecer, invisível aos clientes DNS, à medida que servidores DNS hierárquicos se comunicam entre si para resolver, de forma recursiva ou iterativa, a consulta DNS do cliente. Porém, do ponto de vista do cliente DNS, o protocolo é bem simples – uma consulta é formulada ao servidor DNS local e uma resposta é recebida desse servidor. Observamos o DNS em ação neste laboratório.

Como acontece com todos os laboratórios Wireshark, o desenvolvimento completo está disponível no *site* de apoio do livro.

ENTREVISTA

Tim Berners-Lee

Imagem cortesia de Tim Berners-Lee

Sir Tim Berners-Lee é conhecido como o inventor da World Wide Web. Em 1989, quando trabalhava como *fellow* no CERN, propôs um sistema de distribuição de gestão da informação baseado na Internet, incluindo a versão original do protocolo HTTP. No mesmo ano, conseguiu implementar o seu projeto em um cliente e servidor. Berners-Lee recebeu o Prêmio Turing de 2016 por "inventar a World Wide Web, o primeiro navegador Web e os protocolos e algoritmos fundamentais que permitem que a Web cresça em escala". Ele é cofundador da World Wide Web Foundation e atualmente ocupa o cargo de *Fellow* Professor de Ciência da Computação na Universidade de Oxford e de professor na CSAIL do MIT.

Originalmente, você estudou física. No que as redes se assemelham à física?

Quando estuda física, você imagina que regras de comportamento, em uma escala muito pequena, poderiam dar origem ao mundo em larga escala que vemos. Quando projeta um sistema global com a Web, você tenta inventar regras de comportamento de páginas Web e *links* e coisas que poderiam, no total, criar o mundo em larga escala como gostaríamos de vê-lo. Um é análise, o outro é síntese, mas os dois são bastante parecidos.

O que o influenciou a se especializar em redes?

Após me formar em física, as empresas de pesquisa em telecomunicação pareciam ser os lugares mais interessantes. O microprocessador acabara de ser lançado e as telecomunicações estavam passando muito rapidamente da lógica por circuitos fixos para os sistemas baseados em microprocessadores. Era emocionante.

Qual parte de seu trabalho lhe apresenta mais desafios?

Quando dois grupos discordam fortemente sobre alguma coisa, mas querem atingir um objetivo em comum, descobrir exatamente o que cada um quer dizer e quais são os mal-entendidos pode ser bastante difícil, como sabe o diretor de qualquer grupo de trabalho. Contudo, é isso que se exige para progredirmos em direção ao consenso em larga escala.

Quais pessoas o inspiraram profissionalmente?

Meus pais, que participaram dos primeiros momentos da computação, me deixaram fascinados pelo assunto como um todo. Mike Sendall e Peggie Rimmer, para quem trabalhei diversas vezes no CERN, estão entre aqueles que me ensinaram e me incentivaram. Mais tarde, aprendi a admirar aqueles que, como Vanevar Bush, Doug Englebart e Ted Nelson, haviam tido sonhos semelhantes na sua época, mas não tiveram a vantagem da existência dos PCs e da Internet para poder transformá-los em realidade.

CAPÍTULO 3

Camada de transporte

Posicionada entre as camadas de aplicação e de rede, a camada de transporte é uma peça central da arquitetura de rede em camadas. Ela desempenha o papel fundamental de fornecer serviços de comunicação diretamente aos processos de aplicação que rodam em hospedeiros diferentes. A abordagem pedagógica que adotamos neste capítulo é alternar entre discussões de princípios de camada de transporte e o modo como tais princípios são colocados em prática em protocolos existentes; como de costume, daremos particular ênfase aos protocolos da Internet, em especial aos de camada de transporte: o Protocolo de Controle de Transmissão (TCP, do inglês *Transmission Control Protocol*) e o Protocolo de Datagrama de Usuário (UDP, do inglês *User Datagram Protocol*).

Começaremos discutindo a relação entre as camadas de transporte e de rede, preparando o cenário para o exame de sua primeira função importante – ampliar o serviço de entrega da camada de rede entre dois sistemas finais para um serviço de entrega entre dois processos da camada de aplicação que rodam nos sistemas finais. Ilustraremos essa função quando abordarmos o UDP, o protocolo de transporte não orientado para conexão da Internet.

Depois, retornaremos aos princípios e trataremos de um dos problemas mais fundamentais de redes de computadores – como duas entidades podem se comunicar de maneira confiável por um meio que pode perder e corromper dados. Mediante uma série de cenários cada vez mais complicados (e realistas!), construiremos um conjunto de técnicas que os protocolos de transporte utilizam para resolver esse problema. Então, mostraremos como esses princípios estão incorporados no TCP, o protocolo de transporte orientado para conexão da Internet.

Em seguida, passaremos para um segundo problema fundamentalmente importante em redes – o controle da taxa de transmissão de entidades de camada de transporte para evitar ou se recuperar de congestionamentos dentro da rede. Consideraremos as causas e consequências do congestionamento, bem como técnicas de controle de congestionamento comumente usadas. Após adquirir um sólido conhecimento das questões que estão por trás do controle de congestionamento, estudaremos seu tratamento pelo TCP.

3.1 INTRODUÇÃO E SERVIÇOS DE CAMADA DE TRANSPORTE

Nos dois capítulos anteriores, citamos o papel da camada de transporte e os serviços que ela fornece. Vamos revisar rapidamente o que já aprendemos sobre a camada de transporte.

Um protocolo da camada de transporte fornece **comunicação lógica** entre processos de aplicação que rodam em hospedeiros diferentes. *Comunicação lógica* nesse contexto significa que, do ponto de vista de uma aplicação, tudo se passa como se os hospedeiros que rodam os processos estivessem conectados diretamente; na verdade, eles poderão estar em lados opostos do planeta, conectados por diversos roteadores e uma ampla variedade de tipos de enlace. Processos de aplicação usam a comunicação lógica fornecida pela camada de transporte para enviar mensagens entre si, livres da preocupação dos detalhes da infraestrutura física utilizada para transportá-las. A Figura 3.1 ilustra a noção de comunicação lógica.

Como vemos na Figura 3.1, protocolos da camada de transporte são implementados nos sistemas finais, mas não em roteadores de rede. No lado remetente, a camada de transporte

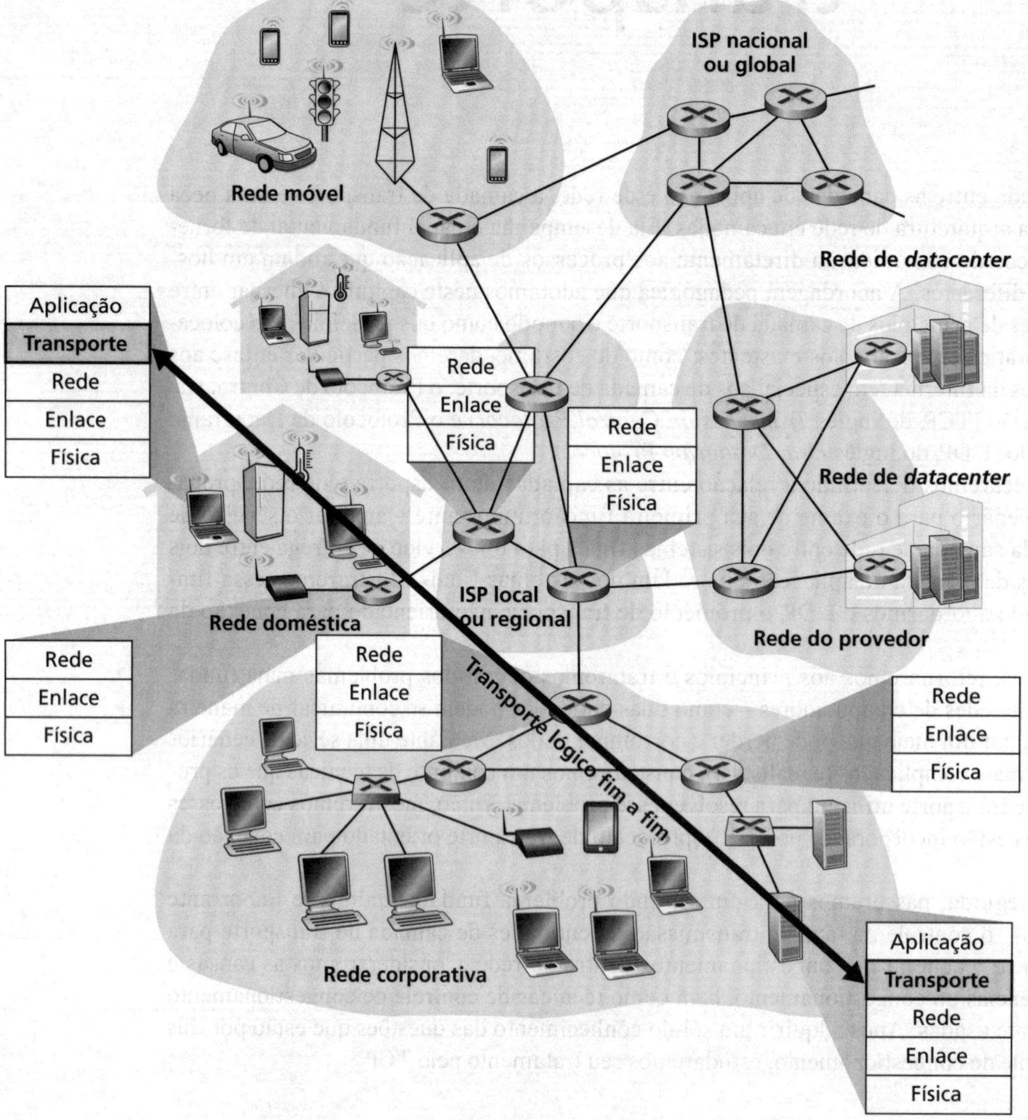

Figura 3.1 A camada de transporte fornece comunicação lógica, e não física, entre processos de aplicações.

converte as mensagens que recebe de um processo de aplicação remetente em pacotes de camada de transporte, denominados **segmentos** de camada de transporte na terminologia da Internet. Isso é (possivelmente) feito fragmentando-se as mensagens da aplicação em pedaços menores e adicionando-se um cabeçalho de camada de transporte a cada pedaço para criar o segmento de camada de transporte. Essa camada, então, passa o segmento para a de rede no sistema final remetente, onde ele é encapsulado em um pacote de camada de rede (um datagrama) e enviado ao destinatário. É importante notar que roteadores de rede agem somente nos campos de camada de rede do datagrama; isto é, não examinam os campos do segmento de camada de transporte encapsulado com o datagrama. No lado destinatário, a camada de rede extrai do datagrama o segmento de camada de transporte e passa-o para a camada de transporte, que, em seguida, processa o segmento recebido, disponibilizando os dados para a aplicação destinatária.

Vários protocolos de camada de transporte poderão estar disponíveis às aplicações de rede. Por exemplo, a Internet possui dois protocolos – TCP e UDP. Cada um oferece um conjunto diferente de serviços de camada de transporte à aplicação chamadora.

3.1.1 Relação entre as camadas de transporte e de rede

Lembre-se de que a camada de transporte se situa logo acima da camada de rede na pilha de protocolos. Enquanto um protocolo de camada de transporte fornece comunicação lógica entre *processos* que rodam em hospedeiros diferentes, um protocolo de camada de rede fornece comunicação lógica entre *hospedeiros*. A distinção é sutil, mas importante. Vamos examiná-la com o auxílio de uma analogia com moradias.

Considere duas casas, uma na Costa Leste e outra na Costa Oeste dos Estados Unidos, cada qual com uma dúzia de crianças. As crianças da Costa Leste são primas das crianças da Costa Oeste, e todas adoram escrever cartas umas para as outras – cada criança escreve a cada primo uma vez por semana, e cada carta é entregue pelo serviço de correio tradicional dentro de um envelope separado. Assim, uma casa envia 144 cartas por semana para a outra. (Essas crianças economizariam muito dinheiro se tivessem *e-mail*!) Em cada moradia há uma criança responsável pela coleta e distribuição da correspondência – Ann, na casa da Costa Oeste, e Bill, na da Costa Leste. Toda semana, Ann coleta a correspondência de seus irmãos e irmãs e a coloca no correio. Quando as cartas chegam à casa da Costa Oeste, também é Ann quem tem a tarefa de distribuir a correspondência, trazida pelo carteiro, a seus irmãos e irmãs. Bill realiza o mesmo trabalho na casa da Costa Leste.

Nesse exemplo, o serviço postal oferece uma comunicação lógica entre as duas casas – ele movimenta a correspondência de uma residência para outra, e não de uma pessoa para outra. Por outro lado, Ann e Bill oferecem comunicação lógica entre os primos – eles coletam e entregam a correspondência de seus irmãos e irmãs. Note que, do ponto de vista dos primos, Ann e Bill *são* o serviço postal, embora sejam apenas uma parte (a parte do sistema final) do processo de entrega fim a fim. Esse exemplo das moradias é uma analogia interessante para explicar como a camada de transporte se relaciona com a camada de rede:

mensagens de aplicação = cartas em envelopes
processos = primos
hospedeiros (também denominados sistemas finais) = casas
protocolo de camada de transporte = Ann e Bill
protocolo de camada de rede = serviço postal (incluindo os carteiros)

Continuando com essa analogia, observe que Ann e Bill fazem todo o trabalho dentro de suas respectivas casas; eles não estão envolvidos, por exemplo, com a classificação da correspondência em nenhuma central intermediária dos correios ou com o transporte de uma central a outra. De maneira semelhante, protocolos de camada de transporte moram nos sistemas finais, onde movimentam mensagens de processos de aplicação para a borda da rede (i.e., para a camada de rede) e vice-versa, mas não interferem no modo como as mensagens são movimentadas dentro do núcleo. Na verdade, como ilustrado na Figura 3.1, roteadores intermediários não atuam sobre (nem reconhecem) qualquer informação que a camada de transporte possa ter anexado às mensagens da aplicação.

Prosseguindo com nossa saga familiar, suponha agora que, quando Ann e Bill saem de férias, outro par de primos – digamos, Susan e Harvey – substitua-os e encarregue-se da coleta interna da correspondência e de sua entrega. Infelizmente para as duas famílias, eles não desempenham essa tarefa do mesmo modo que Ann e Bill. Por serem crianças mais novas, Susan e Harvey recolhem e entregam a correspondência com menos frequência e, às vezes, perdem cartas (que acabam mastigadas pelo cão da família). Assim, o par de primos Susan e Harvey não oferece o mesmo conjunto de serviços (i.e., o mesmo modelo de serviço) proporcionado por Ann e Bill. De modo similar, uma rede de computadores pode oferecer vários protocolos de transporte, em que cada um oferece um modelo de serviço diferente às aplicações.

Os serviços que Ann e Bill podem fornecer são claramente limitados pelos possíveis serviços que os correios fornecem. Por exemplo, se o serviço postal não estipula um prazo máximo para entregar a correspondência entre as duas casas (p. ex., três dias), então não há nenhuma possibilidade de Ann e Bill definirem um atraso máximo para a entrega da correspondência entre qualquer par de primos. De maneira semelhante, os serviços que um protocolo de transporte pode fornecer são muitas vezes limitados pelo modelo de serviço do protocolo subjacente da camada de rede. Se o protocolo de camada de rede não puder dar garantias contra atraso ou garantias de largura de banda para segmentos de camada de transporte enviados entre hospedeiros, então o protocolo de camada de transporte não poderá dar essas mesmas garantias para mensagens de aplicação enviadas entre processos.

No entanto, certos serviços *podem* ser oferecidos por um protocolo de transporte mesmo quando o protocolo de rede subjacente não oferece o serviço correspondente na camada de rede. Por exemplo, como veremos neste capítulo, um protocolo de transporte pode oferecer serviço confiável de transferência de dados a uma aplicação mesmo quando o protocolo subjacente da rede não é confiável, isto é, mesmo quando o protocolo de rede perde, embaralha ou duplica pacotes. Como outro exemplo (que exploraremos no Capítulo 8, quando discutirmos segurança de rede), um protocolo de transporte pode usar criptografia para garantir que as mensagens da aplicação não sejam lidas por intrusos mesmo quando a camada de rede não puder garantir o sigilo de segmentos de camada de transporte.

3.1.2 Visão geral da camada de transporte na Internet

Lembre-se de que a Internet disponibiliza dois protocolos de transporte distintos para a camada de aplicação. Um deles é o **UDP**, que oferece à aplicação solicitante um serviço não confiável, não orientado para conexão. O segundo é o **TCP**, que oferece à aplicação solicitante um serviço confiável, orientado para conexão. Ao projetar uma aplicação de rede, o criador da aplicação deve especificar um desses dois protocolos de transporte. Como vimos na Seção 2.7, o desenvolvedor da aplicação escolhe entre o UDP e o TCP ao criar *sockets*.

Para simplificar a terminologia, chamaremos o pacote de camada de transporte de *segmento*. Devemos mencionar, contudo, que a literatura da Internet (p. ex., os RFCs) também se refere ao pacote de camada de transporte do TCP como um segmento, mas muitas vezes se refere ao pacote do UDP como um datagrama. Porém, a mesma literatura também usa o termo *datagrama* para o pacote de camada de rede! Como este é um livro de introdução a redes de computadores, acreditamos que será menos confuso se nos referirmos a ambos os pacotes TCP e UDP como segmentos; reservaremos o termo *datagrama* para o pacote de camada de rede.

Antes de continuarmos com nossa breve apresentação do UDP e do TCP, é útil dizer algumas palavras sobre a camada de rede da Internet. (A camada de rede é examinada detalhadamente nos Capítulos 4 e 5.) O protocolo de camada de rede da Internet tem um nome IP, que quer dizer Internet Protocol. O IP oferece comunicação lógica entre hospedeiros. O modelo de serviço do IP é um **serviço de entrega de melhor esforço**, o que significa que o IP faz o "melhor esforço" para levar segmentos entre hospedeiros comunicantes, *mas não dá nenhuma garantia*. Em especial, o IP não garante a entrega de segmentos, a entrega ordenada de segmentos e tampouco a integridade dos dados nos segmentos. Por essas razões, ele é denominado um **serviço não confiável**. Mencionamos também neste livro que cada hospedeiro tem, no mínimo, um endereço de camada de rede, denominado endereço IP. Examinaremos endereçamento IP em detalhes no Capítulo 4. Para este capítulo, precisamos apenas ter em mente que *cada hospedeiro tem um endereço IP*.

Agora que abordamos de modo breve o modelo de serviço IP, vamos resumir os modelos de serviço providos por UDP e TCP. A responsabilidade fundamental do UDP e do TCP é ampliar o serviço de entrega IP entre dois sistemas finais para um serviço de entrega entre dois processos que rodam nos sistemas finais. A ampliação da entrega hospedeiro a hospedeiro para entrega processo a processo é denominada **multiplexação/demultiplexação de camada de transporte**. Discutiremos esse assunto na próxima seção. O UDP e o TCP também fornecem verificação de integridade ao incluir campos de detecção de erros nos cabeçalhos de seus segmentos. Esses dois serviços mínimos de camada de transporte – entrega de dados processo a processo e verificação de erros – são os únicos que o UDP fornece! Em especial, como o IP, o UDP é um serviço não confiável – ele não garante que os dados enviados por um processo cheguem (quando chegam!) intactos ao processo destinatário. O UDP será discutido detalhadamente na Seção 3.3.

O TCP, por outro lado, oferece vários serviços adicionais às aplicações. Primeiro, e mais importante, ele oferece **transferência confiável de dados**. Usando controle de fluxo, números de sequência, reconhecimentos e temporizadores (técnicas que exploraremos em pormenores neste capítulo), o protocolo assegura que os dados sejam entregues do processo remetente ao processo destinatário corretamente e em ordem. Assim, o TCP converte o serviço não confiável do IP entre sistemas finais em um serviço confiável de transporte de dados entre processos. Ele também oferece **controle de congestionamento**, que não é tanto um serviço fornecido à aplicação solicitante, e sim mais um serviço dirigido à Internet como um todo – para o bem geral. Em termos genéricos, o controle de congestionamento do TCP evita que qualquer outra conexão TCP abarrote os enlaces e roteadores entre hospedeiros comunicantes com uma quantidade excessiva de tráfego. Em princípio, o TCP permite que conexões TCP trafegando por um enlace de rede congestionado compartilhem em pé de igualdade a largura de banda daquele enlace. Isso é feito pela regulagem da taxa com a qual o lado remetente do TCP pode enviar tráfego para a rede. O tráfego UDP, por outro lado, não é regulado. Uma aplicação que usa transporte UDP pode enviar tráfego à taxa que quiser, pelo tempo que quiser.

Um protocolo que fornece transferência confiável de dados e controle de congestionamento é, necessariamente, complexo. Precisaremos de várias seções para detalhar os princípios da transferência confiável de dados e do controle de congestionamento, bem como de seções adicionais para explicar o protocolo TCP. Esses tópicos são analisados nas Seções 3.4 a 3.7. A abordagem escolhida neste capítulo é alternar entre princípios básicos e o protocolo TCP. Por exemplo, discutiremos primeiro a transferência confiável de dados em âmbito geral e, em seguida, como o TCP fornece especificamente a transferência confiável de dados. De maneira semelhante, iniciaremos discutindo o controle de congestionamento em âmbito geral e, em seguida, como o TCP realiza o controle de congestionamento. Porém, antes de chegarmos a essa parte, vamos examinar, primeiro, multiplexação/demultiplexação na camada de transporte.

3.2 MULTIPLEXAÇÃO E DEMULTIPLEXAÇÃO

Nesta seção, discutiremos multiplexação e demultiplexação na camada de transporte, isto é, a ampliação do serviço de entrega hospedeiro a hospedeiro provido pela camada de rede para um serviço de entrega processo a processo para aplicações que rodam nesses hospedeiros.

Para manter a discussão em nível concreto, vamos examinar esse serviço básico da camada de transporte no contexto da Internet. Enfatizamos, contudo, que o serviço de multiplexação/demultiplexação é necessário para todas as redes de computadores.

No hospedeiro de destino, a camada de transporte recebe segmentos da camada de rede logo abaixo dela e tem a responsabilidade de entregar os dados desses segmentos ao processo de aplicação apropriado que roda no hospedeiro. Vamos examinar um exemplo. Suponha que você esteja sentado à frente de seu computador, baixando páginas Web enquanto roda uma sessão FTP e duas sessões Telnet. Por conseguinte, você tem quatro processos de aplicação de rede em execução – dois Telnet, um FTP e um HTTP. Quando a camada de transporte em seu computador receber dados da camada de rede abaixo dela, precisará direcionar os dados recebidos a um desses quatro processos. Vamos ver agora como isso é feito.

Em primeiro lugar, lembre-se de que dissemos, na Seção 2.7, que um processo (como parte de uma aplicação de rede) pode ter um ou mais ***sockets***, portas pelas quais dados passam da rede para o processo e do processo para a rede. Assim, como mostra a Figura 3.2, a camada de transporte do hospedeiro destinatário na verdade não entrega dados diretamente a um processo, mas a um *socket* intermediário. Já que, a qualquer dado instante, pode haver mais de um *socket* no hospedeiro destinatário, cada um tem um identificador exclusivo. O formato do identificador depende de o *socket* ser UDP ou TCP, como discutiremos em breve.

Agora, vamos considerar como um hospedeiro destinatário direciona, ao *socket* apropriado, um segmento de camada de transporte que chega. Cada segmento de camada de transporte tem um conjunto de campos para tal finalidade. Na extremidade receptora, a camada de transporte examina esses campos para identificar a porta receptora e direcionar o segmento a esse *socket*. A tarefa de entregar os dados contidos em um segmento da camada de transporte ao *socket* correto é denominada **demultiplexação**. O trabalho de reunir, no hospedeiro de origem, porções de dados provenientes de diferentes *sockets*, encapsular cada parte de dados com informações de cabeçalho (que mais tarde serão usadas na demultiplexação) para criar segmentos, e passar esses segmentos para a camada de rede é denominada **multiplexação**. Note que a camada de transporte do hospedeiro que está no meio da Figura 3.2 tem de demultiplexar segmentos que chegam da camada de rede abaixo para os processos P_1 ou P_2 acima; isso é feito direcionando, ao *socket* do processo correspondente, os dados contidos no segmento que está chegando. A camada de transporte desse hospedeiro do meio também tem de juntar dados de saída desses *sockets*, formar segmentos de camada de transporte e passá-los à camada de rede. Embora tenhamos apresentado multiplexação e demultiplexação no contexto dos protocolos de transporte da Internet, é importante entender que essas operações estarão presentes sempre que um

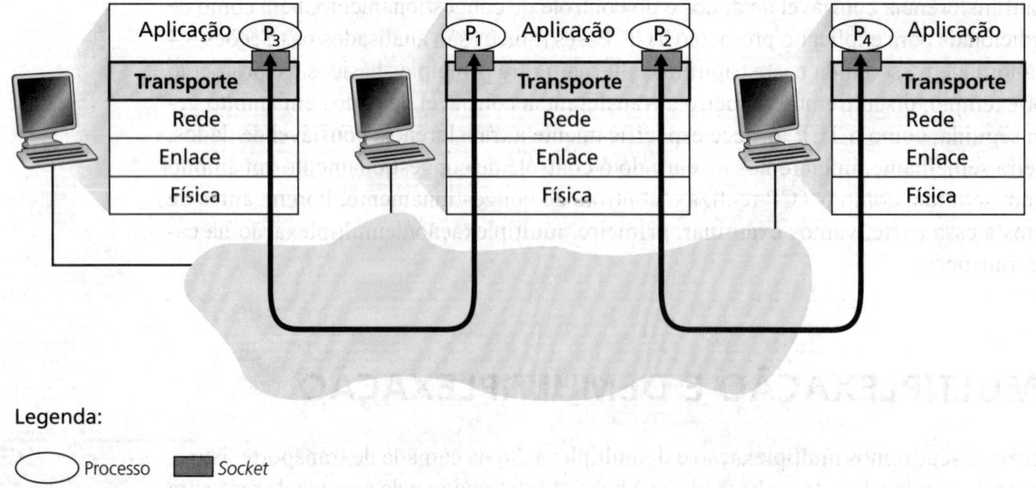

Figura 3.2 Multiplexação e demultiplexação na camada de transporte.

único protocolo em uma camada (na de transporte ou em qualquer outra) for usado por vários protocolos na camada mais alta seguinte.

Para ilustrar o serviço de demultiplexação, lembre-se da metáfora das moradias apresentada na seção anterior. Cada criança é identificada por seu nome próprio. Quando Bill recebe um lote de correspondência do carteiro, realiza uma operação de demultiplexação ao examinar a quem as cartas estão endereçadas e, em seguida, entregar a correspondência a seus irmãos e irmãs. Ann realiza uma operação de multiplexação quando coleta as cartas de seus irmãos e irmãs e entrega a correspondência na agência do correio.

Agora que entendemos os papéis da multiplexação e da demultiplexação na camada de transporte, vamos examinar como isso é feito em um hospedeiro. Sabemos, pela discussão anterior, que multiplexação na camada de rede requer (1) que as portas tenham identificadores exclusivos e (2) que cada segmento tenha campos especiais que indiquem a porta para a qual o segmento deve ser entregue. Esses campos especiais, ilustrados na Figura 3.3, são o **campo de número de porta de origem** e o **campo de número de porta de destino**. (Os segmentos UDP e TCP têm outros campos também, que serão examinados nas seções subsequentes deste capítulo.) Cada número de porta é um número de 16 *bits* na faixa de 0 a 65535. Os números de porta entre 0 e 1023 são denominados **números de porta bem conhecidos**; eles são restritos, o que significa que estão reservados para utilização por protocolos de aplicação bem conhecidos, como HTTP (que usa a porta número 80) e FTP (que usa a porta número 21). A lista dos números de porta bem conhecidos é apresentada no RFC 1700, e é atualizada em <http://www.iana.org> (RFC 3232). Quando desenvolvemos uma nova aplicação (como as desenvolvidas na Seção 2.7), devemos atribuir a ela um número de porta.

Agora já deve estar claro como a camada de transporte *poderia* realizar o serviço de demultiplexação: cada *socket* do hospedeiro pode receber um número designado; quando um segmento chega ao hospedeiro, a camada de transporte examina seu número de porta de destino e direciona o segmento ao *socket* correspondente. Então, os dados do segmento passam pela porta e entram no processo ligado a ela. Como veremos, é assim que o UDP faz demultiplexação. Todavia, veremos também que multiplexação/demultiplexação em TCP é ainda mais sutil.

Multiplexação e demultiplexação não orientadas para conexão

Lembre-se, da Seção 2.7.1, de que um programa em Python que roda em um hospedeiro pode criar um *socket* UDP com a linha

```
clientSocket = socket(AF_INET, SOCK_DGRAM)
```

Quando um *socket* UDP é criado dessa maneira, a camada de transporte automaticamente designa um número de porta ao *socket*. Em especial, a camada de transporte designa um número de porta na faixa de 1024 a 65535 que não esteja sendo usado naquele instante por

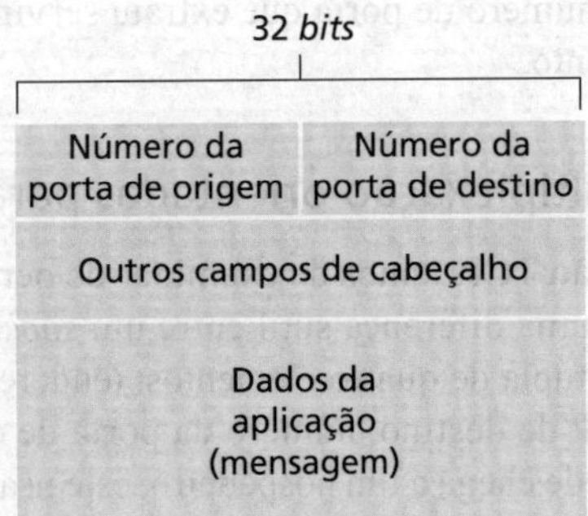

Figura 3.3 Campos de número de porta de origem e de destino em um segmento de camada de transporte.

qualquer outro *socket* UDP no hospedeiro. Como alternativa, podemos incluir uma linha em nosso programa Python depois de criarmos o *socket* para associar um número de porta específico (digamos, 19157) a este *socket* UDP por meio do método **bind()** do *socket*:

```
clientSocket.bind(('', 19157))
```

Se o desenvolvedor responsável por escrever o código da aplicação estivesse executando o lado servidor de um "protocolo bem conhecido", ele teria de designar o número de porta bem conhecido correspondente. O lado cliente da aplicação em geral permite que a camada de transporte designe o número de porta de modo automático (e transparente), ao passo que o lado servidor da aplicação designa um número de porta específico.

Agora que os *sockets* UDP já têm seus números de porta designados, podemos descrever multiplexação/demultiplexação UDP com precisão. Suponha que um processo no hospedeiro A, cujo número de porta UDP é 19157, queira enviar uma porção de dados de aplicação a um processo cujo número de porta UDP seja 46428 no hospedeiro B. A camada de transporte no hospedeiro A cria um segmento de camada de transporte que inclui os dados de aplicação, o número da porta de origem (19157), o número da porta de destino (46428) e mais outros dois valores (que serão discutidos mais adiante, mas que não são importantes para a discussão em curso). Então, a camada de transporte passa o segmento resultante para a camada de rede. Essa camada encapsula o segmento em um datagrama IP e faz uma tentativa de melhor esforço para entregar o segmento ao hospedeiro destinatário. Se o segmento chegar à máquina de destino B, a camada de destino no hospedeiro destinatário examinará o número da porta de destino no segmento (46428) e o entregará a seu *socket* identificado pelo número 46428. Note que a máquina B poderia estar rodando vários processos, cada um com sua própria porta UDP e número de porta associado. À medida que segmentos UDP chegassem da rede, a máquina B direcionaria (demultiplexaria) cada segmento à porta apropriada examinando o número de porta de destino do segmento.

É importante notar que um *socket* UDP é totalmente identificado por uma tupla com dois elementos, consistindo em um endereço IP de destino e um número de porta de destino. Por conseguinte, se dois segmentos UDP tiverem endereços IP de origem e/ou números de porta de origem diferentes, porém o mesmo endereço IP de *destino* e o mesmo número de porta de *destino*, eles serão direcionados ao mesmo processo de destino por meio do mesmo *socket* de destino.

É possível que agora você esteja imaginando qual é a finalidade do número da porta de origem. Como mostra a Figura 3.4, no segmento A-B, o número da porta de origem serve como parte de um "endereço de retorno" – quando B quer enviar um segmento de volta para A, a porta de destino no segmento B-A tomará seu valor do valor da porta de origem do segmento A-B. (O endereço de retorno completo é o endereço IP e o número de porta de origem de A.) Como exemplo, lembre-se do programa servidor UDP que estudamos na Seção 2.7. Em `UDPServer.py`, o servidor usa um método `recvfrom()` para extrair o número de porta cliente-servidor (de origem) do segmento que recebe do cliente; então, envia um novo segmento ao cliente, com o número de porta que extraiu servindo como o número de porta de destino desse novo segmento.

Multiplexação e demultiplexação orientadas para conexão

Para entender demultiplexação TCP, temos de examinar de perto *sockets* TCP e estabelecimento de conexão TCP. Há uma diferença sutil entre um *socket* UDP e um TCP: o *socket* TCP é identificado por uma tupla de quatro elementos: (endereço IP de origem, número da porta de origem, endereço IP de destino, número da porta de destino). Assim, quando um segmento TCP que vem da rede chega a um hospedeiro, este usa todos os quatro valores para direcionar (demultiplexar) o segmento para o *socket* apropriado. Em especial, e ao contrário do UDP, dois segmentos TCP chegando com endereços IP de origem ou números de porta de origem diferentes serão direcionados para dois *sockets* diferentes (com exceção de um TCP

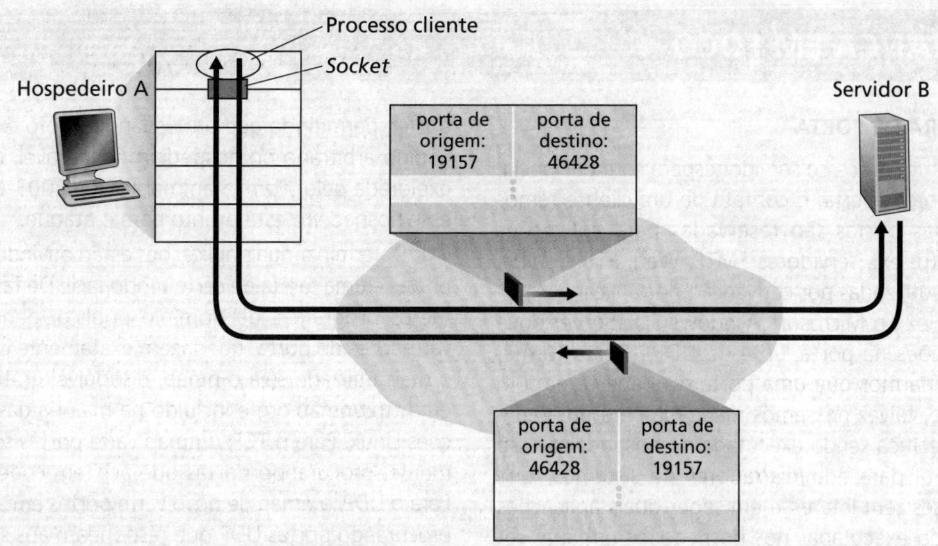

Figura 3.4 Inversão dos números de porta de origem e destino.

que esteja carregando a requisição de estabelecimento de conexão original). Para perceber melhor, vamos considerar novamente o exemplo de programação cliente-servidor TCP apresentado na Seção 2.7.2:

- A aplicação servidor TCP tem um "*socket* de entrada" que espera requisições de estabelecimento de conexão vindas de clientes TCP (ver Figura 2.29) na porta número 12000.
- O cliente TCP cria um *socket* e envia um segmento de requisição de estabelecimento de conexão com as linhas:

```
clientSocket = socket(AF_INET, SOCK_STREAM)
clientSocket.connect((serverName,12000))
```

- Uma requisição de estabelecimento de conexão nada mais é do que um segmento TCP com número de porta de destino 12000 e um *bit* especial de estabelecimento de conexão marcado no cabeçalho TCP (que será tratado na Seção 3.5). O segmento inclui também um número de porta de origem que foi escolhido pelo cliente.
- Quando o sistema operacional do computador que está rodando o processo servidor recebe o segmento de requisição de conexão que está chegando e cuja porta de destino é 12000, ele localiza o processo servidor que está à espera para aceitar uma conexão na porta número 12000. Então, o processo servidor cria um novo *socket*:

```
connectionSocket, addr = serverSocket.accept()
```

- A camada de transporte no servidor também nota os quatro valores seguintes no segmento de requisição de conexão: (1) o número da porta de origem no segmento, (2) o endereço IP do hospedeiro de origem, (3) o número da porta de destino no segmento e (4) seu próprio endereço IP. O *socket* de conexão recém-criado é identificado por esses quatro valores; todos os segmentos subsequentes que chegarem, cuja porta de origem, endereço IP de origem, porta de destino e endereço IP de destino combinarem com esses quatro valores, serão demultiplexados para esse *socket*. Com a conexão TCP agora ativa, o cliente e o servidor podem enviar dados um para o outro.

O hospedeiro servidor pode suportar vários *sockets* TCP simultâneos, sendo cada qual ligado a um processo e identificado por sua própria tupla de quatro elementos. Quando um segmento TCP chega ao hospedeiro, todos os quatro campos (endereço IP da origem, porta de origem, endereço IP de destino, porta de destino) são usados para direcionar (demultiplexar) o segmento para o *socket* apropriado.

SEGURANÇA EM FOCO

VARREDURA DE PORTA

Vimos que um processo servidor espera com paciência, em uma porta aberta, o contato de um cliente remoto. Algumas portas são reservadas para aplicações familiares (p. ex., servidores SMTP, Web, FTP e DNS); outras são utilizadas por convenção por aplicações populares (p. ex., o Microsoft Windows SQL Server ouve as solicitações na porta 1434 do UDP). Desta forma, se determinarmos que uma porta está aberta em um hospedeiro, talvez possamos mapeá-la para uma aplicação específica sendo executada no hospedeiro. Isso é muito útil para administradores de sistemas, que muitas vezes têm interesse em saber quais aplicações estão sendo executadas nos hospedeiros em suas redes. Porém, os atacantes, a fim de "examinarem o local", também querem saber quais portas estão abertas nos hospedeiros direcionados. Se o hospedeiro estiver sendo executado em uma aplicação com uma falha de segurança conhecida (p. ex., um servidor SQL ouvindo em uma porta 1434 estava sujeito a esgotamento de *buffer*, permitindo que um usuário remoto execute um código arbitrário no hospedeiro vulnerável, uma falha explorada pelo *worm* Slammer (CERT, 2003-04), então esse hospedeiro está pronto para o ataque.

Determinar quais aplicações estão ouvindo em quais portas é uma tarefa de certo modo fácil. De fato, há inúmeros programas de domínio público, denominados varredores de porta, que fazem exatamente isso. Talvez o mais utilizado seja o nmap, disponível gratuitamente em http://nmap.org e incluído na maioria das distribuições Linux. Para o TCP, o nmap varre portas sequencialmente, procurando portas que aceitem conexões TCP. Para o UDP, o nmap de novo varre portas em sequência, procurando portas UDP que respondam aos segmentos UDP transmitidos. Em ambos os casos, o nmap retorna uma lista de portas abertas, fechadas ou inalcançáveis. Um hospedeiro executando o nmap pode tentar varrer qualquer hospedeiro direcionado em *qualquer* lugar da Internet. Voltaremos a falar sobre o nmap na Seção 3.5.6, ao discutirmos gerenciamento da conexão TCP.

A situação é ilustrada na Figura 3.5, na qual o hospedeiro C inicia duas sessões HTTP com o servidor B, e o hospedeiro A inicia uma sessão HTTP com o servidor B. Os hospedeiros A e C e o servidor B possuem, cada um, seu próprio endereço IP exclusivo: A, C e B, respectivamente. O hospedeiro C atribui dois números diferentes (26145 e 7532) da porta de origem às suas duas conexões HTTP. Como o hospedeiro A está escolhendo números de porta independentemente de C, ele poderia também atribuir um número da porta de origem 26145 à sua conexão HTTP. Apesar disso, o servidor B ainda será capaz de demultiplexar corretamente as duas conexões que têm o mesmo número de porta de origem, já que elas têm endereços IP de origem diferentes.

Servidores Web e TCP

Antes de encerrar esta discussão, é instrutivo falar um pouco mais sobre servidores Web e como eles usam números de porta. Considere um hospedeiro rodando um servidor Web, tal como um Apache, na porta 80. Quando clientes (p. ex., navegadores) enviam segmentos ao servidor, *todos* os segmentos terão a porta de destino 80. Em especial, os segmentos que estabelecem a conexão inicial e os que carregam as mensagens de requisição HTTP, ambos terão a porta de destino 80. Como acabamos de descrever, o servidor distingue os segmentos dos diferentes clientes pelos endereços IP e pelos números da porta de origem.

A Figura 3.5 mostra um servidor Web que cria um novo processo para cada conexão. Como mostra a figura, cada um desses processos tem seu próprio *socket* de conexão pelo qual chegam requisições HTTP e são enviadas respostas HTTP. Mencionamos, contudo, que nem sempre existe uma correspondência unívoca entre *sockets* de conexão e processos. Na verdade, os servidores Web de alto desempenho atuais muitas vezes utilizam somente um processo, mas criam uma nova *thread* com um novo *socket* de conexão para cada nova conexão cliente. (Uma *thread* pode ser considerada um subprocesso leve.) Se você fez a primeira tarefa de programação do Capítulo 2, construiu um servidor Web que faz exatamente

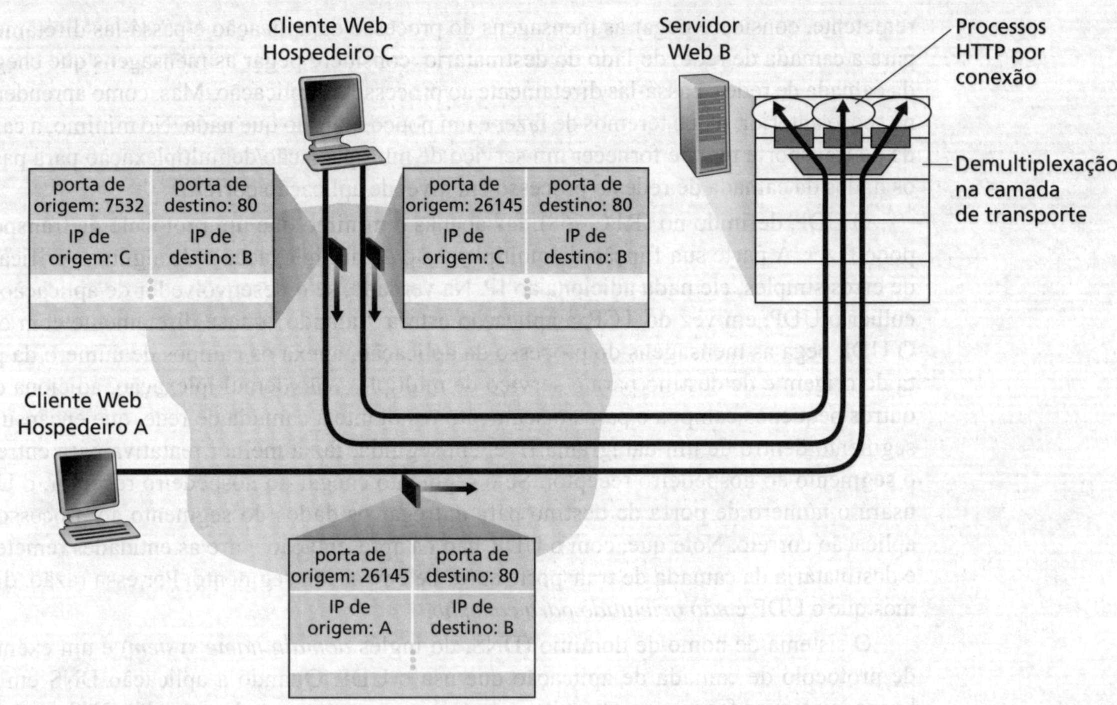

Figura 3.5 Dois clientes que usam o mesmo número de porta de destino (80) para se comunicar com a mesma aplicação de servidor Web.

isso. Para um servidor desses, a qualquer instante pode haver muitos *sockets* de conexão (com identificadores diferentes) ligados ao mesmo processo.

Se o cliente e o servidor estiverem usando HTTP persistente, então, durante toda a conexão persistente, trocarão mensagens HTTP pelo mesmo *socket* do servidor. Todavia, se usarem HTTP não persistente, então uma nova conexão TCP é criada e encerrada para cada requisição/resposta, e, portanto, um novo *socket* é criado e mais tarde encerrado para cada requisição/resposta. A criação e o encerramento frequentes de *sockets* podem causar sério impacto sobre o desempenho de um servidor Web movimentado (embora o sistema operacional consiga usar várias estratégias para atenuar o problema). Aconselhamos o leitor interessado em questões de sistema operacional referentes a HTTP persistente e não persistente a consultar (Nielsen, 1997; Nahum, 2002).

Agora que já discutimos multiplexação e demultiplexação na camada de transporte, passemos à discussão de um dos protocolos da Internet, o UDP. Na próxima seção, veremos que o UDP acrescenta pouco mais ao protocolo da camada de rede do que um serviço de multiplexação/demultiplexação.

3.3 TRANSPORTE NÃO ORIENTADO PARA CONEXÃO: UDP

Nesta seção, examinaremos o UDP mais de perto, como ele funciona e o que ele faz. Aconselhamos o leitor a rever o material apresentado na Seção 2.1, que inclui uma visão geral do modelo de serviço UDP, e o da Seção 2.7.1, que discute a programação de portas por UDP.

Para motivar nossa discussão sobre UDP, suponha que você esteja interessado em projetar um protocolo de transporte simples, bem básico. Como faria isso? De início, você deve considerar a utilização de um protocolo de transporte vazio. Em especial, do lado do remetente, considere pegar as mensagens do processo da aplicação e passá-las diretamente para a camada de rede; do lado do destinatário, considere pegar as mensagens que chegam da camada de rede e passá-las diretamente ao processo da aplicação. Mas, como aprendemos na seção anterior, o que teremos de fazer é um pouco mais do que nada. No mínimo, a camada de transporte tem de fornecer um serviço de multiplexação/demultiplexação para passar os dados da camada de rede ao processo em nível de aplicação correto.

O UDP, definido no (RFC 768), faz apenas o mínimo que um protocolo de transporte pode fazer. À parte sua função de multiplexação/demultiplexação e de alguma verificação de erros simples, ele nada adiciona ao IP. Na verdade, se o desenvolvedor de aplicação escolher o UDP, em vez do TCP, a aplicação estará "falando" quase diretamente com o IP. O UDP pega as mensagens do processo da aplicação, anexa os campos de número da porta de origem e de destino para o serviço de multiplexação/demultiplexação, adiciona dois outros pequenos campos e passa o segmento resultante à camada de rede, que encapsula o segmento dentro de um datagrama IP e, em seguida, faz a melhor tentativa para entregar o segmento ao hospedeiro receptor. Se o segmento chegar ao hospedeiro receptor, o UDP usará o número de porta de destino para entregar os dados do segmento ao processo de aplicação correto. Note que, com o UDP, não há apresentação entre as entidades remetente e destinatária da camada de transporte antes de enviar um segmento. Por essa razão, dizemos que o UDP é *não orientado para conexão.*

O sistema de nome de domínio (DNS, do inglês *domain name system*) é um exemplo de protocolo de camada de aplicação que usa o UDP. Quando a aplicação DNS em um hospedeiro quer fazer uma consulta, constrói uma mensagem de consulta DNS e passa a mensagem para o UDP. Sem realizar nenhuma apresentação com a entidade UDP que está funcionando no sistema final de destino, o UDP do lado do hospedeiro adiciona campos de cabeçalho à mensagem e passa o segmento resultante à camada de rede, que encapsula o segmento UDP em um datagrama e o envia a um servidor de nomes. A aplicação DNS no hospedeiro requisitante então espera por uma resposta à sua consulta. Se não receber uma resposta (possivelmente porque a rede subjacente perdeu a consulta ou a resposta), ela poderia tentar reenviar a consulta, tentar enviar a consulta a outro servidor de nomes ou informar à aplicação consultante que não pôde obter uma resposta.

É possível que agora você esteja imaginando por que um desenvolvedor de aplicação escolheria construir uma aplicação sobre UDP, em vez de sobre TCP. O TCP não é sempre preferível ao UDP, já que fornece serviço confiável de transferência de dados e o UDP não? A resposta é "não", pois algumas aplicações se adaptam melhor ao UDP pelas seguintes razões:

- *Melhor controle no nível da aplicação sobre quais dados são enviados e quando.* Com UDP, tão logo um processo de aplicação passe dados ao UDP, o protocolo os empacotará dentro de um segmento UDP e os passará imediatamente à camada de rede. O TCP, por outro lado, tem um mecanismo de controle de congestionamento que limita o remetente TCP da camada de transporte quando um ou mais enlaces entre os hospedeiros da origem e do destinatário ficam congestionados demais. O TCP também continuará a reenviar um segmento até que o hospedeiro destinatário reconheça a recepção desse segmento, pouco importando o tempo que a entrega confiável levar. Visto que aplicações de tempo real requerem uma taxa mínima de envio, não querem atrasar demais a transmissão de segmentos e podem tolerar alguma perda de dados, o modelo de serviço do TCP não é particularmente compatível com as necessidades dessas aplicações. Como discutiremos adiante, essas aplicações podem usar UDP e executar, como parte da aplicação, qualquer funcionalidade adicional necessária além do serviço de entrega de segmentos simples e básicos do UDP.
- *Não há estabelecimento de conexão.* Como discutiremos adiante, o TCP usa uma apresentação de três vias antes de começar a transferir dados. O UDP simplesmente envia mensagens sem nenhuma preliminar formal e, assim, não introduz atraso algum para estabelecer uma conexão. Talvez seja esta a principal razão pela qual o DNS roda sobre

UDP, e não sobre TCP – o DNS seria muito mais lento se rodasse em TCP. O HTTP usa o TCP, e não o UDP, porque a confiabilidade é fundamental para páginas Web com texto. Mas, como discutimos brevemente na Seção 2.2, o atraso de estabelecimento de uma conexão TCP é uma contribuição importante aos atrasos associados à recepção de documentos Web. Na verdade, o protocolo QUIC (do inglês Quick UDP Internet Connection, [IETF QUIC 2020]), usado no navegador Google Chrome, utiliza o UDP como protocolo de transporte subjacente e implementa a confiabilidade em um protocolo da camada de aplicação sobre o UDP. Analisaremos o QUIC em mais detalhes na Seção 3.8.

- *Não há estados de conexão.* O TCP mantém o estado de conexão nos sistemas finais. Esse estado inclui *buffers* de envio e recebimento, parâmetros de controle de congestionamento e parâmetros numéricos de sequência e de reconhecimento. Veremos na Seção 3.5 que essa informação de estado é necessária para implementar o serviço de transferência confiável de dados do TCP e para prover controle de congestionamento. O UDP, por sua vez, não mantém o estado de conexão e não monitora nenhum desses parâmetros. Por essa razão, um servidor dedicado a uma aplicação específica pode suportar um número muito maior de clientes ativos quando a aplicação roda sobre UDP e não sobre TCP.
- *Pequeno cabeçalho de pacote.* O segmento TCP tem 20 *bytes* (*overhead*) de cabeçalho, além dos dados para cada segmento, enquanto o UDP tem somente 8 *bytes* de cabeçalho.

A Figura 3.6 relaciona aplicações populares da Internet e os protocolos de transporte que usam. Como era esperado, o *e-mail*, o acesso a terminal remoto, a Web e a transferência de arquivos rodam sobre TCP – todas essas aplicações necessitam do serviço confiável de transferência de dados do TCP. No Capítulo 2, vimos que as primeiras versões do HTTP rodavam sobre TCP, mas que as versões mais recentes rodam sobre UDP, provendo seu próprio controle de erros e de congestionamento (entre outros serviços) na camada de aplicação. Não obstante, muitas aplicações importantes rodam sobre UDP, e não sobre TCP. Por exemplo, o UDP é usado para levar dados de gerenciamento de rede (SNMP; veja a Seção 5.7). Nesse caso, o UDP é preferível ao TCP, já que aplicações de gerenciamento de rede com frequência devem funcionar quando a rede está em estado sobrecarregado – exatamente quando é difícil conseguir transferência confiável de dados com congestionamento controlado. E também, como mencionamos, o DNS roda sobre UDP, evitando, desse modo, atrasos de estabelecimento de conexões TCP.

Como mostra a Figura 3.6, hoje o UDP e o TCP também são comumente usados para aplicações de multimídia, como telefone por Internet, videoconferência em tempo real e

Aplicação	Protocolo de camada de aplicação	Protocolo de transporte subjacente
Correio eletrônico	SMTP	TCP
Acesso a terminal remoto	Telnet	TCP
Acesso a terminal remoto seguro	SSH	TCP
Web	HTTP, HTTP/3	TCP (para HTTP), UDP (for HTTP/3)
Transferência de arquivo	FTP	TCP
Servidor de arquivo remoto	NFS	Tipicamente UDP
Streaming de multimídia	DASH	TCP
Telefonia por Internet	Tipicamente proprietário	UDP ou TCP
Gerenciamento de rede	SNMP	Tipicamente UDP
Tradução de nome	DNS	Tipicamente UDP

Figura 3.6 Aplicações populares da Internet e seus protocolos de transporte subjacentes.

streaming de áudio e vídeo armazenados. No momento, mencionamos apenas que todas essas aplicações podem tolerar uma pequena quantidade de perda de pacotes, de modo que a transferência confiável de dados não é absolutamente crítica para o sucesso da aplicação. Além disso, aplicações em tempo real, como telefone por Internet e videoconferência, reagem muito mal ao controle de congestionamento do TCP. Por essas razões, os desenvolvedores de aplicações de multimídia muitas vezes optam por rodar suas aplicações sobre UDP em vez de sobre TCP. Quando as taxas de perda de pacote são baixas, junto com algumas empresas que bloqueiam o tráfego UDP por razões de segurança (veja Capítulo 8), o TCP se torna um protocolo cada vez mais atrativo para o transporte de mídia.

Embora hoje seja comum rodar aplicações de multimídia sobre UDP, isso exige cuidados. Como já mencionamos, o UDP não tem controle de congestionamento. Mas esse controle é necessário para evitar que a rede entre em um estado no qual pouquíssimo trabalho útil é realizado. Se todos começassem a assistir vídeos com alta taxa de *bits* sem usar nenhum controle de congestionamento, haveria tamanho transbordamento de pacotes nos roteadores que poucos pacotes UDP conseguiriam atravessar com sucesso o caminho da origem ao destino. Além do mais, as altas taxas de perda induzidas pelos remetentes UDP sem controle fariam com que os remetentes TCP (que, como veremos adiante, *reduzem* suas taxas de envio em face de congestionamento) reduzissem drasticamente suas taxas. Assim, a falta de controle de congestionamento no UDP pode resultar em altas taxas de perda entre um remetente e um destinatário UDP e no acúmulo de sessões TCP. Muitos pesquisadores propuseram novos mecanismos para forçar todas as origens, inclusive as origens UDP, a realizar um controle de congestionamento adaptativo (Mahdavi, 1997; Floyd, 2000; Kohler, 2006: RFC 4340).

Antes de discutirmos a estrutura do segmento UDP, mencionaremos que *é* possível uma aplicação ter transferência confiável de dados usando UDP. Isso pode ser feito se a confiabilidade for embutida na própria aplicação (p. ex., adicionando mecanismos de reconhecimento e de retransmissão, tais como os que estudaremos na próxima seção). Anteriormente, mencionamos que o protocolo QUIC implementa a confiabilidade em um protocolo da camada de aplicação sobre o UDP. Mas essa é uma tarefa não trivial, que manteria o desenvolvedor ocupado com a depuração por um longo tempo. Não obstante, embutir confiabilidade diretamente na aplicação permite que ela tire proveito de ambas as alternativas. Em outras palavras, os processos da aplicação podem se comunicar de maneira confiável sem ter de se sujeitar às limitações de taxa de transmissão impostas pelo mecanismo de controle de congestionamento do TCP.

3.3.1 Estrutura do segmento UDP

A estrutura do segmento UDP, mostrada na Figura 3.7, é definida no RFC 768. Os dados da aplicação ocupam o campo de dados do segmento UDP. Por exemplo, para o DNS, o campo de dados contém uma mensagem de consulta ou uma mensagem de resposta. Para uma aplicação de recepção de áudio, amostras de áudio preenchem o campo de dados. O cabeçalho UDP tem apenas quatro campos, cada um consistindo em 2 *bytes*. Como já discutido na seção anterior, os números de porta permitem que o hospedeiro destinatário passe os dados da aplicação ao processo correto que está funcionando no sistema final destinatário (i.e., realize a função de demultiplexação). O campo de comprimento especifica o número de *bytes* no segmento UDP (cabeçalho mais dados). Um valor de comprimento explícito é necessário, porque o tamanho do campo de dados pode ser diferente de um segmento UDP para o outro. A soma de verificação é usada pelo hospedeiro receptor para verificar se foram introduzidos erros no segmento. Na verdade, a soma de verificação também é calculada para alguns dos campos no cabeçalho IP, além do segmento UDP. Mas ignoramos esse detalhe para podermos enxergar a floresta por meio das árvores. Discutiremos o cálculo da soma de verificação adiante. Os princípios básicos da detecção de erros estão descritos na Seção 6.2. O campo de comprimento especifica o comprimento do segmento UDP, incluindo o cabeçalho, em *bytes*.

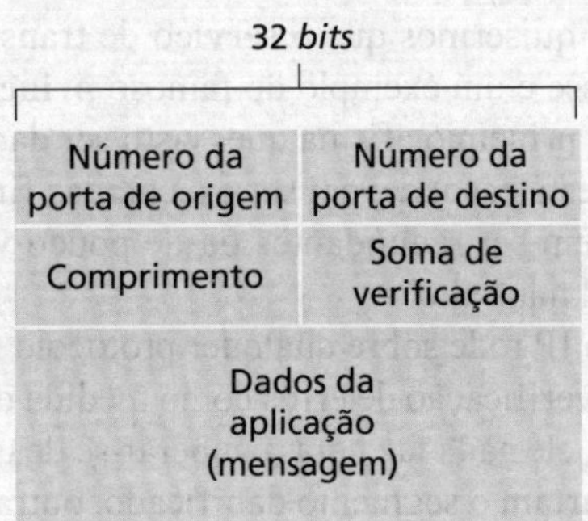

Figura 3.7 Estrutura do segmento UDP.

3.3.2 Soma de verificação UDP

A soma de verificação UDP serve para detectar erros. Em outras palavras, é usada para determinar se *bits* dentro do segmento UDP foram alterados (p. ex., por ruído nos enlaces ou enquanto armazenados em um roteador) durante sua movimentação da origem até o destino. O UDP no lado remetente realiza o complemento de 1 da soma de todas as palavras de 16 *bits* do segmento, levando em conta o "vai um" em toda a soma. Esse resultado é colocado no campo de soma de verificação no segmento UDP. Damos aqui um exemplo simples do cálculo da soma de verificação. Se quiser saber detalhes sobre a implementação eficiente do algoritmo de cálculo, consulte o RFC 1071; sobre o desempenho com dados reais, consulte Stone (1998 e 2000). Como exemplo, suponha que tenhamos as seguintes três palavras de 16 *bits*:

0110011001100000
0101010101010101
1000111100001100

A soma das duas primeiras é:

0110011001100000
0101010101010101
1011101110110101

Adicionando a terceira palavra à soma anterior, temos:

1011101110110101
1000111100001100
0100101011000010

Note que a última adição teve "vai um" no *bit* mais significativo que foi somado ao *bit* menos significativo. O complemento de 1 é obtido pela conversão de todos os 0 em 1 e de todos os 1 em 0. Desse modo, o complemento de 1 da soma 0100101011000010 é 1011010100111101, que passa a ser a soma de verificação. No destinatário, todas as quatro palavras de 16 *bits* são somadas, inclusive a soma de verificação. Se nenhum erro for introduzido no pacote, a soma no destinatário será, claro, 1111111111111111. Se um dos *bits* for um zero, saberemos então que um erro foi introduzido no pacote.

Talvez você esteja imaginando por que o UDP fornece uma soma de verificação primeiro, já que muitos protocolos de camada de enlace (inclusive, o popular Ethernet) também fornecem verificação de erros. A razão é que não há garantia de que todos os enlaces entre a origem e o destino forneçam tal verificação – um deles pode usar um protocolo de camada de enlace que não a forneça. Além disso, mesmo que os segmentos sejam corretamente transmitidos por um enlace, pode haver introdução de erros de *bits* quando um segmento é armazenado na memória de um roteador. Como não são garantidas a confiabilidade enlace a enlace e a detecção de erro na memória, o UDP deve prover detecção de erro *fim a fim* na camada de transporte se quisermos que o serviço de transferência de dados fim a fim forneça detecção de erro. Esse é um exemplo do famoso **princípio fim a fim** do projeto de sistemas (Saltzer, 1984). Tal princípio afirma que, visto ser dado como certo que funcionalidades (detecção de erro, neste caso) devem ser executadas fim a fim, "funções colocadas nos níveis mais baixos podem ser redundantes ou de pouco valor em comparação com o custo de fornecê-las no nível mais alto".

Como se pretende que o IP rode sobre qualquer protocolo de camada 2, é útil que a camada de transporte forneça verificação de erros como medida de segurança. Embora o UDP forneça verificação de erros, ele nada faz para recuperar-se de um erro. Algumas implementações do UDP apenas descartam o segmento danificado; outras passam o segmento errado à aplicação acompanhado de um aviso.

Isso encerra nossa discussão sobre o UDP. Logo veremos que o TCP oferece transferência confiável de dados a suas aplicações, bem como outros serviços que o UDP não oferece. Naturalmente, o TCP também é mais complexo do que o UDP. Contudo, antes de discutirmos o TCP, primeiro devemos examinar os princípios subjacentes da transferência confiável de dados.

3.4 PRINCÍPIOS DA TRANSFERÊNCIA CONFIÁVEL DE DADOS

Nesta seção, consideramos o problema conceitual da transferência confiável de dados. Isso é apropriado, já que o problema de realizar transferência confiável de dados ocorre não só na camada de transporte, mas também nas camadas de enlace e de aplicação. Assim, o problema geral é de importância central para o trabalho em rede. Na verdade, se tivéssemos de fazer uma lista dos dez problemas mais importantes para todo o trabalho em rede, o da transferência confiável de dados seria o candidato número um da lista. Na seção seguinte, examinaremos o TCP e mostraremos, em especial, que ele utiliza muitos dos princípios que descreveremos aqui.

A Figura 3.8 ilustra a estrutura para nosso estudo de transferência confiável de dados. A abstração do serviço fornecido às entidades das camadas superiores é a de um canal confiável através do qual dados podem ser transferidos. Com um canal confiável, nenhum dos dados transferidos é corrompido (trocado de 0 para 1 ou vice-versa) nem perdido, e todos são entregues na ordem em que foram enviados. Esse é exatamente o modelo de serviço oferecido pelo TCP às aplicações de Internet que recorrem a ele.

É responsabilidade de um **protocolo de transferência confiável de dados** implementar essa abstração de serviço. A tarefa é dificultada pelo fato de que a camada *abaixo* do protocolo de transferência confiável de dados talvez seja não confiável. Por exemplo, o TCP é um protocolo confiável de transferência de dados que é executado sobre uma camada de rede fim a fim não confiável (IP). De modo mais geral, a camada abaixo das duas extremidades que se comunicam de modo confiável pode consistir em um único enlace físico (como no caso de um protocolo de transferência de dados na camada de enlace) ou em uma rede global interligada (como em um protocolo de camada de transporte). Para nossa finalidade, contudo, podemos considerar essa camada mais baixa apenas como um canal ponto a ponto não confiável.

Nesta seção, desenvolveremos de modo gradual os lados remetente e destinatário de um protocolo confiável de transferência de dados, considerando modelos progressivamente mais complexos do canal subjacente. Por exemplo, vamos considerar que os mecanismos do protocolo são necessários quando o canal subjacente puder corromper *bits* ou perder pacotes inteiros. Uma suposição que adotaremos em toda essa discussão é que os pacotes serão entregues na ordem em que foram enviados, com alguns pacotes possivelmente sendo

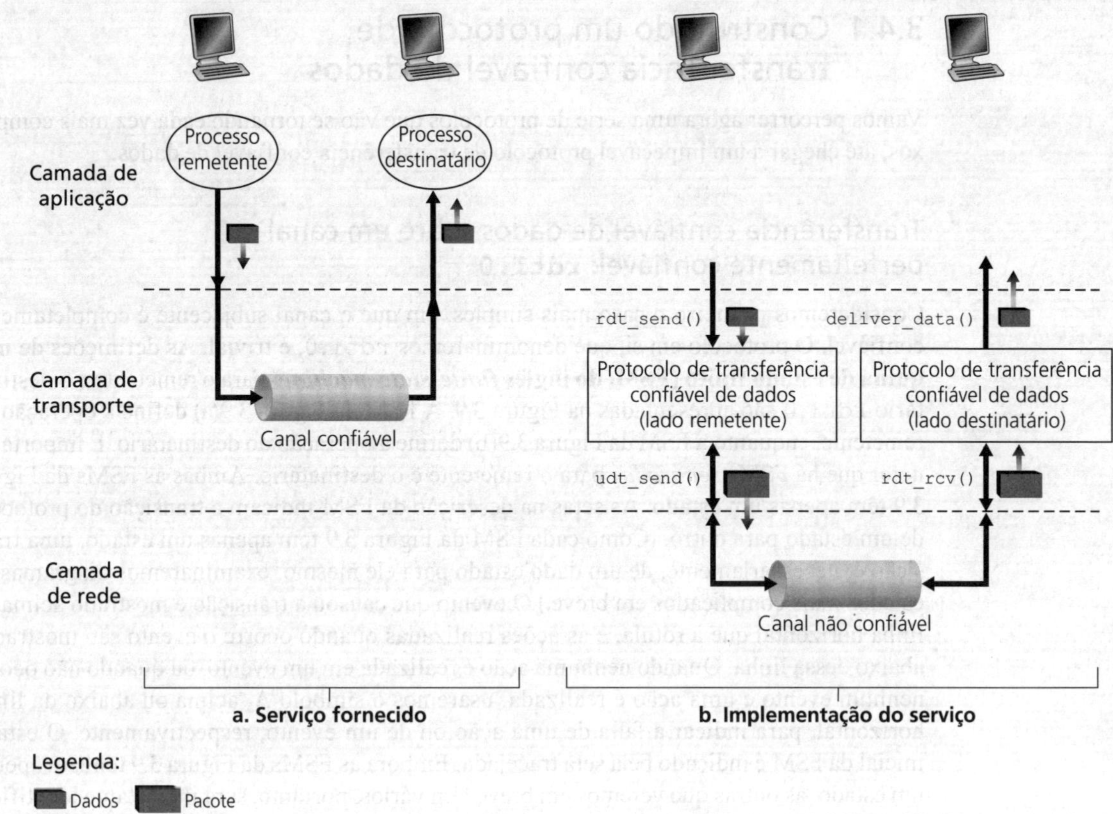

Figura 3.8 Transferência confiável de dados: modelo do serviço e implementação do serviço.

perdidos; ou seja, o canal subjacente não reordenará pacotes. A Figura 3.8(b) ilustra as interfaces de nosso protocolo de transferência de dados. O lado remetente do protocolo será invocado de cima, por uma chamada a `rdt _ send()`. Ele passará os dados a serem entregues à camada superior no lado destinatário. (Aqui, `rdt` significa protocolo *reliable data transfer* – transferência confiável de dados – e `_ send` indica que o lado remetente do `rdt` está sendo chamado. O primeiro passo no desenvolvimento de qualquer protocolo é dar-lhe um bom nome!) Do lado destinatário, `rdt _ rcv()` será chamado quando um pacote chegar pelo lado destinatário do canal. Quando o protocolo `rdt` quiser entregar dados à camada superior, ele o fará chamando `deliver _ data()`. No que se segue, usamos a terminologia "pacote" em vez de "segmento" de camada de transporte. Como a teoria desenvolvida nesta seção se aplica a redes de computadores em geral, e não só à camada de transporte da Internet, o termo genérico "pacote" talvez seja mais apropriado aqui.

Nesta seção, consideramos apenas o caso de **transferência unidirecional de dados**, isto é, transferência de dados do lado remetente ao lado destinatário. O caso de **transferência bidirecional confiável de dados** (i.e., *full-duplex*) não é conceitualmente mais difícil, mas é bem mais tedioso de explicar. Embora consideremos apenas a transferência unidirecional de dados, é importante notar que, apesar disso, os lados remetente e destinatário de nosso protocolo terão de transmitir pacotes em *ambas* as direções, como mostra a Figura 3.8. Logo veremos que, além de trocar pacotes contendo os dados a transferir, os lados remetente e destinatário do `rdt` também precisarão trocar pacotes de controle entre si. Ambos os lados de envio e destino do `rdt` enviam pacotes para o outro por meio de uma chamada a `udt _ send()` (em que `udt` significa *unreliable data transfer* – transferência não confiável de dados).

3.4.1 Construindo um protocolo de transferência confiável de dados

Vamos percorrer agora uma série de protocolos que vão se tornando cada vez mais complexos, até chegar a um impecável protocolo de transferência confiável de dados.

Transferência confiável de dados sobre um canal perfeitamente confiável: `rdt1.0`

Consideremos primeiro o caso mais simples, em que o canal subjacente é completamente confiável. O protocolo em si, que denominaremos `rdt1.0`, é trivial. As definições de **máquina de estado finito (FSM, do inglês *finite-state machine*)** para o remetente e o destinatário `rdt1.0` são apresentadas na Figura 3.9. A FSM da Figura 3.9(a) define a operação do remetente, enquanto a FSM da Figura 3.9(b) define a operação do destinatário. É importante notar que há FSMs *separadas* para o remetente e o destinatário. Ambas as FSMs da Figura 3.9 têm apenas um estado. As setas na descrição da FSM indicam a transição do protocolo de um estado para outro. (Como cada FSM da Figura 3.9 tem apenas um estado, uma transição é, necessariamente, de um dado estado para ele mesmo; examinaremos diagramas de estados mais complicados em breve.) O evento que causou a transição é mostrado acima da linha horizontal que a rotula, e as ações realizadas quando ocorre o evento são mostradas abaixo dessa linha. Quando nenhuma ação é realizada em um evento, ou quando não ocorre nenhum evento e uma ação é realizada, usaremos o símbolo Λ, acima ou abaixo da linha horizontal, para indicar a falta de uma ação ou de um evento, respectivamente. O estado inicial da FSM é indicado pela seta tracejada. Embora as FSMs da Figura 3.9 tenham apenas um estado, as outras que veremos em breve têm vários, portanto, será importante identificar o estado inicial de cada FSM.

O lado remetente do `rdt` apenas aceita dados da camada superior pelo evento `rdt_send(data)`, cria um pacote que contém os dados (pela ação `make_pkt(data)`) e o envia para dentro do canal. Na prática, o evento `rdt_send(data)` resultaria de uma chamada de procedimento (p. ex., para `rdt_send()`) pela aplicação da camada superior.

Do lado destinatário, rdt recebe um pacote do canal subjacente pelo evento `rdt_rcv(packet)`, extrai os dados do pacote (pela ação `extract(packet, data)`) e os

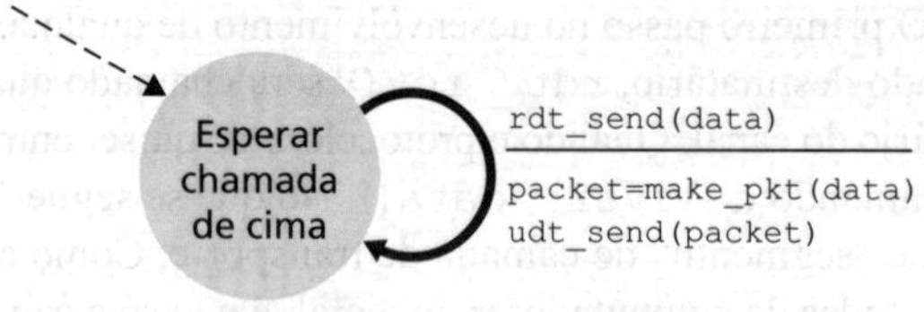

a. rdt1.0: lado remetente

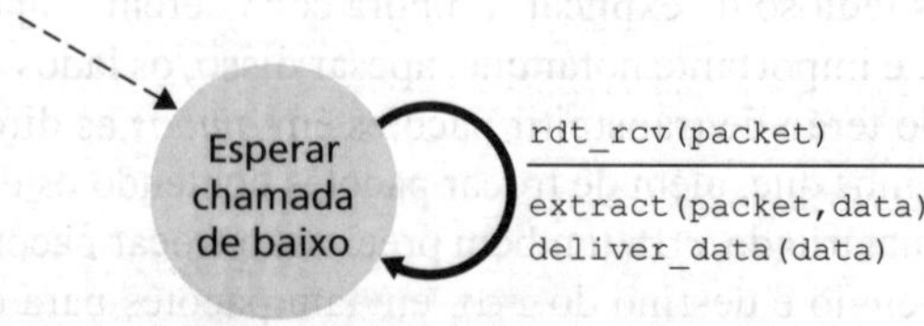

b. rdt1.0: lado destinatário

Figura 3.9 `rdt1.0` – Um protocolo para um canal completamente confiável.

passa para a camada superior (pela ação `deliver_data(data)`). Na prática, o evento `rdt_rcv(packet)` resultaria de uma chamada de procedimento (p. ex., para `rdt_rcv()`) do protocolo da camada inferior.

Nesse protocolo simples, não há diferença entre a unidade de dados e um pacote. E, também, todo o fluxo de pacotes flui do remetente para o destinatário; com um canal perfeitamente confiável, não há necessidade de o lado destinatário fornecer qualquer informação ao remetente, já que nada pode dar errado! Note que também admitimos que o destinatário está capacitado a receber dados seja qual for a velocidade em que o remetente os envie. Assim, não há necessidade de pedir para o remetente desacelerar!

Transferência confiável de dados por um canal com erros de *bits*: `rdt2.0`

Um modelo mais realista de canal subjacente é um canal em que os *bits* de um pacote podem ser corrompidos. Esses erros de *bits* ocorrem em geral nos componentes físicos de uma rede enquanto o pacote é transmitido, propagado ou armazenado. Continuaremos a admitir, por enquanto, que todos os pacotes transmitidos sejam recebidos (embora seus *bits* possam estar corrompidos) na ordem em que foram enviados.

Antes de desenvolver um protocolo para se comunicar de maneira confiável com esse canal, considere primeiro como as pessoas enfrentariam uma situação como essa. Imagine como você ditaria uma mensagem longa pelo telefone. Em um cenário típico, quem estivesse anotando a mensagem diria "OK" após cada sentença que ouvisse, entendesse e anotasse. Se a pessoa ouvisse uma mensagem truncada, pediria que você a repetisse. Esse protocolo de ditado de mensagem usa **reconhecimentos positivos** ("OK") e **reconhecimentos negativos** ("Repita, por favor"). Tais mensagens de controle permitem que o destinatário faça o remetente saber o que foi recebido corretamente e o que foi recebido com erro e, portanto, exige repetição. Em um arranjo de rede de computadores, protocolos de transferência confiável de dados baseados nesse tipo de retransmissão são conhecidos como **protocolos ARQ (do inglês *Automatic Repeat reQuest* – solicitação automática de repetição)**.

Basicamente, são exigidas três capacitações adicionais dos protocolos ARQ para manipular a presença de erros de *bits*:

- *Detecção de erros.* Primeiro, é preciso um mecanismo que permita ao destinatário detectar quando ocorrem erros. Lembre-se de que dissemos na seção anterior que o UDP usa o campo de soma de verificação da Internet exatamente para essa finalidade. No Capítulo 6, examinaremos, com mais detalhes, técnicas de detecção e de correção de erros. Elas permitem que o destinatário detecte e talvez corrija erros de *bits* de pacotes. Por enquanto, basta saber que essas técnicas exigem que *bits* extras (além dos *bits* dos dados originais a serem transferidos) sejam enviados do remetente ao destinatário. Esses *bits* são colocados no campo de soma de verificação do pacote de dados do protocolo `rdt2.0`.
- *Realimentação do destinatário.* Como remetente e destinatário em geral estão rodando em sistemas finais diferentes, possivelmente separados por milhares de quilômetros, o único modo de o remetente saber qual é a visão de mundo do destinatário (neste caso, se um pacote foi recebido corretamente ou não) é o destinatário fornecer realimentação explícita ao remetente. As respostas de reconhecimento positivo (ACK, do inglês *acknowledgement*) ou negativo (NAK, do inglês *negative acknowledgement*) no cenário do ditado da mensagem são exemplos dessa realimentação. Nosso protocolo `rdt2.0` devolverá, dessa mesma maneira, pacotes ACK e NAK do destinatário ao remetente. Em princípio, esses pacotes precisam apenas ter o comprimento de um *bit*; por exemplo, um valor 0 poderia indicar um NAK, e um valor 1 poderia indicar um ACK.
- *Retransmissão.* Um pacote que é recebido com erro no destinatário será retransmitido pelo remetente.

A Figura 3.10 mostra a representação por FSM do `rdt2.0`, um protocolo de transferência de dados que emprega detecção de erros, reconhecimentos positivos e reconhecimentos negativos.

O lado remetente do `rdt2.0` tem dois estados. No estado mais à esquerda, o protocolo do lado remetente está esperando que os dados sejam passados pela camada superior. Quando o evento `rdt_send(data)` ocorrer, o remetente criará um pacote (`sndpkt`) contendo os dados a serem enviados, junto com uma soma de verificação do pacote (p. ex., como discutimos na Seção 3.3.2 para o caso de um segmento UDP) e, então, enviará o pacote pela operação `udt_send(sndpkt)`. No estado mais à direita, o protocolo remetente está esperando por um pacote ACK ou NAK da parte do destinatário. Se um pacote ACK for recebido (a notação `rdt_rcv(rcvpkt) && isACK (rcvpkt)` na Figura 3.10 corresponde a esse evento), o remetente saberá que o pacote transmitido mais recentemente foi recebido corretamente. Assim, o protocolo volta ao estado de espera por dados vindos da camada superior. Se for recebido um NAK, o protocolo retransmitirá o último pacote e esperará por um ACK ou NAK a ser devolvido pelo destinatário em resposta ao pacote de dados retransmitido. É importante notar que, quando o destinatário está no estado de espera por ACK ou NAK, *não* pode receber mais dados da camada superior; isto é, o evento `rdt_send()` não pode ocorrer; isso somente acontecerá após o remetente receber um ACK e sair desse estado. Assim, o remetente não enviará novos dados até ter certeza de que o destinatário recebeu corretamente o pacote em questão. Devido a esse comportamento, protocolos como o `rdt2.0` são conhecidos como **protocolos pare e espere** (do inglês ***stop-and-wait***).

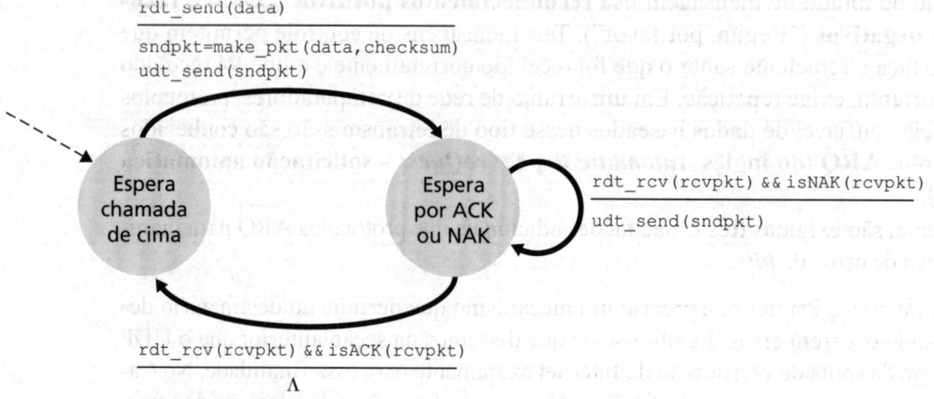

a. rdt2.0: lado remetente

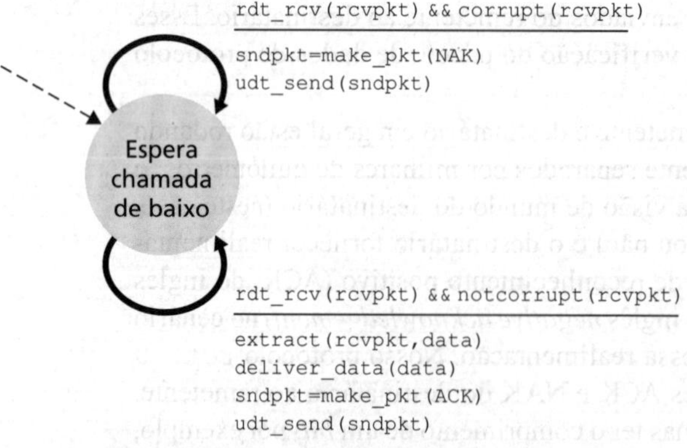

b. rdt2.0: lado destinatário

Figura 3.10 `rdt2.0` – Um protocolo para um canal com erros de *bits*.

A FSM do lado destinatário para o `rdt2.0` tem um único estado. Quando o pacote chega, o destinatário responde com um ACK ou um NAK, dependendo de o pacote recebido estar ou não corrompido. Na Figura 3.10, a notação `rdt_rcv(rcvpkt) && corrupt(rcvpkt)` corresponde ao evento em que um pacote é recebido e existe um erro.

Pode parecer que o protocolo `rdt2.0` funciona, mas infelizmente ele tem um defeito fatal. Em especial, ainda não tratamos da possibilidade de o pacote ACK ou NAK estar corrompido! (Antes de continuar, é bom você começar a pensar em como esse problema pode ser resolvido.) Lamentavelmente, nossa pequena omissão não é tão inofensiva quanto possa parecer. No mínimo, precisaremos adicionar aos pacotes ACK/NAK *bits* de soma de verificação para detectar esses erros. A questão mais difícil é como o protocolo deve se recuperar de erros em pacotes ACK ou NAK. Nesse caso, a dificuldade é que, se um ACK ou um NAK estiver corrompido, o remetente não terá como saber se o destinatário recebeu ou não corretamente a última parte de dados transmitidos.

Considere três possibilidades para manipular ACKs ou NAKs corrompidos:

- Para a primeira possibilidade, imagine o que um ser humano faria no cenário do ditado da mensagem. Se quem estiver ditando não entender o "OK" ou o "Repita, por favor" do destinatário, provavelmente perguntará: "O que foi que você disse?" (introduzindo assim um novo tipo de pacote remetente-destinatário em nosso protocolo). O destinatário então repetiria a resposta. Mas e se a frase "O que foi que você disse?" estivesse corrompida? O destinatário, sem ter nenhuma noção se a sentença corrompida era parte do ditado ou um pedido para repetir a última resposta, provavelmente responderia: "O que foi que *você* disse?". E então, é claro, essa resposta também poderia estar truncada. É óbvio que estamos entrando em um caminho difícil.
- Uma segunda alternativa é adicionar um número suficiente de *bits* de soma de verificação para permitir que o remetente não só detecte, mas também se recupere de erros de *bits*. Isso resolve o problema imediato para um canal que pode corromper pacotes, mas não perdê-los.
- Uma terceira técnica é o remetente reenviar o pacote de dados corrente quando receber um pacote ACK ou NAK truncado. Esse método, no entanto, introduz **pacotes duplicados** no canal remetente-destinatário. A dificuldade fundamental com pacotes duplicados é que o destinatário não sabe se o último ACK ou NAK que ele próprio enviou foi bem recebido no remetente. Assim, ele não pode saber *a priori* se um pacote que chega contém novos dados ou se é uma retransmissão!

Uma solução simples para esse novo problema (e que é adotada em quase todos os protocolos de transferência de dados existentes, inclusive o TCP) é adicionar um novo campo ao pacote de dados e fazer o remetente numerar seus pacotes de dados colocando um **número de sequência** nesse campo. O destinatário então teria apenas de verificar esse número de sequência para determinar se o pacote recebido é ou não uma retransmissão. Para esse caso simples de protocolo pare e espere, um número de sequência de um *bit* é suficiente, já que permitirá que o destinatário saiba se o remetente está reenviando o pacote previamente transmitido (isso ocorre quando o número de sequência do pacote recebido é o mesmo do último pacote anteriormente recebido) ou um novo pacote (isso ocorre quando o número de sequência muda, indo "para a frente" em progressão aritmética de módulo 2). Como estamos admitindo que esse é um canal que não perde pacotes, os pacotes ACK e NAK em si não precisam indicar o número de sequência do pacote que estão reconhecendo. O remetente sabe que um pacote ACK ou NAK recebido (truncado ou não) foi gerado em resposta ao seu pacote de dados transmitidos mais recentemente.

As Figuras 3.11 e 3.12 mostram a descrição da FSM para o `rdt2.1`, nossa versão corrigida do `rdt2.0`. Cada `rdt2.1` remetente e destinatário da FSM agora tem um número duas vezes maior de estados do que antes. Isso acontece porque o estado do protocolo deve agora refletir se o pacote que está sendo correntemente enviado (pelo remetente) ou aguardado (no destinatário) deveria ter um número de sequência 0 ou 1. Note que as ações nos estados em que um pacote numerado com 0 está sendo enviado ou aguardado são imagens especulares

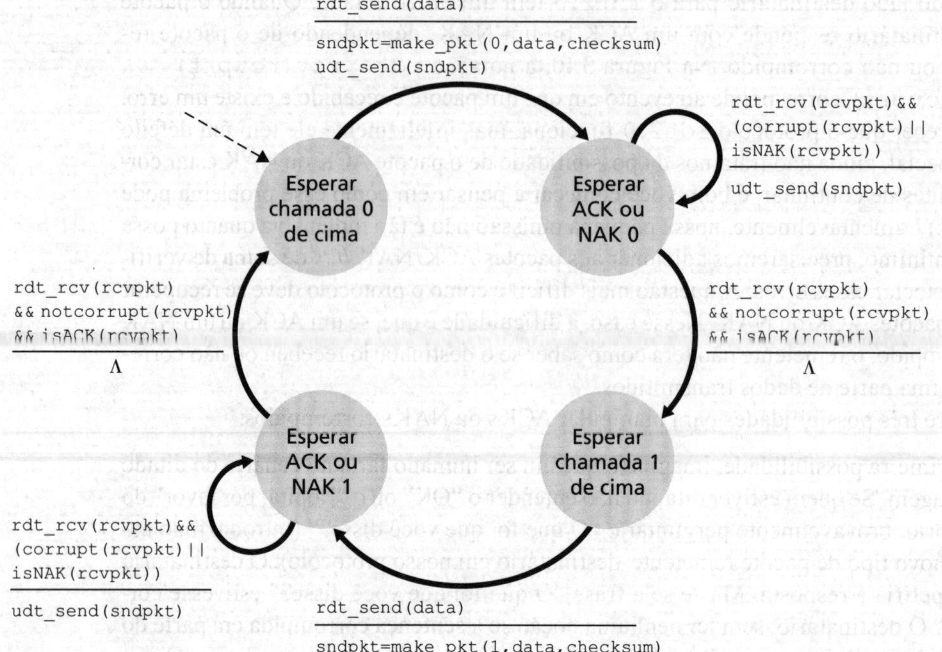

rdt_send(data)
sndpkt=make_pkt(0,data,checksum)
udt_send(sndpkt)
rdt_rcv(rcvpkt)&&
(corrupt(rcvpkt)||
isNAK(rcvpkt))
udt_send(sndpkt)
Esperar chamada 0 de cima
Esperar ACK ou NAK 0
rdt_rcv(rcvpkt)
&& notcorrupt(rcvpkt)
&& isACK(rcvpkt)
Λ
rdt_rcv(rcvpkt)
&& notcorrupt(rcvpkt)
&& isACK(rcvpkt)
Λ
Esperar ACK ou NAK 1
Esperar chamada 1 de cima
rdt_rcv(rcvpkt)&&
(corrupt(rcvpkt)||
isNAK(rcvpkt))
udt_send(sndpkt)
rdt_send(data)
sndpkt=make_pkt(1,data,checksum)
udt_send(sndpkt)

Figura 3.11 `rdt2.1` remetente.

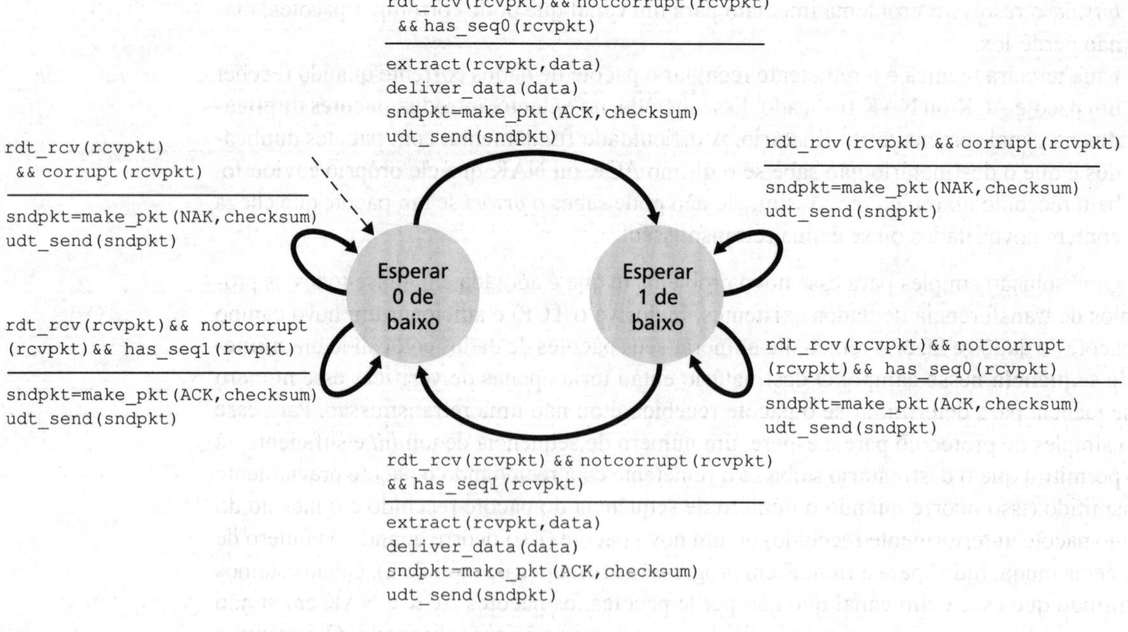

rdt_rcv(rcvpkt)&& notcorrupt(rcvpkt)
&& has_seq0(rcvpkt)
extract(rcvpkt,data)
deliver_data(data)
sndpkt=make_pkt(ACK,checksum)
udt_send(sndpkt)
rdt_rcv(rcvpkt)
&& corrupt(rcvpkt)
sndpkt=make_pkt(NAK,checksum)
udt_send(sndpkt)
rdt_rcv(rcvpkt) && corrupt(rcvpkt)
sndpkt=make_pkt(NAK,checksum)
udt_send(sndpkt)
Esperar 0 de baixo
Esperar 1 de baixo
rdt_rcv(rcvpkt)&& notcorrupt
(rcvpkt)&& has_seq1(rcvpkt)
sndpkt=make_pkt(ACK,checksum)
udt_send(sndpkt)
rdt_rcv(rcvpkt)&& notcorrupt
(rcvpkt)&& has_seq0(rcvpkt)
sndpkt=make_pkt(ACK,checksum)
udt_send(sndpkt)
rdt_rcv(rcvpkt) && notcorrupt(rcvpkt)
&& has_seq1(rcvpkt)
extract(rcvpkt,data)
deliver_data(data)
sndpkt=make_pkt(ACK,checksum)
udt_send(sndpkt)

Figura 3.12 `rdt2.1` destinatário.

daquelas que devem funcionar quando estiver sendo enviado ou aguardado um pacote numerado com 1; as únicas diferenças têm a ver com a manipulação do número de sequência.

O protocolo `rdt2.1` usa tanto o reconhecimento positivo como o negativo do remetente ao destinatário. Quando um pacote fora de ordem é recebido, o destinatário envia um reconhecimento positivo para o pacote que recebeu; quando um pacote corrompido é recebido, ele envia um reconhecimento negativo. Podemos conseguir o mesmo efeito de um pacote

NAK se, em vez de enviarmos um NAK, enviarmos um ACK em seu lugar para o último pacote corretamente recebido. Um remetente que recebe dois ACKs para o mesmo pacote (i.e., **ACKs duplicados**) sabe que o destinatário não recebeu corretamente o pacote seguinte àquele para o qual estão sendo dados dois ACKs. Nosso protocolo de transferência confiável de dados sem NAK para um canal com erros de *bits* é o `rdt2.2`, mostrado nas Figuras 3.13 e 3.14. Uma modificação sutil entre `rdt2.1` e `rdt2.2` é que o destinatário agora deve incluir o número de sequência do pacote que está sendo reconhecido por uma mensagem

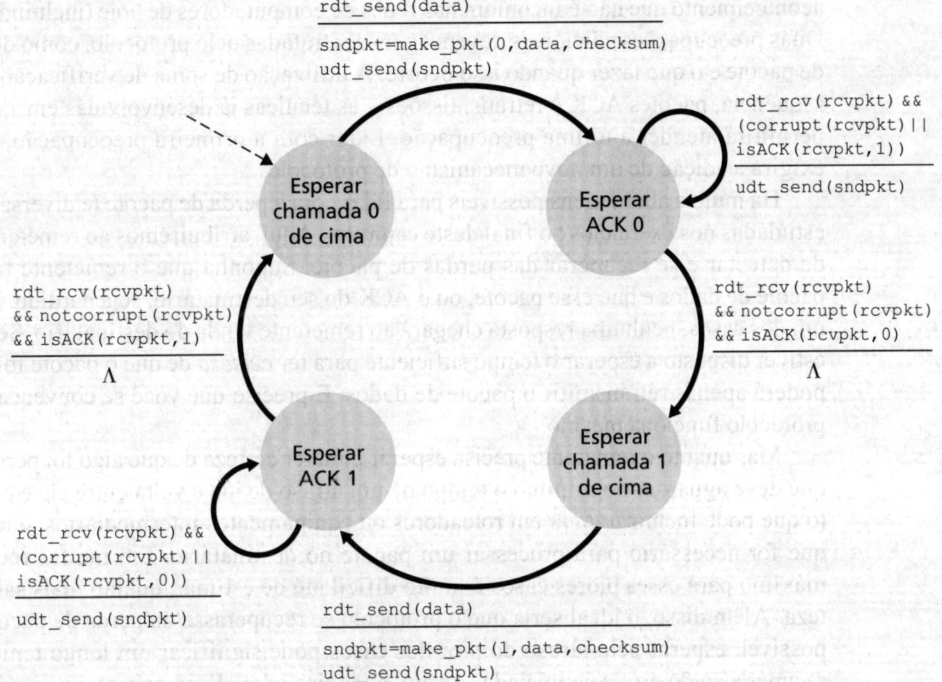
rdt_send(data)
sndpkt=make_pkt(0,data,checksum)
udt_send(sndpkt)
rdt_rcv(rcvpkt) &&
(corrupt(rcvpkt)||
isACK(rcvpkt,1))
udt_send(sndpkt)
Esperar chamada 0 de cima
Esperar ACK 0
rdt_rcv(rcvpkt)
&& notcorrupt(rcvpkt)
&& isACK(rcvpkt,1)
Λ
rdt_rcv(rcvpkt)
&& notcorrupt(rcvpkt)
&& isACK(rcvpkt,0)
Λ
Esperar ACK 1
Esperar chamada 1 de cima
rdt_rcv(rcvpkt) &&
(corrupt(rcvpkt)||
isACK(rcvpkt,0))
udt_send(sndpkt)
rdt_send(data)
sndpkt=make_pkt(1,data,checksum)
udt_send(sndpkt)

Figura 3.13 `rdt2.2` remetente.

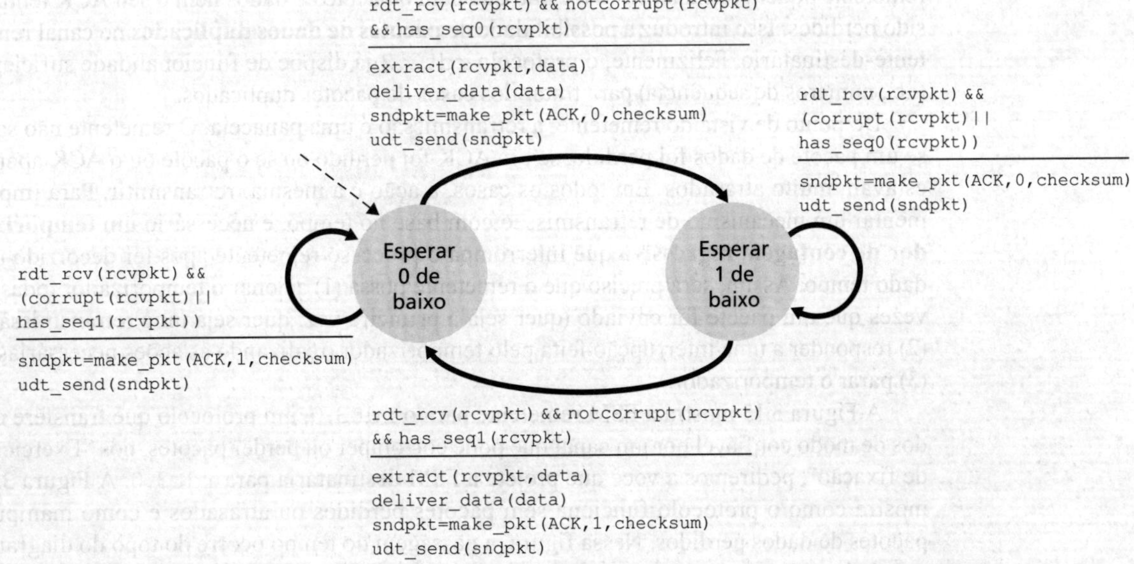
rdt_rcv(rcvpkt) && notcorrupt(rcvpkt)
&& has_seq0(rcvpkt)
extract(rcvpkt,data)
deliver_data(data)
sndpkt=make_pkt(ACK,0,checksum)
udt_send(sndpkt)
rdt_rcv(rcvpkt) &&
(corrupt(rcvpkt)||
has_seq0(rcvpkt))
sndpkt=make_pkt(ACK,0,checksum)
udt_send(sndpkt)
Esperar 0 de baixo
Esperar 1 de baixo
rdt_rcv(rcvpkt) &&
(corrupt(rcvpkt)||
has_seq1(rcvpkt))
sndpkt=make_pkt(ACK,1,checksum)
udt_send(sndpkt)
rdt_rcv(rcvpkt) && notcorrupt(rcvpkt)
&& has_seq1(rcvpkt)
extract(rcvpkt,data)
deliver_data(data)
sndpkt=make_pkt(ACK,1,checksum)
udt_send(sndpkt)

Figura 3.14 `rdt2.2` destinatário.

ACK (o que é feito incluindo o argumento ACK, 0 ou ACK, 1 em make _ pkt() na FSM destinatária) e o remetente agora deve verificar o número de sequência do pacote que está sendo reconhecido por uma mensagem ACK recebida (o que é feito incluindo o argumento 0 ou 1 em isACK() na FSM remetente).

Transferência confiável de dados por um canal com perda e com erros de *bits*: rdt3.0

Suponha agora que, além de corromper *bits*, o canal subjacente possa *perder* pacotes, um acontecimento que não é incomum nas redes de computadores de hoje (incluindo a Internet). Duas preocupações adicionais devem agora ser tratadas pelo protocolo: como detectar perda de pacote e o que fazer quando isso ocorre. A utilização de soma de verificação, números de sequência, pacotes ACK e retransmissões – as técnicas já desenvolvidas em rdt2.2 – nos permitirá atender à última preocupação. Lidar com a primeira preocupação, por sua vez, exigirá a adição de um novo mecanismo de protocolo.

Há muitas abordagens possíveis para lidar com a perda de pacote (e diversas delas serão estudadas nos exercícios ao final deste capítulo). Aqui, atribuiremos ao remetente o encargo de detectar e se recuperar das perdas de pacote. Suponha que o remetente transmita um pacote de dados e que esse pacote, ou o ACK do seu destinatário, seja perdido. Em qualquer um dos casos, nenhuma resposta chegará ao remetente vinda do destinatário. Se o remetente estiver disposto a esperar o tempo suficiente para ter *certeza* de que o pacote foi perdido, ele poderá apenas retransmitir o pacote de dados. É preciso que você se convença de que esse protocolo funciona mesmo.

Mas quanto o remetente precisa esperar para ter certeza de que algo foi perdido? É claro que deve aguardar no mínimo o tempo de um atraso de ida e volta entre ele e o destinatário (o que pode incluir *buffers* em roteadores ou equipamentos intermediários) e mais o tempo que for necessário para processar um pacote no destinatário. Em muitas redes, o atraso máximo para esses piores casos é muito difícil até de estimar, quanto mais saber com certeza. Além disso, o ideal seria que o protocolo se recuperasse da perda de pacotes logo que possível; esperar pelo atraso do pior dos casos pode significar um longo tempo até que a recuperação do erro seja iniciada. Assim, a técnica adotada na prática é a seguinte: o remetente faz uma escolha ponderada de um valor de tempo dentro do qual seria provável, mas não garantido, que a perda tivesse acontecido. Se não for recebido um ACK nesse período, o pacote é retransmitido. Note que, se um pacote sofrer um atraso particularmente longo, o remetente poderá retransmiti-lo mesmo que nem o pacote de dados nem o seu ACK tenham sido perdidos. Isso introduz a possibilidade de **pacotes de dados duplicados** no canal remetente-destinatário. Felizmente, o protocolo rdt2.2 já dispõe de funcionalidade suficiente (i.e., números de sequência) para tratar dos casos de pacotes duplicados.

Do ponto de vista do remetente, a retransmissão é uma panaceia. O remetente não sabe se um pacote de dados foi perdido, se um ACK foi perdido ou se o pacote ou o ACK apenas estavam muito atrasados. Em todos os casos, a ação é a mesma: retransmitir. Para implementar um mecanismo de retransmissão com base no tempo, é necessário um **temporizador de contagem regressiva** que interrompa o processo remetente após ter decorrido um dado tempo. Assim, será preciso que o remetente possa (1) acionar o temporizador todas as vezes que um pacote for enviado (quer seja a primeira vez, quer seja uma retransmissão), (2) responder a uma interrupção feita pelo temporizador (realizando as ações necessárias) e (3) parar o temporizador.

A Figura 3.15 mostra a FSM remetente para o rdt3.0, um protocolo que transfere dados de modo confiável por um canal que pode corromper ou perder pacotes; nos "Exercícios de fixação", pediremos a você que projete a FSM destinatária para rdt3.0. A Figura 3.16 mostra como o protocolo funciona sem pacotes perdidos ou atrasados e como manipula pacotes de dados perdidos. Nessa figura, a passagem do tempo ocorre do topo do diagrama para baixo. Note que o instante de recebimento de um pacote tem de ser posterior ao instante

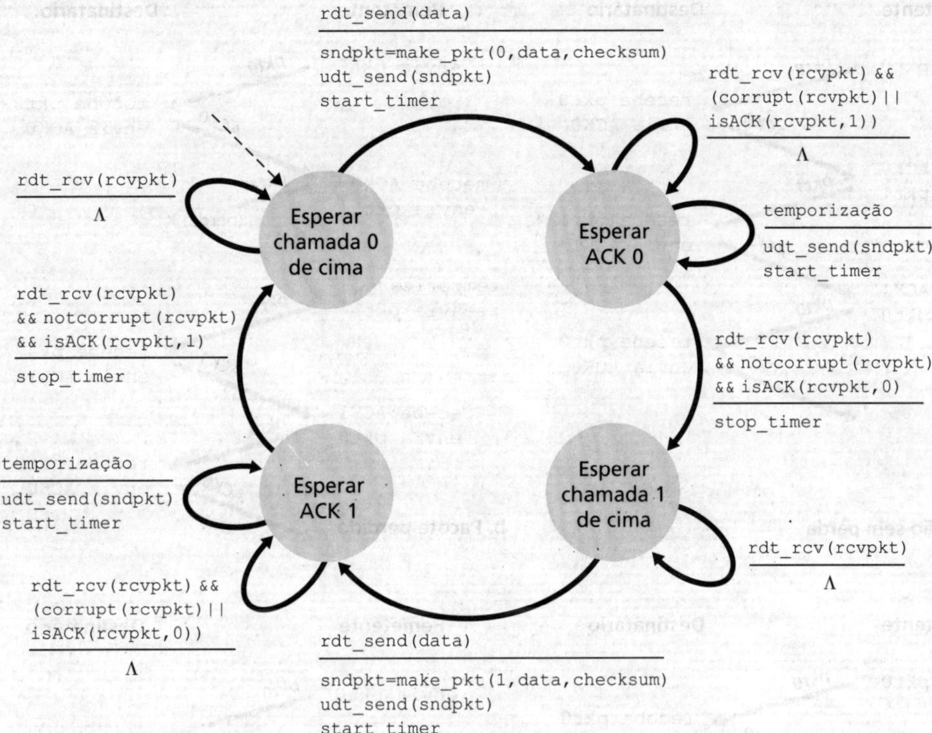

Figura 3.15 `rdt3.0` remetente.

de envio de um pacote, como resultado de atrasos de transmissão e de propagação. Nas Figuras 3.16(b-d), os colchetes do lado remetente indicam os instantes em que o temporizador foi acionado e, mais tarde, os instantes em que ele parou. Vários dos aspectos mais sutis desse protocolo são examinados nos exercícios ao final deste capítulo. Como os números de sequência se alternam entre 0 e 1, o protocolo `rdt3.0` às vezes é conhecido como **protocolo *bit* alternante**.

Agora já reunimos os elementos fundamentais de um protocolo de transferência de dados. Somas de verificação, números de sequência, temporizadores e pacotes de reconhecimento negativo e positivo – cada um desempenha um papel crucial e necessário na operação do protocolo. Temos agora em funcionamento um protocolo de transferência confiável de dados!

3.4.2 Protocolos de transferência confiável de dados com paralelismo

O protocolo `rdt3.0` é correto em termos funcionais, mas é pouco provável que alguém fique contente com o desempenho dele, ainda mais nas redes de alta velocidade de hoje. No coração do problema do desempenho do `rdt3.0` está o fato de ele ser um protocolo do tipo pare e espere.

Para avaliar o impacto sobre o desempenho causado pelo comportamento "pare e espere", considere um caso ideal de dois hospedeiros, um localizado na Costa Oeste dos Estados Unidos e outro na Costa Leste, como mostra a Figura 3.17. O atraso de propagação de ida e volta à velocidade da luz (RTT, do inglês *round-trip time*) entre esses dois sistemas finais é de cerca de 30 milissegundos. Suponha que eles estejam conectados por um canal com capacidade de transmissão, R, de 1 G*bit*/s (10^9 *bits* por segundo). Para um tamanho de pacote, L,

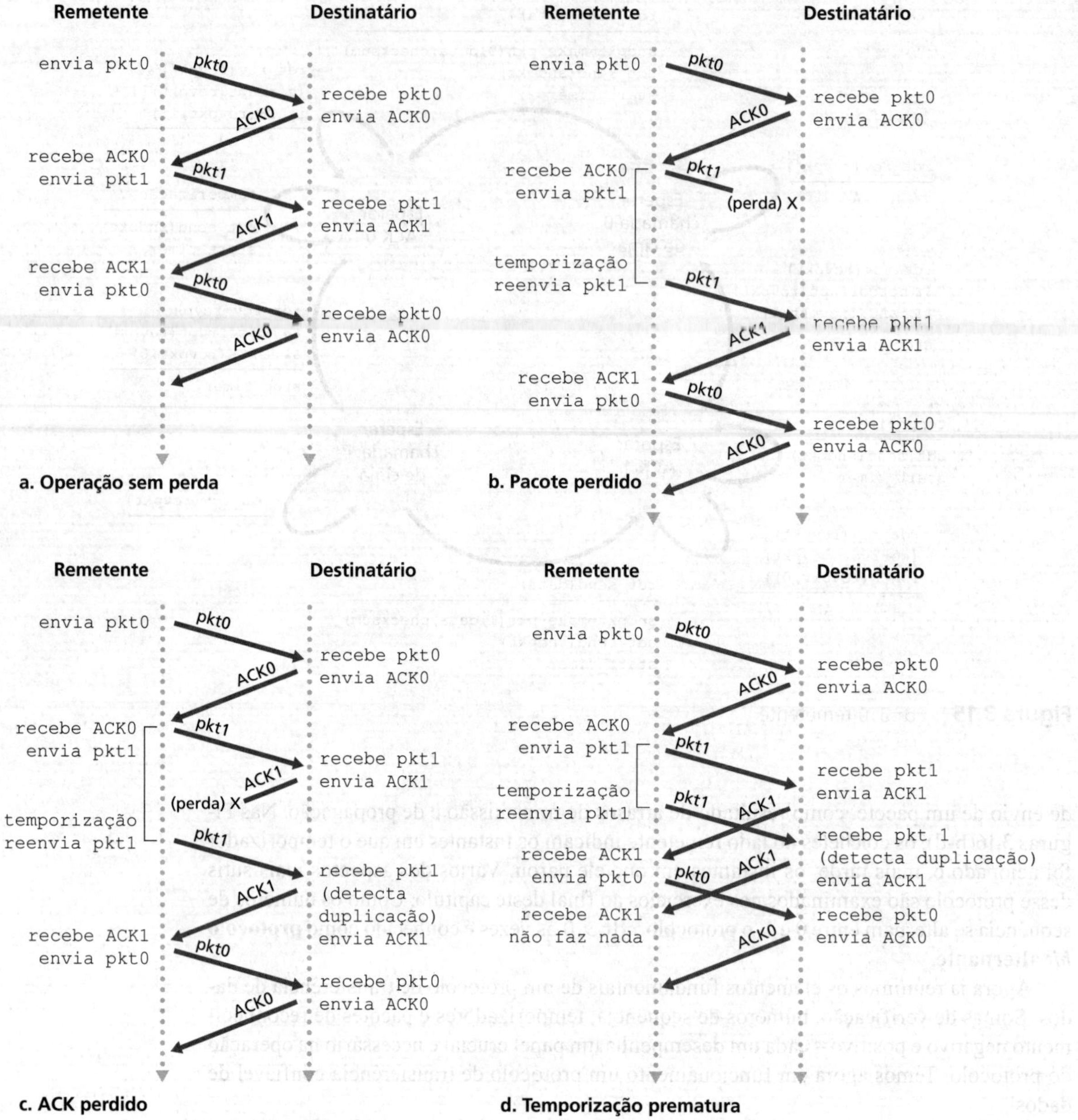

Remetente | **Destinatário**

envia pkt0
pkt0
recebe pkt0
envia ACK0
ACK0
recebe ACK0
envia pkt1
pkt1
recebe pkt1
envia ACK1
ACK1
recebe ACK1
envia pkt0
pkt0
recebe pkt0
envia ACK0
ACK0

a. Operação sem perda

Remetente | **Destinatário**

envia pkt0
pkt0
recebe pkt0
envia ACK0
ACK0
recebe ACK0
envia pkt1
pkt1
(perda) X
temporização
reenvia pkt1
pkt1
recebe pkt1
envia ACK1
ACK1
recebe ACK1
envia pkt0
pkt0
recebe pkt0
envia ACK0
ACK0

b. Pacote perdido

Remetente | **Destinatário**

envia pkt0
pkt0
recebe pkt0
envia ACK0
ACK0
recebe ACK0
envia pkt1
pkt1
recebe pkt1
envia ACK1
ACK1
(perda) X
temporização
reenvia pkt1
pkt1
recebe pkt1
(detecta duplicação)
envia ACK1
ACK1
recebe ACK1
envia pkt0
pkt0
recebe pkt0
envia ACK0
ACK0

c. ACK perdido

Remetente | **Destinatário**

envia pkt0
pkt0
recebe pkt0
envia ACK0
ACK0
recebe ACK0
envia pkt1
pkt1
recebe pkt1
envia ACK1
temporização
reenvia pkt1
pkt1
ACK1
recebe pkt 1
(detecta duplicação)
envia ACK1
recebe ACK1
envia pkt0
pkt0
ACK1
recebe ACK1
não faz nada
recebe pkt0
envia ACK0
ACK0

d. Temporização prematura

Figura 3.16 Operação do `rdt3.0`, o protocolo *bit* alternante.

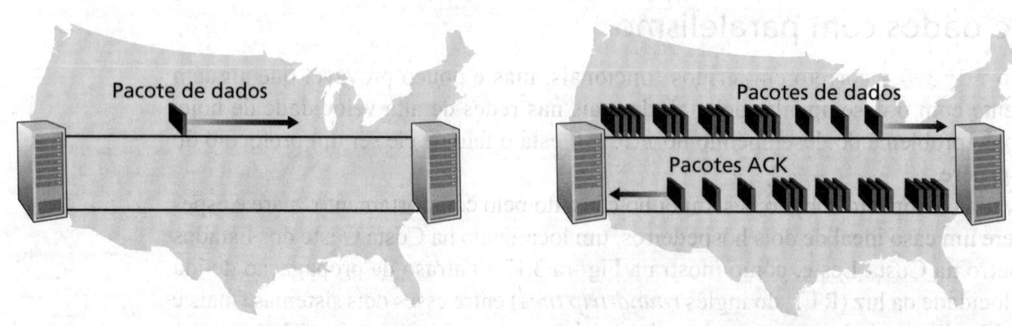

a. Um protocolo pare e espere em operação **b. Um protocolo com paralelismo em operação**

Figura 3.17 Protocolo pare e espere *versus* protocolo com paralelismo.

de mil *bytes* (8 mil *bits*), incluindo o campo de cabeçalho e também o de dados, o tempo necessário para realmente transmitir o pacote para o enlace de 1 G*bit*/s é:

$$d_{\text{trans}} = \frac{L}{R} = \frac{8.000 \text{ bits}}{10^9 \text{ bits/s}} = 8 \text{ microssegundos}$$

A Figura 3.18(a) mostra que, com nosso protocolo pare e espere, se o remetente começar a enviar o pacote em $t = 0$, então em $t = L/R = 8$ μs, o último *bit* entrará no canal do lado remetente. O pacote então faz sua jornada de 15 ms atravessando o país, com o último *bit* do pacote emergindo no destinatário em $t = \text{RTT}/2 + L/R = 15{,}008$ ms. Supondo, para

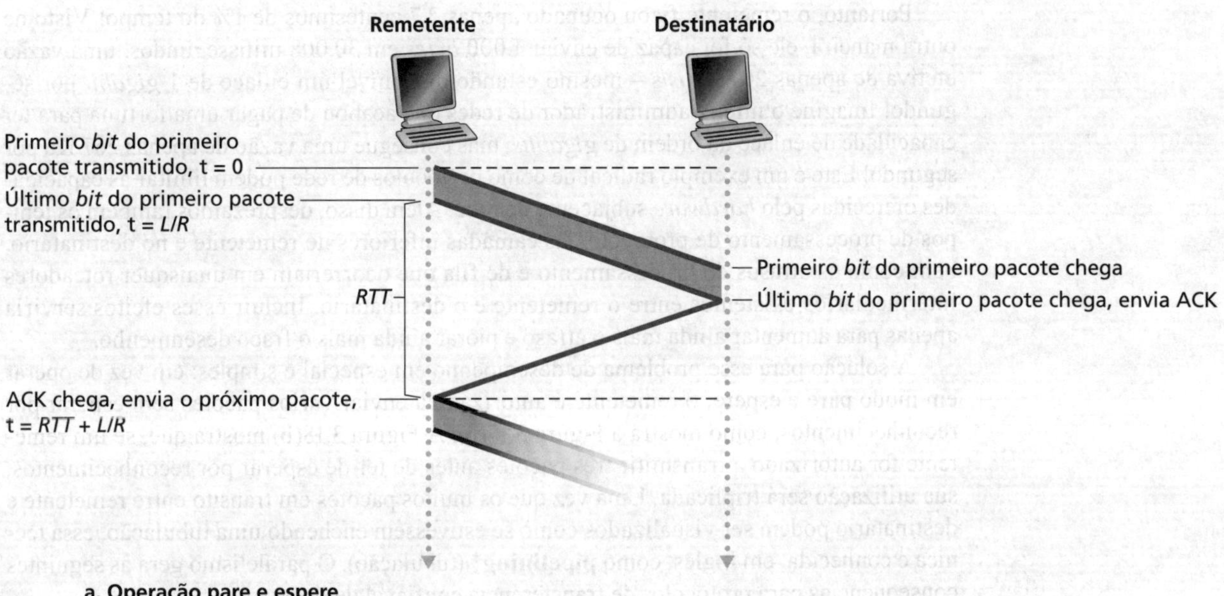

a. Operação pare e espere

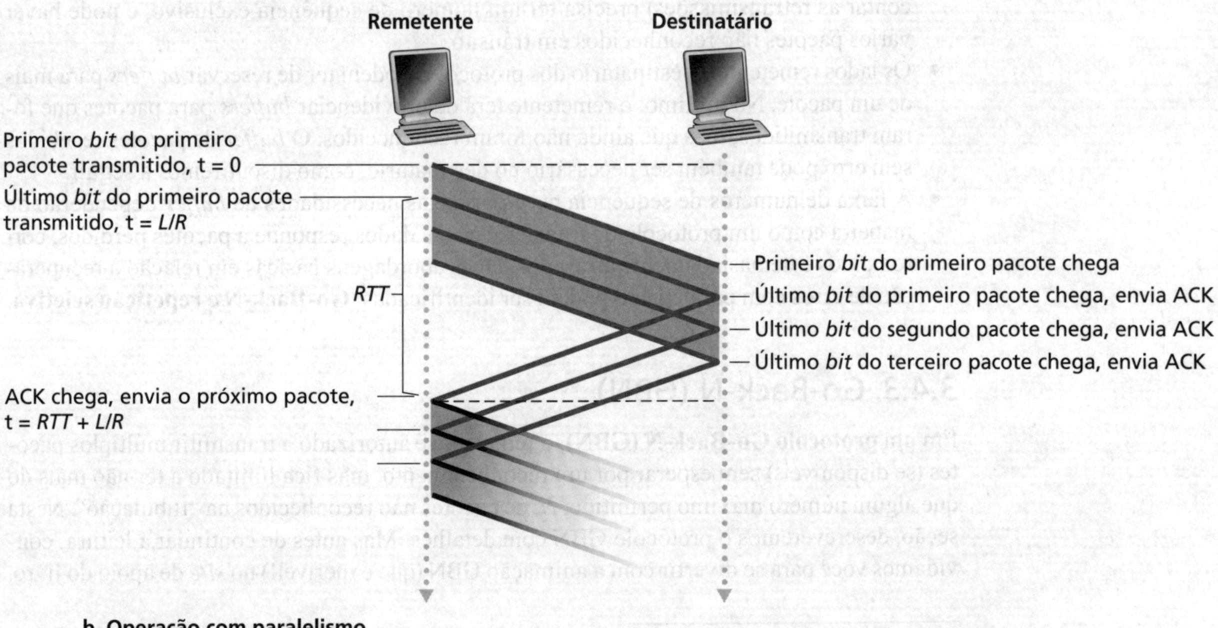

b. Operação com paralelismo

Figura 3.18 Envio com pare e espere e com paralelismo.

simplificar, que pacotes ACK sejam extremamente pequenos (para podermos ignorar seu tempo de transmissão) e que o destinatário pode enviar um ACK logo que receber o último *bit* de um pacote de dados, o ACK emergirá de volta no remetente em $t = \text{RTT} + L/R =$ 30,008 ms. Nesse ponto, o remetente agora poderá transmitir a próxima mensagem. Assim, em 30,008 ms, o remetente esteve enviando por apenas 0,008 ms. Se definirmos a **utilização** do remetente (ou do canal) como a fração de tempo em que o remetente está realmente ocupado enviando *bits* para dentro do canal, a análise da Figura 3.18(a) mostra que o protocolo pare e espere tem uma utilização do remetente U_{remet} bastante desanimadora, de:

$$U_{\text{remet}} = \frac{L/R}{RTT + L/R} = \frac{0{,}008}{30{,}008} = 0{,}00027$$

Portanto, o remetente ficou ocupado apenas 2,7 centésimos de 1% do tempo! Visto de outra maneira, ele só foi capaz de enviar 1.000 *bytes* em 30,008 milissegundos, uma vazão efetiva de apenas 267 k*bits*/s – mesmo estando disponível um enlace de 1 *gigabit* por segundo! Imagine o infeliz administrador de redes que acabou de pagar uma fortuna para ter capacidade de enlace da ordem de *gigabits*, mas consegue uma vazão de apenas 267 Kb por segundo! Este é um exemplo radical de como protocolos de rede podem limitar as capacidades oferecidas pelo *hardware* subjacente de rede. Além disso, desprezamos também os tempos de processamento de protocolo das camadas inferiores no remetente e no destinatário, bem como os atrasos de processamento e de fila que ocorreriam em quaisquer roteadores intermediários existentes entre o remetente e o destinatário. Incluir esses efeitos serviria apenas para aumentar ainda mais o atraso e piorar ainda mais o fraco desempenho.

A solução para esse problema de desempenho em especial é simples: em vez de operar em modo pare e espere, o remetente é autorizado a enviar vários pacotes sem esperar por reconhecimentos, como mostra a Figura 3.17(b). A Figura 3.18(b) mostra que, se um remetente for autorizado a transmitir três pacotes antes de ter de esperar por reconhecimentos, sua utilização será triplicada. Uma vez que os muitos pacotes em trânsito entre remetente e destinatário podem ser visualizados como se estivessem enchendo uma tubulação, essa técnica é conhecida, em inglês, como **pipelining*** (tubulação). O paralelismo gera as seguintes consequências para protocolos de transferência confiável de dados:

- A faixa de números de sequência tem de ser ampliada, pois cada pacote em trânsito (sem contar as retransmissões) precisa ter um número de sequência exclusivo, e pode haver vários pacotes não reconhecidos em trânsito.
- Os lados remetente e destinatário dos protocolos podem ter de reservar *buffers* para mais de um pacote. No mínimo, o remetente terá de providenciar *buffers* para pacotes que foram transmitidos, mas que ainda não foram reconhecidos. O *buffer* de pacotes recebidos sem erro pode também ser necessário no destinatário, como discutiremos a seguir.
- A faixa de números de sequência necessária e as necessidades de *buffer* dependerão da maneira como um protocolo de transferência de dados responde a pacotes perdidos, corrompidos e demasiadamente atrasados. Duas abordagens básicas em relação à recuperação de erros com paralelismo podem ser identificadas: **Go-Back-N** e **repetição seletiva**.

3.4.3 Go-Back-N (GBN)

Em um **protocolo Go-Back-N (GBN)**, o remetente é autorizado a transmitir múltiplos pacotes (se disponíveis) sem esperar por um reconhecimento, mas fica limitado a ter não mais do que algum número máximo permitido, *N*, de pacotes não reconhecidos na "tubulação". Nesta seção, descreveremos o protocolo GBN com detalhes. Mas antes de continuar a leitura, convidamos você para se divertir com a animação GBN (que é incrível!) no *site* de apoio do livro.

---

*N. de T.: Porém, como essa expressão é difícil de traduzir para o português, preferimos usar "paralelismo", embora a transmissão de dados seja de fato sequencial.

A Figura 3.19 mostra a visão que o remetente tem da faixa de números de sequência em um protocolo GBN. Se definirmos `base` como o número de sequência do mais antigo pacote não reconhecido e `nextseqnum` como o menor número de sequência não utilizado (i.e., o número de sequência do próximo pacote a ser enviado), então quatro intervalos na faixa de números de sequência poderão ser identificados. Os números de sequência no intervalo `[0,base-1]` correspondem aos pacotes que já foram transmitidos e reconhecidos. O intervalo `[base, nextseqnum-1]` corresponde aos pacotes enviados, mas que ainda não foram reconhecidos. Os números de sequência no intervalo `[nextseqnum,base+N-1]` podem ser usados para pacotes que podem ser enviados imediatamente, caso cheguem dados vindos da camada superior. Por fim, números de sequência maiores ou iguais a `base+N` não podem ser usados até que um pacote não reconhecido que esteja pendente seja reconhecido (especificamente, o pacote cujo número de sequência é `base`).

Como sugere a Figura 3.19, a faixa de números de sequência permitidos para pacotes transmitidos, porém ainda não reconhecidos, pode ser vista como uma janela de tamanho *N* sobre a faixa de números de sequência. À medida que o protocolo opera, a janela se desloca para a frente sobre o espaço de números de sequência. Por essa razão, *N* é muitas vezes denominado **tamanho de janela**, e o protocolo GBN em si, **protocolo de janela deslizante (do inglês *sliding-window protocol*)**. É possível que você esteja pensando que razão teríamos, primeiro, para limitar o número de pacotes pendentes não reconhecidos a um valor *N*. Por que não permitir um número ilimitado deles? Veremos na Seção 3.5 que o controle de fluxo é uma das razões para impor um limite ao remetente. Examinaremos outra razão para isso na Seção 3.7, quando estudarmos o controle de congestionamento do TCP.

Na prática, o número de sequência de um pacote é carregado em um campo de comprimento fixo no cabeçalho do pacote. Se *k* for o número de *bits* no campo de número de sequência do pacote, a faixa de números de sequência será então $[0, 2^k - 1]$. Com uma faixa finita de números de sequência, toda a aritmética que envolver números de sequência deverá ser feita usando aritmética de módulo 2^k. (Em outras palavras, o espaço do número de sequência pode ser imaginado como um anel de tamanho 2^k, em que o número de sequência $2^k - 1$ é seguido de imediato pelo número de sequência 0.) Lembre-se de que `rdt3.0` tem um número de sequência de 1 *bit* e uma faixa de números de sequência de [0,1]. Vários problemas ao final deste capítulo tratam das consequências de uma faixa finita de números de sequência. Veremos na Seção 3.5 que o TCP tem um campo de número de sequência de 32 *bits*, em que os números de sequência do TCP contam *bytes* na cadeia de *bytes* na sequência de transmissão, em vez de pacotes.

As Figuras 3.20 e 3.21 descrevem uma FSM estendida dos lados remetente e destinatário de um protocolo GBN baseado em ACK, mas sem NAK. Referimo-nos a essa descrição de FSM como *FSM estendida* porque adicionamos variáveis (semelhantes às variáveis de linguagem de programação) para `base` e `nextseqnum`; também adicionamos operações sobre essas variáveis e ações condicionais que as envolvem. Note que a especificação da FSM estendida agora está começando a parecer um pouco com uma especificação de linguagem de programação. Bochman (1984) fornece um excelente levantamento sobre extensões adicionais às técnicas FSM, bem como sobre outras técnicas para especificação de protocolos baseadas em linguagens.

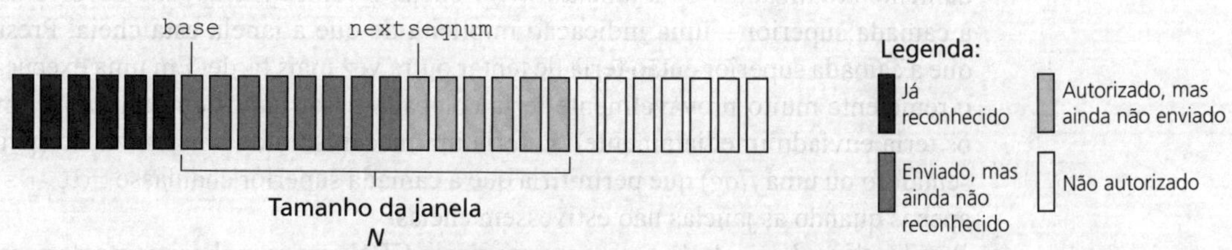

Figura 3.19 Visão do remetente para os números de sequência no protocolo Go-Back-N.

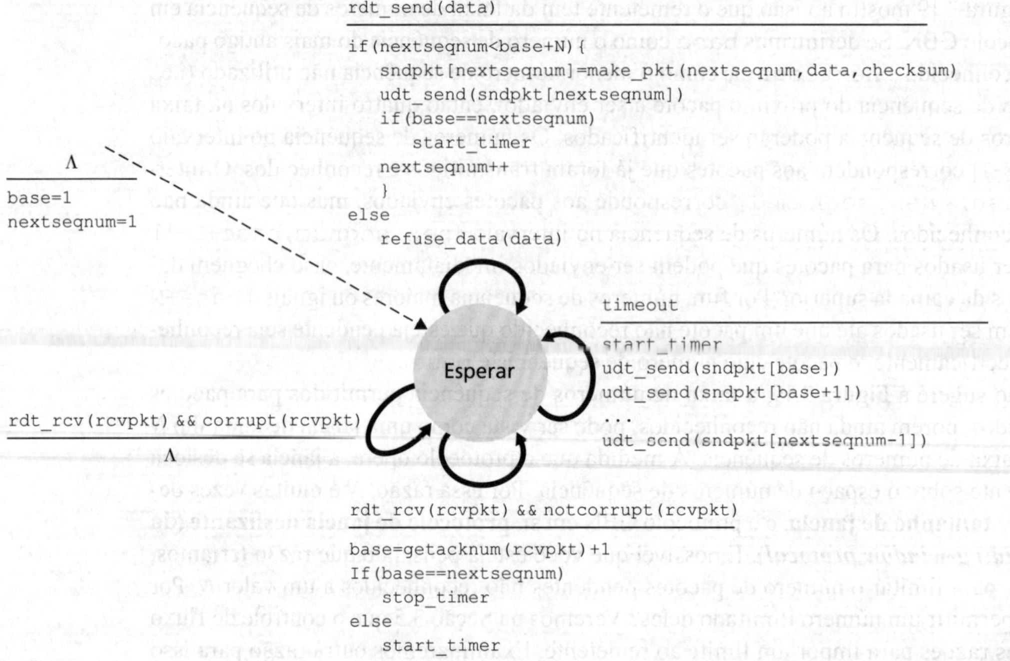
rdt_send(data)
if(nextseqnum<base+N){
sndpkt[nextseqnum]=make_pkt(nextseqnum,data,checksum)
udt_send(sndpkt[nextseqnum])
if(base==nextseqnum)
start_timer
nextseqnum++
}
else
refuse_data(data)
Λ
base=1
nextseqnum=1
timeout
start_timer
udt_send(sndpkt[base])
udt_send(sndpkt[base+1])
...
udt_send(sndpkt[nextseqnum-1])
Esperar
rdt_rcv(rcvpkt) && corrupt(rcvpkt)
Λ
rdt_rcv(rcvpkt) && notcorrupt(rcvpkt)
base=getacknum(rcvpkt)+1
If(base==nextseqnum)
stop_timer
else
start_timer

Figura 3.20 Descrição da FSM estendida do remetente GBN.

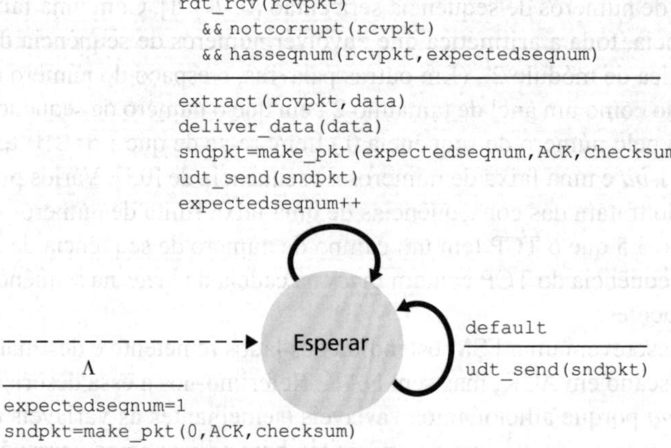
rdt_rcv(rcvpkt)
&& notcorrupt(rcvpkt)
&& hasseqnum(rcvpkt,expectedseqnum)
extract(rcvpkt,data)
deliver_data(data)
sndpkt=make_pkt(expectedseqnum,ACK,checksum)
udt_send(sndpkt)
expectedseqnum++
Esperar
default
udt_send(sndpkt)
Λ
expectedseqnum=1
sndpkt=make_pkt(0,ACK,checksum)

Figura 3.21 Descrição da FSM estendida do destinatário GBN.

O remetente GBN deve responder a três tipos de eventos:

- *Chamada vinda de cima.* Quando `rdt_send()` é chamado de cima, o remetente primeiro verifica se a janela está cheia, isto é, se há *N* pacotes pendentes não reconhecidos. Se a janela não estiver cheia, um pacote é criado e enviado, e as variáveis são adequadamente atualizadas. Se a janela estiver cheia, o remetente apenas devolve os dados à camada superior – uma indicação implícita de que a janela está cheia. Presume-se que a camada superior então teria de tentar outra vez mais tarde. Em uma execução real, o remetente muito provavelmente teria colocado esses dados em um *buffer* (mas não os teria enviado imediatamente) ou teria um mecanismo de sincronização (p. ex., um semáforo ou uma *flag*) que permitiria que a camada superior chamasse `rdt_send()` apenas quando as janelas não estivessem cheias.
- *Recebimento de um ACK.* Em nosso protocolo GBN, um reconhecimento de pacote com número de sequência *n* seria tomado como um **reconhecimento cumulativo**, indicando

que todos os pacotes com número de sequência até e inclusive *n* tinham sido corretamente recebidos no destinatário. Voltaremos a esse assunto em breve, quando examinarmos o lado destinatário do GBN.

- *Um evento de esgotamento de temporização (timeout).* O nome "Go-Back-N" deriva do comportamento do remetente em relação a pacotes perdidos ou demasiadamente atrasados. Como no protocolo pare e espere, um temporizador é usado para recuperar a perda de dados ou reconhecer pacotes. Se ocorrer o esgotamento da temporização, o remetente reenvia *todos* os pacotes que tinham sido previamente enviados, mas que ainda não tinham sido reconhecidos. Nosso remetente da Figura 3.20 usa apenas um único temporizador, que pode ser imaginado como um temporizador para o mais antigo pacote já transmitido, porém ainda não reconhecido. Se for recebido um ACK e ainda houver pacotes adicionais transmitidos mas ainda não reconhecidos, o temporizador será reiniciado. Se não houver nenhum pacote pendente não reconhecido, o temporizador será desligado.

As ações do destinatário no GBN também são simples. Se um pacote com número de sequência *n* for recebido corretamente e estiver na ordem (i.e., os últimos dados entregues à camada superior vieram de um pacote com número de sequência *n* – 1), o destinatário enviará um ACK para o pacote *n* e entregará a parte de dados do pacote à camada superior. Em todos os outros casos, o destinatário descarta o pacote e reenvia um ACK para o mais recente que foi recebido na ordem correta. Dado que são entregues à camada superior um por vez, se o pacote *k* tiver sido recebido e entregue, então todos os pacotes com número de sequência menores do que *k* também terão sido entregues. Assim, o uso de reconhecimentos cumulativos é uma escolha natural para o GBN.

Em nosso protocolo GBN, o destinatário descarta os pacotes que chegam fora de ordem. Embora pareça bobagem e perda de tempo descartar um pacote corretamente recebido (mas fora de ordem), existem justificativas para isso. Lembre-se de que o destinatário deve entregar dados na ordem certa à camada superior. Suponha agora que o pacote *n* esteja sendo esperado, mas quem chega é o pacote *n* + 1. Como os dados devem ser entregues na ordem certa, o destinatário *poderia* conservar o pacote *n* + 1 no *buffer* (salvá-lo) e entregá-lo à camada superior mais tarde, após ter recebido o pacote *n*. Contudo, se o pacote *n* for perdido, *n* e *n* + 1 serão ambos por fim retransmitidos como resultado da regra de retransmissão do GBN no remetente. Assim, o destinatário pode apenas descartar o pacote *n* + 1. A vantagem dessa abordagem é a simplicidade da manipulação de *buffers* no destinatário – ele não precisa *colocar* no *buffer nenhum* pacote que esteja fora de ordem. Desse modo, enquanto o remetente deve manter os limites superior e inferior de sua janela e a posição de `nextseqnum` dentro dela, a única informação que o destinatário precisa manter é o número de sequência do próximo pacote esperado conforme a ordem. Esse valor é retido na variável `expectedseqnum` mostrada na FSM destinatária da Figura 3.21. Claro, a desvantagem de jogar fora um pacote recebido corretamente é que a retransmissão subsequente desse pacote pode ser perdida ou ficar truncada, caso em que ainda mais retransmissões seriam necessárias.

A Figura 3.22 mostra a operação do protocolo GBN para o caso de um tamanho de janela de quatro pacotes. Em razão da limitação do tamanho dessa janela, o remetente envia os pacotes de 0 a 3, mas, em seguida, tem de esperar que um ou mais desses pacotes sejam reconhecidos antes de prosseguir. À medida que cada ACK sucessivo (p. ex., `ACK0` e `ACK1`) é recebido, a janela se desloca para a frente e o remetente pode transmitir um novo pacote (pkt4 e pkt5, respectivamente). Do lado destinatário, o pacote 2 é perdido. Desse modo, verifica-se que os pacotes 3, 4 e 5 estão fora de ordem e, portanto, são descartados.

Antes de encerrarmos nossa discussão sobre o GBN, devemos ressaltar que uma implementação desse protocolo em uma pilha de protocolo provavelmente seria estruturada de modo semelhante à da FSM estendida da Figura 3.20. A implementação também seria estruturada sob a forma de vários procedimentos que implementam as ações a serem executadas em resposta aos vários eventos que podem ocorrer. Nessa **programação baseada em eventos**, os vários procedimentos são chamados (invocados) por outros procedimentos presentes

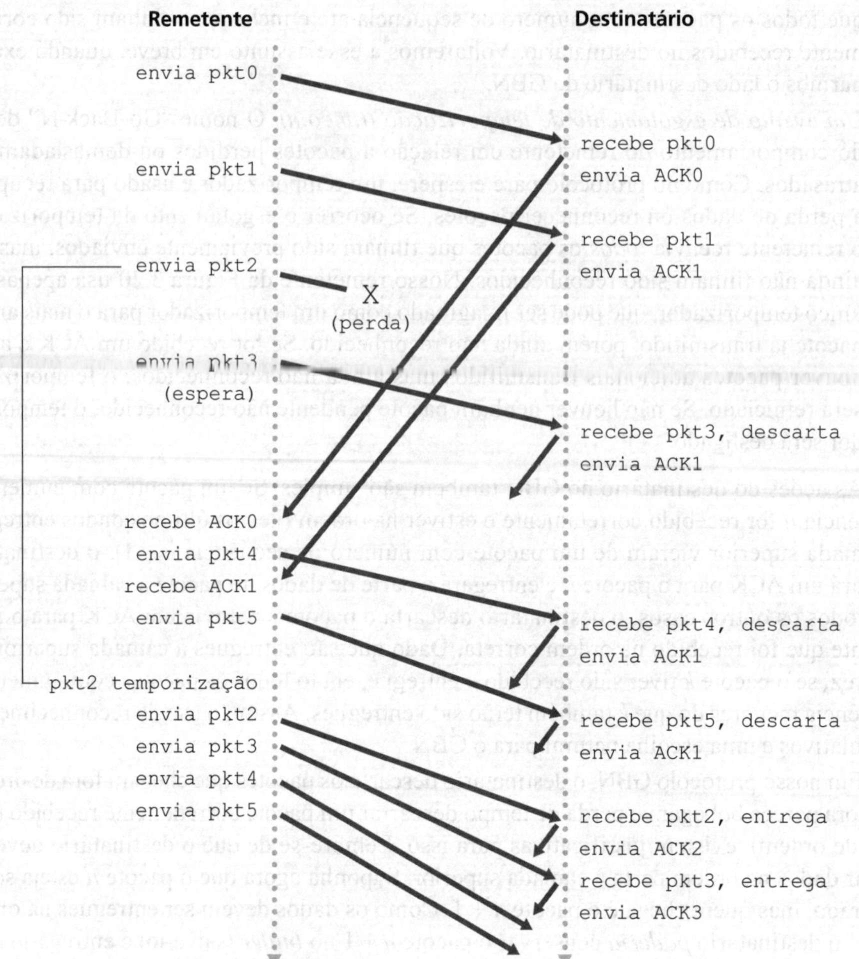

Figura 3.22 Go-Back-N em operação.

na pilha de protocolo ou como resultado de uma interrupção. No remetente, seriam: (1) uma chamada pela entidade da camada superior invocando `rdt_send()`, (2) uma interrupção pelo temporizador e (3) uma chamada pela camada inferior invocando `rdt_rcv()` quando chega um pacote. Os exercícios de programação ao final deste capítulo lhe darão a chance de executar de verdade essas rotinas em um ambiente de rede simulado, mas realista.

Salientamos que o protocolo GBN incorpora quase todas as técnicas que encontraremos quando estudarmos, na Seção 3.5, os componentes de transferência confiável de dados do TCP. Essas técnicas incluem a utilização de números de sequência, reconhecimentos cumulativos, somas de verificação e uma operação de esgotamento de temporização/retransmissão.

3.4.4 Repetição seletiva (SR)

O protocolo GBN permite que o remetente potencialmente "encha a rede" com pacotes na Figura 3.17, evitando, assim, os problemas de utilização de canal observados em protocolos do tipo pare e espere. Há, contudo, casos em que o próprio GBN sofre com problemas de desempenho. Em especial, quando o tamanho da janela e o produto entre o atraso e a largura de banda são grandes, pode haver muitos pacotes pendentes na rede. Assim, um único erro de pacote pode fazer o GBN retransmitir um grande número de pacotes – muitos deles sem necessidade. À medida que aumenta a probabilidade de erros no canal, a rede pode ficar lotada com essas retransmissões desnecessárias. Imagine se, em nosso cenário de conversa, toda vez que uma palavra fosse pronunciada de maneira truncada as outras mil que a circundam (p. ex., um tamanho de janela de mil palavras) tivessem de ser repetidas. A conversa sofreria atrasos em virtude de todas essas palavras reiteradas.

Como o próprio nome sugere, protocolos de repetição seletiva (SR, do inglês *selective-repeat*) evitam retransmissões desnecessárias porque fazem o remetente retransmitir apenas os pacotes suspeitos de terem sido recebidos com erro (i.e., que foram perdidos ou corrompidos) no destinatário. Essa retransmissão individual, só quando necessária, exige que o destinatário reconheça *individualmente* os pacotes recebidos de modo correto. Uma janela de tamanho *N* será usada novamente para limitar o número de pacotes pendentes não reconhecidos dentro da rede. Contudo, ao contrário do GBN, o remetente já terá recebido ACKs para alguns dos pacotes na janela. A Figura 3.23 mostra a visão que o protocolo de SR remetente tem do espaço do número de sequência; a Figura 3.24 detalha as várias ações executadas pelo protocolo SR remetente.

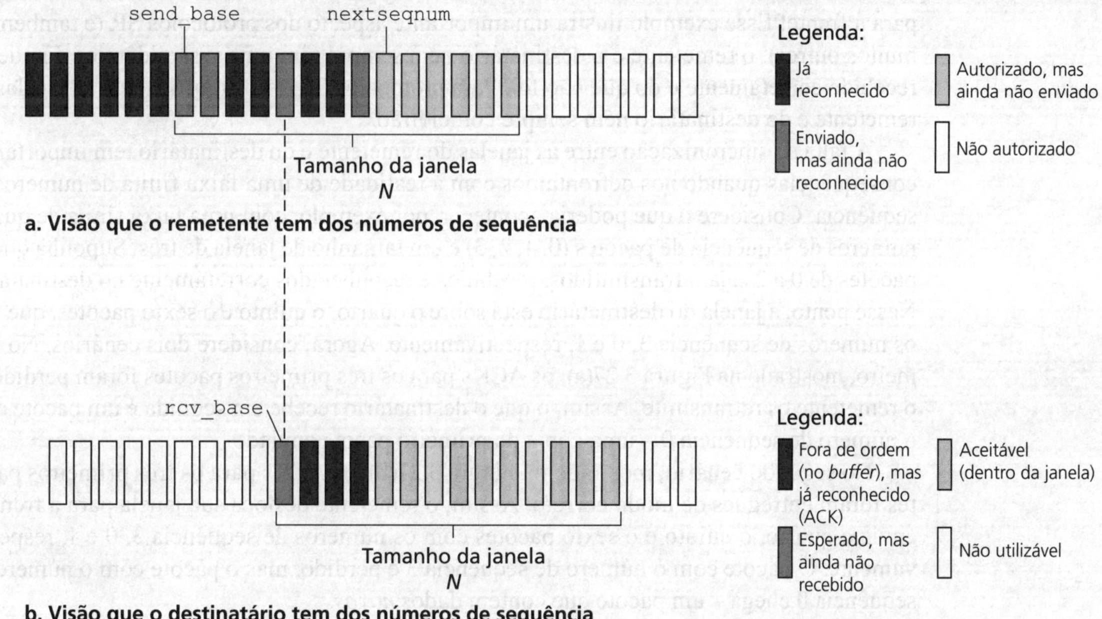

Figura 3.23 Visões que os protocolos SR remetente e destinatário têm do espaço de número de sequência.

1. *Dados recebidos de cima.* Quando são recebidos dados de cima, o protocolo SR remetente verifica o próximo número de sequência disponível para o pacote. Se o número de sequência está dentro da janela do remetente, os dados são empacotados e enviados; do contrário, eles são armazenados ou devolvidos à camada superior para transmissão posterior, como acontece no GBN.
2. *Esgotamento de temporização.* Novamente são usados temporizadores para proteção contra perda de pacotes. Contudo, cada pacote agora deve ter seu próprio temporizador lógico, já que apenas um pacote será transmitido quando a temporização se esgotar. Um único *hardware* de temporizador pode ser usado para emular a operação de múltiplos temporizadores lógicos (Varghese, 1997).
3. *ACK recebido.* Se for recebido um ACK, o SR remetente marcará aquele pacote como recebido, contanto que esteja na janela. Se o número de sequência do pacote for igual a `send _base`, a base da janela se deslocará para a frente até o pacote não reconhecido que tiver o menor número de sequência. Se a janela se deslocar e houver pacotes não transmitidos com números de sequência que agora caem dentro da janela, esses pacotes serão transmitidos.

Figura 3.24 Eventos e ações do protocolo SR remetente.

O protocolo SR destinatário reconhecerá um pacote corretamente recebido esteja ele ou não na ordem certa. Pacotes fora de ordem ficam no *buffer* até que todos os faltantes (i.e., os que têm números de sequência menores) sejam recebidos, quando então um conjunto de pacotes poderá ser entregue à camada superior na ordem correta. A Figura 3.25 apresenta as várias ações realizadas pelo protocolo SR destinatário. A Figura 3.26 mostra um exemplo de operação do protocolo SR quando ocorre perda de pacotes. Note que, nessa figura, o destinatário de início armazena os pacotes 3, 4 e 5 e os entrega junto com o pacote 2 à camada superior, quando o pacote 2 é enfim recebido.

É importante notar que na etapa 2 da Figura 3.25 o destinatário reconhece novamente (em vez de ignorar) pacotes já recebidos com certos números de sequência que estão *abaixo* da atual base da janela. É bom que você se convença de que esse reconhecimento duplo é de fato necessário. Dados os espaços dos números de sequência do remetente e do destinatário na Figura 3.23, por exemplo, se não houver ACK para pacote com número `send_base` propagando-se do destinatário ao remetente, este acabará retransmitindo o pacote `send_base`, embora esteja claro (para nós, e não para o remetente!) que o destinatário já o recebeu. Caso o destinatário não o reconhecesse, a janela do remetente jamais se deslocaria para a frente! Esse exemplo ilustra um importante aspecto dos protocolos SR (e também de muitos outros): o remetente e o destinatário nem sempre têm uma visão idêntica do que foi recebido corretamente e do que não foi. Para protocolos SR, isso significa que as janelas do remetente e do destinatário nem sempre coincidirão.

A falta de sincronização entre as janelas do remetente e do destinatário tem importantes consequências quando nos defrontamos com a realidade de uma faixa finita de números de sequência. Considere o que poderia acontecer, por exemplo, com uma faixa finita de quatro números de sequência de pacotes (0, 1, 2, 3) e um tamanho de janela de três. Suponha que os pacotes de 0 a 2 sejam transmitidos, recebidos e reconhecidos corretamente no destinatário. Nesse ponto, a janela do destinatário está sobre o quarto, o quinto e o sexto pacotes, que têm os números de sequência 3, 0 e 1, respectivamente. Agora, considere dois cenários. No primeiro, mostrado na Figura 3.27(a), os ACKs para os três primeiros pacotes foram perdidos e o remetente os retransmite. Assim, o que o destinatário recebe em seguida é um pacote com o número de sequência 0 – uma cópia do primeiro pacote enviado.

No segundo cenário, mostrado na Figura 3.27(b), os ACKs para os três primeiros pacotes foram entregues de modo correto. Assim, o remetente desloca sua janela para a frente e envia o quarto, o quinto e o sexto pacotes com os números de sequência 3, 0 e 1, respectivamente. O pacote com o número de sequência 3 é perdido, mas o pacote com o número de sequência 0 chega – um pacote que contém dados *novos*.

Agora, na Figura 3.27, considere o ponto de vista do destinatário, que tem uma cortina imaginária entre o remetente e ele, já que o destinatário não pode "ver" as ações executadas

1. *Pacote com número de sequência no intervalo* `[rcv_base, rcv_base+N-1]` *foi corretamente recebido.* Nesse caso, o pacote recebido cai dentro da janela do destinatário e um pacote ACK seletivo é devolvido ao remetente. Se o pacote não tiver sido recebido anteriormente, irá para o *buffer.* Se esse pacote tiver um número de sequência igual à base da janela do destinatário (`rcv_base` na Figura 3.22), então ele e quaisquer outros pacotes armazenados no *buffer* e numerados consecutivamente (começando com `rcv_base`) serão entregues à camada superior. A janela do destinatário é então deslocada para a frente de acordo com o número de pacotes entregues à camada superior. Como exemplo, considere a Figura 3.26. Quando um pacote com número de sequência `rcv_base=2` é recebido, ele e os pacotes 3, 4 e 5 podem ser entregues à camada superior.
2. *Pacote com número de sequência no intervalo* `[rcv_base-N, rcv_base-1]` *foi corretamente recebido.* Nesse caso, um ACK deve ser gerado mesmo que esse pacote já tenha sido reconhecido pelo destinatário.
3. *Qualquer outro.* Ignore o pacote.

Figura 3.25 Eventos e ações do protocolo SR destinatário.

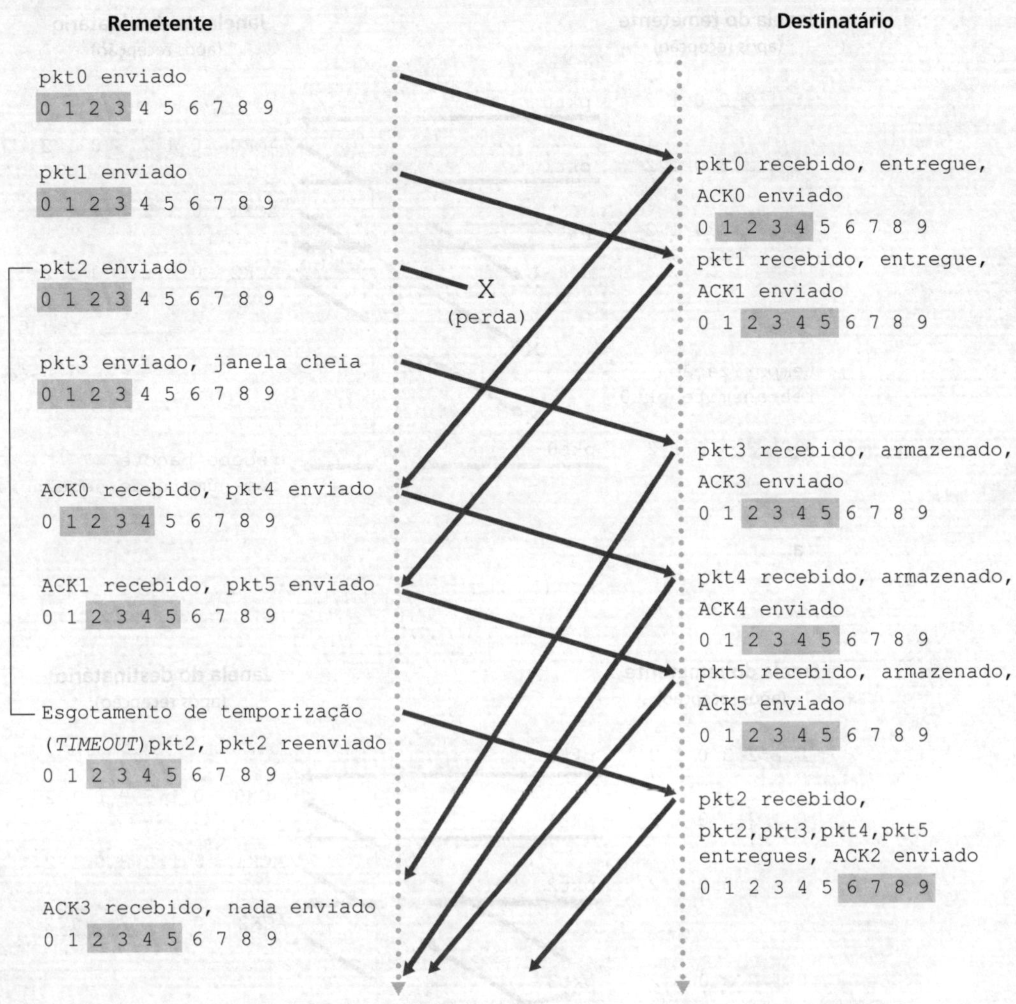

Figura 3.26 Operação SR.

pelo remetente. Tudo o que o destinatário observa é a sequência de mensagens que ele recebe do canal e envia para o canal. No que lhe concerne, os dois cenários da Figura 3.27 são *idênticos*. Não há um modo de distinguir a retransmissão do primeiro pacote da transmissão original do quinto pacote. Fica claro que um tamanho de janela que seja igual ao tamanho do espaço de numeração sequencial menos 1 não vai funcionar. Mas qual deve ser o tamanho da janela? Um problema ao final deste capítulo pede que você demonstre que o tamanho pode ser menor ou igual à metade do tamanho do espaço de numeração sequencial para os protocolos SR.

No *site* de apoio do livro, você encontrará uma animação que ilustra a operação do protocolo SR. Tente realizar os mesmos experimentos feitos com a animação GBN. Os resultados combinam com o que você espera?

Isso encerra nossa discussão sobre protocolos de transferência confiável de dados. Percorremos um *longo* caminho e apresentamos numerosos mecanismos que, juntos, proveem transferência confiável de dados. A Tabela 3.1 resume esses mecanismos. Agora que já vimos todos eles em operação e podemos enxergar "o quadro geral", aconselhamos que você leia novamente esta seção para perceber como esses mecanismos foram adicionados pouco a pouco, de modo a abordar modelos (realistas) de complexidade crescente do canal que conecta o remetente ao destinatário ou para melhorar o desempenho dos protocolos.

Encerraremos nossa explanação considerando uma premissa remanescente em nosso modelo de canal subjacente. Lembre-se de que admitimos que pacotes não podem ser

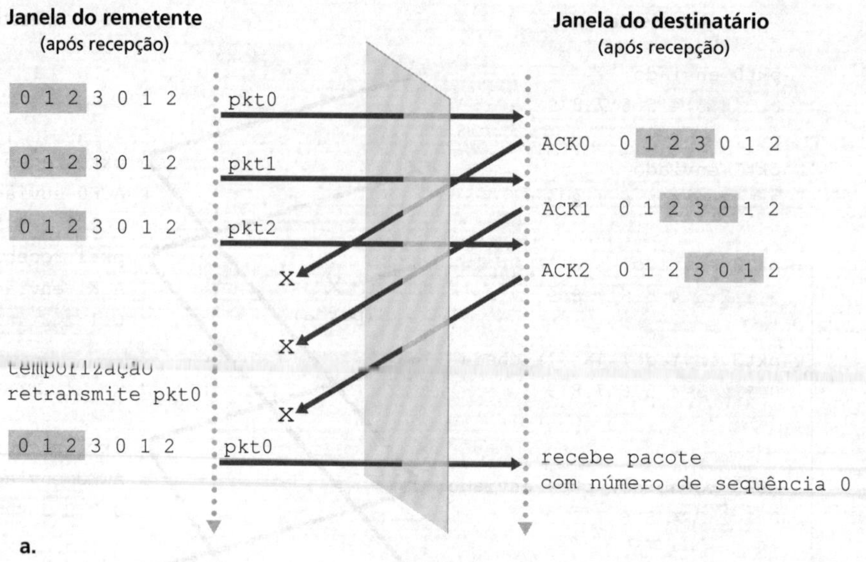

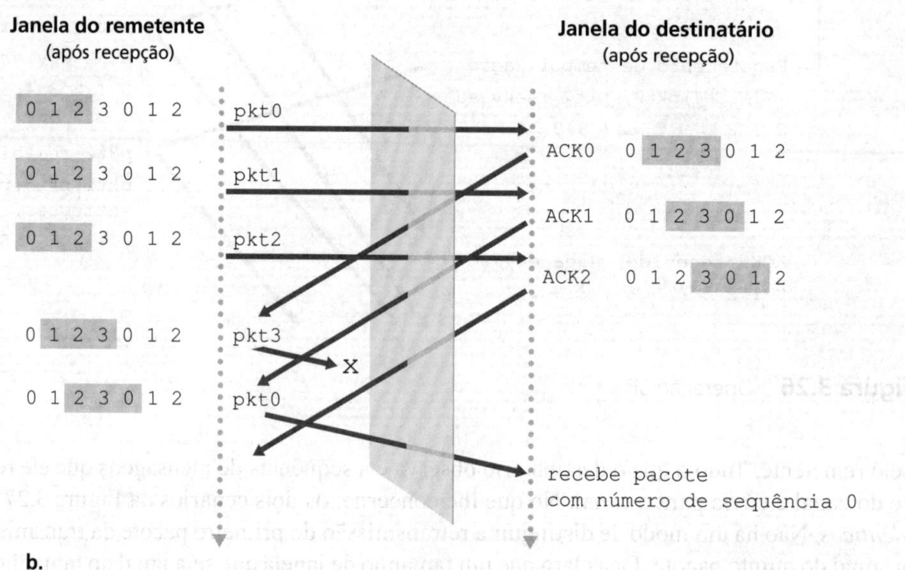

Figura 3.27 Dilema do remetente SR com janelas muito grandes: um novo pacote ou uma retransmissão?

reordenados dentro do canal entre o remetente e o destinatário. Esta é uma premissa em geral razoável quando o remetente e o destinatário estão conectados por um único fio físico. Contudo, quando o "canal" que conecta os dois é uma rede, pode ocorrer reordenação de pacotes. Uma manifestação da reordenação de pacotes é que podem aparecer cópias antigas de um pacote com número de sequência ou de reconhecimento x, mesmo que nem a janela do remetente nem a do destinatário contenham x. Com a reordenação de pacotes, podemos considerar que o canal usa armazenamento de pacotes e emite-os espontaneamente em algum momento *qualquer* do futuro. Como números de sequência podem ser reutilizados, devemos tomar algum cuidado para nos prevenir contra esses pacotes duplicados. A abordagem adotada na prática é garantir que um número de sequência não seja reutilizado até que o remetente esteja "certo" de que nenhum pacote enviado antes com número de sequência x está na rede. Isso é feito admitindo que um pacote não pode "viver" na rede mais do que um

TABELA 3.1 Resumo de mecanismos de transferência confiável de dados e sua utilização

Mecanismo	Uso, comentários
Soma de verificação	Soma de verificação usada para detectar erros de *bits* em um pacote transmitido.
Temporizador	Usado para controlar a temporização/retransmissão de um pacote, possivelmente porque o pacote (ou seu ACK) foi perdido dentro do canal. Já que pode ocorrer esgotamento de temporização quando um pacote está atrasado, mas não perdido (esgotamento de temporização prematuro), ou quando um pacote foi recebido pelo destinatário, mas o ACK remetente-destinatário foi perdido, um destinatário pode receber cópias duplicadas de um pacote.
Número de sequência	Usado para numeração sequencial de pacotes de dados que transitam do remetente ao destinatário. Lacunas nos números de sequência de pacotes recebidos permitem que o destinatário detecte um pacote perdido. Pacotes com números de sequência duplicados permitem que o destinatário detecte cópias duplicadas de um pacote.
Reconhecimento	Usado pelo destinatário para avisar o remetente que um pacote ou conjunto de pacotes foi recebido corretamente. Reconhecimentos normalmente portam o número de sequência do pacote, ou pacotes, que estão sendo reconhecidos. Reconhecimentos podem ser individuais ou cumulativos, dependendo do protocolo.
Reconhecimento negativo	Usado pelo destinatário para avisar o remetente que um pacote não foi recebido corretamente. Reconhecimentos negativos normalmente portam o número de sequência do pacote que não foi recebido corretamente.
Janela, paralelismo	O remetente pode ficar restrito a enviar somente pacotes com números de sequência que caiam dentro de uma determinada faixa. Ao permitir que vários pacotes sejam transmitidos, ainda que não reconhecidos, a utilização do remetente pode ser aumentada em relação ao modo de operação pare e espere. Em breve veremos que o tamanho da janela pode ser estabelecido com base na capacidade de o destinatário receber e armazenar mensagens ou com base no nível de congestionamento na rede, ou em ambos.

tempo máximo fixado. As extensões do TCP para redes de alta velocidade (RFC 7323) usam um tempo de vida máximo de pacote de cerca de três minutos. Sunshine (1978) descreve um método para usar números de sequência tais que os problemas de reordenação podem ser completamente evitados.

3.5 TRANSPORTE ORIENTADO PARA CONEXÃO: TCP

Agora que já vimos os princípios subjacentes à transferência confiável de dados, vamos voltar para o TCP – o protocolo de transporte confiável da camada de transporte da Internet, orientado para conexão. Nesta seção, veremos que, para poder fornecer transferência confiável de dados, o TCP conta com muitos dos princípios subjacentes discutidos na seção anterior, incluindo detecção de erro, retransmissões, reconhecimentos cumulativos, temporizadores e campos de cabeçalho para números de sequência e de reconhecimento. O TCP está definido nos RFCs 793, 1122, 2018, 5681 e 7323.

3.5.1 A conexão TCP

Dizemos que o TCP é **orientado para conexão** porque, antes que um processo de aplicação possa começar a enviar dados a outro, os dois processos precisam primeiro se "apresentar" (*handshake*) – isto é, devem enviar alguns segmentos preliminares um ao outro para estabelecer os parâmetros da transferência de dados. Como parte do estabelecimento da conexão

TCP, ambos os lados da conexão iniciarão muitas variáveis de estado (muitas das quais serão discutidas nesta seção e na Seção 3.7) associadas com a conexão TCP.

A "conexão" TCP não é um circuito TDM ou de multiplexação por divisão de frequência (FDM, do inglês *frequency-division multiplexing*) fim a fim, como acontece em uma rede de comutação de circuitos. Em vez disso, trata-se de uma "conexão" lógica, com o estado comum residindo apenas nos TCPs nos dois sistemas finais em comunicação. Lembre-se de que, como o protocolo TCP roda apenas nos sistemas finais e não nos elementos intermediários da rede (roteadores e *switches*), os elementos intermediários não mantêm o estado de conexão TCP. Na verdade, os roteadores intermediários ignoram totalmente as conexões TCP; eles veem datagramas, não conexões.

Uma conexão TCP provê um **serviço *full-duplex***: se houver uma conexão TCP entre o processo A em um hospedeiro e o processo B em outro hospedeiro, os dados da camada de aplicação poderão fluir de A para B ao mesmo tempo em que os dados da camada de aplicação fluem de B para A. A conexão TCP é sempre **ponto a ponto**, isto é, entre um único remetente e um único destinatário. O chamado "*multicast*" (consulte o material complementar *online*) – a transferência de dados de um remetente para vários destinatários em uma única operação de envio – não é possível com o TCP. Com o TCP, ter dois hospedeiros é bom; três é demais!

Vamos agora examinar como uma conexão TCP é estabelecida. Suponha que um processo que roda em um hospedeiro queira iniciar a conexão com outro processo em outro hospedeiro. Lembre-se de que o processo que está iniciando a conexão é denominado *processo cliente*, e o outro é denominado *processo servidor*. O processo de aplicação cliente primeiro informa à camada de transporte no cliente que ele quer estabelecer uma conexão com um processo no servidor. Lembre-se (Seção 2.7.2) de que um programa cliente em Python faz isso executando o comando

```
clientSocket.connect((serverName,serverPort))
```

em que `serverName` é o nome do servidor e `serverPort` identifica o processo no servidor. O TCP no cliente então passa a estabelecer uma conexão TCP com o TCP no servidor. Discutiremos com algum detalhe o procedimento de estabelecimento de conexão ao final desta seção. Por enquanto, basta saber que o cliente primeiro envia um segmento TCP especial; o servidor responde com um segundo segmento TCP especial e, por fim, o cliente

HISTÓRICO DO CASO

VINTON CERF, ROBERT KAHN E TCP/IP

No início da década de 1970, as redes de comutação de pacotes começaram a proliferar. A ARPAnet – precursora da Internet – era apenas mais uma entre tantas que tinham, cada uma, seu próprio protocolo. Dois pesquisadores, Vinton Cerf e Robert Kahn, reconheceram a importância de interconectar essas redes e inventaram um protocolo inter-redes denominado TCP/IP, que quer dizer Transmission Control Protocol/Internet Protocol (protocolo de controle de transmissão/protocolo da Internet). Embora no começo Cerf e Kahn considerassem o protocolo uma entidade única, mais tarde ele foi dividido em duas partes, TCP e IP, que operavam separadamente. Cerf e Kahn publicaram um artigo sobre o TCP/IP em maio de 1974 na *IEEE Transactions on Communications Technology* (Cerf, 1974).

O protocolo TCP/IP, que é o "feijão com arroz" da Internet de hoje, foi elaborado antes dos PCs, estações de trabalho, *smartphones* e *tablets*, antes da proliferação da Ethernet, cabo, DSL, WiFi e outras tecnologias de redes locais, antes da Web, redes sociais e *streaming* de vídeo. Cerf e Kahn perceberam a necessidade de um protocolo de rede que, de um lado, fornecesse amplo suporte para aplicações ainda a serem definidas e que, de outro, permitisse a interoperação de hospedeiros arbitrários e protocolos de camada de enlace.

Em 2004, Cerf e Kahn receberam o prêmio ACM Turing Award, considerado o Prêmio Nobel da Computação pelo "trabalho pioneiro sobre interligação em rede, incluindo o projeto e a implementação dos protocolos de comunicação da Internet, TCP/IP e por inspirarem liderança na área de redes".

responde novamente com um terceiro segmento especial. Os primeiros dois segmentos não contêm nenhuma "carga útil", isto é, nenhum dado da camada de aplicação; o terceiro pode carregar uma carga útil. Como três segmentos são enviados entre dois hospedeiros, esse procedimento de estabelecimento de conexão é muitas vezes denominado **apresentação de três vias (*three-way handshake*)**.

Uma vez estabelecida uma conexão TCP, os dois processos de aplicação podem enviar dados um para o outro. Vamos considerar o envio de dados do processo cliente para o processo servidor. O processo cliente passa uma cadeia de dados pelo *socket* (a porta do processo), como descrito na Seção 2.7. Tão logo passem pelo *socket*, os dados estão nas mãos do TCP que está rodando no cliente. Como mostra a Figura 3.28, o TCP direciona seus dados para o ***buffer* de envio** da conexão, que é um dos *buffers* reservados durante a apresentação de três vias inicial. Periodicamente, o TCP arranca pedaços de dados do *buffer* de envio e passa os dados à camada de rede. O interessante é que a especificação do TCP (RFC 793) é muito vaga ao indicar quando o TCP deve de fato enviar dados que estão nos *buffers*, determinando apenas que o TCP "deve enviar aqueles dados em segmentos segundo sua própria conveniência". A quantidade máxima de dados que pode ser retirada e colocada em um segmento é limitada pelo **tamanho máximo do segmento (MSS, do inglês *maximum segment size*)**. O MSS normalmente é estabelecido determinando primeiro o tamanho do maior quadro de camada de enlace que pode ser enviado pelo hospedeiro remetente local, denominado **unidade máxima de transmissão (MTU, do inglês *maximum transmission unit*)** e, em seguida, estabelecendo um MSS que garanta que um segmento TCP (quando encapsulado em um datagrama IP) mais o comprimento do cabeçalho TCP/IP (em geral, 40 *bytes*) caberão em um único quadro de camada de enlace. Os protocolos da camada de enlace Ethernet e PPP possuem um MTU de 1.500 *bytes*. Assim, um valor típico do MSS é 1460 *bytes*. Também foram propostas técnicas para descobrir a MTU do caminho – o maior quadro de camada de enlace que pode ser enviado por todos os enlaces desde a origem até o destino (RFC 1191) – e definir o MSS com base no valor da MTU do caminho. Note que o MSS é a quantidade máxima de dados de camada de aplicação no segmento, e não o tamanho máximo do segmento TCP incluindo cabeçalhos. (Essa terminologia é confusa, mas temos de conviver com ela, pois já está consolidada.)

O TCP combina cada porção de dados do cliente com um cabeçalho TCP, formando, assim, **segmentos TCP**. Os segmentos são passados para baixo, para a camada de rede, onde são encapsulados separadamente dentro dos datagramas IP da camada de rede. Os datagramas IP são então enviados para dentro da rede. Quando o TCP recebe um segmento na outra extremidade, os dados do segmento são colocados no *buffer* de recepção da conexão, como ilustra a Figura 3.28. A aplicação lê a cadeia de dados desse *buffer*. Cada lado da conexão tem seus próprios *buffers* de envio e seu próprio *buffer* de recepção. (Você pode ver a animação interativa sobre o controle de fluxo *online* em <http://www.awl.com/kurose-ross>, que oferece uma animação dos *buffers* de envio e de recepção.)

Entendemos, dessa discussão, que uma conexão TCP consiste em *buffers*, variáveis e um *socket* de conexão de um processo em um hospedeiro e outro conjunto de *buffers*, variáveis

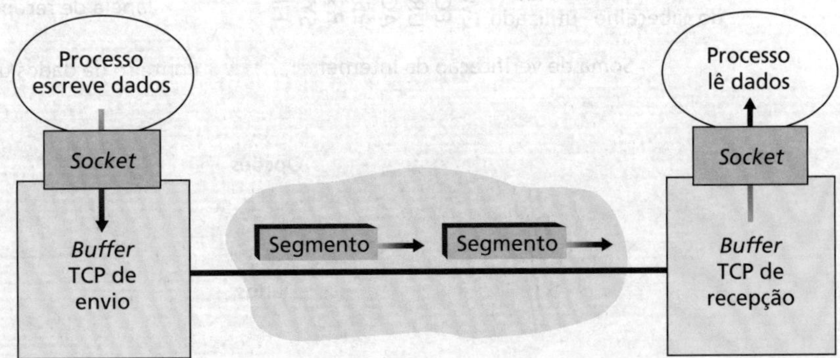

Figura 3.28 *Buffers* TCP de envio e de recepção.

e um *socket* de conexão de um processo em outro hospedeiro. Como mencionamos, nenhum *buffer* nem variáveis são alocados à conexão nos elementos da rede (roteadores, *switches* e repetidores) existentes entre os hospedeiros.

3.5.2 Estrutura do segmento TCP

Agora que examinamos de modo breve a conexão TCP, vamos verificar a estrutura do segmento TCP, que consiste em campos de cabeçalho e um campo de dados. O campo de dados contém uma quantidade de dados de aplicação. Como já dissemos, o MSS limita o tamanho máximo do campo de dados de um segmento. Quando o TCP envia um arquivo grande, tal como uma imagem de uma página Web, ele costuma fragmentar o segmento em pedaços de tamanho MSS (exceto o último pedaço, que muitas vezes é menor do que o MSS). Aplicações interativas, contudo, geralmente transmitem quantidades de dados menores do que o MSS. Por exemplo, com aplicações de *login* remoto como Telnet e ssh, o campo de dados do segmento TCP é, muitas vezes, de apenas 1 *byte*. Como o cabeçalho TCP tem tipicamente 20 *bytes* (12 *bytes* mais do que o cabeçalho UDP), o comprimento dos segmentos enviados por Telnet pode ser de apenas 21 *bytes*.

A Figura 3.29 mostra a estrutura do segmento TCP. Como acontece com o UDP, o cabeçalho inclui **números de porta de origem e de destino**, que são usados para multiplexação e demultiplexação de dados para aplicações de camadas superiores, e, assim como no UDP, inclui um **campo de soma de verificação**. Um cabeçalho de segmento TCP também contém os seguintes campos:

- O **campo de número de sequência** de 32 *bits* e o **campo de número de reconhecimento** de 32 *bits* são usados pelos TCPs remetente e destinatário na execução de um serviço confiável de transferência de dados, como discutido a seguir.
- O campo de **janela de recepção** de 16 *bits* é usado para controle de fluxo. Veremos em breve que esse campo é usado para indicar o número de *bytes* que um destinatário está disposto a aceitar.
- O **campo de comprimento de cabeçalho** de 4 *bits* especifica o comprimento do cabeçalho TCP em palavras de 32 *bits*. O cabeçalho TCP pode ter comprimento variável em

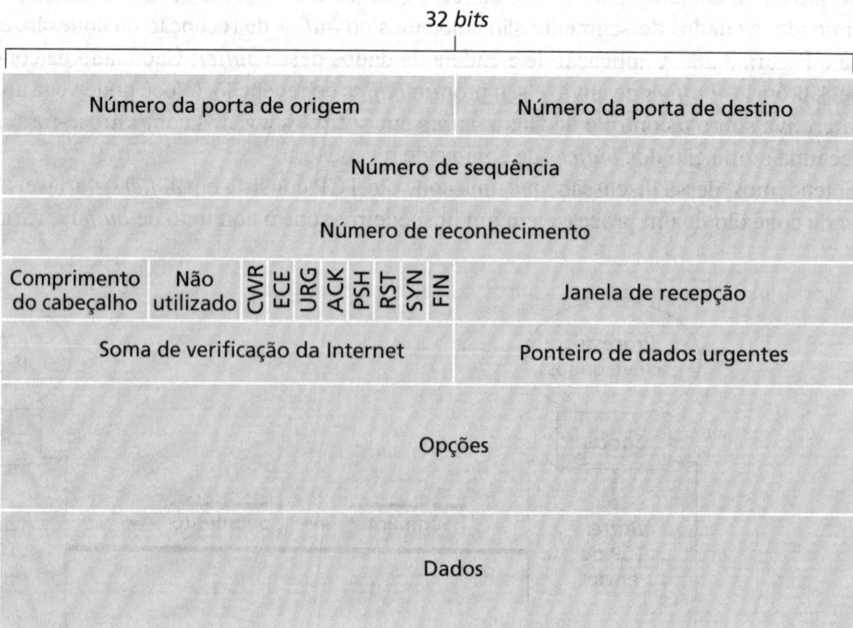

Figura 3.29 Estrutura do segmento TCP.

razão do campo de opções TCP. (O campo de opções TCP em geral está vazio, de modo que o comprimento do cabeçalho TCP típico é 20 *bytes*.)

- O **campo de opções**, opcional e de comprimento variável, é usado quando um remetente e um destinatário negociam o MSS, ou como um fator de aumento de escala da janela para utilização em redes de alta velocidade. Uma opção de marca de tempo é também definida. Consulte o RFC 854 e o RFC 1323 para detalhes adicionais.
- O **campo de *flag*** contém 6 *bits*. O ***bit* ACK** é usado para indicar se o valor carregado no campo de reconhecimento é válido, isto é, se o segmento contém um reconhecimento para um segmento que foi recebido com sucesso. Os *bits* **RST**, **SYN** e **FIN** são usados para estabelecer e encerrar a conexão, como discutiremos ao final desta seção. Os *bits* **CWR** e **ECE** são usados na notificação explícita de congestionamento, como discutido na Seção 3.7.2. Marcar o *bit* **PSH** indica que o destinatário deve passar os dados para a camada superior imediatamente. Por fim, o *bit* **URG** é usado para mostrar que há dados nesse segmento que a entidade da camada superior do lado remetente marcou como "urgentes". A localização do último *byte* desses dados urgentes é indicada pelo **campo de ponteiro de urgência** de 16 *bits*. O TCP deve informar à entidade da camada superior do lado destinatário quando existem dados urgentes e passar a ela um ponteiro para o final desses dados. (Na prática, o **PSH**, o **URG** e o ponteiro de dados urgentes não são usados. Contudo, mencionamos esses campos para descrever todos.)

Na nossa experiência enquanto professores, alguns alunos acham a discussão sobre formatos de pacotes um tanto árida e maçante. Para uma maneira divertida e fantasiosa de pensar sobre campos de cabeçalho TCP, particularmente se for tão fã de Legos™ quanto nós, consulte Pomeranz (2010).

Números de sequência e números de reconhecimento

Dois dos mais importantes campos do cabeçalho do segmento TCP são o de número de sequência e o de número de reconhecimento. Esses campos são parte fundamental do serviço de transferência confiável de dados do TCP. Mas antes de discutirmos como são utilizados, vamos explicar exatamente o que o TCP coloca nesses campos.

O TCP vê os dados como uma cadeia de *bytes* não estruturada, mas ordenada. O uso que o TCP faz dos números de sequência reflete essa visão, pois esses números são aplicados sobre a cadeia de *bytes* transmitidos, e *não* sobre a série de segmentos transmitidos. O **número de sequência para um segmento** é o número do primeiro *byte* do segmento. Vamos ver um exemplo. Suponha que um processo no hospedeiro A queira enviar uma cadeia de dados para um processo no hospedeiro B por uma conexão TCP. O TCP do hospedeiro A vai implicitamente numerar cada *byte* da cadeia de dados. Suponha que a cadeia de dados consista em um arquivo composto por 500 mil *bytes*, que o MSS seja de 1.000 *bytes* e que seja atribuído o número 0 ao primeiro *byte* da cadeia de dados. Como mostra a Figura 3.30, o TCP constrói 500 segmentos a partir da cadeia de dados. O primeiro recebe o número de sequência 0; o segundo, o número de sequência 1.000; o terceiro, o número de sequência 2.000, e assim por diante. Cada número de sequência é inserido no campo de número de sequência no cabeçalho do segmento TCP apropriado.

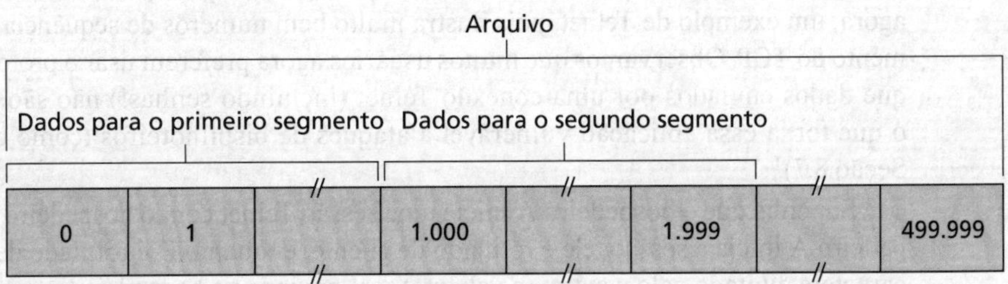

Figura 3.30 Dividindo os dados do arquivo em segmentos TCP.

Vamos agora considerar os números de reconhecimento. Eles são um pouco mais complicados do que os números de sequência. Lembre-se de que o TCP é *full-duplex*, portanto o hospedeiro A pode estar recebendo dados do hospedeiro B enquanto envia dados ao hospedeiro B (como parte da mesma conexão TCP). Cada segmento que chega do hospedeiro B tem um número de sequência para os dados que estão fluindo de B para A. *O número de reconhecimento que o hospedeiro A atribui a seu segmento é o número de sequência do próximo byte que ele estiver aguardando do hospedeiro B.* É bom examinarmos alguns exemplos para entendermos o que está acontecendo aqui. Suponha que o hospedeiro A tenha recebido do hospedeiro B todos os *bytes* numerados de 0 a 535 e que esteja prestes a enviar um segmento ao hospedeiro B. O hospedeiro A está esperando pelo *byte* 536 e por todos os *bytes* subsequentes da cadeia de dados do hospedeiro B. Assim, ele coloca o número 536 no campo de número de reconhecimento do segmento que envia para o hospedeiro B.

Como outro exemplo, suponha que o hospedeiro A tenha recebido um segmento do hospedeiro B contendo os *bytes* de 0 a 535 e outro segmento contendo os *bytes* de 900 a 1.000. Por alguma razão, o hospedeiro A ainda não recebeu os *bytes* de 536 a 899. Nesse exemplo, ele ainda está esperando pelo *byte* 536 (e os superiores) para poder recriar a cadeia de dados de B. Assim, o segmento seguinte que A envia a B conterá 536 no campo de número de reconhecimento. Como o TCP somente reconhece *bytes* até o primeiro *byte* que estiver faltando na cadeia, dizemos que o TCP provê **reconhecimentos cumulativos**.

Este último exemplo também revela uma questão importante, mas sutil. O hospedeiro A recebeu o terceiro segmento (*bytes* de 900 a 1.000) antes do segundo (*bytes* de 536 a 899). Portanto, o terceiro segmento chegou fora de ordem. E o que um hospedeiro faz quando recebe segmentos fora de ordem em uma conexão TCP? Eis a questão. O interessante é que os RFCs do TCP não impõem nenhuma regra para isso e deixam a decisão para os programadores que estiverem implementando a execução TCP. Há basicamente duas opções: (1) o destinatário descarta imediatamente os segmentos fora de ordem (o que, como discutimos antes, pode simplificar o projeto do destinatário) ou (2) o destinatário conserva os *bytes* fora de ordem e espera pelos *bytes* faltantes para preencher as lacunas. Claro que a segunda alternativa é mais eficiente em termos de largura de banda de rede e é a abordagem adotada na prática.

Na Figura 3.30, admitimos que o número de sequência inicial era 0. Na verdade, ambos os lados de uma conexão TCP escolhem ao acaso um número de sequência inicial. Isso é feito para minimizar a possibilidade de um segmento de uma conexão já encerrada entre dois hospedeiros e ainda presente na rede ser tomado por um segmento válido em uma conexão posterior entre esses dois mesmos hospedeiros (que também podem estar usando os mesmos números de porta da conexão antiga) (Sunshine, 1978).

Telnet: um estudo de caso para números de sequência e números de reconhecimento

O Telnet, definido no RFC 854, é um protocolo popular de camada de aplicação utilizado para fazer *login* remoto. Ele roda sobre TCP e é projetado para trabalhar entre qualquer par de hospedeiros. Diferentemente das aplicações de transferência de dados em grandes blocos, que foram discutidas no Capítulo 2, o Telnet é uma aplicação interativa. Discutiremos, agora, um exemplo de Telnet, pois ilustra muito bem números de sequência e de reconhecimento do TCP. Observamos que muitos usuários agora preferem usar o protocolo SSH, visto que dados enviados por uma conexão Telnet (incluindo senhas!) não são criptografados, o que torna essa aplicação vulnerável a ataques de bisbilhoteiros (como discutiremos na Seção 8.7).

Suponha que o hospedeiro A inicie uma sessão Telnet com o hospedeiro B. Como o hospedeiro A inicia a sessão, ele é rotulado de cliente, enquanto B é rotulado de servidor. Cada caractere digitado pelo usuário (no cliente) será enviado ao hospedeiro remoto; este devolverá uma cópia ("eco") de cada caractere, que será apresentada na tela Telnet do usuário. Esse eco é usado para garantir que os caracteres vistos pelo usuário do Telnet já foram recebidos e processados no local remoto. Assim, cada caractere atravessa a rede duas vezes entre o momento em que o usuário aperta o teclado e o momento em que o caractere é apresentado em seu monitor.

Suponha agora que o usuário digite a letra "C" e saia para tomar um café. Vamos examinar os segmentos TCP que são enviados entre o cliente e o servidor. Como mostra a Figura 3.31, admitamos que os números de sequência iniciais sejam 42 e 79 para cliente e servidor, respectivamente. Lembre-se de que o número de sequência de um segmento será o número de sequência do primeiro *byte* do seu campo de dados. Assim, o primeiro segmento enviado do cliente terá número de sequência 42; o primeiro segmento enviado do servidor terá número de sequência 79. Note que o número de reconhecimento será o número de sequência do próximo *byte* de dados que o hospedeiro estará aguardando. Após o estabelecimento da conexão TCP, mas antes de quaisquer dados serem enviados, o cliente ficará esperando pelo *byte* 79 e o servidor, pelo *byte* 42.

Como ilustra a Figura 3.31, são enviados três segmentos. O primeiro é enviado do cliente ao servidor, contendo, em seu campo de dados, um *byte* com a representação ASCII para a letra "C". O primeiro segmento também tem 42 em seu campo de número de sequência, como acabamos de descrever. E mais, como o cliente ainda não recebeu nenhum dado do servidor, esse segmento terá o número 79 em seu campo de número de reconhecimento.

O segundo segmento é enviado do servidor ao cliente. Esse segmento tem dupla finalidade. A primeira é fornecer um reconhecimento para os dados que o servidor recebeu. Ao colocar 43 no campo de reconhecimento, o servidor está dizendo ao cliente que recebeu com sucesso tudo até o *byte* 42 e agora está aguardando os *bytes* de 43 em diante. A segunda finalidade desse segmento é ecoar a letra "C". Assim, o segundo segmento tem a representação ASCII de "C" em seu campo de dados. Ele tem o número de sequência 79, que é o número de sequência inicial do fluxo de dados de servidor para cliente dessa conexão TCP, pois este é o primeiríssimo *byte* de dados que o servidor está enviando. Note que o reconhecimento para dados do cliente para o servidor é levado em um segmento que carrega

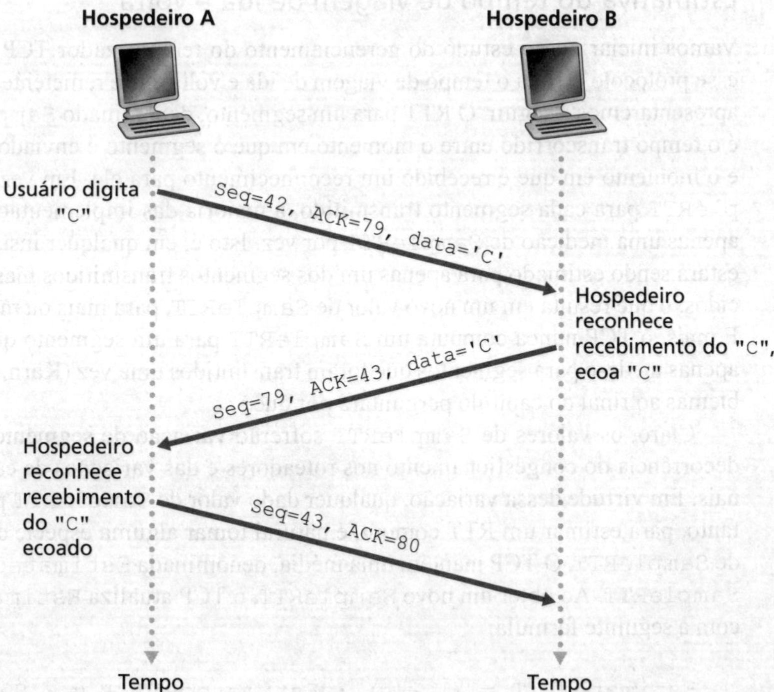

Figura 3.31 Números de sequência e de reconhecimento para uma aplicação Telnet simples sobre TCP.

dados do servidor para o cliente. Dizemos que esse reconhecimento **pegou uma carona** (***piggybacked***) no segmento de dados do servidor ao cliente.

O terceiro segmento é enviado do cliente ao servidor. Seu único propósito é reconhecer os dados que recebeu do servidor. (Lembre-se de que o segundo segmento continha dados – a letra "C" – do servidor para o cliente.) Esse terceiro segmento tem um campo de dados vazio (i.e., o reconhecimento não está pegando carona com nenhum dado do cliente para o servidor). O segmento tem o número 80 no campo do número de reconhecimento porque o cliente recebeu a cadeia de dados até o *byte* com número de sequência 79 e agora está aguardando os *bytes* de 80 em diante. É possível que você esteja pensando que é estranho que esse segmento também tenha um número de sequência, já que não contém dados. Mas como o TCP tem um campo de número de sequência, o segmento precisa apresentar algum número para preenchê-lo.

3.5.3 Estimativa do tempo de viagem de ida e volta e de esgotamento de temporização

O TCP, assim como o nosso protocolo `rdt` da Seção 3.4, utiliza um mecanismo de controle de temporização/retransmissão para recuperar segmentos perdidos. Embora conceitualmente simples, surgem muitas questões sutis quando executamos um mecanismo de controle de temporização/retransmissão em um protocolo real como o TCP. Talvez a pergunta mais óbvia seja a duração dos intervalos de controle. Claro, esse intervalo deve ser maior do que o RTT, isto é, o tempo decorrido entre o envio de um segmento e seu reconhecimento. Se não fosse assim, seriam enviadas retransmissões desnecessárias. Mas quão maior deve ser o intervalo e, antes de tudo, como o RTT deve ser estimado? Deve-se associar um temporizador a cada segmento não reconhecido? São tantas perguntas! Nesta seção, nossa discussão se baseia no trabalho de Jacobson (1988) sobre TCP e nas recomendações da Força de Trabalho de Engenharia da Internet (IETF, do inglês *Internet Engineering Task Force*) vigentes para o gerenciamento de temporizadores TCP (RFC 6298).

Estimativa do tempo de viagem de ida e volta

Vamos iniciar nosso estudo do gerenciamento do temporizador TCP considerando como esse protocolo estima o tempo de viagem de ida e volta entre remetente e destinatário, o que apresentaremos a seguir. O RTT para um segmento, denominado `SampleRTT` no exemplo, é o tempo transcorrido entre o momento em que o segmento é enviado (i.e., passado ao IP) e o momento em que é recebido um reconhecimento para ele. Em vez de medir um `SampleRTT` para cada segmento transmitido, a maioria das implementações de TCP executa apenas uma medição de `SampleRTT` por vez. Isto é, em qualquer instante, o `SampleRTT` estará sendo estimado para apenas um dos segmentos transmitidos mas ainda não reconhecidos, o que resulta em um novo valor de `SampleRTT`, para mais ou menos para cada RTT. E mais, o TCP nunca computa um `SampleRTT` para um segmento que foi retransmitido; apenas mede-o para segmentos que foram transmitidos uma vez (Karn, 1987). (Um dos problemas ao final do capítulo perguntará por quê.)

Claro, os valores de `SampleRTT` sofrerão variação de segmento para segmento em decorrência do congestionamento nos roteadores e das variações de carga nos sistemas finais. Em virtude dessa variação, qualquer dado valor de `SampleRTT` pode ser atípico. Portanto, para estimar um RTT comum, é natural tomar alguma espécie de média dos valores de `SampleRTT`. O TCP mantém uma média, denominada `EstimatedRTT`, dos valores de `SampleRTT`. Ao obter um novo `SampleRTT`, o TCP atualiza `EstimatedRTT` de acordo com a seguinte fórmula:

```
EstimatedRTT = (1 – α) · EstimatedRTT + α · SampleRTT
```

Essa fórmula está escrita na forma de um comando de linguagem de programação – o novo valor de **EstimatedRTT** é uma combinação ponderada entre o valor anterior de **EstimatedRTT** e o novo valor para **SampleRTT**. O valor recomendado de α é α = 0,125 (i.e., 1/8) (RFC 6298), caso em que essa fórmula se torna:

```
EstimatedRTT = 0,875 · EstimatedRTT + 0,125 · SampleRTT
```

Note que **EstimatedRTT** é uma média ponderada dos valores de **SampleRTT**. Como veremos em um exercício ao final deste capítulo, essa média ponderada atribui um peso maior às amostras recentes do que às antigas. Isso é natural, pois as amostras mais recentes refletem melhor o estado atual de congestionamento da rede. Em estatística, esse tipo de média é denominado **média móvel exponencial ponderada (MMEP)**. A palavra "exponencial" aparece na MMEP porque o peso atribuído a um dado `SampleRTT` diminui exponencialmente à medida que as atualizações são realizadas. Os exercícios pedirão que você derive o termo exponencial em `EstimatedRTT`.

A Figura 3.32 mostra os valores de `SampleRTT` e `EstimatedRTT` para um valor de α = 1/8, para uma conexão TCP entre `gaia.cs.umass.edu` (em Amherst, Massachusetts) e `fantasia.eurecom.fr` (no sul da França). Fica claro que as variações em `SampleRTT` são atenuadas no cálculo de `EstimatedRTT`.

Além de ter uma estimativa do RTT, também é valioso ter uma medida de sua variabilidade. O (RFC 6298) define a variação do RTT, `DevRTT`, como uma estimativa do desvio típico entre `SampleRTT` e `EstimatedRTT`:

```
DevRTT = (1 - β) · DevRTT + β · | SampleRTT - EstimatedRTT |
```

Note que `DevRTT` é uma MMEP da diferença entre `SampleRTT` e `EstimatedRTT`. Se os valores de `SampleRTT` apresentarem pouca variação, então `DevRTT` será pequeno; por outro lado, se houver muita variação, `DevRTT` será grande. O valor recomendado para β é 0,25.

PRINCÍPIOS NA PRÁTICA

O TCP fornece transferência confiável de dados usando reconhecimentos positivos e temporizadores, de modo muito parecido com o que estudamos na Seção 3.4. O protocolo reconhece dados que foram recebidos corretamente e retransmite segmentos quando entende que eles ou seus reconhecimentos correspondentes foram perdidos ou corrompidos. Certas versões do TCP também têm um mecanismo NAK implícito – com o mecanismo de retransmissão rápida do TCP. O recebimento de três ACKs duplicados para um dado segmento serve como um NAK implícito para o seguinte, acionando a retransmissão daquele segmento antes que o tempo se esgote. O TCP usa sequência de números para permitir que o destinatário identifique segmentos perdidos ou duplicados. Exatamente como no caso de nosso protocolo de transferência confiável de dados `rdt3.0`, o TCP em si não pode determinar com certeza se um segmento, ou seu ACK, está perdido, corrompido ou atrasado demais. No remetente, a resposta do TCP será a mesma: retransmitir o segmento.

O TCP também utiliza paralelismo, permitindo que o remetente tenha, a qualquer tempo, múltiplos segmentos transmitidos mas ainda não reconhecidos. Vimos antes que o paralelismo pode melhorar muito a vazão de uma sessão quando a razão entre o tempo de transmissão do segmento e o atraso de viagem de ida e volta é pequena. O número específico de segmentos não reconhecidos que um remetente pode ter é determinado pelos mecanismos de controle de fluxo e controle de congestionamento do TCP. O controle de fluxo do TCP é discutido no final desta seção; o controle de congestionamento do TCP é discutido na Seção 3.7. Por enquanto, devemos apenas ficar cientes de que o TCP remetente usa paralelismo.

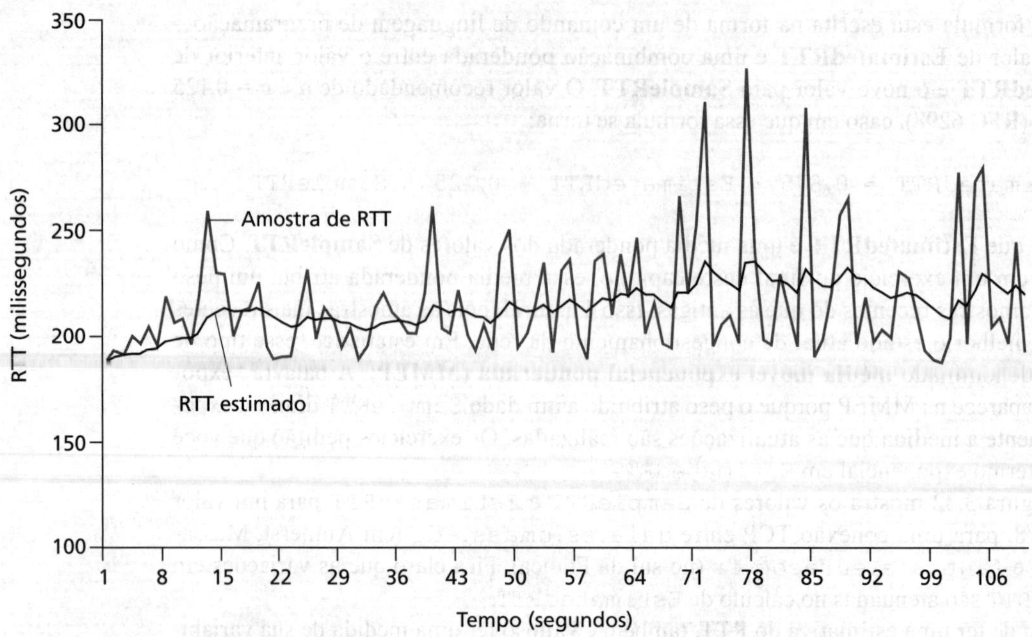

Figura 3.32 Amostras e estimativas de RTT.

Estabelecimento e gerenciamento da temporização de retransmissão

De acordo com os valores de `EstimatedRTT` e `DevRTT`, qual valor deve ser utilizado para a temporização de retransmissão do TCP? É óbvio que o intervalo deve ser maior ou igual a `EstimatedRTT`, caso contrário seriam enviadas retransmissões desnecessárias. Mas a temporização de retransmissão não deve ser muito maior do que `EstimatedRTT`, senão, quando um segmento fosse perdido, o TCP não o retransmitiria rápido, o que resultaria em grandes atrasos de transferência de dados. Portanto, é desejável que o valor estabelecido para a temporização seja igual a `EstimatedRTT` mais certa margem, que deverá ser grande quando houver muita variação nos valores de `SampleRTT` e pequena quando houver pouca variação. Assim, o valor de `DevRTT` deverá entrar em cena. Todas essas considerações são levadas em conta no método do TCP para determinar a temporização de retransmissão:

```
TimeoutInterval = EstimatedRTT + 4 x DevRTT
```

Recomenda-se um valor inicial de 1 segundo para `TimeoutInterval` (RFC 6298). Além disso, quando há temporização, o valor de `TimeoutInterval` é dobrado para evitar que haja uma temporização para um segmento subsequente, que logo será reconhecido. Porém, assim que o segmento é recebido e `EstimatedRTT` é atualizado, o `TimeoutInterval` novamente é calculado usando a fórmula anterior.

3.5.4 Transferência confiável de dados

Lembre-se de que o serviço da camada de rede da Internet (serviço IP) não é confiável. O IP não garante a entrega de datagramas na ordem correta nem a integridade de seus dados nos datagramas. Com o serviço IP, os datagramas podem transbordar dos *buffers* dos roteadores e jamais alcançar seu destino; podem também chegar fora de ordem. Além disso, os *bits* dos datagramas podem ser corrompidos (passar de 0 para 1 e vice-versa). Como os segmentos da camada de transporte são carregados pela rede por datagramas IPs, eles também podem sofrer esses mesmos problemas.

O TCP cria um **serviço de transferência confiável de dados** sobre o serviço de melhor esforço do IP. Esse serviço de transferência garante que a cadeia de dados que um processo lê a partir de seu *buffer* de recebimento TCP não está corrompida, não tem lacunas, não tem duplicações e está em sequência, isto é, a cadeia de *bytes* é idêntica à cadeia de *bytes* enviada pelo sistema final que está do outro lado da conexão. O modo como o TCP oferece transferência confiável de dados envolve muitos dos princípios estudados na Seção 3.4.

Quando desenvolvíamos técnicas de transferência confiável de dados, era conceitualmente mais fácil admitir que existia um temporizador individual associado com cada segmento transmitido mas ainda não reconhecido. Embora, em teoria, isso seja ótimo, o gerenciamento de temporizadores pode exigir considerável sobrecarga. Assim, os procedimentos recomendados no (RFC 6298) para gerenciamento de temporizadores TCP utilizam apenas um *único* temporizador de retransmissão, mesmo que haja vários segmentos transmitidos ainda não reconhecidos. O protocolo TCP apresentado nesta seção segue essa recomendação.

Discutiremos como o TCP provê transferência confiável de dados em duas etapas incrementais. Primeiro, apresentaremos uma descrição muito simplificada de um remetente TCP que utiliza apenas controle de temporizadores para se recuperar da perda de segmentos; em seguida, apresentaremos uma descrição mais complexa, que utiliza reconhecimentos duplicados além de temporizadores de retransmissão. Na discussão que se segue, admitimos que os dados estão sendo enviados em uma direção somente, do hospedeiro A ao hospedeiro B, e que o hospedeiro A está enviando um arquivo grande.

A Figura 3.33 apresenta uma descrição muito simplificada de um remetente TCP. Vemos que há três eventos importantes relacionados com a transmissão e a retransmissão de dados no TCP remetente: dados recebidos da aplicação; esgotamento do temporizador e recebimento de ACK. Quando ocorre o primeiro evento importante, o TCP recebe dados

```
/* Suponha que o remetente não seja compelido pelo fluxo de TCP ou controle de congestionamento, que o tamanho
 dos dados vindos de cima seja menor do que o MSS, e que a transferência de dados ocorra apenas em uma direção. */

NextSeqNum=InitialSeqNumber
SendBase=InitialSeqNumber

loop (forever) {
    switch(event)

        event: dados recebidos da aplicação de cima
            criar segmento TCP com número de sequência NextSeqNum
            if (temporizador atualmente parado)
                iniciar temporizador
            passar segmento ao IP
            NextSeqNum=NextSeqNum+length(dados)
            break;

        event: esgotamento do temporizador
            retransmitir segmento ainda não reconhecido com o
                menor número de sequência
            iniciar temporizador
            break;

        evento: ACK recebido, com valor do campo ACK y
            if (y > SendBase) {
                SendBase=y
                if (há atualmente segmentos ainda não reconhecidos)
                    iniciar temporizador
                }
            break;

    } /* fim do loop forever */
```

Figura 3.33 Remetente TCP simplificado.

da camada de aplicação, encapsula-os em um segmento e passa-o ao IP. Note que cada segmento inclui um número de sequência que é o número da corrente de *bytes* do primeiro *byte* de dados no segmento, como descrito na Seção 3.5.2. Note também que, se o temporizador não estiver funcionando naquele instante para algum outro segmento, o TCP aciona o temporizador quando o segmento é passado para o IP. (Fica mais fácil se você imaginar que o temporizador está associado com o mais antigo segmento não reconhecido.) O intervalo de expiração para esse temporizador é o `TimeoutInterval`, calculado a partir de `EstimatedRTT` e `DevRTT`, como descrito na Seção 3.5.3.

O segundo evento importante é o esgotamento do temporizador. O TCP responde a esse evento retransmitindo o segmento que causou o esgotamento da temporização, e então reinicia o temporizador.

O terceiro evento importante que deve ser manipulado pelo TCP remetente é a chegada de um segmento de reconhecimento (ACK) do destinatário (mais especificamente, um segmento contendo um valor de campo de ACK válido). Quando da ocorrência, o TCP compara o valor do ACK, `y`, com sua variável `SendBase`. A variável de estado `SendBase` do TCP é o número de sequência do mais antigo *byte* não reconhecido. (Assim, `SendBase-1` é o número de sequência do último *byte* que se sabe ter sido recebido pelo destinatário de modo correto e na ordem certa.) Como comentamos, o TCP usa reconhecimentos cumulativos, de maneira que `y` reconhece o recebimento de todos os *bytes* antes do *byte* número `y`. Se `y > SendBase`, então o ACK está reconhecendo um ou mais *bytes* não reconhecidos antes. Desse modo, o remetente atualiza sua variável `SendBase` e reinicia o temporizador se houver quaisquer segmentos ainda não reconhecidos.

Alguns cenários interessantes

Acabamos de descrever uma versão muito simplificada do modo como o TCP provê transferência confiável de dados, mas mesmo essa descrição tão simplificada tem muitas sutilezas. Para ter uma boa ideia de como esse protocolo funciona, vamos agora examinar alguns cenários simples. A Figura 3.34 ilustra o primeiro cenário, em que um hospedeiro A envia

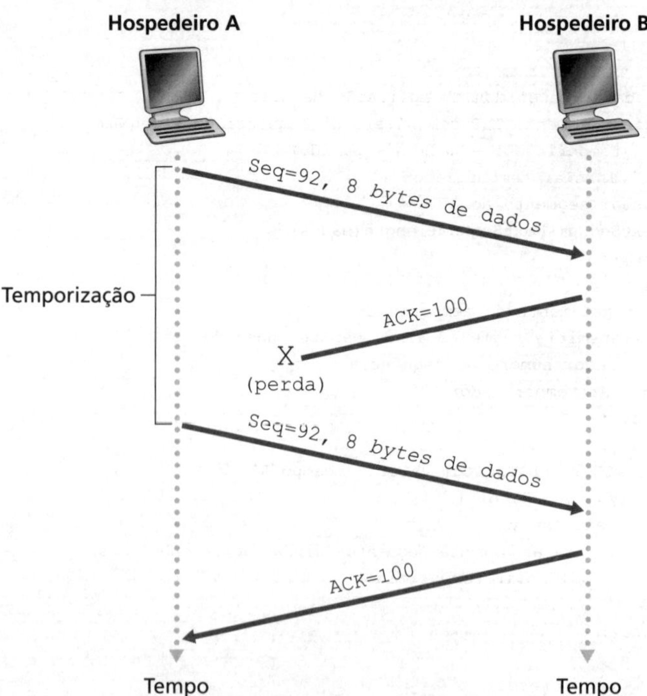

Figura 3.34 Retransmissão devido a um reconhecimento perdido.

um segmento ao hospedeiro B. Suponha que esse segmento tenha número de sequência 92 e contenha 8 *bytes* de dados. Após enviá-lo, o hospedeiro A espera por um segmento de B com número de reconhecimento 100. Embora o segmento de A seja recebido em B, o reconhecimento de B para A se perde. Nesse caso, ocorre o evento de expiração do temporizador, e o hospedeiro A retransmite o mesmo segmento. É claro que, quando recebe a retransmissão, o hospedeiro B observa, pelo número de sequência, que o segmento contém dados que já foram recebidos. Assim, o TCP no hospedeiro B descarta os *bytes* do segmento retransmitido.

Em um segundo cenário, mostrado na Figura 3.35, o hospedeiro A envia dois segmentos seguidos. O primeiro tem número de sequência 92 e 8 *bytes* de dados. O segundo tem número de sequência 100 e 20 *bytes* de dados. Suponha que ambos cheguem intactos em B, e que B envie dois reconhecimentos separados para cada um desses segmentos. O primeiro deles tem número de reconhecimento 100; o segundo, número 120. Suponha agora que nenhum dos reconhecimentos chegue ao hospedeiro A antes do esgotamento do temporizador. Quando ocorre o evento de expiração do temporizador, o hospedeiro A reenvia o primeiro segmento com número de sequência 92 e reinicia o temporizador. Contanto que o ACK do segundo segmento chegue antes que o temporizador expire novamente, o segundo segmento não será retransmitido.

Em um terceiro e último cenário, suponha que o hospedeiro A envie dois segmentos, assim como no segundo exemplo. O reconhecimento do primeiro segmento é perdido na rede, mas, um pouco antes do evento de expiração, A recebe um reconhecimento com número 120. O hospedeiro A, portanto, sabe que B recebeu *tudo* até o *byte* 119; logo, ele não reenvia nenhum dos dois segmentos. Tal cenário está ilustrado na Figura 3.36.

Duplicação do tempo de expiração

Discutiremos agora algumas modificações empregadas por grande parte das implementações do TCP. A primeira refere-se à duração do tempo de expiração após a expiração de

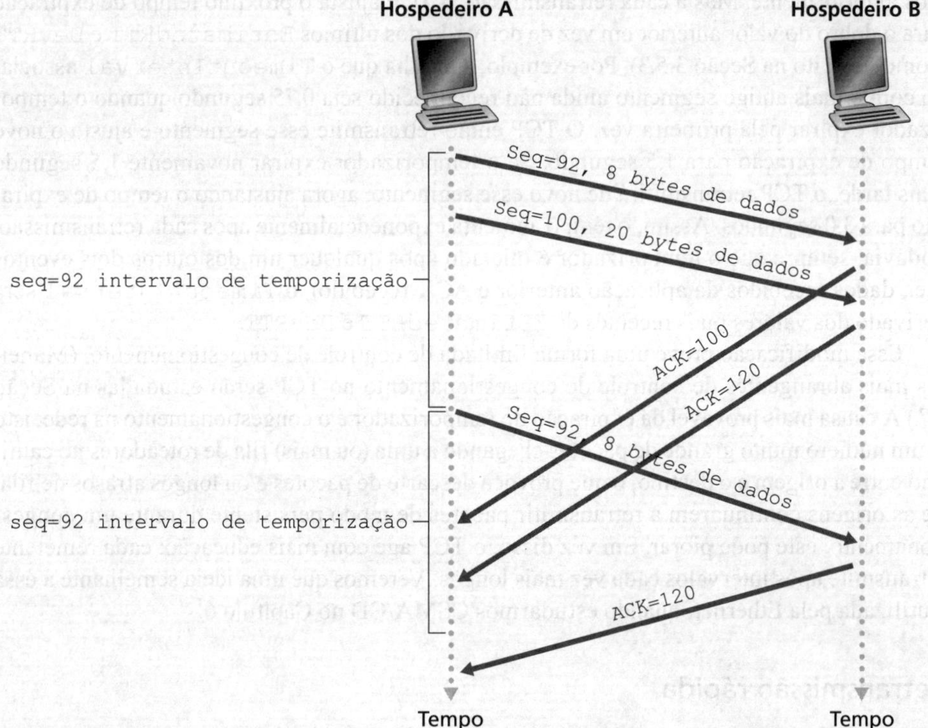

Figura 3.35 Segmento 100 não retransmitido.

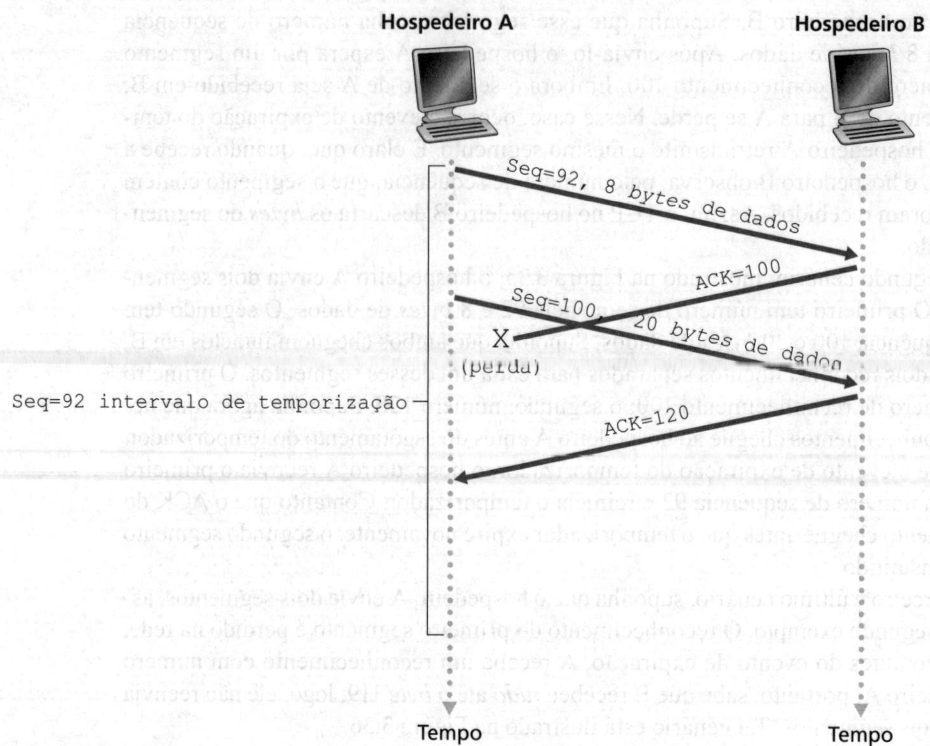

Figura 3.36 Um reconhecimento cumulativo evita retransmissão do primeiro segmento.

um temporizador. Nessa modificação, sempre que ocorre tal evento, o TCP retransmite o segmento ainda não reconhecido que tenha o menor número de sequência, como descrevemos anteriormente. Mas a cada retransmissão, o TCP ajusta o próximo tempo de expiração para o dobro do valor anterior em vez de derivá-lo dos últimos `EstimatedRTT` e `DevRTT` (como descrito na Seção 3.5.3). Por exemplo, suponha que o `TimeoutInterval` associado com o mais antigo segmento ainda não reconhecido seja 0,75 segundo quando o temporizador expirar pela primeira vez. O TCP então retransmite esse segmento e ajusta o novo tempo de expiração para 1,5 segundo. Se o temporizador expirar novamente 1,5 segundo mais tarde, o TCP retransmitirá de novo esse segmento, agora ajustando o tempo de expiração para 3,0 segundos. Assim, o tempo aumenta exponencialmente após cada retransmissão. Todavia, sempre que o temporizador é iniciado após qualquer um dos outros dois eventos (i.e., dados recebidos da aplicação anterior e ACK recebido), o `TimeoutInterval` será derivado dos valores mais recentes de `EstimatedRTT` e `DevRTT`.

Essa modificação provê uma forma limitada de controle de congestionamento. (Maneiras mais abrangentes de controle de congestionamento no TCP serão estudadas na Seção 3.7.) A causa mais provável da expiração do temporizador é o congestionamento na rede, isto é, um número muito grande de pacotes chegando a uma (ou mais) fila de roteadores no caminho entre a origem e o destino, o que provoca descarte de pacotes e/ou longos atrasos de fila. Se as origens continuarem a retransmitir pacotes de modo persistente durante um congestionamento, este pode piorar. Em vez disso, o TCP age com mais educação: cada remetente retransmite após intervalos cada vez mais longos. Veremos que uma ideia semelhante a essa é utilizada pela Ethernet, quando estudarmos CSMA/CD no Capítulo 6.

Retransmissão rápida

Um dos problemas de retransmissões acionadas por expiração de temporizador é que o período de expiração pode ser um tanto longo. Quando um segmento é perdido, esse longo

TABELA 3.2 Recomendações para geração de ACKs pelo TCP (RFC 5681)

Evento	Ação do TCP destinatário
Chegada de segmento na ordem com número de sequência esperado. Todos os dados até o número de sequência esperado já reconhecidos.	ACK retardado. Espera de até 500 ms pela chegada de outro segmento na ordem. Se o segmento seguinte na ordem não chegar nesse intervalo, envia um ACK.
Chegada de segmento na ordem com número de sequência esperado. Outro segmento na ordem esperando por transmissão de ACK.	Envio imediato de um único ACK cumulativo, reconhecendo ambos os segmentos.
Chegada de um segmento fora da ordem com número de sequência mais alto do que o esperado. Lacuna detectada.	Envio imediato de um ACK duplicado, indicando número de sequência do *byte* seguinte esperado (que é a extremidade mais baixa da lacuna).
Chegada de um segmento que preenche, parcial ou completamente, a lacuna nos dados recebidos.	Envio imediato de um ACK, contanto que o segmento comece na extremidade mais baixa da lacuna.

período força o remetente a atrasar o reenvio do pacote perdido, aumentando o atraso fim a fim. Felizmente, o remetente pode, com frequência, detectar perda de pacote bem antes de ocorrer o evento de expiração, observando os denominados ACKs duplicados. Um **ACK duplicado** é um ACK que reconhece novamente um segmento para o qual o remetente já recebeu um reconhecimento anterior. Para entender a resposta do remetente a um ACK duplicado, devemos examinar por que o destinatário envia um ACK duplicado em primeiro lugar. A Tabela 3.2 resume a política de geração de ACKs do TCP destinatário (RFC 5681). Quando um TCP destinatário recebe um segmento com número de sequência maior do que o seguinte, esperado, na ordem, ele detecta uma lacuna no fluxo de dados – ou seja, um segmento faltando. Essa lacuna poderia ser o resultado de segmentos perdidos ou reordenados dentro da rede. Como o TCP não usa reconhecimentos negativos, o destinatário não pode enviar um reconhecimento negativo explícito de volta ao destinatário. Em vez disso, ele apenas reconhece mais uma vez (i.e., gera um ACK duplicado para) o último *byte* de dados na ordem que foi recebido. (Observe que a Tabela 3.2 tem provisão para o caso em que o destinatário não descarta segmentos fora de ordem.)

Como um remetente quase sempre envia um grande número de segmentos, um atrás do outro, se um segmento for perdido, provavelmente existirão muitos ACKs duplicados, também um após o outro. Se o TCP remetente receber três ACKs duplicados para os mesmos dados, ele tomará isso como indicação de que o segmento que se seguiu ao segmento reconhecido três vezes foi perdido. (Nos exercícios de fixação, consideraremos por que o remetente espera três ACKs duplicados e não apenas um.) No caso de receber três ACKs duplicados, o TCP remetente realiza uma **retransmissão rápida** (RFC 5681), retransmitindo o segmento que falta *antes* da expiração do temporizador do segmento. Isso é mostrado na Figura 3.37, em que o segundo segmento é perdido, e então retransmitido antes da expiração do temporizador. Para o TCP com retransmissão rápida, o seguinte trecho de codificação substitui o evento ACK recebido na Figura 3.33:

```
evento: ACK recebido, com valor do campo ACK y
            if (y > SendBase) {
            SendBase=y
            if (atualmente ainda não há segmentos
                          reconhecidos)
               iniciar temporizador
               }
```

```
else { /* um ACK duplicado para segmento
         já reconhecido */
       incrementar número de ACKs duplicados
         recebidos para y
       if (número de ACKS duplicados recebidos
         para y é igual a 3)
         /* retransmissão rápida do TCP */
         reenviar segmento com número
         de sequência y
       }
break;
```

Observamos anteriormente que muitas questões sutis vêm à tona quando um mecanismo de controle de temporização/retransmissão é executado em um protocolo real como o TCP. Os procedimentos anteriores, cuja evolução é resultado de mais de 30 anos de experiência com temporizadores TCP, devem convencê-lo de que, na realidade, é isso que acontece!

Go-Back-N ou repetição seletiva?

Vamos encerrar nosso estudo do mecanismo de recuperação de erros do TCP considerando a seguinte pergunta: o TCP é um protocolo GBN ou SR? Lembre-se de que, no TCP, os reconhecimentos são cumulativos, e segmentos recebidos de modo correto, mas fora da ordem, não são reconhecidos (ACK) individualmente pelo destinatário. Em consequência, como mostrou a Figura 3.33 (veja também a Figura 3.19), o TCP remetente precisa tão somente lembrar o menor número de sequência de um *byte* transmitido, porém não reconhecido

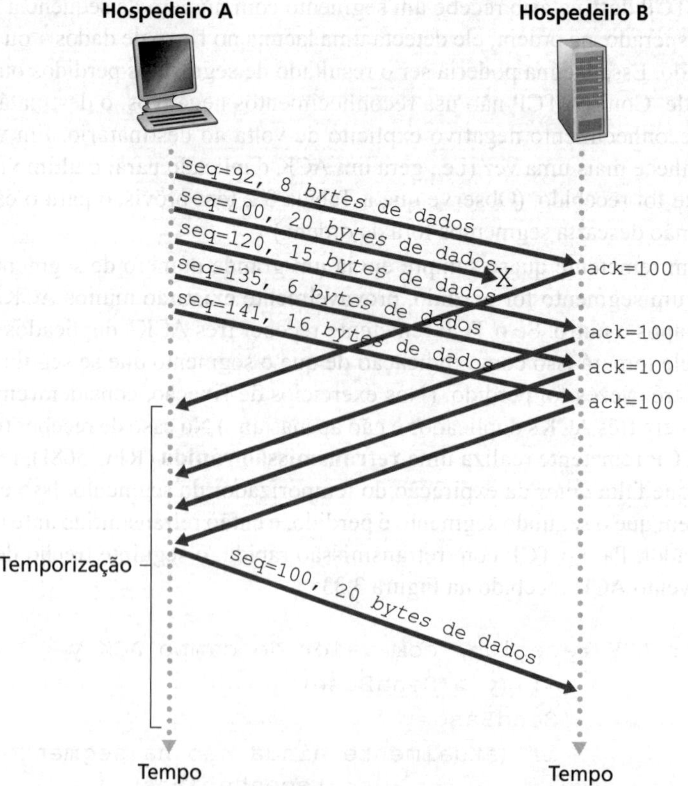

Figura 3.37 Retransmissão rápida: retransmitir o segmento que falta antes da expiração do temporizador do segmento.

(SendBase) e o número de sequência do *byte* seguinte a ser enviado (NextSeqNum). Nesse sentido, o TCP se parece muito com um protocolo ao estilo do GBN. Porém, há algumas diferenças surpreendentes entre o TCP e o GBN. Muitas execuções do TCP armazenarão segmentos recebidos corretamente, mas fora da ordem (Stevens, 1994). Considere também o que acontece quando o remetente envia uma sequência de segmentos 1, 2, ..., N e todos os segmentos chegam ao destinatário na ordem e sem erro. Além disso, suponha que o reconhecimento para o pacote $n < N$ se perca, mas que os $N - 1$ reconhecimentos restantes cheguem ao remetente antes do esgotamento de suas respectivas temporizações. Nesse exemplo, o GBN retransmitiria não só o pacote n, mas também todos os subsequentes $n + 1, n + 2, ..., N$. O TCP, por outro lado, retransmitiria no máximo um segmento, a saber, n. E mais, o TCP nem ao menos retransmitiria o segmento n se o reconhecimento para $n + 1$ chegasse antes do final da temporização para o segmento n.

Uma modificação proposta para o TCP, denominada **reconhecimento seletivo** (RFC 2018), permite que um destinatário TCP reconheça seletivamente segmentos fora de ordem, em vez de apenas reconhecer de modo cumulativo o último segmento recebido corretamente e na ordem. Quando combinado com retransmissão seletiva – isto é, saltar a retransmissão de segmentos que já foram reconhecidos de modo seletivo pelo destinatário –, o TCP se parece muito com nosso protocolo SR genérico. Assim, o mecanismo de recuperação de erros do TCP talvez seja mais bem caracterizado como um híbrido dos protocolos GBN e SR.

3.5.5 Controle de fluxo

Lembre-se de que os hospedeiros de cada lado de uma conexão TCP reservam um *buffer* de recepção para a conexão. Quando a conexão TCP recebe *bytes* que estão corretos e em sequência, ele coloca os dados no *buffer* de recepção. O processo de aplicação associado lerá os dados a partir desse *buffer*, mas não necessariamente no momento em que são recebidos. Na verdade, a aplicação receptora pode estar ocupada com alguma outra tarefa e nem ao menos tentar ler os dados até muito após a chegada deles. Se a aplicação for relativamente lenta na leitura dos dados, o remetente pode muito facilmente saturar o *buffer* de recepção da conexão por enviar demasiados dados muito rapidamente.

O TCP provê um **serviço de controle de fluxo** às suas aplicações, para eliminar a possibilidade de o remetente esgotar o *buffer* do destinatário. Assim, controle de fluxo é um serviço de compatibilização de velocidades – compatibiliza a taxa à qual o remetente está enviando com aquela à qual a aplicação receptora está lendo. Como já notamos, um TCP remetente também pode ser estrangulado em razão do congestionamento dentro da rede IP. Esse modo de controle do remetente é denominado **controle de congestionamento**, um tópico que será examinado em detalhes nas Seções 3.6 e 3.7. Mesmo que as ações executadas pelo controle de fluxo e pelo controle de congestionamento sejam semelhantes (a regulagem [*throttling*] do remetente), fica evidente que elas são executadas por razões muito diferentes. Infelizmente, muitos autores usam os termos de modo intercambiável, e o leitor atento tem de tomar muito cuidado para distinguir os dois casos. Vamos agora discutir como o TCP provê seu serviço de controle de fluxo. Para podermos enxergar o quadro geral, sem nos fixarmos nos detalhes, nesta seção admitiremos que essa implementação do TCP é tal que o receptor TCP descarta segmentos fora da ordem.

O TCP oferece serviço de controle de fluxo ao fazer o *remetente* manter uma variável denominada **janela de recepção**. De modo informal, a janela de recepção é usada para dar ao remetente uma ideia do espaço de *buffer* livre disponível no destinatário. Como o TCP é *full-duplex*, o remetente de cada lado da conexão mantém uma janela de recepção distinta. Vamos examinar a janela de recepção no contexto de uma transferência de arquivo. Suponha que o hospedeiro A esteja enviando um arquivo grande ao hospedeiro B por uma conexão TCP. O hospedeiro B aloca um *buffer* de recepção a essa conexão; denominemos seu tamanho RcvBuffer. De tempos em tempos, o processo de aplicação no hospedeiro B faz a leitura do *buffer*. São definidas as seguintes variáveis:

- LastByteRead: número do último *byte* na cadeia de dados lido do *buffer* pelo processo de aplicação em B.
- LastByteRcvd: número do último *byte* na cadeia de dados que chegou da rede e foi colocado no *buffer* de recepção de B.

Como o TCP não tem permissão para saturar o *buffer* alocado, devemos ter:

LastByteRcvd – LastByteRead ≤ RcvBuffer

A janela de recepção, denominada rwnd, é ajustada para a quantidade de espaço disponível no *buffer*:

rwnd = RcvBuffer – [LastByteRcvd – LastByteRead]

Como o espaço disponível muda com o tempo, rwnd é dinâmica. Esta variável está ilustrada na Figura 3.38.

Como a conexão usa a variável rwnd para prover o serviço de controle de fluxo? O hospedeiro B diz ao hospedeiro A quanto espaço disponível ele tem no *buffer* da conexão colocando o valor corrente de rwnd no campo de janela de recepção de cada segmento que envia a A. No começo, o hospedeiro B estabelece rwnd = RcvBuffer. Note que, para conseguir isso, o hospedeiro B deve monitorar diversas variáveis específicas da conexão.

O hospedeiro A, por sua vez, monitora duas variáveis, LastByteSent e LastByteAcked, cujos significados são óbvios. Note que a diferença entre essas duas variáveis, LastByteSent – LastByteAcked, é a quantidade de dados não reconhecidos que A enviou para a conexão. Mantendo a quantidade de dados não reconhecidos menor que o valor de rwnd, o hospedeiro A tem certeza de que não está fazendo transbordar o *buffer* de recepção no hospedeiro B. Assim, A tem de certificar-se, durante toda a duração da conexão, de que:

LastByteSent – LastByteAcked ≤ rwnd

Há um pequeno problema técnico com esse esquema. Para percebê-lo, suponha que o *buffer* de recepção do hospedeiro B fique tão cheio que rwnd = 0. Após anunciar ao hospedeiro A que rwnd = 0, imagine que B não tenha *nada* para enviar ao hospedeiro A. Agora considere o que acontece. Enquanto o processo de aplicação em B esvazia o *buffer*, o TCP não envia novos segmentos com novos valores rwnd para o hospedeiro A. Na verdade, o TCP lhe enviará um segmento somente se tiver dados ou um reconhecimento para enviar. Por conseguinte, o hospedeiro A nunca será informado de que foi aberto algum espaço no *buffer* de recepção do hospedeiro B: ele ficará bloqueado e não poderá transmitir mais dados! Para resolver esse problema, a especificação do TCP requer que o hospedeiro

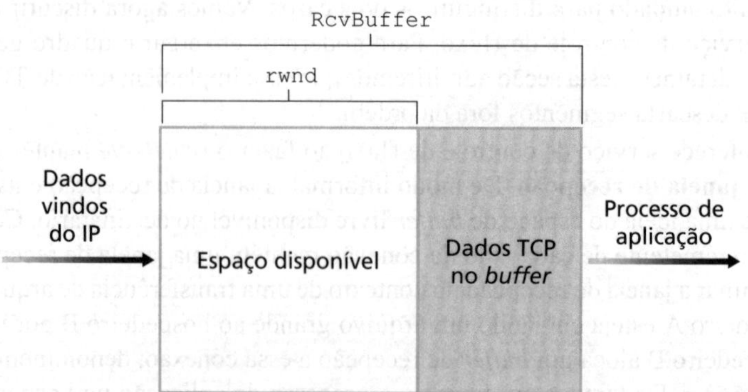

Figura 3.38 A janela de recepção (rwnd) e o *buffer* de recepção (RcvBuffer).

A continue a enviar segmentos com um *byte* de dados quando a janela de recepção de B for zero. Esses segmentos serão reconhecidos pelo receptor. Por fim, o *buffer* começará a esvaziar, e os reconhecimentos conterão um valor diferente de zero em `rwnd`.

O *site* de apoio deste livro fornece uma animação interativa que ilustra a operação da janela de recepção do TCP.

Agora que descrevemos o serviço de controle de fluxo do TCP, mencionaremos de maneira breve que o UDP não provê controle de fluxo e, por consequência, segmentos podem ser perdidos no destinatário devido ao esgotamento do *buffer*. Por exemplo, considere o envio de uma série de segmentos UDP de um processo no hospedeiro A para um processo no hospedeiro B. Para uma execução UDP típica, o UDP anexará os segmentos a um *buffer* de tamanho finito que "precede" o *socket* correspondente (i.e., o *socket* para o processo). O processo lê um segmento inteiro do *buffer* por vez. Se o processo não ler os segmentos com rapidez suficiente, o *buffer* transbordará e os segmentos serão descartados.

3.5.6 Gerenciamento da conexão TCP

Nesta subseção, examinamos mais de perto como uma conexão TCP é estabelecida e encerrada. Embora esse tópico talvez não pareça de particular interesse, é importante, porque o estabelecimento da conexão TCP tem um peso significativo nos atrasos percebidos (p. ex., ao navegar pela Web). Além disso, muitos dos ataques mais comuns a redes – entre eles, o incrivelmente popular ataque de inundação SYN (ver nota em destaque) – exploram vulnerabilidades no gerenciamento da conexão TCP. Em primeiro lugar, vamos ver como essa conexão é estabelecida. Suponha que um processo que roda em um hospedeiro (cliente) queira iniciar uma conexão com outro processo em outro hospedeiro (servidor). O processo de aplicação cliente primeiro informa ao TCP cliente que quer estabelecer uma conexão com um processo no servidor. O TCP no cliente então estabelece uma conexão TCP com o TCP no servidor da seguinte maneira:

- *Etapa 1.* O lado cliente do TCP primeiro envia um segmento TCP especial ao lado servidor do TCP. Esse segmento não contém nenhum dado de camada de aplicação, mas um dos *bits* de *flag* no seu cabeçalho (veja a Figura 3.29), o *bit* SYN, é ajustado para 1. Por essa razão, o segmento é denominado um segmento SYN. Além disso, o cliente escolhe ao acaso um número de sequência inicial (`client _ isn`) e o coloca no campo de número de sequência do segmento TCP SYN inicial. Esse segmento é encapsulado em um datagrama IP e enviado ao servidor. A aleatoriedade adequada da escolha de `client _ isn` de modo a evitar certos ataques à segurança tem despertado considerável interesse (CERT, 2001–09; RFC 4987).
- *Etapa 2.* Assim que o datagrama IP contendo o segmento TCP SYN chega ao hospedeiro servidor (admitindo-se que ele chegue mesmo!), o servidor extrai o segmento TCP SYN do datagrama, aloca *buffers* e variáveis TCP à conexão e envia um segmento de aceitação de conexão ao TCP cliente. (Veremos, no Capítulo 8, que a alocação desses *buffers* e variáveis, antes da conclusão da terceira etapa da apresentação de três vias, torna o TCP vulnerável a um ataque de recusa de serviço conhecido como inundação SYN ou *SYN flood*.) Esse segmento de aceitação de conexão também não contém nenhum dado de camada de aplicação. Contudo, contém três informações importantes no cabeçalho do segmento: o *bit* SYN está com valor 1; o campo de reconhecimento do cabeçalho do segmento TCP está ajustado para `client _ isn+1`; e, por fim, o servidor escolhe seu próprio número de sequência inicial (`server _ isn`) e coloca esse valor no campo de número de sequência do cabeçalho do segmento TCP. Esse segmento de aceitação de conexão está dizendo, na prática, "Recebi seu pacote SYN para começar uma conexão com seu número de sequência inicial `client _ isn`. Concordo em estabelecer essa conexão. Meu número de sequência inicial é `server _ isn`". O segmento de aceitação da conexão às vezes é denominado **segmento SYNACK**.

- *Etapa 3.* Ao receber o segmento SYNACK, o cliente também reserva *buffers* e variáveis para a conexão. O hospedeiro cliente então envia ao servidor mais um segmento. Este último reconhece o segmento de confirmação da conexão do servidor (o cliente o faz colocando o valor `server_isn+1` no campo de reconhecimento do cabeçalho do segmento TCP). O *bit* SYN é ajustado para 0, já que a conexão está estabelecida. A terceira etapa da apresentação de três vias pode conduzir os dados cliente/servidor na carga útil do segmento.

Completadas as três etapas, os hospedeiros cliente e servidor podem enviar segmentos contendo dados um ao outro. Em cada um desses futuros segmentos, o *bit* SYN estará ajustado para 0. Note que, para estabelecer a conexão, três pacotes são enviados entre dois hospedeiros, como ilustra a Figura 3.39. Por tal razão, esse procedimento de estabelecimento de conexão é com frequência denominado **apresentação de três vias (*three-way handshake*)**. Vários aspectos da apresentação de três vias do TCP são tratados nos exercícios ao final deste capítulo (Por que são necessários os números de sequência iniciais? Por que é preciso uma apresentação de três vias, e não apenas de duas vias?). É interessante notar que um alpinista e seu amarrador (que fica mais abaixo e cuja tarefa é passar a corda de segurança ao alpinista) usam um protocolo de comunicação de apresentação de três vias idêntico ao do TCP para garantir que ambos os lados estejam prontos antes de o alpinista iniciar a escalada.

Tudo o que é bom dura pouco, e o mesmo é válido para uma conexão TCP. Qualquer um dos dois processos que participam de uma conexão TCP pode encerrar a conexão. Quando esta termina, os "recursos" (i.e., os *buffers* e as variáveis) nos hospedeiros são liberados. Como exemplo, suponha que o cliente decida encerrar a conexão, como mostra a Figura 3.40. O processo de aplicação cliente emite um comando para fechar. Isso faz o TCP cliente enviar um segmento TCP especial ao processo servidor, cujo *bit* de *flag* no cabeçalho do segmento, denominado *bit* FIN (veja a Figura 3.29), tem valor ajustado em 1. Quando o servidor recebe esse segmento, envia de volta ao cliente um segmento de reconhecimento. O servidor então envia seu próprio segmento de encerramento, que tem o *bit* FIN ajustado em 1. Por fim, o cliente reconhece o segmento de encerramento do servidor. Nesse ponto, todos os recursos dos dois hospedeiros estão liberados.

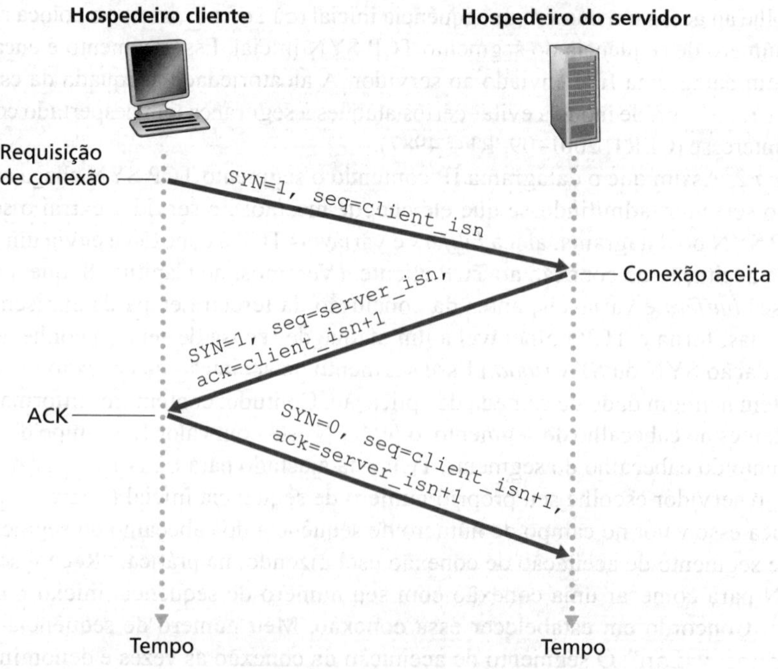

Figura 3.39 Apresentação de três vias do TCP: troca de segmentos.

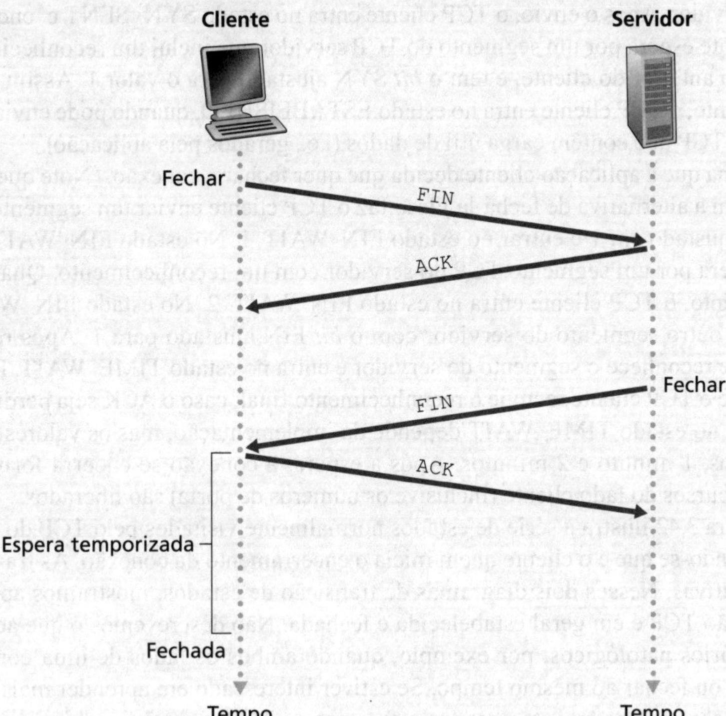

Figura 3.40 Encerramento de uma conexão TCP.

Durante a vida de uma conexão TCP, o protocolo TCP que roda em cada hospedeiro faz transições pelos vários **estados do TCP**. A Figura 3.41 ilustra uma sequência típica de estados do TCP visitados pelo TCP *cliente*. O TCP cliente começa no estado CLOSED. A aplicação no lado cliente inicia uma nova conexão TCP (criando um objeto *Socket* como nos exemplos em Python do Capítulo 2). Isso faz o TCP no cliente enviar um segmento SYN ao

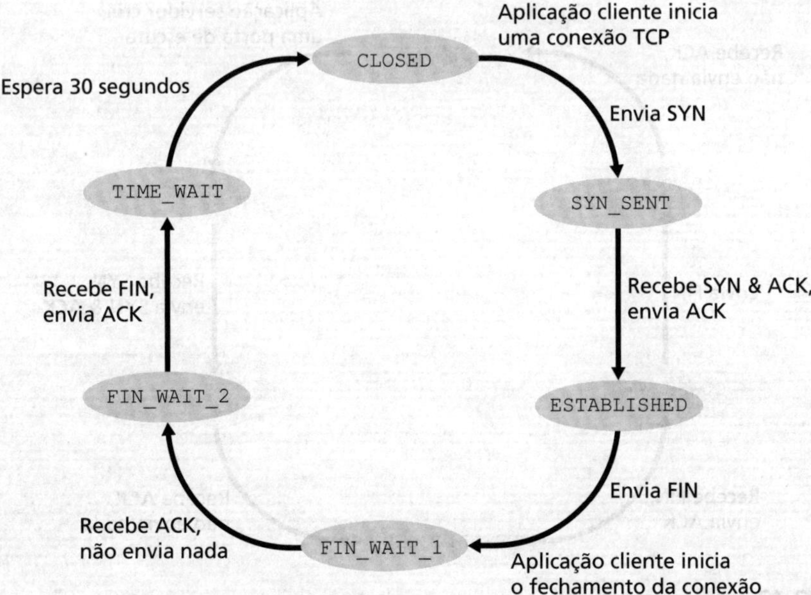

Figura 3.41 Uma sequência típica de estados do TCP visitados por um TCP cliente.

TCP no servidor. Após o envio, o TCP cliente entra no estado SYN_SENT e, enquanto isso, o TCP cliente espera por um segmento do TCP servidor que inclui um reconhecimento para o segmento anterior do cliente, e tem o *bit* SYN ajustado para o valor 1. Assim que recebe esse segmento, o TCP cliente entra no estado ESTABLISHED, quando pode enviar e receber segmentos TCP que contêm carga útil de dados (i.e., gerados pela aplicação).

Suponha que a aplicação cliente decida que quer fechar a conexão. (Note que o servidor também tem a alternativa de fechá-la.) Isso faz o TCP cliente enviar um segmento TCP com o *bit* FIN ajustado em 1 e entrar no estado FIN_WAIT_1. No estado FIN_WAIT_1, o TCP cliente espera por um segmento TCP do servidor com um reconhecimento. Quando recebe esse segmento, o TCP cliente entra no estado FIN_WAIT_2. No estado FIN_WAIT_2, ele espera por outro segmento do servidor com o *bit* FIN ajustado para 1. Após recebê-lo, o TCP cliente reconhece o segmento do servidor e entra no estado TIME_WAIT. Esse estado permite que o TCP cliente reenvie o reconhecimento final, caso o ACK seja perdido. O tempo passado no estado TIME_WAIT depende da implementação, mas os valores típicos são 30 segundos, 1 minuto e 2 minutos. Após a espera, a conexão se encerra formalmente e todos os recursos do lado cliente (inclusive os números de porta) são liberados.

A Figura 3.42 ilustra a série de estados normalmente visitados pelo TCP do lado servidor, admitindo-se que é o cliente quem inicia o encerramento da conexão. As transições são autoexplicativas. Nesses dois diagramas de transição de estados, mostramos apenas como uma conexão TCP é em geral estabelecida e fechada. Não descrevemos o que acontece em certos cenários patológicos, por exemplo, quando ambos os lados de uma conexão querem iniciar ou fechar ao mesmo tempo. Se estiver interessado em aprender mais sobre esse assunto e sobre outros mais avançados referentes ao TCP, consulte o abrangente livro de Stevens (1994).

Nossa discussão anterior concluiu que o cliente e o servidor estão preparados para se comunicar, isto é, que o servidor está ouvindo na porta pela qual o cliente envia seu segmento SYN. Vamos considerar o que acontece quando um hospedeiro recebe um segmento TCP cujos números de porta ou endereço IP não são compatíveis com nenhum dos *sockets* existentes no hospedeiro. Por exemplo, imagine que um hospedeiro receba um pacote TCP SYN com porta de destino 80, mas não está aceitando conexões nessa porta (i.e., não está rodando um servidor Web na porta 80). Então, ele enviará à origem um segmento especial de reinicialização. Esse segmento TCP tem o *bit* de *flag* RST ajustado para 1 (veja Seção 3.5.2).

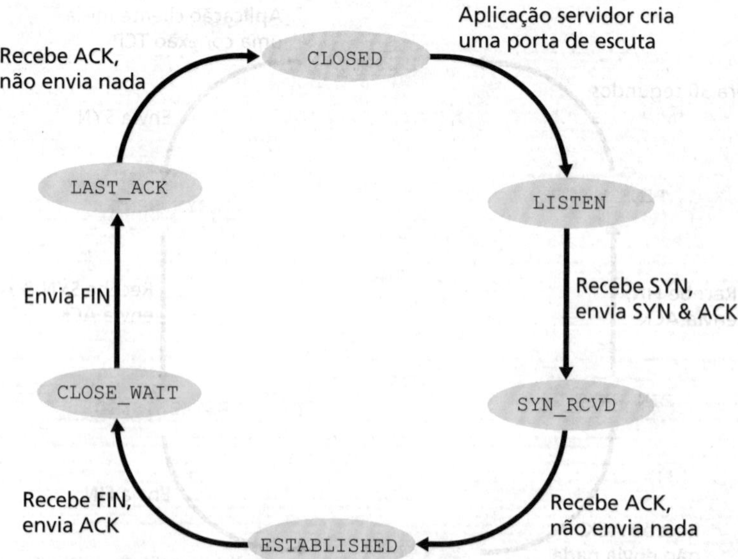

Figura 3.42 Uma sequência típica de estados do TCP visitados por um TCP do lado do servidor.

Assim, quando um hospedeiro envia um segmento de reinicialização, ele está dizendo à origem: "Eu não tenho um *socket* para esse segmento. Favor não enviá-lo novamente". Quando um hospedeiro recebe um pacote UDP cujo número de porta de destino não é compatível com as portas de um UDP em curso, ele envia um datagrama ICMP especial, como será discutido no Capítulo 5.

Agora que obtivemos uma boa compreensão sobre gerenciamento da conexão TCP, vamos voltar à ferramenta de varredura de porta nmap e analisar mais precisamente como ela funciona. Para explorar uma porta TCP, digamos que a porta 6789, o nmap enviará ao computador-alvo um segmento TCP SYN com a porta de destino. Os três possíveis resultados são:

- *O computador de origem recebe um segmento TCP SYNACK de um computador-alvo.* Já que isso significa que uma aplicação está sendo executada com a porta TCP 6789 no computador-alvo, o nmap retorna "aberto".
- *O computador de origem recebe um segmento TCP RST de um computador-alvo.* Isto significa que o segmento SYN atingiu o computador-alvo, mas este não está executando

SEGURANÇA EM FOCO

O ATAQUE *SYN FLOOD*

Vimos em nossa discussão sobre a apresentação de três vias do TCP que um servidor aloca e inicializa as variáveis da conexão e os *buffers* em resposta ao SYN recebido. O servidor, então, envia um SYNACK em resposta e aguarda um segmento ACK do cliente. Se o cliente não enviar um ACK para completar o terceiro passo da apresentação de três vias, com o tempo (em geral, após um minuto ou mais), o servidor finalizará a conexão semiaberta e recuperará os recursos alocados.

Esse protocolo de gerenciamento da conexão TCP abre caminho para um ataque DoS clássico, ou seja, o **ataque *SYN flood***. Neste ataque, o vilão envia um grande número de segmentos SYN TCP, sem concluir a terceira etapa de apresentação. Com esse acúmulo de segmentos SYN, os recursos de conexão do servidor podem se esgotar depressa já que são alocados (mas nunca usados) para conexões semiabertas; clientes legítimos, então, não são atendidos. Esses ataques *SYN flood* estavam entre os primeiros ataques DoS documentados pelo CERT (CERT SYN, 1996). Felizmente, uma defesa eficaz, conhecida como ***SYN cookies*** (RFC 4987), agora é empregada na maioria dos principais sistemas operacionais. *SYN cookies* funcionam da seguinte forma:

- Quando o servidor recebe um segmento SYN, não se sabe se ele vem de um usuário verdadeiro ou se é parte desse ataque. Então, em vez de criar uma conexão TCP semiaberta para esse SYN, o servidor cria um número de sequência TCP inicial, que é uma função *hash* de endereços de origem e endereços de destino IP e números de porta do segmento SYN, assim como de um número secreto conhecido apenas pelo usuário. Esse número de sequência inicial criado cuidadosamente é o assim chamado "*cookie*". O servidor, então, envia ao cliente um pacote SYNACK com esse número de sequência especial. *É importante mencionar que o servidor não se lembra do cookie ou de qualquer outra informação de estado correspondente ao SYN.*
- Se o cliente for verdadeiro, então um segmento ACK retornará. O servidor, ao receber esse ACK, precisa verificar se ele corresponde a algum SYN enviado antes. Como isto é feito se ele não guarda nenhuma memória sobre os segmentos SYN? Como você deve ter imaginado, o processo é realizado com o *cookie*. Para um ACK legítimo, em especial, o valor no campo de reconhecimento é igual ao número de sequência no SYNACK (o valor do *cookie*, neste caso) mais um (veja Figura 3.39). O servidor, então, executará a mesma função utilizando os mesmos campos no segmento ACK (que são os mesmos que no SYN original) e o número secreto. Se o resultado da função mais um for o mesmo que o número de reconhecimento (*cookie*) no SYNACK do cliente, o servidor conclui que o ACK corresponde a um segmento SYN anterior e, portanto, é válido. O servidor, então, cria uma conexão totalmente aberta com um *socket*.
- Por outro lado, se o cliente não retorna um segmento ACK, então o SYN original não causou nenhum dano ao servidor, uma vez que este não alocou nenhum recurso em resposta ao SYN falso original.

uma aplicação com a porta TCP 6789. Mas o atacante, pelo menos, sabe que os segmentos destinados ao computador na porta 6789 não estão bloqueados pelo *firewall* no percurso entre o computador de origem e o alvo. (*Firewalls* são abordados no Capítulo 8.)

- *A origem não recebe nada.* Isto, provavelmente, significa que o segmento SYN foi bloqueado por um *firewall* no caminho e nunca atingiu o computador-alvo.

O nmap é uma ferramenta potente, que pode "sondar o local" não só em busca de portas TCP abertas, mas também de portas UDP abertas, *firewalls* e suas configurações, e até mesmo as versões de aplicações e sistemas operacionais. A maior parte é feita pela manipulação dos segmentos de gerenciamento da conexão TCP. É possível fazer *download* do nmap pelo site <www.nmap.org>.

Com isso, concluímos nossa introdução ao controle de erro e controle de fluxo em TCP. Voltaremos ao TCP na Seção 3.7, e então examinaremos em mais detalhes o controle de congestionamento do TCP. Antes, contudo, vamos analisar a questão do controle de congestionamento em um contexto mais amplo.

3.6 PRINCÍPIOS DE CONTROLE DE CONGESTIONAMENTO

Nas seções anteriores, examinamos os princípios gerais e os mecanismos específicos do TCP usados para prover um serviço de transferência confiável de dados em relação à perda de pacotes. Mencionamos antes que, na prática, essa perda resulta, de modo característico, de uma saturação de *buffers* de roteadores à medida que a rede fica congestionada. Assim, a retransmissão de pacotes trata de um sintoma de congestionamento de rede (a perda de um segmento específico de camada de transporte), mas não trata da causa do congestionamento da rede: demasiadas fontes tentando enviar dados a uma taxa muito alta. Para tratar da causa do congestionamento de rede, são necessários mecanismos para regular os remetentes quando ele ocorre.

Nesta seção, consideramos o problema do controle de congestionamento em um contexto geral, buscando entender por que a congestão é algo ruim, como o congestionamento de rede se manifesta no desempenho recebido por aplicações da camada superior e várias medidas que podem ser adotadas para evitá-lo ou reagir a ele. Esse estudo mais geral do controle de congestionamento é apropriado, já que, como acontece com a transferência confiável de dados, o congestionamento é um dos "dez mais" da lista de problemas fundamentalmente importantes no trabalho em rede. A seção seguinte contém um estudo detalhado do algoritmo de controle de congestionamento do TCP.

3.6.1 As causas e os custos do congestionamento

Vamos começar nosso estudo geral do controle de congestionamento examinando três cenários de complexidade crescente nos quais ele ocorre. Em cada caso, examinaremos, primeiro, por que ele ocorre e, depois, seu custo (no que se refere aos recursos não utilizados integralmente e ao baixo desempenho recebido pelos sistemas finais). Não focalizaremos (ainda) como reagir a ele, ou evitá-lo; preferimos estudar uma questão mais simples, que é entender o que acontece quando hospedeiros aumentam sua taxa de transmissão e a rede fica congestionada.

Cenário 1: dois remetentes, um roteador com *buffers* infinitos

Começamos considerando o que talvez seja o cenário de congestionamento mais simples possível: dois hospedeiros (A e B), cada um usando uma conexão que compartilha um único trecho de rede entre a origem e o destino, conforme mostra a Figura 3.43.

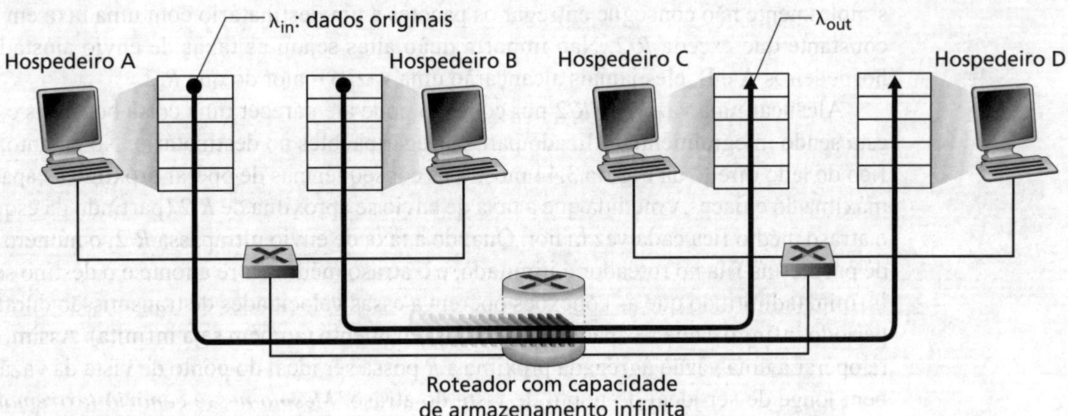

Figura 3.43 Cenário de congestionamento 1: duas conexões compartilhando um único roteador com número infinito de *buffers*.

Vamos admitir que a aplicação no hospedeiro A esteja enviando dados para a conexão (p. ex., passando dados para o protocolo de camada de transporte por um *socket*) a uma taxa média de λ_{in} *bytes*/s. Esses dados são originais no sentido de que cada unidade de dados é enviada para dentro do *socket* apenas uma vez. O protocolo de camada de transporte subjacente é simples. Os dados são encapsulados e enviados; não há recuperação de erros (p. ex., retransmissão), controle de fluxo, nem controle de congestionamento. Desprezando a sobrecarga adicional causada pela adição de informações de cabeçalhos de camada de transporte e de camadas mais baixas, a taxa à qual o hospedeiro A oferece tráfego ao roteador nesse primeiro cenário é λ_{in} *bytes*/s. O hospedeiro B funciona de maneira semelhante, e admitimos, por simplicidade, que ele também esteja enviando dados a uma taxa de λ_{in} *bytes*/s. Os pacotes dos hospedeiros A e B passam por um roteador e por um enlace de saída compartilhado de capacidade *R*. O roteador tem *buffers* que lhe permitem armazenar os pacotes que chegam quando a taxa de chegada excede a capacidade do enlace de saída. No primeiro cenário, admitimos que o roteador tenha capacidade de armazenamento infinita.

A Figura 3.44 apresenta o desempenho da conexão do hospedeiro A nesse primeiro cenário. O gráfico da esquerda mostra a **vazão por conexão** (número de *bytes* por segundo no destinatário) como uma função da taxa de envio da conexão. Para uma taxa de transmissão entre 0 e *R*/2, a vazão no destinatário é igual à velocidade de envio do remetente – tudo o que este envia é recebido no destinatário com um atraso finito. Quando a velocidade de envio estiver acima de *R*/2, contudo, a vazão será somente *R*/2. Esse limite superior da vazão é consequência do compartilhamento da capacidade do enlace entre duas conexões. O enlace

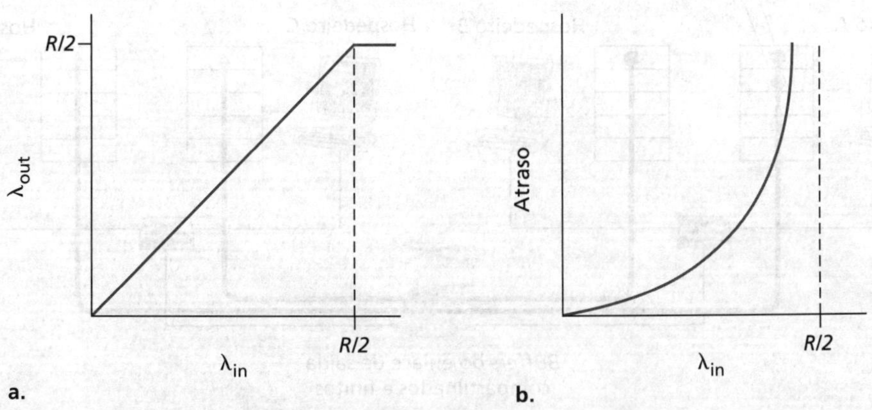

Figura 3.44 Cenário de congestionamento 1: vazão e atraso em função da taxa de envio do hospedeiro.

simplesmente não consegue entregar os pacotes a um destinatário com uma taxa em estado constante que exceda $R/2$. Não importa quão altas sejam as taxas de envio ajustadas nos hospedeiros A e B, eles jamais alcançarão uma vazão maior do que $R/2$.

Alcançar uma vazão de $R/2$ por conexão pode até parecer uma coisa boa, pois o enlace está sendo integralmente utilizado para entregar pacotes no destinatário. No entanto, o gráfico do lado direito da Figura 3.44 mostra as consequências de operar próximo à capacidade máxima do enlace. À medida que a taxa de envio se aproxima de $R/2$ (partindo da esquerda), o atraso médio fica cada vez maior. Quando a taxa de envio ultrapassa $R/2$, o número médio de pacotes na fila no roteador é ilimitado, e o atraso médio entre a fonte e o destino se torna infinito (admitindo que as conexões operem a essas velocidades de transmissão durante um período infinito e que a capacidade de armazenamento também seja infinita). Assim, embora operar a uma vazão agregada próxima a R possa ser ideal do ponto de vista da vazão, está bem longe de ser ideal do ponto de vista do atraso. *Mesmo nesse cenário (extremamente) idealizado, já descobrimos um custo da rede congestionada – há grandes atrasos de fila quando a taxa de chegada de pacotes se aproxima da capacidade do enlace.*

Cenário 2: dois remetentes, um roteador com *buffers* finitos

Vamos agora modificar um pouco o cenário 1 dos dois modos seguintes (veja a Figura 3.45).

Primeiro, admitamos que a capacidade de armazenamento do roteador seja finita. Em uma situação real, essa suposição teria como consequência o descarte de pacotes que chegam a um *buffer* que já está cheio. Segundo, admitamos que cada conexão seja confiável. Se um pacote contendo um segmento de camada de transporte for descartado no roteador, o remetente por fim o retransmitirá. Como os pacotes podem ser retransmitidos, agora temos de ser mais cuidadosos com o uso da expressão *"taxa de envio"*. Especificamente, vamos de novo designar a taxa com que a aplicação envia dados originais para dentro do *socket* como λ_{in} *bytes*/s. A taxa com que a camada de transporte envia segmentos (contendo dados originais *e* dados retransmitidos) para dentro da rede será denominada λ'_{in} *bytes*/s. Essa taxa (λ'_{in}) às vezes é denominada **carga oferecida** à rede.

O desempenho obtido no cenário 2 agora dependerá muito de como a retransmissão é realizada. Primeiro, considere o caso não realista em que o hospedeiro A consiga, de algum modo (fazendo mágica!), determinar se um *buffer* do roteador está livre no roteador e, portanto, envia um pacote apenas quando um *buffer* estiver livre. Nesse caso, não ocorreria nenhuma perda, λ_{in} seria igual a λ'_{in} e a vazão da conexão seria igual a λ_{in}. Esse caso é mostrado pela curva superior da Figura 3.46(a). Do ponto de vista da vazão, o desempenho

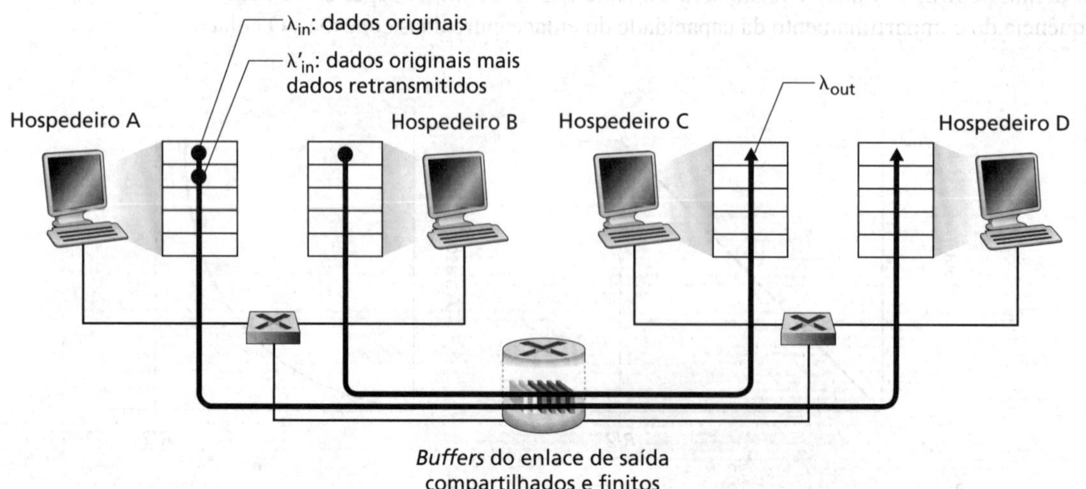

Figura 3.45 Cenário 2: dois hospedeiros (com retransmissões) e um roteador com *buffers* finitos.

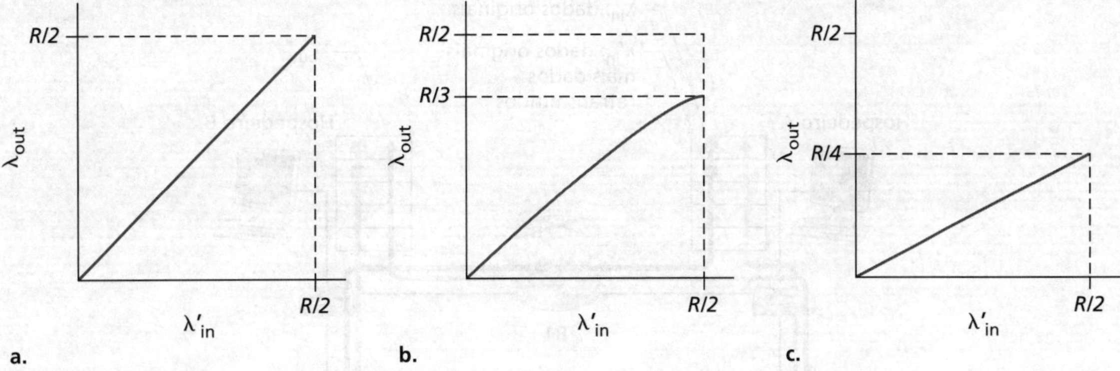

Figura 3.46 Desempenho no cenário 2 com *buffers* finitos.

é ideal – tudo o que é enviado é recebido. Note que, nesse cenário, a taxa média de envio do hospedeiro não pode ultrapassar $R/2$, já que admitimos que nunca ocorre perda de pacote.

Considere, em seguida, o caso um pouco mais realista em que o remetente retransmite apenas quando sabe, com certeza, que o pacote foi perdido. (De novo, essa suposição é um pouco forçada. Contudo, é possível ao hospedeiro remetente ajustar seu temporizador de retransmissão para uma duração longa o suficiente para ter razoável certeza de que um pacote que não foi reconhecido foi perdido.) Nesse caso, o desempenho pode ser parecido com o mostrado na Figura 3.46(b). Para avaliar o que está acontecendo aqui, considere o caso em que a carga oferecida, λ'_{in} (a taxa de transmissão dos dados originais mais as retransmissões), é igual a $R/2$. De acordo com a Figura 3.46(b), nesse valor de carga oferecida, a velocidade com a qual os dados são entregues à aplicação do destinatário é $R/3$. Assim, de $0{,}5R$ unidade de dados transmitida, $0{,}333R$ *byte*/s (em média) são dados originais e $0{,}166R$ *byte*/s (em média) são dados retransmitidos. *Observamos aqui outro custo de uma rede congestionada – o remetente deve realizar retransmissões para compensar os pacotes descartados (perdidos) pelo esgotamento do* buffer.

Finalmente, vamos considerar o caso em que a temporização do remetente se esgote prematuramente e ele retransmita um pacote que ficou atrasado na fila, mas que ainda não está perdido. Aqui, tanto o pacote de dados original quanto a retransmissão podem alcançar o destinatário. É claro que o destinatário precisa apenas de uma cópia desse pacote e descartará a retransmissão. Nesse caso, o trabalho realizado pelo roteador ao repassar a cópia retransmitida do pacote original é desperdiçado, pois o destinatário já terá recebido a cópia original do pacote. Em vez disso, seria melhor o roteador usar a capacidade de transmissão do enlace para enviar um pacote diferente. *Eis aqui mais um custo da rede congestionada – retransmissões desnecessárias feitas pelo remetente em face de grandes atrasos podem fazer um roteador usar sua largura de banda de enlace para repassar cópias desnecessárias de um pacote.* A Figura 3.46(c) mostra a vazão *versus* a carga oferecida admitindo-se que cada pacote seja enviado (em média) duas vezes pelo roteador. Visto que cada pacote é enviado duas vezes, a vazão terá um valor assintótico de $R/4$ à medida que a carga oferecida se aproximar de $R/2$.

Cenário 3: quatro remetentes, roteadores com *buffers* finitos e trajetos com múltiplos roteadores

Em nosso cenário final de congestionamento, quatro hospedeiros transmitem pacotes sobre trajetos sobrepostos que apresentam dois saltos, como ilustrado na Figura 3.47. Novamente admitamos que cada hospedeiro use um mecanismo de temporização/retransmissão para executar um serviço de transferência confiável de dados, que todos os hospedeiros tenham o mesmo valor de λ_{in} e que todos os enlaces dos roteadores tenham capacidade de R *bytes*/s.

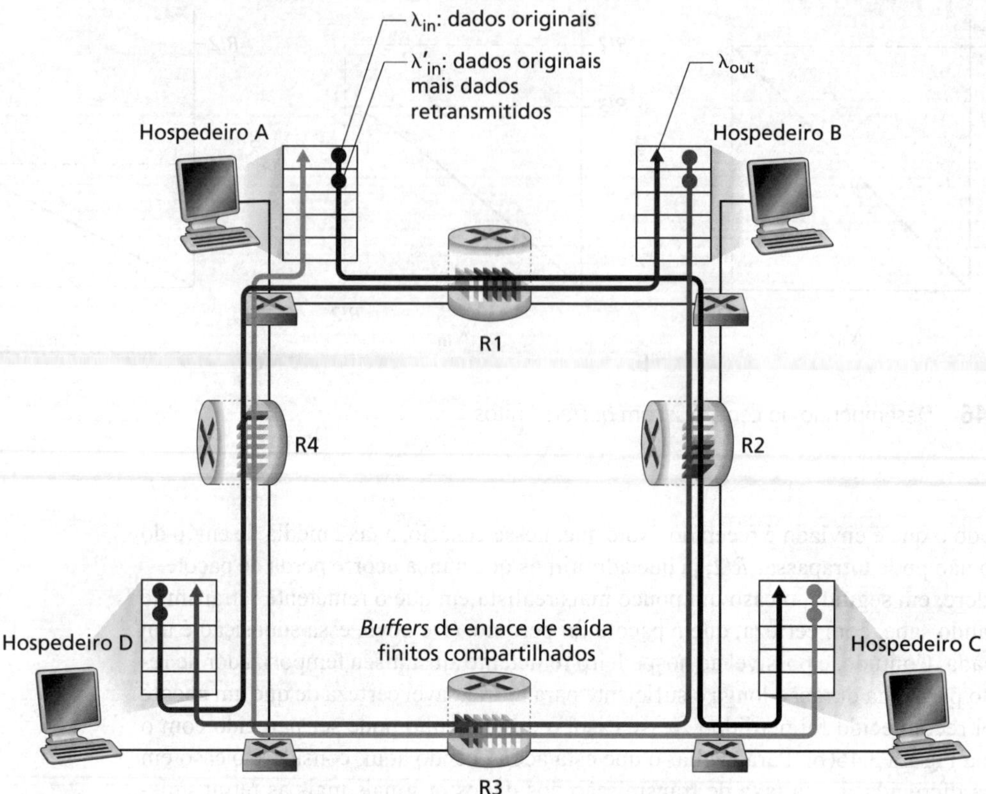

Figura 3.47 Quatro remetentes, roteadores com *buffers* finitos e trajetos com vários saltos.

Vamos considerar a conexão do hospedeiro A ao hospedeiro C que passa pelos roteadores R1 e R2. A conexão A–C compartilha o roteador R1 com a conexão D–B e o roteador R2 com a conexão B–D. Para valores extremamente pequenos de λ_{in}, esgotamentos de *buffers* são raros (como acontecia nos cenários de congestionamento 1 e 2), e a vazão é quase igual à carga oferecida. Para valores de λ_{in} um pouco maiores, a vazão correspondente é também maior, pois mais dados originais estão sendo transmitidos para a rede e entregues no destino, e os esgotamentos ainda são raros. Assim, para valores pequenos de λ_{in}, um aumento em λ_{in} resulta em um aumento em λ_{out}.

Como já analisamos o caso de tráfego extremamente baixo, vamos examinar aquele em que λ_{in} (e, portanto, λ'_{in}) é extremamente alto. Considere o roteador R2. O tráfego A–C que chega ao roteador R2 (após ter sido repassado de R1) pode ter uma taxa de chegada em R2 de, no máximo, *R*, que é a capacidade do enlace de R1 a R2, não importando qual seja o valor de λ_{in}. Se λ'_{in} for extremamente alto para todas as conexões (incluindo a conexão B–D), então a taxa de chegada do tráfego B–D em R2 poderá ser muito maior do que a taxa do tráfego A–C. Como os tráfegos A–C e B–D têm de competir no roteador R2 pelo espaço limitado de *buffer*, a quantidade de tráfego A–C que consegue passar por R2 (i.e., que não se perde pelo congestionamento de *buffer*) diminui cada vez mais à medida que a carga oferecida de B–D vai ficando maior. No limite, quando a carga oferecida se aproxima do infinito, um *buffer* vazio em R2 é logo preenchido por um pacote B–D, e a vazão da conexão A–C em R2 cai a zero. Isso, por sua vez, *implica que a vazão fim a fim de A–C vai a zero* no limite de tráfego pesado. Essas considerações dão origem ao comportamento da carga oferecida *versus* a vazão mostrada na Figura 3.48.

A razão para o decréscimo final da vazão com o crescimento da carga oferecida é evidente quando consideramos a quantidade de trabalho desperdiçado realizado pela rede. No cenário de alto tráfego que acabamos de descrever, sempre que um pacote é descartado em um segundo roteador, o trabalho realizado pelo primeiro para enviar o pacote ao

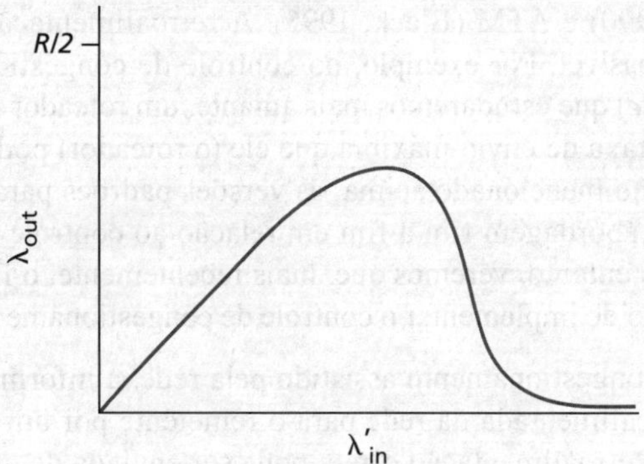

Figura 3.48 Desempenho obtido no cenário 3, com *buffers* finitos e trajetos com múltiplos roteadores.

segundo acaba sendo "desperdiçado". A rede teria se saído igualmente bem (melhor dizendo, igualmente mal) se o primeiro roteador tivesse apenas descartado aquele pacote e ficado inativo. Sendo mais objetivos, a capacidade de transmissão utilizada no primeiro roteador para enviar o pacote ao segundo teria sido maximizada para transmitir um pacote diferente. (P. ex., ao selecionar um pacote para transmissão, seria melhor que um roteador desse prioridade a pacotes que já atravessaram alguns roteadores anteriores.) *Portanto, vemos aqui mais um custo, o do descarte de pacotes devido ao congestionamento – quando um pacote é descartado ao longo de um caminho, a capacidade de transmissão que foi usada em cada um dos enlaces anteriores para repassar o pacote até o ponto em que foi descartado acaba sendo desperdiçada.*

3.6.2 Mecanismos de controle de congestionamento

Na Seção 3.7, examinaremos em detalhes os mecanismos específicos do TCP para o controle de congestionamento. Aqui, identificaremos os dois procedimentos mais comuns adotados, na prática, para esse controle. Além disso, examinaremos arquiteturas específicas de rede e protocolos de controle que incorporam tais procedimentos.

No nível mais alto, podemos distinguir mecanismos de controle de congestionamento conforme a camada de rede ofereça ou não assistência explícita à camada de transporte com a finalidade de controle de congestionamento.

- *Controle de congestionamento fim a fim.* Nesse método, a camada de rede não fornece nenhum suporte explícito à camada de transporte com a finalidade de controle de congestionamento. Até mesmo a presença de congestionamento na rede deve ser intuída pelos sistemas finais com base apenas na observação do comportamento da rede (p. ex., perda de pacotes e atraso). Veremos na Seção 3.7.1 que o TCP adota esse método fim a fim para o controle de congestionamento, uma vez que a camada IP não fornece realimentação de informações aos hospedeiros quanto ao congestionamento da rede. A perda de segmentos TCP (apontada por uma temporização ou por três reconhecimentos duplicados) é tomada como indicação de congestionamento de rede, e o TCP reduz o tamanho da janela de acordo com isso. Veremos também que as novas propostas para o TCP usam valores de atraso de viagem de ida e volta crescentes como indicadores de aumento do congestionamento da rede.
- *Controle de congestionamento assistido pela rede.* Com esse método, os roteadores fornecem retroalimentação específica de informações ao remetente a respeito do estado de congestionamento na rede. Essa retroalimentação pode ser tão simples como um único *bit* indicando o congestionamento em um enlace, abordagem adotada nas primeiras arquiteturas de rede IBM SNA (Schwartz, 1982), DEC DECnet (Jain, 1989;

Ramakrishnan, 1990) e ATM (Black, 1995). A retroalimentação mais sofisticada de rede também é possível. Por exemplo, no controle de congestionamento **ATM ABR** (***Available Bit Rate***) que estudaremos mais adiante, um roteador informa explicitamente ao remetente a taxa de envio máxima que ele (o roteador) pode suportar em um enlace de saída. Como mencionado acima, as versões padrões para a Internet do IP e do TCP adotam uma abordagem fim a fim em relação ao controle de congestionamento. Na Seção 3.7.2, no entanto, veremos que, mais recentemente, o IP e o TCP passaram a ter também a opção de implementar o controle de congestionamento assistido pela rede.

Para controle de congestionamento assistido pela rede, a informação sobre congestionamento é em geral realimentada da rede para o remetente por um de dois modos, como ilustra a Figura 3.49. Retroalimentação direta pode ser enviada de um roteador de rede ao remetente. Esse modo de notificação em geral toma a forma de um pacote de congestionamento (*choke packet*) (que, em essência, diz: "Estou congestionado!"). O segundo modo de notificação ocorre quando um roteador marca/atualiza um campo em um pacote que está fluindo do remetente ao destinatário para indicar congestionamento. Ao receber um pacote marcado, o destinatário informa ao remetente a indicação de congestionamento. Esse último modo de notificação leva o tempo total de uma viagem de ida e volta.

3.7 CONTROLE DE CONGESTIONAMENTO NO TCP

Nesta seção, voltamos ao estudo do TCP. Como aprendemos na Seção 3.5, o TCP provê um serviço de transferência confiável entre dois processos que rodam em hospedeiros diferentes. Outro componente de extrema importância do TCP é seu mecanismo de controle de congestionamento. Como indicamos na seção anterior, o que poderíamos chamar de TCP "clássico" – a versão do TCP padronizada no (RFC 2581) e mais recentemente no (RFC 5681) – usa controle de congestionamento fim a fim em vez de controle assistido pela rede, já que a camada IP não fornece aos sistemas finais realimentação explícita relativa ao congestionamento da rede. Abordaremos essa versão "clássica" do TCP mais profundamente na Seção 7.3.1. Na Seção 7.3.2, analisaremos novas variantes do TCP, que usam uma indicação de congestionamento explícita fornecida pela camada de rede, ou diferem um pouco do TCP "clássico" em diversos aspectos diferentes. A seguir, trabalharemos o desafio de criar equidade entre os fluxos da camada de transporte que precisam compartilhar um enlace congestionado.

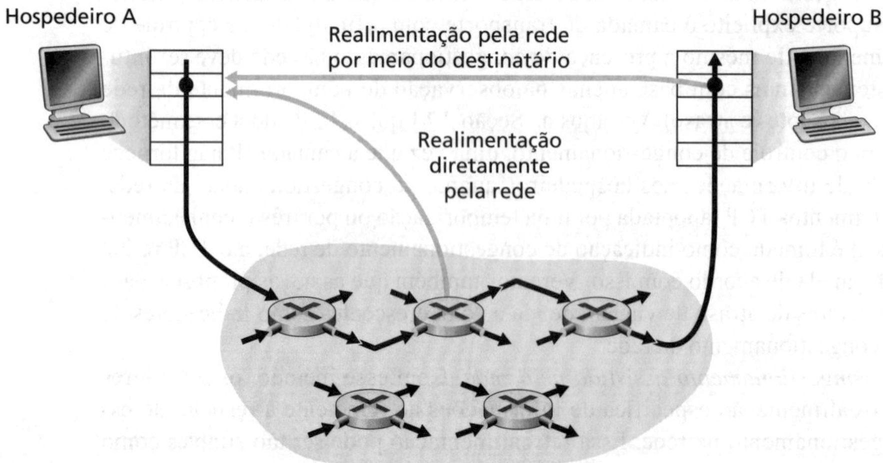

Figura 3.49 Dois caminhos de realimentação para informação sobre congestionamento indicado pela rede.

3.7.1 Controle de congestionamento no TCP clássico

A abordagem adotada pelo TCP é obrigar cada remetente a limitar a taxa pela qual enviam tráfego para sua conexão como uma função do congestionamento de rede percebido. Se um remetente TCP perceber que há pouco congestionamento no caminho entre ele e o destinatário, aumentará sua taxa de envio; se perceber que há congestionamento, reduzirá sua taxa de envio. Mas essa abordagem levanta três questões. Primeiro, como um remetente TCP limita a taxa pela qual envia tráfego para sua conexão? Segundo, como um remetente TCP percebe que há congestionamento entre ele e o destinatário? E terceiro, que algoritmo o remetente deve utilizar para modificar sua taxa de envio como uma função do congestionamento fim a fim percebido?

Para começar, vamos examinar como um remetente TCP limita a taxa de envio pela qual envia tráfego para sua conexão. Na Seção 3.5, vimos que cada lado de uma conexão TCP consiste em um *buffer* de recepção, um *buffer* de envio e diversas variáveis (`LastByteRead`, `rwnd` e assim por diante). O mecanismo de controle de congestionamento que opera no remetente monitora uma variável adicional, a **janela de congestionamento**. Esta, denominada `cwnd`, impõe uma limitação à taxa pela qual um remetente TCP pode enviar tráfego para dentro da rede. Especificamente, a quantidade de dados não reconhecidos em um hospedeiro não pode exceder o mínimo de `cwnd` e `rwnd`, ou seja:

```
LastByteSent - LastByteAcked ≤ min{cwnd, rwnd}
```

Para concentrar a discussão no controle de congestionamento (ao contrário do controle de fluxo), daqui em diante vamos admitir que o *buffer* de recepção TCP seja tão grande que a limitação da janela de recepção pode ser desprezada; assim, a quantidade de dados não reconhecidos no remetente estará limitada apenas por `cwnd`. Vamos admitir também que o remetente sempre tenha dados para enviar, isto é, que todos os segmentos dentro da janela de congestionamento sejam enviados.

A restrição citada limita a quantidade de dados não reconhecidos no remetente e, por conseguinte, limita indiretamente a taxa de envio do remetente. Para entender melhor, considere uma conexão na qual perdas e atrasos de transmissão de pacotes sejam desprezíveis. Então, em linhas gerais, no início de cada RTT, a limitação permite que o remetente envie `cwnd` *bytes* de dados para a conexão; ao final do RTT, o remetente recebe reconhecimentos para os dados. *Assim, a taxa de envio do remetente é aproximadamente cwnd/RTT bytes por segundo. Portanto, ajustando o valor de* cwnd*, o remetente pode ajustar a taxa pela qual envia dados para sua conexão.*

Em seguida, vamos considerar como um remetente TCP percebe que há congestionamento no caminho entre ele e o destino. Definimos "evento de perda" em um remetente TCP como a ocorrência de um esgotamento de temporização (*timeout*) ou do recebimento de três ACKs duplicados do destinatário (lembre-se da nossa discussão, na Seção 3.5.4, do evento de temporização apresentado na Figura 3.33 e da subsequente modificação para incluir transmissão rápida quando do recebimento de três ACKs duplicados). Quando há congestionamento excessivo, então um (ou mais) *buffer* de roteadores ao longo do caminho transborda, fazendo um datagrama (contendo um segmento TCP) ser descartado. O datagrama descartado, por sua vez, resulta em um evento de perda no remetente – ou um esgotamento de temporização ou o recebimento de três ACKs duplicados –, que é tomado por ele como uma indicação de congestionamento no caminho remetente-destinatário.

Já consideramos como é detectado o congestionamento; agora vamos analisar o caso mais otimista de uma rede livre de congestionamento, isto é, quando não ocorre um evento de perda. Nesse caso, o TCP remetente receberá reconhecimentos para segmentos não reconhecidos antes. Como veremos, o TCP considerará a chegada desses reconhecimentos como uma indicação de que tudo está bem – os segmentos que estão sendo transmitidos para a rede estão sendo entregues com sucesso no destinatário – e usará os reconhecimentos para aumentar o tamanho de sua janela de congestionamento (e, por conseguinte, sua taxa de transmissão). Note que, se os reconhecimentos chegarem ao remetente a uma taxa relativamente baixa (p. ex., se o atraso no caminho fim a fim for alto ou se nele houver um enlace de baixa largura de banda), então a janela de congestionamento será aumentada a uma taxa um tanto baixa. Por outro lado, se os reconhecimentos chegarem a uma taxa alta, então a janela de congestionamento será aumentada mais depressa. Como o TCP utiliza reconhecimentos para acionar (ou regular) o aumento de tamanho de sua janela de congestionamento, diz-se que o TCP é **autorregulado** (*self-clocking*).

Dado o *mecanismo* de ajustar o valor de `cwnd` para controlar a taxa de envio, permanece a importante pergunta: *Como* um remetente TCP deve determinar a taxa pela qual deve enviar? Se os remetentes TCP enviam coletivamente muito rápido, eles podem congestionar a rede, levando ao tipo de congestionamento que vimos na Figura 3.48. De fato, a versão de TCP que vamos estudar de modo breve foi desenvolvida em resposta aos congestionamentos da Internet observados em versões anteriores do TCP (Jacobson, 1988). Entretanto, se os remetentes forem muito cautelosos e enviarem lentamente, eles podem subutilizar a largura de banda na rede; ou seja, os remetentes TCP podem enviar a uma taxa mais alta sem congestionar a rede. Então, como os remetentes TCP determinam suas taxas de envio de um modo que não congestionem, mas, ao mesmo tempo, façam uso de toda a largura de banda? Os remetentes TCP são claramente coordenados, ou existe uma abordagem distribuída na qual eles podem ajustar suas taxas de envio baseando-se apenas nas informações locais? O TCP responde a essas perguntas utilizando os seguintes princípios.

- *Um segmento perdido implica congestionamento, portanto, a taxa do remetente TCP deve diminuir quando um segmento é perdido.* Lembre-se da nossa discussão na Seção 3.5.4, de que um evento de esgotamento do temporizador ou o recebimento de quatro reconhecimentos para dado segmento (um ACK original e, depois, três ACKs duplicados) é interpretado como uma indicação de "evento de perda" absoluto do segmento subsequente ao ACK quadruplicado, acionando uma retransmissão do segmento perdido. De um ponto de vista do controle, a pergunta é como o remetente TCP deve diminuir sua janela de congestionamento e, portanto, sua taxa de envio, em resposta ao suposto evento de perda.
- *Um segmento reconhecido indica que a rede está enviando os segmentos do remetente ao destinatário e, por isso, a taxa do remetente pode aumentar quando um ACK chegar para um segmento não reconhecido antes.* A chegada de reconhecimentos é considerada uma indicação absoluta de que tudo está bem – os segmentos estão sendo enviados com sucesso do remetente ao destinatário; assim, a rede não fica congestionada. Dessa forma, o tamanho da janela de congestionamento pode ser elevado.
- *Busca por largura de banda.* Dados os ACKs que indicam um percurso de origem a destino sem congestionamento, e eventos de perda que indicam um percurso congestionado, a estratégia do TCP de ajustar sua taxa de transmissão é aumentar a taxa em resposta aos ACKs que chegam até que ocorra um evento de perda, momento em que a taxa de transmissão diminui. Desse modo, o remetente TCP aumenta sua taxa de transmissão para buscar a taxa pela qual o congestionamento se inicia, recua dela e de novo faz a busca para ver se a taxa de início do congestionamento foi alterada. O comportamento do remetente TCP é análogo a uma criança que pede (e ganha) cada vez mais doces até por fim receber um "Não!", recuar, mas começar a pedir novamente pouco tempo depois. Observe que não há nenhuma sinalização explícita de congestionamento pela rede – os ACKs e eventos de perda servem como sinais implícitos – e que cada remetente TCP atua em informações locais em momentos diferentes de outros.

Após essa visão geral sobre controle de congestionamento no TCP, agora podemos considerar os detalhes do renomado **algoritmo de controle de congestionamento TCP**, sendo primeiro descrito em Jacobson (1988) e padronizado em (RFC 5681). O algoritmo possui três componentes principais: (1) partida lenta, (2) contenção de congestionamento e (3) recuperação rápida. A partida lenta e a contenção de congestionamento são componentes obrigatórios do TCP, diferenciando em como eles aumentam o tamanho do `cwnd` em resposta a ACKs recebidos. Abordaremos em poucas palavras que a partida lenta aumenta o tamanho do `cwnd` de forma mais rápida (apesar do nome!) do que a contenção de congestionamento. A recuperação rápida é recomendada, mas não exigida, para remetentes TCP.

Partida lenta

Quando uma conexão TCP começa, o valor de `cwnd` costuma ser inicializado em 1 MSS (RFC 3390), resultando em uma taxa inicial de envio de aproximadamente MSS/RTT. Como exemplo, se MSS = 500 *bytes* e RTT = 200 ms, então a taxa de envio inicial resultante é cerca de 20 k*bits*/s apenas. Como a largura de banda disponível para a conexão pode ser muito maior do que MSS/RTT, o remetente TCP gostaria de aumentar a quantidade de largura de banda rapidamente. Dessa forma, no estado de **partida lenta**, o valor de `cwnd` começa em 1 MSS e aumenta 1 MSS toda vez que um segmento transmitido é reconhecido. No exemplo da Figura 3.50, o TCP envia o primeiro segmento para a rede e aguarda um reconhecimento. Quando este chega, o remetente TCP aumenta a janela de congestionamento em 1 MSS e envia dois segmentos de tamanho máximo. Esses segmentos são reconhecidos, e o remetente aumenta a janela de congestionamento em 1 MSS para cada reconhecimento de segmento, fornecendo uma janela de congestionamento de 4 MSS e assim por diante. Esse processo resulta em uma multiplicação da taxa de envio a cada RTT. Assim, a taxa de envio TCP se inicia lenta, mas cresce exponencialmente durante a fase de partida lenta.

Mas em que momento esse crescimento exponencial termina? A partida lenta apresenta diversas respostas para essa pergunta. Primeiro, se houver um evento de perda (i.e., um congestionamento) indicado por um esgotamento de temporização, o remetente TCP estabelece o valor de `cwnd` em 1 e inicia o processo de partida lenta novamente. Ele também estabelece o valor de uma segunda variável de estado, `ssthresh` (abreviação de *slow start threshold* [limiar de partida lenta]), em `cwnd/2` – metade do valor da janela de congestionamento quando este foi detectado. O segundo modo pelo qual a partida lenta pode terminar é ligado diretamente ao valor de `ssthresh`. Visto que `ssthresh` é metade do valor de `cwnd` quando o congestionamento foi detectado pela última vez, pode ser uma atitude precipitada

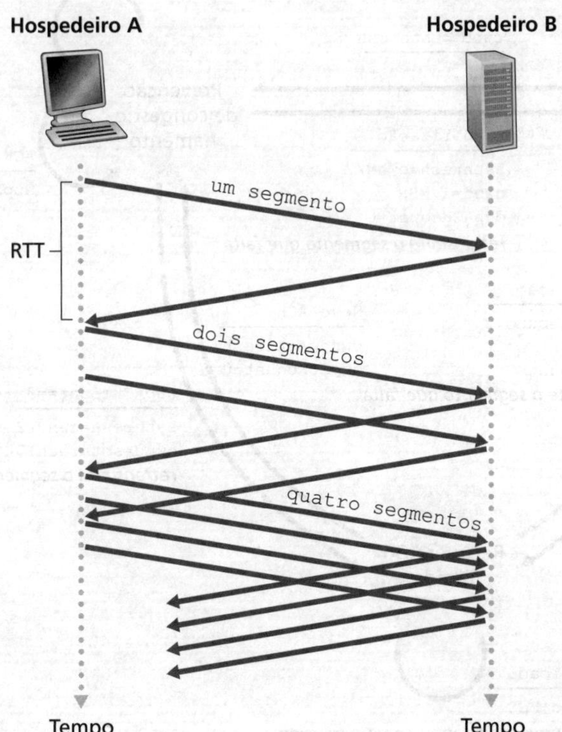

Figura 3.50 Partida lenta TCP.

continuar duplicando cwnd ao atingir ou ultrapassar o valor de ssthresh. Assim, quando o valor de cwnd se igualar ao de ssthresh, a partida lenta termina e o TCP é alterado para o modo de prevenção de congestionamento. Como veremos, o TCP aumenta cwnd com mais cautela quando está no modo de prevenção de congestionamento. O último modo pelo qual a partida lenta pode terminar é se três ACKs duplicados forem detectados, caso no qual o TCP apresenta uma retransmissão rápida (veja Seção 3.5.4) e entra no estado de recuperação rápida, como discutido a seguir. O comportamento do TCP na partida lenta está resumido na descrição FSM do controle de congestionamento no TCP na Figura 3.51. O algoritmo de partida lenta foi de início proposto por Jacobson (1998); uma abordagem semelhante à partida lenta também foi proposta de maneira independente em Jain (1986).

Prevenção de congestionamento

Ao entrar no estado de prevenção de congestionamento, o valor de cwnd é cerca de metade de seu valor quando o congestionamento foi encontrado pela última vez – o congestionamento poderia estar por perto! Desta forma, em vez de duplicar o valor de cwnd a cada RTT, o TCP adota um método mais conservador e aumenta o valor de cwnd por meio de um único MSS a cada RTT (RFC 5681). Isso pode ser realizado de diversas formas. Uma abordagem comum é o remetente aumentar cwnd por MSS *bytes* (MSS/cwnd) no momento em que um novo reconhecimento chegar. Por exemplo, se o MSS possui 1.460 *bytes* e cwnd, 14.600 *bytes*, então 10 segmentos estão sendo enviados dentro de um RTT. Cada ACK que chega (considerando um ACK por segmento) aumenta o tamanho da janela de congestionamento em 1/10 MSS e, assim, o valor da janela de congestionamento terá aumentado em 1 MSS após os ACKs quando todos os segmentos tiverem sido recebidos.

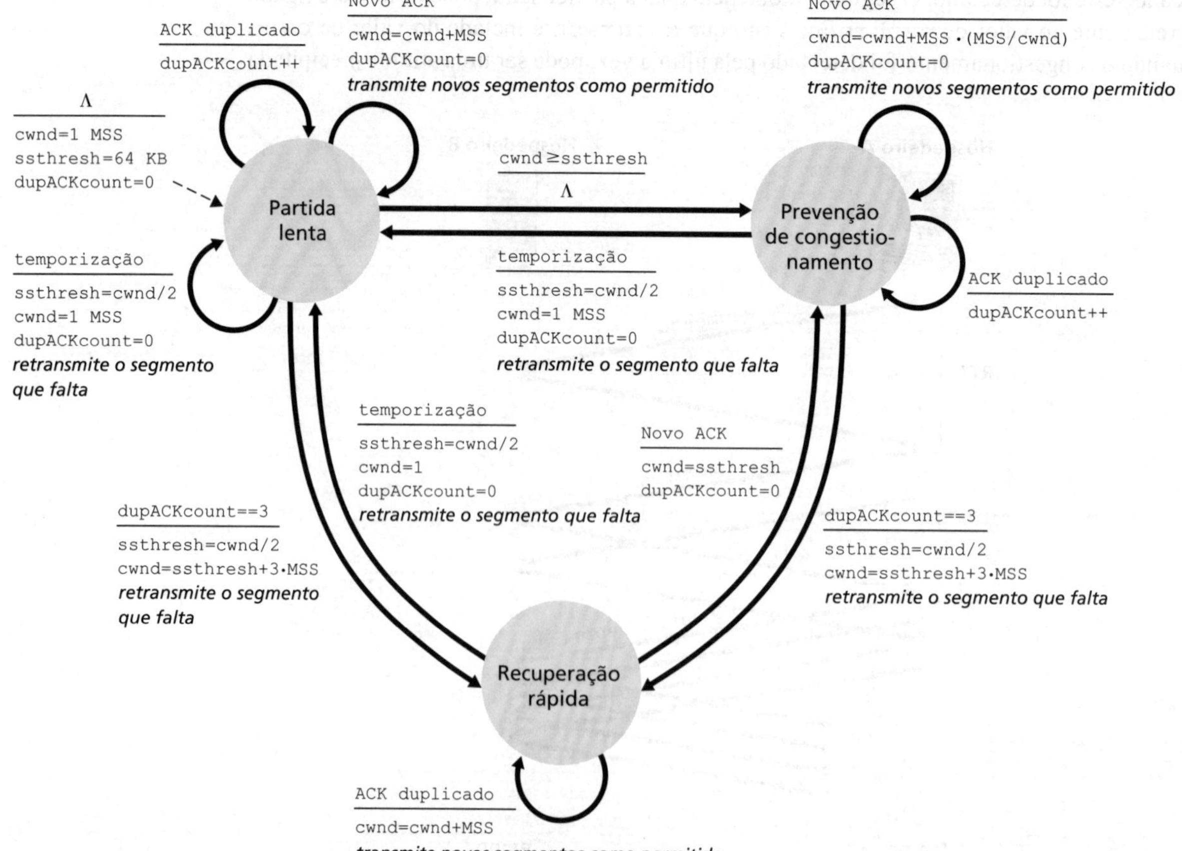

Figura 3.51 Descrição FSM do controle de congestionamento no TCP.

Mas em que momento o aumento linear da prevenção de congestionamento (de 1 MSS por RTT) deve terminar? O algoritmo de prevenção de congestionamento TCP se comporta da mesma forma quando ocorre um esgotamento de temporização. Como no caso da partida lenta: o valor de `cwnd` é ajustado para 1 MSS, e o valor de `ssthresh` é atualizado para metade do valor de `cwnd` quando ocorreu o evento de perda. Lembre-se, entretanto, de que um evento de perda também pode ser acionado por um evento ACK duplicado triplo. Neste caso, a rede continua a enviar segmentos do remetente ao destinatário (como indicado pelo recebimento de ACKs duplicados). Portanto, o comportamento do TCP para esse tipo de evento de perda deve ser menos drástico do que com uma perda de esgotamento de temporização: o TCP reduz o valor de `cwnd` para metade (adicionando em 3 MSS a mais para contabilizar os ACKs duplicados triplos recebidos) e registra o valor de `ssthresh` como metade do de `cwnd` quando os ACKs duplicados triplos foram recebidos. Então, entra-se no estado de recuperação rápida.

Recuperação rápida

Na recuperação rápida, o valor de `cwnd` é aumentado em 1 MSS para cada ACK duplicado recebido no segmento perdido que fez o TCP entrar no modo de recuperação rápida. Mais

PRINCÍPIOS NA PRÁTICA

DIVISÃO DO TCP: OTIMIZANDO O DESEMPENHO DE SERVIÇOS DA NUVEM

Para serviços da nuvem como busca, *e-mail* e redes sociais, deseja-se prover uma alta capacidade de resposta, de preferência dando aos usuários a ilusão de que os serviços estão rodando dentro de seus próprios sistemas finais (inclusive seus *smartphones*). Isso pode ser um grande desafio, pois os usuários em geral estão localizados distantes dos *datacenters* que são responsáveis por servir o conteúdo dinâmico associado aos serviços da nuvem. Na verdade, se o sistema final estiver longe de um *datacenter*, então o RTT será grande, potencialmente levando a um tempo de resposta maior, devido à partida lenta do TCP.

Como um estudo de caso, considere o atraso no recebimento de uma resposta para uma consulta. Em geral, o servidor requer três janelas TCP durante a partida lenta para entregar a resposta (Pathak, 2010). Assim, o tempo desde que um sistema final inicia uma conexão TCP até o momento em que ele recebe o último pacote da resposta é cerca de 4 · RTT (um RTT para estabelecer a conexão TCP mais três RTTs para as três janelas de dados) mais o tempo de processamento no *datacenter*. Esses atrasos de RTT podem levar a um atraso observável no retorno de resultados de busca para uma fração significativa de consultas. Além do mais, pode haver uma significativa perda de pacotes nas redes de acesso, ocasionando retransmissões do TCP e até mesmo atrasos maiores.

Um modo de aliviar esse problema e melhorar o desempenho percebido pelo usuário é (1) instalar servidores de *front-end* mais perto dos usuários e (2) utilizar a **divisão do TCP**, quebrando a conexão TCP no servidor de *front-end*. Com a divisão do TCP, o cliente estabelece uma conexão TCP com o *front-end* nas proximidades, e o *front-end* mantém uma conexão TCP persistente com o *datacenter*, com uma janela de congestionamento TCP muito grande (Tariq, 2008; Pathak, 2010; Chen, 2011). Com essa técnica, o tempo de resposta torna-se cerca de $4 \cdot RTT_{FE} + RTT_{BE}$ + tempo de processamento, em que RTT_{FE} é o tempo de viagem de ida e volta entre cliente e servidor de *front-end*, e RTT_{BE} é o tempo de viagem de ida e volta entre o servidor de *front-end* e o *datacenter* (servidor de *back-end*). Se o servidor de *front-end* estiver perto do cliente, o tempo de resposta torna-se mais ou menos RTT mais tempo de processamento, pois RTT_{FE} é insignificativamente pequeno, e RTT_{BE} é mais ou menos RTT. Resumindo, a divisão do TCP pode reduzir o atraso da rede de cerca de 4 · RTT para RTT, melhorando significativamente o desempenho percebido pelo usuário, em particular para usuários que estão longe do *datacenter* mais próximo. A divisão do TCP também ajuda a reduzir os atrasos de retransmissão do TCP causados por perdas nas redes de acesso. A Google e a Akamai utilizam bastante seus servidores CDN em redes de acesso (lembre-se da nossa discussão na Seção 2.6) para realizar a divisão do TCP para os serviços de nuvem que elas suportam (Chen, 2011).

cedo ou mais tarde, quando um ACK chega ao segmento perdido, o TCP entra no modo de prevenção de congestionamento após reduzir `cwnd`. Se houver um evento de esgotamento de temporização, a recuperação rápida é alterada para o modo de partida lenta após desempenhar as mesmas ações que a partida lenta e a prevenção de congestionamento: o valor de `cwnd` é ajustado para 1 MSS, e o valor de `ssthresh`, para metade do valor de `cwnd` no momento em que o evento de perda ocorreu.

A recuperação rápida é recomendada, mas não exigida, para o protocolo TCP (RFC 5681). É interessante o fato de que uma antiga versão do TCP, conhecida como **TCP Tahoe**, reduzia incondicionalmente sua janela de congestionamento para 1 MSS e entrava na fase de partida lenta após um evento de perda de esgotamento do temporizador ou de ACK duplicado triplo. A versão atual do TCP, a **TCP Reno**, incluiu a recuperação rápida.

A Figura 3.52 ilustra a evolução da janela de congestionamento do TCP para as versões Reno e Tahoe. Nessa figura, o limiar é, no início, igual a 8 MSS. Nas primeiras oito sessões de transmissão, as duas versões possuem ações idênticas. A janela de congestionamento se eleva exponencialmente rápido durante a partida lenta e atinge o limiar na quarta sessão de transmissão. A janela de congestionamento, então, se eleva de modo linear até que ocorra um evento ACK duplicado triplo, logo após a oitava sessão de transmissão. Observe que a janela de congestionamento é 12 • *MSS* quando ocorre o evento de perda. O valor de `ssthresh` é, então, ajustado para 0,5 • `cwnd` = 6 • MSS. No TCP Reno, a janela é ajustada para `cwnd` = 9 • MSS, e depois cresce linearmente. No TCP Tahoe, é ajustada para 1 MSS e cresce de modo exponencial até que alcance o valor de `ssthresh`, quando começa a crescer linearmente.

A Figura 3.51 apresentou a descrição FSM completa dos algoritmos de controle de congestionamento – partida lenta, prevenção de congestionamento e recuperação rápida. A figura também indica onde pode ocorrer transmissão de novos segmentos ou segmentos retransmitidos. Embora seja importante diferenciar controle/retransmissão de erro no TCP de controle de congestionamento no TCP, também é importante avaliar como esses dois aspectos do TCP estão inseparavelmente ligados.

Controle de congestionamento do TCP: Retrospectiva

Após nos aprofundarmos em detalhes sobre partida lenta, prevenção de congestionamento e recuperação rápida, vale a pena agora voltar e ver a floresta através das árvores. Desconsiderando o período inicial de partida lenta, quando uma conexão se inicia, e supondo que as perdas são indicadas por ACKs duplicados triplos e não por esgotamentos de temporização, o controle de congestionamento no TCP consiste em um aumento linear (aditivo) em `cwnd` de 1 MMS por RTT e, então, uma redução à metade (diminuição multiplicativa) de `cwnd`

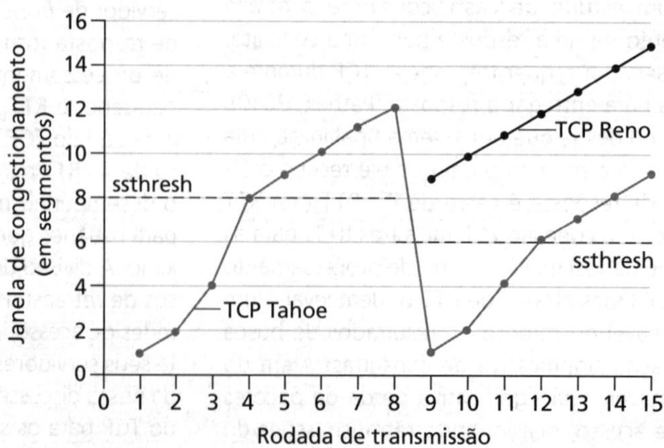

Figura 3.52 Evolução da janela de congestionamento do TCP (Tahoe e Reno).

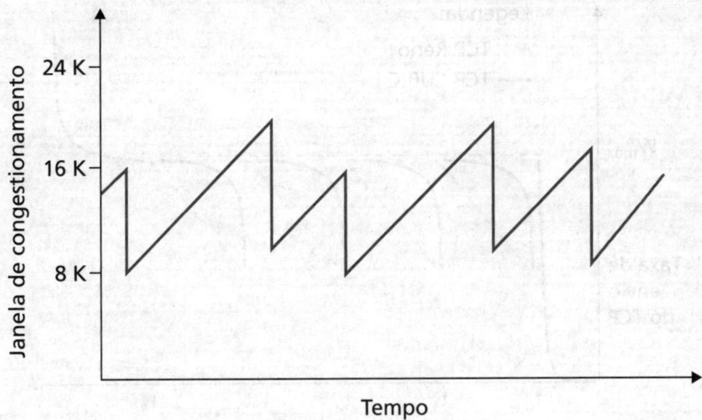

Figura 3.53 Controle de congestionamento por aumento auditivo, diminuição multiplicativa.

em um evento ACK duplicado triplo. Por esta razão, o controle de congestionamento no TCP é quase sempre denominado **aumento aditivo, diminuição multiplicativa (AIMD,** do inglês ***Additive-Increase, Multiplicative-Decrease***). O controle de congestionamento AIMD faz surgir o comportamento semelhante a "dentes de serra", mostrado na Figura 3.53, a qual também ilustra de forma interessante nossa intuição anterior sobre a "sondagem" do TCP por largura de banda – o TCP aumenta linearmente o tamanho de sua janela de congestionamento (e, portanto, sua taxa de transmissão) até que ocorra um evento ACK duplicado triplo. Então, ele reduz o tamanho de sua janela por um fator de dois, mas começa de novo a aumentá-la linearmente, buscando saber se há uma largura de banda adicional disponível.

O algoritmo AIMD do TCP foi desenvolvido com base em um grande trabalho de engenharia e experiências com controle de congestionamento em redes operacionais. Dez anos após o desenvolvimento do TCP, a análise teórica mostrou que o algoritmo de controle de congestionamento do TCP serve como um algoritmo de otimização assíncrona distribuída, que resulta em vários aspectos importantes do desempenho do usuário e da rede sendo otimizados simultaneamente (Kelly, 1998). Uma rica teoria de controle de congestionamento foi desenvolvida desde então (Srikant, 2012).

TCP Cubic

Dada a abordagem de aumento aditivo, diminuição multiplicativa ao controle de congestionamento, poderíamos, naturalmente, nos perguntar se essa é mesmo a melhor maneira de "sondar" uma taxa de envio de pacotes que fica logo abaixo do limiar para acionar a perda de pacotes. Na verdade, reduzir a taxa de envio à metade (ou pior, reduzi-la a um pacote por RTT em uma versão anterior do TCP, chamada TCP Tahoe) e então aumentá-la lentamente pode ser excesso de cautela. Se o estado do enlace congestionado no qual ocorreu a perda de pacotes não se alterou muito, então talvez seja melhor acelerar rapidamente a taxa de envio para se aproximar da taxa pré-perda e só então, cautelosamente, buscar a largura de banda. Essa ideia está no cerne do tipo de TCP conhecido pelo nome de TCP CUBIC (Ha, 2008; RFC 8312).

O TCP CUBIC difere pouco do TCP Reno. Mais uma vez, a janela de congestionamento é ampliada apenas após a recepção do ACK, e as fases de partida lenta e recuperação rápida permanecem iguais. O CUBIC muda apenas a fase de prevenção de congestionamento.

- Seja $W_{máx}$ o tamanho da janela de controle de congestionamento do TCP na última vez em que a perda foi detectada e K o ponto futuro em que o tamanho da janela do TCP CUBIC será novamente $W_{máx}$, pressupondo não ocorrer perdas. Diversos parâmetros ajustáveis do CUBIC determinam o valor K, ou seja, a velocidade com a qual o tamanho da janela de congestionamento do protocolo atingiria $W_{máx}$.

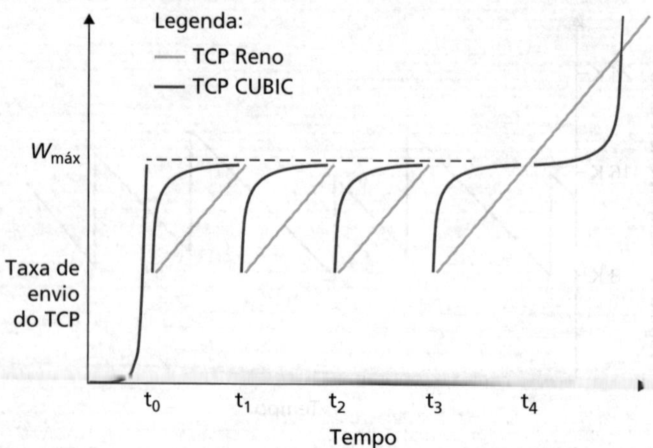

Figura 3.54 Taxas de envio de prevenção de congestionamento do TCP: TCP Reno e TCP CUBIC.

- O CUBIC aumenta a janela de congestionamento como função do *cubo* da distância entre o horário corrente, t, e K. Assim, quando t está mais distante de K, os aumentos do tamanho da janela de congestionamento são muito maiores do que quando t está próximo de K. Em outras palavras, CUBIC aumenta rapidamente a taxa de envio do TCP para se aproximar da taxa pré-perda, $W_{máx}$, e só então busca cuidadosamente a largura de banda à medida que se aproxima de $W_{máx}$.
- Quando t é maior do que K, a regra cúbica sugere que os aumentos da janela de congestionamento do CUBIC são pequenos quando t ainda está próximo de K (o que é bom se o nível de congestionamento do enlace que causa a perda não se alterou muito), mas então aumenta rapidamente quando t supera K (o que permite que o CUBIC encontre mais rapidamente um novo ponto de operação se o nível de congestionamento do enlace que causou a perda se alterou significativamente).

Sob essas regras, o desempenho idealizado do TCP Reno e do TCP CUBIC são comparados na Figura 3.54, adaptada de Huston (2017). Vemos que a fase de partida lenta termina em t_0. Depois, quando a perda por congestionamento ocorre em t_1, t_2 e t_3, o CUBIC acelera mais rapidamente até se aproximar de $W_{máx}$ (e, portanto, produz uma vazão geral maior do que o TCP Reno). Na Figura, enxergamos graficamente como o TCP CUBIC tenta manter o fluxo tanto quanto possível logo abaixo do limiar de congestionamento (que o remetente desconhece). Observe que, em t_3, o nível de congestionamento supostamente diminuiu de forma significativa, permitindo que ambos o TCP Reno e o TCP CUBIC obtenham taxas de envio maiores do que $W_{máx}$.

A adoção do TCP CUBIC se ampliou bastante nos últimos anos. Medições realizadas em torno do ano 2000 em servidores Web populares mostravam que praticamente todos rodavam alguma versão do TCP Reno (Padhye, 2001), mas medições mais recentes dos 5.000 servidores Web mais populares mostram que quase 50% rodam uma versão do TCP CUBIC (Yang, 2014), que é também a versão padrão do TCP usada no sistema operacional Linux.

Descrição macroscópica da vazão do TCP Reno

Dado o comportamento de dentes de serra do TCP Reno, é natural considerar qual seria a vazão média (i.e., a taxa média) de uma conexão TCP Reno de longa duração. Nessa análise, vamos ignorar as fases de partida lenta que ocorrem após eventos de esgotamento de temporização. (Elas em geral são muito curtas, visto que o remetente sai com rapidez exponencial.) Durante determinado intervalo de viagem de ida e volta, a taxa pela qual o TCP envia dados é uma função da janela de congestionamento e do *RTT* corrente. Quando o tamanho da janela for *w bytes* e o tempo de viagem de ida e volta for *RTT* segundos, a taxa de transmissão do TCP será mais ou menos *w/RTT*. Então, o TCP faz uma sondagem em busca de alguma largura de banda adicional aumentando *w* em 1 MSS a cada *RTT* até ocorrer um evento de perda. Seja *W* o valor de *w* quando ocorre um evento de perda. Admitindo que *RTT* e *W* são mais ou menos constantes no período da conexão, a taxa de transmissão fica na faixa de $W/(2 \cdot RTT)$ a W/RTT.

Essas suposições levam a um modelo macroscópico muito simplificado para o comportamento do TCP em estado constante. A rede descarta um pacote da conexão quando a taxa aumenta para *W/RTT*; então a taxa é reduzida à metade e, em seguida, aumenta em MSS/*RTT* a cada *RTT* até alcançar *W/RTT* novamente. Esse processo se repete de modo contínuo. Como a vazão do TCP (i.e., sua taxa) aumenta linearmente entre os dois valores extremos, temos:

$$\text{vazão média de uma conexão} = \frac{0{,}75 \cdot W}{RTT}$$

Usando esse modelo muito idealizado para a dinâmica de regime permanente do TCP, podemos também derivar uma interessante expressão que relaciona a taxa de perda de uma conexão com sua largura de banda disponível (Mathis, 1997). Essa derivação está delineada nos exercícios de fixação. Um modelo mais sofisticado que demonstrou empiricamente estar de acordo com dados medidos é apresentado em Padhye (2000).

3.7.2 Notificação explícita de congestionamento assistido pela rede e controle de congestionamento baseado em atrasos

Desde a padronização inicial da partida lenta e da prevenção do congestionamento no final da década de 1980 (RFC 1122), o TCP implementou a forma de controle de congestionamento fim a fim que estudamos na Seção 3.7.1: um remetente TCP não recebe indicações explícitas de congestionamento da camada de rede; em vez disso, ele infere o congestionamento a partir da perda de pacotes observada. Mais recentemente, foram propostas, implementadas e instaladas extensões do IP e do TCP (RFC 3168) que permitem que a rede sinalize explicitamente o congestionamento para remetentes e destinatários TCP. Além disso, foram propostas diversas variações dos protocolos de controle de congestionamento do TCP que inferem o congestionamento usando medidas de atrasos de pacotes. Nesta seção, analisaremos o controle de congestionamento baseado em atrasos e o assistido pela rede.

Notificação explícita de congestionamento

A notificação explícita de congestionamento (ECN, do inglês *Explicit Congestion Notification*) (RFC 3168) é a forma de controle de congestionamento assistida pela rede realizada na Internet. Como mostra a Figura 3.55, ambos o TCP e o IP estão envolvidos. Na camada de rede, dois *bits* (com quatro valores possíveis no total) no campo Tipo de Serviço do cabeçalho do datagrama IP (que discutiremos na Seção 4.3) são usados para ECN.

Uma configuração dos *bits* de ECN é usada por um roteador para indicar que este está congestionado. Essa indicação é então levada no datagrama IP marcado até o hospedeiro de destino, que, por sua vez, informa o hospedeiro remetente, como mostra a Figura 3.55. O RFC 3168 não inclui uma definição de quando um roteador está congestionado; a decisão é uma opção de configuração, possibilitada pelo fornecedor do roteador e decidida pelo operador da rede. Contudo, a intuição é que o *bit* de indicação de congestionamento pode ser configurado para sinalizar o início do congestionamento para o remetente antes da perda ocorrer de fato. Uma segunda configuração dos *bits* de ECN é usada pelo hospedeiro

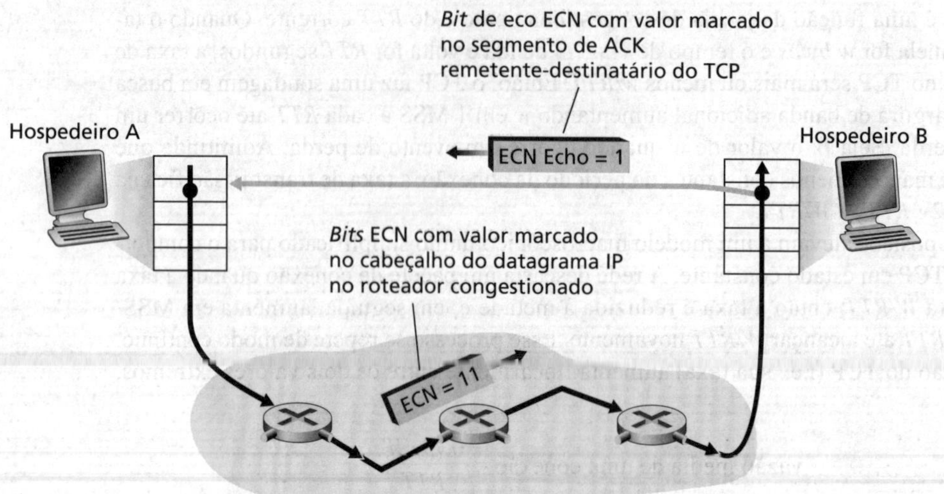

Figura 3.55 Notificação explícita de congestionamento: controle de congestionamento assistido pela rede.

remetente para informar os roteadores de que o destinatário e o remetente têm capacidade para ECN e, logo, conseguir responder ao congestionamento da rede indicado pela ECN.

Como mostra a Figura 3.55, quando recebe a indicação de congestionamento ECN através de um datagrama recebido, o TCP no hospedeiro destinatário informa o TCP no hospedeiro remetente sobre essa indicação marcando o *bit* de eco de notificação explícita de congestionamento (ECE, do inglês *Explicit Congestion Notification Echo*) (ver Figura 3.29) no segmento de ACK do destinatário para o remetente do TCP. O remetente TCP, por sua vez, reage a um ACK com indicação de congestionamento cortando a janela de congestionamento pela metade, assim como reagiria a um segmento perdido usando retransmissão rápida, e define o *bit* de janela de congestionamento reduzida (CWR, do inglês *Congestion Window Reduced*) no cabeçalho do próximo segmento do remetente para o destinatário do TCP enviado.

Além do TCP, outros protocolos da camada de transporte também usam o ECN sinalizado na camada de rede. O Protocolo de Controle de Congestionamento de Datagrama (DCCP, do inglês *Datagram Congestion Control Protocol*) (RFC 4340) oferece um serviço não confiável de baixo consumo, com controle de congestionamento e semelhante ao UDP que utiliza a ECN. O DCTCP (Data Center TCP) (Alizadeh, 2010; RFC 8257) e o DCQCN (Data Center Quantized Congestion Notification) (Zhu, 2015), projetados especificamente para as redes de *datacenters*, também usam a ECN. Medidas recentes da Internet mostram a implementação crescente de recursos ECN em servidores populares e em roteadores nos trajetos até tais servidores (Kühlewind, 2013).

Controle de congestionamento baseado em atrasos

Na nossa discussão acima sobre ECN, vimos que um roteador congestionado pode determinar que o *bit* de indicação de congestionamento sinalize o início do congestionamento para os remetentes *antes* que os *buffers* cheios façam os pacotes serem descartados no roteador. Isso permite que os remetentes diminuam suas taxas de envio mais cedo, *antes* da perda de pacotes, com sorte, o que evita o processo caro da perda e retransmissão de pacotes. Uma segunda abordagem de prevenção do congestionamento, baseada em atrasos, também detecta proativamente o início do evento *antes* da perda de pacotes ocorrer.

No TCP Vegas (Brakmo, 1995), o remetente mede o RTT do trajeto entre origem e destino para todos os pacotes reconhecidos. Seja RTT_{min} o valor mínimo dessas medições em um remetente; este ocorre quando o trajeto não está congestionado e os pacotes sofrem atrasos de fila mínimos. Se o tamanho da janela de congestionamento do TCP Vegas é `cwnd`, então a taxa de vazão não congestionada seria `cwnd`/RTT_{min}. A intuição por trás do TCP Vegas é que se a vazão real medida pelo remetente fica próxima desse valor, a taxa de envio do TCP pode ser aumentada, pois (por definição e por medição) o trajeto ainda não está congestionado. Contudo, se a vazão real medida pelo remetente for significativamente menor do que a taxa de vazão não congestionada, o trajeto está congestionado e o remetente TCP Vegas reduz a sua taxa de envio. Os detalhes se encontram em Brakmo (1995).

O TCP Vegas opera sob a intuição de que os remetentes TCP devem *"manter o cano cheio, mas não mais do que cheio"* (Kleinrock, 2018). "Manter o cano cheio" significa que os enlaces (em especial, o gargalo que está limitando a vazão de uma conexão) ficam ocupados com a transmissão, realizando trabalho útil; "mas não mais do que cheio" significa que não temos nada a ganhar (exceto um maior atraso!) se permitirmos que filas grandes se acumulem enquanto o tubo permanece cheio.

O protocolo de controle de congestionamento BBR (Cardwell, 2017) se baseia em ideias do TCP Vegas e incorpora mecanismos que permitem que compita em condições iguais (ver Seção 3.7.3) com remetentes TCP não BBR. Segundo Cardwell (2017), em 2016, a Google começou a usar o BBR para todo o tráfego TCP na sua rede privativa B4 (Jain, 2013), que interconecta os *datacenters* da Google, substituindo o CUBIC. Ele também está sendo utilizado nos servidores Web da Google e do YouTube. Outros protocolos de controle de congestionamento no TCP baseados em atrasos incluem o TIMELY para redes de *datacenters* (Mittal, 2015), o Compound TCP (CTPC) (Tan, 2006) e o FAST (Wei, 2006), para redes de alta velocidade e de longa distância.

3.7.3 Equidade

Considere *K* conexões TCP, cada uma com um caminho fim a fim diferente, mas todas passando pelo gargalo em um enlace com taxa de transmissão de *R bits*/s (aqui, *gargalo em um enlace* quer dizer que nenhum dos outros enlaces ao longo do caminho de cada conexão está congestionado e que todos dispõem de abundante capacidade de transmissão em comparação à capacidade de transmissão do enlace com gargalo). Suponha que cada conexão está transferindo um arquivo grande e que não há tráfego UDP passando pelo enlace com gargalo. Dizemos que um mecanismo de controle de congestionamento é *justo* se a taxa média de transmissão de cada conexão for mais ou menos *R/K*; isto é, cada uma obtém uma parcela igual da largura de banda do enlace.

O algoritmo AIMD do TCP é justo, considerando, em especial, que diferentes conexões TCP podem começar em momentos diferentes e, assim, ter tamanhos de janela diferentes em um dado instante? Chiu (1989) explica, de um modo elegante e intuitivo, por que o controle de congestionamento converge para fornecer um compartilhamento justo da largura de banda do enlace entre conexões TCP concorrentes.

Vamos considerar o caso simples de duas conexões TCP compartilhando um único enlace com taxa de transmissão *R*, conforme mostra a Figura 3.56. Admitamos que as duas conexões tenham os mesmos MSS e RTT (de modo que, se o tamanho de suas janelas de congestionamento for o mesmo, eles terão a mesma vazão) e uma grande quantidade de dados para enviar e que nenhuma outra conexão TCP ou datagramas UDP atravesse esse enlace compartilhado. Vamos ignorar também a fase de partida lenta do TCP e admitir que as conexões TCP estão operando em modo prevenção de congestionamento (AIMD) todo o tempo.

A Figura 3.57 mostra a vazão alcançada pelas duas conexões TCP. Se for para o TCP compartilhar equitativamente a largura de banda do enlace entre as duas conexões, a vazão alcançada deverá cair ao longo da linha a 45 graus (igual compartilhamento da largura de banda) que parte da origem. Idealmente, a soma das duas vazões seria igual a *R*. (Com certeza, não é uma situação desejável cada conexão receber um compartilhamento igual, mas igual a zero, da capacidade do enlace!) Portanto, o objetivo é que as vazões alcançadas fiquem em algum lugar perto da intersecção da linha de "igual compartilhamento da largura de banda" com a linha de "utilização total da largura de banda" da Figura 3.57.

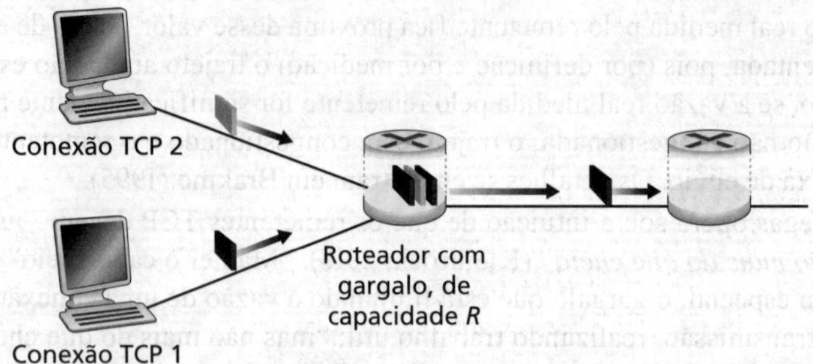

Figura 3.56 Duas conexões TCP compartilhando um único enlace congestionado.

Suponha que os tamanhos de janela TCP sejam tais que, em um determinado instante, as conexões 1 e 2 alcancem as vazões indicadas pelo ponto *A* na Figura 3.57. Como a quantidade de largura de banda do enlace consumida em conjunto pelas duas conexões é menor do que *R*, não ocorrerá nenhuma perda, e ambas as conexões aumentarão suas janelas em 1 MSS por RTT como resultado do algoritmo de prevenção de congestionamento do TCP. Assim, a vazão conjunta das duas conexões continua ao longo da linha a 45 graus (aumento igual para as duas), começando no ponto *A*. Por fim, a largura de banda do enlace consumida em conjunto pelas duas conexões será maior do que *R* e, assim, por fim ocorrerá perda de pacote. Suponha que as conexões 1 e 2 experimentem perda de pacote quando alcançarem as vazões indicadas pelo ponto *B*. As conexões 1 e 2 então reduzirão suas janelas por um fator de 2. Assim, as vazões resultantes são as do ponto *C*, a meio caminho do vetor que começa em *B* e termina na origem. Como a utilização conjunta da largura de banda é menor do que *R* no ponto *C*, as duas conexões novamente aumentam suas vazões ao longo da linha a 45 graus que começa no ponto *C*. Mais cedo ou mais tarde ocorrerá perda, por exemplo, no ponto *D*, e as duas conexões reduzirão de novo o tamanho de suas janelas por um fator de 2 – e assim por diante. Você pode ter certeza de que a largura de banda alcançada pelas duas conexões flutuará ao longo da linha de igual compartilhamento da largura de banda. E, também, você pode estar certo de que as duas conexões convergirão para esse comportamento, não importando onde elas comecem no espaço bidimensional! Embora haja uma série de suposições idealizadas por trás desse cenário, ainda assim ele dá uma ideia intuitiva de por que o TCP resulta em igual compartilhamento da largura de banda entre conexões.

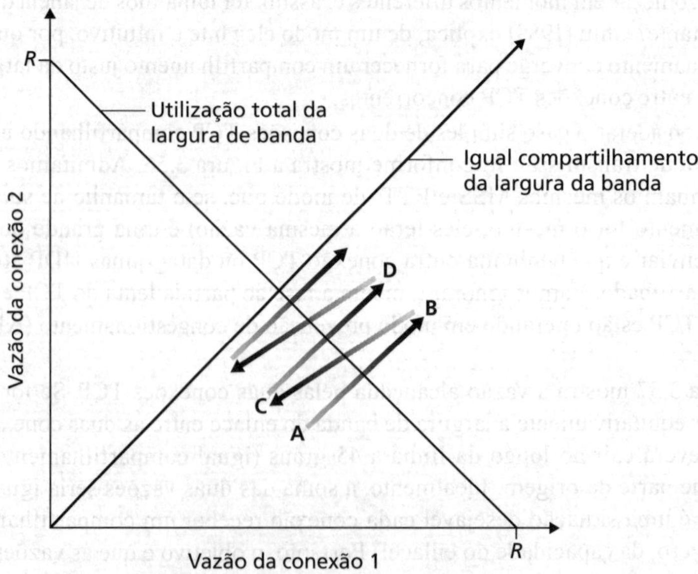

Figura 3.57 Vazão alcançada pelas conexões TCP 1 e TCP 2.

Em nosso cenário idealizado, admitimos que apenas conexões TCP atravessem o enlace com gargalo, que elas tenham o mesmo valor de RTT e que uma única conexão TCP esteja associada com um par hospedeiro/destinatário. Na prática, essas condições não são muito encontradas, e, assim, é possível que as aplicações cliente-servidor obtenham porções muito desiguais da largura de banda do enlace. Em especial, foi demonstrado que, quando várias conexões compartilham um único enlace com gargalo, as sessões cujos RTTs são menores conseguem obter a largura de banda disponível naquele enlace mais rapidamente (i.e., aumentam suas janelas de congestionamento mais depressa) à medida que o enlace fica livre. Assim, conseguem vazões mais altas do que conexões com RTTs maiores (Lakshman, 1997).

Equidade e UDP

Acabamos de ver como o controle de congestionamento no TCP regula a taxa de transmissão de uma aplicação por meio do mecanismo de janela de congestionamento. Diversas aplicações de multimídia, como telefone por Internet e videoconferência, muitas vezes não rodam sobre TCP exatamente por essa razão – elas não querem que sua taxa de transmissão seja limitada, mesmo que a rede esteja muito congestionada. Ao contrário, preferem rodar sobre UDP, que não tem controle de congestionamento. Quando rodam sobre esse protocolo, as aplicações podem passar seus áudios e vídeos para a rede a uma taxa constante e, de modo ocasional, perder pacotes, em vez de reduzir suas taxas a níveis "justos" em horários de congestionamento e não perder nenhum deles. Do ponto de vista do TCP, as aplicações de multimídia que rodam sobre UDP não são justas – elas não cooperam com as outras conexões nem ajustam suas taxas de transmissão de maneira adequada. Como o controle de congestionamento no TCP reduzirá sua taxa de transmissão quando houver aumento de congestionamento (perda), enquanto origens UDP não precisam fazer o mesmo, é possível que essas origens desalojem o tráfego TCP. Foram propostos diversos mecanismos de controle de congestionamento para a Internet que impedem o tráfego de UDP de levar a vazão da Internet a uma parada repentina (Floyd, 1999; Floyd, 2000; Kohler, 2006; RFC 4340).

Equidade e conexões TCP paralelas

Mesmo que pudéssemos obrigar o tráfego UDP a se comportar com equidade, o problema ainda não estaria resolvido por completo. Isso porque não há nada que impeça uma aplicação de rodar sobre TCP usando múltiplas conexões paralelas. Por exemplo, navegadores Web com frequência usam múltiplas conexões TCP paralelas para transferir os vários objetos de uma página. (O número exato de conexões múltiplas pode ser configurado na maioria dos navegadores.) Quando usa múltiplas conexões paralelas, uma aplicação consegue uma fração maior da largura de banda de um enlace congestionado. Como exemplo, considere um enlace de taxa R que está suportando nove aplicações cliente-servidor em curso, e cada uma das aplicações está usando uma conexão TCP. Se surgir uma nova aplicação que também utilize uma conexão TCP, então cada aplicação conseguirá aproximadamente a mesma taxa de transmissão igual a $R/10$. Porém, se, em vez disso, essa nova aplicação usar 11 conexões TCP paralelas, então ela conseguirá uma alocação injusta de mais do que $R/2$. Como a penetração do tráfego Web na Internet é grande, as múltiplas conexões paralelas não são incomuns.

3.8 EVOLUÇÃO DA FUNCIONALIDADE DA CAMADA DE TRANSPORTE

Nossa discussão sobre os protocolos específicos de transporte da Internet neste capítulo concentrou-se no UDP e no TCP – os dois "burros de carga" da camada de transporte. Entretanto, três décadas de experiência com os dois identificaram circunstâncias nas quais nenhum deles é apropriado de maneira ideal, então o projeto e a implementação das funcionalidades da camada de transporte continuam a evoluir.

Vimos como o uso do TCP evoluiu de forma rica durante a última década. Nas Seções 3.7.1 e 3.7.2, aprendemos que além das versões "clássicas" do TCP, como Tahoe e Reno, hoje temos várias novas versões do TCP, que foram desenvolvidas, implementadas e instaladas e que estão em uso significativo na atualidade. Estas incluem TCP CUBIC, DCTCP, CTCP, BBR e mais. Na verdade, segundo as medições de Yang (2014), o CUBIC (e seu predecessor, o BIC [Xu, 2004]) e o CTCP são mais amplamente utilizados em servidores Web do que o TCP Reno clássico; também vimos que o BBR está sendo instalado na rede interna B4 da Google, além de muitos dos servidores voltados para o público da empresa.

E há muitas (e muitas!) outras versões do TCP! Há versões do TCP projetadas especificamente para uso em enlaces sem fio, sobre trajetos com ampla largura de banda com RTTs grandes, para trajetos com reordenamento de pacotes e para trajetos curtos estritamente internos a *datacenters*. Existem versões do TCP que implementam diferentes prioridades entre as conexões TCP, competindo por banda em um enlace com gargalo, e para conexões TCP cujos segmentos estão sendo enviados por diferentes trajetos origem-destino em paralelo. Também há variações do TCP que lidam com o reconhecimento de pacotes e o estabelecimento/encerramento de sessões TCP de forma diferente daquela estudada na Seção 3.5.6. Na verdade, provavelmente nem deveríamos mais nos referir a "o" protocolo TCP; talvez os *únicos* recursos em comum entre esses protocolos é que eles usam o formato de segmento TCP que estudamos na Figura 3.29 e que devem competir "justamente" entre si perante o congestionamento da rede! Para uma análise das muitas variantes do TCP, consulte Afanasyev (2010) e Narayan (2018).

QUIC: Conexões de Internet UDP Rápidas

Se os serviços de transporte de que a aplicação necessita não se encaixam exatamente com os modelos de serviço do UDP e do TCP – talvez uma aplicação precise de mais serviços que o UDP oferece, mas não queira todas as funcionalidades particulares que vêm com o TCP, ou serviços diferentes daqueles oferecidos pelo TCP –, os projetistas de aplicações podem sempre elaborar a sua própria "receita" de protocolo na camada de aplicação. Essa é a abordagem adotada no protocolo QUIC (do inglês *Quick UDP Internet Connections* – Conexões de Internet UDP Rápidas) (Langley, 2017; QUIC 2020). Mais especificamente, o QUIC é um novo protocolo da camada de aplicação, projetado do zero para melhorar o desempenho dos serviços da camada de transporte para o HTTP seguro. O QUIC já é amplamente utilizado, apesar de ainda estar no processo de ser padronizado na forma de RFC da Internet (QUIC 2020). A Google adotou o QUIC para muitos dos servidores voltados para o público, no seu aplicativo de *streaming* de vídeo do YouTube, no seu navegador Chrome e no aplicativo de Busca do Google para Android. Como hoje mais de 7% do tráfego na Internet usa o protocolo QUIC (Langley, 2017), é interessante analisá-lo mais de perto. Nosso estudo sobre o QUIC também serve para concluir o nosso estudo sobre a camada de transporte, pois o QUIC usa muitas das abordagens estudadas neste capítulo para transferência confiável de dados, controle de congestionamento e gerenciamento da conexão.

Como mostrado na Figura 3.58, o QUIC é um protocolo da camada de aplicação que usa UDP como protocolo da camada de transporte subjacente e foi projetado para interagir com a camada superior especificamente com uma versão simplificada, mas evoluída, do HTTP/2. No futuro próximo, o HTTP/3 incorporará nativamente o QUIC (HTTP/3 2020). Alguns dos principais recursos do QUIC incluem:

- **Orientado para conexão e seguro.** Assim como o TCP, o QUIC é um protocolo orientado para conexão entre dois pontos finais, o que exige uma apresentação entre os pontos finais para estabelecer o estado de conexão QUIC. Dois elementos do estado de conexão são a identidade da conexão de origem e de destino. Todos os pacotes QUIC são criptografados e, como sugerido na Figura 3.58, o QUIC combina as apresentações

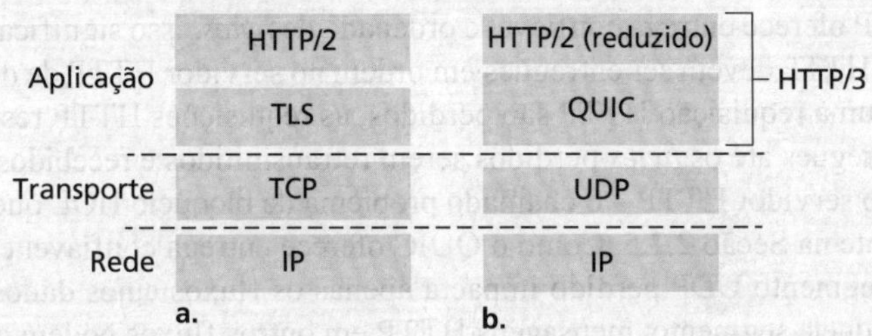

Figura 3.58 (a) Pilha de protocolos HTTP seguro tradicional e (b) pilha de protocolos HTTP/3 seguro baseada no QUIC.

necessárias para estabelecer o estado de conexão com aquelas necessárias para autenticação e criptografia (tópicos de segurança da camada de transporte que estudaremos no Capítulo 8), o que acelera o estabelecimento da conexão em relação à pilha de protocolos da Figura 3.58(a), na qual múltiplos RTTs são necessários para estabelecer uma conexão TCP, e então para estabelecer uma conexão TLS sobre a conexão TCP.

- **Fluxos.** O QUIC permite que vários "fluxos" diferentes no nível da aplicação sejam multiplexados através de uma única conexão QUIC e, uma vez estabelecida a conexão QUIC, novos fluxos podem ser adicionados. Um fluxo é uma abstração que representa a entrega confiável, ordenada e bidirecional de dados entre dois pontos finais QUIC. No contexto do HTTP/3, haveria um fluxo diferente para cada objeto em uma página Web. Cada conexão possui uma identidade (ID) da conexão e cada fluxo dentro da conexão possui uma ID do fluxo; ambas as IDs estão contidas em um cabeçalho de pacote QUIC (junto com outras informações do cabeçalho). Dados de múltiplos fluxos podem estar contidos em um único segmento QUIC, que é transmitido sobre o UDP. O Protocolo de Controle de Fluxo de Transmissão (SCTP, do inglês *Stream Control Transmission Protocol*) (RFC 4960, RFC 3286) é um protocolo orientado para mensagens confiável anterior, pioneiro na ideia da multiplexação de múltiplos "fluxos" do nível de aplicação através de uma única conexão SCTP. No Capítulo 7, veremos que o SCTP é usado nos protocolos do plano de controle nas redes celulares sem fio 4G/5G.
- **Transferência confiável de dados com controle de congestionamento e amigável ao TCP.** Como ilustrado na Figura 3.59(b), o QUIC oferece uma transferência de dados confiável para cada fluxo QUIC *separadamente*. A Figura 3.59(a) mostra o caso do HTTP/1.1 enviando múltiplas requisições HTTP, todas sobre uma única conexão TCP.

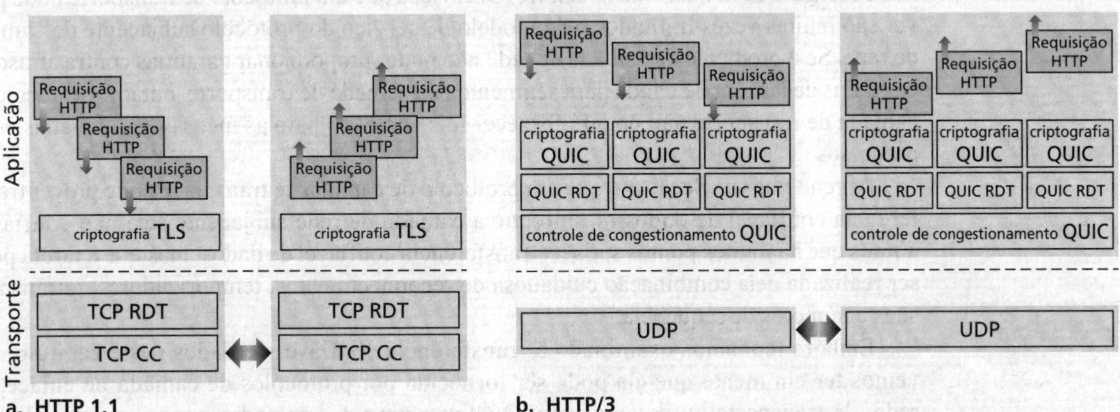

Figura 3.59 (a) HTTP/1.1: cliente e servidor com uma conexão usando criptografia TLS no nível da aplicação sobre a transferência confiável de dados do TCP (RDT) e controle de congestionamento (CC). (b) HTTP/3: cliente e servidor com múltiplos fluxos (*multi-stream*) usando criptografia, transferência confiável de dados e controle de congestionamento do QUIC sobre o serviço de datagrama não confiável do UDP.

Como o TCP oferece entrega confiável e ordenada de *bytes*, isso significa que múltiplas requisições HTTP devem ser entregues em ordem no servidor HTTP de destino. Assim, se *bytes* de uma requisição HTTP são perdidos, as requisições HTTP restantes não podem ser entregues até os *bytes* perdidos serem retransmitidos e recebidos corretamente pelo TCP no servidor HTTP – o chamado problema de bloqueio HOL que encontramos anteriormente na Seção 2.2.5. Como o QUIC oferece entrega confiável e ordenada *por fluxo*, um segmento UDP perdido impacta apenas os fluxos cujos dados foram transportados naquele segmento; mensagens HTTP em outros fluxos podem continuar a ser recebidas e entregues à aplicação. O QUIC oferece transferência confiável de dados usando mecanismos de reconhecimento semelhantes aos do TCP, como especificado no (RFC 5681).

O controle de congestionamento do QUIC se baseia no TCP NewReno (RFC 6582), uma ligeira modificação do protocolo TCP Reno que estudamos na Seção 3.7.1. O rascunho das especificações do QUIC (QUIC-recovery 2020) observam que "leitores familiarizados com a detecção de perdas e controle de congestionamento do TCP verão aqui algoritmos semelhantes aos algoritmos TCP conhecidos". Como estudamos o controle de congestionamento do TCP em detalhes na Seção 3.7.1, estamos familiarizados quando lemos os detalhes do rascunho das especificações do QUIC sobre o seu algoritmo de controle de congestionamento!

Por fim, vale destacar mais uma vez que o QUIC é um protocolo da *camada de aplicação* que oferece transferência de dados confiável e com controle de congestionamento entre dois pontos finais. Os autores do QUIC (Langley, 2017) enfatizam que isso significa que é possível realizar alterações ao QUIC em "escalas temporais de atualização de aplicações", ou seja, muito mais rapidamente do que as escalas de tempo das atualizações do TCP ou do UDP.

3.9 RESUMO

Começamos este capítulo estudando os serviços que um protocolo de camada de transporte pode prover às aplicações de rede. Por um lado, esse protocolo pode ser muito simples e oferecer serviços básicos às aplicações, provendo apenas uma função de multiplexação/demultiplexação para processos em comunicação. O protocolo UDP da Internet é um exemplo desse serviço básico. Por outro lado, o protocolo de transporte pode fornecer uma série de garantias às aplicações, como entrega confiável de dados, garantias contra atrasos e garantias de largura de banda. Não obstante, os serviços que um protocolo de transporte pode prover são muitas vezes limitados pelo modelo de serviço do protocolo subjacente de camada de rede. Se o protocolo de camada de rede não puder proporcionar garantias contra atraso ou garantias de largura de banda para segmentos da camada de transporte, então o protocolo de camada de transporte não poderá fornecer tais garantias para as mensagens enviadas entre processos.

Aprendemos na Seção 3.4 que um protocolo de camada de transporte pode prover transferência confiável de dados mesmo que a camada de rede subjacente seja não confiável. Vimos que há muitos pontos sutis na transferência confiável de dados, mas que a tarefa pode ser realizada pela combinação cuidadosa de reconhecimentos, temporizadores, retransmissões e números de sequência.

Embora tenhamos examinado a transferência confiável de dados neste capítulo, devemos ter em mente que ela pode ser fornecida por protocolos de camada de enlace, de rede, de transporte ou de aplicação. Qualquer uma das camadas superiores da pilha de protocolos pode executar reconhecimentos, temporizadores, retransmissões e números de sequência e prover transferência confiável de dados para a camada situada acima dela. Na verdade, com o passar dos anos, engenheiros e cientistas da computação projetaram e realizaram, independentemente, protocolos de camada de enlace, de rede, de transporte e de aplicação que fornecem transferência confiável de dados (embora muitos tenham desaparecido silenciosamente).

Na Seção 3.5, examinamos em detalhes o TCP, o protocolo de camada de transporte confiável orientado para conexão da Internet. Aprendemos que o TCP é complexo e envolve gerenciamento da conexão, controle de fluxo, estimativa de tempo de viagem de ida e volta, bem como transferência confiável de dados. Na verdade, o TCP é mais complexo do que nossa descrição – de propósito, não discutimos uma série de ajustes, acertos e melhorias que estão implementados em várias versões do TCP. Toda essa complexidade, no entanto, fica escondida da aplicação de rede. Se um cliente em um hospedeiro quiser enviar dados de maneira confiável para outro hospedeiro, ele apenas abre um *socket* TCP para o servidor e passa dados para dentro desse *socket*. A aplicação cliente-servidor felizmente fica alheia a toda a complexidade do TCP.

Na Seção 3.6, examinamos o controle de congestionamento de um ponto de vista mais amplo, e, na Seção 3.7, demonstramos como o TCP realiza controle de congestionamento. Aprendemos que esse controle é imperativo para o bem-estar da rede. Sem ele, uma rede pode facilmente ficar travada, com poucos ou nenhum dado sendo transportado fim a fim. Na Seção 3.7, aprendemos também que o TCP clássico executa um mecanismo de controle de congestionamento fim a fim que aumenta aditivamente sua taxa de transmissão quando julga que o caminho da conexão TCP está livre de congestionamento e reduz multiplicativamente sua taxa de transmissão quando ocorre perda. Esse mecanismo também luta para dar a cada conexão TCP que passa por um enlace congestionado uma parcela igual da largura de banda da conexão. Também estudamos diversas novas variações no controle de congestionamento do TCP que buscam determinar a taxa de envio do TCP mais rapidamente do que o TCP clássico, usam uma abordagem baseada em atrasos ou notificação explícita de congestionamento da rede (em vez de uma abordagem baseada em perdas) para determinar a taxa de envio do TCP. Examinamos ainda com algum detalhe o impacto do estabelecimento da conexão TCP e da partida lenta sobre a latência. Observamos que, em muitos cenários importantes, o estabelecimento da conexão e a partida lenta contribuem de modo significativo para o atraso fim a fim. Enfatizamos mais uma vez que, embora tenha evoluído com o passar dos anos, o controle de congestionamento no TCP permanece como uma área de pesquisa intensa e, provavelmente, continuará a evoluir nos anos vindouros. Para encerrar este capítulo, na Seção 3.8, estudamos avanços recentes na implementação de diversas funções da camada de transporte – transferência confiável de dados, controle de congestionamento, estabelecimento de conexão e mais – na camada de aplicação usando o protocolo QUIC.

No Capítulo 1, dissemos que uma rede de computadores pode ser dividida em "periferia da rede" e "núcleo da rede". A periferia abrange tudo o que acontece nos sistemas finais. Com o exame da camada de aplicação e da camada de transporte, nossa discussão sobre a periferia da rede está completa. É hora de explorar o núcleo! Essa jornada começa nos próximos dois capítulos, em que estudaremos a camada de rede, e continua no Capítulo 6, em que estudaremos a camada de enlace.

Exercícios de fixação e perguntas

Questões de revisão do Capítulo 3

SEÇÕES 3.1–3.3

R1. Suponha que uma camada de rede forneça o seguinte serviço. A camada de rede no computador-fonte aceita um segmento de tamanho máximo de 1.200 *bytes* e um endereço de computador-alvo da camada de transporte. A camada de rede, então, garante encaminhar o segmento para a camada de transporte no computador-alvo. Suponha que muitos processos de aplicação de rede possam estar sendo executados no hospedeiro de destino.

a. Crie, da forma mais simples, o protocolo da camada de transporte possível que levará os dados da aplicação para o processo desejado no hospedeiro de destino. Suponha que o sistema operacional do hospedeiro de destino determinou um número de porta de 4 *bytes* para cada processo de aplicação em execução.

b. Modifique esse protocolo para que ele forneça um "endereço de retorno" ao processo-alvo.

c. Em seus protocolos, a camada de transporte "tem de fazer algo" no núcleo da rede de computadores?

R2. Considere um planeta onde todos possuam uma família com seis membros, cada família viva em sua própria casa, cada casa possua um endereço único e cada pessoa em certa casa possua um único nome. Suponha que esse planeta possua um serviço postal que entregue cartas da casa-fonte à casa-alvo. O serviço exige que (1) a carta esteja em um envelope e que (2) o endereço da casa-alvo (e nada mais) esteja escrito claramente no envelope. Imagine que cada família possua um membro representante que recebe e distribui cartas para os demais. As cartas não apresentam necessariamente qualquer indicação dos destinatários das cartas.

a. Utilizando a solução do Problema R1 como inspiração, descreva um protocolo que os representantes possam utilizar para entregar cartas de um membro remetente de uma família para um membro destinatário de outra família.

b. Em seu protocolo, o serviço postal precisa abrir o envelope e verificar a carta para fornecer o serviço?

R3. Considere uma conexão TCP entre o hospedeiro A e o hospedeiro B. Suponha que os segmentos TCP que trafegam do hospedeiro A para o hospedeiro B tenham número de porta da origem *x* e número de porta do destino *y*. Quais são os números de porta da origem e do destino para os segmentos que trafegam do hospedeiro B para o hospedeiro A?

R4. Descreva por que um desenvolvedor de aplicação pode escolher rodar uma aplicação sobre UDP em vez de sobre TCP.

R5. Por que o tráfego de voz e de vídeo é frequentemente enviado por meio do UDP e não do TCP na Internet de hoje? (*Dica*: a resposta que procuramos não tem nenhuma relação com o mecanismo de controle de congestionamento no TCP.)

R6. É possível que uma aplicação desfrute de transferência confiável de dados mesmo quando roda sobre UDP? Caso a resposta seja afirmativa, como isso acontece?

R7. Suponha que um processo no hospedeiro C possua um *socket* UDP com número de porta 6789 e que o hospedeiro A e o hospedeiro B, individualmente, enviem um segmento UDP ao hospedeiro C com número de porta de destino 6789. Os dois segmentos serão encaminhados para o mesmo *socket* no hospedeiro C? Se sim, como o processo no hospedeiro C saberá que os dois segmentos vieram de dois hospedeiros diferentes?

R8. Suponha que um servidor da Web seja executado no computador C na porta 80. Esse servidor utiliza conexões persistentes e, no momento, está recebendo solicitações de dois computadores diferentes, A e B. Todas as solicitações estão sendo enviadas por meio do mesmo *socket* no computador C? Se estão passando por diferentes *sockets*, dois deles possuem porta 80? Discuta e explique.

SEÇÃO 3.4

R9. Em nossos protocolos `rdt`, por que precisamos introduzir números de sequência?

R10. Em nossos protocolos `rdt`, por que precisamos introduzir temporizadores?

R11. Suponha que o atraso de viagem de ida e volta entre o emissor e o receptor seja constante e conhecido para o emissor. Ainda seria necessário um temporizador no protocolo `rdt 3.0`, supondo que os pacotes podem ser perdidos? Explique.

R12. Visite a animação interativa Go-Back-N no *site* de apoio do livro.

a. A origem enviou cinco pacotes e depois interrompeu a animação antes que qualquer um dos cinco pacotes chegasse ao destino. Então, elimine o primeiro pacote e reinicie a animação. Descreva o que acontece.

b. Repita o experimento, mas agora deixe o primeiro pacote chegar ao destino e elimine o primeiro reconhecimento. Descreva novamente o que acontece.

c. Por fim, tente enviar seis pacotes. O que acontece?

R13. Repita a Questão R12, mas agora com a animação interativa Selective Repeat. O que difere o Selective Repeat do Go-Back-N?

SEÇÃO 3.5

R14. Falso ou verdadeiro?

a. O hospedeiro A está enviando ao hospedeiro B um arquivo grande por uma conexão TCP. Suponha que o hospedeiro B não tenha dados para enviar para o hospedeiro A. O hospedeiro B não enviará reconhecimentos para A porque ele não pode dar carona aos reconhecimentos dos dados.

b. O tamanho de `rwnd` do TCP nunca muda enquanto dura a conexão.

c. Suponha que o hospedeiro A esteja enviando ao hospedeiro B um arquivo grande por uma conexão TCP. O número de *bytes* não reconhecidos que o hospedeiro A envia não pode exceder o tamanho do *buffer* de recepção.

d. Imagine que o hospedeiro A esteja enviando ao hospedeiro B um arquivo grande por uma conexão TCP. Se o número de sequência para um segmento dessa conexão for m, então o número de sequência para o segmento subsequente será necessariamente $m + 1$.

e. O segmento TCP tem um campo em seu cabeçalho para `rwnd`.

f. Suponha que o último `SampleRTT` de uma conexão TCP seja igual a 1 s. Então, o valor corrente de `TimeoutInterval` para a conexão será necessariamente ajustado para um valor ≥ 1 s.

g. Imagine que o hospedeiro A envie ao hospedeiro B, por uma conexão TCP, um segmento com o número de sequência 38 e 4 *bytes* de dados. Nesse mesmo segmento, o número de reconhecimento será necessariamente 42.

R15. Suponha que o hospedeiro A envie dois segmentos TCP um atrás do outro ao hospedeiro B sobre uma conexão TCP. O primeiro segmento tem número de sequência 90 e o segundo, número de sequência 110.

a. Quantos dados tem o primeiro segmento?

b. Suponha que o primeiro segmento seja perdido, mas o segundo chegue a B. No reconhecimento que B envia a A, qual será o número de reconhecimento?

R16. Considere o exemplo do Telnet discutido na Seção 3.5. Alguns segundos após o usuário digitar a letra "C", ele digitará a letra "R". Depois disso, quantos segmentos serão enviados e o que será colocado nos campos de número de sequência e de reconhecimento dos segmentos?

SEÇÃO 3.7

R17. Suponha que duas conexões TCP estejam presentes em algum enlace congestionado de velocidade R *bits*/s. As duas conexões têm um arquivo imenso para enviar (na mesma direção, pelo enlace congestionado). As transmissões dos arquivos começam exatamente ao mesmo tempo. Qual é a velocidade de transmissão que o TCP gostaria de dar a cada uma das conexões?

R18. Verdadeiro ou falso: considere o controle de congestionamento no TCP. Quando um temporizador expira no remetente, o valor de `ssthresh` é ajustado para a metade de seu valor anterior.

R19. Na discussão sobre divisão do TCP, na nota em destaque da Seção 3.7, afirmamos que o tempo de resposta com a divisão do TCP é aproximadamente $4 \cdot RTT_{FE} + RTT_{BE} +$ tempo de processamento. Justifique essa afirmação.

Problemas

P1. Suponha que o cliente A inicie uma sessão Telnet com o servidor S. Quase ao mesmo tempo, o cliente B também inicia uma sessão Telnet com o servidor S. Forneça possíveis números de porta da fonte e do destino para:

a. Os segmentos enviados de A para S.

b. Os segmentos enviados de B para S.

c. Os segmentos enviados de S para A.

d. Os segmentos enviados de S para B.

e. Se A e B são hospedeiros diferentes, é possível que o número de porta da fonte nos segmentos de A para S seja o mesmo que nos de B para S?

f. E se forem o mesmo hospedeiro?

P2. Considere a Figura 3.5. Quais são os valores da porta de fonte e da porta de destino nos segmentos que fluem do servidor de volta aos processos clientes? Quais são os endereços IP nos datagramas de camada de rede que carregam os segmentos de camada de transporte?

P3. O UDP e o TCP usam complementos de 1 para suas somas de verificação. Suponha que você tenha as seguintes três palavras de 8 *bits*: 01010011, 01100110 e 01110100. Qual é o complemento de 1 para as somas dessas palavras? (Note que, embora o UDP e o TCP usem palavras de 16 *bits* no cálculo da soma de verificação, nesse problema solicitamos que você considere somas de 8 *bits*.) Mostre todo o trabalho. Por que o UDP toma o complemento de 1 da soma, isto é, por que não toma apenas a soma? Com o esquema de complemento de 1, como o destinatário detecta erros? É possível que um erro de 1 *bit* passe despercebido? E um erro de 2 *bits*?

P4. a. Suponha que você tenha os seguintes *bytes*: 01011100 e 01100101. Qual é o complemento de 1 da soma desses 2 *bytes*?

b. Suponha que você tenha os seguintes *bytes*: 11011010 e 01100101. Qual é o complemento de 1 da soma desses 2 *bytes*?

c. Para os *bytes* do item (a), dê um exemplo em que um *bit* é invertido em cada um dos 2 *bytes* e, mesmo assim, o complemento de um não muda.

P5. Suponha que o receptor UDP calcule a soma de verificação da Internet para o segmento UDP recebido e identifique que essa soma coincide com o valor transportado no campo da soma de verificação. O receptor pode estar absolutamente certo de que não ocorreu nenhum erro de *bit*? Explique.

P6. Considere nosso motivo para corrigir o protocolo `rtd2.1`. Demonstre que o destinatário apresentado na Figura 3.60, quando em operação com o remetente mostrado na Figura 3.11, pode levar remetente e destinatário a entrar em estado de travamento, em que cada um espera por um evento que nunca vai ocorrer.

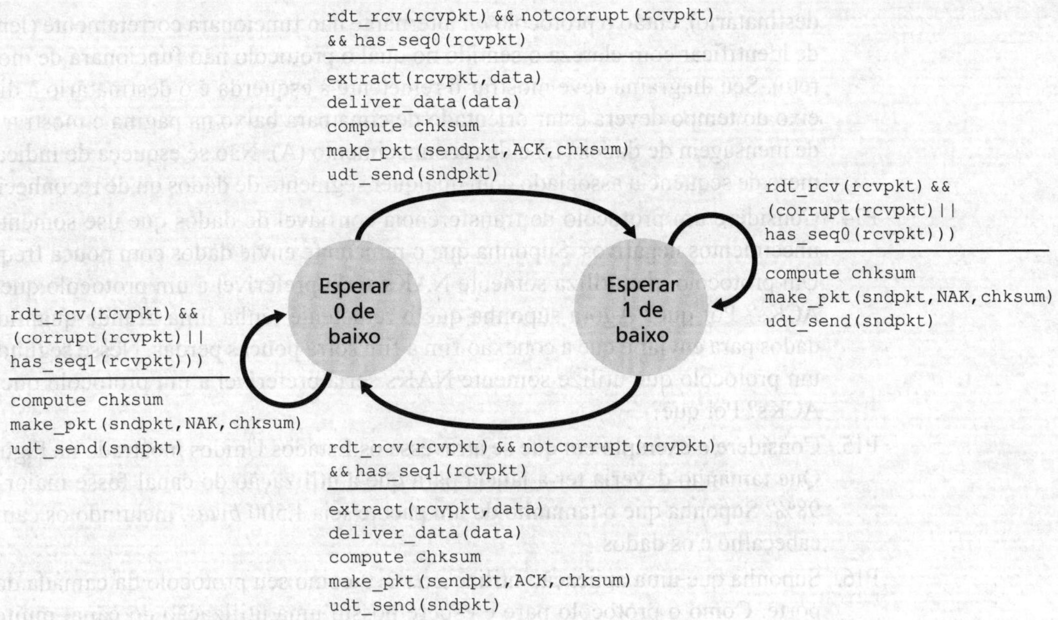
rdt_rcv(rcvpkt) && notcorrupt(rcvpkt)
&& has_seq0(rcvpkt)
extract(rcvpkt,data)
deliver_data(data)
compute chksum
make_pkt(sendpkt,ACK,chksum)
udt_send(sndpkt)
rdt_rcv(rcvpkt) &&
(corrupt(rcvpkt)||
has_seq0(rcvpkt)))
compute chksum
make_pkt(sndpkt,NAK,chksum)
udt_send(sndpkt)
Esperar
0 de
baixo
Esperar
1 de
baixo
rdt_rcv(rcvpkt) &&
(corrupt(rcvpkt)||
has_seq1(rcvpkt)))
compute chksum
make_pkt(sndpkt,NAK,chksum)
udt_send(sndpkt)
rdt_rcv(rcvpkt) && notcorrupt(rcvpkt)
&& has_seq1(rcvpkt)
extract(rcvpkt,data)
deliver_data(data)
compute chksum
make_pkt(sendpkt,ACK,chksum)
udt_send(sndpkt)

Figura 3.60 Um receptor incorreto para o protocolo `rdt 2.1`.

P7. No protocolo `rdt3.0`, os pacotes ACK que fluem do destinatário ao remetente não têm números de sequência (embora tenham um campo de ACK que contém o número de sequência do pacote que estão reconhecendo). Por que nossos pacotes ACK não requerem números de sequência?

P8. Elabore a FSM para o lado destinatário do protocolo `rdt3.0`.

P9. Elabore um diagrama de mensagens para a operação do protocolo `rdt3.0` quando pacotes de dados e de reconhecimento estão truncados. Seu diagrama deve ser semelhante ao usado na Figura 3.16.

P10. Considere um canal que pode perder pacotes, mas cujo atraso máximo é conhecido. Modifique o protocolo `rdt2.1` para incluir esgotamento de temporização do remetente e retransmissão. Informalmente, argumente por que seu protocolo pode se comunicar de modo correto por esse canal.

P11. Considere o `rdt2.2` destinatário da Figura 3.14 e a criação de um novo pacote na autotransição (i.e., a transição do estado de volta para si mesmo) nos estados "Esperar 0 de baixo" e "Esperar 1 de baixo": `sndpkt=make_ pkt(ACK,1,checksum)` e `sndpkt=make_ pkt(ACK,0,checksum)`. O protocolo funcionaria corretamente se essa ação fosse removida da autotransição no estado "Esperar 1 de baixo"? Justifique sua resposta. E se esse evento fosse removido da autotransição no estado "Esperar 0 de baixo"? (*Dica*: neste último caso, considere o que aconteceria se o primeiro pacote do remetente ao destinatário fosse corrompido.)

P12. O lado remetente do `rdt3.0` simplesmente ignora (i.e., não realiza nenhuma ação) todos os pacotes recebidos que estão errados ou com o valor errado no campo `acknum` de um pacote de reconhecimento. Suponha que em tais circunstâncias o `rdt3.0` devesse apenas retransmitir o pacote de dados corrente. Nesse caso, o protocolo ainda funcionaria? (*Dica*: considere o que aconteceria se houvesse apenas erros de *bits*; não há perdas de pacotes, mas podem ocorrer esgotamentos de temporização prematuros. Imagine quantas vezes o enésimo pacote é enviado, no limite em que *n* se aproximasse do infinito.)

P13. Considere o protocolo `rdt3.0`. Elabore um diagrama mostrando que, se a conexão de rede entre o remetente e o destinatário puder alterar a ordem de mensagens (i.e., se for possível reordenar duas mensagens que se propagam no meio entre o remetente e o destinatário), então o protocolo *bit* alternante não funcionará corretamente (lembre-se de identificar com clareza o sentido no qual o protocolo não funcionará de modo correto). Seu diagrama deve mostrar o remetente à esquerda e o destinatário à direita; o eixo do tempo deverá estar orientado de cima para baixo na página e mostrar a troca de mensagem de dados (D) e de reconhecimento (A). Não se esqueça de indicar o número de sequência associado com qualquer segmento de dados ou de reconhecimento.

P14. Considere um protocolo de transferência confiável de dados que use somente reconhecimentos negativos. Suponha que o remetente envie dados com pouca frequência. Um protocolo que utiliza somente NAKs seria preferível a um protocolo que utiliza ACKs? Por quê? Agora suponha que o remetente tenha uma grande quantidade de dados para enviar e que a conexão fim a fim sofra poucas perdas. Nesse segundo caso, um protocolo que utilize somente NAKs seria preferível a um protocolo que utilize ACKs? Por quê?

P15. Considere o exemplo em que se atravessa os Estados Unidos mostrado na Figura 3.17. Que tamanho deveria ter a janela para que a utilização do canal fosse maior do que 98%? Suponha que o tamanho de um pacote seja 1.500 *bytes*, incluindo os campos do cabeçalho e os dados.

P16. Suponha que uma aplicação utilize `rdt3.0` como seu protocolo da camada de transporte. Como o protocolo pare e espere possui uma utilização do canal muito baixa (mostrada no exemplo de travessia dos Estados Unidos), os criadores dessa aplicação permitem que o receptor continue enviando de volta um número (mais do que dois) de ACKs 0 e ACKs 1 alternados, mesmo que os dados correspondentes não cheguem ao receptor. O projeto dessa aplicação aumentaria a utilização do canal? Por quê? Há possíveis problemas com esse método? Explique.

P17. Considere duas entidades de rede, A e B, que estão conectadas por um canal bidirecional perfeito (i.e., qualquer mensagem enviada será recebida corretamente; o canal não corromperá, perderá nem reordenará pacotes). A e B devem entregar mensagens de dados entre si de forma alternada: primeiro, A deve entregar uma mensagem a B, depois B deve entregar uma mensagem a A, e assim por diante. Se uma entidade estiver em um estado onde não deve tentar entregar uma mensagem ao outro lado e houver um evento como a chamada `rdt_send(data)` de cima que tente transmitir dados para baixo, para o outro lado, essa chamada de cima pode apenas ser ignorada com uma chamada a `rdt_unable_to_send(data)`, que informa à camada de cima que atualmente não é possível enviar dados. (Nota: essa suposição simplificada é para que você não tenha de se preocupar com o armazenamento de dados em *buffer*.) Elabore uma especificação FSM para este protocolo (uma FSM para A e uma para B!). Observe que você não precisa se preocupar com um mecanismo de confiabilidade aqui; o ponto importante da questão é criar uma especificação FSM que reflita o comportamento sincronizado das duas entidades. Você deverá usar os seguintes eventos e ações que possuem o mesmo significado do protocolo rdt1.0 da Figura 3.9: `rdt_send(data)`, `packet = make_pkt(data)`, `udt_send(packet)`, `rdt_rcv(packet)`, `extract (packet,data)`, `deliver_data(data)`. Cuide para que o protocolo reflita a alternância estrita de envio entre A e B. Além disso, não se esqueça de indicar os estados iniciais de A e B em suas especificações FSM.

P18. No protocolo genérico SR que estudamos na Seção 3.4.4, o remetente transmite uma mensagem assim que ela está disponível (se ela estiver na janela), sem esperar por um reconhecimento. Suponha, agora, que queiramos um protocolo SR que envie duas mensagens de cada vez. Isto é, o remetente enviará um par de mensagens, e o par de mensagens subsequente somente deverá ser enviado quando o remetente souber que ambas as mensagens do primeiro par foram recebidas corretamente.

Suponha que o canal possa perder mensagens, mas que não as corromperá nem as reordenará. Elabore um protocolo de controle de erro para a transferência confiável unidirecional de mensagens. Dê uma descrição FSM do remetente e do destinatário. Descreva o formato dos pacotes enviados entre o remetente e o destinatário e vice-versa. Se você usar quaisquer procedimentos de chamada que não sejam os da Seção 3.4 (p. ex., `udt_send()`, `start_timer()`, `rdt_rcv()` etc.), esclareça as ações desses procedimentos. Dê um exemplo (um diagrama de mensagens para o remetente e para o destinatário) mostrando como seu protocolo se recupera de uma perda de pacote.

P19. Considere um cenário em que o hospedeiro A queira enviar pacotes para os hospedeiros B e C simultaneamente. O hospedeiro A está conectado a B e a C por um canal *broadcast* – um pacote enviado por A é levado pelo canal a B e a C. Suponha que o canal *broadcast* que conecta A, B e C possa, de modo independente, perder e corromper mensagens (e assim, p. ex., uma mensagem enviada de A poderia ser recebida corretamente por B, mas não por C). Projete um protocolo de controle de erro do tipo pare e espere para a transferência confiável de um pacote de A para B e para C, tal que A não receba novos dados da camada superior até que saiba que B e C receberam corretamente o pacote em questão. Dê descrições FSM de A e C. (*Dica*: a FSM para B deve ser a mesma que para C.) Também dê uma descrição do(s) formato(s) de pacote usado(s).

P20. Considere um cenário em que os hospedeiros A e B queiram enviar mensagens ao hospedeiro C. Os hospedeiros A e C estão conectados por um canal que pode perder e corromper (e não reordenar) mensagens. Os hospedeiros B e C estão conectados por outro canal (independente do canal que conecta A e C) com as mesmas propriedades. A camada de transporte no hospedeiro C deve alternar o envio de mensagens de A e B para a camada acima (i.e., ela deve primeiro transmitir os dados de um pacote de A e depois os dados de um pacote de B, e assim por diante). Elabore um protocolo de controle de erro pare e espere para transferência confiável de pacotes de A e B para C, com envio alternado em C, como descrito acima. Dê descrições FSM de A e C. (*Dica*: a FSM para B deve ser basicamente a mesma de A.) Dê, também, uma descrição do(s) formato(s) de pacote utilizado(s).

P21. Suponha que haja duas entidades de rede A e B, e que B tenha um suprimento de mensagens de dados que será enviado a A de acordo com as seguintes convenções: quando A recebe uma solicitação da camada superior para obter a mensagem de dados (D) seguinte de B, A deve enviar uma mensagem de requisição (R) para B no canal A para B; somente quando B receber uma mensagem R, ele poderá enviar uma mensagem de dados (D) de volta a A pelo canal B para A; A deve entregar uma cópia de cada mensagem D à camada superior; mensagens R podem ser perdidas (mas não corrompidas) no canal A para B; mensagens (D), uma vez enviadas, são sempre entregues corretamente; o atraso entre ambos os canais é desconhecido e variável.

Elabore um protocolo (dê uma descrição FSM) que incorpore os mecanismos apropriados para compensar a propensão à perda do canal A a B e implemente passagem de mensagem para a camada superior na entidade A, como discutido antes. Utilize apenas os mecanismos absolutamente necessários.

P22. Considere o protocolo GBN com um tamanho de janela remetente de 4 e uma faixa de números de sequência de 1.024. Suponha que, no tempo *t*, o pacote seguinte na ordem, pelo qual o destinatário está esperando, tenha um número de sequência *k*. Admita que o meio não reordene as mensagens. Responda às seguintes perguntas:

a. Quais são os possíveis conjuntos de números de sequência dentro da janela do remetente no tempo *t*? Justifique sua resposta.

b. Quais são todos os possíveis valores do campo ACK em todas as mensagens que estão atualmente se propagando de volta ao remetente no tempo *t*? Justifique sua resposta.

P23. Considere os protocolos GBN e SR. Suponha que o espaço de números de sequência seja de tamanho *k*. Qual será o maior tamanho de janela permissível que evitará que ocorram problemas como os da Figura 3.27 para cada um desses protocolos?

P24. Responda verdadeiro ou falso às seguintes perguntas e justifique resumidamente sua resposta:

a. Com o protocolo SR, é possível o remetente receber um ACK para um pacote que caia fora de sua janela corrente.

b. Com o GBN, é possível o remetente receber um ACK para um pacote que caia fora de sua janela corrente.

c. O protocolo *bit* alternante é o mesmo que o protocolo SR com janela do remetente e do destinatário de tamanho 1.

d. O protocolo *bit* alternante é o mesmo que o protocolo GBN com janela do remetente e do destinatário de tamanho 1.

P25. Dissemos que um aplicação pode escolher o UDP para um protocolo de transporte, pois oferece um melhor controle às aplicações (do que o TCP) de quais dados são enviados em um segmento e quando isso ocorre.

Por que uma aplicação possui mais controle de quais dados são enviados em um segmento?

Por que uma aplicação possui mais controle de quando o segmento é enviado?

P26. Considere a transferência de um arquivo enorme de *L bytes* do hospedeiro A para o hospedeiro B. Suponha um MSS de 536 *bytes*.

a. Qual é o máximo valor de *L* tal que não sejam esgotados os números de sequência TCP? Lembre-se de que o campo de número de sequência TCP tem 4 *bytes*.

b. Para o *L* que obtiver em (a), descubra quanto tempo demora para transmitir o arquivo. Admita que um total de 66 *bytes* de cabeçalho de transporte, de rede e de enlace de dados seja adicionado a cada segmento antes que o pacote resultante seja enviado por um enlace de 155 M*bits*/s. Ignore controle de fluxo e controle de congestionamento de modo que A possa enviar os segmentos um atrás do outro e continuamente.

P27. Os hospedeiros A e B estão se comunicando por meio de uma conexão TCP, e o hospedeiro B já recebeu de A todos os *bytes* até o *byte* 126. Suponha que A envie, então, dois segmentos para B sucessivamente. O primeiro e o segundo segmentos contêm 80 e 40 *bytes* de dados, respectivamente. No primeiro segmento, o número de sequência é 127, o número de porta de origem é 302, e o número de porta de destino é 80. O hospedeiro B envia um reconhecimento ao receber um segmento do hospedeiro A.

a. No segundo segmento enviado do hospedeiro A para B, quais são o número de sequência, da porta de origem e da porta de destino?

b. Se o primeiro segmento chegar antes do segundo, no reconhecimento do primeiro segmento que chegar, qual é o número do reconhecimento, da porta de origem e da porta de destino?

c. Se o segundo segmento chegar antes do primeiro, no reconhecimento do primeiro segmento que chegar, qual é o número do reconhecimento?

d. Suponha que dois segmentos enviados por A cheguem em ordem a B. O primeiro reconhecimento é perdido, e o segundo chega após o primeiro intervalo do esgotamento de temporização. Elabore um diagrama de temporização, mostrando esses segmentos, e todos os outros, e os reconhecimentos enviados. (Suponha que não haja qualquer perda de pacote adicional.) Para cada segmento de seu desenho, apresente o número de sequência e o número de *bytes* de dados; para cada reconhecimento adicionado por você, informe o número do reconhecimento.

P28. Os hospedeiros A e B estão diretamente conectados com um enlace de 100 M*bits*/s. Existe uma conexão TCP entre os dois hospedeiros, e A está enviando a B um arquivo enorme por meio dessa conexão. O hospedeiro A pode enviar seus dados da aplicação para o *socket* TCP a uma taxa que chega a 120 M*bits*/s, mas o hospedeiro B pode ler o *buffer* de recebimento TCP a uma taxa de 50 M*bits*/s. Descreva o efeito do controle de fluxo do TCP.

P29. Os *cookies* SYN foram discutidos na Seção 3.5.6.

a. Por que é necessário que o servidor use um número de sequência especial no SYNACK?

b. Suponha que um atacante saiba que um hospedeiro-alvo utilize SYN *cookies*. O atacante consegue criar conexões semiabertas ou completamente abertas apenas enviando um pacote ACK para o alvo? Por quê?

c. Suponha que um atacante receba uma grande quantidade de números de sequência enviados pelo servidor. O atacante consegue fazer o servidor criar muitas conexões totalmente abertas enviando ACKs com esses números de sequência? Por quê?

P30. Considere a rede mostrada no Cenário 2 na Seção 3.6.1. Suponha que os hospedeiros emissores A e B possuam valores de esgotamento de temporização fixos.

a. Analise o fato de que aumentar o tamanho do *buffer* finito do roteador pode possivelmente reduzir a vazão (λ_{out}).

b. Agora suponha que os hospedeiros ajustem dinamicamente seus valores de esgotamento de temporização (como o que o TCP faz) com base no atraso no *buffer* no roteador. Aumentar o tamanho do *buffer* ajudaria a aumentar a vazão? Por quê?

P31. Suponha que os cinco valores de `SampleRTT` medidos (ver Seção 3.5.3) sejam 106 ms, 120 ms, 140 ms, 90 ms e 115 ms. Calcule o `EstimatedRTT` depois que forem obtidos cada um desses valores de SampleRTT, usando um valor de $\alpha = 0{,}125$ e supondo que o valor de `EstimatedRTT` seja 100 ms imediatamente antes que a primeira dessas cinco amostras seja obtida. Calcule também o `DevRTT` após a obtenção de cada amostra, considerando um valor de $\beta = 0{,}25$ e que o valor de `DevRTT` seja 5 ms imediatamente antes que a primeira dessas cinco amostras seja obtida. Por fim, calcule o `TimeoutInterval` do TCP após a obtenção de cada uma dessas amostras.

P32. Considere o procedimento do TCP para estimar o RTT. Suponha que $\alpha = 0{,}1$. Considere que $\texttt{SampleRTT}_1$ seja a amostra de RTT mais recente, $\texttt{SampleRTT}_2$ seja a próxima amostra mais recente, e assim por diante.

a. Para uma dada conexão TCP, suponha que quatro reconhecimentos foram devolvidos com as amostras RTT correspondentes $\texttt{SampleRTT}_4$, $\texttt{SampleRTT}_3$, $\texttt{SampleRTT}_2$ e $\texttt{SampleRTT}_1$. Expresse `EstimatedRTT` em termos das quatro amostras RTT.

b. Generalize sua fórmula para *n* amostras de RTTs.

c. Para a fórmula em (b), considere *n* tendendo ao infinito. Comente por que esse procedimento de média é denominado média móvel exponencial.

P33. Na Seção 3.5.3 discutimos estimativa de RTT para o TCP. Em sua opinião, por que o TCP evita medir o `SampleRTT` para segmentos retransmitidos?

P34. Qual é a relação entre a variável `SendBase` na Seção 3.5.4 e a variável `LastByteRcvd` na Seção 3.5.5?

P35. Qual é a relação entre a variável `LastByteRcvd` na Seção 3.5.5 e a variável y na Seção 3.5.4?

P36. Na Seção 3.5.4, vimos que o TCP espera até receber três ACKs duplicados antes de realizar uma retransmissão rápida. Em sua opinião, por que os projetistas do TCP preferiram não realizar uma retransmissão rápida após ser recebido o primeiro ACK duplicado para um segmento?

P37. Compare o GBN, SR e o TCP (sem ACK retardado). Admita que os valores do esgotamento de temporização para os três protocolos sejam longos o suficiente de tal modo que cinco segmentos de dados consecutivos e seus ACKs correspondentes possam ser recebidos (se não perdidos no canal) por um hospedeiro receptor (hospedeiro B) e por um hospedeiro emissor (hospedeiro A), respectivamente. Suponha que A envie cinco segmentos de dados para B, e que o segundo segmento (enviado de A) esteja perdido. No fim, todos os cinco segmentos de dados foram corretamente recebidos pelo hospedeiro B.

a. Quantos segmentos A enviou no total e quantos ACKs o hospedeiro B enviou no total? Quais são seus números de sequência? Responda essa questão para todos os três protocolos.

b. Se os valores do esgotamento de temporização para os três protocolos forem muito maiores do que 5 RTT, então qual protocolo envia com sucesso todos os cinco segmentos de dados em um menor intervalo de tempo?

P38. Em nossa descrição sobre o TCP na Figura 3.53, o valor do limiar, `ssthresh`, é definido como `ssthresh = cwnd/2` em diversos lugares, e o valor `ssthresh` é referido como sendo definido para metade do tamanho da janela quando ocorreu um evento de perda. A taxa pela qual o emissor está enviando quando ocorreu o evento de perda deve ser mais ou menos igual a segmentos `cwnd` por RTT? Explique sua resposta. Se for negativa, você pode sugerir uma maneira diferente pela qual `ssthresh` deva ser definido?

P39. Considere a Figura 3.46(b). Se λ'_{in} aumentar para mais do que $R/2$, λ_{out} poderá aumentar para mais do que $R/3$? Explique. Agora considere a Figura 3.46(c). Se λ'_{in} aumentar para mais do que $R/2$, λ_{out} poderá aumentar para mais de R/4 admitindo-se que um pacote será transmitido duas vezes, em média, do roteador para o destinatário? Explique.

P40. Considere a Figura 3.61. Admitindo-se que TCP Reno é o protocolo que experimenta o comportamento mostrado no gráfico, responda às seguintes perguntas. Em todos os casos, você deverá apresentar uma justificativa resumida para sua resposta.

a. Quais os intervalos de tempo em que a partida lenta do TCP está em execução?

b. Quais os intervalos de tempo em que a prevenção de congestionamento do TCP está em execução?

c. Após a 16ª rodada de transmissão, a perda de segmento será detectada por três ACKs duplicados ou por um esgotamento de temporização?

d. Após a 22ª rodada de transmissão, a perda de segmento será detectada por três ACKs duplicados ou por um esgotamento de temporização?

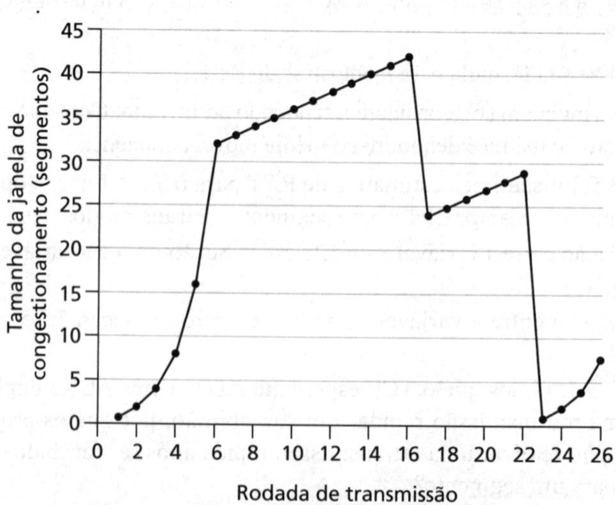

Figura 3.61 Tamanho da janela TCP em relação ao tempo.

e. Qual é o valor inicial de `ssthresh` na primeira rodada de transmissão?

f. Qual é o valor inicial de `ssthresh` na 18ª rodada de transmissão?

g. Qual é o valor de `ssthresh` na 24ª rodada de transmissão?

h. Durante qual rodada de transmissão é enviado o 70º segmento?

i. Admitindo-se que uma perda de pacote será detectada após a 26ª rodada pelo recebimento de três ACKs duplicados, quais serão os valores do tamanho da janela de congestionamento e de `ssthresh`?

j. Suponha que o TCP Tahoe seja usado (em vez do TCP Reno), e que ACKs duplicados triplos sejam recebidos na 16ª rodada. Quais são o `ssthresh` e o tamanho da janela de congestionamento na 19ª rodada?

k. Suponha novamente que o TCP Tahoe seja usado, e que exista um evento de esgotamento de temporização na 22ª sessão. Quantos pacotes foram enviados da 17ª sessão até a 22ª, inclusive?

P41. Consulte a Figura 3.55, que ilustra a convergência do algoritmo AIMD do TCP. Suponha que, em vez de uma diminuição multiplicativa, o TCP reduza o tamanho da janela de uma quantidade constante. O AIMD resultante convergiria como um algoritmo de igual compartilhamento? Justifique sua resposta usando um diagrama semelhante ao da Figura 3.55.

P42. Na Seção 3.5.4, discutimos a duplicação do intervalo de temporização após um evento de esgotamento de temporização. Esse mecanismo é uma forma de controle de congestionamento. Por que o TCP precisa de um mecanismo de controle de congestionamento que utiliza janelas (como estudado na Seção 3.7) além desse mecanismo de duplicação do intervalo de esgotamento de temporização?

P43. O hospedeiro A está enviando um arquivo enorme ao hospedeiro B por uma conexão TCP. Nessa conexão, nunca há perda de pacotes e os temporizadores nunca se esgotam. Seja R *bits*/s a taxa de transmissão do enlace que liga o hospedeiro A à Internet. Suponha que o processo em A consiga enviar dados para seu *socket* TCP a uma taxa de S *bits*/s, em que $S = 10 \cdot R$. Suponha ainda que o *buffer* de recepção do TCP seja grande o suficiente para conter o arquivo inteiro, e que o *buffer* de envio possa conter apenas 1% do arquivo. O que impediria o hospedeiro A de passar dados continuamente para seu *socket* TCP à taxa de S *bits*/s: o controle de fluxo do TCP; o controle de congestionamento do TCP; ou alguma outra coisa? Elabore sua resposta.

P44. Considere enviar um arquivo grande de um computador a outro por meio de uma conexão TCP em que não haja perda.

a. Suponha que o TCP utilize AIMD para seu controle de congestionamento sem partida lenta. Admitindo que `cwnd` aumenta 1 MSS sempre que um lote de ACK é recebido e os tempos da viagem de ida e volta são constantes, quanto tempo leva para `cwnd` aumentar de 6 MSS para 12 MSS (admitindo nenhum evento de perda)?

b. Qual é a vazão média (em termos de MSS e RTT) para essa conexão, sendo o tempo = 6 RTT?

P45. Considere a Figura 3.54. Suponha que em t_3, a taxa de envio pela qual a perda por congestionamento ocorre a seguir cai para $0{,}75{*}W_{\text{máx}}$ (sem o conhecimento dos remetentes TCP, é claro). Mostre a evolução do TCP Reno e do TCP CUBIC para duas rodadas adicionais de cada *(Dica: observe que os instantes em que o TCP Reno e o TCP CUBIC reagem à perda por congestionamento podem não ser mais os mesmos).*

P46. Considere a Figura 3.54 novamente. Suponha que em t_3, a taxa de envio pela qual a perda por congestionamento ocorre a seguir aumenta para $1{,}5{*}W_{\text{máx}}$. Mostre a evolução do TCP Reno e do TCP CUBIC para duas rodadas adicionais de cada *(Dica: veja a dica da P45).*

P47. Relembre a descrição macroscópica da vazão do TCP. No período de tempo transcorrido para a taxa da conexão variar de $W/(2 \cdot \text{RTT})$ a W/RTT, apenas um pacote é perdido (bem ao final do período).

a. Mostre que a taxa de perda (fração de pacotes perdidos) é igual a

$$L = \text{taxa de perda} = \frac{1}{\frac{3}{8}W^2 + \frac{3}{4}W}$$

b. Use o resultado anterior para mostrar que, se uma conexão tiver taxa de perda L, sua largura de banda média é dada aproximadamente por:

$$\approx \frac{1{,}22 \cdot MSS}{RTT\sqrt{L}}$$

P48. Considere que somente uma única conexão TCP (Reno) utiliza um enlace de 10 M*bits*/s que não armazena nenhum dado. Suponha que esse enlace seja o único congestionado entre os hospedeiros emissor e receptor. Admita que o emissor TCP tenha um arquivo enorme para enviar ao receptor e o *buffer* de recebimento do receptor é muito maior do que a janela de congestionamento. Também fazemos as seguintes suposições: o tamanho de cada segmento TCP é 1.500 *bytes*; o atraso de propagação bidirecional dessa conexão é 150 ms; e essa conexão TCP está sempre na fase de prevenção de congestionamento, ou seja, ignore a partida lenta.

a. Qual é o tamanho máximo da janela (em segmentos) que a conexão TCP pode atingir?

b. Qual é o tamanho médio da janela (em segmentos) e a vazão média (em *bits*/s) dessa conexão TCP?

c. Quanto tempo essa conexão TCP leva para alcançar sua janela máxima novamente após se recuperar da perda de um pacote?

P49. Considere o cenário descrito na questão anterior. Suponha que o enlace de 10 M*bits*/s possa armazenar um número finito de segmentos. Demonstre que para o enlace sempre enviar dados, teríamos que escolher um tamanho de *buffer* que é, pelo menos, o produto da velocidade do enlace C e o atraso de propagação bidirecional entre o emissor e o receptor.

P50. Repita a Questão P48, mas substituindo o enlace de 10 M*bits*/s por um de 10 G*bits*/s. Observe que em sua resposta ao item (c), verá que o tamanho da janela de congestionamento leva muito tempo para atingir seu tamanho máximo após se recuperar de uma perda de pacote. Elabore uma solução para resolver o problema.

P51. Suponha que T (medido por RTT) seja o intervalo de tempo que uma conexão TCP leva para aumentar seu tamanho de janela de congestionamento de $W/2$ para W, sendo W o tamanho máximo da janela de congestionamento. Demonstre que T é uma função da vazão média do TCP.

P52. Considere um algoritmo AIMD do TCP simplificado, sendo o tamanho da janela de congestionamento medido em número de segmentos e não em *bytes*. No aumento aditivo, o tamanho da janela de congestionamento aumenta por um segmento em cada RTT. Na diminuição multiplicativa, o tamanho da janela de congestionamento diminui para metade (se o resultado não for um número inteiro, arredondar para o número inteiro mais próximo). Suponha que duas conexões TCP, C_1 e C_2 compartilhem um único enlace congestionado com 30 segmentos por segundo de velocidade. Admita que C_1 e C_2 estejam na fase de prevenção de congestionamento. O RTT da conexão C_1 é de 50 ms e o da conexão C_2 é de 100 ms. Suponha que quando a taxa de dados no enlace excede a velocidade do enlace, todas as conexões TCP sofrem perda de segmento de dados.

a. Se C_1 e C_2 no tempo t_0 possuem uma janela de congestionamento de 10 segmentos, quais são seus tamanhos de janela de congestionamento após 1.000 ms?

b. No final das contas, essas duas conexões obterão a mesma porção da largura de banda do enlace congestionado? Explique.

P53. Considere a rede descrita na questão anterior. Agora suponha que as duas conexões TCP, C_1 e C_2, possuam o mesmo RTT de 100 ms e que, no tempo t_0, o tamanho da janela de congestionamento de C_1 seja 15 segmentos, e que o de C_2 seja 10 segmentos.

a. Quais são os tamanhos de suas janelas de congestionamento após 2.200 ms?

b. No final das contas, essas duas conexões obterão a mesma porção da largura de banda do enlace congestionado?

c. Dizemos que duas conexões são sincronizadas se ambas atingirem o tamanho máximo e mínimo de janela ao mesmo tempo. No final das contas, essas duas conexões serão sincronizadas? Se sim, quais os tamanhos máximos de janela?

d. Essa sincronização ajudará a melhorar a utilização do enlace compartilhado? Por quê? Elabore alguma ideia para romper essa sincronização.

P54. Considere uma modificação ao algoritmo de controle de congestionamento do TCP. Em vez do aumento aditivo, podemos utilizar o aumento multiplicativo. Um emissor TCP aumenta seu tamanho de janela por uma constante positiva pequena a ($0 < a < 1$) ao receber um ACK válido. Encontre a relação funcional entre a taxa de perda L e a janela máxima de congestionamento W. Para esse TCP modificado, demonstre, independentemente da vazão média do TCP, que uma conexão TCP sempre gasta a mesma quantidade de tempo para aumentar seu tamanho da janela de congestionamento de *W/2* para *W*.

P55. Quando discutimos TCPs futuros na Seção 3.7, observamos que, para conseguir uma vazão de 10 G*bits*/s, o TCP apenas poderia tolerar uma probabilidade de perda de segmentos de $2 \cdot 10^{-10}$ (ou, equivalentemente, uma perda para cada 5 milhões de segmentos). Mostre a derivação dos valores para $2 \cdot 10^{-10}$ (ou 1: 5.000.000) a partir dos valores de RTT e do MSS dados na Seção 3.7. Se o TCP precisasse suportar uma conexão de 100 G*bits*/s, qual seria a perda tolerável?

P56. Quando discutimos controle de congestionamento em TCP na Seção 3.7, admitimos implicitamente que o remetente TCP sempre tinha dados para enviar. Agora considere o caso em que o remetente TCP envia uma grande quantidade de dados e então fica ocioso em t_1 (já que não há mais dados a enviar). O TCP permanecerá ocioso por um período relativamente longo e então irá querer enviar mais dados em t_2. Quais são as vantagens e desvantagens de o TCP utilizar os valores `cwnd` e `ssthresh` de t_1 quando começar a enviar dados em t_2? Qual alternativa você recomendaria? Por quê?

P57. Neste problema, verificamos se o UDP ou o TCP apresentam um grau de autenticação do ponto de chegada.

a. Considere um servidor que receba uma solicitação dentro de um pacote UDP e responda a essa solicitação dentro de um pacote UDP (p. ex., como feito por um servidor DNS). Se um cliente com endereço IP X envia para o servidor um endereço de origem falso, Y, para onde o servidor enviará sua resposta?

b. Suponha que um servidor receba um SYN de endereço IP de origem Y, e depois de responder com um SYNACK, recebe um ACK com o endereço IP de origem Y com o número de reconhecimento correto. Admitindo que o servidor escolha um número de sequência aleatório e que não haja um *man-in-the-middle*, o servidor pode ter certeza de que o cliente realmente está em Y (e não em outro endereço X que está se passando por Y)?

P58. Neste problema, consideramos o atraso apresentado pela fase de partida lenta do TCP. Considere um cliente e um servidor da Web diretamente conectados por um enlace de taxa R. Suponha que o cliente queira recuperar um objeto cujo tamanho seja exatamente igual a 15 S, sendo S o tamanho máximo do segmento (MSS). Considere RTT o tempo de viagem de ida e volta entre o cliente e o servidor (admitindo que seja constante). Ignorando os cabeçalhos do protocolo, determine o tempo para recuperar o objeto (incluindo o estabelecimento da conexão TCP) quando

a. $4\,S/R > S/R + RTT > 2S/R$

b. $S/R + RTT > 4\,S/R$

c. $S/R > RTT$.

Tarefa de programação

Implementando um protocolo de transporte confiável

Nesta tarefa de programação de laboratório, você escreverá o código para a camada de transporte do remetente e do destinatário no caso da implementação de um protocolo simples de transferência confiável de dados. Há duas versões deste laboratório: a do protocolo de *bit* alternante e a do GBN. Essa tarefa será muito divertida, já que a sua realização não será muito diferente da que seria exigida em uma situação real.

Como você provavelmente não tem máquinas autônomas (com um sistema operacional que possa modificar), seu código terá de rodar em um ambiente de *hardware/software* simulado. Contudo, a interface de programação fornecida a suas rotinas – isto é, o código que chamaria suas entidades de cima e de baixo – é muito próxima ao que é feito em um ambiente UNIX real. (Na verdade, as interfaces do *software* descritas nesta tarefa de programação são muito mais realistas do que os remetentes e destinatários de laço infinito descritos em muitos livros.) A parada e o acionamento dos temporizadores também são simulados, e as interrupções do temporizador provocarão a ativação da sua rotina de tratamento de temporização.

Wireshark Lab: explorando o TCP

Neste laboratório, você usará seu navegador para acessar um arquivo de um servidor Web. Como nos anteriores, você usará Wireshark para capturar os pacotes que estão chegando ao seu computador. Mas, diferentemente daqueles laboratórios, *também* poderá baixar, do mesmo servidor Web do qual baixou o arquivo, um relatório (*trace*) de pacotes que pode ser lido pelo Wireshark. Nesse relatório do servidor, você encontrará os pacotes que foram gerados pelo seu próprio acesso ao servidor Web. Você analisará os diagramas dos lados do cliente e do servidor de modo a explorar aspectos do TCP. Em especial, fará uma avaliação do desempenho da conexão TCP entre seu computador e o servidor Web. Você analisará o comportamento da janela TCP e deduzirá comportamentos de perda de pacotes, de retransmissão, de controle de fluxo e de controle de congestionamento e do tempo de ida e volta estimado.

Como acontece com todos os laboratórios Wireshark, o desenvolvimento completo está disponível no *site* de apoio do livro.

Wireshark Lab: explorando o UDP

Neste pequeno laboratório, você realizará uma captura de pacote e uma análise de sua aplicação favorita que utiliza o UDP (p. ex., o DNS ou uma aplicação multimídia, como o Skype). Como aprendemos na Seção 3.3, o UDP é um protocolo de transporte simples. Neste laboratório, você examinará os campos do cabeçalho no segmento UDP, assim como o cálculo da soma de verificação.

Como acontece com todos os laboratórios Wireshark, o desenvolvimento completo está disponível no *site* de apoio do livro.

ENTREVISTA

Van Jacobson

Van Jacobson trabalha na Google e foi Research Fellow no PARC. Antes disso, foi cofundador e cientista-chefe da Packet Design. Antes ainda, foi cientista-chefe na Cisco. Antes de entrar para a Cisco, chefiou o Network Research Group, no Lawrence Berkeley National Laboratory, e lecionou na Universidade da Califórnia, em Berkeley e Stanford. Van recebeu o prêmio ACM SIGCOMM em 2001 pela destacada contribuição de toda uma vida para o campo de redes de comunicação e o prêmio IEEE Kobayashi em 2002 por "contribuir para o conhecimento do congestionamento de redes e por desenvolver mecanismos de controle de congestionamento de rede que permitiram a escalada bem-sucedida da Internet". Em 2004, foi eleito para a Academia Nacional de Engenharia dos Estados Unidos.

Imagem cortesia de Van Jacobson

Por favor, descreva um ou dois dos projetos mais interessantes em que você já trabalhou durante sua carreira. Quais foram os maiores desafios?

A escola nos ensina muitas maneiras de achar respostas. Em cada problema interessante em que trabalhei, o desafio tem sido achar a pergunta certa. Quando Mike Karels e eu começamos a examinar o congestionamento do TCP, gastamos meses encarando o protocolo e os *traces* de pacotes, perguntando "por que ele está falhando"? Um dia, no escritório de Mike, um de nós disse: "O motivo pelo qual não consigo descobrir por que ele falha é porque não entendo como ele chegou a funcionar, para começar". Aquela foi a pergunta certa e nos forçou a compreender a "temporização dos reconhecimentos (ACK)" que faz o TCP funcionar. Depois disso, o resto foi fácil.

De modo geral, qual é o futuro que você imagina para as redes e a Internet?

Para a maioria das pessoas, a Web é a Internet. Nós, que trabalhamos com redes, sorrimos educadamente, pois sabemos que a Web é uma aplicação rodando sobre a Internet, mas, e se eles estiverem certos? A Internet trata de permitir conversações entre pares de hospedeiros. A Web trata da produção e do consumo de informações distribuídas. "Propagação de informações" é uma visão muito geral da comunicação, da qual a "conversa em pares" é um minúsculo subconjunto. Precisamos pensar além do que vemos. As redes de hoje lidam com a mídia de *broadcast* (rádios, PONs, etc.) fingindo que ela é um fio de ponto a ponto. Isso é tremendamente ineficaz. *Terabits* de dados por segundo estão sendo trocados pelo mundo inteiro por meio de *pendrives* ou *smartphones*, mas não sabemos como tratar isso como "rede". Os ISPs estão ocupados montando *caches* e CDNs para distribuir vídeo e áudio em escala. O *caching* é uma parte necessária da solução, mas não há uma parte das redes de hoje – desde Informações, Filas ou Teoria de Tráfego até as especificações de protocolos da Internet – que nos diga como projetá-lo e distribuí-lo. Acho e espero que, nos próximos anos, as redes evoluam para abranger a visão muito maior de comunicação, que é a base da Web.

Quais pessoas o inspiraram profissionalmente?

Quando eu cursava a faculdade, Richard Feynman nos visitou e deu um seminário acadêmico. Ele falou sobre uma parte da teoria quântica que eu estava lutando para entender durante todo o semestre, e sua explicação foi tão simples e lúcida que aquilo que parecia um lixo sem sentido para mim tornou--se óbvio e inevitável. Essa capacidade de ver e transmitir a simplicidade que está por trás do nosso mundo complexo me parece uma dádiva rara e maravilhosa.

Quais são suas recomendações para estudantes que desejam seguir carreira em computação e tecnologia da informação?

Este é um campo maravilhoso – computadores e redes provavelmente tiveram mais impacto sobre a sociedade do que qualquer invenção desde a imprensa. Redes conectam coisas, e seu estudo o ajuda a fazer conexões intelectuais: a busca de alimento das formigas e as danças das abelhas demonstram o assunto de projeto de protocolo melhor do que RFCs; engarrafamentos de trânsito ou pessoas saindo de um estádio lotado são a essência do congestionamento; e motoristas procurando o melhor caminho de volta para casa após uma tempestade que alagou a cidade constituem o núcleo do roteamento dinâmico. Se você estiver interessado em obter muito material e quiser causar impacto, é difícil imaginar um campo melhor do que este.

CAPÍTULO 4

A camada de rede: plano de dados

Vimos no capítulo anterior que a camada de transporte oferece várias formas de comunicação processo a processo com base no serviço de comunicação entre hospedeiros da camada de rede. Vimos também que a camada de transporte faz isso sem saber como a camada de rede implementa esse serviço. Portanto, é bem possível que agora você esteja imaginando o que está por baixo do serviço de comunicação hospedeiro a hospedeiro, o que o faz funcionar?

Neste capítulo e no próximo, estudaremos exatamente como a camada de rede presta o serviço de comunicação hospedeiro a hospedeiro. Veremos que *há um pedaço da camada de rede em cada hospedeiro e roteador na rede*, o que não acontece com as camadas de transporte e de aplicação. Por isso, os protocolos de camada de rede estão entre os mais desafiadores (e, portanto, os mais interessantes!) da pilha de protocolos.

Como a camada de rede é provavelmente a mais complexa camada na pilha de protocolos, temos muito a trabalhar nesta parte do livro. Na verdade, o tema é tão grande que a camada de rede abrange dois capítulos. Veremos que a camada de rede pode ser decomposta em duas partes que interagem entre si, o **plano de dados** e o **plano de controle**. No Capítulo 4, primeiro trabalharemos as funções do plano de dados da camada de rede – as funções *por roteador* na camada de rede que determinam como um datagrama (i.e., um pacote da camada de rede) que chega em um dos enlaces de entrada do roteador é repassado para um dos seus enlaces de saída. Discutiremos o repasse de IP tradicional (no qual o repasse se baseia no endereço de destino do datagrama) e o repasse generalizado (no qual o repasse e outras funções podem ser realizados usando valores de vários campos diferentes do cabeçalho do datagrama). Estudaremos os protocolos e o endereçamento IPv4 e IPv6 em detalhes. No Capítulo 5, trabalharemos as funções do plano de controle da camada de rede – a lógica *em nível de rede* que controla como um datagrama é roteado entre roteadores em um trajeto fim a fim que vai do hospedeiro de origem ao de destino. Veremos algoritmos de roteamento e protocolos de roteamento, como OSPF e BGP, amplamente utilizados na Internet contemporânea. Tradicionalmente, esses protocolos de roteamento do plano de controle e funções de repasse do plano de dados são implementados juntos, de forma monolítica, no roteador. As redes definidas por *software* (SDN) separam explicitamente o plano de dados do plano de controle por meio da implementação das funções do segundo na forma de um serviço separado, geralmente em um “controlador” remoto. Também trabalharemos os controladores SDN no Capítulo 5.

A distinção entre as funções do plano de dados e do plano de controle na camada de rede é um conceito importante e que você deve manter em mente enquanto aprende sobre a camada de rede, pois vai ajudá-lo a estruturar suas ideias sobre a camada de rede e reflete uma visão moderna sobre o papel desta nas redes de computadores.

4.1 VISÃO GERAL DA CAMADA DE REDE

A Figura 4.1 mostra uma rede simples com dois hospedeiros, H1 e H2, e diversos roteadores no caminho entre H1 e H2. Suponha que H1 esteja enviando informações a H2, e considere o papel da camada de rede nesses hospedeiros e nos roteadores intermediários. A camada de rede em H1 pega segmentos da camada de transporte em H1, encapsula cada segmento em um datagrama e então os envia para seu roteador vizinho, R1. No hospedeiro receptor (H2),

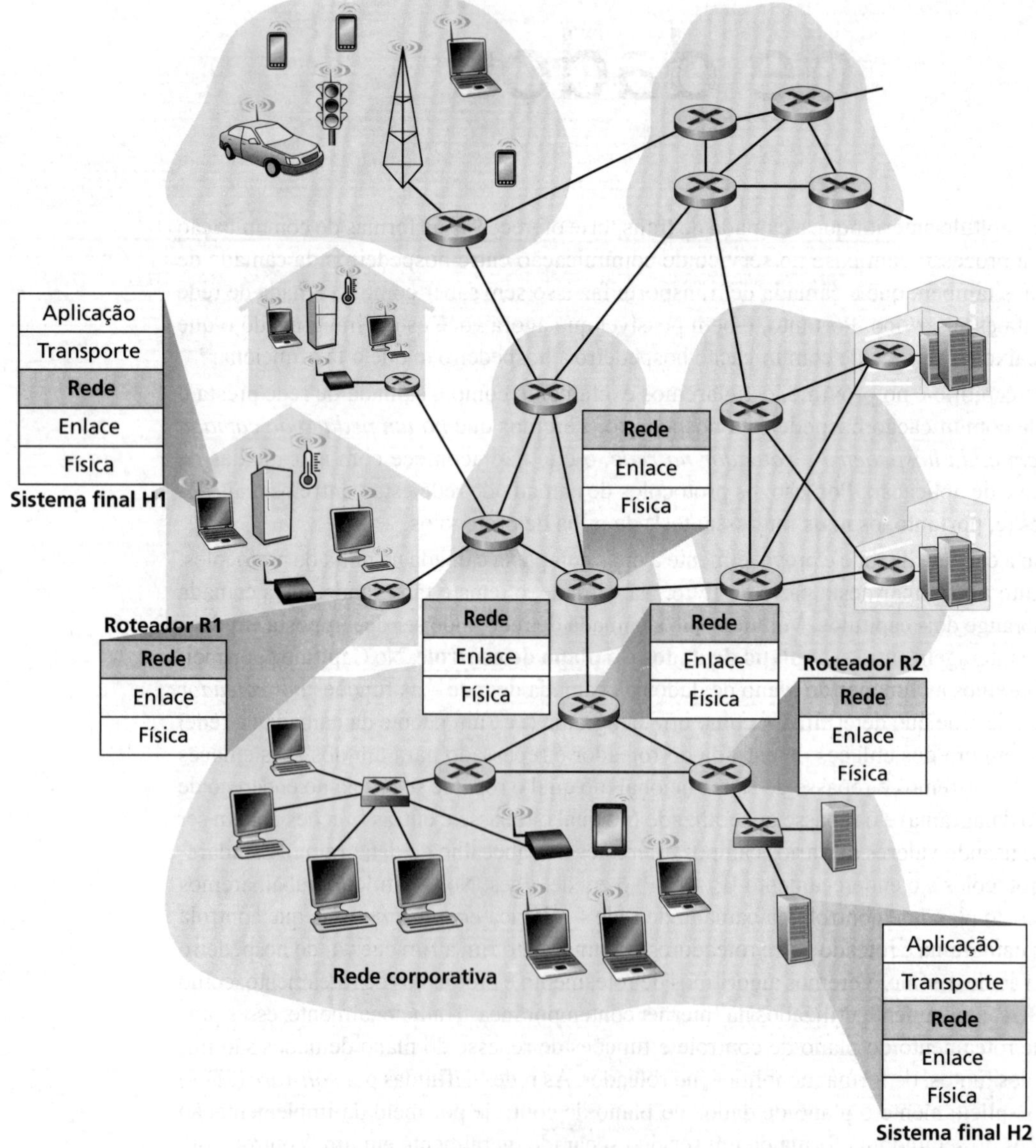

Figura 4.1 A camada de rede.

a camada de rede recebe os datagramas de seu roteador vizinho R2, extrai os segmentos de camada de transporte e os entrega à camada de transporte em H2. O papel primordial dos roteadores no plano de dados é repassar datagramas de enlaces de entrada para enlaces de saída; o papel primordial do plano de controle da rede é coordenar essas ações locais de repasse por roteador de modo que os datagramas sejam transferidos fim a fim, seguindo caminhos de roteadores entre os hospedeiros de origem e de destino. Note que os roteadores da Figura 4.1 são mostrados com a pilha de protocolos truncada, isto é, sem as camadas acima da camada de rede, pois roteadores não rodam protocolos de camada de transporte e de aplicação como os que examinamos nos Capítulos 2 e 3.

4.1.1 Repasse e roteamento: os planos de dados e de controle

O papel da camada de rede é aparentemente simples – transportar pacotes de um hospedeiro remetente a um hospedeiro destinatário. Para fazê-lo, duas importantes funções da camada de rede podem ser identificadas:

- *Repasse.* Quando um pacote chega ao enlace de entrada de um roteador, este deve conduzi-lo até o enlace de saída apropriado. Por exemplo, um pacote proveniente do hospedeiro H1 que chega ao roteador R1 na Figura 4.1 deve ser repassado ao roteador seguinte por um caminho até H2. Como veremos, o repasse é apenas uma função (ainda que a mais comum e importante!) implementada no plano de dados. No caso mais geral, que trabalharemos na Seção 4.4, o pacote também poderia ser impedido de sair do roteador (p. ex., se originário de um hospedeiro remetente maligno conhecido ou se destinado a um hospedeiro de destino proibido) ou duplicado e enviado por múltiplos enlaces de saída.
- *Roteamento.* A camada de rede deve determinar a rota ou o caminho tomado pelos pacotes ao fluírem de um remetente a um destinatário. Os algoritmos que calculam esses caminhos são denominados **algoritmos de roteamento**. Um algoritmo de roteamento determinaria, por exemplo, o caminho pelo qual os pacotes fluiriam de H1 para H2 na Figura 4.1. O roteamento é implementado no plano de controle da camada de rede.

Os termos *repasse* (*forwarding*) e *roteamento* (*routing*) são usados indistintamente por autores que estudam a camada de rede. Neste livro, usaremos tais termos com maior exatidão. **Repasse** refere-se à ação local realizada por um roteador para transferir um pacote da interface de um enlace de entrada para a interface de enlace de saída apropriada. O repasse ocorre em escalas temporais muito curtas (em geral, alguns poucos nanossegundos) e, logo, normalmente é implementado no *hardware.* **Roteamento** refere-se ao processo de âmbito geral da rede que determina os caminhos fim a fim que os pacotes percorrem desde a origem até o destino. O roteamento ocorre em escalas temporais muito maiores (em geral, de segundos) e, como veremos, muitas vezes é implementado no *software*. Usando uma viagem como analogia, voltemos àquele nosso viajante da Seção 1.3.1, que vai da Pensilvânia à Flórida. Durante a viagem, nosso motorista passa por muitos cruzamentos de rodovias em sua rota. Podemos imaginar o repasse como o processo de passar por um único cruzamento: um carro chega ao cruzamento vindo de uma rodovia e determina qual rodovia ele deve pegar para sair do cruzamento. Podemos imaginar o roteamento como o processo de planejamento da viagem da Pensilvânia até a Flórida: antes de partir, o motorista consultou um mapa e escolheu um dos muitos caminhos possíveis. Cada um deles consiste em uma série de trechos de rodovias conectados por cruzamentos.

Um elemento crucial de todo roteador de rede é a sua **tabela de repasse**. Um roteador repassa um pacote examinando o valor de um campo no cabeçalho do pacote que está chegando e então utiliza esse valor para indexar sua tabela de repasse. O resultado da tabela de repasse indica para qual das interfaces de enlace do roteador o pacote deve ser repassado. Por exemplo, na Figura 4.2, um pacote cujo valor no campo de cabeçalho é 0110 chega a um roteador. Este usa o valor 0110 como índice em sua tabela de repasse, determina que a interface de enlace de saída para o pacote é a interface 2 e, então, o repassa internamente à

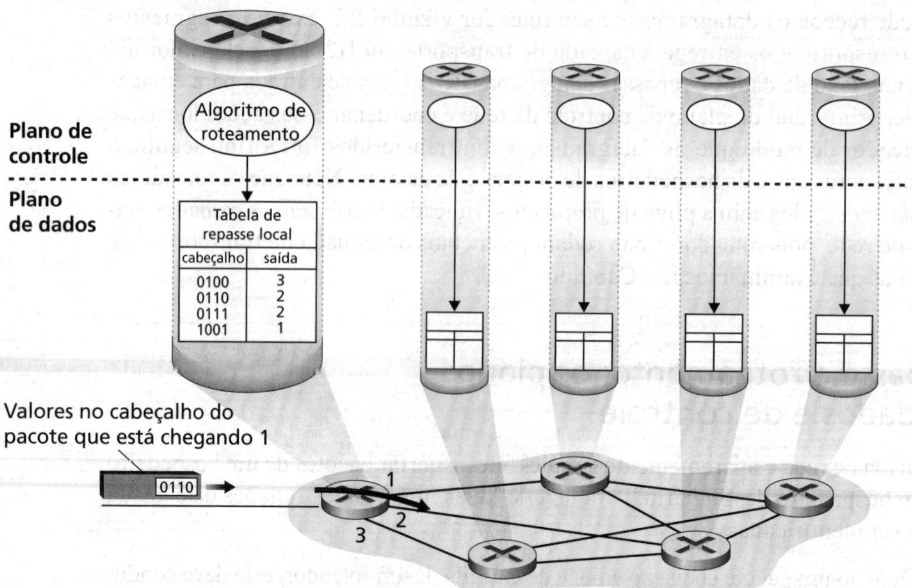

Figura 4.2 Algoritmos de roteamento determinam valores em tabelas de repasse.

interface 2. Na Seção 4.2, examinaremos o interior de um roteador e estudaremos a função de repasse muito mais detalhadamente. O repasse é a função-chave realizada pela funcionalidade de plano de dados da camada de rede.

Plano de controle: a abordagem tradicional

Agora, você certamente deve estar se perguntando como as tabelas de repasse do roteador são configuradas. É uma questão de suma importância, que revela a interação importante entre o repasse (no plano de dados) e o roteamento (no plano de controle). Como mostrado na Figura 4.2, o algoritmo de roteamento determina o conteúdo das tabelas de repasse dos roteadores. No exemplo, um algoritmo de roteamento é executado em todos os roteadores, e ambas as funções, de repasse e de roteamento, estão contidas no roteador. Como veremos nas Seções 5.3 e 5.4, a função do algoritmo de roteamento em um roteador se comunica com a sua equivalente em outros roteadores para computar os valores para a sua tabela de repasse. Como ocorre essa comunicação? Por meio da troca de mensagens de roteamento contendo informações de roteamento, de acordo com um protocolo de roteamento! Trabalharemos os algoritmos e protocolos de roteamento nas Seções 5.2 a 5.4.

As finalidades distintas e diferentes das funções de repasse e roteamento podem ser mais bem esclarecidas considerando o caso hipotético (e não realista, mas tecnicamente viável) de uma rede na qual todas as tabelas de repasse são configuradas diretamente por operadores de rede humanos, fisicamente presentes nos roteadores. Nesse caso, não seria preciso *nenhum* protocolo de roteamento! É claro que os operadores humanos precisariam interagir uns com os outros para garantir que as tabelas fossem configuradas de tal modo que os pacotes chegassem a seus destinos pretendidos. Também é provável que uma configuração humana seria mais propensa a erro e muito mais lenta do que um protocolo de roteamento para reagir a mudanças na topologia da rede. Portanto, sorte nossa que todas as redes têm uma função de repasse *e* uma função de roteamento!

Plano de controle: a abordagem SDN

A abordagem de implementar a funcionalidade de roteamento mostrada na Figura 4.2, em que cada roteador possui um componente de roteamento que se comunica com o componente de roteamento dos outros roteadores, era, pelo menos até recentemente, a abordagem

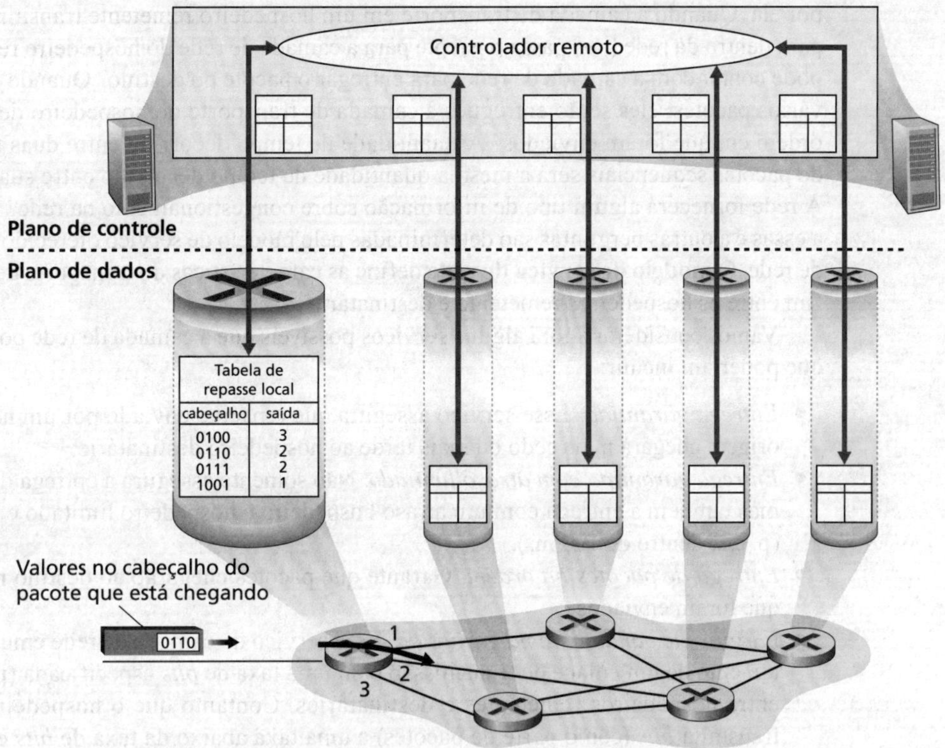

Figura 4.3 Um controlador remoto determina e distribui valores em tabelas de repasse.

tradicional adotada pelos fornecedores de produtos desse tipo. Nossa observação de que os seres humanos poderiam configurar manualmente as tabelas de repasse sugere, no entanto, que a funcionalidade do plano de controle poderia ter outras maneiras de determinar o conteúdo das tabelas de repasse do plano de dados.

A Figura 4.3 mostra uma abordagem alternativa, na qual um controlador remoto, fisicamente independente, computa e distribui as tabelas de repasse que serão usadas por todos os roteadores. Observe que os componentes do plano de dados das Figuras 4.2 e 4.3 são idênticos. Na Figura 4.3, no entanto, a funcionalidade de roteamento do plano de controle está separada do roteador físico – o dispositivo de roteamento realiza apenas o repasse, enquanto o controlador remoto calcula e distribui as tabelas de repasse. O controlador remoto poderia ser implementado em um *datacenter* remoto com alta confiabilidade e redundância e gerenciado pelo Provedor de Serviços de Internet (ISP, do inglês *Internet Service Provider*) ou por uma outra entidade. Como os roteadores e o controlador remoto se comunicariam? Trocando mensagens que contivessem tabelas de repasse e outras informações de roteamento. A abordagem do plano de controle mostrada na Figura 4.3 está no cerne das **redes definidas por *software* (SDN, do inglês *software-defined networking*)**, nas quais a rede é "definida por *software*" porque o controlador que calcula as tabelas de repasse e interage com os roteadores é implementado no *software*. É cada vez mais comum que essas implementações de *software* sejam de código aberto, ou seja, assim como o código do sistema operacional Linux, que estejam publicamente disponíveis, permitindo que os ISPs (e os estudantes e pesquisadores sobre redes!) inovem e proponham mudanças ao *software* que controla a funcionalidade da camada de rede. Analisaremos o plano de controle SDN na Seção 5.5.

4.1.2 Modelo de serviço de rede

Antes de examinar a camada de rede, vamos completar a nossa introdução com uma perspectiva mais ampla e considerar os diferentes tipos de serviço que poderiam ser oferecidos por ela. Quando a camada de transporte em um hospedeiro remetente transmite um pacote para dentro da rede (i.e., passa o pacote para a camada de rede do hospedeiro remetente), ela pode contar com a camada de rede para entregar o pacote no destino? Quando são enviados vários pacotes, eles serão entregues à camada de transporte no hospedeiro destinatário na ordem em que foram enviados? A quantidade de tempo decorrido entre duas transmissões de pacotes sequenciais será a mesma quantidade de tempo decorrido entre suas recepções? A rede fornecerá algum tipo de informação sobre congestionamento na rede? As respostas a essas e a outras perguntas são determinadas pelo modelo de serviço oferecido pela camada de rede. O **modelo de serviço de rede** define as características do transporte de dados fim a fim entre os hospedeiros remetente e destinatário.

Vamos considerar agora alguns serviços possíveis que a camada de rede poderia prover, que poderiam incluir:

- *Entrega garantida.* Esse serviço assegura que o pacote enviado por um hospedeiro de origem chegará mais cedo ou mais tarde ao hospedeiro destinatário.
- *Entrega garantida com atraso limitado.* Não somente assegura a entrega de um pacote, mas também a entrega com um atraso hospedeiro a hospedeiro limitado e especificado (p. ex., dentro de 100 ms).
- *Entrega de pacotes na ordem.* Garante que pacotes chegarão ao destino na ordem em que foram enviados.
- *Largura de banda mínima garantida.* Esse serviço de camada de rede emula o comportamento de um enlace de transmissão com uma taxa de *bits* especificada (p. ex., 1 *bit*/s) entre hospedeiros remetentes e destinatários. Contanto que o hospedeiro remetente transmita *bits* (como parte de pacotes) a uma taxa abaixo da taxa de *bits* especificada, todos os pacotes serão entregues ao hospedeiro destinatário.
- *Segurança.* A camada de rede poderia criptografar todos os datagramas na fonte e descriptografá-los no destino, provendo, assim, confidencialidade para todos os segmentos da camada de transporte.

Essa é uma lista apenas parcial de serviços que uma camada de rede poderia prover – há incontáveis variações possíveis.

A camada de rede da Internet fornece um único modelo de serviço, conhecido como **serviço de melhor esforço**. Com o serviço de melhor esforço, não há garantia de que os pacotes sejam recebidos na ordem em que foram enviados e não há garantia da entrega final dos pacotes transmitidos. Não há garantia sobre o atraso de fim a fim ou de largura de banda mínima. Pode parecer que *serviço de melhor esforço* seja um eufemismo para *absolutamente nenhum serviço* – uma rede que não entregasse *nenhum* pacote ao destinatário satisfaria a definição de serviço de entrega de melhor esforço! Outras arquiteturas de rede definiram e puseram em prática modelos de serviço que vão além do serviço de melhor esforço da Internet. Por exemplo, a arquitetura de rede ATM (Black, 1995) garante atraso ordenado, atraso limitado e largura de banda mínima. Também foram propostas extensões do modelo de serviço para a arquitetura da Internet; por exemplo, a arquitetura Intserv (RFC 1633) pretende oferecer garantias de atraso de fim a fim e comunicação sem congestionamento. É interessante que, apesar dessas alternativas avançadas, o modelo de serviço de melhor esforço básico da Internet, combinado com provisionamento adequado de banda e protocolos adaptativos de largura de banda no nível da aplicação, como o *Streaming* Adaptativo Dinamicamente sobre HTTP (DASH, do inglês *Dynamic Adaptive Streaming over HTTP*), que encontramos na Seção 2.6.2, parece ter demonstrado ser mais do que "bom o suficiente" para capacitar uma gama incrível de aplicações, incluindo serviços de *streaming* de vídeo como o Netflix e aplicações de videoconferência em tempo real baseadas em vídeo sobre IP, como Skype e Facetime.

Uma Visão Geral do Capítulo 4

Tendo apresentado uma visão geral sobre a camada de rede, trabalharemos o seu componente do plano de dados nas próximas seções deste capítulo. Na Seção 4.2, mergulharemos nas operações de *hardware* internas de um roteador, incluindo processamento de pacotes de entrada e saída, o mecanismo de comutação interno do roteador e o enfileiramento e escalonamento de pacotes. Na Seção 4.3, analisaremos o repasse de IP tradicional, no qual os pacotes são repassados para portas de saída com base nos seus endereços IP de destino. Veremos o endereçamento IP, os famosos protocolos IPv4 e IPv6 e muito mais. Na Seção 4.4, trabalharemos o repasse generalizado, no qual os pacotes podem ser repassados para portas de saída com base em um grande número de valores de cabeçalho (i.e., sem se basear apenas no endereço IP de destino). Os pacotes podem ser bloqueados ou duplicados no roteador, ou podem ter determinados valores no campo de cabeçalho reescritos, sempre sob controle do *software*. Essa forma mais generalizada de repasse de pacotes é um componente crítico do plano de dados de uma rede moderna, incluindo o plano de dados das SDNs. Na Seção 4.5, aprenderemos um pouco sobre as *middleboxes*, que podem realizar outras funções além do repasse.

Mencionamos, de passagem, que os pesquisadores e profissionais de redes de computadores usam as palavras *repasse* e *comutação* indistintamente; nós usaremos ambos os termos neste livro. Enquanto estamos no tópico da terminologia, é interessante mencionar dois outros termos que também são utilizados indistintamente, mas que usaremos com maior cuidado. Reservaremos o termo *comutador de pacotes* para designar um dispositivo geral de comutação de pacotes que transfere um pacote de interface de enlace de entrada para interface de enlace de saída conforme o valor que está em um campo no cabeçalho do pacote. Alguns comutadores de pacotes, denominados **switches** (que veremos no Capítulo 6), baseiam a decisão de repasse em valores nos campos do quadro da camada de enlace; assim, diz-se que são comutadores da camada de enlace (camada 2). Outros, denominados **roteadores**, baseiam sua decisão de repasse em valores do campo de cabeçalho no datagrama da camada de rede. Assim, os roteadores são dispositivos da camada de rede (camada 3). (Para dar real valor a essa importante distinção, seria interessante você ler novamente a Seção 1.5.2, em que discutimos datagramas de camada de rede e quadros de camada de enlace e as relações entre eles.) Visto que o foco deste capítulo é a camada de rede, quase sempre usaremos o termo *roteador* no lugar de *comutador de pacotes*.

4.2 O QUE HÁ DENTRO DE UM ROTEADOR?

Agora que temos uma visão geral dos planos de dados e de controle na camada de rede, da distinção importante entre repasse e roteamento e dos serviços e funções da camada de rede, voltemos nossa atenção para a sua função de repasse – a transferência de pacotes dos enlaces de entrada do roteador para os seus enlaces de saída apropriados.

Uma visão de alto nível da arquitetura de um roteador genérico é mostrada na Figura 4.4. Quatro componentes de um roteador podem ser identificados:

- *Portas de entrada.* A **porta de entrada** tem diversas funções. Ela realiza as funções de camada física (a caixa mais à esquerda da porta de entrada e a caixa mais à direita da porta de saída na Figura 4.4) de terminar um enlace físico de entrada em um roteador. Executa também as funções de camada de enlace (representadas pelas caixas do meio nas portas de entrada e de saída) necessárias para interoperar com as funções da camada de enlace do outro lado do enlace de entrada. Talvez mais importante, a função de exame também é realizada na porta de entrada; isso ocorrerá na caixa mais à direita da porta de entrada. É aqui que a tabela de repasse é consultada para determinar a porta de saída do roteador à qual um pacote que chega será repassado por meio do elemento de comutação. Pacotes de controle (p. ex., pacotes carregando informações de protocolo de roteamento) são repassados de uma porta de entrada até o processador de roteamento. Note que o termo *porta* aqui – referindo-se às interfaces físicas de entrada e saída do roteador – é distintamente diferente das portas de *software* associadas a aplicações

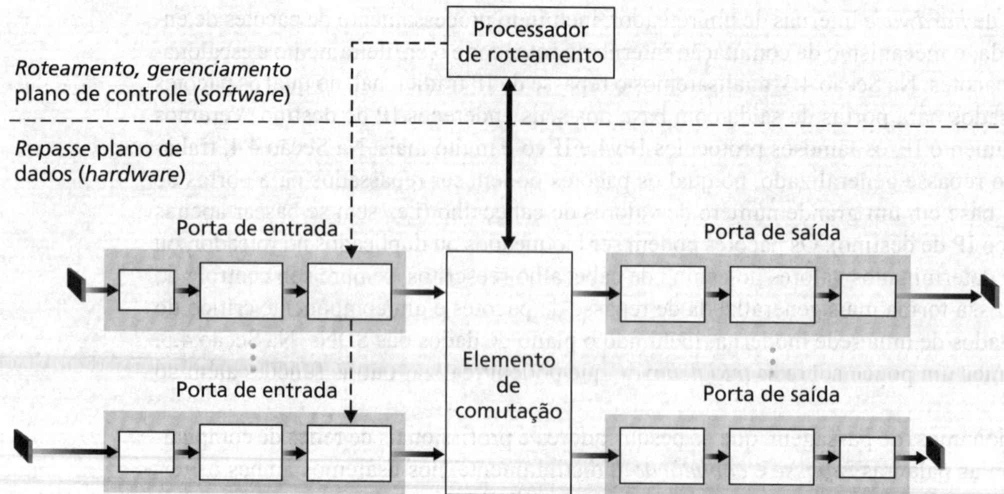

Figura 4.4 Arquitetura de roteador.

de rede e *sockets*, discutidas nos Capítulos 2 e 3. Na prática, o número de portas suportadas por um roteador varia de um pequeno número em roteadores corporativos até centenas de portas de 10 G*bits*/s em um roteador na borda da rede de um ISP, onde o número de linhas que chegam tende a ser maior. O roteador de borda Juniper MX2020, por exemplo, suporta até 800 portas de Ethernet de 100 G*bits*/s, com capacidade total do sistema de roteamento de 80 T*bits*/s (Juniper MX 2020, 2020).

- *Elemento de comutação.* O elemento de comutação conecta as portas de entrada do roteador às suas portas de saída. Ele está integralmente contido no interior do roteador – uma rede dentro de um roteador da rede!
- *Portas de saída.* Uma **porta de saída** armazena os pacotes que foram repassados a ela através do elemento de comutação e, então, os transmite até o enlace de saída, realizando as funções necessárias da camada de enlace e da camada física. Quando um enlace é bidirecional (i.e., carrega um tráfego em ambas as direções), uma porta de saída para o enlace será emparelhada com a porta de entrada para esse enlace na mesma placa de linha.
- *Processador de roteamento.* O processador de roteamento executa as funções do plano controle. Nos roteadores tradicionais, ele executa os protocolos de roteamento (que estudaremos nas Seções 5.3 e 5.4), mantém as tabelas de roteamento e as informações de estado do enlace e calcula a tabela de repasse para o roteador. Nos roteadores SDN, o processador de roteamento é responsável por se comunicar com o controlador remoto de modo a, entre outras atividades, receber registros da tabela de repasse computados pelo controlador remoto e instalá-los nas portas de entrada do roteador. O processador de roteamento também realiza funções de gerenciamento de rede que estudaremos na Seção 5.7.

As portas de entrada, portas de saída e o elemento de comutação de um roteador quase sempre são implementados no *hardware*, como ilustra a Figura 4.4. Para entender por que é necessário haver uma execução no *hardware*, considere que, com um enlace de entrada de 100 G*bits*/s e um datagrama IP de 64 *bytes*, a porta de entrada tem apenas 5,12 ns para processar o datagrama antes que outro datagrama possa chegar. Se *N* portas forem combinadas em uma placa de linha (como em geral é feito na prática), a canalização de processamento de datagrama precisa operar *N* vezes mais rápido – muito rápido para uma realização em *software*. O *hardware* de repasse pode ser executado usando os próprios projetos de *hardware* do fabricante do roteador ou ser construído usando *chips* de silício comprados no mercado (p. ex., vendidos por empresas como Intel e Broadcom).

Embora o plano de dados opere em uma escala de tempo de nanossegundo, as funções de controle de um roteador – executando os protocolos de roteamento, respondendo a enlaces conectados que são ativados ou desativados, comunicando-se com o controlador remoto (no caso de SDN) e realizando funções de gerenciamento – operam na escala de tempo de milissegundo ou segundo. Essas funções do **plano de controle** do roteador costumam ser realizadas no *software* e executam no processador de roteamento (em geral, uma CPU tradicional).

Antes de entrarmos nos detalhes internos do roteador, vamos retornar à analogia do início deste capítulo, em que o repasse de pacotes foi comparado com carros entrando e saindo de um pedágio. Vamos supor que, antes que um carro entre no pedágio, algum processamento seja necessário. Vejamos quais informações são necessárias para esse processamento:

- *Repasse baseado no destino.* Suponha que o veículo para em uma estação de entrada e indica seu destino final (não no pedágio local, mas o destino final de sua viagem). Um atendente na cabine examina o destino final, determina a saída do pedágio que leva a esse destino final e diz ao motorista qual saída ele deve tomar.
- *Repasse generalizado.* O atendente também poderia determinar a saída do carro com base em muitos outros fatores além do destino. Por exemplo, a saída selecionada poderia depender da origem do veículo, como o estado que emitiu sua placa. Carros de um determinado conjunto de estados poderiam ser instruídos a usar uma saída (que leva ao destino por uma estrada mais lenta), enquanto veículos de outros estados poderiam ser direcionados a uma saída diferente (que leva ao destino por uma autoestrada). A mesma decisão poderia ser tomada com base na marca, no modelo e no ano de fabricação do carro. Ou um carro considerado em mau estado poderia ser impedido de passar pelo pedágio. No caso do repasse generalizado, diversos fatores podem contribuir para a escolha do atendente com relação a por qual saída um determinado carro deve seguir.

Depois que entra no pedágio (que pode estar cheio de outros carros entrando de outras estradas de entrada e seguindo para outras saídas do pedágio), o carro por fim segue pela pista de saída indicada, onde poderá encontrar outros carros saindo do pedágio nessa mesma saída.

Nessa analogia, podemos reconhecer facilmente os componentes principais do roteador na Figura 4.4 – a pista de entrada e a cabine de entrada correspondem à porta de entrada (com uma função de consulta para determinar a porta de saída local); o pedágio corresponde ao elemento de comutação; e a pista de saída do pedágio corresponde à porta de saída. Com essa analogia, é instrutivo considerar onde poderiam acontecer os gargalos. O que acontece se os carros chegarem muito depressa (p. ex., o pedágio está na Alemanha ou na Itália!), mas o atendente na cabine for lento? Com que velocidade o atendente deverá trabalhar para garantir que não haja engarrafamento na pista de entrada? Mesmo com um atendente incrivelmente rápido, o que acontece se os carros atravessarem o pedágio devagar – ainda poderá haver engarrafamentos? E o que ocorre se a maioria dos carros que entram em todas as pistas de entrada quiserem sair do pedágio na mesma pista de saída – pode haver engarrafamentos na pista de saída ou em outro lugar? Como o pedágio deve ser operado se quisermos atribuir prioridades a carros diferentes, ou impedir que certos veículos sequer entrem no pedágio? Todas estas são questões críticas semelhantes às enfrentadas pelos projetistas de roteador e de comutador.

Nas próximas subseções, vamos examinar as funções do roteador com mais detalhes. Turner (1988), McKeown (1997a), Partridge (1998), Iyer (2008), Serpanos (2011) e Zilberman (2019) oferecem uma discussão das arquiteturas específicas de roteador. Por concretude e simplicidade, inicialmente pressuporemos nesta seção que as decisões de repasse são baseadas no endereço de destino do pacote, não em um conjunto generalizado de campos de cabeçalho do pacote. Analisaremos o caso do repasse de pacotes generalizado na Seção 4.4.

4.2.1 Processamento na porta de entrada e repasse baseado em destino

Uma visão mais detalhada da funcionalidade de porta da entrada é apresentada na Figura 4.5. Como discutido anteriormente, as funções de terminação de linha e de processamento de enlace realizadas pela porta de entrada implementam as funções das camadas física e de enlace associadas a um enlace de entrada individual do roteador. A pesquisa realizada na porta de entrada é fundamental para a operação do roteador – é aqui que o roteador usa a tabela de repasse para determinar a porta de saída para a qual o pacote que está chegando será repassado pelo elemento de comutação. A tabela de repasse é calculada e atualizada pelo processador de roteamento (usando um protocolo de roteamento para interagir com os processadores de roteamento em outros roteadores de rede) ou recebida de um controlador de SDN remoto. A tabela de repasse é copiada do processador de roteamento para as placas de linha por um barramento separado (p. ex., um barramento PCI), indicado na Figura 4.4 pela linha tracejada do processador de roteamento às placas de linha da entrada. Com uma cópia em cada placa de linha, as decisões de repasse podem ser feitas no local, em cada porta de entrada, sem chamada ao processador de roteamento centralizado a cada pacote, evitando assim um gargalo de processamento centralizado.

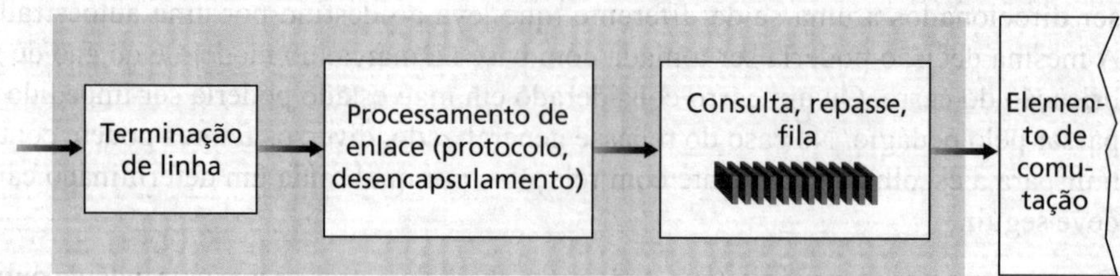

Figura 4.5 Processamento na porta de entrada.

Consideremos agora o caso "mais simples", em que a porta de saída para a qual o pacote que chega é comutado se baseia no endereço de destino do pacote. No caso dos endereços IP de 32 *bits*, uma execução de força bruta da tabela de repasse teria um registro para cada endereço de destino possível. Como há mais de 4 bilhões de endereços possíveis, essa opção está totalmente fora de questão.

Como exemplo de como essa questão de escala pode ser trabalhada, vamos supor que nosso roteador tenha quatro enlaces numerados de 0 a 3, e que os pacotes devem ser repassados para as interfaces de enlace como mostrado a seguir:

Faixa de endereços de destino	Interface de enlace
11001000 00010111 00010000 00000000 até 11001000 00010111 00010111 11111111	0
11001000 00010111 00011000 00000000 até 11001000 00010111 00011000 11111111	1
11001000 00010111 00011001 00000000 até 11001000 00010111 00011111 11111111	2
Senão	3

Fica claro, por esse exemplo, que não é necessário ter 4 bilhões de registros na tabela de repasse do roteador. Poderíamos, por exemplo, ter a seguinte tabela de repasse com apenas quatro registros:

Prefixo	Interface de enlace
11001000 00010111 00010	0
11001000 00010111 00011000	1
11001000 00010111 00011	2
Senão	3

Com esse tipo de tabela de repasse, o roteador compara um **prefixo** do endereço de destino do pacote com os registros na tabela; se houver uma concordância de prefixos, o roteador transmite o pacote para o enlace associado àquele prefixo correspondente. Por exemplo, suponha que o endereço de destino do pacote seja 11001000 00010111 00010110 10100001; como o prefixo de 21 *bits* desse endereço é igual ao primeiro registro na tabela, o roteador transmite o pacote para a interface de enlace 0. Se o prefixo do pacote não combinar com nenhum dos três primeiros registros, o roteador envia o pacote para a interface 3. Embora isso pareça bastante simples, há aqui uma sutileza importante. Você talvez tenha notado a possibilidade de um endereço de destino combinar com mais de um registro. Por exemplo, os primeiros 24 *bits* do endereço 11001000 00010111 00011000 10101010 combinam com o segundo registro na tabela, e os primeiros 21 *bits* do endereço combinam com o terceiro registro. Quando há várias concordâncias de prefixos, o roteador usa a **regra da concordância do prefixo mais longo**, isto é, encontra o registro cujo prefixo tem mais *bits* correspondentes aos *bits* do endereço do pacote e envia o pacote à interface de enlace associada com esse prefixo mais longo que tenha correspondência. Veremos exatamente *por que* essa regra de prefixo mais longo correspondente é utilizada quando estudarmos endereçamento da Internet em mais detalhes na Seção 4.3.

Dada a existência de uma tabela de repasse, o exame é conceitualmente simples – a lógica do *hardware* simplesmente procura na tabela de repasse o registro mais longo correspondente ao endereço de destino. Porém, com taxas de transmissão de *gigabits*, a procura precisa ser realizada em nanossegundos (lembre-se do exemplo anterior de um enlace de 100 G*bits*/s e um datagrama IP de 64 *bytes*). Assim, não apenas a pesquisa deve ser realizada no *hardware*, mas são necessárias outras técnicas além da busca linear simples por uma tabela grande; estudos sobre algoritmos de pesquisa rápidos podem ser encontrados em Gupta (2001) e Ruiz-Sanchez (2001). É preciso prestar atenção especial aos tempos de acesso da memória, resultando em projetos com memórias de DRAM e SRAM (usadas como *cache* de DRAM) mais rápidas, embutidas no *chip*. Na prática, memórias de conteúdo endereçável ternárias (TCAMs, do inglês *Ternary Content Addressable Memories*) também são usadas para pesquisa (Yu, 2004). Com uma TCAM, um endereço IP de 32 *bits* é apresentado à memória, que retorna o conteúdo da entrada da tabela de repasse para esse endereço em um tempo constante. Os roteadores e comutadores Cisco Catalyst 6500 e 7600 Series podem ter até um milhão de registros na tabelas de repasse TCAM (Cisco TCAM, 2014).

Quando a porta de saída de um pacote tiver sido determinada por meio da pesquisa, ele pode ser enviado para o elemento de comutação. Em alguns projetos, um pacote pode ser temporariamente impedido de entrar no elemento de comutação se os pacotes de outras portas de entrada estiverem usando o elemento naquele instante. Um pacote impedido ficará enfileirado na porta de entrada e depois escalonado para cruzar o elemento em outra oportunidade. Veremos mais de perto os processos de bloqueio, enfileiramento e escalonamento de pacotes (nas portas de entrada e de saída) em breve. Embora a "pesquisa" seja comprovadamente a ação mais importante no processamento da porta de entrada, muitas outras ações devem ser tomadas: (1) o processamento da camada física e de enlace deverá ocorrer, conforme já vimos; (2) os campos de número de versão, soma de verificação e tempo de vida do pacote – todos eles estudados na Seção 4.3 – deverão ser verificados, e os dois últimos campos, reescritos; e (3) contadores usados para o gerenciamento de rede (como o número de datagramas IP recebidos) devem ser atualizados.

Vamos encerrar nossa discussão de processamento de porta de entrada observando que as etapas da porta de entrada de pesquisar um endereço IP ("combinação") e depois enviar o pacote para o elemento de comutação ("ação") é um caso específico de uma abstração "combinação mais ação", mais ampla, que é realizada em muitos dispositivos da rede, não apenas roteadores. Em switches (explicados no Capítulo 6), os endereços de destino da camada de enlace são pesquisados, e várias ações podem ser tomadas além do envio do quadro ao elemento de comutação pela porta de saída. Em *firewalls* (explicados no Capítulo 8) – dispositivos que filtram pacotes selecionados que chegam –, um pacote que chega, cujo cabeçalho combina com determinado critério (p. ex., uma combinação de endereços IP de origem/destino e números de porta da camada de transporte), pode ser descartado (ação). Em um tradutor de endereço de rede (NAT, do inglês *network address translator*, discutido na Seção 4.3), um pacote que chega, cujo número de porta da camada de transporte combina com determinado valor, terá seu número de porta reescrito antes de ser repassado (ação). Assim, a abstração "combinação mais ação" (Bosshart, 2013) é tanto poderosa quanto prevalente nos dispositivos da rede, e fundamental para a ideia de repasse generalizado que estudaremos na Seção 4.4.

4.2.2 Elemento de comutação

O elemento de comutação está no coração de um roteador. É por meio do elemento de comutação que os pacotes são comutados (i.e., repassados) de uma porta de entrada para uma porta de saída. A comutação pode ser realizada de inúmeras maneiras, como mostra a Figura 4.6.

- *Comutação por memória.* Os primeiros e mais simples roteadores quase sempre eram computadores tradicionais nos quais a comutação entre as portas de entrada e de saída era realizada sob o controle direto da CPU (processador de roteamento). Essas portas

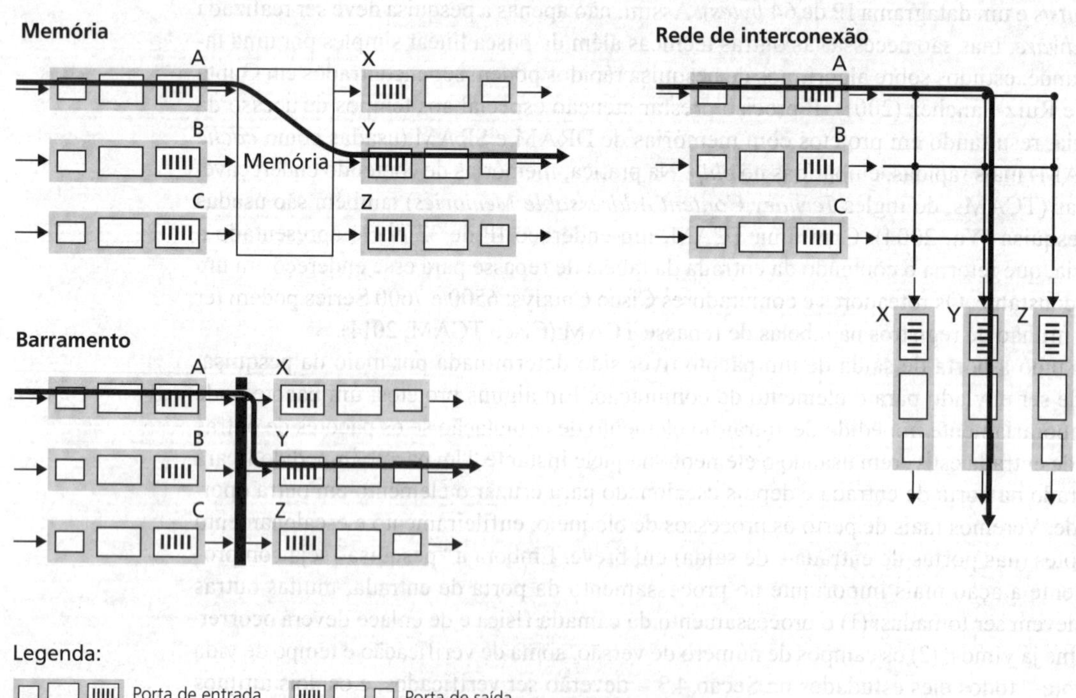

Figura 4.6 Três técnicas de comutação.

funcionavam como dispositivos tradicionais de entrada/saída de um sistema operacional tradicional. Uma porta de entrada na qual um pacote estivesse entrando primeiro sinalizaria ao processador de roteamento por meio de uma interrupção. O pacote era então copiado da porta de entrada para a memória do processador. O processador de roteamento então extraía o endereço de destino do cabeçalho, consultava a porta de saída apropriada na tabela de repasse e copiava o pacote para os *buffers* da porta de saída. Nesse cenário, se a largura de banda da memória for tal que no máximo B pacotes/segundo possam ser escritos ou lidos na memória, então a vazão total de repasse (a velocidade total com que os pacotes são transferidos de portas de entrada para portas de saída) deverá ser menor do que $B/2$. Observe também que dois pacotes não podem ser repassados ao mesmo tempo, mesmo que tenham diferentes portas de destino, pois somente uma leitura/escrita de memória pelo barramento compartilhado do sistema pode ser feita de cada vez.

Alguns roteadores modernos também comutam por memória. Contudo, uma diferença importante entre esses roteadores e os antigos é que a consulta do endereço de destino e o armazenamento do pacote na localização adequada da memória são realizados por processadores nas placas de linha de entrada. Em certos aspectos, roteadores que comutam por memória se parecem muito com multiprocessadores de memória compartilhada, nos quais os processadores de uma placa de linha comutam (escrevem) pacotes para a memória da porta de saída adequada. Os comutadores série 8500 Catalyst da Cisco (Cisco 8500, 2020) comutam pacotes por uma memória compartilhada.

- *Comutação por um barramento.* Nessa abordagem, as portas de entrada transferem um pacote diretamente para a porta de saída por um barramento compartilhado sem a intervenção do processador de roteamento. Para isso, a porta de entrada insere um rótulo interno ao comutador (cabeçalho) antes do pacote, indicando a porta de saída local à qual ele está sendo transferido, e o pacote é transmitido para o barramento. Ele é recebido por todas as portas de saída, mas somente a porta que combina com o rótulo manterá o pacote. O rótulo é então removido na porta de saída, pois só é usado dentro do comutador para atravessar o barramento. Se vários pacotes chegarem ao roteador ao mesmo tempo, cada um em uma porta de entrada diferente, todos menos um deverão esperar, pois apenas um pacote pode cruzar o barramento de cada vez. Como cada pacote precisa atravessar o único barramento, a velocidade de comutação do roteador é limitada à velocidade do barramento; em nossa analogia com o sistema de pedágio, é como se o sistema de pedágio só pudesse conter um carro de cada vez. Apesar disso, a comutação por um barramento muitas vezes é suficiente para roteadores que operam em redes de acesso e redes de empresas. Os comutadores Cisco 6500 (Cisco 6500, 2020) comutam internamente pacotes por um barramento da placa-mãe (*backplane bus*) de 32 G*bits*/s.
- *Comutação por uma rede de interconexão.* Um modo de vencer a limitação da largura de banda de um barramento único compartilhado é usar uma rede de interconexão mais sofisticada, tal como as que eram utilizadas no passado para interconectar processadores em uma arquitetura de computadores multiprocessadores. Um comutador do tipo *crossbar* é uma rede de interconexão que consiste em $2N$ barramentos que conectam N portas de entrada com N portas de saída, como ilustra a Figura 4.6. Cada barramento vertical atravessa cada barramento horizontal em um cruzamento, que pode ser aberto ou fechado a qualquer momento pelo controlador do elemento de comutação (cuja lógica faz parte do próprio elemento de comutação). Quando um pacote chega da porta A e precisa ser repassado para a porta Y, o controlador do comutador fecha o cruzamento na interseção dos barramentos A e Y, e a porta A, então, envia o pacote para seu barramento, que é apanhado (apenas) pelo barramento Y. Observe que um pacote da porta B pode ser repassado para a porta X ao mesmo tempo, pois os pacotes A-para-Y e B-para-X usam diferentes barramentos de entrada e saída. Assim, diferentemente das duas técnicas de comutação anteriores, as redes do tipo *crossbar* são capazes de repassar vários pacotes em paralelo. Um comutador do tipo *crossbar* é ***non-blocking*** (não bloqueante)

– o pacote sendo repassado para uma porta de saída não será impedido de chegar até ela desde que nenhum outro pacote esteja sendo repassado para tal porta de saída. Porém, se dois pacotes de duas portas de entrada diferentes forem destinados à mesma porta de saída, então um terá que esperar na entrada, pois somente um pacote pode ser enviado por qualquer barramento de cada vez. Os comutadores da série Cisco 12000 (Cisco 12000, 2020) usam uma rede de comutação do tipo *crossbar*; a série Cisco 7600 pode ser configurada para usar comutadores desse tipo ou barramentos (Cisco 7600, 2020).

Redes de comutação mais sofisticadas utilizam vários estágios de elementos de comutação para permitir que pacotes de diferentes portas de entrada prossigam para a mesma porta de saída ao mesmo tempo através do elemento de comutação. Consulte Tobagi (1990) para ver um levantamento de arquiteturas de comutação. O Cisco CRS utiliza uma estratégia de comutação *non-blocking* em três estágios. A capacidade de comutação do roteador também pode ser ampliada com a operação de múltiplos elementos de comutação em paralelo. Nessa abordagem, as portas de entrada e de saída estão conectadas a *N* elementos de comutação que operam em paralelo. Uma porta de entrada divide o pacote em *K* blocos menores e envia-os por *K* desses *N* elementos até a porta de saída selecionada, que recombina os *K* blocos para restaurar o pacote original.

4.2.3 Processamento de porta de saída

O processamento de portas de saída, mostrado na Figura 4.7, toma os pacotes que foram armazenados na memória da porta de saída e os transmite pelo enlace de saída. Isso inclui a seleção (i.e., o escalonamento) e a retirada dos pacotes da fila para transmissão, com a realização das funções de transmissão necessárias nas camadas de enlace e física.

4.2.4 Onde ocorre formação de fila?

Se examinarmos a funcionalidade da porta de entrada e da porta de saída e as configurações mostradas na Figura 4.6, veremos que filas de pacotes podem se formar *tanto* nas portas de entrada *quanto* nas de saída, assim como identificamos casos em que os carros podem esperar nas entradas e saídas em nossa analogia de pedágio. O local e a extensão da formação de fila (seja nas filas da porta de entrada ou nas filas da porta de saída) dependerão da carga de tráfego, da velocidade relativa do elemento de comutação e da taxa da linha. Agora, vamos examinar essas filas com um pouco mais de detalhes, já que, à medida que elas ficam maiores, a memória do roteador será finalmente exaurida e ocorrerá **perda de pacote**, quando nenhuma memória estiver disponível para armazenar os pacotes que chegam. Lembre-se de que, em nossas discussões anteriores, dissemos que pacotes eram "perdidos dentro da rede" ou "descartados em um roteador". *E é aí, nessas filas dentro de um roteador, que esses pacotes são de fato descartados e perdidos.*

Suponha que as taxas da linha de entrada e as taxas da linha de saída (taxas de transmissão) tenham todas um valor idêntico de R_{linha} pacotes por segundo, e que haja *N* portas de entrada e *N* portas de saída. Para simplificar ainda mais a discussão, vamos supor que

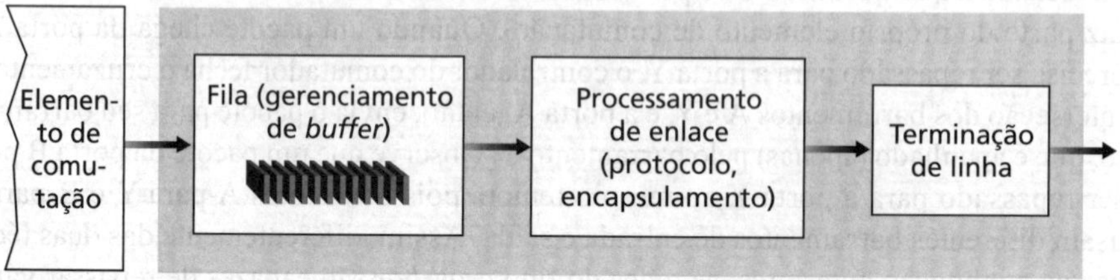

Figura 4.7 Processamento de porta de saída.

todos os pacotes tenham o mesmo comprimento fixo e que eles chegam às portas de entrada de uma forma síncrona. Isto é, o tempo para enviar um pacote em qualquer enlace é igual ao tempo para receber um pacote em qualquer enlace, e, durante esse intervalo, zero ou um pacote pode chegar em um enlace de entrada. Defina a taxa de transferência do elemento de comutação $R_{\text{comutação}}$ como a taxa na qual os pacotes podem ser movimentados da porta de entrada à porta de saída. Se $R_{\text{comutação}}$ for N vezes mais rápida que R_{linha}, então haverá apenas uma formação de fila insignificante nas portas de entrada. Isso porque, mesmo no pior caso, em que todas as N linhas de entrada estiverem recebendo pacotes, e todos eles tiverem de ser repassados para a mesma porta de saída, cada lote de N pacotes (um pacote por porta de entrada) poderá ser absorvido pelo elemento de comutação antes que o próximo lote chegue.

Enfileiramento de entrada

Mas o que acontece se o elemento de comutação não for veloz o suficiente (em relação às taxas da linha de entrada) para transmitir sem atraso *todos* os pacotes que chegam através dele? Nesse caso, poderá haver formação de fila também nas portas de entrada, pois os pacotes devem se juntar às filas nas portas de entrada para esperar sua vez de ser transferidos pelo elemento de comutação até a porta de saída. Para ilustrar uma importante consequência dessa fila, considere um elemento de comutação do tipo *crossbar* e suponha que (1) todas as velocidades de enlace sejam idênticas, (2) um pacote possa ser transferido de qualquer uma das portas de entrada até uma dada porta de saída no mesmo tempo que leva para um pacote ser recebido em um enlace de entrada, e (3) pacotes sejam movimentados de uma fila de entrada até sua fila de saída desejada no modo FCFS. Vários pacotes podem ser transferidos em paralelo, contanto que suas portas de saída sejam diferentes. Entretanto, se dois pacotes que estão à frente das duas filas de entrada forem destinados à mesma fila de saída, então um deles ficará bloqueado e terá de esperar na fila de entrada – o elemento comutador só pode transferir um pacote por vez até uma porta de saída.

A parte superior da Figura 4.8 apresenta um exemplo em que dois pacotes (mais escuros) à frente de suas filas de entrada são destinados à mesma porta de saída mais alta à direita. Suponha que o elemento de comutação escolha transferir o pacote que está à frente da fila mais alta à esquerda. Nesse caso, o pacote mais escuro na fila mais baixa à esquerda tem de esperar. Mas não é apenas este último que tem de aguardar; também tem de esperar o pacote claro que está na fila atrás dele (no retângulo inferior à esquerda), mesmo que *não* haja nenhuma disputa pela porta de saída do meio à direita (que é o destino do pacote claro). Esse fenômeno é conhecido como **bloqueio de cabeça de fila (HOL, do inglês *Head of Line blocking*)** em um comutador com fila de entrada – um pacote que está na fila de entrada deve esperar pela transferência através do elemento de comutação (mesmo que sua porta de saída esteja livre), porque ele está bloqueado por outro pacote na cabeça da fila. Karol (1987) demonstra que, devido ao bloqueio HOL, o comprimento da fila de entrada cresce sem limites (informalmente, isso equivale a dizer que haverá significativas perdas de pacotes) em determinadas circunstâncias assim que a taxa de chegada de pacotes no enlace de entrada alcançar apenas 58% de sua capacidade. Uma série de soluções para o bloqueio HOL é discutida por McKeown (1997).

Fila de saída

A seguir, vamos considerar se o enfileiramento pode acontecer nas portas de saída de um comutador. Vamos supor que $R_{\text{comutação}}$ ainda seja N vezes R_{linha} e que os pacotes que chegam a cada uma das N portas de entrada serão destinados à mesma porta de saída. Nesse caso, no tempo que leva para enviar um único pacote no enlace de saída, N pacotes novos chegarão a essa porta de saída (um de cada uma das N portas de entrada). Uma vez que essa porta pode transmitir somente um único pacote em cada unidade de tempo (o tempo de transmissão do pacote), os N pacotes que chegarem terão de entrar na fila (esperar) para transmissão pelo

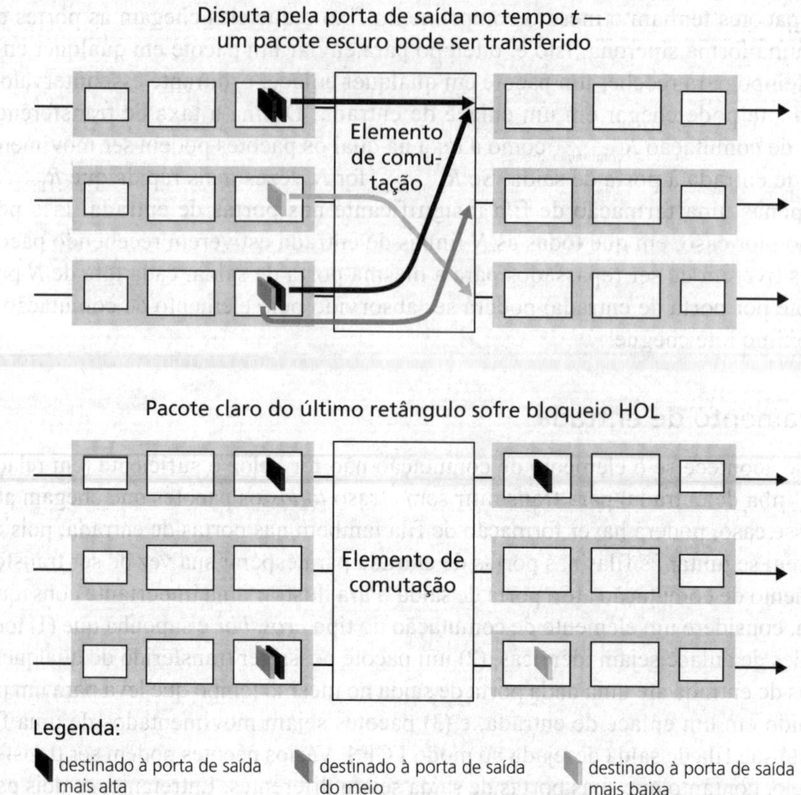

Figura 4.8 Bloqueio de cabeça de fila em um comutador com fila de entrada.

enlace de saída. Então, mais *N* pacotes poderão chegar durante o tempo que leva para transmitir apenas um dos *N* pacotes que estavam na fila antes, e assim por diante. Assim, as filas de pacotes podem se formar nas portas de saída mesmo quando o elemento de comutação é *N* vezes mais rápido do que as velocidades das linhas de portas. Por fim, o número de pacotes na fila pode ficar grande o bastante para exaurir o espaço de memória na porta de saída.

Se não houver memória suficiente para armazenar um pacote que está chegando, será preciso tomar a decisão de descartar esse pacote (política conhecida como **descarte do final da fila**) ou remover um ou mais já enfileirados para liberar lugar para o pacote recém-chegado. Em alguns casos, pode ser vantajoso descartar um pacote (ou marcar o seu cabeçalho) *antes* de o *buffer* ficar cheio, para dar um sinal de congestionamento ao remetente. Essa marcação pode ser realizada usando os *bits* de notificação explícita de congestionamento que estudamos na Seção 3.7.2. Várias políticas de descarte e marcação de pacotes (conhecidas coletivamente como algoritmos de **gerenciamento ativo de fila AQM,** do inglês ***active queue management***) foram propostas e analisadas (Labrador, 1999; Hollot, 2002). Um dos algoritmos AQM mais estudados e executados é o de **detecção aleatória antecipada** (**RED**, do inglês ***random early detection***) (Christiansen, 2001). Políticas de AQM mais recentes incluem o PIE (do inglês *Proportional Integral controller Enhanced* – controlador Proporcional Integral Melhorado [RFC 8033]) e o CoDel (Nichols, 2012).

A formação de fila na porta de saída está ilustrada na Figura 4.9. No tempo *t*, um pacote chegou a cada uma das portas de entrada, cada um deles destinado à porta de saída que está mais acima na figura. Admitindo taxas da linha idênticas e um comutador operando a uma taxa três vezes maior do que a da linha, uma unidade de tempo mais tarde (i.e., no tempo necessário para receber ou enviar um pacote), todos os três pacotes originais foram transferidos para a porta de saída e estão em fila aguardando transmissão. Na unidade de tempo seguinte, um desses três terá sido transmitido pelo enlace de saída. Em nosso exemplo, dois *novos* pacotes chegaram do lado de entrada do comutador; um deles é destinado

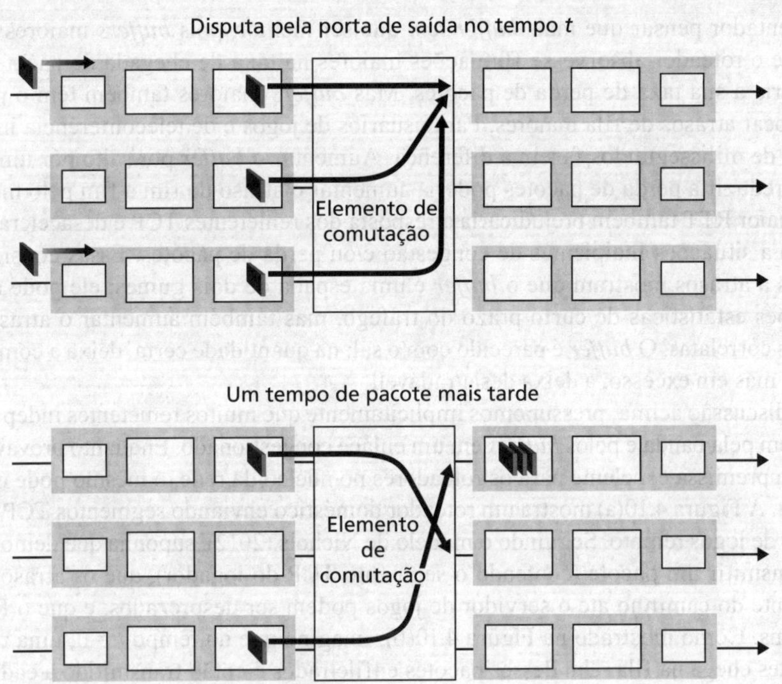

Figura 4.9 Formação de fila na porta de saída.

àquela mesma porta de saída que está mais acima na figura. Uma consequência dessa forma de enfileiramento é que um **escalonador de pacotes** na porta de saída deve escolher para transmissão um entre os que estão na fila, tópico que abordaremos na seção seguinte.

Quanto *buffer* é "suficiente"?

Nosso estudo acima mostrou como uma fila de pacotes se forma quando rajadas de pacotes chegam na porta de entrada ou (o que é mais provável) de saída de um roteador e a taxa de chegada de pacotes excede temporariamente a taxa pela qual os pacotes podem ser repassados. Quanto mais perdura esse desequilíbrio, mais se estende a fila, até os *buffers* da porta se encherem e pacotes serem descartados. Uma dúvida natural é *quanto buffer* deve ser reservado para uma porta. A resposta para essa pergunta é muito mais complexa do que poderíamos imaginar, e tem muito a nos ensinar sobre a interação sutil entre remetentes cientes do congestionamento na borda da rede e no núcleo da rede!

Durante muitos anos, a regra prática (RFC 3439) para dimensionamento de *buffers* foi que a quantidade de armazenamento em *buffers* (**B**) deveria ser igual a um tempo de viagem de ida e volta (**RTT**, do inglês *round-trip time*; digamos, 250 ms) vezes a capacidade do enlace (**C**). Assim, um enlace de 10 G*bits*/s com um RTT de 250 ms precisaria de uma quantidade de armazenamento em *buffers* **B** = **RTT** · **C** = 2,5 G*bits* de *buffers*. Esse resultado é baseado em uma análise da dinâmica de filas com um número relativamente pequeno dos fluxos do Protocolo de Controle de Transmissão (TCP, do inglês *Transmission Control Protocol*) (Villamizar, 1994). Esforços teóricos e experimentais recentes (Appenzeller, 2004), entretanto, sugerem que quando há um grande número de fluxos do TCP *independentes* (**N**) passando por um enlace, a quantidade de armazenamento em *buffers* necessária é $\mathbf{B} = \mathbf{RTT} \cdot \mathbf{C}/\sqrt{\mathbf{N}}$. Nos núcleos das redes, com um grande número de fluxos passando normalmente por grandes enlaces dos roteadores de *backbone*, o valor de **N** pode ser grande, e a diminuição do tamanho do *buffer* necessário se torna bastante significativa. Appenzeller (2004), Wischik (2005) e Beheshti (2008) apresentam discussões esclarecedoras em relação ao problema do dimensionamento de *buffers* a partir de um ponto de vista teórico, de aplicação e operacional.

É tentador pensar que mais *buffer tem* que ser melhor, pois *buffers* maiores permitiriam que o roteador absorvesse flutuações maiores na taxa de chegada de pacotes, o que diminuiria a sua taxa de perda de pacotes. Mas *buffers* maiores também têm o potencial de provocar atrasos de fila maiores. Para usuários de jogos e de teleconferência interativa, dezenas de milissegundos fazem a diferença. Aumentar o *buffer* por salto por um fator de 10 para reduzir a perda de pacotes poderia aumentar o atraso de fim a fim pelo mesmo fator! O maior RTT também prejudicaria a resposta dos remetentes TCP e desaceleraria a sua resposta a situações incipientes de congestão e/ou perda de pacotes. Essas considerações relativas a atrasos mostram que o *buffer* é uma espada de dois gumes: ele pode absorver flutuações estatísticas de curto prazo do tráfego, mas também aumentar o atraso e suas questões correlatas. O *buffer* é parecido com o sal: na quantidade certa, deixa a comida mais gostosa, mas em excesso, a deixa desagradável!

Na discussão acima, pressupomos implicitamente que muitos remetentes independentes competem pela banda e pelos *buffers* em um enlace congestionado. Enquanto provavelmente seja uma premissa excelente para os roteadores no núcleo da rede, o mesmo pode não valer na borda. A Figura 4.10(a) mostra um roteador doméstico enviando segmentos TCP para um servidor de jogos remoto. Seguindo o modelo de Nichols (2012), suponha que demora 20 ms para transmitir um pacote (contendo o segmento TCP do jogador), que os atrasos de fila no restante do caminho até o servidor de jogos podem ser desprezados, e que o RTT seja de 200 ms. Como mostrado na Figura 4.10(b), imagine que no tempo $t = 0$, uma rajada de 25 pacotes chega na fila. Um desses pacotes enfileirados é então transmitido a cada 20 ms, de modo que em $t = 200$ ms, chega o primeiro ACK, no instante em que o 21º pacote está sendo transmitido. Essa chegada do ACK faz com que o remetente TCP envie outro pacote, que é enfileirado no enlace de saída do roteador doméstico. Em $t = 220$, chega o próximo ACK, e outro segmento TCP é lançado pelo jogador e enfileirado no mesmo momento em que o 22º pacote está sendo transmitido, e assim por diante. Você precisa entender que, nesse cenário, a temporização do ACK faz com que um novo pacote chegue na fila a cada vez que um pacote enfileirado é enviado, criando um tamanho de fila no enlace de saída do roteador doméstico *sempre* igual a cinco pacotes! Em outras palavras, o tubo fim a fim está cheio (entregando pacotes ao destino na taxa de gargalo de um pacote a cada 20 ms), mas o nível de atraso de fila é constante e *persistente*. Por consequência, o jogador sofre com o atraso, enquanto seu pai (que até conhece Wireshark!) fica confuso, pois não entende por que os atrasos são persistentes e excessivamente longos, mesmo quando não há nenhum outro tráfego na rede doméstica.

O cenário acima, de um longo atraso devido a armazenamento persistente no *buffer*, é conhecido por **bufferbloat**, e demonstra que além da vazão ser importante, o atraso mínimo também importa (Kleinrock, 2018), e que a interação entre os remetentes na borda da rede e nas filas dentro da rede pode ser complexa e sutil. O padrão DOCSIS 3.1 para redes a cabo,

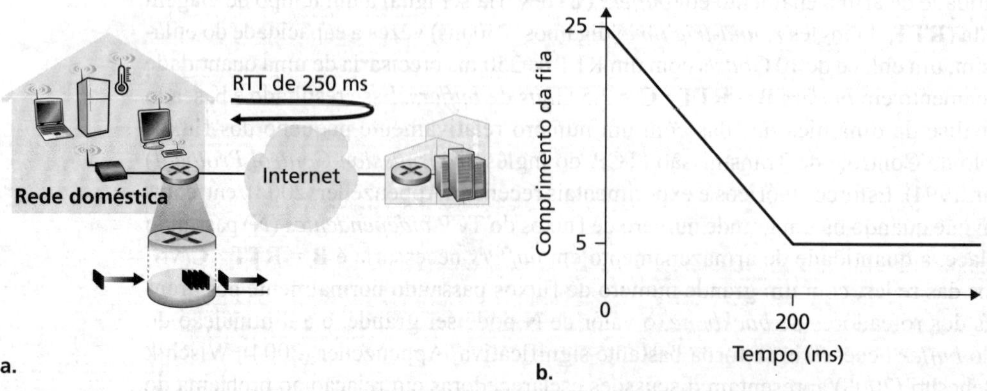

Figura 4.10 *Bufferbloat*: filas persistentes.

que estudaremos no Capítulo 6, adicionou recentemente um mecanismo de AQM específico (RFC 8033, RFC 8034) para combater o *bufferbloat* ao mesmo tempo que preserva o desempenho da vazão de grandes blocos.

4.2.5 Escalonamento de pacotes

Voltemos agora à questão de como determinar a ordem na qual os pacotes enfileirados são transmitidos por um enlace de saída. Já que você certamente já precisou várias vezes esperar em filas compridas e observou quantos clientes foram atendidos, sem dúvida nenhuma, está familiarizado com muitas das disciplinas de enfileiramento usadas com frequência nos roteadores. Uma é a "primeiro a chegar/primeiro a ser atendido" (FCFS, do inglês *first-come--first-served*), também chamada de "primeiro a entrar/primeiro a sair" (FIFO, do inglês *first-in-first-out*). Os britânicos são famosos pelas filas FCFS ordeiras em paradas de ônibus e no mercado ("Ah, vocês estão fazendo fila?"). Outros países operam com base em prioridade, dando preferência a uma classe de clientes à espera em relação às outras. Há também o enfileiramento por varredura cíclica, no qual os clientes também são divididos em classes (como no enfileiramento prioritário), mas o serviço é prestado a cada classe de cliente de cada vez.

Primeiro a entrar/primeiro a sair (FIFO)

A Figura 4.11 mostra as representações do modelo de enfileiramento para a disciplina de escalonamento de enlace primeiro a entrar/primeiro a sair (FIFO). Pacotes que chegam à fila de saída do enlace esperam pela transmissão se, naquele momento, o enlace estiver ocupado com a transmissão de outro pacote. Se não houver espaço suficiente de *buffer* para guardar o pacote que chega, a política de descarte de pacotes da fila então determinará se o pacote será descartado (perdido) ou se outros serão retirados da fila para dar espaço ao que está chegando. Em nossa discussão a seguir, vamos ignorar o descarte de pacotes. Quando um pacote é transmitido integralmente pelo enlace de saída (i.e., recebe serviço), ele é retirado da fila.

A disciplina de escalonamento FIFO seleciona pacotes para transmissão pelo enlace na mesma ordem em que eles chegaram à fila de saída do enlace. Todos estamos familiarizados com as filas FIFO em centrais de serviço, onde os clientes que chegam se juntam ao final da fila de espera, permanecem na ordem e então são atendidos quando atingem o início da fila. A Figura 4.12 mostra a fila FIFO em operação. As chegadas de pacotes são indicadas por setas numeradas acima da linha de tempo superior; os números indicam a ordem em que os pacotes chegaram. As saídas de pacotes individuais são mostradas abaixo da linha de tempo inferior. O tempo que um pacote passa no atendimento (sendo transmitido) é indicado pelo retângulo sombreado entre as duas linhas de tempo. Em razão da disciplina FIFO, os pacotes saem na mesma ordem em que chegaram. Note que, após a saída do pacote 4, o enlace permanece ocioso (uma vez que os pacotes 1 a 4 já foram transmitidos e retirados da fila) até a chegada do pacote 5.

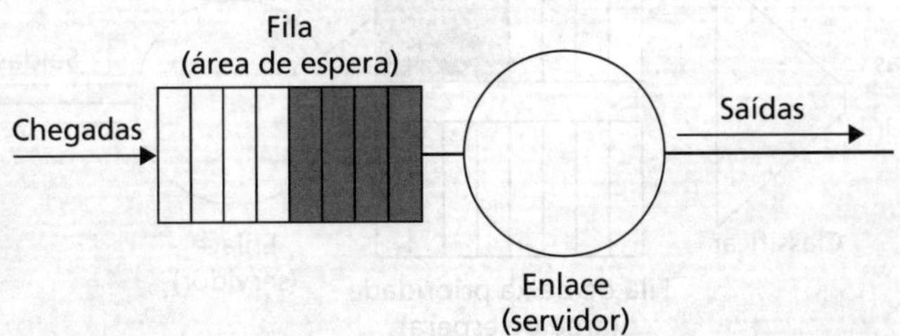

Figura 4.11 Representação do enfileiramento FIFO.

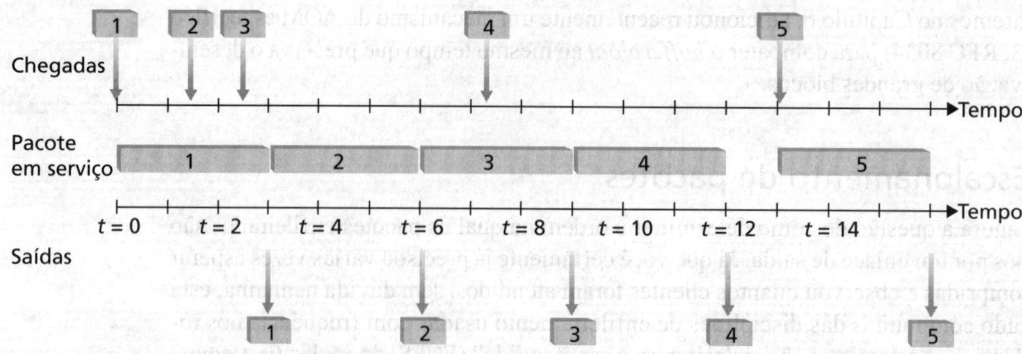

Figura 4.12 A fila FIFO em operação.

Enfileiramento prioritário

Pela regra do enfileiramento prioritário, pacotes que chegam ao enlace de saída são classificados em classes de prioridade na fila de saída, como mostra a Figura 4.13. Na prática, o operador de rede pode configurar a fila de modo que os pacotes que levam as informações de gerenciamento de rede (p. ex., como indicado pelo número da porta TCP/UDP de origem ou de destino) recebam prioridade em relação ao tráfego do usuário; além disso, pacotes de voz sobre IP em tempo real poderiam receber prioridade em relação a formas de tráfego não em tempo real, tais como pacotes de *e-mail*. Cada classe de prioridade tem em geral sua própria fila. Ao escolher um pacote para transmitir, a disciplina de enfileiramento prioritário transmitirá um pacote da classe de prioridade mais alta cuja fila não esteja vazia (i.e., tenha pacotes esperando transmissão). A escolha entre pacotes da mesma classe de prioridade é feita, normalmente, pelo método FIFO.

A Figura 4.14 ilustra a operação de uma fila prioritária com duas classes de prioridade. Os pacotes 1, 3 e 4 pertencem à classe de alta prioridade, e os pacotes 2 e 5, à classe de baixa prioridade. O pacote 1 chega e, encontrando o enlace vazio, inicia a transmissão. Durante a transmissão do pacote 1, os pacotes 2 e 3 chegam e são colocados nas filas de baixa e de alta prioridade, respectivamente. Após a transmissão do pacote 1, o pacote 3 (um pacote de alta prioridade) é selecionado para transmissão, passando à frente do pacote 2 (que, mesmo tendo chegado primeiro, é de baixa prioridade). Ao término da transmissão do pacote 3, começa a transmissão do pacote 2. O pacote 4 (de alta prioridade) chega durante a transmissão do pacote 2 (de baixa prioridade). Em uma disciplina de **enfileiramento prioritário não preemptivo**, a transmissão de um pacote não será interrompida se já tiver começado. Nesse caso, o pacote 4 entra na fila para transmissão e começa a ser transmitido após a conclusão da transmissão do pacote 2.

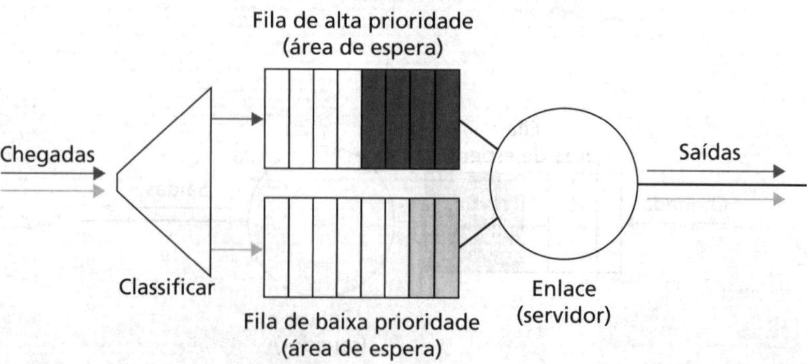

Figura 4.13 Modelo de enfileiramento prioritário.

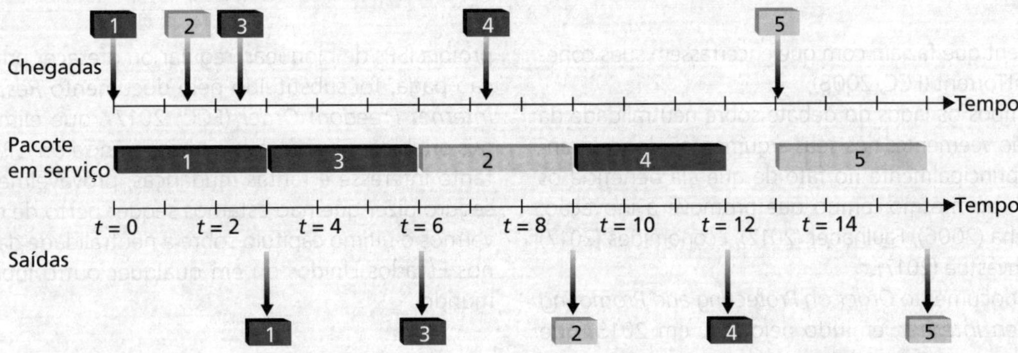

Figura 4.14 O enfileiramento prioritário em operação.

PRINCÍPIOS NA PRÁTICA

NEUTRALIDADE DA REDE

Vimos que os mecanismos de escalonamento de pacotes (p. ex., disciplinas de escalonamento de tráfego prioritário, tais como prioridade estrita e WFQ) podem ser utilizados para prestar diferentes níveis de serviço para diferentes "classes" de tráfego. A definição do que consistiu uma "classe" de tráfego, exatamente, fica a cargo do ISP, mas poderia se basear em diversos campos do cabeçalho do datagrama IP. Por exemplo, o campo de porta do cabeçalho do datagrama IP poderia ser usado para classificar os datagramas de acordo com o "serviço bem conhecido" associado com a porta: um datagrama de gerenciamento de rede SNMP (porta 161) poderia receber prioridade maior do que um datagrama de protocolo de *e-mail* IMAP (porta 143 ou 993) e, logo, receber serviço melhor. O ISP também poderia usar o endereço IP de origem do datagrama para priorizar os datagramas enviados por determinadas empresas (que, imagina-se, teriam pago ao ISP pelo privilégio) em relação a datagramas enviados por outras empresas (que não pagaram); o ISP poderia até bloquear tráfego com um endereço IP de origem de uma determinada empresa ou país. Existem muitos *mecanismos* que permitiriam que o ISP prestasse diferentes níveis de serviço a diferentes classes de tráfego. A grande questão é quais *políticas* e quais *leis* determinam o que um ISP pode fazer de fato. Obviamente, essas leis variam por país; para um breve resumo, consulte Smithsonian (2017). Aqui, consideramos brevemente as políticas dos Estados Unidos em relação a essa questão, conhecida pelo nome "neutralidade da rede".

O termo "neutralidade da rede" não possui uma definição exata, mas o documento *Order on Protecting and Promoting an Open Internet* (FCC, 2015), publicado em março de 2015 pela Comissão Federal de Comunicações dos EUA, estabelece três "regras claras" que hoje são muito associadas à neutralidade da rede:

- "**Sem bloqueio.** ... Uma pessoa engajada na provisão de serviços de acesso à Internet de banda larga (...) não bloqueará conteúdos, aplicações ou serviços legítimos ou outros dispositivos não nocivos, sujeito ao gerenciamento de rede razoável."
- "**Sem regulagem.** ... Uma pessoa engajada na provisão de serviços de acesso à Internet de banda larga (...) não prejudicará ou degradará tráfego de Internet legítimo com base no conteúdo, aplicação ou serviço, ou uso de um dispositivo não nocivo, sujeito ao gerenciamento de rede razoável."
- "**Sem priorização paga.** ... Uma pessoa engajada na provisão de serviços de acesso à Internet de banda larga (...) não realizará priorização paga. 'Priorização paga' se refere ao gerenciamento da rede do provedor de banda larga de forma a, direta ou indiretamente, favorecer uma parcela do tráfego em detrimento das demais, incluindo o uso de técnicas como *traffic shaping*, priorização, reserva de recursos ou outras formas de gerenciamento de tráfego preferencial (...)."

É interessante que, antes desse documento, foram observados comportamentos de ISPs que violavam as duas primeiras regras (Faulhaber, 2012). Em 2005, um ISP do estado da Carolina do Norte concordou em encerrar sua prática de impedir que os clientes usassem o Vonage, um serviço de voz sobre IP que competia com os seus próprios serviços de telefonia. Em 2007, a Comcast foi condenada por estar interferindo com o tráfego P2P do serviço BitTorrent ao criar internamente pacotes TCP RST para remetentes e destinatários do

BitTorrent que faziam com que encerrassem suas conexões BitTorrent (FCC, 2008).

Ambos os lados do debate sobre neutralidade da rede são veementes nos seus argumentos, concentrando-se principalmente no fato de que ela beneficia os clientes ao mesmo tempo que promove a inovação; veja Peha (2006), Faulhaber (2012), Economides (2017) e Madhyastha (2017).

O documento *Order on Protecting and Promoting an Open Internet*, emitido pelo FCC em 2015, que proibia ISPs de bloquear, regular ou oferecer priorização paga, foi substituído pelo documento *Restoring Internet Freedom Order* (FCC, 2017), que eliminava tais proibições e enfocava a transparência do ISP. Com tanto interesse e tantas mudanças, provavelmente é seguro dizer que não estamos sequer perto de escrevermos o último capítulo sobre a neutralidade da rede nos Estados Unidos ou em qualquer outro lugar do mundo.

Varredura cíclica e enfileiramento justo ponderado (WFQ)

Na disciplina de enfileiramento por varredura cíclica, pacotes são classificados do mesmo modo que no enfileiramento prioritário. Contudo, em vez de haver uma prioridade estrita de serviço entre as classes, um escalonador de varredura cíclica alterna serviços entre elas. Na forma mais simples desse escalonamento, um pacote de classe 1 é transmitido, seguido por um pacote de classe 2, seguido por um pacote de classe 1, seguido por um pacote de classe 2 e assim por diante. Uma disciplina de **enfileiramento de conservação de trabalho** nunca permitirá que o enlace fique ocioso enquanto houver pacotes (de qualquer classe) enfileirados para transmissão. Uma disciplina de varredura cíclica de conservação de trabalho que procura um pacote de determinada classe, mas não encontra nenhum, verifica imediatamente a classe seguinte na sequência da varredura cíclica.

A Figura 4.15 ilustra a operação de uma fila de duas classes por varredura cíclica. Nesse exemplo, os pacotes 1, 2 e 4 pertencem à classe 1, e os pacotes 3 e 5, à classe 2. O pacote 1 inicia a transmissão imediatamente após sua chegada à fila de saída. Os pacotes 2 e 3 chegam durante a transmissão do pacote 1 e, assim, entram na fila. Após a transmissão do pacote 1, o escalonador de enlace procura um pacote de classe 2 e, então, transmite o pacote 3. Após a transmissão do pacote 3, o escalonador procura um pacote de classe 1 e, então, transmite o pacote 2. Após a transmissão do pacote 2, o pacote 4 é o único na fila; assim, ele é transmitido imediatamente após o pacote 2.

Uma forma generalizada do enfileiramento por varredura cíclica amplamente implementada em roteadores é a denominada **disciplina de enfileiramento justo ponderado (WFQ, do inglês *weighted fair queuing*)** (Demers, 1990; Parekh, 1993). A WFQ é ilustrada na Figura 4.16. Os pacotes que chegam são classificados e enfileirados por classe em suas áreas de espera apropriadas. Como acontece no escalonamento por varredura cíclica, um

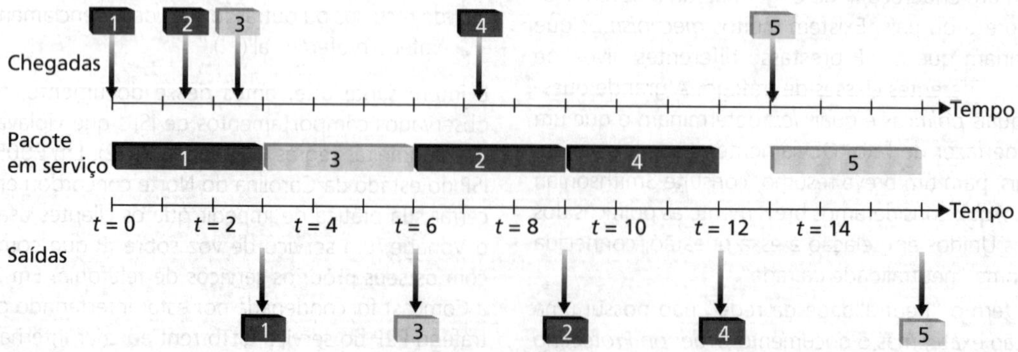

Figura 4.15 A fila por varredura cíclica de duas classes em operação.

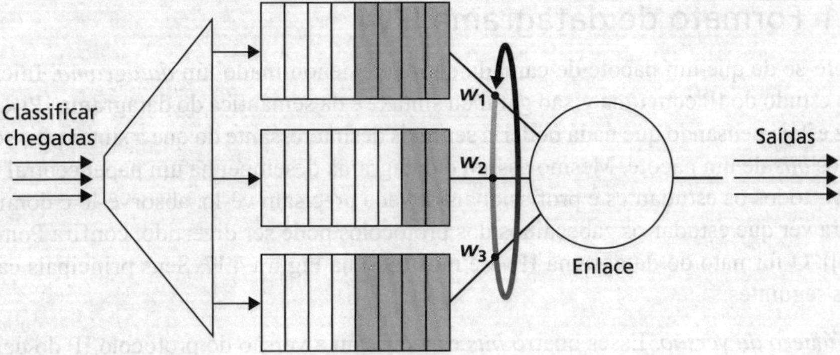

Figura 4.16 Enfileiramento justo ponderado.

programador WFQ atende às classes de modo cíclico – atende primeiro à classe 1, depois à classe 2 e, em seguida, à classe 3; e então (supondo que haja três classes) repete o esquema de serviço. A WFQ também é uma disciplina de enfileiramento de conservação de trabalho; assim, ao encontrar uma fila de classe vazia, ela imediatamente passa para a classe seguinte na sequência de atendimento.

A WFQ é diferente da varredura cíclica, pois cada classe pode receber uma quantidade de serviço diferenciado a qualquer intervalo de tempo. Em particular, a cada classe i é atribuído um peso w_i. A WFQ garante que, em qualquer intervalo de tempo durante o qual houver pacotes da classe i para transmitir, a classe i receberá uma fração de serviço igual a $w_i/(\Sigma w_j)$, na qual o denominador é a soma de todas as classes que também têm pacotes enfileirados para transmissão. No pior caso, mesmo que todas as classes tenham pacotes na fila, a classe i ainda terá garantido o recebimento de uma fração $w_i/(\Sigma w_j)$ da largura de banda, na qual, no pior caso, a soma no denominador é sobre *todas* as classes. Assim, para um enlace com taxa de transmissão R, a classe i sempre conseguirá uma vazão de, no mínimo, $R \cdot w_i/(\Sigma w_j)$. Descrevemos a WFQ em condições ideais, pois não consideramos o fato de que os pacotes são unidades discretas de dados e que a transmissão de um pacote não será interrompida para dar início à transmissão de outro; Demers (1990) e Parekh (1993) discutem essa questão do empacotamento.

4.3 O PROTOCOLO DA INTERNET (IP): IPv4, ENDEREÇAMENTO, IPv6 E MAIS

Até este momento, nosso estudo sobre a camada de rede no Capítulo 4 – a ideia do componente do plano de dados e do plano de controle da camada de rede, nossa distinção entre repasse e roteamento, a identificação de diversos modelos de serviço de rede e nossa análise do interior de um roteador – avançou sem muitas referências a qualquer protocolo ou arquitetura específica de redes de computadores. Nesta seção, enfocaremos aspectos críticos da camada de rede na Internet atual e o famoso Protocolo da Internet (IP).

Duas versões do IP estão em uso atualmente. Primeiro, na Seção 4.3.1, examinaremos a versão 4 do protocolo IP, amplamente utilizada, que costuma ser chamada apenas de IPv4 (RFC 791). A versão 6 do IP (RFC 2460; RFC 4291), proposta como substituta para o IPv4, será examinada na Seção 4.3.4. Entre elas, analisaremos principalmente o endereçamento na Internet, um tema que pode parecer um pouco árido e detalhista, mas que, como ficará claro, é crucial para entender como funciona a camada de rede da Internet. Dominar o endereçamento IP é dominar a própria camada de rede da Internet!

4.3.1 Formato de datagrama IPv4

Lembre-se de que um pacote de camada de rede é denominado um *datagrama*. Iniciamos nosso estudo do IP com uma visão geral da sintaxe e da semântica do datagrama IPv4. Você talvez esteja pensando que nada poderia ser mais desinteressante do que a sintaxe e a semântica dos *bits* de um pacote. Mesmo assim, o datagrama desempenha um papel central na Internet – todos os estudantes e profissionais de rede precisam vê-lo, absorvê-lo e dominá-lo. (E para ver que estudar os cabeçalhos dos protocolos pode ser divertido, confira Pomeranz [2010]). O formato do datagrama IPv4 é mostrado na Figura 4.17. Seus principais campos são os seguintes:

- *Número da versão*. Esses quatro *bits* especificam a versão do protocolo IP do datagrama. Examinando o número da versão, o roteador pode determinar como interpretar o restante do datagrama IP. Diferentes versões de IP usam diferentes formatos de datagramas. O formato para o IPv4 é mostrado na Figura 4.17. O formato do datagrama para a nova versão do IP (IPv6) será discutido na Seção 4.3.4.
- *Comprimento do cabeçalho*. Como um datagrama IPv4 pode conter um número variável de opções (incluídas no cabeçalho do datagrama IPv4), esses quatro *bits* são necessários para determinar onde, no datagrama IP, a carga útil (p. ex., o segmento da camada de transporte encapsulado no datagrama) começa de fato. A maior parte dos datagramas IP não contém opções; portanto, o datagrama IP típico tem um cabeçalho de 20 *bytes*.
- *Tipo de serviço*. Os *bits* de tipo de serviço (TOS, do inglês *type of service*) foram incluídos no cabeçalho do IPv4 para poder diferenciar os diferentes tipos de datagramas IP. Por exemplo, poderia ser útil distinguir datagramas de tempo real (como os usados por uma aplicação de telefonia IP) de tráfego que não é de tempo real (p. ex., FTP). O nível de serviço a ser fornecido é uma questão de política determinada e configurada pelo administrador da rede para o roteador. Na Seção 3.7.2, também vimos que dois dos *bits* de TOS são usados para Notificação Explícita de Congestionamento.
- *Comprimento do datagrama*. É o comprimento total do datagrama IP (cabeçalho mais dados) medido em *bytes*. Uma vez que esse campo tem 16 *bits* de comprimento, o tamanho máximo teórico do datagrama IP é 65.535 *bytes*. Contudo, datagramas raramente são maiores do que 1.500 *bytes*, o que permite que um datagrama IP caiba no campo de carga útil de um quadro Ethernet de tamanho máximo.
- *Identificador, flags, deslocamento de fragmentação*. Esses três campos têm a ver com a fragmentação do IP, na qual um datagrama IP maior é dividido em vários menores, que

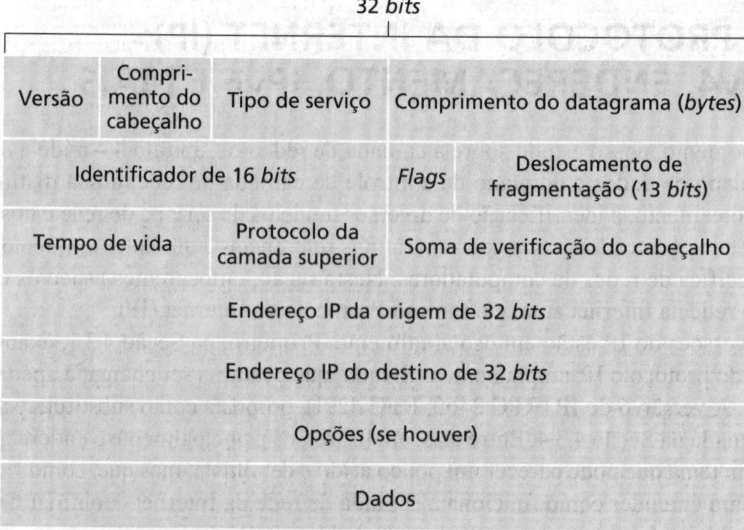

Figura 4.17 Formato do datagrama IPv4.

são então repassados de forma independente para o seu destino, onde são remontados antes que os dados da carga útil (ver abaixo) sejam passados para a camada de transporte no hospedeiro de destino. O interessante é que a nova versão do IP, o IPv6, não permite fragmentação.* Não trabalharemos a fragmentação neste livro, mas os leitores interessados em uma discussão detalhada podem consultar o *site* do livro, onde o material "aposentado" de edições anteriores está disponível.

- *Tempo de vida.* O campo de tempo de vida (TTL, do inglês *time-to-live*) é incluído para garantir que datagramas não fiquem circulando para sempre na rede (p. ex., em virtude de um laço de roteamento de longa duração). Esse campo é decrementado de uma unidade cada vez que o datagrama é processado por um roteador. Se o campo TTL chegar a 0, o roteador deve descartar o datagrama.
- *Protocolo.* Usado quando um datagrama IP chega a seu destino final. O valor do campo indica o protocolo de camada de transporte específico ao qual a porção de dados desse datagrama IP deverá ser passada. Por exemplo, um valor 6 indica que a porção de dados será passada ao TCP, enquanto um valor 17 indica que os dados serão passados ao Protocolo de Datagrama de Usuário (UDP, do inglês *User Datagram Protocol*). Consulte IANA Protocol Numbers (2016) para ver uma lista de todos os valores possíveis. Note que o número do protocolo no datagrama IP tem um papel análogo ao do campo de número de porta no segmento da camada de transporte. O número do protocolo é o elo entre as camadas de rede e de transporte, ao passo que o número de porta liga as camadas de transporte e de aplicação. Veremos no Capítulo 6 que o quadro de camada de enlace também tem um campo especial que liga a camada de enlace à camada de rede.
- *Soma de verificação do cabeçalho.* A soma de verificação do cabeçalho auxilia um roteador na detecção de erros de *bits* em um datagrama IP recebido. É calculada tratando cada 2 *bytes* do cabeçalho como se fossem um número e somando esses números usando complementos aritméticos de 1. Como discutimos na Seção 3.3, o complemento de 1 dessa soma, conhecida como soma de verificação da Internet, é armazenado no campo de soma de verificação. Um roteador calculará o valor da soma de verificação para cada datagrama IP recebido e detectará uma condição de erro se o valor carregado no cabeçalho do datagrama não for igual à soma de verificação calculada. Roteadores em geral descartam datagramas quando um erro é detectado. Note que a soma de verificação deve ser recalculada e armazenada de novo em cada roteador, pois o campo TTL e, possivelmente, os campos de opções mudam. Uma discussão interessante sobre algoritmos rápidos para calcular a soma de verificação da Internet é encontrada em (RFC 1071). Uma pergunta que sempre é feita nesse ponto é: por que o TCP/IP faz verificação de erro nas camadas de transporte e de rede? Há várias razões para essa repetição. Primeiro, note que, na camada IP, a soma de verificação é calculada só para o cabeçalho IP, enquanto no TCP/UDP a soma de verificação é calculada para todo o segmento TCP/IP. Segundo, o TCP/UDP e o IP não precisam necessariamente pertencer à mesma pilha de protocolos. O TCP pode, em princípio, rodar sobre um protocolo diferente da camada de rede (p. ex., ATM) (Black, 1995), e o IP pode carregar dados que não serão passados ao TCP/UDP.
- *Endereços IP de origem e de destino.* Quando uma origem cria um datagrama, insere seu endereço IP no campo de endereço de origem IP e insere o endereço do destino final no campo de endereço de destinatário IP. Muitas vezes, o hospedeiro da origem determina o endereço do destinatário por meio de uma consulta ao sistema de nomes de domínio (DNS, do inglês *domain name system*), como discutimos no Capítulo 2. Discutiremos endereçamento IP detalhadamente na Seção 4.3.2.
- *Opções.* O campo de opções permite que um cabeçalho IP seja estendido. A intenção é que as opções de cabeçalho sejam usadas raramente – daí a decisão de poupar sobrecarga não incluindo a informação em campos de opções em todos os cabeçalhos de datagrama. Contudo, a mera existência de opções, na realidade, complica as coisas – uma

*N. de R.T.: O IPv6 tem um cabeçalho opcional que permite a fragmentação, mas, de fato, raramente é usado.

vez que cabeçalhos de datagramas podem ter comprimentos variáveis, não é possível determinar *a priori* onde começará o campo de dados. Além disso, como alguns datagramas podem requerer processamento de opções e outros não, o tempo necessário para processar um datagrama IP em um roteador pode variar bastante. Essas considerações se tornam particularmente importantes para o processamento do IP em roteadores e hospedeiros de alto desempenho. Por essas e outras razões, as opções IP não foram incluídas no cabeçalho da versão IPv6, como discutimos na Seção 4.3.4.

- *Dados (carga útil).* Por fim, chegamos ao último e mais importante campo – a razão de ser do datagrama! Em muitas circunstâncias, o campo de dados do datagrama IP contém o segmento da camada de transporte (TCP ou UDP) a ser entregue ao destino. Contudo, o campo de dados pode carregar outros tipos de dados, como mensagens ICMP (discutidas na Seção 5.6).

Note que um datagrama IP tem um total de 20 *bytes* de cabeçalho (admitindo-se que não haja opções). Se o datagrama carregar um segmento TCP, então cada datagrama (não fragmentado) carrega um total de 40 *bytes* de cabeçalho (20 *bytes* de cabeçalho IP, mais 20 *bytes* de cabeçalho TCP) junto com a mensagem de camada de aplicação.

4.3.2 Endereçamento IPv4

Agora voltaremos nossa atenção ao endereçamento IPv4. Embora você talvez esteja pensando que o endereçamento seja um tópico simples, esperamos que, no final deste capítulo, convença-se de que o endereçamento na Internet não é apenas um tópico rico, cheio de sutilezas e interessante, mas também de crucial importância. Um tratamento excelente sobre o endereçamento IPv4 se encontra no primeiro capítulo de Stewart (1999).

Antes de discutirmos o endereçamento IP, contudo, temos de falar um pouco sobre como hospedeiros e roteadores estão interconectados na Internet. Um hospedeiro em geral tem apenas um único enlace com a rede; quando o IP no hospedeiro quer enviar um datagrama, ele o faz por meio desse enlace. A fronteira entre o hospedeiro e o enlace físico é denominada **interface**. Agora considere um roteador e suas interfaces. Como a tarefa de um roteador é receber um datagrama em um enlace e repassá-lo a algum outro enlace, ele necessariamente estará ligado a dois ou mais enlaces. A fronteira entre o roteador e qualquer um desses enlaces também é denominada uma interface. Assim, um roteador tem múltiplas interfaces, uma para cada enlace. Como todos os hospedeiros e roteadores podem enviar e receber datagramas IP, o IP exige que cada interface tenha seu próprio endereço IP. *Desse modo, um endereço IP está tecnicamente associado com uma interface, e não com um hospedeiro ou um roteador que contém aquela interface.*

Cada endereço IP tem comprimento de 32 *bits* (equivalente a 4 *bytes*). Portanto, há um total de 2^{32} endereços IP possíveis (cerca de 4 bilhões). Esses endereços são escritos em **notação decimal separada por pontos** (*dotted-decimal notation*), na qual cada *byte* do endereço é escrito em sua forma decimal e separado dos outros *bytes* do endereço por um ponto. Por exemplo, considere o endereço IP 193.32.216.9. O 193 é o número decimal equivalente aos primeiros 8 *bits* do endereço; o 32 é o decimal equivalente ao segundo conjunto de 8 *bits* do endereço e assim por diante. Por conseguinte, o endereço 193.32.216.9, em notação binária, é:

11000001 00100000 11011000 00001001

Cada interface em cada hospedeiro e roteador da Internet global tem de ter um endereço IP globalmente exclusivo (exceto as interfaces por trás de NATs, como discutiremos na Seção 4.3.3). Contudo, os endereços não podem ser escolhidos de qualquer maneira. Uma parte do endereço IP de uma interface será determinada pela sub-rede à qual ela está conectada.

A Figura 4.18 fornece um exemplo de endereçamento IP e interfaces. Nela, um roteador (com três interfaces) é usado para interconectar sete hospedeiros. Examine os endereços IP atribuídos às interfaces de hospedeiros e roteadores; há diversas particularidades a notar.

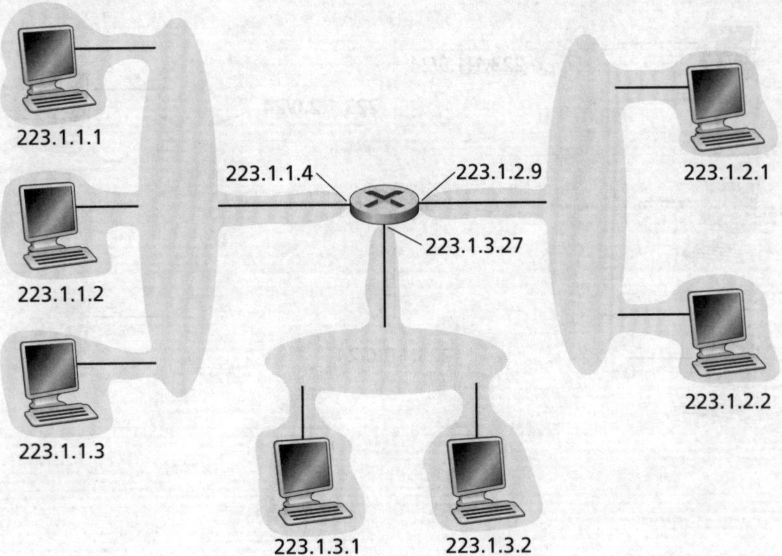

Figura 4.18 Endereços de interfaces e sub-redes.

Todos os três hospedeiros da parte superior esquerda da Figura 4.18 – e a interface do roteador ao qual estão ligados – têm um endereço IP na forma 223.1.1.xxx, ou seja, todos têm os mesmos 24 *bits* mais à esquerda em seus endereços IP. As quatro interfaces também estão interconectadas por uma rede *que não contém roteador*. Essa rede poderia ser interconectada por uma LAN Ethernet, caso em que as interfaces seriam conectadas por um switch Ethernet (conforme discutiremos no Capítulo 6) ou por um ponto de acesso sem fio (como veremos no Capítulo 7). Vamos representar essa rede sem roteador que conecta esses hospedeiros como uma nuvem por enquanto, mas entraremos nos detalhes internos dessas redes nos Capítulos 6 e 7.

Na terminologia IP, essa rede que interconecta três interfaces de hospedeiros e uma interface de roteador forma uma **sub-rede** (RFC 950). (Na literatura da Internet, uma sub-rede também é denominada uma *rede IP* ou simplesmente uma *rede*.) O endereçamento IP designa um endereço a essa sub-rede: 223.1.1.0/24, no qual a notação /24, às vezes conhecida como uma **máscara de sub-rede**, indica que os 24 *bits* mais à esquerda do conjunto de 32 *bits* definem o endereço da sub-rede. Assim, a sub-rede 223.1.1.0/24 consiste em três interfaces de hospedeiros (223.1.1.1, 223.1.1.2 e 223.1.1.3) e uma interface de roteador (223.1.1.4). Quaisquer hospedeiros adicionais ligados à sub-rede 223.1.1.0/24 seriam *obrigados* a ter um endereço na forma 223.1.1.xxx. Há duas sub-redes adicionais mostradas na Figura 4.18: a sub-rede 223.1.2.0/24 e a sub-rede 223.1.3.0/24. A Figura 4.19 ilustra as três sub-redes IP presentes na Figura 4.18.

A definição IP de uma sub-rede não está restrita a segmentos Ethernet que conectam múltiplos hospedeiros a uma interface de roteador. Para entender melhor, considere a Figura 4.20, que mostra três roteadores interconectados por enlaces ponto a ponto. Cada roteador tem três interfaces, uma para cada enlace ponto a ponto e uma para o enlace para um grupo, que conecta diretamente o roteador a um par de hospedeiros. Quais sub-redes IP estão presentes aqui? Três sub-redes, 223.1.1.0/24, 223.1.2.0/24 e 223.1.3.0/24, semelhantes às que encontramos na Figura 4.18. Mas note que também há três sub-redes adicionais nesse exemplo: uma sub-rede, 223.1.9.0/24, para as interfaces que conectam os roteadores R1 e R2; outra, 223.1.8.0/24, para as interfaces que conectam os roteadores R2 e R3, e uma terceira, 223.1.7.0/24, para as interfaces que conectam os roteadores R3 e R1. Para um sistema geral interconectado de roteadores e hospedeiros, podemos usar a seguinte receita para definir as sub-redes no sistema:

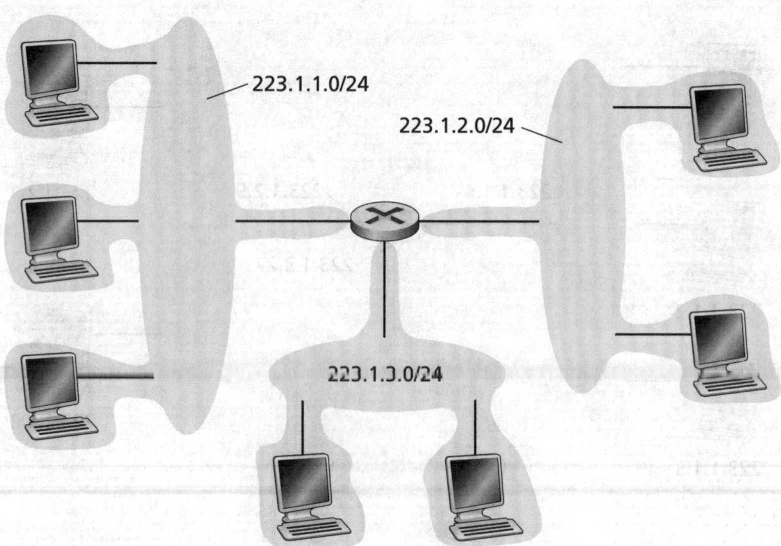

Figura 4.19 Endereços de sub-redes.

Para determinar as sub-redes, destaque cada interface de seu hospedeiro ou roteador, criando ilhas de redes isoladas com interfaces fechando as terminações das redes isoladas. Cada uma dessas redes isoladas é denominada ***sub-rede****.*

Se aplicarmos esse procedimento ao sistema interconectado da Figura 4.20, teremos seis ilhas ou sub-redes.

Fica claro, com essa discussão, que uma organização (tal como uma empresa ou instituição acadêmica) que tenha vários segmentos Ethernet e enlaces ponto a ponto terá várias sub-redes, e todos os equipamentos e dispositivos em uma dada sub-rede terão o mesmo

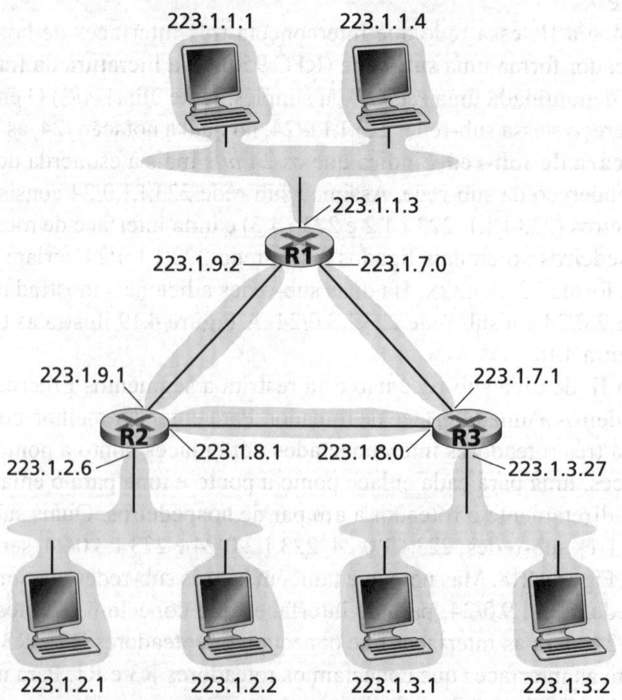

Figura 4.20 Três roteadores interconectando seis sub-redes.

endereço de sub-rede. Em princípio, as diversas sub-redes poderiam ter endereços bem diferentes. Entretanto, na prática, os endereços de sub-rede com frequência têm muito em comum. Para entender por que, voltemos nossa atenção ao modo como o endereçamento é manipulado na Internet global.

A estratégia de atribuição de endereços da Internet é conhecida como **roteamento interdomínio sem classes** (**CIDR**, do inglês ***Classless Interdomain Routing***), que se pronuncia "sáider", como a palavra *cider* (cidra) em inglês (RFC 4632). O CIDR generaliza a noção de endereçamento de sub-rede. Como acontece com o endereçamento de sub-redes, o endereço IP de 32 *bits* é dividido em duas partes e, mais uma vez, tem a forma decimal com pontos de separação *a.b.c.d/x*, em que *x* indica o número de *bits* da primeira parte do endereço.

Os *x bits* mais significativos de um endereço na forma *a.b.c.d/x* constituem a parcela da rede do endereço IP e costumam ser denominados **prefixo** (ou *prefixo de rede*). Uma organização em geral recebe um bloco de endereços contíguos, isto é, uma faixa de endereços com um prefixo comum (ver quadro "Princípios na prática"). Nesse caso, os endereços IP de equipamentos e dispositivos dentro da organização compartilharão o prefixo comum. Quando estudarmos, na Seção 5.4, o protocolo de roteamento BGP da Internet, veremos que somente esses *x bits* indicativos do prefixo são considerados por roteadores que estão fora da rede da organização. Isto é, quando um roteador de fora repassar um datagrama cujo endereço de destino esteja dentro da organização, terá de considerar apenas os *x bits* indicativos do endereço. Isso reduz de modo considerável o tamanho da tabela de repasse nesses roteadores, visto que um *único* registro da forma *a.b.c.d/x* será suficiente para transmitir pacotes para *qualquer* destino dentro da organização.

Os restantes (32 – *x*) *bits* de um endereço podem ser considerados os *bits* que distinguem os equipamentos e dispositivos *dentro* da organização, e todos eles têm o mesmo prefixo de rede. Eles serão os *bits* considerados no repasse de pacotes em roteadores *dentro* da organização. Esses *bits* de ordem mais baixa podem (ou não) ter uma estrutura adicional de sub-rede tal como a discutida anteriormente. Por exemplo, suponha que os primeiros 21 *bits* do endereço a.b.c.d/21, por assim dizer, "ciderizado", especificam o prefixo da rede da organização e são comuns aos endereços IP de todos os hospedeiros da organização. Os 11 *bits* restantes então identificam os hospedeiros específicos da organização. A estrutura interna da organização poderia ser tal que esses 11 *bits* mais à direita seriam usados para criar uma sub-rede dentro da organização, como discutido antes. Por exemplo, a.b.c.d/24 poderia se referir a uma sub-rede específica dentro da organização.

Antes da adoção do CIDR, a parte de rede de um endereço IP estava limitada a 8, 16 ou 24 *bits*, um esquema de endereçamento conhecido como **endereçamento com classes**, já que sub-redes com endereços de sub-rede de 8, 16 e 24 eram conhecidas como redes de classe A, B e C, respectivamente. A exigência de que a parcela da sub-rede de um endereço IP tenha exatos 1, 2 ou 3 *bytes* há muito tempo se mostrou problemática para suportar o rápido crescimento do número de organizações com sub-redes de pequeno e médio portes. Uma sub-rede de classe C (/24) poderia acomodar apenas $2^8 - 2 = 254$ hospedeiros (dois dos $2^8 = 256$ endereços são reservados para uso especial) – muito pequena para inúmeras organizações. Contudo, uma sub-rede de classe B (/16), que suporta até 65.634 hospedeiros, seria grande demais. Com o endereçamento com classes, uma organização com, digamos, dois mil hospedeiros, recebia um endereço de sub-rede de classe B (/16), o que resultava no rápido esgotamento do espaço de endereços de classe B e na má utilização do espaço de endereço alocado. Por exemplo, uma organização que usasse um endereço de classe B para seus dois mil hospedeiros, recebia espaço de endereços suficiente para até 65.534 interfaces – deixando mais de 63 mil endereços sem uso e que não poderiam ser utilizados por outras organizações.

Seríamos omissos se não mencionássemos ainda outro tipo de endereço IP, o endereço de difusão 255.255.255.255. Quando um hospedeiro emite um datagrama com endereço de destino 255.255.255.255, a mensagem é entregue a todos os hospedeiros na mesma sub-rede. Os roteadores também têm a opção de repassar a mensagem para suas sub-redes vizinhas (embora em geral não o façam).

PRINCÍPIOS NA PRÁTICA

Esse exemplo de um ISP que conecta oito organizações com a Internet também ilustra de maneira elegante como endereços "ciderizados" alocados com cuidado facilitam o roteamento. Suponha, como mostra a Figura 4.21, que o ISP (que chamaremos de ISP Fly-By-Night) anuncie ao mundo exterior que devem ser enviados a ele quaisquer datagramas cujos primeiros 20 *bits* de endereço sejam iguais a 200.23.16.0/20. O resto do mundo nao precisa saber que dentro do bloco de endereços 200.23.16.0/20 existem, na verdade, oito outras organizações, cada qual com suas próprias sub-redes. A capacidade de usar um único prefixo de rede para anunciar várias redes costuma ser denominada **agregação de endereços** (e também **agregação de rotas** ou **resumo de rotas**).

A agregação de endereços funciona muito bem quando estes são alocados em blocos ao ISP e, então, pelo ISP às organizações clientes. Mas o que ocorre quando os endereços não são alocados dessa maneira hierárquica? O que aconteceria, por exemplo, se o ISP Fly-By-Night adquirisse o ISP-R-Us e então ligasse a Organização 1 com a Internet por meio de sua subsidiária ISP-R-Us? Como mostra a Figura 4.21, a subsidiária ISP-R-Us é dona do bloco de endereços 199.31.0.0/16, mas os endereços IP da Organização 1 infelizmente estão fora desse bloco. O que deveria ser feito nesse caso? Com certeza, a Organização 1 poderia renumerar todos os seus roteadores e hospedeiros para que seus endereços ficassem dentro do bloco de endereços do ISP-R-Us. Mas essa é uma solução dispendiosa, e a Organização 1 poderia muito bem preferir mudar para outra subsidiária no futuro. A solução em geral adotada é a Organização 1 manter seus endereços IP em 200.23.18.0/23. Nesse caso, como mostra a Figura 4.22, o ISP Fly-By-Night continua a anunciar o bloco de endereços 200.23.16.0/20 e o ISP-R-Us continua a anunciar 199.31.0.0/16. Contudo, o ISP-R-Us agora anuncia *também* o bloco de endereços para a Organização 1, 200.23.18.0/23. Quando outros roteadores da Internet virem os blocos de endereços 200.23.16.0/20 (do ISP Fly-By-Night) e 200.23.18.0/23 (do ISP-R-Us) e quiserem rotear para um endereço no bloco 200.23.18.0/23, usarão a *regra de concordância do prefixo mais longo* (veja Seção 4.2.1) e rotearão para o ISP-R-Us, já que ele anuncia o prefixo de endereço mais longo (mais específico) que combina com o endereço de destino.

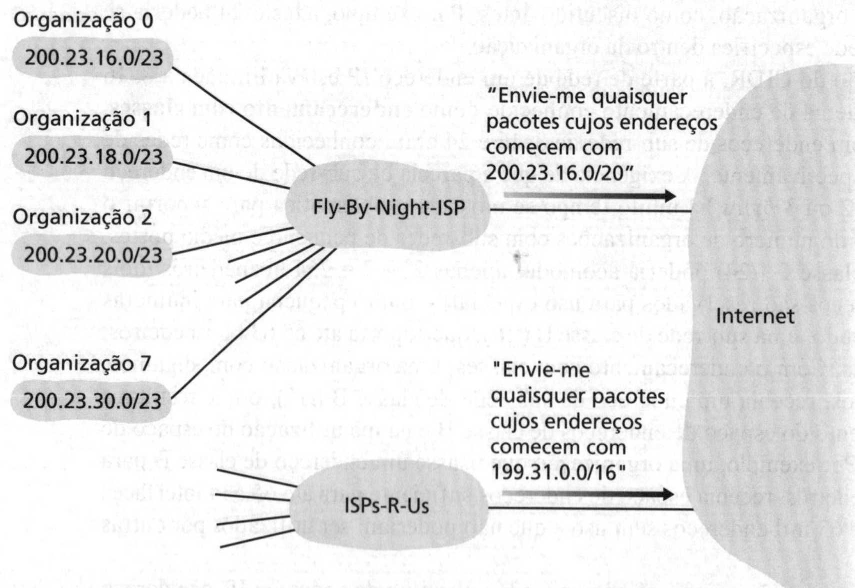

Figura 4.21 Endereçamento hierárquico e agregação de rotas.

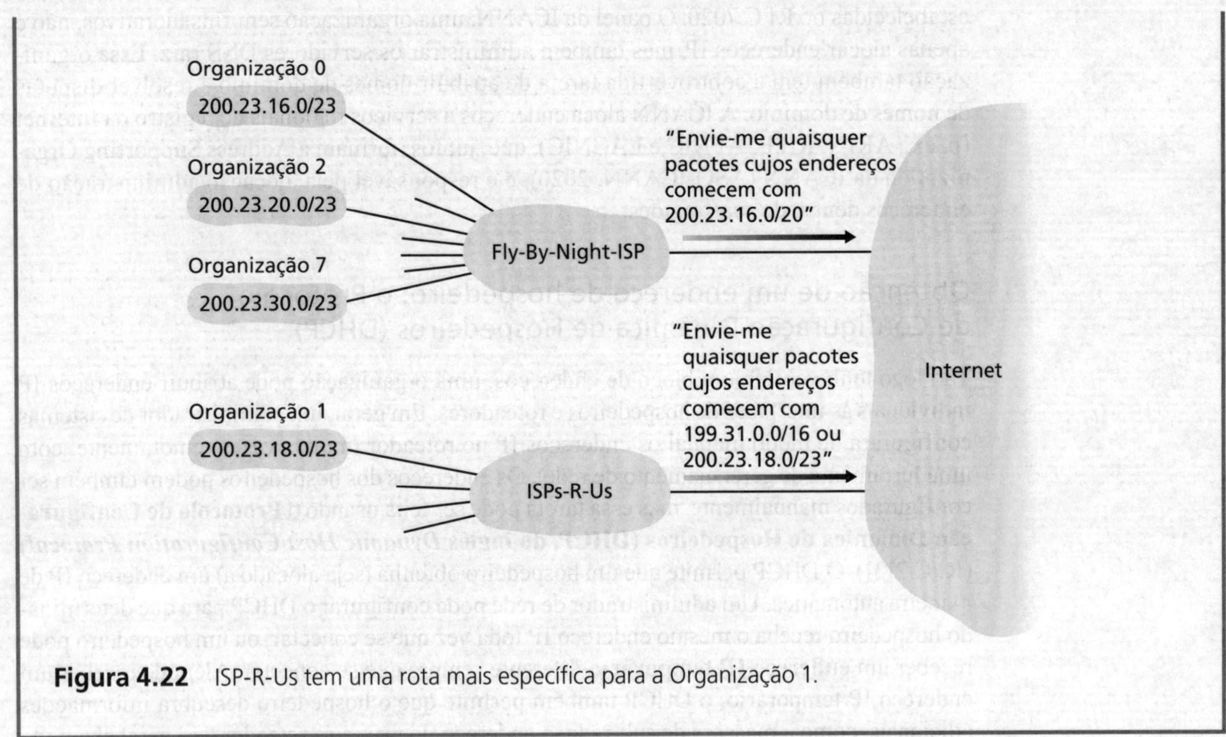

Figura 4.22 ISP-R-Us tem uma rota mais específica para a Organização 1.

Agora que já estudamos o endereçamento IP detalhadamente, precisamos saber, antes de qualquer coisa, como hospedeiros e sub-redes obtêm seus endereços. Vamos começar examinando como uma organização obtém um bloco de endereços para seus equipamentos e, então, veremos como um equipamento (tal como um hospedeiro) recebe um endereço do bloco de endereços da organização.

Obtenção de um bloco de endereços

Para obter um bloco de endereços IP para utilizar dentro da sub-rede de uma organização, um administrador de rede poderia, primeiro, contatar seu ISP, que forneceria endereços a partir de um bloco maior de endereços que já estão alocados ao ISP. Por exemplo, o próprio ISP pode ter recebido o bloco de endereços 200.23.16.0/20. O ISP, por sua vez, dividiria seu bloco de endereços em oito blocos de endereços contíguos, do mesmo tamanho, e daria um deles a cada uma de um conjunto de oito organizações suportadas por ele, como demonstrado a seguir. (Sublinhamos a parte da sub-rede desses endereços para melhor visualização.)

Bloco do ISP:	200.23.16.0/20	11001000 00010111 00010000 00000000
Organização 0	200.23.16.0/23	11001000 00010111 00010000 00000000
Organização 1	200.23.18.0/23	11001000 00010111 00010010 00000000
Organização 2	200.23.20.0/23	11001000 00010111 00010100 00000000
… …	…	…
Organização 7	200.23.30.0/23	11001000 00010111 00011110 00000000

Embora a obtenção de um conjunto de endereços de um ISP seja um modo de conseguir um bloco de endereços, não é o único. Claro, também deve haver um modo de o próprio ISP obter um bloco de endereços. Há uma autoridade global que tenha a responsabilidade final de gerenciar o espaço de endereços IP e alocar blocos a ISPs e outras organizações? Sem dúvida que há! Endereços IP são administrados pela autoridade da Internet Corporation for Assigned Names and Numbers (ICANN) (ICANN, 2020), com base em diretrizes estabelecidas no RFC 7020. O papel da ICANN, uma organização sem fins lucrativos, não é apenas alocar endereços IP, mas também administrar os servidores DNS raiz. Essa organização também tem a controvertida tarefa de atribuir nomes de domínio e resolver disputas de nomes de domínio. A ICANN aloca endereços a serviços regionais de registro da Internet (p. ex., ARIN, RIPE, APNIC e LACNIC), que, juntos, formam a Address Supporting Organization da ICANN (ASO-ICANN, 2020), e é responsável pela alocação/administração de endereços dentro de suas regiões.

Obtenção de um endereço de hospedeiro: o Protocolo de Configuração Dinâmica de Hospedeiros (DHCP)

Tão logo tenha obtido um bloco de endereços, uma organização pode atribuir endereços IP individuais às interfaces de hospedeiros e roteadores. Em geral, um administrador de sistemas configurará de modo manual os endereços IP no roteador (muitas vezes remotamente, com uma ferramenta de gerenciamento de rede). Os endereços dos hospedeiros podem também ser configurados manualmente, mas essa tarefa pode ser feita usando o **Protocolo de Configuração Dinâmica de Hospedeiros (DHCP, do inglês *Dynamic Host Configuration Protocol*)** (RFC 2131). O DHCP permite que um hospedeiro obtenha (seja alocado a) um endereço IP de maneira automática. Um administrador de rede pode configurar o DHCP para que determinado hospedeiro receba o mesmo endereço IP toda vez que se conectar, ou um hospedeiro pode receber um **endereço IP temporário** diferente sempre que se conectar. Além de receber um endereço IP temporário, o DHCP também permite que o hospedeiro descubra informações adicionais, como a máscara de sub-rede, o endereço do primeiro roteador (em geral chamado de roteador de borda padrão – *default gateway*) e o endereço de seu servidor DNS local.

Em razão de sua capacidade de automatizar os aspectos relativos à rede da conexão de um hospedeiro, o DHCP é em geral denominado um protocolo ***plug-and-play*** ou ***zeroconf*** (zero configuração). Essa capacidade o torna *muito* atraente para o administrador de rede que, caso contrário, teria de executar essas tarefas manualmente! O DHCP também está conquistando ampla utilização em redes residenciais de acesso à Internet, redes corporativas e em LANs sem fio, nas quais hospedeiros entram e saem da rede com frequência. Considere, por exemplo, um estudante que leva seu *notebook* do quarto para a biblioteca, e então para a sala de aula. É provável que ele se conecte a uma nova sub-rede em cada um desses lugares e, por conseguinte, precisará de um novo endereço IP em cada um deles. O DHCP é ideal para essa situação, pois há muitos usuários em trânsito e os endereços são utilizados apenas por um tempo limitado. O valor da capacidade *plug-and-play* do DHCP é evidente, pois seria inimaginável que um administrador de rede pudesse reconfigurar os *notebooks* em cada local, e poucos estudantes (exceto os que fizeram uma cadeira sobre redes de computadores!) teriam o conhecimento técnico necessário para configurar seus *notebooks* manualmente.

O DHCP é um protocolo cliente-servidor. Em geral, o cliente é um hospedeiro recém-chegado que quer obter informações sobre configuração da rede, incluindo endereço IP, para si mesmo. Em um caso mais simples, cada sub-rede (no sentido de endereçamento da Figura 4.20) terá um servidor DHCP. Se não houver um servidor na sub-rede, é necessário um agente procurador (proxy) DHCP (normalmente um roteador) que sabe o endereço de um servidor DHCP para tal rede. A Figura 4.23 ilustra um servidor DHCP conectado à rede 223.1.2/24, com o roteador servindo de agente proxy para clientes que chegam conectados às sub-redes 223.1.1/24 e 223.1.3/24. Em nossa discussão a seguir, admitiremos que um servidor DHCP está disponível na sub-rede.

Para um hospedeiro recém-chegado, o protocolo DHCP é um processo de quatro etapas, como mostrado na Figura 4.24 para a configuração de rede mostrada na Figura 4.23. Nesta figura, "`yiaddr`" (significando "seu endereço na Internet") indica que o endereço está sendo alocado para um cliente recém-chegado. As quatro etapas são:

- *Descoberta do servidor DHCP.* A primeira tarefa de um hospedeiro recém-chegado é encontrar um servidor DHCP com quem interagir. Isso é feito utilizando uma

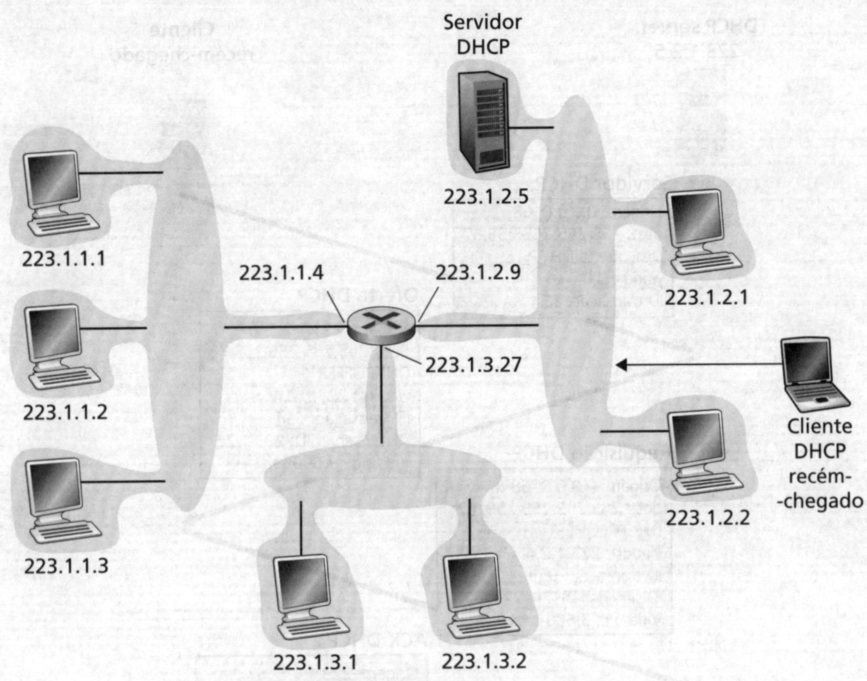

Figura 4.23 Cliente e servidor DHCP.

mensagem de descoberta DHCP, a qual o cliente envia dentro de um pacote UDP para a porta 67. O pacote UDP é envolvido em um datagrama IP. Mas para quem esse datagrama deve ser enviado? O hospedeiro não sabe o endereço IP da rede à qual está se conectando, muito menos o endereço de um servidor DHCP para essa rede. Desse modo, o cliente DHCP cria um datagrama IP contendo sua mensagem de descoberta DHCP com o endereço IP de destino de difusão 255.255.255.255 e um endereço IP de origem "desse hospedeiro" 0.0.0.0. O cliente DHCP transmite o datagrama IP por difusão à camada de enlace que, então, transmite esse quadro para todos os nós conectados à sub-rede (discutiremos os detalhes sobre difusão da camada de enlace na Seção 6.4).

- *Oferta(s) dos servidores DHCP.* Um servidor DHCP que recebe uma mensagem de descoberta DHCP responde ao cliente com uma **mensagem de oferta DHCP**, transmitida por difusão a todos os nós presentes na sub-rede, novamente utilizando o endereço IP de transmissão 255.255.255.255. (Você poderia questionar por que essa resposta do servidor também deve ser transmitida por difusão.) Como diversos servidores DHCP podem estar presentes na sub-rede, o cliente pode se dar ao luxo de escolher entre as muitas ofertas. Cada mensagem de oferta do servidor contém o ID de transação da mensagem de descoberta recebida, o endereço IP proposto para o cliente, a máscara da rede e o **tempo de concessão do endereço** IP – o tempo pelo qual o endereço IP será válido. É comum o servidor definir o tempo de concessão para várias horas ou dias (Droms, 2002).
- *Solicitação DHCP.* O cliente recém-chegado escolherá entre uma ou mais ofertas do servidor e responderá à sua oferta selecionada com uma **mensagem de solicitação DHCP**, repetindo os parâmetros de configuração.
- *DHCP ACK.* O servidor responde a mensagem de requisição DHCP com uma **mensagem DHCP ACK**, confirmando os parâmetros requisitados.

Uma vez que o cliente recebe o DHCP ACK, a interação é concluída e ele pode usar o endereço IP alocado pelo DHCP pelo tempo de concessão. Caso queira usar seu endereço após a expiração da concessão, o DHCP também fornece um mecanismo que permite ao cliente renovar sua concessão sobre um endereço IP.

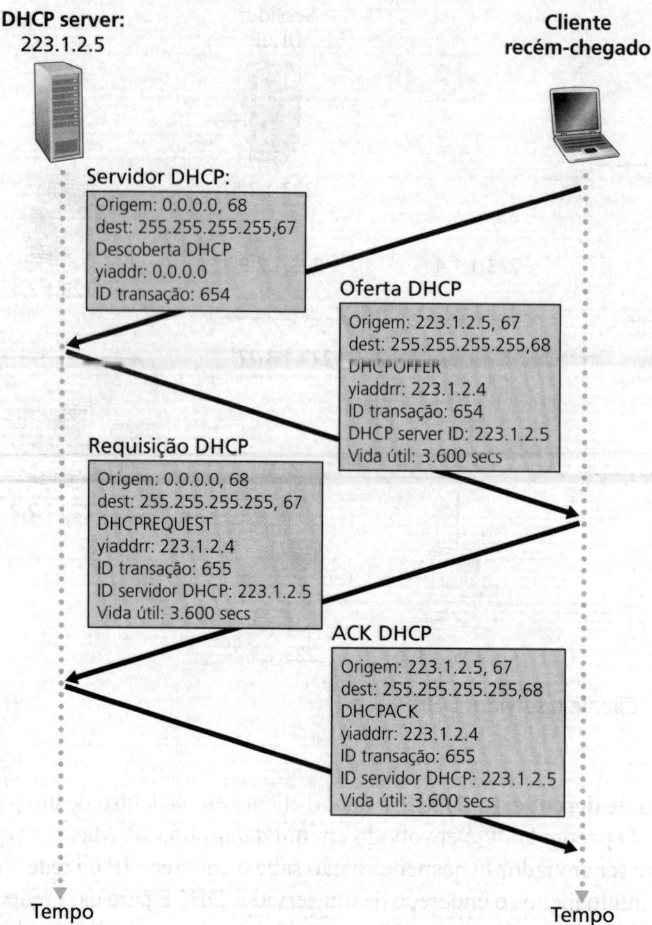

Figura 4.24 Interação cliente-servidor DHCP.

Pelo aspecto da mobilidade, o DHCP possui uma desvantagem bastante significativa. Como um novo endereço IP é obtido de um novo DHCP toda vez que um nó se conecta a uma nova sub-rede, uma conexão TCP com uma aplicação remota não pode ser mantida enquanto o nó móvel se locomove entre as sub-redes. No Capítulo 7, veremos como as redes celulares móveis permitem que um hospedeiro mantenha o seu endereço de IP e conexões TCP em andamento à medida que se locomove entre as estações-base da rede celular do provedor. Mais detalhes sobre o DHCP podem ser encontrados em Droms (2002) e dhc (2020). Uma implementação de referência de código-fonte aberto do DHCP está disponível em Internet Systems Consortium (ISC, 2020).

4.3.3 Tradução de endereços de rede (NAT)

Após nossa discussão sobre endereços de Internet e o formato do datagrama IPv4, estamos cientes de que todo equipamento que utiliza IP precisa de um endereço IP. Isso parece significar que, com a proliferação de sub-redes de pequenos escritórios e de escritórios residenciais (SOHO, do inglês *small office, home office*), sempre que um desses escritórios quiser instalar uma LAN para conectar várias máquinas, o ISP precisará alocar uma faixa de endereços para atender a todas as máquinas que usam IP ali (incluindo telefones, *tablets*, consoles de videogame, aparelhos IPTV, impressoras e mais). Se a sub-rede ficasse maior, seria preciso alocar um bloco de endereços maior. Mas se o ISP já tiver alocado as porções contíguas da faixa de endereços utilizada atualmente por esse escritório residencial? E, antes de tudo, qual é o proprietário típico de uma residência que quer (ou precisaria) saber como administrar endereços IP? Felizmente, há uma abordagem mais simples para a alocação de endereços que vem conquistando uma utilização crescente nesses tipos de cenários: a **tradução de endereços de rede (NAT, do inglês *network address translation*)** (RFC 2663; RFC 3022; Huston, 2004, Zhang, 2007; Huston, 2017).

A Figura 4.25 mostra a operação de um roteador que utiliza NAT. Esse roteador, que fica na residência, tem uma interface que faz parte da rede residencial do lado direito da Figura 4.25. O endereçamento dentro dessa rede é exatamente como vimos antes – todas as quatro interfaces da rede têm o mesmo endereço de sub-rede, 10.0.0.0/24. O espaço de endereço 10.0.0.0/8 é uma das três porções do espaço de endereço IP reservado pelo (RFC 1918) para uma **rede privada**, ou um **domínio com endereços privados**, tal como a rede residencial da Figura 4.25. Um domínio com endereços privados refere-se a uma rede cujos endereços somente têm significado para equipamentos pertencentes àquela rede. Para ver por que isso é importante, considere o fato de haver centenas de milhares de redes residenciais, muitas delas utilizando o mesmo espaço de endereço 10.0.0.0/24. Equipamentos que pertencem a determinada rede residencial podem enviar pacotes entre si utilizando o endereçamento 10.0.0.0/24. Contudo, é claro que pacotes repassados para *além* da rede residencial e destinados à Internet global não podem usar esses endereços (nem como de origem, nem como de destino), porque há centenas de milhares de redes utilizando esse bloco de endereços. Isto é, os endereços 10.0.0.0/24 somente podem ter significado dentro daquela rede residencial. Mas se endereços privados têm significado apenas dentro de uma dada rede, como o endereçamento é administrado quando pacotes são recebidos ou enviados para a Internet global, onde os endereços são necessariamente exclusivos? A resposta será dada pelo estudo da NAT.

O roteador que usa NAT não *parece* um roteador para o mundo externo, pois se comporta como um equipamento *único* com um *único* endereço IP. Na Figura 4.25, todo o tráfego que sai do roteador residencial para a Internet tem um endereço IP de origem 138.76.29.7, e todo o tráfego que entra nessa rede tem de ter endereço de destino 138.76.29.7. Na essência, o roteador que usa NAT está ocultando do mundo exterior os detalhes da rede residencial. (A propósito, você talvez esteja imaginando onde os computadores de redes residenciais obtêm seus endereços e onde o roteador obtém seu endereço IP exclusivo. A resposta é quase sempre a mesma – DHCP! O roteador obtém seu endereço do servidor DHCP do ISP e roda um servidor DHCP para fornecer endereços a computadores que estão no espaço de endereços NAT da rede residencial controlado pelo DHCP.)

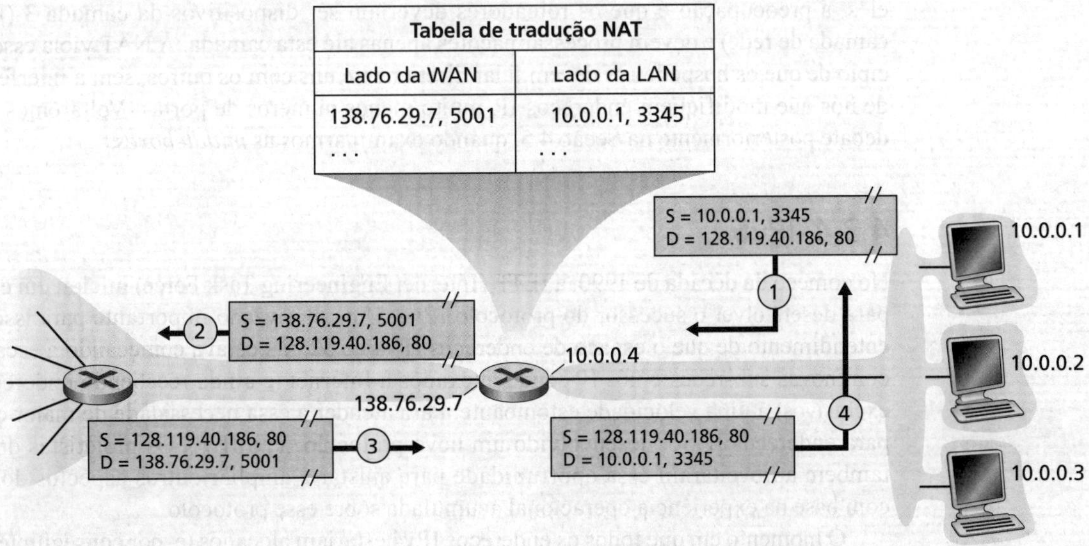

Figura 4.25 Tradução de endereços de rede (S = Origem; D = Destino).

Se todos os datagramas que chegam ao roteador NAT provenientes da WAN tiverem o mesmo endereço IP de destino (especificamente, o endereço da interface do roteador NAT do lado da WAN), então como o roteador sabe para qual hospedeiro interno deve repassar um datagrama? O truque é utilizar uma **tabela de tradução NAT** no roteador NAT e incluir nos registros da tabela números de portas, bem como endereços IP.

Considere o exemplo da Figura 4.25. Suponha que um usuário que está utilizando o hospedeiro 10.0.0.1 da rede residencial requisite uma página de algum servidor Web (porta 80) cujo endereço IP é 128.119.40.186. O hospedeiro 10.0.0.1 escolhe o número de porta de origem (arbitrário) 3345 e envia o datagrama para dentro da LAN. O roteador NAT recebe o datagrama, gera um novo número de porta de origem, 5001, para o datagrama, substitui o endereço IP de origem por seu endereço IP do lado da WAN, 138.76.29.7, e substitui o número de porta de origem original, 3345, pelo novo número de porta de origem, 5001. Ao gerar um novo número de porta de origem, o roteador NAT pode selecionar qualquer número de porta de origem que não esteja correntemente na tabela de tradução NAT. (Note que, como o comprimento de um campo de número de porta é 16 *bits*, o protocolo NAT pode suportar mais de 60 mil conexões simultâneas com um único endereço IP do lado da WAN para o roteador!) A NAT no roteador também adiciona um registro à sua tabela de tradução NAT. O servidor Web, totalmente alheio ao fato de que o datagrama que está chegando com uma requisição HTTP foi manipulado pelo roteador NAT, responde com um datagrama cujo endereço de destino é o endereço IP do roteador NAT, e cujo número de porta de destino é 5001. Quando esse datagrama chega ao roteador NAT, ele indexa a tabela de tradução NAT usando o endereço IP de destino e o número de porta de destino para obter o endereço IP (10.0.0.1) e o número de porta de destino (3345) adequados para o navegador na rede residencial. O roteador então reescreve o endereço de destino e o número de porta de destino do datagrama e o repassa para a rede residencial.

A NAT conquistou ampla aceitação nos últimos anos. Mas a NAT tem seus detratores. Primeiro, argumentam, a finalidade dos números de portas é endereçar processos, e não hospedeiros. De fato, a violação dessa regra pode causar problemas para servidores que rodam em redes residenciais, pois, como vimos no Capítulo 2, processos servidores esperam pela chegada de requisições em números de portas bem conhecidos, e os pares em um protocolo P2P precisam aceitar conexões entrantes quando atuam como servidores. Como um par poderia se conectar a outro que está por trás de um servidor NAT e tem um endereço NAT fornecido por DHCP? As soluções técnicas para esses problemas incluem ferramentas de **travessia da NAT** (RFC 5389) (RFC 5389; RFC 5128; Ford, 2005).

Os puristas da arquitetura também levantaram objeções mais "filosóficas" à NAT. Para eles, a preocupação é que os roteadores deveriam ser dispositivos da camada 3 (i.e., da camada de rede) e devem processar pacotes apenas até esta camada. A NAT viola esse princípio de que os hospedeiros devem falar diretamente uns com os outros, sem a interferência de nós que modifiquem endereços IP, muito menos números de portas. Voltaremos a esse debate posteriormente na Seção 4.5, quando examinarmos as *middleboxes*.

4.3.4 IPv6

No começo da década de 1990, a IETF (Internet Engineering Task Force) iniciou um esforço para desenvolver o sucessor do protocolo IPv4. Uma motivação importante para isso foi o entendimento de que o espaço de endereços IPv4 de 32 *bits* estava começando a escassear, com novas sub-redes e nós IP sendo anexados à Internet (e ainda recebendo endereços IP exclusivos) a uma velocidade estonteante. Para atender a essa necessidade de maior espaço para endereços IP, foi desenvolvido um novo protocolo IP, o IPv6. Os projetistas do IPv6 também aproveitaram essa oportunidade para ajustar e ampliar outros aspectos do IPv4, com base na experiência operacional acumulada sobre esse protocolo.

O momento em que todos os endereços IPv4 estariam alocados (e, por conseguinte, mais nenhuma sub-rede poderia ser ligada à Internet) foi objeto de considerável debate. Os dois

SEGURANÇA EM FOCO

INSPECIONANDO DATAGRAMAS: *FIREWALLS* E SISTEMAS DE DETECÇÃO DE INTRUSÃO

Suponha que você deva administrar uma rede doméstica, departamental, acadêmica ou corporativa. Os atacantes, sabendo a faixa de endereço IP da sua rede, podem enviar facilmente datagramas IP para endereços da sua faixa. Tais datagramas são capazes de fazer todos os tipos de coisas desonestas, inclusive mapear sua rede, fazendo seu reconhecimento (*ping sweep*) e varredura de portas, prejudicar hospedeiros vulneráveis com pacotes defeituosos, varrer a rede em busca de portas TCP/UDP abertas e infectar hospedeiros incluindo *malwares* nos pacotes. Como administrador de rede, o que você vai fazer com todos esses vilões capazes de enviar pacotes maliciosos à sua rede? Dois consagrados mecanismos de defesa para esses ataques de pacote são os *firewalls* e os sistemas de detecção de intrusão (IDSs, do inglês *intrusion detection systems*).

Como administrador de rede, você pode, primeiro, tentar instalar um *firewall* entre sua rede e a Internet. (A maioria dos roteadores de acesso, hoje, possui capacidade para *firewall*.) Os *firewalls* inspecionam o datagrama e os campos do cabeçalho do segmento, evitando que datagramas suspeitos entrem na rede interna. Um *firewall* pode estar configurado, por exemplo, para bloquear todos os pacotes de requisição de eco ICMP (ver Seção 5.6), impedindo assim que um atacante realize uma varredura de portas tradicional por sua faixa de endereço IP. É capaz também de bloquear pacotes baseando-se nos endereços IP remetente e destinatário e em números de porta. Além disso, os *firewalls* podem ser configurados para rastrear conexões TCP, permitindo a entrada somente de datagramas que pertençam a conexões aprovadas.

Uma proteção adicional pode ser fornecida com um IDS. Um IDS, em geral localizado no limite de rede, realiza "uma inspeção profunda de pacote", examinando não apenas campos de cabeçalho, como também cargas úteis no datagrama (incluindo dados da camada de aplicação). Um IDS possui um banco de dados de assinaturas de pacote à medida que novos ataques são descobertos. Enquanto os pacotes percorrem o IDS, este tenta combinar campos de cabeçalhos e cargas úteis às assinaturas em seu banco de dados de assinaturas. Se tal combinação é encontrada, cria-se um alerta. Os sistemas de prevenção de intrusão (IPS, do inglês *intrusion prevention system*) são semelhantes a um IDS, exceto pelo fato de bloquearem pacotes além de criar alertas. Na Seção 4.5 e novamente no Capítulo 8, exploraremos mais detalhadamente *firewalls* e IDSs.

Os *firewalls* e os IDSs são capazes de proteger sua rede de todos os ataques? Obviamente, a resposta é não, visto que os atacantes encontram novas formas de ataques continuamente para os quais as assinaturas ainda não estão disponíveis. Mas os *firewalls* e os IDSs baseados em assinaturas tradicionais são úteis para proteger sua rede de ataques conhecidos.

líderes do grupo de trabalho de Expectativa de Tempo de Vida dos Endereços (*Address Lifetime Expectations*) da IETF estimaram que os endereços se esgotariam em 2008 e 2018, respectivamente (Solensky, 1996). Em fevereiro de 2011, a IANA alocou o último conjunto restante de endereços IPv4 a um registrador regional. Embora esses registradores ainda tenham endereços IPv4 disponíveis dentro de seus conjuntos, quando esses endereços se esgotarem, não haverá mais blocos de endereços disponíveis para serem alocados a partir de um conjunto central (Huston, 2011a). Um levantamento recente sobre o esgotamento do espaço de endereços IPv4 e as medidas adotadas para prolongar a vida útil do espaço de endereços se encontra em Richter (2015); uma análise recente do uso de endereços IPv4 se encontra em Huston (2019).

Embora as estimativas de esgotamento de endereço IPv4 de meados de 1990 sugerissem que poderia se passar um longo tempo até que o espaço de endereços do IPv4 fosse esgotado, ficou claro que seria necessário um tempo expressivo para disponibilizar uma nova tecnologia em escala tão gigantesca. Assim, foi dado início ao processo para desenvolver o IP versão 6 (IPv6) (RFC 2460). (Uma pergunta recorrente é o que aconteceu com o IPv5. Foi proposto de início que o protocolo ST-2 se tornasse o IPv5, porém, mais tarde, esse protocolo foi descartado.) Uma excelente fonte de informação sobre o IPv6 é Huitema (1998).

Formato do datagrama IPv6

O formato do datagrama IPv6 é mostrado na Figura 4.26. As mudanças mais importantes introduzidas no IPv6 ficam evidentes no formato do datagrama.

- *Capacidade de endereçamento expandida.* O IPv6 aumenta o tamanho do endereço IP de 32 *bits* para 128 *bits*. Isso garante que o mundo não ficará sem endereços IP. Agora, cada grão de areia do planeta pode ter um endereço IP. Além dos endereços para um grupo e individuais (*unicast* e *multicast*), o IPv6 introduziu um novo tipo de endereço, denominado **endereço para qualquer membro do grupo (*anycast*)**, que permite que um datagrama seja entregue a qualquer hospedeiro de um grupo. (Essa característica poderia ser usada, p. ex., para enviar uma mensagem HTTP GET ao *site* mais próximo de um conjunto de *sites* espelhados que contenham um dado documento.)
- *Cabeçalho aprimorado de 40 bytes.* Como discutiremos adiante, vários campos IPv4 foram descartados ou tornaram-se opcionais. O cabeçalho de comprimento fixo de 40 *bytes* resultante permite processamento mais veloz do datagrama IP pelo roteador. Uma nova codificação de opções permite um processamento de opções mais flexível.
- *Rotulação de fluxo.* O IPv6 tem uma definição dúbia de **fluxo**. O RFC 2460 declara que isso permite "rotular pacotes que pertencem a fluxos particulares para os quais o remetente requisita tratamento especial, tal como um serviço de qualidade não padrão ou um serviço de tempo real". Por exemplo, a transmissão de áudio e vídeo seria tratada como um fluxo. Por outro lado, aplicações mais tradicionais, como transferência de arquivos e *e-mail*, poderiam não ser tratadas assim. É possível que o tráfego carregado por um usuário de alta prioridade (digamos, alguém que paga por um serviço melhor de tráfego) seja também tratado como um fluxo. O que fica claro, contudo, é que os projetistas do IPv6 preveem a possível necessidade de conseguir diferenciá-los, mesmo que o exato significado de fluxo ainda não tenha sido determinado.

Como foi observado anteriormente, uma comparação entre as Figuras 4.26 e 4.17 revela uma estrutura mais simples e mais aprimorada para o datagrama IPv6. Os seguintes campos são definidos no IPv6:

- *Versão.* Esse campo de 4 *bits* identifica o número da versão do IP. Não é surpresa que o IPv6 tenha o valor 6. Note que colocar 4 nesse campo não cria um datagrama IPv4 válido. (Se criasse, a vida seria bem mais simples – veja a discussão mais adiante, referente à transição do IPv4 para o IPv6.)
- *Classe de tráfego.* O campo de classe de tráfego de 8 *bits*, assim como o campo TOS do IPv4, pode ser usado para dar prioridade a certos datagramas em um fluxo ou a datagramas de certas aplicações (p. ex., voz sobre IP) em relação aos de outras (p. ex., *e-mail* SMTP).

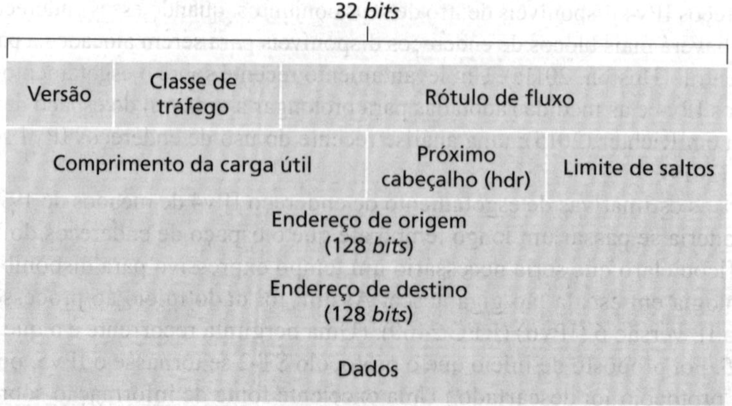

Figura 4.26 Formato do datagrama IPv6.

- *Rótulo de fluxo.* Como já discutimos, esse campo de 20 *bits* é usado para identificar um fluxo de datagramas.
- *Comprimento da carga útil.* Esse valor de 16 *bits* é tratado como um número inteiro sem sinal que dá o número de *bytes* no datagrama IPv6 que se segue ao pacote do cabeçalho, que tem tamanho fixo de 40 *bytes.*
- *Próximo cabeçalho.* Esse campo identifica o protocolo ao qual o conteúdo (campo de dados) desse datagrama será entregue (p. ex., TCP ou UDP). Usa os mesmos valores do campo de protocolo no cabeçalho IPv4.
- *Limite de saltos.* O conteúdo desse campo é decrementado em um para cada roteador que repassa o datagrama. Se a contagem do limite de saltos chegar a zero, o roteador deve descartar o datagrama.
- *Endereços de origem e de destino.* Os vários formatos do endereço de 128 *bits* do IPv6 são descritos no RFC 4291.
- *Dados.* Esta é a parte da carga útil do datagrama IPv6. Quando este alcança seu destino, a carga útil pode ser extraída do datagrama IP e passada adiante para o protocolo especificado no campo de próximo cabeçalho.

Nessa discussão, apresentamos a finalidade dos campos que estão incluídos no datagrama IPv6. Quando comparamos o formato do datagrama IPv6 da Figura 4.26 com o formato do datagrama IPv4 que vimos na Figura 4.17, notamos que diversos campos que aparecem no datagrama IPv4 não estão presentes no datagrama IPv6.

- *Fragmentação/remontagem.* O IPv6 não permite fragmentação e remontagem em roteadores intermediários; essas operações podem ser realizadas apenas pela origem e pelo destino. Se um datagrama IPv6 recebido por um roteador for muito grande para ser repassado pelo enlace de saída, o roteador apenas descartará o datagrama e devolverá ao remetente uma mensagem de erro ICMP "Pacote muito grande" (veja a Seção 5.6). O remetente pode então reenviar os dados usando um datagrama IP de tamanho menor. Fragmentação e remontagem são operações que tomam muito tempo; retirar essas funcionalidades dos roteadores e colocá-las nos sistemas finais acelera consideravelmente o repasse IP para dentro da rede.
- *Soma de verificação do cabeçalho.* Como os protocolos de camada de transporte (p. ex., TCP e UDP) e de enlace de dados (p. ex., Ethernet) nas camadas da Internet realizam soma de verificação, os projetistas do IP provavelmente acharam que essa funcionalidade era tão redundante na camada de rede que podia ser retirada. Mais uma vez, o processamento rápido de pacotes IP era uma preocupação principal. Lembre-se de que em nossa discussão sobre o IPv4 na Seção 4.3.1 vimos que, como o cabeçalho IPv4 contém um campo TTL (semelhante ao campo de limite de saltos no IPv6), a soma de verificação do cabeçalho IPv4 precisava ser recalculada em cada roteador. Como acontece com a fragmentação e a remontagem, essa também era uma operação de alto custo no IPv4.
- *Opções.* O campo de opções não faz mais parte do cabeçalho-padrão do IP. Contudo, ele ainda não saiu de cena. Em vez disso, passou a ser um dos possíveis próximos cabeçalhos a ser apontados pelo cabeçalho do IPv6. Ou seja, assim como os cabeçalhos dos protocolos TCP ou UDP podem ser os próximos dentro de um pacote IP, o campo de opções também poderá ser. A remoção do campo de opções resulta em um cabeçalho IP de tamanho fixo de 40 *bytes.*

Transição do IPv4 para o IPv6

Agora que vimos os detalhes técnicos do IPv6, vamos tratar de um assunto muito prático: como a Internet pública, que é baseada no IPv4, fará a transição para o IPv6? O problema é que, enquanto os novos sistemas habilitados para IPv6 podem ser compatíveis, isto é, podem enviar, rotear e receber datagramas IPv4, os sistemas habilitados para IPv4 não podem manusear datagramas IPv6. Há várias opções possíveis (Huston, 2011b; RFC 4213).

Uma opção seria determinar um "dia da conversão" – uma data e um horário definidos em que todas as máquinas da Internet seriam desligadas e atualizadas, passando do IPv4 para o IPv6. A última transição importante de tecnologia (do uso do NCP para o uso do TCP com um serviço confiável de transporte) ocorreu há quase 40 anos. E, mesmo naquela época (RFC 801), quando a Internet era pequenina e ainda gerenciada por um número reduzido de "sabichões", ficou claro que esse "dia da conversão" não era possível. Um dia assim, envolvendo bilhões de dispositivos, é ainda mais impensável hoje.

A abordagem à transição do IPv4 para o IPv6 adotada mais amplamente na prática envolve a implementação de **túnel** (RFC 4213). A ideia básica por trás da implementação do túnel, um conceito fundamental com aplicações em muitos outros cenários além dessa transição, incluindo amplo uso em todas as redes celulares com todos os serviços em IP que trabalharemos no Capítulo 7, é a seguinte. Suponha que dois nós IPv6 (p. ex., B e E na Figura 4.27) queiram interagir usando datagramas IPv6, mas estão conectados um ao outro por roteadores intermediários IPv4. Referimo-nos ao conjunto de roteadores intermediários IPv4 entre dois roteadores IPv6 como um **túnel**, como ilustrado na Figura 4.27. Com a implementação do túnel, o nó IPv6 no lado remetente do túnel (p. ex., B) pega o datagrama IPv6 *inteiro* e o coloca no campo de dados (carga útil) de um datagrama IPv4. Esse datagrama IPv4 é então endereçado ao nó IPv6 no lado receptor (p. ex., E) e enviado ao primeiro nó do túnel (p. ex., C). Os roteadores IPv4 intermediários o direcionam entre eles, exatamente como fariam com qualquer outro, alheios ao fato de que o datagrama IPv4 contém um datagrama IPv6 completo. O nó IPv6 do lado receptor do túnel por fim recebe o datagrama IPv4 (pois ele é o destino do datagrama IPv4!), determina que ele contém um datagrama IPv6 (ao observar que o campo de número do protocolo no datagrama IPv4 é 41 (RFC 4213), indicando que a carga útil IPv4 é um datagrama IPv6), extrai este último e, então, o roteia exatamente como faria se tivesse recebido o datagrama IPv6 de um vizinho IPv6 diretamente ligado a ele.

Encerramos esta seção mencionando que a adoção do IPv6 inicialmente demorou para decolar (Lawton, 2001; Huston; 2008b), mas está ganhando força. O NIST (NIST IPv6, 2020) informa que mais de um terço dos domínios de segundo nível do governo dos EUA

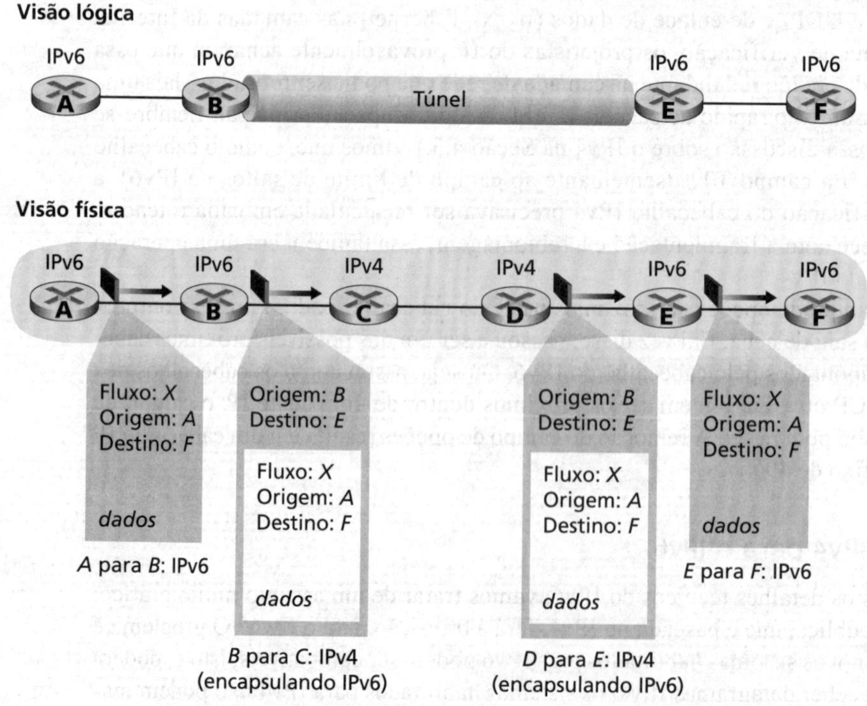

Figura 4.27 Implementação de túnel.

utiliza IPv6. No lado do cliente, a Google informa que cerca de 25% dos clientes que acessam os serviços da empresa utilizam o IPv6 (Google IPv6, 2020). Outras medições recentes (Czyz, 2014) indicam que a adoção do IPv6 está se acelerando. A proliferação de dispositivos como telefones e outros equipamentos portáteis preparados para IP dá um empurrão extra para a implementação geral do IPv6. O Third Generation Partnership Program (3GPP, 2020) na Europa especificou o IPv6 como o esquema de endereçamento padrão para multimídia em dispositivos móveis.

Uma lição importante que podemos aprender com a experiência do IPv6 é que há enorme dificuldade para mudar protocolos de camada de rede. Desde o início da década de 1990, numerosos novos protocolos foram anunciados como a próxima maior revolução da Internet, mas a maioria deles teve pouca aceitação até agora. Entre esses, estão o IPv6, os protocolos de grupo (ou *multicast*) e os protocolos de reserva de recursos; uma discussão sobre as duas últimas classes de protocolo se encontra no suplemento *online* deste livro. Na verdade, introduzir novos protocolos na camada de rede é como substituir os alicerces de uma casa – é difícil de fazer sem demolir a casa inteira ou, no mínimo, retirar os moradores temporariamente da residência. Por outro lado, a Internet vem testemunhando o rápido crescimento de novos protocolos na camada de aplicação. Os exemplos clássicos são, é claro, a Web, mensagens instantâneas, *streaming*, jogos distribuídos e diversas formas de mídias sociais. Introduzir novos protocolos de camada de aplicação é como acrescentar uma nova camada de tinta em uma casa – é relativamente fácil de fazer e, se você escolher uma cor atraente, outras casas da vizinhança vão imitá-lo. Em resumo, no futuro, podemos esperar mudanças na camada de rede da Internet, mas elas provavelmente ocorrerão dentro de uma escala de tempo bem mais lenta do que as que acontecerão na camada de aplicação.

4.4 REPASSE GENERALIZADO E SDN

Lembre-se de que a Seção 4.2.1 caracterizou o repasse baseado em destino como dois passos: pesquisar um endereço IP de destino ("combinação") e depois enviar o pacote para o elemento de comutação e à porta de saída especificada ("ação"). Agora vamos considerar um paradigma "combinação mais ação" significativamente mais geral, no qual a "combinação" pode ocorrer usando múltiplos campos de cabeçalho associados a diferentes protocolos, em diferentes camadas na pilha de protocolos. A "ação" pode incluir repassar o pacote para uma ou mais portas de saída (como no repasse baseado em destino), carregar pacotes de balanceamento de carga entre múltiplas interfaces de saída que levam a um serviço (como no balanceamento de carga), reescrever os valores dos cabeçalhos (como no NAT), bloquear/descartar intencionalmente um pacote (como em um *firewall*), enviar um pacote a um servidor especial para ações e processamentos adicionais (como na DPI – inspeção profunda de pacotes) e muito mais.

No repasse generalizado, uma tabela de combinação mais ação generaliza a noção da tabela de repasse baseada em destino que vimos na Seção 4.2.1. Como as decisões sobre repasse podem ser tomadas usando endereços de origem e de destino da camada de rede e/ou da camada de enlace, seria mais correto descrever os dispositivos de repasse mostrados na Figura 4.28 como "comutadores de pacotes", não como "roteadores" da camada 3 ou "switches" da camada 2. Assim, no restante desta seção, e também na Seção 5.5, chamaremos esses dispositivos de "comutadores de pacotes", adotando a terminologia amplamente utilizada na literatura sobre SDN.

A Figura 4.28 mostra uma tabela de combinação mais ação em cada comutador de pacotes, com a tabela sendo computada, instalada e atualizada por um controlador remoto. Observamos que, apesar de ser possível que os componentes de controle nos comutadores de pacotes individuais interajam uns com os outros (p. ex., de modo semelhante àquele mostrado na Figura 4.2), na prática, as capacidades generalizadas de combinação mais ação

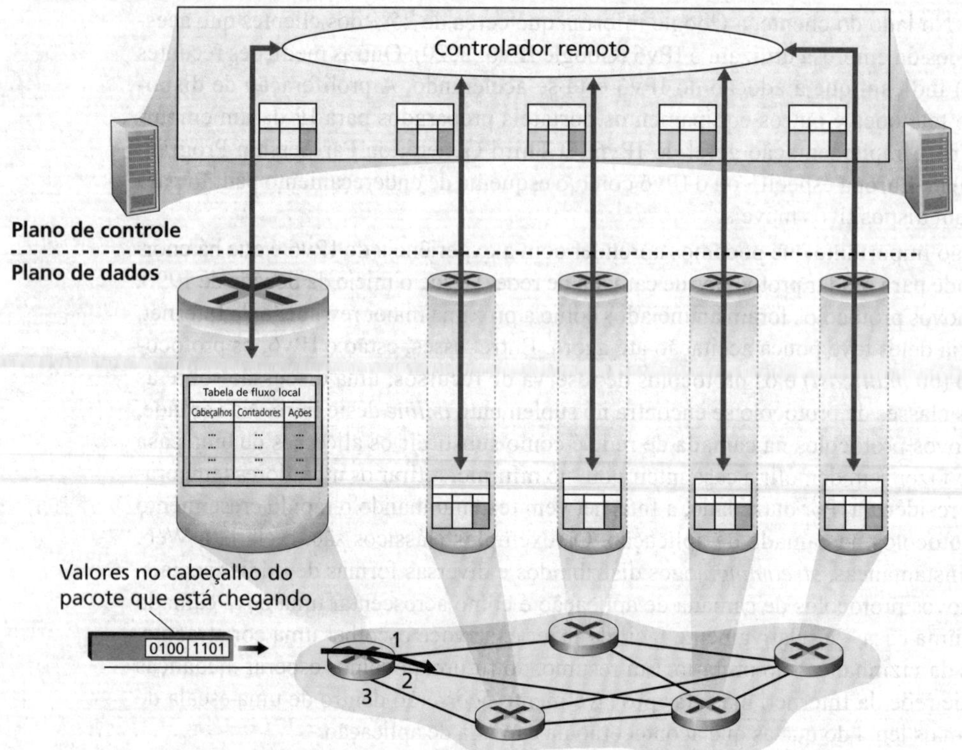

Figura 4.28 Repasse generalizado: cada comutador de pacotes contém uma tabela de combinação mais ação calculada e distribuída por um controlador remoto.

são implementadas por meio de um controlador remoto que calcula, instala e atualiza as tabelas. Dedique um minuto para comparar as Figuras 4.2, 4.3 e 4.28. Quais semelhanças e diferenças você percebe entre o repasse baseado em destino das duas primeiras e o repasse generalizado mostrado na última?

Nossa discussão a seguir sobre repasse generalizado se baseia em OpenFlow (McKeown, 2008; ONF, 2020; Casado, 2014; Tourrilhes, 2014), um padrão de alta visibilidade que introduziu a ideia dos controladores e abstração do repasse de combinação mais ação, assim como a revolução SDN em linhas mais gerais (Feamster, 2013). Consideraremos principalmente o OpenFlow 1.0, que introduziu funcionalidades e abstrações SDN cruciais de forma particularmente clara e concisa. Versões posteriores do OpenFlow introduziram capacidades adicionais devido à experiência obtida com a sua implementação e utilização; a versão atual do padrão OpenFlow, assim como as versões anteriores, se encontra disponível em (ONF, 2020).

Cada linha da tabela de repasse de combinação mais ação, chamada de **tabela de fluxo** no OpenFlow, inclui:

- *Um conjunto de valores do campo de cabeçalho* com o qual o pacote que chega será combinado. Assim como no caso do repasse baseado em destino, a combinação baseada em *hardware* é realizada mais rapidamente na memória TCAM, com mais de um milhão de entradas de endereços de destino possíveis (Bosshart, 2013). Um pacote que não corresponda a nenhuma linha da tabela de fluxo pode ser descartado ou enviado para o controlador remoto, onde é reprocessado. Na prática, por uma questão de custo ou de desempenho, uma tabela de fluxo pode ser implementada por múltiplas tabelas (Bosshart, 2013), mas vamos nos concentrar aqui na abstração de uma única tabela de fluxo.
- *Um conjunto de contadores* que são atualizados à medida que os pacotes são combinados com linhas da tabela de fluxo. Os contadores podem incluir o número de pacotes que foram combinados com aquela linha da tabela e o tempo desde a última atualização da linha da tabela.

- *Um conjunto de ações a serem tomadas* quando um pacote combina com uma linha da tabela de fluxo. As ações podem ser repassar o pacote para uma determinada porta de saída, descartá-lo, fazer cópias dele e enviá-las para múltiplas portas de saída e/ou reescrever os campos de cabeçalho selecionados.

Exploraremos a combinação e as ações em mais detalhes nas Seções 4.4.1 e 4.4.2, respectivamente. Depois, na Seção 4.4.3, estudaremos como o conjunto no âmbito da rede de regras de combinação de comutação por pacote pode ser usado para implementar uma ampla gama de funções, incluindo roteamento, comutação na camada 2, *firewalls*, balanceamento de carga, redes virtuais e mais. Por fim, observamos que a tabela de fluxo é, basicamente, uma interface de programação de aplicações (API, do inglês *application programming interface*), a abstração através da qual o comportamento de um comutador de pacotes individual pode ser programado; na Seção 4.4.3, veremos que os comportamentos no âmbito da rede também podem ser programados por meio da programação/configuração apropriada dessas tabelas na forma de um *conjunto* de comutadores de pacotes na rede (Casado, 2014).

4.4.1 Combinação

A Figura 4.29 mostra os 11 campos de cabeçalho do pacote e a ID da porta de entrada que podem ser combinados em uma regra de combinação mais ação do OpenFlow 1.0. Na Seção 1.5.2, vimos que um quadro da camada de enlace (camada 2) que chega no comutador de pacotes contém um datagrama da camada de rede (camada 3) que é a sua carga útil; esta, por sua vez, em geral, contém um segmento da camada de transporte (camada 4). Nossa primeira observação é que a abstração de combinação do OpenFlow permite que a combinação se baseie em campos selecionados de *três* camadas de cabeçalhos de protocolos (o que desafia abertamente o princípio de camadas que estudamos na Seção 1.5). Como ainda não trabalhamos a camada de enlace, basta dizer que os endereços MAC de origem e de destino mostrados na Figura 4.29 são endereços da camada de enlace associados com as interfaces de envio e recebimento do quadro; ao basear o repasse em endereços da Ethernet, não endereços IP, vemos que um dispositivo habilitado para OpenFlow funciona igualmente como um roteador (dispositivo da camada 3) que repassa datagramas e um switch (dispositivo da camada 2) que repassa quadros. O campo de tipo de Ethernet corresponde ao protocolo da camada superior (p. ex., IP) ao qual a carga útil do quadro será demultiplexada, enquanto os campos VLAN tratam das chamadas redes locais virtuais, que estudaremos no Capítulo 6. O conjunto de 12 valores para combinações na especificação OpenFlow 1.0 cresceu para 41 nas versões mais recente das especificações (Bosshart, 2014).

A porta de ingresso se refere à porta de entrada no comutador de pacotes na qual um pacote é recebido. O endereço IP de origem, o endereço IP de destino, o campo de protocolo IP e os campos de tipo de serviço IP do pacote foram discutidos anteriormente na Seção 4.3.1. Os campos de número de porta de origem e de destino da camada de transporte também podem ser combinados.

As linhas da tabela de fluxo também podem conter curingas. Por exemplo, um endereço IP de 128.119.*.* em uma tabela de fluxo se combinará com o campo de endereço correspondente de qualquer datagrama cujos 16 primeiros *bits* do seu endereço sejam 128.119. Cada linha da tabela de fluxo possui também uma prioridade associada. Se um pacote pode ser

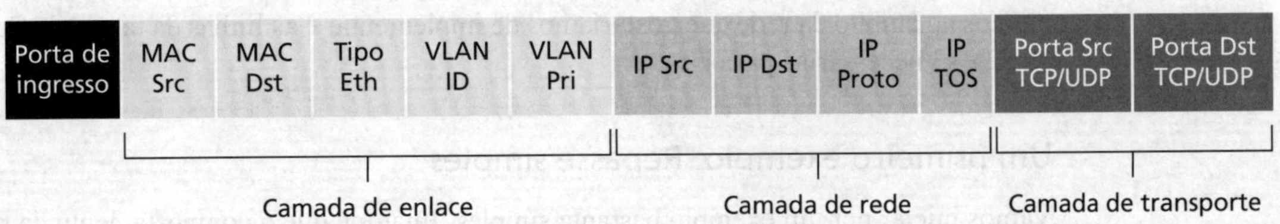

Figura 4.29 Campos de combinação de pacotes, tabela de fluxo do OpenFlow 1.0.

combinado com múltiplas linhas da tabela de fluxo, a combinação selecionada e a ação correspondente serão aquelas da linha de maior prioridade que combinar com o pacote.

Por fim, observamos que nem todos os campos em um cabeçalho IP podem ser combinados. Por exemplo, o OpenFlow *não* permite combinações baseadas no campo TTL ou no campo comprimento do datagrama. Por que alguns campos podem ser usados na combinação e outros não? Sem dúvida alguma, a resposta está relacionada ao equilíbrio entre funcionalidade e complexidade. A "arte" de escolher uma abstração é oferecer funcionalidade suficiente para realizar uma tarefa (nesse caso, implementar, configurar e gerenciar uma ampla gama de funções da camada de rede que antes eram implementadas por meio de uma série de dispositivos de tal camada) sem sobrecarregar a abstração com muitos detalhes e generalidades a ponto de inchá-la e deixá-la inutilizável. Em uma observação famosa, Butler Lampson escreveu (Lampson, 1983):

> *Faça uma coisa de cada vez, e faça bem. A interface deve capturar o mínimo essencial de uma abstração. Não generalize; generalizações geralmente estão erradas.*

Dado o sucesso do OpenFlow, podemos supor que os seus projetistas realmente escolheram bem a sua abstração. Para detalhes adicionais sobre a combinação no OpenFlow, consulte (ONF, 2020).

4.4.2 Ação

Como mostrado na Figura 4.28, cada linha da tabela de fluxo possui uma lista de zero ou mais ações que determinam o processamento aplicado a um pacote combinado com uma linha da tabela. Se há múltiplas ações, estas são realizadas na ordem especificada na lista.

Entre as ações possíveis mais importantes, temos:

- *Repasse.* Um pacote que chega pode ser repassado para uma determinada porta de saída física, difundido por todas as portas (exceto a porta pela qual chegou) ou para um grupo (*multicast*) por um conjunto de portas selecionadas. O pacote pode ser encapsulado e enviado para o controlador remoto do dispositivo, que pode (ou não) executar alguma ação sobre o pacote, incluindo instalar novas linhas na tabela de fluxo, e pode devolver o pacote ao dispositivo para repasse sob o conjunto atualizado de regras da tabela de fluxo.
- *Descarte.* Uma linha da tabela de fluxo sem ações indica que o pacote combinado deve ser descartado.
- *Modificar campo.* Os valores em 10 campos do cabeçalho do pacote (todos os campos das camadas 2, 3 e 4 mostrados na Figura 4.29, exceto o campo de protocolo IP) podem ser reescritos antes que o pacote seja repassado para a porta de saída escolhida.

4.4.3 Exemplos de combinação mais ação do OpenFlow em ação

Após considerarmos os componentes de combinação e de ação do repasse generalizado, vamos reunir essas ideias no contexto da rede de exemplo mostrada na Figura 4.30. A rede tem seis hospedeiros (h1, h2, h3, h4, h5 e h6) e três comutadores de pacotes (s1, s2 e s3), cada um com quatro interfaces locais (numeradas de 1 a 4). Consideraremos diversos comportamentos no âmbito da rede que gostaríamos de implementar e as linhas da tabela de fluxo em s1, s2 e s3 necessárias para isso.

Um primeiro exemplo: Repasse simples

Vamos iniciar por um exemplo bastante simples. Imagine que o comportamento de repasse desejado é que os pacotes de h5 ou h6 destinados para h3 ou h4 sejam repassados de s3 para

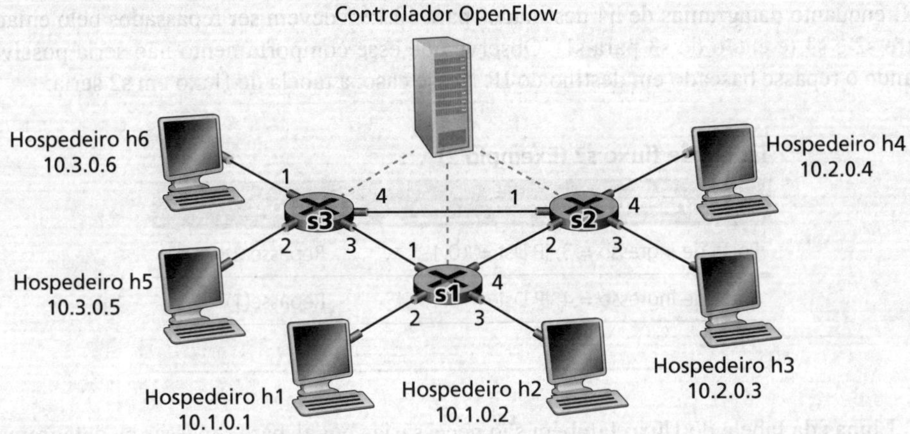

Figura 4.30 Rede de combinação mais ação OpenFlow com três comutadores de pacotes, 6 hospedeiros e controlador OpenFlow.

s1, e então de s1 para s2 (evitando completamente o uso do enlace entre s3 e s2). A linha na tabela de fluxo de s1 seria:

Tabela de fluxo s1 (Exemplo 1)

Combinação	Ação
Porta de ingresso = 1 ; IP Src = 10.3.*.* ; IP Dst = 10.2.*.*	Repasse(4)
...	...

Obviamente, também precisaremos conhecer uma linha da tabela de fluxo em s3 para que os datagramas enviados de h5 ou h6 sejam repassados para s1 através da interface de saída 3:

Tabela de fluxo s3 (Exemplo 1)

Combinação	Ação
IP Src = 10.3.*.* ; IP Dst = 10.2.*.*	Repasse(3)
...	...

Por fim, também precisaremos de uma linha na tabela de fluxo de s2 para completar o primeiro exemplo, de modo que os datagramas que chegam de s1 sejam repassados para o seu destino, o hospedeiro h3 ou o h4:

Tabela de fluxo s2 (Exemplo 1)

Combinação	Ação
Porta de ingresso = 2 ; IP Dst = 10.2.0.3	Repasse(3)
Porta de ingresso = 2 ; IP Dst = 10.2.0.4	Repasse(4)
...	...

Um segundo exemplo: Balanceamento de carga

No segundo exemplo, vamos considerar um cenário de balanceamento de carga, no qual datagramas de h3 destinados para 10.1.*.* devem ser repassados pelo enlace direto entre s2 e s1, enquanto datagramas de h4 destinados para 10.1.*.* devem ser repassados pelo enlace entre s2 e s3 (e então de s3 para s1). Observe que esse comportamento não seria possível usando o repasse baseado em destino do IP. Nesse caso, a tabela de fluxo em s2 seria:

Tabela de fluxo s2 (Exemplo 2)

Combinação	Ação
Porta de ingresso = 3; IP Dst = 10.1.*.*	Repasse(2)
Porta de ingresso = 4; IP Dst = 10.1.*.*	Repasse(1)
...	...

Linhas da tabela de fluxo também são necessárias em s1 para repassar os datagramas recebidos de s2 para h1 ou h2; e linhas da tabela de fluxo são necessárias em s3 para repassar os datagramas recebidos na interface 4 de s2 através da interface 3 para s1. Veja se consegue resolver essas linhas da tabela de fluxo em s1 e s3.

Um terceiro exemplo: *Firewalls*

No terceiro exemplo, vamos considerar um cenário de *firewall* no qual s2 quer apenas receber (em qualquer uma das suas interfaces) tráfego enviado de hospedeiros ligados a s3.

Tabela de fluxo s2 (Exemplo 3)

Combinação	Ação
IP Src = 10.3.*.* IP Dst = 10.2.0.3	Repasse(3)
IP Src = 10.3.*.* IP Dst = 10.2.0.4	Repasse(4)
...	...

Se não houver outras linhas na tabela de fluxo de s2, então apenas o tráfego de 10.3.*.* será repassado para os hospedeiros ligados a s2.

Apesar de termos considerado apenas alguns cenários básicos, espera-se que a versatilidade e as vantagens do repasse generalizado estejam evidentes. Nos Exercícios de fixação, exploramos como as tabelas de fluxo podem ser usadas para criar muitos comportamentos lógicos diferentes, incluindo redes virtuais (duas ou mais redes logicamente separadas, cada uma com seus próprios comportamentos de repasse distintos e independentes) que usam o *mesmo* conjunto físico de enlaces e comutadores de pacotes. Na Seção 5.5, voltaremos às tabelas de fluxo quando estudarmos os controladores SDN que calculam e distribuem as tabelas de fluxo e o protocolo usado para comunicação entre o comutador de pacotes e o seu controlador.

As tabelas de fluxo combinação mais ação que vimos nesta seção são, na verdade, uma forma limitada de *programabilidade* que especifica como o roteador deve repassar e manipular um datagrama (p. ex., alterar um campo de cabeçalho) com base na combinação entre os valores de cabeçalho do datagrama e as condições de combinação. Poderíamos imaginar uma forma de programabilidade ainda mais rica – uma linguagem de programação com construtos de mais alto nível, tais como variáveis, aritmética de propósito geral e operações, variáveis, funções e expressões condicionais booleanas, além de construtos projetados especificamente para o processamento de datagramas na taxa da linha. O P4 (*Programming Protocol-Independent Packet Processors*) (P4, 2020) é uma linguagem desse tipo e gerou interesse e adoção consideráveis desde que foi lançada, cinco anos atrás (Bosshart, 2014).

4.5 MIDDLEBOXES

Os roteadores são os "burros de carga" da camada de rede, e, neste capítulo, aprendemos como fazem o "arroz e feijão" de repassar datagramas IP para os seus destinos. Contudo, neste capítulo e nos anteriores, também encontramos outros equipamentos de rede (também chamados de *boxes*) posicionados no caminho de dados que realizam outras funções além do repasse. Encontramos os *caches* Web na Seção 2.2.5; os distribuidores de conexão na Seção 3.7; e a tradução de endereços de rede (NAT), os *firewalls* e sistemas de detecção de intrusão na Seção 4.3.4. Na Seção 4.4, vimos que o repasse generalizado permite que um roteador moderno execute *firewalls* e balanceamento de carga fácil e naturalmente com operações generalizadas de "combinação mais ação".

Nos últimos 20 anos, tivemos um crescimento enorme nessas ***middleboxes***, definidas no RFC 3234 como:

> *"qualquer dispositivo intermediário que realiza funções além das funções normais padrões de um roteador IP no caminho de dados entre um hospedeiro de origem e um hospedeiro de destino"*

Em linhas gerais, identificamos três tipos de serviço realizados pelas *middleboxes*:

- *Tradução NAT.* Como vimos na Seção 4.3.4, os dispositivos NAT implementam o endereçamento de rede privada, reescrevendo os números de porta e endereços IP dos cabeçalhos dos datagramas.
- *Serviços de segurança.* Os *firewalls* bloqueiam o tráfego com base em valores do campo de cabeçalho ou redirecionam pacotes para reprocessamento, como a inspeção profunda de pacote (DPI, do inglês *deep packet inspection*). Os IDSs detectam padrões pré-determinados e filtram pacotes de acordo com tais padrões. Os filtros de *e-mail* no âmbito da aplicação bloqueiam *e-mails* classificados como *spam*, fraudes de *phishing* ou que representem outras ameaças de segurança.
- *Aprimoramento de desempenho.* Essas *middleboxes* realizam serviços como compressão, *cache* de conteúdo e balanceamento de carga de solicitações de serviço (p. ex., uma requisição HTTP ou uma busca *online*) para um conjunto de servidores que oferecem o serviço desejado.

Muitas outras *middleboxes* (RFC 3234) oferecem capacidades que pertencem a esses três tipos de serviço, tanto nas redes com fio quanto nas redes celulares sem fio (Wang, 2011).

Com a proliferação das *middleboxes* vem a necessidade de operar, gerenciar e atualizar os equipamentos. Dispositivos de *hardware* especializados independentes, pilhas de *software* independentes e habilidades de gerenciamento/operação independentes significam custos operacionais e de capital significativos. Assim, não é surpresa que os pesquisadores estejam explorando maneiras de usar *hardware* genérico (de rede, computação e armazenamento) com *software* especializado agregado sobre uma pilha de *software* comum (*exatamente* a abordagem adotada nas SDNs uma década antes) para implementar esses serviços. Essa abordagem ganhou o nome de **virtualização das funções de rede (NFV, do inglês *network functions virtualization*)** (Mijumbi, 2016). Uma abordagem alternativa que também foi explorada é a de terceirizar as funcionalidades das *middleboxes* para a nuvem (Sherry, 2012).

Por muitos anos, a arquitetura da Internet teve uma separação clara entre a camada de rede e as camadas de transporte/aplicação. Nesses "bons e velhos tempos", a camada de rede era composta por roteadores operando no *núcleo* da rede para repassar datagramas para os seus destinos usando apenas campos do cabeçalho do datagrama IP. As camadas de transporte e aplicação eram implementadas em hospedeiros que operavam na *borda* da rede. Os hospedeiros trocavam pacotes entre si em segmentos da camada de transporte e mensagens da camada de aplicação. As *middleboxes* da atualidade claramente violam essa separação: um dispositivo NAT, instalado entre um roteador e o hospedeiro, reescreve os endereços IP da camada de rede e os números de porta da camada de transporte; um *firewall* dentro da rede bloqueia datagramas suspeitos usando campos de cabeçalho da camada de aplicação (p. ex., HTTP), de transporte e de rede; *gateways* de segurança de *e-mail* são injetados entre o remetente do *e-mail* (mal-intencionado ou não) e o destinatário pretendido, filtrando mensagens de *e-mail* da camada de aplicação com base em endereços IP em "listas brancas" (*whitelists*) e "listas negras" (*blacklists*) e no conteúdo da mensagem. Há quem considere as *middleboxes* abominações arquitetônicas (Garfinkel, 2003), mas outros adotaram a filosofia de que estas "existem por razões importantes e permanentes", ou seja, de que atendem a uma necessidade importante, e que teremos mais delas no futuro, não menos (Walfish, 2004). Para analisar a questão sobre onde colocar a funcionalidade de serviço em uma rede por uma ótica ligeiramente diferente, consulte a nota em destaque "O argumento fim a fim", a seguir.

PRINCÍPIOS NA PRÁTICA

PRINCÍPIOS ARQUITETÔNICOS DA INTERNET

Dado o sucesso fenomenal da Internet, seria natural nos perguntarmos sobre os princípios arquitetônicos que guiaram o desenvolvimento daquele que é provavelmente o maior e mais complexo sistema de engenharia da história da humanidade. O RFC 1958, intitulado "Architectural Principles of the Internet" ("Princípios Arquitetônicos da Internet"), sugere que esses princípios, se é que existem, são realmente mínimos:

> "Muitos membros da comunidade da Internet diriam que não existe uma arquitetura, apenas uma tradição, que não foi colocada no papel pelos primeiros 25 anos (ou, pelo menos, não pela IAB). Contudo, em termos bastante gerais, a comunidade acredita que o objetivo é a conectividade, que a ferramenta é o Protocolo da Internet e que a inteligência é fim a fim, não algo oculto na rede". (RFC 1958)

E era isso! O objetivo era gerar conectividade, haveria apenas um protocolo da camada de rede (o famoso protocolo IP, que estudamos neste capítulo), e a inteligência (ou "complexidade", como poderíamos dizer) ficaria na borda da rede, não no núcleo. Vamos analisar essas duas últimas considerações em mais detalhes.

A AMPULHETA IP

A essa altura, estamos familiarizados com a pilha de protocolos da Internet de cinco camadas que conhecemos na Figura 1.23. Outra visualização dessa pilha, mostrada na Figura 4.31, e também conhecida como "**ampulheta IP**", ilustra a "**cintura fina**" da arquitetura em camadas da Internet. A Internet tem muitos protocolos nas camadas física, de enlace, de transporte e de aplicação, mas apenas *um* protocolo da camada de rede: o protocolo IP. Ele é o único protocolo que *precisa* ser implementado em todos os bilhões e bilhões de dispositivos conectados à Internet. Essa cintura fina teve um papel crítico no crescimento fenomenal da Internet. A simplicidade relativa do protocolo IP e o fato de ser o *único* requisito universal para a conectividade à Internet permitiu que uma ampla variedade de redes, com tecnologias da camada de enlace bastante diferentes, da Ethernet ao WiFi, das redes óticas às celulares, se integrassem à Internet. Clark (1997) observa que o papel da cintura fina, que chama de "camada de travessia (*spanning*)", é "... ocultar as diferenças detalhadas entre essas diversas tecnologias [subjacentes] e apresentar uma interface de serviço uniforme para as aplicações acima". Sobre a camada IP especificamente: "Como a camada de travessia IP cumpre o seu propósito? Ela define um conjunto básico de serviços, projetados cuidadosamente para que pudessem ser construídos a partir

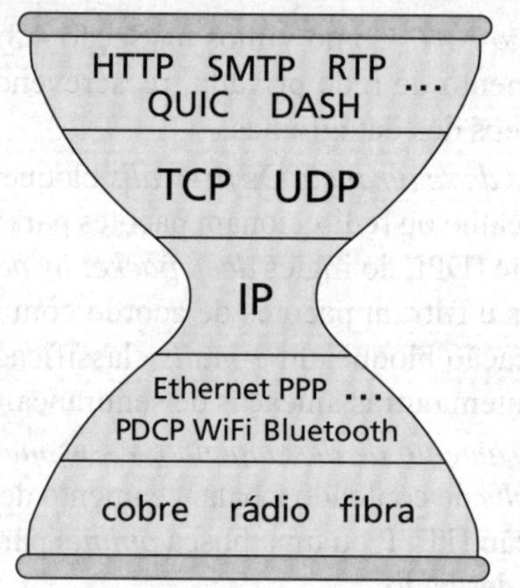

Figura 4.31 A ampulheta de cintura fina da Internet.

de uma ampla gama de tecnologias de rede subjacentes. O *software*, enquanto parte da camada de Internet (ou seja, de rede), pega o que cada uma dessas tecnologias das camadas inferiores oferece e transforma no serviço comum da camada de Internet".

Para uma discussão sobre a cintura fina, incluindo exemplos além da Internet, consulte (Beck 2019; Akhshabi 2011). Observamos aqui que à medida que a arquitetura da Internet chega à meia-idade (os 40 ou 50 anos da Internet certamente contam como meia-idade!), o surgimento das *middleboxes* significa que a "cintura fina" pode estar se alargando (como acontece muito na meia-idade!).

O ARGUMENTO FIM A FIM

O terceiro princípio do RFC 1958, de que "a inteligência é fim a fim, não algo oculto na rede", está relacionado à localização da funcionalidade na rede. Aqui, vimos que até o surgimento recente das *middleboxes*, a maior parte da funcionalidade da Internet estava mesmo localizada na borda da rede. Vale observar que, em contraste direto com a rede telefônica do século XX, que tinha pontos finais "burros" (não programáveis) e comutadores inteligentes, a Internet sempre teve pontos finais inteligentes (computadores programáveis), permitindo que funcionalidades complexas fossem instaladas nesses pontos finais. Mas um artigo extremamente influente (Saltzer, 1984) apresentou argumento baseado em princípios defendendo que a funcionalidade fosse posicionada nos pontos finais e articulando o "argumento fim a fim". O texto afirma que:

> "(...) existe uma lista de funções, cada uma das quais poderia ser implementada de diversas maneiras: pelo subsistema de comunicação, pelo seu cliente, como parceria, ou talvez de forma redundante, com cada um executando a sua própria versão. Ao raciocinarmos sobre essa escolha, os requisitos da aplicação servem de base para uma classe de argumentos, a saber:
>
> A função em questão pode ser completa e corretamente implementada apenas com o conhecimento e a ajuda da aplicação instalada nos pontos finais do sistema de comunicação. Assim, oferecer a função em questão como um recurso do sistema de comunicação em si não é possível. (Às vezes, uma versão incompleta da função oferecida pelo sistema de comunicação pode ser útil enquanto forma de aprimoramento do desempenho.)
>
> Chamamos essa linha de raciocínio contra a implementação da função de baixo nível de "argumento fim a fim".

Um exemplo que ilustra o argumento fim a fim é o da transferência confiável de dados. Como os pacotes podem se perder na rede (p. ex., mesmo sem esgotamentos do *buffer*, um roteador com um pacote enfileirado pode sofrer uma pane, ou a parte da rede na qual o pacote está enfileirado pode se desconectar devido a problemas de enlace), os pontos finais (nesse caso, através do protocolo TCP) *devem* realizar o controle de erros. Como veremos no Capítulo 6, alguns protocolos da camada de enlace executam mesmo o controle de erros local, mas este é "incompleto" e insuficiente para possibilitar a transferência confiável de dados fim a fim. Assim, a transferência confiável de dados precisa ser implementada de modo fim a fim.

O RFC 1958 propositalmente inclui apenas duas referências, ambas a "artigos fundamentais sobre a arquitetura da Internet". Uma delas é ao próprio artigo com o argumento fim a fim (Saltzer, 1984); a segunda (Clark, 1988) discute a filosofia de projeto dos Protocolos de Internet da DARPA. Ambas são "leituras obrigatórias" para todos que se interessam pela arquitetura da Internet. Dois textos influenciados por (Clark, 1988) são (Blumenthal, 2001; Clark, 2005), que reconsideram a arquitetura da Internet à luz do ambiente muito mais complexo no qual a Internet da atualidade precisa operar.

4.6 RESUMO

Neste capítulo, trabalhamos as funções do **plano de dados** da camada de rede, as funções *por roteador* que determinam como os pacotes que chegam em um dos enlaces de entrada de um roteador são repassados para um dos seus enlaces de saída. Começamos com uma análise detalhada das operações internas de um roteador, estudando a funcionalidade da porta de entrada e da porta de saída e o repasse baseado em destino, o mecanismo de comutação interno do roteador, o gerenciamento de fila de pacotes e mais. Examinamos o repasse de IP tradicional (no qual o repasse se baseia no endereço de destino do datagrama) e o repasse generalizado (no qual o repasse e outras funções podem ser realizados usando valores de vários campos diferentes do cabeçalho do datagrama) e a versatilidade da segunda abordagem. Também estudamos os protocolos IPv4 e IPv6 em detalhes e o endereçamento na Internet, que descobrimos ser uma área muito mais profunda, sutil e interessante do que imaginávamos. Completamos o nosso estudo sobre o plano de dados da camada de rede com um estudo das *middleboxes* e uma discussão mais ampla sobre a arquitetura da Internet.

Com o nosso novo entendimento sobre o plano de dados da camada de rede, estamos prontos para mergulhar de cabeça no plano de controle no Capítulo 5!

Exercícios de fixação e perguntas

Questões de revisão do Capítulo 4

SEÇÃO 4.1

R1. Vamos rever um pouco da terminologia usada neste livro. Lembre-se de que o nome de um pacote na camada de transporte é *segmento* e que o nome de um pacote na camada de enlace é *quadro*. Qual é o nome de um pacote de camada de rede? Lembre-se de que roteadores e switches são denominados *comutadores de pacotes*. Qual é a diferença fundamental entre um roteador e um switch?

R2. Observamos que a funcionalidade de rede pode, em linhas gerais, ser dividida entre a funcionalidade do plano de dados e a do plano de controle. Quais são as principais funções do plano de dados? E do plano de controle?

R3. Estabelecemos uma distinção entre a função de repasse e a função de roteamento realizada na camada de rede. Quais são as principais diferenças entre o roteamento e o repasse?

R4. Qual é o papel da tabela de repasse no roteador?

R5. Afirmamos no texto que o modelo de serviço da camada de rede "define as características do transporte de dados fim a fim entre os hospedeiros remetente e destinatário". Qual é o modelo de serviço da camada de rede da Internet? Quais garantias o modelo de serviço da Internet oferece em relação à entrega de datagramas de hospedeiro para hospedeiro?

SEÇÃO 4.2

R6. Na Seção 4.2, vimos que um roteador normalmente é composto por portas de entrada, portas de saída, um elemento de comutação e um processador de roteamento. Quais desses são implementados em *hardware* e quais são implementados em *software*? Por quê? Voltando à ideia do plano de dados e do plano de controle da camada de rede, quais são implementados em *hardware* e quais são implementados em *software*? Por quê?

R7. Discuta por que cada porta de entrada em um roteador de alta velocidade armazena uma cópia da tabela de repasse.

R8. O que significa repasse baseado em destino? Qual a diferença entre ele e o repasse generalizado (supondo que você leu a Seção 4.4, qual das duas abordagens é adotada pela rede definida por *software* [SDN])?

R9. Suponha que um pacote que chega é combinado com duas ou mais linhas da tabela de repasse de um roteador. Com o tradicional repasse baseado em destino, qual regra o roteador aplica para determinar qual dessas regras deve ser aplicada para determinar a porta de saída para a qual o pacote que chega deve ser comutado?

R10. Três tipos de elementos de comutação são discutidos na Seção 4.2. Cite e descreva brevemente cada tipo. Qual (se houver algum) pode enviar múltiplos pacotes em paralelo pelo elemento?

R11. Descreva como pode ocorrer perda de pacotes em portas de entrada. Descreva como a perda de pacotes pode ser eliminada em portas de entrada (sem usar *buffers* infinitos).

R12. Descreva como pode ocorrer perda de pacotes em portas de saída. Essa perda poderia ser impedida aumentando a velocidade do comutador?

R13. O que é bloqueio HOL? Ele ocorre em portas de saída ou em portas de entrada?

R14. Na Seção 4.2, estudamos as disciplinas de escalonamento de pacotes FIFO, Prioritário, por varredura cíclica e enfileiramento justo ponderado (WFQ). Quais dessas disciplinas de enfileiramento garantem que todos os pacotes saiam na ordem em que chegaram?

R15. Apresente um exemplo que mostra por que um operador de rede desejaria que uma classe de pacotes tenha prioridade em relação a outra classe.

R16. Qual é a diferença essencial entre o escalonamento de pacotes por varredura cíclica e por enfileiramento justo ponderado (WFQ)? Existe algum caso em que ambos se comportam exatamente da mesma forma? (*Dica:* considere os pesos WFQ.)

SEÇÃO 4.3

R17. Suponha que o hospedeiro A envie ao hospedeiro B um segmento TCP encapsulado em um datagrama IP. Quando o hospedeiro B recebe o datagrama, como sua camada de rede sabe que deve passar o segmento (i.e., a carga útil do datagrama) para TCP e não para UDP ou para algum outro protocolo da camada superior?

R18. Qual campo no cabeçalho IP pode ser usado para garantir que um pacote é repassado por no máximo *N* roteadores?

R19. Lembre-se que vimos a soma de verificação da Internet usada no segmento da camada de transporte (nos cabeçalhos UDP e TCP, Figuras 3.7 e 3.29, respectivamente) e nos datagramas da camada de rede (cabeçalho IP, Figura 4.17). Agora considere um segmento da camada de transporte encapsulado em um datagrama IP. As somas de verificação no cabeçalho do segmento e no cabeçalho do datagrama são calculadas sobre *bytes* em comum no datagrama IP? Explique sua resposta.

R20. Quando um datagrama grande é fragmentado em múltiplos datagramas menores, onde esses datagramas menores são remontados para formar um único datagrama grande?

R21. Roteadores têm endereços IP? Em caso positivo, quantos?

R22. Qual é o equivalente binário de 32 *bits* para o endereço IP 223.1.3.27?

R23. Visite um hospedeiro que usa DHCP para obter seu endereço IP, máscara de rede, roteador de *default* e endereço IP de seu servidor DNS local. Faça uma lista desses valores.

R24. Suponha que haja três roteadores entre os hospedeiros de origem e de destino. Ignorando a fragmentação, um datagrama IP enviado do hospedeiro de origem até o hospedeiro de destino transitará por quantas interfaces? Quantas tabelas de repasse serão indexadas para deslocar o datagrama desde a origem até o destino?

R25. Suponha que uma aplicação gere blocos de 40 *bytes* de dados a cada 20 ms, e que cada bloco seja encapsulado em um segmento TCP e, em seguida, em um datagrama IP. Qual porcentagem de cada datagrama será sobrecarga e qual porcentagem será dados de aplicação?

R26. Suponha que você compre um roteador sem fio e o conecte a seu *modem* a cabo. Suponha também que seu ISP designe dinamicamente um endereço IP a seu dispositivo conectado (i.e., seu roteador sem fio). Suponha ainda que você tenha cinco PCs em casa e que usa 802.11 para conectá-los sem fio ao roteador. Como são designados endereços IP aos cinco PCs? O roteador sem fio usa NAT? Por quê?

R27. O que significa o termo "agregação de rotas"? Por que é útil para um roteador realizar agregação de rotas?

R28. O que significa dizer que um protocolo é "*plug-and-play*" ou "*zeroconf*"?

R29. O que é um endereço de rede privada? Um datagrama com um endereço de rede privada poderia, em qualquer momento, estar presente na Internet pública como um todo? Explique.

R30. Compare os campos de cabeçalho do IPv4 e do IPv6 e aponte suas diferenças. Eles têm algum campo em comum?

R31. Afirma-se que, quando o IPv6 implementa túneis via roteadores IPv4, o IPv6 trata os túneis IPv4 como protocolos de camada de enlace. Você concorda com essa afirmação? Explique sua resposta.

SEÇÃO 4.4

R32. Qual é a diferença entre o repasse generalizado e o repasse baseado em destino?

R33. Qual é a diferença entre a tabela de repasse que encontramos no repasse baseado em destino na Seção 4.1 e a tabela de fluxo do OpenFlow que encontramos na Seção 4.4?

R34. O que significa a operação de "combinação mais ação" de um roteador ou comutador? No caso do comutador de pacotes com repasse baseado em destino, o que é combinado e qual é a ação executada? No caso de uma SDN, liste três campos que podem ser combinados e três ações que podem ser executadas.

R35. Liste três campos de cabeçalho em um datagrama IP que podem ser "combinados" no repasse generalizado do OpenFlow 1.0. Quais são os três campos de cabeçalho do datagrama IP que *não* podem ser "combinados" no OpenFlow?

Problemas

P1. Considere a rede a seguir.

a. Mostre a tabela de repasse no roteador A, de modo que todo o tráfego destinado ao hospedeiro H3 seja encaminhado pela interface 3.

b. Você consegue compor uma tabela de repasse no roteador A, de modo que todo o tráfego de H1 destinado ao hospedeiro H3 seja encaminhado pela interface 3, enquanto todo o tráfego de H2 destinado ao hospedeiro H3 seja encaminhado pela interface 4? (*Dica:* esta é uma pergunta capciosa.)

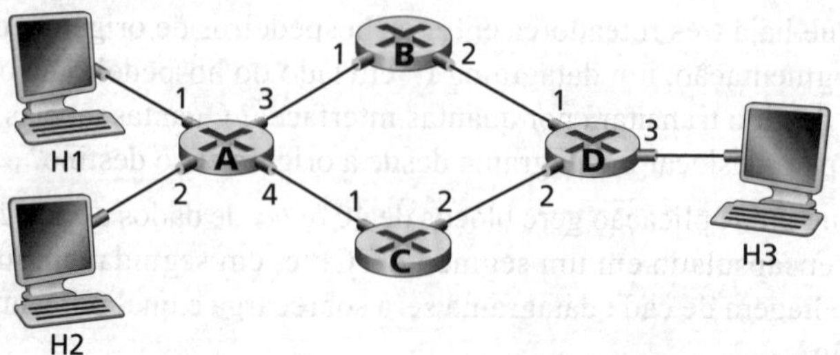

P2. Suponha que dois pacotes cheguem a duas portas de entrada diferentes de um roteador exatamente ao mesmo tempo. Suponha também que não haja outros pacotes em lugar algum no roteador.

a. Suponha que os dois pacotes devam ser repassados a duas portas de saída diferentes. É possível repassar os dois pacotes pelo elemento de comutação ao mesmo tempo quando o elemento usa um barramento compartilhado?

b. Imagine que os dois pacotes devam ser repassados a duas portas de saída diferentes. É possível repassar os dois pacotes pelo elemento de comutação ao mesmo tempo quando o elemento usa comutação por memória?

c. Considere que os dois pacotes devam ser repassados para a mesma porta de saída. É possível repassar os dois pacotes pelo elemento de comutação ao mesmo tempo quando o elemento usa uma rede do tipo *crossbar*?

P3. Na Seção 4.2.4, afirmou-se que se *R_comutador* é *N* vezes mais rápido do que *R_linha*, o enfileiramento que ocorrerá nas portas de entrada será mínimo e pode ser desconsiderado, mesmo que todos os pacotes devam ser repassados para a mesma porta de saída. Agora suponha que *R_comutador* = *R_linha*, mas todos os pacotes devem ser repassados para portas de saída diferentes. Admita que *D* é o tempo para transmitir um pacote. Como função de *D*, qual é o atraso de fila de entrada máximo para um pacote para (a) a memória, (b) o barramento e (c) os elementos de comutação do tipo *crossbar*?

P4. Considere o comutador a seguir. Suponha que todos os datagramas possuam o mesmo comprimento, que o comutador opere de uma maneira segmentada e síncrona, e que em um intervalo de tempo (*time slot*) um datagrama possa ser transferido de uma porta de entrada para uma porta de saída. A malha de comutação é um *crossbar* no qual, no máximo, um datagrama pode ser transferido para uma determinada porta de saída em um intervalo de tempo, mas portas de saída diferentes podem receber datagramas de portas de entrada diferentes em um único intervalo de tempo. Qual é o número mínimo de intervalos de tempo necessário para transferir os pacotes mostrados das portas de entrada para suas portas de saída, admitindo qualquer ordem de escalonamento de fila que você quiser (i.e., não é necessário o bloqueio HOL)? Qual é o maior número de intervalos necessários, admitindo uma ordem de escalonamento de pior caso e que uma fila de entrada não vazia nunca fica ociosa?

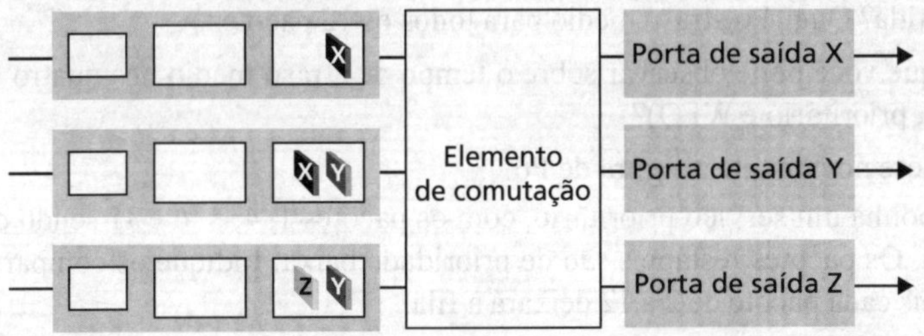

P5. Suponha que a política de escalonamento WFQ seja aplicada a um *buffer* que suporta três classes; suponha que os pesos para essas três classes sejam 0,5, 0,25 e 0,25.

a. Suponha que cada classe tenha um grande número de pacotes no *buffer*. Em qual sequência poderiam ser atendidas essas três classes para atingir os pesos WFQ descritos? (Para escalonamento por varredura cíclica, uma sequência natural é 123123123...).

b. Suponha que as classes 1 e 2 tenham um grande número de pacotes no *buffer* e que não haja pacotes de classe 3 no *buffer*. Em qual sequência as três classes poderiam ser atendidas para alcançar os pesos WFQ descritos?

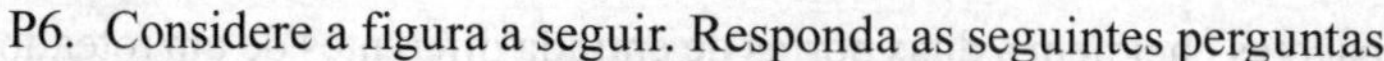

P6. Considere a figura a seguir. Responda as seguintes perguntas:

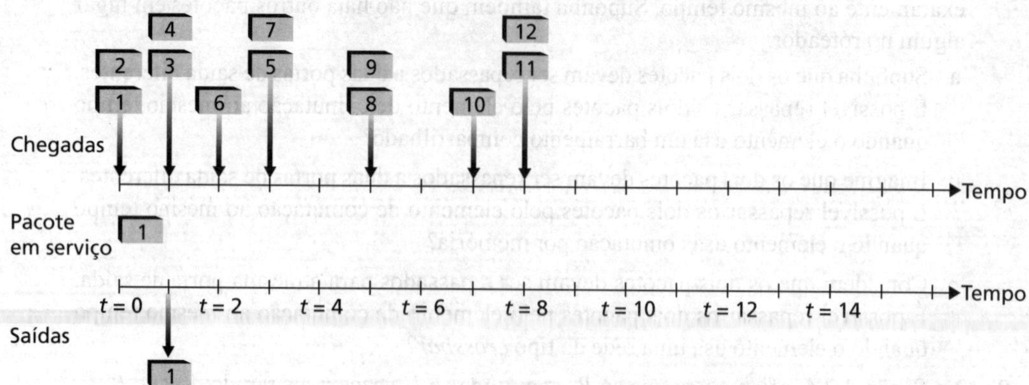

a. Supondo que o serviço é FIFO, indique o tempo em que os pacotes de 2 a 12 deixam a fila. Para cada pacote, qual o atraso entre a chegada e o início do compartimento no qual é transmitido? Qual o atraso médio sobre todos os 12 pacotes? Suponha que os pacotes gastam 1 unidade de tempo para serem transmitidos.

b. Suponha agora um serviço com prioridades, e admita que os números ímpares são de prioridade alta, e os pares são de prioridade baixa. Indique o tempo em que cada pacote de 2 a 12 deixará a fila. Para cada pacote, qual o atraso entre a chegada e o início do compartimento no qual é transmitido? Qual o atraso médio sobre todos os 12 pacotes?

c. Suponha agora um serviço de varredura cíclica, e admita que os pacotes 1, 2, 3, 6, 11 e 12 sejam de classe 1, e os pacotes 4, 5, 7, 8, 9 e 10, de classe 2. Indique o tempo em que cada pacote de 2 a 12 deixará a fila. Para cada um, qual o atraso entre a chegada e a partida? Qual o atraso médio para todos os 12 pacotes?

d. Suponha agora a disciplina de serviço de enfileiramento justo ponderado (WFQ), e admita que os pacotes ímpares são da classe 1 e os pares, da classe 2. A classe 1 tem um peso WFQ de 2, enquanto a classe 2 tem um peso WFQ de 1. Observe que pode não ser possível alcançar uma sincronização WFQ idealizada como vimos no texto, então indique por que você escolheu o pacote específico para ser atendido em cada compartimento de tempo. Para cada pacote, qual é o atraso entre a chegada e a partida? Qual é o atraso médio para todos os 12 pacotes?

e. O que você pode observar sobre o tempo de atraso médio nos quatro casos (FIFO, RR, prioritário e WFQ)?

P7. Considere novamente a figura de P6.

a. Suponha um serviço prioritário, com os pacotes 1, 4, 5, 6 e 11 sendo de prioridade alta. Os pacotes restantes são de prioridade baixa. Indique os compartimentos nos quais cada pacote de 2 a 12 deixará a fila.

b. Agora suponha que um serviço de varredura cíclica seja usado, com os pacotes 1, 4, 5, 6 e 11 pertencentes a uma classe de tráfego, e os restantes pertencendo a uma segunda classe de tráfego. Indique os compartimentos nos quais cada pacote de 2 a 12 deixará a fila.

c. Suponha agora um serviço WFQ, com os pacotes 1, 4, 5, 6 e 11 pertencentes a uma classe de tráfego, e os restantes pertencendo a uma segunda classe de tráfego. A classe 1 tem um peso WFQ de 1, enquanto a classe 2 tem um peso WFQ de 2 (observe que estes pesos são diferentes daqueles na questão anterior). Indique os compartimentos nos quais cada pacote de 2 a 12 deixará a fila. Veja também a advertência na questão anterior relativa ao serviço WFQ.

P8. Considere uma rede de datagramas que usa endereços de hospedeiro de 32 *bits*. Suponha que um roteador tenha quatro enlaces, numerados de 0 a 3, e que os pacotes têm de ser repassados para as interfaces de enlaces desta forma:

Faixa de endereços de destino	Interface de enlace
11100000 00000000 00000000 00000000 até 11100000 00111111 11111111 11111111	0
11100000 01000000 00000000 00000000 até 11100000 01000000 11111111 11111111	1
11100000 01000001 00000000 00000000 até 11100001 01111111 11111111 11111111	2
senão	3

a. Elabore uma tabela de repasse que tenha cinco registros, use a concordância do prefixo mais longo e repasse pacotes para as interfaces de enlace corretas.

b. Descreva como sua tabela de repasse determina a interface de enlace apropriada para datagramas com os seguintes endereços:

11001000 10010001 01010001 01010101
11100001 01000000 11000011 00111100
11100001 10000000 00010001 01110111

P9. Considere uma rede de datagramas que usa endereços de hospedeiros de 8 *bits*. Suponha que um roteador use a concordância do prefixo mais longo e tenha a seguinte tabela de repasse:

Prefixo do endereço	Interface
00	0
010	1
011	2
10	2
11	3

Para cada uma das quatro interfaces, forneça a faixa associada de endereços de hospedeiro de destino e o número de endereços na faixa.

P10. Considere uma rede de datagramas que usa endereços de hospedeiros de 8 *bits*. Suponha que um roteador use a concordância do prefixo mais longo e tenha a seguinte tabela de repasse:

Prefixo do endereço	Interface
1	0
10	1
111	2
senão	3

Para cada uma das quatro interfaces, forneça a faixa associada de endereços de hospedeiro de destino e o número de endereços na faixa.

P11. Considere um roteador que interconecta três sub-redes: 1, 2 e 3. Suponha que todas as interfaces de cada uma dessas três sub-redes tenha de ter o prefixo 223.1.17/24. Suponha também que a sub-rede 1 tenha de suportar até 60 interfaces, a sub-rede 2 tenha de suportar até 90 interfaces, e a sub-rede 3, 12 interfaces. Dê três endereços de rede (da forma a.b.c.d/x) que satisfaçam essas limitações.

P12. Na Seção 4.2.2, é dado um exemplo de tabela de repasse (usando a concordância do prefixo mais longo). Reescreva a tabela usando a notação a.b.c.d/x em vez da notação de cadeia binária.

P13. No Problema P8, solicitamos que você elaborasse uma tabela de repasse (usando a concordância do prefixo mais longo). Reescreva a tabela usando a notação a.b.c.d/x em vez da notação de cadeia binária.

P14. Considere uma sub-rede com prefixo 128.119.40.128/26. Dê um exemplo de um endereço IP (na forma xxx.xxx.xxx.xxx) que possa ser designado para essa rede. Suponha que um ISP possua o bloco de endereços na forma 128.119.40.64/26. Suponha que ele queira criar quatro sub-redes a partir desse bloco, e que cada bloco tenha o mesmo número de endereços IP. Quais são os prefixos (na forma a.b.c.d/x) para as quatro sub-redes?

P15. Considere a topologia mostrada na Figura 4.20. Denomine as três sub-redes com hospedeiros (começando em sentido horário, a partir da posição das 12h) como A, B e C. Denomine as sub-redes sem hospedeiros como D, E e F.

a. Designe endereços de rede a cada uma das seis sub-redes, com as seguintes restrições: todos os endereços deverão ser alocados a partir de 214.97.254/23; a sub-rede A deve ter endereços suficientes para suportar 250 interfaces; a sub-rede B deve ter endereços suficientes para suportar 120 interfaces; e a sub-rede C deve ter endereços suficientes para suportar 120 interfaces. É claro que cada uma das sub-redes D, E e F deve poder suportar duas interfaces. Para cada sub-rede, a designação deve tomar a forma a.b.c.d/x ou a.b.c.d/x – e.f.g.h/y.

b. Usando a resposta dada no item (a), elabore as tabelas de repasse (usando a concordância do prefixo mais longo) para cada um dos três roteadores.

P16. Use o serviço *whois* no American Registry for Internet Numbers (http://www.arin.net/whois) para determinar os blocos de endereço IP para três universidades. Os serviços *whois* podem ser usados para determinar com certeza o local geográfico de um endereço IP específico? Use www.maxmind.com para determinar os locais dos servidores Web em cada universidade.

P17. Suponha que entre o hospedeiro de origem A e o hospedeiro destinatário B os datagramas estejam limitados a 1.500 *bytes* (incluindo cabeçalho). Admitindo um cabeçalho IP de 20 *bytes*, quantos datagramas seriam necessários para enviar um arquivo MP3 de 5 milhões de *bytes*? Explique como você obteve a resposta.

P18. Considere a configuração de rede da Figura 4.25. Suponha que o ISP designe ao roteador o endereço 24.34.112.235 e que o endereço da rede residencial seja 192.168.1/24.

a. Designe endereços a todas as interfaces na rede residencial.

b. Suponha que haja duas conexões TCP em curso em cada hospedeiro, todas para a porta 80 no hospedeiro 128.119.40.86. Forneça os seis registros correspondentes na tabela de tradução NAT.

P19. Suponha que você esteja interessado em detectar o número de hospedeiros por trás da NAT. Você observa que a camada IP traz um número de identificação, de modo sequencial, em cada pacote IP. O número de identificação do primeiro pacote IP gerado por um hospedeiro é aleatório, e os números de identificação subsequentes são determinados sequencialmente. Admita que todos os pacotes IP gerados por hospedeiros por trás da NAT sejam enviados para o mundo exterior.

a. Com base nessa observação e admitindo que você pode analisar todos os pacotes enviados para fora pela NAT, você pode descrever uma técnica simples que detecte o número de hospedeiros por trás da NAT? Justifique sua resposta.

b. Se os números de identificação não são determinados de maneira sequencial, e sim aleatória, sua técnica funcionaria? Justifique sua resposta.

P20. Neste problema, exploraremos o impacto das NATs sobre aplicações P2P. Suponha que um parceiro com nome de usuário Arnold descubra, por meio de consulta, que um parceiro com nome de hospedeiro Bernard tem um arquivo que ele, Arnold, quer descarregar. Suponha também que Bernard e Arnold estejam por trás de uma NAT. Tente elaborar uma técnica que permita a Arnold estabelecer uma conexão TCP com Bernard sem a configuração da NAT específica da aplicação. Se você tiver dificuldade na elaboração dessa técnica, discuta o motivo.

P21. Considere a rede OpenFlow SDN mostrada na Figura 4.30. Suponha que o comportamento de repasse desejado para os datagramas que chegam em s2 é o seguinte:

- quaisquer datagramas que cheguem na porta de entrada 1 dos hospedeiros h5 ou h6 destinados aos hospedeiros h1 ou h2 devem ser repassados pela porta de saída 2;
- quaisquer datagramas que cheguem na porta de entrada 2 dos hospedeiros h1 ou h2 destinados aos hospedeiros h5 ou h6 devem ser repassados pela porta de saída 1;
- quaisquer datagramas que cheguem nas portas de entrada 1 ou 2 destinados aos hospedeiros h3 ou h4 devem ser entregues ao hospedeiro especificado;
- os hospedeiros h3 e h4 devem ser capazes de enviar datagramas um ao outro.

Especifique as linhas da tabela de fluxo em s2 que implementam esse comportamento de repasse.

P22. Considere mais uma vez a rede OpenFlow SDN mostrada na Figura 4.30. Suponha que o comportamento de repasse desejado para os datagramas que chegam dos hospedeiros h3 ou h4 em s2 é o seguinte:

- quaisquer datagramas que cheguem do hospedeiro h3 destinados a h1, h2, h5 ou h6 devem ser repassados em sentido horário na rede;
- quaisquer datagramas que cheguem do hospedeiro h4 destinados a h1, h2, h5 ou h6 devem ser repassados em sentido anti-horário na rede;

Especifique as linhas da tabela de fluxo em s2 que implementam esse comportamento de repasse.

P23. Considere novamente o cenário do Problema P21, acima. Forneça as linhas das tabelas de fluxo nos comutadores de pacotes s1 e s3, tais que quaisquer datagramas que chegam com endereço de origem de h3 ou h4 são roteados para os hospedeiros de destino especificados no campo de endereço de destino no datagrama IP. (*Dica:* suas regras da tabela de repasse devem incluir os casos em que um datagrama que chega tem por destino um hospedeiro ligado diretamente ou deve repassado para um roteador vizinho para entrega posterior para o hospedeiro a partir dele.)

P24. Considere novamente a rede OpenFlow SDN mostrada na Figura 4.30. Suponha que desejamos que o comutador s2 funcione como *firewall*. Especifique a tabela de fluxo em s2 que implementa os seguintes comportamentos de *firewall* (especifique uma diferente tabela de fluxo para cada um dos quatro comportamentos de *firewall* abaixo) para a entrega de datagramas destinados a h3 e h4. Você não precisa especificar o comportamento de repasse em s2 que repasse tráfego para outros roteadores.

- Apenas o tráfego que chega dos hospedeiros h1 e h6 deve ser entregue aos hospedeiros h3 ou h4 (i.e., o tráfego que chega dos hospedeiros h2 e h5 é bloqueado).

- Apenas o tráfego TCP pode ser entregue aos hospedeiros h3 ou h4 (i.e., o tráfego UDP é bloqueado).
- Apenas o tráfego destinado a h3 será entregue (i.e., todo o tráfego para h4 é bloqueado).
- Apenas o tráfego UDP de h1 e destinado a h3 será entregue. Todo o resto do tráfego é bloqueado.

P25. Considere a pilha de protocolos da Internet nas Figuras 1.23 e 4.31. Você considera que o protocolo ICMP é da camada de rede ou da camada de transporte? Justifique sua resposta.

Wireshark Lab: IP

No *site* deste livro, você encontrará uma tarefa de laboratório Wireshark que examina a operação do protocolo IP e do formato do datagrama IP em particular.

ENTREVISTA

Vinton G. Cerf

Imagem cortesia de Vinton G. Cerf

Vinton G. Cerf é vice-presidente e evangelista-chefe da Internet para a Google desde 2005. Ele trabalhou por mais de 15 anos na MCI, ocupando diversos cargos, sendo o último como vice-presidente sênior de Estratégia de Tecnologia. É muito conhecido pela coautoria dos protocolos TCP/IP e da arquitetura da Internet. Atuando na Advanced Research Projects Agency do Departamento de Defesa dos Estados Unidos (DARPA) de 1976 a 1982, desempenhou um papel fundamental na liderança do desenvolvimento da Internet e de pacotes de dados e técnicas de segurança relacionadas com a Internet. Em 2005, ele recebeu a Medalha Presidencial de Liberdade dos EUA, e a Medalha Nacional de Tecnologia dos EUA em 1997. Ele é bacharel em Matemática pela Stanford University e mestre e doutor em ciência da computação pela UCLA.

O que o fez se decidir pela especialização em redes?

Eu trabalhava como programador na UCLA no final da década de 1960 com o patrocínio da Advanced Research Projects Agency do Departamento de Defesa dos Estados Unidos (na época conhecida como ARPA, e hoje, como DARPA). Meu trabalho era desenvolvido no laboratório do professor Leonard Kleinrock no Network Measurement Center da recém-criada ARPAnet. O primeiro nó da ARPAnet foi instalado na UCLA em 1º de setembro de 1969. Eu era responsável pela programação de um computador utilizado para coletar informações de desempenho da ARPAnet e passá-las para comparação com modelos matemáticos e previsões de desempenho da rede.

Eu e vários outros alunos de pós-graduação éramos responsáveis pelo trabalho conhecido como protocolos de nível de hospedeiro da ARPAnet – os procedimentos e formatos que permitiriam a interação dos muitos tipos diferentes de computadores na rede. Era uma exploração fascinante de um novo mundo (para mim) de computação e comunicação distribuídas.

Quando começou a projetar o IP, você imaginava que esse protocolo tornar-se-ia tão predominante quanto é hoje?

Quando Bob Kahn e eu começamos a trabalhar nisso, em 1973, acho que estávamos muito mais preocupados com a questão central: como fazer redes de pacotes heterogêneas interagirem umas com as outras, admitindo que não poderíamos modificá-las. Esperávamos descobrir um modo que permitisse que um conjunto arbitrário de redes de comutação de pacotes fosse interligado de maneira transparente, de modo que os computadores componentes das redes pudessem se comunicar fim a fim sem precisar de nenhuma tradução entre eles. Acho que sabíamos que estávamos lidando com uma tecnologia poderosa e expansível, mas duvido que tivéssemos uma ideia muito clara do que seria o mundo com bilhões de computadores todos interligados com a Internet.

Em sua opinião, qual é o futuro das redes e da Internet? Quais são os grandes obstáculos/desafios que estão no caminho do seu desenvolvimento?

Acredito que a Internet, em particular, e as redes, em geral, continuarão a proliferar. Hoje já existem bilhões de dispositivos habilitados para a Internet, entre eles equipamentos como telefones celulares, refrigeradores, PDAs, servidores residenciais, aparelhos de televisão, bem como a costumeira coleção de *notebooks*, servidores e assim por diante. Entre os grandes desafios, estão o suporte para a mobilidade, a duração das baterias, a capacidade dos enlaces de acesso à rede e a escalabilidade ilimitada do núcleo ótico da rede. A extensão interplanetária da Internet é um projeto que está avançando na NASA e em outras agências espaciais. Ainda precisamos adicionar o endereçamento IPv6 (128 *bits*) ao formato de pacote IPv4 (32 *bits*) original. A lista é comprida!

Quais pessoas o inspiraram profissionalmente?

Meu colega Bob Kahn; o orientador de minha tese, Gerald Estrin; meu melhor amigo, Steve Crocker (nós nos conhecemos na escola secundária e ele me apresentou aos computadores em 1960!); e os milhares de engenheiros que continuam a evoluir a Internet ainda hoje.

Você pode dar algum conselho aos estudantes que estão ingressando na área de redes/Internet?

Não limitem seu pensamento aos sistemas existentes – imaginem o que poderia ser possível e então comecem a trabalhar para descobrir um meio de sair do estado atual das coisas e chegar lá. Ousem sonhar. A "Internet das Coisas" é a próxima grande fase da expansão da Internet. Segurança, privacidade, confiabilidade e autonomia precisam de atenção. A extensão interplanetária da Internet terrestre começou como um projeto especulativo, mas está se tornando realidade. A implementação dessa rede pode levar décadas, uma missão por vez, mas, usando uma paráfrase: "O homem deve tentar alcançar o que está fora do seu alcance; senão, para que existiria o céu?".

CAPÍTULO 5

A camada de rede: plano de controle

Neste capítulo, completamos nossa jornada pela camada de rede ao cobrirmos o componente de **plano de controle**, a lógica *em âmbito de rede* que controla a maneira como um datagrama é roteado por um caminho fim a fim, do hospedeiro de origem ao de destino, e como os serviços e componentes da camada de rede são configurados e gerenciados. Na Seção 5.2, examinaremos os algoritmos de roteamento tradicionais para calcular os caminhos de menor custo em um grafo, que são a base para dois protocolos de roteamento da Internet amplamente utilizados, o OSPF e o BGP, que trabalharemos nas Seções 5.3 e 5.4, respectivamente. Como veremos, o OSPF é um protocolo de roteamento que opera na rede em um único provedor de serviços de Internet (ISP, do inglês *Internet Service Provider*). O BGP é um protocolo de roteamento que serve para interconectar todas as redes na Internet, sendo muitas vezes chamado de a "cola" que une toda a Internet. Tradicionalmente, os protocolos de roteamento do plano de controle são implementados juntos com as funções de repasse do plano de dados, monoliticamente, no roteador. Como vimos na introdução ao Capítulo 4, as redes definidas por software (SDNs, do inglês *software-defined networking*) estabelecem uma separação clara entre os planos de dados e de controle, implementando as funções do plano de controle em um serviço "controlador" independente, distinto e remoto em relação aos componentes de repasse dos roteadores que controla. Analisaremos os controladores SDN na Seção 5.5.

Nas Seções 5.6 e 5.7, examinaremos um pouco dos mecanismos básicos do gerenciamento de uma rede IP: ICMP (do inglês *Internet Control Message Protocol* – Protocolo de Mensagens de Controle da Internet) e SNMP (do inglês *Simple Network Management Protocol* – Protocolo Simples de Gerenciamento de Rede).

5.1 INTRODUÇÃO

Para definir rapidamente o contexto do nosso estudo sobre o plano de controle da rede, retomemos as Figuras 4.2 e 4.3. Nelas, vimos que a tabela de repasse (no caso do repasse baseado em destino) e a tabela de fluxo (no caso do repasse generalizado) eram os principais elementos a ligar os planos de dados e de controle da camada de rede. Vimos também que essas tabelas especificam o comportamento de repasse do plano de dados local de um roteador. No caso do repasse generalizado, aprendemos que as ações executadas podem incluir, além do repasse de um pacote para a porta de saída do roteador, também o descarte do pacote, a replicação do pacote e/ou a reescrita dos campos de cabeçalho do pacote da camada 2, 3 ou 4.

Neste capítulo, estudaremos como essas tabelas de repasse e de fluxo são calculadas, mantidas e instaladas. Na nossa introdução à camada de rede na Seção 4.1, aprendemos que há duas abordagens possíveis:

- *Controle por roteador.* A Figura 5.1 ilustra o caso em que um algoritmo de roteamento é executado em todos os roteadores, sem exceção; tanto a função de repasse quanto a de roteamento estão contidas em cada roteador. Cada um possui um componente de roteamento que se comunica com os seus equivalentes em outros roteadores para calcular os valores da sua tabela de repasse. Essa abordagem de controle por roteador é usada na Internet há décadas. Os protocolos OSPF e BGP, que estudaremos nas Seções 5.3 e 5.4, se baseiam nessa abordagem por roteador para o controle.
- *Controle logicamente centralizado.* A Figura 5.2 ilustra o caso em que um controlador logicamente centralizado calcula e distribui as tabelas de repasse a serem usadas por todos os roteadores. Como vimos nas Seções 4.4 e 4.5, a abstração "combinação mais ação" generalizada permite que o roteador realize o repasse de IP tradicional e um amplo conjunto de outras funções (compartilhamento de carga, firewall e tradução de endereços de rede [NAT, do inglês *network address translation*]), antes implementadas em *middleboxes* separadas.

O controlador interage com um agente de controle (CA, do inglês *control agent*) em cada um dos roteadores usando um protocolo claramente definido para configurar e gerenciar a tabela de fluxo do roteador. Em geral, o CA tem um mínimo de funcionalidade; a sua função é se comunicar com o controlador e seguir os seus comandos. Ao contrário dos algoritmos de roteamento da Figura 5.1, os CAs não interagem diretamente uns com os outros e não participam ativamente do cálculo da tabela de repasse. É uma diferença crítica entre o controle por roteador e o controle logicamente centralizado.

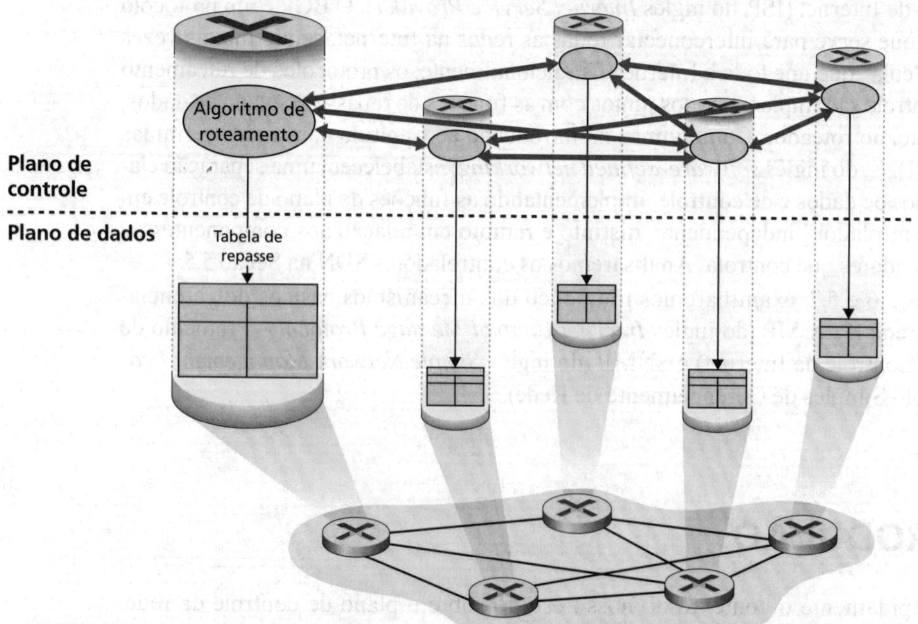

Figura 5.1 Controle por roteador: os componentes individuais do algoritmo de roteamento interagem no plano de controle.

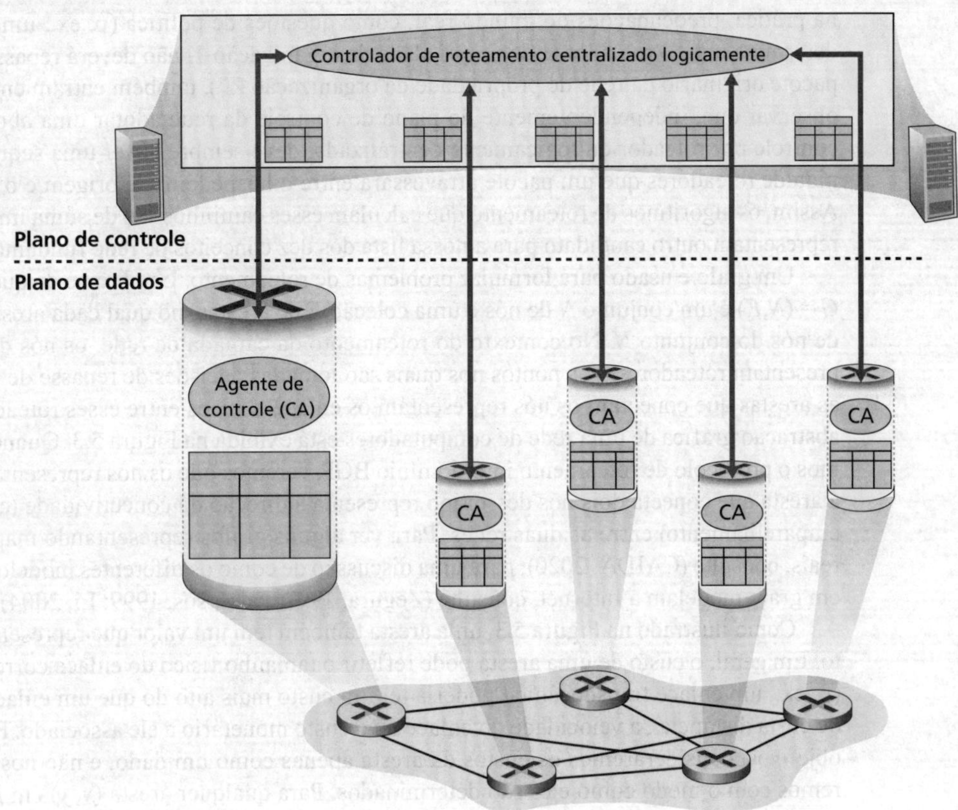

Figura 5.2 Controle logicamente centralizado: um controlador distinto, geralmente remoto, interage com os agentes de controle (CAs) locais.

Por controle "logicamente centralizado" (Levin, 2012), nos referimos ao serviço de controle de roteamento acessado como se fosse um único ponto de serviço central, ainda que o serviço provavelmente seja implementado por meio de múltiplos servidores para fins de tolerância a falhas e escalabilidade do desempenho. Como veremos na Seção 5.5, as SDNs adotam essa ideia de um controlador logicamente centralizado, uma abordagem cada vez mais utilizada em ambientes de produção. A Google usa SDN para controlar os roteadores da sua rede de longa distância global interna B4, que interconecta seus datacenters (Jain, 2013). A SWAN (Hong, 2013), da Microsoft Research, usa um controlador logicamente centralizado para gerenciar o roteamento e o repasse entre uma rede de longa distância e uma rede de datacenters. Grandes implementações por ISPs, incluindo o ActiveCore da COMCAST e o Access 4.0 da Deutsche Telecom, estão integrando SDNs ativamente às suas redes. E como veremos no Capítulo 8, o controle de SDNs também é fundamental para as redes celulares 4G/5G. A AT&T (2019) observa que "… a SDN não é uma visão, uma meta ou uma promessa. É uma realidade. Até o final do próximo ano, 75% das nossas funções de rede serão totalmente virtualizadas e controladas por software". A China Telecom e a China Unicom usam SDNs dentro dos seus datacenters e entre eles (Li, 2015).

5.2 ALGORITMOS DE ROTEAMENTO

Nesta seção, estudaremos **algoritmos de roteamento**, cujo objetivo é determinar bons caminhos (em outras palavras, rotas) entre remetentes e destinatários através da rede de roteadores. Em geral, um "bom" caminho é aquele que tem o menor custo. No entanto, veremos que, na prática, preocupações do mundo real, como questões de política (p. ex., uma regra que determina que "o roteador *x*, de propriedade da organização *Y*, não deverá repassar nenhum pacote originário da rede de propriedade da organização *Z*"), também entram em jogo. Vale observar que, independentemente do plano de controle da rede adotar uma abordagem de controle por roteador ou logicamente centralizada, deve sempre haver uma sequência definida de roteadores que um pacote atravessará entre o hospedeiro de origem e o de destino. Assim, os algoritmos de roteamento que calculam esses caminhos são de suma importância e representam outro candidato para a nossa lista dos dez conceitos de rede fundamentais.

Um grafo é usado para formular problemas de roteamento. Lembre-se de que um **grafo** $G = (N,E)$ é um conjunto N de nós e uma coleção E de arestas, no qual cada aresta é um par de nós do conjunto N. No contexto do roteamento da camada de rede, os nós do grafo representam roteadores – os pontos nos quais são tomadas decisões de repasse de pacotes – e as arestas que conectam os nós representam os enlaces físicos entre esses roteadores. Uma abstração gráfica de uma rede de computadores está exibida na Figura 5.3. Quando estudarmos o protocolo de roteamento interdomínio BGP, veremos que os nós representam redes, e a aresta que conecta dois nós desse tipo representa a direção da conectividade (chamada de emparelhamento) entre as duas redes. Para ver alguns grafos representando mapas de rede reais, consulte (CAIDA, 2020); para uma discussão de como os diferentes modelos baseados em grafo modelam a Internet, consulte (Zegura, 1997; Faloutsos, 1999; Li, 2004).

Como ilustrado na Figura 5.3, uma aresta também tem um valor que representa seu custo. Em geral, o custo de uma aresta pode refletir o tamanho físico do enlace correspondente (p. ex., um enlace transoceânico poderia ter um custo mais alto do que um enlace terrestre de curta distância), a velocidade do enlace ou o custo monetário a ele associado. Para nossos objetivos, consideraremos os custos da aresta apenas como um dado, e não nos preocuparemos com o modo como eles são determinados. Para qualquer aresta (x, y) em E, denominamos $c(x, y)$ o custo da aresta entre os nós x e y. Se o par (x, y) não pertencer a E, estabelecemos $c(x, y) = \infty$. Além disso, sempre consideraremos somente grafos não direcionados (i.e., grafos cujas arestas não têm uma direção), de modo que a aresta (x, y) é a mesma que a aresta (y, x) e $c(x, y) = c(y, x)$; contudo, os algoritmos que estudaremos podem ser estendidos facilmente para o caso de enlaces direcionados com um custo diferente em cada direção. Dizemos também que y é um **vizinho** do nó x se (x, y) pertencer a E.

Já que são atribuídos custos às várias arestas na abstração do grafo, uma meta natural de um algoritmo de roteamento é identificar o caminho de menor custo entre origens e destinos. Para tornar esse problema mais preciso, lembremos que um **caminho** em um grafo $G = (N, E)$ é uma sequência de nós $(x_1, x_2,..., x_p)$ tal que cada um dos pares $(x_1, x_2), (x_2, x_3), \ldots, (x_{p-1}, x_p)$ são arestas em E. O custo de um caminho $(x_1, x_2, \ldots, x_p)$ é apenas a soma de todos os custos das arestas ao longo do caminho, ou seja, $c(x_1, x_2) + c(x_2, x_3) + \ldots + c(x_{p-1}, x_p)$. Dados quaisquer dois nós x e y, em geral há muitos caminhos entre os dois, e cada caminho tem um custo. Um ou mais desses caminhos é um **caminho de menor custo**. Por conseguinte,

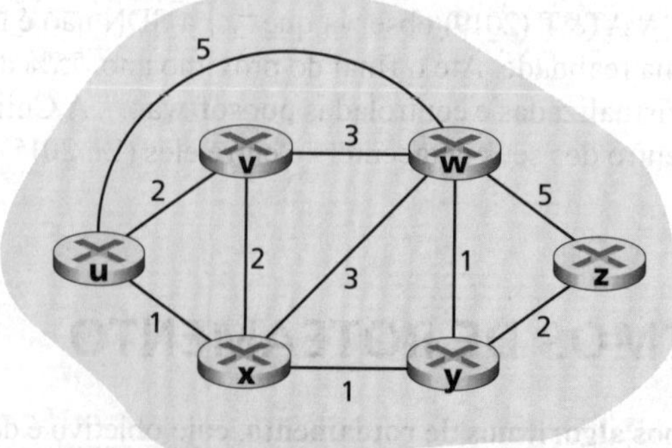

Figura 5.3 Modelo abstrato de grafo de uma rede de computadores.

o problema do menor custo é claro: descobrir um caminho entre a origem e o destino que tenha o menor custo. Na Figura 5.3, por exemplo, o caminho de menor custo entre o nó da origem *u* e o de destino *w* é (*u*, *x*, *y*, *w*), cujo custo de caminho é 3. Note que, se todas as arestas do grafo tiverem o mesmo custo, o caminho de menor custo também é o caminho **mais curto** (i.e., o que tem o menor número de enlaces entre a origem e o destino).

Apenas como simples exercício, tente descobrir o caminho de menor custo entre os nós *u* a *z* na Figura 5.3 e reflita um pouco sobre como você o calculou. Se você for como a maioria das pessoas, descobriu o caminho de *u* a *z* examinando a figura, traçando algumas rotas de *u* a *z*, e se convencendo, de algum modo, que o caminho escolhido tinha o menor custo entre todos os possíveis. (Você verificou todos os 17 possíveis caminhos entre *u* e *z*? Provavelmente, não!) Esse cálculo é um exemplo de um algoritmo de roteamento centralizado – o algoritmo é rodado em um local, o seu cérebro, com informações completas sobre a rede. De modo geral, uma maneira possível de classificar algoritmos de roteamento é como centralizados ou descentralizados.

- Um **algoritmo de roteamento centralizado** calcula o caminho de menor custo entre uma origem e um destino usando conhecimento completo e global sobre a rede. Em outras palavras, o algoritmo considera como entradas a conectividade entre todos os nós e todos os custos dos enlaces. E isso exige que o algoritmo obtenha essas informações, de algum modo, antes de realizar de fato o cálculo. Este pode ser rodado em um local (p. ex., um controlador logicamente centralizado, como na Figura 5.2) ou replicado no componente de roteamento de cada um dos roteadores (p. ex., como na Figura 5.1). Contudo, a principal característica distintiva, nesse caso, é que um algoritmo global tem informação completa sobre conectividade e custo de enlaces. Algoritmos com informação global de estado são com frequência denominados **algoritmos de estado de enlace (LS, do inglês *link-state*)**, já que devem estar a par dos custos de cada enlace na rede. Estudaremos algoritmos de estado de enlace na Seção 5.2.1.
- Em um **algoritmo de roteamento descentralizado**, o cálculo do caminho de menor custo é realizado de modo iterativo e distribuído pelos roteadores. Nenhum nó tem informação completa sobre os custos de todos os enlaces da rede. Em vez disso, cada nó começa sabendo apenas os custos dos enlaces diretamente ligados a ele. Então, por meio de um processo iterativo de cálculo e de troca de informações com seus nós vizinhos, um nó gradualmente calcula o caminho de menor custo até um destino ou um conjunto de destinos. O algoritmo de roteamento descentralizado que estudaremos logo adiante na Seção 5.2.2 é denominado algoritmo de vetor de distâncias (DV, do inglês *distance-vector*), porque cada nó mantém um vetor de estimativas de custos (distâncias) de um nó até todos os outros nós da rede. Esses algoritmos, com trocas de mensagens interativas entre roteadores vizinhos, podem ser mais naturalmente apropriados para os planos de controle em que roteadores interagem diretamente uns com os outros, como na Figura 5.1.

Uma segunda maneira geral de classificar algoritmos de roteamento é como estáticos ou dinâmicos. Em **algoritmos de roteamento estáticos**, as rotas mudam muito devagar ao longo do tempo, muitas vezes como resultado de intervenção humana (p. ex., uma pessoa editando manualmente os custos de enlace). **Algoritmos de roteamento dinâmicos** mudam os caminhos de roteamento à medida que mudam as cargas de tráfego ou a topologia da rede. Um algoritmo dinâmico pode ser rodado periodicamente ou como reação direta a mudanças de topologia ou de custo dos enlaces. Ao mesmo tempo em que são mais sensíveis a mudanças na rede, algoritmos dinâmicos também são mais suscetíveis a problemas como laços de roteamento e oscilação em rotas.

Uma terceira maneira de classificar algoritmos de roteamento é como sensíveis à carga ou insensíveis à carga. Em um **algoritmo sensível à carga**, custos de enlace variam dinamicamente para refletir o nível corrente de congestionamento no enlace subjacente. Se houver um alto custo associado com um enlace que está congestionado, um algoritmo de roteamento tenderá a escolher rotas que evitem esse enlace. Embora antigos algoritmos de roteamento da ARPAnet fossem sensíveis à carga (McQuillan, 1980), foram encontradas várias dificuldades (Huitema, 1998). Os algoritmos de roteamento utilizados na Internet hoje (p. ex., RIP, OSPF e BGP) são **insensíveis à carga**, pois o custo de um enlace não reflete explicitamente seu nível de congestionamento atual (nem o mais recente).

5.2.1 O algoritmo de roteamento de estado de enlace (LS)

Lembre-se de que, em um algoritmo de estado de enlace, a topologia da rede e todos os custos de enlace são conhecidos, isto é, estão disponíveis como dados para o algoritmo de estado de enlace. Na prática, isso se consegue fazendo cada nó transmitir pacotes de estado de enlace a *todos* os outros nós da rede, uma vez que cada um desses pacotes contém as identidades e os custos dos enlaces ligados a ele. Na prática (p. ex., com o protocolo de roteamento OSPF da Internet, discutido na Seção 5.3), isso frequentemente é conseguido com um algoritmo de **transmissão por difusão de estado de enlace** (Perlman, 1999). O resultado da transmissão por difusão dos nós é que todos os nós têm uma visão idêntica e completa da rede. Cada um pode, então, rodar o algoritmo de estado de enlace e calcular o mesmo conjunto de caminhos de menor custo como todos os outros nós.

O algoritmo de roteamento de estado de enlace que apresentaremos adiante é conhecido como *algoritmo de Dijkstra*, o nome de seu inventor. Um algoritmo que guarda relações muito próximas com ele é o algoritmo de Prim; consulte Cormen (2001) para ver uma discussão geral sobre algoritmos de grafo. O algoritmo de Dijkstra calcula o caminho de menor custo entre um nó (a origem, que chamaremos de *u*) e todos os outros nós da rede. É um algoritmo iterativo e tem a propriedade de, após a *k*-ésima iteração, conhecer os caminhos de menor custo para *k* nós de destino e, entre os caminhos de menor custo até todos os nós de destino, esses *k* caminhos terão os *k* menores custos. Vamos definir a seguinte notação:

- *D*(*v*): custo do caminho de menor custo entre o nó de origem e o destino *v* até essa iteração do algoritmo.
- *p*(*v*): nó anterior (vizinho de *v*) ao longo do caminho de menor custo corrente desde a origem até *v*.
- *N'*: subconjunto de nós; *v* pertence a *N'* se o caminho de menor custo entre a origem e *v* for inequivocamente conhecido.

O algoritmo de roteamento centralizado consiste em um passo de inicialização seguido por um loop. O número de vezes que o loop é executado é igual ao número de nós da rede. Ao final, o algoritmo terá calculado os caminhos mais curtos do nó de origem *u* até todos os outros nós da rede.

Algoritmo de estado de enlace para o nó de origem *u*

```
Inicialização:
  N' = {u}
  para todos os nós v
    se v for um vizinho de u
      então D(v) = c(u,v)
    senão D(v) = ∞

Loop
  encontre w não em N' tal que D(w) é um mínimo
  adicione w a N'
  atualize D(v) para cada vizinho v de w e não em N':
        D(v) = min(D(v), D(w)+ c(w,v) )
    /* o novo custo para v é o velho custo para v ou o custo do
    menor caminho conhecido para w mais o custo de w para v */
até N'= N
```

Como exemplo, vamos considerar a rede da Figura 5.3 e calcular os caminhos de menor custo de *u* até todos os destinos possíveis. Os cálculos do algoritmo estão resumidos na Tabela 5.1, na qual cada linha fornece os valores das variáveis do algoritmo ao final da iteração. Vamos examinar detalhadamente alguns dos primeiros estágios:

- No estágio de inicialização, os caminhos de menor custo mais conhecidos de *u* até os vizinhos diretamente ligados a ele (*v*, *x* e *w*) são inicializados em 2, 1 e 5, respectivamente. Note, em particular, que o custo até *w* é estabelecido em 5 (embora logo veremos que, na realidade, existe um trajeto cujo custo é ainda menor), já que este é o custo do enlace (um salto) direto *u* a *w*. Os custos até *y* e *z* são estabelecidos como infinito, porque eles não estão diretamente conectados a *u*.
- Na primeira iteração, examinamos os nós que ainda não foram adicionados ao conjunto *N'* e descobrimos o nó de menor custo ao final da iteração anterior. Este é o nó *x*, com um custo de 1, e, assim, *x* é adicionado ao conjunto *N'*. A linha 12 do algoritmo de vetor de distâncias (LS) é então rodada para atualizar *D*(*v*) para todos os nós *v*, produzindo os resultados mostrados na segunda linha (Etapa 1) da Tabela 5.1. O custo do caminho até *v* não muda. Descobriremos que o custo do caminho até *w* pelo nó *x* (que era 5 ao final da inicialização) é 4. Por conseguinte, esse caminho de custo mais baixo é selecionado e o predecessor de *w* ao longo do caminho mais curto a partir de *u* é definido como *x*. De maneira semelhante, o custo até *y* (através de *x*) é calculado como 2, e a tabela é atualizada de acordo com isso.
- Na segunda iteração, verificamos que os nós *v* e *y* são os que têm os caminhos de menor custo (2); decidimos o empate arbitrariamente e adicionamos *y* ao conjunto *N'* de modo que *N'* agora contém *u*, *x* e *y*. O custo dos nós remanescentes que ainda não estão em *N'* (i.e., nós *v*, *w* e *z*) são atualizados pela linha 12 do algoritmo LS, produzindo os resultados mostrados na terceira linha da Tabela 5.1.
- E assim por diante...

Quando o algoritmo LS termina, temos, para cada nó, seu predecessor ao longo do caminho de menor custo a partir do nó de origem. Temos também o predecessor para cada um *deles*; assim, podemos construir o caminho inteiro da origem até todos os destinos. Então, a tabela de repasse em um nó, por exemplo, *u*, pode ser construída a partir dessas informações, armazenando, para cada destino, o nó do salto seguinte no caminho de menor custo de *u* até o destino. A Figura 5.4 mostra os caminhos de menor custo resultantes e a tabela de repasse em *u* para a rede na Figura 5.3.

Qual é a complexidade do cálculo desse algoritmo? Isto é, dados *n* nós (sem contar a origem), quanto cálculo é preciso efetuar, no pior caso, para descobrir os caminhos de menor custo entre a origem e todos os destinos? Na primeira iteração, precisamos pesquisar todos os *n* nós para determinar o nó *w*, que não está em *N'*, e que tem o custo mínimo. Na segunda, temos de verificar $n - 1$ nós para determinar o custo mínimo. Na terceira, $n - 2$ nós. E assim por diante. Em termos gerais, o número total de nós que precisamos pesquisar em todas as

TABELA 5.1 Execução do algoritmo de estado de enlace na rede da Figura 5.3

Passo	N'	D (v), p (v)	D (w), p (w)	D (x), p (x)	D (y), p (y)	D (z), p (z)
0	u	2, u	5, u	1,u	∞	∞
1	ux	2, u	4, x		2, x	∞
2	uxy	2, u	3, y			4, y
3	uxyv		3, y			4, y
4	uxyvw					4, y
5	uxyvwz					

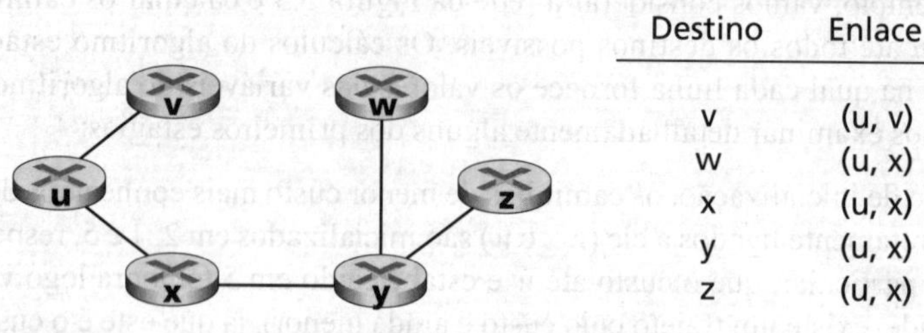

Destino	Enlace
v	(u, v)
w	(u, x)
x	(u, x)
y	(u, x)
z	(u, x)

Figura 5.4 Caminhos de menor custo resultantes e tabela de repasse para o nó u.

iterações é $n(n + 1)/2$, e, assim, dizemos que a complexidade da implementação do algoritmo de estado de enlace para o pior caso é de ordem *n* ao quadrado: $O(n^2)$. (Uma execução mais sofisticada, que utiliza uma estrutura de dados conhecida como pilha, pode descobrir o mínimo na linha 9 em tempo logarítmico e não linear, reduzindo assim a complexidade.)

Antes de concluirmos nossa discussão sobre o algoritmo LS, vamos considerar uma patologia que pode surgir. A Figura 5.5 mostra uma topologia de rede simples em que os custos dos enlaces são iguais à carga transportada pelo enlace, refletindo, por exemplo, o atraso que seria experimentado. Nesse exemplo, os custos dos enlaces não são simétricos, isto é, $c(u,v)$ é igual a $c(v,u)$ apenas se a carga transportada em ambas as direções do enlace (u,v) for a mesma. Nesse exemplo, o nó *z* origina uma unidade de tráfego destinada a *w*, o nó *x* também origina uma unidade de tráfego destinada a *w*, e o nó *y* injeta uma quantidade de tráfego igual a *e*, também destinada a *w*. O roteamento inicial é mostrado na Figura 5.5(a) com os custos dos enlaces correspondentes à quantidade de tráfego transportada.

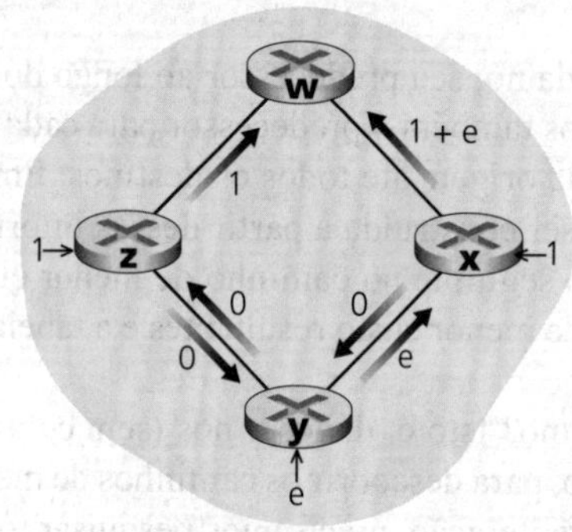

a. Roteamento inicial

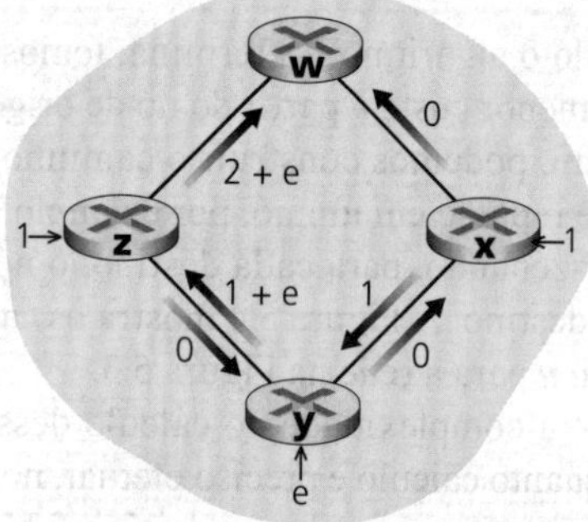

b. *x*, *y* detectam melhor caminho até *w* em sentido horário

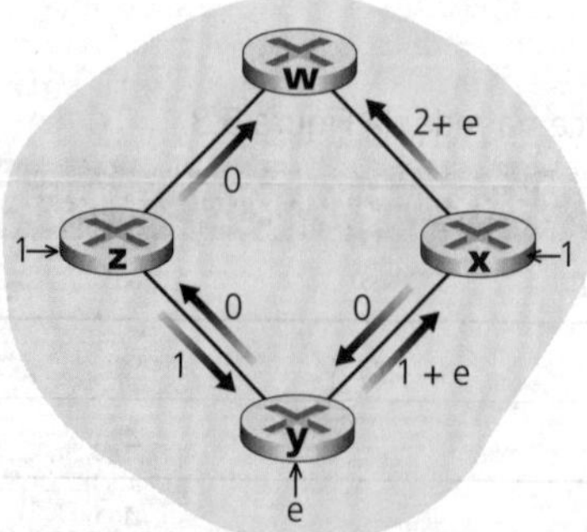

c. *x*, *y*, *z* detectam melhor caminho até *w* em sentido anti-horário

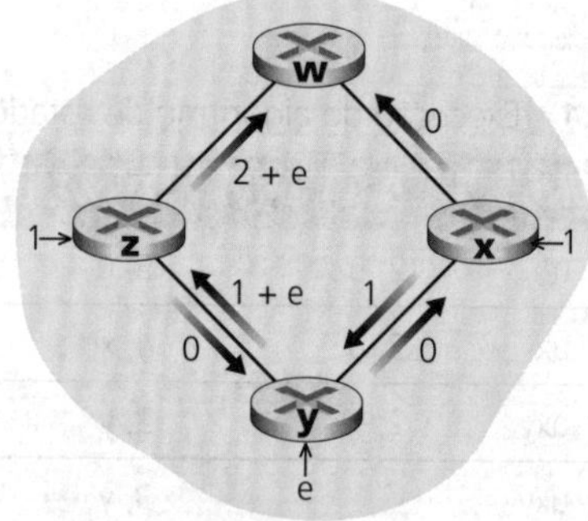

d. *x*, *y*, *z* detectam melhor caminho até *w* em sentido horário

Figura 5.5 Oscilações com roteamento sensível ao congestionamento.

Quando o algoritmo LS é rodado de novo, o nó *y* determina – com base nos custos dos enlaces mostrados na Figura 5.5(a) – que o caminho em sentido horário até *w* tem um custo de 1, ao passo que o caminho em sentido anti-horário até *w* (que estava sendo usado) tem o custo de 1 + *e*. Por conseguinte, o caminho de menor custo de *y* até *w* é agora em sentido horário. De maneira semelhante, *x* determina que seu novo caminho de menor custo até *w* é também em sentido horário, resultando nos custos mostrados na Figura 5.5(b). Na próxima vez em que o algoritmo LS é rodado, os nós *x, y* e *z* detectam um caminho de custo zero até *w* na direção anti-horária, e todos dirigem seu tráfego para as rotas anti-horárias. Na próxima vez em que o algoritmo LS é rodado, os nós *x, y* e *z* então dirigem seu tráfego para as rotas em sentido horário.

O que pode ser feito para evitar essas oscilações (que podem ocorrer com qualquer algoritmo, e não apenas com um algoritmo LS, que use uma métrica de enlace baseada em congestionamento ou em atraso)? Uma solução seria tornar obrigatório que os custos dos enlaces não dependessem da quantidade de tráfego transportada – uma solução inaceitável, já que um dos objetivos do roteamento é evitar enlaces muito congestionados (p. ex., enlaces com grande atraso). Outra solução seria assegurar que nem todos os roteadores rodassem o algoritmo LS ao mesmo tempo. Esta parece ser uma solução mais razoável, já que é de esperar que, mesmo que os roteadores rodem o algoritmo LS com idêntica periodicidade, o instante de execução do algoritmo não seja o mesmo em cada nó. O interessante é que os pesquisadores descobriram que os roteadores da Internet podem se autossincronizar (Floyd Synchronization, 1994). Isto é, mesmo que inicialmente rodem o algoritmo com o mesmo período, mas em diferentes momentos, a instância de execução do algoritmo pode finalmente se tornar, e permanecer, sincronizada nos roteadores. Um modo de evitar essa autossincronização é cada roteador variar aleatoriamente o instante em que envia um anúncio de enlace.

Agora que examinamos o algoritmo de estado de enlace, vamos analisar outro importante algoritmo usado hoje na prática – o algoritmo de roteamento de vetor de distâncias.*

5.2.2 O algoritmo de roteamento de vetor de distâncias (DV)

Enquanto o algoritmo LS usa informação global, o algoritmo de **DV** é iterativo, assíncrono e distribuído. É *distribuído* porque cada nó recebe alguma informação de um ou mais vizinhos *diretamente ligados* a ele, realiza cálculos e, em seguida, distribui os resultados de seus cálculos para seus vizinhos. É *iterativo* porque esse processo continua até que mais nenhuma informação seja trocada entre vizinhos. (O interessante é que este é um algoritmo finito – não há nenhum sinal de que o cálculo deve parar; ele apenas para.) O algoritmo é *assíncrono* porque não requer que todos os nós rodem simultaneamente. Veremos que um algoritmo assíncrono, iterativo, finito e distribuído é muito mais interessante e divertido do que um algoritmo centralizado!

Antes de apresentar o algoritmo DV, é bom discutir uma relação importante que existe entre os custos dos caminhos de menor custo. Seja $d_x(y)$ o custo do caminho de menor custo do nó *x* ao nó *y*. Então, os menores custos estão relacionados segundo a famosa equação de Bellman-Ford:

$$d_x(y) = \min_v\{c(x, v) + d_v(y)\}, \tag{5.1}$$

sendo o min_v da equação calculado para todos os vizinhos de *x*. A equação de Bellman-Ford é bastante intuitiva. Realmente, se após transitarmos de *x* para *v* tomarmos o caminho de menor custo de *v* a *y*, o custo do caminho será $c(x, v) + d_v(y)$. Como devemos começar viajando até algum vizinho *v*, o caminho de menor custo de *x* a *y* é o mínimo do conjunto dos $c(x, v) + d_v(y)$ calculados para todos os vizinhos *v*.

---

*N. de T.: O problema exposto aqui é teórico. Protocolos LS como o OSPF não usam a carga nos enlaces em suas principais métricas de custo.

Mas para aqueles que ainda se mostrem céticos quanto à validade da equação, vamos verificá-la para o nó de origem u e o nó de destino z na Figura 5.3. O nó de origem u tem três vizinhos: nós v, x e w. Percorrendo vários caminhos no grafo, é fácil ver que $d_v(z) = 5$, $d_x(z) = 3$ e $d_w(z) = 3$. Passando esses valores para a Equação 5.1, junto com os custos $c(u, v) = 2$, $c(u, x) = 1$ e $c(u, w) = 5$, temos $d_u(z) = \min\{2 + 5, 5 + 3, 1 + 3\} = 4$, que é, claro, verdade e que é, exatamente, o resultado conseguido com o algoritmo de Dijkstra para a mesma rede. Essa verificação rápida deve ajudá-lo a vencer qualquer ceticismo que ainda possa ter.

A equação de Bellman-Ford não é apenas uma curiosidade intelectual. Na verdade, ela tem uma importância prática significativa: sua solução fornece os registros da tabela de repasse do nó x. Para verificar, seja v^* qualquer nó vizinho que represente o mínimo na Equação 5.1. Então, se o nó x quiser enviar um pacote ao nó y pelo caminho de menor custo, deverá, primeiro, repassá-lo para o nó v^*. Assim, a tabela de repasse do nó x especificaria o nó v^* como o roteador do próximo salto para o destino final y. Outra contribuição importante dessa equação é que ela sugere a forma da comunicação vizinho para vizinho que ocorrerá no algoritmo DV.

A ideia básica é a seguinte. Cada nó x começa com $D_x(y)$, uma estimativa do custo do caminho de menor custo entre ele mesmo e o nó y, para todos os nós, y, em N. Seja $\mathbf{D}_x = [D_x(y){:}\ y \text{ em } N]$ o vetor de distâncias do nó x, que é o vetor de estimativas de custo de x até todos os outros nós, y, em N. Com o algoritmo DV, cada nó x mantém os seguintes dados de roteamento:

- Para cada vizinho v, o custo $c(x,v)$ de x até o vizinho diretamente ligado a ele, v;
- O vetor de distâncias do nó x, isto é, $\mathbf{D}_x = [D_x(y){:}\ y \text{ em } N]$, contendo a estimativa de x para seus custos até todos os destinos, y, em N;
- Os vetores de distâncias de seus vizinhos, isto é, $\mathbf{D}_v = [D_v(y){:}\ y \text{ em } N]$ para cada vizinho v de x.

No algoritmo distribuído, assíncrono, cada nó envia, a intervalos regulares, uma cópia do seu vetor de distâncias a cada um de seus vizinhos. Quando um nó x recebe um novo vetor de distâncias de qualquer de seus vizinhos w, ele armazena o vetor de distâncias de w e então usa a equação de Bellman-Ford para atualizar seu próprio vetor de distâncias, como a seguir:

$$D_x(y) = \min_v\{c(x, v) + D_v(y)\} \quad \text{para cada nó } y \text{ em } N$$

Se o vetor de distâncias do nó x tiver mudado como resultado dessa etapa de atualização, o nó x então enviará seu vetor de distâncias atualizado para cada um de seus vizinhos que, por sua vez, podem atualizar seus próprios vetores de distâncias. Parece milagre, mas contanto que todos os nós continuem a trocar seus vetores de distâncias de forma assíncrona, cada estimativa de custo $D_x(y)$ convergirá para $d_x(y)$, que é, na verdade, o custo do caminho de menor custo do nó x ao nó y (Bertsekas, 1991)!

Algoritmo de vetor de distâncias (DV)

Para cada nó, x:

```
Inicialização:
para todos os destinos y em N:
D_x(y)= c(x,y)/* se y não é um vizinho então c(x,y)= ∞ */
para cada vizinho w
D_w(y) = ? para todos os destinos y em N
para cada vizinho w
   envia vetor de distâncias D_x = [D_x(y): y em N] para w
```

```
9  loop
10     espere (até que ocorra uma mudança no custo do enlace ao vizinho
11            w ou até a recepção de um vetor de distâncias do vizinho w)
12
13 para cada y em N:
14     Dx(y) = minv{c(x,v) + Dv(y)}
15
16 se Dx(y) mudou para algum destino y
17     envia vetor de distâncias Dx = [Dx(y): y em N] para todos os vizinhos
18
19 para sempre
```

No algoritmo DV, um nó x atualiza sua estimativa do vetor de distâncias quando percebe uma mudança de custo em um dos enlaces ligados diretamente a ele ou recebe uma atualização do vetor de distâncias de algum vizinho. Mas para atualizar sua própria tabela de repasse para um dado destino y, o que o nó x de fato precisa saber não é a distância do caminho mais curto até y, mas qual nó vizinho $v^*(y)$ é o roteador do próximo salto ao longo do caminho mais curto até y. Como era de se esperar, o roteador do próximo salto $v^*(y)$ é o vizinho v que representar o mínimo na Linha 14 do algoritmo DV. (Se houver vários vizinhos v que representem o mínimo, então $v^*(y)$ pode ser qualquer um dos vizinhos minimizadores.) Assim, nas Linhas 13 a 14, para cada destino y, o nó x também determina $v^*(y)$ e atualiza sua tabela de repasse para o destino y.

Lembre-se de que o algoritmo LS é um algoritmo global no sentido de que requer que cada nó obtenha, primeiro, um mapa completo da rede antes de rodar o algoritmo de Dijkstra. O algoritmo DV é *descentralizado* e não usa essa informação global. De fato, a única informação que um nó terá são os custos dos enlaces até os vizinhos diretamente ligados a ele e as informações que recebe desses vizinhos. Cada nó espera uma atualização de qualquer vizinho (Linhas 10–11), calcula seu novo vetor de distâncias ao receber uma atualização (Linha 14), e distribui seu novo vetor de distâncias a seus vizinhos (Linhas 16–17). Algoritmos semelhantes ao DV são utilizados em muitos protocolos de roteamento na prática, entre eles o RIP e o BGP da Internet, o ISO IDRP, o IPX da Novell e o ARPAnet original.

A Figura 5.6 ilustra a operação do algoritmo DV para a rede simples de três nós mostrada na parte superior da figura. A operação do algoritmo é ilustrada de um modo síncrono, no qual todos os nós recebem vetores de distâncias simultaneamente de seus vizinhos, calculam seus novos vetores de distâncias, e informam a seus vizinhos se esses vetores mudaram. Após estudar esse exemplo, você deve se convencer de que o algoritmo também opera corretamente em modo assíncrono, com cálculos de nós e atualizações de geração/recepção ocorrendo a qualquer instante.

A coluna mais à esquerda na figura mostra três **tabelas de roteamento** iniciais para cada um dos três nós. Por exemplo, a tabela no canto superior à esquerda é a tabela de roteamento inicial do nó x. Dentro de uma tabela de roteamento específica, cada linha é um vetor de distâncias – em especial, a tabela de roteamento de cada nó inclui seu próprio vetor de distâncias e os vetores de cada um de seus vizinhos. Assim, a primeira linha da tabela de roteamento inicial do nó x é $\boldsymbol{D}_x = [D_x(x), D_x(y), D_x(z)] = [0, 2, 7]$. A segunda linha e a terceira linha nessa tabela são os vetores de distâncias recebidos mais recentemente dos nós y e z. Como na inicialização o nó x não recebeu nada do nó y ou z, os registros da segunda linha e da terceira linha estão definidos como infinito.

Após a inicialização, cada nó envia seu vetor de distâncias a cada um de seus dois vizinhos. Isso é ilustrado na Figura 5.6 pelas setas que vão da primeira coluna de tabelas até a segunda. Por exemplo, o nó x envia seu vetor de distâncias $\boldsymbol{D}_x = [0, 2, 7]$ a ambos os nós *y* e *z*. Após receber as atualizações, cada nó recalcula seu próprio vetor de distâncias. Por exemplo, o nó *x* calcula

$$D_x(x) = 0$$

$$D_x(y) = \min\{c(x,y) + D_y(y), c(x,z) + D_z(y)\} = \min\{2 + 0, 7 + 1\} = 2$$

$$D_x(z) = \min\{c(x,y) + D_y(z), c(x,z) + D_z(z)\} = \min\{2 + 1, 7 + 0\} = 3$$

Por conseguinte, a segunda coluna mostra, para cada nó, o novo vetor de distâncias do nó, junto com os vetores de distâncias que acabou de receber de seus vizinhos. Observe, por exemplo, que a estimativa do nó *x* para o menor custo até o nó *z*, $D_x(z)$, mudou de 7 para 3. Note também que, para o nó *x*, o nó vizinho *y* alcança o mínimo na linha 14 do algoritmo DV; assim, nesse estágio do algoritmo, temos que, no nó *x*, $v^*(y) = y$ e $v^*(z) = y$.

Depois que recalculam seus vetores de distâncias, os nós enviam novamente seus vetores de distâncias recalculados a seus vizinhos (se houver uma mudança). Isso é ilustrado na Figura 5.6 pelas setas que vão da segunda até a terceira coluna de tabelas. Note que apenas os nós *x* e *z* enviam atualizações: o vetor de distâncias do nó *y* não mudou, então esse nó não envia uma atualização. Após recebê-las, os nós então recalculam seus vetores de distâncias e atualizam suas tabelas de roteamento, que são mostradas na terceira coluna.

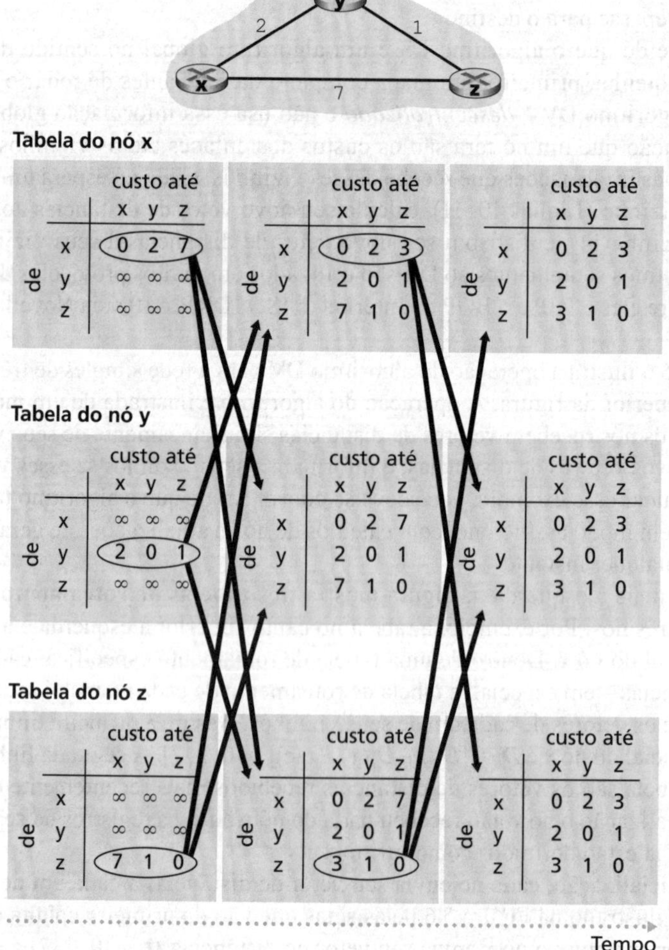

Figura 5.6 Algoritmo de vetor de distâncias (DV).

O processo de receber vetores de distâncias atualizados de vizinhos, recalcular os registros de tabelas de roteamento e informar aos vizinhos os custos modificados do caminho de menor custo até o destino continua até que mais nenhuma mensagem de atualização seja enviada. Nesse ponto, não ocorrerá mais nenhum cálculo de tabela de roteamento e o algoritmo entra em estado de inatividade; isto é, todos os nós estarão realizando a espera nas Linhas 10 a 11 do algoritmo DV. Este permanece no estado de inatividade até que o custo de um enlace mude, como veremos a seguir.

Algoritmo de vetor de distâncias: mudanças no custo do enlace e falha no enlace

Quando um nó que está rodando o algoritmo DV detecta uma mudança no custo do enlace dele mesmo até um vizinho (Linhas 10-11), ele atualiza seu vetor de distâncias (Linhas 13-14) e, se houver uma modificação no custo do caminho de menor custo, informa a seus vizinhos (Linhas 16-17) seu novo vetor de distâncias. A Figura 5.7(a) ilustra um cenário em que o custo do enlace de y a x muda de 4 para 1. Destacamos aqui somente os registros na tabela de distâncias de y e z até o destino x. O algoritmo DV faz ocorrer a seguinte sequência de eventos:

- No tempo t_0, y detecta a mudança no custo do enlace (o custo mudou de 4 para 1), atualiza seu vetor de distâncias e informa essa mudança a seus vizinhos, já que o vetor mudou.
- No tempo t_1, z recebe a atualização de y e atualiza sua própria tabela. Calcula um novo menor custo para x (cujo custo diminuiu de 5 para 2) e envia seu novo vetor de distâncias a seus vizinhos.
- No tempo t_2, y recebe a atualização de z e atualiza sua tabela de distâncias. Os menores custos de y não mudaram, e, por conseguinte, y não envia nenhuma mensagem a z. O algoritmo entra em estado de inatividade.

Assim, apenas duas iterações são necessárias para o algoritmo DV alcançar o estado de inatividade. A boa notícia sobre a redução do custo entre x e y se propagou rapidamente pela rede.

Agora vamos considerar o que pode acontecer quando o custo de um enlace *aumenta*. Suponha que o custo do enlace entre x e y aumente de 4 para 60, conforme mostra a Figura 5.7(b).

1. Antes da mudança do custo do enlace, $D_y(x) = 4$, $D_y(z) = 1$, $D_z(y) = 1$ e $D_z(x) = 5$. No tempo t_0, y detecta uma mudança no custo do enlace (o custo mudou de 4 para 60). y calcula seu novo caminho de custo mínimo até x, de modo a ter um custo de

$$D_y(x) = \min\{c(y, x) + D_x(x), c(y, z) + D_z(x)\} = \min\{60 + 0, 1 + 5\} = 6$$

É claro que, com nossa visão global da rede, podemos ver que esse novo custo via z está *errado*. Mas as únicas informações que o nó y tem é que seu custo direto até x é 60, e que z disse a y que z pode chegar a x com um custo de 5. Assim, para chegar a x, y teria

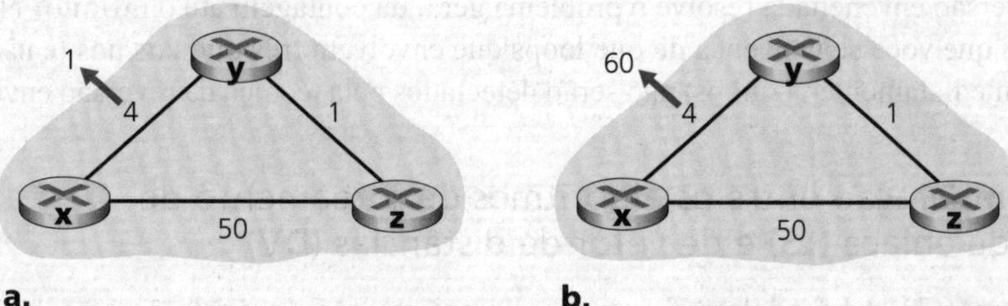

Figura 5.7 Mudanças no custo do enlace.

de fazer a rota através de z, com a expectativa de que z será capaz de chegar a x com um custo de 5. A partir de t_1, temos um **loop de roteamento** – para poder chegar a x, y faz a rota através de z, que, por sua vez, faz a rota através de y. Um loop de roteamento é como um buraco negro – um pacote destinado a x que ao chegar a y ou a z a partir do momento t_1 vai ricochetear entre esses dois nós para sempre (ou até que as tabelas de repasse sejam mudadas).

2. Tão logo o nó y tenha calculado um novo custo mínimo até x, ele informará a z esse novo vetor de distâncias no tempo t_1.
3. Algum tempo depois de t_1, z recebe o novo vetor de distâncias de y, que indica que o custo mínimo de y até x é 6. z sabe que pode chegar até y com um custo de 1, e, por conseguinte, calcula um novo menor custo até x, $D_z(x) = \min\{50 + 0, 1 + 6\} = 7$. Uma vez que o custo mínimo de z até x aumentou, z informa a y o seu novo vetor de distâncias em t_2.
4. De maneira semelhante, após receber o novo vetor de distâncias de z, y determina $D_y(x) = 8$ e envia a z seu vetor de distâncias. Então z determina $D_z(x) = 9$ e envia a y seu vetor de distâncias e assim por diante.

Por quanto tempo esse processo continua? Pode ter certeza de que o loop persistirá por 44 iterações (trocas de mensagens entre y e z) até que z possa, enfim, calcular que o custo de seu caminho via y é maior do que 50. Nesse ponto, z (enfim!) determinará que seu caminho de menor custo até x é via sua conexão direta com x. Então, y fará a rota até x via z. O resultado das más notícias sobre o aumento do custo do enlace na verdade viajou devagar! O que teria acontecido se o custo do enlace $c(y, x)$ tivesse mudado de 4 para 10.000 e o custo $c(z, x)$ fosse 9.999? Em virtude de cenários como esses, o problema que acabamos de examinar é, às vezes, denominado problema de contagem ao infinito.

Algoritmo de vetor de distâncias: adição de reversão envenenada

O cenário específico de contagem ao infinito que acabamos de descrever pode ser evitado usando uma técnica denominada *reversão envenenada* (*poisoned reverse*). A ideia é simples – se a rota de z para chegar a x passa por y, então z deve anunciar a y que sua distância a x é infinita, isto é, z anunciará a y que $D_z(x) = \infty$ (mesmo que z saiba que, na verdade, $D_z(x) = 5$). z continuará contando essa mentirinha inocente a y enquanto a rota de z a x estiver passando por y. Enquanto y acreditar que z não tem nenhum caminho até x, y jamais tentará a rota até x por z, contanto que a rota de z a x continue a passar por y (e ele minta sobre isso).

Agora vamos ver como a reversão envenenada resolve o problema específico da contagem ao infinito que encontramos antes na Figura 5.5(b). Como resultado da reversão envenenada, a tabela de distâncias de y indica que $D_z(x) = \infty$. Quando o custo do enlace (x, y) muda de 4 para 60 no tempo t_0, y atualiza sua tabela e continua a estabelecer rotas diretamente para x, embora com um custo mais alto do que 60, e informa a z o seu novo custo até x, isto é, $D_y(x) = 60$. Após receber a atualização em t_1, z imediatamente desloca sua rota para x, para que passe pelo enlace direto (z, x) a um custo de 50. Como este é um novo menor custo até x, e já que o caminho não passa mais por y, z agora informa a y que $D_z(x) = 50$ em t_2. Após receber a atualização de z, y atualiza sua tabela de distâncias com $D_z(x) = 51$. E, também, como z está agora no caminho de menor custo de y até x, y envenena o caminho inverso de z a x, informando a z, no tempo t_3, que $D_y(x) = \infty$ (mesmo que y saiba que, na verdade, $D_y(x) = 51$).

A reversão envenenada resolve o problema geral da contagem até o infinito? Não resolve. É bom que você se convença de que loops que envolvem três ou mais nós (e não apenas dois nós imediatamente vizinhos) não serão detectados pela técnica da reversão envenenada.

Uma comparação entre os algoritmos de roteamento de estado de enlace (LS) e de vetor de distâncias (DV)

Os algoritmos DV e LS adotam abordagens complementares em relação ao cálculo do roteamento. No algoritmo DV, cada nó fala *somente* com os vizinhos diretamente conectados a ele, mas informa a esses vizinhos as estimativas de menor custo entre ele mesmo e *todos* os outros nós da rede (i.e., todos os que ele sabe que existem). O algoritmo LS exige informações globais. Por consequência, quando implementado em todos os roteadores, como nos exemplos das Figuras 4.2 e 5.1, cada nó precisaria se comunicar com *todos* os outros nós (por difusão), mas informar *somente* os custos dos enlaces diretamente ligados a ele. Vamos concluir nosso estudo sobre algoritmos de estado de enlace e de vetor de distâncias com uma rápida comparação de alguns de seus atributos. Lembre-se de que *N* é o conjunto de nós (roteadores) e *E* é o conjunto de arestas (enlaces).

- *Complexidade da mensagem.* Vimos que o LS requer que cada nó saiba o custo de cada enlace da rede. Isso exige que sejam enviadas O(|N| |E|) mensagens. E, também, sempre que o custo de um enlace muda, o novo custo deve ser enviado a todos os nós. O algoritmo DV requer troca de mensagens entre vizinhos diretamente conectados a cada iteração. Já vimos que o tempo necessário para que o algoritmo convirja pode depender de muitos fatores. Quando o custo do enlace muda, o algoritmo DV propaga os resultados do custo modificado do enlace apenas se o novo custo resultar em mudança no caminho de menor custo para um dos nós ligado ao enlace.
- *Velocidade de convergência.* Já vimos que nossa implementação de LS é um algoritmo $O(|N|^2)$ que requer O(N| |E|) mensagens. O algoritmo DV pode convergir lentamente e pode ter loops de roteamento enquanto estiver convergindo. O algoritmo DV também tem o problema da contagem até o infinito.
- *Robustez.* O que pode acontecer se um roteador falhar, se comportar mal ou for sabotado? Sob o LS, um roteador poderia transmitir um custo incorreto para um de seus enlaces diretos (mas não para outros). Um nó poderia também corromper ou descartar quaisquer pacotes recebidos como parte de uma difusão de estado de enlace. Mas um nó LS está calculando apenas suas próprias tabelas de roteamento; os outros nós estão realizando cálculos semelhantes para si próprios. Isso significa que, sob o LS, os cálculos de rota são, de certa forma, isolados, fornecendo um grau de robustez. Sob o DV, um nó pode anunciar incorretamente caminhos de menor custo para qualquer destino, ou para todos os destinos. (Na verdade, em 1997, um roteador que estava funcionando mal em um pequeno ISP forneceu aos roteadores nacionais de backbone tabelas de roteamento errôneas. Isso fez outros roteadores inundarem de tráfego o roteador que estava funcionando mal. Com isso, grandes porções da Internet ficaram desconectadas durante muitas horas [Neumann, 1997].) De modo geral, notamos que, a cada iteração, um cálculo de nó em DV é passado adiante a seu vizinho e, em seguida, indiretamente ao vizinho de seu vizinho na iteração seguinte.

Nesse sentido, sob o DV, um cálculo incorreto do nó pode ser difundido pela rede inteira. No final, nenhum algoritmo ganha do outro; na verdade, ambos são usados na Internet.

5.3 ROTEAMENTO INTRA-AS NA INTERNET: OSPF

Quando estudamos os algoritmos de roteamento, consideramos a rede apenas como uma coleção de roteadores interconectados. Um roteador não se distinguia de outro no sentido de que todos rodavam o mesmo algoritmo de roteamento para calcular os caminhos de roteamento pela rede inteira. Na prática, esse modelo e sua visão de um conjunto homogêneo de roteadores, todos rodando o mesmo algoritmo de roteamento, é simplista por duas razões importantes:

- *Escala.* À medida que aumenta o número de roteadores, a sobrecarga relativa à comunicação, ao cálculo e ao armazenamento e de informações de roteamento se torna proibitiva. A Internet pública de hoje consiste em centenas de milhões de roteadores. Armazenar informações de roteamento para destinos possíveis em cada um desses roteadores evidentemente exigiria quantidades enormes de memória. O custo fixo para transmitir atualizações sobre o estado de enlace e os custos dos enlaces entre todos os roteadores da Internet seria enorme! Um algoritmo DV que fizesse iterações entre esse número tão grande de roteadores decerto jamais convergiria! Fica claro que algo deve ser feito para reduzir a complexidade do cálculo de rotas em redes tão grandes como a Internet pública.

- *Autonomia administrativa.* Como descrito na Seção 1.3, a Internet é uma rede de ISPs, com cada ISP composto por sua própria rede de roteadores. Em geral, o ISP quer operar a sua rede como bem entende (p. ex., executar os algoritmos de roteamento que quiser dentro da sua rede) ou ocultar do mundo exterior aspectos da organização interna da sua rede. Em mundo ideal, a organização deveria poder operar e administrar sua rede como quisesse ao mesmo tempo que ainda seria capaz de conectar a sua rede a outras redes externas.

Esses problemas podem ser resolvidos agrupando roteadores em **sistemas autônomos (ASs**, do inglês ***autonomous systems***), com cada AS consistindo em um grupo de roteadores sob o mesmo controle administrativo. Muitas vezes, os roteadores em um ISP e os enlaces que os interconectam constituem um único AS. Alguns ISPs, no entanto, dividem sua rede em vários ASs. Em especial, alguns ISPs de nível 1 utilizam um AS para toda a sua rede; outros a subdividem em dezenas de ASs. Um sistema autônomo é identificado por seu número de sistema autônomo (ASN, do inglês *autonomous system number*) globalmente exclusivo (RFC 1930). Números de ASs, como endereços IP, são designados por entidades regionais ICANN de registro (ICANN, 2020).

Todos os roteadores dentro do mesmo AS rodam o mesmo algoritmo de roteamento e dispõem das informações sobre cada um dos outros. O algoritmo de roteamento que roda dentro de um AS é denominado um **protocolo de roteamento intrassistema autônomo**.

Open Shortest Path First (OSPF)

O OSPF e seu primo, IS-IS, muito parecido com ele, são amplamente utilizados para roteamento intra-As na Internet. O *Open* do OSPF significa que as especificações do protocolo de roteamento estão abertas ao público (ao contrário do protocolo EIGRP da Cisco, p. ex., que só foi aberto recentemente (Savage, 2015), após cerca de 20 anos como protocolo proprietário da Cisco). A versão mais recente do OSPF, versão 2, está definida no RFC 2328, um documento público.

O OSPF é um protocolo de estado de enlace que usa inundação de informação de estado de enlace e um algoritmo de caminho de menor custo de Dijkstra. Com o OSPF, um roteador constrói um mapa topológico completo (i.e., um grafo) de todo o sistema autônomo. O roteador então roda localmente o algoritmo do caminho mais curto de Dijkstra para determinar uma árvore de caminho mais curto para todas as *sub-redes*, sendo ele próprio o nó raiz. Os custos de enlaces individuais são configurados pelo administrador da rede (veja "Princípios na prática: Configurando os pesos de enlaces no OSPF"). O administrador pode optar por estabelecer todos os custos de enlace em 1, conseguindo assim o roteamento com o mínimo de saltos, ou por designar para os enlaces pesos inversamente proporcionais à capacidade do enlace, de modo a desencorajar o tráfego a usar enlaces de largura de banda baixa. O OSPF não impõe uma política para o modo como são determinados os pesos dos enlaces (essa tarefa é do administrador da rede); em vez disso, oferece os mecanismos (protocolo) para determinar o caminho de roteamento de menor custo para um dado conjunto de pesos de enlaces.

Com OSPF, um roteador transmite por difusão informações de roteamento a *todos* os outros roteadores no sistema autônomo, não apenas a seus vizinhos. Um roteador transmite informações de estado de enlace por difusão sempre que houver uma mudança no estado de um enlace (p. ex., uma mudança de custo ou uma mudança de estado para cima/para baixo). Também transmite o estado de um enlace periodicamente (pelo menos a cada 30 minutos), mesmo que não tenha havido mudança. O RFC 2328 observa que "essa atualização

PRINCÍPIOS NA PRÁTICA

CONFIGURANDO OS PESOS DE ENLACES NO OSPF

Nossa discussão sobre o roteamento de estado de enlace pressupôs que os pesos dos enlaces são fixos, que um algoritmo de roteamento como o OSPF é executado, e que o tráfego flui de acordo com as tabelas de roteamento calculadas pelo algoritmo de estado de enlace. Em termos de causa e efeito, os pesos dos enlaces são dados (i.e., vêm primeiro) e resultam (por meio do algoritmo de Dijkstra) nos caminhos de roteamento que minimizam o custo total. Por esse ponto de vista, os pesos dos enlaces refletem o custo de se utilizar um enlace (p. ex., se os pesos dos enlaces são inversamente proporcionais à capacidade, o uso de enlaces de alta capacidade teria um peso menor e, logo, seriam mais atraentes do ponto de vista do roteamento) e o algoritmo de Dijkstra serve para minimizar o custo total.

Na prática, a relação de causa e efeito entre os pesos dos enlaces e os caminhos de roteamento pode ser invertida, com os operadores da rede configurando os pesos de enlaces para obter caminhos de roteamento que cumprem determinadas metas de engenharia de tráfego (Fortz, 2000; Fortz, 2002). Por exemplo, suponha que um operador de rede possua uma estimativa de fluxo de tráfego de entrada em cada ponto de ingresso e destinado a cada ponto de egresso. O operador poderia então querer instalar um roteamento específico dos fluxos de ingresso para egresso que minimizasse a utilização máxima nos enlaces da rede como um todo. Mas com um algoritmo de roteamento como o OSPF, os principais "botões" do operador para fazer a sintonia fina do roteamento de fluxos pela rede são os pesos de enlaces. Assim, para cumprir o objetivo de minimizar a utilização de enlaces máxima, o operador precisa encontrar um conjunto de pesos de enlaces que atenda aos seus critérios. É uma inversão da relação de causa e efeito: o roteamento desejado dos fluxos é conhecido, e precisa-se determinar os pesos de enlaces OSPF tais que o algoritmo de roteamento OSPF resulte no roteamento desejado dos fluxos.

periódica de anúncios de enlace adiciona robustez ao algoritmo de estado de enlace". Anúncios OSPF são contidos em mensagens OSPF carregadas diretamente por IP, com um código protocolo de camada superior 89 para OSPF. Assim, o próprio protocolo OSPF tem de executar funcionalidades como transferência confiável de mensagem e transmissão de estado de enlace por difusão. O protocolo OSPF também verifica se os enlaces estão operacionais (via uma mensagem HELLO enviada a um vizinho ligado ao enlace) e permite que um roteador OSPF obtenha o banco de dados de um roteador vizinho referente ao estado do enlace no âmbito da rede.

Alguns dos avanços incorporados ao OSPF são:

- *Segurança.* Trocas entre roteadores OSPF (p. ex., atualizações do estado de enlace) podem ser autenticadas. A autenticação garante que apenas roteadores de confiança consigam participar do protocolo OSPF dentro de um AS, evitando, assim, que intrusos mal-intencionados (ou estudantes de rede testando, por brincadeira, seu conhecimento recém-adquirido) injetem informações incorretas em tabelas de roteamento. Como padrão, pacotes OSPF entre roteadores não são autenticados e poderiam ser forjados. Dois tipos de autenticação podem ser configurados – simples e MD5 (veja o Capítulo 8 para obter uma discussão sobre MD5 e autenticação em geral). Com autenticação simples, a mesma senha é configurada em cada roteador. Quando um roteador envia um pacote OSPF, inclui a senha em texto aberto (não criptografado). Logicamente, a autenticação simples não é segura. A autenticação MD5 é baseada em chaves secretas compartilhadas que são configuradas em todos os roteadores. Para cada pacote OSPF enviado, o roteador calcula o hash MD5 do conteúdo do pacote adicionado com a chave secreta. (Consulte a discussão sobre códigos de autenticação de mensagem no Capítulo 8.) Então, o roteador inclui no pacote OSPF o valor de hash resultante. O roteador receptor, usando a chave secreta pré-configurada, calculará um hash MD5 do pacote e o comparará com o valor de hash que este transporta, verificando assim sua autenticidade.

Números de sequência também são utilizados com autenticação MD5 para proteção contra ataques por reenvio.

- *Caminhos múltiplos com o mesmo custo.* Quando vários caminhos até o destino têm o mesmo custo, o OSPF permite que sejam usados diversos caminhos (i.e., não é preciso escolher um único para carregar todo o tráfego quando existem vários de igual custo).
- *Suporte integrado para roteamento individual e em grupo (unicast e multicast).* O *multicast* OSPF (MOSPF) (RFC 1584) fornece extensões simples ao OSPF para prover roteamento em grupo. O MOSPF usa o banco de dados de enlaces existente no OSPF e acrescenta um novo tipo de anúncio de estado de enlace ao mecanismo OSPF de transmissão de estado de enlace por difusão.
- *Suporte para hierarquia dentro de um AS individual.* Um sistema autônomo OSPF pode ser configurado hierarquicamente em áreas. Cada área roda seu próprio algoritmo de roteamento de estado de enlace OSPF, e cada roteador em uma área transmite seu estado de enlace, por difusão, a todos os outros roteadores daquela área. Dentro de cada área, um ou mais roteadores de borda de área são responsáveis pelo roteamento de pacotes fora da área. Por fim, exatamente uma área OSPF no AS é configurada para ser a área de backbone. O papel primordial da área de backbone é rotear tráfego entre as outras áreas do AS. O backbone sempre contém todos os roteadores de borda de área que estão dentro do AS e pode conter também roteadores que não são de borda. O roteamento interárea dentro do AS requer que o pacote seja roteado primeiro até um roteador de borda de área (roteamento intra-área), em seguida roteado por meio do backbone até o roteador de borda de área que está na área de destino e, então, roteado até seu destino final.

O OSPF é um protocolo bastante complexo e, aqui, nosso tratamento teve de ser breve; Huitema (1998), Moy (1998) e RFC 2328 oferecem detalhes adicionais.

5.4 ROTEAMENTO ENTRE OS ISPS: BGP

Acabamos de ver que o OSPF é um exemplo de protocolo de roteamento intra-AS. Quando um pacote é roteado entre uma origem e um destino no mesmo AS, a rota seguida pelo pacote é totalmente determinada pelo protocolo de roteamento intra-AS. Contudo, para rotear um pacote entre múltiplos ASs (p. ex., de um smartphone em Timbuktu até um servidor em um datacenter no Vale do Silício), precisamos de um **protocolo de roteamento intersistema autônomo**. Como um protocolo de roteamento inter-As envolve a coordenação entre múltiplos ASs, os ASs que se comunicam entre si devem executar o mesmo protocolo inter-AS. Na verdade, na Internet, todos os ASs executam o mesmo protocolo de roteamento inter-AS, chamado Protocolo de Roteador de Borda (BGP, do inglês *Border Gateway Protocol*) (RFC 4271; Stewart, 1999).

O BGP é talvez o mais importante de todos os protocolos da Internet (o único concorrente à altura seria o protocolo IP, que estudamos na Seção 4.3), pois é o protocolo que une os milhares de ISPs do mundo. Como veremos em seguida, o BGP é um protocolo descentralizado e assíncrono, no estilo do roteamento de vetor de distâncias descrito na Seção 5.2.2. O BGP é um protocolo complexo e difícil, mas para entender a Internet em suas entranhas, precisamos nos familiarizar com os seus fundamentos e a sua operação. O tempo que dedicarmos a aprender o BGP será um ótimo investimento.

5.4.1 O papel do BGP

Para entender as responsabilidades do BGP, considere um AS e um roteador arbitrário em tal AS. Lembre-se que todos os roteadores possuem uma tabela de repasse, que tem um papel central no processo de repassar os pacotes que chegam para os enlaces de saída do roteador. Como vimos, para destinos no mesmo AS, as linhas na tabela de repasse do roteador são determinadas pelo protocolo de roteamento intra-AS do AS. Mas e quanto a destinos externos ao AS? É exatamente aí que entra o BGP.

No BGP, os pacotes não são roteados para um endereço de destino específico, mas para prefixos "ciderizados", com cada prefixo representando uma sub-rede ou conjunto de sub-redes. No mundo do BGP, um destino poderia ter a forma 138.16.68/22, que, para este exemplo, inclui 1.024 endereços IP. Assim, a tabela de repasse do roteador terá linhas com a forma (*x*, *I*), em que *x* é um prefixo (como 138.16.68/22) e *I* é um número de interface para uma das interfaces do roteador.

Enquanto protocolo de roteamento inter-AS, o BGP provê a cada roteador um meio de:

1. *Obter informações de alcançabilidade do prefixo de ASs vizinhos.* O BGP permite, sobretudo, que cada sub-rede anuncie sua existência ao restante da Internet. Uma sub-rede grita "Eu existo e estou aqui", e o BGP garante que todos os ASs da Internet saibam de sua existência e como chegar até ela. Não fosse o BGP, cada sub-rede ficaria isolada – sozinha e desconhecida pelo restante da Internet.
2. *Determinar as "melhores" rotas até os prefixos.* O roteador pode ser informado de duas ou mais rotas diferentes até um prefixo específico. Para determinar a melhor rota, o roteador executa localmente um procedimento de seleção de rota BGP (usando as informações de alcançabilidade do prefixo obtidas de ASs vizinhos). A melhor rota será determinada com base em uma política e nas informações de alcançabilidade.

Vamos agora nos aprofundar em como o BGP executa essas duas tarefas.

5.4.2 Anúncio de informações de rota BGP

Considere a rede mostrada na Figura 5.8. Como vemos, essa rede simples possui três sistemas autônomos: AS1, AS2 e AS3. Como mostrado, AS3 inclui uma sub-rede com prefixo x. Para cada AS, cada roteador é um **roteador de borda** ou então um **roteador interno**. Um roteador de borda (*gateway router*) é um roteador na borda de um AS que se conecta diretamente a um ou mais roteadores em outros ASs. Um **roteador interno** se conecta apenas a hospedeiros e roteadores dentro do seu próprio AS. No AS1, por exemplo, o roteador 1c é um roteador de borda, enquanto os roteadores 1a, 1b e 1d são roteadores internos.

Consideremos agora a tarefa de anunciar as informações de alcançabilidade do prefixo x para todos os roteadores mostrados na Figura 5.8. Em alto nível, é simples. Primeiro, AS3 envia uma mensagem de BGP para AS2, informando que x existe e está no AS3; denotemos essa mensagem por "AS3 x". A seguir, AS2 envia uma mensagem BGP para AS1, informando que x existe e que pode ser alcançado passando primeiro por AS2 e então indo para AS3; denotemos essa mensagem por "AS2 AS3 x". Dessa maneira, cada um dos sistemas

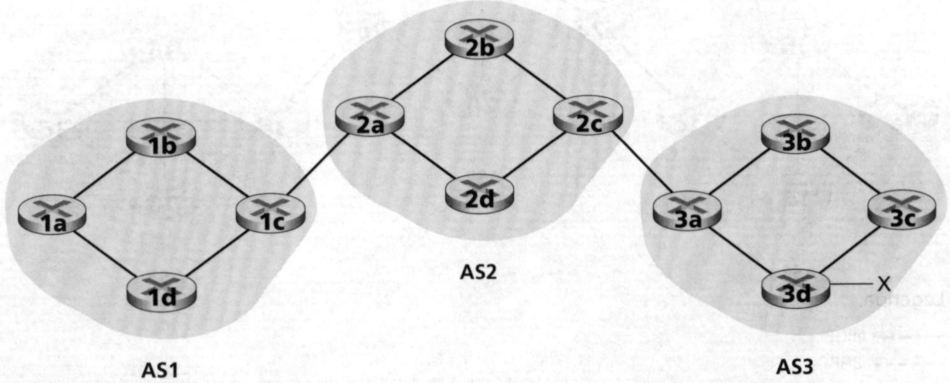

Figura 5.8 Rede com três sistemas autônomos. AS3 inclui uma sub-rede com prefixo x.

autônomos, além de descobrir a existência de x, será também informado sobre um caminho composto por sistemas autônomos que leva a x.

A discussão no parágrafo acima sobre anunciar as informações de alcançabilidade BGP deve bastar para comunicar a ideia geral, mas não é exata no sentido de que sistemas autônomos não mandam de fato mensagens uns para os outros; quem faz isso são os roteadores. Para entender o processo, vamos reanalisar o exemplo da Figura 5.8. No BGP, pares de roteadores trocam informações de roteamento através de conexões TCP semipermanentes usando a porta 179. Cada uma dessas conexões TCP, junto com todas as mensagens BPG enviadas através dela, é chamada de **conexão BGP**. Além disso, uma conexão BGP que abrange dois ASs é chamada de conexão **BGP externa (eBGP)**, enquanto uma sessão BGP entre roteadores no mesmo AS é chamada de conexão **BGP interna (iBGP)**. A Figura 5.9 mostra exemplos de conexões BGP para a rede da Figura 5.8. Em geral, há uma conexão eBGP para cada enlace que liga diretamente os roteadores de borda em diferentes ASs; assim, na Figura 5.9, há uma conexão eBGP entre os roteadores de borda 1c e 2a e uma conexão eBGP entre os roteadores de borda 2c e 3a.

Também há conexões iBGP entre os roteadores em cada um dos ASs. Em especial, a Figura 5.9 mostra uma configuração comum de uma conexão BGP para cada par de roteadores interno a um AS, criando uma malha de conexões TCP dentro de cada AS. Na Figura 5.9, as conexões eBGP são mostradas com traços longos, enquanto as conexões iBGP são mostradas com traços curtos. Observe que as conexões iBGP nem sempre correspondem a enlaces físicos.

Para propagar as informações de alcançabilidade, são usadas sessões iBGP e eBGP. Considere mias uma vez o anúncio das informações de alcançabilidade referentes ao prefixo x para todos os roteadores em AS1 e AS2. Nesse processo, o roteador de borda 3a envia uma mensagem eBGP "AS3 x" para o roteador de borda 2c. Em seguida, o roteador de borda 2c envia a mensagem iBGP "AS3 x" para todos os outros roteadores em AS2, incluindo o roteador de borda 2a. O roteador de borda 2a envia então a mensagem eBGP "AS2 AS3 x" para o roteador de borda 1c. Por fim, o roteador de borda 1c usa o iBGP para enviar a mensagem "AS2 AS3 x" para todos os roteadores em AS1. Após esse processo estar completo, cada roteador em AS1 e AS2 está ciente da existência de x e de um caminho AS que leva a x.

Obviamente, em uma rede real, pode haver muitos caminhos diferentes até um determinado destino a partir de um roteador qualquer, cada um através de uma sequência diferente de ASs. Considere, por exemplo, a rede da Figura 5.10, que é a rede original da Figura 5.8 com um enlace físico adicional do roteador 1d ao 3d. Nesse caso, há dois caminhos de AS1 a x: o caminho "AS2 AS3 x" através do roteador 1c e o novo caminho "AS3 x" através do roteador 1d.

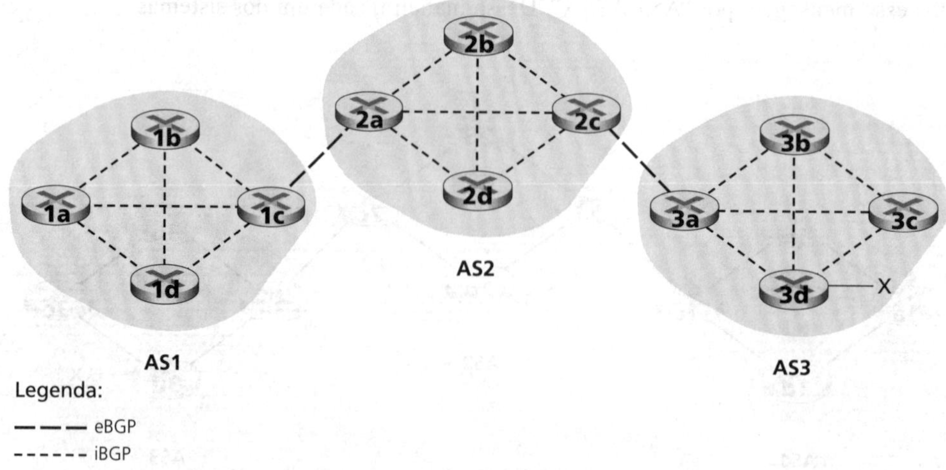

Figura 5.9 Conexões eBGP e iBGP.

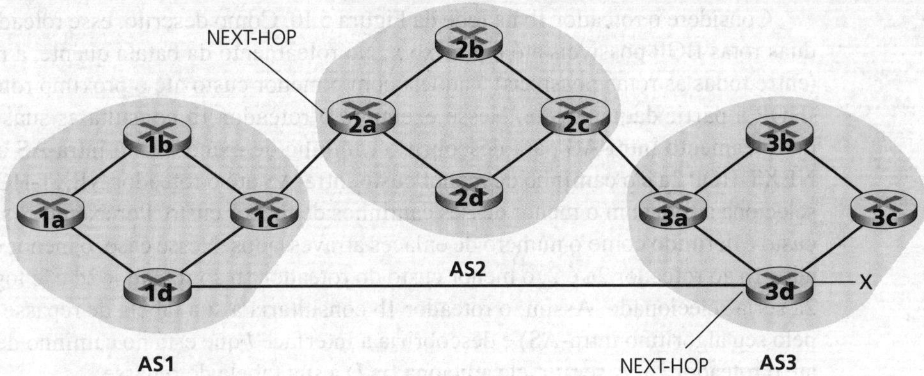

Figura 5.10 Rede ampliada com enlace de parceria (*peering*) entre AS1 e AS3.

5.4.3 Determinando as melhores rotas

Como acabamos de aprender, pode haver muitos caminhos entre um determinado roteador e uma sub-rede de destino. Na verdade, na Internet, os roteadores muitas vezes recebem informações de alcançabilidade sobre dezenas de caminhos possíveis diferentes. Como o roteador escolhe entre esses caminhos (e configura a sua tabela de repasse para tanto)?

Antes de responder a essa questão crítica, precisamos apresentar um pouco mais da terminologia do BGP. Quando anuncia um prefixo através de uma conexão BGP, o roteador inclui com o prefixo diversos **atributos BGP**. No jargão do BGP, um prefixo somado aos seus atributos é chamado de **rota**. Dois dos atributos mais importantes são AS-PATH e NEXT-HOP. O atributo AS-PATH contém a lista dos ASs pelos quais o anúncio passou, como vimos em nossos exemplos acima. Para gerar o valor AS-PATH, quando um prefixo passa para um AS, este adiciona o seu ASN à lista existente no AS-PATH. Por exemplo, na Figura 5.10, há duas rotas entre AS1 e a sub-rede x: uma que usa o AS-PATH "AS2 AS3" e outra que usa o AS-PATH "AS3". Roteadores BGP usam o atributo AS-PATH para detectar e evitar laços de anúncios; mais especificamente, se um roteador perceber que seu AS está contido na lista de caminhos, rejeitará o anúncio.

Fornecendo o enlace crítico entre os protocolos de roteamento inter-AS e intra-AS, o atributo NEXT-HOP possui uma sutil mas importante utilidade. O NEXT-HOP é *o endereço IP da interface do roteador que inicia o AS-PATH*. Para compreender mais esse atributo, vamos, de novo, nos referir à Figura 5.10. Como indicado nessa figura, o atributo NEXT-HOP para a rota "AS2 AS3 x" de AS1 a x que passa por AS2 é o endereço IP da interface esquerda no roteador 2a. O atributo NEXT-HOP da rota "AS3 x" de AS1 a x que não passa por AS2 é o endereço IP da interface da extremidade esquerda do roteador 3d. Em suma, nesse miniexemplo, cada roteador em AS1 é informado de duas rotas BGP até o prefixo X:

Endereço IP da interface da extremidade esquerda para o roteador 2a; AS2 AS3; x;
Endereço IP da interface da extremidade esquerda do roteador 3d; AS3; x.

Aqui, cada rota BGP é escrita na forma de uma lista com três componentes: NEXT-HOP; AS-PATH; prefixo de destino. Na prática, uma rota BGP inclui atributos adicionais, que ignoraremos por enquanto. Observe que o atributo NEXT-HOP é um endereço IP de um roteador que *não* pertence a AS1; contudo, a sub-rede que contém esse endereço IP está ligada diretamente a AS1.

Roteamento da batata quente

Agora, *finalmente* estamos preparados para falar sobre algoritmos de roteamento BGP de forma precisa. Começaremos com um dos algoritmos de roteamento mais simples, a saber, o **roteamento da batata quente**.

Considere o roteador 1b na rede da Figura 5.10. Como descrito, esse roteador descobrirá duas rotas BGP possíveis até o prefixo x. No roteamento da batata quente, a rota escolhida (entre todas as rotas possíveis) é aquela com o menor custo até o próximo roteador NEXT-HOP a partir daquela rota. Nesse exemplo, o roteador 1b consulta as suas informações de roteamento intra-AS para descobrir o caminho de menor custo intra-AS até o roteador NEXT-HOP 2a e o caminho de menor custo intra-AS até o roteador NEXT-HOP 3d, e então seleciona a rota com o menor desses caminhos de menor custo. Por exemplo, suponha que o custo é definido como o número de enlaces atravessados. Nesse caso, o menor custo do roteador 1b ao roteador 2a é 2, o menor custo do roteador 1b ao roteador 2d é 3; logo, o roteador 2a seria selecionado. Assim, o roteador 1b consultaria a sua tabela de repasse (configurada pelo seu algoritmo intra-AS) e descobriria a interface *I* que está no caminho de menor custo até o roteador 2a. A seguir, ele adiciona (*x*, *I*) à sua tabela de repasse.

A Figura 5.11 resume os passos para se adicionar um prefixo fora do AS à tabela de repasse do roteador para roteamento da batata quente. É importante observar que, ao adicionar um prefixo fora do AS a uma tabela de repasse, utiliza-se ambos os protocolos de roteamento inter-AS (BGP) e de roteamento intra-AS (p. ex., OSPF).

A ideia por trás do roteamento da batata quente é que o roteador 1b tire os pacotes do seu AS o mais rápido possível (mais especificamente, com o menor custo possível) sem se preocupar com o custo das porções remanescentes do caminho fora do seu AS até o destino. No nome "roteamento da batata quente", o pacote é análogo à batata quente que queima suas mãos. Como está queimando, você quer passá-la para outra pessoa (outro AS) o quanto antes. O roteamento da batata quente é, assim, um algoritmo egoísta, pois tenta reduzir o custo no seu próprio AS enquanto ignora os outros componentes dos custos de fim a fim fora do seu AS. Observe que, com o roteamento da batata quente, dois roteadores no mesmo AS podem escolher dois caminhos AS diferentes até o mesmo prefixo. Por exemplo, acabamos de ver que o roteador 1b enviaria pacotes através de AS2 para alcançar x. Contudo, o roteador 1d contornaria AS2 e enviaria pacotes diretamente a AS3 para alcançar x.

Algoritmo de seleção de rota

Na prática, o BGP usa um algoritmo mais complicado do que o roteamento de batata quente, mas que ainda o incorpora. Para um determinado prefixo de destino, os dados usados pelo algoritmo de seleção de rota do BGP são o conjunto de todas as rotas que o roteador descobriu e aceitou. Se houver apenas uma rota, obviamente, o BGP a seleciona. Se houver duas ou mais para o mesmo prefixo, então o BGP invoca sequencialmente as seguintes regras de eliminação, até sobrar apenas uma.

1. A rota recebe, como um de seus atributos, um valor de **preferência local** (além dos atributos AS-PATH e NEXT-HOP). A preferência local de uma rota pode ter sido estabelecida pelo roteador ou ter sido descoberta por um outro roteador no mesmo AS. O valor do atributo preferência local é uma decisão política que fica absolutamente a cargo do administrador de rede do AS. (Mais adiante, discutiremos detalhes sobre questões de política do BGP.) São selecionadas as rotas que têm os valores de preferência local mais altos.

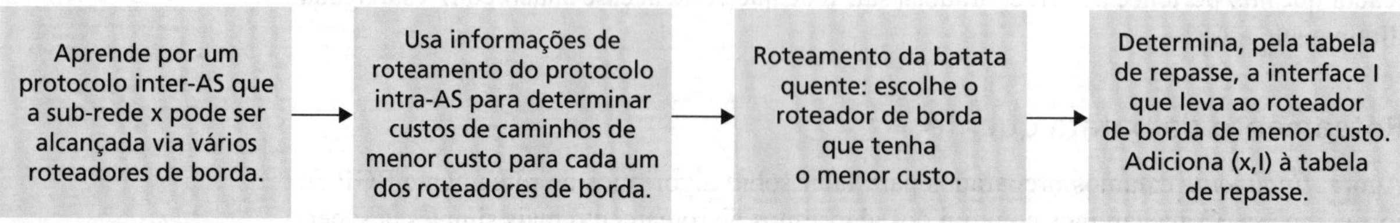
Aprende por um protocolo inter-AS que a sub-rede x pode ser alcançada via vários roteadores de borda.
Usa informações de roteamento do protocolo intra-AS para determinar custos de caminhos de menor custo para cada um dos roteadores de borda.
Roteamento da batata quente: escolhe o roteador de borda que tenha o menor custo.
Determina, pela tabela de repasse, a interface I que leva ao roteador de borda de menor custo. Adiciona (x,I) à tabela de repasse.

Figura 5.11 Etapas da adição de um destino fora do AS à tabela de repasse de um roteador.

2. No caso das outras rotas remanescentes (todas com o mesmo valor de preferência local), é selecionada a que tenha o AS-PATH mais curto. Se essa fosse a única regra de seleção, então o BGP estaria usando um algoritmo DV para determinação de caminho no qual a métrica da distância utiliza o número de saltos de AS em vez do número de saltos de roteadores.
3. Entre as rotas remanescentes (todas com o mesmo valor de preferência local e com o mesmo comprimento de AS-PATH), utiliza-se o roteamento da batata quente, ou seja, é selecionada a que tenha o roteador NEXT-HOP mais próximo.
4. Se ainda restar mais de uma rota, o roteador usa identificadores BGP para selecionar a rota; veja Stewart (1999).

Por exemplo, consideremos novamente o roteador 1b na Figura 5.10. Lembre-se de que há exatamente duas rotas BGP até o prefixo x, uma que passa por AS2 e outra que evita AS2. Lembre-se também que se usássemos apenas o roteamento da batata quente, o BGP rotearia pacotes através de AS2 até o prefixo x. Mas no algoritmo de seleção de rota acima, a regra 2 é aplicada antes da regra 3, fazendo o BGP selecionar a rota que contorna AS2, pois esta tem um AS-PATH menor. Assim, vemos que com o algoritmo de seleção de rota acima, o BGP deixa de ser um algoritmo egoísta, pois primeiro busca as rotas com caminhos AS curtos (e, logo, provavelmente reduz o atraso fim a fim).

Como já observamos, o BGP é um padrão na prática para roteamento inter-AS na Internet. Para ver o conteúdo de várias tabelas de roteamento BGP (grandes!) extraídas de roteadores pertencentes a ISPs de nível 1, consulte <http://www.routeviews.org>. Tabelas de roteamento BGP em geral contêm mais de meio milhão de rotas (i.e., prefixo e atributos correspondentes). Estatísticas sobre tamanho e características de tabelas de roteamento BGP são apresentadas em Huston (2019b).

5.4.4 IP-Anycast

Além de ser o protocolo de roteamento inter-AS da Internet, o BGP é muito usado para implementar o serviço de IP-anycast (RFC 1546, RFC 7094), usado comumente no DNS. Para entender o motivo por trás do IP-anycast, considere que, em muitas aplicações, estamos interessados em (1) replicar o mesmo conteúdo em diversos servidores, em muitos locais geograficamente dispersos, e (2) fazer com que cada usuário acesse o conteúdo do servidor mais próximo. Por exemplo, uma rede de distribuição de conteúdo (CDN, do inglês *content distribution network*) pode replicar vídeos e outros objetos em servidores espalhados por diversos países. Da mesma forma, o sistema DNS pode replicar registros DNS em servidores DNS em todo o mundo. Quando um usuário quer acessar esse conteúdo replicado, deseja-se que o usuário seja guiado para o servidor com o conteúdo replicado "mais próximo". O algoritmo de seleção de rota do BGP oferece um mecanismo fácil e natural para se fazer isso.

Para que nossa discussão seja concreta, vamos descrever como uma CDN utilizaria IP-anycast. Como mostrado na Figura 5.12, durante o estágio de configuração do IP-anycast, a companhia de CDN associa o *mesmo* endereço IP a cada um dos seus servidores. Quando um roteador BGP recebe múltiplos anúncios de rotas para esse endereço IP, trata esses anúncios como diferentes caminhos disponíveis para a mesma localização física (quando, na verdade, os anúncios são para diferentes caminhos para diferentes localizações físicas). Ao configurar sua tabela de roteamento, cada roteador usará localmente o algoritmo de seleção de rota do BGP para selecionar a "melhor" (p. ex., a mais próxima, como determinado pelos contadores de salto de AS) rota para o endereço IP. Por exemplo, se uma rota BGP (correspondente a uma localização) está a apenas um salto de AS do roteador e todas as demais rotas BGP (correspondentes às outras localizações) estão a dois ou mais saltos de AS, então o roteador BGP escolherá rotear pacotes para a localidade que está a um salto de distância. Depois dessa fase inicial de anúncio do endereço, a CDN pode fazer o seu trabalho principal, que é distribuir conteúdo. Quando um cliente solicita um vídeo, a CDN retorna ao cliente o endereço IP comum usado pelos servidores geograficamente dispersos, não

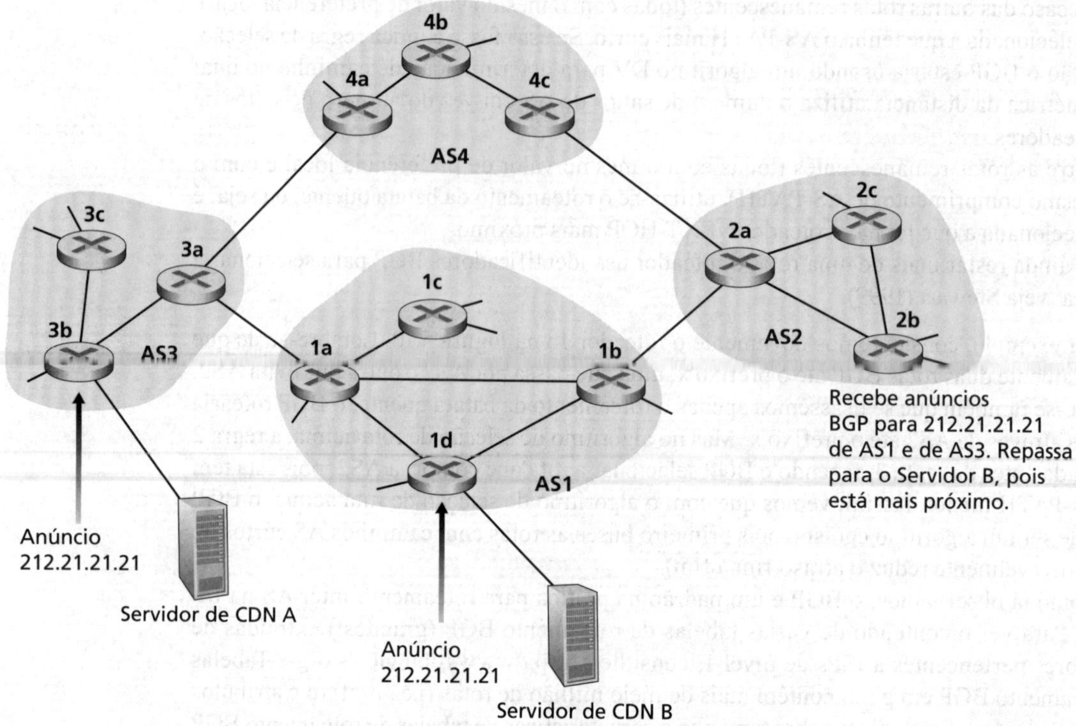

Figura 5.12 Uso de IP-anycast para levar usuários ao servidor CDN mais próximo.

importa onde o cliente esteja localizado. Quando o cliente envia uma requisição para esse endereço IP, os roteadores da Internet encaminham o pacote de solicitação para o servidor "mais próximo", conforme definido pelo algoritmo de seleção de rota do BGP.

Embora o exemplo de CDN acima ilustre bem como o IP-anycast pode ser utilizado, na prática, as CDNs geralmente escolhem não usá-lo, pois as mudanças no roteamento BGP podem fazer diferentes pacotes da mesma conexão TCP chegarem em instâncias diferentes no servidor Web. Mas o IP-anycast é bastante utilizado por sistemas DNS para direcionar consultas de DNS para o servidor DNS raiz mais próximo. Como vimos na Seção 2.4, atualmente há 13 endereços IP para servidores DNS raiz, mas há múltiplos servidores DNS raiz correspondentes a cada um desses endereços, com alguns desses endereços tendo mais de 100 servidores DNS raiz espalhados pelos quatro cantos do mundo. Quando uma consulta de DNS é enviada a um desses 13 endereços IP, o IP-anycast é utilizado para rotear a consulta para os servidores DNS raiz mais próximos responsáveis pelo endereço. Li (2018) apresenta medições recentes que ilustram o uso, o desempenho e os desafios do IP-anycast.

5.4.5 Política de roteamento

Quando um roteador seleciona uma rota até um destino, a política de roteamento AS pode superar todas as outras considerações, como o caminho AS mais curto ou o roteamento da batata quente. Na verdade, no algoritmo de seleção de rota, primeiro as rotas são selecionadas de acordo com o atributo de preferência local, cujo valor é fixado pela política do AS local.

Vamos ilustrar alguns dos conceitos básicos da política de roteamento BGP com um exemplo simples. A Figura 5.13 mostra seis sistemas autônomos interconectados: A, B, C, W, X e Y. É importante notar que A, B, C, W, X e Y são ASs, e não roteadores. Vamos admitir que os sistemas autônomos W, X e Y são ISPs de acesso, e que A, B e C são redes

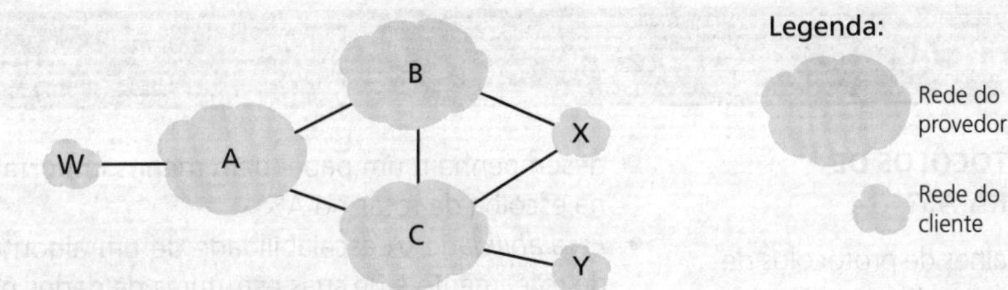

Figura 5.13 Um cenário BGP simples.

provedoras de backbone. Vamos supor também que A, B e C enviam tráfego diretamente uns para os outros e fornecem informação completa sobre o BGP a suas redes clientes. Todo o tráfego que entrar em uma rede de ISP de acesso deve ser destinado a essa rede, e todo o tráfego que sair da rede de ISP de acesso deve ter sido originado naquela rede. W e Y são claramente ISPs de acesso. X é um **ISP de acesso com múltiplas interconexões (*multi-homed*)**, visto que está ligado ao resto da rede por meio de dois provedores diferentes (um cenário que está se tornando cada vez mais comum na prática). Todavia, tal como W e Y, o próprio X deve ser a origem/destino de todo o tráfego que entra/sai de X. Porém, como esse comportamento da rede será executado e imposto? Como X será impedido de repassar tráfego entre B e C? Isso pode ser conseguido facilmente controlando o modo como as rotas BGP são anunciadas. Em particular, X funcionará como uma rede de ISP de acesso se anunciar (a seus vizinhos B e C) que não há nenhum caminho para quaisquer outros destinos a não ser ele mesmo. Isto é, mesmo que X conheça um caminho, digamos, XCY, que chegue até a rede Y, ele não anunciará esse caminho a B. Como B não fica sabendo que X tem um caminho para Y, B nunca repassaria tráfego destinado a Y (ou a C) por meio de X. Esse exemplo simples ilustra como uma política seletiva de anúncio de rota pode ser usada para implementar relacionamentos de roteamento cliente/provedor.

Em seguida, vamos focalizar uma rede provedora, digamos, o AS B. Suponha que B ficasse sabendo (por A) que A tem um caminho AW para W. Assim, B pode instalar a rota AW em sua base de informações de roteamento. É claro que B também quer anunciar o caminho BAW a seu cliente, X, de modo que X saiba que pode rotear para W via B. Porém, B deveria anunciar o caminho BAW a C? Se o fizer, então C poderia rotear tráfego para W via BAW. Se A, B e C forem todos provedores de backbone, então B poderia sentir-se no direito de achar que não deveria ter de suportar a carga (e o custo!) de transportar o tráfego em trânsito entre A e C. B poderia sentir-se no direito de achar que é de A e C o trabalho (e o custo!) de garantir que C possa rotear de/para clientes de A por meio de uma conexão direta entre A e C. Hoje, não existe nenhum padrão oficial que determine como ISPs de backbone devem rotear entre si. Todavia, os ISPs comerciais adotam uma regra prática que diz que qualquer tráfego que esteja fluindo por uma rede de backbone de um ISP deve ter ou uma origem ou um destino (ou ambos) em uma rede que seja cliente daquele ISP; caso contrário, o tráfego estaria pegando uma carona gratuita na rede do ISP. Acordos individuais de parceria (*peering*) (para reger questões como as levantadas) costumam ser negociados entre pares de ISPs e, em geral, são confidenciais; Huston (1999a; 2012) provê uma discussão interessante sobre acordos de parceria. Se quiser uma descrição detalhada sobre como a política de roteamento reflete os relacionamentos comerciais entre ISPs, veja Gao (2001) e Dmitiropoulos (2007). Para ver uma abordagem recente sobre políticas de roteamento BGP, de um ponto de vista do ISP, consulte Caesar (2005b).

Com isso, concluímos nossa breve introdução ao BGP. Entender esse protocolo é importante, porque ele desempenha um papel central na Internet. Aconselhamos você a consultar as referências Stewart (1999); Huston (2019a); Labovitz (1997); Halabi (2000); Huitema (1998); Gao (2001); Feamster (2004), Caesar (2005b); Li (2007) para aprender mais sobre BGP.

PRINCÍPIOS NA PRÁTICA

POR QUE HÁ DIFERENTES PROTOCOLOS DE ROTEAMENTO INTER-AS E INTRA-AS?

Agora que já examinamos os detalhes de protocolos de roteamento inter-AS e intra-AS específicos utilizados pela Internet, vamos concluir considerando a questão talvez mais fundamental que, antes de tudo, poderíamos levantar sobre esses protocolos (esperamos que você tenha estado preocupado com isso o tempo todo e que não tenha deixado de enxergar o quadro geral em razão dos detalhes!). Por que são usados diferentes protocolos de roteamento inter-AS e intra-AS?

A resposta a essa pergunta expõe o âmago da diferença entre os objetivos do roteamento dentro de um AS e entre ASs:

- *Política.* Entre ASs, as questões políticas dominam. Pode até ser importante que o tráfego que se origina em determinado AS não possa passar por outro AS específico. De maneira semelhante, determinado AS pode muito bem querer controlar o tráfego em trânsito que ele carrega entre outros ASs. Vimos que o BGP carrega atributos de caminho e oferece distribuição controlada de informação de roteamento, de modo que as decisões de roteamento baseadas em políticas possam ser tomadas. Dentro de um AS, tudo está nominalmente no mesmo controle administrativo. Assim, as questões de políticas de roteamento desempenham um papel bem menos importante na escolha de rotas no AS.
- *Escalabilidade.* A escalabilidade de um algoritmo de roteamento e de suas estruturas de dados para manipular o roteamento para/entre grandes números de redes é uma questão fundamental para o roteamento inter-AS. Dentro de um AS, a escalabilidade é uma preocupação menor. Isso porque, se um único ISP ficar muito grando, é sempre possível dividi-lo em dois ASs e realizar roteamento inter-AS entre esses dois novos ASs. (Lembre-se de que o OSPF permite que essa hierarquia seja construída dividindo um AS em áreas.)
- *Desempenho.* Dado que o roteamento inter-AS é bastante orientado pelas políticas, a qualidade (p. ex., o desempenho) das rotas usadas é muitas vezes uma preocupação secundária (i.e., uma rota mais longa ou de custo mais alto que satisfaça a certos critérios políticos pode muito bem prevalecer sobre uma que é mais curta, mas que não satisfaz a esses critérios). Na verdade, vimos que entre ASs não há nem mesmo a ideia de custo associado às rotas (exceto a contagem de saltos do AS). Dentro de um AS individual, contudo, essas preocupações com as políticas têm menos importância, permitindo que o roteamento se concentre mais no nível de desempenho atingido em uma rota.

5.4.6 Juntando o quebra-cabeça: obtendo presença na Internet

Embora não seja exatamente sobre BGP, esta subseção reúne muitos dos protocolos e conceitos que vimos até aqui, incluindo endereçamento IP, DNS e BGP.

Suponha que você tenha acabado de criar uma pequena rede com diversos servidores, incluindo um servidor Web público, que descreve os produtos e serviços da sua empresa, um de correio, do qual seus funcionários obtêm suas mensagens de correio eletrônico, e um de DNS. Claro, você gostaria que o mundo inteiro pudesse navegar em seu site para descobrir seus incríveis produtos e serviços. Além do mais, gostaria que seus funcionários pudessem enviar e receber correio eletrônico para clientes em potencial no mundo inteiro.

Para atender a esses objetivos, primeiro você precisa obter conectividade com a Internet, o que é feito contratando e conectando-se a um ISP local. Sua empresa terá um roteador de borda, que estará conectado a um roteador no seu ISP local. Essa conexão poderia ser uma DSL pela infraestrutura telefônica, uma linha privada com o roteador do ISP, ou uma das muitas outras soluções de acesso descritas no Capítulo 1. Seu ISP local também lhe oferecerá uma faixa de endereços IP, por exemplo, uma faixa de endereços /24 consistindo em 256 endereços. Ao obter sua conectividade física e sua faixa de endereços IP, você designará um dos seus endereços IP (na sua faixa de endereços) para o seu servidor Web, um para o seu servidor de correio, um para o seu servidor DNS, um para o seu roteador de borda e outros endereços IP para outros servidores e dispositivos na rede da sua empresa.

Além de contratar um ISP, você também precisará contratar um registrador da Internet para obter um nome de domínio para a sua empresa, conforme descrevemos no Capítulo 2. Por exemplo, se a sua empresa tiver o nome Xanadu Inc., você decerto tentará obter o nome de domínio xanadu.com. Sua empresa também deverá obter presença no sistema DNS. Especificamente, como as pessoas de fora desejarão entrar em contato com seu servidor DNS para obter os endereços IP dos seus servidores, você também precisará oferecer ao seu registrador o endereço IP do seu servidor DNS. Seu registrador, então, colocará um registro para o seu servidor DNS (nome de domínio e endereço IP correspondente) nos servidores do domínio .com de nível superior, conforme descrevemos no Capítulo 2. Concluída essa etapa, qualquer usuário que saiba seu nome de domínio (p. ex., xanadu.com) poderá obter o endereço IP do seu servidor DNS por meio do sistema DNS.

Para que as pessoas consigam descobrir os endereços IP do seu servidor Web, você terá de incluir nele registros que mapeiem o nome de hospedeiro do servidor (p. ex., www.xanadu.com) ao endereço IP. Você desejará ter registros semelhantes para outros servidores publicamente disponíveis em sua empresa, incluindo o de correio. Dessa forma, se Alice quiser navegar pelo seu servidor Web, o sistema DNS entrará em contato com seu servidor DNS, achará o endereço IP do seu servidor Web e o dará a Alice. Assim, ela poderá estabelecer uma conexão TCP diretamente com o seu servidor Web.

Todavia, ainda resta uma etapa necessária e decisiva para permitir que outros do mundo inteiro acessem seu servidor Web. Considere o que acontece quando Alice, que conhece o endereço IP do seu servidor Web, envia um datagrama IP (p. ex., um segmento TCP SYN) a esse endereço IP. Esse datagrama será direcionado pela Internet, visitando uma série de roteadores em muitos ASs diferentes, para, enfim, alcançar seu servidor Web. Quando qualquer um dos roteadores recebe o datagrama, ele procura um registro em sua tabela de repasse para determinar em qual porta de saída deverá encaminhá-lo. Portanto, cada roteador precisa saber a respeito do prefixo /24 da sua empresa (ou de algum registro agregado). Como um roteador pode saber o prefixo da sua empresa? Como já vimos, isso é feito por meio do BGP! Especificamente, quando sua empresa contrata um ISP local e recebe um prefixo (i.e., uma faixa de endereços), seu ISP local usará o BGP para anunciar esse prefixo aos ISPs aos quais se conecta. Tais ISPs, por sua vez, usarão o BGP para propagar o anúncio. Por fim, todos os roteadores da Internet saberão a respeito do seu prefixo (ou sobre algum agregado que o inclua) e, desse modo, poderão repassar datagramas destinados a seus servidores Web e de correio de forma apropriada.

5.5 O PLANO DE CONTROLE DA SDN

Nesta seção, analisaremos o plano de controle da SDN, a lógica em âmbito de rede que controla o repasse de pacotes entre os dispositivos da rede que utilizam SDN, além da configuração e do gerenciamento desses dispositivos e dos seus serviços. Aqui, nosso estudo se baseia na nossa discussão anterior sobre repasse SDN generalizado na Seção 4.4, então pode ser útil revisar essa seção, assim como a Seção 5.1 deste capítulo, antes de continuar. Assim como na Seção 4.4, mais uma vez adotaremos a terminologia utilizada na literatura sobre SDN e chamaremos os dispositivos de repasse da rede de "comutadores de pacotes" (ou simplesmente de "comutadores", pois os "pacotes" estão subentendidos), pois as decisões de repasse podem ser tomadas com base nos endereços de origem/destino da camada de rede, endereços de origem/destino da camada de enlace e diversos outros valores de campos de cabeçalho de pacote das camadas de transporte, rede e enlace.

Podemos identificar quatro características críticas de uma arquitetura de SDN (Kreutz, 2015):

- *Repasse baseado em fluxo.* O repasse de pacotes por comutadores controlados por SDN pode se basear em diversos valores de campos nos cabeçalhos das camadas de transporte, rede ou enlace. Vimos na Seção 4.4 que a abstração OpenFlow 1.0 permite o repasse baseado em 11 valores de campos de cabeçalho diferentes, em forte contraste com a abordagem tradicional ao repasse baseado em roteadores, estudada nas Seções 5.2 a 5.4, na qual o repasse de datagramas IP se baseia exclusivamente no endereço IP de destino do datagrama. Voltando à Figura 5.2, observe que as regras de repasse de pacotes são especificadas na tabela de fluxo do comutador; é função do plano de controle SDN calcular, gerenciar e instalar linhas da tabela de fluxo em todos os comutadores da rede.
- *Separação do plano de dados e plano de controle.* Essa separação é mostrada claramente nas Figuras 5.2 e 5.14. O plano de dados é composto por comutadores da rede, os dispositivos relativamente simples (mas rápidos) que executam as regras de "combinação mais ação" das suas tabelas de fluxo. O plano de controle é composto por servidores e software que determinam e gerenciam as tabelas de fluxo dos comutadores.
- *Funções de controle de rede: externas aos comutadores do plano de dados.* Dado que o "S" em SDN significa "software", talvez não surpreenda que o plano de controle das SDNs seja implementado em software. Ao contrário dos roteadores tradicionais, no entanto, esse software é executado em servidores distintos e remotos em relação aos comutadores da rede. Como mostra a Figura 5.14, o plano de controle em si é composto por dois componentes: um controlador SDN (ou sistema operacional de rede [Gude, 2008]) e um conjunto de aplicações de controle de rede. O controlador mantém informações precisas sobre o estado da rede (p. ex., o estado de hospedeiros, comutadores e enlaces remotos); fornece essas informações às aplicações de controle de rede executadas no plano de controle; e cria os meios pelos quais essas aplicações podem monitorar, programar e controlar os dispositivos de rede subjacentes. Apesar do controlador da Figura

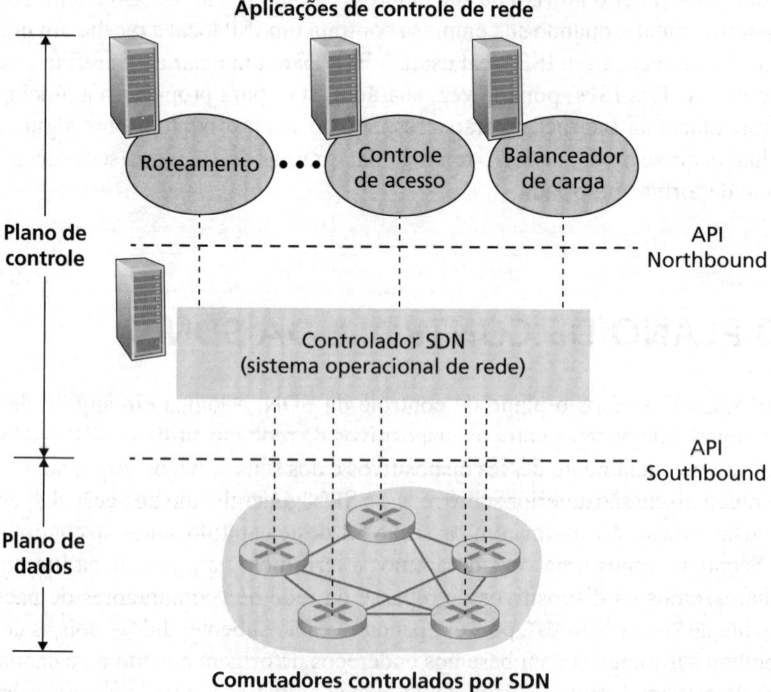

Figura 5.14 Componentes da arquitetura SDN: comutadores controlados por SDN, o controlador SDN e aplicações de controle de rede.

5.14 ser mostrado como um único servidor central, na prática, este é apenas logicamente centralizado; em geral, ele é implementado em diversos servidores, que oferecem desempenho coordenado e escalável e alta disponibilidade.

- *Uma rede programável.* A rede é programável por meio das aplicações de controle de rede que rodam no plano de controle. Elas representam o "cérebro" do plano de controle da SDN, usando as APIs oferecidas pelo controlador SDN para especificar e controlar o plano de dados nos dispositivos de rede. Por exemplo, uma aplicação de controle de rede de roteamento poderia determinar os caminhos fim a fim entre origens e destinos (p. ex., ao executar o algoritmo de Dijkstra usando informações de estado de nó e de enlace mantidas pelo controlador SDN). Outra aplicação de rede poderia realizar o controle de acesso, ou seja, determinar quais pacotes devem ser bloqueados no comutador, como em nosso terceiro exemplo na Seção 4.4.3. Outra aplicação poderia fazer os comutadores repassarem pacotes de maneiras que balanceassem a carga do servidor (o segundo exemplo que consideramos na Seção 4.4.3).

A partir dessa discussão, vemos que a SDN representa uma "desagregação" significativa da funcionalidade de rede – comutadores do plano de dados, controladores SDN e aplicações de controle de rede são entidades independentes que podem ser fornecidas por diferentes organizações e fornecedores. Essa situação contrasta com o modelo pré-SDN, no qual um comutador/roteador (junto com o software do plano de controle e implementações de protocolo embutidos) era monolítico, verticalmente integrado e vendido por um único fornecedor. Essa desagregação da funcionalidade de rede na SDN já foi comparada com a evolução anterior dos mainframes (em que hardware, software de sistema e aplicações eram vendidos por um único fornecedor) para os PCs (que têm hardware, sistema operacional e aplicações separados). A desagregação do hardware, software de sistema e aplicações levou à criação de um ecossistema rico e aberto, guiado pela inovação nas três áreas; espera-se que a SDN continue a promover e capacitar essa inovação abundante.

Dado o nosso entendimento sobre a arquitetura SDN da Figura 5.14, naturalmente, surgem muitas perguntas. Como e onde as tabelas de fluxo são calculadas? Como são atualizadas em resposta a eventos em dispositivos controlados por SDN (p. ex., um enlace direto sendo estabelecido ou interrompido)? Como as linhas da tabela de fluxo em múltiplos comutadores são coordenadas de modo a produzirem uma funcionalidade orquestrada e consistente em âmbito de rede (p. ex., caminhos fim a fim para repasse de pacotes de origens a destinos, ou firewalls distribuídos coordenados)? O papel de oferecer essas capacidades, e muitas outras, pertence ao plano de controle da SDN.

5.5.1 O plano de controle da SDN: controlador SDN e aplicações de controle de rede SDN

Comecemos nossa discussão sobre o plano de controle da SDN em abstrato, considerando as capacidades genéricas que o plano de controle deve oferecer. Como veremos, essa abordagem abstrata, baseada em "primeiros princípios", nos levará a uma arquitetura geral que reflete como os planos de controle SDN são implementados na prática.

Como observado acima, de forma geral, o plano de controle da SDN se divide em dois componentes, o controlador SDN e as aplicações de controle de rede SDN. Exploremos primeiro o controlador. Muitos controladores SDN foram desenvolvidos desde o seu surgimento (Gude, 2008); para um levantamento extremamente completo, consulte Kreutz (2015). A Figura 5.15 apresenta uma visão mais detalhada de um controlador SDN genérico. A funcionalidade de um controlador pode ser organizada inicialmente em três camadas. Invertendo a lógica que organiza este livro, vamos considerar essas camadas de baixo para cima:

- *Uma camada de comunicação: a comunicação entre o controlador SDN e os dispositivos de rede controlados.* Claramente, se um controlador SDN vai controlar a operação de um comutador, hospedeiro ou outro dispositivo com SDN remoto, é preciso um

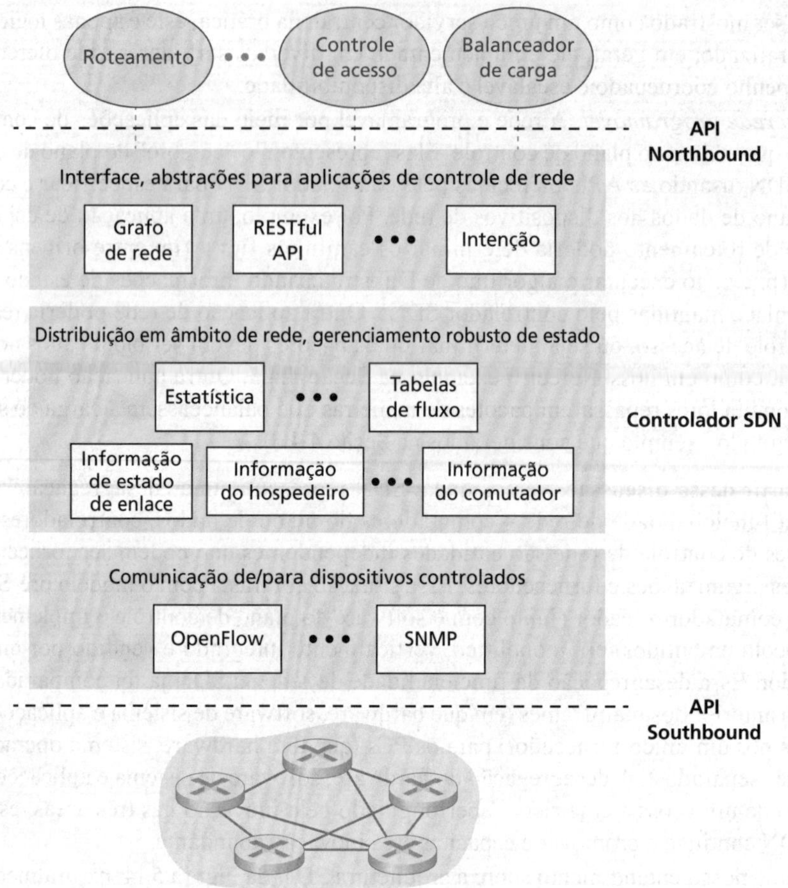

Figura 5.15 Componentes de um controlador SDN.

protocolo para transferir informações entre o controlador e o dispositivo. Além disso, o dispositivo deve poder comunicar eventos observados localmente ao controlador (p. ex., uma mensagem indicando que um enlace direto foi ativado ou interrompido, que um dispositivo se juntou à rede, ou um pulso indicando que um dispositivo está ativo e operacional). Esses eventos dão ao controlador SDN uma visão atualizada do estado da rede. Esse protocolo representa a camada inferior da arquitetura do controlador, como mostra a Figura 5.15. A comunicação entre o controlador e os dispositivos controlados cruza a chamada interface "southbound" ("em direção ao sul") do controlador. Na Seção 5.5.2, estudaremos o OpenFlow, um protocolo específico que oferece essa funcionalidade de comunicação. O OpenFlow é implementado na maioria dos controladores SDN, se não em todos.

- *Uma camada de gerenciamento de estado em âmbito de rede.* As decisões de controle finais tomadas pelo plano de controle SDN (p. ex., configurar tabelas de fluxo em todos os comutadores para obter o repasse fim a fim desejado, implementar balanceamento de carga ou instalar uma determinada capacidade de firewall) exigirão que o controlador possua informações atualizadas sobre o estado dos hospedeiros, enlaces, comutadores e outros dispositivos controlados por SDN da rede. A tabela de fluxo de um comutador contém contadores cujos valores podem ser extremamente úteis para as aplicações de controle de rede e devem, então, estar disponíveis para as aplicações. Como o objetivo final do plano de controle é determinar as tabelas de fluxo para os diversos dispositivos controlados, o controlador também poderia manter uma cópia dessas tabelas.

Todas essas informações representam exemplos do "estado" geral da rede mantido pelo controlador SDN.

- *A interface com a camada de aplicação de controle de rede.* O controlador interage com as aplicações de controle de rede por meio da sua interface "northbound" ("em direção ao norte"). Essa API permite que as aplicações de controle de rede leiam/gravem o estado da rede e as tabelas de fluxo na camada de gerenciamento de estado. As aplicações podem se registrar para serem notificadas quando ocorre um evento de mudança de estado para que possam agir em resposta às notificações de eventos de rede enviadas de dispositivos controlados por SDN. Diferentes tipos de API podem ser fornecidos; veremos que dois controladores SDN populares se comunicam com as suas aplicações usando a interface de requisição-resposta REST (Fielding, 2000).

Observamos diversas vezes que um controlador SDN podem ser considerado "logicamente centralizado", ou seja, que o controlador pode ser visto externamente (p. ex., do ponto de vista de dispositivos controlados por SDN e aplicações de controle de rede externas) como um único serviço monolítico. Contudo, esses serviços e os bancos de dados usados para guardar informações de estado são implementados na prática como um conjunto *distribuído* de servidores para fins de tolerância a falhas, alta disponibilidade ou desempenho. Com as funções de controle implementadas por um *conjunto* de servidores, a semântica das operações internas do controlador (p. ex., manter o ordenamento temporal lógico dos eventos, consistência, consenso etc.) deve ser considerada (Panda, 2013). Essas preocupações são comuns a muitos sistemas distribuídos diferentes; para soluções elegantes a esses desafios, consulte Lamport (1989) e Lampson (1996). Controladores modernos, como OpenDaylight (OpenDaylight, 2020) e ONOS (ONOS, 2020) (veja nota em destaque) dão ênfase considerável à arquitetura de uma plataforma de controlador logicamente centralizada, mas fisicamente distribuída, que oferece serviços com escalabilidade e alta disponibilidade igualmente para os dispositivos controlados e para as aplicações de controle de rede.

A arquitetura representada na Figura 5.15 lembra de perto a arquitetura do controlador NOX proposta originalmente em 2008 (Gude, 2008), assim como os atuais controladores SDN OpenDaylight (OpenDaylight, 2020) e ONOS (ONOS, 2020) (veja nota em destaque). Trabalharemos um exemplo de operação de controlador na Seção 5.5.3. Primeiro, no entanto, vamos examinar o protocolo OpenFlow, o primeiro e, hoje, um de vários protocolos que pode ser utilizado para comunicação entre um controlador SDN e um dispositivo controlado, que fica na camada de comunicação do controlador.

5.5.2 Protocolo OpenFlow

O protocolo OpenFlow (OpenFlow, 2009; ONF, 2020) opera entre um controlador SDN e um comutador controlado por SDN ou outro dispositivo implementando a API OpenFlow que estudamos anteriormente na Seção 4.4. O protocolo OpenFlow opera sobre Protocolo de Controle de Transmissão (TCP, do inglês *Transmission Control Protocol*) e o seu número de porta é 6653.

As mensagens importantes que fluem do controlador para o comutador controlado incluem:

- *Configuração (Configuration).* Essa mensagem permite que o controlador consulte e defina os parâmetros de configuração de um comutador.
- *Modificação de estado (Modify-State).* Essa mensagem é usada pelo controlador para adicionar/deletar ou modificar linhas na tabela de fluxo do comutador e para configurar as propriedades de porta do comutador.
- *Leitura de estado (Read-State).* Essa mensagem é usada pelo controlador para coletar estatísticas e valores do contador das portas e tabela de fluxo do comutador.
- *Envio de pacote (Send-Packet).* Essa mensagem é usada pelo controlador para enviar um pacote específico de uma determinada porta no comutador controlado. A mensagem em si contém o pacote a ser enviado na sua carga útil.

As mensagens que fluem do comutador controlado por SDN para o controlador incluem:

- *Fluxo removido (Flow-Removed).* Essa mensagem informa o controlador que uma linha da tabela de fluxo foi removida; por exemplo, por esgotamento de temporização ou devido a uma mensagem de *modificação de estado (modify-state)* recebida.
- *Estado da porta (Port-status).* Essa mensagem é usada por um comutador para informar o controlador sobre uma mudança no estado da porta.
- *Entrada de pacotes (Packet-in).* Voltando à Seção 4.4, lembre-se que um pacote que chega em uma porta de comutador e que não combina com nenhuma linha da tabela de fluxo é enviado ao controlador para processamento adicional. Pacotes que combinam com uma linha de fluxo também podem ser enviados ao controlador enquanto ação executada após uma combinação. A mensagem de *entrada de pacotes (packet-in)* é usada para enviar tais pacotes ao controlador.

Mensagens OpenFlow adicionais são definidas em (OpenFlow, 2009; ONF, 2020).

PRINCÍPIOS NA PRÁTICA

A REDE DEFINIDA POR SOFTWARE GLOBAL DA GOOGLE

No estudo de caso da Seção 2.6, vimos que a Google possui uma rede de longa distância (WAN, do inglês *wide-area network*) exclusiva que interconecta seus datacenters e *clusters* de servidores (em IXPs e ISPs). Essa rede, chamada de B4, possui um plano de controle SDN projetado pela Google e baseado em OpenFlow. A rede da Google é capaz de atingir quase 70% de utilização dos enlaces da WAN no longo prazo (duas ou três vezes mais que os índices de utilização de enlaces típicos) e dividir os fluxos de aplicações entre múltiplos caminhos com base na prioridade da aplicação e em demandas de fluxo existentes (Jain, 2013).

A rede B4 da Google é particularmente adequada para SDN: *(i)* a Google controla todos os dispositivos, dos servidores de borda nos IXPs e ISPs aos roteadores no núcleo da rede; *(ii)* as aplicações que mais consomem banda são cópias de dados em larga escala entre diversos locais, que podem dar espaço para aplicações interativas de alta prioridade durante momentos de congestão de recursos; *(iii)* com apenas algumas dúzias de datacenters conectados, o controle centralizado se torna viável.

A rede B4 da Google usa comutadores customizados, cada um dos quais implementa uma versão ligeiramente estendida do OpenFlow, com um Agente de OpenFlow (OFA, do inglês *OpenFlow Agent*) no mesmo espírito do agente de controle que encontramos na Figura 5.2. Cada OFA, por sua vez, se conecta a um Controlador OpenFlow (OFC, do inglês *OpenFlow Controller*) no servidor de controle de rede (NCS, do inglês *network control server*), usando uma rede "fora de banda" independente, separada da rede que transmite o tráfego dos datacenters entre eles. Assim, o OFC presta serviços usados pelo NCS para se comunicar com os seus comutadores controlados, no mesmo espírito da camada inferior da arquitetura SDN mostrada na Figura 5.15. Na B4, o OFC também executa funções de gerenciamento de estado, mantendo os estados de nós e enlaces em uma Base de Informações de Rede (NIB, do inglês *Network Information Base*). A implementação do OFC por parte da Google se baseia no controlador SDN ONIX (Koponen, 2010). Dois protocolos de roteamento, BGP (para roteamento entre os datacenters) e IS-IS (um parente próximo do OSPF, para roteamento dentro de um mesmo datacenter), são implementados. O Paxos (Chandra, 2007) é usado para executar réplicas "quentes" (*hot replicas*) de componentes NCS como proteção contra falhas.

Uma aplicação de controle de rede de engenharia de tráfego, instalada logicamente acima do conjunto de servidores de controle de rede, interage com tais servidores para estabelecer um provisionamento de largura de banda global em âmbito de rede para grupos de fluxos de aplicações. Com a B4, a SDN deu um salto importante e entrou nas redes operacionais de um provedor de rede global. Para uma descrição detalhada da rede B4, consulte Jain (2013) e Hong (2018).

5.5.3 Interação entre o plano de dados e o de controle: Um exemplo

Para consolidar o nosso entendimento sobre a interação entre comutadores controlados por SDN e o controlador SDN, vamos considerar o exemplo mostrado na Figura 5.16, no qual o algoritmo de Dijkstra (que estudamos na Seção 5.2) é usado para determinar as rotas de caminho mais curto. O cenário SDN da Figura 5.16 possui duas diferenças importantes em relação ao cenário anterior de controle por roteador das Seções 5.2.1 e 5.3, no qual o algoritmo de Dijkstra foi implementado em todos os roteadores, e atualizações de estado de enlace eram inundadas entre todos os roteadores da rede:

- O algoritmo de Dijkstra é executado como uma aplicação separada, externa aos comutadores de pacotes.
- Os comutadores de pacotes enviam atualizações de enlaces para o controlador SDN, e não uns para os outros.

Neste exemplo, vamos pressupor que o enlace entre os comutadores s1 e s2 caia; que o roteamento de caminho mais curto é implementado e, por consequência, que as regras de repasse do fluxo que entra e que sai em s1, s3 e s4 são afetadas, mas a operação de s2 não muda. Vamos pressupor também que o OpenFlow é usado como protocolo da camada de comunicação, e que o plano de controle não tem nenhuma outra função além do roteamento de estado de enlace.

1. O comutador s1, sofrendo falha no enlace com s2, avisa o controlador SDN sobre a mudança no estado de enlace usando a mensagem de *estado da porta (port-status)* do OpenFlow.

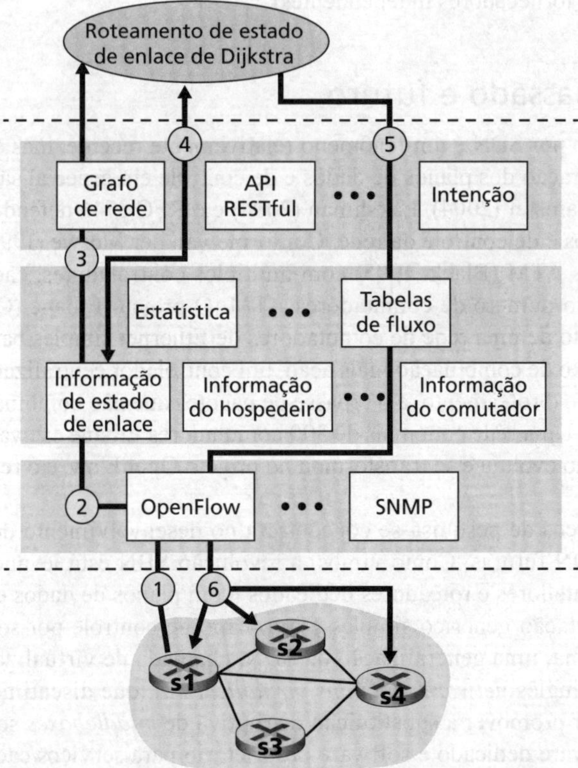

Figura 5.16 Cenário de controlador SDN: mudança de estado de enlace.

2. O controlador SDN recebe a mensagem do OpenFlow indicando a mudança do estado de enlace e avisa o gerenciador de estado de enlace, que atualiza um banco de dados de estados de enlace.
3. A aplicação de controle de rede que implementa o roteamento de estado de enlace de Dijkstra registrou-se anteriormente para ser notificada quando ocorre uma mudança no estado de enlace. Essa aplicação recebe a notificação sobre a mudança no estado de enlace.
4. A aplicação de roteamento de estado de enlace interage com o gerenciador de estado de enlace para obter o estado atualizado; ela também poderia consultar outros componentes na camada de gerenciamento do estado. A seguir, ela calcula os novos caminhos de menor custo.
5. A aplicação de roteamento de estado de enlace interage então com o gerenciador da tabela de fluxo, que determina que as tabelas de fluxo sejam atualizadas.
6. O gerenciador de tabela de fluxo utiliza o protocolo OpenFlow para atualizar as linhas da tabela de fluxo nos comutadores afetados – s1 (que agora roteia pacotes destinados para s2 através de s4), s2 (que agora começará a receber pacotes de s1 através do comutador intermediário s4) e s4 (que agora deve repassar pacotes de s1 destinados a s2).

O exemplo é simples, mas ilustra como o plano de controle da SDN fornece serviços do plano de controle (nesse caso, roteamento da camada de rede) antes implementados com controle por roteador exercido em cada um dos roteadores da rede. É fácil entender como um ISP com SDN poderia facilmente passar do roteamento por caminho de menor custo para uma abordagem mais customizada de roteamento. Na verdade, como o controlador pode adaptar as tabelas de fluxo como bem entende, é possível implementar *qualquer* forma de repasse que se desejar, basta alterar o software de controle de aplicação. Essa facilidade de mudança deve ser comparada com o caso do plano de controle com controle por roteador tradicional, no qual é preciso alterar o software em todos os roteadores (que o ISP pode adquirir de múltiplos fornecedores independentes).

5.5.4 SDN: passado e futuro

O interesse intenso por SDN é um fenômeno relativamente recente, mas as raízes técnicas das SDNs e a separação dos planos de dados e de controle em especial são muito mais antigas. Em 2004, Feamster (2004), Lakshman (2004) e o RFC 3746 defenderam a separação dos planos de dados e de controle da rede. Conforme van der Merwe (1998), a estrutura de controle para redes ATM (Black, 1995) com múltiplos controladores, cada um controlando um determinado número de comutadores ATM. O projeto Ethane (Casado, 2007) foi pioneiro no conceito de uma rede de comutadores de Ethernet simples baseados em fluxo, com tabelas de fluxo de combinação mais ação, um controlador centralizado que gerencia a admissão de fluxo e o roteamento, e o repasse de pacotes que não combinam do comutador para o controlador. Uma rede com mais de 300 comutadores Ethane estava em operação em 2007. O Ethane logo evoluiu e se transformou no projeto OpenFlow, e o resto, como dizem, é história!

Diversos esforços de pesquisa se concentram no desenvolvimento de arquiteturas de capacidades de SDN futuras. Como vimos, a revolução SDN está levando à substituição disruptiva de comutadores e roteadores dedicados (com planos de dados e de controle) por hardware de comutação genérico simples e um plano de controle por software sofisticado. Da mesma forma, uma generalização da SDN, chamada de virtualização das funções de rede (NFV, do inglês *network functions virtualization*) (que discutimos anteriormente na Seção 4.5), quer promover a substituição disruptiva de *middleboxes* sofisticadas (como aquelas com hardware dedicado e software proprietário para serviços/cache de mídia) por comutação, armazenamento e servidores genéricos simples, Uma segunda área de pesquisa importante busca estender os conceitos de SDN do contexto intra-AS para o âmbito inter-AS (Gupta, 2014).

PRINCÍPIOS NA PRÁTICA

ESTUDOS DE CASO DE CONTROLADORES SDN: OS CONTROLADORES OPENDAYLIGHT E ONOS

Nos primórdios da SDN, havia um único protocolo SDN (OpenFlow [McKeown, 2008; OpenFlow, 2009]) e um único controlador SDN (NOX [Gude, 2008]). Desde então, o número de controladores SDN cresceu de forma especialmente significativa (Kreutz, 2015). Alguns controladores SDN são proprietários e específicos de algumas empresas, principalmente quando usados para controlar redes proprietárias internas (p. ex., dentro ou entre os datacenters de uma empresa). Mas muitos mais controladores são de código aberto e implementados em diversas linguagens de programação (Erickson, 2013). Mais recentemente, os controladores OpenDaylight (OpenDaylight, 2020) e ONOS (ONOS, 2020) conquistaram apoio significativo no setor. Ambos são de código aberto e foram desenvolvidos em parceria com a Linux Foundation.

O controlador OpenDaylight

A Figura 5.17 é uma representação simplificada da plataforma do controlador OpenDaylight (ODL) (OpenDaylight, 2020; Eckel, 2017).

As Funções Básicas de Rede do ODL estão no âmago do controlador e correspondem muito bem às capacidades de gerenciamento de estado em âmbito de rede que encontramos na Figura 5.15. A camada de abstração de serviço (SAL, do inglês *Service Abstraction Layer*) é o centro nervoso do controlador, permitindo que os componentes e as aplicações do controlador invoquem os serviços uns dos outros, acessem dados de configuração e operacionais e subscrevam os eventos que geram. A SAL também oferece uma interface abstrata uniforme para protocolos específicos que operam entre o controlador ODL e os dispositivos controlados. Esses protocolos incluem o OpenFlow (que analisamos na Seção 4.5), o Protocolo Simples de Gerenciamento de Rede (SNMP) e o Protocolo de Configuração de Rede (NETCONF, do inglês *Network Configuration Protocol*), ambos os quais analisaremos na Seção 5.7. O Open vSwitch Database Management Protocol (OVSDB) é usado para gerenciar comutação em datacenters, uma área de aplicação importante para a tecnologia SDN. Apresentaremos as redes de datacenters no Capítulo 6.

Orquestrações e aplicações de rede determinam como o repasse do plano de dados e outros serviços, tais como firewalls e balanceamento de carga, são realizados nos dispositivos controlados. O ODL oferece duas maneiras para as aplicações interoperarem com serviços controladores nativos (e, logo, dispositivos) e uns com os outros. Na abordagem orientada por API (AD-SAL – *API-Driven*), mostrada na Figura 5.17, as aplicações se comunicam com os módulos controladores usando um API de requisição-resposta REST que roda sobre

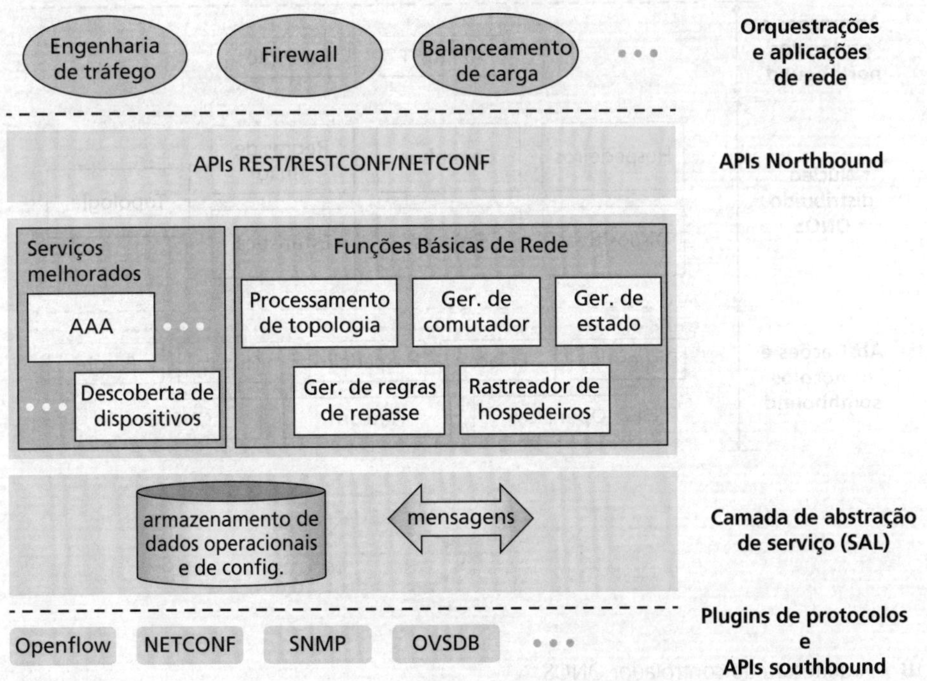

Figura 5.17 Representação simplificada do controlador OpenDaylight.

HTTP. As versões iniciais do controlador OpenDaylight permitiam apenas a AD-SAL. À medida que o ODL foi sendo mais usado na configuração e no gerenciamento de rede, versões posteriores introduziram a abordagem orientada por modelo (MD-SAL – *Model-Driven*). Nela, a linguagem de modelagem de dados YANG (RFC 6020) define modelos de dados de estado operacional e de configuração de redes, protocolos e dispositivos. Os dispositivos são então configurados e gerenciados pela manipulação desses dados usando o protocolo NETCONF.

O controlador ONOS

A Figura 5.18 apresenta uma visão simplificada do controlador ONOS (ONOS, 2020). Semelhante ao controlador canônico da Figura 5.15, podemos identificar três camadas no controlador ONOS:

- *Abstrações e protocolos northbound.* Uma característica exclusiva do ONOS é a sua estrutura de intenção, que permite que uma aplicação requisite um serviço de alto nível (p. ex., configurar uma conexão entre os hospedeiros A e B, ou, ao contrário, não permitir que os hospedeiros A e B se comuniquem) sem precisar conhecer os detalhes de como esse serviço é realizado. As informações de estado são dadas às aplicações de controle de rede em toda a API northbound de forma síncrona (por consulta) ou assíncrona (por callbacks [notificações] de escuta, p. ex., quando o estado da rede muda).
- *Núcleo distribuído.* O estado dos enlaces, hospedeiros e dispositivos da rede é mantido no núcleo distribuído do ONOS. O ONOS é implementado como um serviço em um conjunto de servidores interconectados, cada um dos quais executa uma cópia idêntica do software ONOS; um número maior de servidores oferece uma capacidade de serviço maior. O núcleo ONOS oferece os mecanismos para replicação de serviços e coordenação entre instâncias, fornecendo às aplicações acima e aos dispositivos de rede abaixo a abstração de serviços de núcleo logicamente centralizados.
- *Protocolos e abstrações southbound.* As abstrações southbound disfarçam a heterogeneidade dos hospedeiros, enlaces, comutadores e protocolos subjacentes, permitindo que o núcleo distribuído seja agnóstico em termos de dispositivo e de protocolo. Devido a essa abstração, a interface southbound abaixo do núcleo distribuído está logicamente mais alta do que no nosso controlador canônico da Figura 5.14 ou o controlador ODL na Figura 5.17.

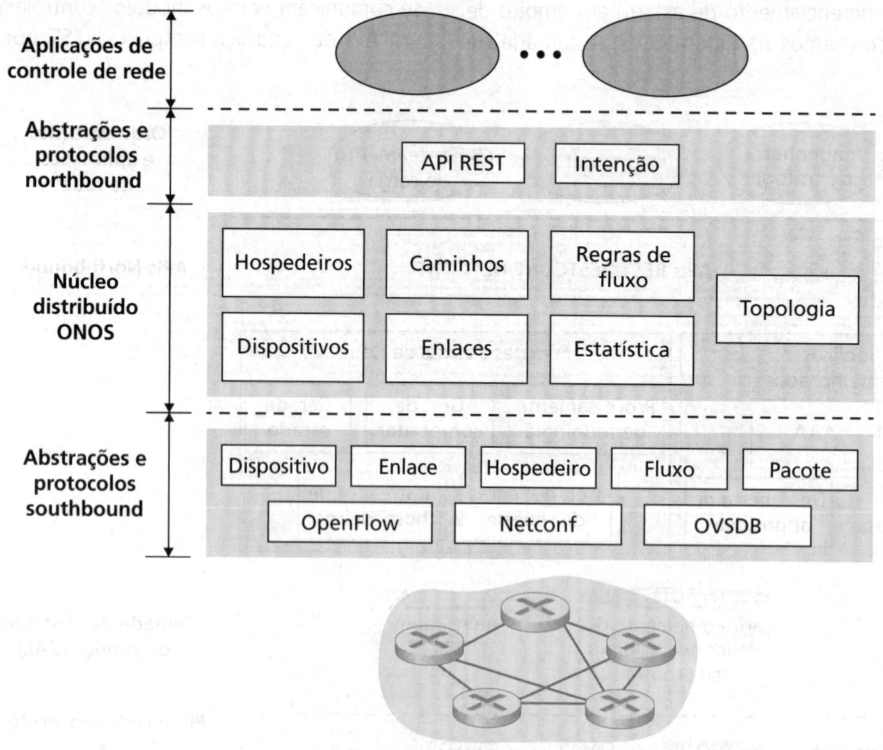

Figura 5.18 Arquitetura do controlador ONOS.

5.6 ICMP: PROTOCOLO DE MENSAGENS DE CONTROLE DA INTERNET

O ICMP, especificado no (RFC 792), é usado por hospedeiros e roteadores para comunicar informações de controle da camada de rede entre si. A utilização mais comum do ICMP é para comunicação de erros. Por exemplo, ao rodar uma sessão HTTP, é possível que você já tenha encontrado uma mensagem de erro como "Rede de destino inalcançável". Essa mensagem teve sua origem no ICMP. Em algum ponto, um roteador IP não conseguiu descobrir um caminho para o hospedeiro especificado em sua requisição HTTP. O roteador criou e enviou uma mensagem ICMP tipo 3 a seu hospedeiro indicando o erro.

O ICMP é com frequência considerado parte do IP, mas, em termos de arquitetura, está logo acima, pois mensagens ICMP são carregadas dentro de datagramas IP. Isto é, mensagens ICMP são carregadas como carga útil IP, exatamente como segmentos TCP ou Protocolo de Datagrama de Usuário (UDP, do inglês *User Datagram Protocol*), que também o são. De maneira semelhante, quando um hospedeiro recebe um datagrama IP com ICMP especificado como protocolo de camada superior (um número do protocolo da camada superior de 1), ele demultiplexa o conteúdo do datagrama para ICMP, exatamente como demultiplexaria o conteúdo de um datagrama para TCP ou UDP.

Mensagens ICMP têm um campo de tipo e um campo de código. Além disso, contêm o cabeçalho e os primeiros 8 bytes do datagrama IP que causou a criação da mensagem ICMP em primeiro lugar (de modo que o remetente pode determinar o datagrama que causou o erro). Alguns tipos de mensagens ICMP selecionadas são mostrados na Figura 5.19. Note que mensagens ICMP não são usadas somente para sinalizar condições de erro.

O conhecido programa ping envia uma mensagem ICMP do tipo 8, código 0, para o hospedeiro especificado. O hospedeiro de destino, ao ver a solicitação de eco, devolve uma resposta de eco ICMP do tipo 0, código 0. A maior parte das execuções de TCP/IP suporta o servidor ping diretamente no sistema operacional; isto é, o servidor não é um processo. O Capítulo 11 de Stevens (1990) fornece o código-fonte para o programa ping cliente. Note

Tipo de ICMP	Código	Descrição
0	0	resposta de eco (para ping)
3	0	rede de destino inalcançável
3	1	hospedeiro de destino inalcançável
3	2	protocolo de destino inalcançável
3	3	porta de destino inalcançável
3	6	rede de destino desconhecida
3	7	hospedeiro de destino desconhecido
4	0	repressão da origem (controle de congestionamento)
8	0	solicitação de eco
9	0	anúncio do roteador
10	0	descoberta do roteador
11	0	TTL expirado
12	0	cabeçalho IP inválido

Figura 5.19 Tipos de mensagens ICMP.

que o programa cliente tem de ser capaz de instruir o sistema operacional para que ele gere uma mensagem ICMP do tipo 8, código 0.

Outra mensagem ICMP interessante é a de redução da origem ("source quench"). Essa mensagem é pouco usada na prática. Sua finalidade original era realizar controle de congestionamento – permitir que um roteador congestionado enviasse uma mensagem ICMP de redução da origem a um hospedeiro para obrigá-lo a reduzir sua velocidade de transmissão. Vimos no Capítulo 3 que o TCP tem seu próprio mecanismo de controle de congestionamento, que funciona na camada de transporte, e os bits de Notificação Explícita de Congestionamento podem ser usados por dispositivos da camada de rede para sinalizar congestão.

No Capítulo 1, apresentamos o programa Traceroute, que nos permite acompanhar a rota de um hospedeiro a qualquer outro hospedeiro no mundo. O interessante é que o Traceroute é executado com mensagens ICMP. Para determinar os nomes e endereços de roteadores entre a origem e o destino, o Traceroute da origem envia uma série de datagramas comuns ao destino. O primeiro deles tem um tempo de vida (TTL, do inglês *time-to-live*) de 1, o segundo tem um TTL de 2, o terceiro tem um TTL de 3 e assim por diante. A origem também aciona temporizadores para cada datagrama. Quando o enésimo datagrama chega ao enésimo roteador, este observa que o TTL do datagrama acabou de expirar. Segundo as regras do protocolo IP, o roteador descarta o datagrama e envia uma mensagem ICMP de aviso à origem (tipo 11, código 0). Essa mensagem de aviso inclui o nome do roteador e seu endereço IP. Quando chega à origem, a mensagem obtém, do temporizador, o tempo de viagem de ida e volta e, da mensagem ICMP, o nome e o endereço IP do enésimo roteador.

Como uma origem de Traceroute sabe quando parar de enviar segmentos UDP? Lembre-se de que a origem incrementa o campo do TTL para cada datagrama que envia. Assim, um deles conseguirá enfim chegar ao hospedeiro de destino. Como tal datagrama contém um segmento UDP com um número de porta improvável, o hospedeiro de destino devolve à origem uma mensagem ICMP indicando que a porta não pôde ser alcançada (mensagem tipo 3, código 3). Quando recebe essa mensagem ICMP particular, o hospedeiro de origem sabe que não precisa enviar mais pacotes de sondagem. (Na verdade, o programa Traceroute padrão envia conjuntos de três pacotes com o mesmo TTL; assim, a saída de Traceroute oferece três resultados para cada TTL.)

Desse modo, o hospedeiro de origem fica a par do número e das identidades de roteadores que estão entre ele e o hospedeiro de destino e o tempo de viagem de ida e volta entre os dois. Note que o programa cliente Traceroute tem de ser capaz de instruir o sistema operacional para que este gere datagramas UDP com valores específicos de TTL, assim como tem de poder ser avisado por seu sistema operacional quando chegam mensagens ICMP. Agora que você entende como o Traceroute funciona, é provável que queira voltar e brincar um pouco com ele.

Uma nova versão do ICMP foi definida para o IPv6 no RFC 4443. Além da reorganização das definições existentes de tipos e códigos ICMP, o ICMPv6 adicionou novos tipos e códigos exigidos pela nova funcionalidade do IPv6. Entre eles, estão incluídos o tipo "Pacote muito grande" e um código de erro "opções IPv6 não reconhecidas".

5.7 GERENCIAMENTO DE REDE E SNMP, NETCONF/YANG

Tendo chegado ao fim do nosso estudo sobre a camada de rede, com apenas a camada de enlace à nossa frente, estamos agora conscientes de que uma rede consiste em muitas peças complexas de hardware e software que interagem umas com as outras – desde os enlaces, comutadores, roteadores, hospedeiros e outros dispositivos, que são os componentes físicos, até os muitos protocolos que controlam e coordenam esses componentes. Quando centenas ou milhares de componentes são montados em conjunto por alguma organização para formar uma rede, o trabalho do administrador da rede, de mantê-la funcionando, não pode deixar de ser um desafio. Vimos na Seção 5.5 que um controlador logicamente centralizado pode ajudar com esse processo no contexto SDN. Mas o desafio do gerenciamento de rede já existia muito antes da SDN, com um amplo conjunto de abordagens e ferramentas especializadas que ajudam o administrador a monitorar, administrar e controlar a rede. Nesta seção, estudaremos essas técnicas e ferramentas, assim como outras que evoluíram em conjunto com a SDN.

Uma pergunta frequente é: "O que é gerenciamento de rede?". Saydam (1996) oferece uma definição de gerenciamento de rede em uma única frase (embora um tanto longa):

> *Gerenciamento de rede inclui a implementação, a integração e a coordenação de elementos de hardware, software e humanos, para monitorar, testar, consultar, configurar, analisar, avaliar e controlar os recursos da rede, e de elementos, para satisfazer às exigências operacionais, de desempenho e de qualidade de serviço em tempo real a um custo razoável.*

Dada essa definição ampla, trabalharemos apenas os rudimentos do gerenciamento de rede nesta seção – a arquitetura, os protocolos e os dados usados por um administrador de rede para realizar a sua tarefa. Não analisaremos os processos de tomada de decisão do administrador, por meio dos quais são considerados tópicos como a identificação de falhas (Labovitz, 1997; Steinder, 2002; Feamster, 2005; Wu, 2005; Teixeira, 2006), detecção de anomalias (Lakhina, 2005; Barford, 2009), projeto/engenharia de rede para atender aos Acordos de Nível de Serviços (SLA, do inglês *Service Level Agreements*) (Huston, 1999a), entre outros. Nosso foco é intencionalmente limitado; os leitores interessados devem consultar as referências acima, as excelentes visões gerais em Subramanian (2000), Schonwalder (2010) e Claise (2019) e o tratamento mais detalhado sobre gerenciamento de rede disponível no site do livro.

5.7.1 A estrutura de gerenciamento de rede

A Figura 5.20 mostra os componentes fundamentais do gerenciamento de rede:

- *Servidor gerenciador.* O servidor gerenciador é uma aplicação que em geral tem **gerentes de rede** (humanos) no circuito e que é executada em uma estação central de gerenciamento de rede no centro de operações de rede (NOC, do inglês *network operations center*). O servidor gerenciador é o centro da atividade de gerenciamento de rede; ele controla a coleta, o processamento, a análise e a transmissão de informações e comandos de gerenciamento de rede. É nele que são iniciadas ações para configurar, monitorar e controlar os dispositivos gerenciados da rede. Na prática, uma rede pode ter diversos servidores gerenciadores.
- *Dispositivo gerenciado.* Um dispositivo gerenciado é um equipamento de rede (incluindo o seu software) que reside em uma rede gerenciada. Um dispositivo gerenciado pode ser um hospedeiro, um roteador, comutador, middlebox, modem, termômetro ou outro dispositivo conectado à rede. O dispositivo em si possui muitos componentes gerenciáveis (p. ex., uma interface de rede é apenas um entre vários componentes de um hospedeiro ou roteador) e parâmetros de configuração para esses componentes de hardware e software (p. ex., um protocolo de roteamento intra-AS, tal como OSPF).
- *Dados.* Cada dispositivo gerenciado possui dados, também chamados de "estado", associados a ele. Existem diversos tipos de dados. Os **dados de configuração** são informações do dispositivo configuradas explicitamente pelo gerenciador da rede, por exemplo, uma velocidade de interface ou endereço IP configurado/designado pelo gerenciador para uma interface do dispositivo. Os **dados operacionais** são informações que o dispositivo adquire à medida que opera; por exemplo, a lista de vizinhos imediatos no protocolo OSPF. As **estatísticas do dispositivo** são contadores e indicadores de estado atualizados à medida que o dispositivo opera (p. ex., o número de pacotes descartados

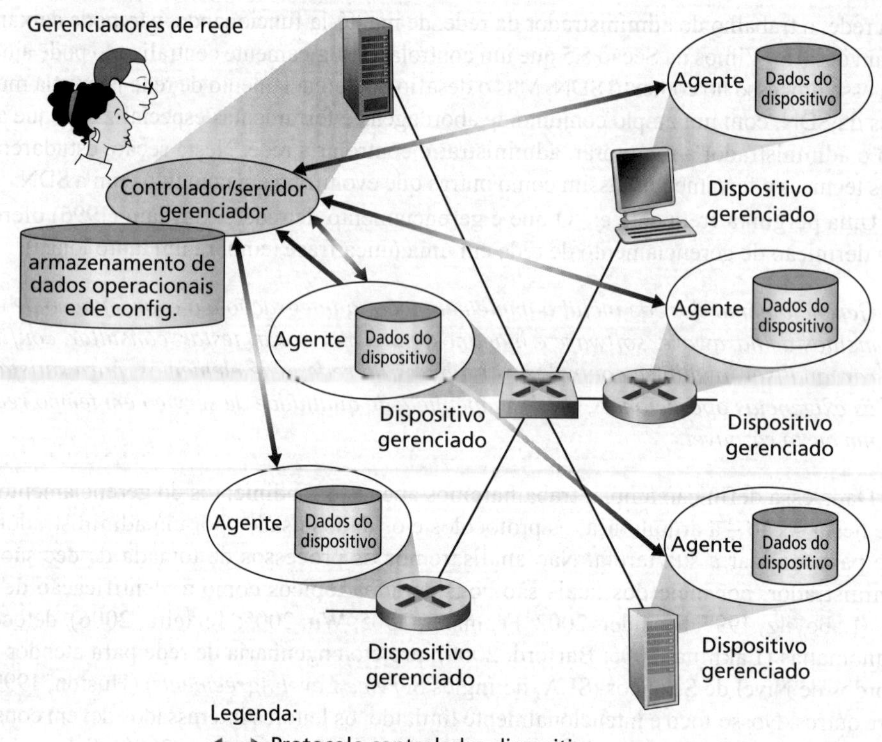

Figura 5.20 Elementos do gerenciamento de rede.

em uma interface ou a velocidade da ventoinha do dispositivo). O gerenciador da rede pode consultar os dados de dispositivos remotos e, em alguns casos, controlá-los com a gravação de valores de dados do dispositivo, como veremos abaixo. Na Figura 5.17, o servidor gerenciador também mantém a sua própria cópia dos dados de configuração, operacionais e estatísticos dos seus dispositivos gerenciados, além de dados em âmbito de rede (p. ex., a topologia da rede).

- *Agente de gerenciamento de rede.* O agente de gerenciamento de rede é um processo de software executado no dispositivo gerenciado que se comunica com o servidor gerenciador, adotando ações locais no dispositivo gerenciado sob o comando e controle do servidor gerenciador. O agente de gerenciamento de rede é semelhante ao agente de roteamento que vimos na Figura 5.2.
- *Protocolo de gerenciamento de rede.* O último componente da estrutura de gerenciamento de rede é o protocolo de gerenciamento de rede. Esse protocolo é executado entre o servidor gerenciador e os dispositivos gerenciados, o que permite que o servidor gerenciador investigue o estado dos dispositivos gerenciados e execute ações sobre eles mediante seus agentes. Estes podem usar o protocolo de gerenciamento de rede para informar ao servidor gerenciador a ocorrência de eventos excepcionais (p. ex., falhas de componentes ou violação de patamares de desempenho). É importante notar que o protocolo de gerenciamento de rede em si não gerencia a rede. Em vez disso, ele fornece uma ferramenta com a qual os administradores podem gerenciar ("monitorar, testar, consultar, configurar, analisar, avaliar e controlar") a rede. É uma distinção sutil, mas importante.

Na prática, os operadores têm três meios comuns para gerenciar a rede usando os componentes descritos acima:

- *CLI.* Um operador pode emitir comandos da **Interface de Linha de Comando (CLI,** do inglês ***Command Line Interface*)** diretos do dispositivo. Esses comandos podem ser inseridos diretamente no console de um dispositivo gerenciado (se o operador estiver fisicamente presente no dispositivo) ou por uma conexão Telnet ou shell seguro (SSH, do inglês *secure shell*), possivelmente através de scripts, entre o controlador/servidor gerenciador e o dispositivo gerenciado. Os comandos CLI são específicos de cada dispositivo e fornecedor e podem ser obscuros e complexos. Os magos das redes mais experientes podem saber usá-los para configurar perfeitamente os dispositivos, mas a CLI tende a produzir erros e é difícil de automatizar ou ter a escala ampliada para redes maiores. Dispositivos de rede orientados para o público em geral, como o seu roteador sem fio doméstico, podem exportar um menu de gerenciamento que você (o gerenciador da rede!) pode acessar por HTTP para configurá-lo. Essa abordagem pode funcionar bem para dispositivos simples e isolados e ser menos propensa ao erro do que a CLI, mas não pode ser ampliada para redes de maior porte.

- *SNMP/MIB*. Nessa abordagem, o operador de rede pode consultar/configurar os dados contidos nos objetos da **Base de Informações de Gerenciamento** (**MIB**, do inglês ***Management Information Base***) usando o **SNMP**. Algumas MIBs são específicas de dispositivos e fornecedores, enquanto outras (p. ex., o número de datagramas IP descartados em um roteador devido a erros no cabeçalho do datagrama IP ou o número de segmentos UDP recebidos em um hospedeiro) independem do dispositivo, oferecendo abstração e generalidade. Um operador de rede normalmente usaria essa abordagem para consultar e monitorar estatísticas de dispositivos e estado operacional, e então usaria a CLI para controlar/configurar ativamente o dispositivo. É importante observar que ambas as abordagens gerenciam os dispositivos *individualmente*. Analisaremos o SNMP e as MIBs, em uso desde o final da década de 1980, na Seção 5.7.2 a seguir. Um workshop sobre gerenciamento de rede organizado pelo Internet Architecture Board em 2002 (RFC 3535) observou o valor da abordagem SNMP/MIB para o monitoramento de dispositivos e as suas desvantagens, especialmente para a configuração de dispositivos e gerenciamento de rede em maior escala. Isso deu origem à abordagem mais recente para gerenciamento de rede, usando NETCONF e YANG.
- *NETCONF/YANG*. A abordagem NETCONF/YANG adota uma perspectiva mais abstrata, holística e de nível de rede em relação ao gerenciamento de rede, com uma ênfase muito maior no gerenciamento de configuração, incluindo a especificação de limites de precisão e a oferta de operações de gerenciamento atômicas em múltiplos dispositivos controlados. O **YANG** (RFC 6020) é uma linguagem de modelagem de dados usada para modelar dados de configuração e operacionais. O protocolo **NETCONF** (RFC 6241) é usado para comunicar ações e dados compatíveis com YANG de e para dispositivos remotos. Encontramos o NETCONF e o YANG brevemente em nosso estudo de caso sobre o controlador OpenDaylight na Figura 5.17 e o estudaremos na Seção 5.7.3, a seguir.

5.7.2 O Protocolo Simples de Gerenciamento de Rede (SNMP) e a base de informações de gerenciamento (MIB)

O **Protocolo Simples de Gerenciamento de Rede** versão 3 (SNMPv3) (RFC 3410) é um protocolo da camada de aplicação usado para transportar mensagens com informações de controle de gerenciamento de rede entre um servidor gerenciador e um agente que executa em seu nome. A utilização mais comum do SNMP é em um modo comando-resposta, no qual o servidor gerenciador SNMP envia uma requisição a um agente SNMP, que a recebe, realiza alguma ação e envia uma resposta à requisição. Em geral, uma requisição é usada para consultar (recuperar) ou modificar (definir) valores de objetos MIB associados a um dispositivo gerenciado. Um segundo uso comum do SNMP é para um agente enviar uma mensagem não solicitada, conhecida como mensagem trap,* ao servidor gerenciador.

*N. de T.: O nome "trap" foi substituído por "notifications" (notificações).

As mensagens trap são usadas para notificar um servidor gerenciador de uma situação excepcional (p. ex., uma interface de enlace interrompida ou ativada) que resultou em mudança nos valores dos objetos MIB.

Os objetos MIB são especificados em uma linguagem de descrição de dados chamada SMI (*Structure of Management Information*) (RFC 2578; RFC 2579; RFC 2580), um componente da estrutura de gerenciamento de rede cujo nome esquisito não informa nada sobre a sua funcionalidade. Uma linguagem de definição formal é utilizada para garantir que a sintaxe e a semântica dos dados de gerenciamento de rede sejam claramente definidos e não tenham ambiguidades. Objetos MIB relacionados são reunidos em módulos MIB. Até o final de 2019, havia mais de 400 RFCs relacionados a MIB e um número muito maior de módulos MIB específicos para fornecedores (privados).

O SNMPv3 define sete tipos de mensagens, conhecidas genericamente como PDUs (do inglês *protocol data units* – unidades de dados do protocolo), conforme apresentado na Tabela 5.2 e descrito em seguida. O formato da PDU pode ser visto na Figura 5.21.

- As PDUs `GetRequest`, `GetNextRequest` e `GetBulkRequest` são enviadas de um servidor gerenciador a um agente para requisitar o valor de um ou mais objetos MIB no dispositivo gerenciado do agente. Os objetos MIB cujos valores estão sendo requisitados são especificados na parte de vinculação de variáveis da PDU. `GetRequest`, `GetNextRequest` e `GetBulkRequest` diferem no grau de especificidade de seus pedidos de dados. `GetRequest` pode requisitar um conjunto arbitrário de valores MIB; múltiplas `GetNextRequest` podem ser usadas para percorrer a sequência de uma lista ou tabela de objetos MIB, e `GetBulkRequest` permite que um grande bloco de dados seja devolvido, evitando a sobrecarga incorrida quando tiverem de ser enviadas múltiplas mensagens `GetRequest` ou `GetNextRequest`. Em todos os três

TABELA 5.2 Tipos de PDU SNMPv3

Tipo de SNMPv3-PDU	Remetente-receptor	Descrição
`GetRequest`	gerente a agente	pega valor de uma ou mais instâncias de objetos MIB
`GetNextRequest`	gerente a agente	pega valor da próxima instância de objeto MIB na lista ou tabela
`GetBulkRequest`	gerente a agente	pega valores em grandes blocos de dados, por exemplo, valores em uma grande tabela
`InformRequest`	gerente a gerente	informa à entidade gerenciadora remota valores da MIB que são remotos para seu acesso
`SetRequest`	gerente a agente	define valores de uma ou mais instâncias de objetos MIB
`Response`	agente a gerente ou gerente a gerente	gerado em resposta a `GetRequest`, `GetNextRequest`, `GetBulkRequest`, `SetRequest` e `InformRequest`
`SNMPv2-Trap`	agente a gerente	informar gerenciador sobre evento excepcional

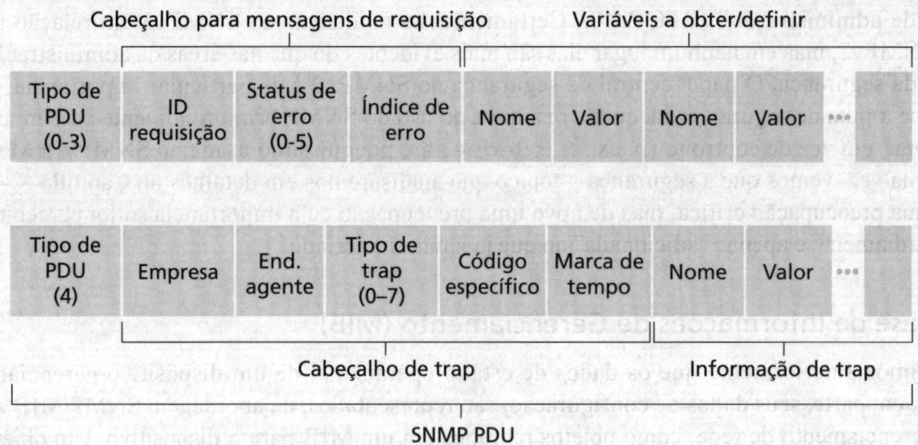

Figura 5.21 Formato da PDU SNMP.

casos, o agente responde com uma PDU `Response` que contém os identificadores de objetos e seus valores associados.

- A PDU `SetRequest` é usada por um servidor gerenciador para estabelecer o valor de um ou mais objetos MIB em um dispositivo gerenciado. Um agente responde com uma PDU `Response` que contém uma mensagem de estado de erro "noError" para confirmar que o valor realmente foi estabelecido.
- A PDU `InformRequest` é usada por um servidor gerenciador para comunicar a outro servidor gerenciador informações MIB remotas ao servidor receptor.
- A `PDU Response` normalmente é enviada de um dispositivo gerenciado a um servidor gerenciador em resposta a uma mensagem de requisição desse servidor, retornando as informações requisitadas.
- O tipo final de PDU SNMPv3 é a mensagem trap. Mensagens trap são geradas assincronamente, isto é, não são geradas em resposta a uma requisição recebida, mas em resposta a um evento para o qual o servidor gerenciador requer notificação. O RFC 3418 define tipos conhecidos de trap que incluem uma partida a frio ou a quente realizada por um dispositivo, a ativação ou interrupção de um enlace, a perda de um vizinho ou um evento de falha de autenticação. Uma requisição de trap recebida não exige resposta de um servidor gerenciador.

Sabendo da natureza comando-resposta do SNMP, convém observar que, embora as PDUs SNMP possam ser transportadas por muitos protocolos de transporte diferentes, elas normalmente são transportadas na carga útil de um datagrama UDP. Na verdade, o RFC 3417 estabelece que o UDP é o "mapeamento de transporte preferencial". Já que o UDP é um protocolo de transporte não confiável, não há garantia de que um comando ou sua resposta será recebido no destino pretendido. O campo ID requisição da PDU (ver Figura 5.21) é usado pelo servidor gerenciador para numerar as requisições que faz a um agente; a resposta de um agente adota a ID requisição copiada do comando recebido. Assim, o campo ID requisição pode ser usado pelo servidor gerenciador para detectar comandos ou respostas perdidos. Cabe ao servidor gerenciador decidir se retransmitirá um comando se nenhuma resposta correspondente for recebida após determinado período. Em particular, o padrão SNMP não impõe nenhum procedimento específico de retransmissão, nem mesmo diz que o comando deve ser enviado em primeiro lugar. Ele requer apenas que o servidor gerenciador "aja com responsabilidade em relação à frequência e à duração das retransmissões". Isso, é claro, nos leva a pensar como deve agir um protocolo "responsável"!

O SNMP evoluiu em suas três versões. Os projetistas do SNMPv3 têm dito que o "SNMPv3 pode ser considerado um SNMPv2 com capacidades adicionais de segurança e de administração" (RFC 3410). Certamente, há mudanças no SNMPv3 em relação ao SNMPv2, mas em nenhum lugar elas são mais evidentes do que nas áreas da administração e da segurança. O papel central da segurança no SNMPv3 é de particular importância, já que a falta de segurança adequada resultava no uso do SNMP primordialmente para monitorar, em vez de controlar (p. ex., `SetRequest` é pouquíssimo usada no SNMPv1). Mais uma vez, vemos que a segurança – tópico que analisaremos em detalhes no Capítulo 8 – é uma preocupação crítica, mas de novo uma preocupação cuja importância só foi percebida tardiamente e apenas "adicionada" ao que já havia sido criado.

Base de Informações de Gerenciamento (MIB)

Vimos anteriormente que os dados de estado operacional de um dispositivo gerenciado (e, em parte, seus dados de configuração) são representados, na abordagem SNMP/MIB ao gerenciamento de rede, como objetos reunidos em um MIB para o dispositivo. Um objeto MIB pode ser um contador, tal como o número de datagramas IP descartados em um roteador em virtude de erros em cabeçalhos de datagramas IP ou o número de erros de detecção de portadora em uma placa de interface Ethernet; um conjunto de informações descritivas, como a versão do software que está sendo executado em um servidor DNS; informações de estado, como se um determinado dispositivo está funcionando corretamente; ou informações específicas sobre protocolos, como um caminho de roteamento até um destino. Os diversos RFCs da Força de Trabalho de Engenharia da Internet (IETF, do inglês *Internet Engineering Task Force*) definem mais de 400 módulos MIB, e há muitos mais específicos para determinados dispositivos e fornecedores. O RFC 4293 especifica o módulo MIB que define objetos gerenciados (incluindo ipSystemStatsInDelivers) para gerenciar implementações do Protocolo da Internet (IP) e o seu ICMP associado. O RFC 4022 especifica o módulo MIB para TCP, enquanto o RFC 4113 especifica o módulo MIB para UDP.

Os RFCs relativos a MIB são uma leitura tediosa, mas ainda seria instrutivo (i.e., como comer a salada, "faz bem para você") considerar um exemplo de um objeto MIB. A definição do tipo de objeto `ipSystem-StatsInDelivers` do RFC 4293 define um contador somente para a leitura de 32 bits que registra o número de datagramas IP recebidos pelo dispositivo gerenciado e entregues com sucesso a um protocolo da camada superior. No exemplo abaixo, o Counter32 é um dos tipos de dados básicos definidos no SMI.

```
ipSystemStatsInDelivers OBJECT-TYPE
    SYNTAX Counter32
    MAX-ACCESS read-only
    STATUS current
    DESCRIPTION
        "The total number of datagrams successfully
        delivered to IPuser-protocols (including
        ICMP).

        When tracking interface statistics, the
        counter of the interface to which these
        datagrams were addressed is incremented. This
        interface might not be the same as the input
        interface for some of the datagrams.

        Discontinuities in the value of this
        counter can occur at re-initialization
        of the management system, and at other
        times as indicated by the value of
        ipSystemStatsDiscontinuityTime."
  ::= { ipSystemStatsEntry 18 }
```

5.7.3 O Protocolo de Configuração de Rede (NETCONF) e YANG

O protocolo NETCONF opera entre o servidor gerenciador e os dispositivos de rede gerenciados, oferecendo um serviço de mensagens para *(i)* recuperar, definir e modificar dados de configuração em dispositivos gerenciados; *(ii)* consultar estatísticas e dados operacionais em dispositivos gerenciados; e *(iii)* inscrever para receber notificações geradas pelos dispositivos gerenciados. Para controlar ativamente o dispositivo gerenciado, o servidor gerenciador envia configurações especificadas em um documento XML estruturado e ativa configurações no dispositivo gerenciado. O NETCONF usa uma chamada de procedimento remoto (RPC, do inglês *remote procedure call*), na qual mensagens de protocolo também são codificadas em formato XML e trocadas entre o servidor gerenciador e um dispositivo gerenciado usando uma sessão orientada para conexão segura, como o protocolo TLS (do inglês *Transport Layer Security* – Segurança na Camada de Transporte) (discutido no Capítulo 8) em TCP.

A Figura 5.22 mostra um exemplo de sessão NETCONF. Primeiro, o servidor gerenciador estabelece uma conexão segura com o dispositivo gerenciado (no NETCONF, o servidor gerenciador é chamado de "cliente", e o dispositivo gerenciado, de "servidor", já que o servidor gerenciador estabelece a conexão com o dispositivo gerenciado; contudo, vamos ignorar esses termos para fins de consistência e dar preferência à terminologia tradicional de cliente/servidor do gerenciamento de redes mostrada na Figura 5.20). Após o estabelecimento de uma conexão segura, o servidor gerenciador e o dispositivo gerenciado trocam mensagens <hello>, declarando suas "capacidades" – a funcionalidade NETCONF que complementa a especificação NETCONF de base no RFC 6241. As interações entre o servidor gerenciador e o dispositivo gerenciado assumem a forma de uma chamada de procedimento remoto, usando as mensagens <rpc> e <rpc-response>. Essas mensagens são utilizadas para recuperar, definir, consultar e modificar configurações de dispositivos, estatísticas e dados

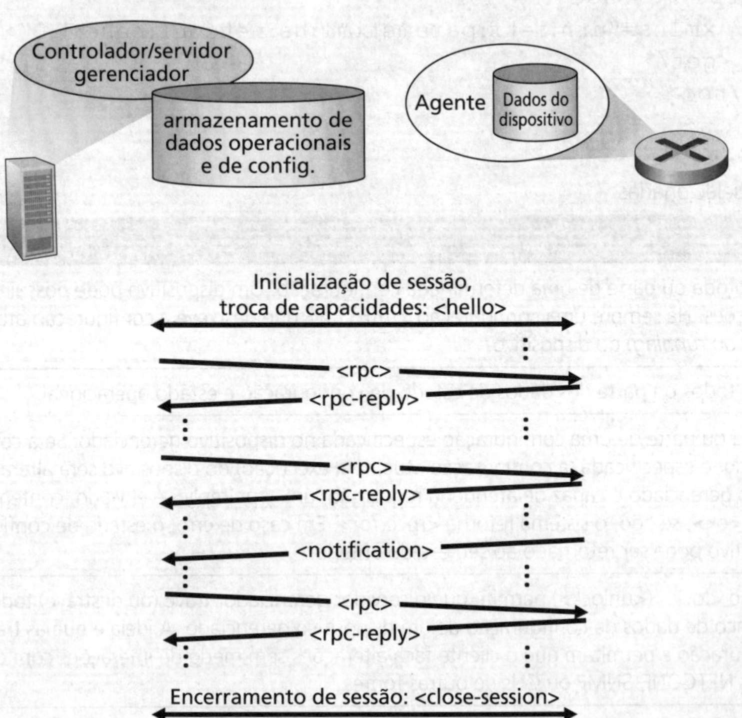

Figura 5.22 Sessão NETCONF entre controlador/servidor gerenciador e dispositivo gerenciado.

operacionais e para se inscrever para receber notificações do dispositivo. As notificações do dispositivo em si são enviadas proativamente do dispositivo gerenciado para o servidor gerenciador usando mensagens <notification> do NETCONF. Uma sessão é encerrada com a mensagem <close-session>.

A Tabela 5.3 mostra o número de operações NETCONF importantes que um servidor gerenciador pode realizar em um dispositivo gerenciado. Assim como no caso do SNMP, vemos operações para recuperar os dados de estado operacional (<get>) e para notificação de eventos. Contudo, as operações <get-config>, <edit-config>, <lock> e <unlock> demonstram a ênfase especial do NETCONF em configuração de dispositivos. Usando as operações básicas mostradas na Tabela 5.3, também é possível criar um *conjunto* de transações de gerenciamento de rede mais sofisticadas completadas atomicamente (i.e., em grupo) e de forma bem-sucedida em um *conjunto* de dispositivos, ou são completamente revertidas e deixam os dispositivos em seus estados pré-transação. Essas transações em múltiplos dispositivos, "permitindo que os operadores se concentrem na *configuração* da rede como um todo em vez de dispositivos individuais", foi um requisito importante dos operadores estabelecido no RFC 3535.

Uma descrição completa do NETCONF estaria além do nosso escopo; os RFCs 6241 e 5277, Claise (2019) e Schonwalder (2010) oferecem uma análise mais aprofundada do tema.

Mas como esta é a primeira vez que vemos mensagens de protocolo no formato de um documento XML (e não na mensagem tradicional com campos de cabeçalho e corpo de mensagem, como mostrado na Figura 5.21 para o PDU SNMP), vamos concluir nosso breve exemplo do NETCONF com dois exemplos.

No primeiro exemplo, o documento XML enviado do servidor gerenciador para o dispositivo gerenciado é um comando NETCONF <get> requisitando todos os dados operacionais e de configuração do dispositivo. Com esse comando, o servidor pode descobrir a configuração do dispositivo.

```
<?xml version="1.0" encoding="UTF-8"?>
<rpc message-id="101"
   xmlns="urn:ietf:params:xml:ns:netconf:base:1.0">
  <get/>
</rpc>
```

TABELA 5.3 Operações NETCONF selecionadas

Operação NETCONF	Descrição
<get-config>	Recuperar toda ou parte de uma determinada configuração. Um dispositivo pode possuir múltiplas configurações. Há sempre uma configuração `running/` que descreve a configuração atual (em execução, ou *running*) do dispositivo.
<get>	Recuperar todos ou parte dos dados de estado de configuração e estado operacional.
<edit-config>	Muda toda ou parte de uma configuração especificada no dispositivo gerenciado. Se a configuração running/ é especificada, a configuração atual (em execução) do dispositivo será alterada. Se o dispositivo gerenciado é capaz de atender à requisição, um <rpc-reply> é enviado, contendo um elemento <ok>; se não, o sistema retorna <rpcerror>. Em caso de erro, o estado de configuração do dispositivo pode ser retornado ao seu estado anterior.
<lock>, <unlock>	A operação <lock> (<unlock>) permite que o servidor gerenciador trave (ou destrave) todo o sistema de banco de dados de configuração de um dispositivo gerenciado. A ideia é que as travas sejam de curta duração e permitam que o cliente faça alterações sem medo de interações com outros comandos NETCONF, SNMP ou CLIs de outras fontes.
<create-subscription> , <notification>	Esta operação inicia uma assinatura de notificação de eventos que envia uma <notification> de evento assíncrono referente aos eventos especificados, do dispositivo gerenciado para o servidor gerenciador, até a assinatura ser encerrada.

Poucas pessoas são capazes de interpretar XML diretamente, mas vemos que o comando NETCONF é relativamente legível para um ser humano, lembrando muito mais o HTTP e o HTML do que os formatos de mensagem de protocolo que vimos para o formato de PDU SNMP na Figura 5.21. A mensagem de RPC em si abrange as linhas 02 a 05 (adicionamos os números de linha para fins pedagógicos). A RPC tem um valor de ID de mensagem de 101, declarado na linha 02, e contém um único comando NETCONF <get>. A resposta do dispositivo contém um número de ID correspondente (101) e todos os dados de configuração do dispositivo (em formato XML, é claro), iniciando na linha 04 e se encerrando com um </rpc-reply> final.

```
01 <?xml version="1.0" encoding="UTF-8"?>
02 <rpc-reply message-id="101"
03     xmlns="urn:ietf:params:xml:ns:netconf:base:1.0">
04   <!-- . . . todos os dados de configurações
retornados... --> . . .
</rpc-reply>
```

No segundo exemplo abaixo, adaptado do RFC 6241, o documento XML enviado do servidor gerenciador para o dispositivo gerenciado define a unidade máxima de transmissão (MTU, do inglês *maximum transmission unit*) de uma interface chamada "Ethernet0/0" como 1.500 bytes:

```
01 <?xml version="1.0" encoding="UTF-8"?>
02 <rpc message-id="101"
03  xmlns="urn:ietf:params:xml:ns:netconf:base:1.0">
04   <edit-config>
05     <target>
06       <running/>
07     </target>
08     <config>
09       <top xmlns="http://example.com/schema/
         1.2/config">
10         <interface>
11           <name>Ethernet0/0</name>
12           <mtu>1500</mtu>
13         </interface>
14       </top>
15     </config>
16   </edit-config>
17 </rpc>
```

A mensagem RPC em si abrange as linhas 02 a 17, tem um valor de ID da mensagem de 101, e contém um único comando NETCONF <edit-config>, abrangendo as linhas 04 a 15. A linha 06 indica que a configuração em execução no dispositivo gerenciado será alterada. As linhas 11 e 12 especificam o tamanho da MTU a ser configurada para a interface de Ethernet0/0.

Após ter alterado o tamanho da MTU da interface na configuração, o dispositivo gerenciado responde para o servidor gerenciador com uma resposta OK (linha 04, abaixo), mais uma vez dentro de um documento XML:

```
01 <?xml version="1.0" encoding="UTF-8"?>
02 <rpc-reply message-id="101"
03      xmlns="urn:ietf:params:xml:ns:netconf:base:1.0">
04      <ok/>
05      </rpc-reply>
```

YANG

O YANG é uma linguagem de modelagem de dados usada para especificar precisamente a estrutura, sintaxe e semântica dos dados de gerenciamento de rede usados pelo NETCONF, da mesma forma como o SMI é usado para especificar MIBs no SNMP. Todas as definições YANG estão contidas em módulos, e um documento XML que descreve um dispositivo e suas capacidades pode ser gerado a partir de um módulo YANG.

O YANG inclui um pequeno conjunto de tipos de dados integrados (como no caso do SMI), e permite que modeladores de dados expressem restrições que devem ser atendidas por uma configuração NETCONF válida – um recurso muito útil para ajudar a garantir que as configurações NETCONF atendem a limitações específicas de precisão e consistência. O YANG também é usado para especificar notificações NETCONF.

Uma discussão mais completa sobre o YANG estaria além do nosso escopo. Para mais informações, o leitor interessado deve consultar o livro excelente de Claise (2019).

5.8 RESUMO

Agora completamos nossa viagem de dois capítulos ao mundo do núcleo da rede, que começou com o nosso estudo sobre o plano de dados da camada de rede no Capítulo 4 e termina aqui com o nosso estudo sobre o plano de controle. Aprendemos que o plano de controle é a lógica em nível de rede que controla como um datagrama é repassado entre os roteadores no caminho fim a fim, do hospedeiro de origem ao de destino, e como os serviços e componentes da camada de rede são configurados e gerenciados.

Aprendemos que há duas abordagens amplas para a construção de um plano de controle: o *controle por roteador* tradicional (no qual um algoritmo de roteamento roda em todos os roteadores e o componente de roteamento no roteador se comunica com os componentes de roteamento nos outros roteadores) e o controle por *rede definida por software* (SDN) (no qual um controlador logicamente centralizado calcula e distribui as tabelas de repasse que serão usadas por todos os roteadores). Estudamos dois algoritmos de roteamento fundamentais para o cálculo dos caminhos de menor custo em um grafo (roteamento de estado de enlace e roteamento por vetor de distâncias) na Seção 5.2. Os algoritmos têm aplicação tanto no controle por roteador quanto no controle SDN e servem de base para dois protocolos de roteamento da Internet amplamente utilizados, o OSPF e o BGP, que trabalhamos nas Seções 5.3 e 5.4. Analisamos a abordagem SDN ao plano de controle da camada de rede na Seção 5.5, investigando as aplicações de controle de rede SDN, o controlador SDN e o protocolo OpenFlow para a comunicação entre o controlador e os dispositivos controlados por SDN. Nas Seções 5.6 e 5.7, examinamos alguns dos elementos fundamentais do gerenciamento de uma rede IP: ICMP (o Protocolo de Mensagens de Controle da Internet) e gerenciamento de rede usando SNMP e NETCONF/YANG.

Agora que concluímos nosso estudo da camada de rede, nossa jornada segue rumo a um nível mais baixo da pilha de protocolos, isto é, à camada de enlace. Como a camada de rede, a camada de enlace é parte de todos os dispositivos conectados à rede, sem exceção. Mas veremos no próximo capítulo que a camada de enlace tem a tarefa muito mais localizada de movimentar pacotes entre nós no mesmo enlace ou rede local. Embora essa tarefa possa, à primeira vista, parecer simples quando comparada às tarefas da camada de rede, veremos que a camada de enlace envolve uma série de questões importantes e fascinantes que podem nos manter ocupados por muito tempo.

Exercícios de fixação e perguntas

Questões de revisão do Capítulo 5

SEÇÃO 5.1

R1. O que significa dizer que um plano de controle se baseia em controle por roteador? Nesses casos, o que significa quando afirmamos que os planos de controle e de dados da rede são implementados "monoliticamente"?

R2. O que significa dizer que um plano de controle se baseia em controle logicamente centralizado? Nesses casos, o plano de dados e o plano de controle são implementados no mesmo dispositivo ou em dispositivos separados? Explique.

SEÇÃO 5.2

R3. Compare e aponte as diferenças entre as propriedades de um algoritmo de roteamento centralizado e um distribuído. Dê um exemplo de protocolo de roteamento que adote uma abordagem centralizada e de outro que adote uma abordagem descentralizada.

R4. Compare e aponte as diferenças entre os algoritmos de roteamento de estado de enlace e por vetor de distâncias.

R5. O que é o problema de "contagem ao infinito" no roteamento de vetor de distâncias?

R6. É necessário que todo sistema autônomo use o mesmo algoritmo de roteamento intra--AS? Justifique sua resposta.

SEÇÕES 5.3–5.4

R7. Por que são usados protocolos inter-AS e intra-AS diferentes na Internet?

R8. Verdadeiro ou falso: quando uma rota OSPF envia a sua informação de estado de enlace, esta é enviada apenas aos nós vizinhos ligados diretamente. Explique a sua resposta.

R9. O que significa falar da *área* em um sistema autônomo OSPF? Por que o conceito de área foi introduzido?

R10. Defina e aponte as diferenças entre os seguintes termos: *sub-rede, prefixo* e *rota BGP*.

R11. Como o BGP usa o atributo NEXT-HOP? Como ele usa o atributo AS-PATH?

R12. Descreva como um administrador de rede de um ISP de nível superior pode executar uma política ao configurar o BGP.

R13. Verdadeiro ou falso: quando um roteador BGP recebe um caminho anunciado do seu vizinho, este deve acrescentar a sua própria identidade ao caminho recebido e então enviar esse novo caminho para todos os seus vizinhos. Explique a sua resposta.

SEÇÃO 5.5

R14. Descreva o papel principal da camada de comunicação, da camada de gerenciamento de estado em âmbito de rede e da camada de aplicação de controle de rede em um controlador SDN.

R15. Suponha que você deseja implementar um novo protocolo de roteamento no plano de controle SDN. Em qual camada implementaria o protocolo? Explique a sua resposta.

R16. Quais tipos de mensagens fluem através das APIs northbound e southbound de um controlador SDN? Qual é o destinatário dessas mensagens enviadas do controlador através da interface southbound, e quem envia as mensagens para o controlador através da interface northbound?

R17. Descreva o propósito de dois tipos de mensagem OpenFlow (à sua escolha) enviadas de um dispositivo controlado para o controlador. Descreva o propósito de dois tipos de mensagem OpenFlow (à sua escolha) enviadas do controlador para um dispositivo controlado.

R18. Qual é o propósito da camada de abstração de serviço no controlador SDN OpenDaylight?

SEÇÕES 5.6–5.7

R19. Liste quatro tipos diferentes de mensagens ICMP.

R20. Quais os dois tipos de mensagem ICMP recebidas no hospedeiro remetente que executa o programa *Traceroute*?

R21. Defina os seguintes termos no contexto do SNMP: *servidor gerenciador, dispositivo gerenciado, agente de gerenciamento* e *MIB*.

R22. Qual é o propósito das mensagens SNMP *GetRequest* e *SetRequest*?

R23. Qual é o propósito da mensagem SNMP trap?

Problemas

P1. Considerando a Figura 5.3, enumere os caminhos de *y* a *u* que não tenham laços.

P2. Repita o Problema P1 considerando os caminhos de *x* a *z*, *z* a *u* e *z* a *w*.

P3. Considere a seguinte rede. Com os custos de enlace indicados, use o algoritmo do caminho mais curto de Dijkstra para calcular o caminho mais curto de *x* até todos os nós da rede. Mostre como o algoritmo funciona calculando uma tabela semelhante à Tabela 5.1.

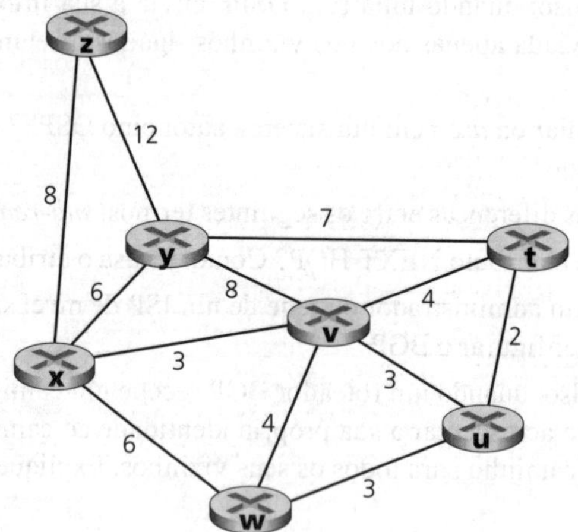

P4. Considere a rede mostrada no Problema P3. Usando o algoritmo de Dijkstra e mostrando seu trabalho usando uma tabela semelhante à Tabela 5.1, faça o seguinte:

a. Calcule o caminho mais curto de *t* até todos os nós da rede.

b. Calcule o caminho mais curto de *u* até todos os nós da rede.

c. Calcule o caminho mais curto de *v* até todos os nós da rede.

d. Calcule o caminho mais curto de *w* até todos os nós da rede.

e. Calcule o caminho mais curto de *y* até todos os nós da rede.

f. Calcule o caminho mais curto de *z* até todos os nós da rede.

P5. Considere a rede mostrada a seguir e admita que cada nó inicialmente conheça os custos até cada um de seus vizinhos. Considere o algoritmo de vetor de distâncias e mostre os registros na tabela de distâncias para o nó *z*.

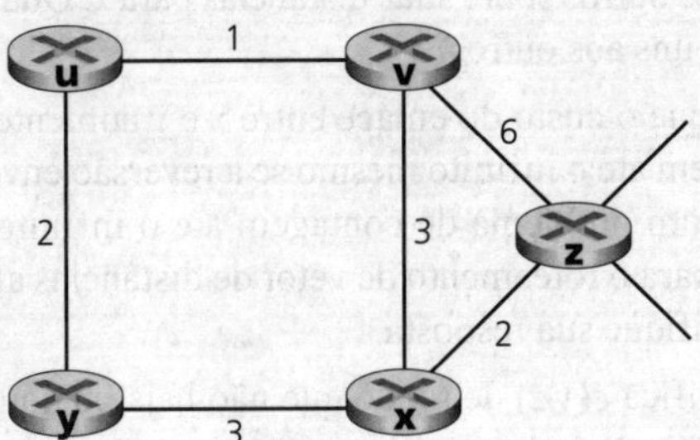

P6. Considere uma topologia geral (i.e., não a rede específica mostrada antes) e uma versão síncrona do algoritmo de vetor de distâncias. Suponha que, a cada iteração, um nó troque seus vetores de distâncias com seus vizinhos e receba os vetores de distâncias deles. Supondo que o algoritmo comece com cada nó conhecendo apenas os custos até seus vizinhos imediatos, qual é o número máximo de iterações exigidas até que o algoritmo distribuído convirja? Justifique sua resposta.

P7. Considere o fragmento de rede mostrado a seguir. *x* tem apenas dois vizinhos ligados a ele: *w* e *y*. *w* tem um caminho de custo mínimo até o destino *u* (não mostrado) de 5, e *y* tem um caminho de custo mínimo *u* de 6. Os caminhos completos de *w* e de *y* até *u* (e entre *w* e *y*) não são mostrados. Todos os valores dos custos de enlace na rede são números inteiros estritamente positivos.

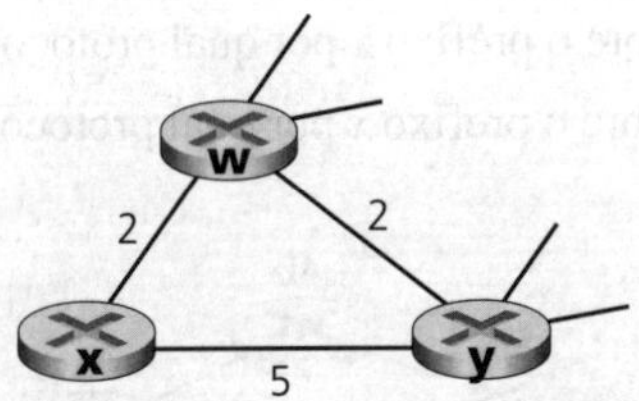

a. Dê os vetores de distâncias de *x* para os destinos *w*, *y* e *u*.

b. Dê uma mudança de custo de enlace para *c*(*x*, *w*) ou para *c*(*x*, *y*) tal que *x* informará a seus vizinhos um novo caminho de custo mínimo até *u* como resultado da execução do algoritmo de vetor de distâncias.

c. Dê uma mudança de custo de enlace para *c*(*x*, *w*) ou para *c*(*x*, *y*) tal que *x não* informará a seus vizinhos um novo caminho de custo mínimo até *u* como resultado da execução do algoritmo de vetor de distâncias.

P8. Considere a topologia de três nós mostrada na Figura 5.6. Em vez de ter os custos de enlace da Figura 5.6, os custos de enlace são: $c(x, y) = 3$, $c(y, z) = 6$, $c(z, x) = 4$. Calcule as tabelas de distâncias após a etapa de inicialização e após cada iteração de uma versão síncrona do algoritmo de vetor de distâncias (como fizemos em nossa discussão anterior da Figura 5.6).

P9. Considere o problema da contagem até o infinito no roteamento de vetor de distâncias. Esse problema ocorrerá se reduzirmos o custo de um enlace? Por quê? E se conectarmos dois nós que não possuem enlace?

P10. Demonstre que, para o algoritmo de vetor de distâncias na Figura 5.6, cada valor no vetor de distâncias $D(x)$ é não crescente e, consequentemente, se estabilizará em um número finito de etapas.

P11. Considere a Figura 5.7. Suponha que haja outro roteador, *w*, conectado aos roteadores *y* e *z*. Os custos de todos os enlaces são: $c(x,y) = 4$, $c(x,z) = 50$, $c(y,w) = 1$, $c(z,w) = 1$,

$c(y,z) = 3$. Suponha que a reversão envenenada seja utilizada no algoritmo de roteamento de vetor de distâncias.

a. Quando o roteamento de vetor de distâncias é estabilizado, os roteadores w, y e z informam uns aos outros sobre suas distâncias para x. Quais valores de distância eles podem informar uns aos outros?

b. Agora suponha que o custo do enlace entre x e y aumente para 60. Haverá um problema de contagem até o infinito mesmo se a reversão envenenada for utilizada? Por quê? Se houver um problema de contagem até o infinito, então quantas iterações são necessárias para o roteamento de vetor de distâncias alcançar um estágio estável novamente? Justifique sua resposta.

c. Como você modifica $c(y,z)$ de modo que não haja qualquer problema de contagem até o infinito se $c(y,x)$ mudar de 4 para 60?

P12. Descreva como laços nos caminhos podem ser detectados com BGP.

P13. Um roteador BGP sempre escolherá uma rota sem laços com o menor comprimento de AS-PATH? Justifique sua resposta.

P14. Considere a rede a seguir. Suponha que AS3 e AS2 estejam rodando o OSPF para seu protocolo de roteamento intra-AS. Suponha que AS1 e AS4 estejam rodando o RIP para seu protocolo de roteamento intra-AS. Suponha que o eBGP e o iBGP sejam usados para o protocolo de roteamento intra-AS. Inicialmente, suponha que *não* haja enlace físico entre AS2 e AS4.

a. O roteador 3c sabe sobre o prefixo x por qual protocolo de roteamento: OSPF, RIP, eBGP ou iBGP?

b. O roteador 3a sabe sobre o prefixo x por qual protocolo de roteamento?

c. O roteador 1c sabe sobre o prefixo x por qual protocolo de roteamento?

d. O roteador 1d sabe sobre o prefixo x por qual protocolo de roteamento?

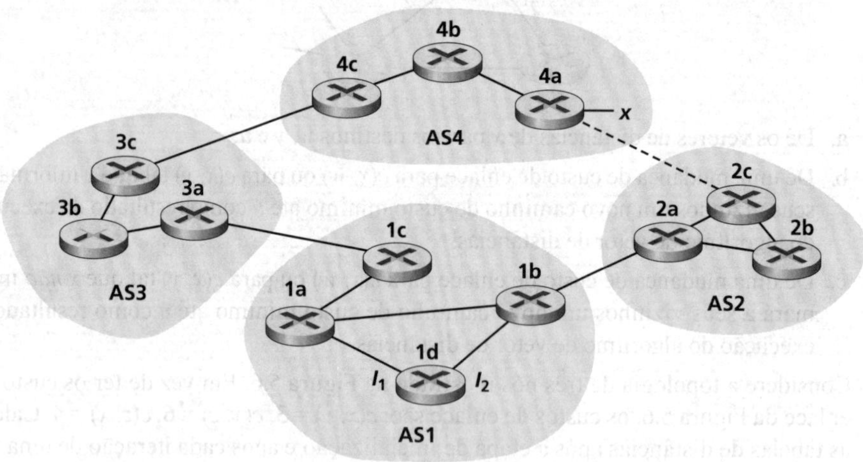

P15. Referindo-se ao problema anterior, uma vez que o roteador 1d sabe sobre x, ele inserirá uma entrada (x, I) em sua tabela de repasse.

a. I será igual a I_1 ou I_2 para essa entrada? Justifique a resposta em uma frase.

b. Agora suponha que haja um enlace físico entre AS2 e AS4, ilustrado pela linha pontilhada. Suponha que o roteador 1d saiba que x é acessível por meio de AS2 e de AS3. I será definido para I_1 ou I_2? Justifique a resposta em uma frase.

c. Agora suponha que haja outro AS, denominado AS5, que fica no caminho entre AS2 e AS4 (não ilustrado no diagrama). Suponha que o roteador 1d saiba que x é acessível por meio de AS2, AS5 e AS4, bem como de AS3 e AS4. I será definido para I_1 ou I_2? Em uma frase, explique o motivo.

P16. Considere a rede a seguir. O ISP B provê serviço nacional de backbone ao ISP regional A. O ISP C provê serviço nacional de backbone ao ISP regional D. Cada ISP consiste em um AS. Usando BGP, B e C se emparelham em dois lugares. Considere o tráfego na direção de A a D. B preferiria passar esse tráfego para C na Costa Oeste (de modo que C teria de absorver o custo de transportar o tráfego através do país), enquanto C preferiria receber o tráfego via seu ponto de emparelhamento com B na Costa Leste (de modo que B transportaria o tráfego através do país). Qual mecanismo BGP poderia ser usado por C de modo que B entregasse o tráfego de A a D em seu ponto de emparelhamento na Costa Leste? Para responder a essa pergunta, você precisará estudar muito bem a especificação do BGP.

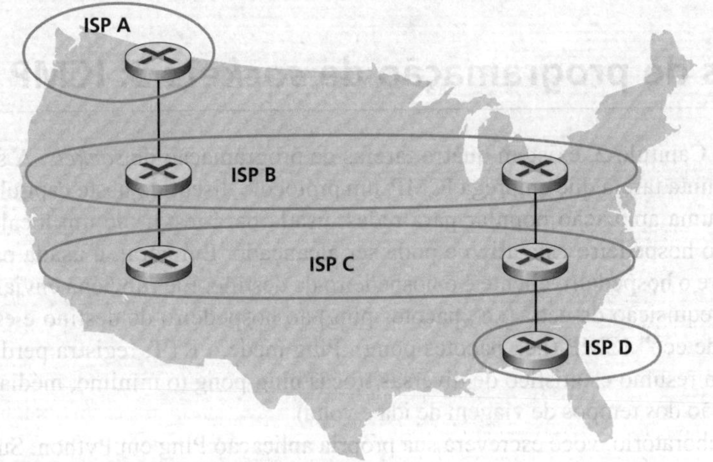

P17. Na Figura 5.13, considere a informação de caminho que chega às sub-redes* stub W, X e Y. Com base na informação disponível em W e X, quais são as respectivas visões da topologia da rede? Justifique sua resposta. A topologia vista de Y é mostrada a seguir.

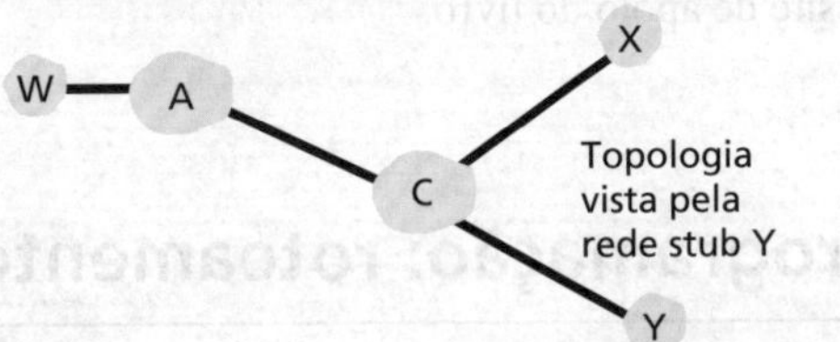

P18. Considere a Figura 5.13. B nunca encaminharia tráfego destinado a Y via X com base no roteamento BGP. Mas existem muitas aplicações conhecidas para as quais os pacotes de dados vão primeiro para X e depois fluem para Y. Identifique tal aplicação e descreva como os pacotes de dados percorrem um caminho não determinado pelo roteamento BGP.

P19. Na Figura 5.13, suponha que haja outra rede stub V que seja cliente do ISP A. Suponha que B e C tenham uma relação de emparelhamento, e que A seja cliente de B e de C. Suponha, ainda, que A gostaria de ter o tráfego destinado para W vindo apenas de B, e o tráfego destinado para V vindo de B ou C. Como A deveria anunciar suas rotas para B e C? Quais rotas AS são recebidas por C?

P20. Suponha que os ASs X e Z não estejam conectados diretamente, mas estejam conectados pelo AS Y. Suponha ainda que X tenha um acordo de emparelhamento com Y, e que Y tenha um acordo de emparelhamento com Z. Por fim, suponha que Z queira transitar todo o tráfego de Y, mas não queira transitar o tráfego de X. O BGP permite que Z execute essa política?

*N. de T.: Sub-rede "stub" é aquela que se liga em um único ponto ao restante da rede e, portanto, não pode ter tráfego de passagem. A palavra "stub" significa um ramo de uma árvore.

P21. Considere as duas maneiras pelas quais ocorrem as comunicações entre uma entidade gerenciadora e um dispositivo gerenciado: modo comando-resposta e modo assíncrono com traps. Quais são os prós e os contras dessas duas técnicas, em termos de (1) sobrecarga, (2) tempo de notificação quando ocorrem eventos excepcionais, e (3) robustez quanto às mensagens perdidas entre a entidade gerenciadora e o dispositivo gerenciado?

P22. Na Seção 5.7, vimos que era preferível transportar mensagens SNMP em datagramas UDP não confiáveis. Em sua opinião, por que os projetistas do SNMP preferiram o UDP ao TCP como protocolo de transporte para o SNMP?

Tarefas de programação de *sockets* 5: ICMP Ping

Ao final do Capítulo 2, existem quatro tarefas de programação de *sockets*. A seguir, você verá uma quinta tarefa que emprega ICMP, um protocolo discutido neste capítulo.

Ping é uma aplicação popular para redes, usada para testar, de um local remoto, se determinado hospedeiro está ativo e pode ser alcançado. Em geral, é usada para medir a latência entre o hospedeiro cliente e o hospedeiro de destino. Ele funciona enviando pacotes ICMP de "requisição de eco" (i.e., pacotes ping) ao hospedeiro de destino e escutando as "respostas de eco" ICMP (i.e., pacotes pong). Ping mede o RTT, registra perda de pacote e calcula um resumo estatístico de diversas trocas ping-pong (o mínimo, média, máximo e desvio-padrão dos tempos de viagem de ida e volta).

Neste laboratório, você escreverá sua própria aplicação Ping em Python. Sua aplicação usará ICMP. Mas, para simplificar seu programa, você não seguirá exatamente a especificação oficial no RFC 1739. Observe que só precisará escrever o lado cliente do programa, pois a funcionalidade necessária no lado servidor já está embutida em todos os sistemas operacionais. Você poderá achar todos os detalhes desta tarefa, bem como trechos importantes do código em Python, no site de apoio do livro.

Tarefas de programação: roteamento

Nesta tarefa de programação, você escreverá um conjunto "distribuído" de procedimentos que executam um roteamento de vetor de distâncias assíncrono distribuído para a rede mostrada a seguir.

Você deve escrever as seguintes rotinas que "rodarão" assincronamente dentro do ambiente emulado fornecido para essa tarefa. Para o nó 0, escreverá estas rotinas:

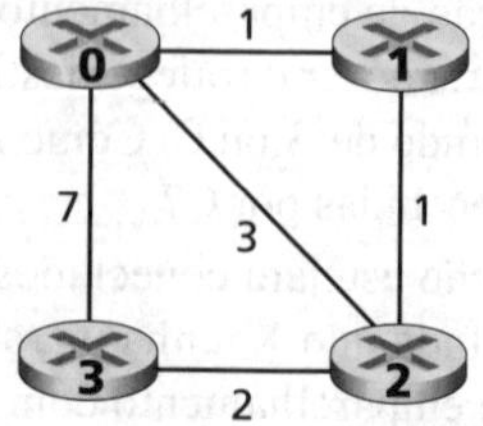

- *rtinit0()*. Essa rotina será chamada uma vez no início da emulação. *rtinit0()* não tem argumentos. Você deve inicializar sua tabela de distâncias no nó 0 para refletir os custos diretos de 1, 3 e 7 até os nós 1, 2 e 3, respectivamente. Na figura anterior, todos os enlaces são bidirecionais, e os custos em ambas as direções são idênticos. Após inicializar a tabela de distâncias e quaisquer outras estruturas de dados necessárias às rotinas de seu nó 0, este deve então enviar a seus vizinhos diretamente ligados (nesse caso, 1, 2 e 3) o custo de seus caminhos de custo mínimo para todos os outros nós da rede. Essa informação do custo mínimo é enviada aos nós vizinhos em um pacote de atualização de roteamento chamando a rotina *tolayer2()*, conforme descrito na tarefa completa. O formato do pacote de atualização de roteamento também está descrito na tarefa completa.

- *rtupdate0(struct rtpkt *rcvdpkt).* Essa rotina será chamada quando o nó 0 receber um pacote de roteamento que foi enviado a ele por um de seus vizinhos diretamente conectados. O parâmetro **rcvdpkt* é um ponteiro para o pacote que foi recebido. *rtupdate0()* é o "coração" do algoritmo de vetor de distâncias. Os valores que ele recebe em um pacote de atualização de roteamento de algum outro nó *i* contêm os custos correntes do caminho mais curto de *i* para todos os outros nós da rede. *rtupdate0()* usa esses valores recebidos para atualizar sua própria tabela de distâncias (conforme especificado pelo algoritmo de vetor de distâncias). Se seu próprio custo mínimo até outro nó mudar como resultado da atualização, o nó 0 informará essa mudança no custo mínimo a seus vizinhos diretamente conectados enviando-lhes um pacote de roteamento. Lembre-se de que no algoritmo de vetor de distâncias apenas os nós conectados diretamente trocarão pacotes de roteamento. Assim, os nós 1 e 2 vão se comunicar, mas os nós 1 e 3, não.

Rotinas semelhantes são definidas para os nós 1, 2 e 3. Assim, você escreverá oito procedimentos ao todo: *rtinit0(), rtinit1(), rtinit2(), rtinit3(), rtupdate0(), rtupdate1(), rtupdate2()* e *rtupdate3()*. Juntas, essas rotinas executarão um cálculo assíncrono, distribuído, das tabelas de distâncias para a topologia e os custos mostrados na figura apresentada anteriormente.

No site de apoio do livro você poderá encontrar todos os detalhes da tarefa de programação, bem como o código em C de que precisará para criar o ambiente simulado de hardware/software. Também está disponível uma versão da tarefa em Java.

Wireshark Lab: ICMP

No site deste livro, você encontrará uma tarefa de laboratório Wireshark que examina o uso do protocolo ICMP nos comandos ping e Traceroute.

ENTREVISTA

Jennifer Rexford

Imagem cortesia de Jennifer Rexford

Jennifer Rexford é professora no departamento de Ciência da Computação da Princeton University. Sua pesquisa tem o objetivo geral de tornar as redes de computadores mais fáceis de projetar e administrar, com ênfase particular em redes programáveis. De 1996 a 2004, foi membro do departamento de Gerenciamento e Desempenho de Redes da AT&T Labs-Research. Enquanto estava na AT&T, projetou técnicas e ferramentas para medição de rede, engenharia de tráfego e configuração de roteadores, que foram implementadas na rede de backbone da AT&T. Jennifer é coautora do livro *Web Protocols and Practice: Networking Protocols, Caching, and Traffic Measurement*, publicado pela Addison-Wesley em maio de 2001. Foi presidente da ACM SIGCOMM de 2003 a 2007. Graduou-se como bacharel em engenharia elétrica pela Princeton University em 1991 e obteve doutorado em engenharia elétrica e ciência da computação pela Universidade de Michigan em 1996. Em 2004, Jennifer foi vencedora do Grace Murray Hopper Award da ACM como jovem profissional de destaque em computação, recebendo subsequentemente os prêmios ACM Athena Lecturer Award (2016), NCWIT Harrold and Notkin Research and Graduate Mentoring Award (2017), ACM SIGCOMM por contribuições na carreira (2018) e IEEE Internet Award (2019). É ACM Fellow (2008), IEEE Fellow (2018) e membro da National Academy of Engineering (2014).

Por favor, descreva um ou dois dos projetos mais interessantes em que você já trabalhou durante sua carreira. Quais foram os maiores desafios?

Quando eu era pesquisadora na AT&T, um grupo nosso projetou uma nova forma de gerenciar o roteamento nas redes de backbone dos ISPs. Em geral, os operadores de rede configuram cada roteador individualmente, e esses roteadores executam protocolos distribuídos para calcular caminhos através da rede. Acreditamos que o gerenciamento de rede seria mais simples e mais flexível se os operadores da rede pudessem exercer controle direto sobre o modo como os roteadores repassam o tráfego com base em uma visão em nível de rede da topologia e do tráfego. A plataforma de controle de roteamento (RCP, do inglês *Routing Control Platform*) que projetamos e montamos poderia calcular as rotas para todo o backbone da AT&T em um único computador comercial, e poderia controlar roteadores legados sem modificação. Para mim, esse projeto foi interessante porque tivemos uma ideia provocadora, um sistema funcional e, por fim, uma execução real em uma rede operacional. Avançando alguns anos, as redes definidas por software (SDN) se tornaram uma tecnologia amplamente difundida, e protocolos (como o OpenFlow) e linguagens (como P4) padrões facilitaram muito o processo de dizer aos comutadores o que fazer.

Como você acha que as redes definidas por software deveriam evoluir no futuro?

Em uma forte ruptura com o passado, o software que controla os dispositivos de rede pode ser criado por muitos programadores diferentes, não apenas nas empresas que vendem equipamentos de rede. Mas ao contrário das aplicações que rodam em um servidor ou em um smartphone, as de SDN precisam trabalhar juntas para lidar com o mesmo tráfego. Os operadores de rede não querem fazer balanceamento de carga para parte do tráfego e rotear o resto; em vez disso, querem balanceamento de carga e roteamento juntos, no mesmo tráfego. As plataformas de SDN futuras deveriam oferecer boas abstrações de programação para a composição de múltiplas aplicações produzidas independentemente juntas. De forma mais ampla, boas abstrações de programações podem facilitar o processo de criar aplicações sem que precisemos nos preocupar com detalhes de baixo nível, como linhas em tabelas de fluxo, contadores de tráfego, padrões de bits em cabeçalhos de pacotes e assim por diante. Além disso, enquanto um controlador SDN é logicamente centralizado, a rede ainda é composta por um conjunto distribuído de dispositivos. Redes programáveis futuras deveriam oferecer boas abstrações para a atualização de um conjunto distribuído de dispositivos para que os administradores possam entender e raciocinar sobre o que acontece com os pacotes em trânsito enquanto os dispositivos são atualizados. A programação de abstrações para redes programáveis é uma área muito interessante para as pesquisas interdisciplinares entre redes de computadores, sistemas distribuídos e linguagens de programação, com uma chance real de terem um impacto prático nos próximos anos.

Qual futuro você vê para as redes e a Internet?

As redes compõem um campo muito interessante, pois as aplicações e as tecnologias utilizadas mudam o tempo todo. Estamos sempre reinventando! Quem teria previsto, há apenas dez anos, o domínio dos smartphones, permitindo que usuários móveis acessem aplicações existentes e novos serviços baseados em sua localização? O surgimento da computação em nuvem está fundamentalmente mudando a relação entre os usuários e as aplicações que eles executam, e os sensores e atuadores em rede (a "Internet das Coisas") estão permitindo diversas aplicações novas (e novas vulnerabilidades de segurança!). O ritmo da inovação é mesmo inspirador.

A rede de apoio é um componente decisivo em todas essas inovações. Mesmo assim, a rede está notoriamente "no caminho" – limitando o desempenho, comprometendo a confiabilidade, restringindo aplicações e complicando a implementação e o gerenciamento de serviços. Devemos lutar para tornar a rede do futuro tão invisível quanto o ar que respiramos, de modo que nunca fique no caminho de novas ideias e serviços valiosos. Para isso, precisamos elevar o nível de abstração acima dos dispositivos de rede e protocolos individuais (e seus respectivos acrônimos!), de modo que possamos raciocinar sobre a rede e sobre os objetivos de alto nível do usuário como um todo.

Quais pessoas o inspiraram profissionalmente?

Há muito tempo tenho me inspirado em Sally Floyd, do International Computer Science Institute. Sua pesquisa foi sempre significativa, focalizando os desafios importantes enfrentados pela Internet. Ela mergulhava a fundo em questões difíceis, até que entendia completamente o problema e o espaço das soluções, e dedicava muita energia para "fazer as coisas acontecerem", como empurrar suas ideias para padrões de protocolos e equipamentos de rede. Além disso, ela oferecia retorno à comunidade, através de serviços profissionais em diversas organizações de padrões e pesquisa, também criando ferramentas (como os simuladores ns-2 e ns-3 bastante utilizados) que permitem que outros pesquisadores tenham sucesso. Ela se aposentou em 2009 e faleceu em 2019, mas sua influência no campo será sentida durante anos.

Quais são suas recomendações para estudantes que desejam seguir carreira em computação e tecnologia da informação?

Redes é um campo inerentemente interdisciplinar. As técnicas aplicadas às redes são oriundas dos avanços de diversas disciplinas, tais como teoria de filas, teorias de jogos, teoria de controle, sistemas distribuídos, otimização de redes, linguagens de programação, aprendizado de máquina, algoritmos, estruturas de dados e assim por diante. Creio que familiarizar-se com um campo relacionado, ou colaborar de perto com especialistas nessas áreas, seja um modo maravilhoso de preparar um alicerce mais forte para as redes, de modo que possamos aprender como montar redes que sejam dignas de confiança da sociedade. Além das disciplinas teóricas, o campo das redes é interessante, porque criamos artefatos reais, que pessoas reais utilizam. Dominar o modo como projetamos e montamos sistemas – ganhando experiência em sistemas operacionais, arquitetura de computador etc. – é outro modo fantástico de ampliar seus conhecimentos em redes, ajudando a mudar o mundo.

CAPÍTULO 6

A camada de enlace e as LANs

Nos dois capítulos anteriores, aprendemos que a camada de rede fornece um serviço de comunicação entre dois hospedeiros *quaisquer* da rede. Entre eles, os datagramas trafegam por uma série de enlaces de comunicação, alguns com fio e alguns sem, começando no hospedeiro de origem, passando por uma série de comutadores de pacotes (comutadores e roteadores) e terminando no hospedeiro de destino. À medida que continuamos a descer a pilha de protocolos, da camada de rede até a camada de enlace, é natural que imaginemos como pacotes são enviados pelos *enlaces individuais* no caminho de comunicação fim a fim. Como os datagramas da camada de rede são encapsulados nos quadros da camada de enlace para transmissão por um único enlace? Diferentes protocolos da camada de enlace são usados em diversos enlaces no caminho de comunicação? Como os conflitos de transmissão nos enlaces de difusão podem ser resolvidos? Existe endereçamento na camada de enlace e, se houver, como o endereçamento da camada de enlace opera com o endereçamento da camada de rede, que aprendemos no Capítulo 4? E qual é exatamente a diferença entre um switch e um roteador? Neste capítulo, responderemos a essas e a outras perguntas importantes.

Ao discutir a camada de enlace, descobriremos que há dois tipos de canais completamente diferentes dessa camada. O primeiro são os canais de difusão (*broadcast*), que conectam múltiplos hospedeiros em redes locais (LANs, do inglês *local area networks*) sem fio, redes por satélite e redes de acesso híbridas fibra-coaxial (HFC). Como muitos hospedeiros são conectados ao mesmo canal de comunicação por difusão, é necessário um protocolo, denominado acesso ao meio, para coordenar a transmissão de quadros. Em alguns casos, um controlador central pode ser usado para coordenar as transmissões; em outros, os próprios hospedeiros as coordenam. O segundo tipo é o enlace de comunicação ponto a ponto, tal como o existente entre dois roteadores conectados por um enlace de longa distância, ou entre um computador no escritório de um usuário e o comutador Ethernet próximo ao qual ele está conectado. Coordenar o acesso a um enlace ponto a ponto é mais simples; o material de referência no site deste livro possui uma discussão detalhada do Point-to-Point Protocol (PPP), que é usado em configurações que variam desde o serviço discado por uma linha telefônica até o transporte de quadros ponto a ponto de alta taxa de transmissão por enlaces de fibra ótica.

Neste capítulo, estudaremos diversas tecnologias importantes da camada de enlace. Examinaremos em detalhes a detecção e correção de erros, um assunto que abordamos brevemente no Capítulo 3. Consideraremos as redes de acesso múltiplo e as LANs comutadas, incluindo Ethernet, de longe a tecnologia predominante para LANs com fio. Estudaremos também as LANs virtuais e as redes de datacenter. Embora WiFi e, mais frequente, as LANs sem fio sejam tópicos da camada de enlace, deixaremos nosso estudo desses assuntos importantes para o Capítulo 7.

6.1 INTRODUÇÃO À CAMADA DE ENLACE

Vamos começar com um pouco de terminologia útil. Achamos que, neste capítulo, é conveniente nos referirmos a qualquer dispositivo que rode um protocolo da camada de enlace (i.e., camada 2) como um **nó**. Os nós incluem hospedeiros, roteadores, switches e pontos de acesso WiFi (discutidos no Capítulo 7). Também nos referiremos aos canais de comunicação que conectam nós adjacentes nos caminhos de comunicação como **enlaces**. Para que um datagrama seja transferido de um hospedeiro de origem até um de destino, ele tem de ser transportado sobre cada um dos *enlaces individuais* existentes no caminho fim a fim. Por exemplo, na rede corporativa mostrada na parte inferior da Figura 6.1, considere o envio de um datagrama de um dos hospedeiros sem fio para um dos servidores. Esse datagrama, na

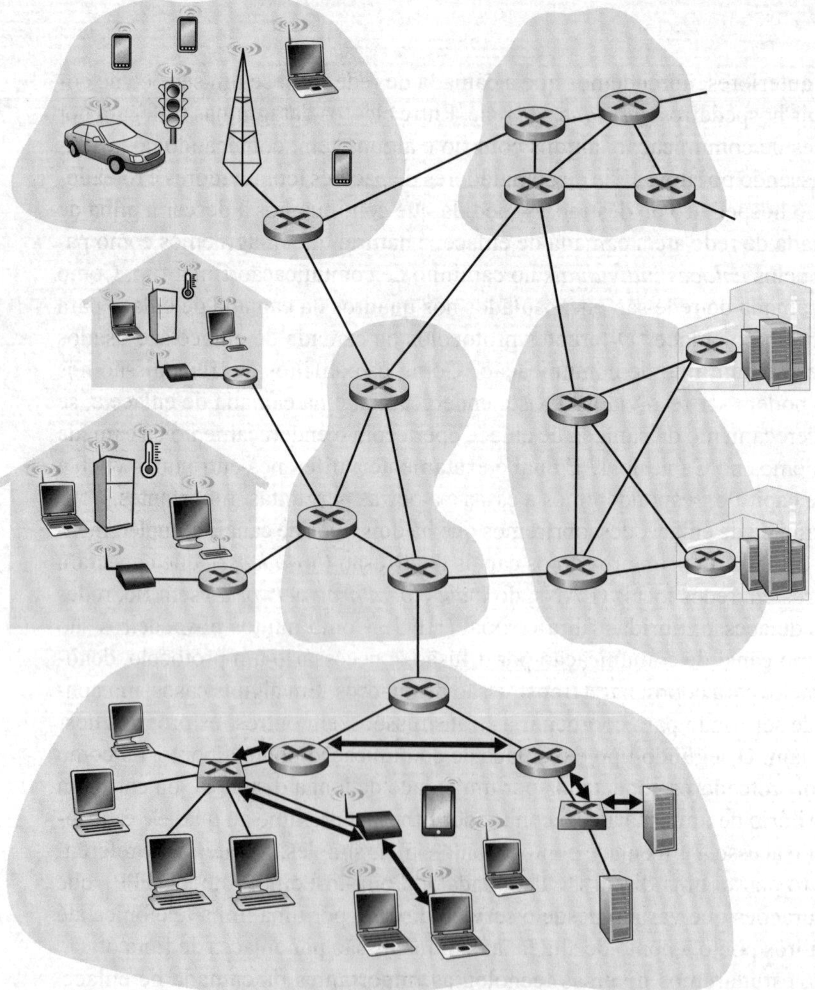

Figura 6.1 Seis saltos da camada de enlace entre hospedeiro sem fio e servidor.

verdade, passará por seis enlaces: um WiFi entre o hospedeiro remetente e o ponto de acesso WiFi, um Ethernet entre o ponto de acesso e um comutador da camada de enlace;* um entre o comutador da camada de enlace e o roteador, um entre os dois roteadores; um Ethernet entre o roteador e um comutador da camada de enlace; e, por fim, um enlace Ethernet entre o switch e o servidor. Por cada enlace, um nó transmissor encapsula o datagrama em um **quadro da camada de enlace** e o transmite para dentro do enlace.

Para uma boa compreensão da camada de enlace e de como ela se relaciona com a camada de rede, vamos considerar uma analogia com um sistema de transporte. Imagine um agente de viagens que planeja uma viagem para um turista de Princeton, em Nova Jersey, até Lausanne, na Suíça. O agente decide que é mais conveniente para o turista pegar uma limusine de Princeton até o aeroporto JFK; em seguida, um avião até o aeroporto de Genebra; e, por fim, um trem até a estação ferroviária de Lausanne. Assim que o agente fizer as três reservas, é responsabilidade da empresa de limusines conduzir o turista de Princeton ao aeroporto JFK; é responsabilidade da companhia aérea transportar o turista do aeroporto JFK a Genebra; e é responsabilidade do trem suíço levar o turista de Genebra a Lausanne. Cada um dos três segmentos da viagem é "direto" entre duas localidades "adjacentes". Note que os três segmentos de transporte são administrados por empresas diferentes e usam meios de transporte completamente diferentes (limusine, avião e trem). Embora os meios de transporte sejam diferentes, cada um fornece o serviço básico de levar passageiros de uma localidade a outra adjacente. Nessa comparação com o transporte, o turista seria um datagrama; cada segmento de transporte, um enlace de comunicação; o meio de transporte, um protocolo da camada de enlace; e o agente de viagens, um protocolo de roteamento.

6.1.1 Os serviços fornecidos pela camada de enlace

Embora o serviço básico de qualquer camada de enlace seja mover um datagrama de um nó até um nó adjacente por um único enlace de comunicação, os detalhes do serviço podem variar de um protocolo da camada de enlace para outro. Entre os serviços que podem ser oferecidos por um protocolo da camada de enlace, estão:

- *Enquadramento de dados.* Quase todos os protocolos da camada de enlace encapsulam cada datagrama da camada de rede dentro de um quadro da camada de enlace antes de transmiti-lo pelo enlace. Um quadro consiste em um campo de dados no qual o datagrama da camada de rede é inserido, e em uma série de campos de cabeçalho. A estrutura do quadro é especificada pelo protocolo da camada de enlace. Veremos diversos formatos de quadros diferentes quando examinarmos os protocolos da camada de enlace específicos na segunda metade deste capítulo.
- *Acesso ao enlace.* Um protocolo de controle de acesso ao meio (MAC, do inglês *medium access control*) especifica as regras segundo as quais um quadro é transmitido pelo enlace. Para enlaces ponto a ponto que têm um único remetente em uma extremidade do enlace e um único receptor na outra, o protocolo MAC é simples (ou inexistente) – o remetente pode enviar um quadro sempre que o enlace estiver ocioso. O caso mais interessante é quando vários nós compartilham um único enlace de difusão – o denominado problema de acesso múltiplo. Aqui, o protocolo MAC serve para coordenar as transmissões de quadros dos muitos nós.
- *Entrega confiável.* Quando um protocolo da camada de enlace fornece serviço confiável de entrega, ele garante que vai transportar sem erro cada datagrama da camada de rede pelo enlace. Lembre-se de que certos protocolos da camada de transporte (como o Protocolo de Controle de Transmissão [TCP, do inglês *Transmission Control Protocol*]) também fornecem um serviço confiável de entrega. Semelhante ao que acontece com um serviço confiável de entrega da camada de transporte, consegue-se um serviço confiável

* N. de T.: As expressões "comutador de camada de enlace" e "switch" serão usados de forma intercambiável neste capítulo.

de entrega da camada de enlace com reconhecimentos e retransmissões (veja a Seção 3.4). Um serviço confiável de entrega da camada de enlace é muito usado por enlaces que costumam ter altas taxas de erros, como é o caso de um enlace sem fio, com a finalidade de corrigir um erro localmente, no enlace no qual o erro ocorre, em vez de forçar uma retransmissão fim a fim dos dados por um protocolo da camada de transporte ou de aplicação. Contudo, a entrega confiável da camada de enlace pode ser considerada uma sobrecarga desnecessária para enlaces de baixa taxa de erros, incluindo enlaces de fibra, enlaces coaxiais e muitos enlaces de pares de fios trançados de cobre. Por essa razão, muitos protocolos da camada de enlace com fio não fornecem um serviço de entrega confiável.

- *Detecção e correção de erros.* O hardware da camada de enlace de um nó receptor pode decidir incorretamente que um bit de um quadro é zero quando foi transmitido como 1 e vice-versa. Esses erros de bits são introduzidos por atenuação de sinal e ruído eletromagnético. Como não há necessidade de repassar um datagrama que tem um erro, muitos protocolos da camada de enlace oferecem um mecanismo para detectar a presença de tais erros. Isso é feito obrigando o nó transmissor a enviar bits de detecção de erros no quadro e o nó receptor a realizar uma verificação de erros. Lembre-se de que nos Capítulos 3 e 4 dissemos que as camadas de transporte e de rede da Internet também fornecem um serviço limitado de detecção de erros – a soma de verificação da Internet. A detecção de erros na camada de enlace geralmente é mais sofisticada e é executada em hardware. A correção de erros é semelhante à detecção de erros, exceto que um receptor não só detecta quando ocorreram os erros no quadro, mas também determina exatamente em que lugar do quadro ocorreram (e, então, os corrige).

6.1.2 Onde a camada de enlace é implementada?

Antes de mergulharmos em nosso detalhado estudo sobre a camada de enlace, vamos considerar a questão de onde esta é implementada. A camada de enlace de um computador deve ser implementada no hardware ou no software? Deve ser implementada em uma placa ou chip separado, e como ocorre a interface com o resto do hardware de um hospedeiro e com os componentes de sistemas operacionais?

A Figura 6.2 mostra a arquitetura típica de um hospedeiro. As capacidades de Ethernet são integradas ao chipset da placa-mãe ou implementadas através de um chip de Ethernet dedicado de baixo custo. Na maior parte, a camada de enlace é implementada em um chip chamado de **adaptador de rede**, às vezes também conhecido como **placa de interface de rede** (**NIC**, do inglês ***network interface controller***). O adaptador de rede executa vários serviços da camada de enlace, incluindo enquadramento, acesso ao enlace, detecção de erros etc. Dessa forma, muito da funcionalidade do controlador da camada de enlace é realizado em hardware. Por exemplo, os adaptadores Intel 700 Series (Intel, 2020) implementam os protocolos Ethernet que estudaremos na Seção 6.5; o controlador Atheros AR5006 (Atheros, 2020) implementa os protocolos WiFi 802.11 que estudaremos no Capítulo 7.

No lado transmissor, o controlador separa um datagrama que foi criado por camadas mais altas da pilha de protocolos e o armazena na memória do hospedeiro, encapsula o datagrama em um quadro da camada de enlace (preenchendo os vários campos do quadro), e então transmite o quadro para um enlace de comunicação, seguindo o protocolo de acesso ao enlace. No lado receptor, um controlador recebe todo o quadro e extrai o datagrama da camada de rede. Se a camada de enlace efetuar uma verificação de erros, é o controlador transmissor que estabelece os bits de detecção de erros no cabeçalho de quadro, e é o controlador receptor que executa a verificação de erros.

A Figura 6.2 mostra que, enquanto a maior parte da camada de enlace é executada em hardware, parte dela é implementada em software que é executado na CPU do hospedeiro. Os componentes do software da camada de enlace implementam uma funcionalidade da camada de enlace de um nível mais alto, montando informações de endereçamento da camada de enlace e ativando o hardware do controlador. No lado receptor, o software da camada de enlace

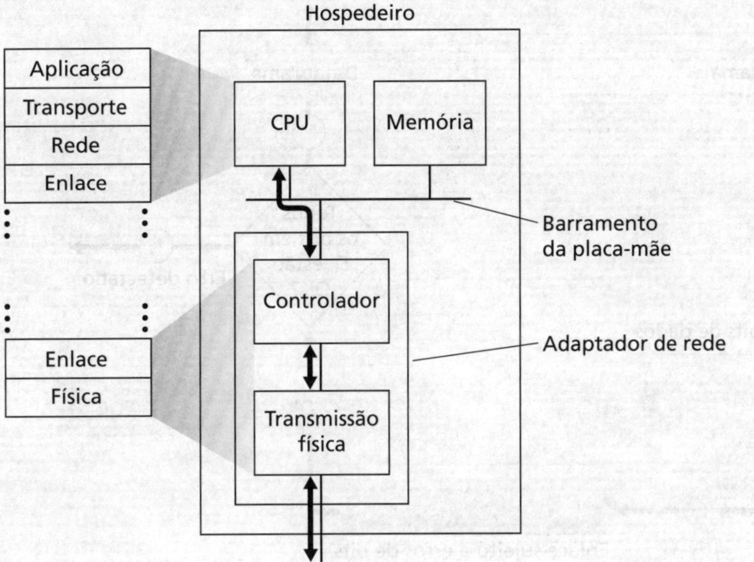

Figura 6.2 Adaptador de rede: seu relacionamento com o resto dos componentes do hospedeiro e a funcionalidade da pilha de protocolos.

responde a interrupções do controlador (p. ex., pelo recebimento de um ou mais quadros), lida com condições de erro e passa o datagrama para a camada de rede, mais acima. Assim, a camada de enlace é uma combinação de hardware e software – o lugar na pilha de protocolos onde o software encontra o hardware. Intel (2020) fornece um panorama legível (assim como descrições detalhadas) do controlador XL710 do ponto de vista de uma programação de software.

6.2 TÉCNICAS DE DETECÇÃO E CORREÇÃO DE ERROS

Na seção anterior, observamos que **detecção e correção de erros no nível de bits** – detecção e correção da alteração de bits em um quadro da camada de enlace enviado de um nó para outro nó vizinho fisicamente ligado a ele – são dois serviços fornecidos com frequência pela camada de enlace. Vimos no Capítulo 3 que serviços de detecção e correção de erros também são frequentemente oferecidos na camada de transporte. Nesta seção, examinaremos algumas das técnicas mais simples que podem ser usadas para detectar e, em alguns casos, corrigir esses erros de bits. Como a teoria e a implementação dessas técnicas é um assunto tratado detalhadamente em muitos livros (p. ex., Schwartz [1980] ou Bertsekas [1991]), nossa abordagem terá de ser breve. Nossa meta é desenvolver uma visão intuitiva das capacidades que as técnicas de detecção e correção de erros fornecem e ver como algumas técnicas simples funcionam e são usadas na prática na camada de enlace.

A Figura 6.3 ilustra o cenário de nosso estudo. No nó remetente, para que os dados, *D*, fiquem protegidos contra erros de bits, eles são aumentados com bits de detecção e de correção (EDC, do inglês *error-detection and error-correction*). Em geral, os dados que devem ser protegidos incluem não somente o datagrama passado para baixo a partir da camada de rede para transmissão pelo enlace, mas também informações de endereçamento da camada de enlace, números de sequência e outros campos do cabeçalho do quadro de enlace. Tanto *D* como *EDC* são enviados ao nó receptor em um quadro no nível de enlace. No nó receptor, são recebidas sequências de bits, *D'* e *EDC'*. Note que *D'* e *EDC'* podem ser diferentes dos *D* e *EDC* originais, como resultado de inversões nos bits em trânsito.

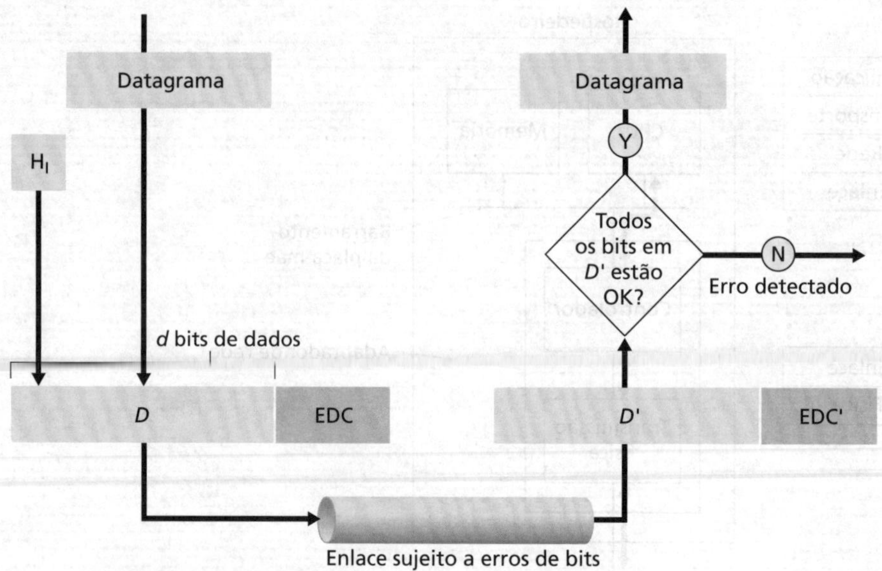

Figura 6.3 Cenário de detecção e correção de erros.

O desafio do receptor é determinar se *D'* é ou não igual ao *D* original, uma vez que recebeu apenas *D'* e *EDC'*. A exata sintaxe da decisão do receptor na Figura 6.3 (perguntamos se um erro foi detectado, e não se um erro foi cometido!) é importante. Técnicas de detecção e correção permitem que o receptor descubra a ocorrência de erros de bits às vezes, *mas não sempre.* Mesmo com a utilização de bits de detecção de erros, ainda pode haver **erros de bits não detectados**, isto é, o receptor pode não perceber que a informação recebida contém erros de bits. Por conseguinte, o receptor poderá entregar um datagrama corrompido à camada de rede ou não perceber que o conteúdo de um campo no cabeçalho do quadro foi corrompido. Assim, é preciso escolher um esquema de detecção de erros para o qual a probabilidade dessas ocorrências seja pequena. Em geral, técnicas mais sofisticadas de detecção e correção de erros (i.e., as que têm uma probabilidade menor de permitir erros de bits não detectados) ficam sujeitas a uma sobrecarga maior – é preciso mais processamento para calcular e transmitir um número maior de bits de detecção e correção de erros.

Vamos examinar agora três técnicas de detecção de erros nos dados transmitidos – verificações de paridade (para ilustrar as ideias básicas da detecção e correção de erros), métodos de soma de verificação (que são mais empregados na camada de transporte) e verificações de redundância cíclica (CRCs, do inglês *cyclic redundancy checks*) (que são, em geral, empregadas na camada de enlace, nos adaptadores).

6.2.1 Verificações de paridade

Talvez a maneira mais simples de detectar erros seja utilizar um único **bit de paridade**. Suponha que a informação a ser enviada, *D* na Figura 6.4, tenha *d* bits. Em um esquema de paridade par, o remetente apenas inclui um bit adicional e escolhe o valor desse bit de modo que o número total de "1" nos $d + 1$ bits (a informação original mais um bit de paridade) seja par. Em esquemas de paridade ímpar, o valor do bit de paridade é escolhido para que haja um número ímpar de "1". A Figura 6.4 ilustra um esquema de paridade par com o bit de paridade armazenado em um campo separado.

Com um único bit de paridade, a operação do receptor também é simples. O receptor precisa apenas contar quantos "1" há nos $d + 1$ bits recebidos. Se, utilizando um esquema de paridade par, for encontrado um número ímpar de bits de valor 1, o receptor saberá que ocorreu pelo menos um erro de bit. Mais precisamente, ele saberá que ocorreu algum número *ímpar* de erros de bit.

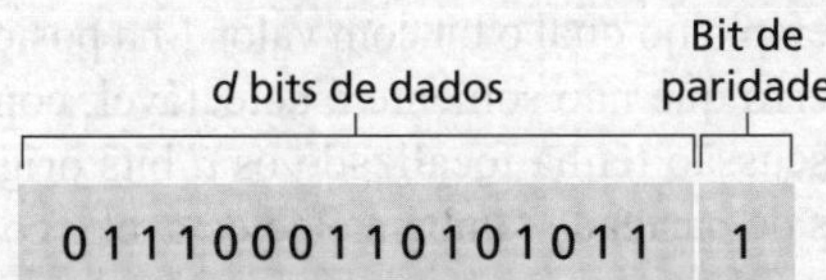

Figura 6.4 Paridade par usando um bit.

Mas o que acontecerá se ocorrer um número par de erros de bit? É bom que você se convença de que isso resultaria em um erro não detectado. Se a probabilidade de erro de bits for pequena e se for razoável admitir que os erros ocorrem independentemente entre um bit e o bit seguinte, a probabilidade de haver vários erros de bits em um pacote seria bastante pequena. Nesse caso, um único bit de paridade poderia ser suficiente. Contudo, medições demonstraram que, em vez de acontecerem independentemente, os erros em geral se aglomeram em "rajadas". Na condição de rajada de erros, a probabilidade de haver erros não detectados em um quadro protegido por um esquema de paridade de bit único pode chegar perto de 50% (Spragins, 1991). Claro que é necessário um esquema de detecção de erros mais robusto (e, felizmente, é o que se usa na prática!). Mas antes de examinarmos os esquemas usados na prática, vamos considerar uma generalização simples da paridade de bit único que nos dará uma ideia das técnicas de correção.

A Figura 6.5 mostra uma generalização bidimensional do esquema de paridade de bit único. Nessa figura, os d bits de D são divididos em i linhas e j colunas. Um valor de paridade é calculado para cada linha e para cada coluna. Os $i + j + 1$ bits de paridade resultantes compreendem os bits de detecção de erros do quadro da camada de enlace.

Suponha agora que ocorra um erro de bit único nos d bits originais de informação. Com esse esquema de **paridade bidimensional**, tanto a paridade da coluna quanto a da linha que contiver o bit modificado estarão com erro. O receptor então não só pode *detectar* que ocorreu um erro de um bit único, mas também usar os índices da linha e da coluna com erros de paridade para realmente identificar o bit que foi corrompido e *corrigir* aquele erro!

Paridade de linha →

Paridade de coluna ↓

$d_{1,1}$	...	$d_{1,j}$	$d_{1,j+1}$
$d_{2,1}$	...	$d_{2,j}$	$d_{2,j+1}$
...	...	...	...
$d_{i,1}$	...	$d_{i,j}$	$d_{i,j+1}$
$d_{i+1,1}$	...	$d_{i+1,j}$	$d_{i+1,j+1}$

Nenhum erro

1	0	1	0	1	1
1	1	1	1	0	0
0	1	1	1	0	1
0	0	1	0	1	0

Erro de bit único corrigível

1	0	1	0	1	1
1	0	1	1	0	0
0	1	1	1	0	1
0	0	1	0	1	0

Erro de paridade (linha 2)

Erro de paridade (coluna 2)

Figura 6.5 Paridade par bidimensional.

A Figura 6.5 mostra um exemplo no qual o bit com valor 1 na posição (2, 2) está corrompido e mudou para um 0 – um erro que não somente é detectável, como também corrigível no receptor. Embora nossa discussão tenha focalizado os *d* bits originais de informação, um erro único nos próprios bits de paridade também é detectável e corrigível. A paridade bidimensional também pode detectar (mas não corrigir!) qualquer combinação de dois erros em um pacote. Outras propriedades do esquema de paridade bidimensional são discutidas nos exercícios ao final deste capítulo.

A capacidade do receptor para detectar e corrigir erros é conhecida como **correção de erros para a frente** (**FEC**, do inglês ***forward error correction***). Essas técnicas são usadas na armazenagem de áudio e em equipamentos de reprodução, como CDs de áudio. Em um ambiente de rede, as técnicas FEC podem ser usadas isoladamente ou em conjunto com as técnicas ARQ (do inglês *Automatic Repeat reQuest* – solicitação automática de repetição), que examinamos no Capítulo 3. As técnicas FEC são valiosas porque podem reduzir o número exigido de retransmissões do remetente. Talvez o mais importante seja que elas permitem imediata correção de erros no receptor. Isso evita ter de esperar pelo atraso de propagação da viagem de ida e volta de que o remetente precisa para receber um pacote NAK (do inglês *negative acknowledgement* – reconhecimento negativo) e para que um pacote retransmitido se propague de volta ao receptor – uma vantagem potencialmente importante para aplicações de rede em tempo real (Rubenstein, 1998) ou enlaces (como enlaces no espaço sideral) com longos atrasos de propagação. Entre as pesquisas que examinaram a utilização da FEC em protocolos de controle de erros, estão as de Biersack (1992), Nonnenmacher (1998), Byers (1998) e Shacham (1990).

6.2.2 Métodos de soma de verificação

Em técnicas de soma de verificação, os *d* bits de dados na Figura 6.4 são tratados como uma sequência de números inteiros de *k* bits. Um método simples de soma de verificação é somar esses inteiros de *k* bits e usar o total resultante como bits de detecção de erros. A **soma de verificação da Internet** é baseada nessa técnica – bytes de dados são tratados como inteiros de 16 bits e somados. O complemento de 1 dessa soma forma, então, a soma de verificação da Internet, que é carregada no cabeçalho do segmento. Como discutido na Seção 3.3, o receptor verifica a soma de verificação calculando os complementos de 1 da soma dos dados recebidos (inclusive a soma de verificação) e averiguando se o resultado contém somente bits 0. Se qualquer um dos bits for 1, isso indicará um erro. O RFC 1071 discute em detalhes o algoritmo da soma de verificação da Internet e sua implementação. Nos protocolos TCP e UDP (do inglês *User Datagram Protocol* – Protocolo de Datagrama de Usuário), a soma de verificação da Internet é calculada sobre todos os campos (incluindo os de cabeçalho e de dados). No IP, a soma de verificação é calculada sobre o cabeçalho IP (já que o segmento UDP ou TCP tem sua própria soma de verificação). Em outros protocolos, por exemplo, o XTP Strayer (1992), uma soma de verificação é calculada sobre o cabeçalho, e outra soma de verificação é calculada sobre o pacote inteiro.

Métodos de soma de verificação exigem relativamente pouca sobrecarga no pacote. Por exemplo, as somas de TCP e UDP utilizam apenas 16 bits. Contudo, oferecem proteção um tanto baixa contra erros, se forem comparados com a verificação de redundância cíclica, discutida mais adiante, que é utilizada com frequência na camada de enlace. Uma pergunta que surge naturalmente neste ponto é: por que a soma de verificação é utilizada na camada de transporte e a verificação de redundância cíclica é utilizada na camada de enlace? Lembre-se de que a camada de transporte em geral é executada em software, como parte do sistema operacional de um hospedeiro. Como a detecção de erros na camada de transporte é realizada em software, é importante que o esquema de detecção de erros seja simples e rápido como a soma de verificação. Por outro lado, a detecção de erro na camada de enlace é implementada em hardware dedicado nos adaptadores, que podem rodar rapidamente as mais complexas operações de CRC. Feldmeier (1995) apresenta técnicas de implementação rápida em software não só para códigos de soma de verificação ponderada, mas também para CRC (veja a seguir) e outros códigos.

6.2.3 Verificação de redundância cíclica (CRC)

Uma técnica de detecção de erros muito usada nas redes de computadores de hoje é baseada em **códigos de CRC**. Códigos de CRC também são conhecidos como **códigos polinomiais**, já que é possível considerar a cadeia de bits a ser enviada como um polinômio cujos coeficientes são os valores 0 e 1 na cadeia, sendo as operações interpretadas como aritmética polinomial.

Códigos de CRC funcionam da seguinte forma. Considere a parcela de d bits de dados, D, que o nó remetente quer enviar para o nó receptor. O remetente e o receptor devem, primeiro, concordar com um padrão de $r + 1$ bits, conhecido como um **gerador**, que denominaremos G. Vamos exigir que o bit mais significativo (o da extrema esquerda) de G seja um 1. A ideia fundamental por trás dos códigos de CRC é mostrada na Figura 6.6. Para dada parcela de dados, D, o remetente escolherá r bits adicionais, R, e os anexará a D de modo que o padrão de $d + r$ bits resultante (interpretado como um número binário) seja divisível exatamente por G (i.e., sem qualquer resto), usando aritmética de módulo 2. Assim, o processo de verificação de erros com CRC é simples: o receptor divide os $d + r$ bits recebidos por G. Se o resto for diferente de zero, o receptor saberá que ocorreu um erro; caso contrário, os dados são aceitos como corretos.

Todos os cálculos de CRC são feitos por aritmética de módulo 2 sem "vai 1" nas adições nem "empresta 1" nas subtrações. Isso significa que a adição e a subtração são idênticas, e ambas são equivalentes à operação ou exclusivo (XOR, do inglês *exclusive-or*) bit a bit dos operandos. Por exemplo,

```
1011 XOR 0101 = 1110
1001 XOR 1101 = 0100
```

Também de modo semelhante, temos:

```
1011 - 0101 = 1110
1001 - 1101 = 0100
```

A multiplicação e a divisão são as mesmas da base 2, exceto que, em qualquer adição ou subtração exigida, não se emprestam nem se tomam emprestadas casas. Como na aritmética binária comum, a multiplicação por 2^k desloca um padrão de bits para a esquerda por k casas. Assim, dados D e R, a quantidade $D \cdot 2^r$ XOR R dá como resultado o padrão de bits $d + r$ mostrado na Figura 6.6. Usaremos a representação algébrica do padrão de bits $d + r$ da Figura 6.6 em nossa discussão a seguir.

Vamos agora voltar à questão crucial de como o remetente calcula R. Lembre-se de que queremos descobrir um R tal que exista um n tal que

$$D \cdot 2^r \text{ XOR } R = nG$$

Isto é, devemos escolher um R tal que G divida $D \cdot 2^r$ XOR R sem resto. Se usarmos a operação XOR (i.e., adicionarmos com módulo 2, sem vai 1) de R em ambos os lados da equação anterior, teremos:

$$D \cdot 2^r = nG \text{ XOR } R$$

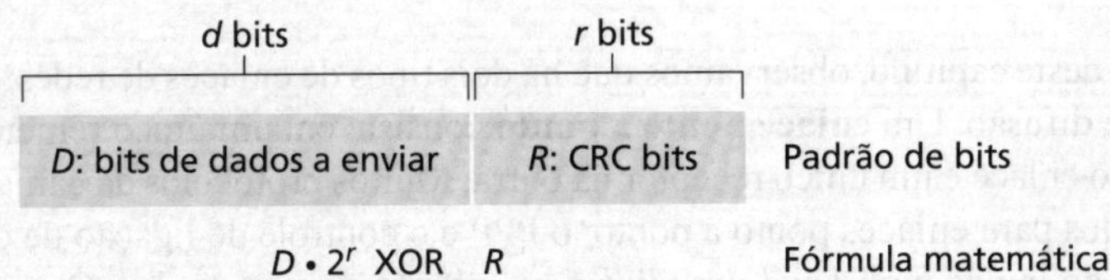

Figura 6.6 Códigos de CRC.

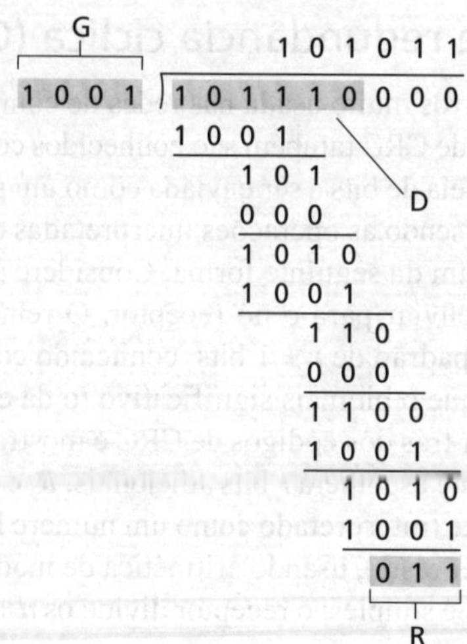

Figura 6.7 Um exemplo de cálculo de CRC.

Essa equação nos diz que, se dividirmos $D \cdot 2^r$ por G, o valor do resto será exatamente R. Em outras palavras, podemos calcular R como

$$R = \text{resto}\ \frac{D \cdot 2^r}{G}$$

A Figura 6.7 ilustra esses cálculos para o caso de D = 101110, d = 6, G = 1001 e r = 3. Os 9 bits transmitidos nesse caso são 101 110 011. Você deve fazer esses cálculos e verificar se, na verdade, $D \cdot 2^r = 101011 \cdot G \text{ XOR } R$.

Padrões internacionais foram definidos para geradores G de 8, 12, 16 e 32 bits. O padrão CRC-32 de 32 bits, que foi adotado em uma série de protocolos do IEEE da camada de enlace, usa um gerador igual a

$$G_{\text{CRC-32}} = 100000100110000010001110110110111$$

Cada padrão de CRC pode detectar erros de rajada de menos do que $r + 1$ bits. (Isso significa que todos os erros de bits consecutivos de r bits ou menos serão detectados.) Além disso, em hipóteses apropriadas, uma rajada de comprimento maior do que $r + 1$ bits é detectada com probabilidade de $1 - 0{,}5^r$. Cada um dos padrões de CRC também pode detectar qualquer número ímpar de erros de bits. Veja em Williams (1993) uma discussão sobre a realização de verificações de CRC. A teoria por trás dos códigos de CRC e de códigos até mais poderosos ultrapassa o escopo deste livro. O livro de Schwartz (1980) oferece uma excelente introdução a esse tópico.

6.3 ENLACES E PROTOCOLOS DE ACESSO MÚLTIPLO

Na introdução deste capítulo, observamos que há dois tipos de enlaces de redes: ponto a ponto e enlaces de difusão. Um **enlace ponto a ponto** consiste em um único remetente em uma extremidade do enlace e um único receptor na outra. Muitos protocolos da camada de enlace foram projetados para enlaces ponto a ponto; o PPP e o controle de ligação de dados de alto nível (HDLC, do inglês *high-level data link control*) são dois exemplos. O segundo tipo, o **enlace de difusão**, pode ter vários nós remetentes e receptores, todos conectados ao mesmo canal de transmissão único e compartilhado. O termo *difusão* é usado aqui porque, quando qualquer um dos nós transmite um quadro, o canal propaga o quadro por difusão e cada nó recebe uma cópia. A Ethernet e as LANs sem fio são exemplos de tecnologias de difusão da camada de enlace. Nesta seção, vamos nos afastar um pouco dos protocolos específicos dessa camada e examinar, primeiro, um problema de importância fundamental para a camada de enlace de dados: como coordenar o acesso de vários nós remetentes e receptores a um canal de difusão compartilhado – o **problema do acesso múltiplo**. Canais de difusão são muito usados em LANs, redes que estão geograficamente concentradas em um único prédio (ou empresa ou campus). Assim, no final da seção, examinaremos também como os canais de acesso múltiplo são usados em LANs.

Todos estamos familiarizados com a noção de difusão – a televisão usa essa tecnologia desde que foi inventada. Mas a televisão tradicional é uma difusão unidirecional (i.e., um nó fixo que transmite para muitos nós receptores), ao passo que os nós em um canal de difusão de uma rede de computadores tanto podem enviar quanto receber. Talvez uma analogia humana mais apropriada para um canal de difusão seja um coquetel, no qual muitas pessoas se encontram em uma sala grande para falar e ouvir (e o ar fornece o meio de transmissão). Outra boa analogia é algo com que muitos leitores estão familiarizados – uma sala de aula, onde professor(es) e estudante(s) compartilham, de maneira semelhante, o mesmo e único meio de transmissão por difusão. Um problema fundamental em ambos os cenários é determinar quem fala (i.e., quem transmite pelo canal) e quando fala. Como seres humanos, desenvolvemos uma série elaborada de protocolos para compartilhar o canal de difusão:

"Dê a todos uma oportunidade de falar."
"Não fale até que alguém fale com você."
"Não monopolize a conversa."
"Levante a mão se tiver uma pergunta a fazer."
"Não interrompa uma pessoa quando ela estiver falando."
"Não durma quando alguém estiver falando."

Redes de computadores têm protocolos semelhantes – denominados **protocolos de acesso múltiplo** –, pelos quais os nós regulam sua transmissão pelos canais de difusão compartilhados. Como ilustra a Figura 6.8, os protocolos de acesso múltiplo são necessários em diversos cenários de rede, que inclui redes de acesso com fio e sem fio, além de redes por satélite. Embora tecnicamente cada nó acesse o canal de difusão por meio de seu adaptador, nesta seção vamos nos referir ao *nó* como o dispositivo de envio e de recepção. Na prática, centenas ou até milhares de nós podem se comunicar diretamente por um canal de difusão.

Já que todos os nós têm a capacidade de transmitir quadros, mais de dois nós podem transmitir quadros ao mesmo tempo. Quando isso acontece, todos os nós recebem vários quadros ao mesmo tempo, isto é, os quadros transmitidos **colidem** em todos os receptores. Em geral, quando há uma colisão, nenhum dos nós receptores consegue perceber algum sentido nos quadros que foram transmitidos; de certo modo, os sinais dos quadros que colidem ficam inextricavelmente embaralhados. Assim, todos os quadros envolvidos na colisão são perdidos, e o canal de difusão é desperdiçado durante o intervalo de colisão. É claro que, se muitos nós querem transmitir quadros com frequência, muitas transmissões resultarão em colisões, e grande parte da largura de banda do canal de difusão será desperdiçada.

Para assegurar que o canal de difusão realize trabalho útil quando há vários nós ativos, é preciso coordenar, de algum modo, as transmissões desses nós ativos. Essa tarefa de coordenação é de responsabilidade do protocolo de acesso múltiplo. Durante os últimos 40 anos, milhares de artigos e centenas de teses foram escritos sobre tais protocolos; um levantamento abrangente dos primeiros 20 anos desse volume de trabalho pode ser encontrado em Rom (1990). Além disso, a pesquisa ativa sobre protocolos de acesso múltiplo continua em virtude do surgimento contínuo de novos tipos de enlaces, principalmente novos enlaces sem fio.

Durante anos, dezenas de protocolos de acesso múltiplo foram executados em diversas tecnologias da camada de enlace. Não obstante, podemos classificar praticamente qualquer protocolo de acesso múltiplo em uma das seguintes categorias: **protocolos de divisão de**

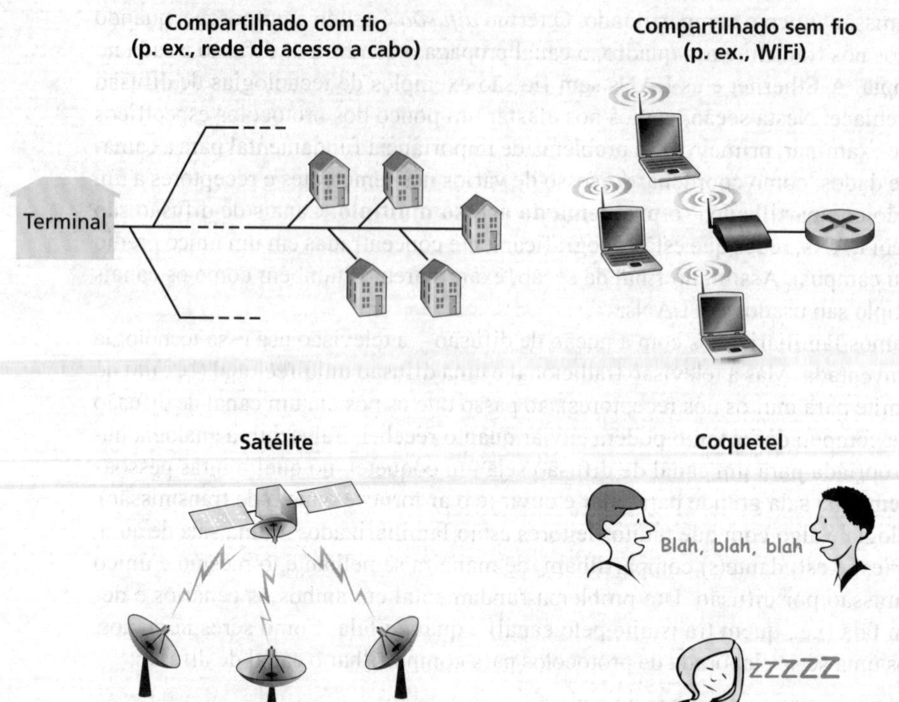

Figura 6.8 Vários canais de acesso múltiplo.

canal, **protocolos de acesso aleatório** e **protocolos de revezamento**. Examinaremos essas categorias nas três subseções seguintes.

Vamos concluir essa visão geral mencionando que, idealmente, um protocolo de acesso múltiplo para um canal de difusão com velocidade de *R* bits por segundo tem as seguintes características desejáveis:

1. Quando apenas um nó tem dados para enviar, esse nó tem uma vazão de *R* bit/s.
2. Quando *M* nós têm dados para enviar, cada um desses nós tem uma vazão de *R*/*M* bits/s. Isso não significa necessariamente que cada um dos *M* nós sempre terá uma velocidade instantânea de *R*/*M*, mas que cada nó deverá ter uma velocidade média de transmissão de *R*/*M* durante algum intervalo de tempo adequadamente definido.
3. O protocolo é descentralizado, isto é, não há um nó mestre que represente um único ponto de falha para a rede.
4. O protocolo é simples para que sua implementação seja barata.

6.3.1 Protocolos de divisão de canal

Lembre-se de que na Seção 1.3 dissemos que a multiplexação por divisão de tempo (TDM, do inglês *time-division multiplexing*) e a multiplexação por divisão de frequência (FDM, do inglês *frequency-division multiplexing*) são duas técnicas que podem ser usadas para dividir a largura de banda de um canal de difusão entre todos os nós que compartilham esse canal. Como exemplo, suponha que o canal suporte *N* nós e que a velocidade de transmissão do canal seja *R* bits/s. O protocolo TDM divide o tempo em **quadros temporais**, os quais depois divide em *N* **compartimentos de tempo**. (O quadro temporal TDM não deve ser confundido com a unidade de dados da camada de enlace trocada entre adaptadores remetentes e receptores, que também é denominada um quadro. Para diminuir a confusão, nesta seção vamos nos referir à unidade de dados trocada na camada de enlace como um pacote.) Cada compartimento de tempo é, então, atribuído a um dos *N* nós. Sempre que um nó tiver um pacote para enviar, ele transmite os bits do pacote durante o compartimento atribuído a ele no quadro rotativo TDM. Normalmente, os tamanhos dos quadros são escolhidos de modo que um único quadro possa ser transmitido durante um compartimento de tempo. A Figura 6.9 mostra um exemplo de TDM simples de quatro nós. Voltando à analogia do coquetel, um coquetel regulamentado por TDM permitiria que um dos convidados falasse durante um período de tempo fixo; em seguida, permitiria que outro convidado falasse pelo mesmo período de tempo e assim por diante. Quando todos tivessem tido sua chance de falar, o padrão seria repetido.

O protocolo TDM é atraente, pois elimina colisões e é perfeitamente justo: cada nó ganha uma velocidade de transmissão dedicada de *R*/*N* bits/s durante cada quadro temporal. Contudo, ele tem duas desvantagens importantes. A primeira é que um nó fica limitado a uma velocidade média de *R*/*N* bits/s, mesmo quando ele é o único nó com pacotes para enviar. A segunda é que o nó deve sempre esperar sua vez na sequência de transmissão – de novo, mesmo quando ele é o único com um quadro a enviar. Imagine um convidado que é o único que tem algo a dizer (e imagine uma situação ainda mais rara, em que todos na festa querem ouvir o que aquela pessoa tem a dizer). É óbvio que o protocolo TDM seria uma má escolha para um protocolo de acesso múltiplo para essa festa em particular.

Enquanto o protocolo TDM compartilha o canal de difusão no tempo, o protocolo FDM divide o canal de *R* bits/s em frequências diferentes (cada uma com uma taxa de transmissão de *R*/*N*) e reserva cada frequência a um dos *N* nós, criando, desse modo, *N* canais menores de *R*/*N* bits/s a partir de um único canal maior de *R* bits/s. O protocolo FDM compartilha as vantagens do protocolo TDM – evita colisões e divide a largura de banda com justiça entre os *N* nós. Porém, também compartilha uma desvantagem principal com o protocolo TDM – um nó é limitado a uma largura de banda *R*/*N*, mesmo quando é o único nó que tem pacotes a enviar.

Um terceiro protocolo de divisão de canal é o **protocolo de acesso múltiplo por divisão de código** (**CDMA**, do inglês ***code division multiple access***). Enquanto os protocolos TDM e FDM atribuem aos nós intervalos de tempo e frequências, respectivamente, CDMA atribui um *código* diferente a cada nó. Então, cada nó usa seu código exclusivo para codificar os bits de dados que envia. Se os códigos forem escolhidos com cuidado, as redes CDMA terão a maravilhosa propriedade de permitir que nós diferentes transmitam *simultaneamente* e, ainda assim, consigam que seus receptores respectivos recebam corretamente os bits codificados pelo remetente (supondo que o receptor conheça o código do remetente), a despeito das interferências causadas pelas transmissões dos outros nós. O CDMA vem sendo usado

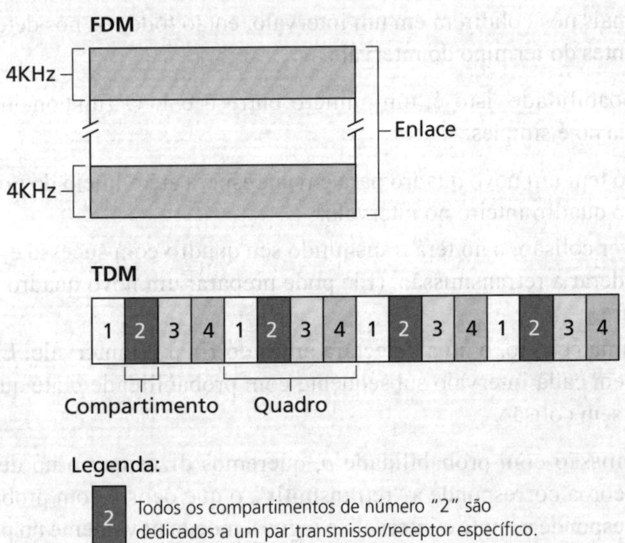

Figura 6.9 Um exemplo de TDM e FDM de quatro nós.

em sistemas militares há algum tempo (por suas propriedades anti-interferências), e agora está bastante difundido para uso civil. Como a utilização do CDMA está muito ligada a canais sem fio, adiaremos a discussão de seus detalhes técnicos para o Capítulo 7. Por enquanto, basta saber que códigos CDMA, assim como compartimentos de tempo em TDM e frequências em FDM, podem ser alocados a usuários de canais de múltiplo acesso.

6.3.2 Protocolos de acesso aleatório

A segunda classe geral de protocolos de acesso múltiplo são os protocolos de acesso aleatório. Com um protocolo de acesso aleatório, um nó transmissor sempre transmite à taxa total do canal, isto é, R bits/s. Quando há uma colisão, cada nó envolvido nela retransmite repetidamente seu quadro (i.e., pacote) até que este passe sem colisão. Mas quando um nó sofre uma colisão, ele nem sempre retransmite o quadro de imediato. *Em vez disso, ele espera um tempo aleatório antes de retransmitir o quadro.* Cada nó envolvido em uma colisão escolhe atrasos aleatórios independentes. Como após uma colisão os tempos de atraso são escolhidos de modo independente, é possível que um dos nós escolha um atraso mais curto o suficiente do que os atrasos dos outros nós em colisão e, portanto, consiga passar seu quadro discretamente para dentro do canal, sem colisão.

Há dezenas, se não centenas, de protocolos de acesso aleatório descritos na literatura (Rom, 1990; Bertsekas, 1991). Nesta seção, descreveremos alguns dos mais usados – os protocolos ALOHA (Abramson, 1970; 1985; 2009) e os de acesso múltiplo com detecção de portadora (CSMA, do inglês *carrier sense multiple access*) (Kleinrock, 1975b). Ethernet (Metcalfe, 1976) é uma variante popular e muito disseminada do protocolo CSMA.

Slotted ALOHA

Vamos começar nosso estudo de protocolos de acesso aleatório com um dos mais simples deles, o slotted ALOHA. Em nossa descrição, admitiremos o seguinte:

- Todos os quadros consistem em exatamente L bits.
- O tempo é dividido em intervalos (*slots*) de tamanho L/R segundos (i.e., um intervalo é igual ao tempo de transmissão de um quadro).
- Os nós começam a transmitir quadros somente no início dos intervalos.
- Os nós são sincronizados de modo que cada nó sabe onde os intervalos começam.
- Se dois ou mais nós colidirem em um intervalo, então todos os nós detectarão o evento de colisão antes do término do intervalo.

Seja p uma probabilidade, isto é, um número entre 0 e 1. O funcionamento do slotted ALOHA em cada nó é simples:

- Quando o nó tem um novo quadro para enviar, espera até o início do próximo intervalo e transmite o quadro inteiro no intervalo.
- Se não houver colisão, o nó terá transmitido seu quadro com sucesso e, assim, não precisará considerar a retransmissão. (Ele pode preparar um novo quadro para transmitir, se tiver algum.)
- Se houver uma colisão, o nó a detectará antes do final do intervalo. Ele retransmitirá seu quadro em cada intervalo subsequente com probabilidade p até que o quadro seja transmitido sem colisão.

Por retransmissão com probabilidade p, queremos dizer que o nó de fato joga uma moeda viciada; coroa corresponde a "retransmitir", o que ocorre com probabilidade p, enquanto cara corresponde a "pule o intervalo e jogue a moeda novamente no próximo intervalo", o que ocorre com probabilidade $(1 - p)$. Todos os nós envolvidos na colisão jogam suas moedas independentemente.

À primeira vista, o slotted ALOHA tem muitas vantagens. Ao contrário da divisão de canal, esse protocolo permite que um único nó transmita continuamente à taxa total do canal, R, quando ele for o único nó ativo. (Diz-se que um nó é ativo quanto tem quadros a enviar.) O slotted ALOHA também é altamente descentralizado, porque cada nó detecta colisões e decide de modo independente quando retransmitir. (No entanto, requer que os intervalos sejam sincronizados nos nós; em breve discutiremos uma versão sem intervalos do protocolo ALOHA [unslotted ALOHA], bem como protocolos CSMA – nenhum deles requer essa sincronização e, portanto, são totalmente descentralizados.) O slotted ALOHA é também um protocolo extremamente simples.

O slotted ALOHA funciona bem quando há apenas um nó ativo, mas qual é sua eficiência quando há vários? Nesse caso, há duas preocupações possíveis quanto à eficiência. A primeira, como mostra a Figura 6.10, é que, quando há vários nós ativos, certa fração dos intervalos terá colisões e, portanto, será "desperdiçada". A segunda é que outra fração dos intervalos estará *vazia* porque todos os nós ativos evitarão transmitir como resultado da política probabilística de transmissão. Os únicos intervalos "não desperdiçados" serão aqueles em que exatamente um nó transmite. Um intervalo em que exatamente um nó transmite é denominado um **intervalo bem-sucedido**. A **eficiência** de um protocolo de acesso múltiplo com intervalos é definida como a fração (calculada durante um longo tempo) de intervalos bem-sucedidos no caso de haver grande número de nós ativos, cada qual tendo sempre grande número de quadros a enviar. Note que, se não fosse usado nenhum tipo de controle de acesso e cada nó retransmitisse logo após a colisão, a eficiência seria zero. É claro que o slotted ALOHA aumenta a eficiência para além de zero, mas em quanto?

Vamos agora esboçar a derivação da eficiência máxima do slotted ALOHA. Para manter a simplicidade dessa derivação, vamos modificar um pouco o protocolo e admitir que cada nó tenta transmitir um quadro em cada intervalo com probabilidade p. (I.e., admitimos que cada nó sempre tenha um quadro para enviar, e transmita com probabilidade p tanto para um quadro novo como para um quadro que já sofreu uma colisão.) Suponha que haja N nós. Então, a probabilidade de que determinado intervalo seja um intervalo bem-sucedido é a probabilidade de que um dos nós transmita, e os restantes $N - 1$ nós, não. A probabilidade de que determinado nó transmita é p; a de que os nós restantes não transmitam é $(1 - p)^{N-1}$. Por conseguinte, a probabilidade de que um dado nó tenha sucesso é $p(1 - p)^{N-1}$. Como há N nós, a probabilidade de um nó arbitrário ter sucesso é $Np(1 - p)^{N-1}$.

Assim, quando há N nós ativos, a eficiência do slotted ALOHA é $Np(1 - p)^{N-1}$. Para obtermos a eficiência *máxima* para N nós ativos, temos de encontrar um p^* que maximize essa expressão. (Veja os exercícios ao final deste capítulo para um esboço geral dessa derivação.)

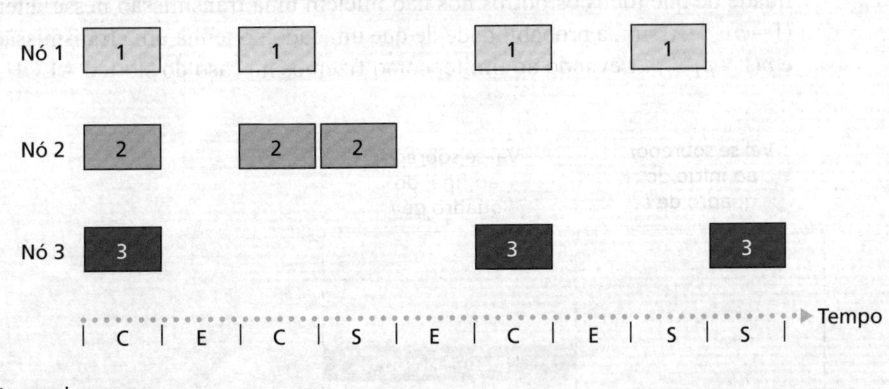

Figura 6.10 Nós 1, 2 e 3 colidem no primeiro intervalo. O nó 2 finalmente é bem-sucedido no quarto intervalo; o nó 1, no oitavo intervalo; e o nó 3, no nono intervalo.

E para obtermos a eficiência máxima para um grande número de nós ativos, consideramos o limite de $Np^*(1 - p^*)^{N-1}$ quando N tende ao infinito. (Novamente, veja os exercícios ao final deste capítulo.) Após esses cálculos, descobriremos que a eficiência máxima do protocolo é dada por $1/e = 0,37$. Isto é, quando um grande número de nós tem muitos quadros a transmitir, então (na melhor das hipóteses) apenas 37% dos intervalos realiza um trabalho útil. Assim, a taxa efetiva de transmissão do canal não é R bits/s, mas apenas 0,37 R bit/s! Uma análise semelhante também demonstra que 37% dos intervalos ficam vazios e 26% apresentam colisões. Imagine o pobre administrador de rede que comprou um sistema slotted ALOHA de 100 Mbits/s esperando poder usar a rede para transmitir dados entre um grande número de usuários a uma taxa agregada de, digamos, 80 Mbits/s! Embora o canal seja capaz de transmitir um dado quadro à taxa máxima do canal de 100 Mbits/s, no final, a vazão que se consegue com esse canal é de menos de 37 Mbits/s.

ALOHA

O protocolo slotted ALOHA requer que todos os nós sincronizem suas transmissões para que comecem no início de um intervalo. O primeiro protocolo ALOHA (Abramson, 1970) era, na realidade, um protocolo sem intervalos e totalmente descentralizado. No ALOHA puro, quando um quadro chega pela primeira vez (i.e., um datagrama da camada de rede é passado para baixo a partir da camada de rede no nó remetente), o nó imediatamente transmite o quadro inteiro ao canal de difusão. Se um quadro transmitido sofrer uma colisão com uma ou mais transmissões, o nó retransmitirá de imediato (após ter concluído a transmissão total do quadro que sofreu a colisão) o quadro com probabilidade p. Caso contrário, o nó esperará por um tempo de transmissão de quadro. Após essa espera, ele então retransmite o quadro com probabilidade p ou espera (permanecendo ocioso) por outro tempo de quadro com probabilidade $1 - p$.

Para determinar a eficiência máxima do ALOHA puro, vamos focalizar um nó individual. Consideraremos as mesmas premissas que adotamos na análise do slotted ALOHA e tomaremos o tempo de transmissão do quadro como a unidade de tempo. A qualquer momento, a probabilidade de que um nó esteja transmitindo um quadro é p. Suponha que esse quadro comece a transmitir no tempo t_0. Como ilustra na Figura 6.11, para que ele seja transmitido com sucesso, nenhum dos outros nós pode começar sua transmissão no intervalo de tempo $[t_0 - 1, t_0]$. Esta se sobreporia ao início da transmissão do quadro do nó i. A probabilidade de que todos os outros nós não iniciem uma transmissão nesse intervalo é $(1 - p)^{N-1}$. De maneira semelhante, nenhum outro nó pode iniciar uma transmissão enquanto o nó i estiver transmitindo, pois essa transmissão se sobreporia à parte final do nó i. A probabilidade de que todos os outros nós não iniciem uma transmissão nesse intervalo é também $(1 - p)^{N-1}$. Assim, a probabilidade de que um dado nó tenha uma transmissão bem-sucedida é $p(1 - p)^{2(N-1)}$. Levando ao limite, como fizemos no caso do slotted ALOHA, descobrimos

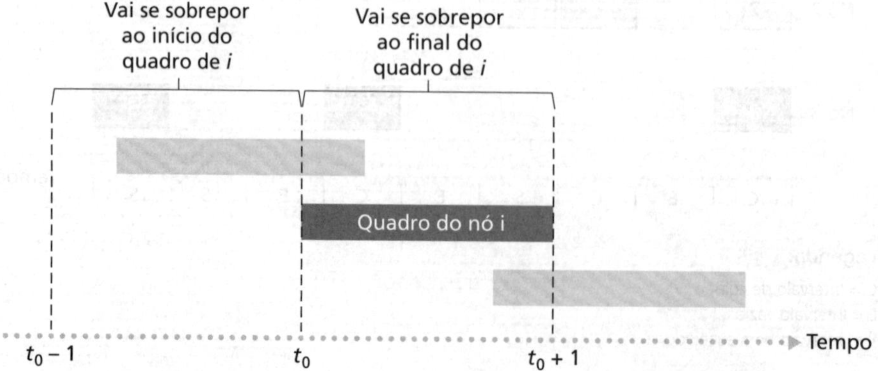

Figura 6.11 Transmissões interferentes no ALOHA puro.

que a eficiência máxima do protocolo ALOHA puro é de apenas $1/(2e)$ – exatamente a metade da eficiência do slotted ALOHA. É este o preço que se paga por um protocolo ALOHA totalmente descentralizado.

Acesso múltiplo com detecção de portadora (CSMA)

Tanto no slotted ALOHA quanto no ALOHA puro, a decisão de transmitir é tomada por um nó independentemente da atividade dos outros nós ligados ao canal de difusão. Em particular, um nó não se preocupa se por acaso outro está transmitindo quando ele começa a transmitir, nem para de transmitir se outro nó começar a interferir em sua transmissão. Em nossa analogia do coquetel, os protocolos ALOHA se parecem muito com um convidado mal-educado que continua a tagarelar mesmo quando outras pessoas estão falando. Como seres humanos, temos protocolos que nos levam não somente a nos comportar com mais civilidade, mas também a reduzir o tempo que gastamos "colidindo" com outros durante a conversação e, por conseguinte, a aumentar a quantidade de dados que trocamos durante nossas conversas. Especificamente, há duas regras importantes que regem a conversação educada entre seres humanos:

- *Ouça antes de falar.* Se uma pessoa estiver falando, espere até que ela tenha terminado. No mundo das redes, isso é denominado **detecção de portadora** – um nó ouve o canal antes de transmitir. Se um quadro de outro nó estiver atualmente sendo transmitido para dentro do canal, o nó então esperará até que não detecte transmissões por um período de tempo curto, e então iniciará a transmissão.
- *Se alguém começar a falar ao mesmo tempo que você, pare de falar.* No mundo das redes, isso é denominado **detecção de colisão** – um nó que está transmitindo ouve o canal enquanto transmite. Se esse nó detectar que outro nó está transmitindo um quadro interferente, ele para de transmitir e espera por algum tempo antes de repetir o ciclo de detectar-e-transmitir-quando-ocioso.

Essas duas regras estão incorporadas na família de **CSMA** e **CSMA com detecção de colisão (CSMA/CD**, do inglês ***carrier sense multiple access with collision detection***) (Kleinrock, 1975b; Metcalfe, 1976; Lam, 1980; Rom, 1990). Foram propostas muitas

HISTÓRICO DO CASO

NORM ABRAMSOM E A ALOHANET

Norm Abramsom, um doutor em engenharia, era apaixonado por surfe e interessado na comutação de pacotes. Essa combinação de interesses o levou à Universidade do Havaí em 1969. O Havaí é formado por muitas ilhas montanhosas, o que dificulta a instalação e a operação de redes terrestres. Quando não estava surfando, Abramson ficava pensando em como projetar uma rede que fizesse comutação de pacotes por rádio. A rede que ele projetou tinha um hospedeiro central e diversos nós secundários espalhados pelas ilhas havaianas. A rede tinha dois canais, cada um usando uma faixa de frequência diferente. O canal na direção dos nós secundários fazia difusão de pacotes do hospedeiro central para os secundários; e o canal na direção contrária enviava pacotes dos hospedeiros secundários para o central. Além de enviar pacotes de informação, o hospedeiro central também enviava pelo canal na direção dos nós secundários um reconhecimento para cada pacote recebido com sucesso dos secundários.

Como os hospedeiros secundários transmitiam pacotes de maneira descentralizada, inevitavelmente ocorriam colisões no canal entre eles e o hospedeiro central. Essa observação levou Abramson a inventar, em 1970, o protocolo ALOHA puro, descrito neste capítulo. Em 1970, com o financiamento contínuo da ARPA, ele conectou sua ALOHAnet à ARPAnet. O trabalho de Abramson é importante não somente porque foi o primeiro exemplo de uma rede de pacotes por rádio, mas também porque inspirou Bob Metcalfe. Alguns anos depois, Metcalfe modificou o protocolo ALOHA e criou o protocolo CSMA/CD e a rede local Ethernet.

variações do CSMA e do CSMA/CD. Nesta seção, consideraremos algumas das características mais importantes e fundamentais do CSMA e do CSMA/CD.

A primeira pergunta que se poderia fazer sobre o CSMA é a seguinte: se todos os nós realizam detecção de portadora, por que colisões chegam a ocorrer? Afinal, um nó vai abster-se de transmitir sempre que perceber que outro está transmitindo. A resposta a essa pergunta pode ser ilustrada utilizando diagramas espaço/tempo (Molle, 1987). A Figura 6.12 apresenta um diagrama espaço/tempo de quatro nós (A, B, C, D) ligados a um barramento linear de transmissão. O eixo horizontal mostra a posição de cada nó no espaço; o eixo vertical representa o tempo.

No tempo t_0, o nó B percebe que o canal está ocioso, pois nenhum outro nó está transmitindo no momento. Assim, o nó B começa a transmitir, e seus bits se propagam em ambas as direções ao longo do meio de transmissão. A propagação para baixo dos bits de B na Figura 6.12 com o aumento do tempo indica que é preciso uma quantidade de tempo de valor diferente de zero para que os bits de B de fato se propaguem (apesar de quase à velocidade da luz) ao longo do meio de transmissão. No tempo t_1 ($t_1 > t_0$), o nó D tem um quadro para enviar. Embora o nó B esteja transmitindo no tempo t_1, os bits que estão sendo transmitidos por B ainda não alcançaram D. Assim, D percebe o canal como ocioso em t_1. De acordo com o protocolo CSMA, D começa então a transmitir seu quadro. Pouco tempo depois, a transmissão de B passa a interferir na transmissão de D em D. Fica evidente, pela Figura 6.12, que o **tempo de atraso de propagação fim a fim de canal** para um canal de difusão – o tempo que leva para que um sinal se propague de um dos extremos do canal para outro – desempenhará um papel crucial na determinação de seu desempenho. Quanto mais longo for esse atraso de propagação, maior será a chance de um nó que detecta portadora ainda não poder perceber uma transmissão que já começou em outro nó da rede.

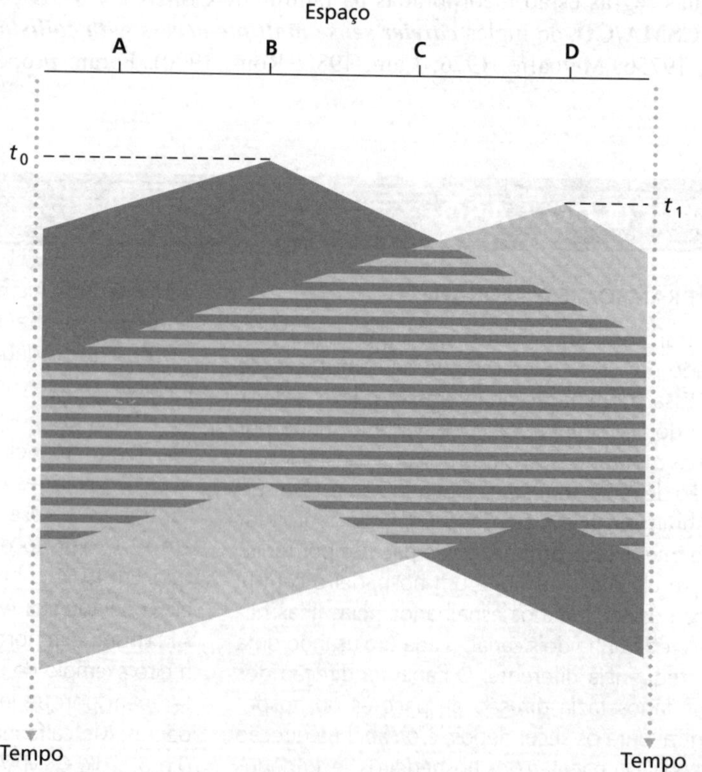

Figura 6.12 Diagrama espaço/tempo de dois nós CSMA com colisão de transmissões.

Acesso múltiplo com detecção de colisão (CSMA/CD)

Na Figura 6.12, os nós não realizam detecção de colisão; ambos, B e D, continuam a transmitir seus quadros integralmente mesmo que ocorra uma colisão. Quando um nó realiza detecção de colisão, ele cessa a transmissão imediatamente. A Figura 6.13 mostra o mesmo cenário da Figura 6.12, exceto que cada um dos dois nós aborta sua transmissão pouco tempo após detectar uma colisão. É claro que adicionar detecção de colisão a um protocolo de acesso múltiplo ajudará o desempenho do protocolo por não transmitir inteiramente um quadro inútil, cujo conteúdo está corrompido (pela interferência de um quadro de outro nó).

Antes de analisar o protocolo CSMA/CD, vamos resumir sua operação do ponto de vista de um adaptador (em um nó) ligado a um canal de difusão:

1. O adaptador obtém um datagrama da camada de rede, prepara um quadro da camada de enlace e coloca o quadro no buffer do adaptador.
2. Se o adaptador detectar que o canal está ocioso (i.e., não há energia de sinal entrando nele a partir do canal), ele começa a transmitir o quadro. Por outro lado, se detectar que o canal está ocupado, ele espera até que não detecte energia de sinal, para então começar a transmitir o quadro.
3. Enquanto transmite, o adaptador monitora a presença de energia de sinal vinda de outros adaptadores usando o canal de difusão.
4. Se transmitir o quadro inteiro sem detectar energia de sinal de outros adaptadores, o adaptador terá terminado com o quadro. Por outro lado, se detectar energia de sinal de outros adaptadores enquanto transmite, ele aborta a transmissão (i.e., para de transmitir seu quadro).
5. Depois de abortar, o adaptador espera por um tempo aleatório e depois retorna à etapa 2.

Acredita-se que a necessidade de esperar por um tempo aleatório (e não fixo) seja clara – se dois nós transmitissem quadros ao mesmo tempo e depois ambos esperassem pelo mesmo

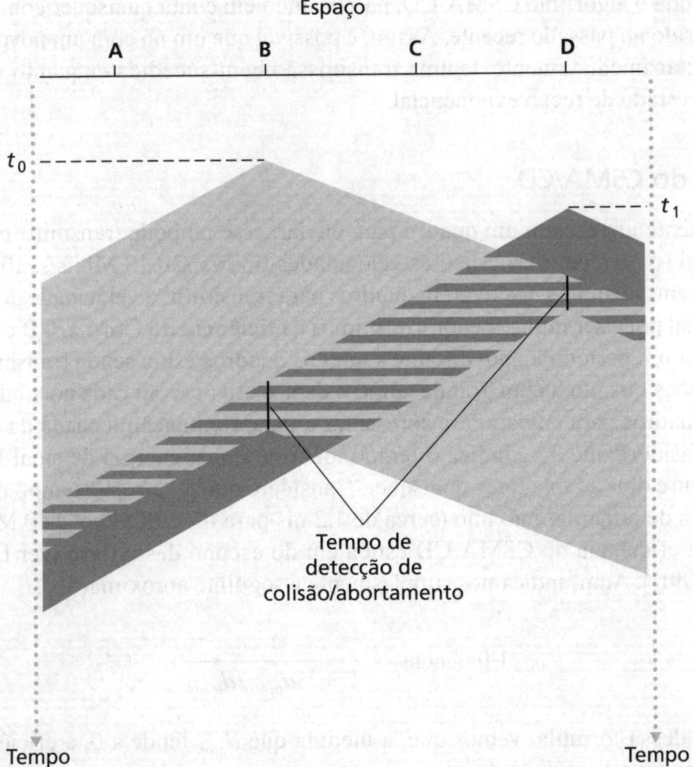

Figura 6.13 CSMA com detecção de colisão.

período fixo, eles continuariam colidindo indefinidamente. Mas qual é um bom intervalo de tempo para escolher um tempo de espera aleatório? Se o intervalo for grande e o número de nós colidindo for pequeno, é provável que os nós esperem muito tempo (com o canal permanecendo ocioso) antes de repetir a etapa de detectar-e-transmitir-quando-ocioso. Por outro lado, se o intervalo for pequeno e o número de nós colidindo for grande, é provável que os valores aleatórios escolhidos sejam quase os mesmos, e os nós transmitindo colidirão de novo. Gostaríamos de ter um intervalo que seja curto quando o número de nós colidindo for pequeno, porém longo quando for grande.

O algoritmo de **recuo exponencial binário**, usado na Ethernet e nos protocolos de acesso múltiplo de rede a cabo DOCSIS (DOCSIS, 3.1 2014), resolve esse problema de forma elegante. Especificamente, ao transmitir um quadro que já tenha experimentado n colisões, um nó escolhe o valor de K aleatoriamente a partir de $\{0, 1, 2, \ldots, 2^n - 1\}$. Assim, quanto mais colisões um quadro experimentar, maior o intervalo do qual K é escolhido. Para Ethernet, a quantidade de tempo real que um nó recua é $K \cdot 512$ tempos de bit (i.e., K vezes a quantidade de tempo necessária para enviar 512 bits para a Ethernet), e o valor máximo que n pode tomar é limitado a 10.

Vejamos um exemplo. Suponha que um nó tente transmitir um quadro pela primeira vez e, enquanto transmite, ele detecta uma colisão. O nó, então, escolhe $K = 0$ com probabilidade 0,5 ou escolhe $K = 1$ com probabilidade 0,5. Se o nó escolhe $K = 0$, então ele de imediato começa a detectar o canal. Se o nó escolhe $K = 1$, ele espera 512 tempos de bit (p. ex., 5,12 microssegundos para uma Ethernet a 100 Mbits/s) antes de iniciar o ciclo de detectar-e-transmitir-quando-ocioso. Após uma segunda colisão, K é escolhido com probabilidade igual dentre {0,1,2,3}. Após três colisões, K é escolhido com probabilidade igual entre {0,1,2,3,4,5,6,7}. Após dez ou mais colisões, K é escolhido com probabilidade igual dentre {0,1,2, . . ., 1023}. Assim, o tamanho dos conjuntos dos quais K é escolhido cresce exponencialmente com o número de colisões; por esse motivo, esse algoritmo é denominado recuo exponencial binário.

Observamos aqui também que, toda vez que um nó prepara um novo quadro para transmissão, ele roda o algoritmo CSMA/CD, não levando em conta quaisquer colisões que possam ter ocorrido no passado recente. Assim, é possível que um nó com um novo quadro possa se aproveitar imediatamente de uma transmissão bem-sucedida enquanto vários outros nós estão no estado de recuo exponencial.

Eficiência do CSMA/CD

Quando somente um nó tem um quadro para enviar, esse nó pode transmitir na velocidade total do canal (p. ex., para Ethernet, as velocidades típicas são 10 Mbits/s, 100 Mbits/s ou 1 Gbit/s). Porém, se muitos nós tiverem quadros para transmitir, a velocidade de transmissão eficaz do canal pode ser muito menor. Definimos a **eficiência do CSMA/CD** como a fração de tempo (por um período longo) durante a qual os quadros estão sendo transmitidos no canal sem colisões quando há um grande número de nós ativos, com cada nó tendo um grande número de quadros para enviar. Para apresentar uma aproximação fechada da eficiência da Ethernet, considere que d_{prop} indica o tempo máximo que a energia de sinal leva para ser propagada entre dois adaptadores quaisquer. Considere que d_{trans} seja o tempo para transmitir um quadro de tamanho máximo (cerca de 1,2 ms para uma Ethernet a 10 Mbits/s). Uma derivação da eficiência do CSMA/CD está além do escopo deste livro (ver Lam [1980] e Bertsekas [1991]). Aqui, indicamos simplesmente a seguinte aproximação:

$$\text{Eficiência} = \frac{1}{1 + 5d_{prop}/d_{trans}}$$

A partir dessa fórmula, vemos que, à medida que d_{prop} tende a 0, a eficiência tende a 1. Isso corresponde à intuição de que, se o atraso de propagação for zero, os nós colidindo abortaram imediatamente suas transmissões, sem desperdiçar o canal. Além disso, à medida que d_{trans} se torna muito grande, a eficiência tende a 1. Isso também é intuitivo, pois quando um quadro agarra o canal, prende-se a ele por um longo tempo; assim, o canal estará realizando trabalho produtivo por quase todo o tempo.

6.3.3 Protocolos de revezamento

Lembre-se de que duas propriedades desejáveis de um protocolo de acesso múltiplo são: (1) quando apenas um nó está ativo, este tem uma vazão de R bits/s; (2) quando M nós estão ativos, então cada nó ativo tem uma vazão de mais ou menos R/M bits/s. Os protocolos ALOHA e CSMA têm a primeira propriedade, mas não a segunda. Isso motivou os pesquisadores a criarem outra classe de protocolos – os **protocolos de revezamento**. Como acontece com os de acesso aleatório, há dezenas de protocolos de revezamento, e cada um deles tem muitas variações. Discutiremos nesta seção dois dos mais importantes. O primeiro é o **protocolo de polling** (seleção). Ele requer que um dos nós seja designado como nó mestre. Este **seleciona** cada um dos nós por alternância circular. Em particular, ele envia primeiro uma mensagem ao nó 1 dizendo que ele (o nó 1) pode transmitir até certo número máximo de quadros. Após o nó 1 transmitir alguns quadros, o nó mestre diz ao nó 2 que ele (o nó 2) pode transmitir até certo número máximo de quadros. (O nó mestre pode determinar quando um nó terminou de enviar seus quadros observando a ausência de um sinal no canal.) O procedimento continua dessa maneira, com o nó mestre escolhendo cada um dos nós de maneira cíclica.

O protocolo de polling elimina as colisões e os intervalos vazios que atormentam os protocolos de acesso aleatório, e isso permite que ele tenha uma eficiência muito maior. Mas também tem algumas desvantagens. A primeira é que o protocolo introduz um atraso de seleção – o período exigido para notificar um nó que ele pode transmitir. Se, por exemplo, apenas um nó estiver ativo, então ele transmitirá a uma velocidade menor do que R bits/s, pois o nó mestre tem de escolher cada um dos nós ociosos por vez, cada vez que um nó ativo tiver enviado seu número máximo de quadros. A segunda desvantagem é potencialmente mais séria: se o nó mestre falhar, o canal inteiro ficará inoperante. O protocolo Bluetooth, que estudaremos na Seção 7.3, é um exemplo de protocolo de polling.

O segundo protocolo de revezamento é o **protocolo de passagem de permissão**. Nele, não há nó mestre. Um pequeno quadro de finalidade especial conhecido como uma **permissão** (*token*) é passado entre os nós obedecendo a uma determinada ordem fixa. Por exemplo, o nó 1 poderá sempre enviar a permissão ao nó 2, o nó 2 poderá sempre enviar a permissão ao nó 3, o nó N poderá sempre enviar a permissão ao nó 1. Quando um nó recebe uma permissão, ele a retém apenas se tiver alguns quadros para transferir, caso contrário, imediatamente a repassa para o nó seguinte. Se um nó tiver quadros para transmitir quando recebe a permissão, ele enviará um número máximo de quadros e, em seguida, passará a permissão para o nó seguinte. A passagem de permissão é descentralizada e tem uma alta eficiência. Mas também tem seus problemas. Por exemplo, a falha de um nó pode derrubar o canal inteiro. Ou, se um nó acidentalmente se descuida e não libera a permissão, então é preciso chamar algum procedimento de recuperação para recolocar a permissão em circulação. Durante muitos anos, foram desenvolvidos muitos protocolos de passagem de permissão, e cada um deles teve de enfrentar esses e outros assuntos delicados, incluindo o protocolo FDDI (do inglês *Fiber Distributed Data Interface* – Interface de Dados Distribuídos por Fibra) (Jain, 1994) e o protocolo token ring IEEE 802.5 (IEEE 802.5, 2012).

6.3.4 DOCSIS: o protocolo da camada de enlace para acesso à Internet a cabo

Nas três subseções anteriores, aprendemos a respeito de três classes gerais de protocolos de acesso múltiplo: protocolos de divisão de canal, protocolos de acesso aleatório e protocolos de revezamento. Aqui, uma rede de acesso a cabo servirá como um excelente estudo de caso, pois veremos aspectos de *cada* uma dessas três classes de protocolos de acesso múltiplo com a rede de acesso a cabo!

Lembre-se de que, na Seção 1.2.1, vimos que uma rede de acesso a cabo em geral conecta milhares de modems a cabo residenciais a um sistema de terminação do modem a cabo (CMTS, do inglês *cable modem termination system*) no terminal de distribuição da rede a cabo. Data-Over-Cable Service Interface Specifications (DOCSIS) (DOCSIS 3.1 2014; Hamzeh 2015) especifica a arquitetura de rede de dados a cabo e seus protocolos. DOCSIS utiliza FDM para dividir os segmentos de rede em direção ao modem (*downstream*) e em direção ao CMTS (*upstream*) em canais de múltiplas frequências. Cada canal do CMTS ao modem tem entre 24 MHz e 192 MHz de largura, com uma vazão máxima de cerca de 1,6 Gbits/s por canal; cada canal do modem ao CMTS tem uma largura de canal de 6,4 MHz a 96 MHz, e uma vazão máxima de mais ou menos 1 Gbits/s. Cada um deles é um canal de difusão. Os quadros transmitidos no canal do CMTS ao modem são recebidos por todos os modems a cabo que recebem esse canal; porém, como há apenas um CMTS transmitindo para o canal em direção ao modem, não há problema de acesso múltiplo. A direção contrária, no entanto, é mais interessante e tecnicamente desafiadora, pois vários modems a cabo compartilham o mesmo canal (frequência) em direção ao CMTS, e com isso potencialmente haverá colisões.

Conforme ilustra a Figura 6.14, cada canal do modem ao CMTS é dividido em intervalos de tempo (tipo TDM), cada um com uma sequência de mini-intervalos, durante os quais os modems a cabo podem transmitir ao CMTS. O CMTS concede permissão explicitamente aos modems individuais para transmitir durante mini-intervalos específicos. O CMTS realiza isso enviando uma mensagem de controle (conhecida como mensagem MAP) em um canal em direção ao modem, para especificar qual modem a cabo (com dados para enviar) pode transmitir durante qual mini-intervalo durante o tempo especificado na mensagem de controle. Como os mini-intervalos são alocados explicitamente aos modems a cabo, o CMTS pode garantir que não haverá transmissões colidindo durante um mini-intervalo.

Mas como o CMTS sabe quais modems a cabo possuem dados para enviar em primeiro lugar? Isso é feito pelo envio de quadros de requisição de mini-intervalo dos modems ao CMTS, durante um conjunto especial de mini-intervalos dedicados para essa finalidade, como mostra a Figura 6.14. Esses quadros de requisição de mini-intervalo são transmitidos em uma forma de acesso aleatório e, portanto, podem colidir uns com os outros. Um modem a cabo não consegue detectar se o canal até o CMTS está ocupado nem detectar colisões. Em vez disso, ele deduz que seu quadro de requisição de mini-intervalo teve uma colisão se não receber uma resposta à alocação requisitada na próxima mensagem de controle do CMTS ao modem. Ao deduzir uma colisão, um modem a cabo usa o recuo exponencial

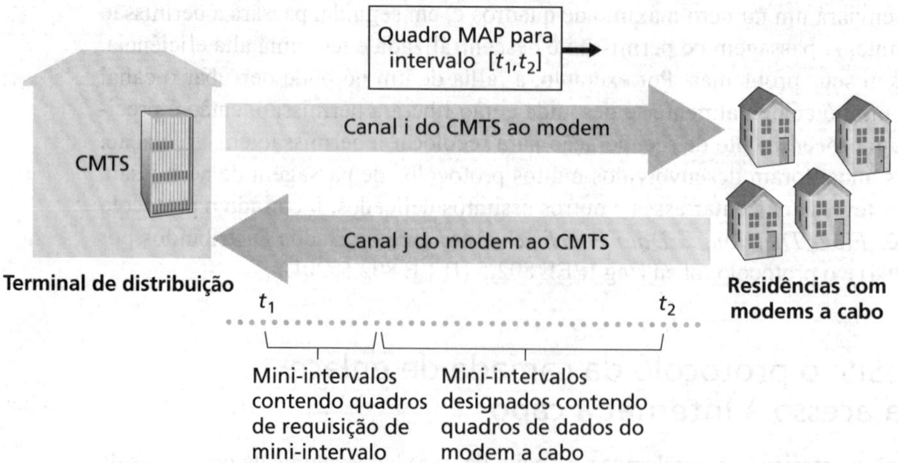

Figura 6.14 Canais entre o CMTS e os modems a cabo.

binário para adiar a retransmissão do seu quadro de requisição de mini-intervalo para um período no futuro. Quando há pouco tráfego no canal de subida até o CMTS, um modem a cabo pode de fato transmitir quadros de dados durante os intervalos designados nominalmente para os quadros de requisição de mini-intervalo (evitando, assim, ter que esperar por uma designação de mini-intervalo).

Uma rede de acesso a cabo, portanto, serve como um excelente exemplo de protocolos de acesso múltiplo em ação – FDM, TDM, acesso aleatório e intervalos de tempo alocados de forma central, tudo dentro de uma rede!

6.4 REDES LOCAIS COMUTADAS

Tendo explicado as redes de difusão e os protocolos de acesso múltiplo na seção anterior, vamos voltar nossa atenção em seguida às redes locais comutadas. A Figura 6.15 mostra uma rede local comutada conectando três departamentos, dois servidores e um roteador com quatro switches. Como esses switches operam na camada de enlace, eles comutam quadros da camada de enlace (em vez de datagramas da camada de rede), não reconhecem endereços da camada de rede e não utilizam algoritmos de roteamento, como OSPF, para determinar caminhos pela rede de comutadores da camada 2. Em vez de usar endereços IP, logo veremos que eles usam endereços da camada de enlace para repassar quadros da camada de enlace pela rede de switches. Vamos começar nosso estudo das LANs comutadas explicando primeiro o endereçamento na camada de enlace (Seção 6.4.1). Após, examinaremos o famoso protocolo Ethernet (Seção 6.4.2). Depois de examinar o endereçamento na camada de enlace e Ethernet, veremos como operam os comutadores da camada de enlace (Seção 6.4.3) e (na Seção 6.4.4) como esses switches normalmente são usados para montar LANs em grande escala.

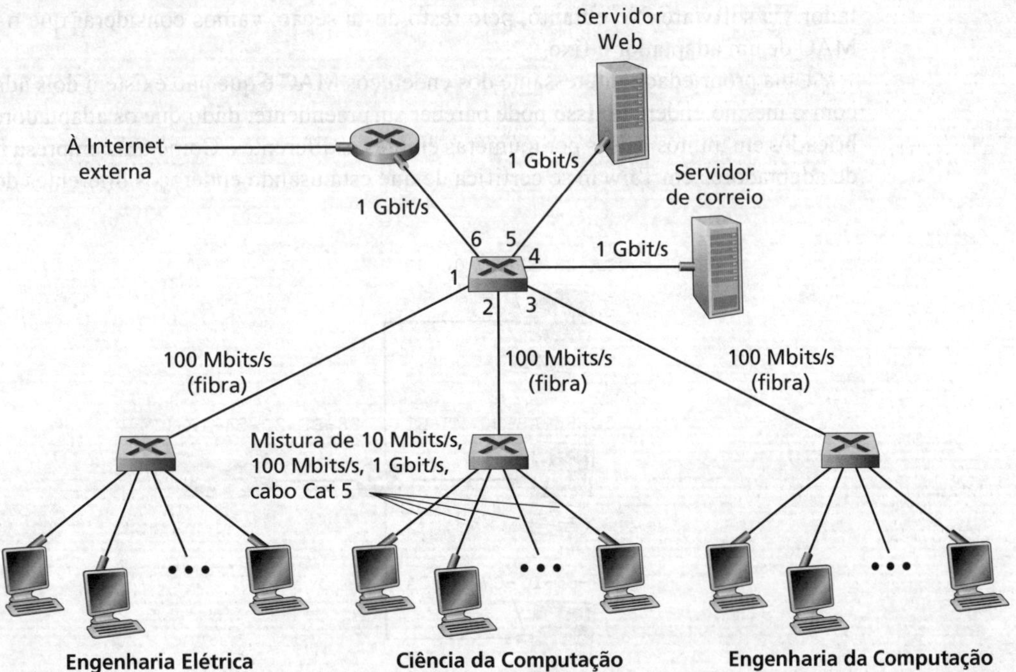

Figura 6.15 Uma rede institucional conectada por quatro switches.

6.4.1 Endereçamento na camada de enlace e ARP

Hospedeiros e roteadores têm endereços da camada de enlace. Você talvez fique surpreso com isso ao lembrar que dissemos, no Capítulo 4, que hospedeiros e roteadores também têm endereços da camada de rede, e talvez se pergunte por que, afinal de contas, é preciso ter endereços na camada de rede e na de enlace. Nesta seção, além de descrevermos a sintaxe e a função dos endereços da camada de enlace, esperamos esclarecer por que as duas camadas de endereços são úteis e, na verdade, indispensáveis. Estudaremos também o Protocolo de Resolução de Endereços (ARP, do inglês *Address Resolution Protocol*), que oferece um mecanismo que habilita os nós a traduzirem endereços IP para endereços da camada de enlace.

Endereços MAC

Na verdade, não é o nó (i.e., o hospedeiro ou o roteador) que tem um endereço da camada de enlace, mas o adaptador do nó. Um hospedeiro ou roteador com várias interfaces de rede, portanto, terá vários endereços da camada de enlace associados a ele, assim como também teria vários endereços IP associados. Porém, é importante observar que os comutadores da camada de enlace não têm endereços da camada de enlace associados às suas interfaces, que se conectam aos hospedeiros e roteadores. Isso porque a função do comutador da camada de enlace é transportar datagramas entre hospedeiros e roteadores; um comutador faz isso de modo transparente, ou seja, sem que o hospedeiro ou roteador tenha que endereçar o quadro explicitamente para o comutador intermediário. Isso é ilustrado na Figura 6.16. Um endereço da camada de enlace é também denominado **endereço de LAN**, **endereço físico** ou **endereço MAC** (do inglês *media access control* – controle de acesso ao meio). Como a expressão endereço MAC parece ser a mais popular, daqui em diante nos referiremos a endereços da camada de enlace como endereços MAC. Para a maior parte das LANs (incluindo a Ethernet e as LANs 802.11 sem fio), o endereço MAC tem 6 bytes de comprimento, o que dá 2^{48} endereços MAC possíveis. Como ilustrado na Figura 6.16, tais endereços de 6 bytes costumam ser expressos em notação hexadecimal, com cada byte do endereço mostrado como um par de números hexadecimais. Apesar de os endereços MAC serem projetados como permanentes, agora é possível mudar o endereço MAC de um adaptador via software. No entanto, pelo resto desta seção, vamos considerar que o endereço MAC de um adaptador é fixo.

Uma propriedade interessante dos endereços MAC é que não existem dois adaptadores com o mesmo endereço. Isso pode parecer surpreendente, dado que os adaptadores são fabricados em muitos países por inúmeras empresas diferentes. Como uma empresa fabricante de adaptadores em Taiwan se certifica de que está usando endereços diferentes dos usados

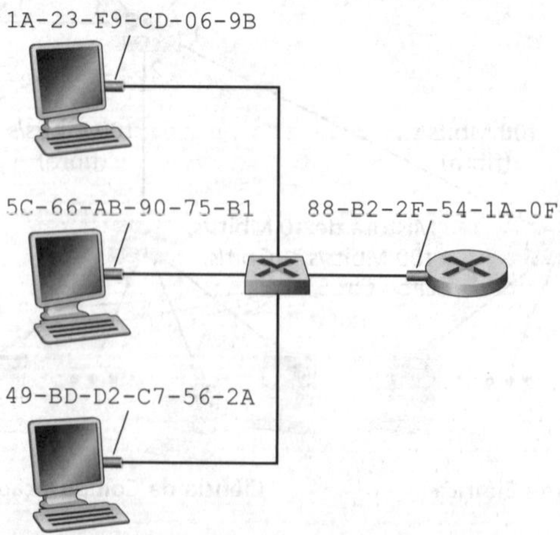

Figura 6.16 Cada interface conectada à LAN tem um endereço MAC exclusivo.

por um fabricante de adaptadores na Bélgica? A resposta é que o IEEE gerencia o espaço físico de endereços MAC. Em particular, quando uma empresa quer produzir adaptadores, compra, por uma taxa nominal, uma parcela do espaço de endereços que consiste em 2^{24} endereços. O IEEE aloca a parcela de 2^{24} endereços fixando os primeiros 24 bits de um endereço MAC e permitindo que a empresa crie combinações exclusivas com os últimos 24 bits para cada adaptador.

O endereço MAC de um adaptador tem uma estrutura linear (oposta à estrutura hierárquica) e nunca muda, não importando para onde vá o adaptador. Um notebook com um cartão Ethernet tem sempre o mesmo endereço MAC, não importando aonde o computador vá. Um smartphone com uma interface 802.11 tem sempre o mesmo endereço MAC aonde quer que vá. Lembre-se de que, ao contrário, um endereço IP tem uma estrutura hierárquica (i.e., uma parte que é da rede e outra que é do hospedeiro) e que o endereço IP de um nó precisa ser trocado quando o hospedeiro troca de lugar, por exemplo, muda a rede à qual está conectado. O endereço MAC de um adaptador é semelhante ao número do CPF de uma pessoa, que também tem uma estrutura linear e não muda, não importando aonde a pessoa vá. Um endereço IP é semelhante ao endereço postal de uma pessoa, que é hierárquico e precisa ser trocado quando a pessoa muda de endereço. Exatamente como uma pessoa pode achar útil ter um endereço postal, bem como um número de CPF, também é útil para um nó ter um endereço da camada de rede, assim como um endereço MAC.

Quando um adaptador quer enviar um quadro para algum adaptador de destino, o remetente insere no quadro o endereço MAC do destino e envia o quadro para dentro da LAN. Como veremos em breve, um switch às vezes transmite por difusão para todas as suas interfaces um quadro que chega. Veremos, no Capítulo 7, que a LAN 802.11 também transmite quadros por difusão. Assim, um adaptador pode receber um quadro que não está endereçado a ele. Desse modo, quando o adaptador receber um quadro, ele verificará se o endereço MAC de destino combina com seu próprio endereço MAC. Se ambos combinarem, o adaptador extrairá o datagrama encerrado no quadro e o passará para cima na pilha de protocolos. Se não combinarem, o adaptador descartará o quadro sem passar o datagrama da camada de rede para cima na pilha de protocolos. Assim, somente o destino será interrompido quando receber um quadro.

No entanto, às vezes um adaptador remetente *quer* que todos os outros adaptadores na LAN recebam e *processem* o quadro que ele está prestes a enviar. Nesse caso, o adaptador remetente insere um **endereço de difusão** MAC especial no campo de endereço do destinatário do quadro. Para LANs que usam endereços de 6 bytes (como a Ethernet e 802.11), o endereço de difusão é uma cadeia de 48 bits 1 consecutivos (i.e., FF-FF-FF-FF-FF-FF em notação hexadecimal).

ARP (protocolo de resolução de endereços)

Como existem endereços da camada de rede (p. ex., IP da Internet) e da camada de enlace (i.e., endereços MAC), é preciso fazer a tradução de um para o outro. Para a Internet, esta é uma tarefa do **ARP** (RFC 826).

Para compreender a necessidade de um protocolo como o ARP, considere a rede mostrada na Figura 6.17. Nesse exemplo simples, cada hospedeiro e roteador tem um único endereço IP e um único endereço MAC. Como sempre, endereços IP são mostrados em notação decimal com pontos, e endereços MAC, em notação hexadecimal. Para os propósitos desta discussão, vamos considerar nesta seção que o comutador transmite todos os quadros por difusão; isto é, sempre que um switch recebe um quadro em uma interface, ele o repassa para todas as suas outras interfaces. Na próxima seção, vamos dar uma explicação mais precisa sobre como os switches trabalham.

Agora, suponha que o nó com endereço IP 222.222.222.220 queira mandar um datagrama IP para o nó 222.222.222.222. Nesse exemplo, os nós de origem e de destino estão na mesma sub-rede, no sentido do endereçamento estudado na Seção 4.3.3. Para enviar um datagrama, o nó de origem deve dar ao seu adaptador não somente o datagrama IP, mas

PRINCÍPIOS NA PRÁTICA

MANTENDO A INDEPENDÊNCIA DAS CAMADAS

Há diversas razões por que os nós têm endereços MAC além de endereços da camada de rede. Primeiro, LANs são projetadas para protocolos da camada de rede arbitrários, e não apenas para IP e para a Internet. Se os adaptadores recebessem endereços IP, e não os endereços MAC "neutros", eles não poderiam suportar com facilidade outros protocolos da camada de rede (p. ex., IPX ou DECnet). Segundo, se adaptadores usassem endereços da camada de rede – em vez de endereços MAC –, o endereço da camada de rede teria de ser armazenado na RAM do adaptador e reconfigurado toda vez que este mudasse de local (ou fosse ligado). Outra opção é não usar nenhum endereço nos adaptadores e fazer cada um deles passar os dados (em geral, um datagrama IP) de cada quadro que recebe para cima na pilha de protocolos. A camada de rede poderia, então, verificar se o endereço combina com o da camada de rede. Um problema com essa opção é que o hospedeiro seria interrompido por cada quadro onviado à LAN, inclusivo pelos destinados a outros nós na mesma LAN de difusão. Em resumo, para que as camadas sejam blocos de construção praticamente independentes em uma arquitetura de rede, diferentes camadas precisam ter seu próprio esquema de endereçamento. Já vimos até agora três tipos diferentes de endereços: nomes de hospedeiros para a camada de aplicação, endereços IP para a camada de rede e endereços MAC para a camada de enlace.

também o endereço MAC para o nó de destino 222.222.222.222. O adaptador do nó remetente montará então um quadro da camada de enlace contendo o endereço MAC do nó receptor e enviará o quadro para a LAN.

A pergunta importante considerada nesta seção é: como o nó remetente determina o endereço MAC para o nó com endereço IP 222.222.222.222? Como você já deve ter adivinhado, ele usa o ARP. Um módulo ARP no nó remetente toma como entrada qualquer endereço IP na mesma LAN e retorna o endereço MAC correspondente. Nesse exemplo, o nó remetente 222.222.222.220 fornece a seu módulo ARP o endereço IP 222.222.222.222, e o módulo ARP retorna o endereço MAC correspondente, 49-BD-D2-C7-56-2A.

Assim, vemos que o ARP converte um endereço IP para um endereço MAC. Em muitos aspectos, o ARP é semelhante ao DNS (estudado na Seção 2.5), que converte nomes de

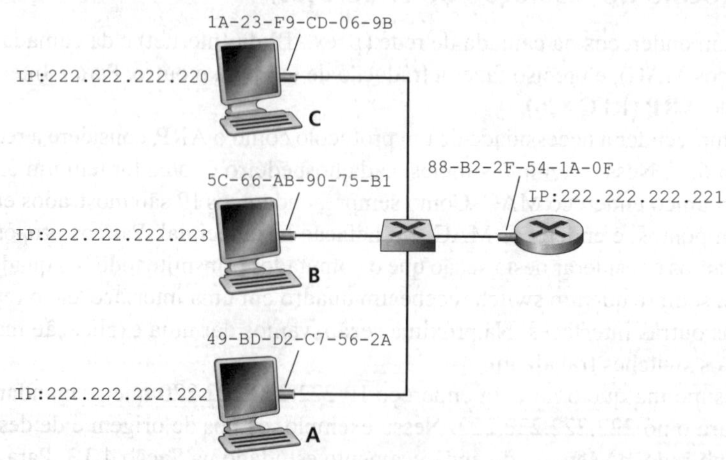

Figura 6.17 Cada interface em uma LAN tem um endereço IP e um endereço MAC.

hospedeiros para endereços IP. Contudo, uma importante diferença entre os dois conversores é que o DNS converte nomes de hospedeiros para máquinas em qualquer lugar da Internet, ao passo que o ARP converte endereços IP apenas para nós na mesma sub-rede. Se um nó na Califórnia tentasse usar o ARP para converter o endereço IP de um nó no Mississippi, o ARP devolveria um erro.

Agora que já explicamos o que o ARP faz, vamos ver como ele funciona. Cada nó (hospedeiro ou roteador) tem em sua RAM uma **tabela ARP** que contém mapeamentos de endereços IP para endereços MAC. A Figura 6.18 mostra como seria uma tabela ARP no nó 222.222.222.220. Essa tabela também contém um valor de tempo de vida (TTL, do inglês *time-to-live*) que indica quando cada mapeamento será apagado. Note que a tabela não contém necessariamente um registro para cada hospedeiro da sub-rede; alguns podem jamais ter sido registrados, enquanto outros podem ter expirado. Um tempo de remoção típico para um registro é de 20 minutos a partir do momento em que foi colocado em uma tabela ARP.

Suponha agora que o hospedeiro 222.222.222.220 queira enviar um datagrama que tem endereço IP para outro nó daquela sub-rede. O nó remetente precisa obter o endereço MAC do nó de destino, dado o endereço IP daquele mesmo nó. Essa tarefa será fácil se a tabela ARP do nó remetente tiver um registro para esse nó de destino. Mas, e se, naquele momento, a tabela ARP não tiver um registro para o destinatário? Em particular, suponha que 222.222.222.220 queira enviar um datagrama para 222.222.222.222. Nesse caso, o remetente usa o protocolo ARP para converter o endereço. Primeiro, monta um pacote especial denominado **ARP Request – pacote de consulta ARP**. Um pacote ARP tem diversos campos, incluindo os endereços IP e MAC de envio e de recepção. Os pacotes ARP de consulta e de resposta têm o mesmo formato. A finalidade do pacote de consulta ARP é pesquisar todos os outros hospedeiros e roteadores na sub-rede para determinar o endereço MAC correspondente ao endereço IP que está sendo convertido.

Voltando a nosso exemplo, o nó 222.222.222.220 passa um pacote de consulta ARP ao adaptador junto com uma indicação de que este deve enviar o pacote ao endereço MAC de difusão, a saber, FF-FF-FF-FF-FF-FF. O adaptador encapsula o pacote ARP em um quadro da camada de enlace, usa o endereço de difusão como endereço de destino do quadro e transmite o quadro para a sub-rede. Retomando nossa analogia de número do CPF/endereço postal, note que a consulta ARP equivale a uma pessoa gritar em uma sala cheia de baias em alguma empresa (digamos, a empresa AnyCorp): "Qual é o número do CPF da pessoa cujo endereço é Baia 13, Sala 112, AnyCorp, Palo Alto, Califórnia?". O quadro que contém a consulta ARP é recebido por todos os outros adaptadores na sub-rede, e (em razão do endereço de difusão) cada adaptador passa o pacote ARP dentro do quadro para o seu módulo ARP. Cada um desses módulos ARP verifica se seu endereço IP corresponde ao endereço IP de destino no pacote ARP. O único nó que atende a essa condição devolve um pacote ARP de resposta ao hospedeiro que fez a consulta, com o mapeamento desejado. O hospedeiro que fez a consulta (222.222.222.220) pode, então, atualizar sua tabela ARP e enviar seu datagrama IP, revestido com um quadro da camada de enlace, cujo endereço MAC de destino é aquele do hospedeiro ou roteador que respondeu à consulta ARP anterior.

O protocolo ARP apresenta algumas características interessantes. Primeiro, a mensagem de consulta ARP é enviada dentro de um quadro de difusão, ao passo que a mensagem de resposta ARP é enviada dentro de um quadro padrão. Antes de continuar a leitura, é bom que você pense por que isso acontece. Segundo, o ARP é do tipo plug-and-play, isto é, a tabela de um nó ARP é construída automaticamente – ela não tem de ser configurada por

Endereço IP	Endereço MAC	TTL
222.222.222.221	88-B2-2F-54-1A-0F	13:45:00
222.222.222.223	5C-66-AB-90-75-B1	13:52:00

Figura 6.18 Uma possível tabela ARP no nó 222.222.222.220.

um administrador de sistemas. E se um nó for desligado da sub-rede, seu registro será enfim apagado das outras tabelas ARP na sub-rede.

Estudantes se perguntam se o ARP é um protocolo da camada de enlace ou um protocolo da camada de rede. Como vimos, um pacote ARP é encapsulado dentro de um quadro da camada de enlace e, assim, encontra-se acima da camada de enlace, do ponto de vista da arquitetura. No entanto, um pacote ARP tem campos que contêm endereços da camada de rede, dessa forma é também comprovadamente um protocolo da camada de rede. Em suma, o ARP é talvez mais bem considerado um protocolo que fica em cima do limite entre as camadas de enlace e de rede – não se adequando perfeitamente na simples pilha de protocolos que estudamos no Capítulo 1. Os protocolos do mundo real têm complexidades desse tipo!

Envio de um datagrama para fora da sub-rede

Agora já deve estar claro como o ARP funciona quando um nó quer enviar um datagrama a outro nó *na mesma sub-rede*. Mas vamos examinar uma situação mais complicada, em que um hospedeiro de uma sub-rede quer enviar um datagrama da camada de rede para um nó que está *fora da sub-rede* (i.e., passa por um roteador e entra em outra sub-rede). Vamos discutir essa questão no contexto da Figura 6.19, que mostra uma rede simples constituída de duas sub-redes interconectadas por um roteador.

Há diversos pontos interessantes a notar na Figura 6.19. Cada hospedeiro tem exatamente um endereço IP e um adaptador. Mas, como vimos no Capítulo 4, um roteador tem um endereço IP para *cada* uma de suas interfaces. Para cada interface de roteador também há um módulo ARP (dentro do roteador) e um adaptador. Como o roteador da Figura 6.19 tem duas interfaces, ele tem dois endereços IP, dois módulos ARP e dois adaptadores. É claro que cada adaptador na rede tem seu próprio endereço MAC.

Note também que a Sub-rede 1 tem endereços de rede 111.111.111/24 e que a Sub-rede 2 tem endereços de rede 222.222.222/24. Assim, todas as interfaces conectadas à Sub-rede 1 têm o formato 111.111.111.xxx, e todas as conectadas à Sub-rede 2 têm o formato 222.222.222.xxx.

Agora, vamos examinar como um hospedeiro na Sub-rede 1 enviaria um datagrama a um hospedeiro na Sub-rede 2. Especificamente, suponha que o hospedeiro 111.111.111.111 queira enviar um datagrama IP ao hospedeiro 222.222.222.222. O hospedeiro remetente passa o datagrama a seu adaptador, como sempre. Mas ele deve também indicar a seu adaptador um endereço MAC de destino apropriado. E que endereço MAC o adaptador deveria usar? Poderíamos arriscar o palpite de que é aquele do adaptador do hospedeiro 222.222.222.222, a saber, 49-BD-D2-C7-56-2A. Mas esse palpite estaria errado! Se o adaptador remetente usasse aquele endereço MAC, nenhum dos adaptadores da Sub-rede 1 se preocuparia em passar os datagramas IP para cima, para sua camada de rede, já que o endereço de destino do quadro não combinaria com o endereço MAC de nenhum adaptador na Sub-rede 1. O datagrama apenas morreria e iria para o céu dos datagramas.

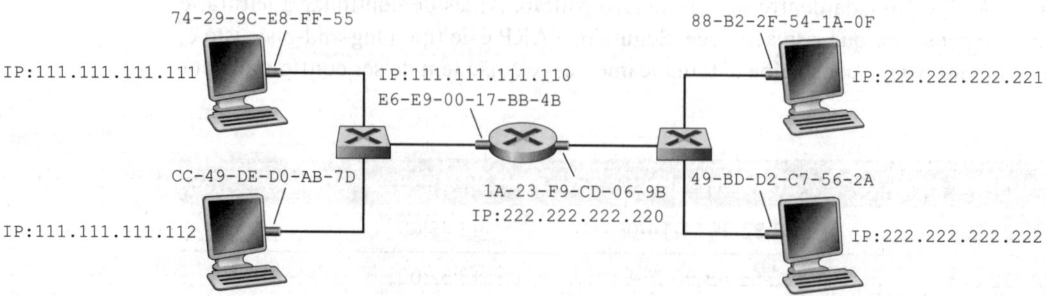

Figura 6.19 Duas sub-redes interconectadas por um roteador.

Se examinarmos cuidadosamente a Figura 6.19, veremos que, para um datagrama ir de 111.111.111.111 até um nó da Sub-rede 2, ele teria de ser enviado primeiro à interface de roteador 111.111.111.110, que é o endereço IP do roteador do primeiro salto no caminho até o destino final. Assim, o endereço MAC apropriado para o quadro é o endereço do adaptador para a interface de roteador 111.111.111.110, a saber, E6-E9-00-17-BB-4B. Como o hospedeiro remetente consegue o endereço MAC para a interface 111.111.111.110? Usando o ARP, é claro! Tão logo tenha esse endereço MAC, o adaptador remetente cria um quadro (contendo o datagrama endereçado para 222.222.222.222) e o envia para a Sub-rede 1. O adaptador do roteador na Sub-rede 1 verifica que o quadro da camada de enlace está endereçado a ele e, por conseguinte, o passa para a camada de rede do roteador. Viva! O datagrama IP foi transportado com sucesso do hospedeiro de origem para o roteador! Mas não acabamos. Ainda temos de levar o datagrama do roteador até o destino. O roteador agora tem de determinar a interface correta para a qual o datagrama deve ser repassado. Como discutimos no Capítulo 4, isso é feito pela consulta a uma tabela de repasse no roteador. A tabela de repasse indica o roteador para o qual o datagrama deve ser repassado via interface de roteador 222.222.222.220. Essa interface, então, passa o datagrama a seu adaptador, que o encapsula em um novo quadro e envia o quadro para a Sub-rede 2. Dessa vez, o endereço MAC de destino do quadro é, na verdade, o endereço MAC do destino final. E de onde o roteador obtém esse endereço MAC de destino? Do ARP, é claro!

O ARP para Ethernet está definido no RFC 826. Uma boa introdução ao ARP é dada no tutorial do TCP/IP, RFC 1180. Exploraremos o ARP mais detalhadamente nos exercícios ao final deste capítulo.

6.4.2 Ethernet

A Ethernet praticamente tomou conta do mercado de LANs com fio. Na década de 1980 e no início da década de 1990, ela enfrentou muitos desafios de outras tecnologias LAN, incluindo token ring, FDDI e ATM. Algumas dessas outras tecnologias conseguiram conquistar uma parte do mercado de LANs durante alguns anos. Mas desde sua invenção, em meados da década de 1970, a Ethernet continuou a se desenvolver e crescer e conservou sua posição dominante no mercado. Hoje, é de longe a tecnologia preponderante de LAN com fio e deve continuar assim no futuro previsível. Podemos dizer que a Ethernet está sendo para a rede local o que a Internet tem sido para a rede global.

Há muitas razões para o sucesso da Ethernet. Primeiro, ela foi a primeira LAN de alta velocidade amplamente disseminada. Como foi oferecida cedo, os administradores de rede ficaram bastante familiarizados com a Ethernet – com suas maravilhas e sutilezas – e relutaram em mudar para outras tecnologias LAN quando estas apareceram em cena. Segundo, token ring, FDDI e ATM são tecnologias mais complexas e mais caras do que a Ethernet, o que desencorajou ainda mais os administradores na questão da mudança. Terceiro, a razão mais atraente para mudar para uma outra tecnologia LAN (como FDDI e ATM) era, em geral, a velocidade mais alta da nova tecnologia; contudo, a Ethernet sempre se defendeu produzindo versões que funcionavam a velocidades iguais, ou mais altas. E, também, a Ethernet comutada foi introduzida no início da década de 1990, o que aumentou ainda mais suas velocidades efetivas de dados. Por fim, como se tornou muito popular, o hardware para Ethernet (em particular, adaptadores e switches) passou a ser mercadoria comum, de custo muito baixo.

A LAN Ethernet original foi inventada em meados da década de 1970 por Bob Metcalfe e David Boggs, e usava um barramento coaxial para interconectar os nós. As topologias de barramento da Ethernet persistiram durante toda a década de 1980 e até metade da década de 1990. Com uma topologia de barramento, a Ethernet é uma LAN de transmissão por difusão – todos os quadros transmitidos movem-se para, e são processados por, *todos* os adaptadores conectados ao barramento. Lembre-se de que vimos o protocolo de acesso múltiplo CSMA/CD da Ethernet com o recuo exponencial binário na Seção 6.3.2.

No fim da década de 1990, a maioria das empresas e universidades já tinha substituído suas LANs por instalações Ethernet usando topologia de estrela baseada em um hub (repetidor). Nessas instalações, os hospedeiros (e roteadores) estão diretamente conectados a um hub com cabos de pares trançados de cobre. Um **hub** é um dispositivo de camada física que atua sobre bits individuais, e não sobre quadros. Quando um bit, representando 0 ou 1, chega de uma interface, o hub apenas recria o bit, aumenta a energia e o transmite para todas as outras interfaces. Sendo assim, Ethernet com uma topologia de estrela baseada em um hub também é uma LAN de difusão – sempre que um hub recebe um bit de uma de suas interfaces, ele envia uma cópia para todas as outras interfaces. Em particular, se um hub recebe quadros de duas diferentes interfaces ao mesmo tempo, ocorre uma colisão, e os nós que criaram os quadros precisam retransmitir.

No começo dos anos 2000, Ethernet passou por outra grande mudança evolucionária. As instalações Ethernet continuaram a usar a topologia de estrela, mas o hub no núcleo foi substituído por um **switch**. Examinaremos o switch da Ethernet com mais atenção em outro ponto deste capítulo. Por enquanto, só mencionaremos que um switch é não apenas "sem colisões", mas também um autêntico comutador de pacotes do tipo armazenar-e-repassar; mas ao contrário dos roteadores, que operam até a camada 3, um switch opera até a camada 2.

Estrutura do quadro Ethernet

Podemos aprender muito sobre a Ethernet examinando o quadro mostrado na Figura 6.20. Para colocar nossa discussão de quadros Ethernet em um contexto tangível, vamos considerar o envio de um datagrama IP de um hospedeiro a outro, estando os dois na mesma LAN Ethernet (p. ex., a da Figura 6.17). (Embora a carga útil do nosso quadro Ethernet seja um diagrama IP, notamos que um quadro Ethernet também pode carregar outros pacotes da camada de rede.) Seja o adaptador do remetente, adaptador A, com o endereço MAC AA-AA-AA-AA-AA-AA; seja o adaptador receptor, adaptador B, com o endereço MAC BB-BB-BB-BB-BB-BB. O adaptador remetente encapsula o datagrama IP dentro de um quadro Ethernet, o qual passa à camada física. O adaptador receptor recebe o quadro da camada física, extrai o datagrama IP e o passa para a camada de rede. Nesse contexto, vamos examinar os seis primeiros campos do quadro Ethernet, como ilustrados na Figura 6.20.

- *Campo de dados (46 a 1.500 bytes).* Esse campo carrega o datagrama IP. A unidade máxima de transmissão (MTU, do inglês *maximum transmission unit*) da Ethernet é 1.500 bytes. Isso significa que, se o datagrama IP exceder 1.500 bytes, o hospedeiro terá de fragmentar o datagrama, como discutimos na Seção 4.3.2. O tamanho mínimo do campo de dados é 46 bytes. Isso significa que, se um datagrama IP tiver menos do que 46 bytes, o campo de dados terá de ser "preenchido" de modo a completar os 46 bytes. Quando se usa o preenchimento, os dados passados à camada de rede contêm preenchimento, bem como um datagrama IP. A camada de rede usa o campo de comprimento do cabeçalho do datagrama IP para remover o preenchimento.
- *Endereço de destino (6 bytes).* Esse campo contém o endereço MAC do adaptador de destino, BB-BB-BB-BB-BB-BB. Quando o adaptador B recebe um quadro Ethernet cujo endereço de destino é ou BB-BB-BB-BB-BB-BB, ou o endereço MAC de difusão, ele passa o conteúdo do campo de dados para a camada de rede. Se receber um quadro com qualquer outro endereço MAC, ele o descarta.

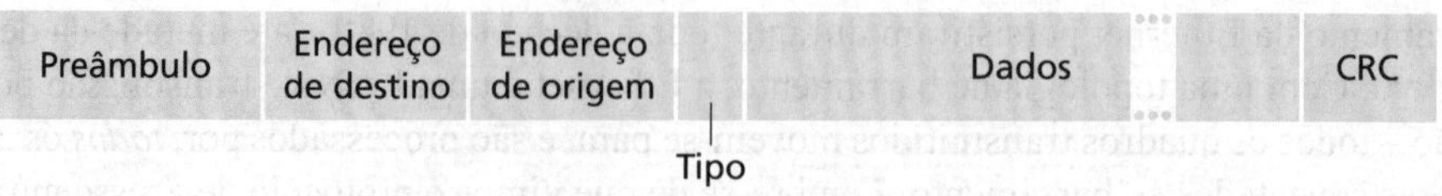

Figura 6.20 Estrutura do quadro Ethernet.

- *Endereço de origem (6 bytes).* Esse campo contém o endereço MAC do adaptador que transmite o quadro para a LAN, neste exemplo, AA-AA-AA-AA-AA-AA.
- *Campo de tipo (2 bytes).* O campo de tipo permite que a Ethernet multiplexe protocolos da camada de rede. Para entender isso, é preciso ter em mente que hospedeiros podem usar outros protocolos da camada de rede além do IP. Na verdade, um hospedeiro pode suportar vários protocolos da camada de rede e usar protocolos diferentes para aplicações diversas. Por essa razão, quando o quadro Ethernet chega ao adaptador B, o adaptador B precisa saber para qual protocolo da camada de rede ele deve passar (i.e., demultiplexar) o conteúdo do campo de dados. O IP e outros protocolos da camada de rede (p. ex., Novell IPX ou AppleTalk) têm seu próprio número de tipo padronizado. Além disso, o protocolo ARP (discutido na seção anterior) tem seu próprio número de tipo, e se o quadro que chegar contiver um pacote ARP (p. ex., tem um campo de tipo 0806 hexadecimal), o pacote ARP será demultiplexado até o protocolo ARP. Note que o campo de tipo é semelhante ao campo de protocolo no datagrama da camada de rede e aos campos de número de porta no segmento da camada de transporte; todos eles servem para ligar um protocolo de uma camada a um protocolo da camada acima.
- *Verificação de redundância cíclica (CRC) (4 bytes).* Como discutido na Seção 6.2.3, a finalidade do campo de CRC é permitir que o adaptador receptor, o adaptador B, detecte se algum erro de bit foi introduzido no quadro.
- *Preâmbulo (8 bytes).* O quadro Ethernet começa com um campo de preâmbulo de 8 bytes. Cada um dos primeiros 7 bytes do preâmbulo tem um valor de 10101010; o último byte é 10101011. Os primeiros 7 bytes do preâmbulo servem para "despertar" os adaptadores receptores e sincronizar seus relógios com o relógio do remetente. Por que os relógios poderiam estar fora de sincronia? Não esqueça que o adaptador A visa a transmitir o quadro a 10 Mbits/s, 100 Mbits/s ou 1 Gbit/s, dependendo do tipo de LAN Ethernet. Contudo, como nada é absolutamente perfeito, o adaptador A não transmitirá o quadro exatamente à mesma velocidade-alvo; sempre haverá alguma *variação* em relação a ela, uma variação que não é conhecida *a priori* pelos outros adaptadores na LAN. Um adaptador receptor pode sincronizar com o relógio do adaptador A apenas sincronizando os bits dos primeiros 7 bytes do preâmbulo. Os dois últimos bits do oitavo byte do preâmbulo (os primeiros dois 1s consecutivos) alertam o adaptador B de que "algo importante" está chegando.

Todas as tecnologias Ethernet fornecem serviço não orientado para conexão à camada de rede. Isto é, quando o adaptador A quer enviar um datagrama ao adaptador B, o adaptador A encapsula o datagrama em um quadro Ethernet e envia o quadro à LAN, sem se apresentar previamente a B. Esse serviço de camada 2 não orientado para conexão é semelhante ao serviço de datagrama de camada 3 do IP e ao serviço de camada 4 não orientado para conexão do UDP.

As tecnologias Ethernet fornecem um serviço não confiável à camada de rede. Especificamente, quando o adaptador B recebe um quadro do adaptador A, ele submete o quadro a uma CRC, mas não envia um reconhecimento quando um quadro passa na CRC nem um reconhecimento negativo quando o quadro não passa na verificação. Quando um quadro não passa na CRC, o adaptador B simplesmente o descarta. Assim, o adaptador A não tem a mínima ideia se o quadro que transmitiu passou na CRC. Essa falta de transporte confiável (na camada de enlace) ajuda a tornar a Ethernet simples e barata. Mas também significa que a sequência de datagramas passada à camada de rede pode ter lacunas.

Se houver lacunas em razão de quadros Ethernet descartados, a aplicação no hospedeiro B também verá essas lacunas? Como aprendemos no Capítulo 3, isso depende exclusivamente de a aplicação estar usando UDP ou TCP. Se estiver usando UDP, então a aplicação no hospedeiro B verá de fato lacunas nos dados. Por outro lado, se a aplicação estiver usando TCP, então o TCP no hospedeiro B não reconhecerá os dados contidos em quadros descartados, fazendo o TCP no hospedeiro A retransmitir. Note que, quando o TCP retransmite dados, estes eventualmente retornarão ao adaptador Ethernet no qual foram descartados.

HISTÓRICO DO CASO

BOB METCALFE E A ETHERNET

Quando era estudante de doutorado na Universidade Harvard, no início da década de 1970, Bob Metcalfe trabalhava na ARPAnet no MIT. Durante seus estudos, ele tomou conhecimento do trabalho de Abramson com o ALOHA e os protocolos de acesso aleatório. Após ter concluído seu doutorado e pouco antes de começar um trabalho no PARC (Palo Alto Research Center) da Xerox, fez uma visita de três meses a Abramson e seus colegas da Universidade do Havaí, quando pôde observar, em primeira mão, a ALOHAnet. No PARC da Xerox, Metcalf conheceu os computadores Alto, que, em muitos aspectos, foram os predecessores dos equipamentos pessoais da década de 1980. Ele entendeu a necessidade de montar esses computadores em rede de um modo que não fosse dispendioso. Assim, munido com o que conhecia sobre ARPAnet, ALOHAnet e protocolos de acesso aleatório, Metcalfe, junto com seu colega David Boggs, inventou a Ethernet.

A Ethernet original de Metcalfe e Boggs executava a 2,94 Mbits/s e interligava até 256 hospedeiros a distâncias de até 1,5 km. Metcalfe e Boggs conseguiram que a maioria dos pesquisadores do PARC da Xerox se comunicasse por meio de seus computadores Alto. Então, Metcalfe forjou uma aliança entre a Xerox, a Digital e a Intel para estabelecer a Ethernet de 10 Mbits/s como padrão, ratificado pelo IEEE. A Xerox não demonstrou muito interesse em comercializar a Ethernet. Em 1979, Metcalfe abriu sua própria empresa, a 3Com, para desenvolver e comercializar tecnologia de rede, incluindo a tecnologia Ethernet. Em particular, a 3Com desenvolveu e comercializou placas Ethernet no início da década de 1980 para os então popularíssimos PCs da IBM.

Assim, nesse sentido, a Ethernet realmente retransmite dados, embora não saiba se está transmitindo um datagrama novo com dados novos, ou um datagrama que contém dados que já foram transmitidos pelo menos uma vez.

Tecnologias Ethernet

Em nossa discussão anterior, nos referimos à Ethernet como se fosse um único protocolo-padrão. Mas, na verdade, ela aparece em *diferentes* versões, com acrônimos um pouco confusos como 10BASE-T, 10BASE-2, 100BASE-T, 1000BASE-LX, 10GBASE-T e 40GBASE-T. Essas e muitas outras tecnologias Ethernet foram padronizadas ao longo dos anos pelos grupos de trabalho IEEE 802.3 CSMA/CD (Ethernet) (IEEE 802.3, 2020). Apesar de esses acrônimos parecerem confusos, existe uma ordem seguida. A primeira parte do acrônimo se refere à velocidade-padrão: 10, 100, 1.000 ou 10G, por 10 Megabits (por segundo), 100 Megabits, Gigabit, 10 Gigabits e 40 Gigabits Ethernet, respectivamente. "BASE" se refere à banda-base, significando que a mídia física só suporta o tráfego da Ethernet; quase todos os padrões 802.3 são para banda-base. A parte final do acrônimo se refere à mídia física em si; a Ethernet é uma camada de enlace *e* uma camada física que inclui um cabo coaxial, fio de cobre e fibra. Em geral, um "T" se refere a um cabo de par trançado de fios de cobre.

Historicamente, uma Ethernet era de início concebida como um segmento de um cabo coaxial. Os primeiros padrões 10BASE-2 e 10BASE-5 especificavam a Ethernet a 10 Mbits/s sobre dois tipos de cabos coaxiais, cada um limitado a um comprimento de 500 m.* Extensões mais longas podiam ser obtidas usando um **repetidor** – um dispositivo da camada de enlace que recebe um sinal no lado de entrada, e regenera o sinal no lado de saída. Um cabo coaxial corresponde muito bem à nossa visão da Ethernet como um meio de difusão – todos os quadros transmitidos por uma interface são recebidos em outras interfaces, e seu protocolo CDMA/CD resolve de maneira satisfatória o problema de acesso múltiplo. Os nós são apenas conectados ao cabo, e *voilà*, temos uma rede local!

A Ethernet passou por uma série de etapas de evolução ao longo dos anos, e a atual é muito diferente do projeto original da topologia de barramento que usava cabos coaxiais. Na maioria das instalações de hoje, os nós são conectados a um comutador via segmentos ponto a ponto feitos de cabos de pares trançados de fios de cobre ou cabos de fibra ótica, como demonstrado nas Figuras 6.15 a 6.17.

No meio da década de 1990, a Ethernet foi padronizada em 100 Mbits/s, dez vezes mais rápida do que a de 10 Mbits/s. O formato de quadro e o protocolo Ethernet MAC original foram preservados, mas camadas físicas de alta velocidade foram definidas para fios de cobre (100BASE-T) e fibra (100BASE-FX, 100BASE-SX, 100BASE-BX). A Figura 6.21 mostra esses diferentes padrões e os formatos de quadro e protocolo Ethernet MAC comum. A Ethernet de 100 Mbits/s é limitada a 100 m de distância por um cabo de par trançado e vários quilômetros por fibra, o que permite a conexão de switches Ethernet em diferentes prédios.

A Gigabit Ethernet é uma extensão dos muito bem-sucedidos padrões 10 Mbits/s e 100 Mbits/s. Oferecendo uma velocidade bruta de 40.000 Mbits/s, o padrão 40 Gigabits Ethernet mantém total compatibilidade com a imensa base instalada de equipamentos Ethernet. O padrão para a Gigabit Ethernet, formalmente conhecido como IEEE 802.3z, faz o seguinte:

- Usa o formato-padrão do quadro Ethernet (Figura 6.20) e é compatível com as tecnologias 10BASE-T e 100BASE-T. Isso permite fácil integração da Gigabit Ethernet com a base instalada de equipamentos Ethernet.
- Permite enlaces ponto a ponto, bem como canais de difusão compartilhados. Tais enlaces usam switches, ao passo que canais de difusão usam hubs, como descrito anteriormente. No jargão da Gigabit Ethernet, os hubs são denominados *distribuidores com buffer*.
- Utiliza CSMA/CD para canais de difusão compartilhados. Para conseguir eficiência aceitável, a distância máxima entre os nós deve ser severamente limitada.
- Permite operação full-duplex a 40 Gbits/s em ambas as direções para canais ponto a ponto.

No início operando através de fibra ótica, a Gigabit Ethernet está disponível para ser instalada por meio de cabeamento UTP categoria 5 (para 1000BASE-T e 10GBASE-T). A versão 10GBASE-T é instalada com cabos categoria 6 ou superior.

Vamos concluir nossa discussão sobre a tecnologia Ethernet considerando uma dúvida que pode estar incomodando você. Na época da topologia de barramento e da topologia de estrela baseada em hub, a Ethernet era evidentemente um enlace de difusão (como definido na Seção 6.3), onde colisões de quadro ocorriam quando nós transmitiam ao mesmo tempo. Para lidar com essas colisões, o padrão Ethernet incluiu o protocolo CSMA/CD, que é de particular eficácia para transmissões de LAN abrangendo uma pequena região geográfica. Mas se o uso atual prevalente da Ethernet é baseado em switches com a topologia de estrela, usando o modo de comutação armazenar-e-repassar, existe mesmo a necessidade de se usar um protocolo Ethernet MAC? Como veremos em breve, um switch coordena suas transmissões e nunca repassa mais de um quadro por vez na mesma interface. Além disso, comutadores modernos são full-duplex, de modo que um switch e um nó possam enviar quadros um ao outro ao mesmo tempo sem interferência. Em outras palavras, em uma LAN Ethernet baseada em switch, não há colisões e, portanto, não existe a necessidade de um protocolo MAC!

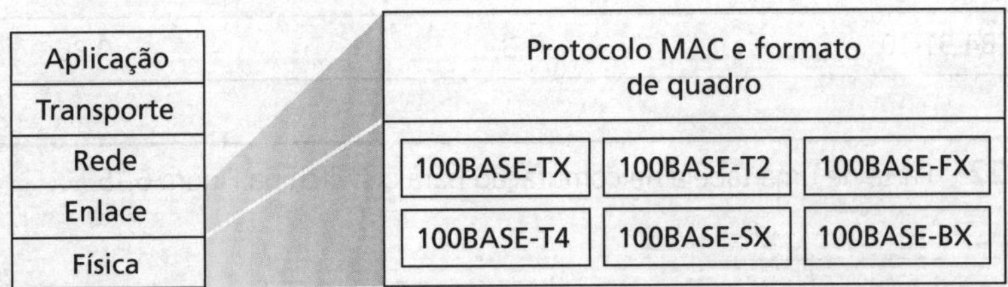

Figura 6.21 Padrões Ethernet de 100 Mbits/s: uma camada de enlace comum, diferentes camadas físicas.

Como vimos, a Ethernet atual é *muito* diferente da original concebida por Metcalfe e Boggs há mais de 40 anos – as velocidades tiveram um aumento de três ordens de grandeza, os quadros Ethernet são transportados por uma variedade de mídias, as Ethernets comutadas se tornaram dominantes, e até mesmo o protocolo MAC é muitas vezes desnecessário! Será que tudo isso *realmente* ainda é Ethernet? A resposta é, obviamente, "sim, por definição". No entanto, é interessante observar que, por todas essas mudanças, existiu uma constante que continuou inalterada por mais de 30 anos – o formato do quadro Ethernet. Talvez esta seja a única peça central verdadeira e eterna do padrão Ethernet.

6.4.3 Switches da camada de enlace

Até aqui, temos sido deliberadamente vagos sobre como um switch* trabalha e o que ele faz. A função de um switch é receber quadros da camada de enlace e repassá-los para enlaces de saída; estudaremos essa função de repasse detalhadamente em breve. O switch em si é **transparente** aos hospedeiros e roteadores na sub-rede; ou seja, um nó endereça um quadro a outro nó (em vez de endereçar o quadro ao switch), que alegremente envia o quadro à LAN, sem saber que um switch receberá o quadro e o repassará. A velocidade com que os quadros chegam a qualquer interface de saída do switch pode temporariamente exceder a capacidade do enlace daquela interface. Para resolver esse problema, interfaces de saídas do switch têm buffers, da mesma forma que uma interface de saída de um roteador tem buffers para datagramas. Vamos agora observar mais atentamente o funcionamento de um switch.

Repasse e filtragem

Filtragem é a capacidade de um switch que determina se um quadro deve ser repassado para alguma interface ou se deve apenas ser descartado. **Repasse** é a capacidade de um switch que determina as interfaces para as quais um quadro deve ser dirigido, e então dirigir o quadro a essas interfaces. Filtragem e repasse por switches são feitos com uma **tabela de comutação**. A tabela de comutação contém registros para alguns hospedeiros e roteadores da LAN, mas não necessariamente para todos. Um registro na tabela de comutação contém (1) o endereço MAC, (2) a interface do switch que leva em direção a esse endereço MAC, e (3) o horário em que o registro foi colocado na tabela. Um exemplo de tabela de comutação para a LAN da Figura 6.15 é mostrado na Figura 6.22. Essa descrição de repasse de quadros pode parecer semelhante à nossa discussão de repasse de datagramas no Capítulo 4. Na verdade, na nossa discussão sobre o repasse generalizado na Seção 4.4, vimos que muitos comutadores de pacotes modernos podem ser configurados de modo a repassar com base nos endereços MAC de destino da camada 2 (i.e., funcionarem como switches da camada 2) ou endereços IP de destino da camada 3 (i.e., funcionarem como roteadores da camada 3). Ainda assim, é preciso estabelecer a distinção importante de que os switches repassam pacotes

Endereço	Interface	Tempo
62-FE-F7-11-89-A3	1	9:32
7C-BA-B2-B4-91-10	3	9:36
....	....	....

Figura 6.22 Parte de uma tabela de comutação para o switch na Figura 6.15.

*N. de R.: Na edição anterior deste livro, o termo "switch" foi traduzido como "comutador". Atendendo a comentários de vários leitores, preferimos agora manter o termo original, que já se tornou padrão no meio técnico.

baseados em endereços MAC, em vez de endereços IP. Também veremos que uma tabela de comutação tradicional (i.e., em um contexto não SDN) é montada de maneira diferente da tabela de roteamento de um roteador.

Para entender como funcionam a filtragem e o repasse por switches, suponha que um quadro com endereço de destino DD-DD-DD-DD-DD-DD chegue ao switch na interface *x*. O switch indexa sua tabela com o endereço MAC DD-DD-DD-DD-DD-DD. Há três casos possíveis:

- Não existe entrada na tabela para DD-DD-DD-DD-DD-DD. Nesse caso, o comutador repassa cópias do quadro para os buffers de saída que precedem *todas* as interfaces, exceto a interface *x*. Em outras palavras, se não existe entrada para o endereço de destino, o switch transmite o quadro por difusão.
- Existe uma entrada na tabela, associando DD-DD-DD-DD-DD-DD com a interface *x*. Nesse caso, o quadro está vindo de um segmento da LAN que contém o adaptador DD-DD-DD-DD-DD-DD. Não havendo necessidade de repassar o quadro para qualquer outra interface, o switch realiza a função de filtragem ao descartar o quadro.
- Existe uma entrada na tabela, associando DD-DD-DD-DD-DD-DD com a interface $y \neq x$. Nesse caso, o quadro precisa ser repassado ao segmento da LAN conectado à interface *y*. O switch realiza sua função de repasse ao colocar o quadro em um buffer de saída que precede a interface *y*.

Vamos examinar essas regras para a rede da Figura 6.15 e sua tabela de comutação na Figura 6.22. Suponha que um quadro com endereço de destino 62-FE-F7-11-89-A3 chegue ao switch vindo da interface 1. O switch examina sua tabela e vê que o destino está no segmento de LAN conectado à interface 1 (i.e., do departamento de engenharia elétrica). Isso significa que o quadro já foi transmitido por difusão no segmento de LAN que contém o destino. Por conseguinte, o switch filtra (i.e., descarta) o quadro. Agora, suponha que um quadro com o mesmo endereço de destino chegue da interface 2. O switch novamente examina sua tabela e verifica que o destino está na direção da interface 1; por conseguinte, ele repassa o quadro para o buffer de saída que precede a interface 1. Com este exemplo, deve ficar claro que, enquanto a tabela de comutação permanecer completa e precisa, o switch encaminha quadros até seus destinos sem qualquer transmissão por difusão.

Assim, nesse sentido, o switch é "mais esperto" do que um hub. Mas como uma tabela de comutação é configurada afinal? Existem equivalentes de camadas de enlace a protocolos de roteamento da camada de rede? Ou um gerente sobrecarregado de serviço deve configurar manualmente a tabela de comutação?

Autoaprendizagem

Um switch tem a maravilhosa propriedade (em especial, para o administrador de rede, que quase sempre está sobrecarregado) de montar sua tabela de modo automático, dinâmico e autônomo – sem nenhuma intervenção de um administrador de rede ou de um protocolo de configuração. Em outras palavras, comutadores são **autodidatas**. Essa capacidade é obtida da seguinte forma:

1. A tabela de comutação inicialmente está vazia.
2. Para cada quadro recebido em uma interface, o switch armazena em sua tabela (1) o endereço MAC que está no *campo de endereço de origem* do quadro, (2) a interface da qual veio o quadro e (3) o horário corrente. Dessa maneira, o switch registra em sua tabela o segmento da LAN no qual reside o nó remetente. Se cada hospedeiro na LAN mais cedo ou mais tarde enviar um quadro, então cada um deles por fim estará registrado na tabela.
3. O switch apagará um endereço na tabela se nenhum quadro que tenha aquele endereço como endereço de origem for recebido após certo período (o **tempo de envelhecimento**).

Endereço	Interface	Tempo
01-12-23-34-45-56	2	9:39
62-FE-F7-11-89-A3	1	9:32
7C-BA-B2-B4-91-10	3	9:36
....	....	....

Figura 6.23 O switch aprende a localização do adaptador com endereço 01-12-23-34-45-56.

Desse modo, se um PC for substituído por outro (com um adaptador diferente), o endereço MAC do PC original acabará sendo expurgado da tabela de comutação.

Vamos examinar a propriedade de aprendizagem automática para a rede da Figura 6.15 e sua tabela de comutação correspondente, apresentada na Figura 6.22. Suponha que, no horário 9h39, um quadro com endereço de origem 01-12-23-34-45-56 venha da interface 2. Suponha também que esse endereço não esteja na tabela de comutação. Então, o switch anexa um novo registro à tabela, conforme mostra a Figura 6.23.

Continuando com esse mesmo exemplo, suponha ainda que o tempo de envelhecimento para esse comutador seja 60 minutos, e que nenhum quadro com endereço de origem 62-FE-F7-11-89-A3 chegue ao comutador entre 9h32 e 10h32. Então, no horário 10h32, o comutador remove esse endereço de sua tabela.

Comutadores são **dispositivos do tipo plug-and-play** porque não requerem a intervenção de um administrador ou de um usuário da rede. Um administrador de rede que quiser instalar um switch não precisa fazer nada mais do que conectar os segmentos de LAN às interfaces do switch. O administrador não precisa configurar as tabelas de comutação na hora da instalação nem quando um hospedeiro é removido de um dos segmentos de LAN. Switches também são full-duplex, ou seja, qualquer interface do comutador pode enviar e receber ao mesmo tempo.

Propriedades de comutação da camada de enlace

Tendo descrito as operações básicas da comutação da camada de enlace, vamos considerar suas propriedades e funcionalidades. Podemos identificar diversas vantagens no uso de switches, em vez de se usarem enlaces de difusão como barramentos ou topologias de estrela baseadas em hub:

- *Eliminação de colisões.* Em uma LAN montada com switches (e sem hubs), não existe desperdício de banda causado por colisões! Os switches armazenam os quadros e nunca transmitem mais de um quadro em um segmento ao mesmo tempo. Como em um roteador, a vazão máxima agregada de um switch é a soma da velocidade de todas as interfaces do switch. Portanto, os switches oferecem uma melhoria de desempenho significativa em relação às LANs com enlaces de difusão.
- *Enlaces heterogêneos.* Uma vez que o switch isola um enlace do outro, os diferentes enlaces na LAN conseguem operar em diferentes velocidades e podem ser executados por diferentes mídias. Por exemplo, o switch na Figura 6.15 poderia ter três enlaces de cobre 1000BASE-T de 1 Gbit/s, dois enlaces de fibra 100BASE-FX de 100 Mbits/s e um enlace de cobre 100BASE-T. Assim, um comutador é ideal para misturar equipamento legado e novo.
- *Gerenciamento.* Além de oferecer mais segurança (ver a nota "Foco na segurança"), um switch também facilita o gerenciamento da rede. Por exemplo, se um adaptador apresenta defeito e envia continuamente quadros Ethernet (chamado adaptador tagarela), um switch pode detectar o problema e desconectar internamente o adaptador com defeito.

Com esse recurso, o administrador da rede não precisa se levantar de madrugada e dirigir até o trabalho para corrigir o problema. De modo semelhante, um cabo cortado desconecta apenas o hospedeiro que o estava usando para conectar o switch. Nos dias do cabo coaxial, muitos gerentes de rede gastavam horas "percorrendo as linhas" (ou, mais precisamente, "arrastando-se pelo chão") para achar a interrupção que paralisou a rede inteira. Os switches também colhem estatísticas sobre uso da largura de banda, taxas de colisão e tipos de tráfego, e tornam essa informação disponível para o gerente da rede. Tal informação pode ser usada para depurar e corrigir problemas, além de planejar como a LAN deverá evoluir no futuro. Os pesquisadores estão explorando a inclusão de ainda mais funcionalidade de gerenciamento para as LANs Ethernet nos protótipos implementados (Casado, 2007; Koponen, 2011).

Comutadores *versus* roteadores

Como aprendemos no Capítulo 4, roteadores são comutadores de pacotes do tipo armazena-e-repassa, que transmitem pacotes usando endereços da camada de rede. Embora um switch também seja um comutador de pacotes do tipo armazena-e-repassa, ele é, em essência, diferente de um roteador, pois repassa pacotes usando endereços MAC. Enquanto um roteador é um comutador de pacotes da camada 3, um switch opera com protocolos da camada 2. Lembre-se, no entanto, que aprendemos na Seção 4.4 que os switches modernos que usam a operação "combinação mais ação" podem ser usados para repassar um quadro da camada 2 com base no seu endereço MAC de destino, assim como um datagrama da camada 3 usando o endereço IP de destino do datagrama. Na verdade, vimos que switches que usam o padrão OpenFlow podem realizar repasse generalizado de pacotes com base em qualquer um de onze diferentes campos de cabeçalho da camada de transporte, quadro e datagrama.

Mesmo sendo fundamentalmente diferentes, é comum que os administradores de rede tenham de optar entre um switch e um roteador ao instalar um dispositivo de interconexão. Por exemplo, para a rede da Figura 6.15, o administrador de rede poderia com facilidade ter optado por usar um roteador, em vez de um switch, para conectar as LANs

SEGURANÇA EM FOCO

ANALISANDO UMA LAN COMUTADA: ENVENENAMENTO DE SWITCH

Quando um hospedeiro é conectado a um switch, em geral só recebe quadros destinados a ele. Por exemplo, considere uma LAN comutada na Figura 6.17. Quando o hospedeiro A envia um quadro ao hospedeiro B, e há um registro para B na tabela de comutação, então o switch repassa o quadro *somente* para B. Se o hospedeiro C estiver executando um analisador de quadros, o hospedeiro C não poderá analisar esse quadro de A-para-B. Assim, em um ambiente de LAN comutada (ao contrário de um ambiente de enlace de difusão, como LANs 802.11 ou LANs Ethernet baseadas em hub), é mais difícil que um invasor analise quadros. *Porém*, como o switch envia por difusão quadros que possuem endereços de destino que não estão na tabela de comutação, o invasor em C ainda poderá sondar alguns quadros que não são destinados a C. Além disso, um farejador poderá vasculhar todos os quadros de difusão Ethernet com endereço de destino de difusão FF–FF–FF–FF–FF–FF. Um ataque bem conhecido contra um switch, denominado **envenenamento de switch**, é enviar uma grande quantidade de pacotes ao switch com muitos endereços MAC de origem falsos e diferentes, enchendo assim a tabela de comutação com registros falsos e não deixando espaço para os endereços MAC dos hospedeiros legítimos. Isso faz o switch enviar a maioria dos quadros por difusão, podendo então ser apanhados pelo analisador de quadros (Skoudis, 2006). Visto que esse ataque é bem complexo, mesmo para um invasor sofisticado, os switches são muito menos vulneráveis à análise do que os hubs e as LANs sem fio.

de departamento, servidores e roteador de borda da Internet. Na verdade, um roteador permitiria a comunicação interdepartamental sem criar colisões. Dado que ambos, switches e roteadores, são candidatos a dispositivos de interconexão, quais são os prós e os contras das duas técnicas?

Vamos considerar, inicialmente, os prós e os contras de switches. Como já dissemos, switches são do tipo plug-and-play, uma propriedade que é apreciada por todos os administradores de rede atarefados do mundo. Eles também podem ter velocidades relativamente altas de filtragem e repasse – como ilustra a Figura 6.24, e têm de processar quadros apenas até a camada 2, enquanto roteadores têm de processar pacotes até a camada 3. Por outro lado, para evitar a circulação dos quadros por difusão, a topologia de uma rede de comutação está restrita a uma spanning tree. E mais, uma rede de comutação de grande porte exigiria, nos hospedeiros e roteadores, grandes tabelas ARP, gerando tráfego e processamento ARP substanciais. Além do mais, switches são suscetíveis a tempestades de difusão – se um hospedeiro se desorganiza e transmite uma corrente sem fim de quadros Ethernet por difusão, os switches repassam todos esses quadros, causando o colapso da rede inteira.

Agora, vamos considerar os prós e os contras dos roteadores. Como na rede o endereçamento muitas vezes é hierárquico (e não linear, como o MAC), os pacotes em geral não ficam circulando nos roteadores, mesmo quando a rede tem trajetos redundantes. (Na verdade, eles podem circular quando as tabelas de roteadores estão mal configuradas; mas, como aprendemos no Capítulo 4, o IP usa um campo de cabeçalho de datagrama especial para limitar a circulação.) Assim, pacotes não ficam restritos a uma topologia de spanning tree e podem usar o melhor trajeto entre origem e destino. Como roteadores não sofrem essa limitação, eles permitiram que a Internet fosse montada com uma topologia rica que inclui, por exemplo, múltiplos enlaces ativos entre a Europa e a América do Norte. Outra característica dos roteadores é que eles fornecem proteção de firewall contra as tempestades de difusão da camada 2. Talvez sua desvantagem mais significativa seja o fato de não serem do tipo plug-and-play – eles e os hospedeiros que a eles se conectam precisam que seus endereços IP sejam configurados. Além disso, roteadores muitas vezes apresentam tempo de processamento por pacote maior do que switches, pois têm de processar até os campos da camada 3.

Dado que switches e roteadores têm seus prós e contras (como resumido na Tabela 6.1), quando uma rede institucional (p. ex., de um campus universitário ou uma rede corporativa) deveria usar switches e quando deveria usar roteadores? Em geral, redes pequenas, com algumas centenas de hospedeiros, têm uns poucos segmentos de LAN. Para essas, switches serão satisfatórios, pois localizam o tráfego e aumentam a vazão agregada sem exigir nenhuma configuração de endereços IP. Mas redes maiores, com milhares de hospedeiros, em geral incluem roteadores (além de switches). Roteadores fornecem isolamento de tráfego mais robusto, controlam tempestades de difusão e usam rotas "mais inteligentes" entre os hospedeiros da rede.

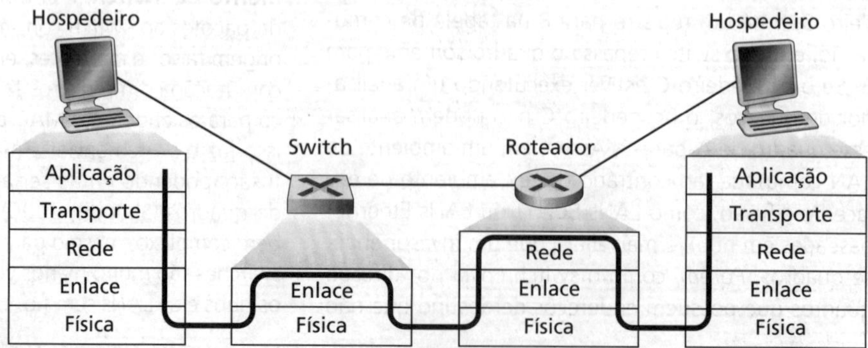

Figura 6.24 Processamento de pacotes em switches, roteadores e hospedeiros.

TABELA 6.1 Comparação entre as características típicas de dispositivos de interconexão populares

	Hubs	Roteadores	Switches
Isolamento de tráfego	Não	Sim	Sim
Plug-and-play	Sim	Não	Sim
Roteamento ideal	Não	Sim	Não

Para mais informações sobre os prós e os contras das redes comutadas e roteadas, bem como sobre como a tecnologia de LAN comutada pode ser estendida para acomodar duas ordens de magnitude de hospedeiros a mais que a Ethernet atual, consulte Meyers (2004) e Kim (2008).

6.4.4 Redes locais virtuais (VLANs)

Na discussão anterior sobre a Figura 6.15, notamos que as LANs institucionais modernas com frequência são configuradas hierarquicamente, com cada grupo de trabalho (departamento) tendo seu próprio switch de LAN conectado ao switch de LAN de outros grupos via uma hierarquia de switches. Embora tal configuração funcione bem em um mundo ideal, o mundo real é bem diferente. Três desvantagens podem ser identificadas na configuração da Figura 6.15.

- *Falta de isolamento do tráfego.* Apesar de a hierarquia localizar o tráfego de grupos dentro de um único switch, o tráfego de difusão (p. ex., quadros carregando mensagens ARP e DHCP ou quadros com endereços de destino que ainda não foram descobertos por um switch com a autoaprendizagem) tem que ainda percorrer toda a rede institucional. Limitar o escopo desse tráfego de difusão aprimoraria o desempenho da LAN. Talvez mais importante que isso, também seria desejável limitar esse tráfego por razões de segurança e privacidade. Por exemplo, se um grupo contém a equipe da gerência executiva de uma empresa e outro grupo contém funcionários decepcionados executando o analisador de pacotes Wireshark, o gerente de rede talvez prefira que o tráfego da gerência executiva não alcance os computadores dos funcionários. Esse tipo de isolamento pode ser substituído trocando o switch central da Figura 6.15 por um roteador. Em breve, veremos que esse isolamento também pode ser realizado por meio de uma solução de comutação (camada 2).
- *Uso ineficiente de switches.* Se, em vez de três, a instituição tivesse dez grupos, os dez switches de primeiro nível seriam necessários. Se cada grupo fosse pequeno, digamos, com menos de dez pessoas, um switch de 96 portas seria suficiente para atender a todos, mas esse único switch não fornece isolamento de tráfego.
- *Gerenciamento de usuários.* Se um funcionário se locomove entre os grupos, o cabeamento físico deve ser mudado para conectá-lo a um switch diferente na Figura 6.15. Funcionários pertencentes a dois grupos dificultam o problema.

Felizmente, cada uma dessas dificuldades pode ser resolvida com um switch que suporte **redes locais virtuais** (**VLANs**, do inglês ***virtual local area networks***). Como o nome já sugere, um switch que suporta VLANs permite que diversas redes locais *virtuais* sejam executadas por meio de uma única infraestrutura *física* de uma rede local virtual. Hospedeiros dentro de uma VLAN se comunicam como se eles (e não outros hospedeiros) estivessem conectados ao switch. Em uma VLAN baseada em portas, as portas (interfaces) do switch são divididas em grupos pelo gerente da rede. Cada grupo constitui uma VLAN, com as portas em cada VLAN formando um domínio de difusão (i.e., o tráfego de difusão de uma porta só pode alcançar outras portas no grupo). A Figura 6.25 mostra um único switch com 16 portas. As interfaces de 2 a 8 pertencem à VLAN EE, enquanto as de 9 a 15 pertencem

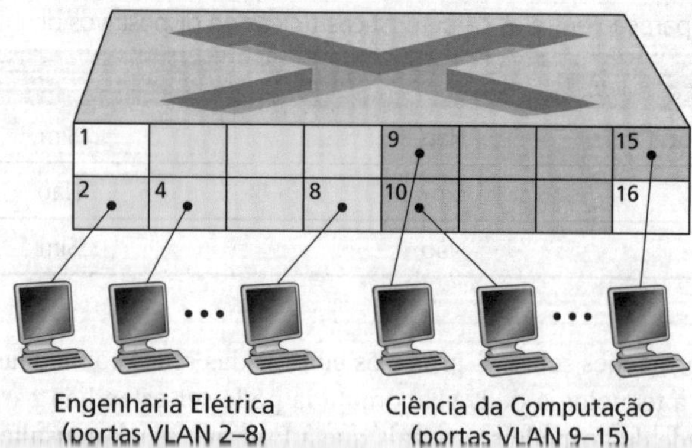

Figura 6.25 Comutador único com duas VLANs configuradas.

à VLAN CS (portas 1 e 16 não são atribuídas). Essa VLAN soluciona todas as dificuldades citadas – quadros de VLAN EE e CS são isolados uns dos outros, os dois switches na Figura 6.15 foram substituídos por um único switch, e se o usuário da porta de switch 8 se juntar ao departamento CS, o operador da rede apenas reconfigura o software da VLAN para que a porta 8 seja associada com a VLAN CS. Qualquer um poderia imaginar facilmente como o switch VLAN opera e é configurado – o gerente de rede declara uma interface pertencente a uma dada VLAN (com portas não declaradas pertencentes à VLAN padrão) usando um software de gerenciamento de switches, uma tabela de mapeamento porta-VLAN é mantida dentro do switch; e um hardware de comutação somente entrega quadros entre as portas pertencentes à mesma VLAN.

Mas ao isolarmos completamente as duas VLANs, criamos um novo problema! Como o tráfego do departamento EE pode ser enviado para o departamento CS? Uma maneira de se lidar com isso seria conectar uma porta de comutação da VLAN (p. ex., porta 1 na Figura 6.25) a um roteador externo, configurando aquela porta para que pertença às VLANs de ambos os departamentos EE e CS. Nesse caso, apesar de eles compartilharem um mesmo roteador físico, a configuração faria parecer que têm switches diferentes conectados por um roteador. Um datagrama IP, indo do departamento EE para o CS, passaria primeiro pela VLAN EE para alcançar o roteador e depois seria encaminhado de volta pelo roteador através da VLAN CS até o hospedeiro CS. Felizmente, os fornecedores de switches facilitam as configurações para o gerente de rede. Eles montam um dispositivo único que contém um switch VLAN *e* um roteador, para que um roteador externo não seja necessário. Uma lição de casa ao final do capítulo explora esse exemplo com mais detalhes.

Voltando à Figura 6.15, vamos supor que, em vez de termos um departamento separado de Engenharia da Computação, parte do corpo docente de EE e de CS esteja alojada em um prédio separado, onde (é claro!) eles precisariam de acesso à rede, e (é claro!) gostariam de fazer parte do VLAN de seu departamento. A Figura 6.26 mostra um segundo switch com 8 entradas, onde as entradas do switch foram definidas como pertencentes à VLAN EE ou CS, conforme necessário. Mas como esses dois switches seriam interconectados? Uma solução fácil seria definir uma entrada como pertencente à VLAN CS em cada switch (e da mesma forma para a VLAN EE) e conectá-las umas às outras, como demonstrado na Figura 6.26(a). No entanto, essa solução não permite crescimento, já que *N* VLANs exigiriam *N* portas em cada switch para simplesmente interconectar os dois switches.

Uma abordagem mais escalável para interconectar os switches das VLANs é conhecida como **entroncamento de VLANs**. Na técnica de entrocamento de VLANs, mostrada na Figura 6.26(b), uma porta especial em cada switch (porta 16 no switch esquerdo e porta 1 no direito) é configurada como uma porta tronco para interconectar os dois switches de VLAN. A porta tronco pertence a todas as VLANs, e quadros enviados a qualquer VLAN são encaminhados pelo enlace tronco ao outro switch. Mas isso gera mais uma dúvida:

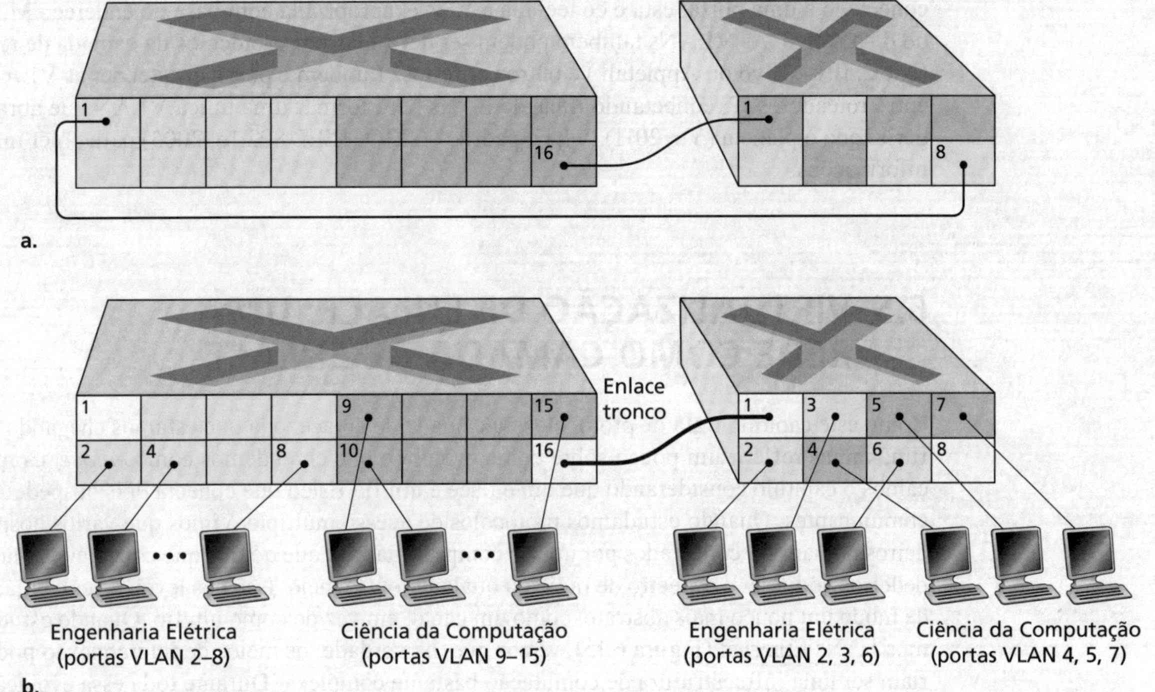

Figura 6.26 Conectando dois comutadores da VLAN a duas VLANs: (a) 2 cabos (b) entroncados.

como um switch "sabe" que um quadro que está chegando a uma porta tronco pertence a uma VLAN específica? O IEEE definiu um formato de quadro estendido, 802.1Q, para quadros atravessando o tronco VLAN. Conforme mostrado na Figura 6.27, o quadro 802.1Q consiste no quadro padrão Ethernet com um **rótulo de VLAN** de quatro bytes adicionado no cabeçalho que transporta a identidade da VLAN à qual o quadro pertence. O rótulo da VLAN é adicionado ao quadro pelo switch no lado de envio do tronco de VLAN, analisado, e removido pelo switch no lado de recebimento do tronco. O próprio rótulo da VLAN consiste em um campo de 2 bytes chamado Rótulo de Identificação de Protocolo (TPID, do inglês *Tag Protocol Identifier*) (com um valor hexadecimal fixo de 81-00), um campo de 2 bytes de Controle de Informação de Rótulo contendo um campo de identificação de VLAN com 12 bits, e um campo de prioridade com 3 bits semelhante em propósito ao campo TOS do datagrama IP.

Nessa análise, só fizemos uma breve citação sobre VLANs e focamos em VLANs baseadas em portas. Deveríamos mencionar também que as VLANs podem ser definidas de diversas maneiras. Em uma VLAN baseada em MAC, o administrador de rede especifica o grupo de endereços MAC que pertence a cada VLAN; quando um dispositivo é

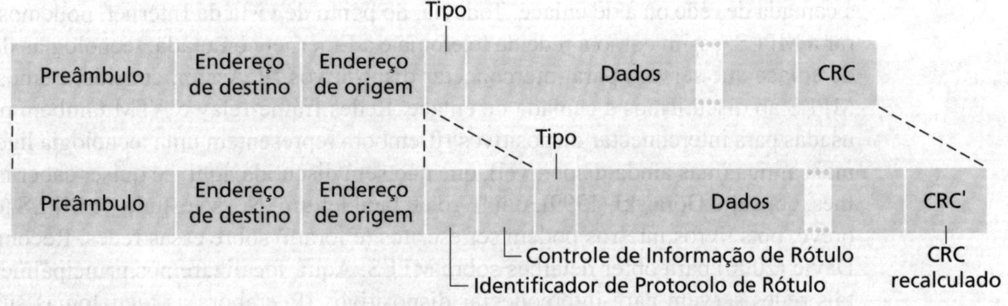

Figura 6.27 Quadro Ethernet original (no alto); quadro VLAN Ethernet 802.1Q-tagged (embaixo).

conectado a uma porta, esta é conectada à VLAN apropriada com base no endereço MAC do dispositivo. As VLANs também podem ser definidas por protocolos da camada de rede (p. ex., IPv4, IPv6 ou Appletalk) e outros critérios. Também é possível estender as VLANs entre roteadores IP, conectando ilhas de LANs para formar uma única VLAN que abrangeria todo o planeta (Yu, 2011). Veja o padrão 802.1Q (IEEE 802.1q, 2005) para obter mais informações.

6.5 VIRTUALIZAÇÃO DE ENLACE: UMA REDE COMO CAMADA DE ENLACE

Como este capítulo trata de protocolos da camada de enlace, e já que estamos chegando ao fim, vamos refletir um pouco sobre como evoluiu o que entendemos como *enlace*. Começamos o capítulo considerando que um enlace é um fio físico que conecta dois hospedeiros comunicantes. Quando estudamos protocolos de acesso múltiplo, vimos que vários hospedeiros podiam ser conectados por um fio compartilhado, e que o "fio" que conectava os hospedeiros podia ser o espectro de rádio ou qualquer outro meio. Isso nos levou a ver o enlace, de modo um pouco mais abstrato, como um canal, em vez de como um fio. Quando estudamos LANs Ethernet (Figura 6.15), vimos que, na verdade, os meios de interconexão poderiam ser uma infraestrutura de comutação bastante complexa. Durante toda essa evolução, entretanto, os hospedeiros sempre mantiveram a visão do meio de conexão apenas como um canal da camada de enlace conectando dois ou mais hospedeiros. Vimos, por exemplo, que um hospedeiro Ethernet pode facilmente ficar inconsciente do fato de estar ligado a outros hospedeiros de LAN por um único segmento curto de LAN (Figura 6.17), por uma LAN comutada geograficamente dispersa (Figura 6.15) ou pela VLAN (Figura 6.26).

No caso de uma conexão com modem discado entre dois hospedeiros, o enlace que conecta os dois é, na verdade, a rede de telefonia – uma rede global de telecomunicações logicamente separada, com seus próprios comutadores, enlaces e pilhas de protocolos para transferência e sinalização de dados. Entretanto, do ponto de vista da camada de rede da Internet, a conexão discada por meio da rede de telefonia é vista como um simples "fio". Nesse sentido, a Internet virtualiza a rede de telefonia, considerando-a uma tecnologia da camada de enlace que provê conectividade da camada de enlace entre dois hospedeiros da Internet. Lembre-se de que, quando discutimos redes de sobreposição no Capítulo 2, dissemos que, de modo semelhante, essa rede vê a Internet como um meio de prover conectividade entre nós sobrepostos, procurando sobrepor-se à Internet do mesmo modo que a Internet se sobrepõe à rede de telefonia.

Nesta seção, consideraremos redes de Comutação de Rótulos Multiprotocolo (MPLS, do inglês *Multiprotocol Label Switching*). Diferentemente da rede de telefonia de comutação de circuitos, as redes MPLS, são, de direito, redes de comutação de pacotes por circuitos virtuais. Elas têm seus próprios formatos de pacotes e comportamentos de repasse. Assim, de um ponto de vista pedagógico, é bem coerente discutir MPLS quando estudamos a camada de rede ou a de enlace. Todavia, do ponto de vista da Internet, podemos considerar a MPLS, assim como a rede de telefonia e a Ethernet comutada, tecnologias da camada de enlace que servem para interconectar dispositivos IP. Assim, consideraremos as redes MPLS ao discutirmos a camada de enlace. Redes frame-relay e ATM também podem ser usadas para interconectar dispositivos IP, embora representem uma tecnologia ligeiramente mais antiga (mas ainda disponível), que não será discutida aqui; se quiser saber mais detalhes, consulte Goralski (1999), um livro de fácil leitura. Nosso estudo de MPLS terá de ser breve, pois livros inteiros podem ser escritos (e foram) sobre essas redes. Recomendamos Davie (2000) para obter detalhes sobre MPLS. Aqui, focalizaremos principalmente como tais redes servem para interconectar dispositivos IP, embora as tecnologias subjacentes também sejam examinadas com um pouco mais de profundidade.

6.5.1 Comutação de Rótulos Multiprotocolo (MPLS)

A MPLS evoluiu dos inúmeros esforços realizados pela indústria de meados ao final da década de 1990 para melhorar a velocidade de repasse de roteadores IP, adotando um conceito fundamental do mundo das redes de circuitos virtuais: um rótulo de tamanho fixo. O objetivo não era abandonar a infraestrutura de repasse de datagramas IP com base no destino em favor de rótulos de tamanho fixo e circuitos virtuais, mas aumentá-la rotulando datagramas seletivamente e permitindo que roteadores repassassem datagramas com base em rótulos de tamanho fixo (em vez de endereços de destino IP), quando possível. O importante é que essas técnicas trabalhavam de mãos dadas com o IP, usando endereçamento e roteamento IP. A IETF reuniu esses esforços no protocolo MPLS (RFC 3031, RFC 3032) misturando de fato técnicas de circuitos virtuais em uma rede de datagramas com roteadores.

Vamos começar nosso estudo do MPLS considerando o formato de um quadro da camada de enlace que é manipulado por um roteador habilitado para MPLS. A Figura 6.28 mostra que um quadro da camada de enlace transmitido entre dispositivos habilitados para MPLS tem um pequeno cabeçalho MPLS adicionado entre o cabeçalho de camada 2 (p. ex., Ethernet) e o cabeçalho de camada 3 (i.e., IP). O RFC 3032 define o formato do cabeçalho MPLS para esses enlaces; cabeçalhos de redes ATM e de frame relay também são definidos em outros RFCs. Entre os campos no cabeçalho MPLS estão o rótulo, 3 bits reservados para uso experimental, um único bit, S, que é usado para indicar o final de uma série de rótulos MPLS "empilhados" (um tópico avançado que não será abordado aqui), e um campo de tempo de vida.

A Figura 6.28 deixa logo evidente que um quadro que utiliza o formato do MPLS só pode ser enviado entre roteadores habilitados para MPLS (já que um roteador não habilitado para MPLS ficaria bastante confuso ao encontrar um cabeçalho MPLS onde esperava encontrar o IP!). Um roteador habilitado para MPLS é em geral denominado **roteador de comutação de rótulos**, pois repassa um quadro MPLS consultando o rótulo MPLS em sua tabela de repasse e, então, passa imediatamente o datagrama para a interface de saída apropriada. Assim, o roteador habilitado para MPLS *não* precisa extrair o endereço de destino e executar uma busca para fazer a compatibilização com o prefixo mais longo na tabela de repasse. Mas como um roteador sabe se seu vizinho é realmente habilitado para MPLS, e como sabe qual rótulo associar com determinado destino IP? Para responder a essas perguntas, precisaremos estudar a interação entre um grupo de roteadores habilitados para MPLS.

No exemplo da Figura 6.29, os roteadores R1 a R4 são habilitados para MPLS. R5 e R6 são roteadores IP padrão. R1 anunciou a R2 e R3 que ele (R1) pode rotear para o destino A, e que um quadro recebido com rótulo MPLS 6 será repassado ao destino A. O roteador R3 anunciou ao roteador R4 que ele (R4) pode rotear para os destinos A e D, e que os quadros que estão chegando e que portam os rótulos MPLS 10 e 12 serão comutados na direção desses destinos. O roteador R2 também anunciou ao roteador R4 que ele (R2) pode alcançar o destino A, e que um quadro recebido portando o rótulo MPLS 8 será comutado na direção de A. Note que o roteador R4 agora está na interessante posição de ter dois caminhos MPLS para chegar até A: por meio da interface 0 com rótulo MPLS de saída 10, e por meio da interface 1 com um rótulo MPLS 8. O quadro geral apresentado na Figura 6.29 é que os dispositivos IP R5, R6, A e D estão conectados em conjunto via uma infraestrutura MPLS

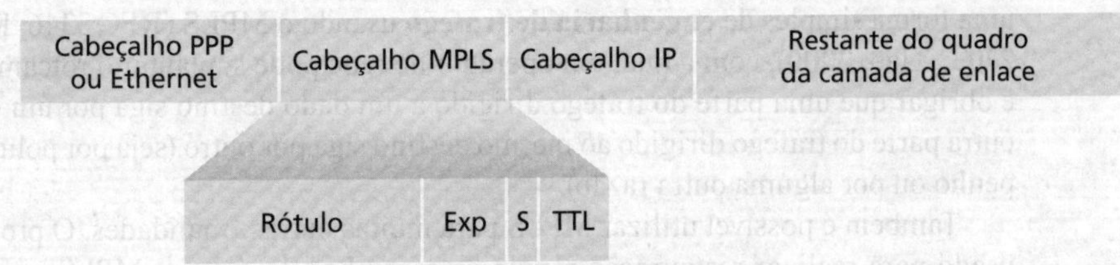

Figura 6.28 Cabeçalho MPLS: localizado entre os cabeçalhos da camada de enlace e da camada de rede.

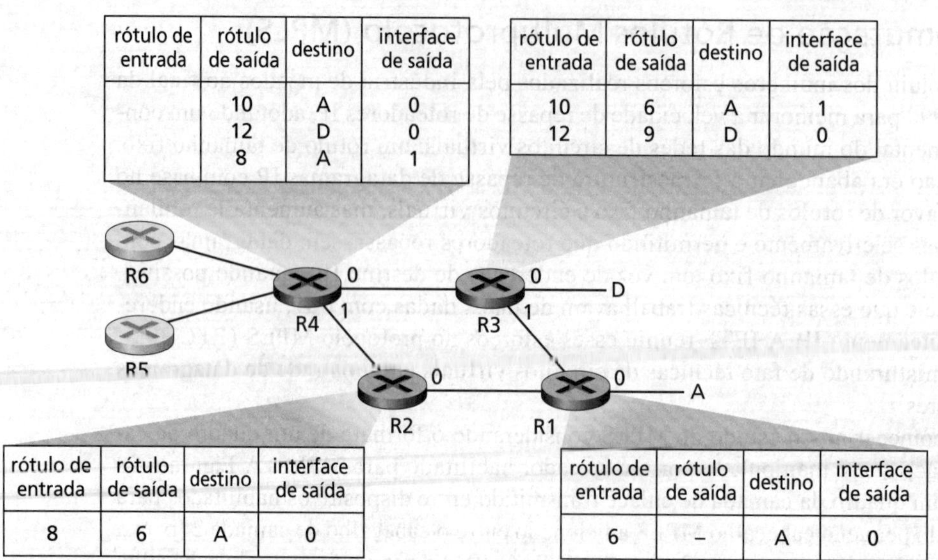

rótulo de entrada | rótulo de saída | destino | interface de saída
10 | A | 0
12 | D | 0
8 | A | 1
rótulo de entrada | rótulo de saída | destino | interface de saída
10 | 6 | A | 1
12 | 9 | D | 0
R6
R5
R4
R3
R2
R1
D
A
0
1
rótulo de entrada | rótulo de saída | destino | interface de saída
8 | 6 | A | 0
rótulo de entrada | rótulo de saída | destino | interface de saída
6 | – | A | 0

Figura 6.29 Repasse melhorado com MPLS.

(roteadores habilitados a MPLS R1, R2, R3 e R4) praticamente do mesmo modo como uma LAN comutada ou uma rede ATM podem conectar dispositivos IP entre si. E, do mesmo modo que uma LAN comutada ou uma rede ATM, os roteadores R1 a R4 habilitados para MPLS fazem isso *sem jamais tocar o cabeçalho IP de um pacote*.

Nessa discussão, não especificamos o protocolo utilizado para distribuir rótulos entre roteadores habilitados para MPLS, pois os detalhes dessa sinalização estariam muito além do escopo deste livro. Observamos, entretanto, que o grupo de trabalho da IETF para o MPLS especificou no (RFC 3468) que uma extensão do protocolo RSVP, conhecida como RSVP-TE (RFC 3209), será o foco de seus esforços para a sinalização MPLS. Também não discutimos como o MPLS realmente calcula os caminhos para pacotes entre roteadores habilitados para MPLS, nem como ele reúne informações de estado do enlace (p. ex., quantidade de largura de banda do enlace não reservada pelo MPLS) para usar nesses cálculos de caminho. Os algoritmos de roteamento de estado de enlace (p. ex., OSPF) foram estendidos para inundar essa informação aos roteadores habilitados para MPLS. É interessante que os algoritmos reais de cálculo de caminho não são padronizados, e são atualmente específicos do fornecedor.

Até aqui, a ênfase de nossa discussão sobre o MPLS tem sido o fato de que esse protocolo executa comutação com base em rótulos, sem precisar considerar o endereço IP de um pacote. As verdadeiras vantagens do MPLS e a razão do atual interesse por ele, contudo, não estão nos aumentos substanciais nas velocidades de comutação, mas nas novas capacidades de gerenciamento de tráfego que o MPLS proporciona. Como já vimos, R4 tem *dois* caminhos MPLS até A. Se o repasse fosse executado até a camada IP tendo como base o endereço IP, os protocolos de roteamento IP que estudamos no Capítulo 5 especificariam um único caminho de menor custo até A. Assim, o MPLS provê a capacidade de repassar pacotes por rotas, o que não seria possível usando protocolos padronizados de roteamento IP. Essa é só uma forma simples de **engenharia de tráfego** usando o MPLS (RFC 3346; RFC 3272; RFC 2702; Xiao, 2000), com a qual um operador de rede pode suplantar o roteamento IP normal e obrigar que uma parte do tráfego dirigido a um dado destino siga por um caminho, e que outra parte do tráfego dirigido ao mesmo destino siga por outro (seja por política, por desempenho ou por alguma outra razão).

Também é possível utilizar MPLS para muitas outras finalidades. O protocolo pode ser usado para realizar restauração rápida de caminhos de repasse MPLS; por exemplo, mudar a rota do tráfego que passa por um caminho previamente calculado, restabelecido, em resposta à falha de enlace (Kar, 2000; Huang, 2002; RFC 3469). Por fim, observamos que o MPLS pode ser, e tem sido, utilizado para implementar as denominadas **redes privadas virtuais** (**VPNs**, do inglês ***virtual private networks***). Ao executar uma VPN para um cliente, um ISP utiliza uma rede habilitada para MPLS para conectar as várias redes do cliente. O MPLS também pode ser usado para isolar os recursos e o endereçamento utilizados pela VPN do cliente dos outros usuários que estão cruzando a rede do ISP; para obter mais detalhes, veja DeClercq (2002).

Nossa discussão sobre MPLS foi breve, e acreditamos que os leitores devem consultar as referências que mencionamos. Observamos que a MPLS ganhou proeminência antes do desenvolvimento das redes definidas por software, que estudamos no Capítulo 5, e que muitas das capacidades de engenharia de tráfego da MPLS também são possíveis por meio da rede definida por software (SDN, do inglês *software-defined networking*) e do paradigma de repasse generalizado estudado no Capítulo 4. Apenas o futuro dirá se a MPLS e a SDN continuarão a coexistir ou se novas tecnologias (como as SDNs) acabarão por substituir a MPLS.

6.6 REDES DO DATACENTER

Empresas de Internet como Google, Microsoft, Amazon e Alibaba construíram datacenters maciços, cada um abrigando dezenas a centenas de milhares de hospedeiros. Como brevemente discutido na nota em destaque na Seção 1.2, além de estarem conectados à Internet, os datacenters também incluem, internamente, redes complexas de computadores, chamadas **redes do datacenter**, que interconectam os hospedeiros internos. Nesta seção, apresentamos uma breve introdução à rede do datacenter para aplicações de nuvem.

Em linhas gerais, os datacenters servem três propósitos. Primeiro, eles fornecem conteúdo para os usuários, como páginas Web, resultados de busca, e-mail ou streaming de vídeo. Segundo, funcionam como infraestruturas de computação massivamente paralela para tarefas de processamento de dados específicas, como computações distribuídas de índices para mecanismos de busca. Terceiro, fornecem serviços de **computação em nuvem** para outras empresas, e hoje uma forte tendência na computação é que as empresas usem provedores de serviços de nuvem, como Amazon Web Services, Microsoft Azure e Alibaba Cloud, para atender basicamente *todas* as suas necessidades de TI.

6.6.1 Arquiteturas de datacenters

Os projetos dos datacenters são segredos guardados a sete chaves pelas empresas, pois muitas vezes representam vantagens competitivas críticas para as grandes prestadoras de serviços de computação em nuvem. O custo de um grande datacenter é imenso, ultrapassando US$ 12 milhões por mês para um datacenter de 100 mil hospedeiros (Greenberg, 2009a). Desses, 45% podem ser atribuídos aos próprios hospedeiros (que precisam ser substituídos a cada 3-4 anos); 25% à infraestrutura, incluindo transformadores, "no-breaks", geradores para faltas de energia prolongadas e sistemas de resfriamento; 15% para custos com consumo de energia elétrica; e 15% para redes, incluindo dispositivos (switches, roteadores e balanceadores de carga), enlaces externos e custos de tráfego de dados. (Nessas porcentagens, os custos com equipamento são amortizados, assim uma métrica de custo comum é aplicada para compras de única vez e despesas contínuas, como energia.) Embora o uso de redes não seja o maior dos custos, sua inovação é a chave para reduzir o custo geral e maximizar o desempenho (Greenberg, 2009a).

As abelhas trabalhadoras em um datacenter são os hospedeiros. Os hospedeiros nos datacenters, chamados **lâminas** e semelhantes a embalagens de pizza, são em geral hospedeiros básicos incluindo CPU, memória e armazenamento de disco. Os hospedeiros são empilhados em estantes, com cada uma normalmente tendo de 20 a 40 lâminas. No topo

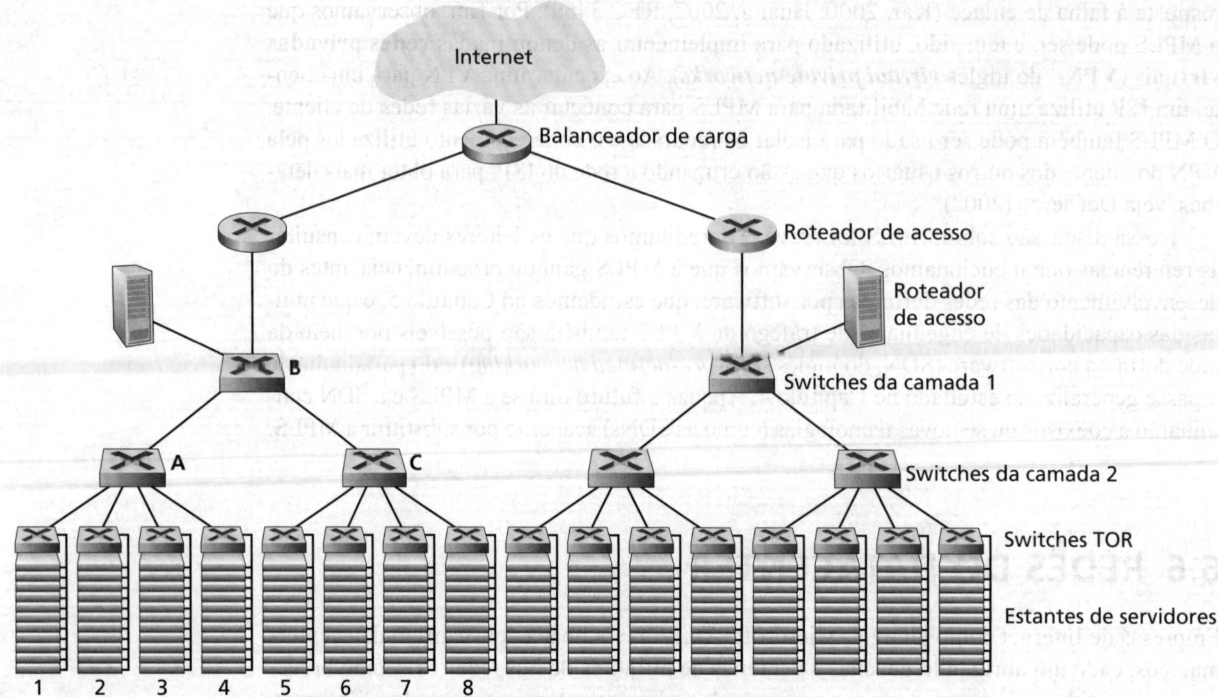

Figura 6.30 Uma rede do datacenter com uma topologia hierárquica.

de cada estante há um switch, devidamente denominado **switch do topo da estante** (**TOR,** do inglês **Top Of Rack**), que interconecta os hospedeiros entre si e com outros switches no datacenter. Especificamente, cada hospedeiro na estante tem uma placa de interface de rede que se conecta ao seu switch TOR, e cada switch TOR tem portas adicionais que podem ser conectadas a outros switches. Os hospedeiros de hoje geralmente têm conexões Ethernet a 40 ou 100 Gbit/s com seus switches TOR (FB, 2019; Greenberg, 2015; Roy, 2015; Singh, 2015). Cada hospedeiro também recebe seu próprio endereço IP interno ao datacenter.

A rede do datacenter aceita dois tipos de tráfego: tráfego fluindo entre clientes externos e hospedeiros internos, e tráfego fluindo entre hospedeiros internos. Para tratar dos fluxos entre os clientes externos e os hospedeiros internos, a rede do datacenter inclui um ou mais **roteadores de borda**, conectando a rede do datacenter à Internet pública. Portanto, a rede do datacenter interconecta as estantes umas com as outras e conecta as estantes aos roteadores de borda. A Figura 6.30 mostra um exemplo de uma rede do datacenter. O **projeto de rede do datacenter**, a arte de projetar a rede de interconexão e os protocolos que conectam as estantes entre si e com os roteadores de borda, tornou-se um ramo importante da pesquisa sobre redes de computadores nos últimos anos (consulte as referências nesta seção).

Balanceamento de carga

Um datacenter de nuvem, como um datacenter da Google, Microsoft, Amazon e Alibaba, oferece muitas aplicações simultaneamente, como aplicações de busca, correio eletrônico e vídeo. Para dar suporte a solicitações de clientes externos, cada aplicação é associada a um endereço IP publicamente visível, ao qual clientes enviam suas solicitações e do qual eles recebem respostas. Dentro do datacenter, as solicitações externas são direcionadas primeiro a um balanceador de carga, cuja função é distribuir as solicitações aos hospedeiros, equilibrando a carga entre os hospedeiros como uma função de sua carga atual (Patel, 2013; Eisenbud, 2016). Um grande datacenter normalmente terá vários balanceadores de carga, cada um dedicado a um conjunto de aplicações de nuvem específicas. Esse balanceador de carga às vezes é conhecido como "switch da camada 4", pois toma decisões com base no número da porta de destino (camada 4), bem como no endereço IP de destino no pacote. Ao receber uma solicitação por uma aplicação em particular, o balanceador de carga a encaminha para um dos hospedeiros que trata da aplicação. (Um hospedeiro pode, então, invocar os serviços de outros hospedeiros, para ajudar a processar a solicitação.) O balanceador de carga não só equilibra a carga de trabalho entre os hospedeiros, mas também oferece uma função tipo NAT, traduzindo o endereço IP externo, público, para o endereço IP interno do hospedeiro apropriado, e depois traduzindo de volta os pacotes que trafegam na direção contrária, de volta aos clientes. Isso impede que os clientes entrem em contato direto com os hospedeiros, o que tem o benefício para a segurança de ocultar a estrutura de rede interna e impedir que clientes interajam diretamente com os hospedeiros.

Arquitetura hierárquica

Para um datacenter pequeno, abrigando apenas alguns milhares de hospedeiros, uma rede simples, que consiste em um roteador de borda, um balanceador de carga e algumas dezenas de estantes, todas interconectadas por um único switch Ethernet, possivelmente seria suficiente. Mas para escalar para dezenas a centenas de milhares de hospedeiros, um datacenter normalmente emprega uma hierarquia de roteadores e switches, como a topologia mostrada na Figura 6.30. No topo da hierarquia, o roteador de borda se conecta aos roteadores de acesso (somente dois aparecem na Figura 6.30, mas pode haver muito mais). Abaixo de cada roteador de acesso há três camadas de switches. Cada roteador de acesso se conecta a um switch da camada superior, e cada switch da camada superior se conecta a vários switches da segunda camada e a um balanceador de carga. Cada switch da segunda camada, por sua vez, se conecta a várias estantes por meio dos switches TOR das estantes (switches da terceira camada). Todos os enlaces em geral utilizam Ethernet para seus protocolos da camada de enlace e da camada física, com uma mistura de cabeamento de cobre e fibra. Com esse projeto hierárquico, é possível escalar um datacenter até centenas de milhares de hospedeiros.

Como é crítico para um provedor de aplicação de nuvem oferecer aplicações continuamente com alta disponibilidade, os datacenters também incluem equipamento de rede redundante e enlaces redundantes em seus projetos (isso não está incluído na Figura 6.30). Por exemplo, cada switch TOR pode se conectar a dois switches da camada 2, e cada roteador de acesso, switch da camada 1 e switch da camada 2 pode ser duplicado e integrado ao projeto (Cisco, 2012; Greenberg, 2009b). No projeto hierárquico da Figura 6.30, observe que os hospedeiros abaixo de cada roteador de acesso formam uma única sub-rede. Para localizar o tráfego de difusão ARP, cada uma dessas sub-redes é dividida ainda mais em sub-redes de VLAN menores, cada uma compreendendo algumas centenas de hospedeiros (Greenberg, 2009a).

Embora a arquitetura hierárquica convencional que acabamos de descrever resolva o problema de escala, ela sofre de capacidade limitada de hospedeiro-a-hospedeiro (Greenberg, 2009b). Para entender essa limitação, considere novamente a Figura 6.30 e suponha que cada hospedeiro se conecte ao seu switch TOR com um enlace de 10 Gbits/s, enquanto os enlaces entre os switches são enlaces Ethernet de 100 Gbits/s. Dois hospedeiros na mesma estante sempre podem se comunicar com 10 Gbits/s completo, limitados apenas pela velocidade das placas de interface de rede dos hospedeiros. Porém, se houver muitos fluxos simultâneos na rede do datacenter, a velocidade máxima entre dois hospedeiros em estantes diferentes pode ser muito menor. Para ter uma ideia desse problema, considere um padrão de tráfego consistindo em 40 fluxos simultâneos entre 40 pares de hospedeiros em diferentes estantes. Especificamente, suponha que cada um dos 10 hospedeiros na estante 1 da Figura 6.30 envie um fluxo a um hospedeiro correspondente na estante 5. De modo semelhante, há dez fluxos simultâneos entre pares de hospedeiros nas estantes 2 e 6, dez fluxos simultâneos entre as estantes 3 e 7, e dez fluxos simultâneos entre as estantes 4 e 8. Se cada fluxo compartilha uniformemente a capacidade de um enlace com outros fluxos atravessando esse enlace, então os 40 fluxos cruzando o enlace de 100 Gbits/s de A-para-B (bem como o enlace de 100 Gbits/s de B-para-C) receberão, cada um, apenas 100 Gbits/s / 40 = 2,5 Gbits/s, que é muito menor do que a velocidade de 10 Gbits/s da placa de interface de rede. O problema se torna ainda mais grave para fluxos entre hospedeiros que precisam trafegar por uma camada mais alta na hierarquia.

O problema tem várias soluções possíveis:

- Uma solução possível para essa limitação é empregar switches e roteadores com velocidade mais alta. Mas isso aumentaria significativamente o custo do datacenter, pois os switches e roteadores com grandes velocidades de porta são muito caros.
- Uma segunda solução para esse problema, que pode ser adotada sempre que possível, é colocalizar dados e serviços relacionados com o máximo de proximidade (p. ex., na mesma estante ou em estantes vizinhas) (Roy, 2015; Singh, 2015) para minimizar a comunicação entre estantes por meio de switches da camada 2 ou da camada 1. Mas essa solução tem limites, pois um requisito básico nos datacenters é a flexibilidade no posicionamento de computação e serviços (Greenberg, 2009b; Farrington, 2010). Por exemplo, um mecanismo de busca da Internet em grande escala pode ser executado em milhares de hospedeiros espalhados por várias estantes com requisitos de largura de banda significativos entre todos os pares de hospedeiros. De modo semelhante, um serviço de computação de nuvem, como Amazon Web Services ou Microsoft Azure, pode querer colocar as diversas máquinas virtuais que compreendem um serviço do cliente nos hospedeiros físicos com mais capacidades, independentemente do seu local no datacenter. Se esses hospedeiros físicos estiverem espalhados por várias estantes, gargalos na rede, como descrevemos no parágrafo anterior, podem ocasionar um desempenho fraco.
- Um último elemento da solução é oferecer maior conectividade entre os switches TOR e switches da camada 2 e entre os switches das camadas 2 e os da camada 1. Por exemplo, como mostrado na Figura 6.31, cada switch TOR poderia ser conectado a dois switches da camada 2, que, por sua vez, ofereceriam múltiplos caminhos disjuntos de enlaces e switches entre as estantes. Na Figura 6.31, há quatro caminhos distintos entre o primeiro switch da camada 2 e o segundo, que juntos oferecem uma capacidade agregada de 400 Gbits/s entre os dois primeiros switches da camada 2. Aumentar o nível de conectividade entre as camadas cria dois benefícios significativos: há maior capacidade e maior confiabilidade (devido à diversidade de caminhos) entre os switches. No datacenter da Facebook (FB, 2014; FB, 2019), cada TOR está conectado a quatro switches da camada 2 diferentes, e cada switch da camada 2 está conectado a quatro switches da camada 1 diferentes.

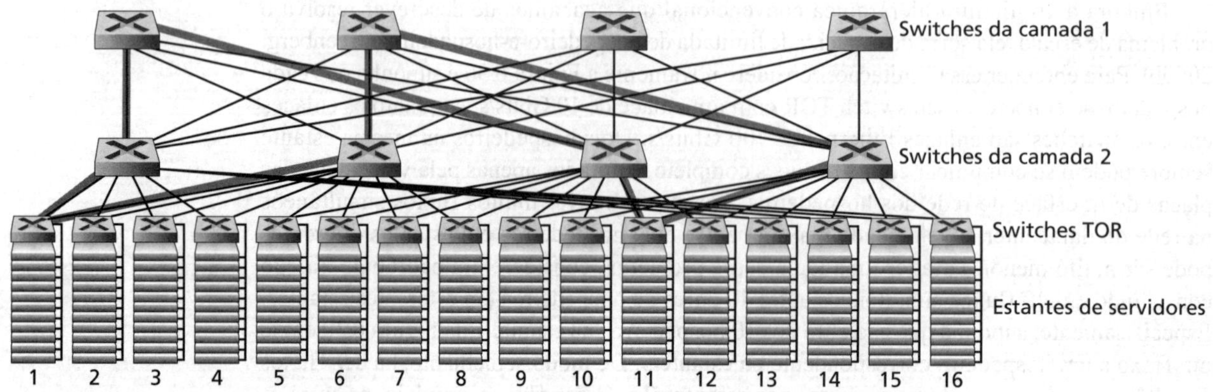

Figura 6.31 Topologia de rede de dados altamente interconectada.

Uma consequência direta da maior conectividade entre os níveis nas redes de datacenters é que o roteamento por múltiplos caminhos pode se tornar um protagonista nessas redes. Os fluxos têm múltiplos caminhos por padrão. Um esquema bastante simples para se obter roteamento por múltiplos caminhos é chamado de caminho múltiplo de custo igual (ECMP, do inglês *Equal Cost Multi Path*) (RFC 2992), que realiza uma seleção aleatória do próximo salto entre os switches entre a origem e o destino. Esquemas avançados, que usam balanceamento de carga mais refinado, também já foram propostos (Alizadeh, 2014; Noormohammadpour, 2018). Tais esquemas realizam o roteamento por múltiplos caminhos no nível do fluxo, mas também existem projetos que roteiam pacotes individuais dentro de um fluxo entre múltiplos caminhos (He, 2015; Raiciu, 2010).

6.6.2 Tendências para as redes no datacenter

As redes de datacenters estão evoluindo rapidamente, com tendências aceleradas pela redução de custos, virtualização, limitações físicas, modularidade e customização.

Redução de custos

Para reduzir o custo dos datacenters, e ao mesmo tempo melhorar seu atraso e vazão, além da facilidade de expansão e implementação, gigantes de nuvem da Internet estão continuamente implantando novos projetos de rede do datacenter. Embora alguns desses projetos sejam próprios, outros (p. ex., [FB, 2019]) são explicitamente abertos ou descritos na literatura aberta (p. ex., Greenberg [2009b] e Singh [2015]). Assim, muitas tendências importantes podem ser identificadas.

A Figura 6.31 ilustra uma das tendências mais importantes nas redes de datacenter, a saber, a emergência de uma rede hierárquica e em camadas que interconecta os hospedeiros do datacenter. Conceitualmente, essa hierarquia cumpre o mesmo propósito que um único grande (grande mesmo!) comutador do tipo crossbar, como estudamos na Seção 4.2.2, que permite que qualquer hospedeiro no datacenter se comunique com qualquer outro. Mas, como vimos, essa rede de interconexão em camadas tem muitas vantagens em relação a um comutador do tipo crossbar conceitual, incluindo múltiplos caminhos da origem ao destino e maior capacidade (devido ao roteamento por múltiplos caminhos) e confiabilidade (devido aos múltiplos caminhos disjuntos de enlaces e switches entre dois hospedeiros quaisquer).

A rede de interconexão do datacenter é composta por uma grande quantidade de switches de pequeno porte. Por exemplo, no elemento de datacenter Jupiter, da Google, uma configuração possui 48 enlaces entre o switch TOR e os servidores abaixo dele, e conexões a até 8 switches da camada 2; um switch da camada 2 possui enlaces com 256 switches TOR e se liga com até 16 switches da camada 1 (Singh, 2015). Na arquitetura de datacenter da Facebook, cada switch TOR se conecta com até quatro switches da camada 2 diferentes (cada um em um "plano de spline*" diferente) e cada switch da camada 2 se conecta com até 4 dos 48 switches da camada 1 no seu plano de spline; há quatro planos de spline no total. Os switches da camada 1 e da camada 2 se conectam com um número maior e ampliável de switches da camada 2 ou TOR, respectivamente, abaixo de si (FB, 2019). Para alguns maiores operadores de datacenters, esses switches são construídos internamente, usando produtos comerciais disponíveis no mercado (Greenberg, 2009b; Roy, 2015; Singh, 2015), e não comprados de fornecedores de switches.

Uma rede de interconexão em camadas (com múltiplos estágios e níveis) com múltiplos switches, como aquela mostrada na Figura 6.31 e implementada nas arquiteturas de datacenter discutidas acima, é chamada de rede de Clos, em homenagem a Charles Clos, que estudou esse tipo de rede (Clos, 1953) no contexto das centrais telefônicas. Desde então, foi desenvolvida uma teoria riquíssima sobre as redes de Clos, com aplicação adicional nas redes de datacenters e nas redes de interconexão multiprocessadores.

*N. de R.T.: O termo "spline" se refere a uma região do espaço com curvas suaves.

Controle e gerenciamento centralizados de SDN

Como um datacenter é gerenciado por uma única organização, pode ser natural que alguns dos maiores operadores de datacenters, incluindo Google, Microsoft e Facebook, estejam adotando a ideia do controle logicamente centralizado semelhante à SDN. Suas arquiteturas também refletem uma separação clara entre o plano de dados (composto por switches genéricos relativamente simples) e o plano de controle baseado em software, como vimos na Seção 5.5. Devido à escala imensa dos seus datacenters, o gerenciamento automatizado de configuração e de estado operacional, como visto na Seção 5.7, também é crucial.

Virtualização

A virtualização tem sido uma força motriz importante por trás do crescimento da computação em nuvem e das redes de datacenter de forma mais geral. Máquinas virtuais (VMs, do inglês *virtual machines*) desacoplam o software que roda aplicações do hardware físico. Essa separação também permite a migração fácil das VMs entre servidores físicos, que podem estar localizados em estantes diferentes. Os protocolos IP e Ethernet padrão têm limitações para permitir a movimentação de VMs enquanto mantêm conexões de rede ativas entre servidores. Como todas as redes de datacenter são gerenciadas por uma única autoridade administrativa, uma solução elegante para o problema é tratar toda a rede do datacenter como uma única rede plana da camada 2. Lembre-se que, em uma rede Ethernet típica, o protocolo ARP mantém a ligação entre o endereço IP e o endereço de hardware (MAC) em uma interface. Para emular o efeito de ter todos os hospedeiros conectados a um "único" switch, o mecanismo ARP é modificado para usar um sistema de consulta no estilo DNS, em vez de um sistema de difusão, e o diretório mantém um mapeamento do endereço IP alocado a uma VM e a qual comutador físico a VM está conectada no momento na rede do datacenter. Esquemas com escalabilidade que implementam esse projeto básico foram propostos no passado (Mysore, 2009; Greenberg, 2009b) e implantados com sucesso em datacenters modernos.

Limitações físicas

Ao contrário da Internet de longa distância, as redes de datacenter operam em ambientes com altíssima capacidade (enlaces de 40 Gbits/s e 100 Gbits/s se tornaram comuns) e com atrasos extremamente baixos (de microssegundos). Por consequência, os buffers são pequenos, e protocolos de controle de congestionamento, como TCP e suas variantes, não são fáceis de expandir nos datacenters. Neles, os protocolos de controle de congestionamento precisam reagir rapidamente e operar em regimes de perda extremamente baixa, pois a recuperação de perdas e esgotamentos de temporização podem provocar uma ineficiência extrema. Foram propostas e implementadas diversas abordagens para enfrentar essa questão, desde variantes do TCP específicas para datacenters (Alizadeh, 2010) à implementação de tecnologias de Acesso Direto à Memória Remota (RDMA, do inglês *Remote Direct Memory Access*) sobre Ethernet padrão (Zhu, 2015; Moshref, 2016; Guo, 2016). A teoria do escalonamento também foi aplicada na tentativa de desenvolver mecanismos que separam o escalonamento de fluxos do controle de taxas, permitindo a operação de protocolos de controle de congestionamento bastante simples ao mesmo tempo que preservam altos índices de utilização dos enlaces (Alizadeh, 2013; Hong, 2012).

Customização e modularidade de hardware

Outra tendência importante é empregar datacenters modulares (MDCs, do inglês *modular data centers*) baseados em contêineres (YouTube, 2009; Waldrop, 2007). Em um MDC, uma fábrica monta, dentro de um contêiner de navio padrão de 12 metros, um "mini-datacenter" e envia o contêiner ao local do datacenter. Cada contêiner tem até alguns milhares de hospedeiros, empilhados em dezenas de estantes, que são dispostas próximas umas das outras. No local do datacenter, vários contêineres são interconectados entre si e com a Internet. Quando um contêiner pré-fabricado é implantado em um datacenter, normalmente, é difícil dar assistência técnica. Assim, cada contêiner é projetado para realizar a degradação de desempenho controlada: quando os componentes (servidores e comutadores) falham com o tempo, ele continua a operar, mas com um desempenho diminuído. Quando muitos componentes tiverem falhado e o desempenho tiver caído abaixo de um patamar, o contêiner inteiro é removido e substituído por um novo.

A montagem de um datacenter a partir de contêineres cria novos desafios de rede. Com um MDC, existem dois tipos de redes: as redes internas ao contêiner, dentro de cada contêiner, e a rede central conectando cada contêiner (Guo, 2009; Farrington, 2010). Dentro de cada um, na escala de até alguns milhares de hospedeiros, é possível montar uma rede totalmente conectada usando switches Gigabit Ethernet comuns, pouco dispendiosos. Porém, o projeto da rede central, que interconecta centenas a milhares de contêineres enquanto oferece alta largura de banda de hospedeiro-a-hospedeiro entre os contêineres para cargas de trabalho típica, continua sendo um problema desafiador. Uma arquitetura de switch híbrido eletro-ótico para interconectar os contêineres é descrita em Farrington (2010).

Outra tendência importante é que os grandes provedores de serviços de nuvem cada vez mais constroem ou customizam praticamente tudo nos seus datacenters, incluindo adaptadores de rede, switches, roteadores, TORs, software e protocolos de rede (Greenberg, 2015; Singh, 2015). Outra tendência, na qual a Amazon foi pioneira, é melhorar a confiabilidade por meio de "zonas de disponibilidade", que basicamente replicam datacenters distintos em diferentes edifícios próximos. Como os edifícios estão próximos uns dos outros (alguns quilômetros de distância), os dados transacionais podem ser sincronizados entre os datacenters na mesma zona de disponibilidade ao mesmo tempo que oferecem tolerância a falhas (Amazon 2014). Muitas outras inovações no projeto de datacenters provavelmente continuarão a surgir.

6.7 RETROSPECTIVA: UM DIA NA VIDA DE UMA SOLICITAÇÃO DE PÁGINA WEB

Agora que já cobrimos a camada de enlace neste capítulo, e as camadas da rede, de transporte e de aplicação em capítulos anteriores, nossa jornada pela pilha de protocolos está completa! Bem no início deste livro (Seção 1.1), escrevemos que "grande parte deste livro trata de protocolos de redes de computadores" e, nos primeiros cinco capítulos, vimos que de fato isso é verdade. Antes de nos dirigirmos aos tópicos dos próximos capítulos, gostaríamos de encerrar nossa jornada pela pilha de protocolos considerando uma visão integrada e holística dos que vimos até agora. Uma forma de termos essa visão geral é identificarmos os vários (vários!) protocolos envolvidos na satisfação de simples pedidos, como fazer o download de uma página Web. A Figura 6.32 ilustra a imagem que queremos passar: um estudante, Bob, conecta seu notebook ao switch Ethernet da sua escola e faz o download de uma página Web (digamos que é a página principal de www.google.com). Como já sabemos, existe *muito* mais sob a superfície do que se imagina para realizar essa solicitação que parece simples. O laboratório Wireshark, ao final deste capítulo, examina cenários de comunicação com mais detalhes, contendo vários pacotes envolvidos em situações parecidas.

6.7.1 Começando: DHCP, UDP, IP e Ethernet

Suponha que Bob liga seu notebook e o conecta via um cabo Ethernet ao switch Ethernet da escola, que é conectado ao roteador da escola, como demonstrado na Figura 6.32. O roteador da escola é conectado a um ISP, que neste exemplo é comcast.net. Neste exemplo, a comcast.

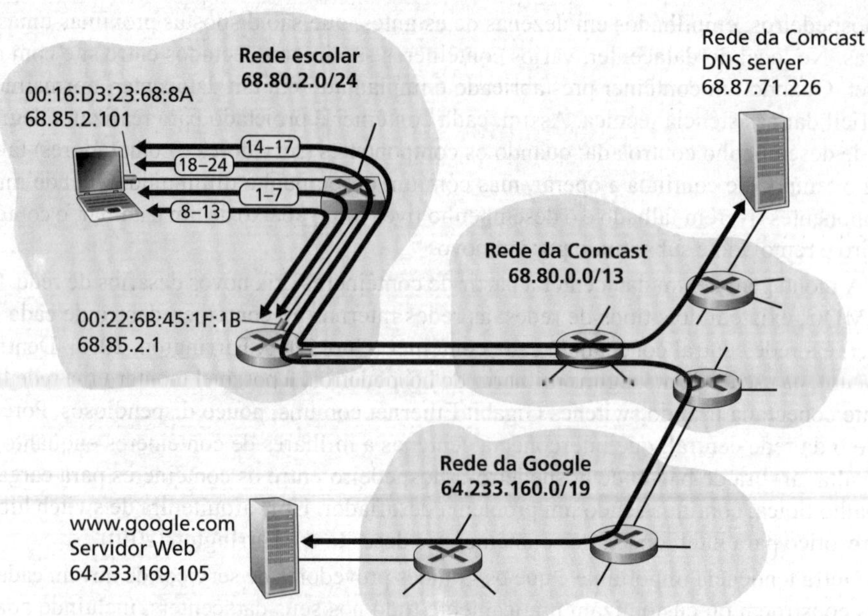

Figura 6.32 Um dia na vida de uma solicitação de página Web: preparação e ações da rede.

net fornece o serviço DNS para a escola; dessa forma, o servidor DNS se localiza em uma rede da Comcast, e não na rede da escola. Vamos supor que o servidor DHCP está sendo executado dentro do roteador, como costuma acontecer.

Quando Bob conecta seu notebook à rede pela primeira vez, não consegue fazer nada (p. ex., baixar uma página Web) sem um endereço IP. Assim, a primeira ação relacionada à rede, tomada pelo notebook, é executar o Protocolo de Configuração Dinâmica de Hospedeiros (DHCP, do inglês *Dynamic Host Configuration Protocol*) para obter um endereço IP, bem como outras informações do servidor DHCP local:

1. O sistema operacional do notebook de Bob cria uma **mensagem de solicitação DHCP** (Seção 4.3.3) e a coloca dentro do **segmento UDP** (Seção 3.3) com a porta de destino 67 (servidor DHCP) e porta de origem 68 (cliente DHCP). O segmento é então colocado dentro de um **datagrama IP** (Seção 4.3.1) com um endereço IP de destino por difusão (255.255.255.255) e um endereço IP de origem 0.0.0.0, já que o notebook do Bob ainda não tem um endereço IP.
2. O datagrama IP contendo uma mensagem de solicitação DHCP é colocado dentro de um **quadro Ethernet** (Seção 6.4.2). O quadro Ethernet tem endereços de destino MAC FF:FF:FF:FF:FF:FF de modo que o quadro será transmitido a todos os dispositivos conectados ao comutador (onde se espera que haja um servidor DHCP); o quadro de origem do endereço MAC é do notebook do Bob, 00:16:D3:23:68:8A.
3. O quadro de difusão Ethernet contendo a solicitação DHCP é o primeiro a ser enviado pelo notebook de Bob para o switch Ethernet. O switch transmite o quadro da entrada para todas as portas de saída, incluindo a porta conectada ao roteador.
4. O roteador recebe o quadro Ethernet transmitido, que contém a solicitação DHCP na sua interface com endereço MAC 00:22:6B:45:1F:1B, e o datagrama IP é extraído do quadro Ethernet. O endereço IP de destino transmitido indica que este datagrama IP deve ser processado por protocolos de camadas mais elevadas em seu nó, de modo que, dessa forma, a carga útil do datagrama (um segmento UDP) é **demultiplexada** (Seção 3.2) até o UDP, e a mensagem de solicitação é extraída do segmento UDP. Agora o servidor DHCP tem a mensagem de solicitação DHCP.
5. Suponhamos que o servidor DHCP que esteja sendo executado dentro de um roteador possa alocar o endereço IP no bloco **CIDR** (Seção 4.3.3) 68.85.2.0/24. Neste exemplo,

todos os endereços IP usados na escola estão dentro do bloco de endereços da Comcast. Vamos supor que o servidor DHCP designe o endereço 68.85.2.101 ao notebook do Bob. O servidor DHCP cria uma **mensagem de ACK DHCP** (Seção 4.3.3) contendo um endereço IP, assim como o endereço IP do servidor DNS (68.87.71.226), o endereço IP para o roteador de borda (gateway) default (68.85.2.1) e o bloco de sub-rede (68.85.2.0/24) (equivalente à "máscara de rede"). A mensagem DHCP é colocada dentro de um segmento UDP, o qual é colocado dentro de um datagrama IP, o qual é colocado dentro de um quadro Ethernet. O quadro Ethernet tem o endereço MAC de origem da interface do roteador na rede doméstica (00:22:6B:45:1F:1B) e um endereço MAC de destino do notebook do Bob (00:16:D3:23:68:8A).

6. O quadro Ethernet contendo o ACK DHCP é enviado (individualmente) pelo roteador ao switch. Uma vez que o switch realiza a **autoaprendizagem** (Seção 6.4.3) e que recebe previamente um quadro do notebook de Bob (que contém a solicitação DHCP), o switch sabe como encaminhar um quadro endereçado a 00:16:D3:23:68:8A apenas para a porta de saída que leva ao notebook do Bob.
7. O notebook do Bob recebe o quadro Ethernet que contém o ACK DHCP, extrai o datagrama IP do quadro Ethernet, extrai o segmento UDP do datagrama IP, e extrai a mensagem ACK DHCP do segmento UDP. Então, o cliente DHCP do Bob grava seu endereço IP e o endereço IP do seu servidor DNS. Ele também instala o endereço do roteador de borda default em sua **tabela de repasse de IP** (Seção 4.1). O notebook de Bob enviará todos os datagramas com endereços de destino fora de sua sub-rede 68.85.2.0/24 à saída-padrão. Nesse momento, o notebook do Bob iniciou os seus componentes de rede e está pronto para começar a processar a busca da página Web. (Observe que apenas as duas últimas etapas DHCP das quatro apresentadas no Capítulo 4 são de fato necessárias.)

6.7.2 Ainda começando: DNS e ARP

Quando Bob digita o URL www.google.com em seu navegador, ele inicia uma longa cadeia de eventos que no fim resultarão na exibição da página principal da Google no navegador. O navegador de Bob inicia o processo ao criar um ***socket* TCP** (Seção 2.7) que será usado para enviar uma **requisição HTTP** (Seção 2.2) para www.google.com. Para criar o *socket*, o notebook de Bob precisará saber o endereço IP de www.google.com. Aprendemos, na Seção 2.5, que o **protocolo DNS** é usado para fornecer serviços de tradução de nomes para endereço IP.

8. O sistema operacional do notebook de Bob cria então uma **mensagem de consulta DNS** (Seção 2.5.3), colocando a cadeia de caracteres "www.google.com" no campo de pergunta da mensagem DNS. Essa mensagem é então colocada dentro de um segmento UDP, com a porta de destino 53 (servidor DNS). O segmento UDP é então colocado dentro de um datagrama IP com um endereço de destino IP 68.87.71.226 (o endereço do servidor DNS retornado pelo ACK DHCP na etapa 5) e um endereço IP de origem 68.85.2.101.
9. O notebook de Bob coloca então um datagrama contendo a mensagem de consulta DNS em um quadro Ethernet. Este quadro será enviado (endereçado, na camada de enlace) ao roteador de borda da rede da escola de Bob. No entanto, apesar de o notebook de Bob conhecer o endereço IP do roteador de borda da rede da escola (68.85.2.1), via mensagem ACK DHCP na etapa 5 anterior, ele não sabe o endereço MAC do roteador de borda. Para que o notebook do Bob obtenha o endereço MAC do roteador de borda, ele precisará usar o **protocolo ARP** (Seção 6.4.1).
10. O notebook de Bob cria uma mensagem de **consulta ARP** direcionada ao endereço IP 68.85.2.1 (a porta-padrão), coloca a mensagem ARP dentro do quadro Ethernet para ser transmitido por difusão ao endereço de destino (FF:FF:FF:FF:FF:FF) e envia o quadro Ethernet ao switch, que entrega o quadro a todos os dispositivos, incluindo o roteador de borda.

11. O roteador de borda recebe um quadro contendo a mensagem de consulta ARP na interface da rede da escola, e descobre que o endereço IP de destino 68.85.2.1 na mensagem ARP corresponde ao endereço IP de sua interface. Então, o roteador de borda prepara uma **resposta ARP**, indicando que o seu endereço MAC 00:22:6B:45:1F:1B corresponde ao endereço IP 68.85.2.1. Ele coloca a mensagem de resposta ARP em um quadro Ethernet, com o endereço de destino 00:16:D3:23:68:8A (notebook do Bob), e envia o quadro ao switch, que entrega o quadro ao notebook de Bob.
12. O notebook de Bob recebe o quadro que contém a mensagem de resposta ARP e extrai o endereço MAC do roteador de borda (00:22:6B:45:1F:1B) da mensagem de resposta ARP.
13. O notebook de Bob pode agora (*finalmente!*) endereçar o quadro Ethernet com a mensagem de consulta DNS ao endereço MAC do roteador de borda. Observe que o datagrama nesse quadro tem o endereço IP de destino 68.87.71.226 (servidor DNS), enquanto o quadro tem o endereço de destino 00:22:6B:45:1F:1B (roteador de borda). O notebook de Bob envia esse quadro ao switch, que entrega o quadro ao roteador de borda.

6.7.3 Ainda começando: roteamento intradomínio ao servidor DNS

14. O roteador de borda recebe o quadro e extrai o datagrama IP que contém a consulta DNS. O roteador procura o endereço de destino desse datagrama (68.87.71.226) e determina, a partir de sua tabela de repasse, que ele deve ser enviado ao roteador da extremidade esquerda na rede Comcast, como na Figura 6.32. O datagrama IP é colocado em um quadro de uma camada de enlace apropriado ao enlace conectando o roteador da escola ao roteador Comcast da extremidade esquerda, e o quadro é enviado através desse enlace.
15. O roteador da extremidade esquerda na rede Comcast recebe o quadro, extrai o datagrama IP, examina o endereço de destino do datagrama (68.87.71.226) e determina a interface de saída pela qual enviará o datagrama ao servidor DNS de sua tabela de repasse, que foi preenchida pelo protocolo intradomínio da Comcast (como **RIP**, **OSPF** ou **IS-IS**, Seção 5.3), assim como o **protocolo interdomínio da Internet**, **BGP** (Seção 5.4).
16. Por fim, o datagrama IP contendo a consulta DNS chega ao servidor DNS. Este extrai a mensagem de consulta DNS, procura o nome www.google.com na sua base de dados DNS (Seção 2.5), e encontra o **registro de recurso DNS** que contém o endereço IP (64.233.169.105) para www.google.com (supondo-se que está em cache no servidor DNS). Lembre-se que este dado em cache foi originado no **servidor DNS com autoridade** (Seção 2.5.2) para google.com. O servidor DNS forma uma mensagem DNS de resposta contendo o mapeamento entre nome de hospedeiro e endereço IP, e coloca a **mensagem DNS de resposta** em um segmento UDP, e o segmento dentro do datagrama IP endereçado ao notebook do Bob (68.85.2.101). Esse datagrama será encaminhado de volta ao roteador da escolha por meio da rede Comcast, e de lá ao notebook de Bob, via switch Ethernet.
17. O notebook de Bob extrai o endereço IP do servidor www.google.com da mensagem DNS. *Enfim*, depois de *muito* trabalho, o notebook de Bob está pronto para contatar o servidor www.google.com!

6.7.4 Interação cliente-servidor Web: TCP e HTTP

18. Agora que o notebook de Bob tem o endereço IP de www.google.com, ele está pronto para criar um ***socket*** **TCP** (Seção 2.7), que será usado para enviar uma mensagem **HTTP GET** (Seção 2.2.3) para www.google.com. Quando Bob cria um *socket* TCP, o TCP de seu notebook precisa primeiro executar uma **apresentação de três vias** (Seção 3.5.6) com o TCP em www.google.com. Então, o notebook de Bob primeiro cria um segmento **TCP SYN** com a porta de destino 80 (para HTTP), coloca o segmento TCP dentro

de um datagrama IP, com o endereço IP de destino 64.233.169.105 (www.google.com), coloca o datagrama dentro de um quadro com o endereço de destino 00:22:6B:45:1F:1B (o roteador de borda) e envia o quadro ao switch.

19. Os roteadores da rede da escola, da rede Comcast e da rede da Google encaminham o datagrama contendo o TCP SYN até www.google.com, usando a tabela de repasse em cada roteador, como nas etapas 14 a 16. Os itens da tabela de repasse controlando o envio de pacotes interdomínio entre as redes da Comcast e da Google são determinados pelo protocolo **BGP** (Capítulo 5).

20. Por fim, o datagrama contendo o TCP SYN chega em www.google.com. A mensagem TCP SYN é extraída do datagrama e demultiplexada ao *socket* associado à porta 80. Um *socket* de conexão (Seção 2.7) é criado para a conexão TCP entre o servidor HTTP da Google e o notebook de Bob. Um segmento TCP SYNACK (Seção 3.5.6) é gerado, colocado dentro de um datagrama endereçado ao notebook de Bob, e enfim colocado em um quadro da camada de enlace apropriado ao enlace conectando www.google.com ao roteador de primeiro salto.

21. O datagrama que contém o segmento TCP SYNACK é encaminhado através das redes da Google, Comcast e da escola, finalmente chegando ao cartão Ethernet no computador de Bob. O datagrama é demultiplexado dentro do sistema operacional e entregue ao *socket* TCP criado na etapa 18, que entra em estado de conexão.

22. Agora, com o *socket* dentro do notebook de Bob (*finalmente!*), pronto para enviar bytes a www.google.com, o navegador cria uma mensagem HTTP GET (Seção 2.2.3) contendo o URL a ser procurado. A mensagem HTTP GET é enviada ao *socket*, com a mensagem GET se tornando a carga útil do segmento TCP. O segmento TCP é colocado em um datagrama e enviado e entregue em www.google.com, como nas etapas 18 a 20.

23. O servidor HTTP www.google.com lê a mensagem HTTP GET do *socket* TCP, cria uma mensagem de **resposta HTTP** (Seção 2.2), coloca o conteúdo da página Web requisitada no corpo da mensagem de resposta HTTP, e envia a mensagem pelo *socket* TCP.

24. O datagrama contendo a mensagem de resposta HTTP é encaminhado através das redes da Google, da Comcast e da escola e chega ao notebook de Bob. O programa do navegador de Bob lê a resposta HTTP do *socket*, extrai o html da página do corpo da resposta HTTP, e enfim (*enfim!*) mostra a página Web!

Nosso cenário abrangeu muito do fundamento das redes de comunicação! Se você entendeu a maior parte da representação, então também viu muito do fundamento desde que leu a Seção 1.1, onde escrevemos "grande parte deste livro trata de protocolos de redes de computadores", e você pode ter se perguntado o que na verdade era um protocolo! Por mais detalhado que o exemplo possa parecer, nós omitimos uma série de protocolos possíveis (p. ex., NAT executado no roteador de borda da escola, acesso sem fio à rede da escola, protocolos de segurança para acessar a rede da escola, ou segmentos ou datagramas codificados), e considerações (cache da Web, hierarquia DNS) que poderíamos encontrar na Internet pública. Estudaremos a maioria desses tópicos na segunda parte deste livro.

Por fim, observamos que nosso exemplo era integrado e holístico, mas também muito resumido de muitos protocolos que estudamos na primeira parte do livro. Este exemplo é mais focado nos aspectos de "como" e não no "por que". Para obter uma visão mais ampla e reflexiva dos protocolos de rede em geral, releia o texto "Princípios arquitetônicos da Internet" na Seção 4.5 e as referências citadas nele.

6.8 RESUMO

Neste capítulo, examinamos a camada de enlace – seus serviços, os princípios subjacentes à sua operação e vários protocolos específicos importantes que usam tais princípios na execução dos serviços da camada de enlace.

Vimos que o serviço básico da camada de enlace é mover um datagrama da camada de rede de um nó (hospedeiro, switch, roteador, ponto de acesso WiFi) até um nó adjacente. Vimos também que todos os protocolos da camada de enlace operam encapsulando um datagrama da camada de rede dentro de um quadro da camada de enlace antes de transmitir o quadro pelo enlace até o nó adjacente. Além dessa função comum de enquadramento, contudo, aprendemos que diferentes protocolos da camada de enlace oferecem serviços muito diferentes de acesso ao enlace, entrega e transmissão. Essas diferenças decorrem, em parte, da vasta variedade de tipos de enlaces sobre os quais os protocolos de enlace devem operar. Um enlace ponto a ponto simples tem um único remetente e um único receptor comunicando-se por um único "fio". Um enlace de acesso múltiplo é compartilhado por muitos remetentes e receptores; por conseguinte, o protocolo da camada de enlace para um canal de acesso múltiplo tem um protocolo (seu protocolo de acesso múltiplo) para coordenar o acesso ao enlace. No caso de MPLS, o "enlace" que conecta dois nós adjacentes (p. ex., dois roteadores IP adjacentes no sentido do IP – ou seja, são roteadores IP do próximo salto na direção do destino) pode, na realidade, constituir uma *rede* em si e por si próprio. Em certo sentido, a ideia de uma rede ser considerada um "enlace" não deveria parecer estranha. Um enlace telefônico que conecta um modem/computador residencial a um modem/roteador remoto, por exemplo, na verdade é um caminho que atravessa uma sofisticada e complexa *rede* telefônica.

Entre os princípios subjacentes à comunicação por camada de enlace, examinamos técnicas de detecção e correção de erros, protocolos de acesso múltiplo, endereçamento da camada de enlace, virtualização (VLANs) e a construção de redes locais comutadas estendidas e redes do datacenter. Grande parte do foco atual na camada de enlace está sobre essas redes comutadas. No caso da detecção/correção de erros, examinamos como é possível adicionar bits ao cabeçalho de um quadro para detectar e, algumas vezes, corrigir erros de mudança de bits que podem ocorrer quando o quadro é transmitido pelo enlace. Analisamos esquemas simples de paridade e de soma de verificação, bem como o esquema mais robusto de verificação da redundância cíclica. Passamos, então, para o tópico dos protocolos de acesso múltiplo. Identificamos e estudamos três métodos amplos para coordenar o acesso a um canal de difusão: métodos de divisão de canal (TDM, FDM), métodos de acesso aleatório (os protocolos ALOHA e os CSMA) e métodos de revezamento (polling e passagem de permissão). Estudamos a rede de acesso a cabo e descobrimos que ela usa muitos desses métodos de acesso múltiplo. Vimos que uma consequência do compartilhamento de um canal de difusão por vários nós é a necessidade de prover endereços aos nós no nível da camada de enlace. Aprendemos que endereços da camada de enlace são bastante diferentes dos da camada de rede e que, no caso da Internet, um protocolo especial (o ARP) é usado para fazer o mapeamento entre esses dois modos de endereçamento, e estudamos o protocolo Ethernet, tremendamente bem-sucedido, com detalhes. Em seguida, examinamos como os nós que compartilham um canal de difusão formam uma LAN e como várias LANs podem ser conectadas para formar uma LAN de maior porte – tudo isso *sem* a intervenção do roteamento da camada de rede para a interconexão desses nós locais. Também aprendemos como múltiplas LANs virtuais podem ser criadas sobre uma única infraestrutura física de LAN.

Encerramos nosso estudo da camada de enlace focalizando como redes MPLS fornecem serviços da camada de enlace quando interconectadas com roteadores IP e com uma visão geral dos projetos de rede para os grandes datacenters atuais. Concluímos este capítulo (e, sem dúvida, os cinco primeiros) identificando os muitos protocolos que são necessários para buscar uma simples página Web. Com isso, *concluímos nossa jornada pela pilha de protocolos!* É claro que a camada física fica abaixo da de enlace, mas provavelmente será melhor deixar os detalhes da camada física para outro curso. Contudo, discutimos brevemente vários aspectos da camada física neste capítulo e no Capítulo 1 (nossa discussão sobre meios físicos na Seção 1.2). Consideraremos novamente a camada física quando estudarmos as características dos enlaces sem fio no próximo capítulo.

Embora nossa jornada pela pilha de protocolos esteja encerrada, o estudo sobre rede de computadores ainda não chegou ao fim. Nos dois capítulos seguintes, examinaremos redes sem fio, segurança da rede e redes multimídia. Esses três tópicos não se encaixam perfeitamente em uma única camada; na verdade, cada um atravessa muitas camadas. Assim, entender esses tópicos (às vezes tachados de "tópicos avançados" em alguns textos sobre redes) requer uma boa base sobre todas as camadas da pilha de protocolos – uma base que se completou com nosso estudo sobre a camada de enlace de dados!

Exercícios de fixação e perguntas

Questões de revisão do Capítulo 6

SEÇÕES 6.1–6.2

R1. Considere a analogia de transporte na Seção 6.1.1. Se o passageiro é comparado com o datagrama, o que é comparado com o quadro da camada de enlace?

R2. Se todos os enlaces da Internet fornecessem serviço de entrega confiável, o serviço de entrega confiável do TCP seria redundante? Justifique sua resposta.

R3. Quais são alguns possíveis serviços que um protocolo da camada de enlace pode oferecer à camada de rede? Quais dos serviços da camada de enlace têm correspondentes no IP? E no TCP?

SEÇÃO 6.3

R4. Suponha que dois nós comecem a transmitir ao mesmo tempo um pacote de comprimento L por um canal *broadcast* de velocidade R. Denote o atraso de propagação entre os dois nós como d_{prop}. Haverá uma colisão se $d_{prop} < L/R$? Por quê?

R5. Na Seção 6.3, relacionamos quatro características desejáveis de um canal de difusão. O slotted ALOHA tem quais dessas características? E o protocolo de passagem de permissão, tem quais dessas características?

R6. No CSMA/CD, depois da quinta colisão, qual é a probabilidade de um nó escolher $K = 4$? O resultado $K = 4$ corresponde a um atraso de quantos segundos em uma Ethernet de 10 Mbits/s?

R7. Descreva os protocolos de polling e de passagem de permissão usando a analogia com as interações ocorridas em um coquetel.

R8. Por que o protocolo de passagem de permissão seria ineficiente se uma LAN tivesse um perímetro muito grande?

SEÇÃO 6.4

R9. Que tamanho tem o espaço de endereços MAC? E o espaço de endereços IPv4? E o espaço de endereços IPv6?

R10. Suponha que cada um dos nós A, B e C esteja ligado à mesma LAN de difusão (por meio de seus adaptadores). Se A enviar milhares de datagramas IP a B com quadro de encapsulamento endereçado ao endereço MAC de B, o adaptador de C processará esses quadros? Se processar, ele passará os datagramas IP desses quadros para C? O que mudaria em suas respostas se A enviasse quadros com o endereço MAC de difusão?

R11. Por que uma pesquisa ARP é enviada dentro de um quadro de difusão? Por que uma resposta ARP é enviada em um quadro com um endereço MAC de destino específico?

R12. Na rede da Figura 6.19, o roteador tem dois módulos ARP, cada um com sua própria tabela ARP. É possível que o mesmo endereço MAC apareça em ambas?

R13. Compare as estruturas de quadro das redes 10BASE-T, 100BASE-T e Gigabit Ethernet. Quais as diferenças entre elas?

R14. Considere a Figura 6.15. Quantas sub-redes existem no sentido de endereçamento da Seção 4.3?

R15. Qual o número máximo de VLANs que podem ser configuradas em um comutador que suporta o protocolo 802.1Q? Por quê?

R16. Imagine que *N* switches que suportam *K* grupos de VLAN serão conectados por meio de um protocolo de entroncamento. Quantas portas serão necessárias para conectar os switches? Justifique sua resposta.

Problemas

P1. Suponha que o conteúdo de informação de um pacote seja o padrão de bits 1110 0110 1001 0101 e que um esquema de paridade par esteja sendo usado. Qual seria o valor do campo de soma de verificação para o caso de um esquema de paridade bidimensional? Sua resposta deve ser tal que seja usado um campo de soma de verificação de comprimento mínimo.

P2. Dê um exemplo (que não seja o da Figura 6.5) mostrando que verificações de paridade bidimensional podem corrigir e detectar um erro de bit único. Dê outro exemplo mostrando um erro de bit duplo que pode ser detectado, mas não corrigido.

P3. Suponha que a parte da informação de um pacote (*D* da Figura 6.3) contenha 10 bytes consistindo na representação ASCII binária (8 bits) sem sinal da cadeia de caracteres "Internet". Calcule a soma de verificação da Internet para esses dados.

P4. Considere o problema anterior, mas suponha desta vez que esses 10 bytes contenham:

a. A representação binária dos números de 1 a 10.

b. A representação ASCII das letras B até K (letras maiúsculas).

c. A representação ASCII das letras B até K (letras minúsculas).

d. Calcule a soma de verificação da Internet para esses dados.

P5. Considere o gerador de 5 bits G =10011 e suponha que D tenha o valor de 1010101010. Qual é o valor de R?

P6. Considere o problema acima, mas suponha que *D* tenha o valor de:

a. 1000100101.

b. 0101101010.

c. 0110100011.

P7. Neste problema, exploramos algumas propriedades de CRC. Para o gerador G (= 1001) dado na Seção 6.2.3, responda às seguintes questões:

a. Por que ele pode detectar qualquer erro de bit único no dado D?

b. Pode esse G detectar qualquer número ímpar de erros de bit? Por quê?

P8. Na Seção 6.3, fornecemos um esboço da derivação da eficiência do slotted ALOHA. Neste problema, concluiremos a derivação.

a. Lembre-se de que, quando há *N* nós ativos, a eficiência do slotted ALOHA é $Np(1-p)^{N-1}$. Ache o valor de *p* que maximiza essa expressão.

b. Usando o valor de *p* encontrado em (a), ache a eficiência do slotted ALOHA permitindo que *N* tenda ao infinito. *Dica:* $(1 - 1/N)^N$ tende a $1/e$ quando *N* tende ao infinito.

P9. Mostre que a eficiência máxima do ALOHA puro é $1/(2e)$. *Obs.:* Este problema será fácil se você tiver concluído o anterior!

P10. Considere dois nós, A e B, que usam um protocolo slotted ALOHA para competir pelo canal. Suponha que o nó A tenha mais dados para transmitir do que o B, e a probabilidade de retransmissão do nó A, P_a, seja maior do que a de retransmissão do nó B, P_b.

a. Determine a fórmula para a vazão média do nó A. Qual é a eficiência total do protocolo com esses dois nós?

b. Se $P_a = 2P_b$, a vazão média do nó A é duas vezes maior do que a do nó B? Por quê? Se não, como escolher P_a e P_b para que isso aconteça?

c. No geral, suponha que haja N nós, e entre eles o nó A tem a probabilidade de retransmissão $2p$ e todos os outros têm a probabilidade de retransmissão p. Determine as expressões para computar a vazão média do nó A e de qualquer outro nó.

P11. Suponha que quatro nós ativos – nós A, B, C e D – estejam competindo pelo acesso a um canal usando o slotted ALOHA. Imagine que cada nó tenha um número infinito de pacotes para enviar. Cada nó tenta transmitir em cada intervalo (*slot*) com probabilidade p. O primeiro é numerado como 1, o segundo, como 2, e assim por diante.

a. Qual a probabilidade que o nó A tenha sucesso pela primeira vez no intervalo 4?

b. Qual a probabilidade que algum nó (A, B, C ou D) tenha sucesso no intervalo 5?

c. Qual a probabilidade que o primeiro sucesso ocorra no intervalo 4?

d. Qual a eficiência nesse sistema de quatro nós?

P12. Desenhe um gráfico da eficiência do slotted ALOHA e do ALOHA puro como uma função de p para os seguintes valores de N:

a. $N = 10$.

b. $N = 30$.

c. $N = 50$.

P13. Considere um canal de difusão com N nós e uma taxa de transmissão de R bits/s. Suponha que o canal de difusão use o polling (com um nó de polling adicional) para acesso múltiplo. Imagine que o intervalo de tempo entre o momento em que o nó conclui a transmissão e o momento em que o nó subsequente é autorizado a transmitir (i.e., o atraso de polling) seja d_{poll}. Suponha ainda que, em uma rodada de polling, determinado nó seja autorizado a transmitir, no máximo, Q bits. Qual é a vazão máxima do canal de difusão?

P14. Considere três LANs interconectadas por dois roteadores, como mostrado na Figura 6.33.

a. Atribua endereços IP a todas as interfaces. Para a Sub-rede 1, use endereços do tipo 192.168.1.xxx; para a Sub-rede 2, use endereços do tipo 192.168.2.xxx, e para a Sub-rede 3, use endereços do tipo 192.168.3.xxx.

b. Atribua endereços MAC a todos os adaptadores.

c. Considere o envio de um datagrama IP do hospedeiro E ao hospedeiro B. Suponha que todas as tabelas ARP estejam atualizadas. Enumere todas as etapas, como foi feito no exemplo de um único roteador na Seção 6.4.1.

d. Repita (c), admitindo agora que a tabela ARP do hospedeiro remetente esteja vazia (e que as outras tabelas estejam atualizadas).

P15. Considere a Figura 6.33. Agora substituímos o roteador entre as sub-redes 1 e 2 pelo switch S1, e chamamos de R1 o roteador entre as sub-redes 2 e 3.

a. Considere o envio de um datagrama IP do hospedeiro E ao hospedeiro F. O hospedeiro E pedirá ajuda ao roteador R1 para enviar o datagrama? Por quê? No quadro Ethernet que contém o datagrama IP, quais são os endereços IP e MAC de origem e de destino?

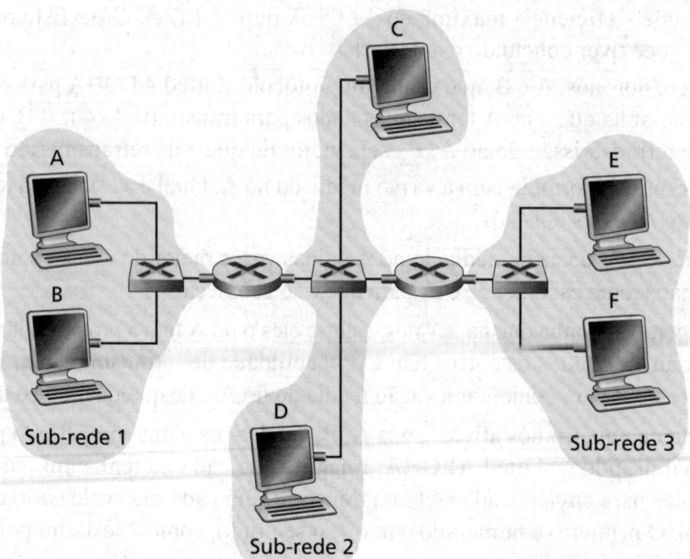

Figura 6.33 Três sub-redes interconectadas por roteadores.

b. Suponha que E quisesse enviar um datagrama IP a B, e que o cache ARP de E não tenha o endereço MAC de B. E preparará uma consulta ARP para descobrir o endereço MAC de B? Por quê? No quadro Ethernet (que contém o datagrama IP destinado a B) entregue ao roteador R1, quais são os endereços de origem e destino IP e MAC?

c. Suponha que o hospedeiro A gostaria de enviar um datagrama IP ao hospedeiro B, e nem o cache ARP de A contém o endereço MAC de B, nem o cache ARP de B contém o endereço MAC de A. Suponha ainda que a tabela de repasse do switch S1 contenha entradas apenas para o hospedeiro B e para o roteador R1. Dessa forma, A transmitirá por difusão uma mensagem de requisição ARP. Quais ações o switch S1 tomará quando receber a mensagem de requisição ARP? O roteador R1 também receberá essa mensagem? Se sim, R1 a encaminhará para a Sub-rede 3? Assim que o hospedeiro B receber essa mensagem de requisição ARP, ele enviará a mensagem de resposta ARP de volta ao hospedeiro A. Mas enviará uma mensagem de consulta ARP para o endereço MAC de A? Por quê? O que o switch S1 fará quando receber mensagem de resposta ARP do hospedeiro B?

P16. Considere o problema anterior, mas suponha que o roteador entre as sub-redes 2 e 3 é substituído por um switch. Responda às questões de (a) a (c) do exercício anterior nesse novo contexto.

P17. Lembre-se de que, com o protocolo CSMA/CD, o adaptador espera $K \cdot 512$ tempos de bits após uma colisão, e que K é escolhido aleatoriamente. Para $K = 100$, quanto tempo o adaptador espera até voltar à etapa 2 para uma Ethernet de 100 Mbits/s? E para canal de difusão de 1 Gbit/s?

P18. Suponha que os nós A e B estejam no mesmo canal de difusão de 10 Mbits/s, e que o atraso de propagação entre os dois nós seja de 325 tempos de bit. Suponha que pacotes CSMA/CD e Ethernet sejam usados para esse canal de difusão. Imagine que o nó A comece a transmitir um quadro e que, antes de terminar, o nó B comece a transmitir um quadro. O nó A pode terminar de transmitir antes de detectar que B transmitiu? Por quê? Se a resposta for sim, então A acredita, incorretamente, que seu quadro foi transmitido com sucesso, sem nenhuma colisão. *Dica:* suponha que no tempo $t = 0$ tempos de bit, A comece a transmitir um quadro. No pior dos casos, A transmite um quadro de tamanho mínimo de $512 + 64$ tempos de bit. Portanto, A terminaria de transmitir o quadro em $t = 512 + 64$ tempos de bit. Então, a resposta será não, se o sinal de B chegar a A antes do tempo de bit $t = 512 + 64$ bits. No pior dos casos, quando o sinal de B chega a A?

P19. Suponha que os nós A e B estejam no mesmo segmento de uma Ethernet de 10 Mbits/s, e que o atraso de propagação entre os dois nós seja de 245 tempos de bit. Imagine que A e B enviem quadros ao mesmo tempo, que estes colidam e que, então, A e B escolham valores diferentes de K no algoritmo CSMA/CD. Admitindo que nenhum outro nó esteja ativo, as retransmissões de A e B podem colidir? Para nossa finalidade, é suficiente resolver o seguinte exemplo. Suponha que A e B comecem a transmitir em $t = 0$ tempos de bit. Ambos detectam colisões em $t = 245$ tempos de bit. Suponha que $K_A = 0$ e $K_B = 1$. Em que tempo B programa sua retransmissão? Em que tempo A começa a transmissão? (*Nota:* os nós devem esperar por um canal ocioso após retornar à etapa 2 – veja o protocolo.) Em que tempo o sinal de A chega a B? B se abstém de transmitir em seu tempo programado?

P20. Neste problema, você derivará a eficiência de um protocolo de acesso múltiplo semelhante ao CSMA/CD. Nele, o tempo é segmentado e todos os adaptadores estão sincronizados com os intervalos. Entretanto, diferentemente do slotted ALOHA, o comprimento de um intervalo (em segundos) é muito menor do que um tempo de quadro (o tempo para transmitir um quadro). Seja S o comprimento de um intervalo. Suponha que todos os quadros tenham comprimento constante $L = kRS$, sendo R a taxa de transmissão do canal e k um número inteiro grande. Suponha que haja N nós, cada um com um número infinito de quadros para enviar. Admitimos também que $d_{prop} < S$, de modo que todos os nós podem detectar uma colisão antes do final de um intervalo de tempo. O protocolo é o seguinte:

- Se, para determinado intervalo, nenhum nó estiver de posse do canal, todos disputam o canal; em particular, cada nó transmite no intervalo com probabilidade p. Se exatamente um nó transmitir no intervalo, esse nó tomará posse do canal para os $k - 1$ intervalos subsequentes e transmitirá seu quadro inteiro.
- Se algum nó estiver de posse do canal, todos os outros evitarão transmitir até que o nó que está de posse do canal tenha terminado de transmitir seu quadro. Assim que esse nó tiver transmitido seu quadro, todos os nós disputarão o canal.

Note que o canal se alterna entre dois estados: o produtivo, que dura exatamente k intervalos, e o não produtivo, que dura um número aleatório de intervalos. A eficiência do canal é, claramente, a razão $k/(k + x)$, sendo x o número esperado de intervalos consecutivos não produtivos.

a. Para N e p fixos, determine a eficiência desse protocolo.

b. Para N fixo, determine o p que maximiza a eficiência.

c. Usando o p (que é uma função de N) encontrado em (b), determine a eficiência quando N tende ao infinito.

d. Mostre que essa eficiência se aproxima de 1 quando o comprimento do quadro é grande.

P21. Considere a Figura 6.33 no Problema P14. Determine os endereços MAC e IP para as interfaces do hospedeiro A, ambos os roteadores e do hospedeiro F. Determine os endereços MAC de origem e destino no quadro que encapsula esse datagrama IP, enquanto o quadro é transmitido *(i)* de A ao roteador esquerdo, *(ii)* do roteador esquerdo ao roteador direito, *(iii)* do roteador direito a F. Determine também os endereços IP de origem e destino no datagrama IP encapsulado no quadro em cada um desses pontos no tempo.

P22. Suponha que o roteador da extremidade esquerda da Figura 6.33 seja substituído por um switch. Os hospedeiros A, B, C e D e o roteador direito têm uma conexão estrela com esse switch. Determine os endereços MAC de origem e destino no quadro que encapsula esse datagrama IP enquanto o quadro é transmitido *(i)* de A ao switch, *(ii)* do switch ao roteador direito, *(iii)* do roteador direito a F. Determine também os endereços IP de origem e destino no datagrama IP encapsulado pelo quadro em cada um desses pontos no tempo.

P23. Considere a Figura 6.15. Suponha que todos os enlaces têm 1 Gbit/s. Qual é a vazão total máxima agregada que pode ser atingida entre os 9 hospedeiros e 2 servidores nessa rede? Você pode supor que qualquer hospedeiro ou servidor pode enviar a qualquer outro servidor ou hospedeiro. Por quê?

P24. Suponha que três switches departamentais na Figura 6.15 são substituídos por hubs. Todos os enlaces têm 1 Gbit/s. Agora responda às perguntas feitas no Problema P23.

P25. Suponha que *todos* os comutadores na Figura 6.15 sejam substituídos por hubs. Todos os enlaces têm 1 Gbit/s. Agora responda às perguntas feitas no Problema P23.

P26. Vamos considerar a operação de aprendizagem do switch no contexto de uma rede em que 6 nós, rotulados de A até F, sejam conectados em estrela a um switch Ethernet. Suponha que *(i)* B envia um quadro a E, *(ii)* E responde com um quadro a B, *(iii)* A envia um quadro a B, *(iv)* B responde com um quadro a A. A tabela do switch está inicialmente vazia. Mostre o estado da tabela do switch antes e depois de cada evento. Para cada um dos eventos, identifique os enlaces em que o quadro transmitido será encaminhado, e justifique suas respostas em poucas palavras.

P27. Neste problema, exploraremos o uso de pequenos pacotes de aplicações de voz sobre IP (VoIP). Uma desvantagem de um pacote pequeno é que uma grande parte da largura de banda do enlace é consumida por bytes de cabeçalho. Portanto, suponha que o pacote é formado por P bytes e 5 bytes de cabeçalho.

a. Considere o envio direto de uma fonte de voz codificada digitalmente. Suponha que a fonte esteja codificada a uma taxa constante de 128 Kbits/s. Considere que cada pacote esteja integralmente cheio antes de a fonte enviá-lo para a rede. O tempo exigido para encher um pacote é o **atraso de empacotamento**. Determine, em termos de L, o atraso de empacotamento em milissegundos.

b. Os atrasos de empacotamento maiores do que 20 ms podem causar ecos perceptíveis e desagradáveis. Determine o atraso de empacotamento para $L = 1.500$ bytes (correspondente, mais ou menos, a um pacote Ethernet de tamanho máximo) e para $L = 50$ bytes (correspondente a um pacote ATM).

c. Calcule o atraso de armazenagem e repasse em um único switch para uma taxa de enlace $R = 622$ Mbits/s para $L = 1.500$ bytes e $L = 50$ bytes.

d. Comente as vantagens de usar um pacote de tamanho pequeno.

P28. Considere o único switch VLAN da Figura 6.25, e suponha que um roteador externo está conectado à porta 1 do switch. Atribua endereços IP aos hospedeiros EE e CS e à interface do roteador. Relacione as etapas usadas em ambas as camadas, de rede e de enlace, para transferir o datagrama IP ao hospedeiro EE e ao hospedeiro CS. (*Dica:* releia novamente a discussão sobre a Figura 6.19 no texto.)

P29. Considere a rede MPLS mostrada na Figura 6.29, e suponha que os roteadores R5 e R6 agora são habilitados para MPLS. Imagine que queremos executar engenharia de tráfego de modo que pacotes de R6 destinados a A sejam comutados para A via R6-R4-R3-R1, e pacotes de R5 destinados a A sejam comutados via R5-R4-R2-R1. Mostre as tabelas MPLS em R5 e R6, bem como a tabela modificada em R4, que tornariam isso possível.

P30. Considere a mesma situação do problema anterior, mas suponha que os pacotes de R6 destinados a D estão comutados via R6-R4-R3, enquanto os pacotes de R5 destinados a D sejam comutados via R4-R2-R1-R3. Apresente as tabelas MPLS em todos os roteadores que tornariam isso possível.

P31. Neste problema, você juntará tudo o que aprendeu sobre protocolos de Internet. Suponha que você entre em uma sala, conecte-se à Ethernet e queira fazer o download de uma página. Quais são as etapas de protocolo utilizadas, desde ligar o computador até receber a página? Suponha que não tenha nada no seu DNS ou nos caches do seu navegador quando você ligar seu computador. (*Dica:* as etapas incluem o uso de protocolos da Ethernet, DHCP, ARP, DNS, TCP e HTTP.) Indique explicitamente em suas etapas como obter os endereços IP e MAC de um roteador de borda.

P32. Considere a rede do datacenter com topologia hierárquica da Figura 6.30. Suponha agora que haja 80 pares de fluxos, com dez fluxos entre a primeira e a nona estante, dez entre a segunda e a décima estante, e assim por diante. Suponha ainda que todos os enlaces na rede sejam de 10 Gbits/s, exceto os enlaces entre os hospedeiros e os switches TOR, que são de 1 Gbit/s.

a. Cada fluxo tem a mesma velocidade de dados; determine a velocidade máxima de um fluxo.
b. Para o mesmo padrão de tráfego, determine a velocidade máxima de um fluxo para a topologia altamente interconectada da Figura 6.31.
c. Agora, suponha que haja um padrão de tráfego semelhante, mas envolvendo 20 fluxos em cada hospedeiro e 160 pares de fluxos. Determine as velocidades de fluxo máximas para as duas topologias.

P33. Considere a rede hierárquica da Figura 6.30 e suponha que o datacenter precise suportar a distribuição de correio eletrônico e vídeo entre outras aplicações. Suponha que quatro estantes de servidores sejam reservadas para correio eletrônico e quatro, para vídeo. Para cada aplicação, todas as quatro estantes precisam estar debaixo de um único switch da camada 2, pois os enlaces entre a camada 2 e a camada 1 não têm largura de banda suficiente para suportar o tráfego dentro da aplicação. Para a aplicação de correio eletrônico, suponha que, durante 99,9% do tempo, só três estantes sejam usadas e que a aplicação de vídeo tenha padrões de uso idênticos.

a. Durante qual fração do tempo a aplicação de correio eletrônico precisa usar uma quarta estante? E a aplicação de vídeo?
b. Supondo que o uso de correio eletrônico e o uso de vídeo sejam independentes, durante qual fração de tempo (ou, de modo equivalente, qual é a probabilidade de que) as duas aplicações precisam de sua quarta estante?
c. Suponha que seja aceitável para uma aplicação ter um servidor parado por 0,001% do tempo ou menos (causando raros períodos de degradação de desempenho para os usuários). Discuta como a topologia da Figura 6.31 pode ser usada de modo que somente sete estantes sejam coletivamente designadas para as duas aplicações (supondo que a topologia possa suportar todo o tráfego).

Wireshark Labs: Ethernet 802.11

No site de apoio deste livro você encontrará uma tarefa de laboratório Wireshark, em inglês, que examina a operação do protocolo IEEE 802.3 e o formato do quadro Wireshark. Uma segunda tarefa de laboratório Wireshark examina a sequência dos pacotes usados em uma situação de rede doméstica.

ENTREVISTA

Albert Greenberg

Albert Greenberg é vice-presidente corporativo das redes Azure da Microsoft. Ele lidera o desenvolvimento na equipe das redes Azure, responsável pela P&D em redes na empresa, dentro e entre os datacenters e locais de borda; redes globais terrestres e subaquáticas; redes óticas; offloads FPGA e SmartNIC; redes de acesso e híbridas em nuvem; redes de hospedeiros e virtualização de redes; balanceadores de carga de aplicações e equipamentos virtuais de rede; serviços e análise de dados de redes; serviços de segurança; redes de contêiners; redes de distribuição de conteúdo; redes de borda, incluindo aceleração de aplicações e 5G; e redes próprias. Para superar os desafios de agilidade e qualidade que vêm com a escala da nuvem, sua equipe desenvolveu e adotou o hardware customizado, o aprendizado de máquina e o código aberto. Albert foi trabalhar na Microsoft em 2007 para inovar a nuvem e levar as redes ao hospedeiro (virtualização da rede), ideias que apareceram, entre muitas, no seu artigo sobre VL2 e que estão por trás das redes em nuvem da atualidade.

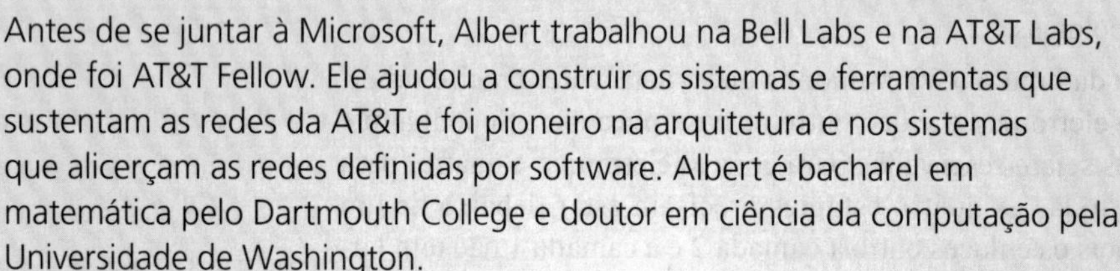

Antes de se juntar à Microsoft, Albert trabalhou na Bell Labs e na AT&T Labs, onde foi AT&T Fellow. Ele ajudou a construir os sistemas e ferramentas que sustentam as redes da AT&T e foi pioneiro na arquitetura e nos sistemas que alicerçam as redes definidas por software. Albert é bacharel em matemática pelo Dartmouth College e doutor em ciência da computação pela Universidade de Washington.

Albert é membro da National Academy of Engineering e ACM Fellow. Ele recebeu os prêmios IEEE Koji Kobayashi Computer and Communication Award, ACM Sigcomm Award e ACM Sigcomm and Sigmetrics Test of Time (este por sua produção acadêmica). Albert e Kathryn, sua esposa, são os pais orgulhosos de quatro filhas. Ele cresceu em New Orleans. Apesar de torcer pelo Seattle Seahawks na NFL, não consegue abandonar seu carinho pelo New Orleans Saints.

O que o fez se decidir pela especialização em redes?

Sempre gostei de resolver problemas do mundo real e também gostava de matemática. Na minha experiência, o campo das redes tem bastante espaço e escopo para ambos. Essa combinação me atraiu muito. Enquanto fazia doutorado na Universidade de Washington, fui influenciado por Ed Lazowska no lado dos sistemas e por Richard Ladner e Martin Tompa no lado matemático e teórico. Um dos meus projetos no mestrado foi fazer com que duas máquinas do *mesmo* fornecedor se comunicassem. Agora parece que é impossível *impedir* que as máquinas se comuniquem!

Você pode dar algum conselho aos estudantes que estão ingressando na área de redes/Internet?

As redes estão mudando. Estão se tornando um ambiente bastante diverso, inclusivo e aberto. Digo isso em dois sentidos. Primeiro, veremos muito mais diversidade entre nossos desenvolvedores e pesquisadores sobre redes, incluindo mulheres e outros grupos sub-representados no mundo da tecnologia. Tenho orgulho da diversidade e inclusividade da equipe na Microsoft e das minhas equipes anteriores na AT&T. A diversidade nos torna mais resistentes, mais adaptáveis a mudanças e melhores decisores. Segundo, é possível levar uma maior diversidade de interesses e habilidades técnicas às redes. Os interesses podem ser por arquitetura, linguagens de programação, óptica, métodos formais, ciência de dados, IA ou projeto de sistemas confiáveis e com alta tolerância à falha. Os sistemas de código aberto estão tendo um impacto enorme. O SONiC, uma iniciativa de código aberto baseada em Linux para sistemas operacionais de rede, é um grande exemplo. Leia este livro e aplique todas as suas habilidades, experiências e conhecimentos para criar as redes do futuro. As SDNs e a desagregação criam diversidade e abertura. É emocionante.

Por favor, descreva um ou dois dos projetos mais interessantes em que você já trabalhou durante sua carreira. Quais foram os maiores desafios?

A nuvem é, de longe, o fato mais importante em muitos e muitos anos. Os desafios nela estão em outro patamar, muito acima dos outros desafios de sistema nos quais trabalhei, em parte porque a nuvem incorpora tantos aspectos dos sistemas. Os cenários de nuvem ampliam radicalmente o desafio das redes. A tecnologia de rede tradicional é apenas parte do problema; na prática, hoje temos sistemas operacionais e sistemas distribuídos, arquitetura, desempenho, segurança, confiabilidade, aprendizado de máquina, ciência de dados e gerenciamento – é a pilha toda. Se costumávamos pensar que essas áreas individuais eram "jardins", a nuvem é uma "fazenda" composta por todos esses jardins maravilhosos. E as preocupações operacionais com projetar, monitorar e gerenciar um sistema ultraconfiável em escala global são cruciais, pois a nuvem cria uma infraestrutura crítica para governos, indústrias, educação e muito mais. Tudo precisa ser sólido, precisa ser seguro e precisa ser confiável. O software é, obviamente, o segredo para o monitoramento e o gerenciamento eficaz de uma nuvem tão gigantesca. Aqui, a SDN é protagonista no gerenciamento e fornecimento em escala, criando o que é, na sua essência, um datacenter definido por software. O software também nos permite inovar rapidamente.

Em sua opinião, qual é o futuro das redes e da Internet? Quais são os grandes obstáculos/desafios que estão no caminho do seu desenvolvimento, especialmente nas áreas de redes de datacenter e redes de borda?

Já falei sobre a nuvem. Ela só completou uns 10% da sua evolução. Contudo, está evidente que a divisão do trabalho no sistema fim a fim será uma questão cada vez mais importante. Quanta computação e armazenamento acontecerá na aplicação e no hospedeiro final? Quanto acontecerá nos componentes de nuvem na "borda" da rede, no hospedeiro final ou contêiner ou perto dele? E quanto acontecerá nos datacenters em si? Quanto disso será orquestrado? Veremos a computação em nuvem ser levada cada vez mais em direção à borda e veremos crescimento "horizontal" – um ecossistema de rede/dados/computação fim a fim mais rico – e não apenas crescimento, por exemplo, dentro de um datacenter. Será uma área de muita inovação. O 5G sem fio será uma parte importante desse cenário.

Quais pessoas o inspiraram profissionalmente?

Aprendi muito, tanto na Microsoft quanto na AT&T, dos clientes e do local em atividade. Interagir com engenheiros me inspira. É a paixão que eles têm por desenvolvimento e por DevOps de todo o ciclo (da invenção ao desenvolvimento à implementação ao descomissionamento final) de sistemas e serviços operacionais. São pessoas que conhecem a arquitetura e os sistemas como a palma da mão. É ótimo trabalhar ao seu lado, elas têm tantas ideias, experiências e conhecimentos para compartilhar, seja na Azure Cloud da Microsoft, seja nas redes da AT&T, no início da minha carreira. Também adorei trabalhar com os pesquisadores que estabeleceram alguns dos princípios por trás do projeto e gerenciamento desses sistemas em larga escala.

CAPÍTULO 7

Redes sem fio e redes móveis

No mundo da telefonia, pode-se dizer que os últimos 25 anos foram os anos dourados da telefonia celular. O número de assinantes de telefones móveis no mundo inteiro aumentou de 34 milhões em 1993 para 8,3 bilhões em 2019. Hoje, há mais assinaturas de telefones móveis do que pessoas no nosso planeta. As muitas vantagens dos telefones celulares são evidentes para todos – em qualquer lugar, a qualquer hora, acesso desimpedido à rede global de telefonia por meio de um equipamento leve e totalmente portátil. Mais recentemente, smartphones, tablets e notebooks se conectaram sem fio à Internet por meio de redes celulares ou WiFi. E, cada vez mais, dispositivos como consoles de videogame, termostatos, sistemas de segurança, eletrodomésticos, relógios, óculos, automóveis, sistemas de controle de tráfego e muito mais estão estabelecendo conexões sem fio à Internet.

Do ponto de vista de rede, os desafios propostos pela ligação em rede desses dispositivos móveis e sem fio, em particular nas camadas de enlace e de rede, são tão diferentes dos desafios das redes de computadores cabeadas que é necessário um capítulo inteiro (*este* capítulo) devotado ao estudo de redes sem fio e redes móveis.

Iniciaremos este capítulo com uma discussão sobre usuários móveis, enlaces e redes sem fio e sua relação com as redes maiores (normalmente cabeadas) às quais se conectam. Traçaremos uma distinção entre os desafios propostos pela natureza *sem fio* dos enlaces de comunicação nessas redes e pela *mobilidade* que os enlaces sem fio habilitam. Fazer essa importante distinção – entre sem fio e mobilidade – nos permitirá isolar, identificar e dominar melhor os conceitos fundamentais em cada área.

Começaremos com um resumo da infraestrutura de acesso sem fio e da terminologia associada. Então, consideraremos as características desse enlace sem fio na Seção 7.2. Nessa seção, incluímos uma breve introdução ao acesso múltiplo por divisão de código (CDMA, do inglês *code division multiple access*), um protocolo de acesso ao meio compartilhado que é utilizado com frequência em redes sem fio. Na Seção 7.3, estudaremos com certa profundidade os aspectos da camada de enlace do padrão da rede local (LAN, do inglês *local area network*) sem fio IEEE 802.11 (WiFi); também falaremos um pouco sobre redes pessoais sem fio Bluetooth. Na Seção 7.4, daremos uma visão geral do acesso à Internet por telefone celular, incluindo 4G e as tecnologias celulares emergentes 5G, que fornecem acesso à Internet por voz e em alta velocidade. Na Seção 7.5, voltaremos nossa atenção à mobilidade, focalizando os problemas da localização de um usuário móvel, do roteamento até o usuário móvel e da transferência (*hand-off*) do usuário móvel que passa dinamicamente de um ponto de conexão com a rede para outro. Estudaremos como esses serviços de mobilidade são implementados nas redes celulares 4G/5G e no padrão IP móvel na Seção 7.6. Por fim, na Seção 7.7, consideraremos o impacto dos enlaces e da mobilidade sem fio sobre protocolos de camada de transporte e aplicações em rede.

7.1 INTRODUÇÃO

A Figura 7.1 mostra o cenário no qual consideraremos os tópicos de comunicação de dados e mobilidade sem fio. Começaremos mantendo nossa discussão dentro de um contexto geral o suficiente para abranger uma ampla faixa de redes, entre elas LANs sem fio, WiFi e redes celulares 4G/5G; em outras seções, passaremos então para uma discussão mais detalhada de arquiteturas sem fio específicas. Podemos identificar os seguintes elementos em uma rede sem fio.

- *Hospedeiros sem fio.* Como no caso de redes cabeadas (ou com fio), hospedeiros são os equipamentos de sistemas finais que executam aplicações. Um **hospedeiro sem fio** pode ser um notebook, um tablet, um smartphone ou um dispositivo da Internet das Coisas (IoT, do inglês *Internet of Things*), como um sensor, eletrodoméstico, automóvel ou qualquer um de inúmeros aparelhos conectados à Internet. Os hospedeiros em si podem ser móveis ou não.
- *Enlaces sem fio.* Um hospedeiro se conecta a uma estação-base (definida mais adiante) ou a outro hospedeiro sem fio por meio de um **enlace de comunicação sem fio**. Tecnologias diferentes de enlace sem fio têm taxas de transmissão diversas e podem transmitir a distâncias variadas. A Figura 7.2 mostra duas características fundamentais, taxas de transmissão de enlaces e faixas de cobertura, dos padrões de enlace sem fio mais

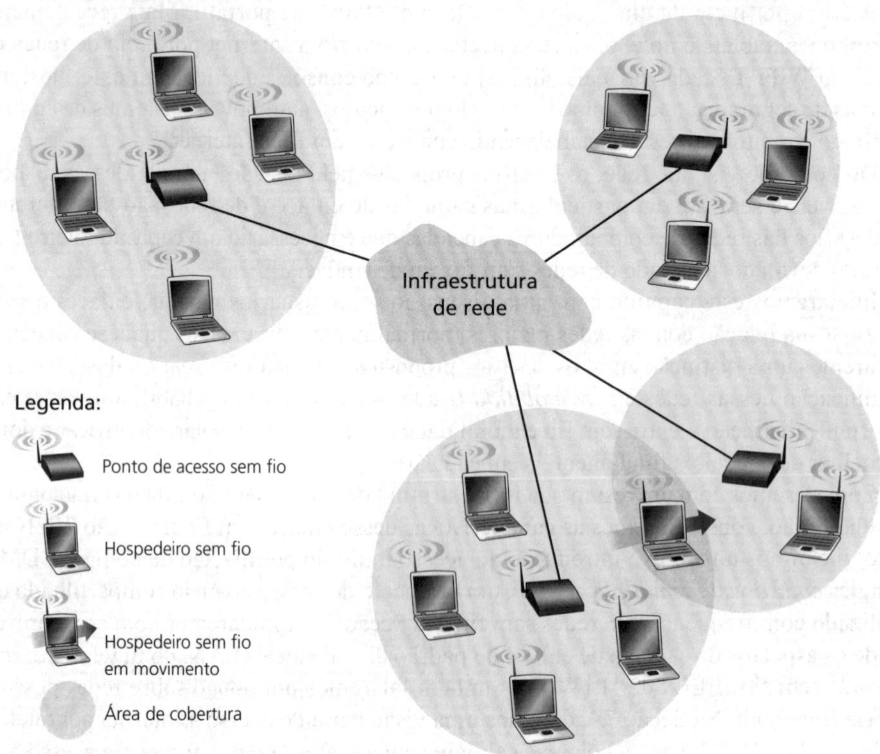

Figura 7.1 Elementos de uma rede sem fio.

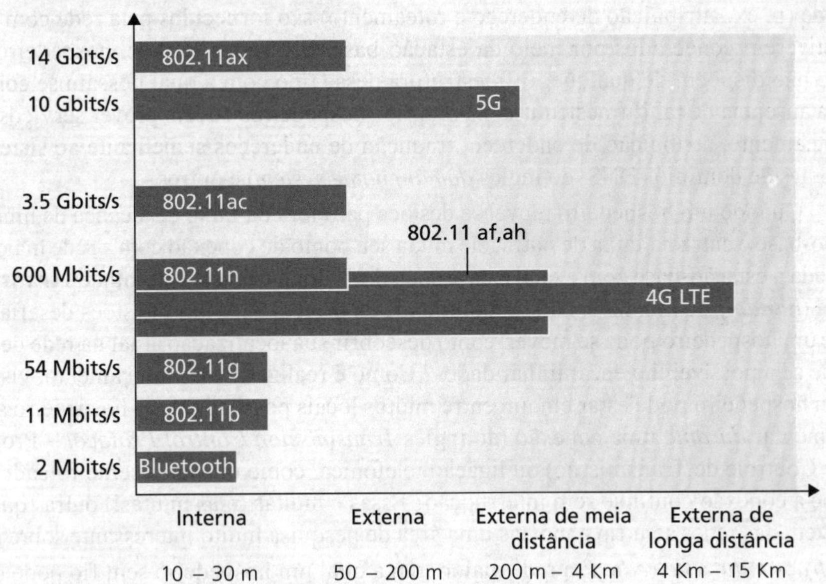

Figura 7.2 Alcance e taxas de transmissão sem fio para padrões WiFi, 4G/5G celular e Bluetooth (obs.: eixos não estão em escala).

populares. (A figura serve apenas para dar uma ideia aproximada dessas características. P. ex., alguns desses tipos de redes só estão sendo empregados agora, e algumas taxas de enlace podem aumentar ou diminuir além dos valores mostrados, dependendo da distância, das condições do canal e do número de usuários na rede sem fio.) Abordaremos esses padrões mais adiante, na primeira metade deste capítulo; consideraremos também outras características de enlaces sem fio (como suas taxas de erros de bit e as causas desses erros) na Seção 7.2.

Na Figura 7.1, enlaces sem fio conectam hospedeiros localizados na borda da rede com a infraestrutura da rede de maior porte. Não podemos nos esquecer de acrescentar que enlaces sem fio às vezes também são utilizados *dentro* de uma rede para conectar roteadores, comutadores e outros equipamentos de rede. Contudo, neste capítulo, focalizaremos a utilização da comunicação sem fio nas bordas da rede, pois é aqui que estão ocorrendo muitos dos desafios técnicos mais interessantes e a maior parte do crescimento.

- *Estação-base.* A **estação-base** é uma parte fundamental da infraestrutura de rede sem fio. Diferentemente dos hospedeiros e enlaces sem fio, uma estação-base não tem nenhuma contraparte óbvia em uma rede cabeada. Uma estação-base é responsável pelo envio e recebimento de dados (p. ex., pacotes) de e para um hospedeiro sem fio que está associado a ela. Uma estação-base frequentemente será responsável pela coordenação da transmissão de vários hospedeiros sem fio com os quais está associada. Quando dizemos que um hospedeiro sem fio está "associado" a uma estação-base, isso quer dizer que (1) o hospedeiro está dentro do alcance de comunicação sem fio da estação-base, e (2) o hospedeiro usa a estação-base para retransmitir dados entre ele (o hospedeiro) e a rede maior. **Torres celulares** em redes celulares e **pontos de acesso** em LANs sem fio 802.11 são exemplos de estações-base.

  Na Figura 7.1, a estação-base está conectada à rede maior (i.e., à Internet, à rede corporativa ou residencial); portanto, ela funciona como uma retransmissora da camada de enlace entre o hospedeiro sem fio e o resto do mundo com o qual o hospedeiro se comunica.

  Quando hospedeiros estão associados com uma estação-base, em geral diz-se que estão operando em **modo de infraestrutura**, já que todos os serviços tradicionais de rede (p. ex., atribuição de endereço e roteamento) são fornecidos pela rede com a qual estiverem conectados por meio da estação-base. Em **redes ad hoc**, hospedeiros sem fio não dispõem de qualquer infraestrutura desse tipo com a qual possam se conectar. Na ausência de tal infraestrutura, os próprios hospedeiros devem prover serviços como roteamento, atribuição de endereço, tradução de endereços semelhante ao sistema de nomes de domínio (DNS, do inglês *domain name system*) e outros.

Quando um hospedeiro móvel se desloca para fora da faixa de alcance de uma estação-base e entra na faixa de outra, ele muda seu ponto de conexão com a rede maior (i.e., muda a estação-base com a qual está associado) – um processo denominado **transferência** (***handoff*** ou *handover*). Essa mobilidade dá origem a muitas questões desafiadoras. Se um hospedeiro pode se mover, como descobrir sua localização atual na rede de modo que seja possível lhe encaminhar dados? Como é realizado o endereçamento, visto que um hospedeiro pode estar em um entre muitos locais possíveis? Se o hospedeiro se movimentar *durante* uma conexão (do inglês *Transmission Control Protocol* – Protocolo de Controle de Transmissão) ou ligação telefônica, como os dados serão roteados para que a conexão continue sem interrupção? Essas e muitas (mas muitas!) outras questões fazem das redes sem fio e móveis uma área de pesquisa muito interessante sobre redes.

- *Infraestrutura de rede.* É a rede maior com a qual um hospedeiro sem fio pode querer se comunicar.

Após discutir sobre as "partes" da rede sem fio, observamos que essas partes podem ser combinadas de diversas maneiras diferentes para formar diferentes tipos de redes sem fio. Você pode achar uma taxonomia desses tipos de redes sem fio útil ao ler este capítulo, ou ler/aprender mais sobre redes sem fio além deste livro. No nível mais alto, podemos classificar as redes sem fio de acordo com dois critérios: *(i)* se um pacote na rede sem fio atravessa exatamente *um salto único sem fio ou múltiplos saltos sem fio*, e *(ii)* se há *infraestrutura* na rede, como uma estação-base:

- *Salto único, com infraestrutura.* Essas redes têm uma estação-base conectada a uma rede cabeada maior (p. ex., a Internet). Além disso, toda a comunicação é feita entre a estação-base e um hospedeiro sem fio através de um único salto sem fio. As redes 802.11 que você utiliza na sala de aula, na lanchonete ou na biblioteca; e as redes de dados 4G LTE, que aprenderemos em breve, encaixam-se nesta categoria. A grande maioria das nossas interações diárias é com redes sem fio de salto único, com infraestrutura.
- *Salto único, sem infraestrutura.* Nessas redes, não existe estação-base conectada à rede sem fio. Entretanto, como veremos, um dos nós nessa rede de salto único pode coordenar as transmissões dos outros nós. As redes Bluetooth (que conectam pequenos dispositivos sem fio, como teclados, alto-falantes e fones de ouvido, e que serão estudadas na Seção 7.3.6) são redes de salto único, sem infraestrutura.
- *Múltiplos saltos, com infraestrutura.* Nessas redes, está presente uma estação-base cabeada para as redes maiores. Entretanto, alguns nós sem fio podem ter que restabelecer sua comunicação através de outros nós sem fio para se comunicarem por meio de uma estação-base. Algumas redes de sensores sem fio e as chamadas **redes em malha sem fio**, usadas em residências, se encaixam nesta categoria.
- *Múltiplos saltos, sem infraestrutura.* Não existe estação-base nessas redes, e os nós podem ter de restabelecer mensagens entre diversos outros nós para chegar a um destino. Os nós também podem ser móveis, ocorrendo mudança de conectividade entre eles – uma categoria de redes conhecida como **redes móveis *ad hoc*** (**MANETs**, do inglês ***mobile ad hoc networks***). Se os nós móveis forem veículos, essa rede é denominada **rede veicular *ad hoc*** (**VANET**, do inglês ***vehicular ad hoc network***). Como você pode imaginar, o desenvolvimento de protocolos para essas redes é desafiador e constitui o assunto de muita pesquisa em andamento.

Neste capítulo, vamos nos limitar às redes de salto único e, depois, principalmente às redes baseadas em infraestrutura.

Agora vamos nos aprofundar um pouco mais nos desafios técnicos que surgem em redes sem fio e móveis. Começaremos considerando, em primeiro lugar, o enlace sem fio individual, deixando nossa discussão sobre mobilidade para outra parte deste capítulo.

7.2 CARACTERÍSTICAS DE ENLACES E REDES SEM FIO

Os enlaces sem fio diferem das suas contrapartes com fio em diversos aspectos importantes:

- *Redução da força do sinal.* Radiações eletromagnéticas são atenuadas quando atravessam algum tipo de matéria (p. ex., um sinal de rádio ao atravessar uma parede). O sinal se dispersará mesmo ao ar livre, resultando na redução de sua força (às vezes denominada **atenuação de percurso**) à medida que aumenta a distância entre emissor e receptor.
- *Interferência de outras fontes.* Várias fontes de rádio transmitindo na mesma banda de frequência sofrerão interferência umas das outras. Por exemplo, telefones sem fio de 2,4 GHz e LANs sem fio 802.11b transmitem na mesma banda de frequência. Assim, o usuário de uma LAN sem fio 802.11b que estiver se comunicando por um telefone sem fio de 2,4 GHz pode esperar que nem a rede nem o telefone funcionem particularmente bem. Além da interferência de fontes transmissoras, o ruído eletromagnético presente no ambiente (p. ex., um motor ou um equipamento de micro-ondas próximo) pode causar interferência. Por esse motivo, uma série de padrões 802.11 mais recentes operam na banda de frequência de 5 GHz.
- *Propagação multivias.* A **propagação multivias** (ou multicaminhos) ocorre quando partes da onda eletromagnética se refletem em objetos e no solo e tomam caminhos de comprimentos diferentes entre um emissor e um receptor. Isso resulta no embaralhamento do sinal recebido no destinatário. Objetos que se movimentam entre o emissor e o receptor podem fazer a propagação multivias mudar ao longo do tempo.

Para obter uma discussão detalhada sobre as características, modelos e medidas do canal sem fio, consulte Anderson (1995) e Almers (2007).

A discussão anterior sugere que erros de bit serão mais comuns em enlaces sem fio do que em enlaces com fio. Por essa razão, talvez não seja nenhuma surpresa que protocolos de enlace sem fio (como o protocolo 802.11 que examinaremos na seção seguinte) empreguem não só poderosos códigos de detecção de erros por verificação de redundância cíclica (CRC, do inglês *cyclic redundancy check*), mas também protocolos de transferência de dados confiáveis em nível de enlace, que retransmitem quadros corrompidos.

Tendo considerado as falhas que podem ocorrer em um canal sem fio, vamos voltar nossa atenção para o hospedeiro que recebe o sinal sem fio. Esse hospedeiro recebe um sinal eletromagnético que é uma combinação de uma forma degradada do sinal original transmitido pelo remetente (degradada pelos efeitos da atenuação e da propagação multivias, discutidas acima, entre outros) e um ruído de fundo no ambiente. A **relação sinal-ruído** (**SNR**, do inglês ***signal-to-noise ratio***) é uma medida relativa da potência do sinal recebido (i.e., a informação sendo transmitida) e o ruído. A SNR costuma ser calculada em unidades de decibéis (dB), uma unidade de medida que, segundo alguns, é utilizada por engenheiros elétricos principalmente para confundir cientistas da computação. A SNR, medida em dB, é vinte vezes o logaritmo de base 10 entre a amplitude do sinal recebido e a amplitude do ruído. Para nossos fins, precisamos saber apenas que uma SNR maior facilita ainda mais para o destinatário extrair o sinal transmitido de um ruído de fundo.

A Figura 7.3 (adaptada de Holland [2001]) mostra a taxa de erro de bits (BER, do inglês *bits error rate*) – em termos simples, a probabilidade de um bit transmitido ser recebido com erro no destinatário – *versus* a SNR para três técnicas de modulação diferentes para codificar informações para a transmissão em um canal sem fio idealizado. A teoria da modulação

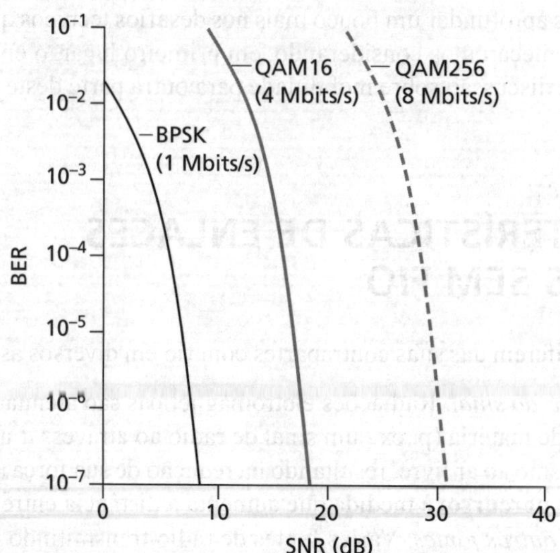

Figura 7.3 Taxa de erro de bits, taxa de transmissão e SNR.

e da codificação, bem como a extração do sinal e a BER, estão além do escopo deste livro (consulte Schwartz [1980] e Goldsmith [2005] para obter uma discussão sobre esses assuntos). Não obstante, a Figura 7.3 ilustra diversas características da camada física que são importantes para entender os protocolos de comunicação sem fio da camada superior.

- *Para um determinado esquema de modulação, quanto mais alta for a SNR, mais baixa será a BER.* Visto que um remetente consegue aumentar a SNR elevando sua potência de transmissão, ele pode reduzir a probabilidade de um quadro ser recebido com erro aumentando tal potência. Observe, entretanto, que há um pequeno ganho prático no aumento da potência além de certo patamar, digamos que para diminuir a BER de 10^{-12} para 10^{-13}. Existem também *desvantagens* associadas com o aumento da potência de transmissão: mais energia deve ser gasta pelo remetente (uma consideração importante para usuários móveis, que utilizam bateria), e as transmissões do remetente têm mais probabilidade de interferir nas transmissões de outro remetente (consulte Figura 7.4(b)).
- *Para determinada SNR, uma técnica de modulação com uma taxa de transmissão de bit maior (com erro ou não) terá uma BER maior.* Por exemplo, na Figura 7.3, com uma SNR de 10 dB, a modulação BPSK com uma taxa de transmissão de 1 Mbit/s possui uma BER menor do que 10^{-7}, enquanto para a modulação QAM16 com uma taxa de transmissão de 4 Mbits/s, a BER é 10^{-1}, longe de ser útil na prática. Entretanto, com uma SNR de 20 dB, a modulação QAM16 possui uma taxa de transmissão de 4 Mbits/s e uma BER de 10^{-7}, enquanto a modulação BPSK possui uma taxa de transmissão de apenas 1 Mbit/s e uma BER tão baixa como estar (literalmente) "fora do gráfico". Se é possível suportar uma BER de 10^{-7}, a taxa de transmissão mais alta apresentada pela modulação QAM16 faria desta a técnica de modulação preferida nesta situação. Tais considerações dão origem à característica final, descrita a seguir.
- *A seleção dinâmica da técnica de modulação da camada física pode ser usada para adaptar a técnica de modulação para condições de canal.* A SNR (e, portanto, a BER) pode mudar, como resultado da mobilidade ou em razão das mudanças no ambiente. A modulação adaptativa e a codificação são usadas nas redes de dados WiFi 802.11 e nas redes de dados celulares 4G e 5G, que estudaremos nas Seções 7.3 e 7.4. Isso permite, por exemplo, a seleção de uma técnica de modulação que ofereça a mais alta taxa de transmissão possível sujeita a uma limitação na BER, para as características de determinado canal.

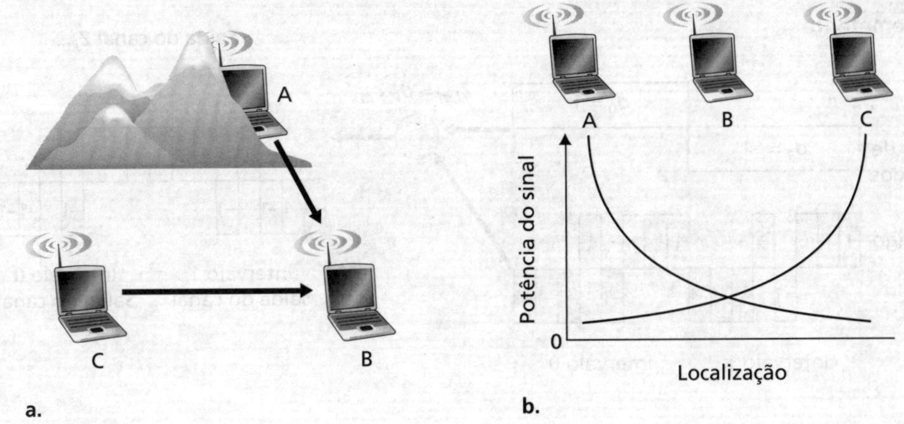

Figura 7.4 Problema do terminal oculto (a) e do desvanecimento (b).

Taxas de erros de bits mais altas e que variam com o tempo não são as únicas diferenças entre um enlace com fio e um enlace sem fio. Lembre-se de que, no caso de enlaces de difusão cabeados, cada nó recebe as transmissões de todos os outros nós. No caso de enlaces sem fio, a situação não é tão simples, conforme mostra a Figura 7.4. Suponha que a estação A esteja transmitindo para a estação B. Suponha também que a estação C esteja transmitindo para a estação B. O denominado **problema do terminal oculto**, obstruções físicas presentes no ambiente (p. ex., uma montanha ou um prédio), pode impedir que A e C escutem as transmissões um do outro, mesmo que as transmissões de A e C interfiram no destino, B. Isso é mostrado na Figura 7.4(a). Um segundo cenário que resulta em colisões que não são detectadas no receptor é causado pelo **desvanecimento** da força de um sinal à medida que se propaga pelo meio sem fio. A Figura 7.4(b) ilustra o caso em que a localização de A e C é tal que as potências de seus sinais não são suficientes para que eles detectem as transmissões um do outro, mas, mesmo assim, *são* fortes o bastante para interferir uma com a outra na estação B. Como veremos na Seção 7.3, o problema do terminal oculto e o desvanecimento tornam o acesso múltiplo em uma rede sem fio consideravelmente mais complexo do que em uma rede cabeada.

7.2.1 CDMA

Lembre-se de que dissemos, no Capítulo 6, que, quando hospedeiros se comunicam por um meio compartilhado, é preciso um protocolo para que os sinais enviados por vários emissores não interfiram nos receptores. No mesmo capítulo, descrevemos três classes de protocolos de acesso ao meio: de partição de canal, de acesso aleatório e de revezamento. O CDMA pertence à família de protocolos de partição de canal. Ele predomina em tecnologias de LAN sem fio e celulares. Por ser tão importante no mundo sem fio, examinaremos o CDMA rapidamente agora, antes de passar para tecnologias específicas de acesso sem fio nas próximas seções.

Com um protocolo CDMA, cada bit que está sendo enviado é codificado pela multiplicação do bit por um sinal (o código) que muda a uma velocidade muito maior (conhecida como **taxa de chipping**) do que a sequência original de bits de dados. A Figura 7.5 mostra um cenário simples e idealizado de codificação/decodificação CDMA. Suponha que a velocidade com que bits de dados originais cheguem ao codificador CDMA defina a unidade de tempo; isto é, cada bit original de dados a ser transmitido requer um intervalo de tempo de um bit. Seja d_i o valor do bit de dados para o i-ésimo intervalo de bit. Por conveniência do cálculo matemático, representamos o bit de dados com valor 0 por –1. Cada intervalo de bit é ainda subdividido em M mini-intervalos. Na Figura 7.5, $M = 8$, embora, na prática, M seja muito maior. O código CDMA usado pelo remetente consiste em uma sequência de M valores,

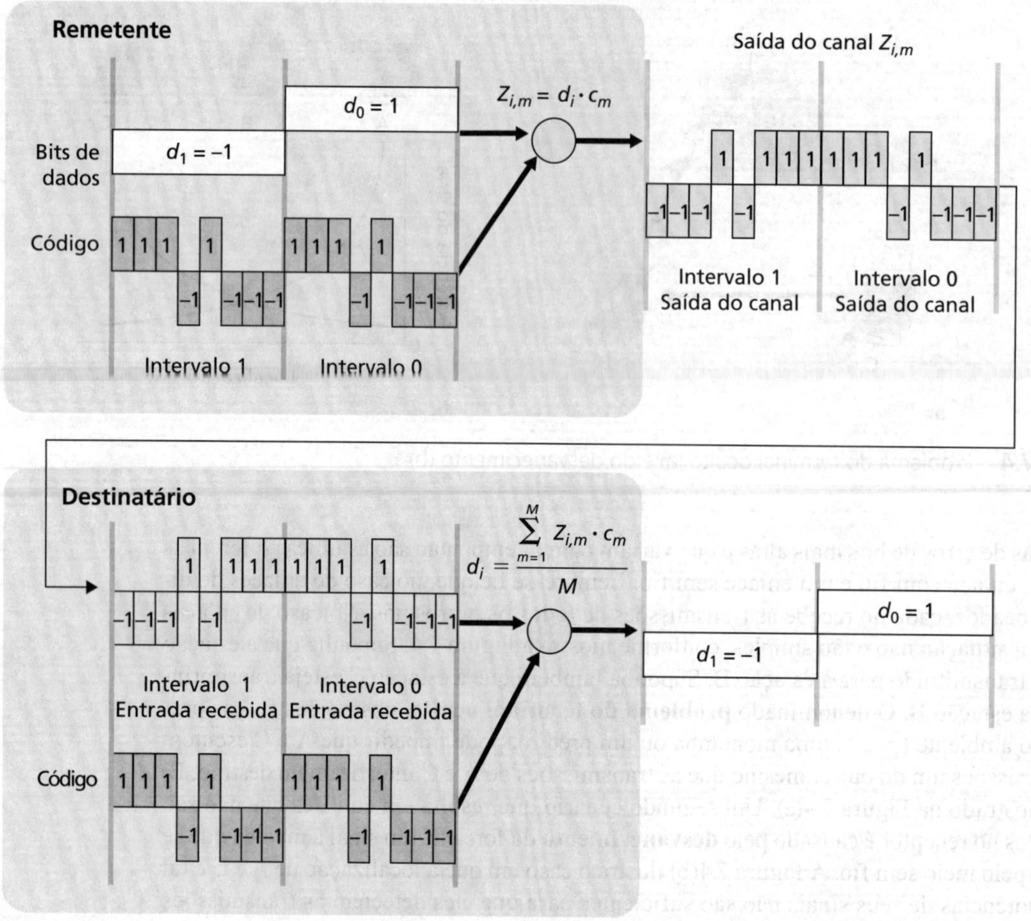

Figura 7.5 Um exemplo simples de CDMA: codificação no remetente, decodificação no receptor.

c_m, $m = 1, \ldots, M$, cada um assumindo um valor de +1 ou –1. No exemplo da Figura 7.5, o código CDMA de M bits que está sendo usado pelo remetente é (1, 1, 1, –1, 1, –1, –1, –1).

Para ilustrar como o CDMA funciona, vamos focalizar o i-ésimo bit de dados, d_i. Para o m-ésimo mini-intervalo do tempo de transmissão de bits de d_i, a saída do codificador CDMA, $Z_{i,m}$, é o valor de d_i multiplicado pelo m-ésimo bit do código CDMA escolhido, c_m:

$$Z_{i,m} = d_i \cdot c_m \tag{7.1}$$

Se o mundo fosse simples e não houvesse remetentes interferindo, o receptor receberia os bits codificados, $Z_{i,m}$, e recuperaria os bits de dados originais, d_i, calculando:

$$d_i = \frac{1}{M} \sum_{m=1}^{M} Z_{i,m} \cdot c_m \tag{7.2}$$

Talvez o leitor queira repassar os detalhes do exemplo da Figura 7.5 para verificar se os bits originais de dados são, de fato, corretamente recuperados no receptor usando a Equação 7.2.

No entanto, o mundo está longe de ser ideal e, como mencionamos antes, o CDMA deve funcionar na presença de remetentes que interferem e que estão codificando e transmitindo seus dados usando um código designado diferente. Mas como um receptor CDMA pode recuperar bits de dados originais de um remetente quando estes estão sendo embaralhados com bits que estão sendo transmitidos por outros remetentes? O CDMA trabalha na hipótese de que os sinais de bits interferentes sendo transmitidos são aditivos. Isso significa, por exemplo, que, se três remetentes enviam um valor 1 e um quarto remetente envia um valor –1 durante o mesmo mini-intervalo, então o sinal recebido em todos os receptores durante o mini-intervalo é 2 (já que 1 + 1 + 1 – 1 = 2). Na presença de vários remetentes, s calcula suas transmissões codificadas, $Z^s_{i,m}$, exatamente como na Equação 7.1. O valor recebido no receptor durante o m-ésimo mini-intervalo do i-ésimo intervalo de bit, contudo, é agora a *soma* dos bits transmitidos de todos os N remetentes durante o mini-intervalo:

$$Z^*_{i,m} = \sum_{s=1}^{N} Z^s_{i,m}$$

Surpreendentemente, se os códigos dos remetentes forem escolhidos com cuidado, cada receptor pode recuperar os dados enviados por um dado remetente a partir do sinal agregado apenas usando o código do remetente, como na Equação 7.3:

$$d_i = \frac{1}{M}\sum_{m=1}^{M} Z^*_{i,m} \cdot c_m \tag{7.3}$$

A Figura 7.6 ilustra um exemplo de CDMA com dois remetentes. O código CDMA de M bits usado pelo remetente que está acima é (1, 1, 1, –1, 1, –1, –1, –1), ao passo que o código CDMA usado pelo que está embaixo é (1, –1, 1, 1, 1,–1, 1, 1). A Figura 7.6 ilustra um receptor recuperando os bits de dados originais do remetente que está acima. Note que o receptor pode extrair os dados do remetente 1, a despeito da transmissão interferente do remetente 2.

Voltando à analogia do coquetel apresentada no Capítulo 6, um protocolo CDMA é semelhante à situação em que os convidados falam vários idiomas; nessa circunstância, os seres humanos até que são bons para manter conversações no idioma que entendem e, ao mesmo tempo, continuar filtrando (rejeitando) outras conversações. Vemos aqui que o CDMA é um protocolo de partição, pois reparte o espaço de código (e não o tempo ou a frequência) e atribui a cada nó uma parcela dedicada do espaço de código.

Nossa discussão do código CDMA aqui é necessariamente breve; na prática, devem ser abordadas inúmeras questões diferentes. Primeiro, para que receptores CDMA consigam extrair o sinal de um emissor qualquer, os códigos CDMA devem ser escolhidos cuidadosamente. Segundo, nossa discussão considerou que as intensidades dos sinais recebidos de vários emissores são as mesmas; na realidade, isso pode ser difícil de conseguir. Existe muita literatura abordando essas e outras questões relativas ao CDMA; veja Pickholtz (1982) e Viterbi (1995) se quiser mais detalhes.

7.3 WIFI: LANS SEM FIO 802.11

Presentes no local de trabalho, em casa, em instituições educacionais, em cafés, aeroportos e esquinas, as LANs sem fio agora são uma das mais importantes tecnologias de rede de acesso na Internet de hoje. Embora muitas tecnologias e padrões para LANs sem fio tenham sido desenvolvidos na década de 1990, uma classe particular de padrões surgiu claramente como a vencedora: a **LAN sem fio IEEE 802.11**, também conhecida como **WiFi**. Nesta seção, estudaremos em mais detalhes as LANs sem fio 802.11, examinando a estrutura do quadro 802.11, o protocolo 802.11 de acesso ao meio e a interconexão de LANs 802.11 com LANs Ethernet cabeadas.

Como resumido na Tabela 7.1, existem diversos padrões 802.11 (IEEE 802.11, 2020). Os padrões 802.11 b, g, n, ac e ax são gerações sucessivas da tecnologia 802.11, voltada para redes locais sem fio (WLANS, do inglês *wireless local area networks*), em geral com alcance de menos de 70 m, para escritórios domésticos, escritórios comerciais ou empresas. Os padrões 802.11 n, ac e ax foram batizados recentemente de WiFi 4, 5 e 6, respectivamente, sem dúvida nenhuma

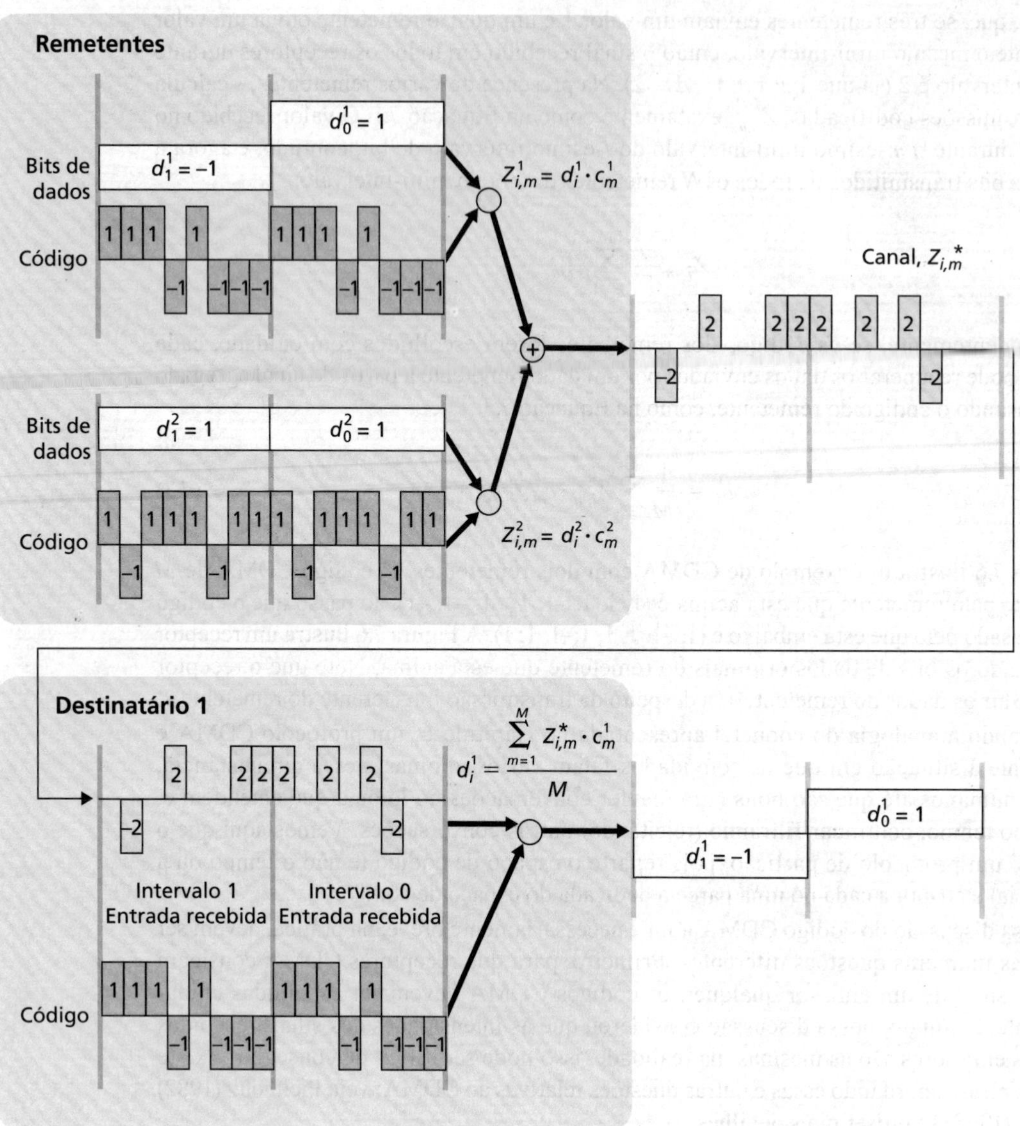

Figura 7.6 Um exemplo de CDMA com dois remetentes.

TABELA 7.1 Resumo dos padrões IEEE 802.11

Padrão IEEE 802.11	Ano	Taxa de dados máx.	Alcance	Frequência
802.11 b	1999	11 Mbits/s	30 m	2,4 Ghz
802.11 g	2003	54 Mbits/s	30 m	2,4 Ghz
802.11 n (WiFi 4)	2009	600	70 m	2,4, 5 Ghz
802.11 ac (WiFi 5)	2013	3,47 Gbits/s	70 m	5 Ghz
802.11 ax (WiFi 6)	2020 (esperado)	14 Gbits/s	70 m	2,4, 5 Ghz
802.11 af	2014	35–560 Mbits/s	1 km	bandas de TV não utilizadas (54–790 MHz)
802.11 ah	2017	347 Mbits/s	1 km	900 Mhz

para competir com as marcas de redes celulares 4G e 5G. Os padrões 802.11 af e ah operam em distâncias maiores e são direcionados para a IoT, redes de sensores e aplicações de medição.

Os diferentes padrões 802.11 b, g, n, ac e ax compartilham algumas características comuns, incluindo o formato de quadro 802.11 que estudaremos a seguir, e têm compatibilidade reversa, o que significa, por exemplo, que um dispositivo móvel que tem capacidade apenas para o 802.11 g ainda pode interagir com uma estação-base mais nova que use os padrões 802.11 ac ou 802.11 ax. Todos usam também o mesmo protocolo de acesso ao meio, o CSMA/CA, que também discutiremos a seguir, e o 802.11 ax também suporta o escalonamento centralizado pela estação-base de transmissões de dispositivos sem fio associados.

Contudo, como vemos na Tabela 7.1, os padrões têm algumas diferenças importantes na camada física. Os dispositivos 802.11 operam em duas faixas de frequência diferentes: 2,4 a 2,485 GHz (chamada de faixa de 2,4 GHz) e 5,1 a 5,8 GHz (chamada de faixa de 5 GHz). A faixa de 2,4 GHz é uma banda de frequência não licenciada, na qual os dispositivos 802.11 podem competir pelo espectro de frequência com telefones 2,4 GHz e eletrodomésticos, tais como fornos de micro-ondas. Na faixa de 5 GHz, as LANs 802.11 têm distâncias de transmissão mais curtas para um determinado nível de potência e sofrem mais com a propagação multivias. Os padrões 802.11 n, 802.11 ac e 802.11 ax utilizam antenas de entrada múltipla e saída múltipla (MIMO, do inglês *multiple input multiple-output*); ou seja, duas ou mais antenas no lado remetente e duas ou mais antenas no lado destinatário que estão transmitindo/recebendo sinais diferentes (Diggavi, 2004). As estações-base 802.11 ac e 802.11 ax podem transmitir para múltiplas estações simultaneamente, e usam antenas "inteligentes" para formar feixes (*beamforming*) adaptativamente de modo a direcionar transmissões para um receptor. Isso reduz a interferência e aumenta a distância alcançada em uma determinada taxa de dados. As taxas de dados listadas na Tabela 7.1 se referem a um ambiente idealizado, como o de um receptor próximo à estação-base, sem interferência, algo que dificilmente veremos na prática! Assim como a quilometragem dos automóveis, a taxa de dados sem fio também pode variar.

7.3.1 A arquitetura da LAN sem fio 802.11

A Figura 7.7 ilustra os principais componentes da arquitetura de LAN sem fio 802.11. O bloco de construção fundamental da arquitetura 802.11 é o **conjunto básico de serviço** (**BSS**, do inglês ***basic service set***). Um BSS contém uma ou mais estações sem fio e uma **estação-base** central, conhecida como um **ponto de acesso** (**AP**, do inglês ***access point***) na

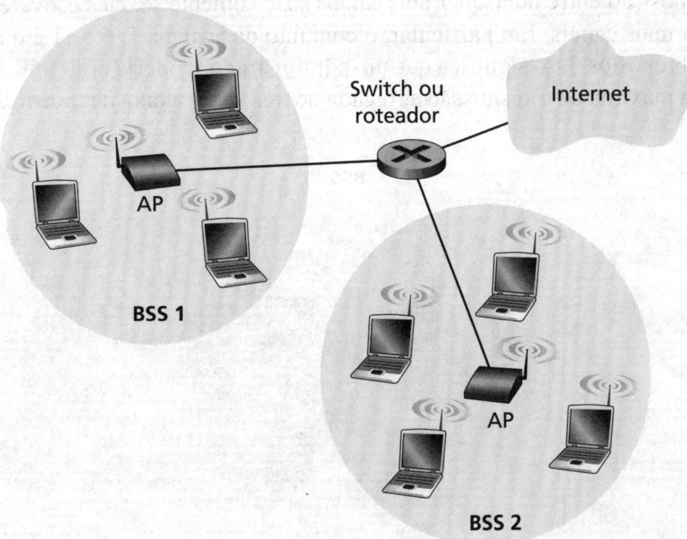

Figura 7.7 A arquitetura de LAN IEEE 802.11.

terminologia 802.11. A Figura 7.7 mostra o AP em cada um dos dois BSSs conectando-se a um dispositivo de interconexão (tal como um switch ou um roteador), que, por sua vez, leva à Internet. Em uma rede residencial típica, há apenas um AP e um roteador (normalmente integrados como uma unidade), que conecta o BSS à Internet.

Como acontece com dispositivos Ethernet, cada estação sem fio 802.11 tem um endereço MAC de 6 bytes que é armazenado no firmware do adaptador da estação (i.e., na placa de interface de rede 802.11). Cada AP também tem um endereço MAC (do inglês *media access control* – controle de acesso ao meio) para sua interface sem fio. Como na Ethernet, esses endereços MAC são administrados pelo IEEE e são (em teoria) globalmente exclusivos.

Como observamos na Seção 7.1, LANs sem fio que disponibilizam APs em geral são denominadas **LANs sem fio de infraestrutura**, e, nesse contexto, "infraestrutura" significa os APs junto com a infraestrutura de Ethernet cabeada que interconecta os APs e um roteador. A Figura 7.8 mostra que estações IEEE 802.11 também podem se agrupar e formar uma rede ad hoc – rede sem nenhum controle central e sem nenhuma conexão com o "mundo exterior". Nesse caso, a rede é formada conforme a necessidade, por dispositivos móveis que, por acaso, estão próximos uns dos outros, têm necessidade de se comunicar e não dispõem de infraestrutura de rede no lugar em que se encontram. Uma rede ad hoc pode ser formada quando pessoas que portam notebooks se reúnem (p. ex., em uma sala de conferências, um trem ou um carro) e querem trocar dados na ausência de um AP centralizado. As redes ad hoc estão despertando um interesse extraordinário com a contínua proliferação de equipamentos portáteis que podem se comunicar. Porém, nesta seção, concentraremos nossa atenção em LANs sem fio com infraestrutura.

Canais e associação

Em 802.11, cada estação sem fio precisa se associar com um AP antes de poder enviar ou receber dados da camada de rede. Embora todos os padrões 802.11 usem associação, discutiremos esse tópico especificamente no contexto da IEEE 802.11 b, g, n, ac e ax.

Ao instalar um AP, um administrador de rede designa ao ponto de acesso um **Identificador de Conjunto de Serviços (SSID**, do inglês ***Service Set Identifier***) composto por uma ou duas palavras. (Quando você escolhe WiFi na opção Configurações no seu iPhone, p. ex., é apresentada uma lista que mostra o SSID de todos os APs ordenados por faixa.) O administrador também deve designar um número de canal ao AP. Para entender números de canal, lembre-se de que as redes 802.11 operam na faixa de frequência de 2,4 a 2,485 GHz. Dentro dessa faixa de 85 MHz, o padrão 802.11 define 11 canais que se sobrepõem em parte. Não há sobreposição entre quaisquer dois canais se, e somente se, eles estiverem separados por quatro ou mais canais. Em particular, o conjunto dos canais 1, 6 e 11 é o único de três canais não sobrepostos. Isso significa que um administrador poderia criar uma LAN sem fio com uma taxa máxima de transmissão agregada de três vezes a taxa de transmissão máxima

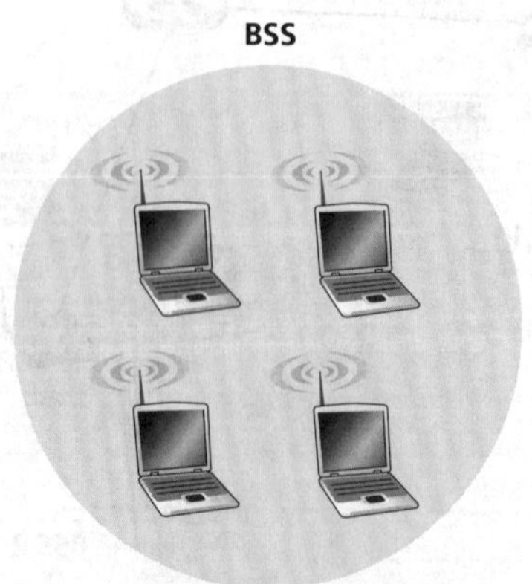

Figura 7.8 Uma rede *ad hoc* IEEE 802.11 BSS.

mostrada na Tabela 7.1 instalando três APs 802.11 na mesma localização física, designando os canais 1, 6 e 11 aos APs e interconectando cada um desses APs com um switch.

Agora que já entendemos o básico sobre canais 802.11, vamos descrever uma situação interessante (e que não é completamente fora do comum) – uma selva de WiFis. Uma **selva de WiFis (WiFi *jungle*)** é qualquer localização física na qual uma estação sem fio recebe um sinal suficientemente forte de dois ou mais APs. Por exemplo, em muitos cafés da cidade de Nova York, uma estação sem fio pode captar um sinal de diversos APs próximos. Um deles pode ser o AP gerenciado pelo café, enquanto os outros podem estar localizados em apartamentos vizinhos. Cada ponto de acesso provavelmente estaria localizado em uma sub-rede IP diferente e teria sido designado independentemente a um canal.

Agora suponha que você entre nessa selva de WiFis com seu smartphone, tablet ou notebook, em busca de acesso à Internet sem fio e de um cafezinho. Suponha que há cinco APs na selva de WiFis. Para conseguir acesso à Internet, seu dispositivo sem fio terá de se juntar a exatamente uma das sub-redes e, portanto, precisará se **associar** com exatamente um dos APs. Associar significa que o dispositivo sem fio cria um fio virtual entre ele mesmo e o AP. De modo específico, só o AP associado enviará quadros de dados (i.e., quadros contendo dados, tal como um datagrama) ao seu dispositivo sem fio, e este enviará quadros de dados à Internet apenas por meio do AP associado. Mas como seu dispositivo sem fio se associa com um determinado AP? E, o que é mais fundamental, como seu dispositivo sem fio sabe quais APs estão dentro da selva, se é que há algum?

O padrão 802.11 requer que um AP envie periodicamente **quadros de sinalização**, cada qual incluindo o SSID e o endereço MAC do AP. Seu dispositivo sem fio, sabendo que os APs estão enviando quadros de sinalização, faz uma varredura dos 11 canais em busca de quadros de sinalização de quaisquer APs que possam estar por lá (alguns dos quais talvez estejam transmitindo no mesmo canal – afinal, estamos na selva!). Ao tomar conhecimento dos APs disponíveis por meio dos quadros de sinalização, você (ou seu dispositivo sem fio) seleciona um desses pontos de acesso para se associar.

O padrão 802.11 não especifica um algoritmo para selecionar com quais dos APs disponíveis se associar; esse algoritmo é de responsabilidade dos projetistas do firmware e do software 802.11 em seu dispositivo sem fio. Em geral, o dispositivo escolhe o AP cujo quadro de sinalização é recebido com a intensidade de sinal mais alta. Embora uma intensidade alta do sinal seja algo bom (p. ex., veja a Figura 7.3), esta não é a única característica do AP que determinará o desempenho que um dispositivo recebe. Em particular, é possível que o AP selecionado tenha um sinal forte, mas pode ser sobrecarregado com outros dispositivos associados (que precisarão compartilhar a largura de banda sem fio naquele AP), enquanto um AP não tão carregado não é selecionado em razão de um sinal levemente mais fraco. Diversas formas alternativas de escolher os APs foram propostas recentemente (Vasudevan, 2005; Nicholson, 2006; Sudaresan, 2006). Para obter uma discussão interessante e prática de como a intensidade do sinal é medida, consulte Bardwell (2004).

O processo de varrer canais e ouvir quadros de sinalização é conhecido como **varredura passiva** (veja a Figura 7.9(a)). Um dispositivo sem fio pode também realizar uma **varredura ativa**, transmitindo um quadro de investigação que será recebido por todos os APs dentro de uma faixa do dispositivo sem fio, como mostrado na Figura 7.9(b). Os APs respondem ao quadro de requisição de investigação com um quadro de resposta de investigação. O dispositivo sem fio pode, então, escolher o AP com o qual irá se associar entre os APs que estão respondendo.

Após selecionar o AP ao qual se associará, o dispositivo sem fio envia um quadro de solicitação de associação ao AP, e este responde com um quadro de resposta de associação. Observe que essa segunda apresentação de solicitação/resposta é necessária com a varredura ativa, visto que um AP de resposta ao quadro de solicitação de investigação inicial não sabe quais dos (possivelmente muitos) APs de resposta o dispositivo escolherá para se associar, do mesmo modo que um cliente DHCP (do inglês *Dynamic Host Configuration Protocol* – Protocolo de Configuração Dinâmica de Hospedeiros) pode escolher entre múltiplos servidores DHCP (veja a Figura 4.21). Uma vez associado ao AP, o dispositivo desejará entrar

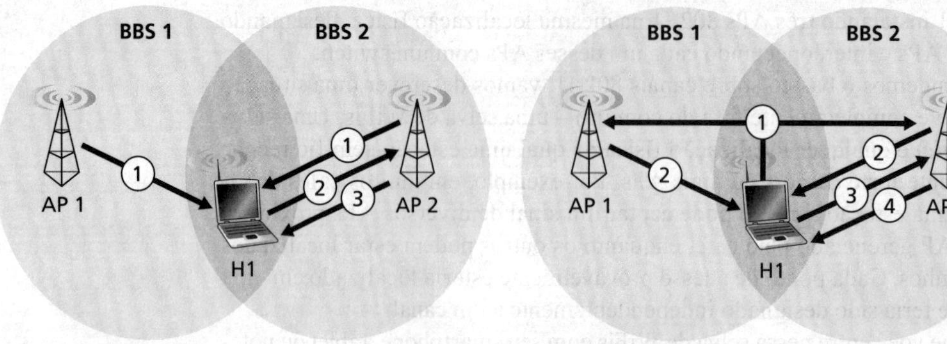

a. Varredura passiva

1. Quadros de sinalização enviados pelos APs
2. Quadro de Solicitação de Associação enviado: H1 para AP selecionado
3. Quadro de Resposta de Associação enviado: AP selecionado para H1

a. Varredura ativa

1. Difusão do quadro de Investigação de H1
2. Quadro de Resposta de Investigação enviado pelos APs
3. Quadro de Pedido de Associação enviado ao AP selecionado: AP selecionado para H1
4. Quadro de Resposta de Associação enviado: AP selecionado para H1

Figura 7.9 Varredura passiva e ativa para pontos de acesso.

na sub-rede (no sentido do endereçamento IP da Seção 4.3.3) à qual pertence o AP. Assim, o dispositivo normalmente enviará uma mensagem de descoberta DHCP (veja a Figura 4.21) à sub-rede por meio de um AP a fim de obter um endereço IP na sub-rede. Logo que o endereço é obtido, o resto do mundo, então, vê esse dispositivo apenas como outro hospedeiro com um endereço IP naquela sub-rede.

Para criar uma associação com um determinado AP, o dispositivo sem fio talvez tenha de se autenticar perante o AP. LANs sem fio 802.11 dispõem de várias alternativas para autenticação e acesso. Uma abordagem, usada por muitas empresas, é permitir o acesso a uma rede sem fio com base no endereço MAC de um dispositivo. Uma segunda abordagem, usada por muitas "LAN houses", emprega nomes de usuários e senhas. Em ambos os casos, o AP em geral se comunica com um servidor de autenticação e transmite informações entre o dispositivo sem fio e o servidor de autenticação usando um protocolo como o RADIUS (RFC 2865) ou o DIAMETER (RFC 6733). Separar o servidor de autenticação do AP permite que um servidor de autenticação atenda a muitos APs, centralizando as decisões de autenticação e acesso (quase sempre delicadas) em um único servidor e mantendo baixos os custos e a complexidade do AP. Veremos, no Capítulo 8, que o novo protocolo IEEE 802.11 i, que define aspectos de segurança da família de protocolos 802.11, adota exatamente essa técnica.

7.3.2 O protocolo MAC 802.11

Uma vez associada com um AP, uma estação sem fio pode começar a enviar e receber quadros de dados de e para o ponto de acesso. Porém, como múltiplos dispositivos sem fio podem querer transmitir quadros de dados ao mesmo tempo sobre o mesmo canal, é preciso um protocolo de acesso múltiplo para coordenar as transmissões. Aqui, chamaremos esses dispositivos ou o AP como "estações" sem fio que compartilham o canal de acesso múltiplo. Como discutimos no Capítulo 6 e na Seção 7.2.1, em termos gerais, há três classes de protocolos de acesso múltiplo: partição de canal (incluindo CDMA), acesso aleatório e revezamento. Inspirados pelo enorme sucesso da Ethernet e seu protocolo de acesso aleatório, os projetistas do 802.11 escolheram um protocolo de acesso aleatório para as LANs sem fio 802.11. Esse protocolo de acesso aleatório é denominado **CSMA com prevenção de colisão** ou, mais sucintamente, **CSMA/CA** (do inglês ***carrier sense multiple access with collision avoidance* – acesso múltiplo com detecção de portadora com prevenção de colisão**). Do mesmo modo que o CSMA/CD da Ethernet, o "CSMA" de CSMA/CA quer dizer "acesso múltiplo por detecção de portadora", o que significa que cada estação sonda o canal antes de transmitir e abstém-se de transmitir quando percebe que o canal está ocupado. Embora tanto a Ethernet quanto o 802.11 usem acesso aleatório por detecção de portadora, os dois protocolos MAC apresentam diferenças importantes. Primeiro, em vez de usar detecção de colisão, o 802.11 usa técnicas de prevenção de colisão. Segundo, em virtude das taxas relativamente altas de erros de bits em canais sem fio, o 802.11 (ao contrário da Ethernet) usa um esquema de reconhecimento/retransmissão (ARQ, do inglês *Automatic Repeat reQuest* – solicitação automática de repetição) de camada de enlace. Mais adiante, descreveremos os esquemas usados pelo 802.11 para prevenção de colisão e reconhecimento na camada de enlace.

Lembre-se de que, nas seções 6.3.2 e 6.4.2, dissemos que, com o algoritmo de detecção de colisão, uma estação Ethernet ouve o canal à medida que transmite. Se, enquanto estiver transmitindo, a estação detectar que alguma outra estação também está, ela abortará sua transmissão e tentará novamente após uma pequena unidade de tempo aleatória. Ao contrário do protocolo Ethernet 802.3, o protocolo MAC 802.11 *não* implementa detecção de colisão. Isso se deve a duas razões importantes:

- A capacidade de detectar colisões exige as capacidades de enviar (o próprio sinal da estação) e de receber (para determinar se alguma outra estação está transmitindo) ao mesmo tempo. Como a potência do sinal recebido em geral é muito pequena em comparação com a potência do sinal transmitido no adaptador 802.11, é caro construir um hardware que possa detectar colisões.
- Mais importante, mesmo que o adaptador pudesse transmitir e ouvir ao mesmo tempo (e, presumivelmente, abortar transmissões quando percebesse um canal ocupado), ainda assim ele não seria capaz de detectar todas as colisões, devido ao problema do terminal escondido e do desvanecimento, como discutimos na Seção 7.2.

Como LANs 802.11 sem fio não usam detecção de colisão, uma vez que uma estação comece a transmitir um quadro, *ela o transmite integralmente*; isto é, tão logo uma estação inicie, não há volta. Como é de se esperar, transmitir quadros inteiros (em particular, os longos) quando existe grande possibilidade de colisão pode degradar significativamente o desempenho de um protocolo de acesso múltiplo. Para reduzir a probabilidade de colisões, o 802.11 emprega diversas técnicas de prevenção de colisão, que discutiremos em breve.

Antes de considerar prevenção de colisão, contudo, primeiro devemos examinar o esquema de **reconhecimento na camada de enlace** do 802.11. Lembre-se de que dissemos, na Seção 7.2, que quando uma estação em uma LAN sem fio envia um quadro, este talvez não chegue intacto à estação de destino, por diversos motivos. Para lidar com essa probabilidade não desprezível de falha, o protocolo MAC 802.11 usa reconhecimentos de camada de enlace. Como ilustrado na Figura 7.10, quando a estação de destino recebe um quadro que passou na CRC, ela espera um curto período, conhecido como **Espaçamento Curto Interquadros** (**SIFS**, do inglês ***Short Inter-frame Spacing***), e então devolve um quadro de reconhecimento. Se a estação transmissora não receber um reconhecimento em dado período, ela admitirá que ocorreu um erro e retransmitirá o quadro usando de novo o protocolo CSMA/CA para acessar o canal. Se a estação transmissora não receber um reconhecimento após certo número fixo de retransmissões, desistirá e descartará o quadro.

Agora que já discutimos como o 802.11 usa reconhecimentos da camada de enlace, estamos prontos para descrever o protocolo CSMA/CA 802.11. Suponha que uma estação (pode ser uma estação sem fio ou um AP) tenha um quadro para transmitir.

1. Se inicialmente a estação perceber que o canal está ocioso, ela transmitirá seu quadro após um curto período conhecido como **Espaçamento Interquadros Distribuído** (**DIFS**, do inglês ***Distributed Inter-frame Space***); ver Figura 7.10.
2. Caso contrário, a estação escolherá um valor aleatório de recuo usando o recuo exponencial binário (conforme encontramos na Seção 6.3.2) e fará a contagem regressiva a partir desse valor quando perceber que o canal está ocioso. Se a estação perceber que o canal está ocupado, o valor do contador permanecerá congelado.

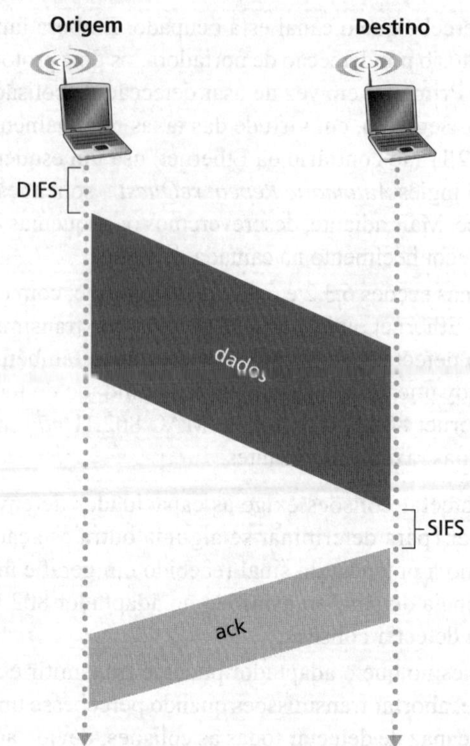

Figura 7.10 802.11 usa reconhecimentos da camada de enlace.

3. Quando o contador chegar a zero (note que isso pode ocorrer somente quando a estação percebe que o canal está ocioso), a estação transmitirá o quadro inteiro e então ficará esperando um reconhecimento.
4. Se receber um reconhecimento, a estação transmissora saberá que o quadro foi corretamente recebido na estação de destino. Se a estação tiver outro quadro para transmitir, iniciará o protocolo CSMA/CA na etapa 2. Se não receber um reconhecimento, a estação entrará de novo na fase de recuo na etapa 2 e escolherá um valor aleatório em um intervalo maior.

Lembre-se de que, no protocolo de acesso múltiplo com detecção de colisão (CSMA/CD, do inglês *carrier sense multiple access with collision detection*) (Seção 6.3.2), uma estação começa a transmitir tão logo percebe que o canal está ocioso. Com o CSMA/CA, entretanto, a estação priva-se de transmitir enquanto realiza a contagem regressiva, mesmo quando percebe que o canal está ocioso. Por que o CSMA/CD e o CDMA/CA adotam essas abordagens diferentes aqui?

Para responder a essa pergunta, vamos considerar um cenário com duas estações em que cada uma tem um quadro a transmitir, mas nenhuma transmite imediatamente porque percebe que uma terceira estação já está transmitindo. Com o CSMA/CD da Ethernet, cada uma das duas estações transmitiria tão logo detectasse que a terceira estação terminou de transmitir. Isso causaria uma colisão, o que não é um problema sério em CSMA/CD, já que ambas as estações abortariam suas transmissões e assim evitariam a transmissão inútil do restante dos seus quadros. Entretanto, com 802.11, a situação é bem diferente. Como o 802.11 não detecta uma colisão nem aborta transmissão, um quadro que sofra uma colisão será transmitido integralmente. Assim, a meta do 802.11 é evitar colisões sempre que possível. Com esse protocolo, se duas estações perceberem que o canal está ocupado, ambas entrarão imediatamente em backoff aleatório e, esperamos, escolherão valores diferentes de backoff. Se esses valores forem, de fato, diferentes, assim que o canal ficar ocioso, uma das duas começará a transmitir antes da outra, e (se as duas não estiverem ocultas uma da outra) a "estação perdedora" ouvirá o sinal da "estação vencedora", interromperá seu contador e não transmitirá até que a estação vencedora tenha concluído sua transmissão. Desse modo, é evitada uma colisão dispendiosa. É claro que ainda podem ocorrer colisões com 802.11 nesse cenário: as duas estações podem estar ocultas uma da outra ou podem escolher valores de backoff aleatório próximos o bastante para que a transmissão da estação que se inicia primeiro tenha ainda de atingir a segunda. Lembre-se de que já vimos esse problema antes em nossa discussão sobre algoritmos de acesso aleatório no contexto da Figura 6.12.

Tratando de terminais ocultos: RTS e CTS

O protocolo 802.11 MAC também inclui um esquema de reserva inteligente (mas opcional) que ajuda a evitar colisões mesmo na presença de terminais ocultos. Vamos estudar esse esquema no contexto da Figura 7.11, que mostra duas estações sem fio e um ponto de acesso. Ambas as estações estão dentro da faixa do AP (cuja área de cobertura é representada por um círculo sombreado) e ambas se associaram com o AP. Contudo, pelo desvanecimento, as faixas de sinal de estações sem fio estão limitadas ao interior dos círculos sombreados mostrados na Figura 7.11. Assim, cada uma das estações está oculta da outra, embora nenhuma esteja oculta do AP.

Agora vamos considerar por que terminais ocultos podem ser problemáticos. Suponha que a estação H1 esteja transmitindo um quadro e, a meio caminho da transmissão, a estação H2 queira enviar um quadro para o AP. O H2, que não está ouvindo a transmissão de H1, primeiro esperará um intervalo DIFS para, então, transmitir o quadro, resultando em uma colisão. Por conseguinte, o canal será desperdiçado durante todo o período da transmissão de H1, bem como durante a transmissão de H2.

Para evitar esse problema, o protocolo IEEE 802.11 permite que uma estação utilize um quadro de controle **RTS** (do inglês ***Request to Send*** – **solicitação de envio**) curto e um quadro de controle **CTS** (do inglês ***Clear to Send*** – **pronto para envio**) curto para *reservar* acesso ao canal. Quando um remetente quer enviar um quadro DATA, ele pode enviar primeiro um quadro RTS ao AP, indicando o tempo total requerido para transmitir o quadro DATA e o quadro de reconhecimento (ACK, do inglês *acknowledgement*). Quando o AP recebe o quadro RTS, responde fazendo a transmissão por difusão de um quadro CTS. Esse quadro CTS tem duas finalidades: dá ao remetente uma permissão explícita para enviar e também instrui as outras estações a não enviar durante o tempo reservado.

Assim, na Figura 7.12, antes de transmitir um quadro DATA, H1 primeiro faz uma transmissão por difusão de um quadro RTS, que é ouvida por todas as estações que estiverem dentro do seu círculo de alcance, incluindo o AP. O AP então responde com um quadro CTS, que é ouvido por todas as estações dentro de sua faixa de alcance, incluindo H1 e H2. Como ouviu o CTS, a estação H2 deixa de transmitir durante o tempo especificado no quadro CTS. Os quadros RTS, CTS, DATA e ACK são mostrados na Figura 7.12.

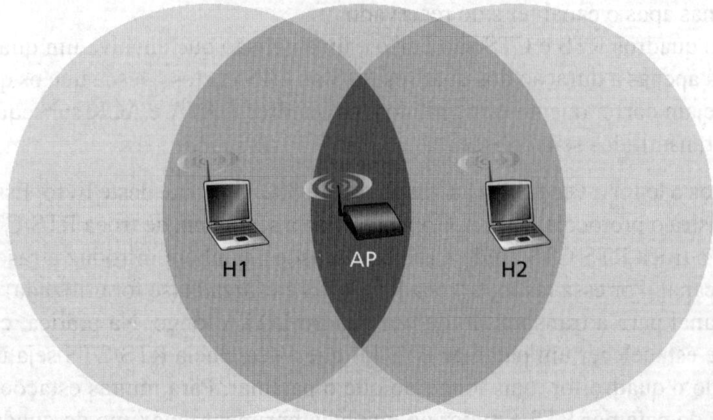

Figura 7.11 Exemplo de terminal oculto: H1 está oculto de H2, e vice-versa.

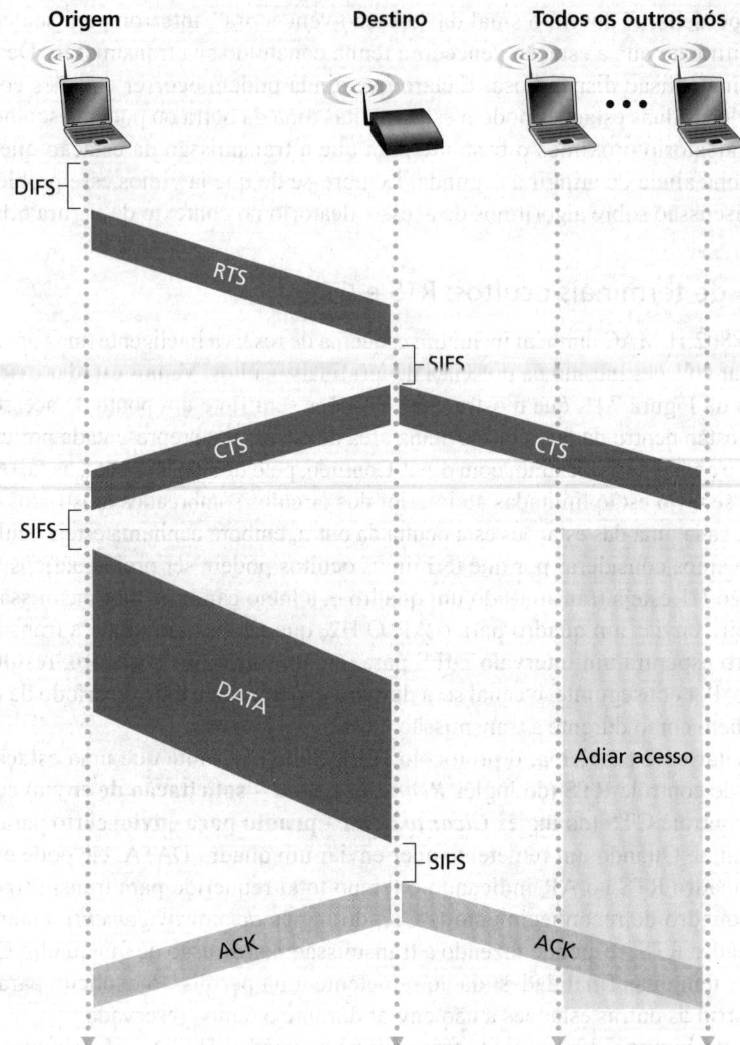

Figura 7.12 Prevenção de colisão usando os quadros RTS e CTS.

A utilização dos quadros RTS e CTS pode melhorar o desempenho de dois modos importantes:

- O problema da estação oculta é atenuado, visto que um quadro DATA longo é transmitido apenas após o canal ter sido reservado.
- Como os quadros RTS e CTS são curtos, uma colisão que envolva um quadro RTS ou CTS terá apenas a duração dos quadros RTS ou CTS curtos. Desde que os quadros RTS e CTS sejam corretamente transmitidos, os quadros DATA e ACK subsequentes deverão ser transmitidos sem colisões.

Aconselhamos o leitor a verificar a animação sobre 802.11 no site deste livro. Essa animação interativa ilustra o protocolo CSMA/CA, incluindo a sequência de troca RTS/CTS.

Embora a troca RTS/CTS ajude a reduzir colisões, também introduz atraso e consome recursos do canal. Por essa razão, a troca RTS/CTS é utilizada (se for utilizada) apenas para reservar o canal para a transmissão de um quadro DATA longo. Na prática, cada estação sem fio pode estabelecer um patamar RTS tal que a sequência RTS/CTS seja utilizada somente quando o quadro for mais longo do que o patamar. Para muitas estações sem fio, o valor default do patamar RTS é maior do que o comprimento máximo do quadro, de modo que a sequência RTS/CTS é omitida para todos os quadros DATA enviados.

Usando o 802.11 como enlace ponto a ponto

Até aqui, nossa discussão focalizou a utilização do 802.11 em um cenário de múltiplo acesso. Devemos mencionar que, se dois nós tiverem, cada um, uma antena direcional, eles poderão dirigir suas antenas um para o outro e executar o protocolo 802.11 sobre o que é, essencialmente, um enlace ponto-a-ponto. Dado o baixo custo comercial do hardware 802.11, a utilização de antenas direcionais e uma maior potência de transmissão permitem que o 802.11 seja utilizado como um meio barato de prover conexões sem fio ponto a ponto por dezenas de quilômetros. Raman (2007) descreve uma das primeiras redes sem fio multissaltos, que operou nas planícies rurais do rio Ganges, na Índia, e que usava enlaces 802.11 ponto a ponto.

7.3.3 O quadro IEEE 802.11

Embora o quadro 802.11 tenha muitas semelhanças com um quadro Ethernet, ele também contém vários campos que são específicos para sua utilização em enlaces sem fio. O quadro 802.11 é mostrado na Figura 7.13. Os números acima de cada campo no quadro representam os comprimentos dos campos em *bytes*; os números acima de cada subcampo no campo de controle do quadro representam os comprimentos dos subcampos em *bits*. Agora vamos examinar os campos no quadro, bem como alguns dos subcampos mais importantes no campo de controle do quadro.

Campos de carga útil e de CRC

No coração do quadro está a carga útil, que consiste, tipicamente, em um datagrama IP ou em um pacote ARP (do inglês *Address Resolution Protocol* – Protocolo de Resolução de Endereços). Embora o comprimento permitido do campo seja 2.312 bytes, em geral ele é menor do que 1.500 bytes, contendo um datagrama IP ou um pacote ARP. Como um quadro Ethernet, um quadro 802.11 inclui uma CRC, de modo que o receptor possa detectar erros de bits no quadro recebido. Como já vimos, erros de bits são muito mais comuns em LANs sem fio do que em LANs cabeadas, portanto, aqui, CRC é ainda mais útil.

Campos de endereço

Talvez a diferença mais marcante no quadro 802.11 é que ele tem *quatro* campos de endereço, e cada um pode conter um endereço MAC de 6 bytes. Mas por que quatro campos de endereço? Um campo de origem MAC e um campo de destino MAC não são suficientes como são na Ethernet? Acontece que aqueles três campos de endereço são necessários para finalidades de interconexão em rede – especificamente, para mover o datagrama de camada de enlace de uma estação sem fio, passando por um AP, até uma interface de roteador. O quarto campo de endereço é usado quando APs encaminham quadros uns aos outros em

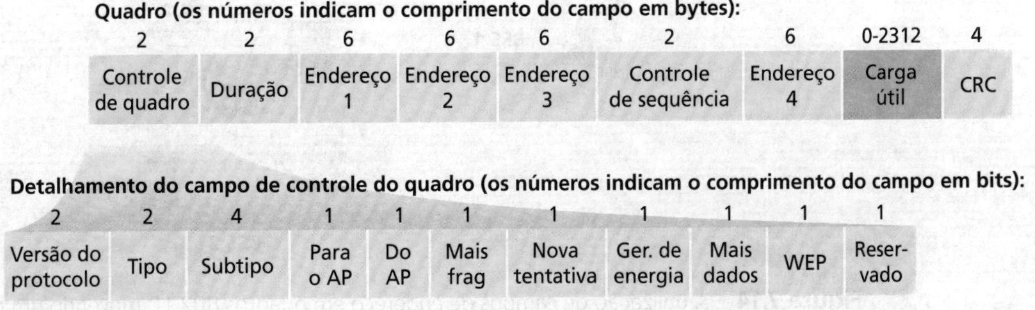

Figura 7.13 O quadro 802.11.

modo ad hoc. Visto que estamos considerando apenas redes de infraestrutura, vamos concentrar nossa atenção nos três primeiros campos de endereço. O padrão 802.11 define esses campos da seguinte forma:

- Endereço 2 é o endereço MAC da estação que transmite o quadro. Assim, se uma estação sem fio transmitir o quadro, o endereço MAC daquela estação será inserido no campo de endereço 2. De modo semelhante, se um AP transmitir o quadro, o endereço MAC do AP será inserido no campo de endereço 2.
- Endereço 1 é o endereço MAC da estação sem fio que deve receber o quadro. Assim, se uma estação móvel sem fio transmitir o quadro, o endereço 1 conterá o endereço MAC do AP de destino. De modo semelhante, se um AP transmitir o quadro, o endereço 1 conterá o endereço MAC da estação sem fio de destino.
- Para entender o endereço 3, lembre-se de que o BSS (que consiste no AP e em estações sem fio) faz parte de uma sub-rede, e que esta se conecta com outras sub-redes, por meio de alguma interface de roteador. O endereço 3 contém o endereço MAC dessa interface de roteador.

Para compreender melhor a finalidade do endereço 3, vamos examinar um exemplo de interconexão em rede no contexto da Figura 7.14. Nessa figura, há dois APs, cada um responsável por certo número de estações sem fio. Cada AP tem uma conexão direta com um roteador que, por sua vez, se liga com a Internet global. Devemos ter sempre em mente que um AP é um dispositivo da camada de enlace e, portanto, não "fala" IP nem entende endereços IP. Agora, considere mover um datagrama da interface de roteador R1 até a estação sem fio H1. O roteador não está ciente de que há um AP entre ele e H1; do ponto de vista do roteador, H1 é apenas um hospedeiro em uma das sub-redes às quais ele (o roteador) está conectado.

- O roteador, que conhece o endereço IP de H1 (pelo endereço de destino do datagrama), utiliza ARP para determinar o endereço MAC de H1, exatamente como aconteceria em uma LAN Ethernet comum. Após obter o endereço MAC de H1, a interface do roteador R1 encapsula o datagrama em um quadro Ethernet. O campo de endereço de origem desse quadro contém o endereço MAC de R1, e o campo de endereço de destino contém o endereço MAC de H1.
- Quando o quadro Ethernet chega ao AP, este converte o quadro Ethernet 802.3 para um quadro 802.11 antes de transmiti-lo para o canal sem fio. O AP preenche o endereço 1

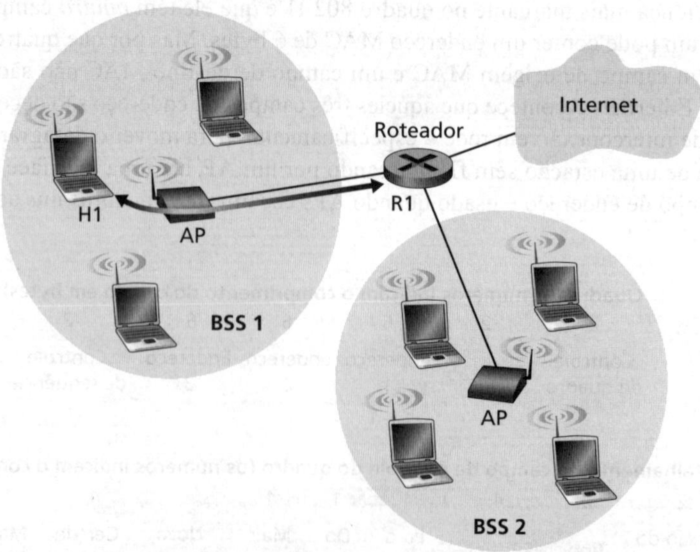

Figura 7.14 A utilização de campos de endereço em quadros 802.11: movendo um quadro entre H1 e R1.

e o endereço 2 com o endereço MAC de H1 e seu próprio endereço MAC, respectivamente, como descrito. Para o endereço 3, o AP insere o endereço MAC de R1. Dessa maneira, H1 pode determinar (a partir do endereço 3) o endereço MAC da interface de roteador que enviou o datagrama para a sub-rede.

Agora considere o que acontece quando a estação sem fio H1 responde movendo um datagrama de H1 para R1.

- H1 cria um quadro 802.11, preenchendo os campos de endereço 1 e 2 com o endereço MAC do AP e com o endereço MAC de H1, respectivamente, como descrito. Para o endereço 3, H1 insere o endereço MAC de R1.
- Quando recebe o quadro 802.11, o AP o converte para um quadro Ethernet. O campo de endereço de origem para esse quadro é o endereço MAC de H1, e o campo de endereço de destino é o endereço MAC de R1. Assim, o endereço 3 permite que o AP determine o endereço de destino MAC apropriado ao construir o quadro Ethernet.

Em resumo, o endereço 3 desempenha um papel crucial na interconexão do BSS com uma LAN cabeada.

Campos de número de sequência, duração e controle de quadro

Lembre-se de que, em 802.11, sempre que uma estação recebe corretamente um quadro de outra, devolve um reconhecimento. Como reconhecimentos podem ser perdidos, a estação emissora pode enviar várias cópias de determinado quadro. Como vimos em nossa discussão sobre o protocolo rdt2.1 (Seção 3.4.1), a utilização de números de sequência permite que o receptor distinga entre um quadro recém-transmitido e a retransmissão de um quadro anterior. Assim, o campo de número de sequência no quadro 802.11 cumpre aqui, na camada de enlace, exatamente a mesma finalidade que cumpria na camada de transporte do Capítulo 3.

Não se esqueça de que o protocolo 802.11 permite que uma estação transmissora reserve o canal durante um período que inclui o tempo para transmitir seu quadro de dados e o tempo para transmitir um reconhecimento. Esse valor de duração é incluído no campo de duração do quadro (tanto para quadros de dados quanto para os quadros RTS e CTS).

Como mostrado na Figura 7.13, o campo de controle de quadro inclui muitos subcampos. Diremos apenas umas poucas palavras sobre alguns dos mais importantes; se o leitor quiser uma discussão mais completa, aconselhamos que consulte a especificação 802.11 (Held, 2001; Crow, 1997; IEEE 802.11, 1999). Os campos *tipo* e *subtipo* são usados para distinguir os quadros de associação, RTS, CTS, ACK e de dados. Os campos *de* e *para* são usados para definir os significados dos diferentes campos de endereço. (Esses significados mudam dependendo da utilização dos modos ad hoc ou de infraestrutura, e, no caso do modo de infraestrutura, mudam dependendo de o emissor do quadro ser uma estação sem fio ou um AP.) Finalmente, o campo WEP (do inglês *Wired Equivalent Privacy* – Privacidade Equivalente à de Rede com fios) indica se está sendo ou não utilizada criptografia. (A WEP é discutida no Capítulo 8.)

7.3.4 Mobilidade na mesma sub-rede IP

Para ampliar a faixa física de uma LAN sem fio, empresas e universidades frequentemente distribuirão vários BSSs dentro da mesma sub-rede IP. Isso, claro, levanta a questão da mobilidade entre os BSSs – como estações sem fio passam imperceptivelmente de um BSS para outro enquanto mantêm sessões TCP em curso? Como veremos nesta subseção, a mobilidade pode ser manipulada de uma maneira relativamente direta quando os BSSs são parte de uma sub-rede. Quando estações se movimentam entre sub-redes, são necessários protocolos de gerenciamento de mobilidade mais sofisticados, tais como os que estudaremos nas Seções 7.5 e 7.6.

Agora vamos examinar um exemplo específico de mobilidade entre BSSs na mesma sub-rede. A Figura 7.15 mostra dois BSSs interconectados e um hospedeiro, H1, que se move

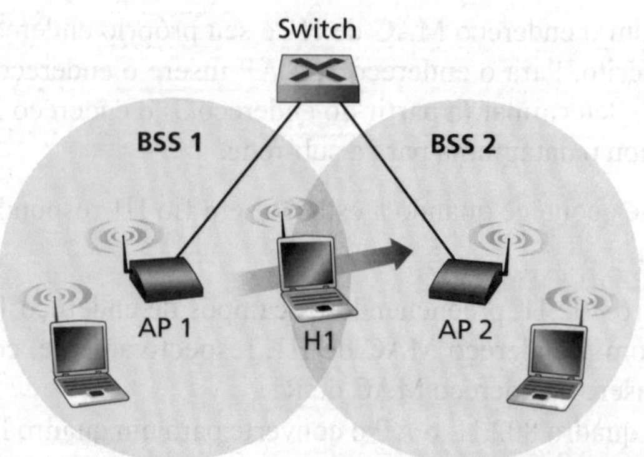

Figura 7.15 Mobilidade na mesma sub-rede.

entre BSS1 e BSS2. Como nesse exemplo o dispositivo de interconexão entre os dois BSSs *não* é um roteador, todas as estações nos dois BSSs, incluindo os APs, pertencem à mesma sub-rede IP. Assim, quando H1 se move de BSS1 para BSS2, ele pode manter seu endereço IP e todas as suas conexões TCP em curso. Se o dispositivo de interconexão fosse um roteador, então H1 teria de obter um novo endereço IP na sub-rede na qual estava entrando. Essa mudança de endereço interromperia (e, em consequência, finalizaria) qualquer conexão TCP em curso em H1. Na Seção 7.6, veremos como um protocolo de mobilidade da camada de rede, como o IP móvel, pode ser usado para evitar esse problema.

Mas o que acontece especificamente quando H1 passa de BSS1 para BSS2? À medida que se afasta de AP1, o H1 detecta um enfraquecimento do sinal de AP1 e começa a fazer uma varredura em busca de um sinal mais forte. H1 recebe quadros de sinalização de AP2 (que em muitos ambientes empresariais e universitários terão o mesmo SSID do AP1). Então, H1 se desassocia de AP1 e se associa com AP2, mantendo, ao mesmo tempo, seu endereço IP e suas sessões TCP em curso.

Isso resolve o problema de transferência do ponto de vista do hospedeiro e do AP. Mas e quanto ao switch na Figura 7.15? Como é possível saber que o hospedeiro se locomoveu de um AP a outro? O leitor talvez se lembre de que, no Capítulo 6, dissemos que switches são "autodidatas" e constroem automaticamente suas tabelas de repasse. Essa característica de autoaprendizagem funciona bem para movimentações ocasionais (p. ex., quando um profissional é transferido de um departamento para outro); contudo, switches não são projetados para suportar usuários com alto grau de mobilidade, que querem manter conexões TCP enquanto se movimentam entre BSSs. Para avaliar este problema aqui, lembre-se de que, antes da movimentação, o switch tem um registro em sua tabela de repasse que vincula o endereço MAC de H1 com a interface de saída do switch por meio da qual o H1 pode ser alcançado. Se H1 estiver inicialmente em BSS1, então um datagrama destinado a H1 será direcionado a ele via AP1. Contudo, tão logo H1 se associe com BSS2, seus quadros deverão ser direcionados para AP2. Uma solução (na verdade um tanto forçada) é o AP2 enviar ao switch um quadro Ethernet de difusão com o endereço de origem de H1 logo após a nova associação. Quando o switch recebe o quadro, atualiza sua tabela de repasse, permitindo que H1 seja alcançado via AP2. O grupo de padrões 802.11 f está desenvolvendo um protocolo entre APs para cuidar dessas e outras questões associadas.

Nossa discussão acima se concentrou na mobilidade com a mesma sub-rede de LAN. Lembre-se que as redes locais virtuais (VLANs, do inglês *virtual local area networks*), que estudamos na Seção 6.4.4, podem ser usadas para unificar ilhas de LANs para formar uma grande LAN virtual, abrangendo uma região geográfica maior. A mobilidade entre estações-base dentro dessa VLAN pode ser gerenciada exatamente da maneira descrita acima (Yu, 2011).

HISTÓRICO DO CASO

DESCOBERTA DE LOCALIZAÇÃO: GPS E POSICIONAMENTO WIFI

Muitos dos aplicativos para smartphone mais úteis e importantes da atualidade são aplicações móveis baseadas em localização, incluindo Foursquare, Yelp, Uber, Pokémon Go e Waze. Todos esses aplicativos de software utilizam uma interface de programação de aplicação (API, do inglês *application programming interface*) que lhes permite extrair a sua posição geográfica atual diretamente do smartphone. Você já se perguntou como o seu smartphone obtém a sua posição geográfica? Hoje, o processo combina dois sistemas, o **Sistema de Posicionamento Global (GPS, do inglês *Global Positioning System*)** e o **Sistema de Posicionamento WiFi (GPS, do inglês WPS – *WiFi Positioning System*)**.

O GPS, com uma constelação de mais de 30 satélites, transmite por difusão informações de temporização e localização do satélite, que, por sua vez, são utilizadas por cada receptor de GPS para estimar a sua geolocalização. O governo dos Estados Unidos criou, mantém e disponibiliza gratuitamente o sistema para todos com um receptor GPS. Os satélites possuem relógios atômicos muito estáveis, sincronizados entre si e com relógios no solo. Os satélites também sabem suas localizações com alto nível de precisão. Todo satélite de GPS transmite continuamente um sinal de rádio que contém seu horário e posição atuais. Se obtém essas informações de, no mínimo, quatro satélites, um receptor de GPS pode resolver equações de triangulação para estimar a sua posição.

O GPS não consegue, entretanto, sempre fornecer geolocalizações exatas se não possui linha de visada com pelo menos quatro satélites de GPS ou quando há interferência de outros sistemas de comunicação de alta frequência. Isso vale particularmente em ambientes urbanos, onde edifícios altos muitas vezes bloqueiam os sinais de GPS. É aqui que os sistemas de posicionamento WiFi vêm em apoio. Estes usam bancos de dados de pontos de acesso WiFi, mantidos de forma independente por diversas empresas da Internet, incluindo Google, Apple e Microsoft. Cada banco de dados contém informações sobre milhões de pontos de acesso WiFi, incluindo a SSID de cada ponto de acesso e uma estimativa da sua localização geográfica. Para entender como um sistema de posicionamento WiFi utiliza um banco de dados desse tipo, considere um smartphone Android combinado com o serviço de localização da Google. De cada ponto de acesso próximo, o smartphone recebe e mede a intensidade de sinais de sinalização (ver Seção 7.3.1), que contêm a SSID do ponto de acesso. Assim, o smartphone pode enviar mensagens continuamente ao serviço de localização da Google (na nuvem) que incluem as SSIDs de pontos de acesso próximos e as intensidades de sinal correspondentes. Ele também envia o seu posicionamento pelo GPS (obtido por meio de sinais de satélite, como descrito acima), quando disponível. Usando as informações de intensidade de sinal, a Google estima a distância entre o smartphone e cada um dos pontos de acesso WiFi. O sistema então usa essas distâncias estimadas para resolver equações de triangulação para estimar a geolocalização do smartphone. Por fim, essa estimativa baseada em WiFi é combinada com a estimativa baseada no satélite de GPS para formar uma estimativa agregada, que é então enviada de volta ao smartphone e utilizada pelos aplicativos móveis baseados em localização.

Mas você pode estar se perguntando como a Google (e a Apple, a Microsoft, etc.) consegue obter e manter o banco de dados de pontos de acesso, especialmente a localização geográfica de cada um. Lembre-se que, para um determinado ponto de acesso, cada smartphone Android próximo envia para o serviço de localização da Google informações sobre a intensidade do sinal recebido do ponto de acesso, assim como a localização geográfica estimada do smartphone. Dado que milhares de smartphones podem passar pelo ponto de acesso a cada dia, o serviço de localização da Google possui *muitos* dados à disposição para aplicar em estimativas sobre a posição do ponto de acesso e, mais uma vez, resolver equações de triangulação. Assim, os pontos de acesso ajudam os smartphones a determinar as suas localizações, e os smartphones, por sua vez, ajudam os pontos de acesso a determinar as suas próprias localizações!

7.3.5 Recursos avançados em 802.11

Finalizaremos nossa abordagem sobre 802.11 com uma breve discussão sobre capacidades avançadas encontradas nas redes 802.11. Como veremos, essas capacidades *não* são completamente especificadas no padrão 802.11, mas, em vez disso, são habilitadas por mecanismos especificados no padrão. Isso permite que fornecedores diferentes implementem essas capacidades usando suas próprias abordagens, aparentemente trazendo vantagens sobre a concorrência.

Adaptação da taxa 802.11

Vimos antes, na Figura 7.3, que as diferentes técnicas de modulação (com as diferentes taxas de transmissão que elas fornecem) são adequadas para diferentes cenários de SNR. Considere, por exemplo, um usuário 802.11 móvel que está, inicialmente, a 20 metros de distância da estação-base, com uma alta relação sinal-ruído. Dada a alta SNR, o usuário pode se comunicar com essa estação usando uma técnica de modulação da camada física que oferece altas taxas de transmissão enquanto mantém uma BER baixa. Esse usuário é um felizardo! Suponha agora que o usuário se torne móvel, se distanciando da estação-base, e que a SNR diminui à medida que a distância da estação-base aumenta. Neste caso, se a técnica de modulação usada no protocolo 802.11 que está operando entre a estação-base e o usuário não mudar, a BER será inaceitavelmente alta à medida que a SNR diminui e, por conseguinte, nenhum quadro transmitido será recebido corretamente.

Por essa razão, algumas execuções de 802.11 possuem uma capacidade de adaptação de taxa que seleciona, de maneira adaptável, a técnica de modulação da camada física sobreposta a ser usada com base em características atuais ou recentes do canal. Se um nó enviar dois quadros seguidos sem receber confirmação (uma indicação implícita de erros de bit no canal), a taxa de transmissão cai para a próxima taxa mais baixa. Se dez quadros seguidos forem confirmados, ou se um temporizador (que registra o tempo desde o último fallback) expirar, a taxa de transmissão aumenta para a próxima taxa mais alta. Esse mecanismo de adaptação da taxa compartilha a mesma filosofia de "investigação" (refletida por recebimentos de ACK); quando algo "ruim" acontece, a taxa de transmissão é reduzida. A adaptação da taxa 802.11 e o controle de congestionamento TCP são, desse modo, semelhantes a uma criança: está sempre exigindo mais e mais de seus pais até eles por fim dizerem "Chega!" e a criança desistir (para tentar novamente após a situação melhorar!). Diversos métodos também foram propostos para aperfeiçoar esse esquema básico de ajuste automático de taxa (Kamerman, 1997; Holland, 2001; Lacage, 2004).

Gerenciamento de energia

A energia é uma fonte preciosa em aparelhos móveis, e, assim, o padrão 802.11 provê capacidades de gerenciamento de energia, permitindo que os nós 802.11 minimizem o tempo de suas funções de percepção, transmissão e recebimento, e outros circuitos necessários para "funcionar". O gerenciamento de energia 802.11 opera da seguinte maneira. Um nó é capaz de alternar entre os estados "dormir" e "acordar" (como um aluno com sono em sala de aula!). Um nó indica ao ponto de acesso que entrará no modo de dormir ajustando o bit de gerenciamento de energia no cabeçalho de um quadro 802.11 para 1. Um temporizador localizado no nó é, então, ajustado para acordar o nó antes de um AP ser programado para enviar seu quadro de sinalização (lembre-se de que, em geral, um AP envia um quadro de sinalização a cada 100 ms). Uma vez que o AP descobre, pelo bit de transmissão de energia, que o nó vai dormir, ele (o AP) sabe que não deve enviar nenhum quadro àquele nó, e armazenará qualquer quadro destinado ao hospedeiro que está dormindo para transmissão posterior.

Um nó acordará logo após o AP enviar um quadro de sinalização, e logo entrará no modo ativo (ao contrário do aluno sonolento, esse despertar leva apenas 250 μs [Kamerman, 1997]!). Os quadros de sinalização enviados pelo AP contêm uma relação de nós cujos quadros foram mantidos em buffer no AP. Se não houver quadros mantidos em buffer para o nó, ele pode voltar a dormir. Caso contrário, o nó pode solicitar explicitamente o envio dos quadros armazenados, enviando uma mensagem de polling ao AP. Com um tempo de 100 ms entre as sinalizações, um despertar de 250 μs e um tempo semelhantemente pequeno para receber um quadro de sinalização e verificar que não haja quadros em buffer, um nó que não possui quadros para enviar ou receber pode dormir 99% do tempo, resultando em uma economia de energia significativa.

7.3.6 Redes pessoais: Bluetooth

As redes **Bluetooth** parecem ter se tornado parte do cotidiano rapidamente. Talvez você já tenha usado uma rede Bluetooth como tecnologia de "substituição de cabos" para interconectar seu computador a um teclado, mouse ou outro periférico sem fio. Ou talvez tenha usado uma rede Bluetooth para conectar seus fones de ouvido, alto-falantes, relógios ou pulseira de monitoramento de saúde ao seu smartphone ou o próprio telefone ao sistema de som do automóvel. Em todos esses casos, o Bluetooth opera a curtas distâncias (dezenas de metros ou menos), baixa potência e baixo custo. Por esse motivo, as redes Bluetooth também são chamadas de **redes pessoais sem fio** (**WPANs**, do inglês ***wireless personal area networks***) ou **picorredes.**

Embora sejam pequenas e relativamente simples pela natureza do projeto, as redes Bluetooth estão repletas de muitas das técnicas de rede do nível da camada de enlace que estudamos anteriormente, incluindo multiplexação por divisão de tempo (TDM, do inglês *time-division multiplexing*) e divisão de frequência (Seção 6.3.1), recuo aleatório (Seção 6.3.2), polling (seleção; Seção 6.3.3), detecção *e* correção de erros (Seção 6.2) e transferência confiável de dados por ACKs e NAKS (Seção 3.4.1). E estamos pensando só na camada de enlace do Bluetooth!

As redes Bluetooth operam na banda de frequência Industrial, Científica e Médica (ISM, do inglês *Industrial, Scientific and Medical*) de 2,4 GHz não licenciada, junto com outros eletrodomésticos, tais como micro-ondas, abridores de portão de garagem e telefones sem fio. Por consequência, as redes Bluetooth são projetadas explicitamente com ruídos e interferência em mente. O canal sem fio Bluetooth é operado no modo TDM, com intervalos de tempo de 625 microssegundos. Durante cada intervalo de tempo, um emissor transmite por um entre 79 canais, sendo que, de intervalo para intervalo, o canal muda de uma maneira conhecida, porém pseudoaleatória. Essa forma de saltar de canal em canal, conhecida como **espectro espalhado com salto de frequência** (**FHSS**, do inglês ***frequency-hopping spread spectrum***), é usada para que a interferência de outros dispositivos ou eletrodomésticos que operam na banda ISM interfira apenas com comunicações Bluetooth em, no máximo, um subconjunto dos intervalos. As taxas de dados Bluetooth podem alcançar 3 Mbits/s.

As redes Bluetooth são redes ad hoc: não é preciso que haja uma infraestrutura de rede (p. ex., um ponto de acesso). Os dispositivos Bluetooth precisam organizar *a si mesmos* em uma picorrede (*piconet*: pequena rede) de até oito dispositivos ativos, como ilustra a Figura 7.16. Um desses dispositivos é designado como o mestre, e os outros agem como clientes. O nó mestre comanda a picorrede – seu relógio determina o tempo na picorrede (p. ex., determina os limites de intervalo TDM), determina a sequência de salto de frequência entre intervalos, controla a entrada de dispositivos clientes na picorrede, controla a potência (100 mW, 2,5 mW ou 1mW) à qual cada dispositivo cliente transmite, e usa polling para

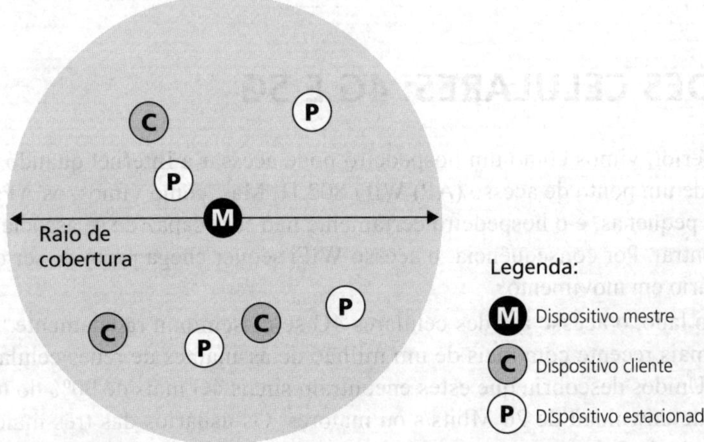

Figura 7.16 Uma picorrede Bluetooth.

conceder permissão aos clientes para transmitir após admiti-los à rede. Além dos dispositivos ativos, a rede também pode conter até 255 dispositivos "estacionados". Os dispositivos estacionados muitas vezes se encontram em alguma forma de modo de suspensão para conservar energia (como vimos com o gerenciamento de energia nas redes 802.11) e acordam periodicamente, de acordo com o cronograma do dispositivo mestre, para receber mensagens de sinalização deste. Os dispositivos estacionados não podem se comunicar até que o nó mestre tenha mudado seu estado de estacionado para ativo.

Como as redes ad hoc Bluetooth devem se **auto-organizar**, vale a pena analisar como constroem sua estrutura de rede em tempo real. Quando um nó mestre deseja formar uma rede Bluetooth, ele deve antes determinar quais outros dispositivos Bluetooth estão ao seu alcance; é o problema da **descoberta de vizinhos**. Para isso, o mestre transmite por difusão uma série de 32 mensagens de *inquiry* (pergunta), cada uma em um canal de frequência diferente, e repete a sequência de transmissão até 128 vezes. O dispositivo cliente escuta na sua frequência escolhida, na expectativa de ouvir as mensagens de *inquiry* do mestre nela. Quando recebe uma mensagem, o dispositivo cliente recua por um período aleatório de 0 a 0,3 segundos (para evitar colisões com outros nós que estejam respondendo, semelhante ao recuo binário da Ethernet), e então responde ao mestre com uma mensagem que contém a ID do dispositivo.

Após ter descoberto todos os clientes em potencial ao seu alcance, o Bluetooth mestre convida-os para se juntar à picorrede. A segunda fase é chamada de **paginação Bluetooth**, e se assemelha ao modo como clientes 802.11 se associam a uma estação-base. Por meio do processo de paginação, o mestre informa o cliente sobre o padrão de salto de frequência a ser utilizado e o relógio do remetente. O mestre recomeça o processo de paginação enviando 32 mensagens de convite de paginação idênticas, agora endereçando cada uma a um cliente específico, mas novamente usando frequências diferentes, pois o cliente ainda não aprendeu o padrão de salto de frequência. Após o cliente responder com uma mensagem ACK à mensagem de convite de paginação, o mestre envia as informações de salto de frequência e de sincronização dos relógios e um endereço de membro ativo para o cliente; por fim, o mestre seleciona (polling) o cliente, já usando o padrão de salto de frequência, para garantir que o cliente está conectado à rede.

Na nossa discussão acima, mencionamos apenas brevemente as redes sem fio Bluetooth. Protocolos de níveis superiores permitem a transferência confiável de pacotes de dados, streaming de áudio e vídeo semelhante a circuito, alterações de níveis de potência de transmissão, alteração do estado ativo/estacionado (e outros estados) e muito mais. Versões mais recentes do Bluetooth resolveram questões de baixa energia e segurança. Para mais informações sobre o Bluetooth, o leitor interessado deve consultar Bisdikian (2001), Colbach (2017) e Bluetooth (2020).

7.4 REDES CELULARES: 4G E 5G

Na seção anterior, vimos como um hospedeiro pode acessar a Internet quando estiver nas vizinhanças de um ponto de acesso (AP) WiFi 802.11. Mas, como vimos, os APs têm áreas de cobertura pequenas, e o hospedeiro certamente não será capaz de se associar com cada AP que encontrar. Por consequência, o acesso WiFi sequer chega perto de ser onipresente para um usuário em movimento.

Por outro lado, o acesso a redes celulares 4G se disseminou rapidamente. Um estudo de medição mais recente com mais de um milhão de assinantes de redes celulares móveis nos Estados Unidos descobriu que estes encontram sinais 4G mais de 90% do tempo, com velocidades de download de 20 Mbits/s ou maiores. Os usuários das três maiores operadoras da Coreia do Sul encontram um sinal 4G entre 95 e 99,5% do tempo (Open Signal, 2019). Por consequência, hoje é normal assistir streaming de vídeo em HD ou participar de videoconferências no carro, ônibus ou trem de alta velocidade. A onipresença do acesso à Internet 4G também permitiu o surgimento de inúmeras novas aplicações da IoT, como patinetes e bicicletas compartilhadas ligadas à Internet, e aplicativos para smartphones, como pagamentos móveis (comuns na China desde 2018) e mensagens de texto via Internet (WeChat, WhatsApp e mais).

O termo *celular* refere-se ao fato de que uma área geográfica é dividida em várias áreas de cobertura geográfica, conhecidas como **células**. Cada célula contém uma **estação-base** que transmite e recebe sinais de **dispositivos móveis** dentro de sua célula. A área de cobertura de uma célula depende de muitos fatores, incluindo potência de transmissão da estação-base e de aparelhos do usuário, obstáculos na célula e altura e tipo das antenas da estação-base.

Nesta seção, apresentamos uma visão geral das redes celulares 4G (corrente) e 5G (emergente). Consideraremos o primeiro salto sem fio entre o dispositivo móvel e a estação-base, assim como o núcleo da rede toda em IP da operadora de celular que conecta o primeiro salto sem fio à rede da operadora, outras redes de operadoras e a Internet como um todo. Talvez surpreenda saber (dadas as origens das redes celulares móveis no mundo da telefonia, que tinha arquitetura de rede *muito* diferente da Internet) que encontraremos muitos dos mesmos princípios arquitetônicos nas redes 4G que vimos nos estudos focados na Internet nos Capítulos 1 a 6, incluindo camadas de protocolos, distinção entre borda e núcleo, interconexão de múltiplas redes de provedores para formar uma "rede de redes" global e a delimitação clara entre planos de dados e de controle com controle logicamente centralizado. Agora veremos esses princípios pela ótica das redes celulares móveis (e não pela ótica da Internet), e logo encontraremos realizações diferentes desses princípios. E, claro, como a rede da operadora possui um núcleo todo em IP, também encontraremos muitos dos protocolos da Internet que conhecemos tão bem. Analisaremos tópicos 4G adicionais (gerenciamento da mobilidade na Seção 7.6 e segurança 4G na Seção 8.8) posteriormente, após desenvolvermos os princípios básicos necessários para esses tópicos.

Nossa discussão sobre as redes 4G e 5G será relativamente breve. As redes celulares móveis são uma área de grande amplitude e profundidade, e muitas universidades oferecem diversos cursos sobre o assunto. O leitor que desejar um conhecimento mais profundo da questão deve consultar Goodman (1997); Kaaranen (2001); Lin (2001); Korhonen (2003); Schiller (2003); Scourias (2012); Turner (2012) e Akyildiz (2010), bem como as referências particularmente excelentes e completas em Mouly (1992) e Sauter (2014).

Assim como os RFCs da Internet definem os protocolos e arquitetura padrão da Internet, as redes 4G e 5G também são definidas por documentos padrão, chamados de Especificações Técnicas (*Technical Specifications*). Esses documentos estão disponíveis gratuitamente online em (3GPP, 2020). Assim como os RFCs, as especificações técnicas são um material denso e detalhado, difícil de ler. Mas quando você tem uma pergunta, elas são a fonte definitiva para as respostas!

7.4.1 Redes celulares 4G LTE: arquitetura e elementos

Em 2020, quando este livro estava sendo escrito, as redes 4G eram amplamente disseminadas e implantavam o padrão 4G Long-Term Evolution, mais conhecido como **4G LTE**. Nesta seção, descreveremos as redes 4G LTE. A Figura 7.17 mostra os principais elementos da arquitetura de rede 4G LTE. Em linhas gerais, a rede se divide em uma rede de rádio na borda da rede celular e o núcleo da rede. Todos os elementos da rede se comunicam entre si usando o protocolo IP que estudamos no Capítulo 4. Assim como as redes 2G e 3G anteriores, o 4G LTE é repleto de siglas e nomes de elementos obscuros. Para tentar desfazer esse nó, primeiro enfocaremos as funções dos elementos e como os diversos elementos da rede 4G LTE interagem entre si no plano de dados e no de controle.

- **Dispositivo móvel.** Este é um smartphone, tablet, notebook ou aparelho IoT que se conecta à rede de uma operadora de celular. É aqui que são executadas aplicações como

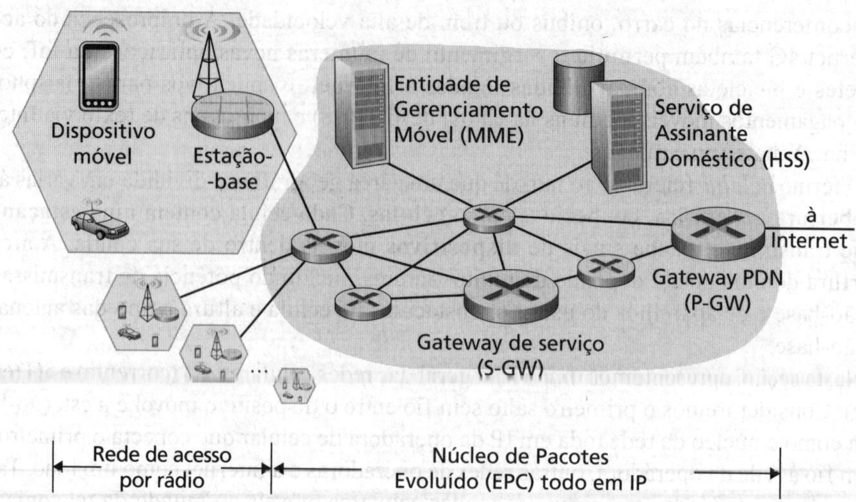

Figura 7.17 Elementos da arquitetura 4G LTE.

navegadores, mapas, voz, videoconferência e muito, muito mais. Em geral, o dispositivo móvel implementa todas as cinco camadas da pilha de protocolos da Internet, incluindo as camadas de transporte e aplicações, como vimos com os hospedeiros na borda da rede da Internet. O dispositivo móvel é um ponto final da rede, com um endereço IP (obtido por NAT, como veremos). O dispositivo móvel também possui um identificador de 64 bits globalmente único chamado de **identidade internacional de assinante móvel** (**IMSI**, do inglês ***International Mobile Subscriber Identity***), armazenado no seu cartão SIM (do inglês *Subscriber Identity Module* – módulo de identificação do assinante). A IMSI identifica o assinante no sistema mundial de redes de operadoras de celular, incluindo o país e a rede nativa da operadora à qual o assinante pertence. Em certos sentidos, a IMSI é análoga a um endereço MAC. O cartão SIM também armazena informações sobre os serviços que o assinante pode acessar e informações da chave criptográfica referentes ao assinante. No jargão oficial do 4G LTE, o dispositivo móvel é chamado de **Equipamento do Usuário** (**UE**, do inglês ***User Equipment***). Contudo, neste livro, usaremos o termo "dispositivo móvel", que é mais simpático. Também observamos aqui que um dispositivo móvel não é sempre móvel; por exemplo, ele pode ser um sensor de temperatura fixo ou uma câmera de vigilância.

- **Estação-base.** A estação-base fica na "borda" da rede da operadora e é responsável por gerenciar os recursos de rádio sem fio e os dispositivos móveis na sua área de cobertura (mostrada como uma célula hexagonal na Figura 7.17). Como veremos, o dispositivo móvel interage com uma estação-base para se ligar à rede da operadora. A estação-base coordena a autenticação do dispositivo e a alocação de recursos (acesso a canais) na rede de acesso por rádio. Nesse sentido, a estação-base celular funciona de forma comparável (mas absolutamente não idêntica) aos APs em LANs sem fio. Mas as estações-base celulares têm vários outros papéis importantes que não ocorrem nas LANs sem fio. Em especial, as estações-base criam túneis de IP específicos para cada dispositivo que vão destes aos gateways e interagem entre si para gerenciar a mobilidade de dispositivos entre células. Na terminologia oficial do 4G LTE, a estação-base é chamada de "**eNode-B**", um termo um tanto opaco e pouco descritivo. Neste livro, daremos preferência ao termo "estação-base", por ser mais fácil para o leitor.

Uma breve digressão: se você acha a terminologia do LTE um tanto obscura, não está sozinho! A etimologia de "eNode-B" vem da terminologia anterior do 3G, na qual os pontos de função da rede eram chamados de "nós" (*nodes*), com "B" se referindo à terminologia anterior do 1G, de "estação-base (BS, do inglês *Base Station*)" ou "Base Transceiver Station (BTS)" na terminologia do 2G. O 4G LTE é uma "e"volução em relação ao 3G, de onde vem o "e" antes de "Node-B". E esse obscurantismo na nomenclatura não dá nenhum sinal de parar: Nos sistemas 5G, as funções do eNode-B agora são chamadas de "ng-eNB". Só tente adivinhar o que significa essa sigla!

- **Serviço de Assinante Doméstico (HSS**, do inglês ***Home Subscriber Server***). Como mostrado na Figura 7.18, o HSS é um elemento do plano de controle. O HSS é um banco de dados que armazena informações sobre os dispositivos móveis para os quais o HSS é a sua rede nativa. Ele é usado junto com a MME (discutida abaixo) para a autenticação do dispositivo.
- **Gateway de serviço (S-GW**, do inglês ***Serving Gateway***), **Gateway da rede de pacote de dados (P-GW**, do inglês ***Packet Data Network Gateway***) **e outros roteadores de rede.** Como mostrado na Figura 7.18, o gateway de serviço e o gateway da rede de pacote de dados (PDN) são dois roteadores (muitas vezes, colocalizados na prática) que ficam no caminho de dados entre o dispositivo móvel e a Internet. O gateway de PDN também oferece endereços IP NAT para dispositivos móveis e cumpre funções de tradução de endereços de rede (NAT, do inglês *network address translation*) (ver Seção 4.3.4). O gateway de PDN é o último elemento do LTE que um datagrama originário de um dispositivo móvel encontra antes de entrar na Internet como um todo. Para o mundo externo, o P-GW se parece com todos os outros roteadores de borda; a mobilidade dos nós móveis dentro da rede LTE da operadora de celular é ocultada do mundo externo pelo P-GW. Além desses roteadores de borda, o núcleo todo em IP da operadora terá roteadores adicionais cuja função é semelhante à dos roteadores IP tradicionais: repassar datagramas IP entre si ao longo de caminhos que normalmente terminam em elementos do núcleo da rede LTE.
- **Entidade de gerenciamento móvel (MME**, do inglês ***Mobility Management Entity***). A MME também é um elemento do plano de controle, como mostra a Figura 7.18. Junto com o HSS, tem um papel importante em autenticar um dispositivo que deseja se conectar à sua rede. Ela também estabelece os túneis no caminho de dados entre o dispositivo e o roteador de borda da Internet PDN e mantém informações sobre a localização celular de um dispositivo móvel ativo dentro da rede da operadora. Mas, como mostra a Figura 7.18, ela não fica no caminho do repasse para os datagramas do dispositivo móvel enviados de e para a Internet.
  - *Autenticação.* É importante que a rede e o dispositivo móvel que se liga a ela se autentiquem *mutuamente*, pois a rede precisa saber que o dispositivo que se liga a ela é mesmo aquele associado a uma determinada IMSI, e o dispositivo móvel precisa saber que a rede à qual está se ligando é também a rede legítima de uma operadora de celular. Trabalharemos a autenticação no Capítulo 8 e a autenticação 4G na Seção 8.8. Aqui, observamos simplesmente que a MME atua como intermediário entre o dispositivo móvel e o serviço de assinante doméstico (HSS) na rede nativa do dispositivo móvel. Mais especificamente, após receber uma requisição de ligação do dispositivo móvel, a MME local contata o HSS na rede nativa do dispositivo. A seguir, o

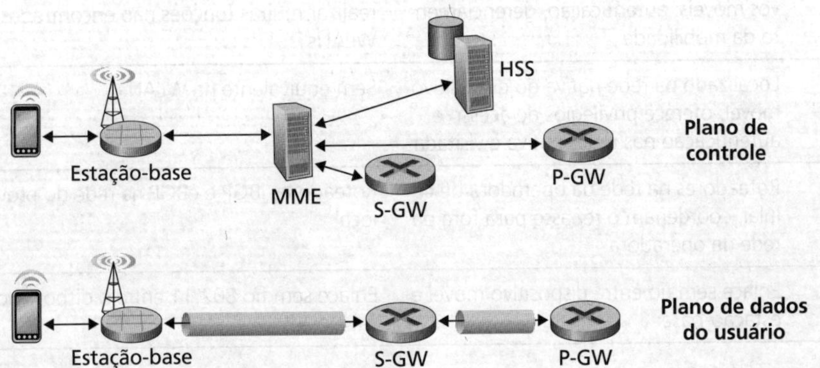

Figura 7.18 Elementos do plano de dados e do plano de controle LTE.

HSS da rede nativa retorna informações criptografadas suficientes para a MME local para provar para o dispositivo móvel que o HSS nativo está realizando a autenticação através dessa MME e para que o dispositivo móvel prove para a MME que é mesmo o dispositivo associado àquela IMSI. Quando um dispositivo móvel se liga à sua rede nativa, o HSS a ser contatado durante a autenticação é localizado na mesma rede nativa. Contudo, quando um dispositivo móvel está em roaming em uma rede visitada por uma operadora de celular diferente, a MME na rede transitada precisará contatar o HSS na rede nativa do dispositivo móvel.

- *Estabelecimento do caminho.* Como mostrado na metade inferior da Figura 7.18, o caminho de dados do dispositivo móvel até o roteador de borda da operadora é composto por um primeiro salto sem fio entre o dispositivo móvel e a estação-base, e túneis IP concatenados entre a estação-base e o gateway de serviço e entre o gateway de serviço e o gateway de PDN. Os túneis são configurados sob o controle da MME e usados para repasse de dados (e não repasse direto entre roteadores de rede) para facilitar a mobilidade do dispositivo – quando um dispositivo se movimenta, apenas a extremidade do túnel que termina na estação-base precisa ser alterada, enquanto as outras extremidades do túnel e a qualidade de serviço associada ao túnel permanecem inalteradas.
- *Rastreamento de local de celular.* À medida que o dispositivo se move entre células, as estações-base atualizam a MME sobre a localização do dispositivo. Se o dispositivo móvel está em modo de suspensão, mas ainda assim se move entre as células, as estações-base não podem mais rastrear a localização do dispositivo. Nesse caso, é responsabilidade da MME localizar o dispositivo para despertá-lo, usando um processo conhecido por **paginação.**

A Tabela 7.2 resume os principais elementos arquitetônicos da LTE discutidos acima e compara essas funções com aquelas que encontramos no nosso estudo das LANs sem fio WiFi (WLANs).

TABELA 7.2 Elementos LTE e funções semelhantes da WLAN (WiFi)

Elemento LTE	Descrição	Função(ões) semelhante(s) da WLAN
Dispositivo móvel (UE: equipamento do usuário)	Dispositivo móvel/sem fio habilitado para IP do usuário final (p. ex., smartphone, tablet, notebook)	Hospedeiro, sistema final
Estação-base (eNode-B)	Lado da rede do enlace de acesso sem fio à rede LTE	Ponto de acesso (AP), apesar de a estação-base LTE realizar muitas funções não encontradas em WLANs
A Entidade de Gerenciamento Móvel (MME)	Coordenador para serviços de dispositivos móveis: autenticação, gerenciamento da mobilidade	Ponto de acesso (AP), apesar de a MME realizar muitas funções não encontradas em WLANs
Serviço de assinante doméstico (HSS)	Localizado na rede *nativa* do dispositivo móvel, oferece privilégios de acesso e autenticação nas redes nativa e visitada	Sem equivalente na WLAN
Gateway de serviço (S-GW), Gateway de PDN (P-GW)	Roteadores na rede da operadora de celular, coordenam o repasse para fora da rede da operadora	Roteadores iBGP e eBGP na rede do provedor local
Rede de acesso por rádio	Enlace sem fio entre dispositivo móvel e estação-base	Enlace sem fio 802.11 entre o dispositivo móvel e o AP

HISTÓRICO DO CASO

A EVOLUÇÃO DA ARQUITETURA DE 2G PARA 3G PARA 4G

Em um período relativamente curto de 20 anos, as redes das operadoras celulares completaram uma transição incrível, passando quase exclusivamente de redes por comutação de circuitos para redes de dados por comutação de pacotes todas em IP que incluem a voz como apenas uma entre as muitas aplicações. Como foi essa transição do ponto de vista da arquitetura? Houve um "dia da conversão" (*flag day*), no qual as redes anteriores, orientadas para telefonia, foram "desligadas" e as redes celulares todas em IP foram "ligadas"? Ou elementos das redes anteriores começaram a adotar funcionalidades duplas de circuitos (legado) e pacotes (novo), como vimos na transição do IPv4 para o IPv6 na Seção 4.3.5?

A Figura 7.19 veio da 7ª edição deste livro, que analisava as redes celulares 2G e 3G (esse material histórico foi aposentado e substituído por uma cobertura mais profunda do 4G LTE nesta 8ª edição, mas ainda está disponível no site do livro, em inglês). Apesar de a rede 2G ser uma rede de telefonia móvel por comutação de circuitos, a comparação entre as Figuras 7.17 e 7.19 ilustra uma estrutura conceitual semelhante, ainda que para serviços de voz, não de dados: uma borda sem fio controlada por uma estação-base, um gateway da rede da operadora para o mundo externo e pontos de agregação entre as estações-base e o gateway.

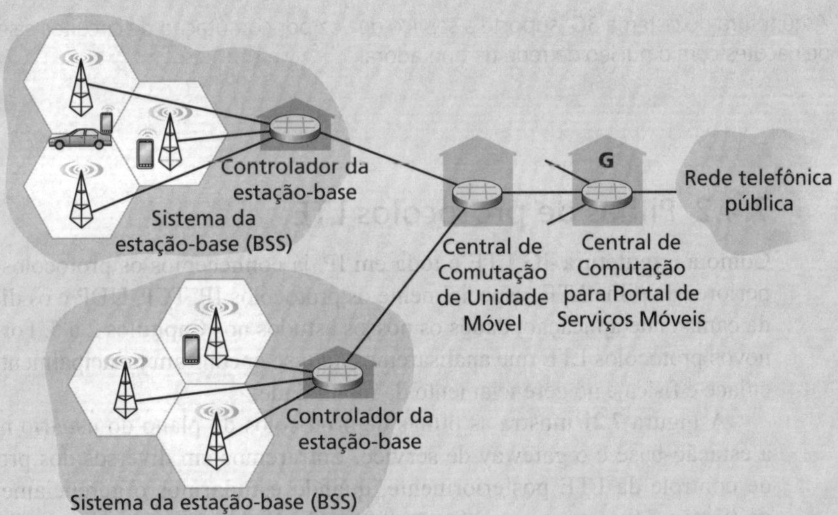

Figura 7.19 Elementos da arquitetura celular 2G, que suportam serviço de voz por comutação de circuitos com o núcleo da rede da operadora.

A Figura 7.20 (também advinda da 7ª edição deste livro) mostra os principais componentes arquitetônicos da arquitetura celular 3G, que suporta o serviço por comutação de circuitos e serviços de dados por comutação de pacotes. Aqui, fica clara a transição de uma rede apenas de voz para uma rede que combinava voz e dados: os elementos nucleares existentes da rede de voz celular 2G permaneceram intocados. *Contudo, funcionalidades de dados celulares adicionais foram agregadas em paralelo e funcionavam de forma independente de, ao núcleo existente da rede de voz na época.* Como mostra a Figura 7.20, o ponto de divisão para esses dois núcleos de rede independentes, voz e dados, ocorreu na borda da rede, na estação-base na rede de acesso por rádio. A alternativa, de integrar novos serviços de dados diretamente aos elementos nucleares da rede celular de voz existente, teria provocado os mesmos desafios encontrados na integração de tecnologias novas (IPv6) e de legado (IPv4) na Internet. As operadoras também queriam aproveitar e explorar seu investimento significativo na infraestrutura existente (e seus serviços lucrativos) na rede celular de voz existente.

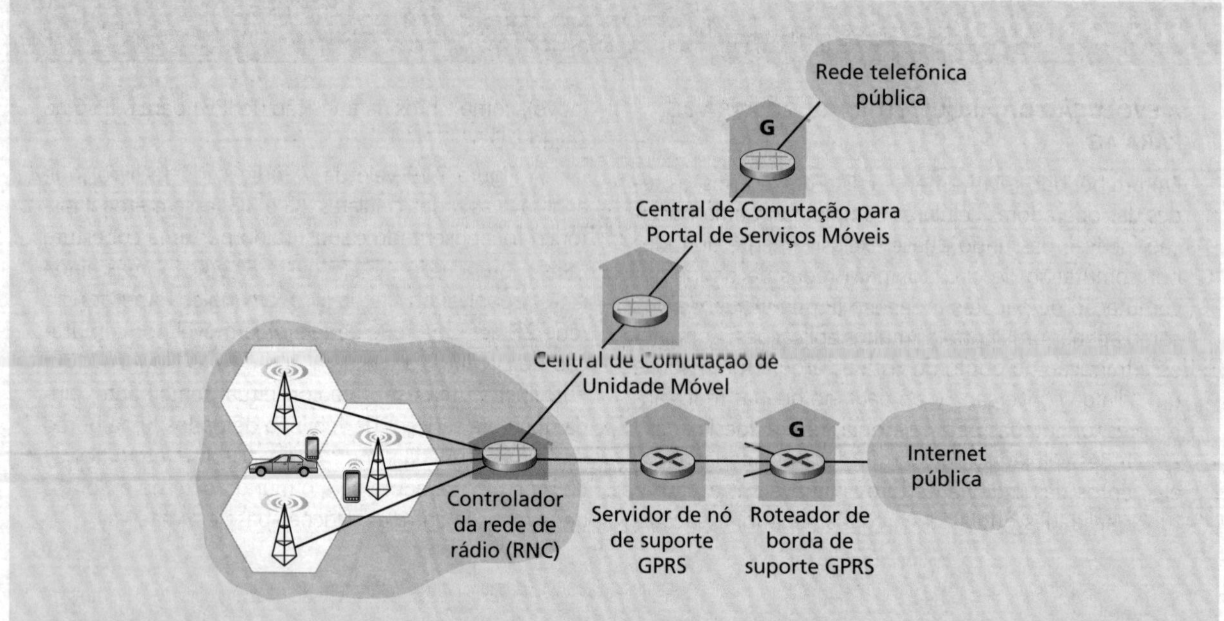

Figura 7.20 Arquitetura do sistema 3G: suporte a serviço de voz por comutação de circuitos e serviço de dados por comutação de pacotes com o núcleo da rede da operadora.

7.4.2 Pilhas de protocolos LTE

Como a arquitetura 4G LTE é toda em IP, já conhecemos os protocolos das camadas superiores da pilha LTE, especialmente os protocolos IP, TCP, UDP e os diversos protocolos da camada de aplicação, dados os nossos estudos nos Capítulos 2 a 5. Por consequência, os novos protocolos LTE que analisaremos aqui se encontram principalmente nas camadas de enlace e física e no gerenciamento da mobilidade.

A Figura 7.21 mostra as pilhas de protocolos do plano do usuário no nó móvel LTE, a estação-base e o gateway de serviço. Entraremos em diversos dos protocolos do plano de controle da LTE posteriormente, quando estudarmos o gerenciamento da mobilidade (Seção 7.6) e segurança (Seção 8.8) LTE. Como vemos na Figura 7.21, a maioria das

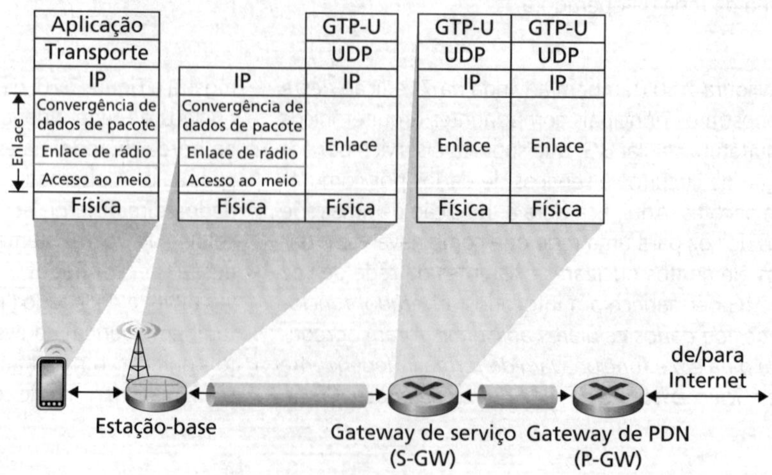

Figura 7.21 Pilhas de protocolos do plano de dados LTE.

atividades de protocolos do plano do usuário novas e interessantes ocorre no enlace de rádio sem fio entre o dispositivo móvel e a estação-base.

O LTE divide a camada de enlace do dispositivo móvel em três subcamadas:

- *Convergência de dados de pacote.* É a subcamada superior da camada de enlace, logo abaixo do IP. O protocolo de convergência de dados de pacote (PDCP, do inglês *Packet Data Convergence Protocol*) (3GPP PDCP, 2019) realiza a compressão do cabeçalho IP para reduzir o número de bits enviados pelo enlace sem fio e a criptografia/decriptação do datagrama IP usando chaves estabelecidas por mensagens de sinalização entre o dispositivo móvel LTE e a MME quando o dispositivo móvel se liga à rede inicialmente; analisaremos aspectos da segurança do LTE na Seção 8.8.2.
- *Controle de enlace de rádio.* O protocolo de controle de enlace de rádio (RLC, do inglês *Radio Link Control*) (3GPP RLCP, 2018) desempenha duas funções importantes: *(i)* fragmentar (no lado do remetente) e remontar (no lado do destinatário) os datagramas IP grandes demais para caberem nos quadros da camada de enlace subjacentes; e *(ii)* transferência confiável de dados da camada de enlace pelo uso de um protocolo ARQ baseado em ACK/NAK. Lembre-se que estudamos os elementos básicos dos protocolos ARQ na Seção 3.4.1.
- *Controle de acesso ao meio (MAC).* A camada MAC é responsável pelo escalonamento da transmissão, ou seja, a solicitação e o uso dos intervalos de transmissão por rádio descritos na Seção 7.4.4. A subcamada MAC também tem funções adicionais de detecção e correção de erros, incluindo o uso de transmissão redundante de bits como técnica de correção de erros antecipada. O nível de redundância pode ser adaptado às condições do canal.

A Figura 7.21 também mostra o uso de túneis no caminho de dados do usuário. Como discutido acima, esses túneis são estabelecidos, sob controle da MME, quando o dispositivo móvel se liga à rede inicialmente. Cada túnel entre dois pontos finais possui um identificador de ponto final do túnel (TEID, do inglês *tunnel endpoint identifier*) único. Quando recebe datagramas do dispositivo móvel, a estação-base encapsula-os usando o protocolo de túnel GPRS (3GPP GTPv1-U, 2019), incluindo o TEID, e envia-os nos segmentos UDP para o Gateway de Serviço na outra extremidade do túnel. No lado do receptor, a estação-base desencapsula os datagramas UDP enviados por túnel, extrai o datagrama IP encapsulado destinado para o dispositivo móvel e repassa o datagrama IP pelo enlace sem fio até o dispositivo móvel.

7.4.3 Rede de acesso por rádio LTE

O padrão LTE usa uma combinação de multiplexação por divisão de frequência e multiplexação por divisão de tempo no canal descendente, conhecida como multiplexação por divisão de frequência ortogonal (OFDM, do inglês *orthogonal frequency division multiplexing*) (Hwang, 2009). (O termo "ortogonal" vem do fato de que os sinais enviados em diferentes canais de frequência são criados de modo que interfiram muito pouco uns nos outros, mesmo quando as frequências de canal são pouco espaçadas.) No LTE, cada nó móvel ativo recebe um ou mais intervalos de tempo de 0,5 ms em uma ou mais das frequências do canal. A Figura 7.22 mostra a alocação de oito intervalos de tempo sobre quatro frequências. Recebendo cada vez mais intervalos de tempo (seja na mesma frequência ou em frequências diferentes), um dispositivo nó móvel pode alcançar velocidades de transmissão cada vez mais altas. A (re)alocação de intervalo entre os dispositivos móveis pode ser realizada até mesmo a cada milissegundo. Diferentes esquemas de modulação também podem ser usados para alterar a taxa de transmissão; veja nossa discussão anterior da Figura 7.3 e a seleção dinâmica de esquemas de modulação em redes WiFi.

A alocação em particular de intervalos de tempo a dispositivos móveis não é exigida pelo padrão LTE. Em vez disso, a decisão de quais dispositivos móveis terão permissão para

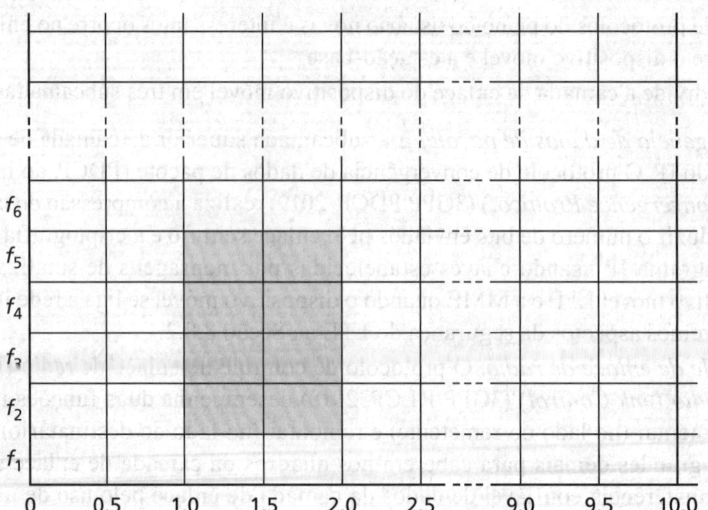

Figura 7.22 Vinte intervalos de 0,5 milissegundos organizados em quadros de 10 milissegundos em cada frequência. A região sombreada indica uma alocação de oito intervalos.

transmitir em dado intervalo de tempo em dada frequência é determinada pelos algoritmos de escalonamento fornecidos pelo fornecedor de equipamento LTE e/ou operador da rede. O escalonamento oportunista (Bender, 2000; Kolding, 2003; Kulkarni, 2005), combinando o protocolo da camada física e as condições do canal entre remetente e destinatário e escolhendo os destinatários aos quais os pacotes serão enviados com base nas condições do canal, permite que a estação-base faça o melhor uso do meio sem fio. Além disso, as prioridades do usuário e os níveis de serviço contratados (p. ex., prata, ouro ou platina) podem ser usados no escalonamento das transmissões descendentes de pacotes. Além das capacidades do LTE descritas aqui, LTE-Advanced permite larguras de banda descendentes de centenas de Mbits/s, com a alocação de canais agregados a um dispositivo móvel (Akyildiz, 2010).

7.4.4 Funções adicionais do LTE: ligação à rede e gerenciamento de energia

Vamos concluir nosso estudo sobre o 4G LTE com a consideração de duas funções adicionais importantes desse padrão: *(i)* o processo pelo qual um dispositivo móvel se liga inicialmente à rede e *(ii)* as técnicas usadas pelo dispositivo móvel, em conjunto com elementos do núcleo da rede, para gerenciar o seu consumo de energia.

Ligação à rede

O processo pelo qual um dispositivo móvel se liga à rede da operadora de celular se divide, em linhas gerais, em três fases:

- *Ligação a uma estação-base.* A primeira fase da ligação do dispositivo é semelhante em propósito ao protocolo de associação 802.11 que estudamos na Seção 7.31, mas muito diferente dele na prática. Um dispositivo móvel que deseja se ligar à rede de uma operadora de celular começa um processo de inicialização (*bootstrapping*) para aprender sobre uma estação-base próxima e então se associar a ela. Inicialmente, o dispositivo móvel procura todos os canais, em todas as bandas de frequência, em busca de um sinal de sincronização primário transmitido periodicamente a cada 5 ms pela estação-base. Após encontrar o sinal, o dispositivo móvel permanece nessa frequência e localiza o sinal de sincronização secundário. Usando as informações obtidas com esse segundo sinal, o dispositivo pode localizar (após vários passos subsequentes) informações adicionais, como a largura de banda do canal, configurações do canal e as informações da operadora de celular da estação-base. Armado com essas informações, o dispositivo móvel pode selecionar uma estação-base com a qual se associar (se ligando preferencialmente à rede nativa, se disponível) e estabelecer uma conexão de sinalização do plano de controle com a estação-base através do enlace sem fio. Esse canal entre o dispositivo móvel e a estação-base será usado no restante do processo de ligação à rede.

- *Autenticação mútua.* Na nossa descrição anterior sobre a entidade de gerenciamento móvel (MME) na Seção 7.4.1, observamos que a estação-base contata a MME local para realizar autenticação mútua, um processo que estudaremos em mais detalhes na Seção 8.8.2. É a segunda fase da ligação à rede, que permite que esta saiba que o dispositivo que se liga a ela é mesmo aquele associado a uma determinada IMSI, e que o dispositivo móvel saiba que a rede à qual está se ligando também é a rede de uma operadora de celular legítima. Completada essa segunda fase da ligação à rede, a MME e o dispositivo móvel se autenticaram mutuamente, e a MME sabe também a identidade da estação-base à qual o dispositivo móvel está ligado. Armada com essas informações, a MME está então pronta para configurar o caminho de dados de dispositivo móvel para o gateway de PDN.
- *Configuração de caminho de dados de dispositivo móvel para o gateway de PDN.* A MME contata o gateway de PDN (que também fornece um endereço NAT para o dispositivo móvel), o gateway de serviço e a estação-base para estabelecer os dois túneis mostrados na Figura 7.21. Após esta fase estar completa, o dispositivo móvel consegue enviar/receber datagramas IP por meio da estação-base através desses túneis de e para a Internet!

Gerenciamento de energia: Modos de suspensão

Na nossa discussão anterior sobre os recursos avançados das redes 802.11 (Seção 7.3.5) e Bluetooth (Seção 7.3.6), vimos que um rádio em um dispositivo sem fio pode entrar em estado de suspensão para poupar energia enquanto não transmite ou recebe, minimizando o tempo que os circuitos do dispositivo móvel precisam estar "ligados" para enviar/receber dados e para detecção de canais. No 4G LTE, um dispositivo móvel em modo de suspensão pode estar em um de dois estados de suspensão diferentes. No estado de recepção descontínua, normalmente ativado após várias centenas de milissegundos de inatividade (Sauter, 2014), o dispositivo móvel e a estação-base agendam de antemão momentos periódicos (em geral, com várias centenas de milissegundos de distância entre si) nos quais o dispositivo móvel acordará para monitorar ativamente o canal em busca de transmissões *downstream* (da estação-base para o dispositivo móvel); fora desses momentos programados, no entanto, o rádio do dispositivo móvel fica suspenso.

Se o estado de recepção descontínua pode ser considerado um "sono leve", o segundo estado de suspensão, o estado inativo, que ocorre após períodos mais longos, de 5 a 10 segundos de inatividade, pode ser considerado um "sono profundo". Nesse estado, o rádio do dispositivo móvel acorda e monitora o canal com ainda menos frequência. Na verdade, esse sono é tão profundo que, se entra em uma nova célula da rede da operadora nessa situação, o dispositivo móvel não precisa informar a estação-base à qual estava associado anteriormente. Assim, quando acorda periodicamente desse sono profundo, o dispositivo móvel precisa restabelecer uma associação com uma estação-base (possivelmente nova) de modo a verificar as mensagens de paginação transmitidas pela MME para as estações-base próximas à última estação-base à qual o dispositivo móvel se associou. Essas mensagens de paginação do plano de controle, transmitidas por difusão por essas estações-base para todos os dispositivos móveis nas suas células, indicam quais dispositivos móveis devem acordar completamente e restabelecer uma nova conexão no plano de dados com uma estação-base (ver Figura 7.18) de modo a receber os pacotes enviados.

7.4.5 A rede celular global: uma rede de redes

Tendo estudado a arquitetura da rede celular 4G, vamos nos afastar um pouco e analisar como se organiza a rede celular global, ela própria uma "rede de redes", assim como a Internet.

A Figura 7.23 mostra o smartphone de um usuário conectado através de uma estação-base 4G à sua **rede nativa**. A rede móvel nativa do usuário é operada por uma operadora de celular como Verizon, AT&T, T-Mobile ou Sprint, nos Estados Unidos; Orange, na França; SK Telecom, na Coreia do Sul; ou Vivo, Claro ou TIM, no Brasil. A rede nativa do usuário, por sua vez, está conectada às redes de outras operadoras de celular e à Internet global por meio de um ou mais roteadores de borda na rede nativa, como mostrado na Figura 7.23. As redes móveis em si se interconectam umas às outras através da Internet pública ou de uma rede IPX (Internet Protocol Packet eXchange) (GSMA, 2018a). Uma IPX é uma rede gerenciada especificamente para interconectar operadoras de celular, semelhante aos pontos de troca da Internet (IXPs, do inglês *Internet exchange points*; ver Figura 1.15) para parcerias (*peering*) entre ISPs. Na Figura 7.23, vemos que a rede celular global é mesmo uma "rede de redes", assim como a Internet (lembre-se da Figura 1.15 e da Seção 5.4). As redes 4G também podem formar parcerias com redes de voz/dados celulares 3G e com as redes anteriores apenas para voz.

Voltaremos em breve a tópicos adicionais do 4G LTE (gerenciamento da mobilidade na Seção 7.6 e segurança no 4G na Seção 8.8.2) após desenvolvermos os princípios básicos necessários para esses tópicos. Agora vamos examinar rapidamente as redes 5G emergentes.

7.4.6 Redes celulares 5G

A versão definitiva do serviço de dados de longa distância teria velocidades de conexão de Gbit/s onipresentes, latência extremamente baixa e zero limitações no número de usuários e dispositivos suportados em cada região. Um serviço como esse abriria as portas para

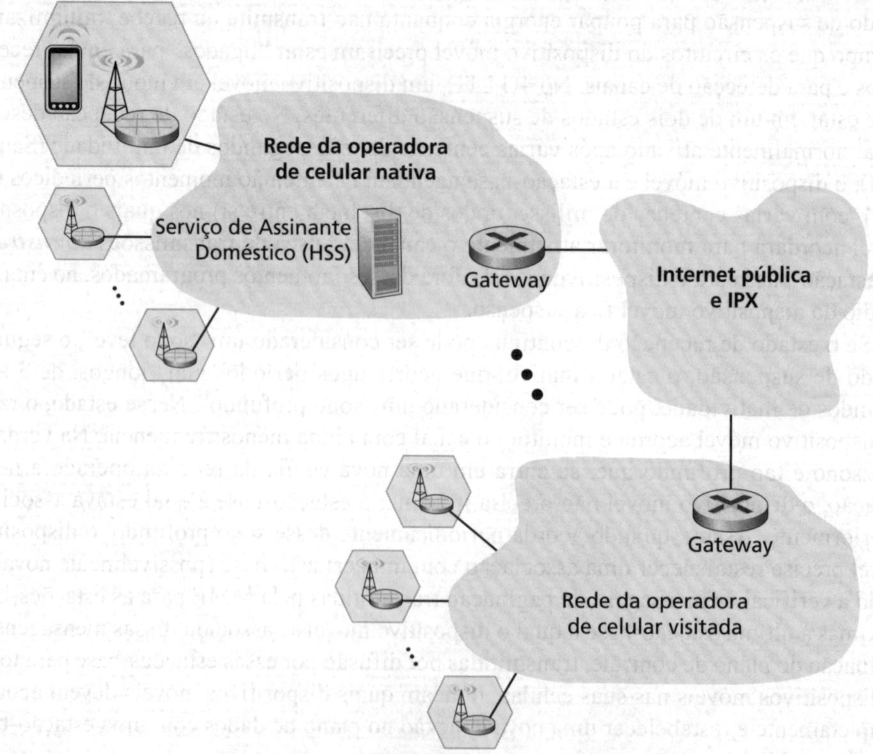

Figura 7.23 A rede de dados celulares global: uma rede de redes.

inúmeras novas aplicações, incluindo realidade aumentada e realidade virtual disseminadas, controle de veículos autônomos usando conexões sem fio, controle de robôs em fábricas por conexões sem fio e substituição das tecnologias de acesso residencial, como DSL e cabo, por serviços de Internet sem fio fixa (i.e., conexões sem fio residenciais a partir de estações-base para modems domésticos).

Espera-se que o 5G, para o qual versões progressivamente melhores provavelmente serão implantadas na década de 2020, dê um grande passo na direção de atingir os objetivos desse serviço definitivo de dados de longa distância. Prevê-se que o 5G levará um aumento de cerca de 10x na taxa de bits máxima, uma redução de 10x na latência e um aumento de 100x na capacidade de tráfego em relação ao 4G (Qualcomm, 2019).

A sigla 5G se refere principalmente a "5G NR (*New Radio*)," que é o padrão adotado pelo 3GPP. Existem outras tecnologias 5G além do NR, no entanto. Por exemplo, a rede proprietária 5G TF da Verizon opera nas frequências 28 e 39 GHz e é usada apenas para serviço de Internet sem fio fixa, não em smartphones.

Os padrões 5G dividem as frequências em dois grupos: FR1 (450 MHz–6 GHz) e FR2 (24 GHz–52 GHz). As primeiras implementações ocorreram no espaço FR1, apesar de, já em 2020, terem ocorrido implementações iniciais no espaço FR2 para acesso fixo à Internet residencial, como mencionado acima. É importante ressaltar que os aspectos da camada física (i.e., sem fio) do 5G *não* têm compatibilidade reversa com sistemas de comunicação móvel 4G, como o LTE: em especial, eles não podem ser entregues aos smartphones existentes com atualizações das estações-base ou de software. Assim, na transição para o 5G, as operadoras sem fio precisarão realizar investimentos significativos na infraestrutura física.

As frequências FR2 também são chamadas de **frequências de ondas milimétricas**. Apesar de permitirem velocidades de dados muito maiores, as frequências de ondas milimétricas têm duas desvantagens importantes:

- As frequências de ondas milimétricas têm alcance muito menor entre a estação-base e os receptores. Assim, a tecnologia de ondas milimétricas não é apropriada para zonas rurais e exige a instalação de uma maior densidade de estações-base em áreas urbanas.
- Comunicações por ondas milimétricas são altamente suscetíveis à interferência atmosférica. A folhagem nas proximidades e a chuva podem criar problemas para o uso em áreas externas.

O 5G não é um padrão coeso, sendo na verdade composto por três padrões coexistentes (Dahlman, 2018):

- *eMBB* (do inglês *Enhanced Mobile Broadband – banda larga móvel melhorada*). As implantações iniciais do 5G NR se concentraram no eMBB, que permite maior largura de banda para velocidades de download e upload maiores, além de uma redução moderada na latência em comparação com o 4G LTE. O eMBB permite aplicações de mídia interativa, tais como realidade virtual e realidade aumentada móvel, assim como resolução 4K móvel e streaming de vídeo 360°.
- *URLLC* (do inglês *Ultra Reliable Low-Latency Communications – comunicações ultraconfiáveis de baixa latência*). O URLLC é direcionado para aplicações com alta sensibilidade à latência, como automação industrial e veículos autônomos. O URLLC busca latências de 1 ms. Na época da redação deste livro, as tecnologias que permitem o URLLC ainda estavam sendo padronizadas.
- *mMTC* (do inglês *Massive Machine Type Communications – comunicações massivas de tipo de máquina*). O mMTC é um tipo de acesso de banda estreita para aplicações de detecção, medição e monitoramento. Uma prioridade no projeto das redes 5G é reduzir as barreiras à conectividade de rede para dispositivos IoT. Além de reduzir a latência, as tecnologias emergentes para as redes 5G se concentram na redução dos requisitos de energia, tornando o uso de dispositivos IoT mais disseminado do que ocorreu com o 4G LTE.

5G e frequências de ondas milimétricas

Muitas inovações do 5G serão o resultado direto do trabalho nas frequências de ondas milimétricas na banda de 24 a 52 GHz. Por exemplo, essas frequências oferecem o potencial de multiplicar por 100 a capacidade em relação ao 4G. Para entender melhor esse fenômeno, a capacidade pode ser definida como o produto de três termos (Björnson, 2017):

$$\text{capacidade} = \text{densidade celular} \times \text{espectro disponível} \times \text{eficiência espectral}$$

em que a unidade da densidade celular é em células/km^2, a do espectro é Hertz, e a eficiência espectral é uma medida da eficiência com a qual a estação-base consegue se comunicar com os usuários, cuja unidade é bits/s/Hz/célula. Multiplicando essas unidades, é fácil ver que a unidade de capacidade é de bits/s/km^2. Para cada um desses três termos, os valores serão maiores para o 5G do que para o 4G:

- Como as frequências de ondas milimétricas têm alcance muito menor do que as frequências 4G LTE, mais estações-base são necessárias, o que, por sua vez, aumenta a densidade celular.
- Como o 5G FR2 opera em uma banda de frequência muito maior (52 − 24 = 28 GHz) do que o 4G LTE (até cerca de 2 GHz), o espectro disponível é maior.
- Com relação à eficiência espectral, a teoria da informação afirma que para dobrar a eficiência espectral, é preciso multiplicar a potência por 17 (Björnson, 2017). Em vez de aumentar a potência, o 5G usa tecnologia MIMO (a mesma que encontramos no nosso estudo sobre as redes 802.11 na Seção 7.3), que utiliza múltiplas antenas em cada estação-base. Em vez de transmitir o sinal por difusão em todas as direções, cada antena MIMO emprega **formação de feixes** (*beam forming*) e direciona o sinal para o usuário. A tecnologia MIMO permite que uma estação-base transmita para 10 a 20 usuários ao mesmo tempo na mesma banda de frequência.

Ao aumentar todos os três termos na equação de capacidade, espera-se que o 5G multiplique por 100 a capacidade nas áreas urbanas. Da mesma forma, devido à largura muito maior da banda de frequência, espera-se que o 5G ofereça taxas de download máximas de 1 Gbit/s ou maiores.

Contudo, os sinais de ondas milimétricas são facilmente bloqueados por árvores e edifícios. **Estações celulares pequenas** são necessárias para "tapar os buracos" entre as estações-base e os usuários. Em uma região muito populosa, a distância entre duas células pequenas pode variar de 10 a 100 metros (Dahlman, 2018).

O núcleo da rede 5G

O **núcleo da rede 5G** é a rede de dados que gerencia todas as conexões móveis 5G de voz, dados e Internet. O núcleo da rede 5G está sendo reprojetado para se integrar melhor com serviços de Internet e baseados em nuvem, e inclui caches e servidores distribuídos espalhados pela rede, o que reduz a latência. A virtualização da função de rede (discutida nos Capítulos 4 e 5) e o fatiamento da rede (*network slicing*) para diferentes aplicações e serviços serão gerenciados no núcleo.

A nova especificação do núcleo 5G introduz mudanças importantes no modo como as redes móveis suportam uma ampla variedade de serviços, com diversos níveis de desempenho. Assim como no caso do núcleo da rede 4G (lembre-se das Figuras 7.17 e 7.18), o núcleo 5G transmite tráfego de dados dos dispositivos finais, autentica dispositivos e gerencia a mobilidade dos dispositivos. O núcleo 5G também contém todos os elementos de rede que encontramos na Seção 7.4.2: os dispositivos móveis, as células, a estação-base e a entidade de gerenciamento móvel (agora dividida em dois subelementos, como discutido abaixo), o HSS e os gateways de serviço e de PDN.

Apesar de os núcleos 4G e 5G terem funções semelhantes, há diferenças importantes na nova arquitetura do núcleo 5G, que foi projetado para separação completa entre o plano de controle e o plano do usuário (ver Capítulo 5). O núcleo 5G é totalmente composto por funções de rede baseadas em software virtualizadas. Essa nova arquitetura dará aos operadores a flexibilidade necessária para atender aos diversos requisitos de diferentes aplicações 5G. Algumas das funções do núcleo da rede 5G incluem (Rommer, 2019):

- *Função do plano do usuário (UPF, do inglês user-plane function).* A separação entre o plano de controle e o plano do usuário (ver Capítulo 5) permite que o processamento de pacotes seja distribuído e transferido para a borda da rede.
- *Função de gerenciamento de acesso e mobilidade (AMF, do inglês access and mobility management function).* O núcleo 5G essencialmente decompõe a entidade de gerenciamento móvel (MME) 4G em dois elementos funcionais: AMF e SMF. A AMF recebe todas as informações de sessão e conexão do equipamento do usuário final, mas só lida com tarefas de conexão e de gerenciamento da mobilidade.
- *Função de gerenciamento de sessão (SMF, do inglês session management function).* O gerenciamento de sessão é administrado pela função de gerenciamento de sessão (SMF). A SMF é responsável por interagir com o plano de dados desacoplado. A SMF também cuida do gerenciamento de endereços IP e desempenha o papel do DHCP.

Na época da redação deste livro (2020), o 5G estava nos seus estágios iniciais de implantação, e muitos dos padrões 5G ainda não haviam sido finalizados. Só o tempo dirá se o 5G se tornará um serviço de banda larga sem fio disseminado, se terá sucesso na concorrência com o WiFi para serviço sem fio em ambientes internos, se tornar-se-á um componente crítico da infraestrutura para veículos autônomos e da automação industrial e se nos ajudará a dar um grande passo adiante em direção a uma versão definitiva do serviço de dados de longa distância.

7.5 GERENCIAMENTO DA MOBILIDADE: PRINCÍPIOS

Após estudarmos a natureza sem fio dos enlaces de comunicação em uma rede sem fio, é hora de voltarmos nossa atenção à mobilidade que esses enlaces sem fio possibilitam. No sentido mais amplo, um dispositivo móvel é aquele que muda seu ponto de conexão com a rede ao longo do tempo. Como o termo mobilidade adquiriu muitos significados nos campos da computação e da telefonia, será proveitoso, antes de tudo, considerarmos formas de mobilidade.

7.5.1 Mobilidade de dispositivos do ponto de vista da camada de rede

Do ponto de vista da camada de rede, um dispositivo fisicamente móvel pode representar um conjunto muito diferente de desafios para ela, dependendo de quanto o dispositivo está ativo enquanto se move entre os pontos de ligação à rede. Em uma extremidade do espectro, o cenário *(a)* na Figura 7.24, é o próprio usuário móvel que fisicamente se move entre as redes, mas desliga o dispositivo móvel enquanto está em movimento. Por exemplo, um estudante poderia se desconectar de uma sala de aula sem fio e desligar seu dispositivo, ir para o refeitório e se conectar à rede de acesso sem fio enquanto come, então desconectar e desligar o aparelho dessa rede, caminhar até a biblioteca e conectá-lo à rede sem fio da biblioteca enquanto estuda. De uma perspectiva de rede, este dispositivo *não* é móvel, pois se liga a uma rede de acesso e permanece nela enquanto está ligado. Nesse caso, o dispositivo se associa serialmente, e se dissocia posteriormente de cada rede de acesso sem fio que encontra. Esse caso de (i)mobilidade de dispositivo pode ser gerenciada totalmente pelos mecanismos de rede que já estudamos nas Seções 7.3 e 7.4.

No cenário *(b)* da Figura 7.24, o dispositivo está fisicamente móvel, mas permanece ligado à mesma rede de acesso. O dispositivo também *não* é móvel do ponto de vista da camada de rede. Além disso, se o dispositivo permanece associado à mesma estação-base 802.11 AP ou LTE, ele sequer é móvel da perspectiva da camada de enlace.

De uma perspectiva de rede, nosso interesse por mobilidade de dispositivos começa de fato com o caso *(c)*, no qual um dispositivo muda de rede de acesso (p. ex., WLAN 802.11 ou célula LTE) enquanto continua a enviar e receber datagramas IP e enquanto mantém conexões de mais alto nível (p. ex., TCP). Aqui, a rede precisa realizar uma **transferência** (*handover*), a passagem da responsabilidade pelo repasse de datagramas de/para um AP ou estação-base para o dispositivo móvel, à medida que o dispositivo se move entre WLANs ou entre células LTE. Analisaremos a transferência em detalhes na Seção 7.6. Se essa transferência ocorrer dentro de redes de acesso que pertencem a uma única operadora, esta pode orquestrar a transferência por conta própria. Quando o dispositivo móvel transita entre múltiplas redes de operadoras (*roaming*), como no cenário *(d)*, estas devem orquestrar a transferência juntas, o que aumenta significativamente a complexidade do processo.

7.5.2 Redes nativas e roaming em redes visitadas

Como aprendemos nas nossas discussões sobre redes 4G LTE na Seção 7.4.1, cada assinante possui uma "casa" com uma operadora de celular. Vimos que o serviço de assinante doméstico (HSS) armazena informações sobre cada um dos seus assinantes, incluindo uma identidade de dispositivo globalmente única (integrada ao cartão SIM do assinante), informações sobre os serviços que o assinante poderia acessar, chaves criptográficas para uso na comunicação e informações de cobrança. Quando um dispositivo é conectado a uma rede celular que não é a sua **rede nativa**, diz-se que o dispositivo está em **roaming** (ou transitando) em uma **rede visitada**. Quando um dispositivo móvel se liga a uma rede visitada e transita por ela, é preciso alguma coordenação entre a rede nativa e a rede visitada.

A Internet não possui uma noção igualmente forte de rede nativa ou de rede visitada. Na prática, a rede nativa do aluno pode ser a rede operada pela sua escola; para profissionais, a rede nativa pode ser a rede da empresa. A rede visitada pode ser operada pela rede de uma escola ou empresa que estão visitando. Mas não há uma ideia de rede nativa/visitada profundamente integrada à arquitetura da Internet. O protocolo de IP Móvel (Perkins, 1998; RFC 5944), que analisaremos brevemente na Seção 7.6, foi uma proposta que incorporava fortemente a ideia de redes nativas/visitadas. Mas o IP Móvel foi pouco implantado ou usado na prática. Também estão em andamento atividades construídas sobre a infraestrutura de IP existente, para oferecer acesso autenticado entre redes IP visitadas. A Eduroam é um exemplo dessas atividades (Eduroam, 2020).

A noção de um dispositivo móvel ter uma rede nativa oferece duas vantagens importantes: a rede nativa funciona como local único do qual obter informações sobre o dispositivo e (como veremos) pode servir como ponto de coordenação para comunicação com/de um dispositivo móvel em roaming.

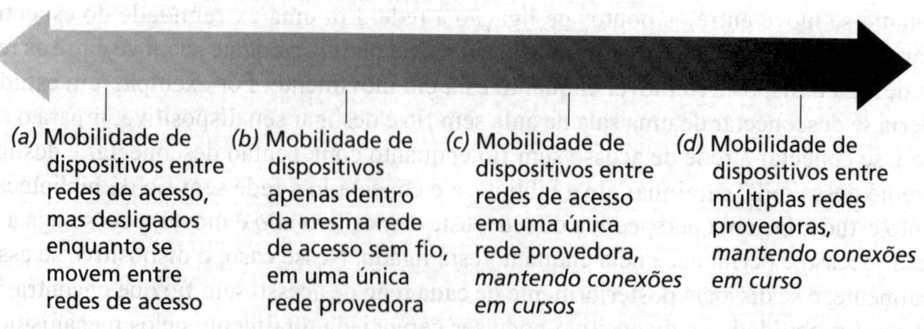

(a) Mobilidade de dispositivos entre redes de acesso, mas desligados enquanto se movem entre redes de acesso
(b) Mobilidade de dispositivos apenas dentro da mesma rede de acesso sem fio, em uma única rede provedora
(c) Mobilidade de dispositivos entre redes de acesso em uma única rede provedora, *mantendo conexões em cursos*
(d) Mobilidade de dispositivos entre múltiplas redes provedoras, *mantendo conexões em curso*

Figura 7.24 Vários graus de mobilidade do ponto de vista da camada de rede.

Para entender o valor em potencial do ponto central para informação e coordenação, considere uma analogia com seres humanos. Bob, um adulto de 20 e poucos anos que sai da casa dos pais torna-se móvel, pois passa a morar em uma série de quartos e/ou apartamentos e está sempre mudando de endereço. Se Alice, uma velha amiga, quiser entrar em contato com ele, como conseguirá o endereço atual de Bob? Uma maneira comum de fazer isso é entrar em contato com a família, já que um jovem móvel costuma informar seus novos endereços (nem que seja só para que os pais possam lhe enviar dinheiro para ajudar a pagar o aluguel!). A residência da família torna-se o único lugar a que outros podem se dirigir como uma primeira etapa para estabelecer comunicação com Bob. Além disso, as comunicações postais posteriores de Alice podem ser *indiretas* (p. ex., pelo envio de uma carta primeiro à casa dos pais, que a encaminharão a Bob) ou *diretas* (p. ex., Alice utilizaria o endereço informado pelos pais e enviaria uma carta diretamente a Bob).

7.5.3 Roteamento direto e indireto de/para um dispositivo móvel

Consideremos agora o dilema enfrentado pelo hospedeiro conectado à Internet (que chamaremos de *correspondente*) na Figura 7.25, que deseja se comunicar com um dispositivo móvel que pode estar localizado na rede celular nativa do dispositivo móvel, ou pode estar em trânsito em uma rede visitada. No nosso cenário abaixo, adotaremos uma perspectiva de rede celular 4G/5G, pois tais redes possuem um longo histórico de suporte à mobilidade de dispositivos. Como veremos, no entanto, os desafios fundamentais e as abordagens de solução básicas para suportar a mobilidade de dispositivos se aplicam igualmente às redes celulares e na Internet.

Como mostrado na Figura 7.25, supomos que o dispositivo móvel possui um identificador globalmente único associado a si. Nas redes celulares 4G LTE (ver Seção 7.4), este seria

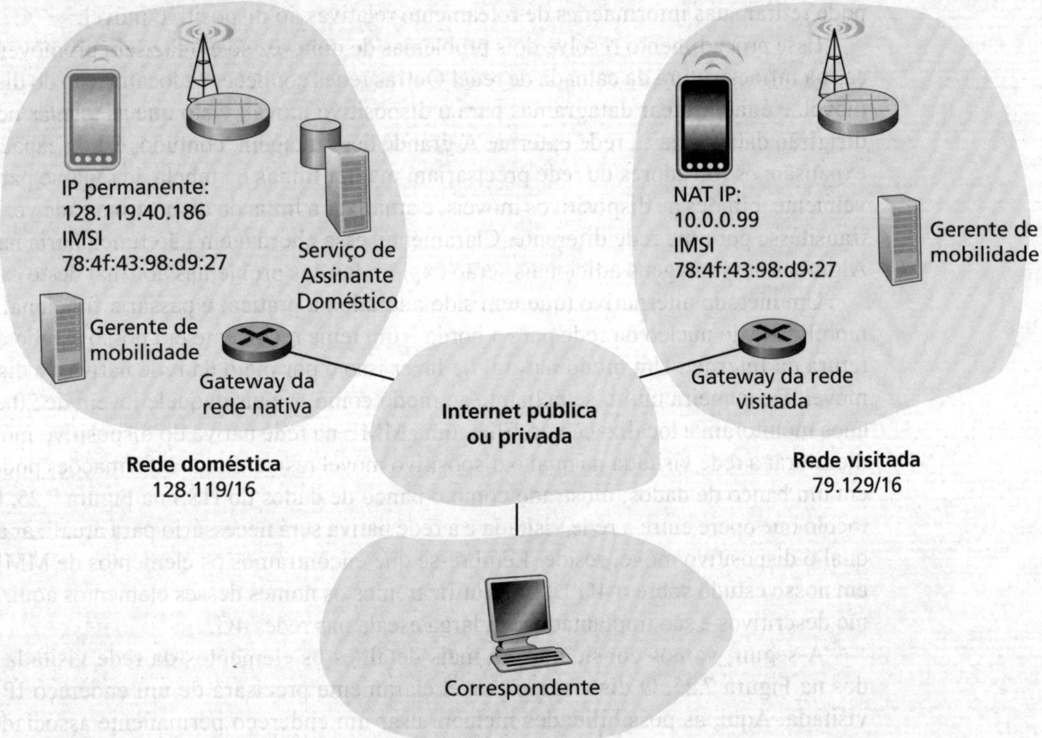

Figura 7.25 Elementos de uma arquitetura de rede móvel.

a identidade internacional de assinante móvel (IMSI) e um número de telefone associado, que fica armazenado no cartão SIM do dispositivo móvel. Para usuários da Internet móvel, este seria o endereço IP permanente na faixa de endereço IP da sua rede nativa, como no caso da arquitetura de IP Móvel.

Qual abordagem seria usada em uma arquitetura de rede móvel que permitiria que um datagrama enviado pelo correspondente alcançasse esse dispositivo móvel? Três abordagens básicas podem ser identificadas e são discutidas a seguir. Como veremos, as duas últimas são adotadas na prática.

Aproveitando a infraestrutura existente de endereço IP

A abordagem mais simples ao roteamento para um dispositivo móvel em uma rede visitada é simplesmente usar a infraestrutura de endereçamento IP existente, sem adicionar nada de novo a ela. O que poderia ser mais fácil?!

Voltando à discussão sobre a Figura 4.21, lembre-se que um Provedor de Serviços de Internet (ISPs, do inglês *Internet Service Provider*) usa Protocolo de Roteador de Borda (BGP, do inglês *Border Gateway Protocol*) para anunciar rotas para redes de destino por meio da enumeração das faixas de endereço "ciderizadas" das redes alcançáveis. Assim, uma rede visitada poderia anunciar para todas as outras redes que um determinado dispositivo móvel está residente na sua rede ao simplesmente anunciar um endereço altamente específico (o endereço IP permanente de 32 bits completo do dispositivo móvel), o que essencialmente informaria as outras redes de que possui o caminho a ser usado para repassar datagramas para tal dispositivo móvel. Essas redes vizinhas então propagariam essas informações de roteamento por toda a rede como parte do procedimento normal de BGP de atualizar as informações de roteamento e tabelas de repasse. Como os datagramas serão sempre repassados ao roteador que anuncia o destino mais específico para o endereço (ver Seção 4.3), todos os datagramas endereçados ao dispositivo móvel serão repassados para a rede visitada. Se o dispositivo móvel deixa uma rede visitada e entra em outra, a nova rede visitada pode anunciar uma nova rota até o dispositivo móvel, altamente específica, e a rede visitada antiga pode retirar suas informações de roteamento relativas ao dispositivo móvel.

Esse procedimento resolve dois problemas de uma vez só e o faz sem promover mudanças na infraestrutura da camada de rede! Outras redes conhecem a localização do dispositivo móvel, e é fácil rotear datagramas para o dispositivo móvel, visto que as tabelas de repasse dirigirão datagramas à rede externa. A grande desvantagem, contudo, é a da capacidade de expansão: os roteadores de rede precisariam manter linhas da tabela de repasse para, possivelmente, bilhões de dispositivos móveis, e atualizar a linha do dispositivo cada vez que este transitasse por uma rede diferente. Claramente, essa abordagem não funcionaria na prática. Algumas desvantagens adicionais serão exploradas nos problemas ao final deste capítulo.

Um método alternativo (que tem sido adotado na prática) é passar a funcionalidade de mobilidade do núcleo da rede para a borda – um tema recorrente em nosso estudo da arquitetura da Internet. Um modo natural de fazer isso é por meio da rede nativa do dispositivo móvel. De maneira muito semelhante ao modo como os pais daquele jovem de 20 e poucos anos monitoram a localização do filho, uma MME na rede nativa do dispositivo móvel pode monitorar a rede visitada na qual o dispositivo móvel reside. Essas informações podem estar em um banco de dados, mostrado como o banco de dados do HSS na Figura 7.25. Um protocolo que opere entre a rede visitada e a rede nativa será necessário para atualizar a rede na qual o dispositivo móvel reside. Lembre-se que encontramos os elementos de MME e HSS em nosso estudo sobre o 4G LTE. Reutilizaremos os nomes desses elementos aqui, pois são tão descritivos e são implantados em larga escala nas redes 4G.

A seguir, vamos considerar em mais detalhes os elementos da rede visitada mostrados na Figura 7.25. O dispositivo móvel claramente precisará de um endereço IP na rede visitada. Aqui, as possibilidades incluem usar um endereço permanente associado à rede nativa do dispositivo móvel, alocar um novo endereço na faixa de endereços da rede visitada e fornecer um endereço IP através da NAT (ver Seção 4.3.4). Nos dois últimos casos, o dispositivo móvel possui um identificador transiente (um endereço IP recém-alocado) além dos seus identificadores permanentes armazenados no HSS da sua rede nativa. Esses casos são análogos a alguém que escreve uma carta para o endereço da casa na qual o nosso adulto móvel de 20 e poucos anos mora atualmente. No caso de um endereço NAT, os datagramas destinados ao dispositivo móvel chegariam por fim ao roteador do gateway NAT na rede visitada, que então realizaria a tradução do endereço NAT e repassaria o datagrama para o dispositivo móvel.

Agora já vimos diversos elementos de uma solução ao dilema do correspondente na Figura 7.24: redes nativas e visitadas, MME, HSS e endereçamento do dispositivo móvel. Mas como datagramas devem ser endereçados e repassados para o dispositivo móvel? Já que apenas o HSS (e não roteadores no âmbito da rede) conhece a localização do dispositivo móvel, o correspondente não pode simplesmente endereçar um datagrama ao endereço permanente do dispositivo móvel e enviá-lo à rede. Algo mais precisa ser feito. Duas abordagens podem ser identificadas: roteamento indireto e direto.

Roteamento indireto para um dispositivo móvel

Vamos considerar primeiro um correspondente que quer enviar um datagrama a um dispositivo móvel. Na abordagem de **roteamento indireto**, o correspondente apenas endereça o datagrama ao endereço permanente do dispositivo móvel, envia o datagrama para a rede, e nem precisa saber se o dispositivo móvel reside em sua rede nativa ou está em uma rede visitada; assim, a mobilidade é completamente transparente para o correspondente. Esses datagramas são primeiro roteados, como sempre, para a rede local do dispositivo móvel. Isso é ilustrado na etapa 1 da Figura 7.26.

Agora vamos voltar nossa atenção ao HSS, responsável por interagir com as redes visitadas para registrar a localização do dispositivo móvel e o roteador de borda da rede nativa. Uma função desse roteador é estar atento à chegada de um datagrama endereçado a um

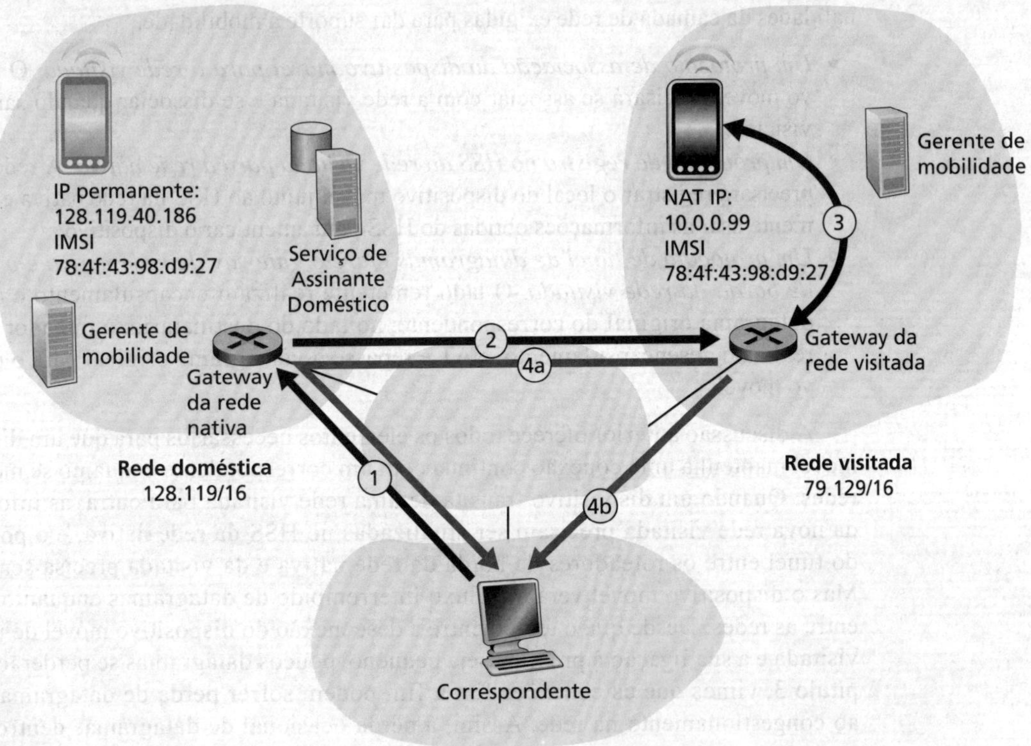

Figura 7.26 Roteamento indireto para um dispositivo móvel.

dispositivo para o qual aquela é a rede nativa, mas que atualmente reside em uma rede visitada. O gateway da rede nativa intercepta o datagrama, consulta o HSS para determinar a rede visitada na qual o dispositivo móvel está residindo e repassa o datagrama para o roteador de borda da rede visitada (a etapa 2 na Figura 7.26). O roteador de borda da rede visitada então repassa o datagrama na direção do dispositivo móvel (a etapa 3 na Figura 7.26). Se a tradução NAT é utilizada, como na Figura 7.26, esta é responsabilidade do roteador de borda da rede visitada.

É instrutivo considerar esse redirecionamento com mais detalhes. Claramente, o gateway da rede nativa precisará repassar o datagrama para o roteador de borda na rede visitada. Por outro lado, é desejável deixar intacto o datagrama do correspondente, pois a aplicação que recebe o datagrama deve desconhecer que este foi repassado por meio da rede nativa. Ambas as metas podem ser cumpridas fazendo o agente nativo encapsular o datagrama original completo do correspondente dentro de um novo (e maior) datagrama. Este é endereçado e entregue ao roteador de borda da rede visitada, que desencapsula o datagrama – isto é, remove o datagrama original do correspondente de dentro daquele datagrama maior de encapsulamento – e repassa o datagrama original para o dispositivo móvel (etapa 3 na Figura 7.26). O leitor atento notará que o encapsulamento/desencapsulamento descrito aqui é idêntico à noção de implementação de túnel discutida na Seção 4.3, no contexto do IPv6; na verdade, também discutimos o uso da implementação de túnel no contexto da Figura 7.18, quando introduzimos o plano de dados 4G LTE.

Por fim, vamos considerar como o dispositivo móvel envia datagramas para o correspondente. No contexto da Figura 7.26, o dispositivo móvel claramente precisará repassar o datagrama por meio do roteador de borda da rede visitada de modo a realizar a NAT. Mas como esse roteador deve repassar o datagrama para o correspondente? Como mostrado na Figura 7.26, temos aqui duas opções: *(4a)* o datagrama poderia ser enviado por túnel de volta ao roteador de borda da rede nativa e enviado de lá para o correspondente, ou *(4b)* o datagrama poderia ser transmitido da rede visitada diretamente para o correspondente, uma abordagem conhecida como **local breakout** no LTE (GSMA, 2019a).

Vamos resumir o que discutimos sobre roteamento indireto revisando as novas funcionalidades da camada de rede exigidas para dar suporte à mobilidade.

- *Um protocolo de associação do dispositivo móvel para a rede visitada.* O dispositivo móvel precisará se associar com a rede visitada e se dissociar quando sair da rede visitada.
- *Um protocolo de registro no HSS da rede visitada para a rede nativa.* A rede visitada precisará registrar o local do dispositivo móvel junto ao HSS na rede nativa e possivelmente usar as informações obtidas do HSS para autenticar o dispositivo.
- *Um protocolo de túnel de datagramas entre o gateway da rede nativa e o roteador de borda da rede visitada.* O lado remetente realiza o encapsulamento e repassa o datagrama original do correspondente; no lado do destinatário, o roteador de borda realiza o desencapsulamento, NAT e repasse do datagrama original para o dispositivo móvel.

A discussão anterior oferece todos os elementos necessários para que um dispositivo móvel mantenha uma conexão contínua com um correspondente enquanto se move entre redes. Quando um dispositivo transita de uma rede visitada para outra, as informações da nova rede visitada precisam ser atualizadas no HSS da rede nativa, e o ponto final do túnel entre os roteadores de borda da rede nativa e da visitada precisa ser movido. Mas o dispositivo móvel verá um fluxo interrompido de datagramas enquanto se move entre as redes. Desde que o tempo entre a desconexão do dispositivo móvel de uma rede visitada e a sua ligação à próxima seja pequeno, poucos datagramas se perderão. No Capítulo 3, vimos que as conexões fim a fim podem sofrer perda de datagramas devido ao congestionamento na rede. Assim, a perda ocasional de datagramas dentro de uma conexão quando um dispositivo se move entre redes não representa um problema catastrófico. Se é preciso ter comunicação sem perdas, mecanismos das camadas superiores se recuperam da perda de datagramas, seja ela resultante do congestionamento da rede ou da mobilidade do dispositivo.

Nossa discussão foi conscientemente um pouco genérica. Uma abordagem indireta de roteamento é utilizada no padrão IP móvel (RFC 5944), assim como nas redes 4G LTE (Sauter, 2014). Seus detalhes, especialmente os procedimentos de implementação de túnel, diferem pouco da explanação genérica acima.

Roteamento direto para um dispositivo móvel

A abordagem do roteamento indireto ilustrada na Figura 7.26 sofre de uma ineficiência conhecida como **problema do roteamento triangular** – datagramas endereçados ao dispositivo nó móvel devem ser roteados primeiro para a rede nativa e em seguida para a rede visitada, mesmo quando existir uma rota muito mais eficiente entre o correspondente e o dispositivo móvel em roaming. No pior caso, imagine um usuário móvel que está transitando na mesma rede que a rede nativa de um colega estrangeiro que nosso usuário móvel está visitando. Os dois estão sentados lado a lado e trocando dados. Os datagramas entre o usuário móvel e seu colega estrangeiro serão repassados para a rede nativa do primeiro, e então retornarão à rede visitada!

O **roteamento direto** supera a ineficiência do roteamento triangular, mas o faz à custa de complexidade adicional. Na abordagem do roteamento direto, mostrada na Figura 7.27, o correspondente primeiro descobre a rede visitada na qual o dispositivo móvel reside. Para tanto, ele consulta o HSS na rede nativa do dispositivo móvel, pressupondo (assim como no caso do roteamento indireto) que a rede visitada do dispositivo móvel esteja registrada no HSS. É o que mostram as etapas 1 e 2 da Figura 7.27. O correspondente então envia por túnel os datagramas da sua rede *diretamente* para o roteador de borda na rede visitada do dispositivo móvel.

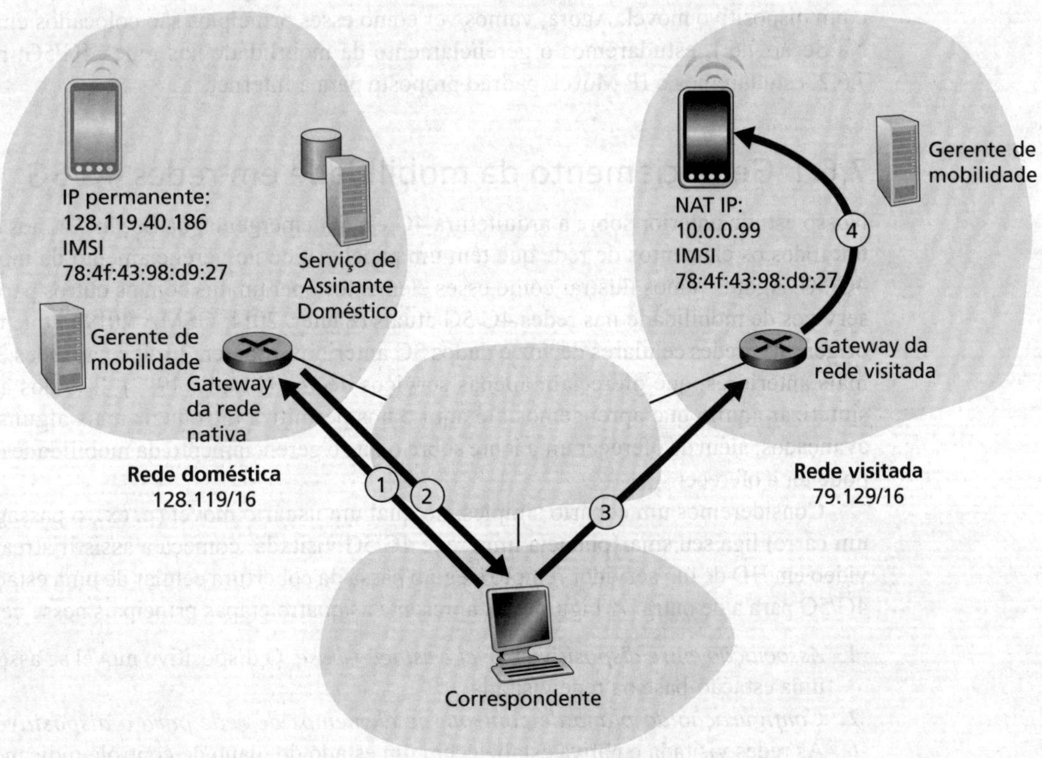

Figura 7.27 Roteamento direto para um dispositivo móvel.

Embora supere o problema do roteamento triangular, o roteamento direto introduz dois importantes desafios adicionais:

- É necessário um protocolo de localização do usuário móvel para que o correspondente consulte o HSS para obter a rede visitada do dispositivo móvel (etapas 1 e 2 na Figura 7.27), além do protocolo necessário para que o dispositivo móvel registre seu local junto ao seu HSS.
- Quando o dispositivo móvel passa de uma rede visitada para outra, como o correspondente sabe que deve repassar os datagramas para a nova rede visitada? No caso do roteamento indireto, o problema é resolvido facilmente pela atualização do HSS na rede nativa e pela alteração da extremidade do túnel para que termine no roteador de borda da nova rede visitada. Com o roteamento direto, contudo, essa mudança nas redes visitadas não é tão fácil, pois o HSS é consultado pelo correspondente apenas no início da sessão. Assim, seriam necessários mecanismos de protocolo adicionais para atualizar proativamente o correspondente todas as vezes que o dispositivo móvel se mover. Dois problemas no final deste capítulo exploram soluções para esse problema.

7.6 GERENCIAMENTO DA MOBILIDADE NA PRÁTICA

Na seção anterior, identificamos os desafios fundamentais e soluções em potencial para o desenvolvimento de uma arquitetura de rede que suporte a mobilidade de dispositivos: as ideias de redes nativa e visitada; o papel da rede nativa como ponto central de informações e controle para dispositivos móveis da qual são assinantes; as funções do plano de controle necessárias para que a entidade de gerenciamento móvel da rede nativa controle o roaming de um dispositivo móvel entre redes visitadas; e abordagens do plano de dados para roteamento direto e indireto de modo a capacitar o intercâmbio de datagramas entre um correspondente e um dispositivo móvel. Agora, vamos ver como esses princípios são colocados em prática. Na Seção 7.6.1, estudaremos o gerenciamento da mobilidade nas redes 4G/5G; na Seção 7.6.2, estudaremos o IP Móvel, padrão proposto para a Internet.

7.6.1 Gerenciamento da mobilidade em redes 4G/5G

Nosso estudo anterior sobre a arquitetura 4G e a 5G emergente, na Seção 7.4, nos apresentou todos os elementos de rede que têm um papel crítico no gerenciamento da mobilidade 4G/5G. Agora, vamos ilustrar como esses elementos operam uns com os outros para prestar serviços de mobilidade nas redes 4G/5G atuais (Sauter, 2014; GSMA 2019b), que têm suas origens nas redes celulares de voz e dados 3G anteriores (Sauter, 2014) e nas redes 2G ainda mais anteriores, que ofereciam apenas serviços de voz (Mouly, 1992). Isso nos ajudará a sintetizar aquilo que aprendemos até aqui e nos permitirá introduzir mais alguns tópicos avançados, além de oferecer uma lente sobre o que o gerenciamento da mobilidade que o 5G pode ter a oferecer.

Consideremos um cenário simples, no qual um usuário móvel (p. ex., o passageiro em um carro) liga seu smartphone a uma rede 4G/5G visitada, começa a assistir streaming de vídeo em HD de um servidor remoto e então passa da cobertura celular de uma estação-base 4G/5G para a de outra. A Figura 7.28 apresenta as quatro etapas principais nesse cenário.

1. *Associação entre dispositivo móvel e estação-base.* O dispositivo móvel se associa com uma estação-base na rede visitada.
2. *Configuração do plano de controle de elementos de rede para o dispositivo móvel.* As redes visitada e nativa estabelecem um estado do plano de controle indicando que o dispositivo móvel reside na rede visitada.

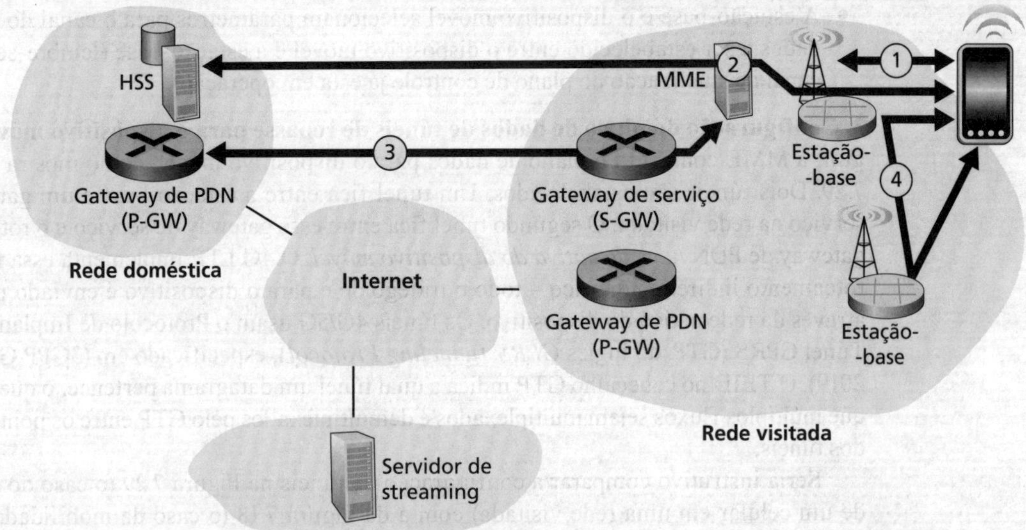

Figura 7.28 Exemplo de cenário de mobilidade 4G/5G.

3. *Configuração do plano de dados de túneis de repasse para o dispositivo móvel.* A rede visitada e a rede nativa estabelecem túneis através dos quais o dispositivo móvel e o servidor dc streaming podem enviar/receber datagramas IP, usando roteamento indireto através do gateway da rede de pacote de dados (P-GW) da rede nativa.
4. *Transferência do dispositivo móvel de uma estação-base para outra.* O dispositivo móvel muda o seu ponto de ligação à rede visitada por meio da transferência de uma estação-base para outra.

Consideremos agora cada um desses quatro passos em mais detalhes.

1. Associação à estação-base. Lembre-se que, na Seção 7.4.2, estudamos os procedimentos pelos quais um dispositivo móvel se associa a uma estação-base. Aprendemos que o dispositivo móvel busca em todas as frequências os sinais primários transmitidos pelas estações-base na sua área. O dispositivo móvel adquire progressivamente mais informações sobre essas estações-base e seleciona aquela à qual se associará, então inicia um canal de sinalização de controle com a estação-base relevante. Durante essa associação, o dispositivo móvel fornece à estação-base a sua identidade internacional de assinante móvel (IMSI), um identificador único do dispositivo móvel e da sua rede nativa, além de informações do assinante adicionais.

2. Configuração do plano de controle de elementos da rede LTE para o dispositivo móvel. Após o estabelecimento do canal de sinalização entre o dispositivo móvel e a estação-base, esta pode contatar a MME da rede visitada. A MME consulta e configura diversos elementos 4G/5G nas redes nativa e visitada para estabelecer o estado em nome do nó móvel:

- A MME usará a IMSI e outras informações fornecidas pelo dispositivo móvel para recuperar informações de autenticação, criptografia e serviços de rede disponíveis para o assinante. Essas informações podem estar no cache local da MME, ser recuperadas de outra MME que o dispositivo móvel contatou recentemente ou recuperadas do HSS na rede nativa do dispositivo móvel. O processo de autenticação mútua (que analisaremos em mais detalhes na Seção 8.8) garante que a rede visitada tem certeza sobre a identidade do dispositivo móvel e que o dispositivo pode autenticar a rede à qual está se ligando.
- A MME informa o HSS na rede nativa do dispositivo móvel que este agora reside na rede visitada; o HSS atualiza o seu banco de dados.

- A estação-base e o dispositivo móvel selecionam parâmetros para o canal do plano de dados a ser estabelecido entre o dispositivo móvel e a estação-base (lembre-se que um canal de sinalização do plano de controle já está em operação).

3. Configuração do plano de dados de túneis de repasse para o dispositivo móvel. A seguir, a MME configura o plano de dados para o dispositivo móvel, como mostra a Figura 7.29. Dois túneis são estabelecidos. Um túnel fica entre a estação-base e um gateway de serviço na rede visitada. O segundo túnel fica entre esse gateway de serviço e o roteador do gateway de PDN *na rede nativa do dispositivo móvel.* O 4G LTE implementa essa forma de roteamento indireto simétrico – todo o tráfego de e para o dispositivo é enviado por túnel através da rede nativa do dispositivo. Os túneis 4G/5G usam o Protocolo de Implantação de Túnel GPRS (GTP, do inglês *GPRS Tunneling Protocol*), especificado em (3GPP GTPv1-U, 2019). O TEID no cabeçalho GTP indica a qual túnel um datagrama pertence, o que permite que múltiplos fluxos sejam multiplexados e demultiplexados pelo GTP entre os pontos finais dos túneis.

Seria instrutivo comparar a configuração de túneis na Figura 7.29 (o caso do roaming de um celular em uma rede visitada) com a da Figura 7.18 (o caso da mobilidade apenas dentro da rede nativa do dispositivo móvel). Vemos que, em ambos os casos, o gateway de serviço reside na mesma rede que o dispositivo móvel, mas o gateway de PDN (que é sempre o gateway de PDN na rede nativa do dispositivo móvel) pode estar em uma rede diferente daquela na qual o dispositivo móvel se encontra. Este é exatamente o roteamento indireto. Foi especificada uma alternativa ao roteamento indireto, conhecida como **local breakout** (GSMA, 2019a), na qual o gateway de serviço estabelece um túnel para o gateway de PDN na rede visitada local. Na prática, entretanto, o local breakout não é uma prática muito difundida (Sauter, 2014).

Após os túneis terem sido configurados e ativados, o dispositivo móvel pode então repassar pacotes de/para a Internet através do gateway de PDN na sua rede nativa!

4. Gerenciamento de transferência. Uma **transferência (*handover*)** ocorre quando um dispositivo móvel muda a sua associação de uma estação-base para outra. O processo de transferência descrito abaixo continua o mesmo independentemente do dispositivo móvel residir na sua rede nativa ou estiver em trânsito em uma rede visitada.

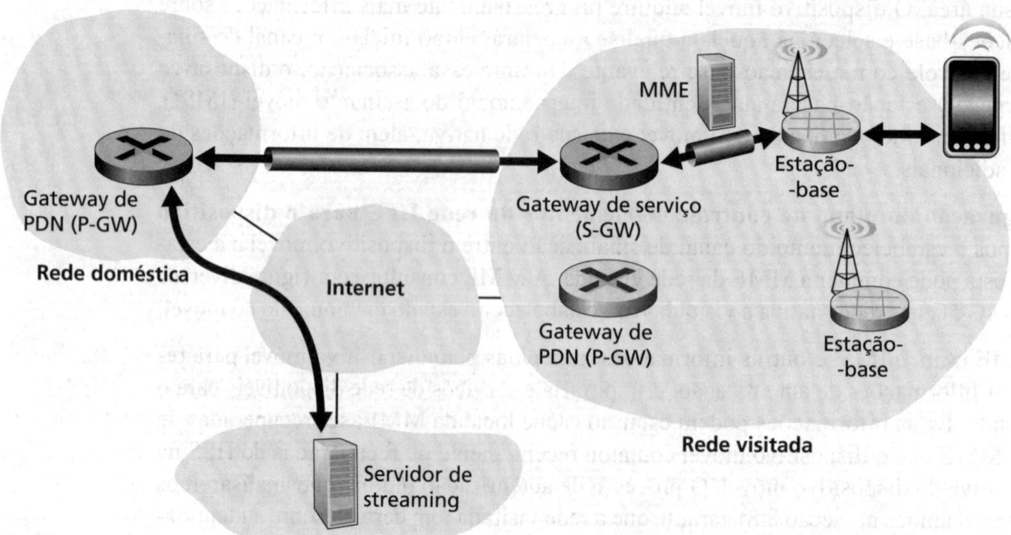

Figura 7.29 Implantação de túnel nas redes 4G/5G entre o gateway de serviço na rede visitada e o gateway de PDN na rede nativa.

Como mostra a Figura 7.30, datagramas de/para o dispositivo inicialmente (antes da transferência) são repassados a ele através da estação-base (que chamaremos de estação-base *de origem*), e, após a transferência, são roteados para o dispositivo móvel através de outra estação-base (que chamaremos de estação-base *de destino*). Como veremos, uma transferência entre estações-base resulta, além da transmissão/recebimento de/para uma nova estação-base por parte do dispositivo móvel, em uma mudança no lado da estação-base em relação ao túnel entre o gateway de serviço e a estação-base na Figura 7.29. No caso mais simples de transferência, quando as duas estações-base estão próximas uma à outra e na mesma rede, todas as mudanças que ocorrem devido à transferência são, assim, relativamente locais. Em especial, o gateway de PDN usado pelo gateway de serviço continua sem saber nada sobre a mobilidade do dispositivo. Obviamente, cenários de transferência mais complicados exigem o uso de mecanismos mais complexos (Sauter, 2014; GSMA, 2019a).

Pode haver diversos motivos para que ocorra a transferência. Por exemplo, o sinal entre a estação-base corrente e o dispositivo móvel pode se deteriorar tanto que a comunicação fica gravemente prejudicada. Ou a célula pode estar sobrecarregada, tamanha a quantidade de tráfego; transferir dispositivos móveis para células vizinhas menos congestionadas pode aliviar o problema. O dispositivo móvel mede periodicamente as características de um sinal de sinalização emitido por sua estação-base corrente, bem como de sinais de sinalização emitidos por estações-base próximas que ele pode "ouvir". Essas medições são passadas uma ou duas vezes por segundo para a estação-base corrente do dispositivo móvel. Com base nessas medições, nas cargas correntes de usuários móveis em células próximas e outros fatores, a estação-base de origem pode optar por iniciar a transferência. Os padrões 4G/5G não especificam o algoritmo específico a ser utilizado por uma estação-base para decidir se realiza ou não uma transferência ou qual estação-base de destino escolher; esta é uma área de pesquisa em atividade (Zheng, 2008; Alexandris, 2016).

A Figura 7.30 ilustra as etapas envolvidas quando uma estação-base de origem decide transferir um dispositivo móvel para a estação-base de destino.

1. A estação-base corrente (origem) seleciona a estação-base de destino e envia uma mensagem de Solicitação de Transferência para a estação-base de destino.
2. A estação-base de destino verifica se possui os recursos para suportar o dispositivo móvel e seus requisitos de qualidade de serviço. Em caso positivo, pré-aloca para o dispositivo recursos de canal (p. ex., intervalos de tempo) na sua rede de acesso por rádio e outros recursos. Essa pré-alocação de recursos libera o dispositivo móvel de precisar realizar o demorado protocolo de associação à estação-base discutido anteriormente e

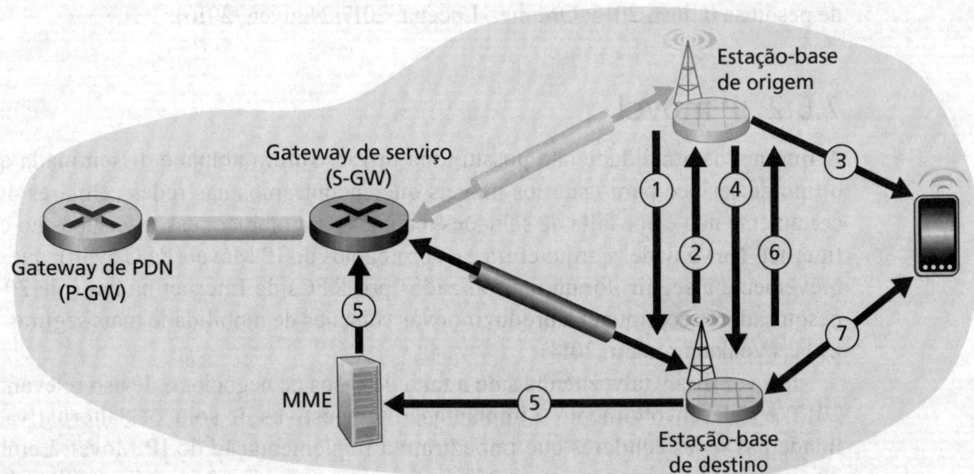

Figura 7.30 Etapas na transferência de um dispositivo móvel da estação-base de origem para a estação-base de destino.

acelera ao máximo a execução da transferência. A estação-base de destino responde à estação-base de origem com uma mensagem de Reconhecimento da Solicitação de Transferência contendo toda as informações na estação-base de destino das quais o dispositivo móvel precisará para se associar à nova estação-base.

3. A estação-base de origem recebe a mensagem de Reconhecimento da Solicitação de Transferência e informa o dispositivo móvel sobre a identidade da estação-base de destino e fornece informações de acesso ao canal. Neste ponto, o dispositivo móvel pode começar a enviar/receber datagramas de/para a nova estação-base de destino. Do ponto de vista do dispositivo móvel, a transferência está completa! Contudo, ainda há bastante trabalho pela frente dentro da rede.
4. A estação-base de origem também parará de repassar datagramas para o dispositivo móvel e passará então a repassar quaisquer datagramas enviados por túnel que receber para a estação-base de destino, que posteriormente repassará esses datagramas para o dispositivo móvel.
5. A estação-base de destino informa a MME que ela será a nova estação-base atendendo o dispositivo móvel. A MME, por sua vez, sinaliza para o gateway de serviço e a estação--base de destino para reconfigurar o túnel do gateway de serviço para a estação-base, de modo que este termine na segunda, não na estação-base de origem.
6. A estação-base de destino confirma de volta para a estação-base de origem que o túnel foi reconfigurado, permitindo que a estação-base de origem libere recursos associados com o dispositivo móvel.
7. Nesse ponto, a estação-base de destino também pode começar a entregar datagramas para o dispositivo móvel, incluindo datagramas repassados para a estação-base de destino pela estação-base de origem durante a transferência, além de datagramas recém-chegados ao túnel reconfigurado a partir do gateway de serviço. Ela também pode repassar datagramas de saída recebidos do dispositivo móvel para o túnel até o gateway de serviço.

As configurações de roaming nas redes 4G LTE da atualidade, como analisado acima, também serão utilizadas nas redes 5G emergentes do futuro (GSMA, 2019c). Lembre-se, no entanto, pela nossa discussão na Seção 7.4.6, que as redes 5G serão mais densas, com células de tamanho significativamente menor. Isso significa que a transferência será uma função de rede ainda mais crítica. Além disso, a baixa latência nas transferências será fundamental para muitas aplicações do 5G em tempo real. A migração do plano de controle da rede celular para a estrutura de rede definida por software (SDN, do inglês *software-defined networking*), estudada anteriormente no Capítulo 5 (GSMA, 2018b; Condoluci, 2018), promete capacitar implementações de um plano de controle da rede celular 5G de maior capacidade e menor latência. A aplicação da SDN no contexto 5G é o tópico de diversos esforços de pesquisa (Giust, 2015; Ordonez-Lucena, 2017; Nguyen, 2016).

7.6.2 IP móvel

A Internet da atualidade não possui uma infraestrutura ampla e disseminada que oferece o tipo de serviço para usuários móveis que encontramos nas redes celulares 4G/5G. Mas certamente não é por falta de soluções técnicas para oferecer esses serviços no contexto da Internet! Na verdade, a arquitetura e os protocolos do IP Móvel (RFC 5944), que discutimos brevemente a seguir, foram padronizados por RFCs da Internet há mais de 20 anos, e os pesquisadores continuam a produzir novas soluções de mobilidade mais seguras e generalizadas (Venkataramani, 2014).

Em vez disso, talvez tenha sido a falta de casos de negócios e de uso relevantes (Arkko, 2012) e o desenvolvimento e implantação tempestivos de soluções alternativas de mobilidade nas redes celulares que impediram a implementação do IP Móvel. Lembre-se que, 20 anos atrás, as redes celulares 2G já ofereciam uma solução para serviços móveis de voz (o "aplicativo obrigatório" para usuários móveis); além disso, as redes 3G da próxima geração, que apoiavam voz *e* dados, estavam no horizonte. Talvez a solução tecnológica dupla

– serviços móveis por redes celulares quando estamos realmente móveis e em movimento (i.e., na extremidade direita do espectro de mobilidade na Figura 7.24) e serviços de Internet através de redes 802.11 ou cabeadas quando estamos estacionários ou nos movemos apenas localmente (i.e., na extremidade esquerda do espectro de mobilidade na Figura 7.24) – que tínhamos 20 anos atrás e ainda temos hoje continuará a existir no futuro.

Ainda assim, pode ser instrutivo considerar brevemente o padrão IP Móvel, pois oferece muitos dos mesmos serviços que as redes celulares e implementa muitos dos mesmos princípios básicos de mobilidade. As edições anteriores deste livro ofereceram um estudo mais aprofundado sobre o IP Móvel do que temos aqui (o leitor interessado encontra o material no *site* do livro). Os protocolos e a arquitetura da Internet para suportar mobilidade, conhecidos coletivamente pelo nome IP Móvel, foram definidos principalmente no RFC 5944 para o IPv4. O IP móvel, assim como o 4G/5G, é um padrão complexo, e seria preciso todo um livro para detalhá-lo; Perkins (1998b), aliás, foi um que escreveu um livro com esses detalhes. Nosso objetivo aqui é mais modesto: oferecer uma visão geral sobre os aspectos mais importantes do IP Móvel.

Os elementos e a arquitetura geral do IP Móvel são incrivelmente semelhantes aos das redes de operadoras de celular. Há uma noção forte de rede nativa, na qual um dispositivo móvel possui um endereço IP permanente, e de redes visitadas (chamadas de redes "externas" no IP Móvel), nas quais é alocado ao dispositivo móvel um endereço administrado (COA, do inglês *care-of-address*). O agente nativo no IP Móvel possui uma função semelhante ao HSS no LTE: rastrear o local de um dispositivo móvel, assim como o HSS recebe atualizações das MMEs nas redes visitadas nas quais reside um dispositivo móvel 4G. Ambos os padrões, 4G/5G e IP Móvel, utilizam roteamento indireto para um nó móvel, usando túneis para conectar os roteadores de borda nas redes nativas e visitadas/externas. A Tabela 7.3 resume os elementos da arquitetura do IP Móvel e inclui uma comparação com elementos semelhantes nas redes 4G/5G.

O padrão IP móvel consiste em três partes principais:

- *Descoberta de agente.* O IP móvel define os protocolos utilizados por um agente externo para anunciar seus serviços a dispositivos móveis que desejam se ligar à sua rede. Esses serviços incluem o fornecimento de um endereço administrado ao dispositivo móvel para uso na rede externa, registro do dispositivo móvel junto ao agente nativo na

TABELA 7.3 Semelhanças entre arquiteturas 4G/5G e IP móvel

Elemento 4G/5G	Elemento do IP móvel	Discussão
Rede doméstica	Rede doméstica	
Rede visitada	Rede externa	
Identificador IMSI	Endereço IP permanente	Informação de endereço roteável globalmente único
Serviço de Assinante Doméstico (HSS)	Agente nativo	
Entidade de Gerenciamento Móvel (MME)	Agente externo	
Plano de dados: repasse indireto através da rede nativa, com túnel entre a rede nativa e a visitada e túnel dentro da rede na qual o dispositivo móvel reside	Plano de dados: repasse indireto através da rede nativa, com túnel entre a rede nativa e a visitada	
Estação-base (eNode-B)	Ponto de acesso (AP)	Nenhuma tecnologia de AP específica é definida no IP móvel
Rede de acesso por rádio	WLAN	Nenhuma tecnologia de WLAN específica é definida no IP móvel

rede nativa do dispositivo móvel e repasse de datagramas de e para o dispositivo móvel, entre outros.

- *Registro no agente nativo.* O IP móvel define os protocolos usados pelo dispositivo móvel e/ou agente externo para registrar e anular os registros de COAs no agente local de um dispositivo móvel.
- *Roteamento indireto de datagramas.* O IP móvel também define a maneira pela qual datagramas são repassados para dispositivos móveis por um agente nativo, incluindo regras para repassar datagramas, regras para manipular condições de erro e diversas formas de implementação de túnel (RFC 2003; RFC 2004).

Mais uma vez, nossa cobertura sobre o IP móvel foi propositalmente breve. O leitor interessado deve consultar as referências nesta seção ou as discussões mais detalhadas sobre o IP móvel em edições anteriores deste livro.

7.7 SEM FIO E MOBILIDADE: IMPACTO SOBRE PROTOCOLOS DE CAMADAS SUPERIORES

Neste capítulo, vimos que redes sem fio são significativamente diferentes de suas contrapartes cabeadas tanto na camada de enlace (como resultado de características de canais sem fio como desvanecimento, propagação multivias e terminais ocultos) quanto na camada de rede (como resultado de usuários móveis que mudam seus pontos de conexão com a rede). Mas há diferenças importantes nas camadas de transporte e de aplicação? É tentador pensar que essas diferenças seriam pequenas, visto que a camada de rede provê o mesmo modelo de serviço de entrega de melhor esforço às camadas superiores tanto em redes cabeadas quanto em redes sem fio. De modo semelhante, se protocolos como TCP ou UDP são usados para oferecer serviços da camada de transporte a aplicações tanto em redes cabeadas como em redes sem fio, então a camada de aplicação também deve permanecer inalterada. Nossa intuição está certa em um sentido – TCP e UDP podem operar, e de fato operam, em redes com enlaces sem fio. Por outro lado, protocolos de transporte em geral e o TCP em particular às vezes podem ter desempenhos muito diferentes em redes cabeadas e em redes sem fio, e é neste particular, em termos de desempenho, que as diferenças se manifestam. Vejamos por quê.

Lembre-se de que o TCP retransmite um segmento que é perdido ou corrompido no caminho entre remetente e destinatário. No caso de usuários móveis, a perda pode resultar de congestionamento de rede (esgotamento de buffer de roteador) ou de transferência (p. ex., de atrasos no redirecionamento de segmentos para um novo ponto de conexão do usuário à rede). Em todos os casos, o ACK do destinatário ao remetente do TCP indica apenas que um segmento não foi recebido intacto; o remetente não sabe se o segmento foi perdido por congestionamento, durante a transferência, ou por erros de bits detectados. Em todos os casos, a resposta do remetente é a mesma – retransmitir o segmento. A resposta do controle de congestionamento do TCP *também* é a mesma em todos os casos – o TCP reduz sua janela de congestionamento, como discutimos na Seção 3.7. Reduzindo de modo incondicional sua janela de congestionamento, o TCP admite implicitamente que a perda de segmento resulta de congestionamento e não de corrupção ou transferência. Vimos na Seção 7.2 que erros de bits são muito mais comuns em redes sem fio do que nas cabeadas. Quando ocorrem esses erros de bits ou quando há perda na transferência, na realidade não há razão alguma para que o remetente TCP reduza sua janela de congestionamento (reduzindo, assim, sua taxa de envio). Na verdade, é bem possível que os buffers de roteador estejam vazios e que pacotes estejam fluindo ao longo de caminhos fim a fim desimpedidos, sem congestionamento.

Entre o início e meados da década de 1990, pesquisadores perceberam que, dadas as altas taxas de erros de bits em enlaces sem fio e a possibilidade de perdas pela transferência de usuários, a resposta do controle de congestionamento do TCP poderia ser problemática em um ambiente sem fio. Há três classes gerais de abordagens possíveis para tratar esse problema:

- *Recuperação local.* Os protocolos de recuperação local recuperam erros de bits quando e onde (p. ex., no enlace sem fio) eles ocorrem (p. ex., o protocolo ARQ 802.11, que estudamos na Seção 7.3, ou técnicas mais sofisticadas que utilizam ARQ e FEC (Ayanoglu, 1995) que vimos em uso nas redes 4G/5G na Seção 7.4.2).
- *Remetente TCP ciente de enlaces sem fio.* Em técnicas de recuperação locais, o remetente TCP fica completamente desavisado de que seus segmentos estão atravessando um enlace sem fio. Uma técnica alternativa é o remetente e o destinatário ficarem cientes da existência de um enlace sem fio, para distinguir entre perdas por congestionamento na rede cabeada e corrupção/perdas no enlace sem fio, e invocar o controle de congestionamento somente em resposta a perdas por congestionamento na rede cabeada. Liu (2003) investiga técnicas para diferenciar entre perdas nos segmentos cabeados e sem fio de um caminho fim a fim. Huang (2013) apresenta ideias sobre o desenvolvimento de aplicações e mecanismos de protocolos de transporte que se adaptem melhor a LTE.
- *Técnicas de conexão dividida.* Nesta técnica de conexão dividida (Bakre, 1995), a conexão fim a fim entre o usuário móvel e o outro ponto terminal é dividida em duas conexões da camada de transporte: uma do hospedeiro móvel ao ponto de acesso sem fio, e uma do ponto de acesso sem fio ao outro ponto terminal de comunicação (admitiremos, aqui, um usuário cabeado). A conexão fim a fim é, então, formada por uma concatenação de uma parte sem fio e uma parte cabeada. A camada de transporte sobre um segmento sem fio pode ser uma conexão-padrão TCP (Bakre, 1995), ou principalmente um protocolo de recuperação de erro personalizado em cima do UDP. Yavatkar (1994) analisa o uso de um protocolo de repetição seletiva da camada de transporte por uma conexão sem fio. As medidas relatadas em Wei (2006) indicam que conexões TCP divididas são bastante usadas em redes de dados celulares, e que aperfeiçoamentos significativos podem ser feitos com o uso dessas conexões.

Aqui, nosso tratamento do TCP em enlaces sem fio foi necessariamente breve. Estudos mais aprofundados dos desafios e soluções do TCP nessas redes podem ser encontrados em Hanabali (2005) e Leung (2006). Aconselhamos o leitor a consultar as referências se quiser mais detalhes sobre essa área de pesquisa em curso.

Agora que já consideramos protocolos de camada de transporte, vamos analisar em seguida o efeito do sem fio e da mobilidade sobre protocolos da camada de aplicação. Devido à natureza compartilhada do espectro sem fio, aplicações que operam por enlaces sem fio, em particular por enlaces celulares sem fio, devem tratar a largura de banda como uma mercadoria escassa. Por exemplo, um servidor Web que serve conteúdo a um navegador Web que está rodando em um telefone 4G talvez não consiga prover o mesmo conteúdo rico em imagens que oferece a um navegador que está rodando sobre uma conexão cabeada. Embora enlaces sem fio proponham desafios na camada de aplicação, a mobilidade que eles criam também torna possível um rico conjunto de aplicações dependentes de localização e de contexto (Baldauf, 2007). Em termos mais gerais, redes sem fio e redes móveis desempenharão um papel fundamental na concretização dos ambientes de computação onipresentes do futuro (Weiser, 1991). É justo dizer que vimos somente a ponta do iceberg quando se trata do impacto de redes sem fio e móveis sobre aplicações em rede e seus protocolos!

7.8 RESUMO

As redes sem fio e móveis revolucionaram a telefonia e agora estão causando um impacto cada vez mais profundo no mundo das redes de computadores. Com o acesso à infraestrutura da rede global que oferecem – desimpedido, a qualquer hora, em qualquer lugar –, estão não só aumentando a onipresença do acesso a redes, mas também habilitando um novo conjunto muito interessante de serviços dependentes de localização. Dada a crescente importância das redes sem fio e móveis, este capítulo focalizou os princípios, as tecnologias de enlace e as arquiteturas de rede para suportar comunicações sem fio e móveis.

Iniciamos o capítulo com uma introdução às redes sem fio e móveis, traçando uma importante distinção entre os desafios propostos pela natureza *sem fio* dos enlaces de comunicação desse tipo de rede e pela *mobilidade* que permitem. Isso nos possibilitou isolar, identificar e dominar melhor os conceitos fundamentais em cada área. Focalizamos primeiro a comunicação sem fio, considerando as características de um enlace sem fio na Seção 7.2. Nas Seções 7.3 e 7.4, examinamos os aspectos de camada de enlace do padrão IEEE 802.11 (WiFi) para LANs sem fio, redes Bluetooth e redes celulares 4G/5G. Depois, voltamos nossa atenção para a questão da mobilidade. Na Seção 7.5, identificamos diversas formas de mobilidade, e verificamos que há pontos nesse espectro que propõem desafios diferentes e admitem soluções diferentes. Consideramos os problemas de localização e roteamento para um usuário móvel, bem como técnicas para transferir o usuário móvel que passa dinamicamente de um ponto de conexão com a rede para outro. Examinamos como essas questões foram abordadas nas redes 4G/5G e no padrão IP móvel. Por fim, na Seção 7.7, consideramos o impacto causado por enlaces sem fio e pela mobilidade sobre protocolos de camada de transporte e aplicações em rede.

Embora tenhamos dedicado um capítulo inteiro ao estudo de redes sem fio e redes móveis, seria preciso todo um livro (ou mais) para explorar completamente esse campo tão animador e que está se expandindo tão depressa. Aconselhamos o leitor a se aprofundar mais nesse campo consultando as muitas referências fornecidas neste capítulo.

Exercícios de fixação e perguntas

Questões de revisão do Capítulo 7

SEÇÃO 7.1

R1. O que significa para uma rede sem fio estar operando no "modo de infraestrutura"? Se a rede não estiver nesse modo, em qual modo ela está e qual é a diferença entre esse modo de operação e o de infraestrutura?

R2. Quais são os quatro tipos de redes sem fio identificadas em nossa taxonomia na Seção 7.1? Quais desses tipos de rede sem fio você usou?

SEÇÃO 7.2

R3. Quais são as diferenças entre os seguintes tipos de falhas no canal sem fio: atenuação de percurso, propagação multivias, interferência de outras fontes?

R4. Um nó móvel se distancia cada vez mais de uma estação-base. Quais são as duas atitudes que uma estação-base poderia tomar para garantir que a probabilidade de perda de um quadro transmitido não aumente?

SEÇÃO 7.3

R5. Descreva o papel dos quadros de sinalização em 802.11.

R6. Verdadeiro ou falso: antes de uma estação 802.11 transmitir um quadro de dados, ela deve primeiro enviar um quadro RTS e receber um quadro CTS correspondente.

R7. Por que são usados reconhecimentos em 802.11, mas não em Ethernet cabeada?

R8. Verdadeiro ou falso: Ethernet e 802.11 usam a mesma estrutura de quadro.

R9. Descreva como funciona o patamar RTS.

R10. Suponha que os quadros RTS e CTS IEEE 802.11 fossem tão longos quanto os padronizados DATA e ACK. Haveria alguma vantagem em usar os quadros CTS e RTS? Por quê?

R11. A Seção 7.3.4 discute mobilidade 802.11, na qual uma estação sem fio passa de um BSS para outro dentro da mesma sub-rede. Quando os APs estão interconectados com um switch, um AP pode precisar enviar um quadro com um endereço MAC fingido para fazer o switch transmitir quadros adequadamente. Por quê?

R12. Quais são as diferenças entre o dispositivo mestre em uma rede Bluetooth e uma estação-base em uma rede 802.11?

R13. Qual é o papel da estação-base na arquitetura celular 4G/5G? Com quais outros elementos de rede 4G/5G (dispositivo móvel, MME, HSS, roteador do Gateway de Serviço, roteador do Gateway de PDN) ela se comunica *diretamente* no plano de controle? E no plano de dados?

R14. O que é uma identidade internacional de assinante móvel (IMSI)?

R15. Qual é o papel do serviço de assinante doméstico na arquitetura celular 4G/5G? Com quais outros elementos de rede 4G/5G (dispositivo móvel, estação-base, MME, roteador do Gateway de Serviço, roteador do Gateway de PDN) ele se comunica *diretamente* no plano de controle? E no plano de dados?

R16. Qual é o papel da entidade de gerenciamento móvel (MME) na arquitetura celular 4G/5G? Com quais outros elementos de rede 4G/5G (dispositivo móvel, estação-base, HSS, roteador do Gateway de Serviço, roteador do Gateway de PDN) ela se comunica *diretamente* no plano de controle? E no plano de dados?

R17. Descreva o propósito de dois túneis no plano de dados da arquitetura celular 4G/5G. Quando um dispositivo móvel está ligado à sua própria rede nativa, em qual elemento de rede 4G/5G (dispositivo móvel, estação-base, HSS, MME, roteador do Gateway de Serviço, roteador do Gateway de PDN) cada extremidade de cada um dos dois túneis termina?

R18. Quais são as três subcamadas na camada de enlace da pilha de protocolos LTE? Descreva brevemente as suas funções.

R19. A rede de acesso sem fio LTE usa FDMA, TDMA ou ambos? Explique sua resposta.

R20. Descreva os dois modos de suspensão possíveis de um dispositivo móvel 4G/5G. Em cada um deles, o dispositivo móvel permanecerá associado à mesma estação-base entre o momento em que é suspenso e aquele no qual acorda e envia/recebe um novo datagrama pela primeira vez?

R21. O que são a "rede visitada" e a "rede nativa" na arquitetura celular 4G/5G?

R22. Liste três diferenças importantes entre redes celulares 4G e 5G.

SEÇÃO 7.5

R23. O que significa dizer que um dispositivo móvel está em roaming?

R24. O que significa falar da "transferência" (*handover*) de um dispositivo de rede?

R25. Qual é a diferença entre roteamento direto e indireto de datagramas de/para um hospedeiro móvel em modo de roaming?

R26. O que significa "roteamento triangular"?

SEÇÃO 7.6

R27. Descreva a semelhança e as diferenças na configuração do túnel quando um dispositivo móvel reside na sua rede nativa em comparação quando está transitando (em roaming) em uma rede visitada.

R28. Quando um dispositivo móvel é transferido de uma estação-base para outra em uma rede 4G/5G, qual elemento da rede toma a decisão de iniciar a transferência? Qual elemento de rede escolhe a estação-base de destino para a qual o dispositivo móvel será transferido?

R29. Descreva como e quando o caminho de repasse dos datagramas que entram na rede visitada e destinados ao dispositivo móvel muda antes, durante e após a transferência.

R30. Considere os seguintes elementos da arquitetura do IP Móvel: rede nativa, endereço permanente na rede externa, agente nativo, agente externo, repasse do plano de dados, ponto de acesso (AP) e WLANs na borda da rede. Quais os elementos equivalentes mais próximos na arquitetura das redes celulares 4G/5G?

SEÇÃO 7.7

R31. Quais são os três métodos que podem ser realizados para evitar que um único enlace sem fio reduza o desempenho de uma conexão TCP fim a fim da camada de transporte?

Problemas

P1. Considere o exemplo do remetente CDMA único na Figura 7.5. Qual seria a saída do remetente (para os 2 bits de dados mostrados) se o código do remetente CDMA fosse (1, –1, 1, –1, 1, 1, 1, –1)?

P2. Considere o remetente 2 na Figura 7.6. Qual é a saída do remetente para o canal (antes de ser adicionada ao sinal vindo do remetente 1), $Z^2_{i,m}$?

P3. Suponha que o receptor na Figura 7.6 queira receber os dados que estão sendo enviados pelo remetente 2. Mostre (por cálculo) que o receptor pode, na verdade, recuperar dados do remetente 2 do sinal agregado do canal usando o código do remetente 2.

P4. Para o exemplo sobre dois remetentes, dois destinatários, dê um exemplo de dois códigos CDMA contendo 1 e 21 valores, que não permitem que dois destinatários extraiam os bits originais transmitidos por dois remetentes CDMA.

P5. Suponha que dois ISPs fornecem acesso WiFi em um determinado local, e que cada um deles opera seu próprio AP e tem seu próprio bloco de endereços IP.

a. Suponha ainda, que, por acidente, cada ISP configurou seu AP para operar no canal 11. O protocolo 802.11 falhará totalmente nessa situação? Discuta o que acontece quando duas estações, cada uma associada com um ISP diferente, tentam transmitir ao mesmo tempo.

b. Agora suponha que um AP opera no canal 1 e outro, no canal 11. Como você mudaria suas respostas?

P6. Na etapa 4 do protocolo CSMA/CA, uma estação que transmite um quadro com sucesso inicia o protocolo CSMA/CA para um segundo quadro na etapa 2, e não na 1. Quais seriam as razões que os projetistas do CSMA/CA provavelmente tinham em mente para fazer essa estação não transmitir o segundo quadro de imediato (se o canal fosse percebido como ocioso)?

P7. Suponha que uma estação 802.11b seja configurada para sempre reservar o canal com a sequência RTS/CTS. Imagine que essa estação de repente queira transmitir 1.500 bytes de dados e que todas as outras estações estão ociosas nesse momento. Calcule o tempo requerido para transmitir o quadro e receber o reconhecimento como uma função de SIFS e DIFS, ignorando atraso de propagação e admitindo que não haja erros de bits.

P8. Considere o cenário mostrado na Figura 7.31, no qual existem quatro nós sem fios, A, B, C e D. A cobertura de rádio dos quatro nós é mostrada pelas formas ovais mais escuras; todos os nós compartilham a mesma frequência. Quando A transmite, ele pode ser ouvido/recebido por B; quando B transmite, ele só pode ser ouvido/recebido por A e C; quando C transmite, B e D podem ouvir/receber de C; quando D transmite, somente C pode ouvir/receber de D.

Agora suponha que cada nó possua um estoque infinito de mensagens que ele queira enviar para os outros nós. Se o destinatário da mensagem não for um vizinho imediato, então a mensagem deve ser retransmitida. Por exemplo, se A quer enviar para D, uma mensagem de A deve ser primeiro enviada a B, que, então, envia a mensagem a C, e este, a D. O tempo é dividido em intervalos, com um tempo de transmissão de mensagem de exatamente um intervalo de tempo, como em um slotted Aloha, por exemplo. Durante um intervalo, um nó pode fazer uma das seguintes opções: (*i*) enviar uma mensagem; (*ii*) receber uma mensagem (se, exatamente, uma mensagem estiver sendo enviada a ele); (*iii*) permanecer silencioso. Como sempre, se um nó ouvir duas ou mais transmissões simultâneas, ocorrerá uma colisão, e nenhuma das mensagens transmitidas é recebida com sucesso. Você pode admitir aqui que não existem erros de bits, e, dessa forma, se uma mensagem for enviada, ela será recebida corretamente pelos que estão dentro do raio de transmissão do emissor.

a. Suponha que um controlador onisciente (i.e., que sabe o estado de cada nó na rede) possa comandar cada nó a fazer o que ele (o controlador onisciente) quiser, isto é, enviar uma mensagem, receber uma mensagem, ou permanecer silencioso. Dado esse controlador onisciente, qual é a taxa máxima à qual uma mensagem de dados pode ser transferida de C para A, sabendo que não existem outras mensagens entre nenhuma outra dupla remetente/destinatária?

b. Suponha que A envie uma mensagem a B, e D envie uma mensagem a C. Qual é a taxa máxima combinada à qual as mensagens de dados podem fluir de A a B e de D a C?

c. Considere agora que A envie uma mensagem a B, e C envie uma mensagem a D. Qual é a taxa máxima combinada à qual as mensagens de dados podem fluir de A a B e de C a D?

d. Suponha agora que os enlaces sem fio sejam substituídos por enlaces cabeados. Repita as questões de "a" a "c" neste cenário cabeado.

e. Agora imagine que estamos de novo em um cenário sem fio, e que para cada mensagem de dados enviada do remetente ao destinatário, este envie de volta uma mensagem ACK para o remetente (p. ex., como no TCP). Suponha também que cada mensagem ACK ocupe exatamente um slot. Repita as questões de "a" a "c" para este cenário.

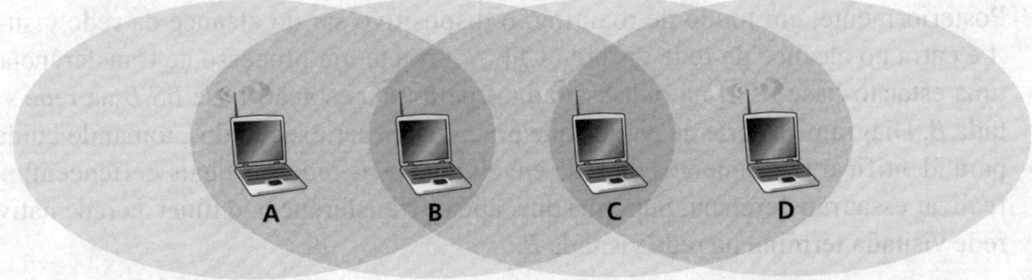

Figura 7.31 Cenário para o problema P8.

P9. Descreva o formato do quadro Bluetooth. Você precisará de uma leitura complementar para encontrar essa informação. Existe algo no formato do quadro que basicamente limite o número de nós ativos para oito em uma rede? Explique.

P10. Considere o seguinte cenário LTE ideal. O quadro "*downstream*", isto é, na direção do usuário móvel, é dividido em compartimentos de tempo e utiliza F frequências. Existem quatro nós, A, B, C e D, alcançáveis da estação-base a taxas de 10 Mbits/s, 5 Mbits/s, 2,5 Mbits/s e 1 Mbit/s, respectivamente, no canal *downstream*. Essas taxas pressupõem que a estação-base utiliza todos os intervalos de tempo disponíveis em todas as frequências F para transmitir para uma única estação. A estação-base possui infinitos dados para enviar a cada nó e pode enviar para qualquer um dos quatro nós usando qualquer uma das F frequências durante qualquer intervalo de tempo no subquadro *downstream*.

a. Qual é a taxa máxima à qual a estação-base pode enviar aos nós, admitindo que ela pode enviar a qualquer nó de sua escolha durante cada compartimento de tempo? Sua solução é justa? Explique e defina o que você quis dizer com "justo".

b. Se há requisito de equidade que todos os nós devem receber uma quantidade igual de dados durante cada quadro de *downstream*, qual é a taxa média de transmissão pela estação-base (para todos os nós) durante o subquadro de *downstream*? Explique como você chegou a essa resposta.

c. Suponha que, como critério de equidade, qualquer nó possa receber, no máximo, duas vezes tantos dados quanto qualquer outro nó durante o subquadro. Qual é a taxa média de transmissão pela estação-base (para todos os nós) durante o subquadro de *downstream*? Explique como você chegou a esta resposta.

P11. Na Seção 7.5, uma solução proposta que permitia que usuários móveis mantivessem seu endereço IP à medida que transitavam entre redes externas era fazer uma rede externa anunciar ao usuário móvel uma rota altamente específica e usar a infraestrutura de roteamento existente para propagar essa informação por toda a rede. Uma das preocupações que identificamos foi a escalabilidade. Suponha que, quando um usuário móvel passa de uma rede para outra, a nova rede externa anuncie uma rota específica para o usuário móvel e a antiga rede externa retire sua rota. Considere como informações de roteamento se propagam em um algoritmo vetor de distâncias (em particular para o caso de roteamento interdomínios entre redes que abrangem o globo terrestre).

a. Outros roteadores conseguirão rotear datagramas imediatamente para a nova rede externa tão logo essa rede comece a anunciar sua rota?

b. É possível que roteadores diferentes acreditem que redes externas diferentes contenham o usuário móvel?

c. Discuta a escala temporal segundo a qual outros roteadores na rede finalmente aprenderão o caminho até os usuários móveis.

P12. Em redes 4G/5G, que efeito terá a transferência sobre atrasos fim a fim de datagramas entre a fonte e o destino?

P13. Considere um dispositivo móvel que se liga a uma rede visitada *A*, e suponha que utiliza-se roteamento indireto para o dispositivo móvel a partir da sua rede nativa *H*. Posteriormente, em modo de roaming, o dispositivo sai do alcance da rede visitada *A* e entra no alcance da rede visitada LTE *B*. Projete um processo de transferência de uma estação-base *BS.A* na rede visitada *A* para uma estação-base *BS.B* na rede visitada *B*. Diagrame a série de passos que precisariam ser executados, tomando cuidado para identificar os elementos da rede envolvidos (e as redes às quais pertencem) para realizar essa transferência. Suponha que, após a transferência, o túnel da rede nativa à rede visitada termina na rede visitada *B*.

P14. Considere mais uma vez o cenário no Problema P13, mas agora suponha que o túnel da rede nativa *H* à rede visitada *A* continuará a ser usado. Em outras palavras, a rede visitada *A* servirá como ponto de âncora após a transferência. (A propósito: esse realmente é o processo usado para chamadas de voz por comutação de circuitos para um telefone móvel em modo de roaming em redes GSM 2G.) Nesse caso, túneis adicionais precisarão ser construídos para atingir o dispositivo móvel na sua rede visitada residente *B*. Mais uma vez, diagrame a série de passos que precisaria ser executada, tomando cuidado para identificar os elementos da rede envolvidos (e as redes às quais pertencem) para completar essa transferência.

Cite uma vantagem e uma desvantagem dessa abordagem em relação àquela adotada na sua solução para o Problema P13.

Wireshark Lab: WiFi

No site do livro, e também reproduzido no site para instrutores, você encontrará um Wireshark Lab, em inglês, para este capítulo, que captura e estuda os quadros 802.11 trocados entre um notebook sem fio e um ponto de acesso.

ENTREVISTA

Deborah Estrin

Imagem cortesia de Deborah Estrin

Deborah Estrin é professora de ciência da computação e vice-reitora de impacto na Cornell Tech, na cidade de Nova York, e professora de saúde pública no Weill Cornell Medical College. Ela recebeu doutorado (1985) em ciência da computação pelo MIT e bacharelado (1980) pela Universidade da Califórnia em Berkeley. O estudo inicial de Estrin foi voltado para o projeto de protocolos de rede, incluindo roteamento de transmissão para um grupo (*multicast*) e interdomínio. Em 2002, com financiamento da NSF, fundou o Science and Technology Center, no Center for Embedded Networked Sensing (CENS, http://cens.ucla.edu) na UCLA. O CENS lançou novas áreas de pesquisa multidisciplinar sobre sistemas de computação, incluindo redes de sensores, monitoração ambiental, detecção participatória e saúde médica. Como descreveu na sua palestra TEDMED de 2013, Estrin explora como os indivíduos poderiam se beneficiar dos subprodutos de dados onipresentes de interações digitais e da IoT para gestão da saúde e da vida. A professora Estrin é membro eleita da American Academy of Arts and Sciences (2007), da National Academy of Engineering (2009) e da National Academy of Medicine (2019). É fellow do IEEE, ACM e AAAS. Foi selecionada como a primeira ACM-W Athena Lecturer (2006), recebeu o prêmio Women of Vision Award for Innovation (2007) pelo Anita Borg Institute, entrou para o hall da fama do WITI (2008), recebeu o prêmio Doctor Honoris Causa do EPFL (2008) e da Uppsala University (2011), e foi selecionada MacArthur Fellow (2018).

Por favor, descreva alguns dos projetos mais interessantes em que trabalhou durante sua carreira. Quais foram os maiores desafios?

Em meados da década de 1990 na USC e ISI, tive a sorte de trabalhar com pessoas como Steve Deering, Mark Handley e Van Jacobson no projeto de protocolos de roteamento para transmissão para grupos (em particular, PIM). Tentei fazer muitas das lições de projeto arquitetônico desde a transmissão para um grupo no projeto de vetores de monitoramento ecológico, quando, pela primeira vez, comecei a levar a sério as aplicações e a pesquisa multidisciplinar. A necessidade de reunir a inovação no espaço social e tecnológico é o que me interessa mais sobre minha última área de pesquisa, a saúde móvel. Os desafios no roteamento para transmissão para grupos, detecção ambiental e saúde móvel são tão diversificados quanto os domínios de problema, mas o que todos têm em comum é a necessidade de manter os olhos abertos quanto a se tínhamos a definição correta do problema enquanto vamos e voltamos entre projeto e desenvolvimento, protótipo e piloto. Nenhum desses são problemas que poderiam ser solucionados analiticamente, com simulação ou mesmo nas experiências construídas em laboratório. Eles desafiam nossa capacidade de reter arquiteturas limpas na presença de problemas e contextos confusos, e exigem uma extensa colaboração.

Quais mudanças e inovações você prevê que aconteçam nas redes sem fio e na mobilidade no futuro?

Em uma edição anterior desta entrevista, disse que nunca coloquei muita fé na previsão do futuro, mas disse que poderíamos ver o fim dos telefones comuns (i.e., os que não são programáveis e são usados apenas para voz e mensagens de texto) à medida que smartphones se tornassem mais e mais poderosos e fossem o ponto principal de acesso à Internet para muitos, o que claramente é o caso hoje. Previ também que veríamos a proliferação continuada de SIMs embutidas pelas quais todos os tipos de dispositivos teriam a capacidade de se comunicar por meio da rede celular com baixas taxas de dados. Tudo isso ocorreu, mas vemos muitos dispositivos e a "Internet das Coisas" que usam WiFi integrado e outras formas de conectividade de baixa potência e curto alcance ligados a hubs locais. Na época, não imaginei o surgimento de um grande mercado de dispositivos vestíveis para consumidores ou agentes de voz interativos como Siri e Alexa. Até a próxima edição, creio que veremos a proliferação de aplicações pessoais que utilizam dados da IoT e de outros rastros digitais.

Que futuro você vê para as redes e a Internet?

Mais uma vez, é interessante olhar para a frente e para trás. Anteriormente, comentei que os esforços em dados nomeados e redes definidas por software surgiriam para criar uma infraestrutura mais controlável, expansível e rica, representando de modo mais geral a mudança do papel da arquitetura para mais alto na pilha. Nos primórdios da Internet, a arquitetura ia até a camada 4, com as aplicações sendo mais monolíticas, no topo. Agora, dados e análise dominam o transporte. A adoção da SDN (que fiquei muito contente em ver introduzida na sétima edição deste livro) foi muito além do que imaginava. Dito isso, novos desafios emergiram no alto da pilha. Sistemas e serviços baseados em aprendizado de máquina favorecem maiores escalas, especialmente quando dependem do engajamento contínuo do consumidor (cliques) para serem financeiramente viáveis. O ecossistema informacional resultante se tornou muito mais monolítico do que nas décadas anteriores. É um desafio para as redes, para a Internet e, francamente, para a nossa sociedade.

Quais pessoas a inspiraram profissionalmente?

Três pessoas me vêm à mente. Primeiro, Dave Clark, o tempero secreto e herói desconhecido da comunidade da Internet. Tive a sorte de estar por perto nos primeiros dias para vê-lo atuar como o "princípio organizador" do IAB e da governança na Internet; o sacerdote do consenso primitivo e do código em execução. Segundo, Scott Shenker, por seu brilhantismo intelectual, integridade e persistência. Procuro obter (mas raramente consigo) sua clareza na definição de problemas e soluções. Ele sempre é a primeira pessoa a quem envio e-mail pedindo conselho sobre coisas grandes e pequenas. Terceiro, minha irmã Judy Estrin, que teve a criatividade e coragem de passar toda a sua carreira levando ideias e conceitos ao mercado, e que agora tem a coragem de estudar, escrever e assessorar a sua reconstrução para apoiar uma democracia mais saudável.

Quais são suas recomendações para estudantes que desejam seguir carreira em computação e tecnologia da informação?

Primeiro, crie um alicerce forte em seu trabalho acadêmico, equilibrado com toda e qualquer experiência de trabalho do mundo real que possa conseguir. Ao procurar um ambiente de trabalho, busque oportunidades nas áreas de problema com que você realmente se importa e com pessoas com quem possa aprender para construir coisas que sejam importantes de verdade.

CAPÍTULO 8

Segurança em redes de computadores

Na Seção 1.6, descrevemos algumas das categorias mais predominantes e prejudiciais dos ataques na Internet, incluindo ataques *malware*, recusa de serviço, análise de pacotes, disfarce da origem e modificação e exclusão de mensagem. Embora tenhamos aprendido muito sobre redes de computadores, ainda não analisamos como protegê-las desses ataques. Com nosso conhecimento recém-adquirido em rede de computadores e protocolos da Internet, estudaremos minuciosamente a comunicação segura e, em particular, como as redes podem ser protegidas desses vilões.

Queremos lhe apresentar Alice e Bob, duas pessoas que desejam se comunicar, porém "com segurança". Como esse texto refere-se a redes, gostaríamos de observar que Alice e Bob podem ser dois roteadores que querem trocar tabelas de roteamento com segurança, um cliente e um servidor que querem estabelecer uma conexão de transporte segura, ou duas aplicações de e-mail que querem trocar e-mails com segurança – todos esses tópicos serão examinados mais adiante neste capítulo. Alice e Bob são componentes conhecidos da comunidade de segurança, talvez porque o nome deles seja mais interessante do que uma entidade genérica denominada "A" que quer se comunicar com segurança com uma entidade genérica denominada "B". Amores proibidos, comunicações em tempo de guerra e transações financeiras são as necessidades dos seres humanos mais citadas quando o assunto é segurança nas comunicações; preferimos a primeira necessidade às duas últimas, e vamos usar, com muito prazer, Alice e Bob como nosso remetente e nosso destinatário e imaginá-los nesse primeiro cenário.

Dissemos que Alice e Bob querem se comunicar, porém "com segurança", mas o que isso significa exatamente? Como veremos, a segurança (assim como o amor) é repleta de maravilhas; isto é, ela tem muitas facetas. É certo que Alice e Bob gostariam que o conteúdo de sua comunicação permanecesse secreto, a salvo de um bisbilhoteiro. Provavelmente, eles também gostariam de ter certeza de que estão se comunicando mesmo um com o outro e de que, caso algum bisbilhoteiro interfira na comunicação, essa interferência seja detectada. Na primeira parte deste capítulo, estudaremos as técnicas que permitem criptografar/decriptar comunicações, autenticar a parte com quem estamos nos comunicando e assegurar a integridade da mensagem.

Na segunda parte deste capítulo, examinaremos como os princípios da criptografia podem ser usados para criar protocolos de rede seguros. Utilizando mais uma vez uma abordagem top-down, examinaremos os protocolos seguros em cada uma das (quatro principais) camadas, iniciando pela camada de aplicação. Verificaremos como proteger o e-mail e uma conexão TCP (do inglês *Transmission Control Protocol* – Protocolo de Controle de Transmissão), como prover segurança total na camada de rede, e como proteger uma rede local (LAN, do inglês *local area network*) sem fio. Na terceira parte deste capítulo, avaliaremos a segurança operacional, que tem o objetivo de proteger redes organizacionais de ataques. Em particular, verificaremos, de forma minuciosa, como os firewalls e os sistemas de detecção de invasão podem aprimorar a segurança de uma rede organizacional.

8.1 O QUE É SEGURANÇA DE REDE?

Vamos iniciar nosso estudo de segurança de redes voltando aos namorados citados, Alice e Bob, que querem se comunicar "com segurança". O que isso significa ao certo? Com certeza, Alice quer que somente Bob entenda a mensagem que ela enviou, mesmo que eles *estejam* se comunicando por um meio inseguro, em que um intruso (Trudy, a intrusa) pode interceptar qualquer dado que seja transmitido. Bob também quer ter certeza de que a mensagem que recebe de Alice foi de fato enviada por ela, e Alice quer ter certeza de que a pessoa com quem está se comunicando é de fato Bob. Alice e Bob também querem ter certeza de que o conteúdo de suas mensagens não foi alterado em trânsito. Também querem, antes de tudo, ter certeza de que podem se comunicar (i.e., de que ninguém lhes negue acesso aos recursos necessários à comunicação). Dadas essas considerações, podemos identificar as seguintes propriedades desejáveis da **comunicação segura**.

- *Confidencialidade.* Apenas o remetente e o destinatário pretendido devem poder entender o conteúdo da mensagem transmitida. O fato de intrusos conseguirem interceptar a mensagem exige, necessariamente, que esta seja **cifrada** de alguma maneira para impedir que seja entendida por um interceptador. Esse aspecto de confidencialidade é, provavelmente, o significado mais comumente percebido na expressão *comunicação segura*. Estudaremos técnicas de criptografia para cifrar e decifrar dados na Seção 8.2.
- *Integridade de mensagem.* Alice e Bob querem assegurar que o conteúdo de sua comunicação não seja alterado, por acidente ou por má intenção, durante a transmissão. Extensões das técnicas de soma de verificação que encontramos em protocolos de transporte e de enlace confiáveis podem ser utilizadas para proporcionar integridade à mensagem. Estudaremos autenticação do ponto de chegada e integridade da mensagem na Seção 8.3.
- *Autenticação do ponto final.* O remetente e o destinatário precisam confirmar a identidade da outra parte envolvida na comunicação – confirmar que a outra parte é de verdade quem alega ser. A comunicação pessoal entre seres humanos resolve facilmente esse problema por reconhecimento visual. Quando entidades comunicantes trocam mensagens por um meio pelo qual não podem ver a outra parte, a autenticação não é assim tão simples. Por que, por exemplo, você deveria acreditar que o e-mail que recebeu e que contém uma sentença afirmando que aquele e-mail veio de um amigo seu vem mesmo dele? Estudamos a autenticação do ponto final na Seção 8.4.
- *Segurança operacional.* Hoje quase todas as organizações (empresas, universidades etc.) possuem redes conectadas à Internet pública. Essas redes podem ser comprometidas por atacantes que ganham acesso a elas por meio da Internet pública. Os atacantes podem tentar colocar *worms* nos hospedeiros na rede, adquirir segredos corporativos, mapear as configurações internas da rede e lançar ataques de recusa de serviços (DoS, do inglês *Denial-of-Service*). Veremos na Seção 8.9 que os mecanismos operacionais, como firewalls e sistemas de detecção de invasão, são usados para deter ataques contra a rede de uma organização. Um firewall localiza-se entre a rede da organização e a rede

pública, controlando os acessos de pacote de e para a rede. Um sistema de detecção de invasão realiza uma "inspeção profunda de pacote", alertando os administradores da rede sobre alguma atividade suspeita.

Agora que já determinamos o que significa segurança de rede, vamos considerar em seguida quais são, exatamente, as informações às quais um intruso pode ter acesso e quais ações podem ser executadas por ele. A Figura 8.1 ilustra o cenário. Alice, a remetente, quer enviar dados a Bob, o destinatário. Para trocar dados com segurança, além de atender aos requisitos de confidencialidade, autenticação e integridade de mensagens, Alice e Bob trocarão mensagens de controle e de dados (algo muito semelhante ao modo como remetentes e destinatários TCP trocam segmentos de controle e segmentos de dados). Todas ou algumas dessas mensagens costumam ser criptografadas. Conforme discutimos na Seção 1.6, um intruso passivo consegue, potencialmente, fazer o seguinte:

- *monitorar* – identificar e gravar as mensagens de controle e de dados no canal;
- *modificar, inserir* ou *eliminar* mensagens ou conteúdo de mensagens.

Como veremos, a menos que sejam tomadas contramedidas adequadas, essas capacidades permitem que um intruso monte uma grande variedade de ataques à segurança: monitorar comunicações (talvez roubando senhas e dados), fazer-se passar por outra entidade, sequestrar uma sessão em curso, recusar serviço a usuários legítimos da rede sobrecarregando os recursos do sistema e assim por diante. O CERT Coordination Center (CERT, 2020) mantém um resumo de ataques comunicados.

Agora que já temos certeza de que há ameaças reais à solta na Internet, quais são os equivalentes de Alice e Bob na Internet, esses nossos amigos que precisam se comunicar com segurança? Decerto, Bob e Alice podem ser dois usuários humanos em dois sistemas finais, por exemplo, uma Alice real e um Bob real que de fato querem trocar e-mails seguros. Eles podem também ser os participantes de uma transação de comércio eletrônico. Por exemplo, um Bob real pode querer transmitir com segurança o número de seu cartão de crédito a um servidor Web para comprar um produto pela rede. As partes que necessitam de uma comunicação segura podem fazer parte de uma infraestrutura da rede. Lembre-se de que o sistema de nomes de domínio (DNS, do inglês *domain name system*, veja a Seção 2.4) ou programas de roteadores que trocam informações de roteamento (veja o Capítulo 5) requerem comunicação segura entre dois participantes. O mesmo é válido para aplicações de gerenciamento de rede, um tópico que examinamos no Capítulo 5. Um intruso que conseguisse interferir em consultas do DNS (como discutido na Seção 2.4), processamentos de roteamento (Seções 5.3 e 5.4) ou funções de gerenciamento de rede (Seções 5.5 e 5.7) poderia causar uma devastação na Internet.

Estabelecida a estrutura, apresentadas algumas das definições mais importantes e justificada a necessidade de segurança na rede, vamos examinar a criptografia mais a fundo. Embora sua utilização para prover confidencialidade seja evidente por si só, veremos em breve que a criptografia também é essencial para prover autenticação do ponto final e integridade de mensagem – o que faz dela uma pedra fundamental da segurança na rede.

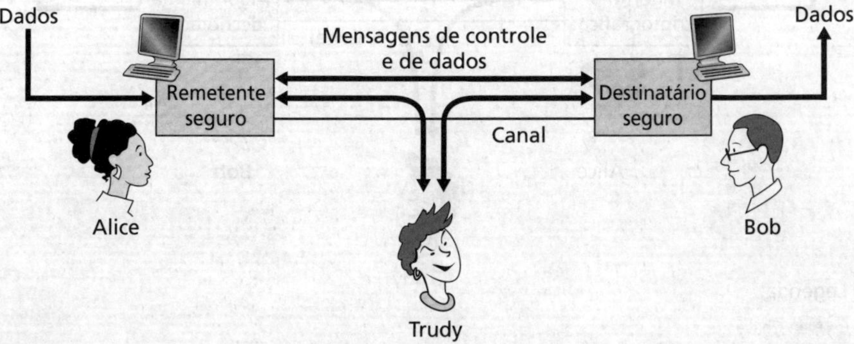

Figura 8.1 Remetente, destinatário e intruso (Alice, Bob e Trudy).

8.2 PRINCÍPIOS DE CRIPTOGRAFIA

Embora a criptografia tenha uma longa história que remonta, no mínimo, a Júlio César, técnicas modernas, incluindo muitas das usadas na Internet, são baseadas em progressos feitos nos últimos 30 anos. O livro de Kahn, *The Codebreakers* (Kahn, 1967), e o livro de Singh, *The Code Book: The Science of Secrecy from Ancient Egypt to Quantum Cryptography* (Singh, 1999), nos oferecem um panorama fascinante dessa longa história. Uma discussão completa sobre a criptografia exige um livro inteiro (Bishop, 2003; Kaufman, 2002; Schneier, 2015); portanto, trataremos apenas de seus aspectos essenciais, em particular do modo como as técnicas criptográficas são postas em prática na Internet. Observamos também que, conquanto nesta seção focalizemos a utilização da criptografia aplicada à confidencialidade, em breve veremos que as técnicas criptográficas estão inextricavelmente entrelaçadas com a autenticação, a integridade de mensagens, o não repúdio, etc.

Técnicas criptográficas permitem que um remetente disfarce os dados de modo que um intruso não consiga obter nenhuma informação dos dados interceptados. O destinatário, é claro, deve estar habilitado a recuperar os dados originais a partir dos dados disfarçados. A Figura 8.2 apresenta alguns dos componentes mais importantes da terminologia usada em criptografia.

Suponha agora que Alice queira enviar uma mensagem a Bob. A mensagem de Alice em sua forma original (p. ex., "`Bob, I love you. Alice`") é conhecida como **texto aberto** ou **texto claro**. Alice criptografa sua mensagem em texto aberto usando um **algoritmo de criptografia**, de modo que a mensagem criptografada, conhecida como **texto cifrado**, pareça ininteligível para qualquer intruso. O interessante é que em muitos sistemas criptográficos modernos, incluindo os usados na Internet, a técnica de codificação é *conhecida* – publicada, padronizada e disponível para qualquer um (p. ex., [RFC 1321; RFC 3447; RFC 2420; NIST, 2001]), mesmo para um potencial intruso! Evidentemente, se todos conhecem o método para codificar dados, então deve haver alguma informação secreta que impede que um intruso decifre os dados transmitidos. É aqui que entra a chave.

Na Figura 8.2, Alice fornece uma **chave**, K_A, uma cadeia de números ou de caracteres, como entrada para o algoritmo de criptografia. O algoritmo pega essa chave e o texto aberto da mensagem, m, como entrada e produz texto cifrado como saída. A notação $K_A(m)$ refere-se à forma do texto cifrado (criptografado usando a chave K_A) da mensagem em texto aberto, m. O algoritmo criptográfico propriamente dito, que usa a chave K_A, ficará evidente do próprio contexto. De maneira semelhante, Bob fornecerá uma chave, K_B, ao **algoritmo de decriptação**, que pega o texto cifrado e a chave de Bob como entrada e produz o texto aberto original como saída. Isto é, se Bob receber uma mensagem criptografada $K_A(m)$, ele a decriptará calculando $K_B(K_A(m)) = m$. Em **sistemas de chaves simétricas**, as chaves de

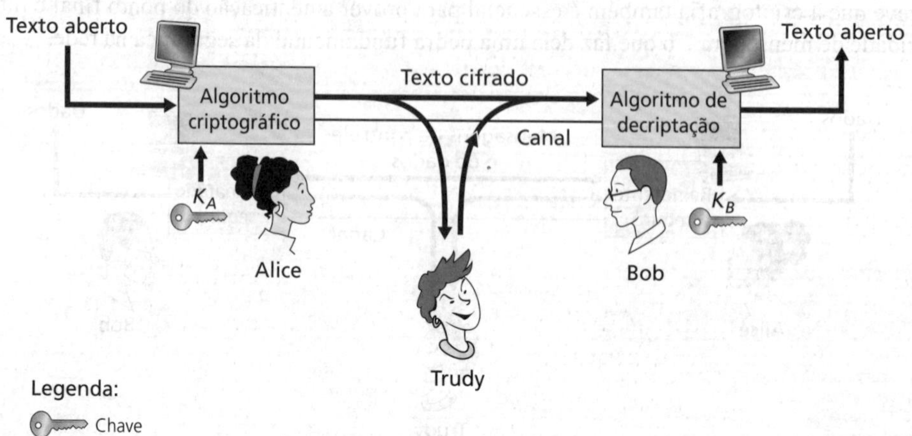

Figura 8.2 Componentes criptográficos.

Bob e de Alice são idênticas e secretas. Em **sistemas de chaves públicas**, é usado um par de chaves. Uma delas é conhecida por Bob e por Alice (na verdade, é conhecida pelo mundo inteiro). A outra chave é conhecida apenas por Bob ou por Alice (mas não por ambos). Nas duas subseções seguintes, examinaremos com mais detalhes sistemas de chaves simétricas e de chaves públicas.

8.2.1 Criptografia de chaves simétricas

Todos os algoritmos criptográficos envolvem a substituição de um dado por outro, como tomar um trecho de um texto aberto e então, calculando e substituindo esse texto por outro cifrado apropriado, criar uma mensagem cifrada. Antes de estudar um sistema criptográfico moderno baseado em chaves, vamos abordar um algoritmo de chaves simétricas muito antigo, muito simples, atribuído a Júlio César e conhecido como **cifra de César** (uma cifra é um método para codificar dados).

A cifra de César funciona tomando cada letra da mensagem do texto aberto e substituindo-a pela *k*-ésima letra sucessiva do alfabeto (permitindo a rotatividade do alfabeto, isto é, a letra "*z*" seria seguida novamente da letra "*a*"). Por exemplo, se $k = 3$, então a letra "*a*" do texto aberto fica sendo "*d*" no texto cifrado; "*b*" no texto aberto se transforma em "*e*" no texto cifrado, e assim por diante. Nesse caso, o valor de *k* serve de chave. Por exemplo, a mensagem "`Bob, i love you. Alice`" se torna "`ere, l oryh brx. dolfh`" em texto cifrado. Embora o texto cifrado na verdade pareça não ter nexo, você não levaria muito tempo para quebrar o código se soubesse que foi usada a cifra de César, pois há somente 25 valores possíveis para as chaves.

Um aprimoramento da cifra de César é a **cifra monoalfabética**, que também substitui uma letra do alfabeto por outra. Contudo, em vez de fazer isso seguindo um padrão regular (p. ex., substituição por um deslocamento de *k* para todas as letras), qualquer letra pode ser substituída por qualquer outra, contanto que cada letra tenha uma única substituta e vice-versa. A regra de substituição apresentada na Figura 8.3 mostra uma regra possível para codificar textos abertos.

A mensagem do texto aberto "`Bob, I love you. Alice`" se torna "`nkn, s gktc wky. Mgsbc.`" Assim, como aconteceu no caso da cifra de César, o texto parece sem nexo. A cifra monoalfabética também parece ser melhor que a cifra de César, pois há 26! (da ordem de 10^{26}) possíveis pares de letras, em vez de 25 pares possíveis. Uma técnica de força bruta que experimentasse todos os 10^{26} pares possíveis demandaria um esforço grande demais e impediria que esse fosse um método viável para quebrar o algoritmo criptográfico e decodificar a mensagem. Contudo, pela análise estatística da linguagem do texto aberto, por exemplo, sabendo que as letras "*e*" e "*t*" são as mais frequentes em textos em inglês (13% e 9% das ocorrências de letras, respectivamente) e sabendo que determinados grupos de duas e de três letras aparecem com bastante frequência em inglês (p. ex., "in", "it", "the", "ion", "ing", e assim por diante), torna-se relativamente fácil quebrar esse código. Se o intruso tiver algum conhecimento sobre o possível texto da mensagem, então ficará mais fácil ainda quebrar o código. Por exemplo, se a intrusa Trudy for a esposa de Bob e suspeitar que ele está tendo um caso com Alice, ela poderá facilmente imaginar que os nomes "Bob" e "Alice" apareçam no texto. Se Trudy tivesse certeza de que esses dois nomes aparecem no texto cifrado e tivesse uma cópia do texto cifrado da mensagem do exemplo, então ela poderia determinar imediatamente sete dos 26 pares de letras, o que resultaria em 10^9 possibilidades a menos para verificar pelo método da força bruta. Na verdade, se Trudy

Letra do texto aberto:	`a b c d e f g h i j k l m n o p q r s t u v w x y z`
Letra no texto cifrado:	`m n b v c x z a s d f g h j k l p o i u y t r e w q`

Figura 8.3 Uma cifra monoalfabética.

suspeitasse que Bob estava tendo um caso, ela poderia muito bem esperar encontrar algumas outras palavrinhas especiais no texto também.

Considerando como seria fácil para Trudy quebrar o código criptográfico de Bob e Alice, podemos distinguir três cenários diferentes, dependendo do tipo de informação que o intruso tem.

- *Ataque exclusivo a texto cifrado.* Em alguns casos, o intruso pode ter acesso somente ao texto cifrado interceptado, sem ter nenhuma informação exata sobre o conteúdo do texto aberto. Já vimos como a análise estatística pode ajudar o **ataque exclusivo ao texto cifrado** em um esquema criptográfico.
- *Ataque com texto aberto conhecido.* Vimos anteriormente que, se Trudy, por alguma razão, tivesse certeza de que "bob" e "alice" apareciam no texto cifrado, ela poderia determinar os pares (texto cifrado, texto aberto) para as letras *a, l, i, c, e, b* e *o*. Trudy poderia também ser muito sortuda e ter gravado todas as transmissões de texto cifrado e descoberto uma versão decifrada pelo próprio Bob escrita em um pedaço de papel. Quando um intruso conhece alguns dos pares (texto aberto, texto cifrado), referimo-nos a isso como ataque ao esquema criptográfico **a partir de texto aberto conhecido**.
- *Ataque com texto aberto escolhido.* Nesse tipo de ataque, o intruso pode escolher a mensagem em texto aberto e obter seu texto cifrado correspondente. Para os algoritmos criptográficos simples que vimos até aqui, se Trudy conseguisse que Alice enviasse a mensagem "`The quick brown fox jumps over the lazy dog`", ela poderia decifrar completamente o esquema criptográfico. Veremos em breve que, para técnicas de criptografia mais sofisticadas, um ataque com um texto aberto escolhido não significa necessariamente que a técnica criptográfica possa ser decifrada.

Quinhentos anos atrás, foram inventadas técnicas que aprimoravam a cifra monoalfabética, conhecidas como **cifras polialfabéticas**. A ideia subjacente à criptografia polialfabética é usar várias cifras monoalfabéticas com uma cifra monoalfabética específica para codificar uma letra em uma posição específica no texto aberto da mensagem. Assim, a mesma letra, quando aparece em posições diferentes no texto aberto da mensagem, pode ser codificada de maneira diferente. Um exemplo de esquema criptográfico polialfabético é mostrado na Figura 8.4, na qual há duas cifras de César (com $k = 5$ e $k = 19$), que aparecem nas linhas da figura. Podemos optar pelo uso dessas duas cifras de César, C_1 e C_2, seguindo o modelo de repetição C_1, C_2, C_2, C_1, C_2. Isto é, a primeira letra do texto deve ser cifrada usando-se C_1, a segunda e a terceira, C_2, a quarta, C_1, e a quinta, C_2. O modelo, então, se repete, com a sexta letra sendo cifrada usando-se C_1, a sétima, com C_2, e assim por diante. Dessa maneira, a mensagem em texto aberto "`Bob, I love you.`" é cifrada como "`ghu, n etox dhz.`". Note que o primeiro "*b*" da mensagem em texto aberto é cifrado usando-se C_1, ao passo que o segundo "*b*" é cifrado usando-se C_2. Nesse exemplo, a "chave" da codificação e da decodificação é o conhecimento das duas cifras de César ($k = 5$, $k = 19$) e do modelo C_1, C_2, C_2, C_1, C_2.

Cifras de bloco

Vamos agora nos direcionar a tempos modernos e analisar como a criptografia de chaves simétricas é feita atualmente. Focaremos em cifras de bloco, que são utilizadas em muitos protocolos seguros da Internet, incluindo PGP (do inglês *Pretty Good Privacy* – privacidade razoável) (para e-mail seguro), Segurança na Camada de Transporte (TLS, do inglês *Transport Layer Security*) (para conexões TCP seguras) e IPsec (para proteger o transporte da camada de rede).

Letra do texto aberto:	a	b	c	d	e	f	g	h	i	j	k	l	m	n	o	p	q	r	s	t	u	v	w	x	y	z
$C_1(k = 5)$:	f	g	h	i	j	k	l	m	n	o	p	q	r	s	t	u	v	w	x	y	z	a	b	c	d	e
$C_2(k = 19)$:	t	u	v	w	x	y	z	a	b	c	d	e	f	g	h	i	j	k	l	m	n	o	p	q	r	s

Figura 8.4 Uma cifra polialfabética que utiliza duas cifras de César.

Na cifra de bloco, a mensagem a ser criptografada é processada em blocos de k bits. Por exemplo, se $k = 64$, então a mensagem é dividida em blocos de 64 bits, e cada bloco é criptografado de maneira independente. Para criptografar um bloco, a cifra utiliza um mapeamento um para um para mapear o bloco de k bits de texto aberto para um bloco de k bits de texto cifrado. Vamos examinar um exemplo. Suponha que $k = 3$, de modo que a cifra de bloco mapeie entradas de 3 bits (texto aberto) para saídas de 3 bits (texto cifrado). Um possível mapeamento é determinado na Tabela 8.1. Observe que esse é um mapeamento um para um; ou seja, há uma saída diferente para cada entrada. Essa cifra de bloco divide a mensagem em blocos de até 3 bits e criptografa cada bloco de acordo com o mapeamento acima. Você deve verificar que a mensagem 010110001111 é criptografada para 101000111001.

Ainda no exemplo do bloco de 3 bits, observe que o mapeamento na Tabela 8.1 é um de muitos possíveis mapeamentos. Quantos deles existem? Para responder a essa questão, observe que um mapeamento nada mais é do que uma permutação de todas as possíveis entradas. Há 2^3 (= 8) possíveis entradas (relacionadas nas colunas de entrada). Elas podem ser permutadas em 8! = 40.320 formas diferentes. Uma vez que cada permutação especifique um mapeamento, há 40.320 mapeamentos possíveis. Podemos ver cada mapeamento como uma chave – se Alice e Bob sabem o mapeamento (a chave), conseguem criptografar e decodificar as mensagens enviadas entre eles.

O ataque de força bruta para essa cifra é tentar decodificar o texto cifrado usando todos os mapeamentos. Com apenas 40.320 mapeamentos (quando $k = 3$), isso pode ser rapidamente realizado em um computador de mesa. Para impedir os ataques de força bruta, as cifras de bloco normalmente usam blocos muito maiores, consistindo em $k = 64$ bits ou ainda maior. Observe que o número de mapeamentos possíveis para uma cifra de bloco k geral é $2^k!$, o qual é extraordinário até mesmo para valores moderados de k (como $k = 64$).

Embora as cifras de bloco da tabela completa, como descritas, com valores moderados de k possam produzir esquemas robustos de criptografia de chaves simétricas, eles infelizmente são difíceis de implementar. Para $k = 64$ e para um determinado mapeamento, Alice e Bob precisariam manter uma tabela com 2^{64} valores de entrada, uma tarefa impraticável. Além disso, se Alice e Bob quiserem trocar chaves, cada um teria de renovar a tabela. Assim, a cifra de bloco da tabela completa, que fornece mapeamentos predeterminados entre todas as entradas e saídas (como no exemplo anterior), está simplesmente fora de cogitação.

Em vez disso, as cifras de bloco costumam utilizar funções que simulam, de maneira aleatória, tabelas permutadas. Um exemplo (adaptado de Kaufman [2002]) de tal função para $k = 64$ bits é mostrado na Figura 8.5. A função primeiro divide um bloco de 64 bits em 8 blocos, cada qual consistindo em 8 bits. Cada bloco de 8 bits é processado por uma tabela de 8 bits para 8 bits, a qual possui um tamanho controlável. Por exemplo, o primeiro bloco é processado pela tabela denotada por T_1. Em seguida, os oito blocos de saída são reunidos em um bloco de 64 bits. As posições dos 64 bits no bloco são, então, permutadas para produzir uma saída de 64 bits. Essa saída é devolvida à entrada de 64 bits, onde se inicia outro ciclo. Após n ciclos, a função apresenta um bloco de 64 bits de texto cifrado. O objetivo de cada ciclo é fazer cada bit de entrada afetar a maioria (se não todos) dos bits finais de saída. (Se somente um ciclo fosse usado, um determinado bit de entrada afetaria somente 8 dos 64 bits de saída.) A chave para esse algoritmo das cifras de bloco seria as oito tabelas de permutação (admitindo que a função de permutação seja publicamente conhecida).

TABELA 8.1 Uma cifra de bloco de 3 bits específica

Entrada	Saída	Entrada	Saída
000	110	100	011
001	111	101	010
010	101	110	000
011	100	111	001

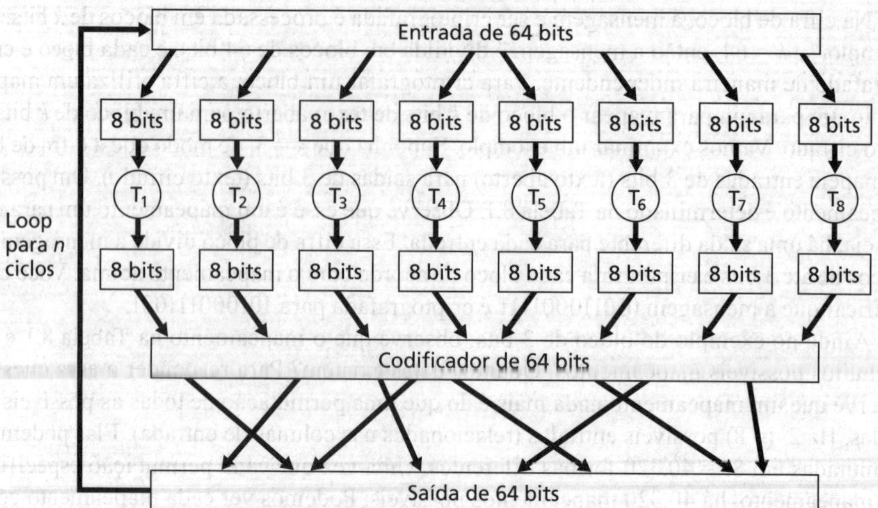

Figura 8.5 Exemplo de uma cifra de bloco.

Hoje, existem diversas cifras de bloco conhecidas, incluindo DES (do inglês *Data Encryption Standard* – Padrão de Criptografia de Dados), 3DES e AES (do inglês *Advanced Encryption Standard* – Padrão de Criptografia Avançada). Cada padrão utiliza funções em vez de tabelas predeterminadas, segundo a Figura 8.5 (embora mais complexa e específica para cada cifra). Cada um desses algoritmos também utiliza uma cadeia de bits para chave. Por exemplo, o DES usa blocos de 64 bits com uma chave de 56 bits. O AES usa blocos de 128 bits e pode operar com chaves de 128, 192 e 256 bits de comprimento. A chave de um algoritmo determina os mapeamentos da "minitabela" e permutações dentro do algoritmo. O ataque de força bruta para cada uma dessas cifras é percorrer todas as chaves, aplicando o algoritmo de decriptografia com cada chave. Observe que com o comprimento de chave *n*, há 2^n chaves possíveis. NIST (2001) estima que uma máquina que pudesse decifrar um DES de 56 bits em um segundo (i.e., testar 2^{56} chaves em um segundo) levaria, mais ou menos, 149 trilhões de anos para decifrar uma chave AES de 128 bits.

Encadeamento de blocos de cifras

Em aplicações de redes de computadores, em geral precisamos criptografar mensagens longas (ou fluxos de dados longos). Se aplicarmos uma cifra de bloco, como descrita, apenas partindo a mensagem em blocos de *k* bits e criptografando de modo independente cada bloco, um problema sutil mas importante ocorrerá. Para entendê-lo, note que dois ou mais blocos de texto aberto podem ser idênticos. Por exemplo, o texto aberto em dois ou mais blocos poderia ser "HTTP/1.1". Em relação a esses blocos idênticos, uma cifra de bloco produziria, é claro, o mesmo texto cifrado. Um atacante poderia talvez adivinhar o texto aberto ao ver blocos de texto cifrado idênticos e ser capaz de decodificar a mensagem inteira identificando os blocos de texto cifrado idênticos e usando o que sabe sobre a estrutura do protocolo subjacente (Kaufman, 2002).

Para abordar esse problema, podemos associar um pouco de aleatoriedade ao texto cifrado para que blocos de texto aberto idênticos produzam blocos de texto cifrado diferentes. Para explicar essa ideia, $m(i)$ representará o *i*-ésimo bloco de texto aberto, $c(i)$ representará o *i*-ésimo bloco de texto cifrado, e $a \oplus b$ representará o ou exclusivo (XOR, do inglês *exclusive-or*) das duas cadeias de bits, *a* e *b*. (Lembre-se de que $0 \oplus 0 = 1 \oplus 1 = 0$ e $0 \oplus 1 = 1 \oplus 0 = 1$, e o XOR das duas cadeias de bits é feito em uma base de bit por bit. Então, p. ex., $10101010 \oplus 11110000 = 01011010$.) Ademais, denote o algoritmo de criptografia da cifra de bloco com a chave *S* como K_S. Eis a ideia básica. O emissor cria um número aleatório $r(i)$ de *k* bits para o *i*-ésimo bloco e calcula $c(i) = K_S(m(i) \oplus r(i))$. Observe que um novo número aleatório de k bits é escolhido para cada bloco. O emissor envia, então, $c(1)$, $r(1)$, $c(2)$, $r(2)$, $c(3)$, $r(3)$ etc. Visto que o receptor recebe $c(i)$ e $r(i)$, ele pode recuperar cada bloco de texto aberto computando $m(i) = K_S(c(i)) \oplus r(i)$. É importante observar que, embora $r(i)$ seja enviado de modo inocente e, portanto, possa ser analisado por Trudy, ela não consegue obter blocos de texto aberto $m(i)$, pois não conhece a chave K_S. Observe também que se dois blocos de texto aberto $m(i)$ e $m(j)$ são iguais, os blocos de texto cifrado correspondentes $c(i)$ e $c(j)$ serão diferentes (contanto que os números $r(i)$ e $r(j)$ aleatórios sejam diferentes, o que acontece com alta probabilidade).

Como um exemplo, considere a cifra de bloco de 3 bits na Tabela 8.1. Suponha que o texto aberto seja 010010010. Se Alice criptografá-lo diretamente, sem incluir a aleatoriedade, o texto cifrado resultante se torna 101101101. Se Trudy analisar esse texto cifrado, como cada uma das três cifras de blocos é igual, ela pode pensar que cada um dos blocos de texto aberto são iguais. Agora suponha que em vez disso Alice cria blocos aleatórios $r(1) = 001$, $r(2) = 111$ e $r(3) = 100$ e use a técnica anterior para criar o texto cifrado $c(1) = 100$, $c(2) = 010$ e $c(3) = 000$. Observe que os três blocos de texto cifrado são diferentes mesmo se os blocos de texto aberto forem iguais. Alice então envia $c(1)$, $r(1)$, $c(2)$ e $r(2)$. Você deve verificar que Bob pode obter o texto aberto original usando a chave K_S compartilhada.

O leitor atento observará que introduzir a aleatoriedade resolve o problema, mas cria outro: ou seja, Alice deve transmitir duas vezes mais bits que antes. De fato, para cada bit de cifra, ela deve agora enviar um bit aleatório, dobrando a largura de banda exigida. Para obtermos o melhor dos dois mundos, as cifras de bloco em geral usam uma técnica chamada **Encadeamento do Bloco de Cifra** (**CBC**, do inglês ***Cipher Block Chaining***). A ideia básica é enviar somente *um valor aleatório junto com a primeira mensagem e, então, fazer o emissor e o receptor usarem blocos codificados em vez do número aleatório subsequente.* O CBC opera da seguinte forma:

1. Antes de criptografar a mensagem (ou o fluxo de dados), o emissor cria uma cadeia de k bits chamada **Vetor de Inicialização** (**IV**, do inglês ***Initialization Vector***). Indique esse vetor de inicialização por $c(0)$. O emissor envia o IV ao receptor *em texto aberto.*
2. Em relação ao primeiro bloco, o emissor calcula $m(1) \oplus c(0)$, ou seja, calcula o XOR do primeiro bloco de texto aberto com o IV. Ele então codifica o resultado através do algoritmo de cifra de bloco para obter o bloco de texto cifrado correspondente; isto é, $c(1) = K_S(m(1) \oplus c(0))$. O emissor envia o bloco criptografado $c(1)$ ao receptor.
3. Para o i-ésimo bloco, o emissor cria o i-ésimo bloco de texto cifrado de $c(i) = K_S(m(i) \oplus c(i-1))$.

Vamos agora examinar algumas das consequências dessa abordagem. Primeiro, o receptor ainda será capaz de recuperar a mensagem original. De fato, quando o receptor recebe $c(i)$, ele o decodifica com K_S para obter $s(i) = m(i) \oplus c(i-1)$; uma vez que o receptor também conhece $c(i-1)$, ele então obtém o bloco de texto aberto de $m(i) = s(i) \oplus c(i-1)$. Segundo, mesmo se dois blocos de texto aberto forem idênticos, os texto cifrados correspondentes (quase sempre) serão diferentes. Terceiro, embora o emissor envie o IV aberto, um invasor ainda não será capaz de decodificar os blocos de texto cifrado, visto que o invasor não conhece a chave secreta, S. Por fim, o emissor somente envia um bloco auxiliar (o IV), fazendo aumentar, de forma insignificante, o uso da largura de banda para longas mensagens (consistindo em centenas de blocos).

Como um exemplo, vamos determinar o texto cifrado para uma cifra de bloco de 3 bits na Tabela 8.1 com texto aberto 010010010 e IV = $c(0) = 001$. O emissor primeiro usa o IV para calcular $c(1) = K_S(m(1) \oplus c(0)) = 100$. O emissor calcula, então, $c(2) = K_S(m(2) \oplus c(1)) = K_S(010 \oplus 100) = 000$ e $c(3) = K_S(m(3) \oplus c(2)) = K_S(010 \oplus 000) = 101$. O leitor deve verificar que o receptor, conhecendo o IV e K_S, pode recuperar o texto aberto original.

O CBC possui uma consequência importante ao projetar protocolos de rede seguros: precisaremos fornecer um mecanismo dentro do protocolo para distribuir o IV do emissor ao receptor. Veremos como isso é feito para vários protocolos mais adiante, neste capítulo.

8.2.2 Criptografia de chave pública

Por mais de 2 mil anos (desde a época da cifra de César até a década de 1970), a comunicação cifrada exigia que as duas partes comunicantes compartilhassem um segredo – a chave simétrica usada para cifrar e decifrar. Uma dificuldade dessa abordagem é que as duas partes têm de concordar, de alguma maneira, com a chave compartilhada, mas, para fazê-lo, é preciso comunicação segura. Talvez as partes pudessem se encontrar antes, escolher a chave (p. ex., dois dos centuriões de César poderiam se encontrar nos banhos romanos) e, mais tarde, se comunicar de modo cifrado. Em um mundo em rede, contudo, o mais provável é que as partes comunicantes nunca possam se encontrar e jamais consigam conversar a não ser pela rede.

É possível que elas se comuniquem por criptografia sem compartilhar uma chave comum secreta conhecida com antecedência? Em 1976, Diffie e Hellman (Diffie, 1976) apresentaram um algoritmo (conhecido como Troca de Chaves Diffie-Hellman – Diffie-Hellman Key Exchange) que faz exatamente isso – uma abordagem da comunicação segura radicalmente diferente e de uma elegância maravilhosa que levou ao desenvolvimento dos atuais sistemas de criptografia de chaves públicas. Veremos em breve que os sistemas de criptografia de chaves públicas também têm diversas propriedades maravilhosas que os tornam úteis não só para criptografia, mas também para autenticação e assinaturas digitais. É interessante que veio à luz que ideias semelhantes às de (Diffie, 1976) e às da (RSA, 1978) foram desenvolvidas independentemente no início da década de 1970 em uma série de relatórios secretos escritos por pesquisadores do Grupo de Segurança para Comunicação e Eletrônica (Communications-Electronics Security Group) do Reino Unido (Ellis, 1987). Como acontece com frequência, grandes ideias podem surgir de modo independente em diversos lugares; felizmente, os progressos da criptografia de chaves públicas ocorreram não apenas no âmbito privado, mas também no público.

A utilização de criptografia de chaves públicas, como conceito, é bastante simples. Suponha que Alice queira se comunicar com Bob. Como ilustra a Figura 8.6, em vez de Bob e Alice compartilharem uma única chave secreta (como no caso dos sistemas de chaves simétricas), Bob (o destinatário das mensagens de Alice) tem duas chaves – uma **chave pública**, que está à disposição do mundo *todo* (inclusive de Trudy, a intrusa), e uma **chave privada**, que apenas ele (Bob) conhece. Usaremos a notação K_B^+ e K_B^- para nos referirmos às chaves pública e privada de Bob, respectivamente. Para se comunicar com Bob, Alice busca primeiro a chave pública de Bob. Em seguida, ela criptografa sua mensagem, *m*, usando a chave pública de Bob e um algoritmo criptográfico conhecido (p. ex., padronizado), isto é, Alice calcula $K_B^+(m)$. Bob recebe a mensagem criptografada de Alice e usa sua chave privada e um algoritmo de decriptação conhecido (p. ex., padronizado) para decifrar a mensagem de Alice, isto é, Bob calcula $K_B^-(K_B^+(m))$. Veremos, mais adiante, que há algoritmos e

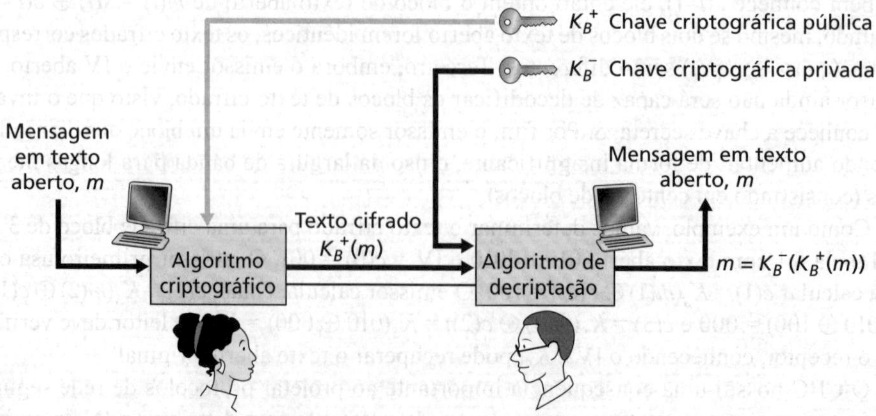

Figura 8.6 Criptografia de chaves públicas.

técnicas de criptografia/decriptação para escolher chaves públicas e privadas de modo que $K_B^-(K_B^+(m)) = m$; isto é, aplicando a chave pública de Bob, K_B^+, à mensagem *m*, para obter $K_B^+(m)$, e então aplicando a chave privada de Bob, K_B^-, à versão criptografada de *m*, isto é, calculando $K_B^-(K_B^+(m))$, obtemos *m* novamente. Esse resultado é notável! Dessa maneira, Alice pode utilizar a chave de Bob disponível publicamente para enviar uma mensagem secreta a Bob sem que nenhum deles tenha de permutar nenhuma chave secreta! Veremos em breve que nós podemos permutar a chave pública e a chave privada de criptografia e obter o mesmo resultado notável, isto é, $K_B^-(K_B^+(m)) = K_B^+(K_B^-(m)) = m$.

Embora a criptografia de chave pública seja atraente, uma preocupação vem imediatamente à mente. Como a chave criptográfica de Bob é pública, qualquer um pode enviar uma mensagem cifrada a Bob, incluindo Alice ou alguém *afirmando* ser Alice. No caso de uma única chave secreta compartilhada, o fato de o remetente conhecer a chave secreta identifica implicitamente o remetente para o destinatário. No caso da criptografia de chave pública, contudo, isso não acontece, já que qualquer um pode enviar uma mensagem cifrada a Bob usando a chave dele, que está publicamente disponível a todos. É preciso uma assinatura digital, um tópico que estudaremos na Seção 8.3, para vincular um remetente a uma mensagem.

RSA

Embora existam muitos algoritmos e chaves que tratam dessas preocupações, o **algoritmo RSA** (cujo nome se deve a seus inventores, Ron Rivest, Adi Shamir e Leonard Adleman) tornou-se quase um sinônimo de criptografia de chave pública. Vamos, primeiro, ver como o RSA funciona e, depois, examinar por que ele funciona.

O RSA faz uso extensivo das operações aritméticas usando a aritmética de módulo-*n*. Vamos revisar de maneira breve a aritmética modular. Lembre-se de que *x* mod *n* simplesmente significa o resto de *x* quando dividido por *n*, de modo que, por exemplo, 19 mod 5 = 4. Na aritmética modular, uma pessoa executa as operações comuns de adição, multiplicação e exponenciação. Entretanto, o resultado de cada operação é substituído pelo resto inteiro que sobra quando o resultado é dividido por *n*. A adição e a multiplicação com a aritmética modular são facilitadas com as seguintes propriedades úteis:

$$[(a \bmod n) + (b \bmod n)] \bmod n = (a + b) \bmod n$$

$$[(a \bmod n) - (b \bmod n)] \bmod n = (a - b) \bmod n$$

$$[(a \bmod n) \cdot (b \bmod n)] \bmod n = (a \cdot b) \bmod n$$

Segue da terceira propriedade que $(a \bmod n)^d \bmod n = a^d \bmod n$, uma identidade que em breve acharemos muito útil.

Agora suponha que Alice queira enviar a Bob uma mensagem criptografada por meio do RSA, conforme ilustrado na Figura 8.6. Em nossa discussão sobre o RSA, vamos sempre manter em mente que uma mensagem não é nada mais do que um padrão de bits, e cada padrão de bits pode ser representado unicamente por um número inteiro (junto com o comprimento do padrão de bits). Por exemplo, suponha que uma mensagem tenha o padrão de bits 1001; essa mensagem pode ser representada pelo número inteiro decimal 9. Assim, criptografar uma mensagem com RSA é equivalente a criptografar um número inteiro que representa a mensagem.

Existem dois componentes inter-relacionados do RSA:

- A escolha da chave pública e da chave privada.
- O algoritmo de criptografia/decriptação.

Para escolher as chaves pública e privada no RSA, Bob deve executar as seguintes etapas:

1. Escolher dois números primos grandes, *p* e *q*. Que ordem de grandeza devem ter *p* e *q*? Quanto maiores os valores, mais difícil será quebrar o RSA, mas mais tempo se levará

para realizar a codificação e a decodificação. O RSA Laboratories recomenda que o produto de p e q seja da ordem de 1.024 bits. Para uma discussão sobre como achar números primos grandes, consulte Caldwell (2012).

2. Calcular $n = pq$ e $z = (p - 1)(q - 1)$.
3. Escolher um número e menor do que n que não tenha fatores comuns (exceto o 1) com z. (Nesse caso, dizemos que e e z são números primos entre si.) A letra "e" é usada já que esse valor será utilizado na criptografia ("*encryption*", em inglês).
4. Achar um número d, tal que $ed - 1$ seja divisível exatamente (i.e., não haja resto na divisão) por z. A letra "d" é usada porque seu valor será utilizado na decriptação. Em outras palavras, dado e, escolhemos d tal que

$$ed \bmod z = 1$$

5. A chave pública que Bob põe à disposição de todos, K_B^+, é o par de números (n, e); sua chave privada, K_B^-, é o par de números (n, d).

A criptografia feita por Alice e a decriptação feita por Bob acontecem da seguinte forma:

- Suponha que Alice queira enviar a Bob um padrão de bits, ou número m, tal que $m < n$. Para codificar, Alice calcula a potência m^e e, então, determina o resto inteiro da divisão de m^e por n. Assim, o valor cifrado, c, da mensagem em texto aberto de Alice, m, é:

$$c = m^e \bmod n$$

  O padrão de bits correspondente a esse texto cifrado c é enviado a Bob.
- Para decifrar a mensagem em texto cifrado recebida, c, Bob calcula

$$m = c^d \bmod n$$

  que exige o uso de sua chave secreta (n, d).

Como exemplo simples de RSA, suponha que Bob escolha $p = 5$ e $q = 7$. (Admitimos que esses valores são muito pequenos para ser seguros.) Então, $n = 35$ e $z = 24$. Bob escolhe $e = 5$, já que 5 e 24 não têm fatores comuns. Por fim, ele escolhe $d = 29$, já que $5 \cdot 29 - 1$ (i.e., $ed - 1$) é divisível exatamente por 24. Ele divulga os dois valores, $n = 35$ e $e = 5$, e mantém em segredo o valor $d = 29$. Observando esses dois valores públicos, suponha que Alice queira agora enviar as letras *l*, *o*, *v* e *e* a Bob. Interpretando cada letra como um número entre 1 e 26 (com *a* sendo 1 e *z* sendo 26), Alice e Bob realizam a criptografia e a decriptação mostradas nas Tabelas 8.2 e 8.3, respectivamente. Observe que, neste exemplo, consideramos cada uma das quatro letras como uma mensagem distinta. Um exemplo mais realista seria converter as quatro letras em suas representações ASCII de 8 bits e então codificar o número inteiro correspondente ao padrão de bits de 32 bits resultante. (Esse exemplo realista cria números muito longos para publicar neste livro!)

Dado que o exemplo fictício das Tabelas 8.2 e 8.3 já produziu alguns números extremamente grandes, e visto que sabemos, porque vimos antes, que p e q devem ter, cada um, algumas centenas de bits de comprimento, várias questões práticas nos vêm à mente no caso do RSA. Como escolher números primos grandes? Como escolher e e d? Como calcular exponenciais de números grandes? A discussão desses assuntos está além do escopo deste livro; consulte Kaufman (2002) e as referências ali citadas para obter mais detalhes.

Chaves de sessão

Observamos aqui que a exponenciação exigida pelo RSA é um processo que consome tempo considerável. Como resultado, o RSA é frequentemente usado na prática em combinação com a criptografia de chaves simétricas. Por exemplo, se Alice quer enviar a Bob uma

TABELA 8.2 Criptografia RSA para Alice, $e = 5$, $n = 35$

Letra do texto aberto	m: representação numérica	m^e	Texto cifrado $c = m^e \bmod n$
l	12	248832	17
o	15	759375	15
v	22	5153632	22
e	5	3125	10

TABELA 8.3 Decriptação RSA para Bob, $d = 29$, $n = 35$

Texto cifrado c	c^d	$m = c^d \bmod n$	Letra do texto aberto
17	4819685721067509150915091411825223071697	12	l
15	127834039403948858939111232757568359375	15	o
22	851643319086537701956194499721106030592	22	v
10	100000000000000000000000000000	5	e

grande quantidade de dados cifrados a alta velocidade, ela pode fazer o seguinte. Primeiro, ela escolhe uma chave que será utilizada para codificar os dados em si; essa chave às vezes é denominada **chave de sessão**, representada por K_S. Alice deve informar a Bob essa chave de sessão, já que essa é a chave simétrica compartilhada que eles usarão com uma cifra de chave simétrica (p. ex., DES ou AES). Alice criptografa o valor da chave de sessão usando a chave pública RSA de Bob, isto é, ela processa $c = (K_S)^e \bmod n$. Bob recebe a chave de sessão codificada RSA, c, e a decifra para obter a chave de sessão K_S. Ele agora conhece a chave que Alice usará para transferir dados cifrados.

Por que o RSA funciona?

A criptografia/decriptação do RSA parece mágica. Por que será que, aplicando o algoritmo de criptografia e, em seguida, o de decriptação, podemos recuperar a mensagem original? Para entender por que o RSA funciona, tome de novo $n = pq$, onde p e q são os números primos grandes usados no algoritmo RSA.

Lembre-se de que, na criptografia RSA, uma mensagem (representada exclusivamente por um número inteiro) m é elevada primeiro à potência e usando-se aritmética de módulo n, ou seja,

$$c = m^e \bmod n$$

A decriptação é feita elevando-se esse valor à potência d, novamente usando a aritmética de módulo n. O resultado de uma etapa de criptografia, seguida de uma etapa de decriptação, é então $(m^e \bmod n)^d \bmod n$. Vamos ver agora o que podemos dizer sobre essa quantidade. Como mencionado antes, uma propriedade importante da aritmética modular é $(a \bmod n)^d \bmod n = a^d \bmod n$ para quaisquer valores a, n e d. Então, usando $a = m^e$ nesta propriedade, temos:

$$(m^e \bmod n)^d \bmod n = m^{ed} \bmod n$$

Portanto, falta mostrar que $m^{ed} \bmod n = m$. Embora estejamos tentando eliminar um pouco da mágica do modo de funcionamento do RSA, para explicá-lo, precisaremos usar, aqui, outro resultado bastante mágico da teoria dos números. Especificamente, precisamos do resultado que diga que, se p e q forem primos, $n = pq$ e $z = (p - 1)(q - 1)$, então $x^y \bmod n$ será o mesmo que $x^{(y \bmod z)} \bmod n$ (Kaufman, 2002). Aplicando esse resultado com $x = m$ e $y = ed$, temos

$$m^{ed} \bmod n = m^{(ed \bmod z)} \bmod n$$

Mas lembre-se de que escolhemos e e d tais que e^d mod z = 1. Isso nos dá

$$m^{ed} \bmod n = m^1 \bmod n = m$$

que é exatamente o resultado que esperávamos! Efetuando primeiro a exponenciação da potência e (i.e., criptografando) e depois a exponenciação da potência d (i.e., decriptando), obtemos o valor original m. E *mais* notável ainda é o fato de que, se elevarmos primeiro à potência d e, em seguida, à potência e, isto é, se invertermos a ordem da criptografia e da decriptação, realizando primeiro a operação de decriptação e, em seguida, aplicando a de criptografia – também obteremos o valor original m. Esse resultado extraordinário resulta imediatamente da aritmética modular:

$$(m^d \bmod n)^e \bmod n = m^{de} \bmod n = m^{ed} \bmod n = (m^e \bmod n)^d \bmod n$$

A segurança do RSA reside no fato de que não se conhecem algoritmos para fatorar rapidamente um número, nesse caso, o valor público n, em números primos p e q. Se alguém conhecesse os números p e q, então, dado o valor público e, poderia com facilidade processar a chave secreta d. Por outro lado, não se sabe se *existem* ou não algoritmos rápidos para fatorar um número e, nesse sentido, a segurança do RSA não é garantida. Dados os avanços recentes da computação quântica e os algoritmos publicados de fatoração rápida para computadores quânticos, surge a preocupação de que o RSA possa não ser seguro para sempre (MIT TR, 2019). Mas a realização prática desses algoritmos ainda parece estar no futuro distante.

Outro conhecido algoritmo de criptografia de chave pública é o Diffie-Hellman, que será explorado resumidamente nos Exercícios de Fixação. O Diffie-Hellman não é tão versátil quanto o RSA, pois não pode ser usado para cifrar mensagens de comprimento arbitrário; ele pode ser usado, entretanto, para determinar uma chave de sessão simétrica, que, por sua vez, é utilizada para codificar mensagens.

8.3 INTEGRIDADE DE MENSAGEM E ASSINATURAS DIGITAIS

Na seção anterior, vimos como a criptografia pode ser usada para oferecer sigilo a duas entidades em comunicação. Nesta seção, nos voltamos ao assunto igualmente importante da criptografia que é prover **integridade da mensagem** (também conhecida como autenticação da mensagem). Além da integridade da mensagem, discutiremos dois assuntos parecidos nesta seção: assinaturas digitais e autenticação do ponto final.

Definimos o problema de integridade da mensagem usando, mais uma vez, Alice e Bob. Suponha que Bob receba uma mensagem (que pode ser cifrada ou estar em texto aberto) acreditando que tenha sido enviada por Alice. Para autenticar a mensagem, Bob precisa verificar se:

1. A mensagem foi, realmente, enviada por Alice.
2. A mensagem não foi alterada em seu caminho para Bob.

Veremos, nas Seções 8.4 a 8.7, que esse problema de integridade da mensagem é uma preocupação importante em todos os protocolos de rede seguros.

Como um exemplo específico, considere uma rede de computadores que está utilizando um algoritmo de roteamento de estado de enlace (como *Open Shortest Path First* [OSPF]) para determinar rotas entre cada dupla de roteadores na rede (veja Capítulo 5). Em um algoritmo de estado de enlace, cada roteador precisa transmitir uma mensagem de estado de enlace a todos os outros roteadores na rede. Uma mensagem de estado de enlace do roteador inclui uma relação de seus vizinhos diretamente conectados e os custos diretos a eles. Uma vez que o roteador recebe mensagens de estado de enlace de todos os outros roteadores, ele pode criar um mapa completo da rede, executar seu algoritmo de roteamento de menor custo e configurar sua tabela de repasse. Um ataque relativamente fácil no algoritmo de roteamento é Trudy distribuir mensagens de estado de enlace falsas com informações incorretas sobre o estado de enlace. Assim, a necessidade de integridade da mensagem – quando o roteador B recebe uma mensagem de estado de enlace do roteador A, deve verificar que o roteador A na verdade criou a mensagem e que ninguém a alterou em trânsito.

Nesta seção, descrevemos uma técnica conhecida sobre integridade da mensagem usada por muitos protocolos de rede seguros. Mas, antes disso, precisamos abordar outro importante tópico na criptografia – as funções de hash criptográficas.

8.3.1 Funções de hash criptográficas

Como mostrado na Figura 8.7, a função de hash recebe uma entrada, *m*, e calcula uma cadeia de tamanho fixo *H*(*m*) conhecida como hash. A soma de verificação da Internet (Capítulo 3) e as verificações de redundância cíclica (CRCs, do inglês *cyclic redundancy checks*) (Capítulo 6) satisfazem essa definição. Uma **função hash criptográfica** deve apresentar a seguinte propriedade adicional:

- Em termos de processamento, é impraticável encontrar duas mensagens diferentes *x* e *y* tais que *H*(*x*) = *H*(*y*).

Informalmente, essa propriedade significa que, em termos de processamento, é impraticável que um invasor substitua uma mensagem por outra que está protegida pela função hash. Ou seja, se (*m*, *H*(*m*)) é a mensagem e o hash da mensagem criada pelo emissor, um invasor não pode forjar os conteúdos de outra mensagem, *y*, que possui o mesmo valor de hash da mensagem original.

É bom nos convencermos de que uma soma de verificação simples, como a soma de verificação da Internet, criaria uma função de hash criptográfica fraca. Em vez de processar a aritmética de complemento de 1 (como é feito para a soma de verificação da Internet), vamos efetuar uma soma de verificação tratando cada caractere como um byte e somando os bytes usando porções de 4 bytes por vez. Suponha que Bob deva a Alice US$ 100,99 e lhe envie um vale contendo a cadeia de texto "`IOU100.99BOB`". (IOU, do inglês *I Owe You* – Eu lhe devo.)

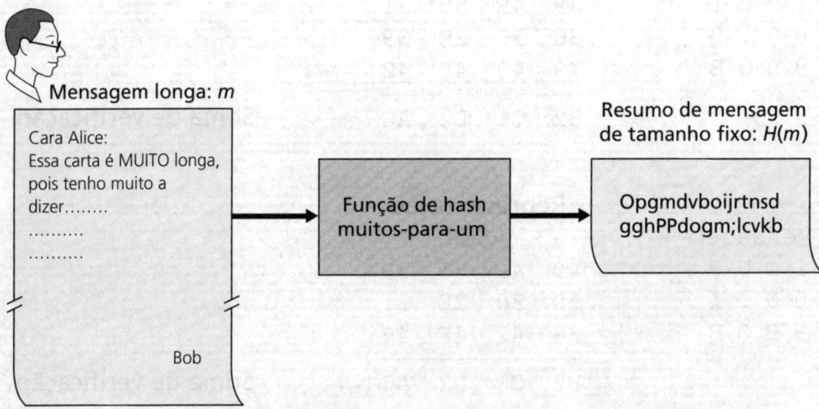

Figura 8.7 Funções de hash.

A representação ASCII (em notação hexadecimal) para essas letras é `49, 4F, 55, 31, 30, 30, 2E, 39, 39, 42, 4F, 42`.

A Figura 8.8 (parte de cima) mostra que a soma de verificação de 4 bytes para essa mensagem é B2 C1 D2 AC. Uma mensagem ligeiramente diferente (e que sairia muito mais cara para Bob) é mostrada na parte de baixo da Figura 8.8. As mensagens "`IOU100.99BOB`" e "`IOU900.19BOB`" têm a *mesma* soma de verificação. Assim, esse algoritmo de soma de verificação simples viola a exigência anterior. Fornecidos os dados originais, é simples descobrir outro conjunto de dados com a mesma soma de verificação. É claro que, para efeito de segurança, precisaremos de uma função de hash muito mais poderosa do que uma soma de verificação.

O algoritmo de hash MD5 de Ron Rivest (RFC 1321) é amplamente usado hoje. Ele processa um resumo de mensagem de 128 bits por meio de um processo de quatro etapas, constituído de uma etapa de enchimento (adição de um "um" seguido de "zeros" suficientes para que o comprimento da mensagem satisfaça determinadas condições), uma etapa de anexação (anexação de uma representação de 64 bits do comprimento da mensagem antes do enchimento), uma etapa de inicialização de um acumulador e uma etapa final iterativa, na qual os blocos de 16 palavras da mensagem são processados (misturados) em quatro rodadas de processamento. Para ver uma descrição do MD5 (incluindo uma implementação em código fonte C), consulte (RFC 1321).

O segundo principal algoritmo de hash em uso atualmente é o SHA-1 (do inglês *Secure Hash Algorithm* – algoritmo de hash seguro) (FIPS, 1995). Esse algoritmo se baseia em princípios similares aos usados no projeto do MD4 (RFC 1320), o predecessor do MD5. O uso do SHA-1, um padrão federal norte-americano, é exigido sempre que um algoritmo de hash criptográfico for necessário para uso federal nos EUA. Ele produz uma mensagem de resumo de 160 bits. O resultado mais longo torna o SHA-1 mais seguro.

8.3.2 Código de autenticação da mensagem

Retornemos ao problema da integridade da mensagem. Agora que compreendemos as funções de hash, vamos tentar entender como podemos garantir a integridade da mensagem:

1. Alice cria a mensagem *m* e calcula o hash *H*(*m*) (p. ex., com SHA-1).
2. Alice então anexa *H*(*m*) à mensagem *m*, criando uma mensagem estendida (*m*, *H*(*m*)), e a envia para Bob.
3. Bob recebe uma mensagem estendida (*m*, *h*) e calcula *H*(*m*). Se *H*(*m*) = *h*, Bob conclui que está tudo certo.

Mensagem	Representação ASCII	
I O U 1	49 4F 55 31	
0 0 . 9	30 30 2E 39	
9 B O B	39 42 4F 42	
	B2 C1 D2 AC	Soma de verificação

Mensagem	Representação ASCII	
I O U 9	49 4F 55 39	
0 0 . 1	30 30 2E 31	
9 B O B	39 42 4F 42	
	B2 C1 D2 AC	Soma de verificação

Figura 8.8 Mensagem inicial e mensagem fraudulenta têm a mesma soma de verificação!

Essa abordagem é, obviamente, errônea. Trudy pode criar uma mensagem *m´* falsa, passar-se por Alice, calcular *H*(*m*´) e enviar (*m*´, *H*(*m*´)) a Bob. Quando Bob receber a mensagem, tudo se encaixa na etapa 3, então ele não suspeita de nada.

Para realizar a integridade da mensagem, além de usar as funções de hash criptográficas, Alice e Bob precisarão de um segredo compartilhado *s*, que não é nada mais do que uma cadeia de bits denominada **chave de autenticação**. Utilizando esse segredo compartilhado, a integridade da mensagem pode ser realizada da seguinte maneira:

1. Alice cria a mensagem *m*, concatena *s* com *m* para criar $m + s$, e calcula o hash $H(m + s)$ (p. ex., com SHA-1). $H(m+s)$ é denominado o **código de autenticação da mensagem** (**MAC**, do inglês ***message authentication code***).
2. Alice então anexa o MAC à mensagem *m*, criando uma mensagem estendida $(m, H(m + s))$, e a envia para Bob.
3. Bob recebe uma mensagem estendida (m, h) e, conhecendo *s*, calcula o MAC $H(m + s)$. Se $H(m + s) = h$, Bob conclui que está tudo certo.

Um resumo desse processo é ilustrado na Figura 8.9. É importante observar que o MAC, neste caso, não é o mesmo MAC utilizado nos protocolos da camada de enlace (abreviação de *medium access control* [controle de acesso ao meio])!

Um bom recurso do MAC é o fato de ele não exigir um algoritmo de criptografia. De fato, em muitas aplicações, incluindo o algoritmo de roteamento de estado do enlace, descrito antes, as entidades de comunicação somente estão preocupadas com a integridade da mensagem, e não com o seu sigilo. Utilizando um MAC, as entidades podem autenticar as mensagens que enviam uma à outra sem ter de integrar algoritmos de criptografia complexos ao processo de integridade.

Como você pode esperar, muitos padrões diferentes para os MACs foram propostos ao longo dos anos. Hoje, o mais popular é o **HMAC**, que pode ser usado com o MD5 ou SHA-1. O HMAC, na verdade, passa os dados e a chave de autenticação duas vezes pela função de hash (Kaufman, 2002; RFC 2104).

Ainda resta um assunto importante. Como distribuímos a chave de autenticação compartilhada às entidades de comunicação? No algoritmo de roteamento de estado do enlace, por exemplo, precisaríamos, de alguma forma, distribuir a chave de autenticação secreta a cada um dos roteadores no sistema independente. (Observe que os roteadores podem usar a mesma chave de autenticação.) Um administrador de rede conseguiria, de fato, esse feito visitando fisicamente cada um dos roteadores. Ou, se o administrador de rede for preguiçoso, e se cada roteador possuir sua própria chave pública, ele poderia distribuir a chave de autenticação a qualquer um dos roteadores criptografando-a com a chave pública e, então, enviar a chave cifrada por meio da rede ao roteador.

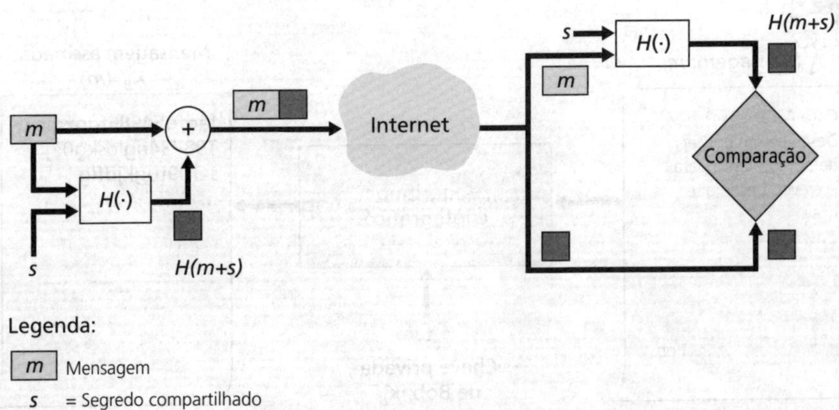

Figura 8.9 Código de autenticação de mensagem (MAC).

8.3.3 Assinaturas digitais

Pense no número de vezes em que você assinou seu nome em um pedaço de papel durante a última semana. Você assina cheques, comprovantes de operação de cartões de crédito, documentos legais e cartas. Sua assinatura atesta o fato de que você (e não outra pessoa) conhece o conteúdo do documento e/ou concorda com ele. No mundo digital, com frequência deseja-se indicar o dono ou o criador de um documento ou deixar claro que alguém concorda com o conteúdo de um documento. A **assinatura digital** é uma técnica criptográfica que cumpre essas finalidades no mundo digital.

Exatamente como acontece com as assinaturas por escrito, a assinatura digital deve ser verificável e não falsificável. Isto é, deve ser possível provar que um documento assinado por um indivíduo foi na verdade assinado por ele (a assinatura tem de ser verificável) e que *somente* aquele indivíduo poderia ter assinado o documento (a assinatura não pode ser falsificável).

Vamos considerar agora como podemos criar um método de assinatura digital. Observe que, quando Bob assina uma mensagem, deve colocar algo nela que seja único para ele. Bob poderia adicionar um MAC à assinatura, sendo o MAC criado ao adicionar sua chave (única para ele) à mensagem e, depois, formar o hash. Mas para Alice verificar a assinatura, ela deve também ter uma cópia da chave, que não seria única para Bob. Portanto, os MACs não se incluem nesse processo.

Lembre-se de que, com a criptografia de chave pública, Bob possui tanto uma chave pública como uma privada, as quais são únicas para ele. Dessa maneira, a criptografia de chave pública é uma excelente candidata para prover assinaturas digitais. Vamos verificar como isso é feito.

Suponha que Bob queira assinar digitalmente um documento, *m*. Imagine que o documento seja um arquivo ou uma mensagem que ele vai assinar e enviar. Como mostra a Figura 8.10, para assinar esse documento, Bob apenas usa sua chave criptográfica privada K_B^- para processar $K_B^-(m)$. A princípio, pode parecer estranho que Bob esteja usando sua chave privada (que, como vimos na Seção 8.2, foi usada para decriptar uma mensagem que tinha sido criptografada com sua chave pública) para assinar um documento. Mas lembre-se de que criptografia e decriptação nada mais são do que uma operação matemática (exponenciação à potência *e* ou *d* no RSA; veja a Seção 8.2), e que a intenção de Bob não é embaralhar ou disfarçar o conteúdo do documento, mas assiná-lo de maneira que este seja verificável, não falsificável e incontestável. Bob tem o documento, *m*, e sua assinatura digital do documento é $K_B^-(m)$.

A assinatura digital $K_B^-(m)$ atende às exigências de ser verificável e não falsificável? Suponha que Alice tenha *m* e $K_B^-(m)$. Ela quer provar na Justiça (em ação litigiosa) que Bob de

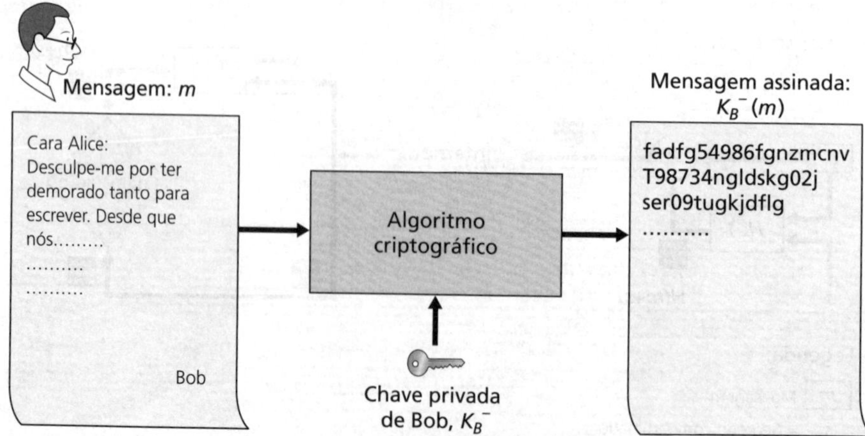

Figura 8.10 Criando uma assinatura digital para um documento.

fato assinou o documento e que ele era a única pessoa que poderia tê-lo assinado. Alice pega a chave pública de Bob, K_B^+, e lhe aplica a assinatura digital $K_B^-(m)$ associada ao documento *m*. Isto é, ela processa $K_B^+(K_B^-(m))$, e, *voilà*, com dramática encenação, produz *m*, que é uma reprodução exata do documento original! Ela então argumenta que somente Bob poderia ter assinado o documento pelas seguintes razões:

- Quem quer que tenha assinado o documento deve ter usado a chave criptográfica privada, K_B^-, para processar a assinatura $K_B^-(m)$, de modo que $K_B^+(K_B^-(m)) = m$.
- A única pessoa que poderia conhecer a chave privada, K_B^-, é Bob. Lembre-se de que dissemos em nossa discussão do RSA, na Seção 8.2, que conhecer a chave pública, K_B^+, não serve para descobrir a chave privada, K_B^-. Portanto, a única pessoa que poderia conhecer K_B^- é aquela que gerou o par de chaves (K_B^+, K_B^-) em primeiro lugar, Bob. (Note que, para isso, admitimos que Bob não passou K_B^- a ninguém e que ninguém roubou K_B^- de Bob.)

Também é importante notar que, se o documento original, *m*, for modificado para alguma forma alternativa, *m*′, a assinatura que Bob criou para *m* não será válida para *m*′, já que $K_B^+(K_B^-(m))$ não é igual a *m*′. Assim, observamos que as assinaturas digitais também oferecem integridade da mensagem, permitindo que o receptor verifique se ela foi alterada, bem como sua origem.

Uma preocupação com os dados de assinatura é que a criptografia e a decriptação prejudicam o desempenho do computador. Sabendo do trabalho extra de criptografia e decriptação, os dados de assinatura por meio de criptografia/decriptação completa podem ser excessivos. Uma técnica mais eficiente é introduzir as funções de hash na assinatura digital. Na Seção 8.3.2, um algoritmo de hash pega uma mensagem, *m*, de comprimento qualquer e calcula uma "impressão digital" de comprimento fixo da mensagem, representada por *H*(*m*). Usando uma função de hash, Bob assina o hash da mensagem em vez de assinar a própria mensagem, ou seja, Bob calcula $K_B^-(H(m))$. Como *H*(*m*) é em geral muito menor do que a mensagem original *m*, o esforço computacional necessário para criar a assinatura digital é reduzido consideravelmente.

Em relação a Bob enviar uma mensagem para Alice, a Figura 8.11 apresenta um resumo do procedimento operacional de criar uma assinatura digital. Bob coloca sua longa mensagem original em uma função de hash. Ele, então, assina digitalmente o hash resultante com sua chave privada. A mensagem original (em texto aberto) junto com o resumo de mensagem assinada digitalmente (de agora em diante denominada assinatura digital) é então enviada para Alice. A Figura 8.12 apresenta um resumo do processo operacional da assinatura. Alice aplica a função de hash à mensagem para obter um resultado de hash. Ela também aplica a função de hash à mensagem em texto aberto para obter um segundo resultado de hash. Se os dois combinarem, então Alice pode ter certeza sobre a integridade e o autor da mensagem.

Antes de seguirmos em frente, vamos fazer uma breve comparação entre as assinaturas digitais e os MACs, visto que eles são paralelos, mas também têm diferenças sutis e importantes. As assinaturas digitais e os MACs iniciam com uma mensagem (ou um documento). Para criar um MAC por meio de mensagem, inserimos uma chave de autenticação à mensagem e, depois, pegamos o hash do resultado. Observe que nem a chave pública nem a criptografia de chaves simétricas estão envolvidas na criação do MAC. Para criar uma assinatura digital, primeiro pegamos o hash da mensagem e, depois, ciframos a mensagem com nossa chave privada (usando a criptografia de chave pública). Assim, uma assinatura digital é uma técnica "mais pesada", pois exige uma Infraestrutura de Chave Pública (PKI, do inglês *Public Key Infrastructure*) subjacente com autoridades de certificação, conforme descrito abaixo. Veremos na Seção 8.4 que o PGP – um sistema de e-mail seguro e popular – utiliza assinaturas digitais para a integridade da mensagem. Já vimos que o OSPF usa MACs para a integridade da mensagem. Veremos nas Seções 8.5 e 8.6 que os MACs são também usados por conhecidos protocolos de segurança da camada de transporte e da camada de rede.

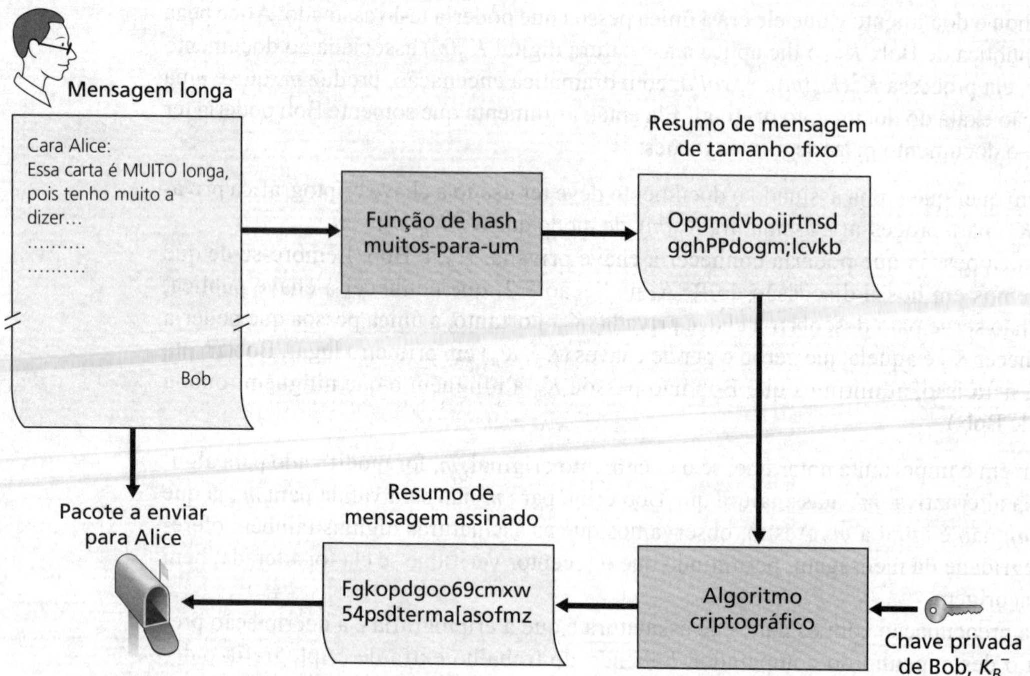

Figura 8.11 Enviando uma mensagem assinada digitalmente.

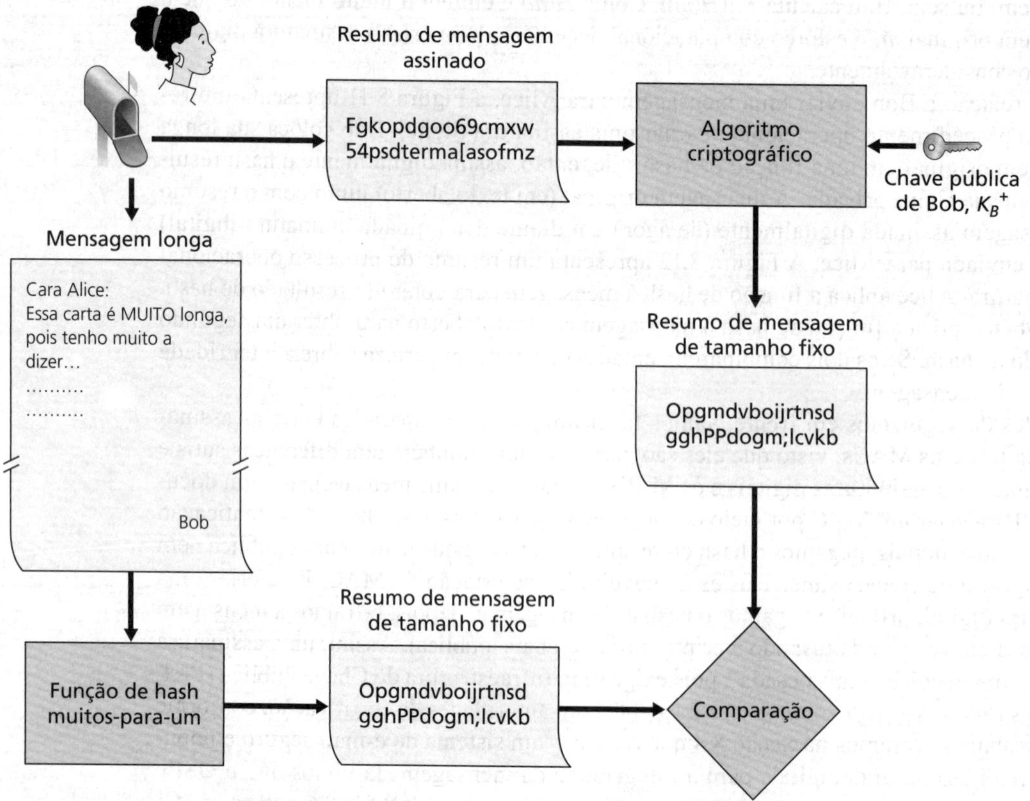

Figura 8.12 Verificando uma mensagem assinada.

Certificação de chaves públicas

Uma aplicação importante de assinaturas digitais é a **certificação de chaves públicas**, ou seja, certificar que uma chave pública pertence a uma entidade específica. A certificação de chaves públicas é usada em muitos protocolos de rede seguros, incluindo o IPsec e o TLS.

Para compreender mais sobre o problema, consideremos uma versão de comércio eletrônico para o clássico "trote da pizza". Suponha que Alice trabalhe no ramo de pizzas para viagem e que aceite pedidos pela Internet. Bob, que adora pizza, envia a Alice uma mensagem em texto aberto que contém o endereço de sua casa e o tipo de pizza que quer. Nessa mensagem, ele inclui também uma assinatura digital (i.e., um hash assinado extraído da mensagem original em texto aberto) para provar a Alice que ele é a origem verdadeira da mensagem. Para verificar a assinatura, Alice obtém a chave pública de Bob (talvez de um servidor de chaves públicas ou de uma mensagem de e-mail) e verifica a assinatura digital. Dessa maneira, ela se certifica de que foi Bob, e não algum adolescente brincalhão, quem fez o pedido.

Tudo parece caminhar bem até que entra em cena a esperta Trudy. Como mostrado na Figura 8.13, Trudy decide fazer uma travessura. Ela envia uma mensagem a Alice na qual diz que é Bob, fornece o endereço de Bob e pede uma pizza. Nessa mensagem, ela também inclui sua (de Trudy) chave pública, embora Alice suponha, claro, que seja a de Bob. Trudy também anexa uma assinatura digital, a qual foi criada com sua própria (de Trudy) chave privada. Após receber a mensagem, Alice aplica a chave pública de Trudy (pensando que é a de Bob) à assinatura digital e concluirá que a mensagem em texto aberto foi, na verdade, criada por Bob. Este ficará muito surpreso quando o entregador aparecer em sua casa com uma pizza de calabresa e anchovas!

A partir desse exemplo, vemos que, para que a criptografia de chaves públicas seja útil, você precisa ser capaz de verificar se tem a chave pública verdadeira da entidade (pessoa,

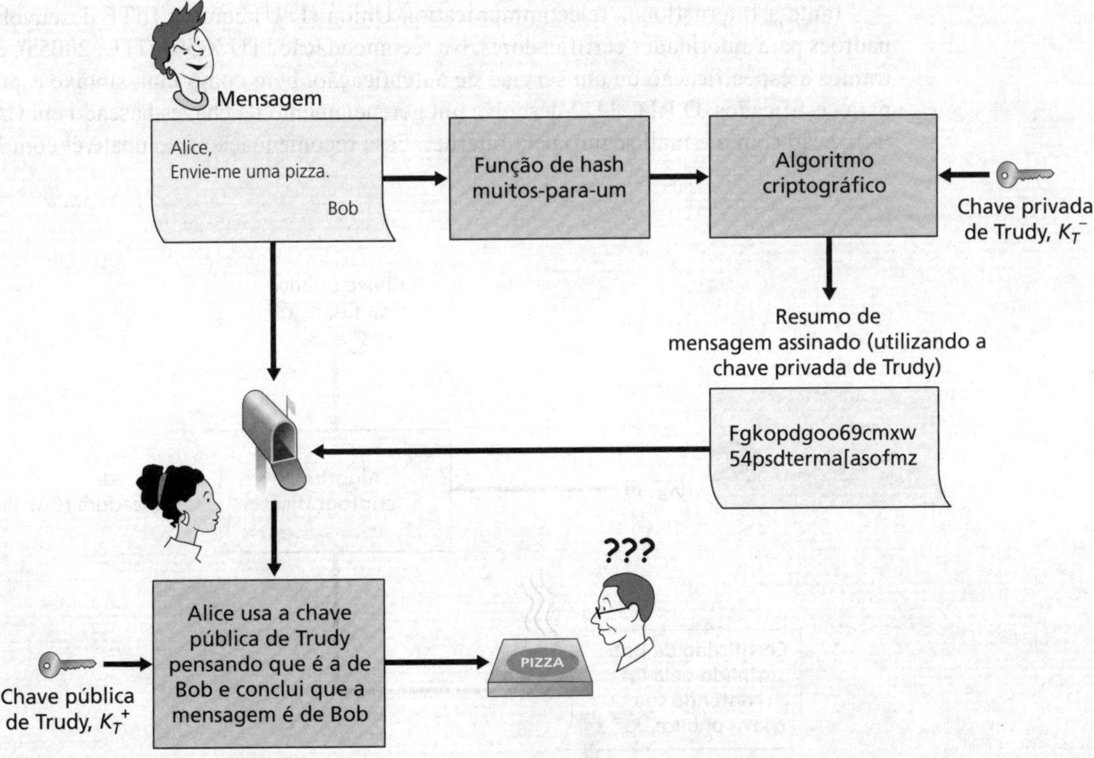

Figura 8.13 Trudy se passa por Bob usando criptografia de chaves públicas.

roteador, navegador e outras) com a qual quer se comunicar. Por exemplo, quando Alice estiver se comunicando com Bob usando criptografia de chaves públicas, ela precisará saber, com certeza, que a chave pública que supostamente é de Bob é, de fato, dele.

A vinculação de uma chave pública a uma entidade particular é feita, em geral, por uma **Autoridade Certificadora (CA**, do inglês ***Certification Authority***), cuja tarefa é validar identidades e emitir certificados. Uma CA tem as seguintes funções:

1. Uma CA verifica se uma entidade (pessoa, roteador e assim por diante) é quem diz ser. Não há procedimentos obrigatórios para o modo como deve ser feita a certificação. Quando tratamos com uma CA, devemos confiar que ela tenha realizado uma verificação de identidade adequadamente rigorosa. Por exemplo, se Trudy conseguisse entrar na autoridade certificadora Fly-by-Night, e apenas declarasse "Eu sou Alice" e recebesse certificados associados à identidade de Alice, então não se deveria dar muita credibilidade a chaves públicas certificadas pela autoridade certificadora Fly-by-Night. Por outro lado, seria mais sensato (ou não!) estar mais inclinado a confiar em uma CA que faz parte de um programa federal ou estadual. O grau de confiança que se tem na identidade associada a uma chave pública equivale apenas ao grau de confiança depositada na CA e em suas técnicas de verificação de identidades. Que teia emaranhada de confiança estamos tecendo!
2. Tão logo verifique a identidade da entidade, a CA cria um **certificado** que vincula a chave pública da entidade à identidade verificada. O certificado contém a chave pública e a informação exclusiva que identifica mundialmente o proprietário da chave pública (p. ex., o nome de alguém ou um endereço IP). O certificado é assinado digitalmente pela CA. Essas etapas são mostradas na Figura 8.14.

Vejamos, agora, como certificados podem ser usados para combater os espertinhos das pizzas, como Trudy e outros indesejáveis. Quando Bob faz seu pedido, ele também envia seu certificado assinado por uma CA. Alice usa a chave pública da CA para verificar a validade do certificado de Bob e extrair a chave pública dele.

Tanto a International Telecommunication Union (ITU) como a IETF desenvolveram padrões para autoridades certificadoras. Na recomendação ITU X.509 (ITU, 2005a), encontramos a especificação de um serviço de autenticação, bem como uma sintaxe específica para certificados. O RFC 1422 descreve um gerenciamento de chaves baseado em CA para utilização com o e-mail seguro pela Internet. Essa recomendação é compatível com X.509,

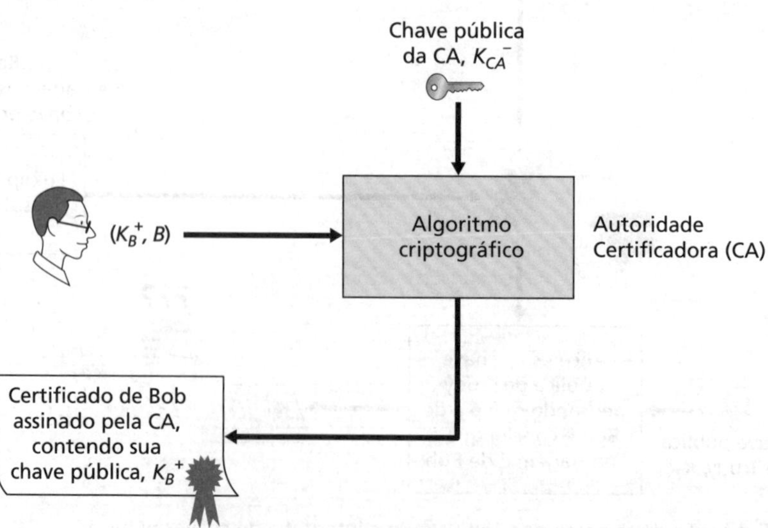

Figura 8.14 Bob obtém sua chave pública certificada pela CA.

TABELA 8.4 Campos selecionados de uma chave pública X.509 e RFC 1422

Nome do campo	Descrição
Versão	Número da versão da especificação X.509
Número de série	Identificador exclusivo emitido pela CA para um certificado
Assinatura	Especifica o algoritmo usado pela CA para assinar esse certificado
Nome do emissor	Identidade da CA que emitiu o certificado, em formato de nome distinto (DN) (RFC 4514)
Período de validade	Início e fim do período de validade do certificado
Nome do sujeito	Identidade da entidade cuja chave pública está associada a esse certificado, em formato DN
Chave pública do sujeito	A chave pública do sujeito, bem como uma indicação do algoritmo de chave pública (e parâmetros do algoritmo) a ser usado com essa chave

mas vai além, pois estabelece procedimentos e convenções para uma arquitetura de gerenciamento de chaves. A Tabela 8.4 apresenta alguns campos importantes de um certificado.

8.4 AUTENTICAÇÃO DO PONTO FINAL

A **autenticação do ponto final** é o processo de provar a identidade de uma entidade a outra entidade por uma rede de computadores, por exemplo, um usuário provando sua identidade a um servidor de correio eletrônico. Como seres humanos, autenticamos uns aos outros de diversas maneiras: reconhecemos o rosto do outro ao nos encontrarmos, reconhecemos a voz no telefone, somos autenticados por um oficial da Alfândega que compara a nossa foto com a do passaporte.

Nesta seção, vamos considerar como uma entidade pode autenticar outra quando as duas estão se comunicado por uma rede. Vamos nos atentar aqui para a autenticação de uma entidade "ao vivo", no momento em que a comunicação está de fato ocorrendo. Um exemplo concreto é um usuário autenticando-se em um servidor de correio eletrônico. Este é um problema sutilmente diferente de provar que uma mensagem recebida em algum ponto no passado veio mesmo do remetente afirmado, conforme estudamos na Seção 8.3.

Ao realizar autenticação pela rede, as entidades comunicantes não podem contar com informações biométricas, como aparência visual ou timbre de voz. Na verdade, veremos em nossos estudos de caso que, geralmente, são os elementos da rede, como roteadores e processos cliente/servidor, que precisam se autenticar. Aqui, a autenticação precisa ser feita unicamente com base nas mensagens e nos dados trocados como parte de um **protocolo de autenticação**. Em geral, um protocolo de autenticação seria executado *antes* que as duas entidades comunicantes executassem algum outro protocolo (p. ex., um protocolo de transferência confiável de dados, um de troca de informações de roteamento ou um de correio eletrônico). O protocolo de autenticação primeiro estabelece as identidades das partes para a satisfação mútua; somente depois da autenticação é que as entidades "põem as mãos" no trabalho real.

Assim como no caso do nosso desenvolvimento de um protocolo de transferência confiável de dados (rdt, do inglês *reliable data transfer*) no Capítulo 3, será esclarecedor desenvolvermos aqui diversas versões de um protocolo de autenticação, que chamaremos de **ap** (do inglês *authentication protocol* – protocolo de autenticação), explicando cada versão enquanto prosseguimos. (Se você gostar da evolução passo a passo de um projeto, também poderá gostar de Bryant [1988], que relata uma narrativa fictícia entre projetistas de um sistema aberto de autenticação de rede e sua descoberta das muitas questões sutis que estão envolvidas.)

Vamos imaginar que Alice precise se autenticar com Bob.

Talvez o protocolo de autenticação mais simples que possamos imaginar seja aquele onde Alice apenas envia uma mensagem a Bob dizendo ser Alice. Esse protocolo aparece na Figura 8.15. A falha aqui é óbvia – não há como Bob realmente saber que a pessoa enviando a mensagem "Eu sou Alice" é mesmo Alice. Por exemplo, Trudy (a intrusa) poderia enviar tal mensagem.

Protocolo de autenticação *ap2.0*

Se Alice possui um endereço de rede conhecido (p. ex., um endereço IP) do qual ela sempre se comunica, Bob poderia tentar autenticar Alice verificando se o endereço de origem no datagrama IP que transporta a mensagem de autenticação combina com o endereço conhecido de Alice. Nesse caso, Alice seria autenticada. Isso poderia impedir que um intruso muito ingênuo em redes se passe por Alice, mas não o aluno determinado, que está estudando este livro, ou muitos outros!

Pelo estudo das camadas de rede e enlace de dados, sabemos que não é difícil (p. ex., se alguém tivesse acesso ao código do sistema operacional e pudesse criar seu próprio núcleo do sistema operacional, como acontece com o Linux e vários outros sistemas operacionais disponíveis livremente) criar um datagrama IP, colocar qualquer endereço de origem IP que se desejar (p. ex., o endereço IP conhecido de Alice) no datagrama IP e enviar o datagrama pelo protocolo da camada de enlace para o roteador do primeiro salto. Daí em diante, o datagrama com endereço de origem incorreto seria zelosamente repassado para Bob. Essa técnica, mostrada na Figura 8.16, é uma forma de falsificação de IP. Tal falsificação

Figura 8.15 Protocolo *ap1.0* e um cenário de falha.

Figura 8.16 Protocolo *ap2.0* e um cenário de falha.

pode ser evitada se o roteador do primeiro salto de Trudy for configurado para encaminhar apenas datagramas contendo o endereço IP de origem de Trudy (RFC 2827). Porém, essa capacidade não é implementada ou imposta de modo universal. Assim, Bob poderia ser enganado a achar que o gerente de rede de Trudy (que poderia ser a própria Trudy) configurou o roteador do primeiro salto de Trudy para repassar somente datagramas corretamente endereçados.

Protocolo de autenticação *ap3.0*

Uma técnica clássica de autenticação é usar uma senha secreta. A senha é um segredo compartilhado entre o autenticador e a pessoa sendo autenticada. Gmail, Facebook, Telnet, FTP e muitos outros serviços usam a autenticação por senha. No protocolo ap3.0, Alice envia sua senha secreta a Bob, como mostra a Figura 8.17.

Como as senhas são muito utilizadas, poderíamos supor que o protocolo *ap3.0* é bastante seguro. Nesse caso, estaríamos errados! A falha de segurança aqui é clara. Se Trudy interceptar a comunicação de Alice, então ela poderá descobrir a senha de Alice. Se você acha que isso é improvável, considere o fato de que, quando você usa Telnet com outra máquina e se autentica, a senha de autenticação é enviada abertamente para o servidor Telnet. Alguém conectado ao cliente Telnet ou à LAN do servidor possivelmente poderia investigar (ler e armazenar) todos os pacotes transmitidos na LAN e, assim, roubar a senha de autenticação. De fato, essa é uma técnica bem conhecida para roubar senhas (p. ex., ver Jimenez [1997]). Essa ameaça, obviamente, é bastante real, de modo que *ap3.0* certamente não funcionará.

Protocolo de autenticação *ap3.1*

Nossa próxima ideia para consertar o ap3.0, naturalmente, é criptografar a senha. Criptografando a senha, podemos impedir que Trudy descubra a senha de Alice. Se considerarmos que Alice e Bob compartilham uma chave secreta simétrica, K_{A-B}, então Alice pode criptografar a senha e enviar sua mensagem de identificação, "`Eu sou Alice`", e sua senha criptografada para Bob. Então, Bob decodifica a senha e, supondo que a senha esteja correta, autentica Alice. Bob está confiante na autenticação de Alice, pois Alice não apenas

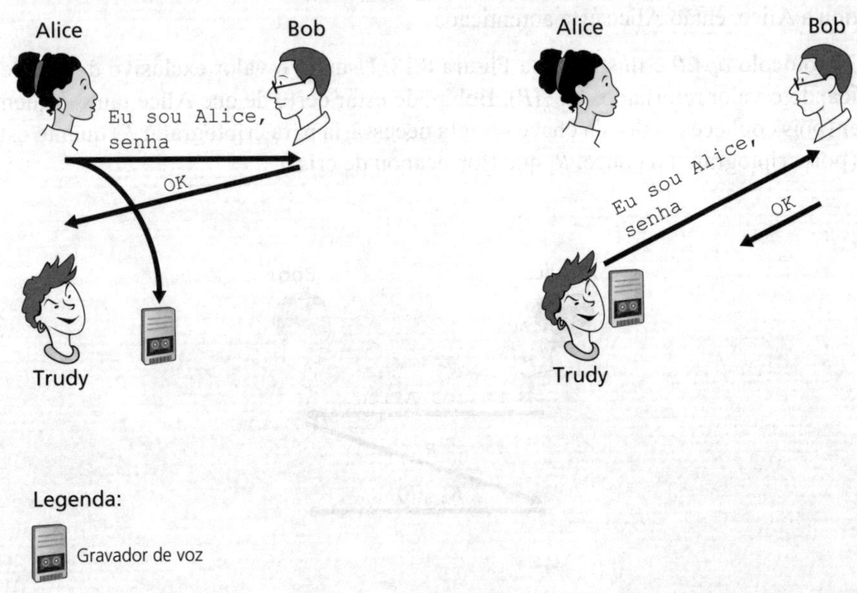

Figura 8.17 Protocolo *ap3.0* e um cenário de falha.

conhece a senha, mas também sabe o valor da chave secreta compartilhada necessária para criptografar a senha. Vamos chamar esse protocolo de *ap3.1*.

Embora seja verdade que *ap3.1* impede que Trudy descubra a senha de Alice, o uso da criptografia aqui não resolve o problema da autenticação. Bob está sujeito a um **ataque de reprodução**: Trudy só precisa investigar a comunicação de Alice, gravar a versão criptografada da senha e reproduzir a versão criptografada da senha para Bob, fingindo ser Alice. O uso de uma senha criptografada em *ap3.1* não torna a situação muito diferente daquela do protocolo *ap3.0*, na Figura 8.17.

Protocolo de autenticação *ap4.0*

O cenário de falha na Figura 8.17 resultou do fato de Bob não conseguir distinguir entre a mensagem original enviada por Alice e a reprodução dessa mensagem. Ou seja, Bob não conseguiu saber se Alice estava ao vivo (i.e., realmente estava no outro ponto da conexão) ou se a mensagem que ele recebeu foi uma reprodução de uma autenticação anterior. O leitor muito (*muito*) atento se lembrará de que o protocolo de apresentação de três vias precisou resolver o mesmo problema – o lado do servidor de uma conexão TCP não queria aceitar uma conexão se o segmento SYN recebido fosse uma cópia antiga (retransmissão) de um segmento SYN de uma conexão anterior. Como o lado do servidor TCP resolveu o problema de determinar se o cliente estava mesmo ao vivo? Ele escolheu um número de sequência inicial que não havia sido usado por um bom tempo, enviou esse número ao cliente, e então aguardou que o cliente respondesse com um segmento ACK contendo esse número. Podemos adotar a mesma ideia para fins de autenticação.

Um **nonce** é um número que o protocolo usará somente uma vez por toda a vida. Ou seja, uma vez que o protocolo utilizar um nonce, esse número nunca mais será utilizado. Nosso protocolo *ap4.0* usa um nonce da seguinte forma:

1. Alice envia a mensagem "`Eu sou Alice`" para Bob.
2. Bob escolhe um nonce, R, e o envia a Alice.
3. Alice criptografa o nonce usando a chave secreta simétrica de Alice e Bob, K_{A-B}, e envia o nonce criptografado, K_{A-B}(R), de volta a Bob. Assim como no protocolo *ap3.1*, o fato de Alice conhecer K_{A-B} e o utilizar para criptografar o valor permite a Bob saber que a mensagem recebida foi gerada por Alice. O nonce é usado para garantir que Alice está ao vivo.
4. Bob decodifica a mensagem recebida. Se o nonce decodificado for igual ao que ele enviou a Alice, então Alice está autenticada.

O protocolo *ap4.0* é ilustrado na Figura 8.18. Usando o valor exclusivo de R e depois verificando o valor retornado, $K_{A-B}(R)$, Bob pode estar certo de que Alice tanto é quem ela diz ser (pois conhece o valor da chave secreta necessária para criptografar R) quanto está ao vivo (pois criptografou o nonce, R, que Bob acabou de criar).

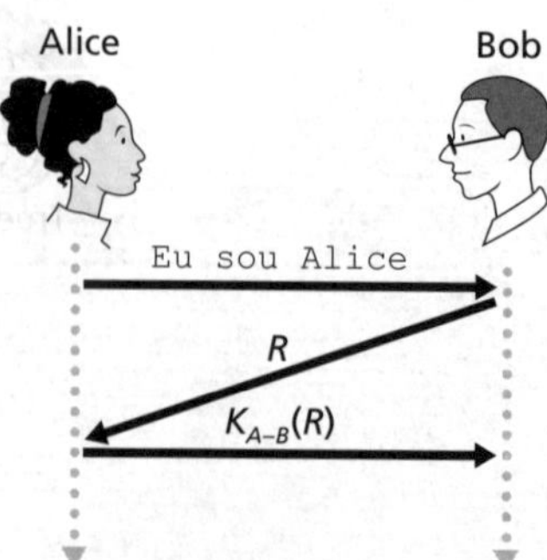

Figura 8.18 Protocolo *ap4.0* e um cenário de falha.

O uso de um nonce e das formas de criptografia por chave simétrica forma a base do *ap4.0*. Uma pergunta natural é se podemos usar um nonce e a criptografia de chave pública (em vez da criptografia de chave simétrica) para resolver o problema de autenticação. Essa questão é explorada nos problemas ao final deste capítulo.

8.5 PROTEGENDO O E-MAIL

Nas seções anteriores, analisamos as questões fundamentais em segurança de redes, incluindo a criptografia de chaves simétricas e de chaves públicas, autenticação do ponto final, distribuição de chave, integridade da mensagem e assinaturas digitais. Agora vamos analisar como essas ferramentas estão sendo usadas para oferecer segurança na Internet.

Curiosamente, é possível oferecer serviços de segurança em cada uma das quatro principais camadas da pilha de protocolos da Internet. Quando a segurança é fornecida para um protocolo específico da camada de aplicação, a aplicação que o emprega utilizará um ou mais serviços de segurança, como sigilo, autenticação ou integridade. Quando a segurança é oferecida para um protocolo da camada de transporte, todas as aplicações que usam esse protocolo aproveitam os seus serviços de segurança. Quando a segurança é fornecida na camada de rede em base hospedeiro para hospedeiro, todos os segmentos da camada de transporte (e, portanto, todos os dados da camada de aplicação) aproveitam os serviços de segurança dessa camada. Quando a segurança é oferecida em um enlace, os dados em todos os quadros que percorrem o enlace recebem os serviços de segurança do enlace.

Nas Seções 8.5 a 8.8, verificamos como as ferramentas de segurança estão sendo usadas nas camadas de enlace, rede, transporte e aplicação. Obedecendo à estrutura geral deste livro, começamos no topo da pilha de protocolo e discutimos segurança na camada de aplicação. Nossa técnica é usar uma aplicação específica, e-mail, como um estudo de caso para a segurança da camada de aplicação. Então, descemos a pilha de protocolo. Examinaremos o protocolo TLS (que provê segurança na camada de transporte), o IPsec (que provê segurança na camada de rede) e a segurança do protocolo LAN IEEE 802.11 sem fio.

Você deve estar se perguntando por que a funcionalidade da segurança está sendo fornecida em mais de uma camada na Internet. Já não bastaria prover essa funcionalidade na camada de rede? Há duas respostas para a pergunta. Primeiro, embora a segurança na camada de rede possa oferecer "cobertura total" cifrando todos os dados nos datagramas (i.e., todos os segmentos da camada de transporte) e autenticando todos os endereços IP destinatários, ela não pode prover segurança no nível do usuário. Por exemplo, um site de comércio não pode confiar na segurança da camada IP para autenticar um cliente que vai comprar mercadorias. Assim, existe a necessidade de uma funcionalidade da segurança em camadas superiores bem como cobertura total em canais inferiores. Segundo, em geral, é mais fácil implementar serviços da Internet, incluindo os de segurança nas camadas superiores da pilha de protocolo. Enquanto aguardamos a ampla implementação da segurança na camada de rede, o que ainda levará muitos anos, muitos criadores de aplicação "já fazem isso" e introduzem a funcionalidade da segurança em suas aplicações favoritas. Um exemplo clássico é o PGP, que oferece e-mail seguro (discutido mais adiante nesta seção). Necessitando de apenas um código de aplicação do cliente e do servidor, o PGP foi uma das primeiras tecnologias de segurança a ser amplamente utilizada na Internet.

8.5.1 E-mail seguro

Agora usamos os princípios de criptografia das Seções 8.2 a 8.3 para criar um sistema de e-mail seguro. Criamos esse projeto de alto nível de maneira incremental, introduzindo, a cada etapa, novos serviços de segurança. Em nosso projeto de um sistema de e-mail seguro, vamos manter em mente o exemplo atrevido apresentado na Seção 8.1 – o caso de amor entre

Alice e Bob. Imagine que Alice quer enviar uma mensagem de e-mail para Bob e Trudy quer bisbilhotar.

Antes de avançar e projetar um sistema de e-mail seguro para Alice e Bob, devemos considerar quais características de segurança seriam as mais desejáveis para eles. A primeira, e mais importante, é a *confidencialidade*. Como foi discutido na Seção 8.1, nem Alice nem Bob querem que Trudy leia a mensagem de e-mail de Alice. A segunda característica que Alice e Bob provavelmente gostariam de ver no sistema de e-mail seguro é a *autenticação do remetente*. Em particular, quando Bob receber a seguinte mensagem: "`Eu não o amo mais. Nunca mais quero vê-lo. Da anteriormente sua, Alice`", ele naturalmente gostaria de ter certeza de que a mensagem veio de Alice, e não de Trudy. Outra característica de segurança de que os dois amantes gostariam de dispor é a *integridade de mensagem*, isto é, a certeza de que a mensagem que Alice enviar não será modificada no trajeto até Bob. Por fim, o sistema de e-mail deve fornecer *autenticação do receptor*, isto é, Alice quer ter certeza de que de fato está enviando a mensagem para Bob, e não para outra pessoa (p. ex., Trudy) que esteja se passando por ele.

Portanto, vamos começar abordando a preocupação mais premente, a confidencialidade. A maneira mais direta de conseguir confidencialidade é Alice criptografar a mensagem com tecnologia de chaves simétricas (como DES ou AES) e Bob decriptar a mensagem ao recebê-la. Como discutido na Seção 8.2, se a chave simétrica for longa o suficiente e se apenas Alice e Bob possuírem a chave, então será dificílimo que alguém (incluindo Trudy) leia a mensagem. Embora essa seja uma abordagem direta, ela apresenta a dificuldade fundamental que discutimos na Seção 8.2 – é difícil distribuir uma chave simétrica de modo que apenas Bob e Alice tenham cópias dela. Portanto, é natural que consideremos uma abordagem alternativa – a criptografia de chaves públicas (p. ex., usando RSA). Nessa abordagem, Bob disponibiliza publicamente sua chave pública (p. ex., em um servidor de chaves públicas ou em sua página pessoal) e Alice criptografa sua mensagem com a chave pública de Bob, e envia a mensagem criptografada para o endereço de e-mail de Bob. Quando recebe a mensagem, ele simplesmente a decodifica com sua chave privada. Supondo que Alice tenha certeza de que aquela chave pública é a de Bob, essa técnica é um meio excelente de fornecer a confidencialidade desejada. Um problema, contudo, é que a criptografia de chaves públicas é relativamente ineficiente, sobretudo para mensagens longas.

Para superar o problema da eficiência, vamos fazer uso de uma chave de sessão (discutida na Seção 8.2.2). Em particular, Alice (1) escolhe uma chave simétrica, K_S, aleatoriamente, (2) criptografa sua mensagem m com a chave simétrica, (3) criptografa a chave simétrica com a chave pública de Bob, K_B^+, (4) concatena a mensagem criptografada e a chave simétrica criptografada de modo que formem um "pacote", e (5) envia o pacote ao endereço de e-mail de Bob. Os passos estão ilustrados na Figura 8.19. (Nessa figura e nas subsequentes, o sinal "+" dentro de um círculo representa formar a concatenação, e o sinal "–" dentro de um círculo, desfazer a concatenação.) Quando Bob receber o pacote, ele (1) usará sua chave

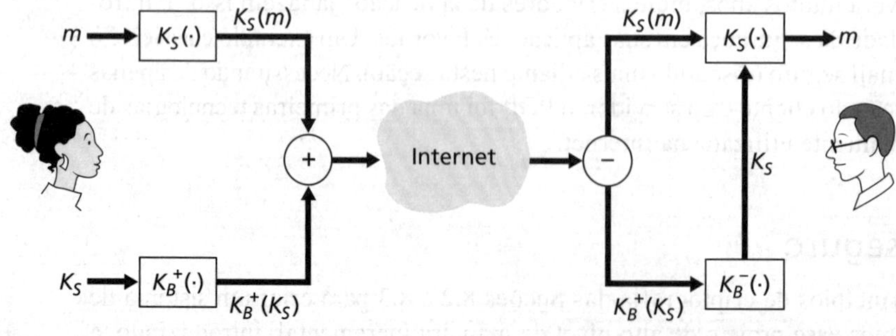

Figura 8.19 Alice usou uma chave de sessão simétrica, K_S, para enviar um e-mail secreto para Bob.

privada, K_B^-, para obter a chave simétrica, K_S, e (2) utilizará a chave simétrica K_S para decodificar a mensagem *m*.

Agora que projetamos um sistema de e-mail seguro que fornece confidencialidade, vamos desenvolver um outro sistema que forneça autenticação do remetente e integridade de mensagem. Vamos supor, por enquanto, que Alice e Bob não estejam mais preocupados com confidencialidade (querem compartilhar seus sentimentos com todos!) e que só estejam preocupados com a autenticação do remetente e com a integridade da mensagem. Para realizar essa tarefa, usaremos assinaturas digitais e resumos de mensagem, como descrito na Seção 8.3. Especificamente, Alice (1) aplica uma função de hash, *H* (p. ex., MD5), à sua mensagem, *m*, para obter um resumo, (2) assina o resultado da função de hash com sua chave privada K_A^- para criar uma assinatura digital, (3) concatena a mensagem original (não criptografada) com a assinatura para criar um pacote, e (4) envia o pacote ao endereço de e-mail de Bob. Quando Bob recebe o pacote, ele (1) aplica a chave pública de Alice, K_A^+, ao resumo de mensagem assinado e (2) compara o resultado dessa operação com o próprio hash, *H*, da mensagem. As etapas são ilustradas na Figura 8.20. Como discutimos na Seção 8.3, se os dois resultados forem iguais, Bob poderá ter razoável certeza de que a mensagem veio de Alice e não foi alterada.

Vamos considerar agora o projeto de um sistema de e-mail que forneça confidencialidade, autenticação de remetente *e* integridade de mensagem. Isso pode ser feito pela combinação dos procedimentos das Figuras 8.19 e 8.20. Primeiro, Alice cria um pacote preliminar, exatamente como ilustra a Figura 8.20, constituído de sua mensagem original junto com um hash da mensagem assinado digitalmente. Em seguida, ela trata esse pacote preliminar como uma mensagem em si e a envia seguindo as etapas do remetente mostradas na Figura 8.19, criando um novo pacote, que é enviado a Bob. As etapas seguidas são mostradas na Figura 8.21. Quando Bob recebe o pacote, ele aplica primeiro seu lado da Figura 8.19 e depois seu lado da Figura 8.20. É preciso ficar claro que esse projeto atinge o objetivo de fornecer confidencialidade, autenticação de remetente e integridade de mensagem. Note que, nesse esquema, Alice utiliza criptografia de chaves públicas duas vezes: uma vez com sua chave privada e uma vez com a chave pública de Bob. De maneira semelhante, Bob também aplica a criptografia de chaves públicas duas vezes – uma vez com sua chave privada e uma vez com a chave pública de Alice.

O projeto de e-mail seguro ilustrado na Figura 8.21 provavelmente fornece segurança satisfatória para os usuários de e-mail na maioria das ocasiões. Mas ainda resta uma questão importante a ser abordada. O projeto da Figura 8.21 requer que Alice obtenha a chave pública de Bob e que este obtenha a chave pública de Alice. A distribuição dessas chaves públicas é um problema nada trivial. Por exemplo, Trudy poderia se disfarçar de Bob e dar a Alice sua própria chave pública, dizendo que é a de Bob. Como aprendemos na Seção 8.3, uma tática popular para distribuir chaves públicas com segurança é *certificar* as chaves públicas usando uma autoridade certificadora (CA).

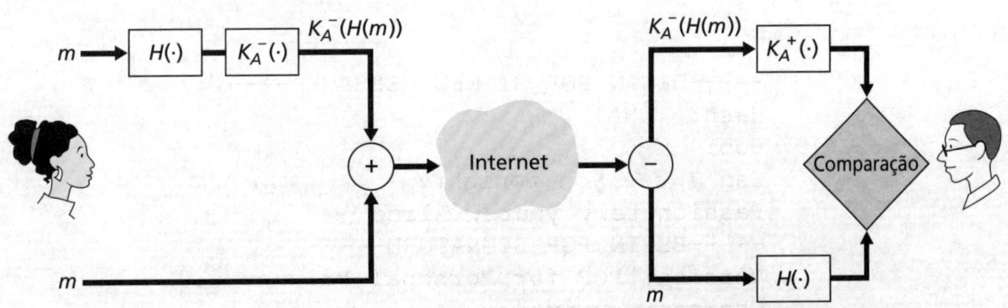

Figura 8.20 Usando funções de hash e assinaturas digitais para fornecer autenticação de remetente e integridade de mensagem.

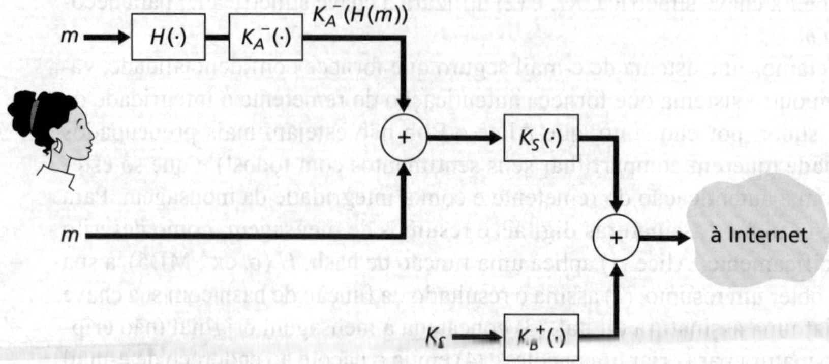

Figura 8.21 Alice usa criptografia de chaves simétricas, criptografia de chaves públicas, uma função de hash e uma assinatura digital para fornecer sigilo, autenticação de remetente e integridade de mensagem.

8.5.2 PGP

Projetado originalmente por Phil Zimmermann em 1991, o PGP é um belo exemplo de esquema de criptografia para e-mail (PGP, 2020). O projeto do PGP é, basicamente, idêntico ao projeto apresentado na Figura 8.21. Dependendo da versão, o software do PGP usa MD5 ou SHA para processar o resumo de mensagem; CAST, DES triplo ou IDEA para criptografar chaves simétricas, e RSA para criptografar chaves públicas.

Quando o PGP é instalado, o software cria um par de chaves públicas para o usuário. A chave pública pode então ser colocada no site do usuário ou em um servidor de chaves públicas. A chave privada é protegida pelo uso de uma senha. A senha tem de ser informada todas as vezes que o usuário acessar a chave privada. O PGP oferece ao usuário a opção de assinar digitalmente a mensagem, criptografar a mensagem ou, ainda, ambas as opções: assinar digitalmente e criptografar a mensagem. A Figura 8.22 mostra uma mensagem PGP assinada. Essa mensagem aparece após o cabeçalho MIME (do inglês *Multipurpose Internet Mail Extensions* – Extensões Multifunção para Mensagens da Internet). Os dados codificados da mensagem correspondem a $K_A^-(H(m))$, isto é, ao resumo de mensagem assinado digitalmente. Como discutimos antes, para que Bob verifique a integridade da mensagem, ele precisa ter acesso à chave pública de Alice.

A Figura 8.23 mostra uma mensagem PGP secreta. Essa mensagem também aparece após o cabeçalho MIME. É claro que a mensagem em texto aberto não está incluída na de e-mail secreta. Quando um remetente (como Alice) quer não apenas a confidencialidade, mas também a integridade, o PGP contém uma mensagem como a da Figura 8.23 dentro daquela da Figura 8.22.

```
-----BEGIN PGP SIGNED MESSAGE-----
Hash:  SHA1
Bob:
Can I see you tonight?
Passionately yours, Alice
-----BEGIN PGP SIGNATURE-----
Version: PGP for Personal Privacy 5.0
Charset:  noconv
yhHJRHhGJGhgg/12EpJ+lo8gE4vB3mqJhFEvZP9t6n7G6m5Gw2
-----END PGP SIGNATURE-----
```

Figura 8.22 Uma mensagem PGP assinada.

```
-----BEGIN PGP MESSAGE-----
Version: PGP for Personal Privacy 5.0
u2R4d+/jKmn8Bc5+hgDsqAewsDfrGdszX68liKm5F6Gc4sDfcXyt
RfdS10juHgbcfDssWe7/K=lKhnMikLo0+1/BvcX4t==Ujk9PbcD4
Thdf2awQfgHbnmKlok8iy6gThlp
-----END PGP MESSAGE
```

Figura 8.23 Uma mensagem PGP secreta.

O PGP também fornece um mecanismo para certificação de chaves públicas, mas esse mecanismo é bem diferente daquele da CA mais convencional. As chaves públicas do PGP são certificadas por uma *rede de confiança*. A própria Alice pode certificar qualquer par chave/usuário quando ela achar que esse par realmente está correto. Além disso, o PGP permite que Alice declare que ela confia em outro usuário para atestar a autenticidade de mais chaves. Alguns usuários do PGP assinam reciprocamente suas chaves montando grupos de assinatura de chaves. Os usuários se reúnem fisicamente, trocam chaves públicas e certificam suas chaves reciprocamente, assinando-as com suas chaves privadas.

8.6 PROTEGENDO CONEXÕES TCP: TLS

Na seção anterior, vimos como as técnicas criptográficas podem prover sigilo, integridade dos dados e autenticação do ponto final a aplicações específicas, ou seja, e-mail. Nesta seção, desceremos uma camada na pilha de protocolo e examinaremos como a criptografia pode aprimorar o TCP com os serviços de segurança, incluindo sigilo, integridade dos dados e autenticação do ponto final. Essa versão aprimorada do TCP é denominada **protocolo TLS**, padronizado pelo IETF (RFC 4346). Uma versão anterior e semelhante desse protocolo é o SSL versão 3.

O SSL foi na origem projetado pela Netscape, mas as ideias básicas por trás da proteção do TCP antecedem o trabalho da Netscape (p. ex., consulte Woo [1994]). Desde sua concepção, o SSL e seu sucessor, o TLS, obtiveram uma ampla implementação. O TLS é suportado por todos os navegadores Web e servidores Web populares, e é usado pelo Gmail e por basicamente todos os sites de comércio eletrônico na Internet (incluindo Amazon, eBay e TaoBao). Centenas de bilhões de dólares são gastos com o TLS a cada ano. Na verdade, se você já comprou qualquer coisa pela Internet com seu cartão de crédito, a comunicação entre seu navegador e servidor para essa compra foi quase certamente por meio do TLS. (Você pode identificar que o TLS está sendo usado por seu navegador quando o URL se iniciar com https: em vez de http:.)

Para entender a necessidade do TLS, vamos examinar um cenário de comércio pela Internet típico. Bob está navegando na Web e acessa o site Alice Incorporated, que está vendendo perfume. O site Alice Incorporated exibe um formulário no qual Bob deve inserir o tipo de perfume e a quantidade desejados, seu endereço e o número de seu cartão de crédito. Bob insere essas informações, clica em Enviar, e espera pelo recebimento (via correio postal comum) de seus perfumes; ele também espera pelo recebimento de uma cobrança pelo seu pedido na próxima fatura do cartão de crédito. Até o momento, tudo bem, mas se nenhuma medida de segurança for tomada, Bob poderia esperar por surpresas.

- Se nenhum sigilo (encriptação) for utilizado, um invasor poderia interceptar o pedido de Bob e receber suas informações sobre o cartão. O invasor poderia, então, fazer compras à custa de Bob.
- Se nenhuma integridade de dados for utilizada, um invasor poderia modificar o pedido de Bob, fazendo-o comprar dez vezes mais frascos de perfumes que o desejado.

- Finalmente, se nenhuma autenticação do servidor for utilizada, um servidor poderia exibir o famoso logotipo da Alice Incorporated, quando na verdade o site é mantido por Trudy, que está se passando por Alice Incorporated. Após receber o pedido de Bob, Trudy poderia ficar com o dinheiro dele e sumir. Ou Trudy poderia realizar um roubo de identidade obtendo o nome, endereço e número do cartão de crédito de Bob.

O TLS resolve essas questões aprimorando o TCP com sigilo, integridade dos dados, autenticação do servidor e autenticação do cliente.

Muitas vezes, o TLS é usado para oferecer segurança em transações que ocorrem pelo HTTP. Entretanto, como o TLS protege o TCP, ele pode ser empregado por qualquer aplicação que execute o TCP. O TLS provê uma interface de programação de aplicações (API, do inglês *application programming interface*) com *sockets*, semelhante à API do TCP. Quando uma aplicação quer empregar o TLS, ela inclui classes/bibliotecas SSL. Como mostrado na Figura 8.24, embora o TLS resida tecnicamente na camada de aplicação, do ponto de vista do desenvolvedor, ele é um protocolo de transporte que provê serviços do TCP aprimorados com serviços de segurança.

8.6.1 Uma visão abrangente

Começamos descrevendo uma versão simplificada do TLS, que nos permitirá obter uma visão abrangente de *por que* e *como* funciona o TLS. Vamos nos referir a essa versão simplificada do TLS como "quase-TLS". Após descrever o quase-TLS, na próxima subseção, descreveremos o TLS de verdade, preenchendo as lacunas. O quase-TLS (e o TLS) possui três fases: *apresentação (handshake)*, *derivação de chave* e *transferência de dados*. Agora descreveremos essas três fases para uma sessão de comunicação entre um cliente (Bob) e um servidor (Alice), o qual possui um par de chaves pública/privada e um certificado que associa sua identidade à chave pública.

Apresentação (*handshake*)

Durante a fase de apresentação, Bob precisa (a) estabelecer uma conexão TCP com Alice, (b) verificar se ela é *realmente* Alice, e (c) enviar-lhe uma chave secreta mestre, que será utilizada por Alice e Bob para criar todas as chaves simétricas de que eles precisam para a sessão TLS. Essas três etapas estão ilustradas na Figura 8.25. Observe que, uma vez estabelecida a conexão TCP, Bob envia a Alice uma mensagem "hello". Alice, então, responde com seu certificado, que contém sua chave pública. Conforme discutido na Seção 8.3, como o certificado foi assinado por uma CA, Bob sabe, com certeza, que a chave pública no certificado pertence a Alice. Ele então cria um Segredo Mestre (MS, do inglês *Master Secret*) (que será usado somente para esta sessão TLS), codifica o MS com a chave pública de Alice para criar o Segredo Mestre Cifrado (EMS, do inglês *Encrypted Master Secret*), enviando-o para Alice, que o decodifica com sua chave privada para obter o MS. Após essa fase, Bob e Alice (e mais ninguém) sabem o segredo mestre para esta sessão TLS.

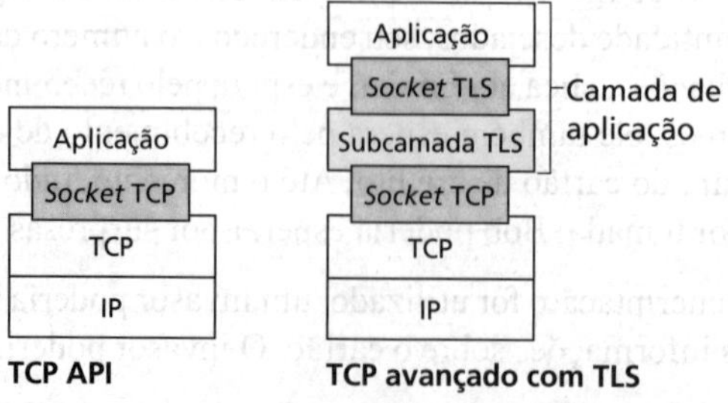

Figura 8.24 Embora o TLS resida tecnicamente na camada de aplicação, do ponto de vista do desenvolvedor, ele é um protocolo da camada transporte.

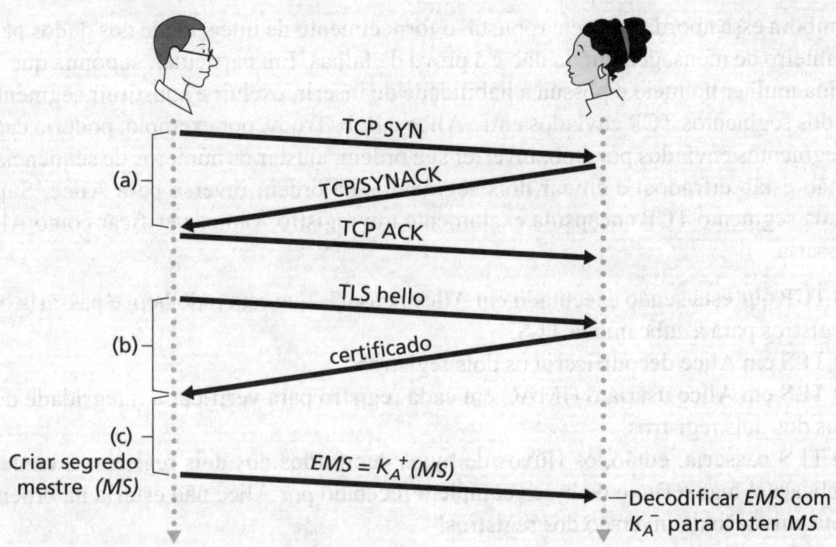

Figura 8.25 A apresentação quase-TLS, iniciando com uma conexão TCP.

Derivação de chave

A princípio, o MS, agora compartilhado por Bob e Alice, poderia ser usado como a chave de sessão simétrica para toda a verificação subsequente de criptografia e integridade dos dados. Entretanto, em geral, é considerado mais seguro para Alice e Bob usarem, individualmente, chaves criptográficas diferentes, bem como chaves diferentes para criptografia e verificação da integridade. Assim, Alice e Bob usam o MS para criar quatro chaves:

- E_B = chave de criptografia de sessão para dados enviados de Bob para Alice.
- M_B = chave HMAC de sessão para dados enviados de Bob para Alice, onde HMAC (RFC 2104) é um MAC resumido padronizado que encontramos na Seção 8.3.2.
- E_A = chave de criptografia de sessão para dados enviados de Alice para Bob.
- M_A = chave HMAC de sessão para dados enviados de Alice para Bob.

Alice e Bob podem criar quatro chaves a partir do MS. Isso poderia ser feito apenas dividindo o MS em quatro chaves. (Mas, no TLS *real*, é um pouco mais complicado, como veremos.) Ao final da fase de derivação de chave, Alice e Bob têm todas as quatro chaves. As duas chaves de criptografia serão usadas para cifrar dados; as duas chaves MAC serão usadas para verificar a integridade dos dados.

Transferência de dados

Agora que Alice e Bob compartilham as mesmas quatro chaves de sessão (E_B, M_B, E_A e M_A), podem começar a enviar dados protegidos um ao outro por meio da conexão TCP. Como o TCP é um protocolo de fluxo de bytes, uma abordagem natural seria o TLS cifrar dados da aplicação enquanto são enviados e, então, transmitir os dados cifrados para o TCP. Mas, se fizéssemos isso, onde colocaríamos o HMAC para a verificação da integridade? Decerto não queremos esperar até o fim da sessão TCP para verificar a integridade de todos os dados de Bob que foram enviados por toda a sessão! Para abordar essa questão, o TLS divide o fluxo de dados em registros, anexa um HMAC a cada registro para a verificação da integridade, e cifra o registro+HMAC. Para criar o HMAC, Bob insere os dados de registro junto com a chave MB em uma função de hash, conforme discutido na Seção 8.3. Para cifrar o pacote registro+HMAC, Bob usa sua chave de criptografia de sessão E_B. Esse pacote cifrado é então transmitido ao TCP para o transporte pela Internet.

Embora essa abordagem seja robusta, o fornecimento de integridade dos dados para um fluxo inteiro de mensagem ainda não é à prova de falhas. Em particular, suponha que Trudy seja uma mulher no meio e possua a habilidade de inserir, excluir e substituir segmentos no fluxo dos segmentos TCP enviados entre Alice e Bob. Trudy, por exemplo, poderia capturar dois segmentos enviados por Bob, inverter sua ordem, ajustar os números de sequência TCP (que não estão cifrados) e enviar dois segmentos na ordem inversa para Alice. Supondo que cada segmento TCP encapsula exatamente um registro, vamos verificar como Alice os processaria.

1. O TCP que está sendo executado em Alice pensaria que está tudo bem e passaria os dois registros para a subcamada TLS.
2. O TLS em Alice decodificaria os dois registros.
3. O TLS em Alice usaria o HMAC em cada registro para verificar a integridade dos dados dos dois registros.
4. O TLS passaria, então, os fluxos de bytes decifrados dos dois registros à camada de aplicação; mas o fluxo de bytes completo recebido por Alice não estaria na ordem correta em razão da inversão dos registros!

Recomendamos que você analise cenários diferentes para quando Trudy remove segmentos ou para quando Trudy repete segmentos.

A solução para esse problema, como você deve ter imaginado, é usar números de sequência. O TLS os utiliza da seguinte maneira. Bob mantém um contador de números de sequência, que se inicia no zero e vai aumentando para cada registro TLS que ele envia. Bob, na verdade, não inclui um número de sequência no próprio registro, mas no cálculo do HMAC. Desse modo, o HMAC é agora um hash dos dados mais uma chave HMAC M_B *mais o número de sequência atual*. Alice rastreia os números de sequência de Bob, permitindo que ela verifique a integridade dos dados de um registro incluindo o número de sequência apropriado no cálculo do HMAC. O uso de números de sequência TLS impede que Trudy realize um ataque *woman-in-the-middle*, como reordenar ou repetir os segmentos. (Por quê?)

Registro TLS

O registro TLS (assim como o registro quase-TLS) é ilustrado na Figura 8.26. Ele consiste em um campo de tipo, um campo de versão, um campo de comprimento, um campo de dados e um campo HMAC. Observe que os primeiros três campos não estão cifrados. O campo de tipo indica se o registro é uma mensagem de apresentação ou uma mensagem que contém dados da aplicação. É também usado para encerrar a conexão TLS, como discutido a seguir. Na extremidade receptora, o TLS usa o campo de comprimento para extrair os registros TLS do fluxo de bytes TCP da entrada. O campo de versão não precisa de explicações.

8.6.2 Uma visão mais completa

A subseção anterior abordou o protocolo quase-TLS; serviu para nos dar uma compreensão básica de por que e como funciona o TLS. Agora que temos essa compreensão básica sobre o TLS, podemos nos aprofundar mais e examinar os princípios básicos do verdadeiro

Figura 8.26 Formato de registro para o TLS.

protocolo TLS. Além da leitura desta descrição, recomendamos que você complete o laboratório Wireshark TLS, disponível no site deste livro.

Apresentação TLS

O TLS não exige que Alice e Bob usem um algoritmo específico de chave simétrica ou um algoritmo de chave pública. Em vez disso, permite que Alice e Bob combinem os algoritmos criptográficos no início da sessão TLS, durante a fase de apresentação. Ademais, durante essa fase, Alice e Bob enviam nonces um ao outro, que são usados na criação de chaves de sessão (E_B, M_B, E_A e M_A), As etapas da apresentação do TLS real são:

1. O cliente envia uma lista de algoritmos criptográficos que ele suporta, junto com um nonce do cliente.
2. A partir da lista, o servidor escolhe um algoritmo simétrico (p. ex., AES), um algoritmo de chave pública (p. ex., RSA com um comprimento de chave específico) e um algoritmo HMAC (MD5 ou SHA-1) junto com as chaves HMAC. Ele devolve ao cliente suas escolhas, bem como um certificado e um nonce do servidor.
3. O cliente verifica o certificado, extrai a chave pública do servidor, gera um Segredo Pré-mestre (PMS, do inglês *Pre-Master Secret*), cifra o PMS com a chave pública do servidor, e envia o PMS cifrado ao servidor.
4. Utilizando a mesma função de derivação de chave (conforme especificado pelo padrão TLS), o cliente e o servidor calculam independentemente o MS do PMS e dos nonces. O MS é então dividido para gerar as duas chaves de criptografia e duas chaves HMAC. Além disso, quando a cifra simétrica selecionada emprega o CBC (como 3DES ou AES), então dois IVs – um para cada lado da conexão – são também obtidos do MS. De agora em diante, todas as mensagens enviadas entre o cliente e o servidor são cifradas e autenticadas (com o HMAC).
5. O cliente envia um HMAC de todas as mensagens de apresentação.
6. O servidor envia um HMAC de todas as mensagens de apresentação.

As duas últimas etapas protegem a apresentação da adulteração. Para entender, observe que, no passo 1, o cliente normalmente oferece uma lista de algoritmos – alguns fortes e outros fracos. Essa lista é enviada em texto aberto, visto que os algoritmos de criptografia e chaves ainda não foram consentidos. Trudy, como uma *woman-in-the-middle*, poderia excluir os algoritmos mais fortes da lista, obrigando o cliente a selecionar um algoritmo fraco. Para evitar o ataque de adulteração, na etapa 5, o cliente envia um HMAC da concatenação de todas as mensagens de apresentação que ele enviou e recebeu. O servidor pode comparar esse HMAC com o das mensagens de apresentação que ele enviou e recebeu. Se houver uma inconsistência, o servidor pode finalizar a conexão. De maneira semelhante, o servidor envia um HMAC das mensagens de apresentação que encontrou, permitindo que o cliente verifique a presença de inconsistências.

Você talvez esteja questionando por que existem nonces nas etapas 1 e 2. Os números de sequência não são suficientes para prevenir o ataque de repetição de segmento? A resposta é sim, mas eles não previnem sozinhos "o ataque de repetição de conexão". Considere o seguinte ataque de repetição de conexão. Suponha que Trudy analise todas as mensagens entre Alice e Bob. No dia seguinte, ela se passa por Bob e envia a Alice exatamente a mesma sequência de mensagens que Bob enviou a Alice no dia anterior. Se Alice não usar os nonces, ela responderá exatamente com a mesma sequência de mensagens que enviou no dia anterior. Alice não suspeitará de nada estranho, pois cada mensagem que ela recebe passará pela verificação de integridade. Se Alice for um servidor de comércio eletrônico, pensará que Bob está efetuando um segundo pedido (para a mesma coisa). Por outro lado, ao incluir um nonce no protocolo, Alice enviará nonces diferentes para cada sessão TCP, modificando as chaves de criptografia nos dois dias. Portanto, quando Alice recebe os registros TLS repetidos de Trudy, eles falharão na verificação de integridade, e a transação do site de comércio eletrônico falso não acontecerá. Em resumo, no TLS, os nonces são usados para proteger o "ataque de repetição de conexão", e os números de sequência são usados para defender a repetição de pacotes individuais durante uma sessão em andamento.

Encerramento de conexão

Em algum momento, Bob ou Alice desejarão finalizar a sessão TLS. Um método seria deixar Bob finalizar a sessão TLS apenas encerrando a conexão TCP subjacente – ou seja, enviando um segmento TCP FIN para Alice. Mas esse plano ingênuo prepara o terreno para o *ataque por truncamento* pelo qual Trudy, mais uma vez, se localiza no meio de uma sessão TLS em andamento e a finaliza antes da hora com um TCP FIN. Se Trudy fizesse isso, Alice acharia que recebeu todos os dados de Bob, quando, na verdade, recebeu só uma parte deles. A solução para esse problema é indicar, no campo de tipo, se o registro serve para encerrar a sessão TLS. (Embora o tipo TLS seja enviado em aberto, ele é autenticado no receptor usando o HMAC do registro.) Ao incluir esse campo, se Alice fosse receber um TCP FIN antes de receber um registro TLS de encerramento, ela saberia que algo estranho estava acontecendo.

Isso conclui nossa introdução ao TLS. Vimos que ele usa muitos dos princípios da criptografia discutidos nas Seções 8.2 e 8.3. Os leitores que querem explorar o TLS mais profundamente podem consultar o livro de Rescorla sobre o SSL/TLS (Rescorla, 2001).

8.7 SEGURANÇA NA CAMADA DE REDE: IPSEC E REDES PRIVADAS VIRTUAIS

O protocolo IP de segurança, mais conhecido como **IPsec**, provê segurança na camada de rede. O IPsec protege os datagramas IP entre quaisquer entidades da camada de rede, incluindo hospedeiros e roteadores. Como descreveremos em breve, muitas instituições (corporações, órgãos do governo, organizações sem fins lucrativos etc.) usam o IPsec para criar **redes privadas virtuais** (**VPNs**, do inglês ***virtual private networks***) que trabalham em cima da Internet pública.

Antes de falar sobre o IPsec, vamos voltar e considerar o que significa prover sigilo na camada de rede. Com o sigilo da camada de rede entre um par de entidades da rede (p. ex., entre dois roteadores, entre dois hospedeiros, ou entre um roteador e um hospedeiro), a entidade remetente cifra as cargas úteis de todos os datagramas que envia à entidade destinatária. A carga útil cifrada poderia ser um segmento TCP, um segmento UDP (do inglês *User Datagram Protocol* – Protocolo de Datagrama de Usuário) ou uma mensagem ICMP (do inglês *Internet Control Message Protocol* – Protocolo de Mensagens de Controle da Internet), etc. Se esse serviço estivesse em funcionamento, todos os dados enviados de uma entidade a outra – incluindo e-mail, páginas Web, mensagens de apresentação TCP e mensagens de gerenciamento (como ICMP e SNMP [do inglês *Simple Network Management Protocol* – Protocolo Simples de Gerenciamento de Rede]) – ficariam ocultos de qualquer intruso que estivesse investigando a rede. Por essa razão, a segurança na camada de rede é conhecida por prover "cobertura total".

Além do sigilo, um protocolo de segurança da camada de rede poderia prover outros serviços de segurança. Por exemplo, fornecer autenticação da origem, de modo que a entidade destinatária possa verificar a origem do datagrama protegido. Um protocolo de segurança da camada de rede poderia oferecer integridade dos dados, para que a entidade destinatária verificasse qualquer adulteração do datagrama que pudesse ter ocorrido enquanto o datagrama estava em trânsito. Um serviço de segurança da camada de rede também poderia oferecer a prevenção do ataque de repetição, querendo dizer que Bob conseguiria detectar quaisquer datagramas duplicados que um atacante pudesse inserir. Veremos em breve que o IPsec provê mecanismos para todos esses serviços de segurança, ou seja, para sigilo, autenticação da origem, integridade dos dados e prevenção do ataque de repetição.

8.7.1 IPsec e redes privadas virtuais (VPNs)

Uma instituição que se estende por diversas regiões geográficas muitas vezes deseja ter sua própria rede IP, para que seus hospedeiros e servidores consigam enviar dados um ao outro de uma maneira segura e sigilosa. Para alcançar essa meta, a instituição poderia, na verdade, empregar uma rede física independente – incluindo roteadores, enlaces e uma infraestrutura de DNS – que é completamente separada da Internet pública. Essa rede disjunta, reservada a uma instituição particular, é chamada de **rede privada**. Como é de se esperar, uma rede privada pode ser muito cara, já que a instituição precisa comprar, instalar e manter sua própria infraestrutura de rede física.

Em vez de implementar e manter uma rede privada, hoje muitas instituições criam VPNs em cima da Internet pública. Com uma VPN, o tráfego interdepartamental é enviado por meio da Internet pública, e não por meio de uma rede fisicamente independente. Mas, para prover sigilo, esse tráfego é criptografado antes de entrar na Internet pública. Um exemplo simples de VPN é mostrado na Figura 8.27. Aqui, a instituição consiste em uma matriz, uma filial e vendedores viajantes, que normalmente acessam a Internet do seu quarto de hotel. (A figura mostra só um vendedor.) Nesta VPN, quando dois hospedeiros dentro da matriz enviam datagramas IP um ao outro ou quando dois hospedeiros dentro de uma filial querem se comunicar, eles usam o bom e velho IPv4 (i.e., sem os serviços IPsec). Entretanto, quando dois dos hospedeiros da instituição se comunicam por um caminho que cruza a Internet pública, o tráfego é codificado antes de entrar na Internet.

Para entender como a VPN funciona, vamos examinar um exemplo simples no contexto da Figura 8.27. Quando um hospedeiro na matriz envia um datagrama IP a um vendedor no hotel, o roteador de borda na matriz converte o datagrama IPv4 em um IPsec e o encaminha à Internet. Esse datagrama IPsec, na verdade, possui um cabeçalho IPv4 tradicional, de modo que os roteadores na Internet pública processam o datagrama como se ele fosse um IPv4 comum – para eles, o datagrama é perfeitamente comum. Mas, conforme ilustrado na Figura 8.27, a carga útil do datagrama IPsec inclui um cabeçalho IPsec, que é utilizado

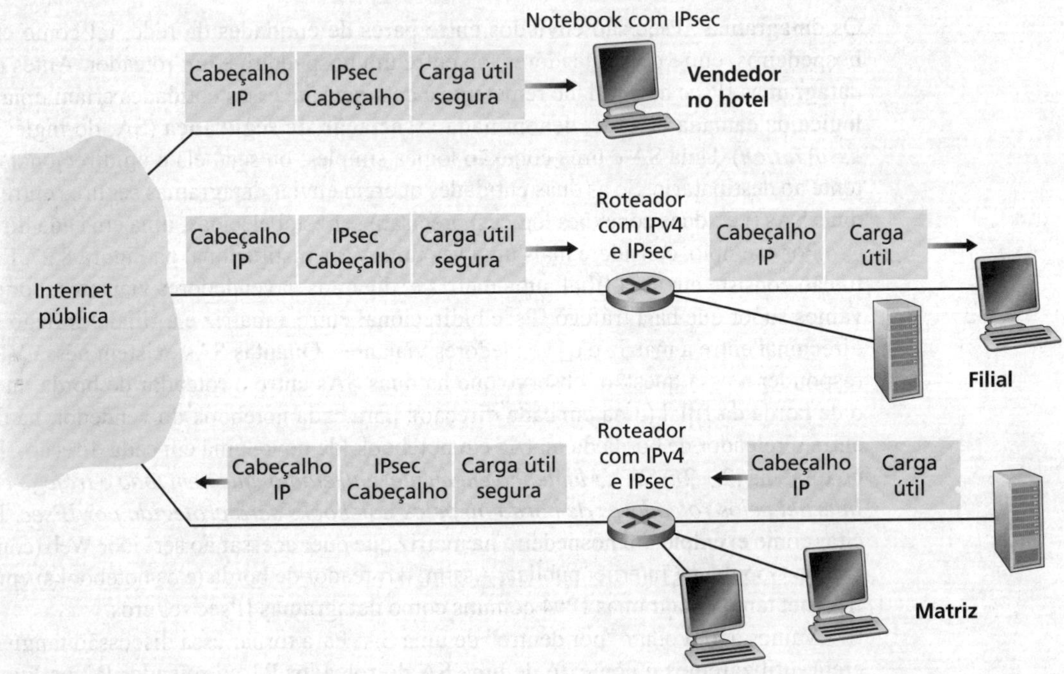

Figura 8.27 Rede privada virtual (VPN).

para o processamento do IPsec; além disso, a carga útil do datagrama IPsec está codificada. Quando o datagrama IPsec chegar ao notebook do vendedor, o sistema operacional no notebook decodifica a carga útil (e provê outros serviços de segurança, como a verificação da integridade dos dados) e passa a carga útil não codificada para o protocolo da camada superior (p. ex., para o TCP ou UDP).

Acabamos de dar uma visão geral de alto nível de como uma instituição pode implementar o IPsec para criar uma VPN. Para ver a floresta por entre as árvores, deixamos de lado muitos detalhes importantes. Vamos agora dar uma olhada neles mais de perto.

8.7.2 Os protocolos AH e ESP

O IPsec é um material um tanto complexo – ele é definido em mais de uma dúzia de RFCs. Dois RFCs importantes são RFC 4301, o qual descreve a arquitetura de segurança IP geral, e RFC 6071, que fornece uma visão geral dos protocolos IPsec. Nossa meta neste livro, como de costume, não é apenas reprocessar os RFCs secos e complexos, mas fazer uma abordagem mais operacional e pedagógica para descrever os protocolos.

No conjunto dos protocolos IPsec, existem dois principais: o protocolo **Cabeçalho de Autenticação** (**AH**, do inglês ***Authentication Header***) e o protocolo **Carga de Segurança de Encapsulamento** (**ESP**, do inglês ***Encapsulation Security Payload***). Quando uma entidade remetente IPsec (em geral, um hospedeiro ou um roteador) envia datagramas seguros a uma entidade destinatária (também um hospedeiro ou um roteador), ela utiliza o protocolo AH ou o protocolo ESP. O protocolo AH provê autenticação da origem e integridade dos dados, mas *não* provê sigilo. O protocolo ESP provê autenticação da origem, integridade dos dados *e* sigilo. Visto que o sigilo é muitas vezes essencial às VPNs e outras aplicações IPsec, o protocolo ESP é muito mais utilizado do que o protocolo AH. Para desmistificar o IPsec e evitar suas complexidades, a partir de agora estaremos focados exclusivamente no protocolo ESP. Os leitores que desejam aprender também sobre o protocolo AH devem explorar os RFCs e outros recursos online.

8.7.3 Associações de segurança

Os datagramas IPsec são enviados entre pares de entidades da rede, tal como entre dois hospedeiros, entre dois roteadores, ou entre um hospedeiro e um roteador. Antes de enviar datagramas IPsec da entidade remetente à destinatária, essas entidades criam uma conexão lógica da camada de rede, denominada **associação de segurança** (**SA**, do inglês ***security association***). Uma SA é uma conexão lógica simples; ou seja, ela é unidirecional do remetente ao destinatário. Se as duas entidades querem enviar datagramas seguros entre si, então duas SAs (i.e., duas conexões lógicas) precisam ser estabelecidas, uma em cada direção.

Por exemplo, considere mais uma vez uma VPN institucional na Figura 8.27. Essa instituição consiste em uma filial, uma matriz e, digamos, n vendedores viajantes. Por exemplo, vamos supor que haja tráfego IPsec bidirecional entre a matriz e a filial e tráfego IPsec bidirecional entre a matriz e os vendedores viajantes. Quantas SAs existem nessa VPN? Para responder a essa questão, observe que há duas SAs entre o roteador de borda da matriz e o de borda da filial (uma em cada direção); para cada notebook do vendedor, há duas SAs entre o roteador de borda da matriz e o notebook (de novo, uma em cada direção). Portanto, no total, há $(2 + 2n)$ SAs. *Mantenha em mente, entretanto, que nem todo o tráfego enviado à Internet pelos roteadores de borda ou pelos notebooks será protegido por IPsec.* Podemos citar como exemplo um hospedeiro na matriz que quer acessar ao servidor Web (como Amazon ou Google) na Internet pública. Assim, o roteador de borda (e os notebooks) emitirão na Internet tanto datagramas IPv4 comuns como datagramas IPsec seguros.

Vamos agora olhar "por dentro" de uma SA. Para tornar essa discussão tangível e concreta, utilizaremos o contexto de uma SA do roteador R1 ao roteador R2 na Figura 8.28. (Você pode pensar no Roteador R1 como o roteador de borda da matriz, e o Roteador R2

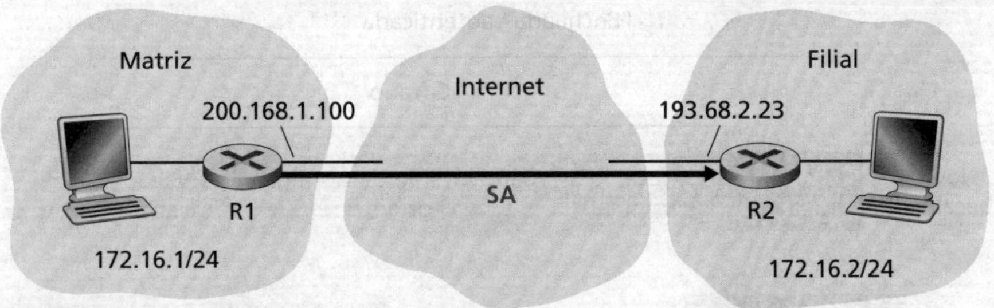

Figura 8.28 Associação de segurança (SA) de R1 a R2.

como o roteador de borda da filial, conforme a Figura 8.27.) O Roteador R1 manterá as informações de estado sobre essa SA, as quais incluirão:

- Um identificador de 32 bits para a SA, denominado **Índice de Parâmetro de Segurança** (**SPI**, do inglês ***Security Parameter Index***).
- A interface remetente da SA (neste caso, 200.168.1.100) e a interface destinatária da SA (neste caso, 193.68.2.23).
- O tipo de criptografia a ser usada (p. ex., 3DES com CBC).
- A chave de criptografia.
- O tipo de verificação de integridade (p. ex., HMAC com MD5).
- A chave de autenticação.

Quando o roteador R1 precisa construir um datagrama IPsec para encaminhar por essa SA, ele acessa as informações de estado para determinar como deveria autenticar e criptografar o datagrama. De maneira semelhante, o roteador R2 manterá as mesmas informações de estado sobre essa SA e as usará para autenticar e decodificar qualquer datagrama IPsec que chegar da SA.

Uma entidade IPsec (roteador ou hospedeiro) muitas vezes guarda essas informações de estado para muitas SAs. No exemplo sobre a VPN na Figura 8.27 com *n* vendedores, o roteador de borda guarda informações de estado para (2 + 2*n*) SAs. Uma entidade IPsec armazena as informações de estado para todas as suas SAs em seu **Banco de Dados de Associação de Segurança** (**SAD**, do inglês ***Security Association Database***), o qual é uma estrutura de dados do núcleo do sistema operacional.

8.7.4 O datagrama IPsec

Após descrever sobre as SAs, podemos agora descrever o verdadeiro datagrama IPsec. Ele possui duas formas diferentes de pacotes, uma para o **modo túnel** e outra para o **modo transporte**. O modo túnel, o mais apropriado para as VPNs, é mais implementado do que o modo transporte. Para desmistificar o IPsec e evitar suas complexidades, a partir de agora vamos nos concentrar exclusivamente no modo túnel. Uma vez que você tiver uma compreensão sólida do modo túnel, poderá com facilidade aprender, por sua conta, o modo transporte.

O formato do pacote do datagrama IPsec é ilustrado na Figura 8.29. Você pode pensar que os formatos do pacote são maçantes e sem graça, mas logo veremos que o datagrama IPsec na verdade parece e tem gosto de uma iguaria mexicana! Vamos examinar os campos do IPsec no contexto da Figura 8.28. Suponha que o roteador R1 receba um datagrama IPv4 comum do hospedeiro 172.16.1.17 (na rede da matriz) destinado ao hospedeiro 172.16.2.48 (na rede da filial). R1 utiliza a seguinte receita para converter esse "datagrama IPv4 original" em um datagrama IPsec:

- Anexa ao final do datagrama IPv4 original (que inclui os campos de cabeçalho originais) um campo de "trailer ESP".
- Codifica o resultado utilizando o algoritmo e a chave especificados pela SA.

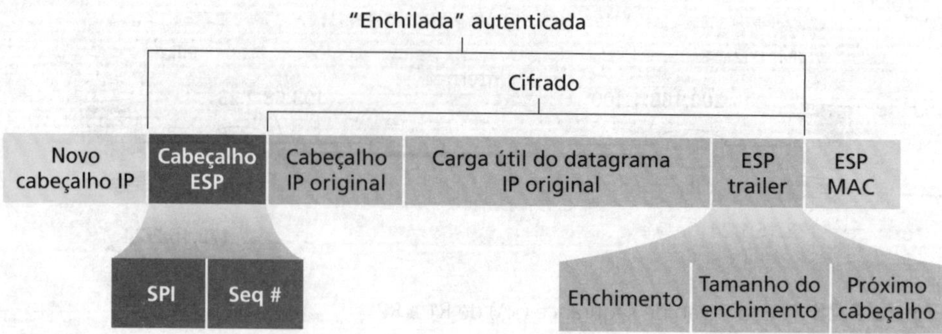

Figura 8.29 Formato do datagrama IPsec.

- Anexa na frente dessa quantidade codificada um campo chamado "cabeçalho ESP"; o pacote resultante é chamado de "enchilada".
- Cria uma autenticação MAC sobre a *enchilada inteira*, usando o algoritmo e a chave especificados na SA.
- Anexa a MAC atrás da enchilada, formando a *carga útil*.
- Por fim, cria um cabeçalho IP novo com todos os campos de cabeçalho IPv4 clássicos (juntos, normalmente com 20 bytes de comprimento), o qual se anexa antes da carga útil.

Observe que o datagrama IP resultante é um autêntico datagrama IPv4, com os tradicionais campos de cabeçalho IPv4 acompanhados por uma carga útil. Mas, neste caso, a carga útil contém um cabeçalho ESP, o datagrama IP original, um trailer ESP e um campo de autenticação ESP (com o datagrama original e o trailer ESP cifrados). O datagrama IP original possui o endereço IP remetente 172.16.1.17 e o endereço IP destinatário 172.16.2.48. Em razão de o datagrama IPsec incluir o IP original, esses endereços são inclusos (e cifrados) como parte da carga útil do pacote IPsec. Mas e os endereços IP remetente e destinatário que estão no novo cabeçalho IP, ou seja, o cabeçalho localizado à esquerda do datagrama IPsec? Como você pode esperar, eles são estabelecidos para as interfaces do roteador remetente e destinatário nas duas extremidades dos túneis, isto é, 200.168.1.100 e 193.68.2.23. Além disso, o número do protocolo nesse novo campo de cabeçalho IPv4 não será o número do TCP, UDP ou SMTP, mas igual a 50, determinando que esse é um datagrama IPsec que está utilizando o protocolo ESP.

Após R1 enviar um datagrama IPsec à Internet pública, ele passará por diversos roteadores antes de chegar ao R2. Cada um desses roteadores processará o datagrama como se fosse um datagrama comum – eles são inconscientes do fato de que o datagrama está transportando dados cifrados pelo IPsec. Para esses roteadores da Internet pública, já que o endereço IP remetente no cabeçalho externo é R2, o destino final do datagrama é R2.

Depois de acompanhar um exemplo de como o datagrama IPsec é construído, vamos olhar de perto os ingredientes da enchilada. Vemos na Figura 8.29 que o trailer ESP consiste em três campos: enchimento, tamanho do enchimento e próximo cabeçalho. Lembre-se de que cifras de bloco exigem que a mensagem a ser cifrada seja um múltiplo inteiro do comprimento de bloco. O enchimento (que consiste em bytes sem significado) é usado de modo que, quando adicionada ao datagrama original (junto com o tamanho do enchimento e o próximo cabeçalho), a "mensagem" resultante tenha um número inteiro de blocos. O campo tamanho do enchimento indica à entidade destinatária quanto enchimento foi inserido (e, portanto, precisa ser removido). O próximo cabeçalho identifica o tipo (p. ex., UDP) de dados contidos no campo de dados da carga útil. Os dados da carga útil (em geral, o datagrama IP original) e o trailer ESP são concatenados e, então, cifrados.

Anexado na frente dessa unidade cifrada está o cabeçalho ESP, o qual é enviado em aberto e consiste em dois campos: o SPI e o campo de número de sequência. O SPI indica à entidade destinatária a SA à qual o datagrama pertence; essa entidade pode, então, indexar seu SAD com o SPI para determinar os algoritmos e chaves apropriados de autenticação/decriptação. O campo de número de sequência é usado para a proteção contra ataques de repetição.

A entidade remetente também anexa uma autenticação MAC. Como já dissemos, a entidade remetente calcula um MAC por toda a enchilada (que consiste em um cabeçalho ESP, o datagrama IP original e o trailer ESP – com a criptografia do datagrama e do trailer). Lembre-se de que, para calcular um MAC, o remetente anexa uma chave MAC secreta à enchilada e calcula um hash de tamanho fixo do resultado.

Quando R2 recebe o datagrama IPsec, ele observa que o endereço IP destinatário do datagrama é o próprio R2, que, então, processa o datagrama. Como o campo de protocolo (no cabeçalho IP à esquerda) é 50, R2 entende que deve aplicar o processamento IPsec ESP ao datagrama. Primeiro, alinhando na enchilada, R2 usa o SPI para determinar à qual SA o datagrama pertence. Segundo, ele calcula o MAC da enchilada e verifica se o MAC é compatível com o valor do campo MAC ESP. Se for, ele sabe que a enchilada vem de R1 e que não foi adulterada. Terceiro, verifica o campo número de sequência para ver se o datagrama é novo (e não repetido). Quarto, ele decodifica a unidade cifrada utilizando o algoritmo e a chave de criptografia associados à SA. Quinto, ele remove o enchimento e extrai o datagrama IP original básico. E, por fim, sexto, ele encaminha o datagrama original à rede da filial em direção a seu destino final. Ufa, que receita complicada, não é? Ninguém disse que era fácil preparar e desvendar uma enchilada!

Na verdade, existe outra importante sutileza que precisa ser abordada. Ela se baseia na seguinte questão: quando R1 recebe um datagrama (inseguro) de um hospedeiro na rede da matriz, e esse datagrama é destinado a algum endereço IP destinatário fora da matriz, como R1 sabe se ele deve ser convertido em um datagrama IPsec? E se ele vai ser processado por um IPsec, como R1 sabe qual SA (de muitas SAs em seu SAD) deve ser usada para construir o datagrama IPsec? O problema é resolvido da seguinte maneira. Junto com um SAD, a entidade IPsec também mantém outra estrutura de dados denominada **Banco de Dados de Política de Segurança** (**SPD**, do inglês ***Security Policy Database***). Este indica quais tipos de datagramas (como uma função do endereço IP remetente, endereço IP destinatário e tipo do protocolo) serão processados pelo IPsec; e para aqueles que serão processados pelo IPsec, qual SA deve ser usada. De certa forma, as informações em um SPD indicam "o que" fazer com um datagrama que está chegando; as informações no SAD indicam "como" fazer isso.

Resumo dos serviços IPsec

Quais serviços o IPsec provê, exatamente? Vamos examinar tais serviços do ponto de vista de um atacante, digamos Trudy, que é uma *woman-in-the-middle*, situada entre R1 e R2 na Figura 8.28. Suponha por toda essa discussão que Trudy não conhece as chaves de autenticação e criptografia usadas pela SA. O que Trudy pode e não pode fazer? Primeiro, ela não pode ver o datagrama original. Na verdade, não só os dados do datagrama original estão ocultos de Trudy, mas também o número de protocolo, o endereço IP remetente e o endereço IP destinatário. Em relação aos datagramas enviados através da SA, Trudy sabe apenas que eles vieram de 200.168.1.100 e são destinados a 193.68.2.23. Ela não sabe se está carregando dados TCP, UDP ou ICMP; ela não sabe que está carregando HTTP, SMTP ou quaisquer outros tipos de dados de aplicação. Esse sigilo, portanto, vai além do TLS. Segundo, suponha que Trudy tente adulterar um datagrama na SA alterando alguns de seus bits. Quando o datagrama alterado chegar a R2, a verificação de integridade falhará (usando um MAC), impedindo a tentativa maliciosa de Trudy mais uma vez. Terceiro, imagine que Trudy tente se passar por R1, criando um datagrama IPsec com remetente 200.168.1.100 e destinatário 193.68.2.23. O ataque será inútil, pois a verificação da integridade do datagrama em R2 falhará novamente. Por fim, em razão de o IPsec incluir números de sequência, Trudy não poderá criar um ataque de repetição bem-sucedido. Em resumo, conforme afirmado no início desta seção, o IPsec oferece – entre qualquer par de dispositivos que processam pacotes através da camada de rede – sigilo, autenticação da origem, integridade dos dados e proteção contra ataque de repetição.

8.7.5 IKE: gerenciamento de chave no IPsec

Quando uma VPN possui um número pequeno de pontos finais (p. ex., apenas dois roteadores como na Figura 8.28), o administrador de rede pode inserir manualmente informações sobre a SA (algoritmos e chaves de criptografia/autenticação e os SPIs) nos SADs dos pontos de chegada. Essa "teclagem manual" é claramente impraticável para uma VPN grande, a qual pode consistir em centenas ou mesmo milhares de roteadores e hospedeiros IPsec. Implementações grandes e geograficamente distribuídas exigem um mecanismo automático para a criação das SAs. O IPsec o faz com o protocolo de Troca de Chave (IKE, do inglês *Internet Key Exchange*), especificado em RFC 5996.

O IKE tem semelhanças com a apresentação (*handshake*) em TLS (consulte a Seção 8.6). Cada entidade IPsec possui um certificado, o qual inclui a chave pública da entidade. Da mesma forma que o TLS, o protocolo IKE tem os dois certificados de troca de entidades, autenticação de negociação e algoritmos de criptografia, e troca informações de chave com segurança para criar chaves de sessão nas SAs IPsec. Diferentemente do TLS, o IKE emprega duas fases para realizar essas tarefas.

Vamos investigar essas duas fases no contexto de dois roteadores, R1 e R2, na Figura 8.28. A primeira fase consiste em duas trocas de pares de mensagem entre R1 e R2:

- Durante a primeira troca de mensagens, os dois lados usam Diffie-Hellman (consulte os Problemas no final do capítulo) para criar um **IKE SA** bidirecional entre os roteadores. Para nos confundir, esse IKE SA bidirecional é totalmente diferente da SA IPsec discutida nas Seções 8.6.3 e 8.6.4. O IKE SA provê um canal cifrado e autenticado entre os dois roteadores. Durante a primeira troca de par de mensagens, as chaves são estabelecidas para a criptografia e autenticação para o IKE SA. Também é estabelecido um segredo mestre que será usado para calcular chaves SA IPsec mais adiante na fase 2. Observe que, durante a primeira etapa, as chaves públicas e privadas RSA não são usadas. Em particular, nem R1 nem R2 revelam sua identidade assinando uma mensagem com sua chave privada.
- Durante a segunda troca de mensagens, ambos os lados revelam sua identidade assinando suas mensagens. Entretanto, as identidades não são reveladas a um analisador passivo, pois são enviadas por um canal seguro IKE SA. Também nessa fase, os dois lados negociam os algoritmos de autenticação e criptografia que serão empregados pelas SAs IPsec.

Na fase 2 do IKE, os dois lados criam uma SA em cada direção. Ao fim da fase 2, as chaves de sessão de criptografia e autenticação são estabelecidas em ambos os lados para as duas SAs. Eles podem, então, usar as SAs para enviar datagramas seguros, como descrito nas Seções 8.7.3 e 8.7.4. A principal motivação de ter duas fases no IKE é o custo computacional – visto que a segunda fase não envolve qualquer chave pública de criptografia, o IKE pode criar um grande número de SAs entre as duas entidades IPsec com um custo computacional relativamente pequeno.

8.8 SEGURANÇA DE LANS SEM FIO E REDES CELULARES 4G/5G

A segurança é uma preocupação particularmente importante nas redes sem fio, nas quais o atacante pode analisar quadros simplesmente posicionando um dispositivo receptor em qualquer local ao alcance das transmissões do remetente, o que vale tanto para as LANs sem fio 802.11 quanto para as redes celulares 4G/5G. Em ambos os contextos, veremos o amplo uso das técnicas de segurança fundamentais estudadas anteriormente neste capítulo, incluindo o uso de nonces para a autenticação, hashes criptográficas para a integridade da mensagem, derivação de chaves simétricas compartilhadas para a criptografia dos dados da sessão do usuário e amplo uso do padrão de criptografia AES. Veremos também, como no caso das configurações de Internet com fio, que os protocolos de segurança sem fio estão em evolução constante, pois pesquisadores e hackers estão sempre descobrindo falhas e pontos fracos nos protocolos de segurança existentes.

Nesta seção, apresentamos uma breve introdução à segurança sem fio nas redes 802.11(WiFi) e 4G/5G. Para um tratamento mais aprofundado sobre o tema, recomendamos a leitura dos livros sobre a segurança das redes 802.11 (Edney, 2003; Wright, 2015), de fácil leitura; a excelente cobertura sobre o tema da segurança em redes 3G/4G/5G em (Sauter, 2014); e estudos recentes (Zou, 2016; Kohlios, 2018).

8.8.1 Autenticação e acordo de chaves nas redes LAN sem fio 802.11

Começaremos nossa discussão sobre a segurança nas redes 802.11 com a identificação de duas (entre muitas [Zou, 2016]) questões de segurança críticas com as quais queremos que uma rede 802.11 saiba lidar:

- *Autenticação mútua.* Antes que um dispositivo móvel possa se ligar completamente a um ponto de acesso e enviar datagramas a hospedeiros remotos, a rede normalmente primeiro autentica o dispositivo para confirmar a sua identidade e verificar os seus privilégios de acesso. Da mesma forma, o dispositivo móvel quer autenticar a rede à qual está se ligando, para garantir que esta é realmente a rede à qual deseja se ligar. Essa autenticação bidirecional é conhecida pelo nome de **autenticação mútua**.
- *Criptografia.* Como quadros 802.11 são trocados por um canal sem fio que pode ser analisado e manipulado por intrusos em potencial, é importante criptografar os quadros do nível de enlace que transportam os dados do nível do usuário trocados entre o dispositivo móvel e o ponto de acesso (AP, do inglês *access point*). A criptografia de chaves simétricas é usada na prática, pois o processo de criptografar e decriptar deve ocorrer em altas velocidades. O dispositivo móvel e o AP precisam derivar as chaves simétricas de criptografia e decriptografia a serem usadas.

A Figura 8.30 ilustra o cenário no qual um dispositivo móvel deseja se ligar a uma rede 802.11. Vemos os dois componentes de rede tradicionais que encontramos em nosso estudo anterior sobre as redes 802.11 na Seção 7.3: o dispositivo móvel e o AP. Vemos também um novo componente da arquitetura, o **servidor de autenticação** (AS, do inglês *authentication server*), responsável por autenticar o dispositivo móvel. O servidor de autenticação pode estar localizado juntamente com o AP, mas a situação mais comum, mostrada na Figura 8.30, é que o AS é implementado como um servidor independente que presta serviços de autenticação. Para a autenticação, o AP serve como dispositivo de passagem, repassando mensagens de autenticação e de derivação de chaves entre o dispositivo móvel e o servidor de autenticação. Esse tipo de servidor de autenticação normalmente presta serviços de autenticação para todos os APs na sua rede.

É possível identificar quatro fases distintas do processo de autenticação mútua e derivação e uso de chaves criptográficas na Figura 8.30:

1. *Descoberta.* Na fase de descoberta, o AP anuncia sua presença e as formas de autenticação e criptografia que podem ser fornecidas ao dispositivo móvel. Este, então, solicita as formas específicas de autenticação e criptografia que deseja. Apesar de o dispositivo e o AP já estarem trocando mensagens, o dispositivo ainda não foi autenticado, nem tem uma chave criptografada para a transmissão de quadros através do enlace sem fio, então vários passos ainda serão necessários antes que o dispositivo possa se comunicar com segurança através do AP.

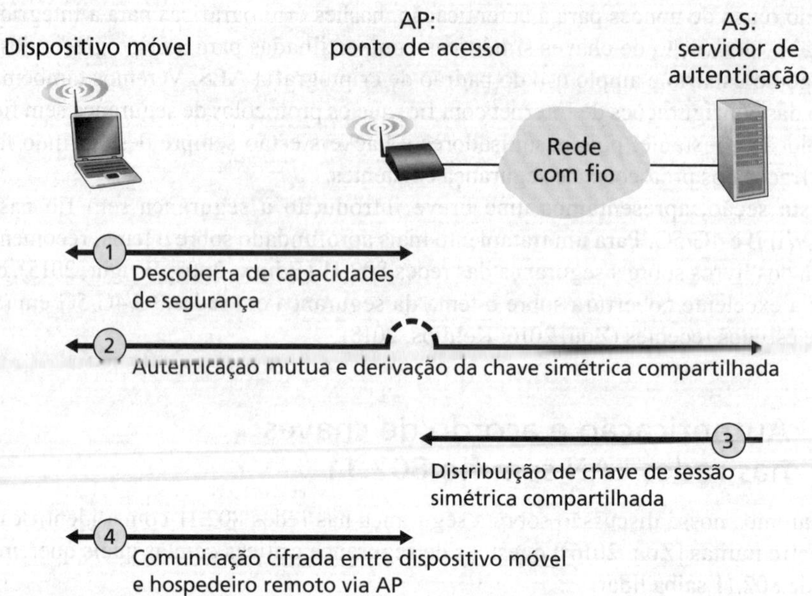

Figura 8.30 Autenticação mútua e derivação de chaves criptográficas no WPA.

2. *Autenticação mútua e derivação de chaves simétricas compartilhadas.* Este é o passo mais crítico para determinar a segurança do canal 802.11. Como veremos, o passo é bastante facilitado pela pressuposição (verdadeira na prática tanto para as redes 802.11 quanto para as 4G/5G) de que o servidor de autenticação e o dispositivo móvel já têm um **segredo compartilhado** antes de começarem a autenticação mútua. Nesse passo, o dispositivo e o servidor de autenticação usam esse segredo compartilhado, junto com nonces (para prevenir ataques de retransmissão) e hashes criptográficas (para garantir a integridade da mensagem), para autenticar um ao outro. Eles também derivam a chave da sessão compartilhada a ser usada pelo dispositivo móvel e o AP para criptografar quadros transmitidos pelo enlace sem fio 802.11.
3. *Distribuição das chaves de sessão simétricas compartilhadas.* Como a chave criptográfica simétrica é derivada no dispositivo móvel e no servidor de autenticação, será necessário um protocolo para que o servidor de autenticação informe o AP sobre a chave de sessão simétrica compartilhada. É algo relativamente simples, mas ainda um passo necessário.
4. *Comunicação criptografada entre o dispositivo móvel e um hospedeiro remoto através do AP.* Essa comunicação acontece da maneira discutida anteriormente na Seção 7.3.2, com os quadros da camada de enlace enviados entre o dispositivo móvel e o AP criptografados usando a chave de sessão compartilhada criada e distribuída nos Passos 2 e 3. A criptografia de chaves simétricas AES, discutida anteriormente na Seção 8.2.1, normalmente é usada na prática para criptografar/decriptar dados de quadros 802.11.

Autenticação mútua e derivação da chave de sessão simétrica compartilhada

Os temas da autenticação mútua e da derivação de chaves de sessão simétricas compartilhadas são os componentes centrais da segurança das redes 802.11. Como é aqui que as falhas de segurança de diversas versões anteriores da segurança nas redes 802.11 foram descobertas, trabalharemos esses desafios primeiro.

O tema de segurança em 802.11 tem atraído muita atenção em círculos técnicos e na mídia. Apesar de discussões consideráveis terem sido feitas, poucos debates aconteceram – existe um entendimento universal de que a especificação 802.121 original, conhecida coletivamente pelo nome WEP (*Wired Equivalent Privacy* – Privacidade Equivalente à de Rede com fios), continha uma série de falhas graves na segurança (Fluhrer, 2001; Stubblefield, 2002). Depois que as falhas foram descobertas, logo havia disponível software de domínio público capaz de explorá-las, tornando os usuários de WLANs 802.11 protegidas por WEP tão vulneráveis a ataques de segurança quanto usuários que não utilizavam nenhum recurso de segurança. Os leitores interessados em aprender mais sobre a WEP podem consultar as referências, assim como edições anteriores deste livro-texto, que discutiam a WEP. Como sempre, materiais eliminados das novas edições estão disponíveis no site do livro.

O Acesso Protegido WiFi (WPA1, do inglês *WiFi Protected Access*) foi desenvolvido em 2003 pela WiFi Alliance (WiFi, 2020) para superar as falhas de segurança da WEP. A versão inicial do WPA1 introduzia verificações de integridade da mensagem e evitava ataques que permitiam que um usuário deduzisse chaves criptográficas por meio da observação do fluxo de mensagens criptografadas durante um determinado período, o que representava melhorias em relação à WEP. O WPA1 logo foi substituído pelo WPA2, que exigia o uso de criptografia de chaves simétricas AES.

No cerne do WPA temos um protocolo de apresentação de quatro vias que executa a autenticação mútua e a derivação de chaves de sessão simétricas compartilhadas. A Figura 8.31 mostra o protocolo de apresentação em forma simplificada. Observe que o dispositivo móvel (M) e o AS começam conhecendo uma chave secreta compartilhada $K_{AS\text{-}M}$ (p. ex., uma senha). Uma das suas tarefas é derivar uma chave de sessão simétrica compartilhada $K_{M\text{-}AP}$ que será utilizada para criptografar/decriptar quadros transmitidos posteriormente entre o dispositivo móvel (M) e o AP.

A autenticação mútua e a derivação de chaves de sessão simétricas compartilhadas são realizadas nos dois primeiros passos, a e b, da apresentação em quatro vias mostrada na Figura 8.31. Os passos c e d são usados para derivar uma segunda chave, usada para a comunicação em grupo; para mais detalhes, consulte (Kohlios, 2018; Zou, 2016).

a. Neste primeiro passo, o AS gera um nonce, o $Nonce_{AS}$, e envia-o para o dispositivo móvel. Voltando à Seção 8.4, lembre-se que os nonces são usados para evitar ataques de reprodução e provar que o outro lado sendo autenticado está "ao vivo".

b. O dispositivo móvel, M, recebe o nonce, $Nonce_{AS}$, do AS e gera o seu próprio nonce, $Nonce_M$. O dispositivo móvel então gera a chave de sessão compartilhada simétrica,

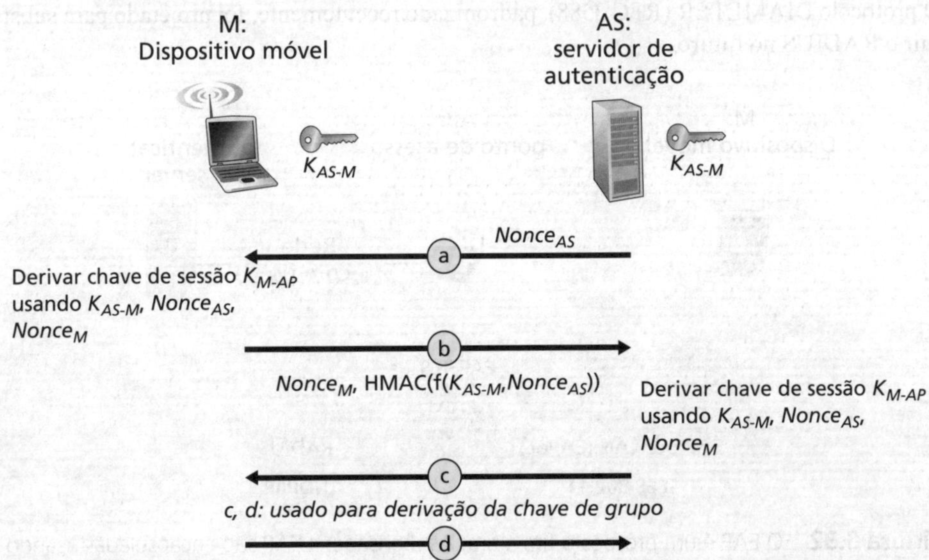

Figura 8.31 A apresentação de quatro vias do WPA2.

$K_{M\text{-}AP}$, usando o $Nonce_{AS}$, o $Nonce_M$, a chave secreta compartilhada inicial $K_{AS\text{-}M}$, seu endereço MAC e o endereço MAC do AS. A seguir, ele envia o seu nonce, o $Nonce_M$, e um valor com assinatura HMAC (ver Figura 8.9) que codifica o $Nonce_{AS}$ e o segredo compartilhado original.

O AS recebe esta mensagem de M. Analisando a versão do nonce com a assinatura HMAC que acaba de enviar, o $Nonce_{AS}$, o servidor de autenticação sabe que o dispositivo móvel está "vivo", pois este foi capaz de criptografar usando a chave secreta compartilhada $K_{AS\text{-}M}$, e o AS também sabe que o dispositivo móvel é mesmo quem afirma ser (i.e., um dispositivo que conhece o segredo inicial compartilhado). Assim, o AS autenticou o dispositivo móvel! O AS também pode realizar exatamente o mesmo cálculo que o dispositivo móvel para derivar a chave de sessão simétrica compartilhada, $K_{M\text{-}AP}$, usando o $Nonce_M$ que recebeu, o $Nonce_{AS}$, a chave secreta compartilhada inicial $K_{AS\text{-}M}$, seu endereço MAC e o endereço MAC do dispositivo móvel. Nesse ponto, o dispositivo móvel e o servidor de autenticação ambos calcularam a mesma chave simétrica compartilhada $K_{M\text{-}AP}$, que será usada para criptografar/decriptar quadros transmitidos entre o dispositivo móvel e o AP. O AS informa o AP do valor dessa chave na Etapa 3 da Figura 8.30.

O WPA3 foi lançado em junho de 2018 para ser uma atualização do WPA2. A atualização trabalha um ataque do protocolo de apresentação de quatro vias que poderia induzir a reutilização de nonces usados anteriormente (Vanhoef, 2017), mas ainda permite o uso da apresentação de quatro vias como protocolo legado e inclui chaves mais longas, entre outras mudanças (WiFi, 2019).

Protocolos de mensagens de segurança 802.11

A Figura 8.32 mostra os protocolos usados para implementar o framework de segurança 802.11 discutido acima. O Protocolo de Autenticação Extensível (EAP, do inglês *Extensible Authentication Protocol*) (RFC 3748) define o formato da mensagem fim a fim usado em um modo simples de requisição/resposta de interação entre o dispositivo móvel e o servidor de autenticação, certificados sob o WPA2. Como mostrado na Figura 8.32, as mensagens EAP são encapsuladas usando um EAPoL (do inglês *EAP over LAN* – EAP através da LAN) e enviadas através de um enlace 802.11 sem fio. Então, estas mensagens EAP são desencapsuladas no ponto de acesso, e reencapsuladas usando um protocolo RADIUS para a transmissão por UDP/IP ao servidor de autenticação. Embora o protocolo e o servidor RADIUS (RFC 2865) não sejam obrigatórios, eles são componentes-padrão na prática. O protocolo DIAMETER (RFC 3588), padronizado recentemente, foi projetado para substituir o RADIUS no futuro.

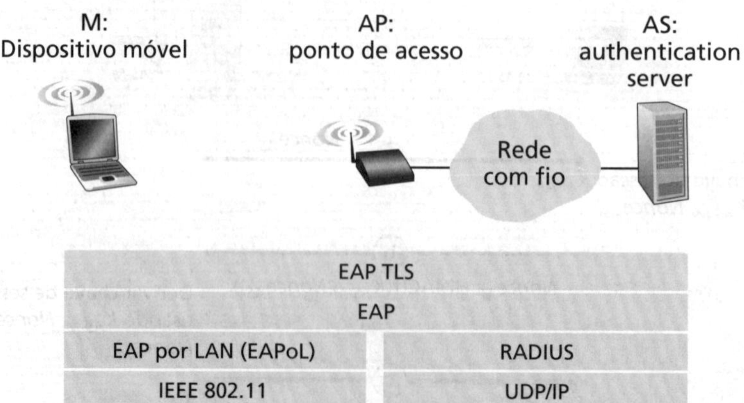

Figura 8.32 O EAP é um protocolo fim a fim. As mensagens EAP são encapsuladas usando um EAPoL através de um enlace sem fio entre o dispositivo móvel e o ponto de acesso, e usando RADIUS através de UDP/IP entre o ponto de acesso e o servidor de autenticação.

8.8.2 Autenticação e acordo de chaves nas redes celulares 4G/5G

Nesta seção, descreveremos os mecanismos de autenticação mútua e geração de chaves nas redes 4G/5G. Muitas das abordagens que encontraremos aqui têm paralelos com aquelas que acabamos de estudar para as redes 802.11, com a exceção importante de que, nas redes 4G/5G, os dispositivos móveis podem estar ligados à sua rede nativa (i.e., as redes das operadoras das quais são assinantes) ou podem estar em modo de roaming em uma rede visitada. No segundo caso, as redes visitadas e nativa precisam interagir ao autenticar um dispositivo móvel e gerar chaves criptográficas. Antes de continuarmos, talvez seja melhor que você releia as Seções 7.4 e 7.7.1 para se refamiliarizar com a arquitetura das redes 4G/5G.

Os objetivos de autenticação mútua e geração de chaves são os mesmos nos ambientes 4G/5G e 802.11. Para decriptar o conteúdo dos quadros transmitidos pelo canal sem fio, o dispositivo móvel e a estação-base precisam derivar uma chave criptográfica simétrica compartilhada. Além disso, a rede à qual o dispositivo móvel está se ligando precisa autenticar a identidade do dispositivo e verificar os seus privilégios de acesso. Da mesma forma, o dispositivo móvel também autentica a rede ao qual se liga. A necessidade da rede de autenticar um dispositivo móvel pode ser óbvia, mas a necessidade de autenticação no sentido inverso é menos clara. Contudo, existem casos documentados de criminosos que operavam estações-base celulares não autorizadas para atrair dispositivos móveis inocentes, ligá-los à rede criminosa e expô-los a diversas formas de ataque (Li, 2017). Então, assim como no caso das WLANs 802.11, o dispositivo móvel deve ser extremamente cauteloso quando se liga a uma rede celular.

A Figura 8.33 ilustra o cenário de um dispositivo móvel que se liga a uma rede celular 4G. No alto da Figura 8.33, vemos muitos dos componentes 4G que encontramos anteriormente na Seção 7.4: o dispositivo móvel (M), a estação-base (BS, do inglês *base station*), a entidade de gerenciamento móvel (MME, do inglês *Mobility Management Entity*) na rede à qual o dispositivo móvel deseja se ligar e o serviço de assinante doméstico (HSS, do inglês *Home Subscriber Server*) na rede nativa do dispositivo móvel. Uma comparação entre as Figuras 8.30 e 8.33 mostra as semelhanças e diferenças entre os contextos de segurança 802.11 e 4G. Mais uma vez, vemos um dispositivo móvel e uma estação-base; a chave de sessão do usuário derivada durante a ligação à rede, $K_{BS\text{-}M}$, será usada para criptografar e decriptar os quadros transmitidos pelo enlace sem fio. A MME e o HSS 4G juntos têm um

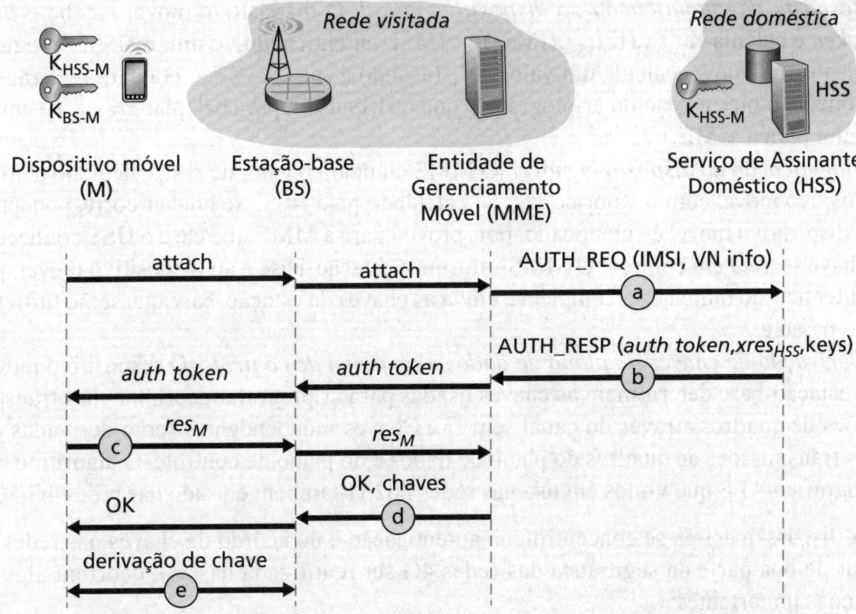

Figura 8.33 Autenticação mútua e acordo de chaves em uma rede celular 4G LTE.

papel semelhante ao do servidor de autenticação na rede 802.11. Observe que o HSS e o dispositivo móvel terão um segredo compartilhado em comum, K_{HSS-M}, conhecido por ambas as entidades antes que a autenticação inicie. Essa chave fica armazenada no cartão SIM (do inglês *Subscriber Identity Module* – módulo de identificação do assinante) do dispositivo móvel e no banco de dados do HSS na rede nativa do dispositivo móvel.

O protocolo de Autenticação e Acordo de Chaves (AKA, do inglês *Authentication and Key Agreement*) é composto pelos seguintes passos:

a. *Pedido de autenticação para HSS.* Quando solicita pela primeira vez, através de uma estação-base, para se ligar à rede, o dispositivo móvel envia uma mensagem de ligação que contém a sua identidade internacional de assinante móvel (IMSI, do inglês *International Mobile Subscriber Identity*), que é repassada para a MME. A MME então envia a IMSI e as informações sobre a rede visitada (mostrada como "VN info" na Figura 8.33) para o HSS na rede nativa do dispositivo. Na Seção 7.4, descrevemos como a MME consegue se comunicar com o HSS através de uma rede global toda em IP de redes celulares interconectadas.

b. *Resposta de autenticação do HSS.* O HSS realiza operações criptográficas usando a chave secreta compartilhada de antemão, K_{HSS-M}, para derivar um token de autenticação, *auth_token*, e um token de resposta de autenticação esperado, $xres_{HSS}$. O *auth_token* contém informações criptografadas pelo HSS usando a K_{HSS-M} que permitirão que o dispositivo móvel saiba que quem calculou o *auth_token* conhece a chave secreta. Por exemplo, suponha que o HSS calcula $K_{HSS-M}(IMSI)$, ou seja, criptografa a IMSI do dispositivo móvel usando K_{HSS-M} e envia o valor como *auth_token*. Quando o dispositivo móvel recebe esse valor criptografado e usa a sua chave secreta para descriptografá-lo, ou seja, para calcular $K_{HSS-M}(K_{HSS-M}(IMSI)) = IMSI$, ele sabe que o HSS que gerou *auth_token* conhece a sua chave secreta. Assim, o dispositivo móvel consegue autenticar o HSS.

O token de resposta de autenticação esperado, $xres_{HSS}$, contém um valor que o dispositivo móvel precisará conseguir calcular (usando K_{HSS-M}) e devolver à MME para provar que *ele* (o dispositivo móvel) conhece a chave secreta, autenticando, assim, o dispositivo móvel para a MME.

Observe que a MME tem aqui apenas um papel intermediário, recebendo a mensagem de resposta de autenticação, guardando $xres_{HSS}$ para uso posterior, extraindo o token de autenticação e repassando-o para o dispositivo móvel. Em especial, ele não precisa saber, e não descobre, a chave secreta, K_{HSS-M}.

c. *Resposta de autenticação do dispositivo móvel.* O dispositivo móvel recebe o *auth_token* e calcula $K_{HSS-M}(K_{HSS-M}(IMSI)) = IMSI$, autenticando, assim, o HSS. A seguir, o dispositivo móvel calcula um valor res_M (usando a sua chave secreta para realizar exatamente o mesmo cáculo criptográfico que o HSS usara para calcular $xres_{HSS}$) e envia o valor para a MME.

d. *Autenticação do dispositivo móvel.* O MMS compara o valor de res_M calculado pelo dispositivo móvel com o valor de $xres_{HSS}$ calculado pelo HSS. Se houver correspondência, o dispositivo móvel é autenticado, pois provou para a MME que ele e o HSS conhecem a chave secreta em comum. O MMS informa à estação-base e ao dispositivo móvel que a autenticação mútua está completa e envia as chaves da estação-base que serão utilizadas no passo e.

e. *Derivação de chaves do plano de dados e do plano de controle.* O dispositivo móvel e a estação-base determinam as chaves usadas para criptografar/decriptar suas transmissões de quadros através do canal sem fio. Chaves independentes serão derivadas para as transmissões de quadros do plano de dados e do plano de controle. O algoritmo criptográfico AES que vimos em uso nas redes 802.11 também é usado nas redes 4G/5G.

A discussão acima se concentrou na autenticação e no acordo de chaves nas redes 4G. Apesar de boa parte da segurança das redes 4G ser reutilizada nas 5G, ocorrem algumas alterações importantes:

- Primeiro, observe na discussão acima que é a MME na rede visitada que toma as decisões sobre autenticação. Uma mudança significativa que está sendo adotada na segurança das redes 5G é permitir que serviços de autenticação sejam prestados pela rede nativa, com a rede visitada tendo um papel intermediário ainda menor. A rede visitada ainda pode rejeitar a autenticação de um dispositivo móvel, mas é a rede nativa que aceita o pedido de autenticação nesse novo cenário 5G.
- As redes 5G suportarão o protocolo de AKA descrito acima, assim como dois novos protocolos adicionais de autenticação e acordo de chaves. Um deles, chamado AKA′, é bastante próximo do protocolo AKA 4G. Ele também usa a chave secreta compartilhada de antemão, K_{HSS-M}, mas como usa o protocolo EAP que encontramos anteriormente na Figura 8.33 no contexto da autenticação nas redes 802.11, o AKA′ das redes 5G têm fluxos de mensagem diferentes do AKA do 4G. O segundo novo protocolo do 5G foi desenvolvido para um ambiente Internet das Coisas (IoT, do inglês *Internet of Things*) e não precisa de uma chave secreta compartilhada de antemão.
- Uma mudança adicional no 5G é o uso de técnicas de criptografia de chaves públicas para criptografar a identidade permanente de um dispositivo (i.e., sua IMSI) de modo que nunca seja transmitida em texto aberto.

Nesta seção, apresentamos apenas um breve resumo da autenticação mútua e do acordo de chaves nas redes 4G/5G. Como vimos, elas aplicam as técnicas de segurança estudadas nas seções anteriores deste capítulo. Para mais detalhes sobre a segurança 4G/5G, consulte (3GPP SAE, 2019; Cable Labs, 2019; Cichonski, 2017).

8.9 SEGURANÇA OPERACIONAL: FIREWALLS E SISTEMAS DE DETECÇÃO DE INVASÃO

Vimos, em todo este capítulo, que a Internet não é um lugar muito seguro – os delinquentes estão por toda parte, criando todo tipo de destruição. Sabendo da natureza hostil da Internet, vamos considerar a rede de uma organização e um administrador de rede que a administra. Do ponto de vista de um administrador, o mundo está dividido claramente em dois campos – os mocinhos (que pertencem à organização que administra a rede e que deveriam poder acessar recursos dentro da rede que eles administram de um modo relativamente livre de restrições) e os bandidos (todo o resto, cujo acesso aos recursos da rede deve ser cuidadosamente inspecionado). Em muitas organizações, que vão de castelos medievais a modernos escritórios de empresas, há um único ponto de entrada/saída onde ambos, mocinhos e bandidos que entram e saem, passam por inspeção de segurança. Em castelos medievais, essa inspeção era feita em um portão, na extremidade de uma ponte levadiça; em escritórios empresariais, ela é feita na central de segurança. Em redes de computadores, quando o tráfego que entra/sai de uma rede passa por inspeção de segurança, é registrado, descartado ou transmitido; isso é feito por mecanismos operacionais conhecidos como firewalls, sistemas de detecção de invasão (IDSs, do inglês *intrusion detection systems*) e sistemas de prevenção de invasão (IPSs, do inglês *intrusion prevention systems*).

8.9.1 Firewalls

Um **firewall** é uma combinação de hardware e software que isola a rede interna de uma organização da Internet em geral, permitindo que alguns pacotes passem e bloqueando outros. O firewall permite a um administrador de rede controlar o acesso entre o mundo externo e os recursos da rede que ele administra, gerenciando o fluxo de tráfego de e para esses recursos. Um firewall possui três objetivos:

- *Todo o tráfego de fora para dentro, e vice-versa, passa por um firewall.* A Figura 8.34 mostra um firewall, situado diretamente no limite entre a rede administrada e o resto da Internet. Embora grandes organizações possam usar diversos níveis de firewalls ou firewalls distribuídos (Skoudis, 2006), alocar um firewall em um único ponto de acesso à rede, conforme mostrado na Figura 8.34, facilita o gerenciamento e a execução de uma política de acesso seguro.
- *Somente o tráfego autorizado, como definido pela política de segurança local, poderá passar.* Com todo o tráfego que entra e sai da rede institucional passando pelo firewall, este pode limitar o acesso ao tráfego autorizado.
- *O próprio firewall é imune à penetração.* O próprio firewall é um mecanismo conectado à rede. Se não projetado ou instalado de modo adequado, pode ser comprometedor, oferecendo apenas uma falsa sensação de segurança (pior do que não ter nenhum firewall!).

Cisco e Check Point são dois dos principais fornecedores atuais de firewall. Você pode criar um firewall (filtro de pacotes) facilmente a partir de um sistema Linux usando iptables (software de domínio público que em geral acompanha o Linux). Além disso, como discutido nos Capítulos 4 e 5, os firewalls hoje frequentemente são implementados nos roteadores e controlados remotamente usando redes definidas por software (SDN, do inglês *software-defined networking*).

Os firewalls podem ser classificados em três categorias: **filtros de pacotes tradicionais**, **filtros de estado** e **gateways de aplicação**. Abordaremos cada um nas subseções seguintes.

Filtros de pacotes tradicionais

Como ilustra a Figura 8.34, uma organização normalmente tem um roteador de borda que conecta sua rede interna com seu Provedor de Serviços de Internet (ISP, do inglês *Internet Service Provider*) (e dali com a Internet pública, mais ampla). Todo o tráfego que sai ou que entra na rede interna passa por esse roteador, e é nele que ocorre a **filtragem de pacotes**. Um filtro de pacotes examina cada datagrama que está sozinho, determinando se deve passar ou ficar baseado nas regras específicas definidas pelo administrador. As decisões de filtragem costumam ser baseadas em:

- Endereço IP de origem e de destino
- Tipo de protocolo no campo do datagrama IP: TCP, UDP, ICMP, OSPF, etc.
- Porta TCP ou UDP de origem e de destino

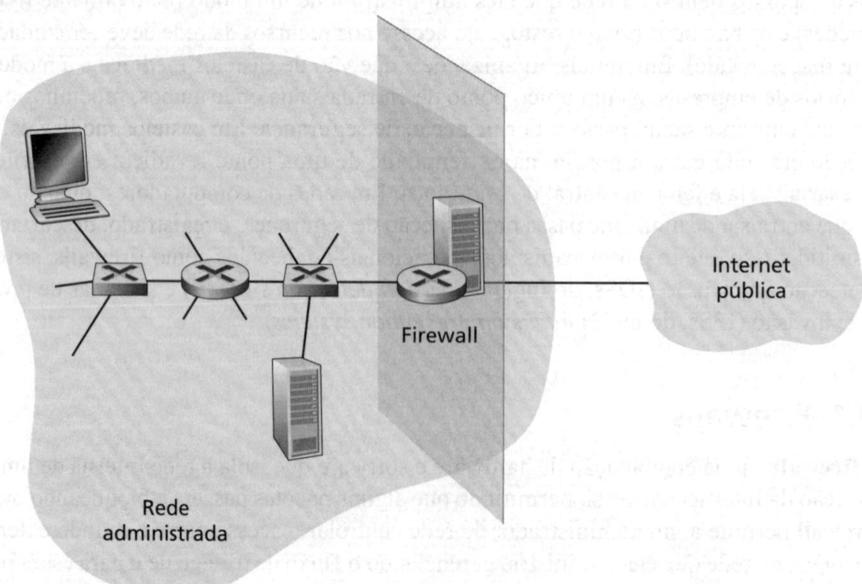

Figura 8.34 Posição do firewall entre a rede administrada e o mundo exterior.

- Bits de flag do TCP: SYN, ACK etc.
- Tipo de mensagem ICMP
- Regras diferentes para datagramas que entram e saem da rede
- Regras diferentes para diferentes interfaces do roteador

Um administrador de rede configura o firewall com base na política da organização. A política pode considerar a produtividade do usuário e o uso de largura de banda, bem como as preocupações com segurança da organização. A Tabela 8.5 lista diversas políticas que uma organização pode ter, e como elas seriam endereçadas com um filtro de pacotes. Por exemplo, se a organização não quer nenhuma conexão TCP de entrada, exceto aquelas para o servidor Web público, ela pode bloquear todos os segmentos TCP SYN de entrada, com exceção dos segmentos TCP SYN com porta de destino 80 e endereço IP de destino correspondente ao servidor Web. Se ela não quer que seus usuários monopolizem a largura de banda de acesso com aplicações de rádio via Internet, pode bloquear todo o tráfego UDP não importante (já que o rádio via Internet é em geral enviado por UDP). Se não quer que sua rede interna seja mapeada (por traceroute) por um estranho, pode bloquear todas as mensagens ICMP TTL expiradas que saem da rede da organização.

Uma política de filtragem também pode ser baseada na combinação de endereços e números de porta. Por exemplo, o roteador de filtragem poderia bloquear todos os datagramas Telnet (os que têm número de porta 23), exceto os que estão vindo ou indo de ou para uma lista de endereços IP específicos. Essa política permite conexões Telnet de e para os hospedeiros que estão na lista. Infelizmente, basear a política em endereços externos não oferece nenhuma proteção contra datagramas cujo endereço de origem foi falsificado.

A filtragem pode também ser baseada em o bit TCP ACK estar ou não marcado. Esse truque é bastante útil quando uma organização quer permitir que seus clientes internos se conectem com servidores externos, mas impedir que clientes externos se conectem com servidores internos. Lembre-se de que o primeiro segmento de todas as conexões TCP (veja a Seção 3.5) tem o bit ACK com valor 0, ao passo que todos os outros segmentos da conexão têm o bit ACK com valor 1. Assim, se uma organização quiser impedir que clientes externos iniciem uma conexão com servidores internos, ela apenas filtrará todos os segmentos que entram que tenham o bit ACK definido como 0. Essa política elimina todas as conexões TCP originadas do exterior, mas permite conexões que se originam internamente.

As regras do firewall são executadas em roteadores com listas de controle de acesso, tendo cada interface do roteador sua própria lista. Um exemplo de uma lista de controle

TABELA 8.5 Políticas e regras de filtragem correspondentes para uma rede da organização 130.207/16 com servidor Web 130.207.244.203

Política	Configuração de firewall
Não há acesso exterior à Web	Descartar todos os pacotes de saída para qualquer endereço IP, porta 80
Não há conexões TCP de entrada, exceto aquelas apenas para o servidor Web público da organização	Descartar todos os pacotes TCP SYN para qualquer IP, exceto 130.207.244.203, porta 80
Impedir que rádios Web devorem a largura de banda disponível	Descartar todos os pacotes UDP de entrada – exceto pacotes DNS
Impedir que sua rede seja usada por um ataque DoS smurf	Descartar todos os pacotes ping que estão indo para um endereço de difusão (p. ex., 130.207.255.255)
Impedir que a rota de sua rede seja rastreada	Descartar todo o tráfego de saída ICMP com TTL expirado

TABELA 8.6 Lista de controle de acesso para uma interface do roteador

Ação	Endereço de origem	Endereço de destino	Protocolo	Porta de origem	Porta de destino	Bit de flag
Permitir	222.22/16	Fora de 222.22/16	TCP	> 1023	80	Qualquer um
Permitir	Fora de 222.22/16	222.22/16	TCP	80	> 1023	ACK
Permitir	222.22/16	Fora de 222.22/16	UDP	> 1023	53	–
Permitir	Fora de 222.22/16	222.22/16	UDP	53	> 1023	–
Negar	Todos	Todos	Todos	Todos	Todos	Todos

de acesso para uma organização 222.22/16 é ilustrado na Tabela 8.6. Essa lista é para uma interface que conecta o roteador aos ISPs externos da organização. As regras são aplicadas a cada datagrama que atravessa a interface de cima para baixo. As primeiras duas regras juntas permitem que usuários internos naveguem na Web: a primeira permite que qualquer pacote TCP com porta de destino 80 saia da rede da organização; a segunda autoriza que qualquer pacote TCP com porta de origem 80 e o bit ACK marcado entrem na rede. Observe que, se uma fonte externa tentar estabelecer uma conexão TCP com um hospedeiro interno, a conexão será bloqueada, mesmo que a porta de origem ou de destino seja 80. As duas regras juntas permitem que pacotes DNS entrem e saiam da rede da organização. Em resumo, essa lista de controle de acesso limitada bloqueia todo o tráfego, exceto o tráfego Web iniciado de dentro da organização e do tráfego DNS. (CERT Filtering, 2012) apresenta uma lista de portas/protocolos para a filtragem de pacotes para evitar diversas brechas de segurança conhecidas nas aplicações de rede existentes.

Os leitores com boa memória lembrarão que encontramos listas de controle de acesso semelhantes à Tabela 8.6 quando estudamos o repasse generalizado na Seção 4.4.3 do Capítulo 4. Na verdade, nela, oferecemos um exemplo de como as regras de repasse generalizado podem ser utilizadas para construir um firewall de filtragem de pacotes.

Filtros de pacote com controle de estado

Em um filtro de pacotes tradicional, as decisões de filtragem são feitas em cada pacote isolado. Os filtros de estado rastreiam conexões TCP e usam esse conhecimento para tomar decisões sobre filtragem.

Para entender esses filtros de estado, vamos reexaminar a lista de controle de acesso da Tabela 8.6. Embora um tanto restritiva, essa lista permite que qualquer pacote que chegue de fora com um ACK = 1 e porta de origem 80 atravesse o filtro. Esses pacotes poderiam ser usados em tentativas de destruir o sistema interno com pacotes defeituosos, realizar ataques de recusa de serviço, ou mapear a rede interna. A solução ingênua é bloquear pacotes TCP ACK também, mas tal método impediria que os usuários internos da organização navegassem na Web.

Os filtros de estado resolvem esse problema rastreando todas as conexões TCP de entrada em uma tabela de conexão. Isso é possível porque o firewall pode notar o início de uma nova conexão observando uma apresentação de três vias (SYN, SYNACK e ACK); ele pode observar o fim de uma conexão ao ver um pacote FIN para a conexão. O firewall também consegue (de forma conservadora) admitir que a conexão está finalizada quando não observou nenhuma atividade no decorrer da conexão, digamos, por 60 segundos. Um exemplo de tabela de conexão para um firewall é mostrado na Tabela 8.7. Essa tabela indica que, no momento, há três conexões TCP em andamento, as quais foram iniciadas dentro da organização. Ademais, o filtro de estado inclui uma nova coluna, "verificar conexão", em sua lista de controle de acesso, como mostrado na Tabela 8.8. Observe que essa tabela é idêntica à lista de controle de acesso da Tabela 8.6, exceto por ela indicar que a conexão deve ser verificada para duas das regras.

TABELA 8.7 Tabela de conexão para o filtro de estado

Endereço de origem	Endereço de destino	Porta de origem	Porta de destino
222.22.1.7	37.96.87.123	12699	80
222.22.93.2	199.1.205.23	37654	80
222.22.65.143	203.77.240.43	48712	80

TABELA 8.8 Lista de controle de acesso para filtro de estado

Ação	Endereço de origem	Endereço de destino	Protocolo	Porta de origem	Porta de destino	Bit de flag	Verificar conexão
Permitir	222.22/16	Fora de 222.22/16	TCP	> 1023	80	Qualquer um	
Permitir	Fora de 222.22/16	222.22/16	TCP	80	> 1023	ACK	X
Permitir	222.22/16	Fora de 222.22/16	UDP	> 1023	53	–	
Permitir	Fora de 222.22/16	222.22/16	UDP	53	> 1023	–	X
Negar	Todos	Todos	Todos	Todos	Todos	Todos	

Vamos analisar alguns exemplos e ver como a tabela de conexão e a lista de controle de acesso funcionam em conjunto. Suponha que um atacante tente enviar um pacote defeituoso para a rede da organização por meio dc um datagrama com porta de origem TCP 80 e com o flag ACK marcado. Suponha ainda que ele possua um número de porta de origem 12543 e endereço IP remetente 150.23.23.155. Quando o pacote chega ao firewall, este verifica a lista de controle de acesso da Tabela 8.7, que indica que a tabela de conexão deve também ser verificada antes de permitir que esse pacote entre na rede da organização. O firewall verifica devidamente a tabela de conexão e observa que esse pacote não faz parte de uma conexão TCP em andamento, e o rejeita. Como segundo exemplo, imagine que um usuário interno queira navegar em um site externo. Como o usuário primeiro envia um segmento TCP SYN, sua conexão TCP é registrada na tabela de conexão. Quando o servidor envia pacotes de volta (com o bit ACK necessariamente definido), o firewall verifica a tabela e observa que uma conexão correspondente está em andamento. O firewall, então, deixará esses pacotes passarem, sem interferir na navegação do usuário interno.

Gateway de aplicação

Nos exemplos que acabamos de mostrar, vimos que a filtragem de pacotes permite que uma organização faça uma filtragem grosseira de conteúdos de cabeçalhos IP e TCP/UDP, incluindo endereços IP, números de porta e bits de reconhecimento. Mas e se a organização quiser fornecer o serviço Telnet a um conjunto restrito de usuários internos (em vez de a endereços IP)? E se quiser que esses usuários privilegiados se autentiquem antes de obter permissão para criar sessões Telnet com o mundo externo? Essas tarefas estão além das capacidades de um filtro. Na verdade, informações sobre a identidade de usuários internos não estão incluídas nos cabeçalhos IP/TCP/UDP; elas estão nos dados da camada de aplicação.

Para assegurar um nível mais refinado de segurança, os firewalls têm de combinar filtro de pacotes com gateways de aplicação. Gateways de aplicação fazem mais do que examinar cabeçalhos IP/TCP/UDP e tomam decisões com base em dados da aplicação. Um **gateway de aplicação** é um servidor específico de aplicação, através do qual todos os dados da aplicação (que entram e que saem) devem passar. Vários gateways de aplicação podem executar no mesmo hospedeiro, mas cada gateway é um servidor separado, com seus próprios processos.

Para termos uma ideia melhor desses gateways, vamos projetar um firewall que permite a apenas um conjunto restrito de usuários executar Telnet para o exterior e impede que todos os clientes externos executem Telnet para o interior. Essa política pode ser aplicada pela execução da combinação de um filtro de pacotes (em um roteador) com um gateway de aplicação de Telnet, como mostra a Figura 8.35. O filtro do roteador está configurado para bloquear todas as conexões Telnet, exceto as que se originam do endereço IP do gateway de aplicação. Essa configuração de filtro força todas as conexões Telnet de saída a passarem pelo gateway de aplicação. Considere agora um usuário interno que quer executar Telnet com o mundo exterior. Primeiro, ele tem de estabelecer uma sessão Telnet com o gateway de aplicação. Uma aplicação que está executando no gateway – e que fica à escuta de sessões Telnet que entram – solicita ao usuário sua identificação e senha. Quando o usuário fornece essas informações, o gateway de aplicação verifica se ele tem permissão para executar Telnet com o mundo exterior. Se não tiver, a conexão Telnet do usuário interno ao gateway será encerrada pelo gateway. Se o usuário tiver permissão, o gateway (1) pedirá ao usuário o nome do computador externo com o qual ele quer se conectar, (2) estabelecerá uma sessão Telnet entre o gateway e o hospedeiro externo, e (3) repassará ao hospedeiro externo todos os dados que chegam do usuário, e, ao usuário, todos os dados que chegam do hospedeiro externo. Assim, o gateway de aplicação Telnet não só autoriza o usuário, mas também atua como um servidor Telnet e um cliente Telnet, repassando informações entre o usuário e o servidor Telnet remoto. Note que o filtro permitirá a etapa 2, porque é o gateway que inicia a conexão Telnet com o mundo exterior.

Redes internas frequentemente têm vários gateways de aplicação, como gateways para Telnet, HTTP, FTP e e-mail. De fato, o servidor de correio (veja a Seção 2.3) e o cache Web de uma organização são gateways de aplicação.

Gateways de aplicação não estão isentos de desvantagens. Primeiro, é preciso um gateway de aplicação diferente para cada aplicação. Segundo, há um preço a pagar em termos de desempenho, visto que todos os dados serão repassados por meio do gateway. Isso se torna uma preocupação em particular quando vários usuários ou aplicações estão utilizando o mesmo gateway. Por fim, o software cliente deve saber como entrar em contato com o gateway quando o usuário fizer uma solicitação, e deve saber como dizer ao gateway de aplicação a qual servidor se conectar.

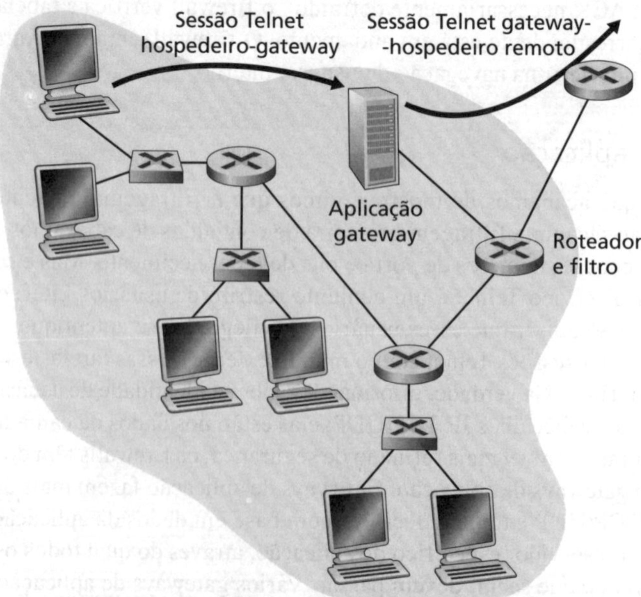

Figura 8.35 Firewall composto por um gateway de aplicação e um filtro.

HISTÓRICO DO CASO

ANONIMATO E PRIVACIDADE

Suponha que você queira visitar aquela polêmica página Web (p. ex., o site de um ativista político) e você (1) não quer revelar seu endereço IP à página Web, (2) não quer que o seu ISP (que pode ser o de sua casa ou do escritório) saiba que você está visitando esse site, e (3) não quer que o seu IP local veja os dados que você está compartilhando com o site. Se você usar o método tradicional de conexão direta à página Web sem nenhuma criptografia, então falhará em seus três objetivos. Mesmo que use SSL, você falhará nas duas primeiras questões: seu endereço IP de origem é apresentado à página Web em todo datagrama enviado; e o endereço de destino de cada pacote enviado pode facilmente ser analisado pelo seu ISP local.

Para obter anonimato e privacidade, você pode usar uma combinação de um servidor proxy confiável e SSL, como mostrado na Figura 8.36. Com essa técnica, você faz uma conexão SSL com o proxy confiável. Depois envia, nessa conexão SSL, uma solicitação HTTP para o site desejado. Quando o proxy receber essa solicitação HTTP criptografada por SSL, ele a decodificará e encaminhará o texto aberto da solicitação HTTP à página Web. Esta responde ao proxy, que encaminha a resposta a você pelo SSL. Como a página Web só vê o endereço IP do proxy, e não o do seu cliente, você está de fato obtendo um acesso anônimo à página Web. E devido ao tráfego entre você e o proxy ser criptografado, seu ISP local não pode invadir sua privacidade ao logar no site que você visitou ou gravar os dados que estavam sendo compartilhados. Hoje, muitas empresas disponibilizam tais serviços proxy (como a proxify.com).

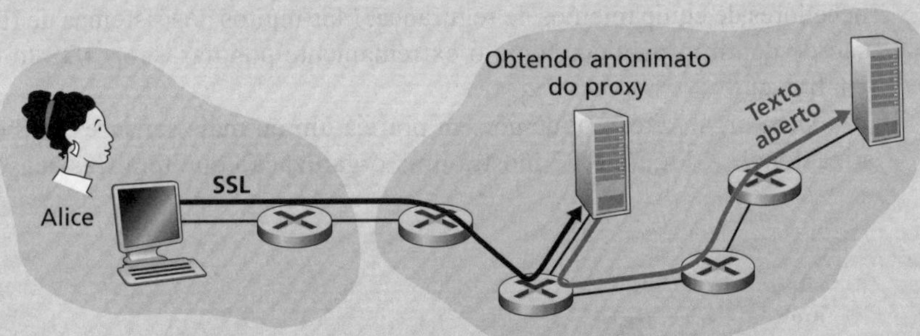

Figura 8.36 Fornecendo anonimato e privacidade com um proxy.

É claro que, ao usar esta solução, seu proxy saberá tudo: seu endereço IP e o endereço IP do site que você está visitando; pode ver todo o tráfego em texto aberto compartilhado entre você e a página. Uma técnica melhor, adotada pelo serviço de anonimato e privacidade TOR, é sequenciar seu tráfego através de uma série de servidores proxys que não compartilham informações entre si (TOR, 2020). Em particular, o TOR permite que indivíduos independentes contribuam com proxys para seu acervo. Quando um usuário se conecta a um servidor usando o TOR, ele escolhe aleatoriamente (de seu acervo de proxys) uma corrente de três proxys e sequencia todo o tráfego entre cliente e servidor por essa corrente. Dessa maneira, supondo que os proxys não trocam informações entre si, ninguém percebe que ocorreu uma comunicação entre seu endereço IP e a página da Web desejada. Além disso, apesar de o texto aberto ser enviado entre o último proxy e o servidor, o último proxy não sabe qual endereço IP está enviando ou recebendo o texto aberto.

8.9.2 Sistemas de detecção de invasão

Acabamos de ver que um filtro de pacotes (tradicional e de estado) inspeciona campos de cabeçalho IP, TCP, UDP e ICMP quando está decidindo quais pacotes deixará passar através do firewall. No entanto, para detectar muitos tipos de ataque, precisamos executar uma **inspeção profunda de pacote**, ou seja, precisamos olhar através dos campos de cabeçalho e dentro dos dados da aplicação que o pacote carrega. Como vimos na Seção 8.9.1, gateways de aplicação frequentemente fazem inspeções profundas de pacote. Mas um gateway de aplicação só executa isso para uma aplicação específica.

Decerto existe espaço para mais um dispositivo – um dispositivo que não só examina os cabeçalhos de todos os pacotes ao passar por eles (como um filtro de pacotes), mas também executa uma inspeção profunda de pacote (diferente do filtro de pacotes). Quando tal dispositivo observa o pacote suspeito, ou uma série de pacotes suspeitos, ele impede que tais pacotes entrem na rede organizacional. Ou, quando a atividade só é vista como suspeita, o dispositivo pode deixar os pacotes passarem, mas envia um alerta ao administrador de rede, que pode examinar o tráfego minuciosamente e tomar as ações necessárias. Um dispositivo que gera alertas quando observa tráfegos potencialmente mal-intencionados é chamado de **IDS**. Um dispositivo que filtra o tráfego suspeito é chamado de **IPS**. Nesta seção, estudaremos ambos os sistemas – IDS e IPS –, já que o mais interessante aspecto técnico desses sistemas é como eles detectam tráfego suspeito (em vez de enviarem alertas ou abandonarem pacotes). Daqui para a frente, vamos nos referir ao sistema IDS e ao sistema IPS coletivamente como sistema IDS.

Um IDS pode ser usado para detectar uma série de tipos de ataques, incluindo mapeamento de rede (p. ex., provindo de nmap), varreduras de porta, varreduras de pilha TCP, ataques de inundação de largura de banda de DoS, *worms* e vírus, ataques de vulnerabilidade de OS e ataques de vulnerabilidade de aplicações. (Veja, na Seção 1.6, um tutorial sobre ataques de rede.) Hoje, milhares de organizações empregam sistemas de IDS. Muitos desses sistemas são patenteados, comercializados pela Cisco, Check Point e por outros fornecedores de equipamentos de segurança. Mas muitos dos sistemas de IDS implementados são de domínio público, como o extremamente popular Snort IDS (o qual discutiremos em breve).

Uma organização pode pôr em prática um ou mais sensores IDS em sua rede organizacional. A Figura 8.37 mostra uma organização que tem três sensores IDS. Quando

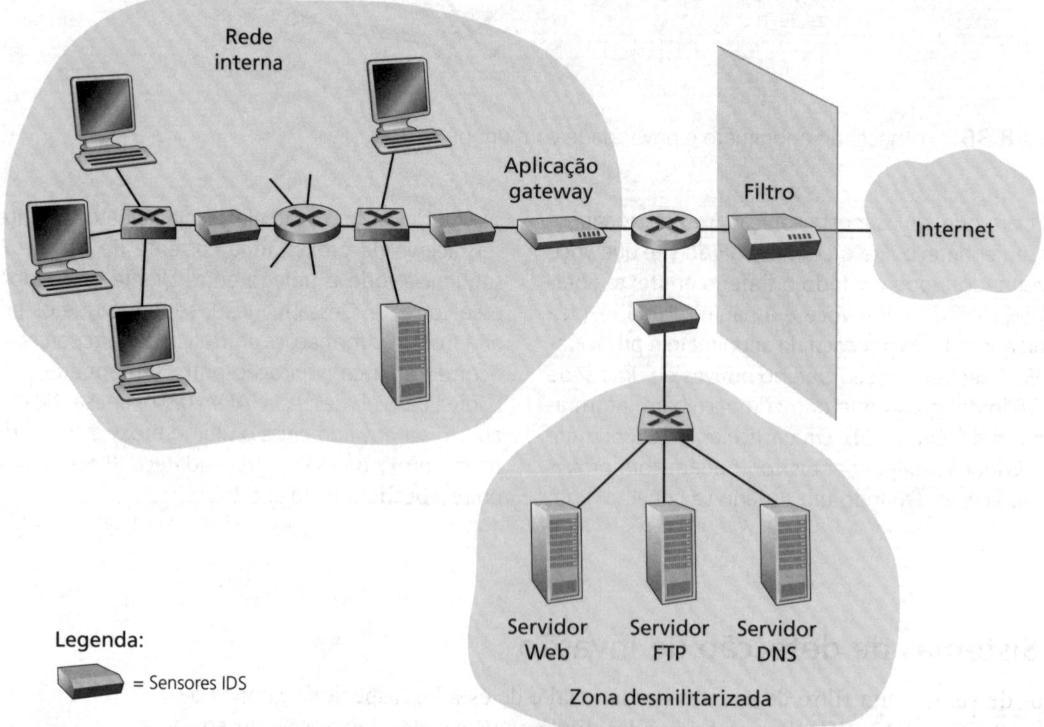

Figura 8.37 Uma organização implementando um filtro, uma aplicação gateway e sensores IDS.

múltiplos sistemas são executados, eles costumam trabalhar em harmonia, enviando informações sobre atividades de tráfegos suspeitos ao processador IDS central, que as coleta e integra e envia alarmes aos administradores da rede quando acharem apropriado. Na Figura 8.37, a organização dividiu sua rede em duas regiões: uma de segurança máxima, protegida por um filtro de pacotes e um gateway de aplicação e monitorada por sensores IDS; e uma região de segurança baixa – referida como **zona desmilitarizada** (DMZ, do inglês *demilitarized zone*) – protegida apenas por um filtro de pacotes, mas também monitorada por sensores IDS. Observe que a DMZ inclui os servidores da organização que precisam se comunicar com o mundo externo, como um servidor Web e seus servidores autoritativos.

Neste ponto, você deve estar imaginando: mas por que sensores IDS? Por que não colocar um sensor IDS logo atrás do filtro de pacotes (ou até integrá-lo ao filtro de pacotes) da Figura 8.37? Logo veremos que um IDS não só precisa fazer uma inspeção profunda do pacote, como também comparar cada pacote que passa com milhares de "assinaturas"; isso pode ser um volume de processamento significativo, em particular se a organização recebe gigabits/s de tráfego da Internet. Ao colocar sensores IDS mais à frente, cada sensor só vê uma fração do tráfego da organização, e pode facilmente acompanhar o ritmo. No entanto, hoje existem sistemas IDS e IPS de alto desempenho, e muitas organizações podem acompanhar com apenas um sensor localizado próximo ao roteador de acesso.

Sistemas IDS são classificados de modo geral como **sistemas baseados em assinatura** ou **sistemas baseados em anomalia**. Um IDS baseado em assinatura mantém um banco de dados extenso de ataques de assinaturas. Cada assinatura é um conjunto de regras relacionadas a uma atividade de invasão. Uma assinatura pode ser uma lista de características sobre um único pacote (p. ex., números de portas de origem e destino, tipo de protocolo, e uma sequência de bits em uma carga útil de um pacote), ou pode estar relacionada a uma série de pacotes. As assinaturas são normalmente criadas por engenheiros habilidosos em segurança de rede que tenham pesquisado ataques conhecidos. O administrador de rede de uma organização pode personalizar as assinaturas ou inserir suas próprias no banco de dados.

Operacionalmente, uma IDS baseada em assinatura analisa cada pacote que passa, comparando cada um com as assinaturas no banco de dados. Se um pacote (ou uma série deles) corresponder a uma assinatura no banco de dados, o IDS gera um alerta. O alerta pode ser enviado ao administrador da rede por uma mensagem de correio eletrônico, pode ser enviado ao sistema de gerenciamento da rede, ou pode simplesmente ser registrado para futuras inspeções.

Apesar de os sistemas IDS baseados em assinaturas serem amplamente executados, eles têm uma série de limitações. Acima de tudo, eles requerem conhecimento prévio do ataque para gerar uma assinatura precisa. Ou seja, um IDS baseado em assinatura é completamente cego a novos ataques que ainda não foram registrados. Outra desvantagem é que, mesmo que uma assinatura combine, isso pode não ser o resultado de um ataque mas mesmo assim um alarme é gerado. Por fim, pelo fato de cada pacote ser comparado com uma extensa coleção de assinaturas, o IDS fica atarefado com o processamento e deixa de detectar muitos pacotes malignos.

Um IDS baseado em anomalias cria um perfil de tráfego enquanto observa o tráfego em operação normal. Ele procura então por fluxos de pacotes que são estatisticamente incomuns, por exemplo, uma porcentagem irregular de pacotes ICMP ou um crescimento exponencial de análises de porta e varreduras de ping. O mais interessante sobre sistemas de IDS baseados em anomalias é que eles não recorrem a conhecimentos prévios de outros ataques – ou seja, potencialmente, eles conseguem detectar novos ataques, que não foram documentados. Por outro lado, é um problema extremamente desafiador distinguir o tráfego normal de tráfegos estatisticamente incomuns. Até hoje, a maioria das implementações de IDS são principalmente baseadas em assinaturas, apesar de algumas terem alguns recursos baseados em anomalias.

Snort

Snort é um IDS de código aberto, de domínio público, com centenas de milhares de execuções (Snort, 2012; Koziol, 2003). Ele pode ser executado em plataformas Linux, UNIX e Windows. Ele usa uma interface libpcap de análise genérica, que também é empregada pelo Wireshark e muitas outras ferramentas de análises de pacotes. Pode facilmente lidar com 100 Mbits/s de tráfego; para instalações com velocidades de tráfego de gigabit/s, múltiplos sensores Snort serão necessários.

Para termos uma ideia melhor do Snort, vamos observar o exemplo de uma assinatura Snort:

```
alert icmp $EXTERNAL_NET any -> $HOME_NET any
 (msg:"ICMP PING NMAP"; dsize: 0; itype: 8;)
```

Esta assinatura é compatível com qualquer pacote ICMP que entre na rede da organização (`$HOME_NET`) e que venha do exterior (`$EXTERNAL_NET`), seja do tipo 8 (ping ICMP), e tenha uma carga útil vazia (dsize=0). Já que o nmap (veja a Seção 1.6) gera pacotes ping com características específicas, essa assinatura é projetada para detectar varreduras de ping usadas pelo nmap. Quando um pacote corresponde a essa assinatura, o Snort gera um alerta que inclui a mensagem "`ICMP PING NMAP`".

Talvez o mais impressionante sobre o Snort seja a vasta comunidade de usuários e especialistas em segurança que mantêm sua base de dados de assinaturas. Normalmente, em algumas horas do novo ataque, a comunidade escreve e lança uma assinatura de ataque, que então é transferida via download pelas centenas de milhares de execuções de Snort ao redor do mundo. Além disso, ao usarem a sintaxe da assinatura do Snort, os administradores de rede podem criar suas próprias assinaturas a fim de satisfazer as necessidades da organização, modificando assinaturas existentes ou criando novas.

8.10 RESUMO

Neste capítulo, examinamos os diversos mecanismos que Bob e Alice, os amantes secretos, podem usar para se comunicar com segurança. Vimos que estão interessados em confidencialidade (para que somente eles possam entender o conteúdo de uma mensagem transmitida), autenticação do ponto final (para terem a certeza de que estão falando um com o outro) e integridade de mensagem (para terem certeza de que suas mensagens não sejam alteradas em trânsito). É claro que a necessidade de comunicação segura não está limitada a amantes secretos. Na verdade, vimos nas Seções 8.5 a 8.8 que a segurança é necessária em várias camadas de uma arquitetura de rede para proteção contra bandidos que têm à mão um grande arsenal de ataques possíveis.

Na primeira parte deste capítulo, apresentamos vários princípios subjacentes à comunicação segura. Na Seção 8.2, examinamos as técnicas para criptografar e decriptar dados, incluindo criptografia de chaves simétricas e criptografia de chaves públicas. O DES e o RSA foram examinados como estudos de caso específicos dessas duas classes mais importantes de técnicas de criptografia em uso nas redes de hoje.

Na Seção 8.3, examinamos duas técnicas para fornecer a integridade da mensagem: códigos de autenticação de mensagem (MACs) e assinaturas digitais. As duas têm uma série de paralelos. Ambas usam funções hash criptografadas e ambas permitem que verifiquemos a origem, assim como a integridade da própria mensagem. Uma diferença importante é que os MACs não recorrem à criptografia, ao passo que as assinaturas digitais necessitam de uma infraestrutura de chave pública. Ambas as técnicas são muito usadas na prática, como vimos nas Seções 8.5 a 8.8. Além disso, as assinaturas digitais são usadas para criar certificados digitais, os quais são importantes para a verificação da validade de uma chave pública.

Na Seção 8.4, vimos também a autenticação do ponto final e como nonces podem ser usados para impedir ataques de repetição.

Nas Seções 8.5 a 8.8, examinamos diversos protocolos de segurança de rede que são usados extensivamente na prática. Vimos que uma criptografia de chaves simétricas está no núcleo do PGP, TLS, IPsec e segurança sem fio. Vimos que uma criptografia pública é crucial para ambos PGP e TLS. Estudamos que o PGP usa assinaturas digitais para a integridade da mensagem, ao passo que TLS e IPsec usam MACs. Também exploramos a segurança nas redes sem fio, incluindo as redes WiFi e as redes celulares 4G/5G. Agora que tem entendimento dos princípios básicos da criptografia, e tendo estudado como esses princípios são usados, você deve estar pronto para projetar seus próprios protocolos de segurança de rede!

Munidos das técnicas abordadas nas Seções 8.2 a 8.8, Bob e Alice podem se comunicar com segurança. Porém, a confiabilidade é apenas uma pequena parte do quadro da segurança na rede. Como vimos na Seção 8.9, o foco está se concentrando cada vez mais em garantir a segurança da infraestrutura da rede contra o ataque potencial dos bandidos. Assim, na última parte deste capítulo, estudamos firewalls e sistemas IDS que inspecionam pacotes que entram e saem da rede de uma organização.

Exercícios de fixação e perguntas

Questões de revisão do Capítulo 8

SEÇÃO 8.1

R1. Quais são as diferenças entre confidencialidade de mensagem e integridade de mensagem? É possível ter confidencialidade sem integridade? É possível ter integridade sem confidencialidade? Justifique sua resposta.

R2. Equipamentos da Internet (roteadores, comutadores, servidores DNS, servidores Web, sistemas do usuário final, etc.) frequentemente precisam se comunicar com segurança. Dê três exemplos específicos de pares de equipamentos da Internet que precisem de uma comunicação segura.

SEÇÃO 8.2

R3. Da perspectiva de um serviço, qual é uma diferença importante entre um sistema de chave simétrica e um sistema de chave pública?

R4. Suponha que um intruso tenha uma mensagem criptografada, bem como a versão decodificada dessa mensagem. Ele pode montar um ataque somente com texto cifrado, um ataque com texto aberto conhecido ou um ataque com texto aberto escolhido?

R5. Considere uma cifra de 8 blocos. Quantos blocos de entrada possíveis uma cifra tem? Quantos mapeamentos possíveis existiriam? Se analisarmos cada mapeamento como uma chave, então quantas chaves essa cifra teria?

R6. Suponha que N pessoas queiram se comunicar com cada uma das outras $N - 1$ pessoas usando criptografia de chaves simétricas. Todas as comunicações entre quaisquer duas pessoas, i e j, são visíveis para todas as outras do grupo de N, e nenhuma outra pessoa desse grupo pode decodificar suas comunicações. O sistema, como um todo, requer quantas chaves? Agora, suponha que seja usada criptografia de chaves públicas. Quantas chaves serão necessárias nesse caso?

R7. Suponha que $n = 10.000$, $a = 10.023$ e $b = 10.004$. Use uma identidade da aritmética modular para calcular $(a \cdot b) \bmod n$ de cabeça.

R8. Suponha que você queira criptografar a mensagem 10101111 criptografando um número decimal que corresponda a essa mensagem. Qual seria esse número decimal?

SEÇÕES 8.3–8.4

R9. De que maneira um hash fornece um melhor controle de integridade da mensagem do que uma soma de verificação (como a soma de verificação da Internet)?

R10. Você pode decodificar o hash de uma mensagem a fim de obter a mensagem original? Explique sua resposta.

R11. Considere a variação de um algoritmo MAC (Figura 8.9), em que o transmissor envia $(m, H(m) + s)$, sendo $H(m) + s$ a concatenação de $H(m)$ e s. Essa variação é falha? Por que ou por que não?

R12. O que significa afirmar que um documento é verificável e não falsificável?

R13. De que modo um resumo de mensagem criptografado por chave pública proporciona uma assinatura digital melhor do que utilizar a mensagem criptografada com chave pública?

R14. Suponha que a certificador.com crie um certificado para alguem.com. Normalmente, o certificado inteiro seria criptografado com a chave pública de certificador.com. Verdadeiro ou falso?

R15. Suponha que Alice tenha uma mensagem pronta para enviar para qualquer pessoa que pedir. Milhares de pessoas querem ter a mensagem da Alice, mas cada uma quer ter certeza da integridade da mensagem. Nesse contexto, você acha que é mais apropriado um esquema baseado em MAC ou um baseado em assinatura digital? Por quê?

R16. Qual é a finalidade de um nonce em um protocolo de identificação de ponto final?

R17. O que significa dizer que um nonce é um valor usado uma vez por toda a vida? Pelo tempo de vida de quem?

R18. O esquema de integridade de mensagem baseado no HMAC é suscetível a ataques de repetição? Se for, como um nonce pode ser incorporado ao esquema para remover essa suscetibilidade?

SEÇÕES 8.5–8.8

R19. Suponha que Bob receba uma mensagem PGP de Alice. Como Bob sabe com certeza que Alice criou a mensagem (e não Trudy, p. ex.)? O PGP usa um MAC para integridade da mensagem?

R20. Em um registro TLS, há um campo para uma sequência de números TLS. Verdadeiro ou falso?

R21. Qual é a finalidade de um nonce em um protocolo de autenticação em uma apresentação TLS?

R22. Suponha que uma sessão TLS utilize uma cifra de bloco com CBC. Verdadeiro ou falso: o servidor envia o IV ao cliente de forma aberta.

R23. Suponha que Bob inicie uma conexão TCP com Trudy, que está fingindo ser Alice. Durante a apresentação, Trudy envia a Bob um certificado de Alice. Em qual etapa do algoritmo de apresentação TLS Bob descobrirá que não está se comunicando com Alice?

R24. Considere uma cadeia de pacotes do Hospedeiro A ao Hospedeiro B usando IPsec. Em geral, um novo SA será estabelecido para cada pacote enviado na cadeia. Verdadeiro ou falso?

R25. Suponha que o TCP esteja sendo executado por IPsec entre a matriz e a filial na Figura 8.28. Se o TCP retransmitir o mesmo pacote, então os dois pacotes correspondentes enviados por pacotes R1 terão o mesmo número sequencial no cabeçalho ESP. Verdadeiro ou falso?

R26. Um SA IKE e um SA IPsec são a mesma coisa. Verdadeiro ou falso?

R27. Considere um WEP para 802.11. Suponha que a informação seja 10101100 e a sequência de bits da chave seja 1111000. Qual é o texto cifrado resultante?

SEÇÃO 8.9

R28. Um filtro de pacotes com estado mantém duas estruturas de dados. Nomeie-as e descreva resumidamente o que elas fazem.

R29. Considere um filtro de pacotes tradicional (sem estado). Ele pode filtrar pacotes baseado em bits de flag TCP assim como em outros campos de cabeçalho. Verdadeiro ou falso?

R30. Em um filtro de pacotes tradicional, cada interface pode ter sua própria lista de controle de acesso. Verdadeiro ou falso?

R31. Por que uma aplicação de gateway deve trabalhar junto com o filtro de roteador para ser eficaz?

R32. IDSs baseados em assinaturas e IPSs inspecionam a carga útil de segmentos TCP e UDP. Verdadeiro ou falso?

Problemas

P1. Usando a cifra monoalfabética da Figura 8.3, codifique a mensagem "This is an easy problem" (este é um problema fácil). Decodifique a mensagem "rmij'u uamu xyj".

P2. Mostre que o ataque com texto aberto conhecido de Trudy, em que ela conhece os pares de tradução (texto cifrado, texto aberto) para sete letras, reduz em aproximadamente 10^9 o número de possíveis substituições a verificar no exemplo apresentado na Seção 8.2.1.

P3. Considere o sistema polialfabético mostrado na Figura 8.4. Um ataque com texto aberto escolhido que consiga obter a codificação da mensagem "The quick brown fox jumps over the lazy dog" é suficiente para decifrar todas as mensagens? Explique sua resposta.

P4. Considere o bloco cifrado na Figura 8.5. Suponha que cada bloco cifrado T_i simplesmente inverta a ordem dos oito bits de entrada (então, p. ex., 11110000 se torna 00001111). Além disso, imagine que o misturador de 64 bits não modifique qualquer bit (de modo que o valor de saída do *m*-ésimo bit seja igual ao valor de entrada do *m*-ésimo bit). (a) Sendo $n = 3$ e a entrada original de 64 bits igual a 10100000 repetidos oito vezes, qual é o valor da saída? (b) Repita a parte (a), mas agora troque o último bit da entrada original de 64 bits de 0 para 1. (c) Repita as partes (a) e (b), mas agora suponha que o misturador de 64 bits inverta a ordem de 64 bits.

P5. Considere o bloco cifrado da Figura 8.5 Para uma determinada "chave", Alice e Bob precisariam ter 8 tabelas, cada uma com 8 bits por 8 bits. Para Alice (ou Bob) armazenar todas as oito tabelas, quantos bits de armazenamento são necessários? Como esse número se compara com o número de bits necessários para um bloco cifrado de tabela cheia de 64 bits?

P6. Considere o bloco cifrado de 3 bits da Tabela 8.1. Suponha que o texto aberto seja 100100100. (a) Inicialmente suponha que o CBC não seja usado. Qual é o texto cifrado resultante? (b) Imagine que Trudy analise o texto cifrado. Supondo que ela saiba que um bloco cifrado de bits está sendo usado sem o CBC (mas ela não sabe a cifra específica), o que ela pode suspeitar? (c) Agora suponha que o CBC é usado com IV = 111. Qual é o texto cifrado resultante?

P7. (a) Usando RSA, escolha $p = 3$ e $q = 11$ e codifique a palavra "dog", criptografando cada letra em separado. Aplique o algoritmo de decriptação à versão criptografada para recuperar a mensagem original em texto aberto. (b) Repita a parte (a), mas agora criptografe "dog" como uma mensagem m.

P8. Considere o RSA com $p = 5$ e $q = 11$.

a. Quais são n e z?

b. Seja e igual a 3. Por que esta é uma escolha aceitável para e?

c. Encontre d tal que $de = 1 \pmod z$ e $d < 160$.

d. Criptografe a mensagem $m = 8$ usando a chave (n, e). Seja c o texto cifrado correspondente. Mostre todo o processo. *Dica*: para simplificar os cálculos, use este fato:

$$[(a \bmod n) \cdot (b \bmod n)] \bmod n = (a \cdot b) \bmod n$$

P9. Neste problema, exploraremos o algoritmo criptografado Diffie-Hellman (DH) de chave pública, o qual permite que duas entidades concordem em uma chave compartilhada. O algoritmo DH faz uso de um número primo grande p e outro número grande g, menor que p. Ambos, p e g, são públicos (de modo que um atacante os conheça). Em DH, Alice e Bob escolhem, independentemente, chaves secretas, S_A e S_B. Alice então calcula sua chave pública, T_A, elevando g a S_A e tomando o mod p. Bob, similarmente, calcula sua própria chave pública, T_B, elevando g a S_B e tomando o módulo p. Então, Alice e Bob trocam suas chaves públicas pela Internet. Alice calcula a chave secreta compartilhada S ao elevar T_B a S_A e tomando o módulo p. Bob, de modo semelhante, calcula a chave compartilhada S-′ ao elevar T_A a S_B e tomando o módulo p.

a. Prove que, no geral, Alice e Bob obtêm a mesma chave simétrica, ou seja, prove que $S = S'$.

b. Com $p = 11$ e $g = 2$, suponha que Alice e Bob escolham chaves privadas $S_A = 5$ e $S_B = 12$, respectivamente. Calcule as chaves públicas de Alice e Bob, T_A e T_B. Mostre todo o processo.

c. Seguindo a parte (b), calcule S como a chave simétrica compartilhada. Mostre todo o processo.

d. Forneça um diagrama de tempo que mostre como o Diffie-Hellman pode sofrer um ataque *man-in-the-middle*. O diagrama de tempo deve ter três linhas verticais, uma para Alice, uma para Bob e uma para a atacante Trudy.

P10. Suponha que Alice queira se comunicar com Bob usando uma chave simétrica criptografada usando uma chave de sessão K_S. Na Seção 8.2, aprendemos que uma chave pública criptografada pode ser usada para distribuir a chave de sessão de Alice para Bob. Neste problema, exploramos como uma chave de sessão pode ser distribuída – sem uma chave pública criptografada – usando um centro de distribuição de chaves (KDC, do inglês *key distribution center*). O KDC é um servidor que compartilha uma única chave simétrica secreta com cada usuário registrado. Para Alice e Bob, indique essas chaves como $K_{A\text{-}KDC}$ e $K_{B\text{-}KDC}$. Projete um esquema que use o KDC para distribuir K_S a Alice e Bob. Seu esquema deverá usar três mensagens para distribuir uma chave de sessão: a de Alice ao KDC; a do KDC a Alice; e, por fim, a de Alice para Bob. A primeira mensagem é $K_{A\text{-}KDC}(A, B)$. Usando a notação, $K_{A\text{-}KDC}$, $K_{B\text{-}KDC}$, S, A e B, responda às seguintes perguntas.

a. Qual é a segunda mensagem?

b. Qual é a terceira mensagem?

P11. Calcule uma terceira mensagem, diferente das duas mensagens na Figura 8.8, que tenha a mesma soma de verificação dessas duas mensagens na figura citada.

P12. Suponha que Alice e Bob compartilhem duas chaves secretas: uma chave de autenticação S_1 e uma chave criptografada simétrica S_2. Aumente a Figura 8.9 para que ambas, integridade e confidencialidade, sejam fornecidas.

P13. No protocolo de distribuição de arquivo P2P BitTorrent (veja o Capítulo 2), a semente quebra o arquivo em blocos, e os pares redistribuem os blocos uns aos outros. Sem proteção alguma, um atacante pode facilmente causar destruição em um torrent ao se mascarar como se fosse um par benevolente e enviar blocos falsos aos outros conjuntos de pares no torrent. Esse pares que não são suspeitos redistribuem os blocos falsos a mais outros pares, que distribuem os blocos falsos aos outros pares. Sendo assim, é importante para o BitTorrent ter um mecanismo que permita aos pares verificar a integridade de um bloco, para que não distribuam blocos falsos. Suponha que, quando um par se junta a um torrent, de início pega um arquivo `.torrent` de uma fonte *inteiramente* confiável. Descreva um esquema simples que permita que os pares verifiquem a integridade dos blocos.

P14. O protocolo de roteamento OSPF usa um MAC em vez de assinaturas digitais para fornecer a integridade da mensagem. Por que você acha que foi escolhido o MAC em vez de assinaturas digitais?

P15. Considere nosso protocolo de autenticação da Figura 8.18, no qual Alice se autentica para Bob, e que vimos que funciona bem (i.e., não encontramos nenhuma falha nele). Agora suponha que, enquanto Alice está se autenticando para Bob, este deve se autenticar para Alice. Apresente um cenário no qual Trudy, fazendo-se passar por Alice, agora pode se autenticar para Bob como se fosse Alice. (*Dica*: considere que a sequência de operações do protocolo, uma com Trudy e outra com Bob iniciando a sequência, pode ser intercalada arbitrariamente. Preste atenção particular ao fato de que Bob e Alice usarão um nonce e que, caso não se tome cuidado, o mesmo nonce pode ser utilizado de forma maliciosa.)

P16. Uma questão natural é se podemos usar um nonce e a criptografia de chave pública para resolver o problema de autenticação do ponto final na Seção 8.4. Considere o seguinte protocolo natural: (1) Alice envia a mensagem "`Eu sou Alice`" a Bob. (2) Bob escolhe um nonce, *R*, e o envia a Alice. (3) Alice usa sua chave *privada* para criptografar o nonce e envia o valor resultante a Bob. (4) Bob aplica a chave pública de Alice à mensagem recebida. Assim, Bob calcula *R* e autentica Alice.

a. Faça um diagrama desse protocolo, usando a notação para chaves públicas e privadas empregada neste livro.

b. Suponha que os certificados não sejam usados. Descreva como Trudy pode se tornar uma "*woman-in-the-middle*", interceptando as mensagens de Alice e depois se passando por Alice para Bob.

P17. A Figura 8.21 mostra as operações que Alice deve realizar com PGP para fornecer confidencialidade, autenticação e integridade. Faça um diagrama das operações correspondentes que Bob precisa executar no pacote recebido por Alice.

P18. Suponha que Alice queira enviar um e-mail a Bob. Bob tem um par de chave pública-privada (K_B^+, K_B^-), e Alice tem o certificado de Bob. Mas Alice não tem um par de chave pública, privada. Alice e Bob (e o mundo inteiro) compartilham a mesma função de hash $H(\cdot)$.

a. Nessa situação, é possível projetar um esquema para que Bob possa verificar que Alice criou a mensagem? Se sim, mostre como, com um diagrama de bloco para Alice e Bob.

b. É possível projetar um esquema que forneça confidencialidade para enviar a mensagem de Alice a Bob? Se sim, mostre como com um diagrama de bloco para Alice e Bob.

P19. Considere a saída Wireshark a seguir para uma parte de uma sessão TLS.

a. O pacote Wireshark 112 é enviado pelo cliente ou pelo servidor?

b. Qual o número IP do servidor e seu número de porta?

c. Considerando que nenhuma perda ou retransmissão ocorreram, qual será a sequência de números do próximo segmento TCP enviado pelo cliente?

d. Quantos registros TLS existem no pacote Wireshark 112?

e. O pacote 112 contém um Segredo Mestre ou um Segredo Mestre Criptografado ou nenhum?

f. Supondo que o campo do tipo na apresentação é de 1 byte e cada campo de comprimento é de 3 bytes, quais são os valores do primeiro e do último bytes do Segredo Mestre (ou do Segredo Mestre Criptografado)?

g. A mensagem de apresentação criptografada do cliente leva em conta o número de registros TLS?

h. A mensagem de apresentação criptografada do servidor leva em conta o número de registros TLS?

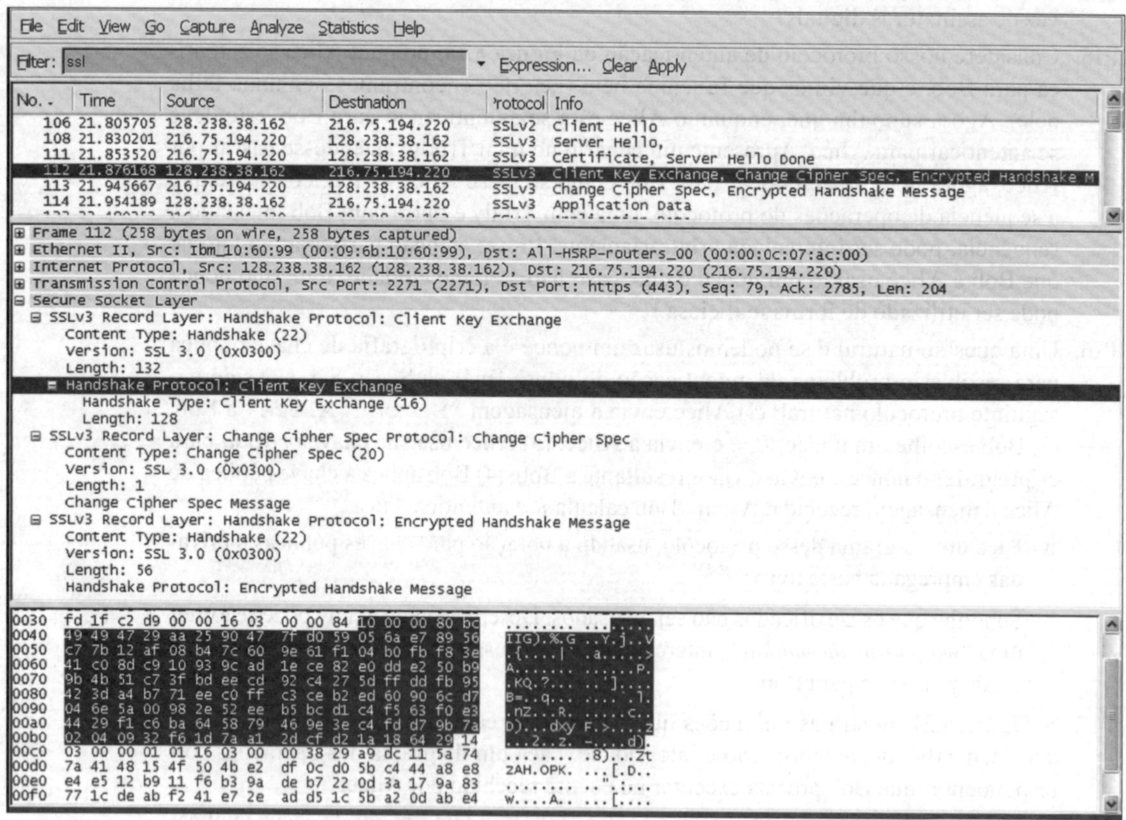

(Captura de tela do Wireshark reimpressa com permissão da Wireshark Foundation.)

P20. Na Seção 8.6.1, mostramos que, sem os números de sequência, Trudy (a "*woman-in-the-middle*") pode causar destruição em uma sessão TLS ao trocar os segmentos TCP. Trudy pode fazer algo semelhante ao excluir um segmento TCP? O que ela precisa fazer para ter sucesso em seu ataque de exclusão? Quais serão os seus efeitos?

P21. Suponha que Alice e Bob estão se comunicando por uma sessão TLS. Imagine que um atacante, que não tem nenhuma das chaves compartilhadas, insira um segmento TCP falso em um fluxo de pacotes com a soma de verificação TCP e números sequenciais corretos (e endereços IP e números de porta corretos). A TLS do lado receptor aceitará o pacote falso e passará a carga útil à aplicação receptora? Por que ou por que não?

P22. As seguintes questões de Verdadeiro/Falso se referem à Figura 8.28.

a. Quando um hospedeiro em 172.16.1/24 envia um datagrama ao servidor Amazon.com, o roteador R1 vai criptografar o datagrama usando IPsec.

b. Quando um hospedeiro em 172.16.1/24 envia um datagrama a um servidor 172.16.2/24, o roteador R1 mudará os endereços de origem e destino do datagrama IP.

c. Suponha que um hospedeiro 172.16.1/24 inicie uma conexão TCP com um servidor Web em 172.16.2/24. Como parte dessa conexão, todos os datagramas enviados pelo R1 terão o número de protocolo 50 no campo esquerdo do cabeçalho IPv4.

d. Considere o envio de um segmento TCP de um hospedeiro em 172.16.1/24 a um hospedeiro em 172.16.2/24. Suponha que o reconhecimento desse segmento se perde, então um TCP reenvia o segmento.

P23. Considere o exemplo na Figura 8.28. Suponha que Trudy é a "*woman-in-the-middle*", que insere datagramas no fluxo de datagramas indo de R1 a R2. Como parte do ataque de repetição, Trudy envia uma cópia duplicada de um dos datagramas enviados de R1 a R2. R2 decriptografará o datagrama duplicado e o encaminhará à rede da filial? Se não, descreva em detalhes como R2 detecta o datagrama duplicado.

P24. Forneça uma tabela de filtro e uma tabela de conexão para um firewall de estado que seja tão restrito quanto possível, mas que efetue o seguinte:

a. Permita que todos os usuários internos estabeleçam sessões Telnet com hospedeiros externos.

b. Permita que usuários externos naveguem pela página Web da empresa em 222.22.0.12.

c. Mas, em qualquer outro caso, bloqueie todo o tráfego interno e externo.

A rede interna é 222.22/16. Em sua solução, suponha que a tabela de conexão esteja normalmente ocultando três conexões, de dentro para fora. Você precisará inventar um endereço IP e números de portas apropriados.

P25. Suponha que Alice queira visitar a página Web activist.com usando um serviço do tipo TOR. Esse serviço usa dois servidores proxy colaboradores, Proxy1 e Proxy2. Alice primeiro obtém os certificados (cada um contendo uma chave pública) para Proxy1 e Proxy2 de um servidor central. Indique com $K_1^+()$, $K_2^+()$, $K_1^-()$ e $K_2^-()$ para a criptografia/decriptografia com chaves RSA pública e privada.

a. Usando um diagrama de tempo, forneça um protocolo (o mais simples possível) que permita a Alice estabelecer uma sessão compartilhada de chave S_1 com Proxy1. Indique com $S_1(m)$ a criptografia/decriptografia do dado m com a chave compartilhada S_1.

b. Usando um diagrama de tempo, forneça um protocolo (o mais simples possível) que permita a Alice estabelecer uma sessão compartilhada da chave S_2 com Proxy2, *sem revelar seu endereço IP ao Proxy2.*

c. Suponha que as chaves compartilhadas S_1 e S_2 estejam determinadas. Usando um diagrama de tempo, forneça um protocolo (o mais simples possível e *não usando uma criptografia de chave pública*) que permita a Alice requisitar uma página HTML de activist.com *sem revelar seu endereço IP ao Proxy2* e *sem revelar ao Proxy1 qual site ela está visitando.* Seu diagrama deve terminar com uma requisição HTTP chegando a activist.com.

Wireshark Lab: TLS

Neste laboratório (disponível no site de apoio), investigamos o protocolo TLS. Lembre-se de que na Seção 8.6 o TLS é usado para a segurança de uma conexão TCP, e é extensivamente usado na prática para a segurança de transações pela Internet. Neste laboratório, vamos focalizar os registros TLS enviados por uma conexão TCP. Tentaremos delinear e classificar cada registro, focando no entendimento do porquê e como de cada registro. Investigamos os vários tipos de registro TLS, assim como os campos nas mensagens TLS, analisando um relatório dos registros TLS enviados entre seu hospedeiro e um servidor de comércio eletrônico.

IPsec Lab

Neste laboratório (disponível no site de apoio), exploraremos como criar SAs IPsec entre caixas Linux. Você pode fazer a primeira parte com duas caixas Linux simples, cada uma com um adaptador Ethernet. Mas, na segunda parte do laboratório, você precisará de quatro caixas Linux, duas tendo dois adaptadores Ethernet. Na segunda metade do laboratório, você criará SAs IPsec usando protocolos ESP no modo túnel. Primeiro você criará as SAs manualmente, e depois fazendo o IKE criar as SAs.

ENTREVISTA

Steven M. Bellovin

Imagem cortesia de Steven Bellovin

Steven M. Bellovin ingressou no corpo docente da Universidade de Columbia depois de muitos anos no Network Services Research Lab do AT&T Labs Research, em Florham Park, Nova Jersey. Ele trabalha especificamente com redes e segurança e com as causas que as tornam incompatíveis. Em 1995, Steven recebeu o Usenix Lifetime Achievement Award por seu trabalho na criação da Usenet, a primeira rede de troca de grupos de bate-papo que ligava dois ou mais computadores e permitia que os usuários compartilhassem informações e se juntassem em discussões. Steve também foi eleito membro da National Academy of Engineering. Obteve bacharelado na Columbia University e doutorado na University of North Carolina, em Chapel Hill.

O que o fez se decidir pela especialização na área de segurança de redes?

O que vou dizer parecerá estranho, mas a resposta é simples. Estudei programação de sistemas e administração de sistemas, o que levou naturalmente à segurança. E sempre me interessei por comunicações, desde a época em que trabalhava em parte do tempo com programação de sistemas, quando ainda estava na universidade.

Meu trabalho na área de segurança continua a ser motivado por duas coisas – um desejo de manter os computadores úteis, o que significa impedir que sua função seja corrompida por atacantes, e um desejo de proteger a privacidade.

Qual era sua visão sobre a Usenet na época em que você a estava desenvolvendo? Qual é sua visão agora?

No início, considerávamos a Usenet como um meio para discutir ciência da computação e programação de computadores em todo o país e para utilizar em questões administrativas locais, como recurso de vendas, e assim por diante. Na verdade, minha previsão original era de uma ou duas mensagens por dia, de 50 a 100 sites no máximo. Mas o crescimento real ocorreu em tópicos relacionados a pessoas, incluindo – mas não se limitando a – interações de seres humanos com computadores. Meus grupos de bate-papo preferidos foram, durante muitos anos, coisas como rec.woodworking (marcenaria), bem como sci.crypt (criptografia).

Até certo ponto, as redes de notícias foram substituídas pela Web. Se eu fosse iniciar o projeto hoje, ele seria muito diferente. Mas ainda é um excelente meio para alcançar um público muito amplo interessado no assunto, sem ter de passar por sites Web particulares.

Quais pessoas o inspiraram profissionalmente? De que modo?

O professor Fred Brooks – fundador e primeiro chefe do departamento de ciência da computação da University of North Carolina, em Chapel Hill, gerente da equipe que desenvolveu o IBM S/360 e o OS/360, e autor do livro *The Mythical Man-Month* – exerceu uma tremenda influência sobre minha carreira. Acima de tudo, ele me ensinou observação e compromissos – como considerar problemas no contexto do mundo real (e como o mundo real é muito mais confuso do que qualquer teórico gostaria que fosse), e como equilibrar interesses conflitantes ao elaborar uma solução. Grande parte do trabalho com computadores é engenharia – a arte de fazer os compromissos certos de modo a satisfazer muitos objetivos contraditórios.

Em sua opinião, qual é o futuro das redes e da segurança?

Até agora, grande parte da segurança que temos vem do isolamento. Um firewall, por exemplo, funciona impedindo o acesso a certas máquinas e serviços. Mas vivemos em uma época na qual a conectividade é cada vez maior – ficou mais difícil isolar coisas. Pior ainda, nossos sistemas de produção requerem um número muito maior de componentes isolados, interconectados por redes. Garantir a segurança de tudo isso é um de nossos maiores desafios.

Em sua opinião, tem havido grandes avanços na área de segurança? Até onde teremos de ir?

Ao menos do ponto de vista científico, sabemos como fazer criptografia. E isso é uma grande ajuda. Mas a maioria dos problemas de segurança se deve a códigos defeituosos, e este é um problema muito mais sério. Na verdade, é o problema mais antigo da ciência da computação que ainda não foi resolvido – e acho que continuará sendo. O desafio é descobrir como manter a segurança de sistemas quando temos de construí-los com componentes inseguros. Hoje já podemos fazer isso no que tange às falhas de hardware; mas podemos fazer o mesmo em relação à segurança?

O senhor pode dar algum conselho aos estudantes sobre a Internet e segurança em redes?

Aprender os mecanismos é a parte fácil. Aprender a "pensar como um paranoico" é mais difícil. Você tem de lembrar que as distribuições de probabilidade não se aplicam – os atacantes podem encontrar e encontrarão condições improváveis. E os detalhes são importantes – e muito!

Referências

Uma nota sobre URLs. Nas referências a seguir, fornecemos URLs para páginas Web, documentos apenas da Web e outros materiais que não foram publicados em conferências ou periódicos (quando pudemos localizar um URL para tal material). Não fornecemos URLs para publicações de congressos e periódicos, pois esses documentos normalmente podem ser localizados por um mecanismo de busca, pelo site da conferência (p. ex., artigos em todas as conferências e seminários *ACM SIGCOMM* podem ser localizados por http://www.acm.org/sigcomm) ou por meio de uma assinatura de biblioteca digital. Embora todos os URLs fornecidos a seguir fossem válidos (e testados) em janeiro de 2020, URLs podem se tornar desatualizados. Por favor, consulte a versão on-line deste livro (www.pearsonhighered.com/cs-resources) para obter uma bibliografia atualizada.

Uma nota sobre Solicitações de Comentários (RFCs) da Internet: cópias de RFCs da Internet estão disponíveis em muitos sites. O RFC Editor da Internet Society (o órgão que supervisiona as RFCs) mantém o site, em <http://www.rfc-editor.org>. Esse site lhe permite procurar um RFC específico por título, número ou autores, e mostrará atualizações de quaisquer RFCs listadas. As RFCs da Internet podem ser atualizadas ou podem se tornar obsoletas por outras RFCs mais recentes. Nosso site favorito para obter RFCs é a fonte original: <http://www.rfc-editor.org>.

(3GPP, 2020) 3GPP, 3GPP Specification Set, https://www.3gpp.org/dynareport/SpecList.htm.

(3GPP GTPv1-U, 2019) 3GPP, "Tunnelling Protocol User Plane (GTPv1-U)", 3GPP Technical Specification 29.281 versão 15.3.0, 2018.

(3GPP PDCP, 2019) 3GPP, "Packet Data Convergence Protocol (PDCP) Specification", 3GPP Technical Specification 36.323 versão 15.4.0, 2019.

(3GPP RLCP, 2018) 3GPP, "Radio Link Control (RLC) protocol specification", 3GPP Technical Specification 25.322 versão 15.0.0, 2018.

(3GPP SAE, 2019) 3GPP, "System Architecture Evolution (SAE); Security architecture", Technical Specification 33.401, versão 15.9.0, outubro de 2019".

(Abramson, 1970) N. Abramson, "The Aloha System–Another Alternative for Computer Communications", *Proc. 1970 Fall Joint Computer Conference, AFIPS Conference*, p. 37, 1970.

(Abramson, 1985) N. Abramson, "Development of the Alohanet", *IEEE Transactions on Information Theory*, Vol. IT-31, No. 3 (mar., 1985), pp. 119–123.

(Abramson, 2009) N. Abramson, "The Alohanet–Surfing for Wireless Data", *IEEE Communications Magazine*, Vol. 47, No. 12, pp. 21–25.

(Adhikari, 2011a) V. K. Adhikari, S. Jain, Y. Chen, Z. L. Zhang, "Vivisecting YouTube: An Active Measurement Study", Technical Report, University of Minnesota, 2011.

(Adhikari, 2012) V. K. Adhikari, Y. Gao, F. Hao, M. Varvello, V. Hilt, M. Steiner, Z. L. Zhang, "Unreeling Netflix: Understanding and Improving Multi-CDN Movie Delivery", Technical Report, University of Minnesota, 2012.

(Afanasyev, 2010) A. Afanasyev, N. Tilley, P. Reiher, L. Kleinrock, "Host-to-Host Congestion Control for TCP", *IEEE Communications Surveys & Tutorials*, Vol. 12, No. 3, pp. 304–342.

(Agarwal, 2009) S. Agarwal, J. Lorch, "Matchmaking for Online Games and Other Latency-sensitive P2P Systems", *Proc. 2009 ACM SIGCOMM.*

(Ager, 2012) B. Ager, N. Chatzis, A. Feldmann, N. Sarrar, S. Uhlig, W. Willinger, "Anatomy of a Large European ISP", *Proc. 2012 ACM SIGCOMM.*

(Akamai, 2020) Akamai homepage, http://www.akamai.com.

(Akella, 2003) A. Akella, S. Seshan, A. Shaikh, "An Empirical Evaluation of Wide-Area Internet Bottlenecks", *Proc. 2003 ACM Internet Measurement Conference* (Miami, FL, nov., 2003).

(Akhshabi, 2011) S. Akhshabi, A. C. Begen, C. Dovrolis, "An Experimental Evaluation of Rate--Adaptation Algorithms in Adaptive Streaming over HTTP", *Proc. 2011 ACM Multimedia Systems Conf.*

(Akhshabi, 2011) S. Akhshabi, C. Dovrolis, "The evolution of layered protocol stacks leads to an hourglass shaped architecture", *Proceedings 2011 ACM SIGCOMM*, pp. 206–217.

(Akyildiz, 2010) I. Akyildiz, D. Gutierrex-Estevez, E. Reyes, "The Evolution to 4G Cellular Systems, LTE Advanced", *Physical Communication*, Elsevier, 3 (2010), pp. 217–244.

(Albitz, 1993) P. Albitz and C. Liu, *DNS and BIND*, O'Reilly & Associates, Petaluma, CA, 1993.

(Alexandris, 2016) K. Alexandris, N. Nikaein, R. Knopp and C. Bonnet, "Analyzing X2 handover in LTE/LTE-A", *2016 14th International Symposium on Modeling and Optimization in Mobile, Ad Hoc, and Wireless Networks (WiOpt)*, Tempe, AZ, pp. 1–7.

(Alizadeh, 2010) M. Alizadeh, A. Greenberg, D. Maltz, J. Padhye, P. Patel, B. Prabhakar, S. Sengupta, M. Sridharan. "Data center TCP (DCTCP)", *Proc. 2010 ACM SIGCOMM Conference*, ACM, New York, NY, EUA, pp. 63–74.

(Alizadeh, 2013) M. Alizadeh, S. Yang, M. Sharif, S. Katti, N. McKeown, B. Prabhakar, S. Shenker, "pFabric: Minimal Near-Optimal Datacenter Transport", *Proc. 2013 ACM SIGCOMM Conference.*

(Alizadeh, 2014) M. Alizadeh, T. Edsall, S. Dharmapurikar, K. Chu, A. Fingerhut, V. T. Lam, F. Matus, R. Pan, N. Yadav, G. Varghese, "CONGA: Distributed Congestion-Aware Load Balancing for Datacenters", *Proc. 2014 ACM SIGCOMM Conference.*

(Allman, 2011) E. Allman, "The Robustness Principle Reconsidered: Seeking a Middle Ground", *Communications of the ACM*, Vol. 54, No. 8 (ago., 2011), pp. 40–45.

(Almers, 2007) P. Almers, et al., "Survey of Channel and Radio Propagation Models for Wireless MIMO Systems", *Journal on Wireless Communications and Networking,* 2007.

(Amazon, 2014) J. Hamilton, *"AWS: Innovation at Scale*", vídeo do YouTube, https://www.youtube.com/watch?v=JIQETrFC_SQ.

(Anderson, 1995) J. B. Andersen, T. S. Rappaport, S. Yoshida, "Propagation Measurements and Models for Wireless Communications Channels", *IEEE Communications Magazine*, (jan., 1995), pp. 42–49.

(Appenzeller, 2004) G. Appenzeller, I. Keslassy, N. McKeown, "Sizing Router Buffers", *Proc. 2004 ACM SIGCOMM Conference* (Portland, OR, ago., 2004).

(Arkko, 2012) J. Arkko, "Analysing IP Mobility Protocol Deployment Difficulties", 83rd IETF meeting, março de 2012.

(ASO-ICANN, 2020) The Address Supporting Organization homepage, http://www.aso.icann.org.

(AT&T, 2019) A, Fuetsch, "From Next-Gen to Now: SDN, White Box and Open Source Go Mainstream", https://about.att.com/innovationblog/2019/09/sdn_white_box_and_open_source_go_mainstream.html.

(Atheros, 2020) Atheros Communications Inc., "Atheros AR5006 WLAN Chipset Product Bulletins", http://www.atheros.com/pt/AR5006Bulletins.htm.

(Ayanoglu, 1995) E. Ayanoglu, S. Paul, T. F. La Porta, K. K. Sabnani, R. D. Gitlin, "AIRMAIL: A Link-Layer Protocol for Wireless Networks", *ACM ACM/Baltzer Wireless Networks Journal*, 1: 47–60, fevereiro de 1995.

(Bakre, 1995) A. Bakre, B. R. Badrinath, "I-TCP: Indirect TCP for Mobile Hosts", *Proc. 1995 Int. Conf. on Distributed Computing Systems (ICDCS)* (maio, 1995), pp. 136–143.

(Baldauf, 2007) M. Baldauf, S. Dustdar, F. Rosenberg, "A Survey on Context-Aware Systems", *Int. J. Ad Hoc and Ubiquitous Computing*, Vol. 2, No. 4 (2007), pp. 263–277.

(Baran, 1964) P. Baran, "On Distributed Communication Networks", *IEEE Transactions on Communication Systems*, março de 1964. Rand Corporation Technical report with the same title (Memorandum RM-3420-PR, 1964). http://www.rand.org/publications/RM/RM3420/.

(Bardwell, 2004) J. Bardwell, "You Believe You Understand What You Think I Said . . . The Truth About 802.11 Signal and Noise Metrics: A Discussion Clarifying Often-Misused 802.11 WLAN Terminologies", http://www.connect802.com/download/techpubs/2004/you_believe_D100201.pdf.

(Barford, 2009) P. Barford, N. Duffield, A. Ron, J. Sommers, "Network Performance Anomaly Detection and Localization", *Proc. 2009 IEEE INFOCOM* (abr., 2009).

(Beck, 2019) M. Beck, "On the hourglass model", *Commun. ACM,* Vol. 62, No. 7 (jun., 2019), pp. 48–57.

(Beheshti, 2008) N. Beheshti, Y. Ganjali, M. Ghobadi, N. McKeown, G. Salmon, "Experimental Study of Router Buffer Sizing", *Proc. ACM Internet Measurement Conference* (out., 2008, Vouliagmeni, Grécia).

(Bender, 2000) P. Bender, P. Black, M. Grob, R. Padovani, N. Sindhushayana, A. Viterbi, "CDMA/HDR: A Bandwidth-Efficient High-Speed Wireless Data Service for Nomadic Users", *IEEE Commun. Mag.*, Vol. 38, No. 7 (jul., 2000), pp. 70–77.

(Berners-Lee, 1989) T. Berners-Lee, CERN, "Information Management: A Proposal", março de 1989, maio de 1990. http://www.w3.org/History/1989/proposal.html.

(Berners-Lee, 1994) T. Berners-Lee, R. Cailliau, A. Luotonen, H. Frystyk Nielsen, A. Secret, "The World-Wide Web", *Communications of the ACM,* Vol. 37, No. 8 (ago., 1994), pp. 76–82.

(Bertsekas, 1991) D. Bertsekas, R. Gallagher, *Data Networks,* 2nd Ed., Prentice Hall, Englewood Cliffs, NJ, 1991.

(Biersack, 1992) E. W. Biersack, "Performance Evaluation of Forward Error Correction in ATM Networks", *Proc. 1999 ACM SIGCOMM Conference* (Baltimore, MD, ago., 1992), pp. 248–257.

(BIND, 2020) Página do Internet Software Consortium sobre BIND, http://www.isc.org/bind.html.

(Bisdikian, 2001) C. Bisdikian, "An Overview of the Bluetooth Wireless Technology", *IEEE Communications Magazine*, No. 12 (dez., 2001), pp. 86–94.

(Bishop, 2003) M. Bishop, *Computer Security: Art and Science*, Boston: Addison Wesley, Boston MA, 2003.

(Bishop, 2004) M. Bishop, *Introduction to Computer Security,* Addison-Wesley, 2004.

(Björnson, 2017) E. Björnson, J. Hoydis, L. Sanguinetti, *Massive MIMO Networks: Spectral, Energy, and Hardware Efficiency,* Now Publishers, 2017.

(Black, 1995) U. Black, *ATM Volume I: Foundation for Broadband Networks*, Prentice Hall, 1995.

(Bluetooth, 2020) *The Bluetooth Special Interest Group, http://www.bluetooth.com/.*

(Blumenthal, 2001) M. Blumenthal, D. Clark, "Rethinking the Design of the Internet: The End--to-end Arguments vs. the Brave New World", *ACM Transactions on Internet Technology*, Vol. 1, No. 1 (ago., 2001), pp. 70–109.

(Bochman, 1984) G. V. Bochmann, C. A. Sunshine, "Formal Methods in Communication Protocol Design", *IEEE Transactions on Communications*, Vol. 28, No. 4 (abr., 1980) pp. 624–631.

(Bosshart, 2013) P. Bosshart, G. Gibb, H. Kim, G. Varghese, N. McKeown, M. Izzard, F. Mujica, M. Horowitz, "Forwarding Metamorphosis: Fast Programmable Match-Action Processing in Hardware for SDN", *Proc. 2013 SIGCOMM Conference,* pp. 99–110.

(Bosshart, 2014) P. Bosshart, D. Daly, G. Gibb, M. Izzard, N. McKeown, J. Rexford, C. Schlesinger, D. Talayco, A. Vahdat, G. Varghese, D. Walker, "P4: Programming Protocol-Independent Packet Processors", *Proc. 2014 ACM SIGCOMM Conference*, pp. 87–95.

(Bottger, 2018) T. Böttger, F. Cuadrado, G. Tyson, I. Castro, S. Uhlig, Open connect everywhere: A glimpse at the internet ecosystem through the lens of the Netflix CDN, *Proc. 2018 ACM SIGCOMM Conference.*

(Brakmo, 1995) L. Brakmo, L. Peterson, "TCP Vegas: End to End Congestion Avoidance on a Global Internet", *IEEE Journal of Selected Areas in Communications*, Vol. 13, No. 8 (out., 1995), pp. 1465–1480.

(Bryant, 1988) B. Bryant, "Designing an Authentication System: A Dialogue in Four Scenes", http://web.mit.edu/kerberos/www/dialogue.html.

(Bush, 1945) V. Bush, "As We May Think", *The Atlantic Monthly*, julho de 1945. http://www.theatlantic.com/unbound/flashbks/computer/bushf.htm.

(Byers, 1998) J. Byers, M. Luby, M. Mitzenmacher, A. Rege, "A Digital Fountain Approach to Reliable Distribution of Bulk Data", *Proc. 1998 ACM SIGCOMM Conference* (Vancouver, Canadá, ago., 1998), pp. 56–67.

(Cable Labs, 2019) Cable Labs, "A Comparative Introduction to 4G and 5G Authentication", https://www.cablelabs.com/insights/a-comparative-introductionto-4g-and-5g-authentication.

(Caesar, 2005b) M. Caesar, D. Caldwell, N. Feamster, J. Rexford, A. Shaikh, J. van der Merwe, "Design and implementation of a Routing Control Platform", *Proc. Networked Systems Design and Implementation* (maio, 2005).

(Caesar, 2005b) M. Caesar, J. Rexford, "BGP Routing Policies in ISP Networks", *IEEE Network Magazine*, Vol. 19, No. 6 (nov., 2005).

(CAIDA, 2020) Center for Applied Internet Data Analysis, www.caida.org.

(Caldwell, 2020) C. Caldwell, "The Prime Pages", http://www.utm.edu/research/primes/prove.

(Cardwell, 2017) N. Cardwell, Y. Cheng, C. S. Gunn, S. H. Yeganeh, V. Jacobson. "BBR: congestion-based congestion control", *Commun. ACM,* Vol. 60, No. 2 (jan., 2017), pp. 58–66.

(Casado, 2007) M. Casado, M. Freedman, J. Pettit, J. Luo, N. McKeown, S. Shenker, "Ethane: Taking Control of the Enterprise", *Proc. 2007 ACM SIGCOMM Conference*, New York, pp. 1–12. Veja também *IEEE/ACM Trans. Networking*, Vol. 17, No. 4 (ago., 2007), pp. 270–1283.

(Casado, 2009) M. Casado, M. Freedman, J. Pettit, J. Luo, N. Gude, N. McKeown, S. Shenker, "Rethinking Enterprise Network Control", *IEEE/ACM Transactions on Networking (ToN)*, Vol. 17, No. 4 (ago., 2009), pp. 1270–1283.

(Casado, 2014) M. Casado, N. Foster, A. Guha, "Abstractions for Software-Defined Networks", *Communications of the ACM*, Vol. 57, No. 10, (out., 2014), pp. 86–95.

(Cerf, 1974) V. Cerf, R. Kahn, "A Protocol for Packet Network Interconnection", *IEEE Transactions on Communications Technology*, Vol. COM-22, No. 5, pp. 627–641.

(CERT, 2001–09) CERT, "Advisory 2001–09: Statistical Weaknesses in TCP/IP Initial Sequence Numbers", http://www.cert.org/advisories/CA-2001-09.html.

(CERT, 2003–04) CERT, "CERT Advisory CA-2003-04 MS-SQL Server Worm", http://www.cert.org/advisories/CA-2003-04.html.

(CERT, 2020) The CERT division of the Software Engineering Institute, https://www.sei.cmu.edu/about/divisions/cert, 2020.

(CERT, Filtering 2012) CERT, "Packet Filtering for Firewall Systems", http://www.cert.org/tech_tips/packet_filtering.html.

(Cert SYN, 1996) CERT, "Advisory CA-96.21: TCP SYN Flooding and IP Spoofing Attacks", http://www.cert.org/advisories/CA-1998-01.html.

(Chandra, 2007) T. Chandra, R. Greisemer, J. Redstone, "Paxos Made Live: an Engineering Perspective", *Proc. of 2007 ACM Symposium on Principles of Distributed Computing (PODC),* pp. 398–407.

(Chao, 2011) C. Zhang, P. Dunghel, D. Wu, K. W. Ross, "Unraveling the BitTorrent Ecosystem", *IEEE Transactions on Parallel and Distributed Systems*, Vol. 22, No. 7 (jul., 2011).

(Chen, 2011) Y. Chen, S. Jain, V. K. Adhikari, Z. Zhang, "Characterizing Roles of Front-End Servers in End-to-End Performance of Dynamic Content Distribution", *Proc. 2011 ACM Internet Measurement Conference* (Berlim, Alemanha, nov., 2011).

(Chiu, 1989) D. Chiu, R. Jain, "Analysis of the Increase and Decrease Algorithms for Congestion Avoidance in Computer Networks", *Computer Networks and ISDN Systems*, Vol. 17, No. 1, pp. 1–14. http://www.cs.wustl.edu/~jain/papers/cong_av.htm.

(Christiansen, 2001) M. Christiansen, K. Jeffay, D. Ott, F. D. Smith, "Tuning Red for Web Traffic", *IEEE/ACM Transactions on Networking*, Vol. 9, No. 3 (jun., 2001), pp. 249–264.

(Cichonski, 2017) J. Cichonski, J. Franklin, M. Bartock, Guide to LTE Security, NIST Special Publication 800–187, dezembro de 2017.

(Cisco, 2012) Cisco 2012, Data Centers, http://www.cisco.com/go/dce.

(Cisco, 2020) Cisco Visual Networking Index: Forecast and Trends, 2017–2022 White Paper.

(Cisco 6500, 2020) Cisco Systems, "Cisco Catalyst 6500 Architecture White Paper", http://www.cisco.com/c/en/us/products/collateral/switches/catalyst-6500-series-switches/prod_white_paper0900aecd80673385.html.

(Cisco 7600, 2020) Cisco Systems, "Cisco 7600 Series Solution and Design Guide", http://www.cisco.com/en/US/products/hw/routers/ps368/prod_technical_reference09186a0080092246.html.

(Cisco 8500, 2020) Cisco Systems Inc., "Catalyst 8500 Campus Switch Router Architecture", http://www.cisco.com/univercd/cc/td/doc/product/l3sw/8540/rel_12_0/w5_6f/softcnfg/1cfg8500.pdf.

(Cisco 12000, 2020) Cisco Systems Inc., "Cisco XR 12000 Series and Cisco 12000 Series Routers", http://www.cisco.com/en/US/products/ps6342/index.html.

(Cisco Queue, 2016) Cisco Systems Inc., "Congestion Management Overview", http://www.cisco.com/en/US/docs/ios/12_2/qos/configuration/guide/qcfconmg.html.

(Cisco SYN, 2016) Cisco Systems Inc., "Defining Strategies to Protect Against TCP SYN Denial of Service Attacks", http://www.cisco.com/en/US/tech/tk828/technologies_tech_note09186a00800f67d5.shtml.

(Cisco TCAM, 2014) Cisco Systems Inc., "CAT 6500 and 7600 Series Routers and Switches TCAM Allocation Adjustment Procedures", http://www.cisco.com/c/en/us/support/docs/switches/catalyst-6500-series-switches/117712-problemsolutioncat6500-00.html.

(Cisco VNI, 2020) Cisco Systems Inc., "Visual Networking Index", https://www.cisco.com/c/en/us/solutions/collateral/service-provider/visual-networking-indexvni/white-paper-c11-741490.html.

(Claise, 2019) B. Claise, J. Clarke, J. Lindblad, *Network Programmability with YANG,* Pearson, 2019.

(Clark, 1988) D. Clark, "The Design Philosophy of the DARPA Internet Protocols", *Proc. 1988 ACM SIGCOMM Conference* (Stanford, CA, ago., 1988).

(Clark, 1997) D. Clark, "Interoperation, open interfaces and protocol architecture", in *The Unpredictable Certainty,* The National Academies Press, 1997, pp. 133–144.

(Clark, 2005) D. Clark, J. Wroclawski, K. R. Sollins, R. Braden, "Tussle in cyberspace: defining tomorrow's internet", *IEEE/ACM Trans. Networking,* Vol. 13, No. 3 (jun., 2005), pp. 462–475.

(Clos, 1953) C. Clos, "A study of non-blocking switching networks", *Bell System Technical Journal,* Vol 32, No. 2 (mar., 1953), pp. 406–424.

(Cohen, 2003) B. Cohen, "Incentives to Build Robustness in BitTorrent", First Workshop on the Economics of Peer-to-Peer Systems, Berkeley, CA, junho de 2003.

(Colbach, 2017) G. Colbach, *Wireless Technologies: An introduction to Bluetooth and WiFi, 2017.*

(Condoluci, 2018) M. Condoluci, T. Mahmoodi,, "Softwarization and virtualization in 5G mobile networks: Benefits, trends and challenges", *Computer Networks,* Vol. 146 (2018), pp. 65–84.

(Cormen, 2001) T. H. Cormen, *Introduction to Algorithms,* 2nd Ed., MIT Press, Cambridge, MA, 2001.

(Crow 1997) B. Crow, I. Widjaja, J. Kim, P. Sakai, "IEEE 802.11 Wireless Local Area Networks", *IEEE Communications Magazine* (set., 1997), pp. 116–126.

(Cusumano, 1998) M. A. Cusumano, D. B. Yoffie, *Competing on Internet Time: Lessons from Netscape and Its Battle with Microsoft,* Free Press, New York, NY, 1998.

(Czyz, 2014) J. Czyz, M. Allman, J. Zhang, S. Iekel-Johnson, E. Osterweil, M. Bailey, "Measuring IPv6 Adoption", *Proc. ACM SIGCOMM 2014 Conference*, ACM, New York, NY, EUA, pp. 87–98.

(Dahlman, 2018) E. Dahlman, S. Parkvall, J. Skold, *5G NR: The Next Generation Wireless Access Technology,* Academic Press, 2018.

(DAM, 2020) Digital Attack Map, http://www.digitalattackmap.com.

(Davie, 2000) B. Davie and Y. Rekhter, *MPLS: Technology and Applications,* Morgan Kaufmann Series in Networking, 2000.

(DEC, 1990) Digital Equipment Corporation, "In Memoriam: J. C. R. Licklider 1915–1990", SRC Research Report 61, agosto de 1990. http://www.memex.org/licklider.pdf.

(DeClercq, 2002) J. DeClercq, O. Paridaens, "Scalability Implications of Virtual Private Networks", *IEEE Communications Magazine,* Vol. 40, No. 5 (maio, 2002), pp. 151–157.

(Demers, 1990) A. Demers, S. Keshav, S. Shenker, "Analysis and Simulation of a Fair Queuing Algorithm", *Internetworking: Research and Experience,* Vol. 1, No. 1 (1990), pp. 3–26.

(dhc, 2020) IETF Dynamic Host Configuration working group homepage, https://datatracker.ietf.org/wg/dhc/about/.

(Diffie, 1976) W. Diffie, M. E. Hellman, "New Directions in Cryptography", *IEEE Transactions on Information Theory,* Vol IT-22 (1976), pp. 644–654.

(Diggavi, 2004) S. N. Diggavi, N. Al-Dhahir, A. Stamoulis, R. Calderbank, "Great Expectations: The Value of Spatial Diversity in Wireless Networks", *Proceedings of the IEEE*, Vol. 92, No. 2 (fev., 2004).

(Dilley, 2002) J. Dilley, B. Maggs, J. Parikh, H. Prokop, R. Sitaraman, B. Weihl, "Globally Distributed Content Delivery", *IEEE Internet Computing* (set.-out., 2002).

(Dmitiropoulos, 2007) X. Dmitiropoulos, D. Krioukov, M. Fomenkov, B. Huffaker, Y. Hyun, K. C. Claffy, G. Riley, "AS Relationships: Inference and Validation", *ACM Computer Communication Review*, Vol. 37, No. 1 (jan., 2007).

(DOCSIS 3.1, 2014) *Data-Over-Cable Service Interface Specification, MAC and Upper Layer Protocols Interface Specification DOCSIS 3.1* (CM-SP-MULPIv3.1-104-141218), and *Data-Over-Cable Service Interface Specification, Physical Layer Specification DOCSIS 3.1* (CM-SP-PHYv3.1-104-141218), dezembro de 2014.

(Donahoo, 2001) M. Donahoo, K. Calvert, *TCP/IP Sockets in C: Practical Guide for Programmers*, Morgan Kaufman, 2001.

(Droms, 2002) R. Droms, T. Lemon, *The DHCP Handbook,* 2nd edition, SAMS Publishing, 2002.

(Eckel, 2017) C. Eckel, Using OpenDaylight, https://www.youtube.com/watch?v=rAm48gVv8_A.

(Economides, 2017) N. Economides, "A Case for Net Neutrality", *IEEE Spectrum,* dezembro de 2017, https://spectrum.ieee.org/tech-talk/telecom/internet/a-case-for-net-neutrality.

(Edney, 2003) J. Edney and W. A. Arbaugh, *Real 802.11 Security: Wi-Fi Protected Access and 802.11i*, Addison-Wesley Professional, 2003.

(Eduroam, 2020) Eduroam, https://www.eduroam.org/.

(Eisenbud, 2016) D. Eisenbud, C. Yi, C. Contavalli, C. Smith, R. Kononov, E. Mann-Hielscher, Cilingiroglu, and B. Cheyney, W. Shang, J.D. Hosein, "Maglev: A Fast and Reliable Software Network Load Balancer", *NSDI 2016*.

(Ellis, 1987) H. Ellis, "The Story of Non-Secret Encryption", http://jya.com/ellisdoc.htm.

(Erickson, 2013) D. Erickson, "The Beacon Openflow Controller", 2nd *ACM SIGCOMM Workshop on Hot Topics in Software Defined Networking* (HotSDN '13). ACM, New York, NY, EUA, pp. 13–18.

(Facebook, 2014) A. Andreyev, "Introducing Data Center Fabric, the Next-Generation Facebook Data Center Network", https://code.facebook.com/posts/360346274145943/introducing-data-center-fabric-the-next-generation-facebook-data-center-network.

(Faloutsos, 1999) C. Faloutsos, M. Faloutsos, P. Faloutsos, "What Does the Internet Look Like? Empirical Laws of the Internet Topology", *Proc. 1999 ACM SIGCOMM Conference* (Boston, MA, ago., 1999).

(Farrington, 2010) N. Farrington, G. Porter, S. Radhakrishnan, H. Bazzaz, V. Subramanya, Y. Fainman, G. Papen, A. Vahdat, "Helios: A Hybrid Electrical/Optical Switch Architecture for Modular Data Centers", *Proc. 2010 ACM SIGCOMM Conference.*

(Faulhaber, 2012) G. Faulhaber, "The Economics of Network Neutrality: Are 'Prophylactic' Remedies to Nonproblems Needed?", *Regulation*, Vol. 34, No. 4, p. 18, inverno de 2011–2012.

(FB, 2014) Facebook, "Introducing data center fabric, the next-generation Facebook data center network". https://engineering.fb.com/production-engineering/introducing-data-center-fabric-the-next-generation-facebook-data-center-network/.

(FB, 2019) Facebook, "Reinventing Facebook's Data Center Network", https://engineering.fb.com/data-center-engineering/f16-minipack/.

(FCC, 2008) US Federal Communications Commission, *Memorandum Opinion and Order: Formal Complaint of Free Press and Public Knowledge Against Comcast Corporation for Secretly Degrading Peer-to-Peer Applications,* FCC 08-083.

(FCC, 2015) US Federal Communications Commission, Protecting and Promoting the Open Internet, Report and Order on Remand, Declaratory Ruling, and Order, GN Docket No. 14-28. (12 de março de 2015), https://apps.fcc.gov/edocs_public/attachmatch/FCC-15-24A1.pdf.

(FCC, 2017) *Restoring Internet Freedom,* Declaratory Ruling, Report and Order and Order, WC Docket No. 17-108, 14 de dezembro de 2017. https://transition.fcc.gov/Daily_Releases/Daily_Business/2018/db0105/FCC-17-166A1.pdf.

(Feamster, 2004) N. Feamster, H. Balakrishnan, J. Rexford, A. Shaikh, K. van der Merwe, "The Case for Separating Routing from Routers", *ACM SIGCOMM Workshop on Future Directions in Network Architecture*, setembro de 2004.

(Feamster, 2004) N. Feamster, J. Winick, J. Rexford, "A Model for BGP Routing for Network Engineering", *Proc. 2004 ACM SIGMETRICS Conference* (New York, NY, jun., 2004).

(Feamster, 2005) N. Feamster, H. Balakrishnan, "Detecting BGP Configuration Faults with Static Analysis", *NSDI* (maio, 2005).

(Feamster, 2013) N. Feamster, J. Rexford, E. Zegura, "The Road to SDN", *ACM Queue*, Volume 11, Issue 12, (dez., 2013).

(Feamster, 2018) N. Feamster, J. Rexford, "Why (and How) Networks Should Run Themselves", *Proc. 2018 ACM Applied Networking Research Workshop* (ANRW '18).

(Feldmeier, 1995) D. Feldmeier, "Fast Software Implementation of Error Detection Codes", *IEEE/ACM Transactions on Networking*, Vol. 3, No. 6 (dez., 1995), pp. 640–652.

(Fiber Broadband, 2020) Fiber Broadband Association https://www.fiberbroadband.org/.

(Fielding, 2000) R. Fielding, "Architectural Styles and the Design of Network-based Software Architectures", 2000. Tese de doutorado, UC Irvine, 2000.

(FIPS, 1995) Federal Information Processing Standard, "Secure Hash Standard", FIPS Publication 180-1. http://www.itl.nist.gov/fipspubs/fip180-1.htm.

(Floyd, 1999) S. Floyd, K. Fall, "Promoting the Use of End-to-End Congestion Control in the Internet", *IEEE/ACM Transactions on Networking*, Vol. 6, No. 5 (out., 1998), pp. 458–472.

(Floyd, 2000) S. Floyd, M. Handley, J. Padhye, J. Widmer, "Equation-Based Congestion Control for Unicast Applications", *Proc. 2000 ACM SIGCOMM Conference* (Estocolmo, Suécia, ago., 2000).

(Floyd, 2016) S. Floyd, "References on RED (Random Early Detection) Queue Management", http://www.icir.org/floyd/red.html.

(Floyd Synchronization, 1994) S. Floyd, V. Jacobson, "Synchronization of Periodic Routing Messages", *IEEE/ACM Transactions on Networking*, Vol. 2, No. 2 (abr., 1997) pp. 122–136.

(Floyd TCP, 1994) S. Floyd, "TCP and Explicit Congestion Notification", *ACM SIGCOMM Computer Communications Review*, Vol. 24, No. 5 (out., 1994), pp. 10–23.

(Fluhrer, 2001) S. Fluhrer, I. Mantin, A. Shamir, "Weaknesses in the Key Scheduling Algorithm of RC4", *Eighth Annual Workshop on Selected Areas in Cryptography* (Toronto, Canadá, ago., 2002).

(Ford, 2005) Bryan Ford, Pyda Srisuresh, and Dan Kegel. 2005. Peer-to-peer communication across network address translators. *In Proceedings of the annual conference on USENIX Annual Technical Conference* (ATEC '05).

(Fortz, 2000) B. Fortz, M. Thorup, "Internet Traffic Engineering by Optimizing OSPF Weights", *Proc. 2000 IEEE INFOCOM* (Tel Aviv, Israel, abr., 2000).

(Fortz, 2002) B. Fortz, J. Rexford, M. Thorup, "Traffic Engineering with Traditional IP Routing Protocols", *IEEE Communication Magazine,* Vol. 40, No. 10 (out., 2002).

(Frost, 1994) J. Frost, "BSD Sockets: A Quick and Dirty Primer", http://world.std.com/~jimf/papers/sockets/sockets.html.

(Gao, 2001) L. Gao, J. Rexford, "Stable Internet Routing Without Global Coordination", *IEEE/ACM Transactions on Networking*, Vol. 9, No. 6 (dez., 2001), pp. 681–692.

(Garfinkel, 2003) S. Garfinkel, "The End of End-to-End?", MIT Technology Review, julho de 2003.

(Gauthier, 1999) L. Gauthier, C. Diot, and J. Kurose, "End-to-End Transmission Control Mechanisms for Multiparty Interactive Applications on the Internet", *Proc. 1999 IEEE INFOCOM* (New York, NY, abr., 1999).

(Gieben, 2004) M. Gieben, "DNSSEC", *The Internet Protocol Journal,* 7 [2] (jun., 2004), http://ipj.dreamhosters.com/internet-protocol-journal/issues/back-issues/.

(Giust, 2015) F. Giust, L. Cominardi and C. J. Bernardos, "Distributed mobility management for future 5G networks: overview and analysis of existing approaches", in *IEEE Communications Magazine,* Vol. 53, No. 1, pp. 142–149, janeiro de 2015.

(Goldsmith, 2005) A. Goldsmith, *Wireless Communications,* Cambridge University Press, 2005.

(Goodman, 1997) David J. Goodman, *Wireless Personal Communications Systems*, Prentice--Hall, 1997.

(Google CDN, 2020) Google Data Center Locations, https://cloud.google.com/cdn/docs/locations.

(Google IPv6, 2020) Google Inc. "IPv6 Statistics", https://www.google.com/intl/en/ipv6/statistics.html.

(Google Locations, 2020) Google data centers. http://www.google.com/corporate/datacenter/locations.html.

(Goralski, 1999) W. Goralski, *Frame Relay for High-Speed Networks*, John Wiley, New York, 1999.

(Greenberg, 2009a) A. Greenberg, J. Hamilton, D. Maltz, P. Patel, "The Cost of a Cloud: Research Problems in Data Center Networks", *ACM Computer Communications Review* (jan., 2009).

(Greenberg, 2009b) A. Greenberg, N. Jain, S. Kandula, C. Kim, P. Lahiri, D. Maltz, P. Patel, S. Sengupta, "VL2: A Scalable and Flexible Data Center Network", *Proc. 2009 ACM SIGCOMM Conference.*

(Greenberg, 2015) A. Greenberg, "SDN for the Cloud", 2015 ACM SIGCOMM Conference 2015 Keynote Address, http://conferences.sigcomm.org/sigcomm/2015/pdf/papers/keynote.pdf.

(GSMA, 2018a) GSM Association, "Guidelines for IPX Provider networks", Document IR.34, Version 14.0, agosto de 2018.

(GSMA, 2018b) GSM Association, "Migration from Physical to Virtual Network Functions: Best Practices and Lessons Learned", julho de 2019.

(GSMA, 2019a) GSM Association, "LTE and EPC Roaming Guidelines", Document IR.88, junho de 2019.

(GSMA, 2019b) GSM Association, "IMS Roaming, Interconnection and Interworking Guidelines", Document IR.65, abril de 2019.

(GSMA, 2019c) GSM Association, "5G Implementation Guidelines", julho de 2019.

(Gude, 2008) N. Gude, T. Koponen, J. Pettit, B. Pfaff, M. Casado, N. McKeown, and S. Shenker, "NOX: Towards an Operating System for Networks", *ACM SIGCOMM Computer Communication Review,* julho de 2008.

(Guo, 2009) C. Guo, G. Lu, D. Li, H. Wu, X. Zhang, Y. Shi, C. Tian, Y. Zhang, S. Lu, "BCube: A High Performance, Server-centric Network Architecture for Modular Data Centers", *Proc. 2009 ACM SIGCOMM Conference.*

(Guo, 2016) C. Guo, H. Wu, Z. Deng, G. Soni, J. Ye, J. Padhye, M. Lipshteyn, "RDMA over Commodity Ethernet at Scale", *Proc. 2016 ACM SIGCOMM Conference.*

(Gupta, 2001) P. Gupta, N. McKeown, "Algorithms for Packet Classification", *IEEE Network Magazine*, Vol. 15, No. 2 (mar./abr., 2001), pp. 24–32.

(Gupta, 2014) A. Gupta, L. Vanbever, M. Shahbaz, S. Donovan, B. Schlinker, N. Feamster, J. Rexford, S. Shenker, R. Clark, E. Katz-Bassett, "SDX: A Software Defined Internet Exchange", *Proc. 2014 ACM SIGCOMM Conference* (ago., 2014), pp. 551–562.

(Ha, 2008) S. Ha, I. Rhee, L. Xu, "CUBIC: A New TCP-Friendly High-Speed TCP Variant", *ACM SIGOPS Operating System Review*, 2008.

(Halabi, 2000) S. Halabi, *Internet Routing Architectures*, 2nd Ed., Cisco Press, 2000.

(Hamzeh, 2015) B. Hamzeh, M. Toy, Y. Fu and J. Martin, "DOCSIS 3.1: scaling broadband cable to Gigabit speeds", *IEEE Communications Magazine,* Vol. 53, No. 3, pp. 108–113, março de 2015.

(Hanabali, 2005) A. A. Hanbali, E. Altman, P. Nain, "A Survey of TCP over Ad Hoc Networks", *IEEE Commun. Surveys and Tutorials*, Vol. 7, No. 3 (2005), pp. 22–36.

(He, 2015) K. He, E. Rozner, K. Agarwal , W. Felter , J. Carter , A. Akella, "Presto: Edge-based Load Balancing for Fast Datacenter Networks", *Proc. 2015 ACM SIGCOMM Conference.*

(Heidemann, 1997) J. Heidemann, K. Obraczka, J. Touch, "Modeling the Performance of HTTP over Several Transport Protocols", *IEEE/ACM Transactions on Networking*, Vol. 5, No. 5 (out., 1997), pp. 616–630.

(Held, 2001) G. Held, *Data Over Wireless Networks: Bluetooth, WAP, and Wireless LANs*, McGraw-Hill, 2001.

(Holland, 2001) G. Holland, N. Vaidya, V. Bahl, "A Rate-Adaptive MAC Protocol for Multi-Hop Wireless Networks", *Proc. 2001 ACM Int. Conference of Mobile Computing and Networking* (Roma, Itália, jul., 2001).

(Hollot, 2002) C.V. Hollot, V. Misra, D. Towsley, W. Gong, "Analysis and Design of Controllers for AQM Routers Supporting TCP Flows", *IEEE Transactions on Automatic Control*, Vol. 47, No. 6 (jun., 2002), pp. 945–959.

(Hong, 2012) C.Y. Hong, M. Caesar, P. B. Godfrey, "Finishing Flows Quickly with Preemptive Scheduling", *Proc. 2012 ACM SIGCOMM Conference.*

(Hong, 2013) C. Hong, S, Kandula, R. Mahajan, M.Zhang, V. Gill, M. Nanduri, R. Wattenhofer, "Achieving High Utilization with Software-driven WAN", *Proc. ACM SIGCOMM Conference* (ago., 2013), pp.15–26.

(Hong, 2018) C. Hong et al., "B4 and after: managing hierarchy, partitioning, and asymmetry for availability and scale in Google's software-defined WAN", *Proc. 2018 ACM SIGCOMM Conference,* pp. 74–87.

(HTTP/3, 2020) *M. Bishop. Ed,* "Hypertext Transfer Protocol Version 3 (HTTP/3)", Internet Draft draft-ietf-quic-http-23, vence em 15 de março de 2020.

(Huang, 2002) C. Haung, V. Sharma, K. Owens, V. Makam, "Building Reliable MPLS Networks Using a Path Protection Mechanism", *IEEE Communications Magazine*, Vol. 40, No. 3 (mar., 2002), pp. 156–162.

(Huang, 2008) C. Huang, J. Li, A. Wang, K. W. Ross, "Understanding Hybrid CDN-P2P: Why Limelight Needs Its Own Red Swoosh", *Proc. 2008 NOSSDAV*, Braunschweig, Alemanha.

(Huang, 2013) J. Huang, F. Qian, Y. Guo, Yu. Zhou, Q. Xu, Z. Mao, S. Sen, O. Spatscheck, "An in-depth study of LTE: effect of network protocol and application behavior on performance", *Proc. 2013 ACM SIGCOMM Conference.*

(Huitema, 1998) C. Huitema, *IPv6: The New Internet Protocol*, 2nd Ed., Prentice Hall, Englewood Cliffs, NJ, 1998.

(Huston, 1999a) G. Huston, "Interconnection, Peering, and Settlements–Part I", *The Internet Protocol Journal*, Vol. 2, No. 1 (mar., 1999).

(Huston, 2004) G. Huston, "NAT Anatomy: A Look Inside Network Address Translators", *The Internet Protocol Journal*, Vol. 7, No. 3 (set., 2004).

(Huston, 2008b) G. Huston, G. Michaelson, "IPv6 Deployment: Just where are we?" http://www.potaroo.net/ispcol/2008-04/ipv6.html.

(Huston, 2011a) G. Huston, "A Rough Guide to Address Exhaustion", *The Internet Protocol Journal*, Vol. 14, No. 1 (mar., 2011).

(Huston, 2011b) G. Huston, "Transitioning Protocols", *The Internet Protocol Journal*, Vol. 14, No. 1 (mar., 2011).

(Huston, 2012) G. Huston, "A Quick Primer on Internet Peering and Settlements", abril de 2012, http://www.potaroo.net/ispcol/2012-04/interconnection-primer.html.

(Huston, 2017) G. Huston, "BBR, the new kid on the TCP block", https://blog.apnic.net/2017/05/09/bbr-new-kid-tcp-block/.

(Huston, 2017) G. Huston, "An Opinion in Defence of NAT", https://www.potaroo.net/ispcol/2017-09/natdefence.html.

(Huston, 2019) G. Huston, "Addressing 2018", https://www.potaroo.net/ispcol/2019-01/addr2018.html.

(Huston, 2019a) G. Huston, "Happy Birthday BGP", junho de 2019, http://www.potaroo.net/ispcol/2019-06/bgp30.html.

(Huston, 2019b) G. Huston, "BGP in 2018, Part 1 – The BGP Table", https://www.potaroo.net/ispcol/2019-01/bgp2018-part1.html.

(Hwang, 2009) T. Hwang, C. Yang, G. Wu, S. Li and G. Ye Li, "OFDM and Its Wireless Applications: A Survey", *IEEE Transactions on Vehicular Technology*, Vol. 58, No. 4, pp. 1673–1694, maio de 2009.

(IAB, 2020) Internet Architecture Board homepage, http://www.iab.org/.

(IANA, 2020) Internet Assigned Names Authority, https://www.iana.org/.

(IANA Protocol Numbers, 2016) Internet Assigned Numbers Authority, Protocol Numbers, http://www.iana.org/assignments/protocol-numbers/protocolnumbers.xhtml.

(ICANN, 2020) The Internet Corporation for Assigned Names and Numbers homepage, http://www.icann.org.

(IEEE 802, 2020) IEEE 802 LAN/MAN Standards Committee homepage, http://www.ieee802.org/.

(IEEE 802.11, 1999) IEEE 802.11, "1999 Edition (ISO/IEC 8802-11: 1999) IEEE Standards for Information Technology–Telecommunications and Information Exchange Between Systems–Local and Metropolitan Area Network– Specific Requirements–Part 11: Wireless LAN Medium Access Control (MAC) and Physical Layer (PHY) Specification", http://standards.ieee.org/getieee802/download/802.11-1999.pdf.

(IEEE 802.1q, 2005) IEEE, "IEEE Standard for Local and Metropolitan Area Networks: Virtual Bridged Local Area Networks", http://standards.ieee.org/getieee802/download/802.1Q-2005.pdf.

(IEEE 802.3, 2020) IEEE, "IEEE 802.3 CSMA/CD (Ethernet)", http://grouper.ieee.org/groups/802/3/.

(IEEE 802.5, 2012) IEEE, IEEE 802.5 homepage, http://www.ieee802.org/5/www8025org/.

(IEEE 802.11, 2020) IEEE 802.11 Wireless Local Area Networks, the Working Group for WLAN Standards, http://www.ieee802.org/11/.

(IETF, 2020) Internet Engineering Task Force homepage, http://www.ietf.org.

(IETF QUIC, 2020) Internet Engineering Task Force, QUIC Working Group, https://datatracker.ietf.org/wg/quic/about/.

(Intel, 2020) Intel Corp., "Intel 710 Ethernet Adapter", http://www.intel.com/content/www/us/en/ethernet-products/converged-network-adapters/ethernet-xl710.html.

(ISC, 2020) Internet Systems Consortium homepage, http://www.isc.org.

(ITU, 2005a) International Telecommunication Union, "ITU-T X.509, The Directory: Public--key and attribute certificate frameworks" (ago., 2005).

(ITU, 2014) ITU, "G.fast broadband standard approved and on the market", http://www.itu.int/net/pressoffice/press_releases/2014/70.aspx.

(ITU, 2020) The ITU homepage, http://www.itu.int/.

(Iyer, 2008) S. Iyer, R. R. Kompella, N. McKeown, "Designing Packet Buffers for Router Line Cards", *IEEE/ACM Transactions on Networking*, Vol. 16, No. 3 (jun., 2008), pp. 705–717.

(Jacobson, 1988) V. Jacobson, "Congestion Avoidance and Control", *Proc. 1988 ACM SIGCOMM Conference* (Stanford, CA, ago., 1988), pp. 314–329.

(Jain, 1986) R. Jain, "A Timeout-Based Congestion Control Scheme for Window Flow-Controlled Networks", *IEEE Journal on Selected Areas in Communications SAC-4*, 7 (out., 1986).

(Jain, 1989) R. Jain, "A Delay-Based Approach for Congestion Avoidance in Interconnected Heterogeneous Computer Networks", *ACM SIGCOMM Computer Communications Review*, Vol. 19, No. 5 (1989), pp. 56–71.

(Jain, 1994) R. Jain, *FDDI Handbook: High-Speed Networking Using Fiber and Other Media*, Addison-Wesley, Reading, MA, 1994.

(Jain, 1996) R. Jain. S. Kalyanaraman, S. Fahmy, R. Goyal, S. Kim, "Tutorial Paper on ABR Source Behavior", *ATM Forum*/96-1270, outubro de 1996. http://www.cse.wustl.edu/~jain/atmf/ftp/atm96-1270.pdf.

(Jain, 2013) S. Jain, A. Kumar, S. Mandal, J. Ong, L. Poutievski, A. Singh, S.Venkata, J. Wanderer, J. Zhou, M. Zhu, J. Zolla, U. Hölzle, S. Stuart, A, Vahdat, "B4: Experience with a Globally Deployed Software Defined Wan", *Proc. 2013 ACM SIGCOMM Conference*, pp. 3–14.

(Jimenez, 1997) D. Jimenez, "Outside Hackers Infiltrate MIT Network, Compromise Security", *The Tech*, Vol. 117, No. 49 (out., 1997), p. 1, http://www-tech.mit.edu/V117/N49/hackers.49n.html.

(Juniper MX2020, 2020) Juniper Networks, "MX2020 and MX2010 3D Universal Edge Routers", https://www.juniper.net/us/en/products-services/routing/mx-series/mx2020/.

(Kaaranen, 2001) H. Kaaranen, S. Naghian, L. Laitinen, A. Ahtiainen, V. Niemi, *Networks: Architecture, Mobility and Services*, New York: John Wiley & Sons, 2001.

(Kahn, 1967) D. Kahn, *The Codebreakers: The Story of Secret Writing*, The Macmillan Company, 1967.

(Kahn, 1978) R. E. Kahn, S. Gronemeyer, J. Burchfiel, R. Kunzelman, "Advances in Packet Radio Technology", *Proc. IEEE*, Vol. 66, No. 11 (nov., 1978), pp. 1468–1496.

(Kamerman, 1997) A. Kamerman, L. Monteban, "WaveLAN-II: A High– Performance Wireless LAN for the Unlicensed Band", *Bell Labs Technical Journal* (verão de 1997), pp. 118–133.

(Kar, 2000) K. Kar, M. Kodialam, T. V. Lakshman, "Minimum Interference Routing of Bandwidth Guaranteed Tunnels with MPLS Traffic Engineering Applications", *IEEE J. Selected Areas in Communications* (dez., 2000).

(Karn, 1987) P. Karn, C. Partridge, "Improving Round-Trip Time Estimates in Reliable Transport Protocols", *Proc. 1987 ACM SIGCOMM Conference*.

(Karol, 1987) M. Karol, M. Hluchyj, A. Morgan, "Input Versus Output Queuing on a Space--Division Packet Switch", *IEEE Transactions on Communications*, Vol. 35, No. 12 (dez., 1987), pp. 1347–1356.

(Kaufman, 2002) C. Kaufman, R. Perlman, M. Speciner, *Network Security: Private Communication in a Public World,* 2nd edition, Prentice Hall, 2002.

(Kelly, 1998) F. P. Kelly, A. Maulloo, D. Tan, "Rate Control for Communication Networks: Shadow Prices, Proportional Fairness and Stability", *J. Operations Res. Soc.*, Vol. 49, No. 3 (mar., 1998), pp. 237–252.

(Kim, 2008) C. Kim, M. Caesar, J. Rexford, "Floodless in SEATTLE: A Scalable Ethernet Architecture for Large Enterprises", *Proc. 2008 ACM SIGCOMM Conference* (Seattle, WA, ago., 2008).

(Kleinrock, 1961) L. Kleinrock, "Information Flow in Large Communication Networks", RLE Quarterly Progress Report, julho de 1961.

(Kleinrock, 1964) L. Kleinrock, *1964 Communication Nets: Stochastic Message Flow and Delay,* McGraw-Hill, New York, NY, 1964.

(Kleinrock, 1975) L. Kleinrock, *Queuing Systems, Vol. 1*, John Wiley, New York, 1975.

(Kleinrock, 1975b) L. Kleinrock, F. A. Tobagi, "Packet Switching in Radio Channels: Part I–Carrier Sense Multiple-Access Modes and Their Throughput-Delay Characteristics", *IEEE Transactions on Communications*, Vol. 23, No. 12 (dez., 1975), pp. 1400–1416.

(Kleinrock, 1976) L. Kleinrock, *Queuing Systems, Vol. 2*, John Wiley, New York, 1976.

(Kleinrock, 2004) L. Kleinrock, "The Birth of the Internet", http://www.lk.cs.ucla.edu/LK/Inet/birth.html.

(Kleinrock, 2018) L. Kleinrock, "Internet congestion control using the power metric: Keep the pipe just full, but no fuller", *Ad Hoc Networks,* Vol. 80, 2018, pp. 142–157.

(Kohler, 2006) E. Kohler, M. Handley, S. Floyd, "DDCP: Designing DCCP: Congestion Control Without Reliability", *Proc. 2006 ACM SIGCOMM Conference* (Pisa, Itália, set., 2006).

(Kohlios, 2018) C. Kohlios, T. Hayajneh, "A Comprehensive Attack Flow Model and Security Analysis for Wi-Fi and WPA3", *Electronics,* Vol. 7, No. 11, 2018.

(Kolding, 2003) T. Kolding, K. Pedersen, J. Wigard, F. Frederiksen, P. Mogensen, "High Speed Downlink Packet Access: WCDMA Evolution", *IEEE Vehicular Technology Society News* (fev., 2003), pp. 4–10.

(Koponen, 2010) T. Koponen, M. Casado, N. Gude, J. Stribling, L. Poutievski, M. Zhu, R. Ramanathan, Y. Iwata, H. Inoue, T. Hama, S. Shenker, "Onix: A Distributed Control Platform for Large-Scale Production Networks", *9th USENIX conference on Operating systems design and implementation (OSDI'10)*, pp. 1–6.

(Koponen, 2011) T. Koponen, S. Shenker, H. Balakrishnan, N. Feamster, I. Ganichev, A. Ghodsi, P. B. Godfrey, N. McKeown, G. Parulkar, B. Raghavan, J. Rexford, S. Arianfar, D. Kuptsov, "Architecting for Innovation", *ACM Computer Communications Review*, 2011.

(Korhonen, 2003) J. Korhonen, *Introduction to 3G Mobile Communications*, 2nd edition, Artech House, 2003.

(Koziol, 2003) J. Koziol, *Intrusion Detection with Snort*, Sams Publishing, 2003.

(Kreutz, 2015) D. Kreutz, F.M.V. Ramos, P. Esteves Verissimo, C. Rothenberg, S. Azodolmolky, S. Uhlig, "Software-Defined Networking: A Comprehensive Survey", *Proceedings of the IEEE*, Vol. 103, No. 1 (jan., 2015), pp. 14–76. O artigo também está sendo atualizado em https://github.com/SDN-Survey/latex/wiki.

(Krishnamurthy, 2001) B. Krishnamurthy, J. Rexford, *Web Protocols and Practice: HTTP/1.1, Networking Protocols, and Traffic Measurement*, Addison-Wesley, Boston, MA, 2001.

(Kühlewind, 2013) M. Kühlewind, S. Neuner, B, Trammell, "On the state of ECN and TCP options on the internet", *Proc. 14th International Conference on Passive and Active Measurement (PAM'13),* pp. 135–144.

(Kulkarni, 2005) S. Kulkarni, C. Rosenberg, "Opportunistic Scheduling: Generalizations to Include Multiple Constraints, Multiple Interfaces, and Short Term Fairness", *Wireless Networks,* 11 (2005), pp. 557–569.

(Kumar, 2006) R. Kumar, K.W. Ross, "Optimal Peer-Assisted File Distribution: Single and Multi-Class Problems", *IEEE Workshop on Hot Topics in Web Systems and Technologies* (Boston, MA, 2006).

(Labovitz, 1997) C. Labovitz, G. R. Malan, F. Jahanian, "Internet Routing Instability", *Proc. 1997 ACM SIGCOMM Conference* (Cannes, França, set., 1997), pp. 115–126.

(Labovitz, 2010) C. Labovitz, S. Iekel-Johnson, D. McPherson, J. Oberheide, F. Jahanian, "Internet Inter-Domain Traffic", *Proc. 2010 ACM SIGCOMM Conference.*

(Labrador, 1999) M. Labrador, S. Banerjee, "Packet Dropping Policies for ATM and IP Networks", *IEEE Communications Surveys,* Vol. 2, No. 3 (segundo semestre de 1999), pp. 2–14.

(Lacage, 2004) M. Lacage, M.H. Manshaei, T. Turletti, "IEEE 802.11 Rate Adaptation: A Practical Approach", *ACM Int. Symposium on Modeling, Analysis, and Simulation of Wireless and Mobile Systems (MSWiM)* (Veneza, Itália, out., 2004).

(Lakhina, 2005) A. Lakhina, M. Crovella, C. Diot, "Mining Anomalies Using Traffic Feature Distributions", *Proc. 2005 ACM SIGCOMM Conference.*

(Lakshman, 1997) T. V. Lakshman, U. Madhow, "The Performance of TCP/IP for Networks with High Bandwidth-Delay Products and Random Loss", *IEEE/ACM Transactions on Networking,* Vol. 5, No. 3 (1997), pp. 336–350.

(Lakshman, 2004) T. V. Lakshman, T. Nandagopal, R. Ramjee, K. Sabnani, T. Woo, "The SoftRouter Architecture", *Proc. 3nd ACM Workshop on Hot Topics in Networks (Hotnets-III),* novembro de 2004.

(Lam, 1980) S. Lam, "A Carrier Sense Multiple Access Protocol for Local Networks", *Computer Networks,* Vol. 4 (1980), pp. 21–32.

(Lamport, 1989) L. Lamport, "The Part-Time Parliament", Technical Report 49, Systems Research Center, Digital Equipment Corp., Palo Alto, setembro de 1989.

(Lampson, 1983) Lampson, Butler W. "Hints for computer system design", *ACM SIGOPS Operating Systems Review,* Vol. 17, No. 5, 1983.

(Lampson, 1996) B. Lampson, "How to Build a Highly Available System Using Consensus", *Proc. 10th International Workshop on Distributed Algorithms* (WDAG '96), Özalp Babaoglu and Keith Marzullo (Eds.), Springer-Verlag, pp. 1–17.

(Langley, 2017) A. Langley, A. Riddoch, A. Wilk, A. Vicente, C. Krasic, D. Zhang, F. Yang, F. Kouranov, I. Swett, J. Iyengar, J. Bailey, J. Dorfman, J. Roskind, J. Kulik, P. Westin, R. Tenneti, R. Shade, R. Hamilton, V. Vasiliev, W. Chang, Z. Shi, "The QUIC Transport Protocol: Design and Internet-Scale Deployment", *Proc. 2017 ACM SIGCOMM Conference.*

(Lawton, 2001) G. Lawton, "Is IPv6 Finally Gaining Ground?" *IEEE Computer Magazine* (ago., 2001), pp. 11–15.

(Leighton, 2009) T. Leighton, "Improving Performance on the Internet", *Communications of the ACM,* Vol. 52, No. 2 (fev., 2009), pp. 44–51.

(Leiner, 1998) B. Leiner, V. Cerf, D. Clark, R. Kahn, L. Kleinrock, D. Lynch, J. Postel, L. Roberts, S. Woolf, "A Brief History of the Internet", http://www.isoc.org/internet/history/brief.html.

(Leung, 2006) K. Leung, V. O. K. Li, "TCP in Wireless Networks: Issues, Approaches, and Challenges", *IEEE Commun. Surveys and Tutorials,* Vol. 8, No. 4 (2006), pp. 64–79.

(Levin, 2012) D. Levin, A. Wundsam, B. Heller, N. Handigol, A. Feldmann, "Logically Centralized?: State Distribution Trade-offs in Software Defined Networks", *Proc. First Workshop on Hot Topics in Software Defined Networks* (ago., 2012), pp. 1–6.

(Li, 2004) L. Li, D. Alderson, W. Willinger, J. Doyle, "A First-Principles Approach to Understanding the Internet's Router-Level Topology", *Proc. 2004 ACM SIGCOMM Conference* (Portland, OR, ago., 2004).

(Li, 2007) J. Li, M. Guidero, Z. Wu, E. Purpus, T. Ehrenkranz, "BGP Routing Dynamics Revisited". *ACM Computer Communication Review* (abr., 2007).

(Li, 2015) S. Q. Li, "Building Softcom Ecosystem Foundation", Open Networking Summit, 2015.

(Li, 2017) Z. Li, W. Wang, C. Wilson, J. Chen, C. Qian, T. Jung, L. Zhang, K. Liu, X.Li, Y. Liu, "FBS-Radar: Uncovering Fake Base Stations at Scale in the Wild", *ISOC Symposium on Network and Distributed System Security (NDSS),* fevereiro de 2017.

(Li, 2018) Z. Li, D. Levin, N. Spring, B. Bhattacharjee, "Internet anycast: performance, problems, & potential", *Proc. 2018 ACM SIGCOMM Conference,* pp. 59–73.

(Lin, 2001) Y. Lin, I. Chlamtac, *Wireless and Mobile Network Architectures*, John Wiley and Sons, New York, NY, 2001.

(Liogkas, 2006) N. Liogkas, R. Nelson, E. Kohler, L. Zhang, "Exploiting BitTorrent for Fun (but Not Profit)", *6th International Workshop on Peer-to-Peer Systems (IPTPS 2006).*

(Liu, 2003) J. Liu, I. Matta, M. Crovella, "End-to-End Inference of Loss Nature in a Hybrid Wired/Wireless Environment", *Proc. WiOpt'03: Modeling and Optimization in Mobile, Ad Hoc and Wireless Networks.*

(Locher, 2006) T. Locher, P. Moor, S. Schmid, R. Wattenhofer, "Free Riding in BitTorrent is Cheap", *Proc. ACM HotNets 2006* (Irvine CA, nov., 2006).

(Madhyastha, 2017) H. Madhyastha, "A Case Against Net Neutrality", *IEEE Spectrum,* dezembro de 2017, https://spectrum.ieee.org/tech-talk/telecom/internet/a-caseagainst-net-neutrality.

(Mahdavi, 1997) J. Mahdavi, S. Floyd, "TCP-Friendly Unicast Rate-Based Flow Control", nota não publicada (jan., 1997).

(Mao, 2002) Z. Mao, C. Cranor, F. Douglis, M. Rabinovich, O. Spatscheck, J. Wang, "A Precise and Efficient Evaluation of the Proximity Between Web Clients and Their Local DNS Servers", *2002 USENIX Annual Technical Conference*, pp. 229–242.

(Mathis, 1997) M. Mathis, J. Semke, J. Mahdavi, T. Ott, T. 1997, "The macroscopic behavior of the TCP congestion avoidance algorithm", *ACM SIGCOMM Computer Communication Review,* 27(3): pp. 67–82.

(MaxMind, 2020) http://www.maxmind.com/app/ip-location.

(McKeown, 1997a) N. McKeown, M. Izzard, A. Mekkittikul, W. Ellersick, M. Horowitz, "The Tiny Tera: A Packet Switch Core", *IEEE Micro Magazine* (jan.-fev., 1997).

(McKeown, 1997b) N. McKeown, "A Fast Switched Backplane for a Gigabit Switched Router", *Business Communications Review*, Vol. 27, No. 12. http://tinytera.stanford.edu/~nickm/papers/cisco_fasts_wp.pdf.

(McKeown, 2008) N. McKeown, T. Anderson, H. Balakrishnan, G. Parulkar, L. Peterson, J. Rexford, S. Shenker, J. Turner. 2008. OpenFlow: Enabling Innovation in Campus Networks. *SIGCOMM Comput. Commun. Rev.* 38, 2 (mar., 2008), pp. 69–74.

(McQuillan, 1980) J. McQuillan, I. Richer, E. Rosen, "The New Routing Algorithm for the Arpanet", *IEEE Transactions on Communications*, Vol. 28, No. 5 (maio, 1980), pp. 711–719.

(Metcalfe, 1976) R. M. Metcalfe, D. R. Boggs. "Ethernet: Distributed Packet Switching for Local Computer Networks", *Communications of the Association for Computing Machinery*, Vol. 19, No. 7 (jul., 1976), pp. 395–404.

(Meyers, 2004) A. Myers, T. Ng, H. Zhang, "Rethinking the Service Model: Scaling Ethernet to a Million Nodes", *ACM Hotnets Conference*, 2004.

(Mijumbi, 2016) R. Mijumbi, J. Serrat, J. Gorricho, N. Bouten, F. De Turck and R. Boutaba, "Network Function Virtualization: State-of-the-Art and Research Challenges", *IEEE Communications Surveys & Tutorials,* Vol. 18, No. 1, pp. 236–262, 2016.

(MIT TR, 2019) MIT Technology Review, "How a quantum computer could break 2048-bit RSA encryption in 8 hours", maio de 2019, https://www.technologyreview.com/s/613596/how-a-quantum-computer-could-break-2048-bit-rsa-encryptionin-8-hours/.

(Mittal, 2015) R. Mittal, V. Lam, N. Dukkipati, E. Blem, H. Wassel, M. Ghobadi, A. Vahdat, Y. Wang, D. Wetherall, D. Zats, "TIMELY: RTT-based Congestion Control for the Datacenter", *Proc. 2015 ACM SIGCOMM Conference,* pp. 537–550.

(Mockapetris, 1988) P. V. Mockapetris, K. J. Dunlap, "Development of the Domain Name System", *Proc. 1988 ACM SIGCOMM Conference* (Stanford, CA, ago., 1988).

(Mockapetris, 2005) P. Mockapetris, Sigcomm Award Lecture, vídeo disponível em http://www.postel.org/sigcomm.

(Molinero-Fernandez, 2002) P. Molinaro-Fernandez, N. McKeown, H. Zhang, "Is IP Going to Take Over the World (of Communications)?" *Proc. 2002 ACM Hotnets.*

(Molle, 1987) M. L. Molle, K. Sohraby, A. N. Venetsanopoulos, "Space-Time Models of Asynchronous CSMA Protocols for Local Area Networks", *IEEE Journal on Selected Areas in Communications*, Vol. 5, No. 6 (1987), pp. 956–968.

(Moshref, 2016) M. Moshref, M. Yu, R, Govindan, A. Vahdat, "Trumpet: Timely and Precise Triggers in Data Centers", *Proc. 2016 ACM SIGCOMM Conference.*

(Motorola, 2007) Motorola, "Long Term Evolution (LTE): A Technical Overview", http://www.motorola.com/staticfiles/Business/Solutions/Industry%20Solutions/Service%20Providers/Wireless%20Operators/LTE/_Document/Static%20Files/6834_MotDoc_New.pdf.

(Mouly, 1992) M. Mouly, M. Pautet, *The GSM System for Mobile Communications*, Cell and Sys, Palaiseau, França, 1992.

(Moy, 1998) J. Moy, *OSPF: Anatomy of An Internet Routing Protocol*, Addison-Wesley, Reading, MA, 1998.

(Mysore, 2009) R. N. Mysore, A. Pamboris, N. Farrington, N. Huang, P. Miri, S. Radhakrishnan, V. Subramanya, A. Vahdat, "PortLand: A Scalable Fault-Tolerant Layer 2 Data Center Network Fabric", *Proc. 2009 ACM SIGCOMM Conference.*

(Nahum, 2002) E. Nahum, T. Barzilai, D. Kandlur, "Performance Issues in WWW Servers", *IEEE/ACM Transactions on Networking*, Vol 10, No. 1 (fev., 2002).

(Narayan, 2018) A. Narayan, F. Cangialosi, D. Raghavan, P. Goyal, S. Narayana, R. Mittal, M. Alizadeh, H. Balakrishnan, "Restructuring endpoint congestion control", *Proc. ACM SIGCOMM 2018 Conference,* pp. 30–43.

(Netflix Open Connect, 2020) Netflix Open Connect CDN, 2016, https://openconnect.netflix.com/.

(Netflix Video 1) Designing Netflix's Content Delivery System, D. Fulllager, 2014, https://www.youtube.com/watch?v=LkLLpYdDINA.

(Netflix Video 2) Scaling the Netflix Global CDN, D. Temkin, 2015, https://www.youtube.com/watch?v=tbqcsHg-Q_o.

(Neumann, 1997) R. Neumann, "Internet Routing Black Hole", *The Risks Digest: Forum on Risks to the Public in Computers and Related Systems*, Vol. 19, No. 12 (maio, 1997). http://catless.ncl.ac.uk/Risks/19.12.html#subj1.1.

(Neville-Neil, 2009) G. Neville-Neil, "Whither Sockets?" *Communications of the ACM*, Vol. 52, No. 6 (jun., 2009), pp. 51–55.

(Nguyen, 2016) T. Nguyen, C. Bonnet and J. Harri, "SDN-based distributed mobility management for 5G networks", *2016 IEEE Wireless Communications and Networking Conference*, Doha, 2016, pp. 1–7.

(Nichols, 2012) K. Nichols, V. Jacobson. Controlling Queue Delay. *ACM Queue,* Vol. 10, No. 5, maio de 2012.

(Nicholson, 2006) A Nicholson, Y. Chawathe, M. Chen, B. Noble, D. Wetherall, "Improved Access Point Selection", *Proc. 2006 ACM Mobisys Conference* (Uppsala, Suécia, 2006).

(Nielsen, 1997) H. F. Nielsen, J. Gettys, A. Baird-Smith, E. Prud'hommeaux, H. W. Lie, C. Lilley, "Network Performance Effects of HTTP/1.1, CSS1, and PNG", *W3C Document*, 1997 (também aparece em *Proc. 1997 ACM SIGCOM Conference* (Cannes, França, set., 1997), pp. 155–166.

(NIST, 2001) National Institute of Standards and Technology, "Advanced Encryption Standard (AES)", Federal Information Processing Standards 197, novembro de 2001, http://csrc.nist.gov/publications/fips/fips197/fips-197.pdf.

(NIST IPv6, 2020) US National Institute of Standards and Technology, "Estimating IPv6 & DNSSEC Deployment SnapShots", http://fedv6-deployment.antd.nist.gov/snap-all.html.

(Nmap, 2020) Nmap homepage, https://nmap.org.

(Nonnenmacher, 1998) J. Nonnenmacher, E. Biersak, D. Towsley, "Parity-Based Loss Recovery for Reliable Multicast Transmission", *IEEE/ACM Transactions on Networking,* Vol. 6, No. 4 (ago., 1998), pp. 349–361.

(Noormohammadpour, 2018) M. Noormohammadpour, C. Raghavendra, Cauligi, "Datacenter Traffic Control: Understanding Techniques and Trade-offs", *IEEE Communications Surveys & Tutorials,* Vol. 20 (2018), pp. 1492–1525.

(Nygren, 2010) Erik Nygren, Ramesh K. Sitaraman, and Jennifer Sun, "The Akamai Network: A Platform for High-performance Internet Applications", *SIGOPS Oper. Syst. Rev.* 44, 3 (ago., 2010), pp. 2–19.

(ONF, 2020) Open Networking Foundation, Specification, https://www.opennetworking.org/software-defined-standards/specifications/.

(ONOS, 2020) ONOS, https://onosproject.org/collateral/.

(OpenDaylight, 2020) OpenDaylight, https://www.opendaylight.org/.

(OpenDaylight, 2020) OpenDaylight, https://www.opendaylight.org/what-we-do/current-release/sodium.

(OpenSignal, 2019) Opensignal, https://www.opensignal.com/.

(Ordonez-Lucena, 2017) J. Ordonez-Lucena, P. Ameigeiras, D. Lopez, J. J. Ramos-Munoz, J. Lorca and J. Folgueira, "Network Slicing for 5G with SDN/NFV: Concepts, Architectures, and Challenges", *IEEE Communications Magazine*, Vol. 55, No. 5, pp. 80–87, maio de 2017.

(Osterweil, 2012) E. Osterweil, D. McPherson, S. DiBenedetto, C. Papadopoulos, D. Massey, "Behavior of DNS Top Talkers", *Passive and Active Measurement Conference*, 2012.

(P4, 2020) P4 Language Consortium, https://p4.org/.

(Padhye, 2000) J. Padhye, V. Firoiu, D. Towsley, J. Kurose, "Modeling TCP Reno Performance: A Simple Model and Its Empirical Validation", *IEEE/ACM Transactions on Networking*, Vol. 8, No. 2 (abr., 2000), pp. 133–145.

(Padhye, 2001) J. Padhye, S. Floyd, "On Inferring TCP Behavior", *Proc. 2001 ACM SIGCOMM Conference* (San Diego, CA, ago., 2001).

(Palat, 2009) S. Palat, P. Godin, "The LTE Network Architecture: A Comprehensive Tutorial", in *LTE–The UMTS Long Term Evolution: From Theory to Practice.* Também disponível de forma independente como Alcatel white paper.

(Panda, 2013) A. Panda, C. Scott, A. Ghodsi, T. Koponen, S. Shenker, "CAP for Networks", *Proc. 2013 ACM HotSDN Conference*, pp. 91–96.

(Parekh, 1993) A. Parekh, R. Gallagher, "A Generalized Processor Sharing Approach to Flow Control in Integrated Services Networks: The Single-Node Case", *IEEE/ACM Transactions on Networking*, Vol. 1, No. 3 (jun., 1993), pp. 344–357.

(Partridge, 1998) C. Partridge, et al. "A Fifty Gigabit per second IP Router", *IEEE/ACM Transactions on Networking*, Vol. 6, No. 3 (jun., 1998), pp. 237–248.

(Patel, 2013) P. Patel, D. Bansal, L. Yuan, A. Murthy, A. Greenberg, D. Maltz, R. Kern, H. Kumar, M. Zikos, H. Wu, C. Kim, N. Karri, "Ananta: Cloud Scale Load Balancing", *Proc. 2013 ACM SIGCOMM Conference*.

(Pathak, 2010) A. Pathak, Y. A. Wang, C. Huang, A. Greenberg, Y. C. Hu, J. Li, K. W. Ross, "Measuring and Evaluating TCP Splitting for Cloud Services", *Passive and Active Measurement (PAM) Conference* (Zurique, 2010).

(Peering DB, 2020) "The Interconnection Database", https://www.peeringdb.com/.

(Peha, 2006) J. Peha, "The Benefits and Risks of Mandating Network Neutrality, and the Quest for a Balanced Policy", *Proc. 2006 Telecommunication Policy Research Conference (TPRC)*, https://ssrn.com/abstract=2103831.

(Perkins, 1994) A. Perkins, "Networking with Bob Metcalfe", *The Red Herring Magazine* (nov., 1994).

(Perkins, 1998b) C. Perkins, *Mobile IP: Design Principles and Practice*, Addison-Wesley, Reading, MA, 1998.

(Perkins, 2000) C. Perkins, *Ad Hoc Networking*, Addison-Wesley, Reading, MA, 2000.

(Perlman, 1999) R. Perlman, *Interconnections: Bridges, Routers, Switches, and Internetworking Protocols*, 2nd edition, Addison-Wesley Professional Computing Series, Reading, MA, 1999.

(PGP, 2020) Symantec PGP, https://www.symantec.com/products/encryption, 2020.

(Phifer, 2000) L. Phifer, "The Trouble with NAT", *The Internet Protocol Journal*, Vol. 3, No. 4 (dez., 2000), http://www.cisco.com/warp/public/759/ipj_3-4/ipj_3-4_nat.html.

(Piatek, 2008) M. Piatek, T. Isdal, A. Krishnamurthy, T. Anderson, "One Hop Reputations for Peer-to-peer File Sharing Workloads", *Proc. NSDI* (2008).

(Pickholtz, 1982) R. Pickholtz, D. Schilling, L. Milstein, "Theory of Spread Spectrum Communication–a Tutorial", *IEEE Transactions on Communications*, Vol. 30, No. 5 (maio, 1982), pp. 855–884.

(PingPlotter, 2020) PingPlotter homepage, http://www.pingplotter.com.

(Pomeranz, 2010) H. Pomeranz, "Practical, Visual, Three-Dimensional Pedagogy for Internet Protocol Packet Header Control Fields", https://righteousit.wordpress.com/2010/06/27/practical-visual-three-dimensional-pedagogy-for-internet-protocolpacket-header-control-fields/, junho de 2010.

(Quagga, 2012) Quagga, "Quagga Routing Suite", http://www.quagga.net/.

(Qualcomm, 2019) *Qualcomm,* "Everything you want to know about 5G", https://www.qualcomm.com/invention/5g/what-is-5g.

(Qazi, 2013) Z. Qazi, C. Tu, L. Chiang, R. Miao, V. Sekar, M. Yu, "SIMPLE-fying Middlebox Policy Enforcement Using SDN", *Proc. ACM SIGCOMM Conference* (ago., 2013), pp. 27–38.

(Quic, 2020) https://quicwg.org/.

(QUIC-recovery, 2020) J. Iyengar, Ed.,I. Swett, Ed., "QUIC Loss Detection and Congestion Control", Internet Draft draft-ietf-quic-recovery-latest, 20 de abril de 2020.

(Quittner, 1998) J. Quittner, M. Slatalla, *Speeding the Net: The Inside Story of Netscape and How It Challenged Microsoft*, Atlantic Monthly Press, 1998.

(Quova, 2020) www.quova.com.

(Raiciu, 2010) C. Raiciu, C. Pluntke, S. Barre, A. Greenhalgh, D. Wischik, M. Handley, "Data Center Networking with Multipath TCP", *Proc. 2010 ACM SIGCOMM Conference.*

(Ramakrishnan, 1990) K. K. Ramakrishnan, R. Jain, "A Binary Feedback Scheme for Congestion Avoidance in Computer Networks", *ACM Transactions on Computer Systems*, Vol. 8, No. 2 (maio, 1990), pp. 158–181.

(Raman, 2007) B. Raman, K. Chebrolu, "Experiences in Using WiFi for Rural Internet in India", *IEEE Communications Magazine*, Special Issue on New Directions in Networking Technologies in Emerging Economies (jan., 2007).

(Ramjee, 1994) R. Ramjee, J. Kurose, D. Towsley, H. Schulzrinne, "Adaptive Playout Mechanisms for Packetized Audio Applications in Wide-Area Networks", *Proc. 1994 IEEE INFOCOM.*

(Rescorla, 2001) E. Rescorla, *SSL and TLS: Designing and Building Secure Systems*, Addison--Wesley, Boston, 2001.

(RFC 001) S. Crocker, "Host Software", RFC 001 (o *primeiro* RFC!).

(RFC 768) J. Postel, "User Datagram Protocol", RFC 768, agosto de 1980.

(RFC 791) J. Postel, "Internet Protocol: DARPA Internet Program Protocol Specification", RFC 791, setembro de 1981.

(RFC 792) J. Postel, "Internet Control Message Protocol", RFC 792, setembro de 1981.

(RFC 793) J. Postel, "Transmission Control Protocol", RFC 793, setembro de 1981.

(RFC 801) J. Postel, "NCP/TCP Transition Plan", RFC 801, novembro de 1981.

(RFC 826) D. C. Plummer, "An Ethernet Address Resolution Protocol–or– Converting Network Protocol Addresses to 48-bit Ethernet Address for Transmission on Ethernet Hardware", RFC 826, novembro de 1982.

(RFC 829) V. Cerf, "Packet Satellite Technology Reference Sources", RFC 829, novembro de 1982.

(RFC 854) J. Postel, J. Reynolds, "TELNET Protocol Specification", RFC 854, maio de 1993.

(RFC 950) J. Mogul, J. Postel, "Internet Standard Subnetting Procedure", RFC 950, agosto de 1985.

(RFC 959) J. Postel and J. Reynolds, "File Transfer Protocol (FTP)", RFC 959, outubro de 1985.

(RFC 1034) P. V. Mockapetris, "Domain Names–Concepts and Facilities", RFC 1034, novembro de 1987.

(RFC 1035) P. Mockapetris, "Domain Names–Implementation and Specification", RFC 1035, novembro de 1987.

(RFC 1071) R. Braden, D. Borman, and C. Partridge, "Computing the Internet Checksum", RFC 1071, setembro de 1988.

(RFC 1122) R. Braden, "Requirements for Internet Hosts–Communication Layers", RFC 1122, outubro de 1989.

(RFC 1191) J. Mogul, S. Deering, "Path MTU Discovery", RFC 1191, novembro de 1990.

(RFC 1320) R. Rivest, "The MD4 Message-Digest Algorithm", RFC 1320, abril de 1992.

(RFC 1321) R. Rivest, "The MD5 Message-Digest Algorithm", RFC 1321, abril de 1992.

(RFC 1422) S. Kent, "Privacy Enhancement for Internet Electronic Mail: Part II: Certificate--Based Key Management", RFC 1422.

(RFC 1546) C. Partridge, T. Mendez, W. Milliken, "Host Anycasting Service", RFC 1546, 1993.

(RFC 1584) J. Moy, "Multicast Extensions to OSPF", RFC 1584, março de 1994.

(RFC 1633) R. Braden, D. Clark, S. Shenker, "Integrated Services in the Internet Architecture: an Overview", RFC 1633, junho de 1994.

(RFC 1752) S. Bradner, A. Mankin, "The Recommendations for the IP Next Generation Protocol", RFC 1752, janeiro de 1995.

(RFC 1918) Y. Rekhter, B. Moskowitz, D. Karrenberg, G. J. de Groot, E. Lear, "Address Allocation for Private Internets", RFC 1918, fevereiro de 1996.

(RFC 1930) J. Hawkinson, T. Bates, "Guidelines for Creation, Selection, and Registration of an Autonomous System (AS)", RFC 1930, março de 1996.

(RFC 1945) T. Berners-Lee, R. Fielding, H. Frystyk, "Hypertext Transfer Protocol–HTTP/1.0", RFC 1945, maio de 1996.

(RFC 1958) B. Carpenter, "Architectural Principles of the Internet", RFC 1958, junho de 1996.

(RFC 2003) C. Perkins, "IP Encapsulation Within IP", RFC 2003, outubro de 1996.

(RFC 2004) C. Perkins, "Minimal Encapsulation Within IP", RFC 2004, outubro de 1996.

(RFC 2018) M. Mathis, J. Mahdavi, S. Floyd, A. Romanow, "TCP Selective Acknowledgment Options", RFC 2018, outubro de 1996.

(RFC 2104) H. Krawczyk, M. Bellare, R. Canetti, "HMAC: Keyed-Hashing for Message Authentication", RFC 2104, fevereiro de 1997.

(RFC 2131) R. Droms, "Dynamic Host Configuration Protocol", RFC 2131, março de 1997.

(RFC 2136) P. Vixie, S. Thomson, Y. Rekhter, J. Bound, "Dynamic Updates in the Domain Name System", RFC 2136, abril de 1997.

(RFC 2328) J. Moy, "OSPF Version 2", RFC 2328, abril de 1998.

(RFC 2420) H. Kummert, "The PPP Triple-DES Encryption Protocol (3DESE)", RFC 2420, setembro de 1998.

(RFC 2460) S. Deering, R. Hinden, "Internet Protocol, Version 6 (IPv6) Specification", RFC 2460, dezembro de 1998.

(RFC 2578) K. McCloghrie, D. Perkins, J. Schoenwaelder, "Structure of Management Information Version 2 (SMIv2)", RFC 2578, abril de 1999.

(RFC 2579) K. McCloghrie, D. Perkins, J. Schoenwaelder, "Textual Conventions for SMIv2", RFC 2579, abril de 1999.

(RFC 2580) K. McCloghrie, D. Perkins, J. Schoenwaelder, "Conformance Statements for SMIv2", RFC 2580, abril de 1999.

(RFC 2581) M. Allman, V. Paxson, W. Stevens, "TCP Congestion Control", RFC 2581, abril de 1999.

(RFC 2663) P. Srisuresh, M. Holdrege, "IP Network Address Translator (NAT) Terminology and Considerations", RFC 2663.

(RFC 2702) D. Awduche, J. Malcolm, J. Agogbua, M. O'Dell, J. McManus, "Requirements for Traffic Engineering Over MPLS", RFC 2702, setembro de 1999.

(RFC 2827) P. Ferguson, D. Senie, "Network Ingress Filtering: Defeating Denial of Service Attacks which Employ IP Source Address Spoofing", RFC 2827, maio de 2000.

(RFC 2865) C. Rigney, S. Willens, A. Rubens, W. Simpson, "Remote Authentication Dial In User Service (RADIUS)", RFC 2865, junho de 2000.

(RFC 2992) C. Hopps, "Analysis of an Equal-Cost Multi-Path Algorithm", RFC 2992, novembro de 2000.

(RFC 3007) B. Wellington, "Secure Domain Name System (DNS) Dynamic Update", RFC 3007, novembro de 2000.

(RFC 3022) P. Srisuresh, K. Egevang, "Traditional IP Network Address Translator (Traditional NAT)", RFC 3022, janeiro de 2001.

(RFC 3031) E. Rosen, A. Viswanathan, R. Callon, "Multiprotocol Label Switching Architecture", RFC 3031, janeiro de 2001.

(RFC 3032) E. Rosen, D. Tappan, G. Fedorkow, Y. Rekhter, D. Farinacci, T. Li, A. Conta, "MPLS Label Stack Encoding", RFC 3032, janeiro de 2001.

(RFC 3168) K. Ramakrishnan, S. Floyd, D. Black, "The Addition of Explicit Congestion Notification (ECN) to IP", RFC 3168, setembro de 2001.

(RFC 3209) D. Awduche, L. Berger, D. Gan, T. Li, V. Srinivasan, G. Swallow, "RSVP-TE: Extensions to RSVP for LSP Tunnels", RFC 3209, dezembro de 2001.

(RFC 3232) J. Reynolds, "Assigned Numbers: RFC 1700 Is Replaced by an Online Database", RFC 3232, janeiro de 2002.

(RFC 3234) B. Carpenter, S. Brim, "Middleboxes: Taxonomy and Issues", RFC 3234, fevereiro de 2002.

(RFC 3261) J. Rosenberg, H. Schulzrinne, G. Carmarillo, A. Johnston, J. Peterson, R. Sparks, M. Handley, E. Schooler, "SIP: Session Initiation Protocol", RFC 3261, julho de 2002.

(RFC 3272) J. Boyle, V. Gill, A. Hannan, D. Cooper, D. Awduche, B. Christian, W. S. Lai, "Overview and Principles of Internet Traffic Engineering", RFC 3272, maio de 2002.

(RFC 3286) L. Ong, J. Yoakum, "An Introduction to the Stream Control Transmission Protocol (SCTP)", RFC 3286, maio de 2002.

(RFC 3346) J. Boyle, V. Gill, A. Hannan, D. Cooper, D. Awduche, B. Christian, W. S. Lai, "Applicability Statement for Traffic Engineering with MPLS", RFC 3346, agosto de 2002.

(RFC 3390) M. Allman, S. Floyd, C. Partridge, "Increasing TCP's Initial Window", RFC 3390, outubro de 2002.

(RFC 3410) J. Case, R. Mundy, D. Partain, "Introduction and Applicability Statements for Internet Standard Management Framework", RFC 3410, dezembro de 2002.

(RFC 3439) R. Bush, D. Meyer, "Some Internet Architectural Guidelines and Philosophy", RFC 3439, dezembro de 2003.

(RFC 3447) J. Jonsson, B. Kaliski, "Public-Key Cryptography Standards (PKCS) #1: RSA Cryptography Specifications Version 2.1", RFC 3447, fevereiro de 2003.

(RFC 3468) L. Andersson, G. Swallow, "The Multiprotocol Label Switching (MPLS) Working Group Decision on MPLS Signaling Protocols", RFC 3468, fevereiro de 2003.

(RFC 3469) V. Sharma, Ed., F. Hellstrand, Ed, "Framework for Multi-Protocol Label Switching (MPLS)-based Recovery", RFC 3469, fevereiro de 2003. ftp://ftp.rfc-editor.org/in-notes/rfc3469.txt.

(RFC 3535) J. Schönwälder, "Overview of the 2002 IAB Network Management Workshop", RFC 3535, maio de 2003.

(RFC 3550) H. Schulzrinne, S. Casner, R. Frederick, V. Jacobson, "RTP: A Transport Protocol for Real-Time Applications", RFC 3550, julho de 2003.

(RFC 3588) P. Calhoun, J. Loughney, E. Guttman, G. Zorn, J. Arkko, "Diameter Base Protocol", RFC 3588, setembro de 2003.

(RFC 3746) L. Yang, R. Dantu, T. Anderson, R. Gopal, "Forwarding and Control Element Separation (ForCES) Framework", Internet, RFC 3746, abril de 2004.

(RFC 3748) B. Aboba, L. Blunk, J. Vollbrecht, J. Carlson, H. Levkowetz, Ed., "Extensible Authentication Protocol (EAP)", RFC 3748, junho de 2004.

(RFC 4022) R. Raghunarayan, Ed., "Management Information Base for the Transmission Control Protocol (TCP)", RFC 4022, março de 2005.

(RFC 4033) R. Arends, R. Austein, M. Larson, D. Massey, S. Rose, "DNS Security Introduction and Requirements, RFC 4033, março de 2005.

(RFC 4113) B. Fenner, J. Flick, "Management Information Base for the User Datagram Protocol (UDP)", RFC 4113, junho de 2005.

(RFC 4213) E. Nordmark, R. Gilligan, "Basic Transition Mechanisms for IPv6 Hosts and Routers", RFC 4213, outubro de 2005.

(RFC 4271) Y. Rekhter, T. Li, S. Hares, Ed., "A Border Gateway Protocol 4 (BGP-4)", RFC 4271, janeiro de 2006.

(RFC 4291) R. Hinden, S. Deering, "IP Version 6 Addressing Architecture", RFC 4291, fevereiro de 2006.

(RFC 4293) S. Routhier, Ed., "Management Information Base for the Internet Protocol (IP)", RFC 4293, abril de 2006.

(RFC 4340) E. Kohler, M. Handley, S. Floyd, "Datagram Congestion Control Protocol (DCCP)", RFC 4340, março de 2006.

(RFC 4346) T. Dierks, E. Rescorla, "The Transport Layer Security (TLS) Protocol Version 1.1", RFC 4346, abril de 2006.

(RFC 4514) K. Zeilenga, Ed., "Lightweight Directory Access Protocol (LDAP): String Representation of Distinguished Names", RFC 4514, junho de 2006.

(RFC 4632) V. Fuller, T. Li, "Classless Inter-domain Routing (CIDR): The Internet Address Assignment and Aggregation Plan", RFC 4632, agosto de 2006.

(RFC 4960) R. Stewart, ed., "Stream Control Transmission Protocol", RFC 4960, setembro de 2007.

(RFC 4987) W. Eddy, "TCP SYN Flooding Attacks and Common Mitigations", RFC 4987, agosto de 2007.

(RFC 5128) P. Srisuresh, B. Ford, D. Kegel, "State of Peer-to-Peer (P2P) Communication across Network Address Translators (NATs)", março de 2008, RFC 5128.

(RFC 5246) T. Dierks, E. Rescorla, "The Transport Layer Security (TLS) Protocol, Version 1.2", RFC 5246, agosto de 2008.

(RFC 5277) S. Chisholm H. Trevino, "NETCONF Event Notifications", RFC 5277, julho de 2008.

(RFC 5321) J. Klensin, "Simple Mail Transfer Protocol", RFC 5321, outubro de 2008.

(RFC 5389) J. Rosenberg, R. Mahy, P. Matthews, D. Wing, "Session Traversal Utilities for NAT (STUN)", RFC 5389, outubro de 2008.

(RFC 5681) M. Allman, V. Paxson, E. Blanton, "TCP Congestion Control", RFC 5681, setembro de 2009.

(RFC 5944) C. Perkins, Ed., "IP Mobility Support for IPv4, Revised", RFC 5944, novembro de 2010.

(RFC 6020) M. Bjorklund, "YANG–A Data Modeling Language for the Network Configuration Protocol (NETCONF)", RFC 6020, outubro de 2010.

(RFC 6241) R. Enns, M. Bjorklund, J. Schönwälder, A. Bierman, "Network Configuration Protocol (NETCONF)", RFC 6241, junho de 2011.

(RFC 6265) A Barth, "HTTP State Management Mechanism", RFC 6265, abril de 2011.

(RFC 6298) V. Paxson, M. Allman, J. Chu, M. Sargent, "Computing TCP's Retransmission Timer", RFC 6298, junho de 2011.

(RFC 6582) T. Henderson, S. Floyd, A. Gurtov, Y. Nishida, "The NewReno Modification to TCP's Fast Recovery Algorithm", RFC 6582, abril de 2012.

(RFC 6733) V. Fajardo, J. Arkko, J. Loughney, G. Zorn, "Diameter Base Protocol", RFC 6733, outubro de 2012.

(RFC 7020) R. Housley, J. Curran, G. Huston, D. Conrad, "The Internet Numbers Registry System", RFC 7020, agosto de 2013.

(RFC 7094) D. McPherson, D. Oran, D. Thaler, E. Osterweil, "Architectural Considerations of IP Anycast", RFC 7094, janeiro de 2014.

(RFC 7230) R. Fielding, Ed., J. Reschke, "Hypertext Transfer Protocol (HTTP/1.1): Message Syntax and Routing", RFC 7230, junho de 2014.

(RFC 7232) R. Fielding, Ed., J. Reschke, Ed., "Hypertext Transfer Protocol (HTTP/1.1): Conditional Requests", RFC 7232, junho de 2014.

(RFC 7234) R. Fielding, Ed., M. Nottingham, Ed., J. Reschke, Ed., "Hypertext Transfer Protocol (HTTP/1.1): Caching", RFC 7234, junho de 2014.

(RFC 7323) D. Borman, S. Braden, V. Jacobson, R. Scheffenegger, "TCP Extensions for High Performance", RFC 7323, setembro de 2014.

(RFC 7540) M. Belshe, R. Peon, M. Thomson (Eds), "Hypertext Transfer Protocol Version 2 (HTTP/2)", RFC 7540, maio de 2015.

(RFC 8033) R. Pan, P. Natarajan, F. Baker, G. White, "Proportional Integral Controller Enhanced (PIE): A Lightweight Control Scheme to Address the Bufferbloat Problem", RFC 8033, fevereiro de 2017.

(RFC 8034) G. White, R. Pan, "Active Queue Management (AQM) Based on Proportional Integral Controller Enhanced (PIE) for Data-Over-Cable Service Interface Specifications (DOCSIS) Cable Modems", RFC 8034, fevereiro de 2017.

(RFC 8257) S. Bensley, D. Thaler, P. Balasubramanian, L. Eggert, G. Judd, "Data Center TCP (DCTCP): TCP Congestion Control for Data Centers", RFC 8257, outubro de 2017.

(RFC 8312) L. Xu, S. Ha, A. Zimmermann,L. Eggert, R. Scheffenegger, "CUBIC for Fast Long-Distance Networks", RFC 8312, fevereiro de 2018.

(Richter, 2015) P. Richter, M. Allman, R. Bush, V. Paxson, "A Primer on IPv4 Scarcity", *ACM SIGCOMM Computer Communication Review*, Vol. 45, No. 2 (abr., 2015), pp. 21–32.

(Roberts, 1967) L. Roberts, T. Merril, "Toward a Cooperative Network of Time-Shared Computers", *AFIPS Fall Conference* (out., 1966).

(Rom, 1990) R. Rom, M. Sidi, *Multiple Access Protocols: Performance and Analysis*, Springer-Verlag, New York, 1990.

(Rommer, 2019) S. Rommer, P. Hedman, M. Olsson, L. Frid, S. Sultana, C. Mulligan, *5G Core Networks: Powering Digitalization,* Academic Press, 2019.

(Root Servers, 2020) Root Servers home page, http://www.root-servers.org/.

(Roy, 2015) A. Roy, H.i Zeng, J. Bagga, G. Porter, A. Snoeren, "Inside the Social Network's (Datacenter) Network", *Proc. 2015 ACM SIGCOMM Conference,* pp. 123–137.

(RSA, 1978) R. Rivest, A. Shamir, L. Adelman, "A Method for Obtaining Digital Signatures and Public-key Cryptosystems", *Communications of the ACM*, Vol. 21, No. 2 (fev., 1978), pp. 120–126.

(Rubenstein, 1998) D. Rubenstein, J. Kurose, D. Towsley, "Real-Time Reliable Multicast Using Proactive Forward Error Correction", *Proceedings of NOSSDAV '98* (Cambridge, Reino Unido, jul., 1998).

(Ruiz-Sanchez, 2001) M. Ruiz-Sánchez, E. Biersack, W. Dabbous, "Survey and Taxonomy of IP Address Lookup Algorithms", *IEEE Network Magazine*, Vol. 15, No. 2 (mar./abr., 2001), pp. 8–23.

(Saltzer, 1984) J. Saltzer, D. Reed, D. Clark, "End-to-End Arguments in System Design", *ACM Transactions on Computer Systems (TOCS)*, Vol. 2, No. 4 (nov., 1984).

(Saroiu, 2002) S. Saroiu, P. K. Gummadi, S. D. Gribble, "A Measurement Study of Peer-to-Peer File Sharing Systems", *Proc. of Multimedia Computing and Networking (MMCN)* (2002).

(Sauter, 2014) M. Sauter, *From GSM to LTE-Advanced*, John Wiley and Sons, 2014.

(Savage, 2015) D. Savage, J. Ng, S. Moore, D. Slice, P. Paluch, R. White, "Enhanced Interior Gateway Routing Protocol", Internet Draft, draftsavage-eigrp-04.txt, agosto de 2015.

(Saydam, 1996) T. Saydam, T. Magedanz, "From Networks and Network Management into Service and Service Management", *Journal of Networks and System Management*, Vol. 4, No. 4 (dez., 1996), pp. 345–348.

(Schiller, 2003) J. Schiller, *Mobile Communications,* 2nd edition, Addison Wesley, 2003.

(Schneier, 2015) B. Schneier, *Applied Cryptography: Protocols, Algorithms, and Source Code in C,* Wiley, 2015.

(Schönwälder, 2010) J. Schönwälder, M. Björklund, P. Shafer, "Network configuration management using NETCONF and YANG", *IEEE Communications Magazine,* 2010, Vol. 48, No. 9, pp. 166–173.

(Schwartz, 1977) M. Schwartz, *Computer-Communication Network Design and Analysis*, Prentice-Hall, Englewood Cliffs, NJ, 1997.

(Schwartz, 1980) M. Schwartz, *Information, Transmission, Modulation, and Noise,* McGraw Hill, New York, NY 1980.

(Schwartz, 1982) M. Schwartz, "Performance Analysis of the SNA Virtual Route Pacing Control", *IEEE Transactions on Communications*, Vol. 30, No. 1 (jan., 1982), pp. 172–184.

(Scourias, 2012) J. Scourias, "Overview of the Global System for Mobile Communications: GSM". http://www.privateline.com/PCS/GSM0.html.

(Segaller, 1998) S. Segaller, *Nerds 2.0.1, A Brief History of the Internet*, TV Books, New York, 1998.

(Serpanos 2011) D. Serpanos, T. Wolf, *Architecture of Network Systems*, Morgan Kaufmann Publishers, 2011.

(Shacham, 1990) N. Shacham, P. McKenney, "Packet Recovery in High-Speed Networks Using Coding and Buffer Management", *Proc. 1990 IEEE Infocom* (San Francisco, CA, abr., 1990), pp. 124–131.

(Shaikh, 2001) A. Shaikh, R. Tewari, M. Agrawal, "On the Effectiveness of DNS-based Server Selection", *Proc. 2001 IEEE INFOCOM.*

(Sherry, 2012) J. Sherry, S. Hasan, C. Scott, A. Krishnamurthy, S. Ratnasamy, V. Sekar, "Making middleboxes someone else's problem: network processing as a cloud service", *Proc. 2012 ACM SIGCOMM Conference.*

(Singh, 1999) S. Singh, *The Code Book: The Evolution of Secrecy from Mary, Queen of Scots to Quantum Cryptography*, Doubleday Press, 1999.

(Singh, 2015) A. Singh et al., "Jupiter Rising: A Decade of Clos Topologies and Centralized Control in Google's Datacenter Network", *Proc. 2015 ACM SIGCOMM Conference,* pp. 183–197.

(Smith, 2009) J. Smith, "Fighting Physics: A Tough Battle", *Communications of the ACM,* Vol. 52, No. 7 (jul., 2009), pp. 60–65.

(Smithsonian, 2017) Smithsonian Magazine, "How Other Countries Deal with Net Neutrality", https://www.smithsonianmag.com/innovation/how-other-countriesdeal-net-neutrality-180967558/.

(Snort, 2012) Sourcefire Inc., Snort homepage, http://www.snort.org/.

(Solensky, 1996) F. Solensky, "IPv4 Address Lifetime Expectations", in *Ipng: Internet Protocol Next Generation* (S. Bradner, A. Mankin, ed.), Addison-Wesley, Reading, MA, 1996.

(Speedtest, 2020) https://www.speedtest.net/.

(Spragins, 1991) J. D. Spragins, *Telecommunications Protocols and Design*, Addison-Wesley, Reading, MA, 1991.

(Srikant, 2012) R. Srikant, *The mathematics of Internet congestion control,* Springer Science & Business Media, 2012.

(Statista, 2019) "Mobile internet usage worldwide – Statistics & Facts", https://www.statista.com/topics/779/mobile-internet/.

(Steinder, 2002) M. Steinder, A. Sethi, "Increasing Robustness of Fault Localization Through Analysis of Lost, Spurious, and Positive Symptoms", *Proc. 2002 IEEE INFOCOM.*

(Stevens, 1990) W. R. Stevens, *Unix Network Programming*, Prentice-Hall, Englewood Cliffs, NJ.

(Stevens, 1994) W. R. Stevens, *TCP/IP Illustrated, Vol. 1: The Protocols*, Addison-Wesley, Reading, MA, 1994.

(Stevens, 1997) W. R. Stevens, *Unix Network Programming, Volume 1: Networking APIs-Sockets and XTI*, 2nd edition, Prentice-Hall, Englewood Cliffs, NJ, 1997.

(Stewart, 1999) J. Stewart, *BGP4: Interdomain Routing in the Internet*, Addison-Wesley, 1999.

(Stone, 1998) J. Stone, M. Greenwald, C. Partridge, J. Hughes, "Performance of Checksums and CRC's Over Real Data", *IEEE/ACM Transactions on Networking,* Vol. 6, No. 5 (out., 1998), pp. 529–543.

(Stone, 2000) J. Stone, C. Partridge, "When Reality and the Checksum Disagree", *Proc. 2000 ACM SIGCOMM Conference* (Stockholm, Sweden, ago., 2000).

(Strayer, 1992) W. T. Strayer, B. Dempsey, A. Weaver, *XTP: The Xpress Transfer Protocol*, Addison-Wesley, Reading, MA, 1992.

(Stubblefield, 2002) A. Stubblefield, J. Ioannidis, A. Rubin, "Using the Fluhrer, Mantin, and Shamir Attack to Break WEP", *Proceedings of 2002 Network and Distributed Systems Security Symposium* (2002), pp. 17–22.

(Subramanian, 2000) M. Subramanian, *Network Management: Principles and Practice*, Addison-Wesley, Reading, MA, 2000.

(Subramanian, 2002) L. Subramanian, S. Agarwal, J. Rexford, R. Katz, "Characterizing the Internet Hierarchy from Multiple Vantage Points", *Proc. 2002 IEEE INFOCOM.*

(Sundaresan, 2006) K. Sundaresan, K. Papagiannaki, "The Need for Cross-layer Information in Access Point Selection", *Proc. 2006 ACM Internet Measurement Conference* (Rio de Janeiro, out., 2006).

(Sunshine, 1978) C. Sunshine, Y. Dalal, "Connection Management in Transport Protocols", *Computer Networks*, North-Holland, Amsterdam, 1978.

(Tan, 2006) K. Tan, J. Song, Q. Zhang and M. Sridharan, "A Compound TCP Approach for High-Speed and Long Distance Networks", *Proc. 2006 IEEE INFOCOM.*

(Tariq, 2008) M. Tariq, A. Zeitoun, V. Valancius, N. Feamster, M. Ammar, "Answering What-If Deployment and Configuration Questions with WISE", *Proc. 2008 ACM SIGCOMM Conference* (ago., 2008).

(Teixeira, 2006) R. Teixeira, J. Rexford, "Managing Routing Disruptions in Internet Service Provider Networks", *IEEE Communications Magazine* Vol. 44, No. 3 (mar., 2006) pp. 160–165.

(Think, 2012) Technical History of Network Protocols, "Cyclades", http://www.cs.utexas.edu/users/chris/think/Cyclades/index.shtml.

(Tian, 2012) Y. Tian, R. Dey, Y. Liu, K. W. Ross, "China's Internet: Topology Mapping and Geolocating", *IEEE INFOCOM Mini-Conference 2012* (Orlando, FL, 2012).

(TLD list, 2020) Lista de TLD mantida pela Wikipédia, https://en.wikipedia.org/wiki/List_of_Internet_top-level_domains.

(Tobagi, 1990) F. Tobagi, "Fast Packet Switch Architectures for Broadband Integrated Networks", *Proc. IEEE*, Vol. 78, No. 1 (jan., 1990), pp. 133–167.

(TOR, 2020) Tor: Anonymity Online, http://www.torproject.org.

(Torres, 2011) R. Torres, A. Finamore, J. R. Kim, M. M. Munafo, S. Rao, "Dissecting Video Server Selection Strategies in the YouTube CDN", *Proc. 2011 Int. Conf. on Distributed Computing Systems.*

(Tourrilhes, 2014) J. Tourrilhes, P. Sharma, S. Banerjee, J. Petit, "SDN and Openflow Evolution: A Standards Perspective", *IEEE Computer Magazine*, novembro de 2014, Vol. 47, No. 11, pp. 22–29.

(Turner, 1988) J. S. Turner, "Design of a Broadcast packet switching network", *IEEE Transactions on Communications*, Vol. 36, No. 6 (jun., 1988), pp. 734–743.

(Turner, 2012) B. Turner, "2G, 3G, 4G Wireless Tutorial", http://blogs.nmscommunications.com/communications/2008/10/2g-3g-4g-wireless-tutorial.html.

(van der Berg, 2008) R. van der Berg, "How the 'Net Works: An Introduction to Peering and Transit", http://arstechnica.com/guides/other/peering-and-transit.ars.

(van der Merwe, 1998) J. van der Merwe, S. Rooney, I. Leslie, S. Crosby, "The Tempest: A Practical Framework for Network Programmability", *IEEE Network*, Vol. 12, No. 3 (maio, 1998), pp. 20–28.

(Vanhoef, 2017) M. Vanhoef, F. Piessens, "Key Reinstallation Attacks: Forcing Nonce Reuse in WPA2", *2017 ACM SIGSAC Conference on Computer and Communications Security (CCS '17)*, pp. 1313–1328.

(Varghese, 1997) G. Varghese, A. Lauck, "Hashed and Hierarchical Timing Wheels: Efficient Data Structures for Implementing a Timer Facility", *IEEE/ACM Transactions on Networking*, Vol. 5, No. 6 (dez., 1997), pp. 824–834.

(Vasudevan, 2005) S. Vasudevan, C. Diot, J. Kurose, D. Towsley, "Facilitating Access Point Selection in IEEE 802.11 Wireless Networks", *Proc. 2005 ACM Internet Measurement Conference*, (San Francisco CA, out., 2005).

(Venkataramani, 2014) A. Venkataramani, J. Kurose, D. Raychaudhuri, K. Nagaraja, M. Mao, S. Banerjee, "MobilityFirst: A Mobility-Centric and Trustworthy Internet Architecture", *ACM Computer Communication Review,* julho de 2014.

(Villamizar, 1994) C. Villamizar, C. Song. "High Performance TCP in ANSNET", *ACM SIGCOMM Computer Communications Review*, Vol. 24, No. 5 (1994), pp. 45–60.

(Viterbi, 1995) A. Viterbi, *CDMA: Principles of Spread Spectrum Communication*, Addison--Wesley, Reading, MA, 1995.

(Vixie, 2009) P. Vixie, "What DNS Is Not", *Communications of the ACM*, Vol. 52, No. 12 (dez., 2009), pp. 43–47.

(Wakeman, 1992) I. Wakeman, J. Crowcroft, Z. Wang, D. Sirovica, "Is Layering Harmful (remote procedure call)", *IEEE Network,* Vol. 6, No. 1 (jan., 1992), pp. 20–24.

(Waldrop, 2007) M. Waldrop, "Data Center in a Box", *Scientific American* (jul., 2007).

(Walfish, 2004) M. Walfish, J. Stribling, M. Krohn, H. Balakrishnan, R. Morris, S. Shenker, "Middleboxes No Longer Considered Harmful", *USENIX OSDI 2004* San Francisco, CA, dezembro de 2004.

(Wang, 2011) Z. Wang, Z. Qian, Q. Xu, Z. Mao, M. Zhang, "An untold story of middleboxes in cellular networks", *Proc. 2011 ACM SIGCOMM Conference.*

(Wei, 2006) D. X. Wei, C. Jin, S. H. Low and S. Hegde, "FAST TCP: Motivation, Architecture, Algorithms, Performance", *IEEE/ACM Transactions on Networking,* Vol. 14, No. 6, pp. 1246–1259, dezembro de 2006.

(Wei, 2006) W. Wei, C. Zhang, H. Zang, J. Kurose, D. Towsley, "Inference and Evaluation of Split-Connection Approaches in Cellular Data Networks", *Proc. Active and Passive Measurement Workshop* (Adelaide, Austrália, mar., 2006).

(Weiser, 1991) M. Weiser, "The Computer for the Twenty-First Century", *Scientific American* (set., 1991): 94–10. http://www.ubiq.com/hypertext/weiser/SciAmDraft3.html.

(WiFi, 2019) The WiFi Alliance, "WPA3™ Security Considerations Overview", abril de 2019.

(WiFi, 2020) The WiFi Alliance, https://www.wi-fi.org/.

(Williams, 1993) R. Williams, "A Painless Guide to CRC Error Detection Algorithms", http://www.ross.net/crc/crcpaper.html.

(Wireshark, 2020) Wireshark homepage, http://www.wireshark.org.

(Wischik, 2005) D. Wischik, N. McKeown, "Part I: Buffer Sizes for Core Routers", *ACM SIGCOMM Computer Communications Review*, Vol. 35, No. 3 (jul., 2005).

(Woo, 1994) T. Woo, R. Bindignavle, S. Su, S. Lam, "SNP: an interface for secure network programming", *Proc. 1994 Summer USENIX* (Boston, MA, jun., 1994), pp. 45–58.

(Wright, 2015) J. Wright, J., *Hacking Exposed Wireless,* McGraw-Hill Education, 2015.

(Wu, 2005) J. Wu, Z. M. Mao, J. Rexford, J. Wang, "Finding a Needle in a Haystack: Pinpointing Significant BGP Routing Changes in an IP Network", *Proc. USENIX NSDI* (2005).

(W3Techs) World Wide Web Technology Surveys, 2020. https://w3techs.com/technologies/details/ce-http2/all/all.

(Xanadu, 2012) Xanadu Project homepage, http://www.xanadu.com/.

(Xiao, 2000) X. Xiao, A. Hannan, B. Bailey, L. Ni, "Traffic Engineering with MPLS in the Internet", *IEEE Network* (mar./abr., 2000).

(Xu, 2004) L. Xu, K Harfoush, I. Rhee, "Binary Increase Congestion Control (BIC) for Fast Long-Distance Networks", *IEEE INFOCOM 2004*, pp. 2514–2524.

(Yang, 2014) P. Yang, J. Shao, W. Luo, L. Xu, J. Deogun, Y. Lu, "TCP congestion avoidance algorithm identification", *IEEE/ACM Trans. Netw.* Vol. 22, No. 4 (ago., 2014), pp. 1311–1324.

(Yavatkar, 1994) R. Yavatkar, N. Bhagwat, "Improving End-to-End Performance of TCP over Mobile Internetworks", *Proc. Mobile 94 Workshop on Mobile Computing Systems and Applications* (dez., 1994).

(YouTube, 2009) YouTube 2009, Google container data center tour, 2009.

(Yu, 2004) Yu, Fang, H. Katz, Tirunellai V. Lakshman. "Gigabit Rate Packet Pattern-Matching Using TCAM", *Proc. 2004 Int. Conf. Network Protocols*, pp. 174–183.

(Yu, 2011) M. Yu, J. Rexford, X. Sun, S. Rao, N. Feamster, "A Survey of VLAN Usage in Campus Networks", *IEEE Communications Magazine*, julho de 2011.

(Zegura, 1997) E. Zegura, K. Calvert, M. Donahoo, "A Quantitative Comparison of Graph-based Models for Internet Topology", *IEEE/ACM Transactions on Networking*, Vol. 5, No. 6, (dez., 1997). Ver também http://www.cc.gatech.edu/projects/gtitm para um pacote de software que gera redes com uma estrutura transit-stub.

(Zhang, 2007) L. Zhang, "A Retrospective View of NAT", *The IETF Journal*, Vol. 3, No. 2 (out., 2007).

(Zheng, 2008) N. Zheng and J. Wigard, "On the Performance of Integrator Handover Algorithm in LTE Networks", *2008 IEEE 68th Vehicular Technology Conference*, Calgary, BC, 2008, pp. 1–5.

(Zhu, 2015) Y. Zhu, H. Eran, D. Firestone, D. Firestone, C. Guo, M. Lipshteyn, Y. Liron, J. Padhye, S. Raindel Mohamad, H. Yahia, M. Zhang, J. Padhye, "Congestion Control for Large-Scale RDMA Deployments", *Proc. 2015 ACM SIGCOMM Conference.*

(Zilberman, 2019) N. Zilberman, G. Bracha, G. Schzukin. "Stardust: Divide and conquer in the data center network", *2019 USENIX Symposium on Networked Systems Design and Implementation.*

(Zink, 2009) M. Zink, K. Suh, Y. Gu, J. Kurose, "Characteristics of YouTube Network Traffic at a Campus Network–Measurements, Models, and Implications", *Computer Networks*, Vol. 53, No. 4, pp. 501–514, 2009.

(Zou, 2016) Y. Zou, J. Zhu, X. Wang, L. Hanzo, "A Survey on Wireless Security: Technical Challenges, Recent Advances, and Future Trends", *Proceedings of the IEEE*, Vol. 104, No. 9, 2016.

Índice

D

E

F

J

K

L

M

N

Q

R

U

V

W